Bernhard Lindenblatt

Alt-Preußenland

Geschichte Ost-
und Westpreußens
von der Urzeit bis 1701

ARNDT

Titelseitengestaltung: Jirka Buder unter Verwendung des 1942/43 entstandenen Gemäldes „Die Marienburg" von Oskar Graf (1873–1957)
Vorderer Vorsatz: Gemälde „Hünengrab im Winter" von J. Chr. Clausen Dahl (1788–1857)
Hinterer Vorsatz: Hugo Ulbrichs Radierung aus dem Jahre 1910 zeigt die Marienburg im Winter.

Die Deutsche Bibliothek – CIP-Einheitsaufnahme

Lindenblatt, Bernhard:
Alt-Preußenland: Geschichte Ost- und Westpreußens von der Urzeit bis 1701
Bernhard Lindenblatt. – Kiel: Arndt, 2002
ISBN 3-88741-036-X

ISBN 3-88741-036-X

ARNDT-Verlag
D-24035 Kiel, Postfach 3603

Gedruckt in Österreich

Vorwort

Geschichte ist sowohl das vergangene Geschehen als auch die Kunde davon, die durch die Geschichtswissenschaft vermittelt wird. Das hört sich einfach an, aber während das Geschehen nicht verändert werden kann, unterliegt die Kunde davon allen menschlichen Unzulänglichkeiten und verwandelt sich fortwährend. Die daraus erwachsenen Widersprüche bewirken, daß oftmals das, was geschehen ist, nicht mit dem übereinstimmt, was darüber berichtet wird – und das macht den Umgang mit Geschichte höchst kompliziert. In jeder Wissenschaft können Irrtümer vorkommen, die Geschichtswissenschaft ist jedoch die einzige aller Wissenschaften, in der zuweilen Irrtümer oder gar bewußte Lügen die Kunde von dem Geschehenen so weit entstellen, daß manchmal das Gegenteil von dem behauptet wird, was wirklich geschehen ist. Daraus folgt, daß jede Geschichtsdarstellung anzweifelbar ist.

Im Gegensatz zu den Naturwissenschaften und der Mathematik, in denen wirkliches Wissen vermittelt wird, ist die Geschichte ausschließlich auf das erforschte oder überlieferte Material beschränkt. Geschichte existiert nicht, bis das Gefundene erforscht, geordnet und zusammengestellt ist, erst dann wird die Vergangenheit erkennbar, und es ist „Geschichte" entstanden.

Eine Wissenschaft, die auf einer so lockeren und unsicheren Grundlage aufgebaut ist, bietet sich für Irrtümer oder gewollte Entstellungen geradezu an, die demzufolge auch in bedauerlich großer Anzahl vorhanden sind. Je mehr man sich mit Geschichte befaßt, um ein möglichst wahrheitsgetreues Bild zu erlangen, um so mehr muß man sich mit den unterschiedlichen, manchmal bis ins Phantastische gehenden Darstellungen auseinandersetzen. Ein menschliches Leben ist aber nicht lang genug, um alle vorhandenen Quellen über einen Zeitraum von Jahrtausenden in die Hände zu bekommen und gründlich zu untersuchen. Außerdem wird gesagt, daß man am ergiebigsten arbeitet, wenn man Projekte dieser Art nur zu 80 oder höchstens 90 Prozent vollendet, weil der Aufwand für die restlichen 10 bis 20 Prozent das dadurch Erreichte viel zu weit übersteigt.

Manche Ereignisse sind ausführlich beschrieben. Leider haben die Chronisten nur selten ihre Berichte so gründlich verfaßt, so daß schon dadurch die Menge interessanter Einzelheiten beschränkt ist. Andere Begebenheiten fehlen oder sind ungenügend dargestellt, weil die Quellen darüber nicht mehr aussagen. Was nicht aufgeschrieben wurde, ist aber für die Geschichte nicht gewesen. Sie soll aber trotzdem über etwas Ganzes Auskunft geben, von dem oftmals nur Bruchstücke vorhanden sind.

Diese Zusammenstellung soll dem interessierten Leser auf möglichst leicht verständliche Weise ein Bild über die Geschichte des Preußenlandes (Ost- und Westpreußen) bis zum Jahr 1701 vermitteln, und auch einen Blick auf die Vorgänge außerhalb des Landes werfen, die auf die eine oder andere Weise auch das Leben seiner Bewohner beeinflußten. Bei dieser Übersicht sollen das Leben und Wirken, die Errungenschaften und Fehlschläge vergangener Geschlechter sichtbar und viele Dinge unseres heutigen Seins und Handelns verständlich werden.

Die alten Preußen, die Prußen, hatten durch günstige Umstände ihr Land jahrtausendelang bewohnen können; eine seltene Ausnahme in der Geschichte. Selbst nach dem Erscheinen der Polen hielten sie sich in dem ihnen verbliebenen Gebiet noch viele Jahrhunderte lang. Schließlich erlagen sie dem Deutschen Ritterorden. Ob die gewaltsame Bekehrung zum Christentum ein Segen oder eine Tragödie für das Volk war, ist entweder eine Frage der Religion oder der Menschlichkeit, die beide ein entgegengesetztes Urteil bedingen.

Bei einer Darstellung der Geschichte, so wie sie nach den vorhandenen Informationen tatsächlich ablief, kann auch das Wirken der Römischen Kirche nicht fehlen, die weitgehend mit den Ereignissen des Mittelalters verflochten war oder sie gar bestimmte. Daher läßt es sich kaum vermeiden, daß Katholiken an manchen Darstellungen Anstoß nehmen werden. Zwar sind jene Geschehnisse keine Geheimnisse, aber doch meistens unbekannt, weil unerwünscht. Selbstverständlich soll die heutige Kirche nicht mit einer Kollektivschuld für Ereignisse des Mittelalters belastet werden.

Ebenso werden die Protestanten nicht gern wissen wollen, daß auch Martin Luther menschlichen Irrtümern unterlag und manche Ansichten jenes Zeitalters vertrat, die man ihm heute übel auslegen könnte. Aber auch er war – trotz aller Größe – ein Mensch seiner und nicht unserer Zeit.

Man wird auch feststellen, daß der großartige Deutsche Ritterorden nicht immer fromm und ritterlich handelte. Aber die Geschichte kann kein Beispiel aufweisen, wo sich ein freies Volk ein halbes Jahrhundert lang verzweifelt gegen eine gewaltsame Unterwerfung wehrte, die Eroberer aber die Unterwerfung nur mit Güte, Liebe und Menschlichkeit vollzogen. Um einen weltlichen Staat aufzubauen, mußte auch der Ritterorden sich weltlich-politischen Notwendigkeiten beugen und die Regeln diplomatischer Ränkespiele befolgen.

Man sollte negative Dinge, die leider passiert sind, lieber nicht erwähnen, wurde mir geraten, das verärgert nur die Leser und wird auch keinem Verleger gefallen. Die Polen werden jubeln, die dem Ritterorden ohnehin nur Böses nachsagen. Aber ihnen sind die gleichen Quellen ebenfalls bekannt, und ihre eigene Geschichtsdarstellung wird sich gewiß nicht ändern. Wenn aber aus Rücksichtnahme, ganz gleich aus welchen Gründen, Teile der Geschichte beschönigt oder nicht erwähnt werden, entsteht ein Bild, das nicht mehr den tatsächlichen Begebenheiten entspricht und somit falsch ist. Damit wäre aber der Sinn dieser Arbeit hinfällig geworden. Darum ist hier rückhaltlos alles genannt, worüber die Chronisten berichtet haben. Trotz aller gut gemeinten Ratschläge wurde nichts aus dem Text entfernt oder verändert. Es sollte ein Geschichtsbild zusammengefügt werden, das, soweit wie es heute noch möglich ist, den tatsächlichen Geschehnissen entspricht.

Einer Erklärung bedarf die veraltete Schreibung „Pruzzen". Im Mittelalter wies das Auftreten eines Doppelkonsonanten, im Gegensatz zu heute, hinsichtlich der Aussprache auf die Verlängerung des voranstehenden Vokals hin. „Pruzzen" wurde also „Prußen" gesprochen. Heute ist man in der Wissenschaft jedoch weitgehend zu der Schreibweise „Prußen" und damit zu der richtigen Aussprache auch im Schriftbild übergegangen. (Wenn im bereits erschienenen Band 2 zu diesem Buch trotzdem die Schreibweise „Pruzzen" verwendet wurde, geschah dies versehentlich entgegen meiner ursprünglichen Absicht.)

Ebenso unterliegt das Wort „Preußenland" Mißdeutungen. Im Gegensatz zum späteren „Königreich Preußen" und dem noch späteren „Staat Preußen" im Deutschen Reich ist damit das historische Land der alten Preußen zwischen Pommern und Litauen gemeint, das nach Jahrtausenden seines Bestehens von fremden Mächten auseinandergerissen wurde.

Wenn ein Dank für das Zustandekommen dieser Zusammenstellung angebracht ist, dann gebührt er an erster Stelle all denen, die einen Teil ihres Lebens dafür aufwendeten, um in mühevoller Arbeit der Nachwelt das Wissen über vergangene Ereignisse und die Welt unserer Vorfahren zu übermitteln, und dafür manchmal Lob und Anerkennung, oftmals aber viel Kritik oder gar Schlimmeres ernteten.

Bernhard Lindenblatt, im Frühjahr 2002

»Nicht zu wissen, was gewesen ist, bevor wir geboren waren, ist für immer ein Kind zu bleiben. Denn was ist der Wert eines menschlichen Lebens, wenn es nicht durch die Überlieferung der Geschichte in das Leben unserer Vorfahren eingeflochten wird.«
CICERO (106–43 V. D. ZTW.)

1. Der Anfang:
Stein-, Bronze- und Eisenzeit
(VON DER URZEIT BIS ZUR ZEITENWENDE)

Ein Land entsteht

Wann immer man mit der Geschichte einsetzen möchte, scheint es etwas zu geben, das schon vorher war. Aber irgendwo müßte sich doch ein legitimer Anfangszeitpunkt ausmachen lassen, sollte man meinen. Der Weg zu diesem führt jedoch zurück in die Unendlichkeit der Zeit, die keinen Anfang und kein Ende kennt. Mit dem Urknall zu beginnen, wäre wohl zu weit ausgeholt, aber nicht zuletzt, um die geographischen Gegebenheiten zu erläutern, ist es sicher sinnvoll, einen kurzen Blick auf die Entstehung des späteren Preußenlandes zu werfen, auf eine Zeit, lange bevor es Menschen gab.

Das Land sah nicht immer so aus, wie wir es kennen. Erst nach der letzten Eiszeit erhielt es grob seine heutige Form. Wie das Land entstanden ist, darüber gibt uns, neben anderen Quellen, eine 900 Meter tiefe Erdbohrung Auskunft, die ungefähr in der Mitte Ostpreußens, bei Heilsberg, vorgenommen wurde. So wie jede Stelle der Erde zeitweise unter Wasser lag, so hatte hier vor etwa 170 Millionen Jahren ein Teil des riesigen Jurameeres das Land überflutet. Auf dem von der Bohrung nicht erreichten Urboden in mehr als 900 Metern Tiefe lagerte es seine Sinkstoffe ab. Das warme Wasser war von zahllosen Fischen, Muscheln, Schnecken, Seelilien, Schwämmen, Seesternen und vor allem von Ammoniten – Kopffüßern mit geraden oder spiraligen Kalkschalengehäusen – belebt. Die nicht verwesenden Schalen und Gehäuse der Seetiere setzten sich im Schlamm und Sand des Meeresbodens ab, der später zu Gestein erhärtete. Im Laufe von etwa 45 Millionen Jahren bildete sich so eine mächtige Gesteinsschicht, von der die oberen 335 Meter durchbohrt wurden. Das Jurameer wechselte im Laufe der langen Zeit mehrmals seine Höhe und ging schließlich zurück, so daß sein Boden Festland wurde. In der Jurazeit, die vor 185 Millionen Jahren begann und vor 140 Millionen Jahren endete, entwickelten sich die ersten Vögel, von denen einige Arten zwei bis dreieinhalb Meter groß waren. Die Beherrscher der Erde aber waren die Saurier. Unter den bis jetzt festgestellten rund 350 Arten befanden sich die größten Landtiere, die je auf der Erde lebten. Der Brachiosaurus beispielsweise war 13 Meter hoch, 25 Meter lang und hatte ein Gewicht von etwa 80 Tonnen.

Dann überspülte von Westen her das neue Kreidemeer mit anderen Pflanzen und Tieren das Land. Aus dieser Zeit sind uns besonders die Körperenden der tintenfischähnlichen Belemniten bekannt, die als gelblichbraune Kalkspatgebilde in Kiesgruben gefunden und in Ostpreußen „Donnerkeile" genannt wurden. Auch die Zähne des Riesenhais lagen hin und wieder im Kies. Die Ammoniten, die bis zu zweieinhalb Meter Durchmesser hatten, sowie die Riesensaurier, die 165 Millionen Jahre lang die Erde bevölkert hatten, starben in dieser Zeit aus. Als nach etwa 65 Millionen Jahren das Kreidemeer verschwand, hatte es an der Heilsberger Bohrstelle Schichten von Sandstein, Kreidemergel und Lagen reiner Kreide von insgesamt 338 Metern auf die Juraschicht abgelagert.

Nun begann, vor 65 Millionen Jahren, mit dem Tertiär, das dritte Erdzeitalter, in dem sich die Säugetiere entwickelten. Im Inneren der Erde rumorte es; die Alpen hoben sich damals empor, ebenso der Kaukasus, die Pyrenäen, die Karpaten und einige andere Gebirge. Das Festland der Kreidezeit wurde jetzt abermals von einem Meer überspült, das eine 96 Meter dicke Schicht ablagerte, bevor es sich zurückzog. Weite, flache Gewässer blieben zurück, die mit der Zeit versumpften. Im Laufe vieler Millionen Jahre verwitterte die letzte Erdschicht und wurde teilweise wieder abgetragen, so daß an vielen Stellen die alte Schicht der Kreidezeit erneut hervortrat. Die jüngere Tertiärschicht hat sich hauptsächlich an der Küste des Samlandes und im Gebiet zwischen Heilsberg, Allenstein und Mohrungen erhalten.

Das Klima, seit der Jurazeit tropisch, mäßigte sich und entsprach etwa dem heutigen süditalienischen, war aber viel feuchter. Eine reichliche Pflanzenwelt breitete sich aus. Palmen und Feigen, Kampferbäume, Zypressen, Zimtpflanzen, Magnolien und Myrthen gediehen üppig. Selbst Sumpfzypressen und Mammutbäume, die heute nur noch im westlichen Nordamerika zu finden sind, wuchsen hier. In den immerblühenden Wäldern kletterten Affen, kreischten Papageien, zwitscherten Paradiesvögel und schillerten Riesenfalter. Die Überreste dieser Wälder werden heute in Form von Braunkohlebriketts verheizt, und das fossile Harz jener Zeit ist inzwischen zu Bernstein geworden. Braunkohlelager gibt es im Samland, in den Höhen bei Heilsberg und bei Willenberg. An dem Lager bei Mühlen, südwestlich von Hohenstein, wurde sogar einmal der Abbau versucht.

Vor etwa einer Million Jahren endete dieser paradiesische Zustand. Das Tertiär, das knapp 65 Millionen Jahre gedauert hatte, ging zu Ende. Das geologische Ereignis der Eiszeit, das dieses Erdzeitalter beendete, trat nicht katastrophenartig plötzlich ein, sondern vollzog sich unmerklich langsam über einen großen Zeitraum hinweg. Das Klima wurde kühler, der Pflanzenwuchs dem heutigen ähnlich. Die Abkühlung hielt aber weiterhin an, bis am Ende der weiße Tod aus dem Norden alles unter sich begrub.

In den nördlichen Regionen, zunächst in den Hochgebirgen Skandinaviens, schmolzen die Schneemassen des Winters in den kühler und kürzer werdenden Sommern nicht mehr ganz ab. Auf den Rest vom Vorjahr fiel der neue Schnee und verfestigte sich zu Eis, das die Täler und Senken füllte und im Laufe der Zeit zu mächtigen Firnfeldern anwuchs. Das Gewicht der weiter zunehmenden Eismassen drückte von dem damals weit höheren skandinavischen Gebirge nach allen Seiten auf das tiefer liegende Land. Ein Riesengletscher bedeckte schließlich eine Fläche von sechs Millionen Quadratkilometern und schob seine Last immer weiter nach Süden. Das Eis erreichte bei seiner größten Ausdehnung die Rheinmündung, die Schwelle der deutschen Mittelgebirge (Eifel, Sauerland, Harz, Erzgebirge, Riesengebirge), den Nordrand der Karpaten und von dort in gewundener Linie die Gegend des heutigen Moskau. Mit zermalmender Gewalt begrub der Gletscher das ehemals blühende Land. Das ungeheure Gewicht dieser bis zu 2.000 Meter dicken Eismassen ließ die darunterliegende Erdkruste absinken, so daß der ehemalige Tertiärboden heute teilweise unter dem Meeresspiegel liegt.

Nach vielen Jahrtausenden wurde es wieder wärmer, und die Gletscher schmolzen ab. Die warme Zeit mit üppigem Pflanzenwuchs und einer reichen Tierwelt währte ebenfalls viele Jahrtausende, bis sich nach erneuter Abkühlung die Gletscher von neuem bildeten. Viermal kamen und gingen die gewaltigen Eismassen in unterschiedlicher Ausdehnung über das Land.

Heute geht man davon aus, daß die Erde bei ihrem Idealklima ein eisfreier Planet wäre und die warme Tertiärzeit somit das Normalklima darstellte. Die Pole waren nicht von Eis bedeckt, und am Äquator muß es sehr heiß gewesen sein. Die Erde befindet sich zur Zeit in einer abnormalen Kälteperiode, in der die vier Eiszeiten die extremen Tiefpunkte waren. In der Erdgeschichte gab es mehrere derartige Kälteperioden. Wir wissen nicht, wie lange die jetzige Kältezeit dauern wird, können aber herausfinden, wie lange es dauerte, bis sich der eisfreie Normalzustand nach der davorliegenden Eiszeit wieder einstellte. Jene ereignete sich vor etwa 200 Millionen Jahren, hatte ebenfalls mehrere Wärmeperioden und hielt rund 30 Millionen Jahre an. Natürlich muß die jetzige Kaltperiode nach der letzten Eiszeit nicht ebensolange dauern, aber sollte das mehr oder weniger zutreffen, dann hat diese Eiszeit gerade erst begonnen, und wir leben jetzt am Anfang der vierten Wärmeperiode. In etwa 40.000 bis 200.000 Jahren können wir demnach mit dem Beginn der nächsten Vereisung rechnen.

Es kann natürlich auch sein, daß die Eiszeit endgültig vorbei ist, denn die Gelehrten haben sich noch nicht darüber einigen können, ob es wärmer oder kälter werden wird. Über die Ursache der Eiszeiten haben sie aber mehr gegrübelt als über irgendeine andere geologische Frage, und über 50 verschiedene Hypothesen wurden entwickelt. Die überzeugendsten Argumente bietet der englische Geologe Andrew C. Ramsay, der die Eiszeiten als Folge von Gebirgsbildungen deutet, die jedesmal den Eiszeiten vorausgingen. Eine andere gut begründete Theorie hat der schwedische Forscher Svante Arrhenius aufgestellt, der die Vulkantätigkeit und den damit wechselnden Anteil an Kohlensäure in der Atmosphäre als Ursache der Eiszeit sieht. Denn es reichten bereits wenige Grade Abkühlung aus, um die Eismassen zu bilden und in Bewegung zu versetzen. Auch bezüglich der Dauer der letzten Eiszeit schwanken die Berechnungen. Die Mehrzahl der Forscher stimmt jedoch darin überein, daß die zweite und dritte Kälteperiode mit je 50.000 bis 80.000 Jahren die kürzeren und die letzte mit 108.000 bis 135.000 Jahren die längste war.

Wenn das Eis zurückging, folgte ihm stets das Leben. Flechten, Torfmoose, Krüppelweiden und Zwergbirken sprießten am Rand des Eises. Über das weite Land zogen Antilopen-, Rentier-, Auerochs-, Wildpferd- und Mammutherden; Nashörner und Flußpferde wühlten im Schlamm der Gewässer. Auch Höhlenbär, Hirsch, Eisfuchs und Schneehase fanden ihren Lebensunterhalt. In den warmen und trockenen Sommern schwemmten Schmelzwasserfluten Sand und Geröll von den Gletscherwänden weit in das Land hinein. Die Winter brachten eine trockene, eisige Kälte.

Zunehmend wurde es wärmer und feuchter. Bald breitete sich ein üppiger Urwald aus, der von einer südlichen Tierwelt bewohnt war. Panther streiften durch das Gestrüpp, Hyäne und Wolf hechelten die Waldpfade entlang, und die Wildkatze schlich im Unterwuchs. Der Säbelzahntiger, eine Raubkatze mit zwei großen Reißzähnen, lauerte auf Beute. Auch dieser Zustand dauerte viele Jahrtausende lang an. Die dichten Wälder der Zwischeneiszeiten lieferten das Rohmaterial zu der Diluvialkohle, einem Mittelding zwischen Braunkohle und Torf, deren bedeutendste Lagerstätten sich im Dangetal nördlich von Memel befinden. Nahte dann abermals das Eis, zogen sich Tiere und Menschen wieder zurück, und das kalte, grausame Spiel begann erneut. Die Formen der Landschaft wurden von den wandernden Eismassen immer wieder drastisch verändert. In einer der Zwischeneiszeiten beispielsweise reichte die Ostsee bis weit ins jetzige Land hinein. Ihre Wellen schlugen in der Gegend von Gerdauen, Bartenstein, Mohrungen, Mewe und Dirschau an den Strand. Dies läßt sich an den Meeresablagerungen genau erkennen, die in den Erdschichten der Eiszeit eingebettet liegen. Die Stärke der Schicht deutet auf eine lange Dauer dieser Zwischeneiszeit. Dieser Meereseinbruch scheint auf das Gebiet Ostpreußens beschränkt gewesen zu sein, denn in Pommern sind diese Meeresablagerungen in den gleichen Erdschichten nicht zu finden. Während uns Menschen in unserer kurzen Lebensspanne Berge und Täler wie ewig feste Gebilde erscheinen, sind diese im Leben der Erde nur Teil ständig bewegter Masse, die in steter Veränderung begriffen ist.

Der Mensch entwickelte sich erst so spät, daß man meinen könnte, er gehöre gar nicht auf diesen Planeten. Wenn man die Geschichte der Erde von den frühesten Lebensspuren bis heute auf die Zeitspanne eines Jahres umrechnen und darstellen wollte, dann hätte sich die Geschichte der ganzen Menschheit in den letzten 45 Sekunden eines solchen Jahres abgespielt. Von dieser vergleichsweise verschwindend geringen Zeit soll nun im folgenden die Geschichte eines kleinen Landes und seiner Bewohner dargestellt werden, eines Landes, das am südöstlichen Rand der Ostsee liegt und als Preußenland oder Ost- und Westpreußen bekannt ist.

Das erste Erscheinen der Menschen auf der Erde liegt im Dunkel der Vergangenheit. Es existieren so viele verschiedene mythische Entstehungsgeschichten über die Menschen, wie es alte Kulturen und Religionen gibt. Bekannt ist heute meist die judäochristliche, nach der Gott im Paradiesgarten zuerst einen Mann und dann eine Frau schuf. Die Wissenschaft aber lehrt die Evolutionstheorie, nach der der Mensch nicht plötzlich fertig ausgebildet aufgetreten ist. Alles Leben ist nach bestimmten Naturgesetzen von ganz einfachen Formen ausgegangen, bis es schließlich die unterschiedlichsten und kompliziertesten Geschöpfe, an ihrer Spitze den Menschen, hervorbrachte. Die Entstehung des Menschen macht keine Ausnahme von den unwandelbaren Naturgesetzen, und seine Geschichte ist so alt wie das Leben. Trotzdem bleibt das Erscheinen des Menschen auf diesem Planeten ein Wunder der Schöpfung.

Nachdem die mächtigen Eismassen in der letzten Kälteperiode noch einmal das darunterliegende Land mit unvorstellbarer Gewalt zerwühlt und dicke Schichten von neuem Gletscherschutt abgeladen hatten, überschritt vor etwa 18.000 Jahren die letzte Kälteperiode ihren Höhepunkt. Von da an stieg die Temperatur allmählich wieder an, und das Eis begann abzuschmelzen. Mit dem Rückgang des Eises traten auch die Menschen in diesen Regionen auf. Sie werden hier auch in den Zwischeneiszeiten vorhanden gewesen sein. Die Gletscher jeder neuen Kälteperiode tilgten jedoch alle Spuren, die Tiere und gegebenenfalls auch Menschen hinterlassen hatten, und sie begruben diese mit einer neuen Erdschicht. Menschliche Spuren sind bis zum Ende der Eiszeit rar. Dann aber treten sie in einer solchen Fülle auf, daß noch vor nicht allzu langer Zeit die Wissenschaft glaubte, der heutige Mensch sei erst zu diesem Zeitpunkt entstanden.

Erst die Eiszeit hat durch ihre lange Dauer und immer von neuem wiederkehrende Not den primitiven Vorfahren des Menschen zu höherer Kultur und damit zu eigentlichem Menschentum umgeformt. Zu diesem gewaltigen Schritt vorwärts trieben ihn die Entbehrungen der Eiszeit, die über ihn und alles andere Leben hereinbrachen und eine völlige Umwälzung der Lebensverhältnisse zur Folge hatten. Wollte der Mensch nicht untergehen, mußte er immer wieder sein Gehirn anstrengen und seine Verstandeskräfte nutzen, um unter den harten Bedingungen einen Fortschritt nach dem anderen zu erreichen. Wahrscheinlich konnte sich die menschliche Kultur überhaupt nur in einer solchen Notzeit entwickeln. Nicht glückliche Zeiten des Wohlergehens, sondern sorgenvolle Not spornten zu fortschreitender Verbesserung der Lebensverhältnisse und großen Leistungen an. In den etwa 600.000 Jahren der Eiszeit war aus dem menschlichen Wesen der Tertiärzeit ein intelligentes Wesen geworden.

Die Altsteinzeit (bis etwa 10000 v. d. Ztw.)

Die Zeit von den ersten menschlichen Spuren bis zum Beginn der Geschichtsschreibung nennt man Vorgeschichte. Die Chronik der Vorgeschichte ist die Erde selbst, aus der die Überreste von Wohnstätten, Gebrauchsgegenstände, vor allem aber die Gräber mit den Beigaben der damaligen Bewohner ausgegraben werden. Eine solche Fundstelle ist wie ein Dokument, und richtig gelesen, teilt es uns vieles mit. Aus den verschiedenen Funden suchen wir das Bild jener Menschen zu erfassen und in Zusammenhänge zu ordnen.

Als der Direktor des dänischen Nationalmuseums, Christian J. Thomson, 1836 Ordnung in die vielen Altertumsfunde bringen wollte, sortierte er sie in die Kategorien Stein, Bronze und Eisen. Damit schuf er die drei Zeitalter der Stein-, Bronze- und Eisenzeit. Auch wenn Wissenschaftler vieles an dieser Einteilung bemängelten und weitere Unterteilungen vornahmen, hat sie sich bis heute erhalten. Die Altsteinzeit ist die älteste Stufe der Vorgeschichte. Sie erstreckt sich über die ganze letzte Eiszeit und alles menschliche Inerscheinungtreten davor. Alle älteren Funde dieses Zeitraumes stammen aber aus Gebieten, die nicht von der Eiszeit zerstört und begraben wurden.

Mit der Erwärmung des Klimas gingen die Gletschermassen immer weiter zurück und gaben das neue Land, das sie bei ihrem Abschmelzen gebildet hatten, den Strahlen der Sonne und dem Pflanzenwuchs wieder frei. Das Gebiet des Preußenlandes war bis 10.000 v. d. Ztw. vom Eis befreit, und bald erschienen hier auch die ersten Menschen. Die Ostsee war ein Eismeer, und Gletscher bedeckten noch den größten Teil Skandinaviens und Finnlands. Der Geschiebemergel der Grundmoräne lag an manchen Stellen mehr als 200 Meter dick auf dem Land. Im nördlichen Ostpreußen ist die Schicht meistens nicht über 30 Meter stark. Bei Darkehmen (Angerapp) wurden 150 Meter gemessen, bei Lyck 163 Meter. Die Endmoräne der Gletscher hatte die Schuttwälle aufgehäuft, die man den Baltischen Landrücken nennt. Von den Gebirgen Skandinaviens lagern darin, neben viel kleinerem Gestein, auch gewaltige Granitblöcke, wie der von Dreimühlen im Kreis Lyck (117 Kubikmeter), der Stein von Kojehnen (100 Kubikmeter), aus dem die Deckplatte für die Hindenburggruft im Tannenbergdenkmal geschlagen wurde, der Tatarenstein bei Neidenburg und andere. Den Bauern bereiteten die Steine in den Äckern viel Ärger. Sooft sie auch die obere Schicht wegräumten, brachte der Pflug immer neue Mengen hervor. Andererseits waren die Steine wertvolles Baumaterial, aus dem vor allem die Fundamente, hin und wieder aber auch die Mauern der Bauten errichtet wurden. Manche Ordensburgen und Kirchen wurden damit gebaut sowie fast alle Straßen der Städte und Dörfer damit gepflastert. Besonders geschätzt waren sie beim Bau von Hafenanlagen, Molen und ähnlichen Wasserbauten. Ein weiterer Baustoff, den die Gletscher ins Land gebracht hatten, war Kalkgestein, das besonders in Masuren zu finden ist und dort zu Kalk gebrannt wurde.

Die Witterung blieb noch lange arktisch rauh und kalt. Tundragewächse und Krüppelbuschwerk bedeckten zunächst den kargen Boden, dem noch die Humusschicht fehlte. Die Schmelzwasser hatten einige weite Urstromtäler und viele kleinere Rinnen ausgewaschen. Der größte Abfluß war die Urmemel, die ihre brodelnden Wassermassen durch das jetzige Inster- und Pregeltal bis Tapiau wälzte und sich bei Balga ins Meer ergoß. Der gewaltige Strom schleppte eine Menge Sinkstoffe, selbst groben Kies mit, die sich nach und nach an den Ufern absetzten. Darin sind häufig Knochen von Mammuts, Bären, Wollnashörnern und anderen eiszeitlichen Tieren gefunden worden.

Die ältesten Spuren der Anwesenheit des Menschen sind Geräte aus Stein und Knochen, die aus dem jüngsten Abschnitt der Altsteinzeit stammen. Stücke bearbeiteter Mammutknochen und Rengeweihstangen, daraus gefertigte Hacken, Äxte, Lanzenspitzen und Harpunen, aber auch Gebrauchsartikel und Werkzeuge aus Stein zeugen von der Tätigkeit der Bewohner als Jäger, Fischer und Sammler. Die Fundstellen sind über das ganze Land verteilt und bezeugen, daß nach dem Abschmelzen des Eises Menschen das ganze Gebiet beherrschten. Sie werden sich hauptsächlich von den großen Rentierherden ernährt haben. Vermutlich war auch das Mammut leicht zu jagen. Die wenigen harten, unverrottbaren Gegenstände, die gefunden wurden, mit denen die damaligen Menschen Holz, Pflanzenfasern und andere vergängliche Stoffe zu dem verarbeiteten, was ihre Lebensweise erforderte, vermitteln kein genaues Bild von ihnen. Da sie aber ihren Lebensraum in diese rauhen Regionen legten, müssen sie durchaus fähig gewesen sein, sich entsprechend zu kleiden, zu wohnen und sich zu ernähren. Man vermutet, daß es sich um Urfinnen gehandelt hat, die mit den späteren Balten nichts weiter als den Boden der Heimat gemeinsam hatten. Ohne Zweifel steht fest, daß spätestens von dieser Zeitperiode ab der heutige Mensch mit seiner biologischen Ausstattung und seinen geistigen Fähigkeiten vorhanden war.

Die Mittlere Steinzeit (etwa 10000 bis 3000 v. d. Ztw.)

Da es keine bestimmte Trennungslinie zwischen der Alt- und der Mittelsteinzeit gibt, wird dieser letzte Teil der Altsteinzeit oft dem nächsten Zeitalter zugeschlagen. Nach dem Abschmelzen des Eises mußten sich die ersten Bewohner den Gesetzen der rauhen, kargen Tundra unterwerfen. Die Erwärmung des Klimas nahm jedoch stetig, wenn auch nur langsam weiter zu, und die Landschaft bekam ein freundlicheres Gesicht. Die Lebensgrundlage der Menschen bildeten noch immer die großen Rentierherden, denen sie von einer Winterweide zur anderen folgten. Zu Beginn des kurzen Sommers zogen die Rentiere auf ihre Weiden in den nördlichen Regionen, um dort zu kalben und Fett für den Winter anzusetzen. Die Men-

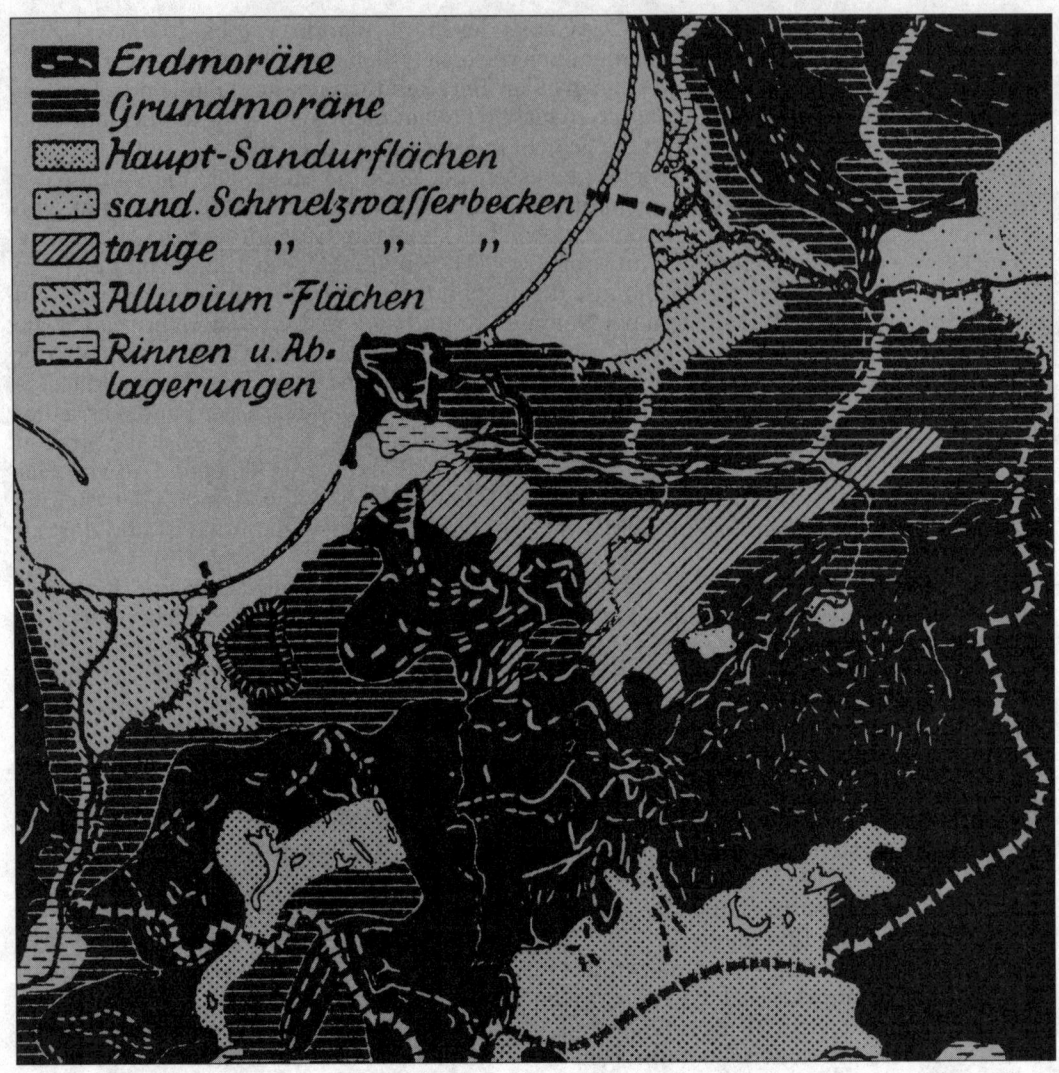

Legende:
- **Endmoräne**
- **Grundmoräne**
- **Haupt-Sandurflächen**
- **sand. Schmelzwasserbecken**
- **tonige " " "**
- **Alluvium-Flächen**
- **Rinnen u. Ablagerungen**

Das geologische Gesicht des Preußenlandes, wie die Eiszeit es formte.

schen nutzten diese Zeit zur Ruhe, wo das Lager möglichst an einem Gewässer errichtet wurde. Eßbare Pflanzen, Beeren und Pilze waren willkommene Zusätze für die Ernährung. Das Gewässer lieferte Fische, an den Ufern nisteten Scharen von Wasservögeln, und Wild nutzte es als Tränke. Die Männer fertigten Waffen und Geräte, die Frauen nähten Bekleidung und Zeltbedeckung. Nahte dann wieder der Winter, wurde das Lager zusammengepackt, und die Menschen folgten wieder den Rentieren.

Die Ostsee war während der Eiszeit ein Teil des nördlichen Eismeeres und veränderte sich mehrmals. Durch das Abschmelzen der Gletscher hob sich aber um 12000 v. d. Ztw. das Land und sperrte so die Verbindung zur Nordsee, wodurch die Ostsee zum Binnenmeer wurde. Eine Landsenkung südlich von Skandinavien stellte um 8300 v. d. Ztw. eine Verbindung zum Nordatlantik her und machte die Ostsee wieder zu einem Salzmeer. Die südliche Nordsee war am Ende der Eiszeit noch trockenes Land; England und Jütland hingen zusammen. Der Rhein mündete bei Schottland in den Atlantik, und die Weichsel floß im Netzetal westwärts und mündete mit einem Arm bei Stettin in die Ostsee, mit dem anderen im Elbetal in die Nordsee. Das vom Eis entlastete Skandinavien hob sich weiter, so daß die Ostsee um 7000 v. d. Ztw. wieder ein Binnenmeer mit Süßwasser wurde. Die Weichsel floß nun in die Danziger Bucht. Um 5500 v. d. Ztw. versank das Land zwischen England und Jütland,

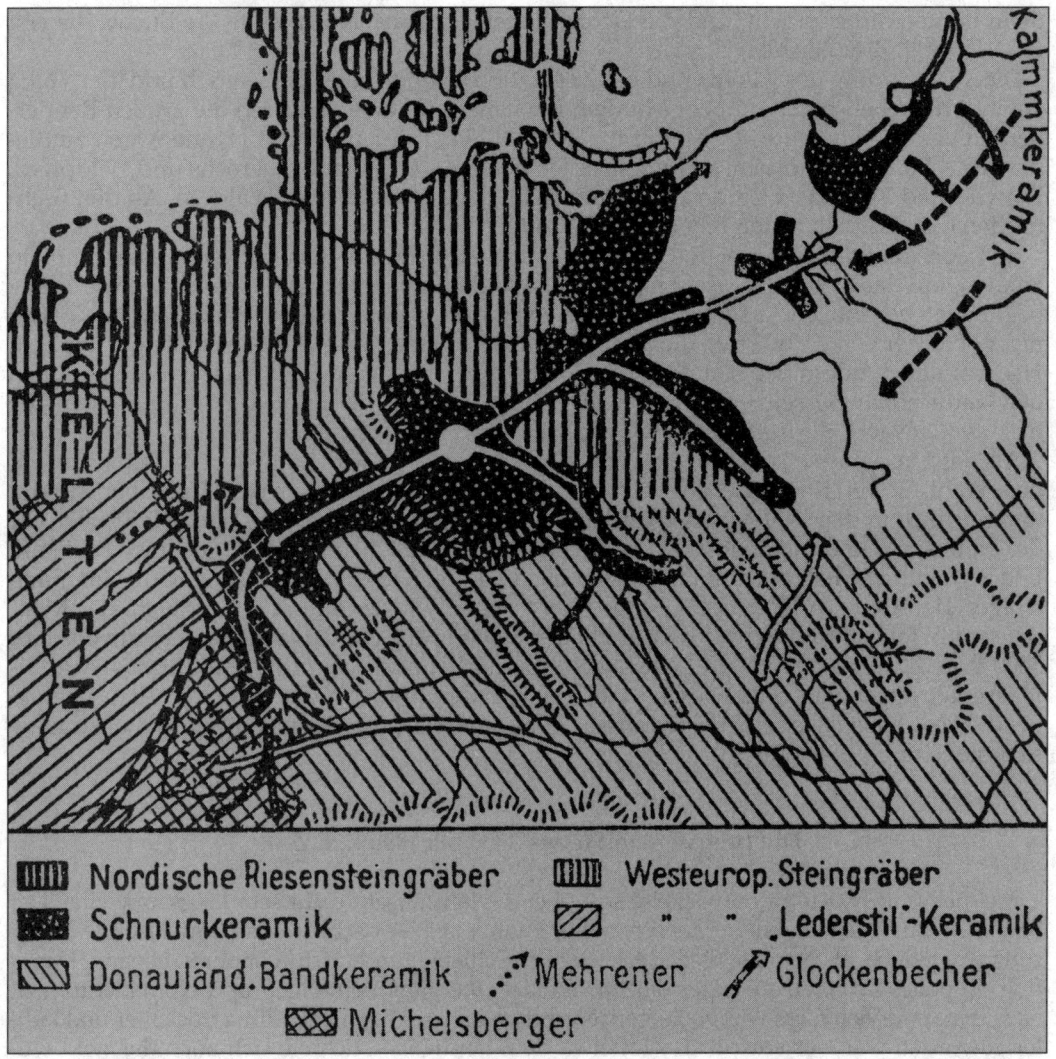

In der Steinzeit siedeln die ersten Vorfahren der Prußen im alten Preußenland.

der Ärmelkanal und die dänischen Belte bildeten sich. Nun strömte wieder Salzwasser in die Ostsee, die sich seit dieser Zeit bis heute wenig verändert hat. Auch auf dem Land gab es nach der Eiszeit noch Veränderungen; manche Gewässer verlandeten, Moore wuchsen, das Deltaschwemmland der großen Ströme bildete sich, und schließlich entstanden die Haffe mit ihren Nehrungen.

Nun schmolzen auch die Gletschermassen im hohen Norden Europas ab. Für Schweden hat der Geologe De Geer das Ende der Eiszeit auf das Jahr 7912 v. d. Ztw. datiert. Damals brach die Eisdecke im Gebirge auseinander und gab den darunterliegenden großen Schmelzwassersee frei, der das eisfreie Land überschwemmte. Die genaue Jahreszahl las er an den Jahresringen des sogenannten Bändertons ab. Eine Zählung von der Schicht des letzten Jahres bis zu jener Überschwemmung ergab die genaue Jahreszahl.

Die zunehmende Erwärmung führte zu einem subarktischen Klima, das etwa von 8500 bis 7000 v. d. Ztw. herrschte. Nun wuchs schon ein üppiger Mischwald. Zuerst waren Birke und Kiefer erschienen, in deren lichten Wäldern sich bald Haselgewächse in großen Mengen ausbreiteten. Dann kam die Königin des Waldes, die Eiche, und in ihrem Gefolge erschienen auch die anderen Laubbäume. Zwischen 6800 und 5000 v. d. Ztw. war das Klima wärmer als zu irgendeiner anderen Zeit seit der letzten Eiszeit. In dieser warmen Periode blühte die Heide in bunter Farbenpracht, und die Fichte breitete sich aus. Noch fehlte die Buche, die erst um 2500 v. d. Ztw. erschien.

Die Veränderung des Klimas und der Vegetation schufen auch für Mensch und Tier völlig veränderte Lebensbedingungen. Mit dem Entstehen des Waldes waren die großen Rentierherden verschwunden. Auch Mammut, Höhlenlöwe, Höhlenbär und Hyäne waren zu dieser Zeit schon ausgestorben. Dafür gab es jetzt anderes Großwild. Auerochs und Wildpferd, Rotwild und Reh, Bär, Elch und Schwarzwild lebten in den weiten Wäldern. An den fischreichen Gewässern hausten Biber und Fischotter.

Im Laufe der langen Zeit hatten die Menschen viele Erfahrungen und Kenntnisse sammeln können, mit denen sie ihr Dasein immer mehr verbesserten. Durch das feuchtwarme Klima begünstigt, begann am Ausgang der mittleren Steinzeit der erste Ackerbau. Nach Ansicht einiger Forscher war es die Frau, die zur Seßhaftigkeit drängte. Sie wollte nicht länger mit Zelt, Hausrat und Kindern bepackt dem Mann folgen und nur vom Jagdglück und den Launen der Natur abhängig sein. Vielleicht war es aber weniger die Frau, sondern vielmehr die machtvolle Natur, die bestimmte, wie die Menschen zu leben hatten.

Als das Land noch eine karge, fast baumlose Kältesteppe war, hatte der Mensch keine andere Wahl, als den Rentierherden zu folgen, die sein Überleben sicherten. Jetzt aber ist Wild überreichlich in den Wäldern vorhanden. Es steht gewissermaßen das ganze Jahr über vor der Haustür. Weil es nicht mehr notwendig ist umherzuziehen, wird der Jäger jetzt seßhaft, und als natürliche Folge beginnt der erste Ackerbau. Der nächste Schritt ist dann die Zähmung einiger Tierarten zur Haustierhaltung. Zuerst sehen wir den Hund an der Seite des Menschen, ihm folgen Rind, Schwein und Schaf, später erst das Pferd. Damit beginnt um das Jahr 3000 v. d. Ztw. die bäuerliche Lebensweise, zunächst noch primitiv und auf das Wild als Hauptnahrungsquelle angewiesen, doch mit der Zeit immer mehr zum Ackerbau übergehend. Diese Lebensweise hat eine fortwährende Zunahme der Bevölkerung und die dichtere Besiedelung des Landes zur Folge.

Die Jungsteinzeit (etwa 3000 bis 1800 v. d. Ztw.)

Die menschliche Kultur entwickelte sich über die Jahrtausende nur sehr langsam weiter. Der Steinzeitmensch sah in einem Menschenalter kaum einen Fortschritt. Eine umwälzende Neuerung war jedoch, als man die Steinwerkzeuge zu schleifen und zu durchbohren begann. Damit fing ein neues Zeitalter, die Jungsteinzeit, an. Der Übergang vom Jäger- und Nomadentum zu Ackerbau und Viehzucht war vollzogen. Nachdem das feuchtwarme Klima trockener und kühler geworden war – es entsprach jetzt etwa dem heutigen –, lichtete sich auch der wild wuchernde Wald und wurde für die Menschen zugänglicher. Viele Gewächse, die zuvor den Wald undurchdringlich gemacht hatten, wuchsen nicht mehr. Mit der seßhaften Lebensweise stieg der Bedarf an Ackerboden. Durch Brandrodung ließen sich jetzt die Siedlungsflächen verhältnismäßig leicht erweitern, um für die stetig wachsende Bevölkerung neuen Raum zu schaffen.

Die einzelnen Kulturkreise treten jetzt schon schärfer hervor, die man nach den Verzierungen ihrer Tonwaren unterscheidet. Der größte Teil des preußischen Gebietes wird immer noch von der Kammkeramik beherrscht. Die Tonwaren dieses Volkes zeigen Verzierungen, die mit einem kammartigen Gerät in dem weichen Ton gezogen wurden. Es sind immer noch die gleichen Menschen, deren Vorfahren als Jäger und Fischer schon in der mittleren Steinzeit hier lebten. Ihre Wohnstätten sind noch primitiv, ihr Ackerbau einfach, ihre Kultur vorindogermanisch; es zeigen sich aber schon Einflüsse einer von Nordwesten kommenden höheren Kultur, die schon Waffen und Geräte aus Kupfer kannte. Diese Kultur hatte sich zwischen 3400 und 2900 v. d. Ztw. im skandinavischen und norddeutschen Raum gebildet.

Bald erfaßt diese höhere Kultur altnordischer Art, die durch Trichterbecher und etwas später durch Kugelflaschen gekennzeichnet ist, ganz Westpreußen und den Süden Ostpreußens. Die Menschen dieser Kultur, die in Skandinavien die riesigen Steingräber anlegten, werden deshalb auch Großsteingräberleute genannt. Im Preußenland gaben sie diesen Brauch jedoch auf. Nur im Kreis Ortelsburg gab es eine Anzahl solcher Gräber, von denen einige nach der Ausgrabung in der ursprünglichen Form vor dem Ortelsburger Heimatmuseum wieder aufgestellt wurden. Mit dieser Kultur breitete sich der Ackerbau auf breiter Basis aus, vor allem aber auch die Viehzucht. Der anfangs als Hackbau betriebene Ackerbau hatte sich jetzt zur bäuerlichen Pflugkultur weiterentwickelt. Dazu gehörte der Getreideanbau, die Verwendung von Pflug und Wagen sowie die Zucht von Zugtieren.

Das Klima, das für einige Jahrhunderte ähnlich dem heutigen gewesen war, wurde wieder wärmer, aber noch trockener. Im Jahresdurchschnitt war es zwei Grad wärmer als heute, aber mit 20 Zentimeter weniger Regen pro Jahr. Der Höhepunkt der Trockenheit lag um das Jahr 2000 v. d. Ztw. Der Grundwasserspiegel und die Oberfläche vieler Seen sanken um mehrere Meter ab. Der Ackerbau ergab geringere Erträge und mußte an manchen Stellen ganz aufgegeben werden.

Die Jungsteinzeit ist für die Prähistorie durch das Erscheinen der Indogermanen von besonderer Bedeutung; diese gaben der damaligen Welt ein Gepräge, das sich bis heute auswirkt. Aus dem späteren norddeutschen Raum zogen wiederholt große Volksscharen in die verschiedenen Gegenden Europas. Es ist die erste Völkerwanderung Europas, von der wir nähere Kunde haben. Heute stimmen die meisten Forscher darin überein, daß diese Volksgruppen die ursprünglichen Indogermanen waren, die, aus der altnordischen Trichterbecherkultur hervorgegangen, sich als Herrscherschicht über die anderen Völker ausbreiteten und sie indogermanisierten. Dieser Vorgang dauerte etliche Jahrhunderte; die Großsteingräberleute waren die Vorboten der Indogermanen gewesen.

Die Indogermanen haben der Wissenschaft viel Kopfzerbrechen bereitet. Während ein Teil der Forscher ihre Urheimat in Südrußland suchte (Ostthese), setzen sich die anderen mit überzeugenden Argumenten für Zentral- und Nordeuropa ein (Nordthese) und leiten die Schnurkeramik von der ihr vorausgegangenen Großsteingräberkultur ab. Schnurkeramiker nennt man die Indogermanen deshalb, weil sie ihre Tonwaren durch Einpressen geflochtener Schnüre verzierten.

Wir wissen nicht, was den Aufbruch dieser Volksscharen auslöste. Wir wissen aber, daß später die große Völkerwanderung um die Zeitenwende durch Übervölkerung und eine drastische Verschlechterung des Klimas verursacht wurde. Die Indogermanenzüge in alle Welt deuten ebenfalls auf eine Übervölkerung. Dazu muß sich die Trockenheit verheerend auf die Landwirtschaft, also auf die Ernährungsgrundlage der Indogermanen ausgewirkt haben. Somit dürfte die Ursache für diese erste Völkerwanderung die gleiche gewesen sein wie für die spätere. Höchstwahrscheinlich waren es auch die Vorfahren derselben Menschen. Erstmalig erscheinen sie als Schnurkeramiker im thüringisch-sächsischen Raum. Mit Pferdegespann, Wagen und Streitaxt überfluten sie bald ganz Europa. Als Hellenen treten sie in Griechenland auf, als Italiker auf der Apenninenhalbinsel, als Kelten strömen sie im letzten Jahrtausend v. d. Ztw. nach Westeuropa und zu den Britischen Inseln. Die Nachkommen in ihrem Heimatgebiet sind die Germanen.

Durch Verbindung mit den vorgefundenen Kulturen entstanden im Laufe der Zeit neue indogermanische Völker. Die Indogermanen selbst aber fanden ihr natürliches Ende, indem sie sich mit den unterworfenen Völkern vermischten und in ihnen aufgingen. Mit den Überresten ihrer Sprache aber, die in allen indogermanischen Sprachen weiterleben, haben sie sich ein unsterbliches Denkmal gesetzt.

Ob die Indogermanen bei ihrem Vordringen im preußischen Gebiet „sengend, mordend und plündernd die Urbevölkerung unter ihr Joch zwangen", wie ein Autor schreibt, ist zu bezweifeln. Das Ende einer Kultur kann auch ohne Ausrottung der bisherigen Bewohner erfolgen. Die Eskimos Nordamerikas bauen auch keine Iglus mehr; sie haben Häuser, Fernseher und Motorschlitten. Nach Jahrtausenden aber würden Archäologen, nur nach den Bodenfunden urteilend, auch hier die Ausrottung der ursprünglichen, primitiven Bewohner durch eine Invasion einer technisch hoch entwickelten Rasse feststellen. Die Bodenfunde im Preußenland zeigen im Gegenteil, daß die Kammkeramik- und Kugelflaschenkultur noch lange Zeit weiter bestehen blieb, wenn sie auch von der Schnurkeramik der Streitaxtleute (Indogermanen) erst überlagert und dann immer mehr verdrängt wurde. Am Ende blieb nur diese allein bestehen und entwickelte sich weiter.

Die zugewanderten Indogermanen unterschieden sich auch äußerlich von der alteingesessenen Bevölkerung. Sie waren hochgewachsen und langköpfig, gehörten also der nordischen

Rasse an. Ihre Kultur, mit einer mehr auf Viehhaltung als Ackerbau eingestellten Wirtschaft, beherrscht bald den Raum von Ostpommern bis zur Düna. Weil im Gebiet der Haffküsten bei umfangreichen Ausgrabungen besonders reiche Funde zutage kamen, wird sie auch Haffküstenkultur genannt. Um 2000 v. d. Ztw. ist die Ausbildung dieser Kultur abgeschlossen, die aus der Vermischung der älteren Kammkeramik mit der neueren Schnurkeramik entstanden ist. Die Träger dieser Kultur sind die Vorfahren der Balten. Damit ist die Indogermanisierung auch im Gebiet des Preußenlandes vollzogen.

Die neuen Herrscher gaben dem Volk eine Sprache, die auf demselben Laut- und Formensystem gründet wie die der Germanen, Kelten, Italiker, Griechen, Iraner, Inder und einer Anzahl weiterer Völker. Hier begann sich nun ebenfalls ein eigener indogermanischer Sprachzweig zu entwickeln, der später „baltisch" genannt wurde. Die Verwandtschaft und den gleichen Ursprung all dieser Sprachen hat die aus Litauen stammende Archäologin Marija Gimbutas vortrefflich in ihrem Buch *Die Balten* anhand des alten Sprichwortes „Gott gab Zähne, Gott wird Brot geben" veranschaulicht. Dazu wählte sie die räumlich weit entfernten Sprachen Litauisch und Sanskrit. Zum Vergleich sind hier Prußisch und Latein hinzugefügt.

Deutsch:	Gott	gab	Zähne,	Gott	wird geben	Brot.
Litauisch:	Dievas	dave	dantis,	Dievas	duos	duonos.
Sanskrit:	Devos	adadat	datas,	Devas	dat	dhanas.
Prußisch:	Deiwas	daits	dantis,	Deiwas	dat	geitien.
Latein:	Deus	dedit	dentes,	Deus	dabit	panem.

Jungsteinzeitliches Leben

Die Menschen wohnen nun in festen Häusern und leben von Ackerbau und Viehzucht. Daneben sind auch Jagd und Fischfang wichtige Ernährungsquellen. Am gesamten Ostseestrand wird ein umfangreicher Robbenfang betrieben. Die Häuser aus Pfosten und Balken sind rechteckige Fachwerkbauten mit Lehmbewurf und steilem nordischen Dach. Sie haben meist mehrere Räume, eine Feuerstelle und einen Backofen. Überreste von Hochseefischen in den Küchenabfällen bezeugen den Gebrauch seetüchtiger Schiffe. Heilkunde mit erstaunlich weit entwickelter Technik bezeugen Schädel mit Operationsöffnungen und gut verheilten Rändern. Waren die Werkzeuge der früheren Zeit reine Zweckinstrumente gewesen, so hatte sich jetzt die Steinbearbeitung zu einer hohen Kunst ausgebildet, die nicht von jedermann beherrscht wurde, sondern qualifizierte Spezialisten und gewerbsmäßige Herstellung erforderte. Bergwerke mit Schachtbetrieb zur Feuersteingewinnung, zum Teil schon in der Altsteinzeit angelegt, lieferten das begehrte Rohmaterial.

Der aus Tilsit stammende Vorgeschichtsforscher Gustav Kossinna schreibt: „Bewundern wir schon die hohe Technik und die geradezu klassische Schönheit der Formgebung bei diesen Arbeiten in Felsarten, so findet unser Staunen kaum noch eine Grenze bei den Kunstwerken in Feuerstein: hier erscheint ein Adel, wie er nirgends sonst, auch nicht bei den hochstehenden ägyptischen Feuersteingeräten zu finden ist." In den ostpreußischen Museen konnte man vor 1945 neben den anderen Altertümern über 200 durchbohrte Steinäxte bewundern.

Die Bauernwirtschaft bedurfte vieler Behälter für ihre Erzeugnisse. Aus diesem Bedarf heraus entwickelte sich auch die Töpferkunst zu hoher Blüte. Groß ist die Zahl der unterschiedlichen Formen. Da gibt es Schalen und Näpfe, Flaschen und Amphoren, Vasen und Becher, Krüge und Schüsseln, Kannen und Töpfe in jeder Größe und Form, alle kunstvoll verziert. Feuerfeste Töpfe wurden auch aus Speckstein (Steatit) hergestellt. Die große Zahl und Vielfalt der Werkzeuge und Geräte deutet auf eine weitgehende Bearbeitung nicht nur von Tierprodukten, wie Leder, Horn und Knochen, sondern auch von Holz und allen anderen Pflanzenstoffen hin. Der allgemeine Lebensstandard war dementsprechend hoch.

Am Ende der Steinzeit hatte sich der primitive Hakenpflug zum ersten Wendepflug mit hölzerner Pflugschar entwickelt. Jetzt brauchte der Acker nicht mehr kreuzweise, sondern nur noch in einer Richtung gepflügt zu werden. Als Zugtier diente das Rind im Stirnjoch. Wagen, erst zwei-, dann vierrädrig, waren schon lange im Gebrauch, denn das älteste Wagenrad der Welt, das in einem friesischen Moor gefunden wurde, stammt aus der Zeit um 3500 v. d. Ztw. Auch der älteste Pflug gehört in diese Zeitperiode.

Die Kunst des Webens und Spinnens sowie Knüpfen und Flechten waren weit entwickelt. Man benutzte einen senkrechten Gewichtswebstuhl, dessen Webegewichte – meist aus Ton – in den Siedlungen gefunden wurden. Der Flachsanbau geht etwa bis zum Jahr 3000 zurück. Zum Fischfang wurden aus Leinengarn geknüpfte Netze mit Schwimmern und Senkern verwendet. Auch Fischreusen und Harpunen waren im Gebrauch. Überreste von Feuersteinwerkstätten auf Ostseeinseln, auf denen der Stein nicht vorkommt, bezeugen, daß die Steinfracht auf hochseetüchtigen Schiffen hergebracht wurde.

Der Mann verrichtete die schweren Arbeiten; er pflügte den Boden, baute die Häuser und versorgte das Vieh. Der Frau ewiger Beruf war daheim; sie versorgte das Haus, die Kinder, den Garten, sie kochte, töpferte, mahlte das Getreide, backte Brot, spann, webte und nähte. Die ersten Nähnadeln aus Fischgräten wurden schon in der Altsteinzeit verwendet. Die Handmühlen bestanden aus einem flachen, ausgehöhlten Unterlagstein und einem Reibstein, wie sie auch heute noch bei manchen Völkern im Gebrauch sind.

Im Zedmarbruch (Kreis Darkehmen) fand man beim Ziehen von Entwässerungsgräben steinzeitliche Scherben und Geräte. Planmäßige Grabungen in den Jahren 1905 bis 1914 brachten zwei Dörfer aus der Zeit von 2300 bis 1800 v. d. Ztw. zutage sowie ein Fischerdorf an dem ehemaligen See, das bis etwa 500 v. d. Ztw. bestanden hat. Auch auf der Kurischen Nehrung wurden Spuren von Siedlungen aus dem dritten Jahrtausend v. d. Ztw. entdeckt. Von den Wohnplätzen am hohen Ufer der Danziger Bucht bei Rutzau kamen viele Altertümer in das westpreußische Provinzialmuseum. Der Fundplatz wurde namengebend für die Rutzauer Kultur, die mit der Haffküstenkultur identisch ist. Die sorgsame Totenpflege und Grabbeigaben bezeugen, daß die Menschen an ein Weiterleben nach dem Tode glaubten. In Succase bei Elbing wurden 20 Häuser freigelegt, die aus der Zeit zwischen 2000 und 1700 v. d. Ztw. stammten. Die soliden Holzbauten mit doppelten Pfostenwänden und lehmverputztem Flechtwerk haben ein bis drei Räume und am Eingang einen überdachten Vorbau; sie sind acht bis zwölf Meter lang und vier bis fünf Meter breit. Einst überdachte Keller waren durch Holzwände unterteilt. Die Bewohner dieses Dorfes hielten Haustiere, trieben Ackerbau und Viehzucht und daneben Fisch- und Robbenfang. Dabei wurde mehr mit Netzen gefischt als geangelt, was zahlreiche Netzsenker bezeugen. Der aufgefundene Schmuck aus Bernstein zeigt, daß die Bewohner auf keiner niedrigen Kulturstufe standen. Eine zweite Siedlung aus jener Zeit wurde im Juni 1924 bei Louisenthal (Kreis Elbing) ausgegraben. In einer weiteren Siedlung bei Lärchwalde (nördlich Elbing) wurden unter anderem über 60 Steinbeile gefunden. Die Toten, teils in Grabhügeln, teils in Flachgräbern bestattet, gehören der nordischen Rasse an. Zu den seltenen Ausnahmen gehören Merkmale cromagnider Abkunft (fälische Rasse) sowie osteuropider (ostbaltische) Rasse.

In der Jungsteinzeit wurden große Waldflächen beseitigt, um neues Ackerland zu gewinnen. Da man auch mit der besten Steinaxt keine jahrhundertealten Eichen fällen kann, ist es interessant herauszufinden, wie das vor sich ging. Zuerst müssen wir uns von der Vorstellung befreien, daß der damalige Wald ein wilder Dschungel von Bäumen aller Größen, Unterholz und Gestrüpp war. Wenn ein Wald in diesen Breiten genug Zeit zum Wachsen hat, treten die schnellwachsenden Bäume, wie Pappel und Birke, allmählich zurück; Eiche, Esche und Buche gewinnen die Oberhand. Am Ende triumphiert die langlebige Eiche über alle anderen Bäume. So entsteht in genügend langer Zeit ein Hochwald weit auseinanderstehender alter Eichen, deren dichte Baumkronen nicht genügend Licht durchlassen, so daß darunter kein Unterholz, sondern nur noch Gras wachsen kann. Ein solcher Wald ist eine vorzügliche Viehweide und dient im Herbst zur Eichelmast für Schweine. Stürzt einer dieser mächtigen Baumriesen nach 1.000 und mehr Jahren zu Boden, wuchert auf der entstandenen Lichtung bald ein Gemisch kurzlebiger Bäume, Gestrüpp und Unkraut, bis schließlich neue Eichen das Blätterdach wieder schließen. Auf diese Weise betreibt die Natur Forstkultur, wenn man sie gewähren läßt. Neben diesen Eichenwäldern gab es natürlich, je nach Bodenbeschaffenheit, auch Waldgebiete mit anderen Holzarten. Vor allem waren es aber diese alten Eichenwälder, die weite Flächen des Landes bedeckten.

Den Hof der Eltern übernahm nur einer der Söhne. Für die anderen wurde neues Land gebraucht, und darum mußte der Wald weichen. Um die mächtigen Stämme legte man kleine Feuer, die so lange unterhalten wurden, bis der Stamm durchgebrannt war und umstürzte. An den Stellen mit jüngerem, dichten Wald wurde das Unterholz und von den größeren Bäumen, denen die Steinaxt nicht gewachsen war, die Äste soweit wie möglich abgeschlagen. An den Stämmen wurde mit dem Steinbeil eine Kerbe rund um die Bäume geschlagen, damit sie vertrockneten. Im folgenden Herbst wurde die nun tote und ausgetrocknete Waldfläche in Brand gesetzt. Alles Nutzholz war vorher fortgeschafft worden. Stämme geeigneter Größe waren beiseite gelegt worden, die nun zur Aufstellung eines Zaunes dienten. Dieser Zaun war zum Schutz gegen das zahlreiche Wild notwendig. Nachdem das Feld von unverbrannten Holzteilen und Steinen gesäubert war, wurde trotz der im Boden verbliebenen Wurzeln die Holzasche mit Pflug, Hacke und Egge im Boden gut vermischt. Darauf erfolgte die erste Aussaat. Die großen Baumstümpfe blieben auf dem Felde stehen, bis nach Jahren die Wurzeln soweit vermodert waren, daß sie mühelos entfernt werden konnten. Diese Methode war mühsam und zeitraubend. Den Menschen standen aber seit dem Beginn des Ackerbaus bis zum Ende der Steinzeit fast 3.000 Jahre zur Verfügung, in denen nach und nach weite Gebiete der Riesenwälder auf diese Weise unter den Pflug kamen.

Die weitverbreitete Ansicht, daß Steinzeitmenschen wild aussehende Gestalten waren, die mit einem Tierfell bekleidet in Höhlen lebten, ist einer der vielen Irrtümer in der Geschichte. Der Begriff „Höhlenmensch" entstand, weil sich in den vom Wetter geschützten Höhlen menschliche Spuren über Jahrtausende erhalten haben, die ansonsten überall von der Witterung ausgelöscht wurden. Zu Zeiten der Rentierjäger mögen Höhlen vorübergehend als Wohnplatz gedient haben; später lagerten dort hin und wieder Jäger und hinterließen ihre Spuren. Ein Volk von Höhlenmenschen hat es aber nie gegeben.

Es gibt genügend Beispiele, daß große Kulturen auch ohne Metallwerkzeuge florierten. Die Sumerer bauten um 3000 v. d. Ztw. in Mesopotamien die ersten Großstädte mit riesigen Tempeltürmen und Palästen. Auch die Minoer bauten zwischen 2000 und 1500 v. d. Ztw. auf Kreta große Städte, und ihre Flotte beherrschte das Mittelmeer. Am bekanntesten sind die Ägypter, die zwischen 2585 und 2425 v. d. Ztw. die großen Pyramiden bauten.

Bis jetzt wurde gelehrt, daß „die Wiege der Zivilisation" im Raum des östlichen Mittelmeeres stand und alle Kultur sich von dort über ganz Europa ausgebreitet hat. Heute wissen wir, daß die Megalithbauten im Norden und Westen Europas älter sind als die im Mittelmeergebiet, womit dieser Lehrgrundsatz ungültig wird. Leider wissen wir zu wenig über diese nordischen Kulturen, die immerhin solche Bauwerke errichteten, daß deren Quadersteine in Jahrtausenden nicht weggeschafft und als Baumaterial anderweitig verwendet werden konnten.

Auch wenn unsere Vorfahren keine Pyramiden bauten, so standen sie deswegen keineswegs auf einer niedrigeren Kulturstufe. Hochkulturen waren nur möglich, wenn sich in einem Volk eine Herrscherschicht herausgebildet hatte, die das übrige Volk rigoros beherrschte und es zu Abgaben und Arbeitsleistung zwang. Bei den freien Bauern der Nordvölker war solches nicht möglich, da hier selbst ein König nichts befehlen konnte, ohne vorher die Zustimmung der Volksversammlung einzuholen. Der sumerische oder ägyptische Bauer führte trotz Hochkultur, oder gerade deshalb, ein armseliges Sklavendasein, um das ihn der freie Bauer der Nordvölker gewiß nicht beneidete.

In allen Teilen der Welt waren Steinzeitmenschen zu geistreichen Erfindungen und großartigen Leistungen fähig. Die Jungsteinzeit könnte ebensogut auch Kupferzeit heißen, denn Kupfer, wie auch Gold und Silber, wurde von allen Steinzeitkulturen verarbeitet.

Die Ältere Bronzezeit (etwa 1800 bis 1200 v. d. Ztw.)

Die nordischen Wanderungen – die Indogermanenzüge – hatten zur Entstehung neuer Völker geführt. Das älteste Großvolk Europas, das sich um 2000 v. d. Ztw. herauszubilden begann, waren die Germanen. Mit diesen bildete sich auch die baltische Volksgruppe. Etwas später, zwischen 1800 und 1500, entstand das Großvolk der Illyrier. Um 750 v. d. Ztw. sind erstmalig die Kelten nachzuweisen. Obwohl Kupfer schon lange verarbeitet wurde – die hochentwickelten Kupferwerkzeuge aus dem Donaugebiet stammen zum Beispiel von 4500 bis 4000 v. d. Ztw. –, war es die Zinnbronze, die mit der Zeit das technische und kulturelle Gepräge der Menschheit entscheidend veränderte. Der Bergbau begann, der Fernhandel nahm einen starken Aufschwung und damit auch die Verkehrsentwicklung. Die Berufe der Bergleute, Metallhandwerker und Händler entstanden in größerem Umfang. Für die Masse der Menschen aber änderte sich zunächst wenig. Der am Ende der Steinzeit erreichte Lebensstandard blieb noch lange weiter bestehen. Der Kupferkessel, der schon seit Generationen über dem Herd hing, blieb weiter an seinem Platz. Stein und Knochen, Geweih und Holz blieben noch lange Werkstoffe für die Dinge des täglichen Bedarfs, aber nach und nach kam das eine oder andere Bronzegerät in Gebrauch. Langsam, im Laufe von Jahrhunderten, hob sich der Lebensstandard weiter, bis er schließlich die goldene Höhe der Bronzezeit erreichte.

Man nimmt an, daß die Bronzetechnik um 2500 v. d. Ztw. in Vorderasien erfunden worden war und von dort um 1800 Nordeuropa erreichte, wo sie von dem aufsteigenden Germanentum übernommen wurde. Manche Forscher glauben jedoch, daß die Bronze unabhängig von jener Erfindung auch von den Germanen im sächsischen Erzgebirge entdeckt wurde, wo der Zinnstein neben dem Kupfererz zu finden ist und eine Verschmelzung der beiden Metalle sich anbot oder zumindest nahelag. Die ersten Bronzeartikel enthielten nur wenig Zinn. Bald entdeckte man die besten Legierungen, die einen Zinnanteil von etwa zehn Prozent im Kupfer erfordern. Zunächst wurden fertige Bronzewaren durch den aufblühenden Handel verbreitet, aber bald entstanden in vielen Ländern einheimische Industrien.

Auch bei den Balten hatte sich um 1200 v. d. Ztw. eine Bronzeindustrie mit charakteristischen Eigenheiten entwickelt. Erze wurden in Mengen eingeführt, und die einheimischen Schmiede schufen Schmuck, Waffen und Geräte in nicht zu verwechselnden neuen Formen. Im Samland wurden Schmelzhütten entdeckt, in denen Kupferbrocken gefunden wurden sowie fertige und unvollendete Gegenstände, zum Beispiel Halsringe, an denen noch die Gußzapfen hafteten. Von den zahlreichen Horten ist der bei Litthausdorf hervorzuheben, der 118 Gegenstände enthielt. Ein zweites Zentrum der Bronzeverarbeitung entwickelte sich in Galinden. Aufgrund der Industrie im eigenen Land verbreiteten sich Bronzeartikel mit der Zeit in großer Menge unter dem ganzen Volk.

Die Toten wurden in Hügelgräbern mit Beigaben beerdigt. Diese Gräber treten in gleicher oder ähnlicher Ausstattung im ganzen Gebiet von Pommern bis über die Memel auf. Das größte Gräberfeld aus der Zeit von 1800 bis 1600 v. d. Ztw. liegt bei Schmirtenau (Kreis Flatow). Auch auf den Uferhöhen des Goldap-Flusses und bei Angerburg befinden sich viele Spuren von Siedlungen und zahlreiche Gräberfelder. Ein Fürstengrab auf dem samländischen Gräberfeld von Rantau wurde in die Zeit um 1300 v. d. Ztw. datiert. Es enthielt eine Streitaxt, Perlen aus Bernstein und blauem Glas, ein Bronzearmband, eine Gewandnadel und als Seltenheit ein Bronzeschwert.

Der Bernstein

Bis zum 16. Jahrhundert v. d. Ztw. hatte sich der Bernsteinhandel in bescheidenen Grenzen gehalten. Die Verbreitung der Bronze bewirkte den Ausbau von Handelsbeziehungen der Völker untereinander zu einer bis dahin nie gekannten Regsamkeit. Dies war die Geburtsstunde des modernen Handels, und der Händler avancierte zum Kaufmann. Damit stieg auch die Nachfrage nach Bernstein beachtlich an, und der Handel mit ihm erreichte bald erstaunliche Ausmaße. Das Bernsteinland wurde jetzt in der ganzen Welt bekannt, und ein Teil seiner Bewohner wurde gewahr, welch wertvollen Schatz ihr Land besaß. In allen Ländern wurde der Bernstein als Schmuck, Medizin und Weihrauch begehrt. Jahrtausendelang blieb er das Bindeglied zu den anderen Völkern.

Den Stein, den die Frauen lieben, gibt es auch anderswo, aber nirgends in solcher Menge und Qualität wie im Samland. Der Bernstein entstand in der ältesten Tertiärzeit, wo nahe der heutigen Ostseeküste der Bernsteinwald grünte, dessen harzreiche Kiefern uns heute noch das „ostpreußische Gold" liefern. Die Erdschicht, in die er eingebettet ist, war ehemals Meeresboden, von Schwefeleisen bläulich gefärbt. Die Schicht ist hauptsächlich zwischen Pillau und Brüsterort zu finden. Bei Palmnicken liegt sie 15 Meter unter dem Meeresspiegel. Ihr Gehalt an Bernstein wird auf zehn Millionen Tonnen geschätzt. Diese Schicht muß stellenweise den Grund der Ostsee bilden, denn heftige Stürme werfen den Bernstein mit Tang- und Seegrasmassen an den Strand. Aber auch weit im Inland wird Bernstein gefunden. In Friedrichshof (Kreis Ortelsburg) zum Beispiel wurde bis 1730 nach Bernstein gegraben. Dort liegt er aber nicht in der Tertiärschicht, sondern im Moränenschutt der Eiszeit, mit dem er dorthin gelangte. Das größte Stück, das je gefunden wurde, lag auf einer Wiese in der Gegend von Gumbinnen, wo es zwischen anderen Steinen 1803 entdeckt wurde. Es war 37 Zentimeter lang und wog fast sieben Kilogramm.

Wie das Harz der Bernsteinkiefer in solchen Mengen ins Meer kam, wissen wir nicht. Anscheinend versank der Wald im Laufe der Erdgeschichte im Meer, vielleicht senkte er sich sogar mehrmals. Wir wissen auch nicht genau, wo der Bernsteinwald stand. Einige Forscher nennen die Südküste von „Fennoskandia", dem Urkontinent, der nordwestlich des Samlandes begonnen haben soll. Sicher ist, daß er vor 50 Millionen Jahren irgendwo im Gebiet der heutigen Ostsee stand. Wie jener Wald aussah, wissen wir dagegen ziemlich genau, denn durch die Einschließungen von Pflanzenteilen konnte man ihn genau rekonstruieren. Fächer- und Phönixpalmen wuchsen dort, Lorbeer- und Lebensbäume, Eichen, Fichten, Heidekraut, Farne, Moose, Pilze, Flechten und vor allem die Bernsteinkiefer. Auch ein Teil der Tierwelt ist bekannt. Von den größeren Tieren wurden zwar nur Eichhörnchen, Buntspecht und Eidechse festgestellt; die Kleintierarten sind aber in großer Anzahl vertreten. Von den Käfern hat man 50, von den Zweiflüglern mehr als 200 Arten festgestellt. Viele davon gibt es heute nicht mehr oder nur noch in abgewandelter Form. Der römische Dichter Markus Martial schrieb um 100 n. d. Ztw. den folgenden Vers über eine im Bernstein eingeschlossene Biene:

> „Wie ein durchsichtiger Goldsarg umschließt Phaethons Tropfen die Biene,
> ihr eigener Nektar, so scheint es, umschließt sie für ewig.
> Gerechten Lohn hat sie empfangen, für fleißiges Mühen und Plagen.
> Ich möchte glauben, daß sie selber wünschte, so zu sterben."

Ein Dichter unserer Zeit schrieb:

> „Während du träumtest, schloß tropfendes Harz dich ein,
> wurde kristaller Sarg und funkelnder Stein.
> Unversehrt dauern wirst du, der Urzeit Kind,
> wenn wir schon alle spurlos vergangen sind."

Bei dem Versuch, einige der eingeschlossenen Insekten aus ihrem gläsernen Sarg herauszunehmen, stellte man fest, daß sie sich im Laufe der langen Zeit aufgelöst hatten. Die feinen Beinchen, die zarten Flügeladern, die bunten schillernden Farben, alles ist nur ein Abdruck ohne Substanz.

Von der Küste des Samlandes wanderte der Bernstein in die ganze Welt. Von der großen Bedeutung des Bernsteinhandels zeugen die Namen einiger der meistbefahrenen Handelsstraßen des Altertums, die als „Bernsteinstraßen" bekannt waren. Man fand Bernstein in Schweizer Pfahlbauten und spanischen Höhlen. Bei den Finnen war er ebenso beliebt wie bei den Ägyptern. Weit im Osten, sogar in der Kirgisensteppe wurde Bernsteinschmuck gefunden. Die Frauen der homerischen Helden schmückten sich mit Bernsteinketten, und 1.000 Jahre später taten chinesische Mandarine es ihnen gleich. Weitere 1.000 Jahre später zierten Bernsteinamulette arabische Sultane.

Daß es sich dabei um Ostseebernstein handelt, ist leicht festzustellen, denn dieser unterscheidet sich durch seinen hohen Gehalt an Bernsteinsäure (drei bis acht Prozent) von dem aus anderen Gegenden. Der Bernstein wurde jetzt nicht nur im rohen Zustand ausgeführt, sondern auch im Lande selbst verarbeitet. Dies bezeugen Funde großer Mengen von Bernsteinperlen, die alle Phasen der Bearbeitung zeigen, vom rohen Stein bis zum fertigen Produkt, sowie Mengen beim Schleifen gesprungener Perlen. Diese Perlen und Gehänge wurden im ganzen nördlichen Europa, von Skandinavien bis zum Ural, gefunden, die eindeutig aus diesen Werkstätten stammen.

Der florierende Handel brachte viele Einfuhrgüter, sogar Gold ins Land. Der Reichtum floß hauptsächlich in die Hände derer, die mit dem Sammeln, Bearbeiten und Handel zu tun hatten, und trat daher besonders in der Küstenregion hervor. Die auf diese Weise Begünstigten konnten sich die kostbarsten Bronzeartikel und andere Einfuhrgüter leisten, die damals die Welt zu bieten hatte. Die Masse der bäuerlichen Bevölkerung hatte allerdings keinen direkten Anteil an diesem Segen. Je weiter von der Küste entfernt, um so rarer sind Funde kostbarer Einfuhrgüter.

Die Jüngere Bronzezeit (etwa 1200 bis 800 v. d. Ztw.)

Zu Beginn der Jüngeren Bronzezeit hat die baltische Kultur ihre größte Ausdehnung erreicht. Sie umfaßt Pommern und Teile von Schlesien sowie Länder am Finnischen Meerbusen und reicht im Osten weit nach Rußland hinein. Etwa ab 1200 v. d. Ztw. gehen die Randregionen verloren. Entweder wurden die Balten erheblich zurückgedrängt oder von den vordringenden Nachbarvölkern assimiliert. Ein bedeutender Teil der Bewohner im westlichen Rußland sind slawisierte Ostbalten.

Südwestlich des baltischen Gebietes dehnt sich zwischen 1100 und 900 v. d. Ztw. die Lausitzer Kultur der Illyrer auch nach dem baltischen Raum weiter aus und beginnt auf seinen Westteil Einfluß zu nehmen. Auch hier wird die baltische Bevölkerung zwischen der unteren Oder und der Weichsel verdrängt oder assimiliert. Neben den Bodenfunden bezeugen aber noch immer einige Dutzend Gewässernamen, daß dort einst Balten wohnten. Unter dem Einfluß der Illyrer wandelt sich im westbaltischen Raum – etwa bis zur Memel – die bisher übliche Körperbestattung zur Brandbestattung. Diese bleibt bis zur Zeitenwende bestehen, während im nördlichen Teil, jenseits der Memel, die Körperbestattung beibehalten wird. Durch diesen Wandel in der Kultur kommt es um 1000 v. d. Ztw. zu einer Aufteilung des bisher einheitlichen baltischen Kulturgebietes. Es entsteht ein westbaltischer (prußischer) Teil, der über die Memel hinausreicht, und ein ostbaltischer (litu-lettischer) Teil, der nördlich davon liegt. Kulturgeschichtlich ist dies die „Geburtsstunde" der westbaltischen Prußen einerseits und der ostbaltischen Litu-Letten andererseits. Von dieser Zeit an beginnt sich auch ein sprachlicher Unterschied zwischen Ost- und Westbalten zu entwickeln. Die ostbaltische Gruppe bleibt unverändert, als ungegliederte Einheit, bis zur Zeitenwende bestehen. Die fortschrittlichere westliche Gruppe, die zuerst von der Kultur der Illyrer und dann von der Kultur der Germanen deutlich beeinflußt wird, beginnt sich bald in kleinere Einzelgruppen oder Stämme zu zergliedern.

Die den nordischen Raum beherrschenden Germanen dehnen sich zu dieser Zeit weiter nach Osten aus und erreichen um 800 v. d. Ztw. die Weichsel. Weil diese die Asche ihrer Toten in Urnen beisetzen, an deren Oberteil eine Gesichtsdarstellung angebracht ist, nennt man ihre Kultur „Gesichtsurnenkultur". Diese Germanen haben die Illyrer nun aus diesem Raum verdrängt.

Die Lebensweise in der Jüngeren Bronzezeit war weit entwickelt und die Bevölkerung schon sehr zahlreich. Neben der kretisch-griechischen steht die germanische Bronzekultur am höchsten. Außer der aus dem Schmieden entwickelten Treibtechnik beherrschte man auch die Gußtechnik, die Kunst der sogenannten verlorenen Form, teilweise in einer heute nicht wieder erreichten Vollendung. Die samländische Bronzeindustrie erhielt ihr Rohmetall größtenteils von der Odermündung oder aus Schweden über die Ostsee. Die Industrie in Galinden bezog ihr Material über die Bernsteinstraße von Süden her. Mit der aufblühenden Bronzezeit hob sich der Lebensstandard zunehmend, und die folgende Zeitperiode wird von den Historikern als die glücklichste in der gesamten Geschichte des Landes bezeichnet.

Es war ein wahrhaft goldenes Zeitalter, als die Kultur der Bronzezeit in voller Blüte stand. Arbeitsgeräte und Werkzeuge waren ebenso aus der goldenen Bronze wie die vielseitigen Schmucksachen. Selbst die Rasiermesser glänzten wie Gold und waren prachtvoll verziert. Unsere Vorfahren liefen damals nicht mit struppigen Bärten umher, wie es oft dargestellt wird. Sie waren auch keineswegs mit zottigen Bärenfellen behangen, sondern trugen aus

Urnen sind Fundstücke aus Begräbnisstätten, die vieles über den Stand der Kultur unserer Vorfahren verraten. Diese Speicherurne von Obliwitz, Kreis Lauenburg, Hinterpommern, und diese Gesichtsurne aus Pommern stammen aus dem 8. bzw. 6. Jahrhundert v. d. Ztw.

Diese Waffen entstammen der frühen Bronzezeit. Die Schutzwaffen, Schild und Helm, widerstrebten germanischem Wesen. Erst spät dringen sie ein, ihr Gebrauch ist aus der Fremde beeinflußt.

Wie Funde von Grabbeigaben nahelegen, dürften die Germanen der frühen Bronzezeit (hier um 1600 v. d. Ztw.) so wie in dieser künstlerischen Nachbildung dargestellt ausgesehen haben. Einfach ist das Leben der Bronzezeit, aber sicher und klar. Zugleich zeugt die Tracht, die Wollstoffe für Kleid und Mantel, die Filzmütze für den Mann, das Haarnetz für die Frau als Kopfbedeckung, die Schals, Gürtel und Schuhe, die prächtigen Quastenenden des Gürtels der Frauenkleidung, von den Fortschritten, die hier erreicht wurden. Aber auch Schmuck sowie Haushalts- und Arbeitsgerät deuten auf den hohen Stand der Entwicklung dieser Kultur.

Wolle oder Leinen gewebte Kleider. Von den Männern sind knielange Oberkleider bekannt, über denen ein Mantel getragen wurde. Die Frauen kleideten sich mit einer Ärmeljacke und einem knöchellangen, vielfach gefalteten Rock. Ein Gürtel, mit langen Quasten verziert, hielt dieses Gewand zusammen. Der Schmuck war von eindrucksvoller Schönheit. Die beliebteste Verzierung war die Spirale, aber auch Sonnenräder und andere Ornamente zierten Schmuck- und Gebrauchsgegenstände. Der Hauptschmuck der Frau war eine am Gürtel befestigte, reich mit Ornamenten geschmückte Zierscheibe. Dazu kamen kunstvoll gearbeitete Fibeln, Halsringe mit Anhängern und Armbänder. Neben Bronzestücken wurde auch viel Bernstein-, Gold- und Silberschmuck getragen. Die Kultur unserer Vorfahren vor 3.000 Jahren war nicht geringer entwickelt als die der Mittelmeervölker jener Zeit. Man muß bedenken, daß die griechische Kultur sich damals erst entwickelte und das später weltbeherrschende Rom noch nicht einmal gegründet war.

Die zahllosen Hortfunde, Siedlungsstätten und Grabanlagen der Jüngeren Bronzezeit heben sich scharf von den älteren Kulturen ab. Sie bezeugen ferner, daß das Land nicht etwa spärlich besiedelt, sondern voll bevölkert war. Große Gräberfelder wurden freigelegt; daneben finden sich Steinhügelgräber mit Massenbestattungen. Ein solcher Grabhügel liegt bei Workheim (Kreis Heilsberg). Er hat einen Durchmesser von 13 Metern und enthält etwa 600 Bestattungen aus der Zeit zwischen 1000 und 600 v. d. Ztw. Wie eine Dorfgemeinschaft ihr Vieh versorgte, zeigt eine Einfriedung auf einer Anhöhe bei Bischofswerder. Die eingezäunte Fläche ist rund 50 mal 90 Meter groß und bot Raum für etwa 150 Tiere. Sie ist von einem 1,50 Meter breiten und 1,80 Meter tiefen Graben und einem Erdwall umgeben, auf dem einige lehmverputzte Flechtwerkhütten standen, die wohl den Hirten als Unterkunft dienten. Hortfunde in Masuren, teils baltischer und teils germanischer Prägung, deuten auf das Zusammenleben der beiden Völker. Ein Verwahrfund aus Prenzlawitz (Kreis Graudenz) enthielt einen großen zweihenkligen Bronzekessel, in meisterhafter Treibarbeit hergestellt und kunstvoll mit Vogelköpfen verziert, sowie drei aus Bronze gegossene Trinkhörner. Auf bewundernswerter Höhe stand auch die Gold- und Silberschmiedekunst sowie die Weberei; Handel und Gewerbe blühten.

Die Eisenzeit (etwa 800 v. d. Ztw. bis zur Zeitenwende)

Das Eisen wurde angeblich auf Kreta um 1500 v. d. Ztw. erfunden, kam im Norden Europas aber erst ab 800 v. d. Ztw. allgemein in Gebrauch. Die Kultur dieser Zeit stand nicht mehr auf der Höhe der Bronzezeit. Die beständige Bronze wurde auch nicht durch das rostende Eisen ersetzt, jedoch zurückgedrängt. Das Eisen wirkte sich aber noch umwälzender als die Bronze auf das weitere Leben der Menschen aus. Die Verwendung von Metall hatte sich allgemein verbreitet, doch Eisen war nicht so kostbar wie Kupfer und Zinn, das von anderen Völkern eingeführt werden mußte. So wurde Eisen bald der Hauptwerkstoff für Waffen und Geräte aller Art. Die Verbreitung des Eisens in Europa wird den Kelten zugeschrieben. Überall, wo die Heere dieser großen blonden Krieger mit ihren eisernen Schwertern und Lanzen erschienen, zog auch ihre höhere Kultur und der Fortschritt ein. Sie brachten die eiserne Pflugschar, die lange Sense und als erstaunliche Neuerung ein Wagenrad, das von einem straff sitzenden Eisenreifen umspannt war.

Die Archäologen unterscheiden etwa ab 700 v. d. Ztw. drei unterschiedliche Hauptgruppen der Westbalten: die samländisch-natangische, die west- und die ostmasurische Gruppe. Während die Westbalten zu dieser Zeit anscheinend in Frieden und Wohlstand lebten, hatten ihre südlichen Nachbarn wiederholt unter den Einfällen der Skythen zu leiden. Dieses mächtige Volk bewohnte damals die südrussischen Steppengebiete zwischen Dnjepr und Don. Mit Pfeil und Bogen bewaffnet, stießen ihre Reiterheere im sechsten und fünften Jahrhundert v. d. Ztw. weit nach Westen vor; ihre Spuren sind in Polen und Böhmen zu finden. Sie drangen – anscheinend nur einmal – bis in das Gebiet der späteren Mark Brandenburg vor. Ob sie ihre Raubzüge bis ins baltische Gebiet führten, konnte bisher nicht ermittelt werden. Die Balten errichteten aber eine Kette von Wehrburgen, die offenbar gegen diese Angreifer aus dem Süden gerichtet waren.

Die geschickt angelegten Befestigungen befanden sich oft auf Landzungen oder Inseln und hatten meistens einen zwei bis drei Meter hohen Erdwall, der zusätzlich mit einem Gefüge von waagerecht und senkrecht verbundenen Baumstämmen gesichert war. Das auf einer Insel im Arys-See (Kreis Johannisburg) errichtete Wehrdorf war durch mehrere Palisadenringe geschützt. Ein anderes, auf einer Landzunge bei Klein-Stärkenau (Kreis Rosenberg), bestand aus acht Wohnhäusern nebst Scheunen und Ställen. Es war mit zwei Steinwällen und an der Vorderseite mit mehreren Palisadenreihen abgesichert. Bisher hat man 18 dieser Wehranlagen in einer durchgehenden Kette von der Weichsel bis Masuren festgestellt, die alle aus jenen zwei Jahrhunderten stammen. Spuren von Kampfhandlungen wurden aber nirgendwo entdeckt. Vom vierten vorchristlichen Jahrhundert an gibt es keine Anzeichen skythischer Einfälle mehr.

Die Skythen lösten das Ende der Lausitzer Kultur aus, und in deren Gebiet drang nun die Gesichtsurnenkultur der Germanen vor. Da in den nächsten Jahrhunderten bei den Balten Begräbnisbräuche entstehen, die denen der Skythen ähnlich sind, deuten manche Forscher dieses als möglichen skythischen Einfluß. Auch die außergewöhnliche Pferdeliebhaberei der Prußen könnte skythisches Erbe sein, meinen sie. Es gibt jedoch keinen festen Anhaltspunkt für diese Vermutung. Nach dieser Zeit kriegerischen Aufruhrs oder zumindest ernster Bedrohung scheinen die Westbalten weiter ein friedliches Leben geführt zu haben. Im Gegensatz zu keltischen oder germanischen Gräbern enthalten die westbaltischen fast nie Waffenbeigaben.

Inzwischen hatte die Eisenkultur auch das baltische Gebiet erfaßt. Die Germanen dehnten sich allmählich über die Weichsel weiter nach Osten aus und erreichten im Laufe von zwei Jahrhunderten, um 650 v. d. Ztw., die Alle-Passarge Linie. Es scheint, daß dieses Vordringen nicht durch kriegerische Eroberung erfolgte, sondern daß dieses Gebiet langsam unterwandert wurde und die baltische Bevölkerung in der germanischen aufging, was bei der höheren Kultur der Germanen verständlich erscheint. Das bestätigen auch die waffenlosen Gräber. Zwar wurden Reste größerer Erdbauten gefunden, die als Wallburgen gedeutet werden. Da diese aber nur im germanischen Gebiet vorkommen, ist anzunehmen, daß sie nicht gegen die Balten gerichtet waren. Wo germanische Stämme nebeneinander wohnten, kam es fast immer zum Streit. Die ersten Germanen, die auf baltisches Gebiet vordrangen, waren Bastarnen, die mit den Skiren als erste Germanenstämme weltgeschichtliche Bedeutung erlangten und die große Auseinandersetzung mit Rom einleiteten. Als die Goten dort einzogen, waren sie längst nach Süden abgezogen, und die Verbliebenen waren in Wandalen, Burgundern und Rugiern aufgegangen, die zu dieser Zeit dort wohnten. Der Wechsel dieser Bewohner wird nicht ohne Kampf erfolgt sein, und die Wallburgen, falls es solche waren, werden bei jenen Auseinandersetzungen entstanden sein. Über das Vordringen der Germanen schreiben manche Historiker von Brand, Mord und grausamer Ausrottung der baltischen Bevölkerung. Wir wissen aber nicht, ob es sich tatsächlich so verhält. Die wenigen Anhaltspunkte deuten eher auf eine langsame und mehr friedliche Ausbreitung.

Die letzten 500 Jahre dieses Zeitraumes sind durch den großen Klimasturz geprägt. Seit 1000 v. d. Ztw. war das trockenwarme Wetter allmählich kühler und feuchter geworden, bis um 500 v. d. Ztw. ein drastischer Wechsel erfolgte, der alle Völker Nordeuropas mehr oder weniger schwer traf. Der steigende Grundwasserspiegel vernichtete große Gebiete fruchtbaren Ackerbodens und vertrieb die Menschen von den niedrigliegenden Landesteilen. Durch die fortwährende Verschlechterung des Wetters und die damit verbundenen Naturkatastrophen und Mißernten hatten besonders die germanischen Völker Skandinaviens den größten Teil ihrer Lebensgrundlage verloren. Die Not zwang ganze Stämme zum Verlassen ihrer alten Heimat. Es gab nur einen Weg, den sie nehmen konnten, um neuen Lebensraum zu finden, den nach Süden. Damit begann die große germanische Völkerwanderung.

Die Seefahrt wurde zu jener Zeit sowohl von den germanischen als auch von anderen Völkern intensiv betrieben. Wir wissen zum Beispiel, daß Phönizier in ägyptischem Auftrag um 600 v. d. Ztw. Afrika umrundeten, was den Portugiesen erst wieder 1497/98 gelang. Seefahrten vom Mittelmeer nach England, Norwegen und den Atlantikinseln waren vor der Zeitenwende nichts Außergewöhnliches. Die Ostsee wurde regelmäßig von den Germanen befahren. Ein damals allgemein benutzter Reiseweg vom Norden zum Süden ging über die Ostsee zur Weichselmündung, die dann als Ausgangsbasis für weitere Wanderungen diente. Zuerst kamen über diesen Weg die Wandalen im zweiten Jahrhundert v. d. Ztw. Dann folgten von Südschweden die Burgunder und anschließend die aus Norwegen kommenden Rugier. Um die Zeitenwende kamen wiederum aus Südschweden die Goten. Für alle war das Weichselgebiet aber nur eine Durchgangsstation während der beginnenden großen Völkerwanderung. Nach mehr oder weniger langem Aufenthalt zogen alle weiter, ließen aber immer bedeutende Volksteile zurück. Dies gilt besonders für die Wandalen, deren Nachkommen bis in unsere Zeit im Gebiet von Pommern bis Schlesien wohnen. Von größerem Interesse sind für uns aber die Goten, von denen ein bedeutender Teil im Preußenland blieb und einen wesentlichen Anteil an der Entstehung des prußischen Volkes hatte.

Die Balten kamen über den Klimawechsel leichter hinweg als die Bewohner Skandinaviens. Zwar verursachte das kältere Klima auch hier eine Notlage, und das steigende Grundwasser zerstörte viel Ackerland. Es kam hier jedoch nicht zu den katastrophalen Auswirkungen, wie sie der Norden zu ertragen hatte. Vor allem gab es hier keine verheerenden Meereseinbrüche. Erst langsam, dann mit immer besserem Erfolg, hatten die Balten gelernt, sich dem veränderten Klima anzupassen. Mit wärmerer Kleidung und besseren Häusern schützten sie sich vor der Kälte. Sie fanden Getreidesorten, die auch bei dieser kühlen Witterung reiften und gute Erträge brachten. Die Viehhaltung war bisher mühelos gewesen, weil die Tiere Sommer wie Winter im Freien gehalten wurden. Jetzt aber mußten winterfeste Ställe geschaffen werden, in denen das Vieh mit Futter versorgt werden konnte. Eine planmäßige Vorratswirtschaft war notwendig, um Mensch und Vieh während der langen Winter mit Nahrung zu versorgen. Die Futtervorräte mußten in Scheunen und Ställen untergebracht werden. Diese Umstellung der Landwirtschaft von einem milden auf ein kaltes Klima war sicherlich die größte Agrarrevolution aller Zeiten, die enorme schöpferische Anstrengungen erforderte. Die Bauernhöfe bestanden von jetzt ab aus einer Vielzahl von Bauten. Einige Generationen hatten es sehr schwer gehabt; sie hatten sich plagen und abmühen müssen, aber dann ging es wieder aufwärts. Die letzten Jahrhunderte v. d. Ztw. zeigen einen steigenden allgemeinen Wohlstand und eine neue Blüte der Kultur.

Die archäologischen Funde aus dieser Zeit sind besonders zahlreich. Die Toten wurden in Steinkistengräbern bestattet, in die Urnen einer ganzen Familie gestellt wurden. Der darüber aufgeschüttete Erdhügel wurde mit Steinen und einer weiteren Erdschicht abgedeckt. Ein typisches Beispiel dieser Grabhügel befindet sich bei Grünwalde (Kreis Preußisch Eylau). Die Urnen sind kunstvoll mit geometrischen Motiven, Punktlinien, menschlichen Figuren und anderen Ornamenten verziert. Viele Fundstätten weisen neben den Tongefäßen auch eiserne Gegenstände sowie Glas- und Porzellanperlen auf. Die Gräber von Heinrichshofen, Köhlersgut und Sonntag (Kreis Sensburg), stammen von der westmasurischen Gruppe der frühen Eisenzeit. Auch etliche Verwahrfunde germanischer Bronzegegenstände wurden dort entdeckt. Die Gräber von Groß Steinfelde und Ribben (Kreis Sensburg), die Friedhöfe von Grotken und Taubendorf sowie die drei ostgermanischen Fürstengräber bei Pilgramsdorf (Kreis Neidenburg) stammen aus dem letzten vorchristlichen Jahrhundert. Viele Grabstätten wurden nicht nur einmal angelegt, sondern man hat jahrhundertelang Nachbestattungen in vorhandene Grabhügel vorgenommen, was die Dauer der dazugehörenden Siedlungen bezeugt. In manchen Gegenden zeigen ältere Gräber noch Körperbestattungen, die jüngeren sind jedoch Brandgräber. Die Gesichtsurnenkultur ist besonders in den Gräberfeldern von Großendorf und Schwarzau (Kreis Putzig) vertreten.

Im Sommer 1939 wurde bei Dröbnitz (Kreis Osterode) eine Moorleiche gefunden. Ein etwa zwölf- bis 14jähriges Mädchen, ausgestreckt auf dem Rücken liegend, war in einen kurzen, aus vier Schaffellen zusammengenähten Schultermantel eingehüllt. Mit einer Wollschnur war daran ein beinerner Kamm befestigt. Der Umhang war mit der Fellseite nach innen gefertigt, die Nähte sorgfältig ausgeführt, der obere Rand gesäumt. Flickstellen zeigten, daß der Mantel mehrmals ausgebessert worden war. In den Verdauungsorganen ließen sich Reste von Fleisch, Fett, Erbsen und Weizenmehl nachweisen. Nach der moorgeologischen Untersuchung wurde der Zeitpunkt des Todes auf 500 v. d. Ztw. datiert. Damit ist dies die älteste Moorleiche, die bisher gefunden wurde. Für die zuweilen aufgestellte Behauptung, daß es sich hierbei um ein Menschenopfer gehandelt hat, gibt es keinen Anhaltspunkt. Wir wissen nicht, warum das Mädchen im Moor umkam.

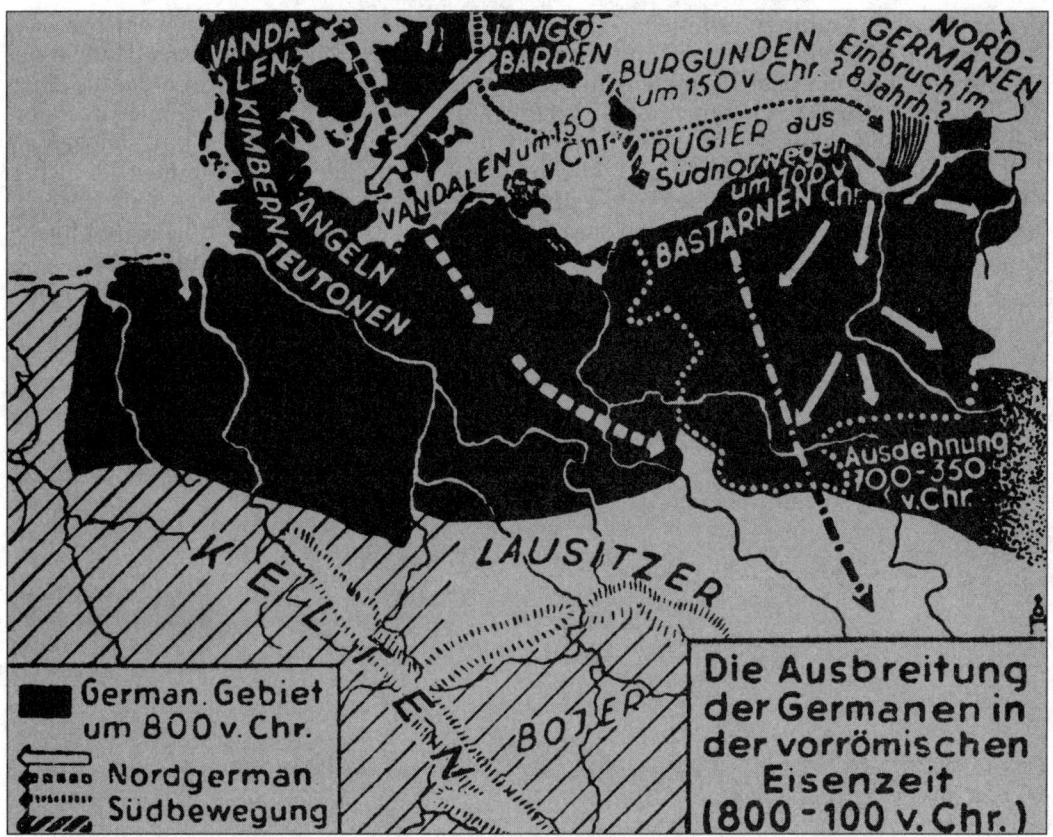

The map contains the following labels:

VANDALEN · LANGO-BARDEN · BURGUNDEN um 150 v.Chr. · NORD-GERMANEN Einbruch im ? 8.Jahrh.? · KIMBERN · VANDALEN um 150 v.Chr. · RÜGIER aus Südnorwegen um 100 v.Chr. · ANGELN · TEUTONEN · BASTARNEN · Ausdehnung 100-350 v.Chr. · KELTEN · LAUSITZER · BOJER

German. Gebiet um 800 v.Chr.
Nordgerman. Südbewegung

Die Ausbreitung der Germanen in der vorrömischen Eisenzeit (800-100 v.Chr.)

Die Ausbreitung der Germanen in der Eisenzeit deutet bereits auf erste Wanderbewegungen.

Der Höhenrand des Weichsel-Nogat-Deltas war im Altertum besonders dicht besiedelt. Zahlreiche ur- und frühgeschichtliche Fundstätten sowie Gräberfelder aller Zeitperioden von der Steinzeit bis zum Mittelalter wurden dort freigelegt. Auch anderswo treten die Friedhöfe des letzten Jahrhunderts v. d. Ztw. durch ihren Reichtum an Schmuckbeigaben sowie durch schön verzierte Urnen besonders hervor. Nach der Fülle der wertvollen Fundgegenstände urteilend, muß diese Zeit eine Glanzperiode der Vorzeit gewesen sein. So manche Fundstätte wurde auch zerstört. Zum Beispiel stieß man 1820 in Groß Poninken (Kreis Bartenstein), bei Erdarbeiten auf ein großes Gräberfeld aus jener Zeitperiode. Die Steine wurden für Bauzwecke fortgeschafft und eine wissenschaftliche Untersuchung nicht vorgenommen.

Die vielen Pfahlbauten und Ufersiedlungen im masurischen Gebiet umspannen die Zeitperiode von etwa 600 bis 300 v. d. Ztw. Sie werden als Siedlungen gedeutet, die vor dem Klimasturz auf trockenem Boden standen. Mit dem Steigen des Grundwasserspiegels nach dem Witterungswechsel versumpften diese Stellen, über die sich teilweise auch die Seen ausbreiteten. Durch Erhebung ihrer Häuser auf Pfahlroste versuchten die Bewohner eine Zeitlang sich dem neuen Klima anzupassen. Das weiterhin steigende Grundwasser zwang sie aber schließlich zum Verlassen dieser Orte. Um 1880 untersuchten die ostpreußischen Professoren Heyeck und Eckart Spuren vieler Pfahlbauten in Gegenden des Kreises Rößel, die aus dieser Zeitperiode stammen. Außer den üblichen Tonscherben und anderen unbedeutenden Dingen wurde nichts gefunden. Die Bewohner hatten also genügend Zeit gehabt, ihre bewegliche Habe an die neuen Wohnplätze zu bringen.

Wo immer sich auf Fundstellen der älteren vorgeschichtlichen Kulturen vergängliche Dinge erhalten haben, ist man meist über deren Vielfalt und hohen Stand erstaunt. So darf man vermuten, daß auch die Kultur der ersten Bewohner des Preußenlandes wahrscheinlich reicher war, als die wenigen Fundsachen auf den ersten Blick anzudeuten scheinen. Je weiter man in der Zeit zurückgeht, um so weniger hat sich erhalten und um so schwieriger ist es, den Stand einer Kultur zu ermitteln. Zum Beispiel würden Archäologen nach entsprechender Zeit von unserem Automobil nur die Glasscherben der Fenster, die Porzellanteile der Zündkerzen und ein paar Plastikteile finden. Daß sie ohne andere Hinweise daraus einen Mercedes rekonstruieren könnten, ist höchst unwahrscheinlich. So bleibt trotz intensiver Forschung auch vieles aus den ältesten Zeitperioden lückenhaft. Erst mit der Jungsteinzeit erhellt sich das Bild der Menschen und wird mit der fortschreitenden Zeit immer deutlicher. Obwohl eine Anzahl schriftlicher Werke über die Vorfahren der Prußen, das heißt über die Balten, Aisten oder Goten vorhanden sind, beginnt die wirkliche geschichtliche Zeit im engeren Sinne erst mit dem Erscheinen des Deutschen Ritterordens im 13. Jahrhundert.

2. Balten, Goten und Prußen

(VON DER ZEITENWENDE BIS 300)

Die germanischen Vorfahren der Prußen

In den Bewohnern des Preußenlandes floß mehr prußisches Blut, als im allgemeinen angenommen wird. Man hat errechnet, daß im Durchschnitt jeder dritte Ost- und Westpreuße, der seine Ahnen bis ins vierte Glied zurückverfolgen kann, unter seinen 16 Ahnen mindestens einen prußischer Herkunft findet. Bei näherer Betrachtung scheint diese Feststellung noch zu gering, denn selbst um 1400 war die ländliche Bevölkerung des Preußenlandes noch weit über die Hälfte prußisch. Vom Standpunkt der Rassenkunde her gesehen ist das ohne Bedeutung, denn die Westbalten (Prußen) gehörten derselben nordischen Rasse an wie die Germanen. Die Wissenschaft zählt sie jedoch nicht zu diesen, weil die baltischen Sprachen keine germanischen sind. Von den verschiedenen Stämmen der germanischen Völker stehen den Bewohnern des Preußenlandes die Goten besonders nahe, nicht nur weil sie für wichtige Phasen der Völkerwanderung ausschlaggebend waren und uns die älteste germanische Schriftsprache, das Gotische, überlieferten, sondern weil ein bedeutender Teil von ihnen die Westbalten mit ihrer Kultur bereicherte und sich mit ihnen zu den späteren Prußen formte. Die Prußen zählen also auch die Goten zu ihren Ahnen.

Bis zu dieser Zeit wissen wir nicht viel über das alltägliche Leben der Balten, auch wenn sich manches aus den reichen Bodenfunden erschließen läßt. Dafür sind wir aber ziemlich gut über das Leben der Goten unterrichtet. Als gleichrassige Menschen werden die Balten nicht viel anders gelebt haben. Somit gilt die folgende Darstellung über die Goten, sicherlich mit einigen Abweichungen auch für die Westbalten.

Das Bauernvolk der Goten bewohnte seit Urzeiten jene Gebiete in Südschweden, die auch heute noch nach ihnen benannt sind und von ihren Nachkommen bewohnt werden. Dies ist die Landschaft Westergötaland am Götaälv, Oestergötaland am Vänersee, Neriki am Hjalmar und die Inseln Öland und Gotland. Es gab bei ihnen Herren und Knechte, Freie, Halbfreie und Unfreie. Die Grundlage des völkischen Lebens war die eine Anzahl Familien umfassende Sippe, die dem Mannesstamm verwandt war. Die Angehörigen der Sippe siedelten gemeinsam, hatten einander zu fördern und zu schützen, stellten Eideshelfer im Rechtsstreit, erwirkten die Sühne, bezeugten die Ehe und standen im Kampf beieinander.

Der als höchstes Gut geltende Sippenfriede wurde nicht durch Kampf, sondern durch Rechtsspruch des Sippenältesten gewahrt. Strenge Ehegesetze hielten die Rasse rein; Freie und Unfreie durften sich nicht durch die Ehe verbinden. Andere Gesetze schützten Gut und Ehre. Die Häuser der Goten waren Holzbauten aus behauenen Baumstämmen. Das rechteckige Wohnhaus war mit Schilfrohr gedeckt und hatte eine Vorhalle. An dem hohen Giebel waren geschnitzte Figuren in Form von Pferdeköpfen angebracht. Neben dem Wohnhaus standen etliche Wirtschaftsgebäude. Die einzelnen Höfe lagen weit auseinander, setzten sich aber manchmal auch in unregelmäßigen Formen zu Dörfern zusammen. Beim Tod des Besitzers wurde der Hof nicht unter den Erben aufgeteilt, sondern ein Sohn, meistens der älteste, übernahm ihn als Ganzes und führte ihn weiter. Seine unverheirateten Geschwister hatten dort ein Heimatrecht, waren aber ansonsten nicht erbberechtigt.

Die gotische Landwirtschaft befaßte sich hauptsächlich mit Viehhaltung und nur in geringerem Maße mit Ackerbau. Die Felder waren Gemeineigentum, die in jedem Frühjahr neu verlost wurden. Jeder Bauer bearbeitete dann seinen Anteil mit seiner Familie und den Knechten. Alle Tiere waren jedoch persönliches Eigentum und trugen das Kennzeichen ihres Besitzers.

Die Größe der Höfe war verschieden und richtete sich nach der Anzahl der Tiere des Besitzers. Schon der Besitz eines Mutterschafs gewährte das Hofrecht; viele Bauern besaßen aber große Herden. Das Pferd war Reittier, zog aber auch die Kult-, Streit- und Rennwagen. Das Rind war Arbeitstier, aber ebenso für die Milcherzeugung geschätzt. Daneben gab es Schafe, Schweine, Ziegen und Geflügel. Alle Tiere hatten einen festen Preis, dessen Grundnorm der Wert einer Kuh war. Dieses „Kuhgeld" war zum Beispiel 120 Ellen Leinentuch wert, oder eine Sau mit neun Ferkeln, oder sechs Ziegen mit sechs Zicklein. Wenn ein Bauer mehr als ein Viertel seiner Tiere durch Unglück oder Krankheit verlor, wurde ihm ein Teil von der Gemeinschaft ersetzt, damit er nicht in Not geriet. Vielerlei Anordnungen regelten alle wichtigen Dinge des Lebens. Auch für Jagen und Fischen gab es Gebote sowie Schonzeiten.

Wenn auch die Kleidung der Goten nach Reichtum, Alter und Geschlecht verschieden war, gab es damals wie auch heute Kleider, die von allen getragen wurden. Das unentbehrlichste Kleidungsstück, das Männer und Frauen gleichermaßen trugen, war der aus Wolle gewebte Mantel. Darunter trug man einen wollenen Leibrock, der von der Brust bis zu den Knien reichte. Er hing an Schulterbändern und wurde mit einem Gürtel zusammengehalten. Darunter trug man leinene Hemden mit langen Ärmeln und eine leinene, bis zum Knie reichende Unterhose. Auch Tierfelle wurden zu Kleidung verarbeitet. In der wärmeren Jahreszeit trugen die Frauen ein ärmelloses Oberkleid aus Leinen, das mit farbigen Bändern besetzt war. Jedes Mädchen konnte schon im frühen Alter spinnen, weben und stricken.

Die Frau war die Herrin des Hauses. Man glaubte, daß in ihr etwas Heiliges wohnte und hörte deswegen auf ihren Rat. Dennoch war sie nicht frei und gleichberechtigt mit dem Mann. Ihre Ehe wurde von den Eltern und Verwandten beschlossen, und sie hatte jenen Mann zu heiraten, mit dem man einig geworden war. Sie unterstand fortan seinem Gesetz. Auch die Kinder gehörten dem Vater. Erst wenn er sie nach der Geburt auf seine Arme genommen und sie dadurch als rechtmäßig anerkannt hatte, waren sie in die Familie und Sippe aufgenommen. Das tat er wohl meistens, aber nicht immer. Er konnte schwache oder mißgestaltete Kinder auch verstoßen und aussetzen lassen.

Die Hauptmasse des Volkes bildeten freie Bauern, über denen die Edlen standen. Aus ihren Reihen wurden durch die Freien Herzöge und Priester gewählt. Das Königtum vererbte sich vom Vater auf den Sohn. Zur Regelung von Angelegenheiten, die die ganze Völkerschaft betrafen, kamen die Männer bei Neu- und Vollmond auf dem Thingplatz zusammen. Der gewählte Fürst schlug vor, was zu tun sei, und die Männer gaben ihre Zustimmung oder ihr Mißfallen kund. Erst wenn die Versammlung zugestimmt hatte, galt der Vorschlag des Fürsten als Befehl für alle. Auf diesen Versammlungen wurden auch die jungen Männer in die Gemeinschaft aufgenommen, wobei ihnen Schild und Speer feierlich verliehen wurden.

Auch die Rechtsprechung über alle Vergehen und Verbrechen oblag der Volksversammlung. Wurde die Schuld erwiesen, dann forderte der Richter (der Fürst, Priester oder ein an-

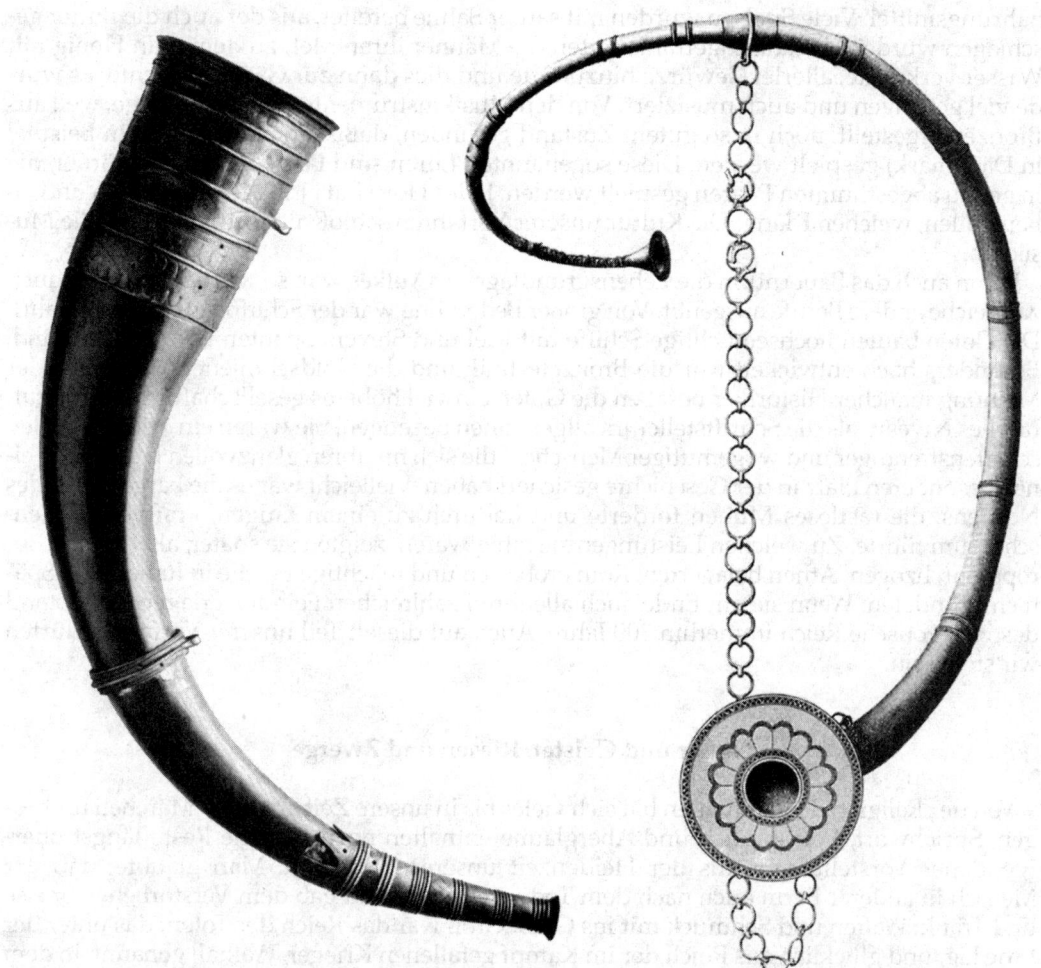

Dieses Horn (um 1400 v. d. Ztw.) und diese Lure (um 1000 v. d. Ztw.) sind Blasinstrumente von äußerster technischer Vollendung. Sie sind reich verziert und standen im Dienste der Götter.

derer für dieses Amt Gewählte) erfahrene Männer auf, Vorschläge für das Urteil zu machen. Die Versammlung billigte oder verwarf die Vorschläge. Nachdem eine Zustimmung der Mehrheit erreicht war, verkündete der Richter das Urteil. Die Sühne bestand in Bezahlung der Geschädigten durch Pferde, Rinder oder anderes Gut. Auf große Verbrechen stand der Tod. Solange die Buße nicht gezahlt war, galt der Verbrecher als friedlos, und jeder Sippengenosse konnte gegen ihn vorgehen. War die Buße aber gezahlt, war der Bestrafte wieder vollwertiges Mitglied der Gemeinschaft. Es kam auch vor, daß hitzköpfige Angehörige das Recht in ihre Hand nahmen und Blutrache übten. Auch bevor ein Krieg geführt oder ein Friede geschlossen wurde, mußte die ganze Völkerschaft befragt werden. Der von allen waffenfähigen Männern gewählte Führer hatte dann über alle die oberste Befehlsgewalt.

Ein Freier konnte nur durch Gerichtsurteil, freiwillige Aufgabe oder Gefangennahme Freiheit und Besitz verlieren. Dann mußte er sich einem Herrn unterstellen. Hatte der Unfreie auch keine politischen Rechte, so konnte er doch ein ziemlich ungezwungenes Leben führen. Auch als niedrigster Knecht wurde er menschlich behandelt. Allerdings stand selbst auf Tötung eines Unfreien keine Strafe. Auch der Unfreie bewirtschaftete oft einen Bauernhof, er lieferte nur seinem Herrn eine bestimmte Abgabe an Korn und/oder Vieh ab.

Der Ackerbau diente hauptsächlich dem Anbau von Brotgetreide. Das waren Gerste, Hirse, Einkorn und Emmer (zwei alte Weizenarten). Neben Fleisch war die Milch ein Hauptnahrungsmittel. Viele Speisen wurden mit saurer Sahne bereitet, aus der auch die Butter geschlagen wurde. Als Rauschgetränk hatten die Männer ihren Met, zu dem man Honig mit Wasser verkochte, allerlei Gewürze hinzufügte und dies dann zur Gärung brachte. Es wurde viel gesungen und auch musiziert. Von den Musikinstrumenten hat man einige, weil aus Bronze hergestellt, noch in so gutem Zustand gefunden, daß sie heute noch (zum Beispiel in Dänemark) gespielt werden. Diese sogenannten Luren sind lange S-förmige Hörner, die in genau abgestimmten Paaren gespielt werden. Jedes Horn hat eine 24-Noten-Skala und einen vollen, weichen Klang. Die Kultur unserer Vorfahren schloß also schon damals die Musik ein.

Wenn auch das Bauerntum die Lebensgrundlage des Volkes war, so wurden daneben auch zahlreiche andere Berufe ausgeübt. Von großer Bedeutung war der Schiffbau und die Seefahrt. Die Goten bauten hochseetüchtige Schiffe mit Kiel und Steven, Spanten und Klinkerwand. Besonders hoch entwickelt war die Bronzetechnik und die Goldschmiedekunst. Nach der Meinung mancher Historiker besaßen die Goten ein viel höheres gesellschaftliches und kulturelles Niveau, als die Schriftsteller im allgemeinen bezeugen. Sie waren ein Volk gesunder, schaffensfreudiger und wagemutiger Menschen, die sich mit ihren glanzvollen Leistungen einen besonderen Platz in der Geschichte gesichert haben. Vielleicht war es die karge Natur des Nordens, die rastloses Mühen forderte und dadurch zu einem tätigen, kraftvollen Menschentum führte. Zu welchen Leistungen sie fähig waren, zeigten sie später, als sie ganz Europa durchzogen, Athen belagerten, Rom eroberten und mächtige Reiche in Italien und Spanien gründeten. Wenn sie am Ende auch alle ihren zahlreichen Feinden erlagen, so bestand das westgotische Reich immerhin 300 Jahre. Auch auf diesen Teil unserer Vorfahren dürfen wir stolz sein.

Götter und Geister, Riesen und Zwerge

Von der Religion der Germanen hat sich vieles bis in unsere Zeit erhalten. Märchen und Sagen, Sprichwort, Volksbrauch und Aberglaube enthalten noch manche Reste längst überwundener Vorstellungen aus der Heidenzeit unserer Vorfahren. Man glaubte, daß der Mensch in anderer Form auch nach dem Tode weiterlebt und gab dem Verstorbenen Speise und Trank, Waffen und Schmuck mit ins Grab. Groß war das Reich der Toten, das unter der Erde lag, und glücklich das Reich der im Kampf gefallenen Krieger, Walhall genannt, in dem Wodan (oder Odin) die gefallenen Helden um sich sammelte.

Auch Geister wirkten, von Menschen ungesehen. Wenn der Nebel aufstieg, dann schöpften die Elfen Wasser, um es als Tau über die Natur zu gießen. In den Flüssen und Bächen sangen die Nixen, in den Bergen schmiedeten Zwerge kunstvolle Gegenstände und hüteten große Schätze, und die Wichtelmännchen waren die treuen Helfer der Menschen. Neben den gütigen Geistern standen die bösen Riesen, die Trolle und Unholde, die in den eisenstarrten Gebirgen Utgards, der äußeren Welt, wohnten und den Menschen feindlich gesinnt waren. Sie erschienen in Sturm- und Hagelwetter und zerstörten die mühsame Arbeit der Menschen. Sie peitschten das Meer auf und kämpften als Finsternis gegen die hellen Götter der Sonne.

Die guten Götter wachten über das Tun der Menschen, das Gute zu lohnen und das Böse zu strafen. Wodan galt in späterer Zeit als oberster der Götter, der im Göttersaale Asgard über den Wolken wohnte. Neben ihm stand seine Gattin Freya, die Beschützerin des häuslichen Herdes und die Schirmherrin der Ehe. Im Namen Freitag, dem Wochentag, der ihr gewidmet war, ehren wir auch heute noch ihren Namen. Wodan ritt auf einem achtfüßigen Hengst durch die Lüfte, begleitet von Hund und Raben. In der Schlacht schwebte er als Gott des Todes über dem Kampfgetümmel, und die Walküren erwählten die Männer, die sterben mußten und führten sie auf ihren Rossen nach Walhall, wo Wodan sie in Pracht und Herrlichkeit empfing. Der ihm geheiligte Tag war der Mittwoch; nach ihm hat er noch im Englischen seinen Namen Wednesday (Wodanstag).

Donar (Thor), der Gott des Donners, war der große Freund und Helfer der Menschen. Als Waffe führte er den Hammer, mit dem er die Blitze aussandte. Wenn er mit seinem Wagen, den zwei feurige Böcke zogen, donnerpolternd und Blitze schleudernd durch den Himmel fuhr, dann duckten sich die Riesen und Trolle und verkrochen sich in ihren Höhlen. Die Menschen aber lauschten in Dankbarkeit dem Kampf über ihnen. Denn was würde aus Midgard, der guten Menschenerde werden, wenn Thor nicht immer wieder gegen die Unholde von Utgard vorstürmen und sie von Midgard fernhalten würde? Als Herr über das Wetter, das den Feldern Segen oder Unheil bringt, war er auch der Schirmherr des Ackerbaus. Beim Gericht leitete er die Sinne der Männer, daß sie das Recht erkannten. Ihm war der Donnerstag (Donarstag) geheiligt, der im Englischen noch Thursday (altnordisch Torsdag) heißt. Die mächtige Eiche war der Baum Thors, die deshalb bei den Germanen – wie auch bei den Prußen – als ein heiliger Baum angesehen wurde. Sogar der Sprengstoff Donarit wurde angeblich nach diesem Germanengott benannt.

Der Dienstag war der Ehrentag des Gottes Tiu (auch Ziu oder Tyr), der ursprünglich der höchste Himmelsgott war, bevor Wodan mehr verehrt wurde. Im Englischen heißt der Dienstag noch Tuesday und im Dänischen Tirsdag. Ebenso gehören noch immer der Tag der Sonne (Sonntag) und der des Mondes (Montag) zu unsern Wochentagen. Der Sonnabend, der Vorabend vor dem heiligen Tag der Sonne, bezeichnete aber den ganzen Tag. Der lebenspendenden Sonne gebührte es, daß sie an zwei Tagen der Woche geehrt wurde. Die Germanen hatten keine Tempel und höchst selten Bilder der Götter. Der Ort der Verehrung war der heilige Hain, mit mächtigen Eichenbäumen.

Zu genau festgesetzten Zeiten wurden die Feste gefeiert. Die vier größten waren: das Frühlingsfest Ostaron, das Sommerfest nach dem Einsäen, das Erntefest im Herbst und das große Julfest zur Wintersonnenwende. Da es unmöglich erschien, die heidnischen Feste zu verbieten, wurden sie vom Christentum übernommen und mit einem christlichen Sinn versehen. So feiern wir heute noch Ostaron, das Osterfest mit den heidnischen Osterhasen und Ostereiern, ohne uns Gedanken darüber zu machen, was der Name Ostern, die Hasen und die Eier mit der Auferstehung Christi zu tun haben. Dies sind die Symbole der Fruchtbarkeit, mit denen unsere Vorfahren das große Frühlingsfest zu Ehren der Frühlings- und Fruchtbarkeitsgöttin Ostere feierten. Der beim germanischen Maifest übliche Flurumzug wurde von der Kirche mit der Fronleichnamsprozession glanzvoll ausgestattet. Nachdem die Äcker bestellt waren und die Zeit des Wachsens begonnen hatte, wurde dafür wiederum göttlicher Segen erbeten. Dieses große Opferfest des Sommers wurde in christlicher Zeit mit dem Pfingstfest verbunden. Im Winter hatte man viel Zeit zum Feiern, und das Winterfest war das größte Fest des Jahres, das es auch bis heute geblieben ist. Um das Julfest lagen die „Wihen Nahtun", die heiligen Nächte, die uns in dem Wort „Weihnachten" erhalten geblieben sind. In einigen Gegenden Ostpreußens nannte man noch bis 1945 die Zeit vom 21. Dezember bis zum 6. Januar die „heiligen Nächte". Zur Faschingszeit veranstalten wir ein Maskenfest. Auch dieser Brauch hat in den heidnischen Maskenumzügen seinen Ursprung. Auch die kirchliche Wasserweihe ist auf alte heidnische Vorstellungen von der heilenden Kraft des Wassers zurückzuführen. Somit sind auch heute noch die großen Feste germanische Erinnerungen mit christlichen Zugaben.

Bei den ausgiebigen Festgelagen wurden beträchtliche Mengen Bier und Met den Göttern geweiht und zu ihren Ehren getrunken. Auch bei Geburt, Hochzeit und Tod gedachte man der Götter und genoß das geweihte Bier. Man nannte diese Feiern noch bis in unsere Tage Kindelbier, Brautbier und Erbbier. Besonders das Kindelbier (Kingelbea) war bei der ostpreußischen Landbevölkerung allgemein bekannt. Von den Tieren, die den Göttern zu besonderen Anlässen geopfert wurden, galt das Pferd als das höchste Opfer. Im Kriege, nach siegreicher Schlacht, wurden auch einige gefangene Feinde den Göttern geopfert.

Das größte Laster wohl aller Germanenvölker aber waren Trunksucht und Würfelspiel, bei dem sie tollkühn im Gewinnen und Verlieren waren. Man sagt, daß sie auf den letzten Wurf manchmal sogar Freiheit und Leben setzten. Der römische Geschichtsschreiber Tacitus sagte im Jahre 98 n. d. Ztw. folgendes über die Germanen, mit denen die Römer damals im Kampf standen: „Mit einfach zubereiteten Speisen stillen die Germanen ihren Hunger. Dem Durst gegenüber bewahren sie nicht dieselbe Mäßigung. Wollte man ihrer Trunksucht nachgeben und ihnen zu trinken verschaffen, soviel ihr Herz begehrt, so würden sich ihre Laster ebensogut zu ihrer Überwältigung eignen wie die Waffen."

Das stete Ringen um Lebensraum

Weil der Hof dem ältesten Sohn zufiel, waren die anderen Söhne gezwungen, neues Land zu suchen, und das war am leichtesten mit dem Schwert zu gewinnen. Da das Volk unmittelbar vom Land lebte, war dieses lebensnotwendig für sein Bestehen. Es war so wichtig wie das Leben selber, denn ohne Land gab es kein Leben, und ohne Schwert gab es kein Land. Der Boden, auf dem sie lebten, gehörte ihnen nur solange, wie sie ihn verteidigen konnten, denn die Nachbarvölker waren genauso landhungrig und warteten auf eine Gelegenheit, ihnen das Land zu entreißen. Daher gehörte der Kampf ebenso zum Leben wie Viehzucht und Ackerbau.

Den Ackerbau der damaligen Zeit kann man nicht mit der heutigen Landwirtschaft vergleichen. Man nimmt an, daß damals nur das dritte bis fünfte Korn geerntet wurde, während heute schon das zehnte Korn als unrentabel gilt. Zudem erforderte die in größerem Umfang betriebene Viehhaltung viel mehr Boden als der Ackerbau. Daher konnte das Land nur eine beschränkte Anzahl von Menschen ernähren. Wenn in guten Zeiten die Bevölkerungszahl stieg, dann war ein Teil davon gezwungen, neuen Lebensraum zu suchen. So waren Wanderzüge, manchmal großer Teile ganzer Volksstämme, und der ewige Kampf um Land normale Erscheinungen jener Zeit.

Der große Klimasturz um 500 v. d. Ztw. brachte die nordischen Völker in eine ernste Notlage. Der Temperaturrückgang entsprach einer Verschiebung der Ortslage um fünf bis sechs Breitengrade nordwärts. Die nördliche Waldgrenze rückte etwa 500 Kilometer zurück. Die schlimmsten Folgen hatte die zunehmende Feuchtigkeit: der Grundwasserspiegel, und mit ihm Flüsse und Seen, stieg stellenweise bis zu vier Metern an. Ackerland und Weideflächen versumpften oder ertranken im steigenden Wasser. Andere Landesteile wurden von Meereseinbrüchen überflutet. Der restliche Boden konnte die Menschen nicht mehr ausreichend ernähren. Dieser Notstand verursachte einen außergewöhnlichen Drang nach neuem Land. Um dem Elend zu entgehen, zogen Scharen wiederholt aus, um neuen Lebensraum zu finden. Viele kamen dabei um, anderen gelang es, durch Verhandlung oder Kampf und Sieg Acker und Heimat zu finden.

Noch schwerer als die Goten waren die Völker an der Nordseeküste betroffen, deren Land zum größten Teil von der einbrechenden See überflutet worden war. Um 120 v. d. Ztw. waren von dort die Stämme der Kimbern und Teutonen aufgebrochen. Ihre Ansiedlungsversuche wurden aber überall abgewiesen. Im Jahre 113 v. d. Ztw. gelang es ihnen, ein römisches Heer südlich der Alpen zu besiegen. Nachdem sie sich aber geteilt hatten, wurden die Teutonen 102 v. d. Ztw. und die Kimbern 101 v. d. Ztw. von römischen Heeren vernichtet.

In den letzten Jahrzehnten vor der Zeitenwende verschlechterte sich die Notlage der Goten so weit, daß es auch für sie keine andere Lösung gab, als mit der Masse des Volkes aufzubrechen und neuen Lebensraum zu suchen. Nach einem besonders schlechten Jahr rief der König im Herbst das Volk zum großen Thing zusammen, wo der schon lange erwogene Beschluß gefaßt wurde, im kommenden Frühjahr die große Fahrt zu neuer Landnahme zu wagen. Dazu waren umfangreiche Vorbereitungen erforderlich. Eine Volkszählung wurde durchgeführt, die Sippen zu Hundert- und Tausendschaften eingeteilt und die jeweiligen Führer dafür gewählt. Es wurde festgelegt, was vom Hab und Gut mitgenommen werden durfte und was dableiben mußte. Die waffenfähigen Männer hatten ihre Kriegsherzöge zu wählen und mußten sich für den bevorstehenden Kampf rüsten, denn alle wußten, daß der neue Lebensraum erst mit dem Schwert erkämpft werden mußte. Wie schon so oft, hing das Weiterleben des Volkes vom Sieg der Waffen ab. Eine schwere Entscheidung, zu der sich jede Sippe durchringen mußte, war der Entschluß, wer von ihnen mitziehen und wer dableiben würde. Selbstverständlich würde man die Heimat nicht leer zurücklassen, ein Teil des Volkes, so viele wie das Land gut ernähren konnte, würde zurückbleiben.

Der Skalde besingt den großen Aufbruch des Volkes aus der alten Stammheimat folgendermaßen: „An den Herden der Heimat saßen die Frauen und klagten Freya die Not und das Leid. Durch der Nächte Finsternis verborgen, schritten Riesinnen, verderbend der Menschen Werk. Karg war das Brot und bitter der eisige Winter, die Götter hatten den Gruß an die Freunde vergessen. Dann riefen die Hörner, die Gefährten des Kampfes, zum Thing, der Kö-

Dieser Ausschnitt aus einem Relief der Trajanssäule in Rom zeigt einen germanischen Fürsten mit Gefolge, wahrscheinlich Skiren, die mit Kaiser Trajan verhandeln.

So wurde an der Markussäule in Rom der Überfall auf ein germanisches Dorf durch römische Soldaten dargestellt. Die Türen der Rundhütten stehen offen, dahinter ist ein flehender Germane zu sehen. Unten versucht eine Germanin mit ihrem Söhnchen zu entfliehen, der Mann ist gefallen.

nig versprach sprießende Äcker und blühende Sommer, und er gebot den Jungen des Volkes, mit Bräuten und Wagen zum Lenz aufzubrechen. Da trockneten ihre Tränen die Frauen, und die Jungen eilten, die Eichen zu schlagen, Kiele zu schneiden, Spanten zu formen und Schiffe zu bauen, breit und schwer. Jauchzend und singend die Jungen, mit Tränen die Alten, zogen sie zu des Ufers Gestade, zu laden der Schiffe Raum. Die Älteren blieben, die Höfe zu wahren, und bebauten das Land. Sprühend durchschnitten die Kiele die rauschenden Wogen, mit Wolken und Möwen reiste das Volk über das Meer [...]"

Es war zur Zeit der Geburt Jesu Christi, als die Goten unter ihrem König Baiariks aus dem Geschlecht der Amaler zu der großen Fahrt aufbrachen. Mit Pferden und Rindern, Wagen und Karren, Pflug und Saatgut, mit Truhen, Körben und Säcken, die all das enthielten, was den Menschen teuer war und was sie zum Weiterleben brauchten, zog die Masse der jungen Generation zu den festgesetzten Zeiten an die Hafenplätze. Die sorgfältige Planung, Organisation und Ausführung dieses Vorhabens war eine gewaltige Aufgabe, die von den Führern der Goten zu bewältigen war. Die erfolgreiche Durchführung dieses gigantischen Unternehmens beweist das bewundernswerte Können der Goten und den hochentwickelten Stand ihrer Kultur. Die Flotte der großen Ruderschiffe überquerte die Ostsee, die selten ruhig ist. Während die Mütter ihre jammernden Kinder umsorgten, wechselten sich die Männer an den Rudern ab, alle von der Seekrankheit geplagt. Bei günstigem Wind konnten die Treibsegel die Ruderer entlasten. 300 Kilometer offenes Meer mußten überwunden werden, bevor nach mühevollen Tagen wieder Land in Sicht kam. Die Landungsstelle lag in der großen Bucht, wo der mächtige Vistlastrom (Weichsel) ins Meer mündet. Dort sicherten die zuerst gelandeten Kampfverbände den Platz nach allen Seiten. Nachdem die Schiffe entladen waren, rüsteten sie sich für die Rückfahrt, um den nächsten Schub des Volkes zu holen, während die Angekommenen ihr Lager aufschlugen, um sich von der mühevollen Seefahrt zu erholen. So verließen diese Goten das Land, das seit Urzeiten ihre Heimat gewesen war, um in der Fremde einen neuen Anfang zu suchen.

Wie es weiterging, berichtet mit äußerst knappen Worten der gotische Geschichtsschreiber Jordanes, der 551 eine Geschichte seines Volkes verfaßte: „Sie gaben dem Land, das sie nach Verlassen ihrer Schiffe betreten hatten, den Namen; denn es wird heute noch Gotiskandza genannt. Von da drangen sie zu den Sitzen der Ulmerugen [Rugier] vor, die damals an den Küsten des Ozeans [Ostsee] wohnten, schlugen ihre Lager auf, bekämpften und vertrieben diese aus ihrer Heimat. Auch deren Nachbarn, die Wandalen, besiegten und unterwarfen sie."

Wir kennen weder die Zahl der Menschen noch die der Schiffe dieser Fahrt eines ganzen Volkes über See. Die auswandernden Goten werden aber mehr als 100.000 Menschen gezählt haben, denn mit weniger hätten sie sich kaum gegen die Rugier und Burgunder, vor allem aber nicht gegen die damals sehr starken Wandalen durchsetzen können.

Die Goten kommen ins Land

Die Landnahme der Goten brachte eine Verschiebung der Wohngebiete aller betroffenen Völker mit sich, Vorboten der großen germanischen Völkerwanderung. Die Rugier, die bisher an der Ostseeküste bis zur Passarge gewohnt hatten, wurden nach Westen über die Oder abgedrängt. Südlich davon siedelten die Burgunder. Die Wandalen, die auch den Südwestteil Ostpreußens zu ihrem Wohngebiet gezählt hatten, mußten den Goten an der Weichsel Platz machen, behielten jedoch ihre anderen Wohngebiete vom Weichselknie bis Schlesien. Die Goten vertrieben nicht alle eingesessenen Bewohner. Die Belegung der wandalischen Friedhöfe im Südwesten Ostpreußens zum Beispiel nimmt zwar mit dem Erscheinen der Goten ab, hört aber erst 150 Jahre später auf. Somit blieben diese Wandalen auch unter den Goten im Land und gingen erst nach etlichen Generationen in der anderen Bevölkerung auf.

Während die Masse der Goten sich im nördlichen Weichselgebiet bis zur Oder niederließ, zogen andere weiter nach Osten. Den nächsten Fluß, den sie überquerten, nannten sie Ilfing (Elbingfluß), was „heller Fluß" heißen soll. Zunächst breiteten sie sich im Hinterland des Frischen Haffes aus. Die alte germanische Bevölkerung – größtenteils waren es Rugier, die vor den Goten gekommen waren, aber auch noch solche, die schon lange davor hier gesiedelt

Ruderboote wie dieses aus dem 4. Jahrhundert waren aus Eichenholz gebaut und hatten bei Kriegs-fahrten tief hinein in die Buchten und Flüsse Späherdienste zu leisten. Dieses Exemplar ist ein durch-dachtes Meisterwerk: nachgiebig gegen Stöße, widerstandsfähig gegen Leckspringen durch Austrock-nen, vornehm in der Linienführung. Es hat eine Länge von fast 22 Metern und ist mit 15 Bänken für 30 Ruder von drei bis dreieinhalb Meter Länge ausgestattet.

Das im Grabhügel beigesetzte hölzerne Schiff vergeht, aber dieses aus mehr als 50 gewaltigen Steinen in den Boden gesetzte ist unvergänglich. Diese eigenartige Schiffssetzung bei Blomsholm, Bohuslän, stammt aus der Wikingerzeit und bezeichnete ein Grab.

hatten – wurde auch hier nicht vertrieben. Die Passarge war keine feste Grenze, und seit etwa 500 v. d. Ztw. hatten sich Germanen darüber hinaus vorgeschoben und sich mit den Balten vermischt. Diese teils germanische, teils baltische und vermischte Bevölkerung lebte einträchtig in Teilen von Warmia, Natangen und Samland. Der Klimawechsel hatte auch hier einen Teil der Germanen zum Abzug nach Süden veranlaßt, um in wärmeren Gegenden ein besseres Auskommen zu finden. Die ursprüngliche Bevölkerungsdichte hatte sich dadurch gelichtet, so daß die Goten noch Raum fanden. Die Alteingesessenen sahen in den Goten keine Fremden. Alle stammten aus der gleichen Urheimat und sprachen die gleiche nordische Sprache.

Während bei den Germanen seit dem Klimawechsel ein dauernder Aufruhr herrschte, waren die Balten auf ihrem Land geblieben und hatten sich den veränderten Verhältnissen angepaßt. Nur von den Galindern wird berichtet, daß auch von ihnen Teile aufbrachen und wie die Germanen in die Fremde zogen, um neuen Lebensraum zu suchen. Sie waren zu jener Zeit der volkreichste und anscheinend auch der unternehmungslustigste der westbaltischen Stämme. Vielleicht hat der Klimawechsel bei der Bevölkerungsdichte dieses Gaues auch schlimmere Folgen als bei den anderen verursacht. Diese Auswanderer zogen um die Zeitenwende ostwärts in das Gebiet oberhalb des Flusses Protwa, südwestlich von Moskau. Sie haben sich dort erstaunlich lange halten können. In der altrussischen Chronik von Laurentius und Hypatius werden noch um 1058 und 1147 die Kämpfe russischer Fürsten gegen diese Galinder geschildert. Am Ende unterlagen sie der Übermacht und wurden assimiliert. Der russische Forscher V.N. Toporov, der sich eingehend mit den Galindern beschäftigt hat, weist auch auf die vielen Namen im Gebiet um Moskau hin, die sich bis heute erhalten haben und nach seiner Meinung zweifellos auf die Galinder deuten. Wiederholt zogen Galinder auch in andere Teile der Welt, und ihr Name taucht in den alten Chroniken von Spanien bis Rußland auf.

Bei den Balten kamen die Goten mit einem Volk zusammen, das seit Menschengedenken in Frieden gelebt hatte. Die Bodenfunde zeigen einen stetig wachsenden Lebensstandard seit der Bronzezeit, der nur durch den Klimawechsel einen Rückschlag erlitten hatte. Da auch die Goten hier keine Kriege zu führen brauchten und ihre ganze Kraft ihrem eigenen Wohl zuwenden konnten, hob sich der Lebensstandard weiterhin. Mit ihrer höheren Kultur hatten die Goten anderen Germanenstämmen und auch den Balten manches voraus. Die baltische Kultur erhielt dadurch neue Impulse und einen kräftigen Auftrieb. Dies trat besonders deutlich im Gebrauch von Metall hervor. Die Eisenverarbeitung hatte zwar schon um 500 v. d. Ztw. eingesetzt, hatte sich aber in bescheidenen Grenzen gehalten. Jetzt stieg der Metallbedarf so drastisch an, daß man sagen könnte, erst die Goten hätten das Eisen bei den Balten eingeführt. Überreste von Eisenschlacke und Schmelzöfen zeigen, daß Eisen im eigenen Land gewonnen wurde. Das Erz, das als Raseneisenerz reichlich vorhanden war, wurde mit Wasser gereinigt, getrocknet, zerkleinert und dann schichtweise mit Holzkohle in die Öfen gepackt. Hortfunde brachten auch Schmiedewerkzeuge zutage. Waren die Eisenwaren bis zur Zeitenwende keltischen oder germanischen Vorbildern nachgebildet worden, so erreichten sie um 200 n. d. Ztw. eine typisch baltische Ausprägung. Neben Eisen wurden auch bedeutende Mengen Bronze, Silber und Gold verarbeitet.

Die Metallindustrie entwickelte sich schließlich zu einer bewundernswerten Höhe. Dennoch blieben steinerne und knöcherne Geräte für lange Zeit weiter im Gebrauch. Gotische Art griff überall in das tägliche Leben ein. Daher waren im Preußenland noch bis zuletzt alte germanische Überlieferungen lebendig, die sich unter anderem in Sitte und Brauchtum, in der Volkskunst und bei den Hausformen zeigten. Die Balten andererseits konnten den Goten so manches im Ackerbau beibringen, wodurch sich beide Völker zum gegenseitigen Vorteil ergänzten und bald zur Höhe eines goldenen Zeitalters aufstiegen.

Natürlich brachten die Goten auch ihre germanische Religion mit, die sich dann anscheinend mit der urbaltischen zu der späteren prußischen entwickelte. Tacitus berichtet um diese Zeit sowohl von den Göttern der Germanen als auch von denen der Balten. Demnach verehrten letztere eine Göttermutter und trugen Figuren von Ebern, denen sie angeblich Schutz vor Unglück zuschrieben. Da die spätere Religion der Prußen im Grunde die germanische war, muß diese irgendwann einmal in ausgebildeter Form zu ihnen gekommen sein. Das scheint durch die Goten erfolgt zu sein, obwohl den Balten die nordische Religion von den früheren germanischen Siedlern her bekannt gewesen sein muß. In Glaubenssachen scheinen die Menschen damals viel toleranter gewesen zu sein als später. Die neuen Götter gesellten sich anscheinend friedlich zu den alten, denn die Göttermutter, von der Tacitus berichtet, genoß als Erdgöttin Zeminele noch weiterhin große Verehrung. Selbst noch lange nach dem Sieg des Christentums goß man ihr zu Ehren einen Schluck aus der Trinkschale auf den Boden, bevor man selber trank.

Der Bernsteinhandel

In dieser glücklichen Zeit erreichte auch der Handel eine nie zuvor gekannte Blüte. Der Beruf des Händlers und Kaufmanns gehört zu den ältesten der Menschheit. Ob Eisen oder Salz, Bernstein oder Gewürze, Glas oder Pelze, getauscht und gehandelt wurde, seit die menschlichen Bedürfnisse über die Befriedigung des Lebensnotwendigen hinausgingen. Wagemutig reisten Fernkaufleute durch viele Länder und brachten neben ihren Waren auch Berichte über die anderen Völker und deren Errungenschaften mit. Dadurch wurden sie zu bedeutenden Kulturträgern. Das Bernsteinland an der Ostsee war für sie eines der verlockendsten Reiseziele. Neben dem begehrten Bernstein konnten sie dort auch noch manche anderen wertvollen Handelsgüter erwerben, und die wohlhabende Bevölkerung konnte sich auch die mitgeführten Waren leisten. Zudem war dort der Umschlagplatz für die Belieferung aller Völker Nordosteuropas. Daher war der weite Weg ins Bernsteinland für jeden Kauffahrer immer ein lohnendes Geschäft.

Den lebhaften Handel wußten Balten und Goten zu schätzen. Die schon vorgefundenen alten Handelsstraßen wurden weiter ausgebaut und mit Brücken und Rasthäusern versehen, um einen zügigen und sicheren Verkehr zu gewährleisten. Einfuhrgüter, hauptsächlich römischer Herkunft, kamen massenweise ins Land und kündeten vom überfließenden Wohlstand der hochentwickelten römischen Gesellschaft, die den Gipfel ihrer Macht schon zu überschreiten begann. Aber auch das eigene Kunsthandwerk schuf eine bisher nie gekannte Fülle prunkvollen Schmucks und Gebrauchsartikel.

Viele Berichte aus jener Zeit über das Preußenland stehen in Beziehung zum Bernstein. Plinius d.Ä. berichtet – er lebte von 23 bis 79 n. d. Ztw. und kam beim Ausbruch des Vesuvs um –, daß auch zu seiner Zeit Bernstein ein begehrter Handelsartikel war. Er schreibt, daß ein römischer Ritter im Jahre 60 zum Ankauf von Bernstein ins Samland geschickt wurde. Den Auftrag dazu erteilte ein gewisser Julianus, der ein von Kaiser Nero gestiftetes Kampfspiel auszurüsten hatte. Der Ritter brach mit seinem Gefolge von der Stadt Karnuntum auf (Deutsch-Altenburg bei Wien) und kehrte mit einer erstaunlichen Menge des nordischen Goldes zurück. Das größte Stück wird mit 13 Pfund angegeben, was nach heutigem Gewicht 4,25 Kilogramm wäre (ein römisches Pfund sind 327 Gramm). Der Ritter wie auch die Kaufleute brachten nähere Kunde über die Bewohner des Landes nach Rom. Nach solchen Reiseberichten konnte Tacitus in seiner „Germania" um das Jahr 98 n. d. Ztw. ganz richtig die Wohngebiete der Goten im Weichselgebiet angeben und auch über ihre östlichen Nachbarn, die Aestier, berichten. Besonders hebt er ihren Ackerbau hervor, der alle Reisenden beeindruckte. Über den Bernstein sagt er, daß die Bewohner den Wert dieser kostbaren Steine unterschätzen.

Selbstverständlich hatten sie im Herkunftsland, wo sie nur aufzulesen oder auszugraben waren, einen verhältnismäßig geringen Wert. In Rom, wo sie den 2.000 Kilometer langen Reiseweg hinter sich hatten und durch die Hände etlicher Händler gegangen waren, hatten sie einen erstaunlich hohen Preis. Daß in diesem Fall eine ganze Wagenladung direkt aus dem Samland geholt wurde, war eine Ausnahme. Wahrscheinlich konnten die römischen Händler eine solche Menge nicht so kurzfristig liefern. Es kann aber auch sein, daß die Reise des Ritters zur Erkundung einer direkten Handelsverbindung unternommen wurde, um die Einfuhr einfacher und billiger zu gestalten. Normalerweise kam der Bernstein, zusammen mit den anderen Handelsgütern, durch reisende Kaufleute zu den Römern, wobei die Goten als Zwischenhändler fungierten. Die enorme wirtschaftliche Bedeutung des Handels mit dem römischen Reich zeigt sich deutlich in dem Zufluß römischer Münzen dieser Zeit, die in erstaunlichen Mengen gefunden wurden. Wie begehrenswert der Bernstein in Rom war, sagt Plinius, indem er schreibt: „Als Luxusartikel steht er so hoch im Wert, daß ein daraus verfertigtes noch so kleines menschliches Bildnis den Preis eines lebenden und gesunden Menschen weit übertrifft." Selbstverständlich interessierte man sich auch für das Herkunftsland dieser so begehrten Ware. In den ersten zwei nachchristlichen Jahrhunderten beschrieben fünf griechische und lateinische Schriftsteller das Bernsteinland. Ptolemäus zeichnete um 150 n. d. Ztw. eine Landkarte der südlichen Ostseeküste mit erstaunlich richtigen Einzelheiten. Er nennt auch die Namen der beiden volkreichsten Prußenstämme, der Galinder und Sudauer.

Einer der bedeutendsten Handelswege jener Zeit war die Bernsteinstraße. Sie führte vom Samland entlang der Küste des Haffs, bei Preußisch Holland über die Weeske nach Elbing, umging den südlichen Drausensee, überschritt auf zwei Moorbrücken das Sorgetal zum Weichselknie, überquerte bei Breslau die Oder, führte durch die Mährische Pforte, bei Wien über die Donau und schließlich über den Semmering nach Aquileja. Bei den Moorbrücken im Sorgetal handelt es sich um Bohlenwege, die aus behauenen Längs- und Querhölzern bestehen und heute im Torf liegen. Die längste der beiden Brücken, die auch den Fluß überqueren, ist 1.230 Meter lang, die andere, die im Abstand von drei Kilometern parallel zur ersten verläuft, ist 640 Meter lang. Nach wissenschaftlichen Untersuchungen bestanden die Brücken schon zur Zeitenwende. Der Verkehr muß damals so rege gewesen sein, daß gleich zwei Brücken von solcher Länge nebeneinander erbaut werden mußten. Der Verkehr lief sicherlich auf jeder der zwei Fahrbahnen nur in einer Richtung, da ein Ausweichen auf dem langen, engen Bohlenweg im Moor unmöglich war. Im Preußenland gab es also schon vor 2.000 Jahren Einbahnstraßen.

Den Umfang des regen Handels bezeugen auch die Bernsteinspeicher, die am Handelsplatz beim Oderübergang angelegt worden waren. Dort wurden beim Bau der Autobahn zwei Lager freigelegt, die 875 Kilogramm Bernstein enthielten. Die meisten Steine waren noch nicht bearbeitet; das größte Stück wog 1,75 Kilogramm. Über den Speichern wurden Häuserspuren festgestellt. An dieser Stelle war schon 1906 ein Lager von 500 Kilogramm Bernstein gefunden worden. Auch das Lager, das in Ostpreußen beim Dorf Leysuhnen (Kreis Heiligenbeil) entdeckt wurde und 150 Kilogramm Bernstein enthielt, lag an der Bernsteinstraße. Natürlich gab es neben dieser Hauptstraße auch noch andere Handelswege, auf denen der Bernstein in die Welt ging. Nachdem sich die Goten am Schwarzen Meer niedergelassen hatten, kam auch die Handelsstraße von der Weichsel zum Dnestr zu großer Bedeutung und noch später die nach Kiew. Auch diese wurden dann Bernsteinstraßen genannt.

Aus Goten und Balten werden Prußen

Im Laufe von eineinhalb Jahrhunderten war das Volk der Goten so gewachsen, daß der Weichselraum für sie zu eng wurde. Einige Historiker reden von einer Bevölkerungsexplosion, die auch noch durch stetig nachdrängende Zuwanderer aus Schweden vergrößert wurde. Es gab keinen Raum zur Ausbreitung, denn ringsum wohnten andere Völker, die die Goten aus welchen Gründen auch immer nicht bekriegen wollten oder konnten. Zudem lockte vielleicht auch die Sonne des Südens. Unter ihrem König Filimar (der sechste Nachfolger Baiariks und der Sohn des großen Gadarich) beschlossen die Goten wieder auf Landnahmefahrt zu gehen. Kundschafter, die ausgesandt worden waren, hatten von einem außergewöhnlich fruchtbaren Land im Südosten berichtet, das nur dünn besiedelt an den Ufern eines schwarzen Meeres lag.

Etwa um das Jahr 170 begann der große Aufbruch der Goten mit Planwagen, Viehherden, berittenen Kampfverbänden und meilenlangem Troß. Der Abmarsch erfolgte in Etappen über verschiedene Marschwege und erstreckte sich über viele Jahre. Man kann heute nicht genug den Heldenmut, die Ausdauer und die kluge Diplomatie der Führer eines solchen Volkszuges bewundern. Die Wanderung führte oftmals durch wegloses, feindliches Gebiet, wo es galt, sich der Bewohner durch Diplomatie oder Waffen zu erwehren. Für Lebensmittel und

Die ostpreußischen Bernsteinvorkommen machen über 90 Prozent der Weltvorkommen an Bernstein aus. Sie geben Auskunft über die Entstehung des alten Preußenlandes: über geologische Besonderheiten, über klimatische Bedingungen, über Flora und Fauna von vor Zehntausenden von Jahren.

Viehfutter, für Weideplätze und Nachtquartiere mußte gesorgt werden, während die Krieger Tag und Nacht über die Sicherheit wachten. Der Aufbruch wird vielen nicht leicht gefallen sein, aber um ihren Kindern eine bessere Zukunft zu sichern, nahmen sie alle Mühen und Gefahren auf sich. Wieder mußte entschieden werden, wer mitzog und wer blieb, denn auch hier ließen die Fortziehenden kein leeres Land zurück.

Bei der Beschreibung dieser Wanderung findet man in manchen Geschichtswerken phantasievolle Darstellungen. Daß sich die Reise über mehrere Generationen hingezogen haben soll, ist unglaubhaft, denn selbst bei einem Tagesdurchschnitt von nur zehn Kilometern war das Ziel in etwa 200 Marschtagen zu erreichen. Demnach werden die meisten nicht länger als nur einen langen Sommer unterwegs gewesen sein. Zu Beginn des 3. Jahrhunderts war die Wanderung beendet, und die Goten hatten sich in dem fruchtbaren Land zwischen Donaumündung und Don ausgebreitet und ihre stattlichen Herrenhöfe errichtet. Sie sahen einer vielversprechenden Zukunft entgegen, die sich jedoch mit dem Einfall der Hunnen im Jahre 375 drastisch änderte.

Im Jahr 270 spalteten sich die Goten in die Wisi- und die Austrogoten. Da die einen westlich des Dnjeprstromes, die anderen östlich davon wohnen, übersetzen römische Geschichtsschreiber die Namen in West- und Ostgoten, obwohl die ursprüngliche Bedeutung nichts mit diesen Himmelsrichtungen zu tun hatte.

Auch aus dem Gebiet östlich der Weichsel schlossen sich einige Sippen dem Zug der Goten an. Erstaunlicherweise zog auch eine beträchtliche Schar Galinder mit, die immer noch der volkreichste aller Stämme und auch wagemutig genug waren, sich mit ihrem Bevölkerungsüberschuß den Goten anzuschließen. Mit starken Freunden zu ziehen war gewiß sicherer, als allein neues Land zu suchen. Die Mehrzahl der Goten im übrigen baltischen Gebiet saß jedoch auf ausreichendem Grundbesitz und lebte nun schon anderthalb Jahrhunderte in diesem Land, das ihnen in der langen Zeit zur geliebten Heimat geworden war. Durch die Vermischung mit den Balten hatten sie auch immer mehr die enge Verbindung mit dem Hauptstamm verloren, und die derzeitige Generation war zu „baltischen Goten" geworden. Für sie gab es keinen Grund, ihren Besitz zu verlassen, um in der Fremde einen ungewissen neuen Anfang zu suchen. Sie ließen den König mit dem jugendlichen und landhungrigen Volksteil ziehen und blieben im Land. Schon längst hatten sie Baltentöchter zu Ehefrauen genommen, und die baltische Sprache verdrängte bei ihnen immer mehr die gotische. Dies war um so verständlicher, weil es keinen Rassenunterschied zwischen den beiden Volksgruppen gab. Es war ein gutes Land und eine glückliche Zeit, in der sie lebten. Die Zeit um 200 n. d. Ztw. wird als die Blütezeit der gotischen Kultur im Preußenland bezeichnet. Vor allem aber gab es keine Feinde, die Volk und Hof bedrohten; man brauchte die Schwerter nicht mehr.

Schriftliche Quellen aus der Gotenzeit sind rar, aber viel übermitteln uns die Bodenfunde. Einiges berichtet der aus Allenstein stammende Historiker Lucas David in seiner *Preußischen Chronik*. Die Goten bauten demnach eine große Burg am Haff, die wohl mehr Fürstenresidenz als Verteidigungswerk war. Es soll die sagenhafte Burg Honeda gewesen sein, die an der Stelle der späteren Burg Balga stand. Von dort, so heißt es, wurden Gesetze erlassen, die ein gotischer Landesfürst offenbar nur seinen Goten verkündete. Ein Gesetz besagte: „Die Männer mögen drei eheliche Weiber haben, mit dem Unterschiede, daß die erste und oberste soll sein vom Geschlechte und Geburt derer, die mit uns ins Land kamen, die anderen mögen sein von den Gefundenen." Die Goten, die „gekommen" waren, hatten aufgrund ihrer höheren Kultur für längere Zeit eine Art Herrenschicht über den „Gefundenen", den Balten, gebildet. In einem anderen Gesetz hieß es: „Edler geachtet soll nur derjenige sein, der durch edle Taten sich über den anderen erhebt."

Wenn auch hier noch ein schwacher Versuch erkennbar ist, die Goten über die Balten zu stellen, so konnte es gerade bei dieser Bevölkerungspolitik nicht ausbleiben, daß schon nach wenigen Generationen der Volksanteil der Balten bei den Goten überwiegen mußte. Die Kinder sprechen die Muttersprache, nicht die des Vaters, und bei einer Mehrzahl baltischer Frauen sprach auch die Mehrzahl der Kinder baltisch. Es war also nur eine Frage der Zeit, bis das Gotische verschwinden mußte, was auch bald geschah. Verwunderlich ist, daß die Dreifrauenehe von diesen Goten eingeführt oder zumindest befürwortet wurde. Denn wie alle Germanen hatten auch die Goten immer nur eine Frau gehabt, und der Hauptstamm hielt das auch weiterhin so. Schon Tacitus berichtete: „Die Ehen werden bei den Germanen streng heilig gehalten, und in keinem Punkte verdienen germanische Sitten größeres Lob. Denn fast als einzige unter allen Barbaren begnügen sich die Germanen mit nur einer Frau."

Wahrscheinlich hatten die Goten die Ehe mit drei Frauen bei den Balten gesehen und Gefallen daran gefunden. Jedenfalls blieb die Sitte der Dreifrauenehe ein fester Bestandteil des Familienlebens, bis im 13. Jahrhundert das Christentum dem ein Ende machte. Durch die Vermischung der gleichrassigen Goten und Balten entstand kein neues Volk. Das Mischungsverhältnis zwischen den beiden Völkern war in den einzelnen Gauen unterschiedlich. Da die Goten von Westen kamen, war dort ihr Anteil am stärksten, während die Stämme der Sudauer und Schalauer im Osten kaum von ihnen beeinflußt wurden und fast rein baltisch blieben. Die Goten bewohnten, neben Westpreußen, überwiegend den Südwestteil Ostpreußens etwa bis zur Linie Braunsberg – Heilsberg – Ortelsburg. Es gab natürlich keine feste Grenze, und der gotische Einfluß ging über diese Linie weit hinaus. Besonders Natangen und Samland wurden von gotischer Kultur erfaßt. Die Sprache der Goten verminderte sich aber mit jeder neuen Generation und starb im Preußenland um das Jahr 200 ganz aus. Übrig blieb das Westbaltische, das nun „Prußisch" genannt werden kann, obwohl dieser Name erst später entstand. Aber auch ohne die gotische Sprache blieb die Kultur noch lange überwiegend gotisch.

Ein goldenes Zeitalter beginnt

In der Blütezeit der gotischen Kultur brachte der rege Handel, vor allem mit Bernstein, eine Fülle von Einfuhrgütern ins Land. Die Eisenverarbeitung hatte sich seit dem Erscheinen der Goten in erstaunlichem Maße ausgebreitet und kam im 2. Jahrhundert zur vollen Blüte. Alle Wirtschaftsgebiete machten sich diesen so vielseitig verwendbaren Werkstoff nutzbar. Mit dem hohen Bedarf entstand eine Anzahl neuer Berufe. Die Gewinnung des Roheisens war mühsam und erforderte viele Arbeitskräfte. Schmiede schufen so vielseitige Produkte, daß sie sich bald auf verschiedene Fachgebiete spezialisierten. Mit Eisenteilen und Beschlägen begann für den Schiffs- und Wagenbau eine neue Epoche. Die Erzeugnisse der Nagelschmiede waren überall begehrt. Ebenso fanden Hersteller von Werkzeugen und landwirtschaftlichen Geräten bei der vielseitigen bäuerlichen Wirtschaft ein reiches Betätigungsfeld. Einen bedeutenden Fortschritt im Ackerbau brachte, neben der langen Sense, der mit Eisenteilen bestückte Pflug. Im Gebiet der Sudauer, auf einem Gräberfeld bei Suwalki, entdeckte man im Grab eines Bauern aus der Zeit um 200 n. d. Ztw. neben anderen Geräten eine eiserne Pflugschar mit der eisernen Haltevorrichtung und Reste der Eisenbeschläge von den hölzernen Pflugteilen. Es handelt sich hierbei ohne Zweifel um einen Vorgänger der „Zoche", des später so bewährten Pfluges der Prußen. Wenn dieser Pflug im küstenfernen Sudauen schon zu dieser Zeit im Gebrauch war, dann darf man annehmen, daß er auch im übrigen Land allgemein verwendet wurde. Außerdem sagt uns dieser Pflug, daß dieses Gebiet, das während der Ordenszeit Wildnis war, damals Bauernland war, das mit den fortschrittlichsten Geräten bearbeitet wurde.

Mancherorts wurden Getreidereste in Speichergruben gefunden, die unter Wohnhäusern angelegt waren. Hauptsächlich handelte es sich um Weizen, Roggen und Hirse, in kleineren Mengen auch um Hafer und Gerste. Vom Weizen wurden vier Arten festgestellt, überwiegend Spelta und Triticum doccocum, zwei Sorten, die schon in der Bronzezeit angebaut wurden. Da die verschiedenen Getreidesorten meist vermischt gefunden wurden, nimmt man an, daß sie auch so angebaut wurden und das Brot aus Mischmehl gebacken wurde.

Neben Ackerbau wurde auch Viehzucht ausgiebig betrieben. Wenn man in vielen Geschichtsbüchern liest, daß der Fleischbedarf der Bevölkerung hauptsächlich durch Jagd gedeckt wurde, so erscheint das auf den ersten Blick folgerichtig. Warum sollte man das eigene Vieh abschlachten, wenn Großwild aller Art vor der Haustür stand? Die Müllgruben, die darüber unmißverständliche Auskunft geben, beweisen aber genau das Gegenteil. Aus den Knochenabfällen wurde eindeutig ermittelt, daß der Fleischbedarf im Durchschnitt zu 70 bis

75 Prozent mit Haustieren und nur zu 25 bis 30 Prozent durch Wild gedeckt wurde. Dabei überwiegen in allen Landesteilen bei weitem Rinder, danach folgen Schweine und Schafe. Beim Wild sind alle Großwildarten vertreten, die aber in ihrer Zusammensetzung in den verschiedenen Gegenden unterschiedlich sind. In Sudauen wurden zum Beispiel viele Knochen der Tarpanpferde gefunden, während anderswo mehr Auerochsen gejagt wurden.

Die Menschen konnten nicht mehr Wild verbrauchen, weil sie ihr eigenes Vieh verwerten mußten, damit es nicht überhand nahm. Eine Rinderherde verdoppelt sich etwa jedes dritte Jahr. Bei anderen Haustieren geht es noch schneller. Um den Viehbestand auf einer zweckmäßigen Höhe zu halten, mußte er laufend um die Zahl des natürlichen Zuwachses verringert werden. Man hielt nicht mehr Tiere, als zum Lebensunterhalt gebraucht wurden und die mit Weide, Unterbringung und Winterfutter versorgt werden konnten. Heute versorgen wenige Bauern eine zahlreiche Bevölkerung. Damals aber bestand der weitaus größte Teil der Bevölkerung aus Bauern, die daher nur wenige Tiere durch Tausch oder Verkauf absetzen konnten. Jeder mußte seine Tiere selbst verwerten. Die dabei anfallende Fleischmenge war so reichlich, daß für Wildfleisch nicht mehr viel Bedarf blieb, auch wenn Fleisch ein Hauptnahrungsmittel war. Die Bevölkerung hätte sich also schon damals nur von ihrer eigenen Landwirtschaft, ohne Wild, ernähren können. All diese Tatsachen hindern jedoch manche Autoren nicht, uns auch noch nach 1.000 Jahren Weiterentwicklung ein Volk vorzustellen, das von Jagd und Fischfang gelebt haben soll und mit einem Hakenpflug, also einem krummen Baumstück, primitiven Ackerbau in einer schauerlichen Wildnis betrieb.

Von dem verhältnismäßig wenigen Wild, das gejagt wurde, war besonders der Bär beliebt, nicht nur wegen seines wertvollen Pelzes, sondern auch wegen der besonders schmackhaften geräucherten Bärenschinken. Es handelte sich um den Braunbär, der bis zu zwei Meter Länge und ein Gewicht bis zu 350 Kilogramm erreichte. Außer diesem gab es noch den kleinen Honigbär, der gerne die Bienenstöcke in den hohlen Bäumen ausräuberte. Der Braunbär riß hin und wieder auch ein Stück Jungvieh, wenn es auf den Weiden nicht sorgfältig genug behütet wurde. Manchen Schaden verursachten auch die Wölfe, die meist scheu und versteckt leben, in Hungerzeiten harter Winter aber tollkühn und gefährlich werden können. Den Menschen greifen sie nicht an, es sei denn, daß sie von Tollwut befallen sind.

Das mächtigste und wertvollste Wild war der Auerochse, auch Ur genannt. Der ostpreußische Kartograph Henneberger beschreibt ihn wie folgt: „[…] an Leib und Hals gleich hoch, mit einem hellen Streifen auf dem Rücken und zottigem rauhen Haar zwischen den Hörnern." Zahlreicher kam jedoch der dem Bison verwandte Wisent vor. Dieses kürzer gehörnte und hellbraun gefärbte Wildrind mit dem langbehaarten Vorderkörper und Schulterbuckel war bis zu drei Meter lang und hatte eine Schulterhöhe von zwei Metern. Während Wisente von Henneberger als grimmig und grausam beschrieben werden, sagt Lucanus, sie seien ganz zahm und fräßen aus der Hand. Vergleicht man ihn mit dem nordamerikanischen Bison, dann hat sicher Lucanus recht, denn auch dieses Wildrind ist gutmütig und friedlicher als manches unserer Hausrinder.

Ein weiteres jagdbares Großwild war das Tarpan-Wildpferd mit seiner aufrecht stehenden Mähne. Es hatte eine Schulterhöhe von etwa 1,30 Meter und ein graues Fell mit einem schwarzen Schweif und ebenso schwarzen unteren Beinhälften. Zahlreich war auch der Elch mit seinen großen Schaufeln. Neben diesen wertvollen Großwildarten gab es noch Hirsch, Reh, Wildschwein und Biber sowie eine Vielzahl kleineres Jagdwild. In den Flüssen tummelten sich die Lachse in uns heute kaum vorstellbaren Mengen. Das Land ernährte seine Bewohner im Überfluß, wobei Wild und Fische nur eine Zugabe zu den Produkten der Landwirtschaft waren. Die Menschen aßen vor allem Beefsteak aus der eigenen Viehzucht, nicht Wildfleisch.

Der allgemeine Wohlstand im ganzen Land begründete das Goldene Zeitalter. Nur noch in den Liedern und in den Geschichten, die von den Alten an Herd und Spinnrad erzählt wurden, hörten die Jungen von der Not, die einst die Goten aus ihrer Heimat getrieben hatte, und von dem Klimawechsel, der auch den Balten sorgenvolle Zeiten gebracht hatte.

Zu den zurückgebliebenen Goten im Weichselgebiet drängten sich laufend neue Zuwanderer aus Schweden. Im Laufe von zwei Generationen nach dem Abzug des Hauptstammes hatte sich die Bevölkerung hier so stark vermehrt, daß eine zweite Abwanderung notwendig wurde. Diese Goten wurden als „Gepiden" bezeichnet, was angeblich „die Verbliebenen" bedeuten soll. Man sprach also von „Goten", die zum Schwarzen Meer abgezogen waren und von „zurückgebliebenen Goten", die noch das alte Gebiet bewohnten. Mit der Zeit ließ man das Wort Goten fallen und sagte nur noch „die Gepiden". Die Wissenschaft wußte später mit diesem Namen nichts Rechtes anzufangen und meinte, es müßte ein eigener Volksstamm von unbekannter Herkunft gewesen sein. Da aber alle zugeben mußten, daß es sich ohne Zweifel um Goten handelte, einigte man sich auf die Formel eines „Teilstammes der Goten".

Da die Berichte von den nach Süden abgezogenen Goten verlockend wirkten, beschlossen die Zurückgebliebenen und Hinzugekommenen in einem zweiten großen Volkszug dem ersten nachzufolgen. Es war um das Jahr 245 n. d. Ztw., als nochmals eine große Menge dieser Goten aufbrach und sich auf den langen Reiseweg nach Süden begab. Die Gepiden gaben aber bald die Wanderung auf und ließen sich nördlich der Karpaten nieder, wo sie 130 Jahre später (375) von den Hunnen unterworfen wurden.

Nach der Abwanderung dieses zweiten Gotenzuges ist auch im westpreußischen Raum eine stetige Zunahme der baltischen Sprache mit der gleichzeitigen Verminderung des Gotischen festzustellen. So wurden auch hier die verbliebenen Germanen mit der Zeit zu Balten bzw. Prußen. Diejenigen Forscher, die keinen Wechsel in der Kultur bei gleichbleibender Bevölkerung anerkennen, sehen hier das sehr langsame, aber restlose Abwandern der Germanen und das zögernde Nachrücken der Balten. Nirgendwo aber ließen abziehende Germanen menschenleeres Land zurück. Überall blieben zumindest so viele zurück, wie das Land ernähren konnte. Warum sollte auch dieser Teil fortziehen und in einer ungewissen Fremde neue Äcker suchen, die nach dem Abzug der anderen doch nun hier ausreichend vorhanden waren. Das Wichtigste aber war, einen Teil des Volkes zurückzulassen, um die Möglichkeit einer Rückkehr offenzuhalten.

Daß die Fortziehenden sich solche Rückkehrrechte einräumten, wissen wir mit Sicherheit. Als zum Beispiel die Wandalen in ihrem nordafrikanischen Reich ersucht wurden, die Rechte auf ihre alten Wohngebiete im heutigen schlesisch-westpolnischen Raum aufzugeben, die sie vor 300 Jahren verlassen hatten, waren sie auch dann noch nicht gewillt darauf zu verzichten. Bei wem hätten sie aber solche Rechte geltend machen können, wenn nicht bei dem zurückgebliebenen Teil ihres eigenen Volkes. Germanen waren keine Nomaden, sondern seßhafte Bauern. Wenn sie fortzogen, dann trieb sie nicht so sehr das Fernweh, sondern die Notwendigkeit, den Acker für ihren Pflug und eine bessere Heimat für ihre Kinder zu finden. Für den Fall des Nichtgelingens des Unternehmens, sicherten sie sich zumindest die Rückkehr in die alten Wohngebiete durch Zurücklassung eines Volksteiles.

Das Ende der Gotenzeit

Im Preußenland unterscheidet die Wissenschaft zu dieser Zeit fünf Kulturkreise: den Memelkreis, die Pregel-Instergruppe und die samländisch-natangische Gruppe sowie die Stämme der Galinder und Sudauer. Der westliche Landesteil ist das gotische Gebiet, das nun wieder baltisch ist. Man glaubt, daß sich diese Teile mit der Zeit weiter zergliederten, so daß es schließlich 13 Gaue gab. Aber wie Galinder und Sudauer, so werden auch die anderen Gaue damals schon existiert haben, nur daß eine schriftliche Quelle davon fehlte. Hätte Ptolemäus nicht schon im Jahre 165 die Galinder und Sudauer genannt, wären auch sie nur als südlicher Kulturkreis bezeichnet worden und ihre Namen wären, so wie die anderen, erst durch den Deutschen Ritterorden bekannt geworden.

Die Gotenzeit war mit Frieden und einem blühenden Wohlstand gesegnet, der Jahrhunderte anhielt. Kein Zeitalter der Vorgeschichte des Preußenlandes ist so reich an mannigfaltigen Bodenfunden wie das gotische. Sogar ein halbes Dutzend römischer Bronzeglocken wurde verstreut im Land gefunden. Wozu sie geläutet wurden, wissen wir nicht, denn Kirchen gab es damals auch in Rom noch nicht. Bewundernswert ist die Herstellung emaillierter Schmucksachen. Nach der Verbreitung importierter Inkrustationen begann die eigene Produktion in Galinden um das Jahr 200 und entwickelte bald einen eigenen Stil.

Die Verbindung zwischen den nach Süden abgewanderten Goten und den im Weichselgebiet verbliebenen, jetzt baltischen Goten blieb weiterhin bestehen, was viele Funde bezeugen, die aus Südrußland stammen, sowie große Mengen byzantinischer Münzen. Bruno
Schumacher schreibt: „Die glänzende gotisch-gepidische Kultur zeigt sich in den reichen Formen ihres Kunsthandwerks; Schmuckgegenstände aus Bronze, Silber und selbst Gold, sowie
die Tonwaren, überraschen durch die Gepflegtheit ihrer Formen. Im Bestattungswesen führen sie neben der altüberlieferten Verbrennung die Körperbestattung ein, die sie aus ihrer
Heimat mitgebracht haben, während die Burgunden an der altüberlieferten Sitte der Brand-
grubenbestattung festhalten. Der Reichtum an Edelmetallen sowie das Vorkommen zahlreicher Einfuhrstücke römischer Herkunft verraten, daß die Goten und Gepiden auch lebhaften Handel getrieben haben […]"

Zahlreich sind die Gräber aus der Gotenzeit, die eine verschwenderische Fülle prachtvoller und reicher Beigaben enthalten. Von dem großen Friedhof bei Rondson (Kreis Graudenz)
wurden bisher 875 Gräber untersucht. Ein weiterer großer Friedhof mit über 2.000 Gräbern
liegt bei Braunswalde, südlich Marienburg. Häufig vorkommende Pferdegräber bezeugen
die Pferdezucht und Pferdeliebhaberei der Bewohner. In den gotischen Landesteilen enthalten die Männergräber aus dem ersten Zeitabschnitt der Gotenzeit Schwerter, Lanzenspitzen, Schildbeschläge und ähnliches mehr, die in den baltischen Gebieten sind waffenlos.
Mit der Zeit verlieren die Männergräber aber auch in dem gotischen Gebiet ihren kriegerischen Charakter und enthalten keine Waffen mehr, nur Sporen und Trensen wurden vereinzelt gefunden. Man sieht, die Goten waren inzwischen zu Balten geworden. Die Frauen-
gräber der gleichen Zeit enthalten aber viele kostbare Schmucksachen. Ein besonders reich
ausgestattetes Frauengrab des 2. Jahrhunderts bei Neugut (Kreis Kulm) enthielt über 70 Bei-
gabenstücke, darunter Gewandnadeln, Armreifen, kleine Schlüssel und einen Fingerring.
Interessant ist der Friedhof bei Odry (Kreis Konitz). Die Lage der Hügelgräber ist zweimal
genau vermessen worden, wobei sich ergab, daß die Gräberreihen nach bestimmten Richtungen ausgerichtet sind. Mit Sicherheit wurden folgende Ortungslinien festgestellt: eine
Ost/West, eine Nord/Süd, eine auf den Aufgang der Sonne zur Sommersonnenwende und
eine zur Wintersonnenwende. Die meisten Friedhöfe wurden nicht neu angelegt, sondern
die vorhandenen wurden weiter benutzt. Einige Beispiele dieser Gräberfelder, die bis ins
Mittelalter belegt wurden, sind die im Samland bei Germau/Kirpehnen, Rauschen/Kobjeiten
und Dollkeim. Auch der große Friedhof der Sudauer bei Sypittken (Vierbrücken, Kreis
Lyck) ist von der frühen Eisenzeit bis ins 13. Jahrhundert belegt worden. Sie alle beweisen,
daß die Besiedlung im Preußenland ohne Unterbrechung angedauert hat und sehr dicht gewesen ist.

Als die gotische Sprache erloschen war, gab es nichts mehr, was Goten und Westbalten von-
einander unterschied. Die Kultur der Goten hatte sich mit der baltischen so weit vermischt,
daß sie schließlich als gotische nicht mehr erkennbar war. Es gab jetzt nur noch ein Volk im
ganzen Land, das der Prußen, die aber erst 500 Jahre später so genannt wurden.

Der Name Prußen und Preußen

Die Ansicht einiger Historiker, daß die Goten den Balten den Namen „Aistan" gaben, der
„die Achtbaren" bedeuten soll, ist ein Irrtum, denn der griechische Seefahrer und Geograph Py-
theas aus Massilia (Marseille) nennt in seinem Werk *Über das Weltmeer*, in dem er auch die baltische Küste beschreibt, schon um 322 v. d. Ztw. den Namen Aisten. Die Bewohner des späteren Preußenlandes hatten diesen Namen also schon Jahrhunderte bevor die Goten ins Land
kamen. Oft wird er mit dem der heutigen Esten (estnisch Eesti) verwechselt, die jedoch zu
den finno-ugrischen Völkern, wie Ungarn und Finnen, gehören und auch deren Sprache
sprechen, die keine baltische ist.

Der Name „Aisten" blieb in verschiedenen Schreibweisen noch für länger als ein Jahrtausend bestehen. Einhardus, der Biograph Karls des Großen, nennt die Bewohner des Preußenlandes in seiner *Vita Karoli Magni* (Das Leben Karls des Großen) um das Jahr 833 noch
Aestii. Letztmalig sind die Namen „Esten" und „Eastenland" in dem Reisebericht des angel-

sächsischen Wikingers Wulfstan genannt, der als Späher des englischen Königs Alfred um 890 von Haithabu (Schleswig) nach Truso (Elbing) segelte und sich über das Land und seine Bewohner gründlich informierte.

Zu dieser Zeit taucht auch der Name Prußen in verschiedenen Formen auf. Erstmalig schreibt ein bajuwarischer Geograph um 845 von den „Bruzi". Dann nennt diesen Namen der spanische Jude Ibrahmim ihn Ja'qub in seiner Reisebeschreibung vom Jahre 965. Die Geschichtsforscher vermuten, daß dieser Weltreisende ein Sklavenhändler war, der polnische Leibeigene „erwarb", um sie im Süden mit gutem Gewinn zu verkaufen. Nach 997 erwähnt auch der Stiefbruder und Begleiter des heiligen Adalbert die „Pruzzi" (sprich „Prußi"). Der Geschichtsschreiber Adam von Bremen schreibt um 1075 von den „Sembi vel Pruzi" (Samländern oder Prußen).

Man hat versucht, die Bedeutung des Namens zu ergründen und verschiedene Erklärungen angeboten, von denen aber keine beweisbar ist. Die glaubwürdigste von allen scheint die folgende zu sein: Erstmals sollen die Vorfahren der Polen die Bewohner des Preußenlandes „Poruzzi" (sprich „Porußi") genannt haben, woraus der Name „Pruzzen" (sprich „Prußen") entstand. Dieser soll von dem Wort „Russen" und dem polnischen Fürwort „po" stammen, das „bei" oder „an" heißt. Somit würde Prußen etwa „die an den Russen wohnen" bedeuten. Sollte diese Deutung richtig sein, ist der Name erst entstanden, nachdem es Russen gab. Die Prußen haben zwar nie „an den Russen" gewohnt, aber die damaligen Vorfahren der Polen könnten das angenommen haben. Die Prußen selbst kannten diesen Namen nicht und nannten sich immer noch Ästier oder Goten. Noch am Anfang des 13. Jahrhunderts nennt sie der polnische Geschichtsschreiber Kadlubek „Gehten". Auch in den Quellen der prußischen Sprache ist der Name „Prußai" nicht überliefert. Es ist aber anzunehmen, daß nach ihrer Unterwerfung dieser Name auch von den Prußen übernommen wurde, denn das Adverb „prusiskai" und das Adjektiv „prusiskan" sind überliefert.

Der Name „Preußen" ist für die „alten Preußen" oder „Prußen" irreführend, denn darunter versteht man heute im allgemeinen den späteren Staat Preußen und seine Bewohner. Auch Rheinländer und Westfalen waren Preußen. Die mittelalterliche Schreibweise „Pruzzen" entspricht dem Lautbild „Prußen". Da es damals den Buchstaben „ß" nicht gab, schrieb man diesen Laut mit „zz"; ein Doppelkonsonant deutete zudem auf die lange Aussprache des voranstehenden Vokals. Aus „Pruzzen" bildete sich gegen Ende des Mittelalters das hochdeutsche Wort „Preußen" sowie der lateinische Begriff „Borussia". Im Laufe der Zeit wurde dieser Name den Wechselfällen der Geschichte unterworfen, und zu verschiedenen Zeiten wurden darunter unterschiedliche Begriffe verstanden.

Der Name des eingesessenen Volkes blieb auch nach seiner Unterwerfung durch den Deutschen Ritterorden weiter bestehen. Der neue deutsche Stamm, der sich aus den baltischen Prußen und den Einwanderern bildete, nannte sich weiterhin Preußen, und der Staat hieß „das Ordensland Preußen". Im zweiten Thorner Frieden (1466) mußte der Orden den westlichen Teil seines Landes sowie das Ermland den Polen übergeben. Der Name Preußen bezeichnete auch nach dieser Teilung weiterhin das ganze Gebiet des vorherigen Ordensstaates. Neben dem reduzierten „Ordensland Preußen" gab es nun noch die unter polnischer Herrschaft stehenden Landesteile, die „Königlich Preußen", im Volksmund auch „Polnisch-Preußen", genannt wurden. Bei der Auflösung des Ritterordens 1525 wurde der Name des „Ordenslandes Preußen" dann in „Herzogtum Preußen" umgewandelt.

Als sich der Kurfürst von Brandenburg 1701 zum König krönte und für seinen ganzen Staat den Namen Preußen übernahm, gab es das „Königreich Preußen" und gleichzeitig in diesem auch die Provinz Preußen. Als später diese Provinz in Ost- und Westpreußen geteilt wurde, verstand man unter dem Namen Preußen das ganze Königreich, vom Rhein bis zur Memel, während das eigentliche Preußen nun Ost- und Westpreußen hieß.

Bei der erneuten Teilung durch die Sieger des Ersten Weltkrieges kam der größte Teil der Provinz Westpreußen unter polnische Herrschaft. Um weiterhin die historische Zusammengehörigkeit beider Landesteile auszudrücken, kam der Name „Preußenland" in Gebrauch. Auch nach der Auflösung des preußischen Staates durch die Siegermächte des Zweiten Weltkrieges bezeichnet der Name Preußenland am besten das alte, geschichtsreiche Land zwischen Pommern und Litauen.

Das Land der Prußen

Obwohl der Name erst viel später entstand, sollen die Bewohner der Einfachheit halber schon von jetzt ab Prußen und ihr Land Prußenland genannt werden. Dieses umfaßte zu dieser Zeit den Raum von der Weichsel bis über die Memel, nach Osten und Süden aber weit über die Grenzen der späteren Provinz Ostpreußen hinaus. Die Wohngebiete der Galinder und Sudauer, die damals mächtige und volkreiche Stämme waren, reichten über die mittlere Memel und den Bug hinaus. Im Südosten stießen sie an das Sumpfgebiet des Pripjet. Die Geschichte gibt keinen Hinweis, daß ihr Land jemals eine staatliche Einheit bildete. Nur die Sage kennt einen prußischen König, der über alle Stämme herrschte. Da die Prußen von keinem Feind bedroht wurden, fehlte der Anlaß, um durch Zusammenschluß eine starke Macht zu bilden. Sie selbst wollten auch nicht über andere herrschen, so daß auch dafür kein Bedürfnis für Stärke vorhanden war. Anscheinend kamen sie nie auf die Idee, sich einem obersten Herrscher unterzuordnen.

Das Land zergliederte sich in eine Anzahl Gaue, in denen Stammesfürsten mit beschränkten Machtbefugnissen die Belange des Volkes wahrnahmen. Die Gaunamen sind in den Ordenschroniken meistens latinisiert aufgeführt. So schrieb man zum Beispiel: Pomesani, Varmienses, Nattangi, Sambiti, Nadroviti und Scaloviti. Um festzustellen, wie die Prußen ihre Gaue nannten, müssen wir auf das Litauische zurückgreifen, wo die Namen überliefert sind. Sie werden bei den Prußen ebenso oder sehr ähnlich geklungen haben. Die ältesten Quellen kennen folgende Gaue:

deutsch:	litauisch:
Barten	Barta
Galinden	Galinda
Kulmerland	Kulmas
Löbau	Lubava
Nadrauen	Nadruva
Natangen	Notanga
Pogesanien	Pagude
Pomesanien	Pamede
Samland	Semba
Sassen	Sasna
Schalauen	Scalva
Sudauen	Suduva
Warmia	Varme

Grundlegend ist hier festzustellen, daß es keine festen Grenzen zwischen den einzelnen Stammesgebieten gab. In den Randzonen blieb es dem einzelnen überlassen, zu welchem Stamm er gehören wollte. Feste Grenzen werden erst dann notwendig, wenn ein Herrscher Gefolgschaft verlangt, Steuern eintreibt und sein Gebiet gegen seine nachbarlichen Konkurrenten absichern muß. Da die Prußen aber keinem Herrn untertan waren und keine Steuern zahlten, gab es auch keinen Grund für feste Grenzen. Die Zugehörigkeit zu einem Stamm nahmen die Prußen nicht ernst; keinesfalls schlugen sie sich darum. Die einzige Einrichtung, die über die beschränkte Autorität der regionalen Fürsten hinausging, war die Organisation der Priesterschaft. Von den verschiedenen Zweigen dieses Standes mit ihren vielfältigen Aufgaben wissen wir wenig. Die unteren Ränge der Priester unterstanden aber einem Oberpriester, der über ein größeres Gebiet herrschte. Vielleicht war der Gau der Verwaltungsbezirk eines solchen Oberpriesters.

Die Stammesgebiete (Gaue) waren wiederum in kleinere Bezirke unterteilt. In manchen Geschichtswerken werden einige von diesen als „kleine Gaue" bezeichnet. Die in den deutschen Schriften dafür am meisten verwendete Bezeichnung „Landschaft" ist die am besten zutreffende. Es handelte sich wohl um eine größere Wohngegend mit bestimmter landschaftlicher Eigenart. Aus den Landesteilen, wo ein Teil der Bevölkerung die Unterwerfung überlebte, sind die prußischen Namen dieser Landschaften bekannt. Demnach lag Kreuzburg in der Landschaft Solidow, Brandenburg in Wuntenowe, Landsberg in Wore, das Dorf Laut (Kreis Preußisch Eylau) in Lauthen, Plauten (Kreis Braunsberg) in Plut. Auch der Name Plikabarten für den Ostteil des Kreises Heilsberg bezeichnet wahrscheinlich jene Landschaft.

Das Land war zudem in eine Art Feldmarken aufgeteilt, die etwa einer heutigen Dorfgemarkung entsprachen und in den frühen Schriften des Ritterordens mit dem lateinischen Namen Campus bezeichnet wurden. Die prußische Sprache wußte aber zwischen dem Feld, wo die Höfe vereinzelt standen, und dem Dorf, wo eine Anzahl Höfe sowie die Wohnstätten der Handwerker und anderer nicht in der Landwirtschaft tätigen Personen beisammen standen, zu unterscheiden; für beide gab es verschiedene Namen. Der Ritterorden übernahm vielmals die prußischen Namen der Dörfer, und wie das Beispiel zeigt, waren bei einigen Dörfern die Namen von der Landschaft abgeleitet.

Zur Ordenszeit führt der Chronist Peter von Dusburg nur noch elf Gaue auf. Sassen und Löbau werden nicht mehr als prußische Stammesgebiete genannt. Hier waren große Landesteile durch das Vordringen der Polen verlorengegangen, so daß zu Beginn der Ordenszeit nur noch die nördlichen Teile dieser Gaue als kümmerliche Reste den Prußen verblieben waren. In den Ordenschroniken sind zwar Sassen und auch „das Land Löbau" öfters erwähnt, aber nur noch im Sinne eines Siedlungsgebietes, nicht mehr eines Gaues oder Volksstammes. Die Prußen bekriegten sich untereinander nicht, ein Zustand, der von germanischen Völkern kaum jemals erreicht wurde. Dadurch blieben die Stammesgebiete in ihrer ursprünglichen Form, auch ohne feste Grenzen, von der ältesten Zeit bis zum gewaltsamen Ende unverändert bestehen.

Zu der Frage, wie das Land der Prußen aussah, gibt es sehr verschiedene und oft gegensätzliche Antworten. „Sie lebten in einer wilden, noch jungen Welt", schreibt Heinrich Gerlach, „in einem Lande, das damals nicht nur von Wäldern und Seen, sondern noch weithin von Sümpfen, Mooren und Brüchen bedeckt war. Die Urwälder waren dicht, doch nicht undurchdringlich. Im Schatten ihrer Brandlichtungen, Biberwiesen und anderen natürlichen Blößen, standen die Großrinder, der mächtige Wisent und der schwarze Auerochse, in kleinen Gruppen, durch das verfilzte Unterholz tappte der Braunbär […]"

Der Schriftsteller Walther Gosse schreibt: „Tiefes Schweigen lastet auf der gespenstischen, meist von Nebeln durchzogenen Landschaft, in der abgestorbene Baumriesen kreuz und quer alle Wege versperren." In einem anderen Geschichtswerk lesen wir: „Aus Morästen und Sümpfen ragten hie und da die Schilfhütten einer prußischen Siedlung heraus […]" Noch ein anderer meint, daß um das Jahr 1200 mehr als 95 Prozent der Gesamtfläche eine fast undurchdringliche Urwaldwildnis, Sumpf und Wasser war.

Der erschauernde Leser muß sich wundern, daß Menschen überhaupt den Mut fanden, im Sumpf und Morast einer solchen Wildnis zu leben. Wenn auch nicht alle Autoren sich derartig versteigen, so ist das weit verbreitete Bild von Sumpf und Urwald auch in mildester Form völlig falsch.

Das Land, das schon in der Bronzezeit nicht spärlich besiedelt, sondern voll bevölkert war, hatte seine Bewohner seitdem nicht verloren, sondern beträchtlich vermehrt. Dazu hatte sich in den letzten Jahrhunderten vor der Unterwerfung durch den Ritterorden die Bevölkerung auf dem kleiner gewordenen Raum zusammendrängen müssen. Denn durch die Räumung der den Polen überlassenen Gebiete, hatte das übrige Land die Bewohner von Sassen, Löbau, dem volkreichen Galinden, großen Teilen Sudauens und anderer Regionen aufnehmen müssen.

Wenn das Land zum größten oder zu einem großen Teil Sumpf und Wildnis war, drängen sich einige Fragen auf: Wie kommt es, daß dieses angeblich wilde Land, trotz der riesigen Wälder im Grenzgebiet, zu den zwei waldärmsten Provinzen des Deutschen Reiches zählte? Warum war hier, trotz der vielen Seen, die mehr Fläche als in einer anderen Provinz bedeckten, ein höherer Prozentsatz der Gesamtfläche unter dem Pflug als im übrigen Reich? War nicht damals schon das letzte Stück Ackerland von der zahlreichen Bevölkerung kultiviert und genutzt worden? Daß ihre Welt jung und wild sein sollte, würde die Prußen erstaunt haben, denn ihr Vorfahren hatten hier die Äcker schon jahrtausendelang bestellt. Kein anderes Volk hatte so lange seinen Heimatboden bewohnt.

Dieses ist ein klassisches Beispiel, wie falsche Geschichtsdarstellungen auch ohne böse Absicht entstehen. Ein Autor schreibt, was er sich mit viel Phantasie vorstellt. Der nächste stützt sein Werk auf diese Darstellung, und ein dritter zitiert gutgläubig die beiden ersten als sichere Quellen. Dieser Irrtum gilt nun als Tatsache, die weiter verbreitet wird, wobei die Sümpfe immer größer und die Wälder immer finsterer werden, bis am Ende das ganze Land nur noch aus Sumpf und Urwald besteht. Erstaunlich ist, daß eine unbedachte Ansicht zu solchen Extremen führen kann. Ist die falsche Darstellung aber anerkannt, ist es fast unmöglich, sie zu korrigieren, denn was in Dutzenden Büchern steht, muß doch wahr sein. Ein Wissenschaftler hat es einmal so formuliert: „Eine falsche Lehre ist nur dann aus der Welt zu schaffen, wenn die Vertreter der alten Lehre ausgestorben sind und die neue Erkenntnis weit genug verbreitet ist."

Daß aus Morästen, Sümpfen, Mooren und Brüchen eine hügelige Moränenlandschaft entstehen kann, ist wohl schwer zu erklären. Natürlich gab es Sümpfe und Moore, stellenweise sogar ziemlich große. Sie werden aber damals kaum mehr als fünf Prozent der Gesamtfläche bedeckt haben, was auch heute noch nachprüfbar ist.

Daß die prußischen Wälder meistens lichte Laubwälder waren, ist schon aus der Jungsteinzeit bekannt. Seitdem hatten sie sich kaum verändert, sie waren nur viel weniger geworden. Die sandigen Hügel wurden oft von Kiefern beherrscht. Der Laubwald, meist ohne Beimischung von Nadelholz, stand auf den mehr lehmigen Böden. Die Fichte kam nur im äußersten Westen des Landes vor. Der starke Anteil von Eichen gab den prußischen Wäldern das besondere Gepräge. Abgesehen davon, daß Eichen aus religiöser Rücksicht geschont wurden, gab es auch sonst wenig Veranlassung sie zu fällen, zumal sie auch als Viehweide und zur Eichelmast für Schweine dienten. Der Eichenwald mit den weitständigen alten Bäumen war ein beweideter Hochwald mit wenig oder fehlendem Unterholz, wie man ihn ähnlich heute nur noch in kleinem Maße in alten Parkanlagen findet. Der Ritterorden konnte 100 Jahre lang Europa mit diesem Eichenholz beliefern, das es in dieser Güte und Menge nirgendwo sonst in der Welt mehr gab. Erst nachdem Holzfäller, Teerschweler, Aschenbrenner und Köhler auch die anderen Wälder verwüstet hatten, wucherte ein wilder Wald mit dichtem Unterholz, der den Namen Urwald verdient. Wenn die Wegeberichte der Ordenszeit ein Bild von einer kaum durchdringbaren Wildnis übermitteln, so entspricht das durchaus der Wahrheit. Dieser wilde Wald war aber verhältnismäßig jung und erst entstanden, nachdem die prußische Bevölkerung aus diesen Gebieten entfernt worden war. Das war nicht mehr der Wald der Prußen.

Ein aufschlußreiches Bild über Land und Leute vermitteln uns die reichhaltigen Bodenfunde. Überall und immer wieder stießen Pflug, Spaten und Bagger auf die Zeugen der prußischen Geschichte. Man kann nur ahnen, was bei planmäßigen Grabungen gefunden worden wäre, aber nur selten wurden solche vorgenommen. Die meisten Funde kamen zufällig beim Ziehen von Entwässerungsgräben, beim Ausheben von Baugruben, beim Straßenbau oder anderen Erdarbeiten zum Vorschein. Natürlich wurde auf diese Weise nur ein geringer Teil von dem gefunden, was in der Erde verborgen liegt. Trotzdem wurde die landeskundliche Forschung intensiv betrieben. Neben der Zentralstelle in Königsberg befaßte man sich auch an anderen Orten erfolgreich damit. In den Museen, sogar in den Volksschulen häuften sich die Sammlungen der zahlreichen Fundgegenstände.

Nur aus den ersten 400 Jahren unserer Zeitrechnung wurden 372 prußische und 88 gotische Begräbnisstätten untersucht. Außerdem wurden für jene Zeit 221 Fundstellen für römische Münzen und 70 weitere für andere Gegenstände registriert. Wenn eine solche Zeugnisfülle noch nach anderthalb Jahrtausenden zutage tritt, dann kann hier nicht von Sumpf und Urwald und einem primitiven Volk spärlich siedelnder Waldbauern gesprochen werden. Wie wären solche zu diesen Mengen römischer Münzen gekommen?

Auch für die folgenden Jahrhunderte läßt sich die Siedlungsstetigkeit und die Bevölkerungsdichte klar nachweisen. Für die Zeit von 400 bis 600 wurden über 200 Friedhöfe festgestellt; in die nächsten zwei Jahrhunderte fallen 182, und für die Periode von 800 bis 1200 wurden 231 Begräbnisplätze untersucht. Diese Zahlen gelten nur für das spätere Gebiet Ostpreußens, ohne die westpreußischen und polnischen Landesteile, die damals ebenfalls von Prußen bewohnt waren. Zudem muß berücksichtigt werden, daß diese untersuchten und registrierten Gräber nur einen sehr geringen Teil der tatsächlich vorhandenen Menge betreffen. Die meisten entdeckten Gräber sind nie untersucht worden. Zum Beispiel wurde in und um Königsberg, wo Spaten und Bagger auf Dutzende von Grabstätten stießen, nicht eine einzige untersucht. Genauso geschah es in anderen Städten. Und wer verdenkt es dem Bauern, der auf seinem Feld auf solche Gräber stößt, daß er darüber Stillschweigen bewahrt, um sein Land nicht zu verlieren? Gab es nicht schon mehr als genug solcher historischen Stätten im Land?

Besonders in der späteren Zeit sind unter den Grabstätten auch riesige Aschenplätze vorhanden, wo eine große Anzahl Leichen immer am gleichen Ort verbrannt wurde, ohne daß deren Asche gesammelt und in Gräbern beigesetzt wurde. Zu solchen Begräbnisstätten, die oftmals Tausende von Bestattungen aufweisen, muß eine entsprechende Bevölkerung vorhanden gewesen sein.

Von den Altertümern konnte eine Anzahl Steinfiguren bisher in keine bestimmte Zeitperiode eingestuft werden. Einige Forscher nehmen an, daß sie aus prußischer Zeit stammen; andere aber glauben, daß sie viel älter sind. Zwei dieser aus Granit gemeißelten überlebensgroßen Figuren stehen in Bartenstein. Die eine stellt einen Mann mit spitzer Kopfbedeckung dar, der in der Rechten ein Trinkhorn und in der Linken ein Schwert hält. Auch der zweite Stein zeigt eine menschliche Figur, doch ihre Formen sind schon sehr verwittert. Diese Steinbilder müssen einst in beträchtlicher Menge vorhanden gewesen sein, denn 1945 gab es davon noch 13 in Ostpreußen.

Der wilde Urwald und die unermeßlichen Sümpfe, die immer wieder durch die Geschichtsbücher geistern, scheinen plötzlich auf rätselhafte Weise verschwunden zu sein, denn bei der Wiederbesiedlung des Landes durch den Ritterorden findet man keinen Hinweis darauf, daß die Leute im Urwald angesiedelt wurden oder diesen erst mühsam roden mußten. Ganz im Gegenteil, in den meisten Ortschroniken steht, daß das neugegründete Dorf vorher eine prußische Siedlung, also alter Kulturboden war. Der neue Ort behielt auch oft seinen alten Namen, so daß die Hälfte aller ostpreußischen Ortsnamen prußisch ist. Nur im südlichen Teil des Landes gab es Wald und Wildnis. Wir wissen aber, daß auch diese Gebiete ehemals dicht bevölkertes Kulturland waren und erst durch das Vordringen der Polen zu Wildnis wurden. Eine weitere Verwilderung entstand durch den Eroberungskrieg des Ritterordens. Obwohl es ursprünglich nicht seine Absicht war, führten die Umstände dazu, daß große Gebiete schließlich leergemordet oder leerdeportiert wurden und danach verwilderten. Erst bei den letzten Ortsgründungen der Ordenszeit und der folgenden Herzogszeit mußten Siedler den inzwischen gewachsenen wilden Wald roden.

Zu Beginn des 14. Jahrhunderts war das Preußenland weit mehr verwildert, als es 1.000 oder 500 Jahre zuvor gewesen war. Von diesem wilden Zustand gehen die Geschichtsschreiber aber aus und meinen, je weiter man in der Zeit zurückgeht, um so wilder müsse das Land gewesen sein. Wie auch andere Irrtümer, so hat sich auch die Fabel von Urwald und Sumpf bis heute erhalten. Auch wir wissen alle, daß Ostpreußen das „Land der dunklen Wälder" ist. Daß es in Wirklichkeit, trotz der Reste des riesigen Waldgürtels, eine der waldärmsten Provinzen Deutschlands war, stört uns dabei nicht. Niemals würden wir eine andere Provinz Deutschlands zum Land dunkler Wälder erklären, obwohl alle, außer Schleswig-Holstein, viel waldreicher als Ostpreußen sind. Wie aber mag das Land der Prußen ausgesehen haben, bevor die Riesenforste an den Landesgrenzen entstanden und bevor der Ritterorden Schalauen, Nadrauen und Sudauen fast gänzlich entvölkerte? Wir wissen es nicht genau, doch können wir mit Gewißheit sagen, daß das Land der Prußen vor allem ein Land der Äcker und Weiden, ein Bauernland war.

Die Prußen

Bei den Prußen haben wir es mit einem Volk zu tun, das eine Sonderstellung unter den Bewohnern Europas einnimmt. Während im Laufe der langen Zeit überall Völker kamen und gingen, wobei die große Völkerwanderung zu Höhepunkten der Völkerverschiebungen führte, haben die Prußen (Balten) ihre ursprünglichen Wohngebiete niemals verlassen.

Diese Bodenständigkeit ist eine seltene Ausnahme in der europäischen Geschichte und wird von den Historikern entsprechend hervorgehoben. Erich Weise schreibt: „Für Ostpreußen bekunden die vorgeschichtlichen Altertümer, daß die Besiedlung dieses Landes vom Ende der Jungsteinzeit bis zum Mittelalter ohne jede Unterbrechung angedauert hat. Das bedeutet gleichzeitig, daß die altpreußische Bevölkerung hier von jeher, solange hier Menschen gelebt haben, ansässig war. Es gibt nur wenige Gegenden, in denen sich die Siedlungsstetigkeit über Jahrtausende durch Altertumsfunde so klar dokumentiert wie in Ostpreußen."

Lothar Kilian schreibt in seinem Werk über die prußische Sprache: „Wir registrieren damit zusammenfassend die erstaunliche Tatsache, daß die Balten seit etwa 1800 v. d. Ztw. (für die Zeit davor kann man von Proto-Balten sprechen) ihre historisch bekannten Wohnsitze innehatten [...] Die sorgfältigen Untersuchungen von Carl Engel haben ergeben, daß eine lückenlose, durch keinen Hiatus unterbrochene Fortentwicklung der Kultur in Ostpreußen von der älteren Bronzezeit bis in die historische Zeit nachzuweisen ist."

Wie aber sahen die Prußen aus? Oft werden die Bildtafeln des Domes zu Gnesen, die im 12. Jahrhundert entstanden sind, als Beweis für das Aussehen der Prußen angeführt. Die Bronzetüren mit diesen Bildtafeln sind aber in einer deutschen Werkstatt im Reich, wahrscheinlich in Magdeburg hergestellt worden, wo man sich die heidnischen Prußen den Türken ähnlich, mit herabhängenden Schnauzbärten und kurzem Haarschnitt, vorstellte, so wie man die Heiden von den Kreuzzügen her kannte. Wir sehen, wie Bischof Adalbert den Prußen das Evangelium predigt, obwohl er und auch keiner seiner beiden Begleiter die prußische Sprache beherrschte. Daß er zudem mit Mitra, Ornat und Bischofsstab seine Kahnfahrt zu den Prußen antrat, ist selbst bei größter Phantasie kaum anzunehmen. Die Bildtafeln haben nur symbolische Bedeutung und stellen keine tatsächlichen Begebenheiten dar.

Jordanes nennt die Prußen ein „gänzlich friedfertiges Volk". Nach Adam von Bremen, der die erste Völker- und Landesgeschichte Nordeuropas verfaßte, waren die Prußen große, rüstige Leute mit blauen Augen und langem blonden Haar. Er beschreibt sie als außergewöhnlich menschenfreundlich („homines humanissimi") und sagt, sie sind ein sehr umgängliches Volk. „Viel Rühmliches ließe sich über ihre Gesittung sagen, nähmen sie nur den Glauben an Jesus Christus an. Die Menschen sind frohsinnig, sie lieben Schmausen und Trinken, legen dagegen wenig Wert auf Gold und Silber. Gegen Schiffbrüchige sind sie hilfsbereit und menschlich."

Friedrich Samuel Bock beschreibt die Prußen 1782 als einen kräftigen und wohlgewachsenen Menschenschlag, groß und stark von Leibe, mit blauen Augen und langem Haar. Sie sind zugänglich und freundlich, offen und ehrlich, gutmütig und hilfsbereit. Daß sie kein primitives Volk waren, auch wenn ihnen eine Schrift fehlte, bekunden überzeugend, neben den archäologischen Funden, alle historischen Berichte.

Sie waren hauptsächlich Bauern, Vieh- und Pferdezüchter, aber auch vielseitig begabte Handwerker und im übrigen weithin durch den Bernsteinhandel bekannt. Die große Mehrheit des Volkes bestand aus freien Bauern, die in Einzelgehöften auf ihrem Land wohnten. Oft setzte sich eine Anzahl dieser Höfe zu einer lockeren Ortschaft zusammen, wo auch Händler, Handwerker und andere Leute ansässig waren. Auch wenn es keine ummauerten Städte gab, so fehlte es doch nicht an zahlreichen Handelsplätzen, an denen rege Betriebsamkeit herrschte.

Die Edlen und auch andere Reichbegüterte wohnten auf großen Höfen mit viel Grundbesitz. Sie geboten über unfreies Gesinde und freie Lehnsleute. Neben der Landwirtschaft betrieben die Prußen vielerlei Gewerbe. Die Bodenfunde beweisen ihre hohe Kunstfertigkeit; sie lassen auch auf einen beachtlichen Wohlstand schließen. Für die Ausfuhrgüter, den überall begehrten Bernstein und kostbare Felle, die Schmuck- und Metallwaren der eigenen Industrie, Wachs, Honig und manches andere, konnten sie sich alle Handelsgüter der Welt leisten. Über den Reichtum der heidnischen Zeit berichten übereinstimmend die Hypatius-Chronik und der Ordenschronist Peter von Dusburg.

Die ausgeprägte Freiheitsliebe des einzelnen, verbunden mit der friedlichen Lebensweise des Volkes, verhinderte, daß sich bei den Prußen ausgeprägte staatliche Formen entwickelten, so daß es niemals ein gemeinsames Oberhaupt gab. Wenn der Chronist aber weiter sagt, sie dulden keinen Herrn über sich, trifft das nur bedingt zu. Es gab eine ganze Menge Herren im Land, nämlich die Rikijans, manchmal mit Fürst oder Reik, meistens aber mit Edler übersetzt. Diese Edelleute eines bodenständigen Erbadels standen über den Freien und waren Schutzherr und Vorsteher ihrer Sippengemeinschaft, aber nicht Herr über sie. Wie bei den Germanen, so wurden auch bei den Prußen alle notwendigen Entscheidungen von der Volksversammlung gefaßt.

Das friedliche Bild, das alle älteren Quellen einstimmig von den Prußen entworfen haben und immer wieder hervorhoben, trifft für die letzten Jahrhunderte ihres Eigenlebens nicht mehr zu. Unter dem immer größer werdenden Druck seitens der Polen wurde das friedliche Volk gezwungen, mehr und mehr kriegerische Eigenschaften zu entwickeln. Ibrahmim rühmt 965 die Tapferkeit der Prußen, die damals schon 300 Jahre lang gegen die Polen gekämpft hatten. Daß ein Volk, das Jahrhunderte oder gar Jahrtausende ohne Krieg gelebt hatte, zu einer solchen Umstellung fähig war, ist erstaunlich. Den Prußen gelang es, dem gewaltsamen Vordringen der Polen Einhalt zu gebieten.

In Kriegszeiten wählte jeder Gau einen Führer, dem alle bedingungslos Folge leisteten. Bei höchster Gefahr verbündeten sich auch die einzelnen Gaue und kämpften vereint gegen den gemeinsamen Feind. Auf diese Weise konnten sie die mächtigen polnischen Heere besiegen, die wiederholt in ihr Land einbrachen. Nachdem die kritische Zeit aber überwunden war, scheint der Vorteil solcher Einigkeit allmählich vergessen worden zu sein. Jeder Stamm lebte am Ende für sich und kümmerte sich nicht um den anderen. Selbst die einzelnen Gaue zerfielen in Familienverbände, an deren Spitzen die Edlen nicht immer die Interessen des Volkes, sondern oft ihre persönlichen im Auge hatten. Diese Zersplitterung erleichterte später dem Orden in hohem Maße die Unterwerfung, denn niemals kämpften alle Gaue geschlossen gegen ihn. Erst nach 30 Jahren grausamen Krieges wurde der Versuch einer Vereinigung unternommen, dem aber dann kein Erfolg mehr beschieden war.

Wie groß war das Volk der Prußen?

Diese Frage berührt die empfindlichste Stelle der ganzen Forschung über die Prußen, über die die Meinungen weit auseinandergehen. Jeder, der etwas über die Prußen schreibt, sollte dieses Thema möglichst meiden, denn was er auch darüber schreibt, wird immer auf Widerspruch von irgendeiner Seite stoßen. Trotzdem soll hier auch das untersucht werden.

Der polnische Forscher Henryk Lowmianski rechnete mit vier Menschen pro Quadratkilometer, also etwa 200.000. Gewisse deutsche Historiker meinen, da es dort nur Urwälder und Sümpfe gab, können keinesfalls mehr als drei Menschen auf jedem Quadratkilometer gelebt haben, also höchstens 150.000. Diese Berechnung geht von dem Gebiet aus, das die Prußen zu Beginn des Ordenskrieges bewohnten. Würde man sie auf das Gebiet ausdehnen, das die Prußen vor dem Erscheinen der Polen innehatten, würden selbst diese Zahlen bedeutend höher sein. Inzwischen scheinen aber Sumpf, Morast und Urwald in den Vorstellungen vieler Historiker noch größere Formen angenommen zu haben, denn sie haben die Bevölkerungszahl auf 100.000 herabgedrückt, die heute meistens angegeben wird. Diese Berechnungen aufgrund falscher Vorstellungen entstellen weitgehend das wahre Geschichtsbild. Es gibt zwar keine genauen Angaben über die Zahl der Bevölkerung, aber es gibt genug Anhaltspunkte, nach denen eine realistische Zahl ermittelt werden kann. Das Ergebnis ist eine erstaunlich hohe Einwohnerzahl. Allein die Tatsache, daß die Ordensritter, die immerhin die besten Berufssoldaten jener Zeit waren, 53 Jahre und die fortwährende Hilfe der Heere anderer Länder brauchten, um die Prußen endlich zu besiegen, sollte Beweis genug dafür sein, daß es sich um ein zahlenmäßig starkes Volk gehandelt haben muß. Dabei wurde fast immer nur gegen einen Stamm gekämpft, niemals gegen das ganze Volk, wobei der Orden sogar zweimal fast ganz aus dem Land gejagt wurde.

Schon Tacitus hatte die Aestier dafür gerühmt, daß sie im Ackerbau an Fleiß die Germanen überträfen. Was er schrieb, hatte er von den reisenden Händlern erfahren, denn er selbst war nie im Preußenland. Die Händler sahen aber einem Prußen nicht zu, wie schnell er mit seiner Hacke den Boden aufwühlte, um seinen Fleiß zu beurteilen, sondern sie berichteten, daß sie dort, im Gegensatz zu den germanischen Gebieten, in ein Land kamen, wo sich Feld an Feld reihte und der Ackerbau in erstaunlichem Umfang betrieben wurde. Auch die Germanen bestellten Felder, waren aber hauptsächlich Viehzüchter. Bei den Prußen jedoch stand der Ackerbau an erster Stelle, und die Reisenden berichteten mit Bewunderung davon. Zur Feldbestellung braucht man mehr Arbeitskräfte als zur Viehhaltung; dafür ernährt sie aber auch mehr Menschen. Wenn aber schon um die Zeitenwende die Prußen (Aestier) als tüchtige Ackerbauern bis nach Rom bekannt waren, wird nach 1.000 Jahren Weiterentwicklung ganz sicher kein primitives Sumpf- und Urwaldvolk aus ihnen entstanden sein.

Auch die Tatsache, daß die Prußen das Vordringen der Polen aufhalten konnten, widerspricht der Theorie dünn siedelnder Waldbauern. Unter dem Polenherzog Boleslaw I. war Polen eine wohl fundierte Großmacht, die siegreich gegen Deutsche, Pommern, Böhmen und Russen kämpfte und all diesen große Gebietsteile entriß. Das nächstliegende Ziel jedoch, das Land der Prußen zu erobern, konnte diese Großmacht trotz dreier blutiger Feldzüge nicht erreichen. Wenn die Prußen einen solchen Feind erfolgreich abwehren konnten, muß eine entsprechende Bevölkerung in der Lage gewesen sein, die dazu notwendigen Heere zu stellen. Mit spärlich siedelnden Waldbauern wären die Polen jedenfalls sehr schnell fertiggeworden.

In Wulfstans Reisebericht über das Prußenland, wo uns erstmalig eine aus persönlicher Feststellung gewonnene Kenntnis des Landes geboten wird, findet man nichts über Urwälder und Sümpfe. Dagegen berichtet er: „Das Estenland ist sehr groß und darin sind viele Städte [Orte]", was auf eine dichte Bevölkerung deutet. Auch die Pferderennen bei den Totenfeiern über eine Entfernung von fünf bis sechs englischen Meilen (acht bis zehn Kilometer), die er ausführlich beschreibt, hätten sich nicht in Urwald und Sumpf durchführen lassen. Überhaupt läßt sich der hohe Stand der Pferdezucht, der immer wieder bezeugt wird, nicht mit primitiven Waldbauern verbinden.

Viele Hinweise auf die Anzahl der Bevölkerung bietet die Ordenschronik. Wir lesen, daß allein in der Schlacht an der Sigurne im Jahre 1233 über 5.000 Prußen vom Stamm der Pomesanier getötet wurden. Auch wenn wir dem Chronisten Übertreibung unterschieben möchten, so wissen wir doch, daß die vereinigten Heere auf seiten des Ordens über 10.000 Mann zählten. Daher erscheint es durchaus glaubhaft, daß sich die Pomesanier diesem Heer mit 5.000 Mann entgegenstellten. Wenn aber 5.000 Krieger von nur einem Stamm in einer Schlacht umkamen, wie stark war dann das gesamte Volk? Die Heere (Böhmen, Brandenburger u.a.), die 1255 dem Orden zu Hilfe kamen, um ausschließlich nur das Samland anzugreifen, werden mit 60.000 Mann beziffert.

Im Jahre 1261 fällt der tausendste Ordensritter im Krieg gegen die Prußen. Zu diesen kommt ein Vielfaches an gefallenen Halbbrüdern und anderen im Dienst des Ordens Stehenden sowie die bedeutend höheren Verluste der Kreuzzugsheere. Wenn man das Verhältnis von gefallenen Rittern und anderen Getöteten der Ordensheere, wie es aus manchen Schlachten bekannt ist, auf die Zahl von 1.000 gefallenen Rittern anwendet, müßte die Gesamtzahl der Gefallenen auf seiten des Ordens mit wenigstens 20.000 angesetzt werden. (In der Schlacht bei Tannenberg 1410, die den Orden etwa 6.000 Tote kostete, fielen zum Beispiel 205 Ritter.) Man darf also mit ziemlicher Sicherheit annehmen, daß im Jahre 1261 die Gesamtzahl aller gegen die Prußen Gefallenen 10.000 weit überstieg. Der Krieg dauerte aber noch mit besonderer Härte über 20 Jahre an. Wenn die vortrefflich ausgerüsteten Sieger solche Verluste hinnehmen mußten, wieviel höher müssen dann die der dürftig bewaffneten und schlecht organisierten Prußen gewesen sein?

Daß es sich bei den Prußen um ein starkes Volk gehandelt hat, ersieht man auch aus den gewaltigen Anstrengungen der Kirche, die fortwährend neue Kreuzzüge gegen die Prußen in Bewegung setzen mußte. Die Christianisierung keines anderen Landes erforderte einen solchen Aufwand. Immer wieder mußten die Päpste mit beschwörenden Worten und allen verfügbaren Ablässen zu immer neuen Kreuzzügen gegen die Prußen aufrufen. Und all das, so sollen wir heute glauben, um ein kleines Urwaldvolk von 100.000 bis 200.000 Menschen zu besiegen?

Auswirkungen der intensiven Bodennutzung durch eine zahlreiche Bevölkerung waren noch bis 1945 festzustellen. Von der Gesamtfläche wurden in Ostpreußen 68,2 Prozent landwirtschaftlich genutzt, während es im Reich unter besseren Klimabedingungen und nicht einmal halb so vielen Gewässern nur 60,8 Prozent waren. Wenn es heißt, erst die deutschen Siedler hätten das Land urbar gemacht, dann fragt man sich, warum sie hier, wo doch Land reichlich vorhanden war, einen größeren Teil der Gesamtfläche kultivierten als in ihrer engen und dicht bevölkerten Heimat. Als der Ritterorden die Siedler rief, gab es keinen Mangel an Land, aber nie genug Siedler.

Warum wurden gerade hier Ernteerträge und züchterische Leistungen erbracht, die jene der Nachbarländer und anderer deutscher Provinzen an Güte und Menge erheblich überstiegen? Wirkte vielleicht auch dabei noch Erbgut prußischer Vorfahren, das noch immer in den Adern der bäuerlichen Bevölkerung floß? Ergebnisse ohne Ursachen gibt es bekanntlich nicht. Auch der prußische Volksanteil im Ordensstaat läßt Rückschlüsse auf die ursprüngliche Anzahl zu. Die Menschenverluste in dem langen Krieg waren so gewaltig, daß manche Historiker die fast völlige Ausrottung der Prußen annahmen. Aber noch um 1400 war mehr als die Hälfte der ländlichen Bevölkerung im Ordensland prußisch. Wenn die Überlebenden aber nach einem Jahrhundert der Unterdrückung und intensiv geförderter deutscher Einwanderung immer noch die Mehrheit des Landvolkes bildeten, müssen sie ursprünglich in entsprechender Anzahl vorhanden gewesen sein. Eine deutliche Sprache reden auch die Bodenfunde und Hunderte Gräberfelder. Wären die Prußen die dünn siedelnden Waldbauern gewesen, müßte man sich fragen, wie diese, so abgelegen von Rom, in den Besitz solcher Mengen römischer Münzen kamen, daß sie Tausende davon in die Gräber ihrer Toten legen konnten.

Wie groß war nun das Volk der Prußen, als der Ordenskrieg begann? Neben den Vertretern der Sumpf- und Urwaldtheorie gibt es genügend ernsthafte und gründliche Forscher, die bestätigen, daß die Prußen ein zahlreiches Volk waren. Werner Buxa zum Beispiel schreibt, es waren 500.000. Wenn aber Peter von Dusburg 40.000 Kämpfer nennt, die allein die Samländer stellen konnten, dann muß das Volk dort mindestens 200.000 Menschen gezählt haben, denn die Zahl der kampffähigen Männer übersteigt im allgemeinen nicht 20 Prozent der Bevölkerung. Selbst wenn in den zehn übrigen Gauen nur halb so viele Menschen wohnten, würde das eine Gesamtbevölkerung von rund einer Million ergeben. Nimmt man den Mittelwert dieser beiden Angaben (750.000), enspricht das einer Zahl von 15 Menschen, also etwa einer prußischen Familie pro Quadratkilometer. Für ein Volk von Jägern und Fischern ist das zu wenig Land, für Ackerbauern aber reichlich.

Die prußische Sprache

Sprachwissenschaftlich gesehen bilden die Prußen zusammen mit Litauern, Letten und Kuren den baltischen Zweig des indogermanischen Sprachstammes. Diese Sprachen sind sehr formenreich und haben einen großen Bilderreichtum. Für Dichtkunst und Gesang sind sie deshalb besonders geeignet. Sie haben viele Höflichkeitsanwendungen und Zärtlichkeitsbezeichnungen. Es besteht eine Ähnlichkeit mit dem Griechischen, besonders hinsichtlich des Formenreichtums. Für die Sprachwissenschaft ist die prußische Sprache von besonderer Bedeutung, weil sie noch älter und ursprünglicher ist als die litauische. Obwohl die Überlieferung sehr lückenhaft ist und sich kein vollständiges Bild gewinnen läßt, kann man doch manches erschließen.

Die Wissenschaft sieht das Prußische als dem ursprünglichen Indogermanischen am nächsten liegend an und bedauert, daß es damals niemand für notwendig befunden hat, die Sprache in ihrer Gesamtheit aufzuzeichnen. Von ihr und dem Litauischen geht man aus, um die indogermanische Ursprache zu rekonstruieren, was weitgehend gelungen ist. Wir kennen Lautordnung, Satzbau und zum Teil den Wortschatz. Sie hat Einzahl, Zweizahl und Mehrzahl, zwei Geschlechter und acht Fälle. Das hohe Niveau dieser Sprache, die immerhin vor 5.000 Jahren, also in der Steinzeit entstand, versetzt uns in Erstaunen. Dagegen erscheint unsere hochdeutsche Sprache primitiv. Um die prußische Sprache haben sich neben den deutschen auch skandinavische, russische und litauische Forscher bemüht.

Von der vorhandenen Spezialliteratur über die prußische Sprache führt Lothar Kilian in *Herkunft und Sprache der Prußen* 31 Werke auf. Folgende Quellen der prußischen Sprache sind erhalten: ein von dem Marienburger Mönch Peter Holzwäscher um 1400 angelegtes Vokabular, das eine teilweise Abschrift des verschollenen Wörterverzeichnisses ist, das der Orden 1350 für Gerichtsverhandlungen angelegt hatte; das Vokabular des Tolkemiter Mönchs Simon Grunau, das zwischen 1517 und 1526 entstand, aber nur etwa 100 Worte enthält; die wichtigste Quelle sind die drei lutherischen Katechismusübersetzungen, die von Herzog Albrecht angeordnet wurden und 1545 und 1561 erschienen. Somit sind insgesamt etwa 2.500 Worte erhalten.

Nachdem die urbaltische Sprache sich um 1000 v. d. Ztw. in die ost- und westbaltische Gruppe geteilt hatte, schwanden die beiderseitigen Gemeinsamkeiten zu einem großen Teil in den folgenden 2.000 Jahren auseinanderlebender Geschichte. Die prußische Sprache wurde dazu noch mit gotischen Sprachelementen durchsetzt. „Somit ist das Preusch", sagt Simon Grunau, „ein sonderlich Sprach, und der Pole nix versteht, und der Litauer ganz wenig." Obwohl die Prußen nicht alle einheitlich sprachen – die verschiedenen Stämme hatten eigene Mundarten – konnten sich alle gut verstehen, schlimmstenfalls nicht schlechter als heutzutage Nord- und Süddeutsche.

Mit der Unterwerfung der Prußen durch den Deutschen Ritterorden begann das langsame Aussterben der prußischen Sprache. Sie wurde offiziell vom Orden ganz verboten, obwohl das Verbot zu der Zeit undurchführbar war. Der Orden wußte nicht, daß er damit eine Sprache auslöschen wollte, die philologisch gesehen seiner eigenen weit überlegen war. Die Ordensführung kam auch bald zu der Einsicht, daß man einem ganzen Volk nicht seine Sprache verbieten kann und fertigte schließlich sogar Wörterbücher in prußisch-deutscher Sprache an. Die Mehrheit der ländlichen Bevölkerung sprach noch jahrhundertelang nur prußisch. Erst gegen Ende des 17. Jahrhunderts erlosch die prußische Sprache endgültig. Nach einer Notiz in einem prußischen Katechismus wurde der letzte Pruße, der seine Sprache noch beherrschte, erst 400 Jahre nach jenem Verbot ins Grab gesenkt. Ein Unbekannter schrieb: „Anno 1677 starb ein alter Mann, auf der Curischen Närung wonend [...] Diese alte Prußisch Sprach ist nunmer gantz und gar vergangen worden."

Eine Menge prußischer Worte ging in den allgemeinen Sprachgebrauch der späteren deutschsprechenden Bevölkerung über. Kaddick, Kruschke, Palve, Margell, Kujel, Sei, Plautz und Zärm sind nur ein paar, die wir heute noch als prußisch nachweisen können. Aber auch die meisten der anderen Ausdrücke, die im restlichen Deutschland unbekannt sind, wie Pogge, Kosse, Zock, Paudel, Tarast, Houmsk, Schmand, Schischke und eine Vielzahl von Eigenschafts- und Tätigkeitswörtern sind gewiß Überreste der prußischen Sprache. Auch der etwas langgezogene, singende Tonfall, der nicht bei dem plattdeutschen Dialekt, aber stark bei der Mundart der Ermländer hervortrat, war Erbgut der Prußen. In Tausenden von Orts- und Familiennamen hat sich die prußische Sprache natürlich am besten erhalten. Wenn eine Anzahl prußischer Worte auch im Polnischen zu finden ist, dann bedeutet das nicht etwa, daß diese von den Polen herstammen, wie es meist geglaubt wird, sondern ganz im Gegenteil. Die prußische Sprache war schon 2.000 Jahre alt, als die polnische erst entstand. Natürlich wurden viele Worte aus dieser alten Sprache in die neue polnische übernommen. Außerdem entstand die ursprüngliche slawische Kirchensprache, von der auch das Polnische abstammt, zu einem wesentlichen Teil aus der baltischen Sprache. Darum findet man in allen slawischen Sprachen Worte baltischen Ursprungs.

Die Übersetzer hatten große Schwierigkeiten, die prußische Sprache, die noch durch keine Schrift in feste Formen gefügt war, mit den deutschen Lauten und lateinischen Buchstaben auszudrücken. Um eine kleine Kostprobe zu geben, sei hier der Feuersegen wiedergegeben, mit dem die Hausfrau abends das Herdfeuer zuscharrte, wobei unsere schriftliche Fassung und damit unsere Aussprache in den Ohren der Prußen sicherlich barbarisch geklungen hätte: „Swenta Panicke as tawe grassei palaidossu, kadda na papykstumbai." Leider fehlt eine deutsche Übersetzung; man erkennt aber, daß der Spruch mit „geheiligtes Feuerchen" beginnt.

Die Sprachschichtung im Preußenland seit der Jungsteinzeit war etwa diese:

bis 2000 v. d. Ztw.	Finno-Ugrisch
bis 1800 v. d. Ztw.	Indogermanisch
bis 1000 v. d. Ztw.	Urbaltisch
bis 0 (Zeitenwende)	Westbaltisch
bis 200	Gotisch und Westbaltisch
bis 900	Prußisch
bis 1100	Prußisch und Nordgermanisch (Wikinger)
bis 1250	Prußisch
bis 1650	Deutsch und Prußisch
bis 1945	Deutsch

Im äußersten Norden wurde auch Kurisch (Baltisch), im Nordosten seit etwa 1500 Litauisch und im Süden seit der gleichen Zeit Masurisch (ein altpolnischer Dialekt) gesprochen.

Kultur und Lebensweise der Prußen

Vom Stand der Kultur der Prußen zeugten im 20. Jahrhundert noch viele Gegenstände, die die Zeiten überdauert hatten. In den Museen des Landes sah man kunstvoll geschmiedete Gold-, Silber- und Bronzewaren, geknotete Teppiche von eindrucksvoller Schönheit, einfach und doppelt gewebte Textilien, gebrannte Töpferwaren in vielen Formen, verziert mit herrlichen Mustern, schwere Möbel mit kunstvoll eingelegten Holzarbeiten und ähnliches mehr. Eine Zusammenstellung von Auszügen aus verschiedenen geschichtlichen Werken, in denen die Prußen beschrieben werden, ergibt etwa folgendes Bild über sie:

Obwohl in erster Linie ein Bauernvolk, sind sie auch außergewöhnlich geschickte Handwerker. Besonders talentiert sind sie in der Holzverarbeitung. Der Pruße ist sein eigener Zimmermann und baut sich sein Haus meistens selbst. Auch seine Haus- und Wirtschaftsgeräte fertigt er selber an. Ein hohes Können zeigt sich im Wagen- und Bootbau. Aber auch Töpferei und alle Arten der Schmiedekunst sind weit verbreitet, ebenso die Verarbeitung von Fellen und Leder zu Bekleidung, Schuhzeug und Pferdegeschirr. Mit hoher Kunstfertigkeit weben die Frauen die feinsten Stoffe, meistens mit herrlichen Mustern. Manche ihrer Kleidungsstücke sind ein Schmuckstück feinster Stickerei, für die sie eine besondere Begabung besitzen. Die Zubereitung des groben Tuches, aus dem die Oberkleider gefertigt werden, erfordert viel Arbeit, und bei der mühevollen Walkarbeit helfen sich die Frauen der Nachbarschaft gegenseitig.

Die Frauen schmücken sich mit Diademen, Halsketten aus Glas- und Bernsteinperlen, Halsringen mit Anhängern, Armreifen, prächtigen Fibeln und Ziernadeln, von denen Kettchen mit Anhängern herabhängen. Die Mädchen tragen Wollhäubchen, die mit Bronze- oder Silberspiralen und Anhängern reich verziert sind. Dieser Schmuck, der immer in Paaren an den Schläfen getragen wird, ist sehr beliebt, und kein Mädchen will sich ohne diesen sehen lassen. Die Mädchen sind sich auch ihres Wertes wohl bewußt, denn da ein Mann bis zu drei Frauen heiraten darf, sind sie immer Mangelware und dementsprechend geschätzt und verehrt. Nie sieht man Frauen und Mädchen untätig, wie auch das ganze Volk fleißig und strebsam ist.

Die Männer tragen graue Jacken, die statt der Knöpfe Löcher und kurze Holzstäbchen zum Zusammenhalten haben. Zu anderen Zeiten tragen Männer und Frauen ein knielanges Obergewand aus Wollzeug, das um die Hüften gegürtet und mit Fibeln zusammengesteckt ist. Der Mann benutzt zwei, die Frau vier dieser Gewandspangen. Als Kopfbedeckung dient bei kalter Witterung eine spitze Kapuze, die bis auf die Schultern herabreicht und vorn eine Art Schirm hat, der bei schlechtem Wetter heruntergeklappt wird.

Der Pruße ist von ruhigem, ausgeglichenen Gemüt und langsam im Denken. Was andere bereits aufregt, läßt ihn noch völlig ruhig. Er verachtet jede affektierte Gefühlsäußerung und Unaufrichtigkeit. Er läßt sich nicht durch die Gegebenheit des Augenblicks beeinflussen, sondern sein Handeln ist das Ergebnis langen Überlegens. Hat er aber einen Entschluß gefaßt, dann führt er ihn mit einer zähen Beharrlichkeit aus, die man schon als Eigensinn bezeichnen kann. Er schließt nicht schnell Freundschaften, löst sie aber auch nicht leicht. Auch in Zeiten der Not steht er seinen Freunden hilfreich zur Seite. Ein ihm angetanes Unrecht wird er niemals vergeben oder vergessen, es sei denn, daß Sühne dafür geleistet wurde. Desgleichen zeigt er sich aber auch für eine ihm erwiesene Wohltat ewig dankbar. Besonders stark ausgeprägt ist seine Freiheitsliebe und Unabhängigkeit. Ein interessantes Urteil fällt der Schriftsteller Bogumil Goltz. Er hat zwar um 1850 die damaligen Ost- und Westpreußen im Sinn, an denen er aber offensichtlich prußische Tugenden entdeckt: „Er ist nie der Mann, der sich wohlfeil zur Rede stellen läßt und dem leicht zu imponieren ist und am allerwenigsten durch Stilisation [Sprachformung]. Redekünste verfangen bei ihm nicht. Deklamation [kunstgerechte Rede] und Ostentation [prahlerische Schau] ekeln den Menschen in allen Klassen und auf allen Bildungsstufen an […]

Es gibt nicht viele Volksstämme, die intelligenter, geradsinniger, wahrhaftiger, kritischer und humoristischer, aber auch wenige, die schroffer, schärfer, rücksichtsloser und ungraziöser sind als der preußische Stamm."

Wie der Prußen Friedfertigkeit und Hilfsbereitschaft, so wird auch ihre großzügige Gastlichkeit in allen Berichten besonders hervorgehoben. Auf einem prußischen Hof stand ein Gebäude, die sogenannte Klete, stets als Gästehaus bereit. Peter von Dusburg schreibt: „Ihren Gästen bezeigen sie jede nur irgend mögliche Freundlichkeit, und in ihrem Hause gibt es nichts Eß- oder Trinkbares, das sie ihnen nicht abwechselnd immer wieder aufnötigen würden."

Lucas David preist ihre Gastfreundschaft in seiner *Preußischen Chronik*: „Ja auch kegen frembde, so zu Inen kommen, seindt sie ganz freundlich und wohlthetig gewesen, daß sie es für eine sonderliche Gnade von Gott Inen zugeschickt geachtet, wann ein Gast zu Inen kombt, den nicht allein gerne beherberget, ihm essen und trincken mitgetheilet, sonder auch nach Irem vermogen vor Gewalt geschützet und beschirmet haben, ja offtemals mit großer Gefahr auf die Sehe gefahren und die schieffe der frembden, so zu Inen einlenden wollten, vor den Seheröbern endtsetzet und gefrejet."

In seiner *Cosmographia universalis* schrieb Sebastian Münster 1548: „Bevor und nachdem dieses Volk vom Licht des Glaubens erleuchtet wurde, sind sie bedürftigen Menschen gegenüber barmherzig gewesen." Viele Berichte erwähnen, daß die Prußen niemals Gebrauch vom Strandrecht machten. Es widersprach ihrem Rechtsempfinden, sich das Gut ihrer Mitmenschen anzueignen, schon gar nicht, wenn diese von einem Unglück betroffen waren. Schiffbrüchigen halfen sie selbst unter Lebensgefahr; gestrandete Schiffe und anderes Strandgut wurde selbstverständlich den Eigentümern zurückgegeben. Niemals beteiligten sie sich an der Seeräuberei, die auch vor ihren Küsten ihr Unwesen trieb.

In der heidnischen Zeit hatte der Hausherr die fast unbeschränkte Macht in seiner Familie. Er wird diese aber gerecht und milde angewandt haben, denn es wird betont, daß die Prußen außergewöhnlich kinderlieb waren, daß ihre Familie ihnen über allem stand und die Kinder eine treue Anhänglichkeit an das Elternhaus zeigten. Im übrigen mußte auch der strengste Hausherr sich den Gesetzen und Sitten des Volkes beugen, über die der Priester wachte. Dessen Machtwort durfte sich niemand widersetzen.

Die weit verbreitete Ansicht, daß die Ehefrau gekauft wurde, ist schon deshalb unzutreffend, weil der Kaufpreis in keinem Verhältnis zum Wert einer Ehefrau stand, selbst wenn man diese nur als Arbeitskraft bewertet hätte. Diese Zahlung war nichts anderes als ein Trostgeschenk, das den Eltern der Braut für den Verlust ihrer Tochter übergeben wurde, denn der Preis für einen Knecht, den man unter gewissen Umständen kaufen konnte, war um ein Vielfaches höher. Da sich das Brautgeld aber auch nach den Vermögensverhältnissen des Bräutigams und dessen Eltern richtete, konnte es bei entsprechendem Reichtum auch ziemlich hoch sein.

Obwohl ein Mann drei Frauen haben durfte – vorausgesetzt, daß er alle ausreichend versorgen konnte –, war die Ehe auf Lebenszeit geschlossen und unauflösbar. Bei den Vielehen handelt es sich vor allem um die Versorgung von Witwen naher Verwandter. Für den Prußen war es selbstverständlich, daß er zum Beispiel die Frau seines verstorbenen Bruders zu sich

nahm, besonders wenn sie noch Kinder aufzuziehen hatte, damit diese in der Familie aufwuchsen. Die Pflicht, für Ehefrauen zu sorgen, ging so weit, daß sie beim Tod des Ehemannes auf den Erben übergingen. Der Sohn, der den Hof übernahm, mußte auch die Frauen des
Vaters übernehmen, wenn sich für diese keine anderen geeigneten Verwandten finden ließen.
Die Pflicht dieser Versorgung hatte Vorrang vor eigenen Wünschen. Auf diese Weise waren
alle nützliche Glieder in der Gemeinschaft; es gab keine Verlassenen oder Notleidenden unter ihnen. Armenhäuser, Altersheime und Waisenhäuser wurden erst nach dem Sieg des Christentums notwendig.

Äußerst streng waren die Sittengesetze des Volkes und gnadenlos der Strafvollzug beim Vergehen gegen diese. Nochmals Lucas Davids *Preußische Chronik*: „Welcher eine Jungfraw zum
ersten freiett, der soll sie haben zum Weibe, und niemandt anders. Wo aber derselbe Mann
vorthin drey Weiber hette, den soll man die Hunde lassen fressen." Eine andere Chronik berichtet, daß Ehebrecher, Mann wie Frau, auf dem Scheiterhaufen endeten.

Die alten Berichte heben immer wieder hervor, daß die Prußen tüchtige Bauern und kun-
dige Viehzüchter waren. Sie bauten alle Getreidesorten an, einschließlich Erbsen, Hirse und
Bohnen. Von großer Bedeutung war der Flachsanbau. Ausgiebig wurde auch die Bienenwirtschaft betrieben. Viele Höfe hatten einen Bienengarten; sehr ertragreich war aber auch das
Anlegen und Ausbeuten wilder Bienenvölker in den Wäldern. Ganz besonders gehörten aber
Pferdezucht und Pferdeliebhaberei zum damaligen prußischen Bauerntum, wie auch zum
späteren ost- und westpreußischen. Schon sehr früh waren Wildpferde eingefangen und gezüchtet worden. Hier zogen Pferde den Pflug, der anderswo von Ochsen gezogen wurde.
Großer Beliebtheit erfreute sich der Reitsport, der in allen Variationen als Volkssport betrieben wurde. Bei den prußischen Pferdenarren ging die Verhätschelung der wertvollen Tiere
so weit, daß sie auch des Nachts nicht ohne Aufsicht blieben. In einer Ecke des Pferdestalles
hing das Bett eines Knechtes, das Hotze genannt wurde, von der Decke, wo abwechselnd einer der Pferdebetreuer schlief. In keinem anderen Land wurden Pferde so geschätzt wie bei
Prußen und Litauern. Für prunkvolle Beschläge von Zaum- und Sattelzeug war Silber,
manchmal sogar Gold nicht zu schade. Wulfstan schreibt in seinem Reisebericht, daß die
schnellsten Pferde besonders hoch bewertet wurden und einen ungewöhnlich hohen Preis
hatten. Auch zur späteren Landesverteidigung mußte das Pferd herhalten. Es heißt, daß
selbst der kleinste der prußischen Stämme nicht weniger als 2.000 berittene Kämpfer stellen
konnte.

Die wichtigsten Ackergeräte waren der eisenbeschlagene hölzerne Pflug, die Zoche, und
die hölzerne Egge mit eisernen Zinken. Als die deutschen Siedler mit dem eisernen Pflug
erschienen, waren sie erstaunt, hier ein Ackergerät vorzufinden, das trotz seiner plumpen
Form einem Vergleich mit ihrem modernen Eisenpflug standhielt, diesem sogar überlegen
war. Hatten sie doch einen primitiven Hakenpflug erwartet, wie er in östlichen Ländern
noch lange im Gebrauch war. Die lange Spitze der Zoche hob die Erde in einem flachen Winkel mit geringstem Widerstand an, und das zweiteilige Streichbrett lockerte sie beim Wenden vorteilhaft auf. Hier war aus den Erfahrungen unzähliger Generationen ein optimales
Ackergerät entstanden, das wohl am besten den hohen Stand der prußischen Landwirtschaft bezeugt. Die Zoche wurde dann auch weitgehend von den deutschen Siedlern benutzt und das prußische Wort sogar auf ihren eisernen Pflug übertragen. Bei großen Teilen
der Landbevölkerung hieß bis 1945 der Pflug immer noch „die Zoch". Dafür übernahmen
die Prußen das Wort für den eisernen Pflug in ihre Sprache und nannten ihn „Plugis". In
den kümmerlichen Resten ihrer Sprache, die uns erhalten sind, finden wir die Worte für
Pflugschar, Pflugeisen, Pflugsterz, Pflugbaum und Grindelring, die nichts mit einem Hakenpflug zu tun haben. Da sie keine Ähnlichkeit mit dem Deutschen haben, können sie
nicht daraus übernommen worden sein und bezeugen demnach den Stand ihrer eigenen
Agrarkultur. August Ambrassat schreibt im Jahre 1896 folgendes über den prußischen
Pflug: „Die Zoche der alten Preußen ist eine vorzügliche Bodenbearbeiterin und hat gegenüber manchen modernen Pflügen, sowohl wegen der vorzüglichen Lockerung des Bodens
als auch wegen der erheblichen Schonung der Zugtiere, solche Vorteile, daß sie hin und wieder auch heute noch im Gebrauch ist, wenn sie auch im allgemeinen dem eisernen Pflug
hat Platz machen müssen."

Wenn ein Ackergerät aus jener Zeit sich fast bis zum 20. Jahrhundert halten konnte, dann muß man gewiß denen, die es vor 1.000 Jahren entwickelten, ein hohes Können auf dem Gebiet der Landwirtschaft zusprechen. Hinter einem solchen Pflug schritten keine primitiven Waldbauern, sondern fachkundige Landwirte. Die prußische Egge blieb bei vielen Bauern sogar bis 1945 im Gebrauch.

Daß schon in alter Zeit nicht nur die Samländer mit ihrem Bernstein, sondern auch andere Stämme mit der damaligen Welt Handelsbeziehungen unterhielten, sagt uns Ptolemäus, dem die Galinder und Sudauer im entfernten Alexandrien schon 165 n. d. Ztw. bekannt waren. Sein Hauptwerk ist eines der wenigen aus jener Zeit, die uns erhalten geblieben sind. Was hätte sich wohl erst in der größten Schriftensammlung des Altertums, der alexandrinischen Bibliothek, finden lassen, die bei ihrer Zerstörung (47 v. d. Ztw.) etwa 700.000 Rollen enthielt?

Bei einer Hungersnot im späteren Wolhynien lieferten die Sudauer Getreide in das Fürstentum Halicz. Auch hier zeigt sich der weiträumige Handel sowie der Wohlstand der Bauern Sudauens, die selbst in Notzeiten noch Brotkorn abgeben konnten. Es heißt, sie erhielten dafür Silberschätze.

Die Wohnstätten der Prußen waren unterschiedlich und richteten sich nach der Größe des Besitzes, der wiederum die Anzahl der dazugehörigen Menschen bedingte. Es gab große Häuser mit Vorlauben und etlichen Räumen, aber auch kleine mit nur einem Raum. In alter Zeit, etwa vor dem Jahr 1000 n. d. Ztw., waren die einzelnen Gehöfte oft mit einer äußeren, immer mit einer inneren Umzäunung umgeben, durch die ein Tor führte, das nachts geschlossen wurde. In die innere Umzäunung trieb man für die Nacht Vieh und Pferde von den umliegenden Weiden, und hier befanden sich auch alle Gebäude. Die Häuser waren aus behauenen Baumstämmen gefertigt und standen auf Fundamenten von Feldsteinen. Die Dächer waren meistens mit Rohr, selten mit Stroh gedeckt. Die Giebelenden zierten geschnitzte Figuren, meistens Pferdeköpfe, bei denen jede Sippe ihr eigenen, altüberlieferten Formen hatte.

In der Regel gab es für jede Arbeit ein besonderes Haus. Da war das Rauchhaus, wo der große Herd aus Lehmziegeln stand, wo man kochte und aß. An beiden Giebelenden waren Öffnungen, wo der Rauch abziehen konnte. Im Dörrhaus wurden die großen ländlichen Arbeiten verrichtet. Hier befand sich der riesige Backofen, und im Herbst wurde hier der Flachs getrocknet. Dann gab es die Klete, oft in mehrfacher Ausführung, besonders wenn der Haus- und Hofherr mehrere Frauen hatte. Außer als Gästehaus dienten sie als Wohn- und Schlafraum, aber auch Vorräte wurden darin aufbewahrt. Eine alte Klete diente auch oftmals als Getreidespeicher. Außerdem gab es die Unterkünfte für das Gesinde, das Badehaus, Ställe, Scheunen, Brunnenhäuschen und Vorratskeller, alle selbständige Bauten.

Die Wikinger brachten eine grundlegende Änderung im Hausbau ins Land, die sich zwar langsam, aber stetig weiter ausbreitete. Etwa nach dem Jahr 1000 trat mancherorts anstelle der verschiedenen Wohnbauten ein großes, mehrräumiges Wohnhaus, in dessen Mitte ein wuchtiger, aus Lehmziegeln gemauerter Schornstein stand. Die kleinen Fenster waren mit Läden versehen und mit lichtdurchlässigem Material verschiedener Art bespannt. Glas war nicht unbekannt, denn die Phönizier hatten es schon 1.000 Jahren zuvor massenweise hergestellt; es blieb aber Mangelware und wurde auch in Deutschland erst nach 1300 allgemein für Fenster verwendet. Wegen seiner Schwere und Zerbrechlichkeit kam es nur selten ins Preußenland. Im unteren Teil des erweiterten Schornsteins standen Herd und Backofen, im mittleren Teil waren Stangen angebracht, wo das zu räuchernde Fleisch hing. In dem großen Wohnraum stand an der Wand des Schornsteins ein Ofen mit einer großen Öffnung für das Feuer, wo zur Winterszeit auch gekocht wurde. Da der große Ofen das Haus auch in der kalten Jahreszeit behaglich warm hielt, kamen nach und nach die meisten Wirtschaftsgeräte in die verschiedenen Räume des Wohnhauses. So fand man hier die Handmühle, die Geräte zur Flachsbereitung, die Webegeräte und Spinnräder. Neben diesem großen Wohnhaus gab es noch immer die Klete, die als Gästehaus und Prunkzimmer diente. Auch das Badehaus war noch immer im Gebrauch, wo ein Ofen aus Feldsteinen stand. Zum Baden wurde er glühend heiß gemacht und dann mit Wasser begossen. In dem sich nun bildenden Dampf hielten sich die Badenden so lange auf, bis der Schweiß aus allen Poren drang. Dann wusch man sich mit kaltem Wasser.

Streitigkeiten über den Besitz von Eigentum war den Prußen unbekannt. Sie respektierten das Gut ihrer Mitmenschen in hohem Maß; Diebereien kamen bei ihnen nicht vor. Zur Nacht wurden weder das Wohnhaus noch die Ställe verschlossen. Carl-Friedrich von Steegen schreibt: „Die Justiz der Prußen vollzog sich nach volksnahen Regeln, und wir sollten vor diesem untergegangenen Volk Achtung haben, denn Kriminalität war eine Seltenheit."

Spiel und Sang, Trunk und Tanz, Leid und Tod

Die langen Winterabende vertreiben sich die Prußen mit dem Vortragen beschaulicher und lebensweiser Elegien, von denen es einen unerschöpflichen Reichtum bei ihnen gibt. An Tausenden von Herdfeuern, an Webstuhl und Spinnrad erzählen hundert Generationen die Geschichte des Volkes, die Taten der Vorfahren und geben sie an die nächste Generation weiter. Und die Geschichten handeln nicht von Krieg und Not, sondern von dem bunten, blühenden Leben in seinen mannigfaltigen Formen und Vorstellungen. Hier lebt ein naturverbundenes, lebensfrohes und zufriedenes Volk, das über keinen Nachbarn herrschen, aber auch von keinem beherrscht werden will. Spiel und Tanz sind beliebt, und unermeßlich ist ihr Schatz von Liedern. Von Wiegen- und Kinderliedern bis zu den Gesängen bei der Totenwache begleitet Gesang das ganze Leben. Um welchen Liederreichtum es sich handelt, deuten die Sammlungen der volkskundlichen Archive in Litauen und Lettland an, die etwa 500.000 gesammelte baltische Volksweisen enthalten.

Wo viel gefeiert wird, da wird auch viel getrunken. Das beliebteste Getränk der Prußen ist der seit Urzeiten bekannte Met. Als Erinnerung daran gab es in Ostpreußen noch den Bärenfang, ein hochprozentiger Feuertrunk aus Honig und Gewürzen, von dem man sagte, er sei Essen und Trinken zugleich. Eine besondere Ehre aber scheint es gewesen zu sein, ein Getränk aus vergorener Stutenmilch zu erhalten. In einem Bericht liest man: „Die Reichen trinken den Pferdemilchtrunk, die Armen trinken Met […]" Welch ein Reichtum muß hier geherrscht haben, wenn dies als Unterscheidungsmerkmal für reich und arm gelten konnte. Außerdem gab es das Wacholderbier in vielen Variationen, zu dem teils auch Honig verwendet wurde. Es wurde bei allen Gelegenheiten in beträchtlichen Mengen aus hölzernen Trinkschalen, Kausele genannt, genossen. Statt Hopfen nahm man Beeren des Wacholderstrauches, der als geheiligt galt. Die Trinkfreudigkeit der Prußen ist öfters in den Chroniken erwähnt, sie wird aber nicht schlimmer als bei anderen Völkern gewesen sein. Als Kuriosum sei hier die Ansicht von Simon Grunau wiedergegeben, der meint, alle Krankheit bei den ansonsten gesunden und langlebigen Prußen kommt allein nur vom Mißbrauch des Alkohols: „[…] voraus in Preußen dis von trunckenheit kompt und sich die menschen, die sich auff trincken geben, einen steten dorst haben, und kompt io me sie trincken, io me sie trincken begeren. So kompt in vil kranckheit darausz, ettlichen schwere fiber, ettlichen pleurisin, ettlichen catarrum salsum, ettlichen die shnuppe, ettlichen das husten und solcher unzelichen kranckheit vil, und kompt aus dieser ursach: wen so einer ein wenig auszgehett von der kranckheit, ein ander fuhret in sein haus und trinckt im eines zu, und der kranck von ehren wegen thutt im ein gleichs, und der vil […]"

Im Laufe eines Jahres gab es 15 große Feste, von denen einige drei Tage dauerten, und eine Menge kleinerer, wo meistens familiäre Ereignisse begangen wurden. Praetorius schreibt, daß jedes Fest mit einem Trinkgelage – er sagt Saufen – verbunden war. Zu den großen Festen gehörte die Frühlingseinsegnung mit der Bitte um Fruchtbarkeit für die Felder. Von diesem Fest, das zu Ehren des Frühlingsgottes Pergrubrios gefeiert wurde, hat sich die Sitte des „Schmackosterns" bis in unsere Zeit erhalten. Darüber hinaus gab es das Fest der Schnitter (Zazinek) beim Ernteanfang, das Erntedankfest (Uzinek) und das Pferdefest. Auch Sommer- und Wintersonnenwende wurden ähnlich wie bei den Germanen gefeiert. Beim Erntedankfest gab es eine Beichte von Sünden, wobei sich ein jeder, Männer und Frauen, einzeln vor den heidnischen Priester knieten. Simon Grunau, der einmal diesem Fest beiwohnte, berichtet eingehend über das Bockopfer, die Beichte mit der Absolution in Form einer rituellen Ohrfeige und das anschließende Festgelage. Ob ein heidnisches Opferfest der rechte Ort für einen Dominikanermönch war, soll dahingestellt bleiben. Wir wissen dadurch aber Einzelheiten, die wir sonst nie erfahren hätten. Sein Bericht endet: „Dornoch sie heben an zu trincken und zu essen und dies sie nennen kirwaiten und muß jo niemandt nuchter sonder ganz truncken heimgehen."

Eine Hochzeit war ein wichtiges Fest, das entsprechend gefeiert wurde. Bei der absoluten Unauflösbarkeit der Ehe war es auch eine ernste Angelegenheit, die gründlich überdacht werden mußte. Geheiratet wurde grundsätzlich im Herbst nach der Ernte. Die Wahl der Ehepartner wurde hauptsächlich von den Eltern getroffen. Ein Brautwerber waltete dann nach festgelegten Regeln seines Amtes. Waren alle Beteiligten mit dem Gang der Dinge zufrieden, wurde schließlich das erste Hochzeitsfest im Hause des Brautvaters gehalten, wobei die Brautleute zum erstenmal alleine zusammensein durften.

Nach gründlicher Vorbereitung, wobei für das Festessen und die notwendigen Mengen von Met und Bier gesorgt werden mußte, wurde dann die zweite, die „große" Hochzeit im Hause des Ehemannes bzw. dessen Eltern gehalten. In feierlichem Zug wurde die junge Frau in ihr neues Heim geführt, und mit Spiel, Tanz und Gesang, mit Schmausen und Trinken, mit guten Wünschen für die Zukunft und den Segnungen des Waidelotten (heidnischer Priester) feierte man drei Tage lang. Übernahm der Ehemann den elterlichen Hof, dann übergab der Vater ihn bei der Hochzeit, auch wenn er selbst noch nicht alt oder gebrechlich war. Die junge Frau wurde dreimal um den Herd und dann durch das ganze Anwesen geführt. Sie nahm Besitz davon, indem sie vor jeder Tür – und das waren oft sehr viele – kleine Geschenke hinlegte, die dann unter dem hinterhertanzenden und singenden Gesinde verteilt wurden. In einem anderen Bericht steht, daß der jungen Frau bei diesem Rundgang die Augen verbunden wurden und sie jede Tür mit dem Fuß aufstoßen mußte.

Wenn sich das Brautpaar für die Nacht zurückzog, mußte es den Brauthahn verzehren, dessen Reste am nächsten Morgen zu essen waren. Auch die Nieren eines männlichen Tieres, vorzugsweise vom Bär, werden als formelle Speise der Brautleute genannt. Als Kopfputz trug die Braut die Abglobte, einen Rautenkranz, der mit einem weißen Tuch vernäht war. Man sah ihn noch oft an der jungen Frau, besonders an allen Festtagen. Sie legte ihn erst ab, nachdem sie ihr erstes Kind bekommen hatte. Spuren prußischer Hochzeitsbräuche, wie die Führung der Braut um den Herd, das Ausgießen eines gefüllten Glases auf die Erde und der Brauthahn in abgewandelter Form, waren in manchen Gegenden des Preußenlandes noch bis in die jüngste Zeit zu finden.

Ebenso sinnig wie die Hochzeitsbräuche waren die Bestattungsfeierlichkeiten. Auch diese waren fröhlicher Natur. Immer galt der Grundsatz: die Götter mögen die Trauer nicht, sie wollen die Menschen fröhlich sehen. Die Prußen waren von einem Weiterleben nach dem Tode überzeugt. Es war Sitte, dem Verstorbenen Schmuck und Arbeitsgerät, später auch Waffen mitzugeben. Bei reichen oder fürstlichen Personen wurden auch Pferde getötet und unter oder neben ihrem Herrn begraben. In diesem Zusammenhang wird manchmal erwähnt, daß auch die Ehefrauen bei der Bestattung gefragt wurden, ob die eine oder andere ihren Gatten so geliebt hat, daß sie wünscht, jetzt schon das glückliche Leben im Jenseits mit ihm zu teilen. Das hört sich zwar herzbewegend an, scheint aber dichterische Phantasie zu sein. Ein solcher Brauch läuft dem ganzen Volkscharakter der Prußen zuwider. Wie sollten sie fröhlich sein, wenn zu dem Verlust des Verstorbenen auch noch weitere Familienangehörige umgebracht werden sollten? Kein Chronist hat je von einem solchen Fall berichtet. Nur Peter von Dusburg schreibt, daß bei manchen hochstehenden Personen auch Leute vom Dienstpersonal getötet und mitverbrannt wurden. Sind hier den Prußen Bräuche der Wikinger untergeschoben worden? Auch Wulfstan, der persönlich Totenfeiern beiwohnte und darüber eingehend berichtet, weiß nichts über eine solche Unsitte. Wie es bei der Totenbestattung eines großen Fürsten wirklich zuging, erfahren wir beim Tod des berühmten Litauerfürsten Olgierd (Algirdas), der mit Kleidern, die vor Gold strotzten, gegürtet mit einem vergoldeten Silbergürtel, eingehüllt in einen Umhang mit eingewebten Edelsteinen, verbrannt wurde. Mit ihm wurden 18 seiner besten Pferde den Flammen übergeben, seine Jagdhunde, Falken und Waffen, aber kein einziger Mensch. Hätte es den Brauch der Tötung von Angehörigen oder Dienern gegeben, wäre er ganz gewiß bei dieser Fürstenbestattung beachtet und ausgeführt worden.

Die Tötung von Dienern oder gar Verwandten beim Tod eines Fürsten, wie sie in der Dichtung Agnes Miegels beschrieben und daher besser bekannt ist, als wenn eine historische

Chronik darüber berichtet hätte, scheint es in Wirklichkeit bei den Prußen nicht gegeben zu haben. Es ist aber anzunehmen, daß die Wikinger, die im Preußenland siedelten, diesen Brauch noch lange Zeit beibehielten, und hier liegt wohl die Quelle für die Ansicht, daß es diese Unsitte auch bei den Prußen gab. Menschenopfer gab es nur in späteren Kriegszeiten. Daß nach siegreicher Schlacht einer oder mehrere gefangene Feinde den Göttern zum Dank für den Sieg geopfert wurden, ist sowohl von den Litauern als auch von den Prußen bekannt.

Fühlt der Pruße den Tod nahen, ordnet er noch selbst alle wichtigen Angelegenheiten und gibt die Anweisungen für seine Totenfeier. Immer steht ein Waidelotte dem Sterbenden und der Familie mit Rat und Tat zur Seite. Der Verstorbene wird gewaschen, angekleidet, auf den sogenannten Totenstuhl gebunden und dann an den Ehrenplatz des gedeckten Tisches gesetzt. Die Verwandten, Freunde und Nachbarn finden sich ein, und nachdem die Trinkschalen gefüllt sind, spricht der Waidelotte etwa dies: „Seid nun fröhlich ihr Götter und nehmt unseren Bruder gut bei euch auf, und seid fröhlich, ihr Menschen, auch wenn unser Bruder von uns geht; gebt ihm einen frohen Abschied, denn die Götter wollen keine Trauer." Jeder trinkt dem Toten zu, und damit fangen die Feiern an, die bis zur Einäscherung dauern. Die Leichenfeier wird jedes Jahr zum Gedenken an den Verstorbenen mit einem immer kleiner werdenden Festessen wiederholt.

Nach Wulfstans Bericht konnten die Prußen künstliche Kälte erzeugen. Damit waren sie in der Lage, selbst bei größter Sommerhitze die Leiche vor Verwesung zu schützen. So sollen verstorbene Edelleute monatelang, bis zu einem halben Jahr, steifgefroren in der Halle des Hauses gesessen haben, während um sie herum fröhlich gefeiert wurde. Die Fähigkeit der Prußen, Kälte zu erzeugen, wird auch von Praetorius angedeutet. Vielleicht waren es aber andere Methoden, mit denen die prußischen Priester, ihr Geheimnis hütend, die Leiche vor Verwesung schützen konnten, die Wulfstan für Kälte hielt. Er berichtet jedoch sehr deutlich darüber und sagt zum Schluß: „Und setzt man zwei Gefäße mit Bier oder Wasser hin, so bewirken die Esten, daß beide überfrieren, ob im Sommer oder Winter." Dabei müssen wir es belassen, denn weiteres ist darüber nicht zu finden.

Lucas David berichtet, daß in manchen Fällen ein unheilbar Kranker, nach eingehender Beratung und Zustimmung der Angehörigen, vom Priester getötet wurde, um sein Leiden zu verkürzen: „Wenn einer bei Inen, sonderlich ein Edellmann kranck war, zu dem ward gefördert ein Waidelotte, der stedtiges um In war, seiner wardtete und waidelottet über Ime. Wo dann solches auch nicht hellfen wolte, hilten die Kinder und Freunde einen Rath über den Krancken, was ferner vorzunehmen. Wenn sie einhellig willigten zum Tode, nahm der Waidelotte ein Küssen, legte das auf dem Krancken auf den Mundt, und ersteckte In also, das er sterben muste."

Wulfstan schildert anschaulich die Leichenfeiern mit Trinkgelagen und Wettspielen um das Jahr 890. Anscheinend handelt es sich hier um einen Mann, der keine Nachkommen hinterließ. Wulfstan schreibt: „Wenn ein Mann stirbt, bleibt er unverbrannt im Hause liegen, einen Monat, manchmal auch zwei, je nach der Größe des Vermögens. Und derweil der Tote im Hause liegt, soll Trinkgelage, Spiel und Wettkampf sein, bis zu dem Tag, da sie ihn verbrennen. Bevor sie den Toten zur Brandstelle bringen, zerteilen sie sein Gut, das da noch übrig ist nach Trunk und Spiel, in fünf oder sechs Teile, zuweilen auch mehr. Dann legen sie ungefähr eine Meile vom Hofzaun ab den größten Anteil aus, darauf den anderen, dann den dritten und so fort auf die Länge einer Meile. Der kleinste Teil muß am nächsten zu dem Gehöft des Toten liegen. Dann sollen alle versammelt werden, die die schnellsten Rosse im Lande haben, ungefähr fünf oder sechs Meilen von den ausgelegten Dingen entfernt. Darauf rennen sie alle auf das Gut zu. So kommt der Mann mit dem schnellsten Roß zu dem ersten und größten Teil, und so einer nach dem anderen, bis alles genommen ist. – Und der nimmt den kleinsten Teil, der zu der Habe geritten ist, die dem Zaun am nächsten liegt. Und jeder reitet dann seines Wegs mit dem gewonnenen Gut und mag alles behalten. Wenn dann sein Nachlaß verzehrt ist, so trägt man ihn hinaus und verbrennt ihn mit Waffen und Kleidern. Und so vergeuden sie seine ganze Habe, daß sie den Toten lange im Hause liegen lassen und seine Habe auf dem Wege auslegen, um sie von Fremden errennen und nehmen zu lassen."

Die altüberlieferte Brandbestattung wurde vom Orden verboten, erhielt sich aber insgeheim bis ins 15. Jahrhundert. Peter von Dusburg berichtet 1326, daß zu dieser Zeit Prußen noch hoch zu Roß eingeäschert wurden. Meistens wurden die Pferde getötet und in hockender Stellung unter den Aschenurnen des Toten begraben. Es sind aber auch Pferdegräber bekannt, wo die Tiere offensichtlich lebend begraben wurden. Ihre Beine waren gefesselt, sie hatten eine Binde vor den Augen und einen mit Hafer gefüllten Futterbeutel unter dem Kopf.

Manche Gebräuche und Vorstellungen aus jener Zeit erhielten sich, besonders beim Landvolk, noch etliche Jahrhunderte über die Christianisierung hinaus. So wurde die Leichenfeier mit dem Verstorbenen am Tisch in verkürzter Form noch lange weitergehalten und der Tote erst dann in den Sarg gelegt. Noch im 20. Jahrhundert wurde in einigen Gegenden Ostpreußens beim Trauermahl ein leerer Stuhl an den Tisch gestellt. Von den Totengesängen heißt es, daß mit diesen noch in der Mitte des 19. Jahrhunderts im Nordosten der Provinz der Tote beklagt wurde. Der festliche Begräbnisschmaus gehörte bis in die letzte Zeit zur guten Sitte, und mit dem Namen Zärm oder Zarm hat sich ein weiteres prußisches Wort erhalten.

Die Religion und die Chronisten

Daß der Ritterorden, der als Kämpfer gegen die Heiden und als Eroberer ihres Landes kein Interesse daran haben konnte, sich über die Sitten und die Religion der prußischen Bevölkerung zu informieren und Berichte darüber zu schreiben, ist bei der allgemeinen Einstellung jener Zeit verständlich. Von unserem heutigen Standpunkt ist das bedauerlich, damals aber hätte man ein solches Unterfangen als eine Verherrlichung des Teufels gebrandmarkt. Um so mehr sollten wir denen dankbar sein, die uns das, was wir heute über den prußischen Glauben wissen, dennoch aufgeschrieben haben.

Das alltägliche Leben der Prußen wurde in hohem Maße von ihrer Religion bestimmt. Sie war ein wichtiger, wenn nicht gar der wichtigste Bestandteil ihres Lebens und begleitete sie von der Geburt bis zum Tod. Daß wir über diesen bedeutsamen Teil der prußischen Lebensweise verhältnismäßig wenig wissen, liegt vor allem daran, daß der größte Teil der Quellen von Geistlichen stammt, deren Hauptaufgabe es war, die heidnische Religion auszurotten. Natürlich konnte das nicht auf einen Schlag gelingen, so wie es auch, trotz der grausamen Gewaltpolitik der Karolinger in den deutschen Landen, nicht gelungen war, den heidnischen Glauben mit der Zwangsbekehrung auszutilgen. Hier wie dort lebte der alte Glaube noch lange im verborgenen weiter. Auch die Sieger wußten das, und was immer sie davon erfuhren, konnten sie der Nachwelt, wenn überhaupt, nur widerstrebend als verabscheuungswürdiges Teufelswerk übermitteln. Gerade diesem Umstand, daß die prußische Religion noch Jahrhunderte im verborgenen weiterlebte, verdanken wir einen großen Teil unseres heutigen Wissens über sie.

In der Ordenszeit war es verboten, die Namen der prußischen Götter zu nennen. Es sind nur zwei Fälle bekannt, wo dieses Verbot mißachtet wurde. Einmal wird im Christburger Friedensvertrag von 1249 der Erntegott Kurche erwähnt, und das andere Mal nennt der Bischof von Warmia in einem Bericht an den Papst im Jahre 1418 die Götter Patollos und Natrimpos. Wenn somit eine objektive Darstellung des prußischen Glaubens von den Geistlichen nicht erwartet werden kann, so sind wir dennoch auf ihre Berichte angewiesen. Es gibt leider keinen Bericht von prußischer Seite. Aber selbst wenn eine literarische Überlieferung gefunden worden oder später entstanden wäre, hätten wir sie sicherlich nie zu Gesicht bekommen. So wie Kaiser Ludwig der Fromme alles, was er über die germanische Heldensage vorfand, verbrennen ließ, so hätte auch der Ritterorden solch Heidenwerk vernichtet. Eine schriftliche Überlieferung konnte nur an einem Ort wie Island überleben, wo das Christentum nicht durch Gewalt, sondern durch Volksabstimmung eingeführt wurde. Um dieses schwierige Thema verständlicher zu machen, ist es zweckmäßig, einen Blick auf einige der wichtigsten Chronisten zu werfen, die sich mit dem Glauben der Prußen näher befaßten.

Besonders wertvoll sind die Schriften der ältesten Chronisten, die noch ohne Vorurteil aus der heidnischen Zeit berichten. Die erste ziemlich umfangreiche Darstellung der prußischen Religion nach der Unterwerfung gibt uns der Ordenspriester Peter von Dusburg in seiner *Cronica terrae Prussiae*. Er konnte selbstverständlich nur das schreiben, was der Orden für angemessen hielt. Sein großes Werk beendete er 1326 und stand damit der heidnischen Zeit noch ziemlich nahe. Daß er die Prußen als einfältig oder gar dumm hinstellt, müssen wir ihm aus den vorgenannten Gründen verzeihen. Durch die Herabsetzung alles Prußischen mußte auftragsgemäß der Glorienschein des Rittertums um so heller erstrahlen, und je verächtlicher der heidnische Glaube dargestellt wurde, um so höher erschien der christliche. Um 1340 ließ der Orden Dusburgs lateinische Chronik vom Hochmeisterkaplan Nikolaus von Jeroschin in deutsche Verse übertragen, um sie allen Ordensbrüdern verständlich zu machen.

Peter von Dusburg wußte natürlich mehr, als er schreiben durfte. Ganz sicher kannte er die Namen der prußischen Götter, hütete sich aber, diese zu nennen. Er tat so, als ob sie keinen Gott in menschenähnlicher Form hatten, und schrieb: „Weil sie Gott nicht kannten, so kam es, daß sie irrtümlich alle Kreatur als Gott verehrten: Sonne, Mond und Sterne, Vögel und Vierfüßler bis auf die Kröte.“ Aus seinem Text geht aber hervor, daß die Prußen Götter hatten, zu denen sie um Sieg und Frieden flehten und denen sie Opfer von höchstem Wert darbrachten, von denen die Menschenopfer den größten Eindruck auf die Christen machten.

Eine Sonderstellung nimmt der Dominikanermönch Simon Grunau unter den Chronisten ein. Seine *Preußische Chronik*, die er 1529 beendete, schrieb er weder für den Orden noch für die Kirche, sondern aus eigenem Interesse und Bedürfnis. Er brauchte also auf niemanden Rücksicht nehmen. Dazu ist er der einzige aller Autoren, der die prußische Sprache beherrschte und als Bettelmönch wie kein anderer mit den breiten Schichten des prußischen Landvolkes zusammenkam. Er konnte darum die volkstümliche Überlieferung voll ausschöpfen, die allen anderen Autoren verschlossen war.

Simon Grunau kam etwa 1470 im Ermland zur Welt, wohnte in Tolkemit und blieb sein Leben lang mit seiner Heimat eng verbunden. Seine Wißbegierde brachte ihn in manch heikle Lage, so daß er einmal nicht umhin konnte, einen heiligen Eid auf den obersten der Götter, Perkunos, zu schwören. Dafür durfte er dem Bockopfer beiwohnen und beteiligte sich am „weidelen“ (feiern). Er gibt zu, daß er solches seinem Bischof verschweigen mußte. Als einziger aller Chronisten konnte er dafür einen Augenzeugenbericht über das heidnische Fest liefern. Er hat uns mehr über die Religion der Prußen überliefert, als später Königsberger Professoren mit Hilfe von Dolmetschern und großem Aufwand erfahren konnten.

Daß die Niederschriften dieses einfachen Mannes aus dem Volke anders ausfallen mußten als die der gebildeten Chronisten, die für ihre Herrscher die „offizielle“ Geschichte schrieben, ist selbstverständlich und daher kein Beweis, daß sie erlogen sind. Im Gegenteil, die Chronisten von Amts wegen mußten sich, besonders was die Religion betraf, an die gültigen Richtlinien halten, der ungebildete Mönch aber schrieb unbeeinflußt seine Geschichte. Während die Chronisten zum Beispiel die Götternamen nicht nennen durften, beschreibt Grunau nicht nur die drei Hauptgötter, sondern zählt auch noch eine Reihe der niederen Götter auf. Dieser passionierte Geschichtsforscher hat sich aber leider nicht auf seine Studien über die Prußen beschränkt, sondern auch ein weitschweifiges, lückenhaftes Geschichtsbild über andere Themen erstellt, von dem wir heute wissen, daß es nicht den tatsächlichen Geschehnissen entspricht. Darum ist er als „Lügenmönch“ abgestempelt, und fast jeder Autor, der seinen Namen erwähnt, fühlt sich verpflichtet, den Leser zu warnen, daß alles, was Grunau geschrieben hat, mit Vorsicht zu betrachten ist, weil es höchstwahrscheinlich erlogen ist.

Allem Anschein nach hat aber Grunau nicht bewußt gelogen, sondern glaubte irrtümlich, aus unvollständigen und teils unwahren Schriftwerken anderer Autoren ein Geschichtsbild über ihm persönlich nicht bekannte Vorgänge erschließen zu können. Man sollte grundsätzlich das, was Grunau selbst erlebt und erfahren hat, von dem trennen, was er über andere Themen geschrieben hat. Grunau nennt das Heiligtum „Rickojot“ im Ermland, das aber in keiner anderen Quelle erwähnt wird und daher als erlogen gilt. Wir wissen aber, daß der Orden alle heidnischen Kultstätten zerstörte und nur der einzige Name des Hauptheiligtums „Romowe“ überliefert ist. Warum sollte der heilige Ort im Gebiet des Ermlands, den es ganz sicher gegeben hat, nicht diesen Namen gehabt haben? Weiter wird kritisiert, daß Grunaus Bericht über die Göttereiche Ähnlichkeit mit der Beschreibung Adams von Bremen über das schwedische Heiligtum in Upsala hat. Daraus schließt man, daß Grunau jenen Bericht mit seiner lügenhaften Phantasie umgeändert hat. Wie aber sollte zu jener Zeit die Handschrift Adams nach Preußen in die Hände dieses einfachen Bettelmönches gekommen sein? Daß er dagegen eine ausführliche Beschreibung einer Göttereiche, die ohne Zweifel an vielen Orten existierten, von seinen prußischen Freunden erhielt, ist sehr wahrscheinlich. Da die prußische Religion im Grunde die germanische war, mußten auch beide Eichen einander ähnlich sein. Auch Grunau sagt, daß die sagenhaften Stammväter der Prußen die Religion aus Skandinavien herübergebracht hätten.

Wenn er die Geschichte der Wanderung der Zimbern nach Ulmigeria auf den falschen Berichten des Aeneus Silvius und des Erasmus Stella begründet hat, dann ist Grunau ja selbst das Opfer solch unrichtiger Darstellungen geworden. Diesem Risiko setzt sich aber auch heute noch jeder Autor aus, der über Geschichte schreibt, die er nicht selbst erlebt hat, sondern nur aus Schriftwerken anderer kennt, und deren Glaubwürdigkeit er oft nicht beurteilen oder überprüfen kann.

Die Autoren, die seine Chronik als „unerreichtes Muster phantastisch lügenhafter Geschichtsklitterung" verdammen, tun so, als ob die heutige Geschichtsschreibung uns nur die lautere Wahrheit vorsetzt. Aber gleichzeitig bieten sie uns eine ganze Reihe von Geschichten an, die nicht nur auf Irrtümern beruhen, wie sie auch dem mangelhaft gebildeten Grunau unterlaufen sein können, sondern wo es sich oft um bewußte Lügen handelt.

Natürlich sind die Ansichten über Grunau nicht alle gleich. Selbst bedeutende Forscher, wie Johann Wilhelm Mannhardt, haben sich bei ihren Arbeiten weitgehend auf den „Lügenmönch" gestützt. Trotz aller Mängel hat uns Simon Grunau, in mühevoller uneigennütziger Arbeit mit einem wertvollen Geschichtswerk bereichert, wofür wir ihm dankbar sein sollten.

Eine zusammenfassende kritische Darstellung aller seinerzeit bekannten Quellen über die prußische Religion gibt um 1635 Christoph Hartknoch aus Thorn. Er nennt die drei Hauptgötter und eine Reihe weniger bedeutender, bis zu Elfen und Erdmännchen. Ihm sind noch vier heilige Eichen bekannt, und er sagt, daß in der Aushöhlung der Eiche bei Oppen (Kreis Wehlau) ein Pferd Platz gefunden haben soll. Er erwähnt auch die Schlangenverehrung und die geheiligten Orte in der Natur, die kein Fremder betreten durfte.

Ein zweiter Außenseiter, der für keinen Auftraggeber schrieb und alles Erreichbare über den alten Glauben der Prußen sammelte, war Matthäus Praetorius. Er wurde 1631 in Memel geboren und war von 1664 bis 1685 evangelischer Pfarrer in Niebudzen (Herzogskirch, Kreis Gumbinnen). Obwohl seit der Unterwerfung der Prußen 400 Jahre vergangen waren, fand Praetorius bei der Landbevölkerung dieser Gegend noch reichliche Beweise der alten Religion und auch der prußischen Sprache. August Hermann Lucanus, der zwischen 1714 und 1742 das Land bereiste, bestätigt, daß sich zwischen Ragnit und Insterburg der alte Glaube am längsten erhalten hat. Der Grund dafür war nicht nur die typisch prußische Tugend, am alten Erbgut zäh festzuhalten, sondern hier wurden alte Überlieferungen neu aufgefrischt, als im 15. Jahrhundert viele litauische Samaiten ins Land kamen. Auch die Gleichgültigkeit der Behörden trug dazu bei, daß sich hier unter dem Deckmantel des Christentums der heidnische Glaube so lange erhalten konnte. „Der nadrauische Bauer des 17. Jahrhunderts brachte seinem Pfarrer ein Herz voll Liebe und Ehrfurcht entgegen", schreibt Adolf Rogge 1873, „daheim aber hatte der Maldinings, der Nachkomme des alten Waidelotten, das erste Wort."

Praetorius konnte schließlich in über 20jähriger Arbeit ein zweibändiges Werk von 1.529 Seiten, die *Preußische Schaubühne*, zusammenfügen. Der Vorwurf, daß er prußische und litauische Überlieferung nicht auseinander hält, ist unbedeutend, da es sich im Grunde um die gleiche Religion handelt. Schwieriger war es, christliche Einflüsse zu erkennen, die sich im Laufe der langen Zeit mit der alten Überlieferung vermischt hatten. Praetorius wurde angefeindet und in langwierige Prozesse verwickelt. Das Wissen über eine heidnische Religion, die gar noch im eigenen Land praktiziert wurde, war höchst unerwünscht. Auch damals wußten die Regierenden schon, was das Volk zu denken und zu glauben hat. Für sein Schriftwerk konnte er keinen Verleger finden. 1685, kurz vor seiner Amtsenthebung, zog er nach Polen. Er wurde katholisch und diente dem polnischen König als Sekretär und Geschichtsschreiber. Nun erst gelang der Druck seiner Schriften. Heinz Podehl sagt: „Übrigens werden Teile aus des Pfarrers Praetorius Schriften von einem gewissen Teil der Fachwelt mit Zurückhaltung aufgenommen. Da ergeht es ihm nach altbewährtem Rezept ähnlich wie dem Mönch Simon Grunau." Seine 1703 neubearbeitete *Preußische Schaubühne* nahm wiederum kein Verleger an. Praetorius starb 1704 als Probst in Weiherhof, dem späteren Neustadt in Westpreußen. Sein Schriftwerk ist seit 1945 verschollen.

Die nordische Religion der Germanen muß irgendwann einmal in schon ausgebildeter Form zu den Prußen gekommen sein. Spätestens geschah das in der Gotenzeit, als sich Balten und Goten zu den Prußen formten. Wahrscheinlich blieb auch einiges von dem erhalten, was die Balten vorher geglaubt hatten. In der baltischen Sprache hatten die Götter andere Namen erhalten, und die Zeit war auch an ihnen nicht ohne Veränderung vorbeigegangen, aber trotzdem blieb die Religion die germanische. Die Prußen verehrten nicht alle Natur als Gottheit, wie von Dusburg sagt. Sie dankten den allbewegenden Kräften der Götter den Sonnenschein und den Regen, die Fruchtbarkeit der Äcker, den Reichtum der Herden und das Wohlergehen der Menschen. In den Naturgewalten sahen sie das Wirken der Götter und brachten Feuer, Wasser, Erde, Sonne, Mond und Sternen Ehrfurcht entgegen.

Heinrich von Treitschke schreibt: „Eine geheimnisvolle Priesterschaft entzündete auf den Opfersteinen das duftende Bernsteinfeuer vor den Göttern eines Glaubens, der von den Greueln aller Naturreligionen […] nur weniges offenbarte."

Im Leben der gesamten Tierwelt und im Wachsen der Pflanzen sahen sie das geheimnisvolle Walten der Götter, aber keine Gottheiten. In Ehrfurcht weihten sie den Göttern eigens erwählte Haine und andere Orte, wo man nicht den Pflug führte, nicht jagte oder fischte. Hier stand alles Leben unter dem Schutz der Götter, und kein Mensch vergriff sich daran. Diese heiligen Stätten blieben so, wie die Natur sie geschaffen hatte. Es scheint, daß von allem Getier solches besondere Verehrung genoß, das den Menschen nützlich war: die Schlange, die Mäuse fängt, die Kröte, die Insekten frißt, die Eule, ebenfalls ein Mäusejäger. Selbst neben dem Haus duldete man die Schlange und stellte ihr ein Schälchen Milch hin. Vom edelsten aller Tiere, dem Pferd, glaubte man, daß es den Göttern besonders nahestand. Vor allem weiße Pferde, die im Gegensatz zu Albinos immer dunkel geboren werden und sich erst später umfärben, betrachteten die Prußen als besonderes Wohlwollen der Götter dem Besitzer gegenüber. Sie wurden aber nicht in heiligen Hainen gehalten, um Orakel zu lösen. Auch dieser germanische Brauch, von dem Tacitus berichtet, wird oft auf die Prußen übertragen. Hier war der Besitzer weißer Pferde zwar stolz auf diese göttliche Gunstbezeigung – er pflegte sie besonders und verkaufte sie nie –, aber Orakel brauchten sie nicht zu lösen.

Jeroschin berichtet von einem Samländer, der um 1260 vom Bischofsvogt aufgefordert wurde, seine Schimmel auszuliefern. Er weigerte sich aber und bot eine größere Zahl anderer Pferde als Ersatz dafür an. Der Vogt aber bestand auf den weißen Pferden und ließ sie schließlich gewaltsam in die bischöflichen Ställe bringen. Dort fand man sie eines Morgens alle tot vor. Der Eigentümer hatte sie töten lassen, um sie auf diese Weise den Göttern zurückzugeben, von denen er sie erhalten hatte. Er durfte sie keinesfalls in fremde Hände fallen lassen.

Über den Seelenglauben der Prußen schreibt Peter von Dusburg: „Sie glaubten auch an die Auferstehung des Fleisches, aber nicht richtig. Sie meinten, so, wie der Mensch hier wäre, genauso würde er auch nach der Auferstehung sein." Er sagt weiterhin, daß der Priester den Angehörigen weismacht, er habe den Verstorbenen mit großem Gefolge vorbeiziehen sehen und am Türpfosten seines Hauses ein Zeichen gefunden, das der Tote dort eingeritzt habe. Wie fest die Menschen von einem Weiterleben nach dem Tod überzeugt waren, beschreibt 1226 der Chronist Heinrich der Lette, der von 50 Frauen berichtet, die sich im Jahre 1205 erhängten, nachdem ihre Männer auf einem Kriegszug gefallen waren. Er schreibt: „Verwunderlich ist das nicht, denn sie glaubten, daß sie damit wieder mit ihren Männern vereint sein würden."

Wir nehmen an, daß die Goten ihre Religion den Prußen gaben, oder wurde sie durch andere gebracht? Eine Sage berichtet, daß dereinst, nach einem langen strengen Winter, ein Mann mit einem weißen Pferd auf einer Eisscholle an die Samlandküste getrieben wurde. Dieser von den Göttern Gesandte habe das unwissende Volk über die Götter unterrichtet und deren Gebote verkündet. Eine ähnliche Sage nennt zwei Männer, Wiedewuto und seinen älteren Bruder Bruteno, die auf einem Schiff über das Meer kamen. Wiedewuto einigt die zersplitterten Stämme und wird König über das ganze Volk; Bruteno ist oberster Priester. Das Volk lebt in einer überaus glücklichen Zeit. Dann wachsen die zwölf Söhne Wiedewutos heran und streben zur Macht, und der König teilt das Land unter ihnen auf. Litwo, der älteste, erhält das Land jenseits der Memel, Sudo den Südostteil des Landes, Samo das Samland, Natango das Gebiet südlich davon, Barto ein Stück aus der Mitte, Galindo den Süden, Nadro das Gebiet an Angerapp und Inster, und so wird das Land in zwölf Gaue geteilt. Da nun der Auftrag der Götter erfüllt ist, besteigen Wiedewuto und Bruteno den Scheiterhaufen im heiligen Wald von Romowe, und die Götter nehmen sie wieder auf. Den zerstrittenen Söhnen gelingt es aber nicht, einen neuen König zu wählen. Litwo bringt schließlich seinen Bruder Nadro um und wird aus der Gemeinschaft der prußischen Stämme ausgestoßen. Aber nie wieder herrschte ein König über die Prußen.

Auch in einer anderen Sage, die in späterer Zeit spielt, sucht der Held gleichen Namens den Feuertod im Götterwald. Als der Reik Wiedewuto alt geworden war und seine Krieger nicht mehr wie sonst im Kampf führen konnte, rüsteten die Feinde jenseits der Grenze, die er oft geschlagen hatte, zu einem großen Raub- und Rachekrieg gegen sein Volk. Da ließ er im Hain einen großen Scheiterhaufen vor der Eiche anzünden, und Ochsen mit vergoldeten Hörnern wurden geopfert. Dann aber rief der Reik die Götter mächtig an, sie möchten ihn selbst als Opfer annehmen und dafür seinem Volk den Sieg geben. Nach diesem feierlichen Gebet stürzte er sich selbst in die Flammen. Da entbrannten die Herzen der Krieger, und sie schlugen ihre Waffen aneinander, daß es laut durch den Wald schallte.

Um den edlen Fürsten Wiedewuto sind viele Geschichten gesponnen worden, die diesen Helden ehren und besingen. Sein Name aber lebt nicht nur in der prußischen Mythologie, sondern auch bei einigen der Enkel jenes stolzen Volkes weiter. So hieß zum Beispiel der vorletzte Besitzer des Rittergutes Domnau (Kreis Bartenstein), der seine Ahnenreihe auf natangische Edle zurückführte und der 1928 verstarb, Natango Weidewuth Graf von Kalnein.

Der freiwillige Tod im Opferfeuer des Götterhains scheint für bedeutende Personen die höchste Form gewesen zu sein, aus dieser Welt zu scheiden. Auch Simon Grunau erzählt die Geschichte eines alten Oberpriesters, der krank und schwach sein Volk zur großen Feier an den heiligen Ort lud. Auf seine Gehilfen gestützt, bestieg er den großen Holzstoß und hielt dem Volk eine lange Predigt: „Damit ihr nicht der Strafe der Götter anheimfallet", so soll er gesagt haben, „will ich mich heute opfern und zu unseren Göttern gehen und immer nur das Beste von euch reden." Er nahm dann vom heiligen Feuer, das bei der Eiche brannte, und setzte seinen Holzstoß in Flammen.

Priester und Götter

Erstaunend begannen die ersten christlichen Missionare, die sich mit dem Glauben der zu Bekehrenden näher befaßten, die komplizierte Vielfalt dieser alles Leben umfassenden Religion zu begreifen. Beeindruckend waren die vielen Götter und Geister, die heiligen Haine, Fluren und Gewässer, die großen Feste, die Einäscherungsfeiern, der Glaube an das Weiterleben nach dem Tod und die komplexe Hierarchie der weit verzweigten Priesterschaft. Sie erkannten, daß dieser so tief im Volk verwurzelte Glaube nicht so leicht zu beseitigen sein würde. Auch dem Ritterorden gelang, trotz aller Strenge, zumeist nur die politische Unterwerfung, aber nicht die religiöse Bekehrung. Unter dem Druck der Gewalt ließen sich die Prußen taufen und befolgten die christlichen Anweisungen, soweit sie dazu gezwungen wurden, ihr alter Glaube lebte aber weiter.

Die religiöse Herrschaft im Volk übten Priester aus, die Waidelotten hießen. Über diesen standen Oberpriester, die Kriewe genannt wurden. Von den verschiedenen Kategorien der Priester sind uns Opferpriester bekannt, die Wurschaite hießen, und die Ligaschonen, die den Dienst von Ärzten versahen (Liga heißt Krankheit). Die Tulissonen übernahmen Funktionen beim Leichenbegängnis und hatten scheinbar auch die Aufgabe von Sängern und Skalden, die den Ruhm des Verstorbenen besangen. Sie hatten die göttliche Gabe, im aufsteigenden Rauch des Leichenbrandes den Verstorbenen in Pracht und Herrlichkeit, mit großem Geleit über den Himmel reiten zu sehen.

In den von Christen stammenden Berichten werden die heidnischen Priester natürlich meistens, wenn auch nicht immer, verdammt. Einmal heißt es auch, daß sie weise alte Männer waren, die, vom Volk bestimmt, großes Ansehen und hohe Verehrung genossen. Sie kleideten sich dürftig mit einer Art weißem Mönchsgewand und lebten ohne Besitz und Vermögen. Einmal liest man sogar, daß die Oberpriester mit göttlichen Gaben ausgestattet und christlichen Bischöfen gleichzusetzen wären. Adam von Bremen schreibt, daß es unter ihnen Wahrsager und Weise gab, deren Ruf weit über die Grenzen des Landes hinausging. Leute kamen von weit her – er sagt von Spanien und Griechenland –, um ihren Rat und ihre Deutung der Orakel zu hören. Diese obersten Kriewen hatten große Autorität. Über ihnen standen nur noch die Götter. Ihr Wort war zukunftsdeutende Wahrheit und letzte Weisheit. Dusburg berichtet folgendes über den alleroberstens Kriewen, der zur Zeit des Ordenskrieges am Heiligtum Romowe in Nadrauen sein Amt ausübte: „So wie der Papst die ganze Christenheit regiert, so herrschte auch dieser höchste Kriewe über Prußen, Litauer und die Völker Livlands. Er hatte ein solch hohes Ansehen, daß nicht nur er selbst oder jemand seines Blutes, sondern auch irgendein Bote, der mit seinem Kennzeichen, in Form eines besonderen Stabes, erschien, von Fürsten und gemeinem Volk ehrerbietig aufgenommen wurde."

Der Stab des Kriewen hieß Kriwule und war aus einer Baumwurzel geschnitzt. In manchen ostpreußischen Dörfern wurde ein solcher Holzstab bis zum 20. Jahrhundert zur Einberufung der Gemeindeversammlung benutzt. Nach einer bestimmten Reihenfolge gab ein Nachbar die Kriwule an den nächsten weiter. Das war zuverlässiger und einfacher, als einen Boten zu allen zu schicken.

Simon Grunau schreibt, daß der oberste Priester, der im ermländischen Gebiet geherrscht hatte, Kirwaido genannt wurde, was Mund Gottes bedeuten soll. Wenn dieser sich anschickte, zu der Göttereiche zu gehen, wurde dies zuvor ausgerufen, woraufhin viel Volk herbeilief und den Kriewen um seinen Segen bat. In seinem Dienst standen verwitwete Männer und Frauen, die „wahrlich gar züchtig lebten". Die Entscheidungen und Beschlüsse des Kriewen gab dieser den Waidelotten bekannt, die sie dann unter das Volk brachten. Von den Priestern durften einige Auserwählte in der Nähe des Kriewen Dienst tun, die wohl etwas ähnliches wie ein Domkapitel bildeten. Die anderen wohnten in den Siedlungen und auf den großen Höfen der Edlen. Wir kennen nicht ihre Rangordnung, und von ihrem Walten und Wirken wissen wir wenig. Es steht aber fest, daß die Priester ein wichtiges Glied der Volksgemeinschaft waren, die bei allen Angelegenheiten zu Rate gezogen wurden und vielleicht sogar die eigentlichen Führer des Volkes waren.

Die beste Beschreibung der prußischen Götter verdanken wir Simon Grunau, der im engen Umgang mit der prußischen Bevölkerung und ihrer Sprache folgendes erfahren konnte: Er nennt die Götter Perkuno, Patollo, Potrimpo, Kurcho, Wurschaito und Swaibrotto. Die drei ersten bezeichnet er als die Hauptgötter, denen man nirgendwo anders als im Heiligtum Rickojot opfern durfte (also nur im jeweiligen Gauheiligtum). Daß nur diese drei richtige und vollwertige Götter waren, besagen auch andere Quellen. Wurschaito und Swaibrotto hält Grunau nur für die sagenhaften, vergötterten Stammväter der Prußen Wiedewuto und Bruteno. Den Hauptgott Perkuno nennt Grunau erstmalig.*

Offenbar waren nur im großen Gauheiligtum Bilder der Götter aufgestellt. Die uralte Göttereiche dort soll sechs Ellen dick gewesen sein, und durch das dichte Laub dieses Riesenbaumes fiel weder Regen noch Schnee. Die Behauptung, daß die Blätter auch im Winter grünten, ist vielleicht damit zu erklären, daß manche Eichen erst im Frühjahr ihre Blätter abwerfen. Immergrüne Eichen gibt es nur in wärmeren Zonen. Wahrscheinlicher aber ist, daß dieser alte Baum dicht mit Efeu bewachsen war, der auch im Winter grün bleibt, und zusammen mit den noch verbliebenen Blättern den Anschein eines immergrünen Baumes gab.

Unter dem dunklen Geäst der gewaltigen Krone blickte das ernsthafte, aus Holz geschnitzte Götterbild von Perkunos, dem schwarzhaarigen Gott des Donners herab. Sein Haupt krönten Feuerflammen, und Blitze zuckten aus seinem feurig wallenden Bart. Er war der mächtigste der Götter, und sein Wohlwollen gab dem Land Glück und Segen. Ihm zu Ehren brannte Tag und Nacht ein Feuer von geheiligtem Eschenholz, dessen Rauch zu besonderen Anlässen mit zerstoßenem Bernstein durchwürzt wurde. Die Asche des Feuers galt als

* Die livländische Reimchronik erwähnt den prußischen Hauptgott Perkuno allerdings schon 1296 als litauische Gottheit.

Medizin und wurde sorgfältig gesammelt. Sollte das Feuer je verlöschen, mußte durch Reibung an der Eiche ein neues entfacht werden. Perkunos war der Befruchter und Reiniger der Erde; ohne sein Zutun konnte nichts wachsen. Beim Gewitter brauste er in einem flammenden Wagen, von einem Ziegenbock gezogen und von zwei Vögeln begleitet, durch den Himmel, und das Gepolter seines Wagens war der Donner. Er breitete seinen Segen über die Erde und die Menschen unter ihm aus, und seine Blitze schleuderte er auf die, denen er zürnte. Ohne Zweifel erkennen wir hier Thor, den Donnergott der Germanen, der auch hier bei den Prußen seines Amtes waltet. Dieses Bild des blitzeschleudernden Gottes hatte sicher Agnes Miegel vor Augen, als sie 1901 in dem Gedicht „Mainacht" schrieb:

> „Und über den Lindenwipfeln führten im Blitzesschein
> die alten Preußengötter ihren ersten Frühlingsreihn,
> Herden und Saaten segnend, schwanden sie über das Meer.
> Ihre hohen Bernsteinkronen blitzten noch lange her."

In einer Aushöhlung an der anderen Seite des riesigen Stammes war das Bild Patollos, dem Gott des Todes angebracht, einem alten Mann mit grauem Bart und einem Gesicht von bleicher Totenfarbe. Er war Herr über Krankheit und Schmerz, Leid und Strafe. Sein kahles Haupt umhüllte ein dunkles Tuch, und sein Blick war aufwärts zu den Sternen gerichtet. In christlicher Zeit wurde der Name Patollos zu Pikollos umgeformt. Offenbar waren es polnische Geistliche, die, bei der Verächtlichmachung der heidnischen Götter, die gütigen Züge des Totengottes mit denen des Teufels vermengten. Pieklo heißt auf polnisch Hölle. Mit den Begriffen Hölle und Teufel wußten die Prußen ohnehin nicht viel anzufangen; beim Totengott waren sie daher am besten abgelegt.

Der liebste der drei Hauptgötter war Potrimpos, der Gott des Lebens, der ein lachendes bartloses Gesicht von untrübbarer Fröhlichkeit zeigte. Sein Haupt war mit goldenen Kornähren geschmückt, und ewige Jugend umstrahlte ihn. Ursprünglich war er nur Gott des Wachsens und Gedeihens, des Getreides, des Lebens und der Liebe. Mit dem Beginn der Polenkämpfe aber mußte auch einer der Götter für den Krieg zuständig sein, denn einen Kriegsgott hatte es bislang nicht gegeben. Dieses schwierig und undankbare Amt wurde dann auch noch Potrimpos aufgebürdet.

Neben den drei Hauptgöttern gab es noch eine Anzahl niederer göttlicher Wesen, die den Menschen bei allen möglichen Angelegenheiten hilfreich zur Seite standen. Da war Zeminele, die Erdgöttin, die nach den drei richtigen Göttern die höchste Stelle einnahm; Laima, die Schicksalsgöttin; Giltine, die Todesgöttin; Pilvetius, ein Glücksgott; Purschaitis, der Waldgott; und Pergrubrios, der schon erwähnte Frühlingsgott. Der Erntegott Kurche (Kurke) war Nahrungsspender, Herr über Essen und Trinken. Ihm zu Ehren wurde das Erntedankfest gefeiert, bei dem sein Abbild aus Kornhalmen geflochten wurde. Auch dieser Brauch erhielt sich, in abgeändertem Sinn, in einigen Gegenden Ostpreußens bis ins 20. Jahrhundert.

Den Göttern opferte man aus verschiedenen Anlässen einige Haustiere: beim Erntedankfest einen Bock, zu besondern Angelegenheiten ausgesuchte Stiere, in späteren Kriegszeiten, nach siegreicher Schlacht, auch einen Gefangenen, oft mitsamt seinem Pferd. Peter von Dusburg schreibt: „Nach einem Sieg bringen sie ihren Göttern ein Opfer dar, und von der Beute übergeben sie ein Drittel dem Kriewe, der es verbrennt." Das höchste Opfer war ein weißes Pferd. Das Opfertier wurde nicht immer verbrannt; der Bock zum Beispiel wurde nach der Tötung als Festmahl zubereitet. Alle religiösen Feste waren fröhlicher Natur, denn die Götter wollten die Menschen glücklich sehen.

Wie bei den Germanen, so war auch die Welt der Prußen von Geistern erfüllt. Bis zur letzten Zeit zog durch das wogende Kornfeld die Kornmuhme oder der Kornwolf. Wenn abends die Nebelschwaden über Wiesen und Gewässern lagen, badeten die Laumen, die der Schicksalsgöttin Laima dienten. Badete ein Mädchen zu der Zeit, konnten die Laumen es leicht ins Geisterreich entführen. Der Hausgeist Kauks, der in Form eines Vogels dem Glücksgott Pelvetius diente, beschützte die Wohnstätten der Menschen. Man baute ihm ein Nest im Haus und legte immer ein paar Körner für ihn aus. Die Spirkukse bewohnten das Rauchhaus und später die Küche, wo sie gern um das flackernde Herdfeuer tanzten. Viele Sitten und Bräuche unserer Zeit, manche Sage und vor allem der bis zuletzt noch reichlich vorhandene Aberglaube wurzeln im heidnischen Glauben unserer Vorfahren. Es sind altprußische Erinnerungen, obwohl wir längst diesen Ursprung vergessen haben.

Auch der Ritterorden, dessen Aufgabe es war, den heidnischen Glauben auszurotten, mußte sich schließlich manch prußischer Sitte beugen. Im *Marienburger Tresslerbuch* finden wir zum Beispiel unter dem 9. April 1409 eine Ausgabe von vier Skot verzeichnet, als Gegengabe an Viehmägde für „Schmackostern", dem alten prußischen Osterbrauch.

Die heiligen Orte

Der Ort der Götterverehrung war bei den Prußen, so wie bei den Germanen, ein heiliger Hain. Dieser war nicht nur religiöse Opferstätte und Festplatz für die großen Feiern, sondern hier kam auch die Volksversammlung regelmäßig zusammen, hier wurde Gericht gehalten, hier wurden auch die Toten eingeäschert. Mit gebührender Ehrfurcht betrat man diese heilige Stätte, und kein Fremder durfte ihr nahe kommen. Ein Chronist der Ordenszeit schreibt: „Obgleich sie mit unseren Leuten alles teilen, verwehren sie ihnen bis zum heutigen Tage nur den Zutritt zu ihren Hainen und Quellen, die nach ihrer Meinung durch den Zutritt von Christen entweiht würden."

Das große Heiligtum eines Gaues war etwa mit der Kathedralkirche und dem Bischofssitz einer christlichen Diözese zu vergleichen. Wenn der dort gebietende Kriewe aber einem Obersten aller Kriewen unterstand, wie Peter von Dusburg sagt, dann gab es ja doch eine zentrale Führung für das ganze Land. Damit erhebt sich die Frage, warum in dem langen Ordenskrieg keine zentral geleitete Abwehr von dieser Seite erfolgte. Hatte dieser oberste Kriewe in Romowe doch nicht die Macht, die von Dusburg ihm unterstellt? Oder war etwa diesem geistlichen Herrscher jede Gewalttat auf Erden untersagt?

Der Götterwald von Romowe wird jedenfalls als das bedeutendste aller Heiligtümer genannt. Die heilige Stätte lag angeblich in Nadrauen; die genaue Stelle blieb aber unbekannt, und es fehlt auch eine nähere Beschreibung. Außer diesem Ort in Nadrauen werden auch noch andere Plätze für Romowe angegeben. An zweiter Stelle wird das Samland genannt, wo es den Ort Romehnen gab, der im Mittelalter Rummowe hieß. Auch die „Romotter Schlucht" bei Heldenfelde (Kreis Lyck) wird genannt, wo, von See und Sumpf umgeben, Ruinen einer Burganlage stehen.

Auch der Berg Rombino in Schalauen wird mit Romowe in Verbindung gebracht. Die Erklärung dieser Unstimmigkeiten ist wahrscheinlich die, daß Romowe und ähnliche Namen wie Royote, Romotto, Rickojot und Rombino nicht dieselbe Kultstätte, sondern die verschiedenen Heiligtümer in den einzelnen Gauen bezeichneten. Von all diesen war das Romowe in Nadrauen das Hauptheiligtum mit dem Sitz des obersten Kriewen und in diesem Sinne mit Rom vergleichbar, wie von Dusburg sagt, allerdings in bescheidenem Umfang.

Von den meisten Heiligtümern der Prußen weiß man nicht, wo sie sich befunden haben, denn bei der Eroberung durch den Ritterorden wurden sie vernichtet. Oftmals wurden die Besiegten gezwungen, die Zerstörung selbst auszuführen. Da jede Kenntnis darüber gewaltsam unterdrückt wurde und nur im Geheimen weitergegeben werden konnte, ging sie im Lauf der vielen Jahrhunderte verloren. Als endlich der historische Wert solchen Wissens erkannt wurde, war es nur noch in seltenen Fällen lückenhaft vorhanden. So sind zwar etliche dieser Stätten bekannt, aber es konnte nicht festgestellt werden, ob es sich um ein Hauptheiligtum mit dem Sitz eines Kriewen oder um weniger bedeutende Plätze gehandelt hat. Letztere gab es gewiß in jeder der sogenannten „Landschaften", die vielleicht mit einer Kirchengemeinde zu vergleichen sind. Einer von diesen Plätzen ist der „Opferstein", ein großer Steinblock der Eiszeit in Jucha (Kreis Lyck). Auch vom Griffstein in Bischofstein wird vermutet, daß er die Opferstätte eines Götterhains bildete und vielleicht ursprünglich Kriewestein hieß. Wo später das Dorf Kurken (Kreis Osterode) entstand, war ein weiteres Heiligtum. Ein bedeutender Mittelpunkt der weiten Umgebung war der Götterhain in Glottau (Kreis Heilsberg), wo später der Kalvarienberg angelegt wurde. Dieser Ort wird als „Götteropferstätte" bezeichnet, was auf ein Gauheiligtum deutet. Auch die Einrichtung eines christlichen Wallfahrtsortes alsbald nach der Eroberung – schon 1312 wird ein Pfarrer von Glottau genannt – läßt vermuten, daß es sich hier um eine besondere heidnische Kultstätte gehandelt hat. Allem Anschein nach könnte hier das große Gauheiligtum der Warmier gewesen sein. Die Stadt Heiligenbeil steht auf dem Boden der Kultstätte Swentomest, die mit dem südlich davon gelegenen heiligen Wald zwischen Jarft, Bahnau und Omaza verbunden war. Der erste ermländische Bischof Anselm soll 1249 die heilige Eiche dort selbst gefällt haben. Ein anderer heiliger Ort befand sich bei Hanswalde (Kreis Heiligenbeil). Auf den vielen „Wollbergen" in Ostpreußen befanden sich anscheinend Verteidigungsanlagen der Prußen und sollten im Hochdeutschen eigentlich „Wallberge" heißen. Auf dem Wollberg, westlich der Stadt Friedland, wird jedoch ein Heiligtum mit einer größeren Siedlung genannt. Mehrere Chronisten nennen eine heilige Eiche mit Götterbildern in Patollen, einem nicht mehr vorhandenen Dorf bei Groß Waldeck (14 Kilometer nordöstlich von Preußisch Eylau). Eine weitere Göttereiche wird in Heiligenkreuz (Samland) erwähnt. Daß die sogenannte „Tausendjährige Eiche" in Cadinen (Kreis Elbing) eine Göttereiche der Prußen gewesen sei, wie manche Bewohner jener Gegend vermuteten, ist zu bezweifeln, weil sie damals noch zu jung war.

Eine bedeutsame Kultstätte befand sich in Pettelkau (Kreis Braunsberg). Man wollte diesen Ort, wie viele andere Stätten heidnischer Heiligtümer, in einen christlichen Wallfahrtsort zu Ehren der Gottesmutter Maria umwandeln, der aber als solcher nie zu größerer Bedeutung kam.

Ein heiliger Hain mit Götterbildern und einem großen Opferstein befand sich an dem Ort, wo später die Stadt Stallupönen angelegt wurde. Auch der aus dem Prußischen übernommene Name deutet auf ein prußisches Heiligtum. Stallan ist der Tisch, vielleicht auch der Opferstein, und Upe oder Ape der Fluß. Somit könnte der Name etwa Opferstätte am Fluß bedeuten. August Ambrassat schreibt darüber: „Es ist erwiesen, daß bis 1730 alljährlich am Himmelfahrtstage nach dieser Stätte Tausende aus der Umgebung wallfahrteten." Es scheint, daß mit der Ansiedlung der Salzburger Protestanten in diesem Gebiet diese großen Wallfahrten aufhörten, wenn sie nicht schon nach der großen Pest von 1709/10 stark nachgelassen hatten.

Eines der bekanntesten Heiligtümer ist der 45 Meter hohe Berg Rombino am Memelstrom. Auf seiner höchsten Stelle lag ein großer Opferstein, von dem gesagt wurde, daß Perkunos ihn selbst dorthin gebracht hätte. Unter dem Stein sollen eine goldene Schüssel und eine silberne Egge als Symbole der Fruchtbarkeit vergraben gewesen sein. Nachdem die Prußen endgültig besiegt worden waren und ein großer Teil der Schalauer sich über den Memelstrom gerettet hatte, war dies die letzte heilige Stätte, die den geflohenen heidnischen Prußen noch verblieben war. Es wird berichtet, daß noch bis zur Mitte des 19. Jahrhunderts die Bewohner der weiten Umgebung dorthin pilgerten, um Schutz vor Krankheit und Fruchtbarkeit für die Felder zu erflehen. Es war ein alter Glaube, daß das Glück vom Volk nicht weichen werde, solange der Opferstein noch dort liegt; der Berg werde aber einstürzen, wenn man den Stein von ihm nehme. Ein Müller ließ 1811 zwei Mühlsteine daraus machen, und alte Leute sagten voraus, daß der Berg nun untergehen werde. Mehrere Bergrutsche haben ihn tatsächlich reduziert, und aus dem Boden sprudeln etliche Bäche hervor, die langsam an seinem Untergang arbeiten.

Die wirksamste Methode, den heidnischen Kultstätten ihre Bedeutung zu nehmen und sie in christliche umzuwandeln, war die Errichtung christlicher Kirchen an diesen Orten. Aus diesem Grunde gab es in Ostpreußen eine Anzahl ganz isoliert gelegener alter Kirchen, die nur gelegentlich als Wallfahrtskirchen benutzt wurden. Ohne den Grund zu kennen, hat sich manch einer über diese einsamen Gotteshäuser in der Landschaft gewundert. Sie wurden stets instand gehalten und sind zum Teil noch heute vorhanden.

Christian Krollmann, der 1927 eine Arbeit über das Religionswesen der alten Preußen verfaßte, schreibt: „So gewinnen wir ein Bild heroischer Lebensauffassung und kraftvollsten religiösen Empfindens. Alle seine einzelnen Züge berechtigen uns, dem religiösen Leben, dem Totenkult und dem Unsterblichkeitsglauben der Prußen dieselbe Größe und Kraft zuzuschreiben, die aus den gewaltigen Schilderungen der Totenfeier nordischer Warägerfürsten in Rußland – bis in das 14. Jahrhundert auch in Litauen –, aus den Sagen von dem Zuge der Einherier [gefallenen Kämpfer] nach Walhall oder aus der Totenfeier im Beowulflied sich of-

Dieser alte Opferstein weist napfförmige Vertiefungen auf, die dazu bestimmt waren, Fett und andere vergängliche Opfergaben aufzunehmen.

Hügelgräber wie diese drei von Altuppsala wurden wahrscheinlich ab 600 errichtet. Hier handelt es sich um Heiligtümer, die später den Göttern Odin, Thor und Freyr gewidmet waren.

fenbart. Unsere beiderseitigen Ahnen – wir haben wohl alle prußisches und germanisches Blut – zeigen sich also in dieser Größe einander wert."

Fügen wir die Berichte der Chronisten zusammen, wobei Peter von Dusburg, trotz der ihm auferlegten Parteilichkeit, einer der ersten Plätze gebührt; dazu die livländische Reimchronik, die über die großartigen Totenfeiern für die gefallenen Krieger berichtet; die Darstellungen Wulfstans, der als Augenzeuge die Prußen beschreibt, wie sie mit erstaunlicher Großzügigkeit und Mißachtung irdischen Besitzes die Habe des Verstorbenen durch Feiern und Wettkampf verschwenden; die Berichte Adams von Bremen, der ein Loblied auf ihre Gesittung und Gastlichkeit sowie über ihre Freude an Schmausen und Trinken singt; Jordanes, der ihren friedlichen Charakter besonders hervorhebt; Tacitus, der ihren bäuerlichen Fleiß rühmt; Simon Grunau, der uns ihre Religion näherbringt, sowie alle anderen, deren Berichte zur Darstellung des prußischen Volkes ihren Teil beigetragen haben, so entsteht ein Bild von sittsamen, tüchtigen, lebensfrohen und verträglichen Menschen, bei denen die Gebote ihrer Lebensart fest verankert sind: Friedfertigkeit und Gastfreundschaft, Anstand und Ehre, Offenherzigkeit und Hilfsbereitschaft, Güte und Liebe, die ebenso stark und ungebrochen sind wie ihr Gerechtigkeitssinn, wie Haß und Rache.

Nachdem nun ein Bild des Landes und seiner Bewohner gezeichnet wurde – so gut man die damalige Zeit heute noch rekonstruieren kann –, soll nun die Darstellung des Ablaufes der Geschichte fortgeführt werden.

3. Kriegerische Umwelt

(300–1230)

Das Goldene Zeitalter

Die Balten lebten etliche Jahrhunderte hindurch in einer außergewöhnlich glücklichen Zeit. Keine Kriege zerstörten die Früchte der Arbeit des fleißigen Volkes, und ein stetig steigender Wohlstand kam allen Schichten der Bevölkerung zugute. Die Zeit vom 2. bis 5. Jahrhundert n. d. Ztw. wird allgemein als das „Goldene Zeitalter" der baltischen Kultur bezeichnet. Landwirtschaft, Gewerbe und Handel standen in einer Blüte, wie sie in späterer Zeit kaum jemals wieder erreicht wurde. Marija Gimbutas schreibt unter anderem folgendes über dieses Goldene Zeitalter: „Ostpreußen und Litauen bildeten nicht nur eine Schaltstelle des regen und breitgefächerten Handels mit den Provinzen des römischen Imperiums und dem freien Germanien, sondern wurden noch durch die Zunahme des Handwerks und des Ackerbaus zu einem lebenskräftigen Kulturkreis, der ganz Nordosteuropa beeinflußte. Nie zuvor hatten sich die Balten einer derartigen Wohlhabenheit, einer derartigen Vielfalt von Metallprodukten erfreut [...] Die Handelswege, mochten sie nun nach Norden führen, nach Osten zu den Finno-Ugriern im nordöstlichen Baltikum, nach Finnland, ins nördliche oder östliche Rußland, kreuzten sich alle auf dem von baltischen Stämmen besiedelten Gebiet. Somit wurden die Balten zu den bedeutendsten Vermittlern der Metallkultur nach Norden und Osten hin. Ihr Einflußbereich war – abgesehen vom Römischen Imperium – der größte in Europa."

Dieses Goldene Zeitalter, mit Reichtum und Überfluß, ohne Krieg und Not, währte – wohl einmalig in der Geschichte – ein halbes Jahrtausend. Es fand erst im 6. Jahrhundert ein Ende, als zuerst die große Pest wütete und dann mit dem Erscheinen der Polen der endlose Krieg begann.

Die Metallverarbeitung hatte im ganzen Land so zugenommen, daß diese Produkte keine Luxusgüter mehr darstellten, sondern Allgemeingut der ganzen Bevölkerung geworden waren. Dementsprechend hatte sich die Kultur gehoben; überall sah man eiserne Werkzeuge und Geräte. Auch die lange Sense war allgemein in Gebrauch. Die Sichel wurde fast nur noch von Frauen verwendet, während die Sense, damals wie auch später, von Männern geschwungen wurde. Zu dieser Zeit waren schon alle metallurgischen Verfahren bekannt, und im 5. Jahrhundert wurden bereits Geräte aus Stahl hergestellt, der durch längeres Erhitzen des Eisens zusammen mit Holzkohle gewonnen wurde.

Die Galinder entwickelten eine ganz besonders reiche und vielgestaltete Eisenkultur, da in ihrem Gebiet reiche Eisenlager in Form von Raseneisenstein vorhanden waren, den sie fachgerecht zu verhütten verstanden. Die Herstellung emaillierter Schmucksachen hatte einen erstaunlichen Umfang und künstlerisches Niveau erreicht. Scheiben- und Hufeisenfibeln, teils mit Anhängern, wurden in Massen produziert. Emailleeinlagen wurden auch zur Verzierung von Halsringen und Armreifen verwendet. Die Anfänge dieser Fabrikation lagen um das Jahr 200, und bis 400 war dieser Schmuck im ganzen Nordosten Europas verbreitet. Unter vielen anderen Artikeln wurden auch die typisch prußischen Gewandfibeln hergestellt, von denen man rund 1.000 Stück aus dieser Zeitperiode im Raum von der Weichsel bis Finnland gefunden hat. Ein interessanter Hort dieser Schmucksachen kam weit in Rußland bei Moschtschini an der Popolta (zwischen Wjasma und Suchinitschi) zutage, den ein reisender Händler, auf dem Weg von Galinden nach Osten, dort deponiert hatte. Galinden wurde so zum Handels- und Industriezentrum des Landes und auch zum reichsten aller Gaue. Das zeigt sich deutlich bei der verschwenderischen Fülle der Grabbeigaben. Im Gebiet von Allenstein wurden aus Gräbern dieser Zeit, neben anderen hochwertigen Beigaben, über 100 Gold- und Silberschmuckstücke geborgen.

Der rege und vielseitige Handel mit den römischen Provinzen, den germanischen Völkern und den Nachbarn in Nord und Ost, besonders auch der mit den Goten in Südrußland, hatte einen bedeutenden Anteil an dieser glücklichen Zeit. Von den mannigfachen Einfuhrgütern, die ins Land kamen, konnten viele Überreste des typisch römischen Eßgeschirrs mit seiner glänzenden, rotgebrannten Glasur festgestellt werden sowie vielerlei Bronzeartikel, Glasgefäße, Öllampen, Glasperlen und viele Tausende römische Münzen. Der Handel hatte Ausmaße erreicht, daß Waren nicht nur getauscht wurden, sondern daß auch römisches Geld als Zahlungsmittel diente. Die Prußen hatten sich einen Handelsüberschuß erwirtschaftet. Ein Teil der Münzen wurde jedoch zu Schmuckanhängern umgearbeitet, die an Zierketten um den Hals getragen wurden. Die Silberdenare wurden zu massiven Silberfibeln verarbeitet oder auch zu dünnen Blechen ausgehämmert, mit denen dann andere Schmuckstücke plattiert wurden.

Im Gebiet Ostpreußens wurden rund 250 Fundstätten römischer Münzen aus dem 1. bis 5. Jahrhundert registriert. Besonders zahlreich sind römisch-byzantinische Goldsolidi. Aber auch Horte mit Hunderten, ja sogar Tausenden von Silbermünzen wurden gefunden. Ein Hortfund bei Preußisch Görlitz (Kreis Osterode) enthielt 1.134 Silberdenare, der bei Dorethen (Kreis Allenstein) 6.000 Denare. Andere Fundstellen lieferten 100 bis 400 Denare. Ohne Zweifel war ein bedeutender Teil der Bevölkerung sehr reich geworden. Natürlich erfreute sich auch der Bernsteinhandel einer besonderen Blüte.

Die Friedhöfe bei Daumen und Kellaren (Kreis Allenstein) sind typisch für diese Zeit. Sie enthalten erstaunlich reiche Beigaben baltischer und gotischer Schmucksachen. Unter den Beigaben sind Prachtfibeln mit Tierkopfverzierung aus Silber, teilweise vergoldet, sowie große Mengen Perlen. Männergräber kommen mit Pferdebestattung vor, die Zaum- und Sattelzeug mit Silberbeschlägen enthalten. Sie bestätigen immer wieder den hohen Stand der Pferdezucht, während das Fehlen von Waffen bezeugt, daß das Volk in Frieden lebte.

Nach dem Gebiet von Galinden brachten die Ausgrabungen im Samland die reichhaltigsten Beigaben dieser Zeitperiode zutage. Die Urnengräber häufen sich in erstaunlicher Dichte; Körperbestattungen gibt es selten. Überall weisen die Funde auf ein dicht bevölkertes Land hin.

Die verschiedenen Schmuckformen lassen ein ausgeprägtes Schönheitsempfinden der Bevölkerung erkennen. Wie in einer solchen Zeit zu erwarten, legte man auch viel Wert auf das Äußere. Toilettenartikel deuten auf ein Sauberkeitsbedürfnis der Bewohner. Der schönste Goldschmuck kam 1913 beim Instandsetzen von Drainagen bei Hammersdorf (Kreis Heiligenbeil) zutage. Das Hauptstück ist eine 13 Zentimeter lange und 92 Gramm

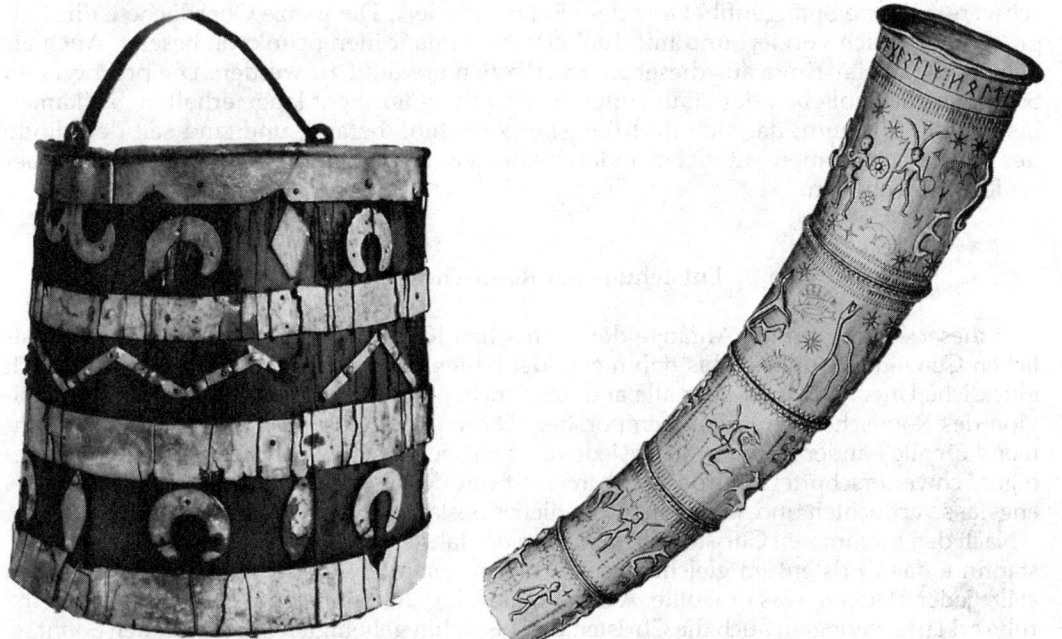

Dieser Eichenholzeimer von Sacran, Schlesien, aus der ersten Hälfte des 4. Jahrhunderts ist wandalischer Herkunft und weist in seinen Bronzebeschlägen gotische Einflüsse auf. Das danebenstehende goldene Horn von Gallehus, Nord-Schleswig, aus dem 5. Jahrhundert zeigt die älteste germanische Meisterinschrift: „Ich Hlewagastir, der Holtische (vom Holze stammende), habe das Horn getrieben."

Dieses Grab eines alemannischen Sängers aus dem Reihengräberfeld von Oberflacht wird auf das 6. bis 7. Jahrhundert datiert. Die reichen Beigaben, wie die Harfe, und Verzierungen der eichenen Totenbettstatt deuten auf den Glauben an ein Weiterleben nach dem Tod.

schwere goldene Spangenfibel aus dem 5. Jahrhundert. Die ganze Oberfläche ist in Filigrantechnik reich verziert und mit dunkelroten Almandinen prunkvoll besetzt. Auch etliche goldene Halsringe aus dieser Zeit verdienen erwähnt zu werden. Die prachtvollen Schmuckstücke blieben der staunenden Nachwelt leider nicht lange erhalten. Sie kamen ins Prussia-Museum, das sich im Königsberger Schloß befand, und sind seit dem Ende des Krieges zusammen mit vielen anderen unersetzlichen Zeugnissen ostpreußischer Geschichte verschollen.

Entstehung der Römischen Kirche

In dieser Zeit liegen die Anfänge der Römischen Kirche. Von den verschiedenen christlichen Gemeinden, die sich bis dahin gebildet hatten, war es die römische, die sich durch glückliche Umstände bald über alle anderen erheben konnte und schließlich zur Staatsreligion des Römischen Imperiums emporstieg. Diese neue Religion wurde zukunftsbestimmend für alle Länder Europas, wobei jedes einzelne bei der Christianisierung mehr oder weniger schwer erschüttert wurde. Die Kirche ist mit der Geschichte jedes einzelnen Landes engstens verflochten und somit ein wesentlicher Bestandteil der weiteren Geschichte.

Nach den furchtbaren Christenverfolgungen der Jahre 303 bis 311 erlaubte 313 Kaiser Konstantin I. das Christentum gleichberechtigt neben den alten Kulten, denn in seinem Reich sollte jeder glauben, was er wollte. Als er 321 den Tag der Sonne zum Feiertag mit Arbeitsruhe erklärte, verlegten auch die Christen den bis dahin geheiligten Sabbat auf den Sonntag, um dem Kaiser ihre Dankbarkeit zu bezeigen. Auch den Geburtstag von Jesus, der am 6. Januar gefeiert worden war, verlegten sie auf den größten heidnischen Feiertag „Natalis invictus" (Wiedergeburt der Sonne), den 25. Dezember. Unter der Gunst des Kaisers konnte der Bischof von Rom bald seine Obergewalt über die anderen Bischöfe des Römischen Reiches durchsetzen. Da fast alle christlichen Schriften 303 durch Kaiser Diocletian vernichtet worden waren, finanzierte Konstantin neue Abschriften. Man sagt, daß damals das Neue Testament in der heutigen Form entstand. Konstantin selbst blieb jedoch sein Leben lang ein Anhänger von „Sol invictus", der unüberwindlichen Sonne, wurde aber 337 auf seinem Sterbebett getauft.

Während der Bedrohung von außen waren die verschiedenen Auslegungen der Lehre wenig beachtet worden. Dafür trat jetzt der Streit um die „reine Lehre" um so heftiger hervor. Da keine echte Überlieferung vorhanden war, gab es verschiedene Ansichten, von denen schließlich zwei in den Vordergrund traten. Arius (ca. 256–336) vertrat die Ansicht, daß der Sohn nicht so alt wie der Vater sein könne und Jesus daher nur „gottähnlich" sei. Athanasius (ca. 325–373) lehrte, daß Gottvater, Sohn und heiliger Geist eine Erscheinung und Christus daher „gottgleich" sei. Da es eine Glaubensfrage war, durfte es keinen Kompromiß geben.

Kaiser Konstantin I. (der Große, 306–337) sah die Einheit des Reiches bedroht und rief 325 alle Kirchenführer zu einem Konzil in seine Sommerresidenz Nicäa, um eine Einigung zu erreichen. Da sich die Streitenden nicht einmal auf einen Leiter der Versammlung einigen konnten, übernahm der heidnische Kaiser selbst den Vorsitz. Die Streitfrage wurde durch Abstimmung (oder durch Konstantin) zugunsten des Athanasius entschieden. Vielleicht hatte er sich durch Athanasius beeinflussen lassen, der dem Konzil beiwohnte, während Arius abwesend war.

Der Arianismus wurde verboten und Arius nach Trier verbannt. Rom wurde zur allein maßgebenden Autorität. Alle anderen Ansichten und Auslegungen wurden als Ketzerei verdammt und bekämpft. Das heutige Christentum ist auf den Beschlüssen dieses Konzils begründet. Damit war der Streit aber nicht beendet. Kaiser Konstantin II. (337–361) kehrte die Entscheidung seines Vaters um und erklärte den Arianismus zur allein gültigen christlichen Religion. Die zunehmende Spaltung in ein Ost- und Weströmisches Reich stärkte die Position des Bischofs von Rom, der sich dem Befehl des Kaisers mit Verbannungsdrohung mit Erfolg widersetzte. Die Kaiser waren schwächer, die Kirche war viel stärker geworden.

Die großzügige Toleranz beider Seiten – wobei die Christen sich bemühten, ihren Glauben weitmöglichst dem Sonnenkult anzugleichen – und der sonnengläubige Kaiser, der ihnen

Wohlwollen und Förderung angedeihen ließ, hatten die Grundlage geschaffen, auf der schließlich Kaiser Theodosius 392 das Christentum zur Staatsreligion erklären konnte. Damit endete die Toleranz; jede heidnische Kultausübung wurde verboten. Als Theodosius 394 über den Gegenkaiser Eugenius siegte, war seine Macht gesichert, und dem Aufstieg der Römischen Kirche stand nichts mehr im Wege.

Höhepunkt und Ende des Goldenen Zeitalters

Während so das Christentum in Rom feste Wurzeln schlug und schließlich auch die Prußen erfassen und ihr Ende herbeiführen würde, erfreuten sich diese noch unbekümmert des Goldenen Zeitalters. Durch die günstige Entwicklung aller Wirtschaftszweige in diesen glücklichen Jahrhunderten hatte das Land einen erstaunlich hohen Lebensstandard erreicht. Nie zuvor und nie danach genossen die Prußen einen solchen Wohlstand. Auf den Handelsstraßen zogen die Wagenzüge der Händler mit Fuhrleuten und Begleitern in alle Richtungen. Ob von Rom oder Miklagard (Istanbul), von Julin (Wollin) oder den Handelsplätzen im Norden und Osten, alle trafen sich auf diesem bedeutenden Umschlagplatz.

Vielleicht ist ein Grund für das Goldene Zeitalter auch darin zu sehen, daß bei den üblichen Kämpfen unter den germanischen Völkern eine Zeit relativer Ruhe eintrat. Manche Historiker behaupten sogar, daß unter Ermanerich, der 350 König der Ostgoten wurde, sich die Großstämme der Goten und Wandalen zu einem ersten germanischen Großreich zusammenschlossen, das den Raum von der Ostsee bis zum Schwarzen Meer und von der Elbe bis zur Wolga umfaßte. Diesem Traum machten aber schon 375 die Hunnen ein frühes Ende. Die von den Hunnen unterworfenen Germanen wurden gezwungen, gegen die übrigen zu kämpfen.[*]

Für die im Weichselgebiet ansässigen Germanen taucht etwa ab 400 der Name Widiwarier auf. Wie der Name entstand oder was er bedeutet, ist unbekannt. Nach Carl Engel und Wolfgang La Baume waren die Widiwarier eine Mischbevölkerung aus den verbliebenen Germanen und zugewanderten oder noch vorhandenen Prußen (Balten). Vielleicht sind mit diesem Namen, wenn er überhaupt so ernst zu nehmen ist, die Goten weiter im Westen und die ebenfalls verbliebenen Volksteile der Wandalen, Rugier und Burgunder gemeint, die nichts mit den Prußen (Balten) zu tun hatten. Denn so wie die Goten schon bei ihrem ersten Volkszug auch ihren Namen und den König mitnahmen, so geschah es auch, als die Wandalen nach Ungarn, die Burgunder an den Oberrhein und die Rugier an die Donau zogen. Alle zurückgebliebenen Volksteile im alten Wohngebiet an Oder und Weichsel wurden nach einiger Zeit anscheinend mit diesem Namen benannt, der auch bald wieder verschwand. Nach einem halben Jahrtausend, als diese Germanen von der Christianisierung erfaßt wurden, hatten die verschiedenen Volksgruppen neue eigene Namen. Und erst nach einem weiteren dreiviertel Jahrtausend entstand dann der Irrtum, daß diese Germanen „eingesickerte Slawen" gewesen wären.

Das Goldene Zeitalter hörte unerwartet mit dem Einbruch der Hunnen in das östliche Europa auf. Das aggressive Nomadentum der Hirtenvölker Hochasiens war schon seit Jahrhunderten eine stete Gefahr gewesen. Die Hunnen hatten um 200 v. d. Ztw. ein Großreich in der Mongolei gegründet. Der große Eroberungszug, der jetzt Europa bis ins Mark erschütterte, war nur die gesteigerte Fortsetzung der Kämpfe um Besitz, Macht und Beute. Unaufhaltbar stürzten sich die wilden Reiter Asiens auf die Völker, weithin Schrecken verbreitend, als ob sie alle Länder zertreten und Weidegründe für ihre Herden daraus machen wollten.

Viele Völker aus jener Zeit sind heute unbekannt. Obwohl die Hunnen sich nur 100 Jahre in Europa halten konnten, hat die Lügen- und Haßpropaganda der beiden Weltkriege die Hunnen als böse Deutsche weltweit bekannt gemacht. Daß die Hunnen ein asiatisches Reitervolk und keine Deutschen waren, ist meist völlig unbekannt. Als Kanada 1939 Deutschland den Krieg erklärte, meldeten die Zeitungen: „Kanada erklärt Krieg an Hunnen!"

---

[*] Der 150 Jahre später von König Theoderich unternommene Versuch, die germanischen Stämme zu vereinigen, mißlang ebenfalls.

Zuerst überfielen die Hunnen 375 die sarmatischen Alanen und stürzten sich dann ohne Aufenthalt auf das blühende Reich der Ostgoten und unterwarfen sie. Den Westgoten blieb gerade noch so viel Zeit, eiligst ihre Wagen zu bepacken, um in kopfloser Panik zu fliehen. Nach ihrem Einbruch in Europa spalteten sich die Hunnen in drei Teilreiche, was ihr weiteres Vordringen für einige Zeit zum Stehen brachte. Nach ihrer Wiedervereinigung erreichten sie unter König Attila (434–453) den Gipfel ihrer Macht. Mittelpunkt ihres großen Reiches war die Theißebene in Ungarn. Im Jahre 451 brachen sie mit ihren Verbündeten zur Eroberung Westeuropas auf und drangen bis Frankreich vor. Dem niedergehenden Weströmischen Reich gelang es, mit Burgundern, Franken und der entscheidenden Hilfe der Westgoten die Hunnen auf den Katalaunischen Feldern (bei Troyes, Champagne) zu besiegen. Nach dieser Niederlage nahm Attila im nächsten Jahr nochmals die Eroberung Westeuropas auf und stieß bis Italien vor. Dieses Mal zwang ihn eine verheerende Seuche in seinem Heer zur Umkehr.

Nach Attilas plötzlichem Tod 453 zerfiel das Reich der Hunnen schnell. Ein Volk, vor dem das ganze Abendland gezittert hatte, verschwand aus der Geschichte für immer. Nur der englische Name „Hungary" für Ungarn erinnert noch an sie.

Der Einbruch der Hunnen in Europa, der die Goten in Bewegung setzte, löste die große Völkerwanderung im engeren Sinne aus. Sie führte zum Untergang des Römischen Reiches und zur Errichtung germanischer Staaten auf römischem Territorium. Sie bezeichnet auch den Übergang vom Altertum zum Mittelalter.

Die Prußen waren weit genug von all dem Aufruhr entfernt, den die Hunnen verursacht hatten, so sollte man annehmen. Oder versuchten die Hunnen auch einen Vorstoß nach Norden, der von den verbliebenen Goten abgewehrt wurde? Die isländische Harvarar-Saga und auch das angelsächsische Widsith-Lied kennen den Kampf: „Da der Hreidhgoten Heer mit harten Schwertern am Weichselwalde wehrte das alte Vaterland den Leuten Attilas." Die Tatsache einer Erinnerung an eine historische Begebenheit kann hier kaum bestritten werden. Dieser Kampf an der Weichsel dürfte sich nicht weit von der Grenze des Prußenlandes zugetragen haben. Da weitere Quellen über einen Vorstoß Attilas in die Weichselgegend bis jetzt nicht gefunden wurden, wird es wohl für immer ein Geheimnis bleiben, was diese wenigen Zeilen sagen wollen.

Die Prußen genossen derweil die letzte Phase des Goldenen Zeitalters. Die Metallindustrie war zu bewundernswerter Blüte gelangt, und ihre Erzeugnisse findet man bis zum Ural. In der Schmuckherstellung hatte sich ein eigener bodenständiger Stil herausgebildet. Besonders beliebt waren Halsringe sowie Ketten mit durchbrochenen Plättchen und Anhängern, die als Hals- oder Brustschmuck getragen wurden. Ein Massenartikel war der Schläfenschmuck für die Wollhäubchen der Mädchen, der in vielen Variationen hergestellt wurde. Neben den unentbehrlichen Gewandfibeln fehlten auch Armreifen und Fingerringe nicht. Waren anfangs große Mengen Glasperlen aus dem römischen Imperium eingeführt worden, so gab es jetzt Glashütten im eigenen Land, die vor allem die blauen halbkugelförmigen Perlen für die landestypischen Fibeln sowie für die Hals- und Armringe herstellten. Diese Kultur beeinflußte maßgebend die Nachbarländer von Finnland bis Schlesien.

Der rege Handel brachte immer noch die Einfuhrgüter der damaligen Welt ins Land. Die Mehrzahl dieser Dinge sind römischer Herkunft, wie zum Beispiel die Schüsseln und Teller aus der bekannten roten Tonerde Arretiums mit der glänzenden Glasur (Terra sigillata), buntfarbige Gläser vieler Formen und Größen, bronzene Gebrauchsgegenstände wie Kessel und Löffel sowie Münzen in erstaunlichen Mengen. Der Reichtum dieser glücklichen Zeit zeigt sich auch bei den Toten. Es gibt keinen Friedhof aus dieser Zeit, wo nicht Goldmünzen und andere wertvolle Beigaben, meistens in verschwenderischer Menge, gefunden wurden.

Das glanzvolle Römische Reich hatte seinen Zenit schon längst überschritten. Nachdem es um 400 in das Ost- und Weströmische Reich geteilt worden war, erlag das westliche, dessen Hauptstadt jetzt nicht mehr Rom, sondern Ravenna war, den eindringenden germanischen Stämmen. Der letzte Kaiser wurde 467 abgesetzt, und germanische Reiche traten das Erbe Westroms an. Während der Handel der Prußen mit den germanischen Völkern und den Ländern Nordosteuropas wie eh und je florierte, kam der mit dem Römischen Reich nach dessen Zerfall zum Erliegen. Nach der Gründung des Gotischen Reiches in Italien,

In der stürmischen Epoche der Völkerwanderung erhebt sich der Gotenkönig Theoderich zur Idee des Friedens und hilfreicher Freundschaft unter den Germanen. Ein erster Rufer zur Einheit in langen Jahrhunderten, ist er in der deutschen Geschichte der erste „Große".

weilte im Jahre 524 eine Delegation der Prußen am Hofe König Theoderichs des Großen in Ravenna, um die unterbrochene Verbindung wieder herzustellen. Die Prußen übergaben dem König ein Geschenk aus Bernstein, für das er sich in einem lateinischen Brief bedankte. Eine Abschrift dieses Briefes, die Cassiodor, der römische Sekretär des Königs ausfertigte, ist erhalten und befindet sich unter dem Nachlaß dieses großen Staatsmannes. Der gekürzte Brief lautet: „Eure Abgesandten trafen hier ein. Daran konnten wir Euer großes Interesse ermessen, mit uns bekannt zu werden. Obwohl Ihr an den Küsten des Baltischen Meeres wohnt, wollt Ihr Euch unserer Freundschaft versichern. Dies ist auch ganz in unserem Sinne. Wir freuen uns auch, daß unser Ruhm bis zu Euch gedrungen ist, obgleich Ihr doch weit von unserem Reich wohnt [...] So laßt Euch herzlich grüßen und versichern, daß wir mit Freuden den Bernstein annehmen, den Eure Boten überbrachten." Es folgt eine Abhandlung über Bernstein. Am Schluß des Briefes sagt der König: „Besucht uns wieder auf dem Wege, den Euch die Freundschaft wies! Denn es ist immer nützlich, das Wohlwollen großer Herrscher zu gewinnen. Die Mächtigen sind mit geringen Gaben zufrieden, vergelten sie aber mit großen Kostbarkeiten. Euern Gesandten gaben wir auch Mündliches mit auf den Weg. Durch sie werdet ihr erfahren, daß wir Euch etwas zugedacht haben, das Euch sehr willkommen sein wird."

Bedeutsam ist, daß die Prußen zur Aufnahme von Handelsbeziehungen eine Gesandtschaft bis nach Ravenna schickten und es für wichtig genug angesehen wurde, daß die Goten Geschenke mit ihnen austauschen und weiterhin engere Beziehungen zu ihnen unterhalten würden. Die Geschichte wollte es jedoch anders. Schon zwei Jahre später (526) war der große Theoderich plötzlich tot. War er dem Kaiser zu mächtig geworden, zu dem er sich stets loyal verhalten hatte, oder wollte die Römische Kirche einen arianischen Herrscher nicht länger dulden? Die Goten hatten bald andere Sorgen, als sie verzweifelt um ihr Dasein kämpfen mußten.

Die erste große Pest

Für die Menschen jener Zeit gehörten ansteckende Krankheiten und Epidemien zum Leben. Nun aber zog eine Seuche heran, die alle bisher bekannten weit übertraf. Aus Ägypten und Syrien kommend, erreichte die erste große Pest 542 Konstantinopel. Procopius, der Chronist Kaiser Justinians, berichtet, daß dort beim Höhepunkt der Seuche bis zu 10.000 Menschen täglich starben. Von dort breitete sie sich weiter aus und wütete, manchmal mit langen Unterbrechungen, zwei Jahrhunderte lang in Europa. Es war die größte Plage, die je über die Menschen Europas kam. Sie forderte mehr Todesopfer als alle Kriege. Primär eine Seuche der Nagetiere, wird sie meist durch Flöhe auf Menschen übertragen. Bei Ansteckung durch die Haut zeigt sich nach zwei bis fünf Tagen eine Schwellung der Lymphknoten (Bubonen- oder Beulenpest). Kommen die Bazillen in die Blutbahn, tritt der Tot nach zwei bis drei Tagen durch Blutvergiftung ein. Die Sterblichkeit liegt zwischen 30 bis 90 Prozent. Das Einatmen der Bazillen führt zur Lungenpest, die fast immer tödlich verläuft.

Die erste Pestwelle wütete am schlimmsten im Mittelmeergebiet und erlosch im Winter 544/45. Die Seuche brach 557 erneut aus, und bis 767 entvölkerten 13 weitere Pestepidemien Europa. Die Gesamtzahl der Todesopfer wird auf 40 Millionen geschätzt. Dann erlosch die Pest in Europa, und es folgten sechs pestfreie Jahrhunderte, bis die Seuche 1346 erneut eingeschleppt wurde. Da die Ursachen der Pest unbekannt waren – der Pestbazillus wurde erst 1894 entdeckt –, glaubten die Menschen, daß sie eine Strafe Gottes war.

Nachdem der letzte Gotenkönig Teja 553 in der Schlacht am Vesuv gefallen war, hörte die Nation der Ostgoten auf zu bestehen. Die neuen Machthaber verpflichteten die Goten vertraglich, Italien zu verlassen. Eine Sippe nach der anderen brach auf, und viele von diesen zogen der Weichsel zu, von wo ihre Vorfahren vor 400 Jahren zur großen Völkerwanderung aufgebrochen waren. Nach einer Zeit der Ruhe flammte gegen die verbliebenen Reste der Goten erneut der Haß auf, und gegen 570 wurden auch diese aus Italien vertrieben. Da es sich um die Masse des Ostgotenvolkes handelte, bildeten diese abziehenden Volksgruppen beträchtliche Scharen, die sich teils in Schlesien und teils im Weichsel- und Warthegebiet ansiedelten.

Eine große Gruppe gotischer Familienverbände zog nach Galinden und ließ sich in dem Raum nieder, der etwa dem Kreis Neidenburg, dem Südteil des Kreises Allenstein und dem Westteil des Kreises Ortelsburg entspricht. Hier entfaltete sich zum letzten Mal eine blühende germanische Kultur in ihrer ganzen Pracht. Die Rückkehr in die alten Wohngebiete, selbst nach Jahrhunderten, war nichts Außergewöhnliches. Daß solche Rückwanderungen erfolgten, wissen wir auch von anderen germanischen Stämmen. Staunend bewundern wir die reichen Grabbeigaben dieser letzten Goten auf ostpreußischem Boden, die von der Wissenschaft auch den Namen „Masurgermanen" erhielten. Von der Blütezeit des Goldenen Zeitalters war diesen Rückwanderern aber nicht mehr viel beschieden, denn bald erfaßte der Schwarze Tod auch den Norden Europas und brachte die Blüte zum Verwelken. Damit versiegte endgültig die germanische Kulturquelle, die mehr als 1.000 Jahre lang die prußische Kultur überstrahlt und bereichert hatte.

Um das Jahr 585 erreichte die Pest das Prußenland. War sie auf den Planwagen der Rückwanderer mitgekommen, oder hatten fahrende Händler sie eingeschleppt? Wenn die Seuche auch hier nicht die Ausmaße erreichte wie in den Städten des Südens, wo die Menschen zusammengeballt unter unhygienischen Verhältnissen lebten, so forderte sie dennoch auch hier große Opfer. Handel und Wandel kamen zum Erliegen, und ein allgemeiner Niedergang in der ganzen Kultur setzte ein. Das Goldene Zeitalter war vorbei. Als die Seuche endlich erlosch, dauerte es noch lange, bis sich die Überlebenden von diesem furchtbaren Schicksalsschlag soweit erholt hatten, daß wieder halbwegs normale Zustände herrschten.

Die Pest hatte nicht alle Gegenden mit gleicher Härte getroffen. Am schwersten scheinen Natanger und Samländer darunter gelitten zu haben. Waren diese mit den Galindern bis dahin noch immer führend in der Kultur des Landes gewesen, so ging diese Führung jetzt eindeutig allein an die reichen Galinder über. Auch die Schalauer schienen besser davongekommen zu sein, denn auch bei ihnen erreichte die Kultur in der Folgezeit eine überraschende Höhe, wenn auch die Pracht des Goldenen Zeitalters nirgendwo mehr erreicht wurde.

Neue Nachbarn erscheinen

Die Zeit der großen Völkerwanderung, in der die damalige Welt in Aufruhr geriet, war bis jetzt am Land der Prußen vorbeigegangen, ohne es wesentlich zu berühren. Die Menschen gingen ihrem Werken und Schaffen nach, bestellten ihre Äcker und dankten den Göttern Frieden und Wohlstand. Während so das Volk durch die Zeit lebte und eine Generation der anderen folgte, zog eine Gefahr heran, die bald das Leben des ganzen Volkes bedrohen und drastisch verändern sollte. Zuerst wurden die Bewohner im Südosten des Landes gewahr, daß in den weiten Gebieten jenseits der Grenzlande die ersten Gruppen fremdartiger Menschen erschienen waren. Man hörte, daß sie von weit hergekommen und vor einem aus dem Osten kommenden wilden Reitervolk geflohen waren. Sie ritten kleine zottige Pferde und lebten in Zelten aus Fellen oder in Erdbehausungen. Es waren die ersten jener Volksteile, aus deren Nachkommen sich später die Stämme der Polen formten.

Um 560, ein Jahrhundert nach dem Zerfall des Hunnenreiches, waren die Völker Osteuropas wieder von einem asiatischen Reitervolk, den Awaren, überrannt worden. Auch wenn diese selbst das Land der Prußen nie berührten, so hatte ihr Vordringen dennoch eine umwälzende Auswirkung auf das weitere Leben der Prußen, denn sie waren es, die ihnen die Polen als Nachbarn bescherten und damit dem Lauf der prußischen Geschichte eine entscheidende Wende gaben.

Wie die Hunnen, so gründeten auch die Awaren ein Reich, dessen Mittelpunkt Ungarn war. Obwohl in verhältnismäßig geringer Zahl, herrschten sie über ein Reich von Böhmen bis zum Schwarzen Meer. Sie bestellten keine Felder, sondern lebten vom Tribut der unterworfenen Völker und von der Beute ihrer Raubzüge. Wiederholt stießen sie nach Deutschland, Italien und Griechenland vor. Nach einer Zeit größter Macht gingen sie schließlich in einer anderen Welle asiatischer Reiter unter, als die Madjaren 895 das Land der Awaren eroberten.

Das Vordringen der Awaren hatte die Völker Osteuropas wieder in Bewegung gesetzt. Die Fliehenden wurden oft von den schnellen Reitern eingeholt. Am weitesten nach Westen wurden die Vorfahren der Tschechen getrieben, die dennoch unterworfen und als Sklaven der Awaren genannt sind. Die Fluchtbewegung einzelner Stämme oder Teile von solchen hielt noch Jahrzehnte an, als die Eroberer ihr Reich weiter ausdehnten. Auch den Südteil des Gebietes, das später Polen wurde, beherrschten schließlich die Awaren.

Die Fremden an der Grenze des prußischen Gebietes kamen angeblich aus dem Pripjetgebiet. Ob dort aber ihre Heimat gewesen war, ist ungewiß, denn ihre Herkunft liegt völlig im dunkeln. Da es sich offenbar nicht um ein bestimmtes Volk, sondern um Teile verschiedener Volsgruppen handelte, ist auch kein Name von ihnen bekannt; der Name Polen entstand erst Jahrhunderte später. So wie ihre Herkunft liegen auch alle anderen Begleitumstände ihres Erscheinens im dunkeln. Das Gebiet, das sie nach und nach einnahmen, war bis dahin von Germanen bewohnt gewesen. Wurden diese ausgerottet, verdrängt oder assimiliert? Wahrscheinlich trafen alle drei Fälle zu. Vinzenz Kadlubek schreibt, daß die „alten Polen" Nachkommen der Goten und Wandalen waren, eine Ansicht, die auch andere Forscher vertreten. Demnach hatten sich zumindest Teile der germanischen Bewohner unter den Hinzugekommenen halten können. Im Laufe der Jahrhunderte brachten nordische Wikinger, mongolische Eroberer, jüdische Zuwanderer und deutsche Siedler ihr Erbgut ins polnische Volk. Daher werden jene ersten Vorfahren der Polen sicher anders als die heutigen ausgesehen haben.

Slawen im Sinne eines Volkes gab es damals noch nicht, auch keine slawische Sprache. Man nimmt an, daß die einzelnen Volksgruppen ihre eigenen östlichen Sprachen für eine gewisse Zeit beibehielten. Dazu werden sie sich mit Hilfe der ostgermanischen bzw. goto-nordischen Sprache verständigt haben, die ja später auch zur allgemeinen Landessprache des ersten polnischen Staates wurde.

Auch wenn der Name erst viel später entstand, sollen diese ersten Vorfahren der Polen der Einfachheit halber jetzt schon Polen genannt werden. Als sie sich im Laufe der Zeit zu einer beträchtlichen Menge vermehrt hatten, begannen sie die Bewohner der prußischen Grenzlande zu bedrängen. Den Vorgang kann man sich gut vorstellen, wenn man die Berichte über die polnischen Überfälle aus späterer Zeit liest. Eine beängstigende Unsicherheit wird die Menschen bedrückt haben, als die ersten Höfe überfallen und Haus und Ställe ausgeraubt wurden. Bald werden größere Haufen immer weiter ins Land gekommen sein und einen Weg von schwelenden Ruinen und Leichen zurückgelassen haben. Angstvoll werden die Menschen auf den nächtlichen Feuerschein brennender Höfe gestarrt haben, der einen neuen Raubzug anzeigte. Wagen voller Beutegut, Gespanne und Viehherden werden weggeführt worden sein. – So wie es später geschah und hundertfach dokumentiert ist, so traten die Vorfahren der Polen in die Geschichte ein, und so lernten die Prußen sie kennen, fürchten und hassen.

Die Sudauer und Galinder, die zuerst und am schwersten unter den Raubzügen zu leiden hatten, brauchten lange Zeit, ehe sie sich zu einer Gegenwehr aufrafften. Zu lange hatte das Volk in Frieden und Wohlstand gelebt. Die Männer wußten mit Pflug und Sense umzugehen, aber ein Schwert zu schwingen hatten sie nicht gelernt. Wo gab es denn überhaupt ein Schwert in diesem Land? So hatten die Polen ein leichtes Spiel mit ihnen. Es dürfte schwierig sein, ein zweites Beispiel in der Geschichte zu finden, wo man einem Volk nachweisen kann, daß es viele Jahrhunderte in Frieden lebte. Obwohl die Prußen sich dessen nicht bewußt waren, hatten sie sich zu einem der fähigsten Agrarvölker jener Zeit entwickelt. Das ist allerdings nicht verwunderlich, denn wenn ein fleißiges Volk jahrhundertelang seine ganze Energie der Landwirtschaft zuwenden kann, ohne durch die ansonsten immer wieder geführten Kriege gehemmt und zurückgeworfen zu werden, dann muß das Ergebnis auf diesem Gebiet ein außergewöhnliches sein. Wegen des damit verbundenen Wohlstands aber waren und blieben die Prußen das begehrteste Beuteobjekt für die räuberischen Polen.

Zur Slawentheorie

Das Erscheinen der Polen berührt ein bizarres Kapitel der Geschichte, das unter dem Namen „Slawentheorie" bekannt ist. Diese aus Irrtümern entstandene falsche Geschichtsauffassung, die uns „Elbslawen" und „slawische Wenden" bescherte, die es nie gegeben hat, und von Slawen bewohnte Gebiete entdeckte, Jahrhunderte bevor der Begriff „Slawen" entstand, entstellt auch heute noch, vielleicht mehr denn je, das wahre Geschichtsbild. Zur Klärung dieser Geschichtsverfälschung soll hier etwas näher auf diesen Sachverhalt eingegangen werden.

Die derzeitige Geschichtswissenschaft vertritt die Meinung, daß der ostdeutsche Teil des einwandfrei nachweisbaren germanischen Siedlungsraumes von einer sehr verschieden angegebenen Zeit an – die Angaben schwanken zwischen dem 5. und 9. Jahrhundert – angeblich „germanenleer" geworden sei. In der Folgezeit – auch hier schwanken die Angaben erheblich – soll dieser Raum von „Deutschen" kolonisiert worden sein. Eine Überprüfung dieser Ansicht erweist sie als Irrtum.

Die mittelalterlichen Geschichtswerke aus den Jahrhunderten der Missionierung gebrauchen zur Kennzeichnung der noch nicht bekehrten, aber herkunftsmäßig gleichartigen Menschen in den lateinischen Texten das Wort „sclavi". Seine falsche Übersetzung als „Slawen", die damals noch nicht existierten, führte zu der irrigen Vorstellung eines angeblich „slawisch" besiedelten Riesenreiches, das von der Ostsee bis zum Schwarzen Meer gereicht haben soll.

Bis zum 18. Jahrhundert stimmt die Geschichtsschreibung noch weitgehend mit den mittelalterlichen Schriftwerken überein. Erst zu Beginn des 19. Jahrhunderts drang diese, besonders von dem Ostpreußen Johann Gottlieb von Herder vertretene und heute übliche, irrige Ansicht, immer stärker auf und wurde bald von vielen Historikern übernommen. In der zweiten Hälfte des 19. Jahrhunderts wurde dieser Irrtum in der historischen Wissenschaft allgemein gültig. Auf der Grundlage dieser falschen Begriffsbestimmung entstanden weitere Irrtümer grundsätzlicher Art, die ihrerseits dazu beitrugen, den Irrtum der Slawentheorie zu rechtfertigen.

Im In- und Ausland volkstümlich geworden, handelten dementsprechend auch Politiker in gutem Glauben an die vermeintliche Richtigkeit dieser irrtümlichen Ansichten. Nachdem sich Polen die deutschen Ostgebiete als sogenannte „wiedergewonnene Westgebiete" angeeignet hat, trägt die polnische Propaganda ihre Ansprüche bereits bis zur Elbe, ja manchmal sogar bis zum Rhein vor. Auch diese Forderungen werden mit der Anschauung begründet, daß diese Gebiete irgendwann einmal „slawisch", also polnisch, gewesen sein sollen.

Bei der angeblichen Einwanderung der Slawen soll es sich um einen Vorgang gehandelt haben, der sich nicht in grauer, schwer nachprüfbarer Vorzeit abspielte, sondern um ein Ereignis größten Ausmaßes im vollen Licht der Geschichte, bei dem angeblich ein Riesenvolk einen halben Kontinent besetzte, ohne daß ein einziger der vielen Chronisten das einer Erwähnung wert fand. Diese peinliche Tatsache wird damit entschuldigt, daß es eine „geschichtslose Zeit des Slawentums" gegeben habe, von der es keine schriftliche Überlieferung gibt.

Der deutsche Osten hat aber keine geschichtslose Zeit; die historischen Vorgänge liegen im vollen Licht der schriftlichen Überlieferungen und lassen sich von Jahr zu Jahr, von Jahrzehnt zu Jahrzehnt und von Jahrhundert zu Jahrhundert fortschreitend darstellen. Die lückenlosen Schriften nennen die Daten der Ereignisse, die Namen der beteiligten Personen und ihre Beweggründe.

Da die Unterwerfung der Germanen sich über zwei Jahrhunderte hinzog, kam es dabei zu einer Spaltung zwischen den schon Bekehrten und den noch Unbekehrten, obwohl auf beiden Seiten dieser Trennungslinie die gleichen Menschen wohnten. Die Bewohner der noch heidnischen Teile nannte man mit dem aus dem Mönchslatein stammenden Wort „sclavi", das nichts mit dem später davon abgeleiteten Wort „Slawen" zu tun hat. Daß es sich bei den „sclavi" um die heidnischen Germanen handelt, geht eindeutig aus den Schriften jener Zeit hervor. Ostgermanien ist das noch nicht christianisierte Gebiet ostwärts der Elbe, die „amplissima Germaniae provintia", wie sie Adam von Bremen nennt.

Als Begründer der slawischen Philologie und des Panslawismus wird Herder genannt. Obwohl er keine einzige slawische Sprache beherrschte und auch nie auf slawischem Boden gelebt hat, fühlte er sich berufen, in seinem Schriftwerk *Ideen zur Philosophie der Geschichte der Menschheit* (1784–91) auch ein Kapitel über „slawische Völker" zu schreiben. Darin sagt er folgendes: „Trotz ihrer Taten hie und da waren sie nie ein unternehmendes Kriegs- und Abenteurervolk wie die Deutschen; vielmehr rückten sie diesen stille nach und besetzten ihre leergelassenen Plätze und Länder, bis sie schließlich den ungeheuren Strich inne hatten, der vom Don zur Elbe und von der Ostsee bis zum Adriatischen Meer reicht. Von Lüneburg [...] erstreckten sich ihre Wohnungen diesseits und jenseit der Karpatischen Gebirge [...] Von Friaul aus bezogen sie auch die südöstliche Ecke Deutschlands, also daß ihr Gebiet sich mit Steyermark, Kärnthen, Krain festschloß [...] Längs der Ostsee von Lübeck an hatten sie Seestädte erbauet [...] Am Dnepr hatten sie Kiew, am Wolchow Nowgorod gebaut [...] In Deutschland trieben sie den Bergbau, verstanden das Schmelzen und Gießen der Metalle, bereiteten das Salz, verfertigten Leinwand, braueten Meth, pflanzten Fruchtbäume und führten nach ihrer Art ein fröhliches, musikalisches Leben [...]"

Herder beschreibt weiter ihren bewundernswerten Fleiß, ihre Liebe zur Landwirtschaft, ihre Mildtätigkeit und großzügige Gastfreundschaft, die große Friedensliebe und wie sie Rauben und Plündern verachteten und niemals Böses taten. Abschließend spricht er die Hoffnung aus, daß sie von ihren Sklavenketten befreit werden mögen und ihr Land vom Don bis zur Fulda wieder als Eigentum nutzen und ihre „Feste des ruhigen Fleißes und Handels" darauf feiern dürfen.

Wäre solcher Unsinn von irgendwem zusammengeschrieben worden, hätte die Welt nie Kenntnis davon erhalten. Doch er stammt von dem großen Philosophen und Dichter Johann Gottfried von Herder! So konnte sich der erste Slawenkongreß rühmen, daß sein Programm aus den Anschauungen Herders hervorgegangen war.

Obwohl Herder sein Werk als „Ideen" bezeichnet hatte, rief seine irrtümliche Idee in diesem Fall eine ungeheure Wirkung hervor. Nach dem Erwecken eines slawischen Nationalbewußtseins wurde Herders „Idee" der friedlichen Slawen, die niemals jemandem etwas zu Leide getan hatten, sondern immer nur von den „räuberisch-kriegerischen" Germanen unterdrückt worden waren, von Polen und Tschechen mit Jubel und Begeisterung aufgenommen. Herder heute wegen jenes Fehlgriffs aus dem Deutschen Dichterverband auszuschließen, wie es schon gefordert wurde, schafft die Slawen nicht mehr aus der Welt; sie sind heute Realität, wenngleich durch Irrtum entstanden.

Die völlig verschiedenen Völker, die heute als Slawen gelten, entstammen keinem gemeinsamen Urvolk, sondern haben als einzige verbindende Gemeinsamkeit nur die slawischen Sprachen, deren ursprüngliche Schriftform im 9. Jahrhundert zum Zweck der Christianisierung Osteuropas künstlich geschaffen wurde. Diejenigen Völker, die damals zufällig von diesem Zweig der christlichen Missionierung erfaßt wurden, sind die heutigen Slawen.

Es dauerte noch Jahrhunderte, bis diese Kirchensprache sich bei den verschiedenen Völkern soweit herausgebildet hatte, daß sie zu deren Volkssprache wurde. Und es dauerte nochmals Jahrhunderte, bis Herder auf die irrtümliche Idee eines slawischen Großvolkes kam. Für die aufstrebenden Polen und Tschechen konnte es nichts besseres geben, als daß ein deutscher Wissenschaftler erklärte, den Slawen habe fast ganz Deutschland gehört. Diese Gebiete waren aber niemals von ihren Bewohnern verlassen worden. So wie Skandinavien nach dem Abzug von Wandalen, Burgundern, Rugiern und Goten niemals menschenleer wurde, so zog auch aus den ostdeutschen Gebieten nur der überschüssige Bevölkerungsteil fort, für den kein Lebensraum mehr vorhanden war. Der andere Teil, soviel wie das Land ernähren konnte, blieb in den alten Wohngebieten und mehrte sich von neuem.

Wenn man heute die auf „ow" endenden Ortsnamen als Beweis slawischer Gründungen anführt, ist das schon lächerlich. Daß im Mittelalter die Endsilbe „au" als „ow" geschrieben wurde, dürfte heute jedem bekannt sein, der sich mit mittelalterlichen Schriften befaßt. Im Englischen heißt das „W" auch heute noch „Doppel-U" und wird auch so gesprochen. Pankow ist also Pankau, Güstrow Güstrau, Flatow Flatau, genauso wie auch Frow kein slawisches, sondern das deutsche Wort Frau ist. Im Laufe der Zeit änderte sich die Schreibweise, nur bei den Ortsnamen blieb sie bestehen. Von der Tatsache, daß der ostdeutsche Raum ohne Unterbrechung immer von Germanen bzw. deren direkten Nachkommen bewohnt war, daß er niemals menschenleer war und hier niemals Slawen „einsickerten", kann sich jeder überzeugen, dem der Beweis dieser Tatsache die Mühe wert ist.

Eine der sorgfältigsten Untersuchungen über die Entstehung der Slawentheorie ist die zweibändige Dokumentation *Grundlagen der deutschen Geschichtsforschung* von Walther Steller, aus der einige dieser Angaben entnommen sind. Leider ist ebenfalls Tatsache, daß trotz richtiger Erkenntnis ein Irrtum oder eine Lüge kaum aus der Welt zu schaffen sind, wenn sie erst einmal weit genug verbreitet sind und geglaubt werden. Wenn die Verfälschung zudem einflußreichen Kreisen dienlich ist, wird sie bestehen bleiben. Hierfür gibt es genügend Beispiele.

Der tausendjährige Krieg beginnt

Das unsichere Gebiet der Grenzüberfälle weitete sich rasch immer weiter aus, bis bald die ganzen südöstlichen Grenzlande in Flammen standen. Es gab zuviel für diese besitzlosen ersten Polen bei den Prußen zu erbeuten. Verzweifelte Abwehrbemühungen der Bewohner hatten wenig Erfolg; der Wildheit der Räuber waren die zaghaften Prußen nicht gewachsen. Die ersten Gruppen der ausgeplünderten Bewohner, deren Anwesen zum Teil niedergebrannt worden waren, verließen das gefahrvolle Grenzgebiet. Mit der fortschreitenden Zunahme und Ausbreitung der Überfälle bepackten immer mehr verängstigte Familien ihre Wagen und verließen Haus und Hof. Mit Weib und Kind, Gesinde und Vieh zogen sie nordwärts, um in sichereren Gegenden einen Neuanfang zu wagen. So wurde den Polen zuerst das Land jenseits des Bug überlassen, dann das Gebiet bis zum Narew und Bobr. Durch diese Erfolge ermuntert, bedrängten sie die nächsten Landesteile um so mehr.

Weite Gebiete ihres Landes waren verwüstet und die Bewohner erschlagen oder vertrieben, bevor die schwerfälligen Prußen auch weiter im Landesinnern begriffen, daß der ewige Friede nun endgültig zu Ende war und etwas auf sie zukam, das ihr aller Untergang sein mußte. Drastische Maßnahmen waren notwendig, wollte man selbst weiterleben. Man mußte den Räubern mit entschlossener Gewalt und starker Macht gegenübertreten, um eine Wende dieser Notlage herbeizuführen. Den bisher ziemlich sorglos plündernden Polen stellten sich nun hier und dort Haufen bewaffneter Männer entgegen, und es kam zu den ersten Kämpfen. Die Räuber ließen sich dadurch jedoch nur wenig und nur für kurze Zeit zurückhalten, denn die Beute war zu verlockend. Sie mußten aber nun in größeren Haufen wohlüberlegt vorgehen und dazu mit Gegenwehr rechnen. So begann ein tausendjähriger Krieg, den zuerst die Prußen und dann ihre Nachfolger, die Deutschen, gegen die Polen durchkämpfen mußten.

Nachdem immer mehr blühendes Land vernichtet und verlassen war, sahen die Prußen ein, daß diese Art der Verteidigung nicht ausreichte, um ihr Land zu schützen. Weit größere Anstrengungen waren notwendig, und man drängte, die Räuber in ihrem eigenen Lager zu schlagen, um der Lage Herr zu werden. Zu einem Krieg solchen Ausmaßes brauchte man aber Schwerter, die es bei den Prußen nicht gab. In ihrer Not griffen sie zum Holzknüppel, und diese Keule wurde alsbald die allgemeine Waffe der prußischen Kämpfer. Mit der Zeit erreichten sie eine gewisse Kunstfertigkeit in der Handhabung der Keule, die dann in ihrer Hand ebenso gefürchtet war wie ihr Schwert. Auch im Ordenskrieg war nur ein Teil der prußischen Krieger mit Schwertern bewaffnet; die Mehrheit hatte nur ihren Mut und die aus jener Not geborene Holzkeule den Ritterheeren entgegenzusetzen. Die Keulen waren keine einheitlichen Waffen, sondern jeder Krieger schnitzte sich nach seinem Gutdünken seine eigene. Eine solche Originalkeule wurde 1851 auf Gut Bothau (Kreis Sensburg) gefunden. Sie war 128 Zentimeter lang, dreieinhalb Zentimeter dick und hatte ein durch Astknoten auf fünf Zentimeter verdicktes Ende. Neben dieser Schlagkeule gab es noch die besonders gefürchtete Wurfkeule. Auch davon wurde eine gefunden. Sie war nur 28 Zentimeter lang und hatte in ihrem Kopf einen eisernen Kern.

Endlich riefen die Reiks ihre Männer zusammen, und mit dem Segen des Kriewen führten sie einen Heerzug in das Gebiet der Räuber. Die darauf folgende Ruhe währte aber nicht lange. Bald brachen die wilden Räuber an günstigen Stellen wieder ins Land ein. Dieser Kriegszustand sollte nie mehr aufhören und ein fester Bestandteil des prußischen Lebens werden. So wurde das als besonders friedfertig bekannte Volk mit der Zeit gezwungen, immer mehr ein Volk von Kriegern zu werden.

Während an der Südgrenze fortwährend gekämpft wurde, nahm im übrigen Teil des Landes das Leben seinen gewohnten Lauf. Man spürte aber auch hier die Auswirkung des Krieges. So manche Hand, die sonst den Pflug geführt hatte, mußte nun die Keule zum Schutz der Heimat schwingen. Mit der Sperre der Handelswege hörte auch der Handel größtenteils auf. Nur noch auf der Weststraße von Julin kamen Kaufleute ins Land. Durch polnisches Gebiet konnte niemand reisen, ohne ausgeplündert zu werden. Die Bernsteinstraße sowie alle anderen Handelswege, die 1.000 Jahre lang einem regen Verkehr gedient hatten, lagen verödet da und verloren sich an der Landesgrenze in der wuchernden Wildnis. Besonders gute Handelsbeziehungen hatten in letzter Zeit mit dem Gotenreich in Italien bestanden, und viele Exportwaren aus dem Süden waren ins Land gekommen. Das Ende des Handels läßt sich deutlich an den Münzfunden ablesen. Die letzten sind römisch-byzantinische Goldsolidi, von denen die jüngsten aus der Regierungszeit Anastasius' I. (491–518) stammen.

Nicht genug damit, daß der Süden des Landes Kampfgebiet geworden war, begann es nun auch an der Meeresküste unruhig zu werden. Seit Menschengedenken hatten die Prußen mit Schweden und Dänen regen Handel getrieben und in Freundschaft verkehrt. Nach 650 aber machte sich die wachsende schwedische Expansion auch hier bemerkbar. Es gab Überfälle schwedischer Seefahrer, Vorläufer der späteren Wikinger. Hauptsächlich wurden die Kuren davon betroffen. Vom Schwedenkönig Ivar Vidfamne wird berichtet, daß er die Kuren unterwarf und die Länder im Osten bis Karelien eroberte. Nach seinem Tod um 700 erlangten die Kuren aber wieder ihre Freiheit. König Harald Hildetant, Sohn von Ivars Tochter, brachte diese Gebiete erneut unter schwedische Herrschaft, die aber wiederum nicht von Dauer war. In einem altnordischen Heldengedicht besingt der Skalde siegreiche Kämpfe der Dänen gegen Kuren, Aesten und Samländer. Auch hier zeigte sich, daß die Zeit des ewigen Friedens vorbei war und von jetzt ab das Schwert herrschte.

Der Krieg mit den Polen nahm etwa ab dem Jahr 700 verschärfte Formen an. Das Kampfgebiet breitete sich zunehmend aus, und immer mehr blühendes Land wurde verwüstet. Die Prußen lernten zwar mit der Zeit immer besser zu kämpfen, aber auch die Polen wurden listiger und zahlreicher. Trotz aller Anstrengungen konnte die prußische Abwehr die Überfälle im Grenzgebiet nicht verhindern. Die Polen wurden aber gezwungen, in kleineren Haufen einzubrechen und mit ihrer Beute schnell zu fliehen, bevor die Prußen in ausreichender Stärke eingreifen konnten. Alle Versuche, mit größeren Scharen tiefer ins Landesinnere einzudringen, konnten die Prußen abwehren. Damit ließ sich aber nicht vermeiden, daß aus den besonders heimgesuchten Landesteilen die geplagten Bewohner weiterhin abwanderten. Nachdem große Teile des südlichen Sudauens und Galindens sowie die Südhälfte von Sassen den Polen überlassen worden waren, rückte das Kampfgebiet langsam aber stetig weiter und erfaßte nun das landschaftlich schöne und dicht bevölkerte mittlere Galinden, dessen Reichtum die Polen ganz besonders anzog. Wo glückliche Menschen seit Jahrtausenden gelebt und eine bewundernswerte Kultur geschaffen hatten, breitete sich jetzt öde Stille aus, und auf den weiten Ackerfluren begann wilder Wald zu wuchern. So verschwand ein Gebiet blühenden Landes für immer. Beim späteren Einzug des Ritterordens war der nördliche Rest dieses großen Gaues, der den Prußen verblieben war, schließlich kaum noch bewohnt. Daher gab es in dieser sogenannten „galindischen Wildnis" auch keine Kämpfe.

Um die Geschichte im Sinne heutiger Vorstellungen zu ändern, hat man für die Verödung der südlichen Gebiete eine neue Ursache erfunden: Der Ackerboden sei durch eine jahrelange Regenzeit versumpft und habe deshalb die Abwanderung der Bewohner in den trockenen Norden ausgelöst. Wie der leichte, oft sandige Boden des höher gelegenen südlichen Hügellandes versumpfen konnte, während der schwere Boden des tiefer liegenden flachen Nordens trocken blieb, ist wohl nur durch ein Naturwunder zu erklären. Auf dieser Grundlage kann man den Grenzkämpfen eine ganz andere Deutung geben. In ihrer Not versuchten nämlich die hungernden Prußen ihre immer schlechter werdende Lebensgrundlage durch fortwährende Raubzüge in das friedliche Polen auszugleichen, das offenbar von dem Dauerregen verschont blieb. Es gibt wohl keinen Unsinn, der zu groß ist, um den Weg in die Geschichtsbücher zu finden, solange er nur politisch korrekt ist.

Im Jahre 711 eroberten die Mohammedaner Spanien und vernichteten das Reich der Westgoten. Reste von ihnen erhielten sich besonders im Nordteil des Landes. Die Masse aber wurde aus Spanien vertrieben und ist im übrigen Europa verschollen. Zogen von diesen auch einige zurück zur Weichsel? Bei den Westgoten waren auch die Galinder, die dereinst mit den Goten fortgezogen waren. Wo blieben diese? Daß Galinder in Südfrankreich und Nordspanien ansässig waren, stellten französische Forscher schon um 1850 fest. Das bezeugt auch die auffallende Häufigkeit von Orts- und Familiennamen, die mit „Galind" zusammengesetzt sind. Als 778 die Franken eine Schlacht gegen die Araber verloren, wurden „Pruzzi" als kühn fechtende Reiter erwähnt, die nun auf seiten der Araber kämpften. So blieb anscheinend zumindest ein Teil der Galinder auch unter den Mohammedanern in Spanien. Manche Forscher vermuten, daß nach 711 Teile der Westgoten und Galinder ins Prußenland zurückkehrten, wofür aber bis jetzt keine Beweise vorliegen. Wenn auch die Straßen dorthin von den Polen blockiert waren, so war die eine über Julin (Wollin) in Pommern noch offen und eine Rückkehr immerhin möglich.

Leben hinter einem Wildniswall

Seit 200 Jahren schlugen sich nun schon Prußen und Polen, wobei die Prußen immer weiter zurückgedrängt worden waren und wertvolle Landesteile verloren hatten. Im Laufe dieses langen Ringens lernten sie aber immer besser zu kämpfen und entwickelten immer mehr kriegerische Eigenschaften, so daß sie schließlich das Vordringen der Polen zum Stehen bringen konnten. Während dieser langen Zeit war der Krieg den Prußen zur Gewohnheit und zu einem Bestandteil ihres Lebens geworden. Der einst so rege Handel war versiegt. Mit dem Verlust Galindens hatte auch die Eisengewinnung und Metallproduktion größtenteils ein Ende gefunden. Dort, wo die Schmelzöfen standen, wucherte jetzt die Wildnis. Am wenigsten war die Landwirtschaft außerhalb der Kampfzone vom Krieg betroffen worden. Auf den Bauernhöfen ging das Leben wie eh und je weiter. Man bestellte die Äcker und versorgte die Tiere. Auf die Aussaat folgte die Ernte und dann wieder die Saat im ewigen Rhythmus des bäuerlichen Lebens. Die dankbare Erde lohnte die Arbeit und Mühe der Menschen und ernährte sie reichlich. Der besondere Stolz der Prußen blieben ihre herrlichen Pferde. Man bemühte sich, immer schnellere Pferde zu züchten, denn der Reitsport mit Pferderennen erfreute sich großer Beliebtheit. Solcher Besitz lockte aber immer wieder die beutegierigen Polen zu neuen Raubüberfällen an.

Zwischen den Polen und Prußen lag nun die große Wildniszone, die sich auf dem verlassenen Kulturboden gebildet hatte. Ausgedehnte Verhaue sowie mit Dornen dicht bepflanzte Landstreifen, manchmal einige Kilometer lang, waren an gefährdeten Stellen angelegt worden, um das Vordringen größerer Heerhaufen zu erschweren. Am Rand der Wildnis standen befestigte Wehrburgen. Diese waren unter geschickter Ausnützung des Geländes, meist an Steilufern von Gewässern, Landengen und ähnlichen Plätzen errichtet worden. Sie dienten als sichere Lager für Vorräte, vor allem Getreide, und boten der umwohnenden Bevölkerung die Möglichkeit, sich beim Eindringen der Polen hinter den Burgwällen in Sicherheit zu bringen, bis die herbeigerufenen prußischen Kampfverbände die Räuber wieder vertrieben. Die Wehrburgen hatten Unterkunfts- und Lagerräume, Ställe und Brunnen sowie Vorrichtungen zum Auffangen von Regenwasser, um auch eine längere Belagerung zu überstehen. Die Wälle waren mit Baumstämmen befestigt, die Brustwehren mit gestampftem Lehm ausgefüllt. Palisadenzäune und ein tiefer Wassergraben schützten die Burgen landeinwärts. Allein im Kreisgebiet Lyck wurden mindestens 17 dieser Wehrburgen mit Sicherheit festgestellt.

Diese befestigte Verteidigungszone erstreckte sich entlang der ganzen Grenze gegen die Polen. Der wilde Waldgürtel erreichte stellenweise eine Breite bis zu 60 Kilometern und bildete einen wirksamen Schutzgürtel für das Land. Später wurde auch vom Ritterorden dieses Naturhindernis zum gleichen Zweck belassen. Heute sind nur noch Reste dieses Riesenforstes vorhanden, von denen die Johannisburger Heide am bekanntesten ist. Trotz der Waldarmut Ostpreußens war sie immer noch das größte geschlossene Waldgebiet des Deutschen Reiches.

In dem immerwährenden Grenzkrieg gingen die Prußen im Laufe der Zeit zunehmend von der bloßen Verteidigung zum präventiven Angriff über. Erst damit konnte die Verteidigung ihres Landes als gesichert angesehen werden. Damit lieferten sie aber auch der polnischen Geschichtsschreibung den „Beweis", daß nicht die Polen die Prußen, sondern die bösen Prußen die friedlichen Polen bekriegt und beraubt hätten, als ob es dort etwas gab, das einen Raubzug gelohnt hätte. Noch in unserer Zeit hörte man das Sprichwort: „In ganz Polen – nichts zu holen."

Das Kampfgebiet, das anfangs im Südosten und im Süden lag, verlagerte sich im Laufe der Zeit immer weiter nach Südwesten. Der Brennpunkt wurde schließlich das Kulmerland. Den Prußen war es mit der Zeit gelungen, den Krieg von ihren Grenzen fernzuhalten. Als es zum Ordenskrieg kam, waren es nicht mehr die Prußen, sondern die Polen, die sich bedroht fühlten und den Deutschen Ritterorden herbeiriefen, um die Prußen zu unterwerfen.

Durch die Räumung und Verwilderung der südlichen Landesteile war der Lebensraum des Volkes enorm reduziert worden, und dementsprechend hatte sich die Bevölkerung im Landesinnern verdichtet. Da nur in sehr beschränktem Maße Neuland für die vermehrte Bevölkerung erschlossen werden konnte, mußte das gleiche Volk von weit weniger Land leben. Das verursachte natürlich ein drastisches Absinken des vordem so hohen Lebensstandards, zumal der hohe Aufwand, den die Verteidigung des Landes fortwährend erforderte, das Volk schwer belastete.

Auch die archäologischen Funde bezeugen deutlich die schwere Zeit des Krieges. Mit dem Beginn der Polenkämpfe ist ein fortschreitender allgemeiner kultureller Niedergang im ganzen Land festzustellen. Prunk und Pracht verschwinden; man beschränkt sich auf das Lebensnotwendige. Vor allem im Kunsthandwerk zeigt sich eine auffallende Verarmung. Die prachtvollen Formen werden knapp und einfach, Luxusgegenstände werden zur Seltenheit.

Besonders eindrucksvoll tritt der Wandel in der Totenbestattung hervor. Die Urnengräber, die bisher mit viel Liebe und Sorgfalt angelegt worden waren, werden selten. Man äschert die Toten einfach in großen Aschengruben ein, unter denen noch vereinzelt Pferde begraben sind. Manchmal liegen mehrere solcher Aschenplätze, mit 12 bis 20 Meter Ausdehnung und 30 bis 60 Zentimeter Tiefe, neben- oder gar übereinander. Nur die Sudauer behalten ihren Brauch der Urnenbestattung in Familiengräbern bei, und auch die noch immer reichen restlichen Galinder bestatten die Asche ihrer Toten weiterhin in Urnen. Die verschwenderisch reichen Grabbeigaben des Goldenen Zeitalters gibt es aber jetzt nicht mehr. Nur selten findet man noch einfache Fibeln, Gürtelschnallen und schlichte Gebrauchsartikel in den Brandgruben. Dafür zeigen aber die mitgegebenen Waffen in den Männergräbern, daß der Verstorbene im Leben kämpfen mußte. Nur noch an Herdfeuer und Spinnrad erinnert man sich an das Goldene Zeitalter, wo es noch keine Polen, keinen Krieg und keine Not gab. Staunend lauschen die Jüngeren den Geschichten der Alten, die wie Märchen aus einer anderen Welt erscheinen. Sie können sich einen Frieden, ohne ständige Bedrohung durch raublüsterne Nachbarn, nicht vorstellen.

Die Wikinger

Wie unter Germanen üblich, so schlugen sich auch die Stämme Skandinaviens untereinander. Zwischen 715 und 730 erreichten die Kämpfe zwischen Schweden und Dänen ihren Höhepunkt. In der größten Land- und Seeschlacht des frühen Mittelalters (Brawallaschlacht), die von den Schweden unter König Hring gewonnen wurde, war das Ringen um die Vormachtstellung entschieden. Jetzt konnten fernere Ziele ins Auge gefaßt werden. Unter Hrings Sohn Ragnar Lodhbrok begannen die Raub- und Eroberungsfahrten über See, womit die Wikingerzeit begann.

Die Drachenschiffe der Nordmänner erscheinen mit rot bemalten Kriegsschilden an den Küsten und auf den Flüssen ihrer südwestlichen Nachbarn. Sie überfallen Siedlungen, Städte und Klöster mit einer Kampfeswut, die das westliche Europa erzittern läßt. Sie bauen die besten Schiffe, und in einer Zeit, da die christliche Welt glaubt, daß die Erde flach und ihr Rand ein alles Leben verschlingender Abgrund ist, da navigieren diese „ungelehrten Heiden" mit überlegener Sicherheit auf hoher See, nicht nur nach den Gestirnen, auch bei bedecktem Himmel. Für 250 Jahre sind sie die unbestrittenen Herren auf dem Wasser und auf weiten Gebieten des Landes.

Allgemein werden sie Wikinger genannt; in England und Frankreich Normannen, in Rußland Waräger oder Rus. Die Raubfahrten der Wikinger gehen hauptsächlich nach England, aber auch nach Irland, Frankreich und Deutschland. Auch Spanien und besonders Italien werden von ihnen nicht verschont. Sie sind das Schreckgespenst jener Zeit, und am Schluß der Messe betet man: „A furore normannorum libera nos, Domine." (Vor dem Schrecken der Nordleute bewahre uns, o Herr.)

Die Wikinger waren aber nicht nur Seefahrer und Räuber, sondern sie gründeten Staaten und kolonisierten große Gebiete. Vor allem aber waren sie Handelsherren und als solche wichtige Träger der Weltwirtschaft. Sie kolonisierten unter anderem Island und Grönland; 965 entdeckten sie Amerika, wo ihre Kolonisation aber keinen bleibenden Erfolg hatte. In Osteuropa dagegen gehen einige der heutigen Staaten auf Wikingergründung zurück. Die Formen, in die sie ihre Welt damals fügten, haben 1.000 Jahre Geschichte noch nicht fortwischen können. In Frankreich trägt die Normandie heute noch den Namen ihrer „Nordmanni", die 1066 England eroberten. Mit dem letzten Wikinger, Wilhelm dem Eroberer, endete die Wikingerzeit, aber die Nation, die er schuf, lebte in echter Wikingertradition weiter. Bald beherrschten die Engländer wiederum die Meere, und die Seeräuberei wurde als Mittel zu Macht und Reichtum niemals verachtet. Schließlich eroberte England einen großen Teil der Welt, und die Wikingerzeit hörte eigentlich erst mit dem Zweiten Weltkrieg auf, der das Ende des britischen Weltreiches brachte.

Während das lockende Ziel der Norweger und Dänen England und das westliche Europa waren, trachteten die Schweden nach den Weiten des osteuropäischen Raumes. Ihre Schiffe erreichten über den Dnjepr das Schwarze Meer, und die Wolga brachte sie ins Kaspische Meer. Byzanz und Bagdad, die Zentren der christlichen und islamischen Welt, lockten mit ihrem Reichtum zu Handel oder Raub. Im russischen Raum gründeten sie 862 das Waräger-Reich und 882 das mächtige Reich Kiew. Damit waren sie die Herren Osteuropas. Aus dem Namen Rus, wie sie von der eingesessenen Bevölkerung genannt wurden, entstand später der Name Rußland. Als dünne Herrscherschicht standen sie über der Masse der östlichen Völker und wurden die staatlichen Gestalter eines bis dahin unorganischen Raumes. Unter Waldemar dem Großen (980–1015), der heute Wladimir genannt wird, war das Reich Kiew mit 800.000 Quadratkilometern der größte Herrschaftsbereich Europas. So wie sein Name ein echt russischer wurde, geschah es auch mit anderen: Aus Ingvar wurde Igor, aus Helgi Oleg und aus Helga Olga.

Die Macht der Wikinger bekamen auch die Prußen zu spüren. Eine wichtige Verbindung zu anderen Völkern, die den Prußen noch offen stand, war der Schiffsverkehr über die Ostsee, die von den Wikingern beherrscht wurde. Daher mußten die Prußen notgedrungen freundschaftliche Beziehungen zu ihnen unterhalten. Aber es gab auch noch die letzte Landverbindung, die Weststraße nach Julin, dem alten Handelsplatz auf der Insel Wollin.

Die Abschnürung des Landes durch die Polen kam Julin zugute, das sich jetzt zum größten Hafen und Handelsort Nordeuropas entwickelte. 940 wurde Julin von den Wikingern übernommen. Unter dem Namen Jumne oder Jumneta wurde die Stadt jetzt weltbekannt. Saxo Grammaticus nennt sie das Byzanz des Nordens, und Adam von Bremen schreibt: „Es ist wirklich die größte von allen Städten in Europa. Sie ist angefüllt mit Waren aller Völker, nichts Begehrenswertes oder Seltenes fehlt."

1934 begann der Stettiner Museumsdirektors Kunkel eine mehrjährige Ausgrabung. In deren Ergebnis wurde festgestellt: Wo heute die Stadt Wollin steht, lag im Mittelalter eine Großstadt mit weltweitem Handel.

In dänischen Chroniken finden sich etliche Hinweise, daß das Küstengebiet der Prußen, besonders das Samland, wiederholt von Wikingern überfallen und geplündert wurde. Dann aber kam es anscheinend zu einer Verständigung mit den schwedischen Wikingern, die das Prußenland als Umschlagplatz und Basis für ihre weitgerichteten Unternehmen nach Osten brauchten. Sie errichteten zu diesem Zweck eine Reihe von Handelsplätzen an den Küsten und im Landesinnern.

Der bedeutendste Handelsplatz war Truso, der sich bald zu einer Stadt, der einzigen im ganzen Land, entwickelte. So wie Jumne sich durch die Einschließung der Prußen durch die Polen zur größten Stadt Nordeuropas entwickelte, so wurde auch Truso ein weltweit bekannter Handelsort. Der ganze Warenverkehr, der auf dem Landweg abgewickelt wurde, und auch der größte Teil des Seehandels ging jetzt über Truso. Eine grundlegende Voraussetzung für einen solchen Ort war die Garantie der Sicherheit für den Kaufmann. Dafür sorgte der sogenannte Kungus, der mit seiner Mannschaft in der Burg über der Stadt wohnte und gegen jede Störung oder Bedrohung des Marktfriedens unnachgiebig einschritt. Heute würde man ihn Stadtkommandant nennen. Die Stadt lag am Abfluß des damals viel größeren Drausensees, dem Elbingfluß. Wahrscheinlich sind ihre Überreste unter der heutigen Stadt Elbing begraben.

Ein anderer wichtiger Handelsort befand sich bei Wiskiauten im Samland, in der Gegend von Cranz. Auf diese Weise blieben die Prußen nicht nur von den Eroberungen der Wikinger verschont, sondern profitierten obendrein von deren Handel. Andernfalls hätten sie einen schweren Stand gehabt, sich gegen Polen und Wikinger zugleich zu behaupten. Sie beteiligten sich auch selbst, vor allem die Samländer, an dem lebhaften Handel. Mit ihren Schiffen beschickten sie die Märkte der schwedischen Hafenstädte, besonders den in Birka, und kauften dort zur Deckung ihres Bedarfs ein.

Während die Prußen auf diese Weise das beste aus der Situation gemacht hatten, wurden ihre nördlichen Nachbarn, die Kuren, wiederholt von Dänen und Schweden überfallen und ausgeplündert. Alle Eroberungsversuche scheiterten jedoch trotz zeitweiliger Erfolge am tapferen Widerstand der Kuren. Die Chronisten berichten von großen Schlachten, Siegen und Niederlagen. Am Ende konnten die Kuren sich aber immer wieder behaupten. In den nun schon Jahrhunderte währenden Kämpfen waren sie selbst zu gefürchteten Kriegern geworden. Sie lernten sogar Gleiches mit Gleichem zu vergelten und entwickelten sich selbst zu einer Art von Wikingern unter den baltischen Völkern. Einige Male überfielen und plünderten sie die Küsten Schwedens und Dänemarks. Sie waren somit die einzigen Opfer der Wikinger, die es wagten, den erstaunten Schweden und Dänen in ihrer sicheren Heimat etwas von dem zurückzuzahlen, womit sie selbst andere Völker plagten.

Die Wikinger haben auf ostpreußischem Boden viele Spuren hinterlassen. Zu größeren Ansiedlungen kam es aber nur an den Hafenplätzen von Truso und Wiskiauten. Spuren von Handelsplätzen wurden aber an den Küsten und Flußläufen bis weit ins Hinterland gefunden. Skandinavisches Einfuhrgut war unter der ganzen Bevölkerung verbreitet. Vor allem waren Wikingerschwerter für den steten Kampf gegen die Polen begehrt, die in allen Gegenden des Landes gefunden wurden.

Auch der alte Handelsplatz Norkitten (zwischen Wehlau und Insterburg) war zur Wikingerzeit ein betriebsamer Ort. Hier kreuzten sich zwei alte Handelsstraßen. Die eine führte vom Samland nach Osten; die andere kam von den Salzquellen in Ponnau, überquerte hier den schiffbaren Pregel und führte durch das Auxinnetal, zum Teil auf Knüppeldämmen, ins Bartener Land. Unter einem dieser vermoorten Knüppeldämme sowie im Ort Norkitten wurden zahlreiche Römermünzen und Gegenstände der Wikingerzeit gefunden.

Bei Wiskiauten benutzten die Wikinger einen alten prußischen Friedhof. Um die Hügelgräber aus der Zeit des zweiten Jahrtausends v. d. Ztw. bis zur Bronzezeit liegen die vielen Hügel des Wikingerfriedhofes, die einen Durchmesser von vier bis sechs Metern haben. Auch bei Linkuhnen, östlich von Tilsit, bestatteten die Wikinger ihre Toten auf einem prußischen Friedhof, der aus vier Schichten besteht. Die unterste Schicht (6. bis 8. Jahrhundert) enthält Bestattungen in Baumsärgen. Die nächste Schicht (9. Jahrhundert) und die beiden oberen Schichten (10. bis 12. Jahrhundert) enthalten Brandgräber. Während in den älteren Gräbern Beigaben prußischer Art gefunden wurden, liegt in den jüngeren viel Einfuhrgut aus Skandinavien, darunter häufig reich verzierte Wikingerschwerter, von denen bisher über 60 dort ausgegraben wurden. Auch etliche Wikingerschiffe wurden gefunden. Bei Frauenburg fand man neben mehreren kleinen Booten ein 17,36 Meter langes Schiff mit einem Segelmast und 16 Ruderplätzen aus der Zeit um 850. Ein ähnliches, zwölf Meter langes Schiff wurde bei Baumgart (Kreis Stuhm) gefunden, das anscheinend von Truso den Sorgefluß hinaufgefahren war. Im Danziger Stadtteil Ohra kamen bei Erdarbeiten Reste von drei Booten und einem Einbaum zutage. Die Boote wurden durch Ruder bewegt und waren etwa 13 Meter lang und 2,50 Meter breit. Wahrscheinlich dienten sie dem Verkehr auf dem Frischen Haff.

Entstehung des polnischen Staates

Die verschiedenen Volksgruppen, aus denen später die Stämme der Polen entstanden, hatten seit ihrem Erscheinen ohne zentrale Führung in wilder Anarchie gelebt. Die einzelnen Gruppen hatten jedoch ihre Anführer, die sich besonders bei den Raubzügen ins Land der Prußen hervortaten. Oft gab es auch Streit unter ihnen, und sie bekämpften sich gegenseitig. Das änderte sich jetzt grundsätzlich. Als Führer der einzelnen Stämme oder auch ganzer Landesteile traten nun Wikinger mit ihrem Gefolge auf. So wie die Waräger im Osten waren auch diese hergekommen, um über die eingesessene Bevölkerung zu herrschen und wie jene ebenfalls einen Staat zu gründen.

Damit änderte sich etwa ab 900 die Art des Krieges gegen die Prußen und nahm viel schärfere Formen an. Neben Raub und Beute ging es den Nordmännern nun auch darum, möglichst große Gebiete unter ihre Herrschaft zu zwingen. Immer größere Anstrengungen waren notwendig, und es kostete immer mehr Blut, den Feind aus dem Land zu halten. Von beiden Seiten wurden immer größere Heere aufgeboten und größere Schlachten geschlagen. Der immerwährende Krieg hatte aber aus dem prußischen Bauernvolk nun auch ein Kriegervolk gemacht, das neben dem Pflug jetzt auch Schwert und Keule zu handhaben wußte. Das zeigt sich auch deutlich an den Prußengräbern dieser Zeit, die viele Waffenbeigaben enthalten.

Während die Wikinger im russischen Raum nun schon bald ein Jahrhundert lang über riesige Reiche herrschten, bemühten sich die in den polnischen Landen bis jetzt vergeblich, einen Staat zu gründen. Die Vielfalt und Wildheit der verschiedenen Stämme sowie die Uneinigkeit der unter sich rivalisierenden Nordmänner waren Schwierigkeiten, die nicht leicht zu überwinden waren. Erst um 960 gelang es dem norwegischen Wikinger Dago (Dagone) sich durchzusetzen und den ersten Staat in diesem Gebiet zu begründen, der 200 Jahre später Polen genannt wurde.

Mit seiner eisengepanzerten Streitmacht unterwarf Dago die Stämme des mittleren Weichselgebietes und baute sich seine Residenz am Goplosee, im Gebiet der Polanen (das spätere Kruschwitz). Mit seinen kampfgestählten Kriegern hatte Dago auch die anderen um Macht ringenden Nordmänner schnell überzeugt und sie allesamt unter seine Herrschaft gezwungen. Nun ging er daran, sein Reich zu festigen und vor allem zu vergrößern, denn auch er wußte, daß die Macht mit der Zahl der Beherrschten wächst. Ibrahmim schreibt in seinem Bericht über Dago: „Er besitzt das größte jener Länder und verlangt die Steuern in gemünztem Geld. Er braucht es für seine 3.000 eisengepanzerten Gefolgsleute, denen er Pferde, Panzer, Waffen und jeglichen Unterhalt gibt. Hundert von diesen wiegen zehntausend andere auf. Wird einem von ihnen ein Kind geboren, ganz gleich ob es männlichen oder weiblichen Geschlechts ist, weist er für es sogleich den Unterhalt an. Östlich von ihm wohnen die Russen, nördlich die Prußen."

Für die Prußen war dieses eine bedrohliche Entwicklung. Ein starker, zentral geleiteter Staat würde imstande sein, mit viel größerer Macht als bisher gegen sie vorzugehen. Schon jetzt waren große Anstrengungen notwendig gewesen, die Polen aus dem Land zu halten, und große Gebiete waren verlorengegangen. Eine Steigerung der Kämpfe würde vielleicht doch die Kraft der Prußen überfordern. Die Zukunft sah für sie drohend und ungewiß aus.

Der Ausdehnungsdrang Dagos ging nach allen Richtungen, so auch gegen die gerade von Otto dem Großen (deutscher Kaiser 936–973) durch seinen Markgrafen Gero unterworfenen heidnischen Germanenstämme im Westen von Dagos Staat. Sehr bald kam es zum ersten Zusammenstoß, und Markgraf Gero zwang Dago 963 zur Anerkennung der deutschen Oberhoheit und zur Zinszahlung.

Mit dem Jahr 963 beginnt offiziell die polnische Geschichte, denn mit der Zinszahlung an den deutschen Kaiser, die ordnungsgemäß registriert wurde, trat Dagos Staat, als Vasall des Reiches, zum ersten Mal in das Licht der Geschichte. Dagos germanischer Name wurde später zu Mieszko slawisiert, und die heutige Geschichtsschreibung bezeichnet sein Geschlecht als das der „polnischen Piasten". Dago ahnte nicht, daß sein Name später einmal unerwünscht sein würde und unterschrieb alle Urkunden mit seinem richtigen Namen „Dagone". Daß er ein echter Wikinger war, zeigen auch seine Familienverhältnisse deutlich. Der noch heidnische Dago heiratete 965 die Tochter des christlichen Herzogs von Böhmen, in zweiter Ehe 980 die Tochter des Markgrafen der sächsischen Ostmark. Seine eigene Tochter Sigrida verheiratete er mit Erik von Schweden. Auch sein Sohn Boleslaw heiratete 984 eine Deutsche, die Tochter des Markgrafen von Meißen.

Ein Jahr nach seiner Heirat ließ sich auch Dago taufen und erklärte ein weiteres Jahr darauf (967) für sein ganzes Land den Übertritt zum Christentum. Soweit die Masse seiner Untertanen überhaupt Kenntnis davon erhielt, änderte sich für sie vorläufig nichts. Es dauerte lange, bis eine notdürftige kirchliche Organisation aufgebaut war, und nochmals vergingen Jahrzehnte, bis die einfachen Leute die neuen Gebote halbwegs begriffen hatten. So manchem wurden Zähne ausgebrochen, weil er die Fastentage nicht eingehalten hatte, und wer sich gegen die neuen Sittenlehren vergangen hatte, wurde öffentlich kastriert. Die ungeheuren Blutopfer aber, mit denen andere Völker ihre Christianisierung bezahlen mußten, blieben den Polen erspart. Die Hoffnung, daß der neue christliche Staat mit seinen Grenzen zufrieden sein und endlich aufhören würde, seine Nachbarn zu bekämpfen, erfüllte sich nicht. Mit mehr Macht als bisher wurden alle Nachbarn angegriffen, und auch die Prußen hatten einen stärker werdenden Feind vor sich.

Nach dem Tod des Markgrafen Gero 965 hatte Dago versucht, sich der deutschen Oberhoheit zu entziehen, wurde aber von Markgraf Hodo 972 wieder besiegt. Dieses Mal mußte Dago dem Kaiser seinen Sohn als Sicherheit übergeben und blieb fortan ein treuer Gefolgsmann der Deutschen. Wieviel Respekt Dago dem Markgrafen Hodo als Stellvertreter des Kaisers entgegenbrachte, beschreibt Thietmar von Merseburg. Demnach betrat Dago das Haus des Markgrafen nie in seinen prunkvollen Pelzkleidern, sondern stets in einem einfachen Gewand. Er wagte auch nie sitzenzubleiben, wenn der Markgraf sich erhob.

Nach dem Tod Kaiser Ottos II. (983) huldigte Dago 984 der Kaiserin Theophano und leistete 986 dem minderjährigen König und späteren Kaiser Otto III. den Treueid. Einige gegen die Prußen geführte Eroberungsversuche brachten Dago keinen Erfolg. Er drang aber 988 in Pommern ein und besetzte 990 Teile von Mähren. Bei der zu Ostern üblichen Versammlung deutscher Fürsten am kaiserlichen Hof auf Schloß Quedlinburg war 991 auch Dago zugegen, um der Kaiserin und dem König zu huldigen und seinen Tribut abzuliefern. Dago fiel 992 im Heer der Deutschen vor Brandenburg.

Christianisierung: Kampf um Macht und Beute

Niemals gab es eine bessere Ausrede, dem Nachbarn sein Land zu nehmen, als unter dem Deckmantel, ihm das Christentum zu bringen. Sehr zweckmäßig war alles Land der Heiden als herrenlos erklärt worden, und wer sich stark genug fühlte, durfte es sich aneignen. Auch für Karl den Großen und seine Nachfolger war die Christianisierung der Germanen im deutschen Raum der Vorwand, große Gebiete davon dem Fränkischen Reich zuzuschlagen.

Otto der Große, ab 936 König und ab 962 Kaiser, zählt zu den Wegbahnern der Geschichte. Seine In-nen- und Außenpolitik gab dem Reich die Grundgestalt für das gesamte Mittelalter.

Die bisher freien Germanen wehrten sich mit aller Kraft gegen die gewaltsame Christianisierung, wobei sie nicht so sehr etwas gegen den neuen Glauben einzuwenden hatten als vielmehr gegen das ihnen bevorstehende Los, recht- und besitzlose Untertanen der neuen Herrscher zu werden. Nach dem Aufstand von 955, den Markgraf Gero niederschlug, wurde die Christianisierung um so gewaltsamer vorangetrieben. Die steuerlichen Lasten und brutale Unterdrückung durch die neuen Herren trieb die Unterworfenen erneut zum Aufstand, der am 29. Juni 983 mit der Erstürmung von Havelberg begann. Dieser Erfolg führte zur allgemeinen Erhebung. Nach drei Tagen wurde das Bistum Brandenburg überfallen, und der Aufstand griff bis über Hamburg hinaus. Alle neu errichteten Bistümer waren vernichtet, die geistlichen und weltlichen Herrscher vertrieben. Das Gebiet zwischen Elbe und Oder war ins Heidentum zurückgefallen und für das Deutsche Reich zunächst verloren.

Diese Situation nutzte der kühne Sohn Dagos, Boleslaw I., um sich vom Reich zu lösen. Sein Ziel war ein selbstständiger Staat, der den Osten Mitteleuropas christianisieren und beherrschen würde. Dazu brauchte er eine eigene Kirchenorganisation, die er sich zu schaffen gedachte. Mit ihm stand eine außergewöhnliche Persönlichkeit an der Spitze des Dago-Staates. Er war nicht nur ein tapferer Heerführer, sondern ein ebenso kluger und gerissener Diplomat. Aus der Zeit, die er am deutschen Kaiserhof verbracht hatte, kannte er den jungen Kaiser Otto III. so gut, daß dieser dem Herzog keinen Wunsch abschlagen konnte, was Boleslaw weidlich auszunützen wußte. Daß ihn keine Skrupel plagten, hatte er schon beim Antritt seiner Regierung gezeigt, als er sich grausam und brutal der Konkurrenz aus seiner eigenen Familie entledigte.

Am meisten lockte Boleslaw das reiche Land der Prußen. Als herrenloses Heidenland durfte er dieses seinem Staat einverleiben, ohne befürchten zu müssen, mit dem Deutschen Reich oder dem Reich der Rus (Rußland) in Konflikt zu geraten. Im Sommer 994 schlug er los, „um den Prußen das Christentum zu bringen". Die Prußen wußten, was auf sie zukam und hatten sich gut vorbereitet. Schon beim Betreten der Wildniszone stürzten sie sich auf Boleslaws Marschkolonnen. Rafften diese sich zu weiterem Vorgehen auf, wurden sie wieder und wieder von den Prußen aus dem Hinterhalt überfallen, dezimiert und zersprengt. Die Heere jener Zeit waren zu ihrem Unterhalt auf das Land angewiesen, wo sie sich befanden. In dieser Wildnis gab es aber nichts, und ein rasches Weiterkommen verhinderten die Prußen. Das Polenheer hungerte, und Krankheiten brachen aus. Die Prußen, die auf ihrem eigenen Boden kämpften und mit dem Gelände vertraut waren, blieben Herren der Lage. Als es den arg mitgenommenen und mutlos gewordenen Polen schließlich gelang, die Wildnis zu durchbrechen, wurden sie von prußischen Kampfverbänden zur Schlacht gestellt und in harten Kämpfen zurückgetrieben. Boleslaw mußte umkehren und beschloß, eine andere Strategie anzuwenden.

Nach Auffüllung und Verstärkung seines Heeres drang er 996 in Pommern ein, um die Prußen von Westen zu umfassen. Da dort kein Wildnisgürtel zu überwinden war, würde sein Kriegsvolk gleich in dem reichen Land sein, wo es keine Verpflegungssorgen gab. Bei dieser Gelegenheit konnte der Feldzug mit einem Raubzug durch Pommern eingeleitet werden, um die letzte Niederlage zu vergessen und das Heer in die rechte Siegesstimmung zu versetzen.

Die Pommern waren Nachkommen jener Germanen, die um die Zeitenwende dort ansässig geworden waren. Überwiegend stammten sie von den Wandalen ab, wovon auch das Wort „Wenden" abgeleitet ist. Wie die Prußen, so hatten auch sie unter der Nachbarschaft der Polen schwer zu leiden und wehrten sich mit aller Kraft gegen eine Unterwerfung. Wenn die polnische Geschichtsschreibung schon Dago die Herrschaft über Pommern zuerkennt und von neuem Boleslaw I., so handelt es sich dabei nur um die üblichen Raubzüge. Selbst die polnischen Chroniken geben keinen Hinweis auf eine polnische Herrschaft über Pommern vor dem Jahr 1121.

Beutegierig stürzte sich Boleslaws Kriegsvolk auf das Land, Leichen und rauchende Brandstätten hinter sich lassend. Der Chronist berichtet über die Verwüstung Ostpommerns, von einer Unterwerfung oder gar Christianisierung ist nicht die Rede. Letzteres war auch nicht möglich, weil zu dieser Zeit selbst in Boleslaws Staat die im Aufbau befindliche Kirchenorganisation noch lange nicht alle eigenen Untertanen erfaßt hatte. Erst ein Jahrhundert später erfolgte die Unterwerfung der Pommern, wo zur Christianisierung Deutsche herbeigeholt wurden.

Nachdem die Beute fortgeschafft war – dazu gehörten in der Regel auch junge Frauen, Mädchen und Knaben, die als Sklaven gehalten oder verkauft wurden –, wandte sich Boleslaw gegen die westlich der Weichsel wohnenden Prußen. Hier aber hatten sich inzwischen prußische Kampfverbände versammelt. In dem erbitterten Ringen mußten jedoch die Prußen schließlich bis an die Danziger Höhen zurückweichen. Alle Übergangsversuche über die Weichsel wurden aber von den wachsamen Prußen verhindert. Auch der prußischen Bevölkerung war es größtenteils gelungen, sich hinter den Strom in Sicherheit zu bringen. Später wurden in diesem Gebiet 42 Silberhorte gefunden, die um das Jahr 1000 datiert wurden. Da in Friedenszeiten keine Schätze vergraben werden, kann es sich nur um den Kriegszug Boleslaws gehandelt haben, der die prußische Bevölkerung veranlaßte, ihre Schätze zu verstecken. Die Horte enthielten Münzen, Schmuck, Hacksilber, Barren und Gußklumpen. Da Boleslaw weder die Menschen noch die Mittel besaß, das eroberte Gebiet zu halten und zu besiedeln, kehrten die meisten der geflohenen Prußen nach dem Abzug der Polen wieder auf ihre Höfe zurück. So fanden die christlichen Missionare zu Beginn des 13. Jahrhunderts hier eine prußische Bevölkerung vor. Die gefundenen Horte gehörten wohl solchen unglücklichen Bewohnern, die von den Polen umgebracht oder als Sklaven fortgetrieben worden waren und ihre Schätze nicht mehr hatten bergen können.

Der heilige Adalbert

Auch der zweite Feldzug gegen die Prußen hatte Boleslaw nicht den erhofften Erfolg gebracht. Als das ausgeplünderte und entvölkerte Land sein Heer nicht mehr ernähren konnte und ein Übergang über die Weichsel nicht zu erzwingen war, hatte er den Feldzug abbrechen müssen. Aber schon im nächsten Jahr bot sich ihm eine neue Gelegenheit, gegen die Prußen vorzugehen, als Bischof Adalbert von Prag, der Boleslaw bei der Christianisierung seines Landes behilflich gewesen war, eine Missionsreise zu den Prußen unternahm.

Adalbert war 956 in Libite (Böhmen) geboren und mütterlicherseits mit dem deutschen Königs- und Kaiserhaus der Ottonen verwandt. Nach seiner Erziehung in Magdeburg wurde er 981 Priester und 983 Bischof. Als Verwandter stand er Kaiser Otto III. sehr nahe. Den Polenherzog hatte er näher kennengelernt, als dieser in den 70er Jahren am kaiserlichen Hof gelebt hatte. Adalbert hatte sich in seinem Prager Bischofsamt so verhaßt gemacht, daß er schutzsuchend nach Rom floh. Nach einem zweijährigen Klosteraufenthalt und verschiedenen päpstlichen Aufträgen, darunter die zweimalige Rückkehr nach Prag mit erneuter Flucht – Familienangehörige waren wegen Verrat angeklagt und einige (oder alle) sogar hingerichtet worden –, erhielt er vom Papst den Auftrag, bei den Prußen zu missionieren. Anscheinend sollte es eine Art Bewährungsprobe sein.

Es war selbstverständlich, daß eine erfolgreiche Christianisierung der Prußen von polnischer Seite mit der Besitznahme ihres Landes verbunden sein würde. Deshalb unterstützte Boleslaw dieses Unternehmen nach besten Kräften. Daß sein Staat nicht die Männer hatte, die den Aufgaben einer Mission gewachsen gewesen wären, übersah er geflissentlich, denn ihm ging es nicht um das Seelenheil der Prußen. Zum Schutz des Unternehmens gab er Adalbert 30 ausgesuchte Kriegsleute mit. Das erscheint auf den ersten Blick sonderbar, denn selbstverständlich konnte Adalbert nicht mit 30 bewaffneten Polen bei den Prußen erscheinen. Die Krieger hatten auch eine ganz andere Aufgabe: Sie sollten Schiff, Mannschaft und Passagiere auf polnischem Gebiet schützen. Das wirft ein bezeichnendes Licht auf die polnischen Zustände. Offenbar waren noch manche der wilden Stämme weit davon entfernt, ihre räuberischen Gewohnheiten aufzugeben und gehorsame Untertanen in Boleslaws Staat zu werden.

Im Jahre 997 fuhr das Schiff mit den Kriegern und Missionaren die Weichsel abwärts. Das erste Reiseziel war die Burgsiedlung von Danzig, die am Nordufer der Mottlau, nahe ihrer Mündung in die Weichsel, lag. Der Name Danzig wird hierbei erstmalig erwähnt.

Wahrscheinlich stammt er von dem gotischen Namen Gotiskandza, der nicht den Ort, sondern das ganze Gebiet bezeichnet hatte. Aus den Berichten von Bruno von Querfurt und Canaparius geht eindeutig hervor, daß dieses Gebiet nicht zum Reich Boleslaws gehörte oder irgendwie von Polen abhängig war. Die Nordgrenze Polens war damals südlich der Netze.

Adalbert wurde von dem Fürsten freundlich aufgenommen und bewirtet. Die beiden hatten sich in Polen kennengelernt, wo Adalbert den Fürst getauft hatte, als er dort um die Tochter des Polenherzogs warb. Der Fürst rief sein Volk zusammen (der Chronist sagt wörtlich: „convocat dux Pomoranie populum suum"), um eine Predigt Adalberts zu hören. Demnach müssen die Bewohner das Goto-Nordische Adalberts verstanden haben. Daß sich aber nach dieser einmaligen Predigt sogleich eine Anzahl der Leute taufen ließ, erscheint doch sehr fragwürdig.

Die altchristliche Mission ging noch individualistisch vor; sie fügte die einzelnen Leute zu Gemeinden und die Gemeinden zu Diözesen zusammen. Die Mission des Mittelalters aber geht kollektiv vor; sie will ganze Länder oder Stämme, zumindest ganze Sippen gemeinsam bekehren. Der Grund für diesen Wandel liegt einerseits in der machtvoll gewordenen Kirche, aber auch in dem Unterschied der zu Bekehrenden. Die Völker des Südens, mit denen es die altchristliche Mission zu tun hatte, gehörten einer Kultur mit weit ausgebildetem Individualismus an, wo der einzelne über seine Religion selbst entscheiden konnte. Bei den Völkern des Nordens herrschte aber noch ungebrochen die Sippen- und Stammesstruktur. Nur die Führer der Sippen und Stämme konnten, gemeinsam mit ihren Zugehörigen, einer solch drastischen Veränderung zustimmen. Deshalb mußten sich die Missionare an die Fürsten wenden. Auch Adalbert hatte nicht die Absicht, „dem Volk" das Evangelium zu predigen, was selbstmörderisch und sinnlos gewesen wäre, sondern er wollte mit den Herrschern verhandeln. Diese Art der Bekehrung war langwierig und erforderte viel Geduld und Diplomatie. Viel einfacher, sicherer und auch gewinnbringender war die gewaltsame Unterwerfung, mit der am Ende auch die Prußen christianisiert wurden.

Damals sah die christliche Mission zuerst den Taufunterricht vor, der zum Beispiel nach dem *Decretum Gratiani* 20 Tage dauern sollte. Der Taufe ging immer die Absage des alten Glaubens, das Bekenntnis zum neuen und der Exorzismus voraus. Nur an Ostern und Pfingsten sollte getauft werden. Es wird sicher Abweichungen von dieser Vorschrift gegeben haben, aber daß Heiden sogleich nach einer Predigt getauft wurden, erscheint zweifelhaft. Einzelne Leute konnten auch nicht aus ihrer Volksgemeinschaft austreten und eine andere Religion mit einer völlig anderen Lebensweise annehmen. Was hätten diese Bekehrten ohne Priester und Kirche inmitten ihrer andersgläubigen Mitmenschen tun sollen, nachdem Adalbert weiterzog? Die Wirklichkeit dieser Danziger Taufe sah gewiß ganz anders aus.

Um mit der großangelegten Mission überhaupt beginnen zu können, mußte zuerst das Sprachhindernis überwunden werden, weil Adalbert und seine Begleiter die prußische Sprache nicht beherrschten. Mit dem Goto-Nordischen der Wikinger, das auch die Sprache Boleslaws und die offizielle Sprache seines Landes war, konnte Adalbert sich aber nicht mit den Prußen verständigen. Es gab jedoch einen Ort, wo das möglich war, und das war die weltbekannte Handelsstadt Truso. Dort wohnten Prußen und Wikinger beisammen, und beide Sprachen waren dort in Gebrauch. Adalbert brauchte einen Dolmetscher, der nicht nur beide Sprachen gut beherrschte, sondern auch willig und fähig war, mit den Fürsten zu diskutieren und sich für so eine riskante Sache einzusetzen. Vielleicht suchte er sogar mehrere, um bei dem Unternehmen nicht nur von einer einzigen Person abhängig zu sein. Wo sonst als in Truso konnte er solche Leute finden? Selbstverständlich konnte er nicht einfach mit dem Schiff und seinen 30 polnischen Kriegern dort hinfahren. Aber eine Fahrt von nur drei Personen in einem Ruderboot schien ungefährlich zu sein, denn Truso stand unter dem Marktfrieden, und das hieß, daß dort kein Fremder belästigt oder tätlich angegriffen werden durfte. Wenn Adalbert nun mit nur zwei Begleitern, seinem Stiefbruder Gaudentius und dem Mönch Benedikt, das sichere Schiff in einem Ruderboot verließ, dann war das nicht seltsam oder rätselhaft, wie oft behauptet wird, sondern das einzig Vernünftige, was zu tun war. Adalbert war schließlich kein Anfänger in der Heidenbekehrung; er wird sich gut überlegt haben, wie am besten vorzugehen war. Er hatte erfolgreich in Ungarn missioniert und wahrscheinlich war er es gewesen, der Stephan, den ersten König der Ungarn, getauft und ganz sicher gefirmt hatte.

Die drei benutzten den bekannten Wasserweg, um nach Truso zu gelangen. Sie ruderten zuerst zum östlichen Mündungsarm der Weichsel und ließen sich von der Strömung ins Frische Haff treiben, das damals Aistenmeer hieß. Von diesem großen Mündungsarm ist heute nur noch die sogenannte Elbinger Weichsel übriggeblieben. Weiter ging es am Ufer des Haffes entlang, den Ilfing (Elbingfluß) hinauf nach Truso. Von den weiteren Ereignissen gibt es unterschiedliche Darstellungen. Viele Zusammenhänge sind ungeklärt, und fromme Legenden haben das wirkliche Geschehen entstellt. Daß Adalbert nach seiner unglücklichen Karriere den Märtyrertod suchte, wäre denkbar, aber nichts deutet darauf hin. Für den Verdacht, daß die Begleiter Adalberts nicht unbeteiligt an seinem Ende gewesen sein mögen, ist nur zu bemerken, daß keine Angaben über seinen Tod gemacht wurden, obwohl es zwei Augenzeugen gab. Kurz nach Adalberts Tod wurden drei Lebensgeschichten über ihn verfaßt, aber seltsamerweise berichtet keine, wie und wo er umkam. Die erste schrieb Johann Canaparius, der Abt oder ein Mönch des römischen Klosters, in dem sich Adalbert aufgehalten hatte. Die zweite verfaßte Bruno von Querfurt, der in demselben Kloster mit Adalbert zusammen gewesen war und höchstwahrscheinlich mit dem Stiefbruder Adalberts, also einem der beiden Augenzeugen, über das Ende des Heiligen gesprochen hat. Er nennt daher auch den Namen des Täters und sein Motiv für die Tat. Die dritte Schrift stammt von einem Unbekannten um das Jahr 1000.

Wenn man das Phantastische und Unwahrscheinliche von den verschiedenen Darstellungen wegnimmt, bleiben Bruchstücke einer Geschichte übrig, die durchaus möglich erscheint. Was wirklich im einzelnen geschah, werden wir wohl nie erfahren. Aber nach dem, was wir über den Missionsversuch Adalberts wissen, könnte sich etwa das folgende zugetragen haben:

Nach der wenigstens zwei Tage langen Bootsfahrt werden sich die drei Reisenden zunächst ein Quartier gesucht haben, was an einem solchen Ort nicht schwierig gewesen sein dürfte. Nachdem sie sich ausgeruht und umgeschaut hatten, galt es, den Kungus in seiner Burg aufzusuchen. Eine solche Anmeldung war ratsam, denn zum einen hatte es der Kungus nicht gern, wenn Fremde ohne sein Wissen in der Stadt weilten, zum anderen konnten sich auch die Fremden sicherer fühlen, wenn sie mit Wissen der Obrigkeit hier waren. Bei den Gesprächen mit den Einheimischen und der Umfrage nach geeigneten und sprachkundigen Leuten ließen sich ihre Identität und ihre Absichten nicht verheimlichen. Bald wußten viele, daß drei Fremde aus Polen mit offenbar sehr verdächtigen Absichten in der Stadt weilten. Zumindest gaben sie zu, die Religion der verhaßten Polen hier einführen zu wollen. Nach den zwei letzten Einfällen Boleslaws, die die Prußen wieder große Opfer gekostet hatten, loderte der Haß auf alles Polnische besonders hoch. Unter den Leuten sind auch einige, die erst im vorigen Jahr aus ihrer Heimat westlich der Weichsel geflohen sind oder von Verwandten wissen, was dort geschah, und daher besonders empfindlich gegen solche „polnischen Umtriebe" sind.

Eine Gruppe besonders aufgebrachter Prußen sammelt sich an und fordert von den drei Fremden Rede und Antwort. Neugierige kommen hinzu, und bei dem Wortwechsel wird die Haltung des Haufens immer feindseliger. Drohungen werden laut, aber niemand wagt den Marktfrieden zu brechen. Die erregten Leute treiben die drei aber schließlich zu ihrem Boot und drohen ihnen, sie zu erschlagen, falls sie es wagen sollten, sich noch einmal in ihrem Land sehen zu lassen. Trotz dieser ernst gemeinten Warnung verlassen die drei aber nicht das Land, sondern verstecken sich in einiger Entfernung von der Stadt. Anscheinend wollen sie heimlich wieder nach Truso zurückkehren, vielleicht um vom Kungus Schutz und Hilfe zu erbitten, wahrscheinlich aber um den oder die Dolmetscher mitzunehmen, mit denen sie vielleicht schon handelseinig geworden waren. Denn ohne diese wäre die ganze Mission jetzt schon endgültig gescheitert gewesen. Dolmetscher anderswo zu suchen, war ziemlich aussichtslos. Was würde Boleslaw dazu sagen, daß ein paar erregte Prußen genügt hatten, um Adalbert umkehren zu lassen, und was sollte er dem Papst berichten? Vielleicht lag auch noch ihr Gepäck in der Herberge. So leicht durfte er nicht aufgeben; er mußte zurück nach Truso.

Nach fünf Tagen werden die drei von einigen Prußen entdeckt. Unter diesen ist Sikko, dessen Bruder beim letzten Feldzug Boleslaws von den Polen erschlagen worden war und der einer der Wortführer in Truso gewesen war. Erregt stellt er Adalbert zur Rede. Die Verständigung ist schwierig, da einer die Sprache des anderen kaum versteht. In seiner Wut ersticht Sikko den Bischof. Vielleicht packt er auch nur den sich wehrenden Adalbert, um ihn ins Boot zu zerren. Seine zwei Begleiter, die kaum begreifen, worum es eigentlich geht, stürzen sich auf Sikko, um Adalbert zu schützen, die anderen Prußen greifen ein, um Sikko zu helfen. In dem wilden Handgemenge zieht Sikko seinen Dolch und sticht zu. Beim Anblick des Sterbenden beruhigen sich die aufgeregten Gemüter. Den Tod des Bischofs hatte vielleicht nicht einmal der jähzornige Sikko gewollt. Die Prußen lassen die zwei Fremden mit der Leiche ziehen, nachdem sie versprochen haben, das Land nun wirklich zu verlassen. Sie rudern nach Danzig zu ihrem Schiff zurück. Ob Adalbert wirklich so oder ähnlich ums Leben kam, ist ungewiß. Diese Darstellung kann daher nur eine Vermutung aufgrund der lückenhaften Überlieferung und der damaligen Verhältnisse sein.

Adalbert wurde in der Danziger Gegend begraben. Nach einem Bericht soll das an dem Ort St. Albrecht (sieben Kilometer südlich von Danzig) gewesen sein, der seinen Namen angeblich von St. Adalbert herleitet. Schon nach zwei Jahren, am 29. Juni 999 wurde Adalbert heilig gesprochen und zum Apostel der Prußen erklärt, obwohl er nicht einen von ihnen bekehrt hatte. Herzog Boleslaw ließ seine Gebeine nach Gnesen überführen, wo sich alsbald viele Wunder ereignet haben sollen. Zu seinem Festtag wurde der 23. April bestimmt, und man glaubt, daß das auch sein Todestag gewesen ist. Der böhmische Herzog Bretislaw nahm die Gebeine 1039 nach Prag, wo sie 1880 in einer Gruft wiederentdeckt worden sein sollen. Ob sie tatsächlich noch vorhanden sind, ist ungewiß. Im Gnesener Dom steht vor dem Hauptaltar der Adalbertssarkophag, den der Danziger Goldschmied van den Rennen 1662 schuf und der angeblich die oder einige der Gebeine Adalberts enthalten soll.

Legenden um St. Adalbert

Die meist verbreitete Darstellung, daß Adalbert sich mit seinen Begleitern heimlich im Schutze der Dunkelheit an der Samlandküste absetzen ließ, wenn das beste Betätigungsfeld so nahe lag, ist höchst unwahrscheinlich. Wie hätte er dort, ohne Dolmetscher, seine Missionsarbeit überhaupt beginnen können? Ganz unglaubwürdig ist, daß er so töricht gewesen sein soll, ein Heiligtum der Prußen zu betreten. Er hatte sich schutzlos den Prußen anvertraut und war auf ihre Gastfreundschaft angewiesen. Er hätte sich wohl gehütet, auf solch törichte Weise ihre Feindschaft herauszufordern. Die heutige Gedenkstätte in Heiligenfelde (etwa 20 Kilometer südlich von Elbing) kommt dem wirklichen Geschehen näher, denn dort war damals das südliche Ufer des Drausensees. Fraglich ist nur, wie man den Todesort jetzt erkannt haben will.

Die Geschichte, daß die Prußen gefordert hätten, Adalberts Leiche müsse mit Gold und Silber ausgelöst werden, beruht auf der Legende, daß die Schatzkammern des Polenherzogs nicht ausgereicht hätten, um die Leiche aufzuwiegen. Und erst als eine arme, alte Frau ihren einzigen Pfennig auf die Waage legte, habe sie umgeschlagen. Die Wirklichkeit sah nüchterner aus: Für die Prußen hatte die Leiche eines erschlagenen Fremden keinen Wert. Es war nicht ihre Art, solche Geschäfte zu machen. Immer wieder wird ausdrücklich hervorgehoben, daß sie auf Gold und Silber wenig Wert legten, warum sollten sie auf einmal so gierig geworden sein?

Nach einem anderen Bericht stürzte sich eine aufgehetzte Menschenmenge auf Adalbert, und ein heidnischer Priester durchbohrte seine Brust mit einer Lanze. Nach sieben weiteren Lanzenstichen sei Adalbert betend verschieden. Zur Vollständigkeit soll auch noch die Geschichte erwähnt werden, wonach Adalbert sich über einen Fluß setzen ließ, aber nicht genug Geld hatte, um den Fährmann zu bezahlen. Der versetzte ihm einen Schlag mit dem Ruder auf den Kopf. Schwer verletzt zog Adalbert weiter und wurde von prußischen Priestern erschlagen.

Daß fast alle Geschichtsbücher und Lexika irrtümlich das Samland als Todesort Adalberts angeben, ist offenbar folgendermaßen entstanden: Knut der Große, König von Dänemark, England und Norwegen, beherrschte auch die Ostsee. Nach seiner Bekehrung war er ein besonders frommer Christ, der sogar nach Rom pilgerte. Bei einem Besuch der Bernsteinküste ließ er bei Tenkitten eine erste St. Adalbertskapelle bauen und begründete damit unbeabsichtigt die Annahme, daß Adalbert dort umgekommen sei. Der samländische Bischof Johann Clare (1319–44) erneuerte die inzwischen verfallene Kapelle. Zwischen 1422 und 1424 ließ der Komtur von Königsberg, Friedrich von Landsee, dort wiederum eine größere St. Adalbertskapelle errichten, die 1669 von einem Sturm während des Gottesdienstes umgeworfen wurde. (Pfarrer Heinrich Vasolt hatte die Gemeinde rechtzeitig gewarnt, so daß niemand zu Schaden kam.) Da der Ursprung der Gedenkstätte nach so langer Zeit nicht mehr bekannt war, glaubte man, daß dies der Todesort St. Adalberts sein müsse. Das bekannte, neun Meter hohe, St. Adalbertskreuz wurde von der polnischen Gräfin Wiepolska gestiftet, die 1830 durch die Revolution nach Fischhausen verschlagen worden war. Aufgrund der Kapelle glaubte auch sie, daß hier der Sterbeort St. Adalberts war und ließ die Inschrift anbringen: „Bischof St. Adalbert starb hier den Märtyrertod 997 für das Licht des Christentums, Wiepolska 1831."

Die Ranken aus Wein- und Eichenblättern wurden vom Grafen zu Dohna-Wundlacken gestiftet. Um diese Gedenkstätte schrieb der ostpreußische Dichter Z. Werner sein „Kreuz an der Ostsee", das E.T.A. Hoffmann vertonte.

Polen wird Großmacht

Auch wenn die Mission Adalberts gescheitert war, wußte Herzog Boleslaw den Toten für seine politischen Ziele auf eine solche Weise einzuspannen, daß er durch ihn mehr erreichte, als der Lebende ihm hätte nützen können. Sogleich nach der Heiligsprechung lud er Kaiser Otto III. zu einer Pilgerfahrt an das Grab des Heiligen ein, der ja ein Verwandter des Kaisers gewesen war. Die Wallfahrt des 20jährigen Kaisers im Jahre 1000 zu den Polen war seltsam genug, das Ergebnis katastrophal.

Otto der Große hatte seinen Lieblingsplan, das von ihm 968 gegründete Erzbistum Magdeburg zum „deutschen Rom" und zum Mittelpunkt der deutschen Christianisierung des Ostens zu machen, nicht mehr ganz verwirklichen können, da er 973 starb. Dann zerstörte der Aufstand von 983 die neu eingerichteten Bistümer. Einer Wiederaufnahme der deutschen Ostmission stellte sich Boleslaw entschlossen entgegen, wobei er von Rom unterstützt wurde. Unbegreiflicherweise kam ihm dabei auch Otto III. entgegen, der 996 mit 16 Jahren zum Kaiser gekrönt worden war. So verhinderte Boleslaw, daß sich das Deutsche Reich durch eine erneute Christianisierung weiter nach Osten ausdehnen konnte.

Boleslaw empfing den Kaiser mit großer Freude und der Pracht eines orientalischen Herrschers. Die tagelangen Bankette und unterwürfigen Huldigungen verfehlten nicht ihre Wirkung auf den jugendlichen und unerfahrenen Kaiser. Er wurde ein leichtes Opfer der Schmeicheleien und List Boleslaws und entließ ihn als „Freund und Bundesgenossen" aus der deutschen Oberhoheit. Jetzt fehlte Boleslaw nur noch eine eigene Kirchenprovinz: ein polnisches Erzbistum. Auch diesen Wunsch erfüllte der unbedachte Kaiser dem machthungrigen Polenherzog. Er gab seine Zustimmung zur Gründung des von Magdeburg unabhängigen Erzbistums Gnesen. Außerdem unterstellte er diesem auch noch die zu Magdeburg gehörenden Bistümer Posen, Breslau und Krakau. Damit vernichtete der Enkel das, was sein Großvater geschaffen hatte. Die Proteste des Erzbischofs von Magdeburg und des deutschen Bischofs Unger von Posen waren nutzlos, denn auch die Kurie wollte die Loslösung vom Deutschen Reich. Das einzige Bistum Polens war bisher Posen gewesen. Im Jahr davor aber (999) hatte Boleslaw dem Böhmischen Reich das Gebiet von Krakau und Oberschlesien entrissen. Die deutsche Ostmission war mit dieser verhängnisvollen Entscheidung des Kaisers an Polen übergeben worden, das nun erstmalig vom deutschen Kaiser als selbständiger und unabhängiger Staat anerkannt worden war. Boleslaw hatte erreicht, was er geplant hatte, und damit die Grundlage für die Großmachtstellung seines Staates geschaffen. Die gegen das Reich gerichtete Politik der Kurie und Boleslaws Streben nach Selbständigkeit hatten einen entscheidenden Sieg errungen. Die Errichtung einer unabhängigen polnischen Kirchenorganisation, der Verzicht auf Tributzahlung und die Anerkennung des bisher unter deutscher Oberhoheit stehenden Polenherzogs als unabhängigen Herrscher bedeuteten einen Totalausverkauf deutscher Interessen mit verhängnisvollen Folgen. Deshalb klagt der Chronist Thietmar von Merseburg: „Gott mag dem Kaiser vergeben, daß er den Polenherzog, der bisher ein zinspflichtiger Mann war, zum Herrn machte und so hoch erhob, daß er bald die, welche ihm einst vorgesetzt waren, unter seine Herrschaft zu bringen und zu Knechten herabzudrücken versuchte."

Kaiser Otto III. starb schon zwei Jahre nach der fatalen Gnesener Wallfahrt im Alter von 22 Jahren. Schon ein Jahr danach griff Boleslaw das Deutsche Reich an und entriß ihm große Gebiete. Ottos Nachfolger, Kaiser Heinrich II. (1002–1024), mußte über viele Jahre seiner Regierungszeit hinweg (1003–18) Krieg gegen den Polenherzog führen. Er konnte ihm zwar Böhmen und die Mark Meißen wieder abringen, aber im Frieden zu Bautzen 1018 mußte er ihm die Lausitz und das Milzener Land überlassen. Erst 1031 gelang es Kaiser Konrad II. diese Gebiete zurückzugewinnen. So begannen die Beziehungen zwischen dem Deutschen Reich und dem eben erst durch deutsches Zutun entstandenen polnischen Staat mit Feindschaft und Krieg. Dieser Zustand hat sich in 1.000 Jahren, von seltenen Ausnahmen abgesehen, niemals geändert.

Bruno von Querfurt

Noch einmal unterstützte Boleslaw einen Missionar, als Bruno, aus dem Hause der Grafen von Querfurt, sich entschloß, die Mission Adalberts fortzusetzen. Bruno war Magdeburger Domherr, hatte 996 Kaiser Otto zur Krönung nach Rom begleitet und wurde sein Hofkaplan. Seit 1003 missionierte er in Ungarn, Rußland und Polen. Der Papst ernannte ihn 1004 zum „Erzbischof der Heiden". Außer der schon erwähnten Lebensgeschichte St. Adalberts hatte er noch die Geschichte von fünf Mönchen geschrieben, die in Polen ermordet worden waren.

Im Frühjahr 1009 brach Bruno mit 18 Begleitern auf. Er wählte den Gau der Sudauer für den Beginn seiner Missionsarbeit. Man sieht auch hier, wie gefährlich das Reisen, selbst für eine Schar von 19 Männern, in Polen war, denn die Missionare mußten im Schutz von Boleslaws Reitertruppen zur Grenze geleitet werden. Kein Wunder, daß kein Kaufmann es wagte, durch dieses Land zu reisen. Über die 18 Gefährten Brunos ist nichts bekannt. Wir wissen nicht einmal, ob von diesen einer die prußische Sprache beherrschte. Auch über diesen Missionsversuch gibt es unterschiedliche legendäre Berichte.

Das Missionsgebiet war schlecht gewählt. Die Grenzregion Sudauens war Kampfzone mit dem schwer zu passierenden Wildnisgürtel. Hier mußte Bruno, mehr als anderswo sonst, mit größter Feindseligkeit der Bewohner gegen alles rechnen, was aus Polen kam. Aus dem Grenzgebiet zogen noch immer resignierende Bewohner fort, um in sichereren Landesteilen ruhiger schlafen zu können. Die Einwohnerzahl ging zurück, und der Süden Sudauens war das, was wir heute ein Notstandsgebiet nennen würden. Bei diesen geplagten Menschen eine Mission mit Erfolg in Gang zu bringen, war fast aussichtslos.

Anders als Adalbert, der mit nur zwei Begleitern seine Friedfertigkeit bekundete, wird Bruno mit 18 Männern, die gewiß größtenteils Waffen trugen, keinen sehr friedlichen Eindruck auf die Prußen gemacht haben. Vorausgesetzt, daß seine Schar überhaupt das prußische Wohngebiet erreichte, darf man trotzdem annehmen, daß sie nach prußischer Sitte freigebig bewirtet wurden. Als sich aber herausstellte, daß diese seltsamen Besucher ihnen die altgewohnte Lebensweise nehmen und die Religion der Polen aufdrängen wollten, werden sie sich schnell die Feindschaft der Prußen zugezogen haben.

Vielleicht fühlten sich die 19 in der großen Schar auch zu sicher, so daß sie es an gebotener Rücksicht und Diplomatie fehlen ließen. Jedenfalls muß es Bruno gelungen sein, die Sudauer so zu reizen, daß sie ihn und wahrscheinlich auch seine Begleiter umbrachten. Seltsamerweise erschien sein Name erst im 16. Jahrhundert, also nach einem halben Jahrtausend, im *Martyrologium Romanum*. Der Festtag des 35jährigen Märtyrers ist der 9. März. Auch bei ihm wird angenommen, daß dies sein Todestag gewesen ist. Da es keinen Hinweis dafür gibt, wäre es interessant zu erfahren, woher man das wissen will.

Über Brunos Mission wissen wir nur mit Sicherheit, daß er mit seinen Leuten prußisches Gebiet betrat und nicht wiederkam. Alles andere ist Vermutung oder Legende. Nach einem Bericht kehrten alle 18 Gefährten zurück, nach einem anderen fanden alle den Tod. Eine weitere Geschichte will wissen, daß nur ein Mönch namens Wibert, dem man die Augen ausgestochen hatte, zurückgekommen sei. Dieser habe berichtet, daß Bruno einen Sudauerfürsten namens Nethimer bekehrt habe, indem er prußische Heiligtümer provozierend verbrannte und sich selbst in die lodernden Feuer stellte, ohne Schaden zu nehmen. Dann seien 300 Untertanen Nethimers herbeigeeilt, um sich taufen zu lassen. Dessen Bruder Sebeden habe Bruno aber schließlich verhaften und hinrichten lassen. Bei dieser wundersamen Legende sind nicht einmal die Namen prußisch. Manchmal scheint die Phantasie keine Grenzen zu kennen. In einem wissenschaftlichen amerikanischen Großlexikon steht zum Beispiel, Bruno habe den heiligen Adalbert begleitet, er sei von Litauern gefangengenommen worden, die ihm Hände und Füße abschnitten und ihn schließlich köpften. Auch das nennt sich Geschichtsschreibung.

Es ist durchaus möglich, daß die Missionare gar nicht durch den Wildnisgürtel kamen. Sie wurden vielleicht von einem der prußischen Reitertrupps gesichtet, die regelmäßig dieses unruhige Grenzgebiet durchstreiften und Jagd auf polnische Räuberbanden machten, die immer wieder ins Land kamen. Ein Haufe von 19 Männern konnte leicht für solche Räuber gehalten werden. Die Gesellschaft wurde dann vielleicht mit der herbeigeholten Verstärkung überfallen und niedergemacht, bevor jemand erklären konnte, daß es sich bei ihnen ausnahmsweise nicht um Räuber, sondern um Missionare handelte. Dazu hätte allerdings wenigstens einer von ihnen die prußische Sprache beherrschen müssen.

Daß ansonsten Gäste bei den Prußen immer noch freundlich aufgenommen und großzügig bewirtet wurden, beweist der Bericht Wulfstans, der einige Zeit zuvor das Land bereist hatte. Er hatte allerdings Sitten und Glauben seiner Gastgeber respektiert und war zudem nicht aus Polen gekommen.

Auf dem Tafelberg vor der Stadt Lötzen wurde 1910 ein St. Bruno-Kreuz errichtet, das folgende Inschrift trug: „Dem kühnen deutschen Missionar, der als erster Vorkämpfer in Masuren mit 18 Gefährten am 9. März 1009 für Christus und sein Reich den Märtyrertod erlitten hat, dem edlen Bruno von Querfurt zu ehrendem Gedächtnis."

Nach diesem erneuten Fehlschlag unternahmen weder Boleslaw noch seine Nachfolger weitere Missionsversuche bei dem „höchst unbändigen" Volk der Prußen, wie ein polnischer Chronist sich um 1100 ausdrückt. Für eine Zeit von rund 200 Jahren, in der die Kirche ihre höchste Macht entfaltete und die Kreuzzüge ins Heilige Land unternahm, hatten die Prußen nun Ruhe vor weiteren Bekehrungsversuchen durch Missionare. Die gewaltsamen Eroberungsversuche unter dem Vorwand der Heidenbekehrung sowie der immerwährende Kleinkrieg im Grenzgebiet ließen das Volk aber nie mehr in Frieden leben.

Boleslaw des Tapferen letzter Kampf

Als Boleslaw nach dem 15 Jahre langen Krieg mit dem Kaiser 1018 Frieden geschlossen hatte, überfiel er noch im selben Jahr die russische Hauptstadt Kiew und plünderte sie aus. Dann wandte er sich noch einmal mit aller Macht gegen die Prußen. Mit seiner sieggewohnten Heeresmacht mußte es diesmal gelingen, sie zu unterwerfen. Ein erbitterter Kampf entbrannte im Süden des Landes. Furchtbar war die Verwüstung der Ländereien, und die Schlachten kosteten Ströme von Blut; aber den Prußen gelang es schließlich, das Polenheer zu besiegen und aus dem Land zu treiben.

Die erstaunlichen Abwehrerfolge der Prußen rufen heute noch Bewunderung hervor. Carl-Friedrich von Steegen schreibt zum Beispiel: „Die militärischen Erfolge der Prußen grenzten ans Wunderbare, wenn wir einen Blick auf die damaligen politischen Verhältnisse werfen. Spätestens unter Boleslaw nämlich war Polen eine wohl fundierte Großmacht [...] Diesem einheitlichen Polen standen elf kleine und selbständige Gaue der Prußen gegenüber [...]"

Welch ungeheure Opfer muß dieser Kampf gekostet haben? Es gibt keinen Zweifel, daß dies nicht ein einzelner Gau fertigbringen konnte. Hier waren die vereinten Aufgebote etlicher Gaue, wenn nicht des ganzen Landes gegen die Polen angetreten. Wer weiß, wie es dem Ritterorden ergangen wäre, wenn es diese Einigkeit noch 200 Jahre später unter den Prußen gegeben hätte.

Nach dieser Niederlage der Polen folgte eine Zeit relativer Ruhe, die rund 50 Jahre anhielt. Boleslaw hatte alle Nachbarn geschlagen und ihnen große Gebiete entrissen. Daß er sich nur an den Prußen die Zähne ausbiß, scheint kaum faßbar. Deshalb behauptet die polnische Geschichtsschreibung zuweilen auch gern, daß er auch die Prußen besiegt haben muß. Man liest sogar, daß er nicht nur das ganze Prußenland seiner Oberhoheit unterwarf und ihm Tributzahlungen auferlegte, sondern daß er es zur Bekehrung zwang. Daß weder die Kirche noch sonst irgend jemand etwas von dieser Bekehrung erfahren hat, wird nicht erklärt. Dieses gewaltige Ringen war Boleslaws letzter großer Kampf. Er starb 1025, nachdem er im Jahr zuvor durch päpstliche Hilfe die Königskrone erhalten hatte.

Das Ende der Wikinger- und Germanenzeit

Dänen und Schweden hatten öfters versucht, an der prußischen Küste festen Fuß zu fassen. Sven Gabelbart (Sohn des Dänenkönigs Harald Blauzahn) soll um 970 ein samländisches Heer besiegt und dort eine „Kolonie" gegründet haben. Auch der Dänenkönig Knut II. (der Große, 1018–35) wollte zumindest vom Samland Besitz ergreifen. Als eifrigem Förderer des Christentums hatte ihm die grausame Bekehrung seines eigenen Landes den Namen „Knut der Grausame" eingebracht. Er hatte erfolgreich das Piratenunwesen in der Ostsee bekämpft, und der Besitz der prußischen Küste wäre ein wichtiger Stützpunkt seiner Macht in der Ostsee geworden. Dabei ging es ihm vor allem um das Samland mit seinem Bernsteinreichtum. In der Erwartung, die Prußen zu unterwerfen und zu christianisieren, fügte er zu den drei Kronen, die er trug (Dänemark, Norwegen und England) nun auch noch den Titel „König von Samland" hinzu.

Mit einem starken Aufgebot seines stehenden Heeres, das er unterhielt, landete Knut – es war wahrscheinlich im Sommer 1031 – an der Südwestküste des Samlandes. Die geplante schnelle Unterwerfung der Prußen stieß jedoch auf ihren harten Widerstand. In diesem Kampf fanden sie sogar Hilfe bei den schwedischen Wikingern, die im Lande waren, denn ein Sieg der Dänen hätte das Ende ihrer Vorherrschaft und Privilegien bedeutet. Nach heftigen Kämpfen sah Knut ein, daß ein schneller Sieg hier nicht zu erringen war, ein langer Krieg aber hätte seine anderen Pläne gefährdet. Der Preis für den Bernstein erschien ihm wohl zu hoch; er gab den Kampf auf und zog sich in seine Residenz Shaftesbury (Dorset) im Süden Englands zurück, wo er sich am liebsten aufhielt. Auch Knut IV. (der Heilige, 1080–86) wollte das Samland und die Länder der baltischen Küste christianisieren, um sie in Besitz zu nehmen. Dabei war auch sein Blick vor allem auf den Bernstein gerichtet, aber auch er hatte keinen Erfolg.

Wäre Einigkeit eine Tugend der Wikinger gewesen, würden wir heute wahrscheinlich in einer wikingischen Welt leben. Die Prußen hatten es mit Schweden zu tun, in Polen herrschten Norweger; dazu kamen Dänen, die von Zeit zu Zeit in Gebiete an der baltischen Küste einfielen. Unter den drei Gruppen gab es jedoch keine Einigkeit. Selbst jeder Anführer einer kleineren oder größeren Schar hatte seine eigenen Vorstellungen, wie die Welt zu beherrschen war.

Auch wenn die Einschließung des Landes durch die Polen die Prußen zu einem abgeschlossenen Sonderdasein mit einer nur losen Verbindung zur Außenwelt gezwungen hatte, bezeugen Handelsgüter aus anderen Ländern, daß die Prußen über die Wikinger immer noch in beschränktem Maße am Welthandel teilnahmen. Die Wikinger brachten Mengen skandinavischer Einfuhrgüter ins Land, wodurch die prußische Kultur stark beeinflußt wurde. Die Veränderung zeigt sich besonders in der sich ausbreitenden Waffenproduktion, die zuerst bei den Galindern und Sudauern hervorgetreten war. Jetzt wurden überall Waffen hergestellt, aber auch eingeführt. Neben den Waffen für Fußkämpfer findet man Lanzenspitzen, kurze

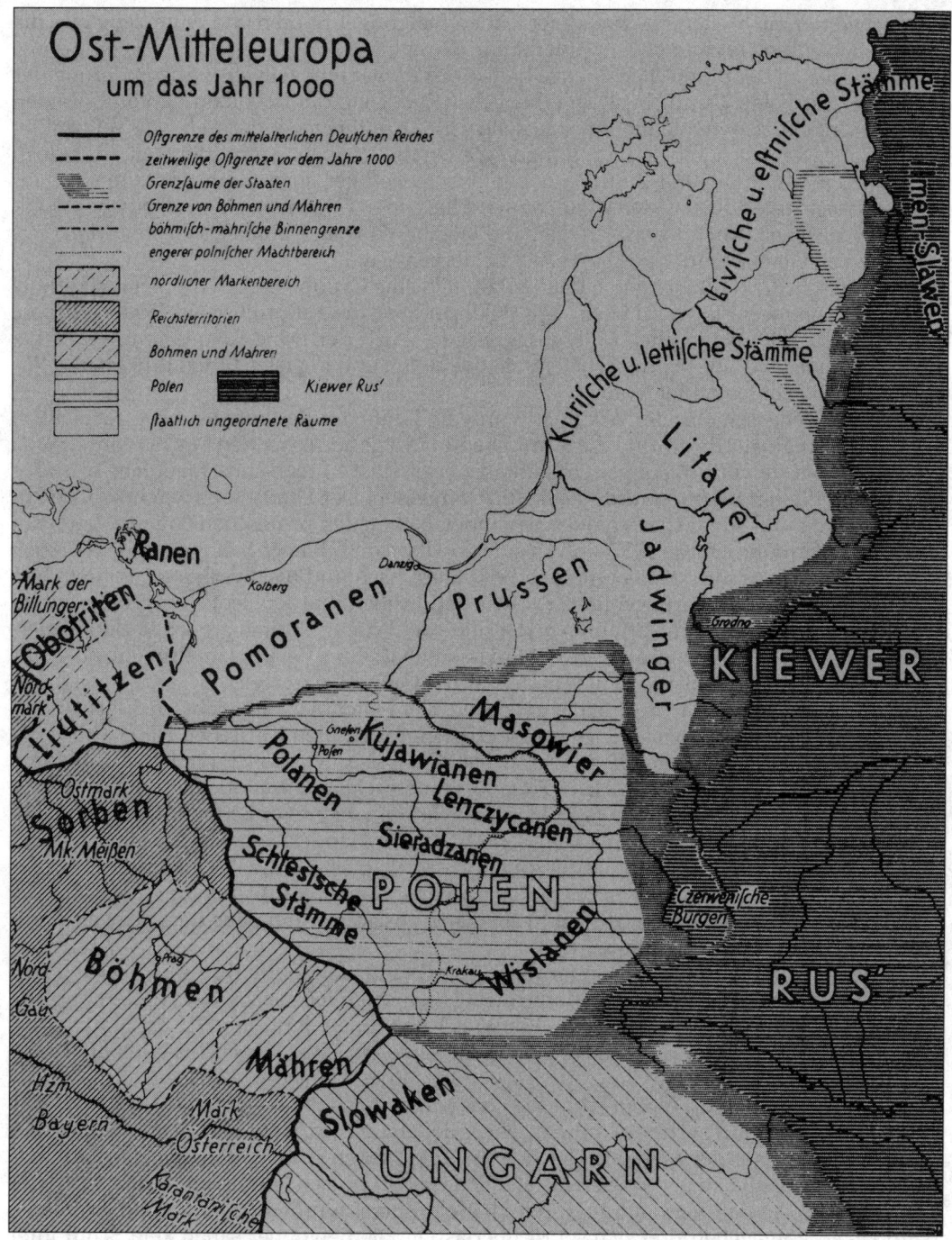

Ost-Mitteleuropa
um das Jahr 1000

- Ostgrenze des mittelalterlichen Deutschen Reiches
- zeitweilige Ostgrenze vor dem Jahre 1000
- Grenzsäume der Staaten
- Grenze von Böhmen und Mähren
- böhmisch-mährische Binnengrenze
- engerer polnischer Machtbereich
- nördlicher Markenbereich
- Reichsterritorien
- Böhmen und Mähren
- Polen
- Kiewer Rus'
- staatlich ungeordnete Räume

Ilmen-Slawen

Livische u. estnische Stämme

Kurische u. lettische Stämme

Litauer

Jadwinger

Ranen

Mark der Billunger

Kolberg

Danzig

Pomoranen

Prussen

Grodno

KIEWER

Nordmark

Obotriten

Liutitzen

Masowier

Gnesen

Polen

Kujawianen

Lenczycanen

Sieradzanen

Schlesische Stämme

POLEN

Wislanen

Krakau

Czerwenische Burger

RUS'

Ostmark

Sorben

Mk. Meißen

Nord Gau

Böhmen

Prag

Mähren

Mark Österreich

Hzm. Bayern

Slowaken

UNGARN

Karantanische Mark

Die Zeit um das Jahr 1000, von der man die größte Ausdehnung der Wikinger annimmt, ist von großen Umwälzungen geprägt. Die Wikinger waren über die britischen Inseln, Island und Grönland mit ihren Schiffen bis zum amerikanischen Kontinent vorgestoßen, doch mit der planmäßig betriebenen Christianisierung Skandinaviens setzte ihr unaufhaltsamer Niedergang ein. Im Jahre 911 erhielten sie vom König Frankreichs die Normandie. Mit diesem Schritt hoffte er, endlich Ruhe vor ihnen zu haben. Mit dem allmählichen Ende der Seefahrt hörten schließlich auch ihre wilden Raubfahrten auf. Nur in England schlugen sie sich noch, bis Wilhelm der Eroberer im Jahre 1066 den endgültigen Sieg errang.

Eisenschwerter mit breiter einschneidiger Klinge, Steigbügel, Sporen und Zaumzeugteile, die auf die Aufstellung berittener Kampfverbände deuten.

Die Unruhe an der polnischen Grenze hatte noch immer eine teilweise Abwanderung der Bewohner zur Folge. Deutlich ist ein erheblicher Rückgang der Bevölkerung von Galinden und den Grenzregionen Sudauens festzustellen, gleichzeitig eine fortschreitende Verarmung dieser Gaue. Natürlich gab es auch ruhigere Zeiten mit geringer Kampftätigkeit, die jedoch nach kürzerer oder längerer Zeit von neuem um so heftiger aufflammte. Trotz des andauernden Kriegszustands ist in den weiter entfernt liegenden Gegenden ein bescheidener Wohlstand festzustellen. Auch wenn sich niemand mehr Gold leisten konnte, so ist die weite Verbreitung von Silberschmuck zu dieser Zeit bemerkenswert.

Eine dänische Chronik berichtet, daß im Jahr 978 eine Gruppe Dänen ins Samland einfiel und trotz Gegenwehr im Land blieb. Alle Wikinger aber, die auf prußischem Boden blieben, sind schließlich im prußischen Volk aufgegangen. Auch der Däne Saxo Grammaticus berichtet, daß viele Wikinger prußische Frauen heirateten und in vielen Orten Prußen und Wikinger friedlich miteinander lebten.

Das stürmische Zeitalter der Wikinger wurde im Laufe der Zeit ruhiger, bis es schließlich sang- und klanglos aufhörte und die Römische Kirche zur herrschenden Macht wurde. Auch die Prußen wurden ihre Wikinger endgültig los. Der einst so rege Umschlagplatz Truso lag verödet am Elbingfluß und wurde schließlich vergessen. Der Drausensee war erheblich zurückgegangen und weite Uferregionen verlandet. Neben den prußischen Gräberfeldern am Elbinger Höhenrand wurde 1937 ein Wikingerfriedhof am Elbinger Bahnhof entdeckt. Auch alle anderen Handelsorte waren von den Wikingern nach und nach verlassen worden. Von den Wikingern, die im Land geblieben waren und Prußen wurden, lebte der größte Teil im Samland, wo sich auch ihre Vorfahren in der Blüte der Wikingerzeit in großer Anzahl niedergelassen hatten. Die eindrucksvollste Hinterlassenschaft ihres Wirkens im Prußenland ist ihr großer Friedhof bei Wiskiauten mit Hunderten von Gräbern und vielen Beigaben. Die dazugehörige Siedlung hat man noch nicht gefunden. Der Hafenplatz lag wahrscheinlich an der Südwestecke des damals viel weiter ins Land hineinreichenden Kurischen Haffs und ist an jenem Ufer bei Cranzbeek und Bledau zu suchen. Die Ostsee war von dort aus bequem durch das Tief bei Sarkau zu erreichen, das später versandete. Damals war auch die Straße auf der Kurischen Nehrung als Handelsweg nach dem Norden von großer Bedeutung, die von diesen Wikingern beherrscht wurde. Ein anderer wichtiger Handelsweg war die Memel, in deren Bereich ebenfalls viele Funde der Wikinger zutage kamen. Da die Wikingergräber mit denen in Mittelschweden aus dieser Zeit genau übereinstimmen, glaubt man zu wissen, daß die große Mehrzahl der Wikinger, die im Prußenland ansässig waren, aus dem schwedischen Gebiet um den Mälarsee stammte.

Um das Jahr 1000, als die Wikinger nach Amerika griffen, hatte ihre Ausdehnung den Höhepunkt erreicht. Mit der Christianisierung Skandinaviens setzte der Niedergang ein. Die wilden Raubfahrten hörten auf. In Frankreich gab ihnen der König 911 die Normandie, um endlich Ruhe vor ihnen zu haben. In England schlugen sie sich noch, bis Wilhelm der Eroberer 1066 die Insel eroberte. Am Mittelmeer führte Robert Guiscard Krieg gegen das mächtige Byzanz, bis der Tod (Typhus) ihm 1085 das Schwert aus der Hand nahm.

Auch in der Seefahrt setzte ein dramatischer Niedergang ein. Unter den Nachkommen der kühnen Beherrscher der Meere findet sich nur noch selten ein Kapitän, der den Mut aufbrachte, den Atlantik zu überqueren. Schließlich wagten sie sich überhaupt nicht mehr zu ihren Kolonien, die ihre Vorväter gegründet hatten. Zuerst wurden Amerika und Grönland, dann Island aufgegeben und sich selbst überlassen. Die Bewohner sahen kein Schiff ihrer Landsleute aus der Heimat jemals wieder, das nach ihrem Schicksal gefragt hätte.

Das größte der Wikingerreiche, das Reich Kiew, wurde ein Kulturstaat, der die anderen Länder Europas weit überragte. Bezeichnend hierfür ist ein französisches Dokument aus dem Jahre 1063. Die Witwe König Heinrichs I., eine Tochter des Fürsten Jaroslaw von Kiew, führte damals die Regentschaft für ihren minderjährigen Sohn Philipp I. Unter den vielen Kreuzchen der französischen Staatsmänner, die alle nicht ihren Namen schreiben konnten, hebt sich ein einziger Name hervor. In kyrillischer Schrift steht dort: „Ana Reina". Unter den Monarchen Europas hieß es damals, jeder wolle gern eine Prinzessin aus Kiew heiraten.

Die Zeit der Wikinger war vorbei, und auch ihre Sprache erlosch, die einst von England bis zur Wolga verstanden worden war. Nur auf den Färöer Inseln und Island spricht man heute noch eine Sprache, die dem Goto-Nordischen der Wikinger nahekommt.

Mit ihrer Christianisierung hörte auch bei den anderen germanischen Völkern das alte Germanentum auf. Als erste hatten die Westgoten um 350 das arianische Christentum angenommen, und bald folgten auch alle anderen Germanen im südlichen Europa diesem Beispiel. Der Übergang von ihrem Heidentum zum Christentum erfolgte ohne harten Zwang und Blutvergießen. Die Bekehrten behielten ihre Freiheit und ihren Besitz, und auch sonst war der Arianismus tolerant und milde. Die Germanenvölker im Norden dagegen wehrten sich später mit aller Kraft gegen das römische Christentum, das ihnen mit grausamer Gewalt und Strömen von Blut aufgezwungen wurde. In der politischen Umsetzung scheint der Unterschied vor allem darin gelegen zu haben, daß beim Arianismus Freiheit und Besitz der Gläubigen kaum berührt wurden, während die Römische Kirche in alle Dinge des persönlichen Lebens eingriff und absolute Herrschaft, großen Grundbesitz und enorme Steuern forderte. Wir wissen natürlich nicht, in welche Richtung sich die arianische Kirche mit der Zeit entwickelt hätte, wenn sie sich statt der römischen durchgesetzt hätte. Nachdem der lange Religionsstreit zugunsten Roms entschieden war, mußte das arianische Christentum dem römischen weichen. Es hielt sich aber bei einigen Germanen bis ins 7. Jahrhundert hinein, am längsten bei den Langobarden.

Die Wissenschaft streitet, ob das Germanentum durch die Christianisierung ein natürliches oder gewaltsames Ende fand. Ebenso wird das Ergebnis unterschiedlich gesehen. Die gegensätzlichsten Ansichten sind: Die Christianisierung der Germanen vergiftete und verdarb das Beste ihrer Art. Und: Das Christentum wurde durch die gewaltsame Bekehrung der Germanen bis zur Unkenntlichkeit germanisiert.

Die Kirche ergreift die weltliche Macht

Im Mittelalter bildete die Kirche die erziehende, strafende und das ganze menschliche Leben regelnde Macht. Sie führte die Menschen von der Geburt bis zum Tod, und der Höchste wie der Niedrigste beugte sich ihr. Ein Leben ohne die Kirche, in deren Hand die furchtbare Gewalt lag, der Seele den Himmel zu öffnen oder zu verschließen, war für die Gläubigen unerträglich. Daher erschien der Bann, der den einzelnen von der kirchlichen Gemeinschaft trennte, so furchtbar. Noch schlimmer war das Interdikt, das über ganze Städte oder Länder verhängt wurde. Dann wurden die Kirchen geschlossen und jede kirchliche Handlung verboten. Kein Geistlicher folgte dem Sarg der Toten, und keine Ehen wurden geschlossen. Die Menschen fürchteten die Hölle, und selten ertrugen sie diese furchtbare Strafe für längere Zeit.

Durch Bann, Interdikt und Androhung ewiger Höllenstrafe gewann die Kirche eine ungeheure Macht. Das Bestreben der Päpste, neben der geistlichen auch die weltliche Macht auszuüben, wurde jetzt ihre wichtigste Aufgabe. Sie waren nicht länger gewillt, dem Kaiser zu geben, was des Kaisers war, sondern verlangten, daß der Kaiser ihnen untertan sein müsse. Der folgenschwere Kampf zwischen Kaiser und Papst begann, der am Ende das Kaisertum der Deutschen vernichtete.

Nachdem schon Papst Leo I. (440–461) nach dem Primat strebte, setzte Kaiser Phokas 607 Bonifatius III. zum obersten Bischof über alle Christen ein und begründete damit das Papsttum. Angeblich soll Bonifatius ihm dafür die Absolution für seine Mordtaten erteilt haben.

Der nächste bedeutsame Schritt war die „Auffindung" einer Urkunde im Jahre 756, die als „Konstantinische Schenkung" bekannt ist. Dieses, von der päpstlichen Kanzlei gefälschte Dokument besagt, daß Kaiser Konstantin I. dem Papst Silvester I. die Herrschaft über Rom und die Westhälfte des Römischen Reiches überträgt, die er dem Kaiser dann als Lehen zurückgibt. Schon Kaiser Otto III. focht 1001 die Echtheit der Urkunde an, die aber erst im 15. Jahrhundert offiziell als Fälschung nachgewiesen wurde. Bis dahin wurde sie vom Papsttum als Begründung seiner weltlichen Machtansprüche verwendet.

Die sogenannten Pseudoisidorischen Dekretalen (kirchenrechtliche Fälschungen), die fast 100 gefälschte Papstschreiben enthalten sollen, entstanden um 850 in Reims. Schon um 860 berief sich Papst Nikolaus I. auf sie, um gegen Landessynoden und Könige vorzugehen. Es wurde sogar behauptet, daß auch unechten Dokumenten „übernatürliche Authentie" zukomme, sobald sie von der Kirche übernommen seien.

Papst Gregor VII. (1073–85) forderte 1075 im *Dictatus papae* die unbeschränkte Weltmacht und die Vorrangstellung über den Kaiser: „Niemand auf Erden kann über den Papst urteilen. Die Römische Kirche hat nie geirrt und kann bis zum Ende der Zeit nie irren. Allein der Papst kann Kaiser und Könige absetzen und ihre Untertanen von der Gefolgschaft dispensieren. Alle Fürsten müssen ihm die Füße küssen. Ein rechtmäßig gewählter Papst ist ohne Frage ein Heiliger."

Nach diesen Urkunden verfaßte der Rechtsgelehrte Gratianus 1150 sein *Dekretum*, das „beweist", daß der Papst ohne Einschränkung über dem Recht steht und dessen Quelle ist. „Er muß deshalb die gleiche Stellung wie der Sohn Gottes einnehmen." Vor Gregor VII. war der traditionelle Titel des Papstes Stellvertreter Petri, danach Stellvertreter Christi. Als solcher rechtfertigte er seine absoluten Machtansprüche.

Während in England und Frankreich die Aufsicht und Kontrolle der Kirche den Herrschern verblieb und sich die Erblichkeit der Krone durchsetzte, forderte der Papst die deutschen Bischöfe und Fürsten unter Androhung ewiger Höllenstrafe auf, dem deutschen Kaiser den Gehorsam zu versagen. So sank das Reich zur Wahlmonarchie mit all ihren Nachteilen herab. Wann immer ein deutscher Kaiser oder König sich für die Belange des Reiches einsetzen wollte, kam er mit dem Papst in Konflikt, der andere Ziele verfolgte. Mit Bannfluch und ewiger Höllenstrafe hatte er immer die stärkeren Waffen in der Hand. Hatte bisher der Kaiser den Papst eingesetzt, verlangte der Papst jetzt den Kaiser einzusetzen.

So kam es 1077 zu dem beschämenden Gang König Heinrichs IV. nach Canossa, um sich dem Papst zu unterwerfen, der ihn drei Tage lang barfuß im Büßergewand vor dem Tor stehen ließ. Das Mittelalter trat in seine dunkelste Zeitperiode, die Militarisierung der Kirche begann, die Ritterorden entstanden und die massenweise Verbrennung von Ketzern und Hexen gehörte zum täglichen Leben.

Innozenz III. (1198–1216) hob mit großer politischer Klugheit das Papsttum auf den Gipfel seiner Macht. Er löste es aus der Aufsicht der Kaiser und schuf eine Herrschaft, die darauf bestand, „über alle zu richten, doch von niemand gerichtet zu werden". Durch ihn wird Rom zum obersten Gerichtshof für jede Streitfrage der christlichen Welt, auch für alle weltlichen Dinge. Mit Interdikt und Bannfluch greift er in die Politik ein; alle Entscheidungen bedürfen seiner Zustimmung. Der Kaiser darf nur noch das „weltliches Schwert" der Kirche sein. Innozenz bannt Kaiser Otto IV. und veranlaßt die Wahl Friedrichs II. Er fördert die Gründung der Franziskaner- und Dominikanerorden und vernichtet in Frankreich die Albigenser. Die Politik wird Mittel, der Machtwille Grundbegriff der Kirche, deren Ursprung mit Macht nichts zu tun hatte. Die Heidenbekehrung wird jetzt nicht mehr mit Predigt und gutem Beispiel, sondern mit dem Schwert durchgeführt. Sie ist nur noch Vorwand im Kampf um Macht. Auch wenn diese Entwicklung noch für einige Zeit nicht direkt die Prußen betrifft, so bestimmt sie dennoch auch für sie die Zukunft und das Ende ihres völkischen Daseins.

Der Krieg mit Polen geht weiter

Nach den furchtbaren Kriegen, die Boleslaw der Tapfere gegen die Prußen geführt hatte, erlebten sie nochmals eine kurze Zeit des Wohlstandes, die von einigen Historikern sogar als zweites Goldenes Zeitalter bezeichnet wird, das aber bei weitem nicht an die alte goldene Zeit heranreichte. In der ruhigen Zeit nach Boleslaws Tod erreichten um 1050 die handwerklichen und künstlerischen Fertigkeiten wiederum einen Höhepunkt. Die Töpferscheibe beendete das Formen der Tongefäße von Hand, das bisher bei jedem Volk besondere, unverkennbare Merkmale gezeigt hatte. Die Tonwaren wurden jetzt einheitlicher. In allen Bereichen des Wirtschaftslebens kam es zu beachtlichen Fortschritten. Besonders gut ging es der Landwirtschaft. Neben den alten Getreidesorten wurden Erbsen, Linsen, Wicken und andere Arten angebaut. Als Zahlungsmittel kamen kleine Silberbarren von etwa 100 oder 200 Gramm Gewicht in Gebrauch, die mit einer zusammenlegbaren Waage und besonders markierten Gewichten gewogen wurden. Den lebhaften Handel der Prußen über See bestätigt Adam von Bremen, in dem er berichtet, daß im Hafen der schwedischen Handelsstadt Birka um das Jahr 1080 regelmäßig Schiffe der Prußen anzutreffen waren. Neben Bernstein, Schmuck, Gebrauchsartikeln, Honig und Agrarprodukten waren kostbare Felle ein besonders wertvoller Ausfuhrartikel. Adam schreibt dazu: „Sie besitzen eine Überfülle fremdartiger Pelze, deren Geruch alleine uns mit dem Gift der Hoffart erfüllt. Sie selbst erachten diese Pelze, zu unserer Beschämung sei's gesagt, für Unrat, indes wir im Guten oder Bösen nach einem Marderfell trachten wie nach höchster Seligkeit."

Die *Knytlinga Saga* berichtet von einem Kaufmann aus dem Samland, der Birka und Haithabu besuchte, wo er über den Winter blieb. Dem dänischen „Herzog" schenkte er beim Abschied eine Menge Pelze. Neben den alten Chroniken bestätigen auch viele Schatzfunde den Reichtum der Prußen während dieser Zeit. Ein Silberschatz aus Schmuckgegenständen wurde bei Skomanten (Kreis Lyck) gefunden; ein ähnlicher Hort bei Marienhof (Kreis Sensburg). Horte von Silberbarren wurden in Rantau (Kreis Samland) und Eglischken (Kreis Memel) entdeckt. Bei Strobjehnen (Kreis Samland) wurde ein reichverzierter, massivgoldener Armring von 347 Gramm gefunden.

Nach dem Tod Boleslaws I. war sein Reich durch laufende Teilungen und ständige Erbstreitigkeiten auseinandergefallen; ein Zeichen, wie wenig sich die verschiedenen Völkergruppen als ein gemeinsames Volk fühlten. Schon Boleslaws Sohn, Mieszko II. (der Träge, 1025–34), mußte den Königstitel wieder ablegen. Im Krieg mit dem Deutschen Reich endete zwar der Feldzug Kaiser Konrads II. gegen Polen ergebnislos, aber schließlich mußte der Polenherzog die Mark Meißen und die Lausitz wieder herausgeben. Nach dem Tod Mieszkos verlor Polen durch die Abspaltung Schlesiens endgültig seine Großmachtstellung. Eine Zeit der Anarchie folgte, in der die mit Zwang durchgeführte Christianisierung einen vernichtenden Rückschlag erlitt. Große Teile der Bevölkerung fielen ins Heidentum zurück. Diese chaotischen Zustände verhinderten größere Unternehmen gegen die Prußen, denen dadurch die ruhige Zeitperiode beschieden wurde, in der sich bei ihnen erstaunlich schnell wieder ein Wohlstand zeigte.

Mieszkos Sohn, Kasimir I. (der Erneuerer, 1034–58), war mit seiner für ihn regierenden Mutter, der Herzogin Richeza, 1037 aus Polen vertrieben worden. Sie fanden in Deutschland Schutz und Hilfe. 1041 konnten sie mit nachdrücklicher deutscher Unterstützung wieder nach Polen zurückkehren. Es gelang Kasimir, Ordnung in die anarchischen Zustände zu bringen und das zerfallene Staatswesen erneut zu festigen. Das Christentum wurde nochmals gewaltsam durchgesetzt, wobei diesmal überwiegend im Glagolitischen, der älteren Form der kirchenslawischen Schriftsprache, ausgebildete Mönche herangezogen wurden. Dadurch wurde die Grundlage für die spätere polnische Sprache gelegt. Richeza vermachte aus Dankbarkeit für die erhaltene deutsche Hilfe der Erzdiözese Köln große Besitzungen, wodurch Köln eine der reichsten Kirchenprovinzen wurde. Als Richeza am 21. März 1063 starb, dankte ihr Köln, indem sie in einer der Kölner Kirchen beigesetzt und später in den Dom überführt wurde, wo ihr Sarkophag noch heute steht.

Der Sohn und Nachfolger Kasimirs I., Boleslaw II. (1058–79), konnte mit dem erneut gefestigten Staat wieder Krieg gegen die Nachbarn führen. Zuerst überfiel er die Pommern, die immer wieder den Löwenanteil aller Beute für Polen liefern mußten. Sein Heer stieß bis zur Ostsee vor, ohne daß sich die Pommern zum Kampf stellten. Der Chronist berichtet aber von der ungeheuren Beute und den Frauen, Knaben und Mädchen, die gefangen nach Polen fortgetrieben wurden. Von einer Christianisierung ist nicht die Rede, wohl aber von Tributzahlung. Auch diesem christlichen Fürst ging es um Raub und Beute, nicht um Heidenbekehrung. Der anschließende Feldzug gegen die Prußen war aber erfolglos. Wieder erwies sich der breite Wildnisgürtel als wirksamer Schutz.

Boleslaw krönte sich 1076 zum König; nachdem er aber 1079 den Bischof Stanislaus von Krakau ermorden ließ, wurde er vom Papst gebannt und floh nach Ungarn. (Bischof Stanislaus wurde 1253 heiliggesprochen und wird in Polen als Nationalheiliger verehrt.) Der Papst verweigerte fortan auch den Nachfolgern Boleslaws die Königswürde, und Polen wurde für über 200 Jahre wieder ein Fürstentum, das, mit einigen Unterbrechungen, dem deutschen Reich wieder tributpflichtig war.

Wladislaw I. (Hermann), der von 1079 bis 1102 für den geflohenen Bruder regierte, griff erneut die Prußen an, konnte aber trotz harter Kämpfe keinen Erfolg erringen. Als er 1090 die Pommern überfiel, wurde sein Angriff auch dort abgewehrt. Darauf verstärkte er sein Heer enorm mit eigenen und böhmischen Truppen und griff im nächsten Frühjahr Ostpommern an. Schließlich gelang es ihm, Stettin zu erobern, wo ein furchtbares Blutbad unter der Bevölkerung angerichtet wurde. Nun war auch die alte Handelsstraße nach Jumne, die letzte Landverbindung der Prußen mit der Außenwelt blockiert. Dadurch waren auch die nördlichen Nachbarn der Prußen, die Kuren, Litauer, Letten und Esten isoliert und konnten, so wie die Prußen, nur noch über das Meer mit anderen Völkern Verbindung halten. Die Warentransporte, die auf dieser Straße in und durch das Land geführt worden waren, hörten auf. Mit dem Verlust seiner Existenzgrundlage degenerierte die Großstadt Jumne vom größten Handelsplatz Nordeuropas zu einem Seeräubernest und wurde schließlich von den Dänen zerstört.

Ende September 1091 belagerte Wladislaws Heer erfolglos die Sperrfesten Nakel an der Netze und Wysegrad (später Fordon) an der Weichsel. Der Chronist sagt von den Verteidigern: „Sie wollten lieber ruhmvoll im Kampf fallen als gefangen ihren Nacken einer schimpflichen Hinrichtung darbieten." Zu Beginn des Winters zog das beutebeladene polnische Heer ab. Bei Driesen stellten die Pommern es noch einmal zur Schlacht, die aber unentschieden ausging.

Die stärker werdende Bedrohung der Prußen durch die Polen erforderte die fortwährende Verstärkung der Landesverteidigung. Neue Wehrbauten wurden errichtet und weitere Sperren in der Wildniszone angelegt. Eine besonders interessante Wehranlage aus dieser Zeit befindet sich auf einer Insel im Krobenestsee bei Ludwigsdorf (Kreis Rosenberg). Vom Festland führten zwei Brücken zur Insel, die eine vom West-, die andere vom Ostufer aus. Als der See 1866 abgelassen wurde, kamen auf dem Seeboden die Pfahlreihen zutage, die zum Unterbau der Brücken gehört hatten.

Mit Boleslaw III. (Schiefmund, 1102–38) stand wieder eine große Persönlichkeit an der Spitze Polens. Er führte den Krieg gegen die Pommern mit gesteigerter Schärfe und Grausamkeit weiter. 1109 konnte er endlich die heißumkämpfte Burg Nakel einnehmen. Aber 1112 belagerte Boleslaw schon wieder die inzwischen von den Pommern zurückeroberte Burg ohne Erfolg. Er zog darauf vor die Burg Wysegrad, die nach achttägigen Angriffen in seine Hand fiel. Der Weg nach Pommern war damit geöffnet. Erstmalig wurde nun die polnische Westgrenze auf pommersches Gebiet vorgeschoben. Nach diesem Erfolg wollte der Polenherzog sich die Ehre geben, auch das Tor zu den Prußen aufzubrechen, das all seinen Vorgängern nicht gelungen war. Nach gründlicher Vorbereitung versuchte er um 1115 mit einem starken Heer, die Sperrzone der Prußen zu durchbrechen. Wieder kam es im Grenzgebiet zu schweren Kämpfen, aber schließlich konnten die Prußen auch dieses Mal die Angreifer zum Rückzug zwingen.

Erbittert nahm Boleslaw 1117 den Kampf gegen die Pommern von neuem auf. Er war fest entschlossen, diesmal die völlige Unterwerfung der Pommern zu erzwingen. In dem 14jährigen Raub- und Vernichtungskrieg verlor der größte Teil der Bewohner Pommerns das Leben. Allein im Winterfeldzug 1120/21 wurden nach Angaben der Chronisten 18.000 Männer hingerichtet und 8.000 Frauen und Mädchen als Sklaven nach Polen getrieben. Die Überlebenden wurden gezwungen, sich den Polen zu unterwerfen und hohen Tribut zu zahlen. Mit diesem Sieg war allerdings auch die bisher ergiebigste Beutequelle für die polnischen Raubzüge endgültig versiegt. Der Chronist beklagt die Verwüstung des vordem reichen Landes: „Und umblangs das Land mit Fewre und dem Schwerde so jemerlichen verhert und vertorben, das man die Totenreff [Gerippe] der Erslagen und den Brant und Verwustung uber vil Jahr noch gesehen hat."

Unter dem Vorwand, den Heiden das Christentum zu bringen, hatte sich hier polnische Raubgier und Mordlust unbehindert austoben können. Die Prußen konnten sich glücklich schätzen, daß ihnen diese Art der Bekehrung von polnischer Seite erspart blieb. Wie wenig es darum ging, die Pommern zu bekehren, zeigte sich nach dieser grausamen Unterwerfung. Die Polen waren weder gewillt noch in der Lage, die überlebende Bevölkerung im Christentum zu unterweisen. Der Papst beauftragte daher den Bischof Otto von Bamberg mit dieser

Aufgabe. Durch seine und seiner Helfer Missionsarbeit in den Jahren 1124/25 und 1128 wurden die Pommern christianisiert, und Bischof Otto gilt als Apostel der Pommern. So wie die später von Deutschen unterworfenen Prußen Deutsch sprechen mußten, so wurde den von Polen beherrschten Pommern die damals entstehende polnische Sprache aufgezwungen, von der das sogenannte Kaschubisch noch heute besteht.

Die Polenherzöge versuchten wiederholt, sich der deutschen Oberhoheit zu entziehen, besonders dann, wenn sie kriegerische Erfolge errungen hatten. Kaiser Lothar III. mußte Boleslaw wieder nachdrücklich an seine Verpflichtungen erinnern. Im August 1135 erschien er am kaiserlichen Hof, leistete den Treueid und zahlte den zwölf Jahre rückständigen Tribut nach. Dafür belehnte der Kaiser ihn mit Pommern und Rügen.

Bei seinem Tod 1138 teilte Boleslaw Polen unter seine vier erwachsenen Söhne, mit dem Majorat des ältesten als dem obersten Gebieter über ganz Polen. Der fünfte Sohn sollte bei seiner Volljährigkeit Gebiete von seinen Brüdern erhalten. Die Uneinigkeit der Brüder gab den Prußen wieder eine Ruhepause. Nachdem der älteste Bruder, Wladislaw II., von den anderen 1146 abgesetzt worden war, übernahm Boleslaw IV. (der Kraushaarige, 1146–73) die Zentralgewalt. Dieser hatte bei der Aufteilung des Reiches Masowien und Kujawien erhalten. Als unmittelbarem Nachbarn der Prußen lag ihm viel daran, ihr Land zu erobern, um damit sein Gebiet zu vergrößern. Sogleich rüstete er zu einem Feldzug und schlug 1147 zu. Die polnische Geschichtsschreibung meint, daß er bei diesem Angriff, wie schon Boleslaw I., das ganze Land der Prußen unterwarf. Die Prußen aber wehrten diesen Vorstoß erfolgreich ab, und Boleslaw rüstete jetzt etliche Jahre lang, um einen Krieg vorzubereiten, wie ihn noch keiner seiner Vorgänger zustande gebracht hatte. Mit dieser gewaltigen Streitmacht durchbrach er 1155 die Verteidigung der Prußen. Nach schweren Kämpfen gelang es ihm, ein Gebiet im südlichen Teil des Landes zu besetzen und zu halten. Er durfte stolz sein, denn so viel hatte noch keiner vor ihm erreicht. Erstmalig traten bei diesem Feldzug polnische Priester auf. Von den prußischen Bewohnern, die den Polen in die Hände fielen, forderte Boleslaw sofortige Bekehrung oder Tod. Vinzenz Kadlubek schreibt über das Abschlachten der Bevölkerung: „Wer am Heidentum festhielt, mußte mit dem Leben unverzüglich dafür büßen. Viele ließen sich taufen, unzählige wurden gemordet."

Vom Erfolg berauscht, weigerte sich der Polenherzog wiederum, die dem Deutschen Reich zugebilligte Lehnshoheit anzuerkennen. Als daraufhin Kaiser Friedrich I. (Barbarossa) mit dem deutschen Heer 1157 die Oder überschritt und auf Posen vorrückte, unterwarf sich Boleslaw und versprach, auf dem nächsten Reichstag den Huldigungseid zu leisten, den überfälligen Tribut zu zahlen und auch seinen ältesten Bruder, der zu seinem Schwager (Konrad III.) nach Deutschland geflohen war, wieder in sein Erbe einzusetzen.

Die Prußen hatten unterdessen auf eine günstige Gelegenheit gewartet. Diese kam, als der größte Teil der polnischen Heeresmacht 1157 zum Kampf gegen Kaiser Friedrich abgezogen wurde. Sogleich erhoben sie sich und jagten die polnischen Unterdrücker aus dem Land. Der erzürnte Polenherzog hatte aber nach dem Frieden mit dem Kaiser wieder freie Hand. Sein Heer war unversehrt, denn er hatte sich mit den Deutschen auf keinen Kampf eingelassen. Er rüstete daher zu einem furchtbaren Rachefeldzug und zog 1166 mit seinem Heer, das Herzog Heinrich von Sandomir führte, wieder gegen die Prußen.

Dieses Mal hatten die Prußen den Angriff erwartet und sich gründlich darauf vorbereitet. Das Abschlachten so vieler ihres Volkes und die grausame Herrschaft der Polen in dem von ihnen besetzten Gebiet hatten ihren unbändigen Willen zum Kampf entfacht. Sie setzten jetzt alles ein, um zu siegen oder unterzugehen, denn es war ihnen klar, daß die Polen nach einem Sieg dieses Mal noch weit schlimmer mit ihnen verfahren würden. Es war daher besser, im Kampf zu fallen, als danach grausam umgebracht zu werden.

Die vereinten Kampfverbände der Prußen stellten sich dem Polenheer in der Gegend des späteren Tannenberg entgegen und zwangen es zur Schlacht. Daß es sich dabei um mehr als die Krieger eines Gaues gehandelt hat, bestätigen auch die polnischen Chroniken, die von mehreren Stämmen sprechen. In dem gewaltigen, gnadenlosen Ringen gelang es schließlich den Prußen, die Eindringlinge zu besiegen und zu einem großen Teil zu vernichten. Es heißt, daß nur der Polenherzog und seine Begleitung mit knapper Not nach Polen entkommen konnten. Der ohne Heer zurückkehrende Boleslaw hatte einen schweren Stand, sich vor seinen vorwurfsvollen Brüdern zu rechtfertigen. Seine Position als Herrscher war unrettbar erschüttert.

Der gewaltige Sieg über die Polen hatte verheerende Auswirkungen auf das Christentum im ganzen Norden Deutschlands zur Folge. Überall erhoben sich die unterjochten Völker und vertrieben die Priester und fremden Herren. Die Pommern hatten schon lange auf eine solche Gelegenheit gewartet und befreiten sich von den Polen, blieben aber Christen. Ihre westlichen Nachbarn glaubten dagegen wieder zu ihrem alten Glauben zurückkehren zu können. In Mecklenburg wurde der greise Bischof Johannes den Göttern geopfert, ganz Schleswig und Holstein vom Christentum leergefegt und das befestigte Hamburg wieder zerstört.

Die vernichtende Niederlage auf den Feldern von Tannenberg war Polens letzte große Schlacht, die es gegen die Prußen geführt hatte. Der Zwist unter den herzoglichen Brüdern verschärfte sich. 1173 setzten sie Boleslaw ab, und so vertrieben sie einen nach dem anderen, bis am Ende vier von den fünf Brüdern zeitweise auf dem polnischen Thron gesessen hatten. Die Zentralgewalt verlor bald jeden Einfluß, und die Teilfürsten regierten von jetzt an bis ins 14. Jahrhundert hinein selbständig. Diese Situation bewahrte die Prußen vor weiteren Eroberungsversuchen der Polen. Der blutigen Schlacht von Tannenberg folgte eine Friedenspause von einem halben Jahrhundert, die, abgesehen von den üblichen Räubereien an der Grenze, nur durch einen polnischen Einfall unterbrochen wurde, den Kasimir II. 1192 unternahm. Die Friedenszeit hörte erst auf, als die Kirche zu neuen Bekehrungsversuchen von polnischer Seite drängte.

Am Ende des 12. Jahrhunderts war die polnische Sprache voll ausgebildet und hatte das bis dahin gebrauchte Goto-Nordische endgültig verdrängt. Nachdem sich auch in Polen das Kirchenslawische im Gottesdienst durchgesetzt hatte, entstanden daraus im Laufe der Zeit die slawischen Sprachen, die deshalb alle einander sehr ähnlich sind. Für die Tatsache, daß eine Kirchensprache zur allgemeinen Volkssprache wird, gibt es genug Beispiele. Auch die Schriftsprache der kursächsischen Kanzlei, die Luther für seine Bibelübersetzung wählte, wurde dadurch zur hochdeutschen Einheitssprache.

Da das Druckergewerbe in Polen nur von Deutschen ausgeübt wurde, die weder die kyrillischen Buchstaben kannten noch Drucktypen dafür hatten, wurde hier nicht das kyrillische, sondern, wie auch bei den Tschechen, das lateinische Alphabet verwendet. Die erste Druckerei in Polen gründete 1474 Günther Zainer in Krakau, in der erst 1521 das erste Buch in polnischer Sprache gedruckt wurde. Alle älteren polnischen Schriften sind von Deutschen geführte Chroniken und Kirchenlieder in lateinischer oder deutscher Sprache. Verträge, die der Ritterorden noch im 15. Jahrhundert mit Polen abschloß, sind in Deutsch abgefaßt.

Die Zeit der Kreuzzüge

Die Kreuzzüge waren die Folge der Entwicklung der Römischen Kirche vom Pazifismus zur Kriegsmacht. Diese totale Umstellung von einer Lehrmeinung auf die entgegengesetzte schuf die Grundlage für die Kreuzzüge, die Entstehung der Ritterorden und die Kampfansage gegen die letzten Heidenvölker Europas. Es gab sieben offizielle Kreuzzüge ins Heilige Land, was allgemein bekannt ist, neben einigen inoffiziellen, über die man nicht gerne spricht. Zur Unterwerfung der Prußen gab es doppelt so viele, was weniger bekannt ist. Die Kreuzzugsidee, die Nichtchristen mit dem Schwert zu vernichten, führte auch das Ende des prußischen Volkes herbei. Bei den Unternehmen im Heiligen Land entstand auch der Deutsche Ritterorden, der schließlich die Bekehrung der Prußen durchführte.

Bis ins 9. Jahrhundert hinein hatte die Kirche, nach den Satzungen ihres Gründers, jeden Dienst mit der Waffe als unchristlich abgelehnt. Mit der steigenden Macht begann jetzt eine stetig zunehmende Militarisierung der Kirche. Erstmalig versprach Papst Johannes VIII. (872–882) allen, die gegen die Wikinger kämpften, „den Frieden des ewigen Lebens". Leo IX. (1048–54) stellte als erster Papst ein eigenes Heer auf und gab seinen Soldaten vollständige Absolution. Das gleiche tat Papst Alexander II. 1064 für die Teilnehmer des Feldzuges gegen die Mauren.

Die große Macht in den Händen der Kirche ließ bald die Idee eines Krieges zur Befreiung der heiligen Stätten mit den stets schon geförderten Wallfahrten nach Jerusalem verschmelzen. Gregor VII. (1073–85) plante den ersten Kreuzzug und soll gesagt haben: „Verflucht, wer seinem Schwert das Blut mißgönnt." Papst Urban II. (1088–99) rief dann erstmalig die Christenheit zum Kreuzzug auf. Zum Pilgerstab kam nun das von der Kirche geweihte Schwert, und die Ritter nahmen die Idee, Soldaten Christi zu sein, begeistert auf. Trotz gegenteiliger Lehre durfte die Kirche nun Kriege führen, und der Krieger konnte sich mit dem Schwert allein den Himmel verdienen. So entstanden die großen Ritterorden, deren Aufgabe es wurde, als geistliche Orden weltliche Kriege zu führen.

Die angegebenen Gründe für die Kreuzzüge sind nicht überzeugend. Im Gegensatz zum Christentum waren die Mohammedaner damals tolerant. Bei ihren Eroberungen garantierten sie den Besiegten: „Sicherheit ihrer Person, ihres Besitzes, ihrer Kirchen und der Mauern ihrer Städte." Sie bauten ihre Moscheen neben den christlichen Kirchen und jüdischen Synagogen und ließen jedem seinen Glauben.

Jerusalem gehörte schon seit 637 den Mohammedanern, aber Tausende Christen pilgerten fortwährend zu den heiligen Stätten. Schon seit Jahrzehnten gab es ein Mönchs- und ein Nonnenkloster in Jerusalem sowie eine Pilgerherberge, die zeitweise bis zu 2.000 Pilger täglich aufnahm.

Im ersten Kreuzzug wurde 1099 Jerusalem erobert. Was Augenzeugen über das Abschlachten der Bevölkerung berichteten, ist so entsetzlich, daß für die frommen Kreuzfahrer – es waren hauptsächlich Franken, die Vorfahren der Franzosen – die Bezeichnung „christliche Barbaren" zu harmlos erscheint. „Überall sah man haufenweise abgehauene Köpfe [...] und man mußte sich den Weg durch Menschenleiber bahnen." Ein anderer schrieb: „Die Unsern trieben sie tötend und niedersäbelnd bis zum Tempel Salomons, wo es ein solches Blutbad gab, daß die Unsrigen bis zu den Knöcheln im Blut wateten." Niemand entging dem Gemetzel; sie warfen die Menschen aus den Fenstern auf das Straßenpflaster, rissen Kinder aus den Armen der Mütter und schleuderten sie gegen Wände und Türpfosten. „Glücklich, vor Freude weinend, gingen die Unsern hin, um das Grab unseres Erlösers zu verehren. Dann ergriffen sie Männer und Frauen und schlugen ihnen die Köpfe ab." Jerusalem war aber nicht der einzige Ort, der solches erlebte. Es wundert darum nicht, daß dieses Verhalten der Christen bei den Mohammedanern mit der Zeit zu einer feindseligen und unversöhnlichen Haltung führte.

Die Kreuzzüge kosteten Europa große Opfer und brachten keinen politischen Gewinn. Die Schwächung des Byzantinischen Reiches war sogar zum Vorteil des Islam. Konstantinopel, die Zentrale des östlichen Christentums, hat sich von der barbarischen Zerstörung durch die Kreuzfahrer nie mehr erholt und führte 1553 zur Eroberung durch die Türken. Kulturell wurde Europa jedoch sehr bereichert.

Inzwischen hatte die Unterwerfung der Prußen begonnen, und schon im Jahre 1218 rief der Papst zum ersten Kreuzzug gegen diese neuen „Feinde des Glaubens" auf. Insgesamt riefen dann sieben Päpste mit eindringlichen Worten und allen verfügbaren Ablässen zu 14 Kreuzzügen gegen die Prußen auf. Erst damit war das Zeitalter der Kreuzzüge beendet. Einige Historiker sehen in den Kreuzzügen eine Beziehung zum späteren Deutschen Reich, denn die Kreuzzüge schufen den Deutschen Ritterorden, dieser den preußischen Staat und dieser wiederum das Deutsche Reich.

Der Abt Gottfried und Bischof Christian

Da das uneinige, in Teilstaaten aufgesplitterte Polen zu einer gewaltsamen Unterwerfung der Prußen nicht fähig war, drängte die Kirche um 1200 wieder zur Bekehrung durch Missionare. In der Bulle vom 12. Oktober 1206 forderte der Papst die polnischen Prälaten auf, die Missionsarbeit der Zisterziensermönche des Klosters Lekno (Wongrowitz) zu unterstützen. Aus einer weiteren Bulle vom 26. Oktober 1206 geht hervor, daß der Abt Gottfried des Klosters Lekno die Prußen aufgesucht habe, um festgehaltene Ordensbrüder zurückzuholen. Er habe diese Aufgabe ohne Schwierigkeiten ausführen können und sei außerdem von dem Fürsten des Landes freundlich aufgenommen und bewirtet worden. Er habe ihm sogar die ursprüngliche Begräbnisstätte des heiligen Adalbert gezeigt.

Dieser kurze Bericht sagt, daß zu dieser Zeit Mönche unter den Prußen weilten und schlimmstenfalls Gefangennahme riskierten. Weiter geht daraus hervor, daß dieser prußische Fürst in der Danziger Gegend beheimatet war, weil dort die Begräbnisstätte Adalberts lag. Abt Gottfried war von der Gastfreundschaft der Prußen so beeindruckt, daß er glaubte, es müsse leicht sein, sie jetzt dem Christentum zu gewinnen. In diesem Sinne sandte er seinen begeisterten Bericht an den Papst und entschloß sich, die Mission von jetzt ab persönlich zu übernehmen. Dieser Abt Gottfried ist der spätere Bischof Christian.

Gottfried erkannte, daß die Verbindung zu Polen seine Mission von vornherein zum Scheitern bringen würde. Deshalb legte er seinen Titel als Abt des Klosters ab und versuchte sich unmittelbar dem Papst zu unterstellen. Er begab sich nach Rom, um den Auftrag zur Mission zu erhalten, und trat nun als päpstlicher Missionar auf. Das größte Hindernis, das sich der christlichen Mission entgegenstellte, war der Verlust der bisherigen Freiheit und die Zins- und Zehntenabgaben, die den zu Bekehrenden drohte. Darum befolgte auch Gottfried die alterprobte Missionsregel, daß am Anfang den Neubekehrten keinerlei Lasten auferlegt werden dürfen. Als dritte Notwendigkeit mußte der Sprachunterschied überwunden werden. Gottfried wußte, daß eine Missionierung durch Dolmetscher weniger wirksam war. Als erster Missionar unterzog er sich daher der Mühe, die prußische Sprache zu erlernen. Auf diesen Grundlagen konnte Gottfried mit viel Geschick und Diplomatie erstaunliche Erfolge erlangen.

Die Missionstätigkeit Gottfrieds richtete sich zunächst auf das prußische Gebiet westlich der Weichsel und dann auf das Kulmerland. Manche der Edlen ließen sich überzeugen, daß die Christianisierung, die ringsum im Gange oder abgeschlossen war, in Kürze auch die Prußen erfassen mußte. Von seinen Erfolgen begeistert, reiste er 1208 wieder nach Rom und hoffte die Bischofswürde zu erhalten. Der Papst aber verwies ihn an den Erzbischof von Gnesen, dem er noch unterstellt war, bis die Zahl der Bekehrten in Preußen einen Bischof erfordern würde. Er verschaffte aber Gottfried Geltung und Unterstützung bei den polnischen Prälaten und erlaubte ihm, Mitarbeiter aus den Klöstern Lekno und Oliva zu nehmen. Die deutschen Mönche der beiden Klöster konnten nicht verhindern, daß die polnischen Herrscher selbstverständlich Gewinn aus ihrer Arbeit zu ziehen gedachten.

Mit Eifer und Ausdauer konnte Gottfried eine Anzahl einflußreicher Personen auch im Kulmerland gewinnen, so daß dieser Gau auf dem Wege war, christlich zu werden. Im Schreiben des Papstes vom 4. September 1210 steht, daß in Preußen einige „Magnates et alii regionis illius" getauft worden sind. Unter die Helfer Gottfrieds schlichen sich auch üble Personen, und die Prußen sahen in den Mönchen immer wieder die Abgesandten der verhaßten Polen, die nur darauf warteten, das Land nach der Bekehrung ihrer Macht zu unterwerfen. Dies war das größte Hindernis, denn bisher hatten die Prußen das Christentum nur im Gewand der Polen kennengelernt und verachteten es darum. Viel Schaden richteten auch vagabundierende Mönche an, die ihre Klöster verlassen hatten und im Land umherstreiften. In den Klöstern hatte es sich herumgesprochen, daß sich bei den gastfreien Prußen gut leben ließ. Dadurch hatten die rechtmäßigen Mönche zu leiden, und etliche kehrten in ihre Klöster zurück. Der Papst befahl deshalb, daß jeder nach Preußen ziehende Missionar vom Erzbischof von Gnesen gründlich zu prüfen sei und ein amtliches Beglaubigungsschreiben erhalten solle (Bulle vom 10. August 1212).

Angeblich war Gottfried weiterhin sehr erfolgreich. Aus zwei Bullen des Papstes geht hervor, daß er von den prußischen Edlen Survabuno und Warpoda viel Land erhalten habe, und zwar habe der eine ihm das ganze Land Lubavia (Löbau) und der andere das Gebiet Lausania geschenkt. Diese zwei Prußen sollten nach Rom geschickt werden, um dort den Übertritt für sich und ihre Untertanen zu vollziehen und dabei die Taufe empfangen. Offenbar hatte der Papst Berichte erhalten, die es mit der Wahrheit nicht sehr genau nahmen. Dieses klingt verdächtig nach Konstantinischer Schenkung, und eine solche Reise kam auch nie zustande. Ein prußischer Fürst hätte höchstens seinen persönlichen Besitz verschenken können, falls er töricht genug dazu war, aber keinesfalls sein Gebiet oder gar einen Gau mit allen Bewohnern. Hier ging es Gottfried um spätere Landansprüche, von denen die genannten Fürsten, falls es sie wirklich gab, nichts wußten. Aber wenn Gottfried schon so viele Leute bekehrt hatte und über solch enorme Gebiete verfügte, dann mußte der Papst ihn wohl zum Bischof machen.

Da Gottfried zu dieser Zeit nicht den Zehnten forderte und auch keinen Unterhalt von den Bekehrten verlangte, lebten er und seine Helfer in einer gewissen Armut, auch wenn sie an Unterkunft, Speise und Trank bei den gastfreien Prußen keinen Mangel hatten. Als Gottfried den Papst über seine Lage informierte, forderte der vom polnischen Herzog – wahrscheinlich auf Gottfrieds Vorschlag –, ihm ein Dorf zu seinem Unterhalt zu geben. Das wäre wohl nicht nötig gewesen, wenn er die großen Landgebiete in Preußen wirklich besessen hätte. Bei den späteren Verhandlungen mit dem Ritterorden machte Bischof Christian jedoch Ansprüche auf großen Grundbesitz geltend.

Nach den Erfolgen Gottfrieds lassen sich die Polen nicht mehr zurückhalten. Die Beherrscher der angrenzenden Gebiete und die Grundbesitzer sehen eine willkommene Gelegenheit, ihren Besitz zu vergrößern oder neuen zu erwerben. Einer muß natürlich dem anderen zuvorkommen, um für sich den möglichst größten Anteil an dieser reichen Beute zu sichern. Sie betrachten das Gebiet als „erobert" und kommen nun, um die Eroberten und ihr Land in Besitz zu nehmen. Natürlich weiß auch Gottfried, daß die Bekehrten Freiheit und Besitz nicht lange behalten werden. Er versucht aber die Polen so lange zurückzuhalten, bis die Herrschaft über die Bekehrten gesichert ist. Nach vergeblichen eigenen Bemühungen ruft er Rom um Hilfe. Der Papst fordert in der Bulle vom 13. August 1212 den Erzbischof von Gnesen auf, mit Kirchenstrafen gegen die polnischen Grundherren vorzugehen, wenn sie die Neugetauften berauben und versklaven. Daß die Unterdrückung und Beraubung der Neubekehrten trotz der päpstlichen Gegenmaßnahmen nicht nachließ, sagt eine spätere Urkunde des Kaisers vom März 1224. Darin heißt es, die Prußen wären zwar bereit, Christen zu werden, aber aus Furcht vor der zu erwartenden Knechtschaft wagten sie es nicht.

Gottfried ist 1215 wieder in Rom. Papst Innozenz III., von dem universalen Machtanspruch der Kirche erfüllt, läßt ihm nun jede Förderung zuteil werden und ernennt ihn, in der Hoffnung eine neue, nur der Kurie in Rom unterstellte Kirchenprovinz zu gewinnen, zum „Bischof in Preußen". Der Erzbischof von Gnesen wird vom Auftrag der Preußenmission entbunden. So wie der Missionar Wynfrith von Gregor II. den Namen Bonifatius erhielt, gibt Innozenz dem neuen Bischof, auf dessen Wunsch, den Namen Christianus, mit dem Gottfried einen günstigen Eindruck auf die prußischen Heiden zu machen hofft.

Als der neue Bischof selbstbewußt in sein Amtsgebiet zurückkehrt, findet er eine veränderte Situation vor. Während seiner Abwesenheit sind die polnischen Grundherren wieder über die bekehrten Prußen hergefallen, denn sie haben ihre Ansprüche auf diese reiche Beute keinesfalls aufgegeben und wollen sich nicht länger zurückhalten. Andere könnten ihnen zuvorkommen und ihre Beute schmälern. Die bekehrten Prußen sind dieser Versklavung schutzlos ausgeliefert, die offensichtlich zum Christentum gehört und die sie von Anbeginn gefürchtet hatten. Sie fühlen sich von Gottfried, nunmehr Bischof Christian, hintergangen, belogen und betrogen. Die letzten Sympathien für das Christentum sind vertan.

Die veränderte Lage zwingt Bischof Christian seine Missionsstrategie zu ändern. Da von der Fortsetzung der friedlichen Bekehrung kein Erfolg mehr zu erwarten ist, tritt er jetzt dafür ein, daß sie mit Gewalt erzwungen wird. Er läßt die bis dahin vorgetäuschte Freundlichkeit fallen und verlangt von den bekehrten Prußen, neben den Lasten, die ihnen die Polen auferlegt haben, jetzt den Zehnten. Den Papst bittet er um die Erlaubnis, ein Kreuzheer aufzustellen.

Eine neue Gefahr war durch die noch heidnischen Prußen entstanden. Sie hatten bisher weder die Missionstätigkeit Christians behindert noch ihren Landsleuten den Übertritt zum Christentum angelastet. Nachdem sie aber sehen, wie es den Bekehrten ergeht, erkennen sie die Gefahr, die ihnen droht. Wenn es noch eine Rettung für die Unterdrückten gibt, kann sie nur von ihren noch freien Landsleuten kommen, die sie um Hilfe anflehen. Diese erheben sich 1216 zu offenem Kampf. Sie überfallen die christlich gewordenen Gebiete, und mit Hilfe der bekehrten Prußen brennen sie die Kirchen nieder und vertreiben die Priester mitsamt den polnischen Unterdrückern. Mit Feuer und Schwert wird das Land vom Christentum und all seinen Spuren leergefegt; Bischof Christian flieht nach Pommern. Die Erhebung trifft aber nicht nur das Gebiet ihrer christlich gewordenen Landsleute, sondern darüber hinaus die polnischen Gebiete von Masowien und Kujawien, von wo die polnischen Unterdrücker gekommen waren.

Nach polnischer Auffassung ist das Kulmerland seit diesem mißlungenen Bekehrungsversuch des deutschen Bischofs Christian polnisches Land, das jetzt von den bösen Prußen geraubt wurde. Bischof Christian aber ist voller Zuversicht. Er weiß, daß er mit einer gewaltsamen Bekehrung mehr erreichen wird als mit der friedlichen. Die päpstliche Bulle vom 3. März 1217 erlaubt ihm, ein Kreuzheer aufzustellen, und mit großem Eifer sammelt er kampfwillige Männer. Die wilden Gesellen, die ihre schwarze Seele jetzt unter der Kreuzfahne reinwaschen können, lockt vor allem der Lohn der Beute. Der Bischof verliert jede Kontrolle über diese zügellosen Horden. Sie wüten nicht nur grausam unter den Heiden, sondern ebenso unter den schon Bekehrten. Ein leergemordetes Land kann Christian aber keinen Zehnten zahlen. Auf seinen Hilferuf verbietet der Papst den Kreuzfahrern, die Gebiete der Bekehrten zu betreten. Diese Maßnahme aber hilft nicht mehr; das wilde Heer muß aufgelöst werden.

Die ersten Kreuzzüge gegen die Prußen

Da der Versuch einer Eroberung von polnischer Seite mit einem totalen Fiasko geendet hatte, sah auch der Papst ein, daß Polen, als der nächste christliche Nachbar, zu einer Unterwerfung der Prußen nicht fähig ist. So gibt er dem Drängen Bischof Christians nach und ruft 1218 alle Christen in Deutschland, Dänemark, Pommern, Böhmen, Mähren und Polen zum ersten Kreuzzug gegen die Prußen auf. Dazu befiehlt er den Erzbischöfen von Köln, Mainz, Straßburg, Magdeburg, Lund und Gnesen Almosen für diesen Kampf zu sammeln. Der Kreuzzug wird der Pilgerfahrt ins Heilige Land gleichgesetzt. Eine Bulle des Papstes von 1218 fordert Bischof Christian auf, den Verkauf von Waffen, Eisen und Salz an die Prußen durch die benachbarten Christen zu verbieten.

Bischof Christian ist überzeugt, daß mit diesem Kreuzzug das ganze Land der Prußen unterworfen und seiner Herrschaft unterstellt werden wird. Darum befaßt er sich schon mit den Aufgaben eines Erzbischofs und macht Pläne für Schulen, in denen Prußen zu einheimischen Priestern auszubilden sind. Papst Honorius III. greift den Ereignissen ebenfalls vor und erteilt Christian jetzt schon das Recht, Bistumskirchen in Preußen zu errichten und Bischöfe zu weihen. Mit Hilfe der Herzöge von Pommerellen läßt Christian die Burg Zantir bauen, die als Ausgangspunkt für sein weiteres Vorgehen gegen die Prußen dienen soll. Da Zantir auf dem östlichen Weichselufer lag, blieb es auch für den Ritterorden ein wichtiger Brückenkopf für alle Unternehmen gegen die Prußen, bis Marienburg diese Aufgabe übernahm.

Abgesehen von einigen polnischen Stimmen sind die Prußen bis zu diesem Zeitpunkt in allen Berichten stets als ein lebensfrohes, hilfsbereites und außergewöhnlich gastfreundliches Volk beschrieben worden. Mit der Kampfansage der Kirche setzt jedoch eine intensive Hetze und Diffamierung gegen die Prußen ein. Somit war auch damals schon die Lüge ein sehr wichtiges und notwendiges Mittel der Politik, um eine erwünschte Meinung oder den Haß gegen ein bestimmtes Volk zu erzeugen. Erstaunt lesen wir in einer Bulle des Papstes Honorius III. vom 15. Mai 1218, der damit für den Kreuzzug gegen die Prußen wirbt, folgendes: „In Preußen wohnt ein Volk, das völligem Unglauben und mehr als tierischer Wildheit ergeben ist [...] Die Väter ermorden alle ihre Töchter bis auf eine einzige [...] Ohne Scham werden Frauen und Töchter dem Laster preisgegeben."

Man wundert sich, wo die Frauen und Töchter für das Laster herkamen, wenn es nur eine einzige Tochter pro Familie gab. Der Papst meint die Mehrfrauenehe, die aber mit nur einer Tochter pro Familie kaum möglich gewesen wäre. In dem Fall hätte es für die große Mehrheit aller Männer nicht einmal eine Frau gegeben. Daß eine solche Unsitte jedes Volk in kurzer Zeit ausgelöscht hätte, scheinen nur wenige zu erkennen, denn auch heute noch wird diese Lüge eifrig abgeschrieben und als Tatsache angeboten. Da die Kirche aber gleichzeitig den Brautkauf und die Dreifrauenehe verurteilt, weisen seriöse Forscher auf diesen Widerspruch hin. Abgesehen von der willkommenen Arbeitskraft, die besonders bei einem Bauernvolk wertvoll ist, brachten die Töchter bei der Heirat dem Vater noch einen Gewinn. Es war gerade die Dreifrauenehe, die den Mädchen einen besonders hohen Wert gab. Denn da sich die Geschlechter bis auf wenige Prozente die Waage halten, war nur für wenige Männer eine zweite oder gar dritte Frau vorhanden. Sie waren daher immer knapp und entsprechend geschätzt und begehrt.

Der Absurdität des Kindermords widerspricht vor allem der ausgeprägte Familiensinn und die große Kinderliebe der Prußen. Auch diese bestätigt zu anderer Zeit Papst Alexander IV., indem er anordnet, daß man den Prußen die Kinder fortnehmen und in Gewahrsam halten soll, um sie dadurch zur Erfüllung der unmenschlichen Arbeitsleistungen für den Burgenbau des Ritterordens zu zwingen. Die Geschichte der Kindermorde hat ihren Ursprung bei einigen Nordgermanen, bei denen es die Ermordung neugeborener Mädchen gegeben haben soll. Auch dabei kann es sich nur um Ausnahmen gehandelt haben. Abgesehen davon, daß es der menschlichen Natur ganz und gar widerspricht, konnten es sich auch diese wilden Gesellen nicht leisten, ihre künftigen Ehefrauen und Mütter in großer Anzahl umzubringen, denn sonst würden ihre Nachkommen nicht noch heute existieren.

Obwohl die Christenheit zu dieser Zeit nicht mehr kreuzzugsbegeistert war, folgten dem Ruf des Papstes doch viele, um sich die irdischen Vorteile und den himmlischen Lohn zu verdienen. Der geistige Führer des Kreuzheeres, das sich in Kujawien versammelte, war Bischof Christian. Den militärischen Befehl übernahm jener originelle und beleibte Leszko aus Krakau, der sich von seinem Kreuzzugsgelübde entbinden ließ, weil es in Palästina kein gutes Bier gäbe und er Wein und Wasser leider nicht vertragen könne. Statt nach Palästina sollte er jetzt gegen die Prußen ziehen, um sein Gelübde einzulösen. Damit sind die historischen Nachrichten über diesen Kreuzzug erschöpft. Über irgendeinen Erfolg weiß selbst die polnische Geschichtsschreibung nichts zu berichten, die ansonsten in der Darstellung polnischer Heldentaten sehr großzügig ist. Wenn es überhaupt zu Kämpfen kam, werden die Kreuzfahrer erkannt haben, daß sie einen harten Gegner vor sich hatten, bei dem kein leichter Sieg zu erringen war.

Nach diesem Mißerfolg rief der Papst die Christenheit 1221 zu einem neuen Kreuzzug gegen die Prußen auf. Im Frühjahr 1222 versammelte sich das Kreuzheer auf dem linken Weichselufer in Kujawien und an der Drewenz in Masowien. Die Befehlshaber waren wieder Bischof Christian und der trinkfreudige Leszko. Die harten Abwehrschläge der Prußen nahmen den Kreuzfahrern den ohnehin nicht großen Mut. Sie waren keine Soldaten, sondern gewöhnliche Leute, die sich für ein Jahr oder die Dauer des Kreuzzuges verpflichtet hatten. Unter diesen war viel zwielichtiges Gesindel, für das ein Kreuzzug viele Vorzüge bot. Alle wollten sich den Himmel verdienen, aber nicht sogleich dort einziehen, sondern möglichst mit reicher Beute in die Heimat zurückkehren und die gebotenen Vorrechte genießen. Es ist verständlich, daß sie den blanken Schwertern der kampferfahrenen Prußen keinesfalls zu nahe kommen wollten.

Im folgenden Jahr (1223) wiederholte das verstärkte Kreuzheer seine Bemühungen und erreichte wieder nichts. Manche Historiker bezweifeln, daß die Kreuzfahrer überhaupt prußischen Boden betreten haben. Der Kampfwert dieser Streiter Christi war gering und nur dann nützlich, wenn sie mit Ritterheeren eingesetzt wurden, die dann die Hauptlast des Kampfes trugen und diese wilden Heerhaufen mitrissen.

Diese zwei erfolglosen Kreuzzüge hatten Herzog Konrad von Masowien in eine schwierige Lage gebracht. Nachdem die Kreuzfahrer die Prußen gründlich aufgereizt hatten, zogen sie ab, und der Herzog mußte nun sehen, wie er alleine mit ihnen fertig wurde. In dem in Gang gesetzten Krieg hatte auch sein Land zu leiden. Masowien umfaßte das Land beiderseits von Weichsel und Bug und war zu der Zeit eines der selbständigen polnischen Herzogtümer, das seit 1138 bestand. Seine Hauptstadt war Plock, denn Warschau war damals nur ein Dorf. Kujawien ist das Gebiet zwischen Weichsel und Netze, südöstlich von Bromberg.

Herzog Konrad läßt an der Furt, wo die jetzt verödete Bernsteinstraße die Drewenz überquert hatte und wo auf der anderen Seite später die Stadt Strasburg entstand, eine starke Burg errichten. Von hier aus können die polnischen Ritter Überfälle auf die Prußen unternehmen und sich schnell in der Burg in Sicherheit bringen. Die dadurch verärgerten Prußen erheben sich 1224 zur Gegenwehr und Vergeltung. In einem zweitägigen mörderischen Kampf erobern sie die Burg; nur fünf Mann der Besatzung können sich durch die Flucht retten. Die aufgebrachten Prußen stoßen bis Pommerellen vor und zerstören das Kloster Oliva. Im Süden überrennen sie fast ganz Masowien. Bischof Christian flieht wieder nach Pommern, und Herzog Konrad sitzt machtlos in seiner Burg in Plock, während die Prußen unbehelligt in seinem Land umherreiten, bis es ihnen behagt, wieder nach Hause zu ziehen. Bemerkenswert ist, daß die Chronik von Oliva die Zerstörung des Klosters beklagt, aber nichts über die deutsche Kaufmannssiedlung Danzig erwähnt. Da es dort seit 1190 schon zwei Kirchen gab und Herzog Swantopolk dem Ort zu dieser Zeit die „Freiheit" verlieh, muß es schon eine stattliche Siedlung gewesen sein. Obwohl sie direkt auf dem Weg nach Oliva lag, ließen die Prußen sie offenbar unbehelligt. (Die „Freiheit" ist die Befreiung von den üblichen Abgaben und Diensten sowie die Aussonderung aus der herzoglichen Verwaltung.)

Kaiser und Papst werben um die Prußen

Auch wenn die Prußen sich jetzt überlegen und sicher fühlten, reifte die Zeit heran, die das Ende des prußischen Heidentums bringen mußte und damit auch das Ende der bis dahin genossenen Freiheit und Unabhängigkeit. Die unmittelbar Beteiligten ahnten von der hohen Politik nichts, die hinter den Geschehnissen stand. Die Gesamtlage aber zeigt deutlich, daß ein kleines selbständiges, immer noch heidnisches Land nicht mehr lange bestehen bleiben kann.

Die Christianisierung der Dänen hatte 812 durch Erzbischof Ebbo von Reims begonnen. Nach 200 Jahren grausamen Kampfes kam sie unter Knut dem Großen (1014–35) zum Abschluß. Olaf von Schweden bekehrte sich um 1000; in Norwegen war es Olaf der Heilige um 1020. Nachdem auch die Eroberung und Christianisierung Finnlands durch die Schweden in vollem Gange war, gab es als letztes heidnisches Gebiet nur noch die baltischen Länder, wo aber auch schon seit 1200 Bischof Albert von Riga und seit 1202 der Schwertbrüderorden wirkte. Machtpolitische Interessen geboten, daß nunmehr das am nächsten liegende Land der Prußen von der Christianisierung erfaßt werden mußte.

Die bis dahin einheitliche Römische Kirche hatte sich nach langem Streit 1054 endgültig in die römisch-katholische und die griechisch-orthodoxe gespalten. Beide Kirchen hielten es für ihre heilige Pflicht, das letzte Heidenland zu erobern und zu bekehren. Für Rom war die Existenz eines kleinen heidnischen Volkes an der südlichen Ostsee untragbar. Aber auch von Kiew her waren orthodoxe Missionare in Galizien, Wolhynien und teilweise schon in Litauen tätig. Da mit der Christianisierung auch eine politische Machtergreifung verbunden sein mußte, hieß das, ob Rom oder Byzanz, ob das Deutsche Reich oder Rußland zuerst zugreifen würde. Rom glaubte, durch die Polen in der besseren Position zu sein, denn diese wollten schon immer das Land der Prußen an sich reißen. Sie brauchten daher nicht erst zu einem Angriff überredet, sondern nur unterstützt zu werden. Das tat Rom dann auch kräftig. Leider hatte sich nun herausgestellt, daß alle Unternehmen von den Prußen nicht nur abgewehrt worden waren, sondern daß die Polen dabei selbst in große Bedrängnis geraten waren.

Seit Alexander III. (1159–81) betonten die Päpste immer wieder, daß der Eintritt der Heiden in die „Freiheit der Kinder Gottes" keine Minderung ihrer Rechtsstellung dulde. Dieses Versprechen war unerfüllbar, denn wie sollten die freien Heiden dienst- und zehntenpflichtige Untertanen der Kirche werden, ohne zumindest einen erheblichen Teil ihrer bisherigen Freiheit zu verlieren? Wenn die Kirche trotzdem auf diese Weise ein friedliches Bekehrungsverfahren im Sinne altchristlicher Missionspraxis versprach, so scheute sie sich andererseits nicht, im Falle des Widerstandes der Heiden das Mittel des Kreuzzugs, also doch weltliche Macht anzuwenden. Dieser Widerspruch mußte zu Konflikten führen.

Am 12. März 1224 nahm der Kaiser durch einen Erlaß die Länder Livland, Estland, Semgallen und Preußen unter die Schirmherrschaft des Reiches und bestätigte ihnen dazu die volle Freiheit der Person sowie von allen Lasten und Diensten, auch von der Dienst- und Gerichtsbarkeit der Könige, Fürsten und Grundherren: „[...] sie sollen nur der Kirche und dem Reich gehorsam sein gleich anderen freien Männern des Reiches. Man hat uns berichtet, diese Völker fürchten durch die Annahme des Christentums [...] ihre Freiheit zu verlieren. Deshalb sichern wir ihnen auch weiterhin alle Freiheiten zu, die sie bisher besessen haben."

Kaiser Friedrich drückte damit deutlich aus, das Land der Prußen aus der Interessenverflechtung von Papst, Bischof Christian und vor allem Herzog Konrad herauszulösen, dessen Ziel es war, die bekehrten Prußen seiner Herrschaft zu unterwerfen. Diese bewußte Stellungnahme gegen die Missionstaktik des Papstes sollte diese Länder dem Reich zuführen. Der Kampf zwischen Kaiser und Papst um die höchste Macht dehnte sich auch hierhin aus, sobald diese Gebiete in das Blickfeld der Weltpolitik gerückt waren.

Der Papst war nun genötigt, ähnliches zu versprechen und blieb die Antwort auf das Kaisermanifest nicht schuldig. Am 3. Januar 1225 erließ er folgendes Schutzedikt, das von dem unbeugsamen Machtwillen der Kurie zeugte: „Alle bekehrten oder noch zu bekehrenden Preußen [Prußen] sollen ihre Freiheit behalten und keinem anderen untergeben sein als Christo und der Römischen Kirche."

Demnach sollten die Bekehrten nicht der Macht weltlicher Herren, sondern nur der Kirche, also den geistlichen Herren unterstehen. Zugleich wurde der Kanzler des päpstlichen Hofes, Bischof Wilhelm von Modena, zum päpstlichen Legaten für die Ostseeländer ernannt (31. Dezember 1224). Der neue Legat ging mit großem Eifer an seine Aufgabe. Er verzichtete auf das bequeme Leben in seinem italienischen Bistum Modena und reiste mit Beginn der wärmeren Jahreszeit ins Ostseegebiet.

Die Idee des Gottesstaates auf Erden war in realistischer Form mit dem Papsttum verbunden. So mußte es zu den Kämpfen zwischen Kaiser und Papst kommen. Durch die Eroberung der noch zu bekehrenden Länder des östlichen Raumes hoffte der Papst die Vorstellung seiner Weltherrschaft verwirklichen zu können, wobei er den Kaiser als Schirmherr auszuschalten gedachte. So erfaßte das Rad der Geschichte nun die Prußen, und es war an ihnen, sich zu unterwerfen und Christen zu werden oder unterzugehen. Die bisherigen Kreuzzüge waren nur das Vorspiel zu diesem Drama gewesen. Seit der Entstehung des polnischen Staates und seiner Christianisierung waren zwei Jahrhunderte vergangen, in denen Polen, von außen ungestört, seinen Zielen hatte nachgehen können. Auch als es in letzter Zeit von der Kirche kräftig unterstützt wurde, zeigte sich, daß es zu einer Mission nicht fähig war. Es waren fast immer nur Deutsche gewesen, die alle Missionsversuche von polnischer Seite her unternommen hatten. Die „kölnischen" Klöster Lekno und Lond, von denen die Bekehrungsversuche ausgingen, waren Tochtergründungen der Zisterzienser-Abtei Altenberg im Rheinland. Es war festgelegt, daß in beiden Klöstern nur Deutsche aufgenommen wurden.

Entstehung des Deutschen Ritterordens

Herzog Konrad, der alle Unternehmen gegen die Prußen eifrig unterstützt hatte und dessen Land nun am meisten von den Prußen bedroht war, befand sich weiterhin in verzweifelter Lage. Er sah ein, daß es ihm niemals gelingen würde, die Prußen zu unterwerfen, daß sie aber sein Herzogtum jederzeit vernichten konnten, falls sie dazu Lust bekommen sollten. Das hatten sie in ihrem Feldzug von 1224 bewiesen, als sie Masowien bis auf wenige feste Burgen fast ohne Gegenwehr für kurze Zeit besetzt hatten. Unter diesem Druck war der Herzog gezwungen, Hilfe zu suchen. Es ging jetzt nicht mehr darum, unter dem Vorwand der Bekehrung das Land der Prußen zu erobern, sondern um die Existenz seines eigenen Landes. Für solche Hilfe war er bereit, nicht nur alle Besitzansprüche auf prußisches Gebiet aufzugeben, sondern auch das Kulmerland abzutreten, das er seit der Missionstätigkeit Bischof Christians als sein Eigentum betrachtete, obwohl es seit 1216 wieder fest in der Hand der Prußen war. In dieser Notlage deutete Herzog Heinrich I. von Schlesien und wohl auch Bischof Christian auf den Deutschen Ritterorden.

Die Ritterorden waren eine eigenartige Neuschöpfung. Durch die Verbindung geistlicher Mönchsorden mit weltlichem Militär entstanden straff organisierte Armeen unter dem Oberbefehl des Papstes. Auf diese Weise konnte sich, entgegen der Lehre Christi, das Evangelium mit dem Schwert verbinden. Durch Verschmelzung von Mönch und Soldat verband sich mittelalterliche Frömmigkeit mit der Grausamkeit des Tötens, was heute schwer verständlich erscheint.

Die ursprüngliche Aufgabe dieser „Ritter Christi" war auch nicht gleich der Krieg. Zur Zeit der Kreuzzüge wurde in Palästina eine Organisation zur Pflege verwundeter Kreuzfahrer und erkrankter Pilger dringend notwendig. Dazu kam der Dienst als Polizeitruppe, von der es nur noch ein Schritt zum Ritterorden und zum Kampf gegen die Heiden war. Bei den ersten Kreuzzügen wurden die Johanniter- und der Templerorden gegründet. Durch Schenkungen genesender Pilger und Testamente Sterbender, aber auch durch große Zuwendungen solcher Herren, die ihre Unterstützung brauchten, wurden beide Orden schnell reich.

Der Deutsche Ritterorden entstand, als bei den Kämpfen um Akkon (bei Haifa, Palästina) die französisch-romanischen Johanniter und Templer sich weigerten, die kranken und verwundeten deutschen Ritter zu versorgen. Daraufhin boten Kaufleute aus Lübeck und Bremen den deutschen Landsleuten Schutz und Pflege. Mit den Segeln ihrer Schiffe errichteten sie ein notdürftiges Hospital und gründeten am 19. November 1190 den „Orden von St. Marien". Der neue Orden nahm nur Deutsche auf und gründete beim Fall von Akkon am 11. Juni 1191 das erste Hospital.

Am 5. März 1198 wandelte der Papst den Hospitalorden in einen Ritterorden um. Da die Johanniter den schwarzen Mantel mit weißem Kreuz, die Templer den weißen Mantel mit rotem Kreuz trugen, wählte der Deutsche Ritterorden, gegen den energischen Protest der Templer, den weißen Mantel mit dem schwarzen Kreuz. Damit wurden damals die Farben und die Form zusammengestellt, die in der Fahne Preußens, dem Eisernen Kreuz und dem Balkenkreuz der späteren deutschen Armeen erhalten geblieben sind.

Auch der Deutsche Ritterorden wurde, hauptsächlich durch großen Landbesitz, bald reich. Ab 1200 erwarb er in Deutschland Besitz; sein Mittelpunkt wurde Marburg. Der Hochmeistersitz blieb bis 1291 in Akkon. Erst unter dem vierten Hochmeister, dem aus Thüringen stammenden Hermann von Salza (1209–1239), begann die historische Rolle des Ordens. Es war dieser große Staatsmann, der sich zur Unterwerfung der Prußen entschloß und den Ordensstaat Preußen begründete.

Der Ritterorden entschließt sich zum Kampf

Hochmeister Hermann von Salza erkannte, daß die christliche Position in Palästina nicht mehr lange zu halten sein würde. Daher sah er sich rechtzeitig nach einer neuen, zukunftsträchtigeren Aufgabe für seinen Orden um. Ein erster Versuch 1211 auf einen Hilferuf des Königs Andreas von Ungarn, Siebenbürgen gegen die Einfälle der heidnischen Kumanen zu schützen, mißlang nach einigen Jahren. Der Orden hatte die Kumanen erfolgreich abgewehrt, fünf Burgen gebaut (darunter eine Kreuz- und eine Marienburg), das Land mit deutschen Bauern besiedelt und neben anderen Orten Kronstadt gegründet. Nach dieser erfolgten Hilfeleistung wurde er aber 1225 vom Kronprinzen Béla IV. vertrieben.

Gegen Ende des Jahres 1225 machten sich die Gesandten Herzog Konrads mit einer Bittschrift und großen Versprechungen auf den Weg zum Orden. Während im Frühjahr 1226 Hermann von Salza im Gefolge des Kaisers der Lombardei entgegenzieht, tritt die polnische Gesandtschaft vor ihn und bittet um Hilfe gegen die Prußen. Als Gegenleistung bietet Herzog Konrad das in der Hand der Prußen befindliche Kulmerland und einen Streifen polnischen Grenzlandes sowie das zu erobernde Land der Prußen, also nichts außer dem Grenzstreifen, worüber der Herzog verfügte. Der Hochmeister aber sah hier die Möglichkeit, eine bleibende Heimat für den Orden zu erwerben. Nach der Erfahrung in Ungarn war er aber vorsichtig und ging nicht sogleich auf das Angebot der Polen ein. Um sich jedoch ein genaues Bild zu machen, schickte er den Ritter Konrad von Landsberg mit einem zweiten Ritter und einigen Begleitern zur Erkundung an die Weichsel. Herzog Konrad wies ihnen dort die Burg Vogelsang zu, die auf einer Anhöhe gegenüber dem heutigen Thorn lag.

Die politische Lage schien für die Errichtung eines eigenen Staates in Preußen günstig zu sein. Nach allseitigen Beratungen beschloß die Ordensführung, auf das Angebot Herzog

Der 1190 von Lübecker und Bremer Kaufleuten gegründete „Orden von St. Marien", ein Hospitalorden, der nur Deutsche aufnahm, wurde 1198 vom Papst in einen Ritterorden umgewandelt. Gegen den Widerstand der Templer, deren Zeichen ein weißer Mantel mit rotem Kreuz war, wählte der Deutsche Ritterorden den weißen Mantel mit schwarzem Kreuz – ein Symbol, das in diesen Farben und in dieser Form später in die Fahne Preußens und das Eiserne Kreuz einging.

Konrads einzugehen, aber nur wenn eindeutige und ganz sichere rechtliche Grundlagen dafür geschaffen werden konnten.

Um einen zweiten Fehlschlag wie den in Ungarn zu vermeiden, mußte der Hochmeister diesmal geschickter vorgehen. Er war nicht gewillt, noch einmal die Kraft des Ordens für eine Sache einzusetzen, die am Ende nichts einbringen würde. Auf keinen Fall wollte er das Land der Prußen für die Polen erobern, sondern seinen eigenen Staat gründen. Dazu brauchte er bessere Rechtsgrundlagen, als wie der Herzog von Masowien sie bieten konnte. Er brauchte Zustimmung, Auftrag und Schutz von Kaiser und Papst, den höchsten Autoritäten jener Zeit. Dem Hochmeister war völlig klar, daß der Polenherzog über das Land der Prußen gar nicht verfügen konnte, weil es ihm nicht gehörte. Nach der Rechtsauffassung jener Zeit konnte aber sehr wohl der Kaiser und der Papst darüber verfügen, weil heidnisches Land als herrenlos galt und dem gehören sollte, der es eroberte und christianisierte. Mit der Zustimmung der beiden Mächte würde der Orden die höchstmöglichste Sicherheit für sein Vorhaben erhalten.

Fritz Gause schreibt hierzu: „Diese nicht leicht zu verstehenden Grundlagen des Ordensstaates müssen wir kennen, weil wir wissen müssen, daß der Staat, mit dem Preußen in die abendländisch-europäische Geschichte eingetreten ist, nicht Entdeckungsfahrten und Eroberungszügen seine Entstehung verdankt oder Kämpfen zwischen Trappern und Indianern, sondern der staatsmännischen Planung eines politischen Genies, daß er nicht das Werk bedenkenloser Conquistadoren war, sondern im Auftrag der höchsten Autoritäten der damaligen Welt geschaffen wurde."

Als wichtigster Berater des Kaisers erhielt der Hochmeister bald dessen Zustimmung. Im März 1226 garantierte Kaiser Friedrich II. durch die *Goldene Bulle von Rimini* sowohl das von Herzog Konrad „geschenkte" Kulmerland als auch alles weitere noch zu erobernde Gebiet, also das gesamte Land der Prußen, dem Orden als unabhängigen Staat. Die prachtvolle Pergamenturkunde mit dem goldenen Siegel ist erhalten und befindet sich unter den Dokumenten des Königsberger Staatsarchivs in Göttingen. Die Urkunde endet mit diesem bedeutsamen Absatz: „Wir genehmigen und bestätigen diesem Meister, seinen Nachfolgern und seinem Hause für alle Zeit, daß sie das genannte Land [...] wie ein altes Reichsrecht in Freiheit ohne Dienstleistung und Steuerpflicht, ohne irgendwelche gemeine Lasten innehaben und niemand für dies ihr Land Rechenschaft schuldig sind [...] Wir fügen dem aus unserer besonderen Gnade hinzu, daß dieser Meister und seine Nachfolger in ihren Ländern die Obrigkeitsrechte haben und ausüben, wie sie einem mit den besten Rechten ausgestatteten Reichsfürsten in seinem Lande zukommen, auf daß sie gute Sitten einführen und Gesetze geben, durch die der Glaube der Christen gestärkt werde und ihre Untertanen sich in allem des Friedens und der Ruhe erfreuen."

Eine ähnlich eindeutige Zusage vom Papst zu erhalten, war schwieriger, denn weitgehende Versprechungen waren seinerzeit Bischof Christian gemacht worden. Papst Honorius III., der eine maßvolle Politik gegenüber dem Kaiser betrieben hatte, starb im März 1227. Sein Nachfolger, Gregor IX., ging schärfer vor und sprach schon im September den Bannfluch über den Kaiser aus. Aber auch er trat für die Unterwerfung der Prußen ein, um sie unter Ausschaltung des Kaisers nur der Römischen Kirche untertan zu machen. Er gab dem Hochmeister daher verbindliche Zusicherungen. Bevor er aber das Land der Prußen offiziell dem Orden übereignen konnte, mußte er eine günstige Gelegenheit abwarten, um Bischof Christian auszuschalten. Dieser Fall trat ein, als Christian 1233 in prußische Gefangenschaft geriet. Erst dann übertrug auch der Papst alles eroberte und noch zu erobernde Land der Prußen dem Orden mit allen Rechten zu ewigem Besitz.

Die Planung der Ordensführung zog sich in die Länge. Durch den Ritter Konrad von Landsberg, der sich von der Burg Vogelsang aus ein genaues Bild über die Lage gemacht hatte, wußte der Orden, daß die Berichte der Polen über die „täglichen Überfälle der wilden Prußen" nicht der Wahrheit entsprachen. Er ließ sich daher nicht durch das Drängen des Herzogs zu voreiligem Eingreifen verleiten. Der Herzog hätte auch ohne Schwierigkeiten mit den Prußen Frieden schließen können, denn sie wollten nichts, was dem Herzog gehörte. Als christlicher Fürst durfte er das aber nicht. Zudem mußte die Unterwerfung der Prußen in nächster Zeit ohnehin erfolgen, von welcher Seite sie auch immer durchgeführt werden würde. Dabei wollte er eine so wichtige Rolle wie nur möglich spielen, um trotz gegenteiliger Versprechungen doch noch Ansprüche zu stellen. Diese würden sich mit den „täglichen Einfällen der wilden Prußen" in sein „friedliches" Land und mit weiteren unwahren Darstellungen gut begründen lassen.

Über die Verfügung des Kaisers brauchte er sich keine Gedanken zu machen, denn der Papst hatte unter Androhung ewiger Höllenstrafe befohlen, dem Kaiser jeglichen Gehorsam zu versagen. Wie in Livland der Schwertbrüderorden dem Bischof von Riga unterstand, so würde schließlich auch der Deutsche Ritterorden dem Bischof von Preußen unterstellt werden, glaubte der Herzog, und Bischof Christian stand auf seiner Seite. Daß dieser der rechtmäßig eingesetzte Bischof war, dem schon das Amt des Erzbischofs zugesagt worden war, würde auch der Orden anerkennen müssen, und dem Wort des Papstes würde auch er gehorchen müssen. Zudem hatte Herzog Konrad gute Fürsprecher in Rom. So setzte er den Grenzkrieg mit den Prußen unvermindert fort und nahm ihre Vergeltungsschläge in Kauf, um sie entsprechend aufzublähen und so seinen Plänen dienlich zu machen.

Die Geschichtsschreibung berichtet an dieser Stelle in der Regel, daß die streitsüchtigen Prußen fortwährend in Masowien einfielen, um die Bevölkerung auszurauben und ihr Land zu verwüsten. Dem geschichtskundigen Leser drängt sich dabei die Frage auf, was es denn bei den armen Polen zu rauben gab, das die stets als wohlhabend beschriebenen Prußen zu diesen Einfällen verlockte. Nahm der Pruße etwa einen Sack Getreide und legte ihn vor sich auf sein Pferd, um damit heimzureiten, oder zog er dem Bauern gar den verlausten Rock aus, um ihn selber zu tragen? Viel mehr war dort nicht zu finden. Die Beute eines solchen Raubzuges, falls es überhaupt eine gab, dürfte ziemlich mager ausgefallen sein und den Aufwand gewiß nicht gelohnt haben. Es muß also andere Gründe für prußische Einfälle gegeben haben.

Vom ersten Erscheinen der Polen an den prußischen Grenzen führt ein Weg von Raub, Mord und schrecklicher Verwüstung durch alle Jahrhunderte der Geschichte, zum großen Leidwesen der Bewohner des Preußenlandes. Daß die Polen sich nie geändert haben, können besonders die Vertriebenen bezeugen, die nach dem Zweiten Weltkrieg total ausgeplündert wurden und denen die Polen in vielen Fällen sogar die Kleider vom Leibe rissen. Damals aber sollen auf einmal die Prußen zu Räubern geworden sein? Nirgendwo gab es einen Zipfel Land, den die Prußen den Polen genommen hatten, wohl aber saßen die Polen auf ehemals prußischem Boden. Den wenigen Einfällen der Prußen in masowisches Gebiet, die glaubhaft belegt sind, gingen stets polnische Provokationen voraus.

Vor der Frühjahrsbestellung des Jahres 1228 brachen die Prußen wieder zu einem Ritt nach Masowien auf und taten damit genau das, was Herzog Konrad zur Erreichung seiner Ziele brauchte. Schließlich verfolgte er den Zweck, den Grenzkrieg in Gang zu halten. Ein solches Unternehmen der Prußen gehörte aber auch zu der präventiven Kriegführung, wenn es keine Vergeltung für polnische Überfälle war.

Die Verhandlungen des Ordens mit Herzog Konrad und Bischof Christian gestalteten sich äußerst schwierig, zumal der Hochmeister mit dem Kaiser auf dem Kreuzzug war. Zwar drängten beide darauf, der Orden solle so schnell wie möglich den Kampf gegen die Prußen aufnehmen, aber den Vertrag in der vom Orden gewünschten Form versuchten sie mit allen Mitteln zu vermeiden. Der Ordensgesandtschaft, unter dem Komtur Philipp vom Ordenshaus Halle, blieb es nicht verborgen, daß Herzog und Bischof andere Pläne im Sinn hatten, als sie vorgaben. Der Herzog wollte die Prußen besiegt haben, um dann ihr Land zu übernehmen, aber keinen selbständigen Staat mit einem starken Heer als neuen Nachbarn, bei dem die geplante Übernahme nicht möglich sein würde. In Wahrheit wollten Herzog und Bischof, daß der Orden die Prußen für sie unterwerfen würde, um dann unter ihrer Herrschaft weiter beschäftigt oder fortgeschickt zu werden. Der Orden war aber entschlossen, keine Hand zu rühren, bevor nicht seine Rechte im Sinne der kaiserlichen Bulle eindeutig gesichert waren.

Der Frühjahrsritt der prußischen Reiter, die in des Herzogs Land ungestört umherstreiften, scheint den Herzog und den Bischof jedoch wieder an den Ernst ihrer Lage erinnert zu haben, denn am 23. April 1228 wurde ein Vertrag abgeschlossen, der dem Orden den Besitz aller Länder, die er erobern würde, als erbliches Eigentum mit den Rechten eines deutschen Reichsfürsten zusicherte. Da die erneute „Schenkung" des Kulmerlandes nicht zu verwirklichen war, weil der Herzog es nicht besaß, schenkte er, als Ausgangsbasis für das geplante Unternehmen, das Dorf Orlow in Kujawien dazu. An die Urkunde hängte der Herzog noch „sein und seiner Brüder, aller Herzöge in Polen" Siegel im Namen von ganz Polen, denn er war überzeugt, daß ihn sein Streben nach dem Seniorat von Krakau an die Spitze Polens bringen würde.

Obwohl dieser Vertrag das Kulmerland und alle anderen prußischen Gebiete dem Orden zuerkannte, ließ er nach Ansicht der Ordensführung doch noch einiges offen. Sie betrachtete ihn deshalb nur als eine Bescheinigung der ursprünglichen „Schenkung", und er konnte ihr nicht genügen, um die von den Polen geforderte Zusage für sofortiges militärisches Eingreifen zu geben. Der Orden traute den Polen nicht und wollte noch bessere Garantien haben. Der Vertrag hatte aber den vorläufigen Wert, die preußische Sache nicht ganz fallen zu lassen. Die endgültige Entscheidung sollte nach der Rückkehr des Hochmeisters gefällt werden.

Kaum war der Vertrag unterschrieben, suchte Herzog Konrad einen Ausweg. Auf Anraten Bischof Christians, der sich nach der Zerstörung seiner Burg in Masowien aufhielt, und im Einvernehmen mit Bischof Günther von Plock beschloß Herzog Konrad einen eigenen Ritterorden nach dem Vorbild der deutschen Schwertbrüder in Livland zu gründen, die dort seit 1202 das Land für die Bischöfe von Riga eroberten. Wenn das gelang, würde er seine Ziele auch ohne den Deutschen Ritterorden erreichen können. Die Gründung dieses polnischen Ritterordens erfolgte noch im gleichen Jahr (1228). Herzog Konrad nannte ihn „Die Brüder vom Ritterdienst Christi in Preußen" und gab ihm das Gebiet von Dobrzin.

Die Gründungsurkunde des Ordens ist bezeichnend für die polnischen Verhältnisse. Unter den 15 aufgeführten Rittern ist nicht ein einziger Pole. Alle sind Deutsche aus Mecklenburg. Nach einem Vertrag zwischen dem Herzog und seinem Orden sollte das zu erobernde Land der Prußen jedem zur Hälfte gehören. Die Ritter lebten nach den Regeln des Schwertbrüderordens und trugen ähnlich wie jene einen roten Stern auf weißem Mantel. Sie waren aber mehr Großgrundbesitzer als Krieger und siedelten viele deutsche Bauern in ihrem Gebiet an. Der Bischof und das Domkapitel von Plock verzichteten auf viele Rechte zugunsten des Ordens. Die Ritter und die deutschen Siedler waren unter anderem von allen Zöllen und dem Zehnten befreit. Eine Bulle des Papstes lobte Bischof Christians Bemühen und bestätigte den Dobriner Orden als geistlich-ritterliche Neugründung. Über irgendwelche militärischen Unternehmen dieser Ritter weiß die Geschichte nichts zu berichten. Ihre Reste verschwanden 1235 durch ihre Übernahme in den Deutschen Ritterorden; ihr Land fiel wieder an Masowien zurück.

Noch einmal wurden die Prußen westlich der Weichsel durch einen Missionar beunruhigt. Während Bischof Christian, der sich als rechtmäßiger geistlicher Herrscher über ganz Preußen betrachtete, auf die gewaltsame Unterwerfung der Prußen wartete, bemühte sich jetzt Wilhelm von Modena um die friedliche Bekehrung und scheinbar mit gutem Erfolg. Zum Jahre 1228 berichtet Albericus von Troisfontaines, daß der Legat die Sprache der Prußen erlernt und viele von ihnen bekehrt habe. Er habe auch den Donat (das Lateinlehrbuch des Mittelalters) ins Prußische übersetzt, um ein Lehrbuch für künftige Priesterschulen zu haben.

Bischof Christian empfand die eifrige Missionstätigkeit des päpstlichen Legaten als eine provozierende Einmischung in sein Amt. Es konnte nicht ausbleiben, daß die beiden Bischöfe dabei hart aneinandergerieten. Vielleicht war auch das ein Grund, warum Bischof Christian bei der Aufteilung Preußens in Bistümer durch Wilhelm von Modena im Jahre 1243 übergangen wurde. Die erfolgreiche Missionsarbeit Modenas wird auch vom Papst in der Bulle vom 18. Januar 1230 bestätigt, die den Orden zum Vorgehen gegen die Prußen auffordert, „aber nicht, soweit sie den Bischof Wilhelm von Modena aufgenommen haben".

Der Vertrag von Kruschwitz

Im Sommer 1229 kehrte der Hochmeister mit dem Kaiser von Palästina nach Italien zurück. Nun stand die schwerste Aufgabe seines Lebens vor ihm: die Aussöhnung zwischen Papst und Kaiser, die ihm nach langen, klug geführten Verhandlungen erstaunlicherweise gelang. Leider wurde daraus nur ein neunjähriger Waffenstillstand, bis der Bannfluch den Kaiser erneut traf.

Der Hochmeister konnte sich deswegen erst gegen Ende des Jahres wieder der preußischen Sache widmen. Nun drängte auch der Papst den Orden, sich mit den Versprechungen Herzog Konrads zu begnügen und den Kampf gegen die Prußen endlich aufzunehmen. Er bestätigte den Vertrag von 1228 und forderte am 18. Januar 1230 den Orden mit diesen Worten zum Handeln auf: „Wir ermahnen Euch, um jenes Land den Händen der Preußen [Prußen] zu entreißen, zur Rechten und zur Linken durch Gottes Wort gewappnet, tapfer vorzugehen, damit durch Gunst der göttlichen Gnade und Euren Dienst die heilige Kirche […] an Zahl und Verdienst der Gläubigen sich mehre und Ihr das Hundertfache auf Eurem Wege und das ewige Leben im Vaterlande empfangen möget."

Das sagte jedoch nichts hinsichtlich des Planes eines Ordensstaates. Der Hochmeister wollte aber außer dem himmlischen Lohn die bleibende Heimat für seinen Orden nicht vergessen. Auch gegen etwaige spätere polnische Ansprüche wollte er ganz sicher sein, bevor der Kampf begann. Nach den bisherigen Erfahrungen bezweifelte die Ordensführung die Ehrlichkeit der Polen und forderte nochmals eine eindeutige, unanfechtbare Versicherung, obwohl die Polen inzwischen schon fünf Schenkungsurkunden dem Orden übergeben hatten.

Als die Ordensgesandtschaft, die zu Beginn des Jahres 1230 in Masowien weilte, ohne die geforderten eindeutigen Zusicherungen zurückkehrte, entschloß sich die Führung zu einem letzten Versuch, der auf Biegen und Brechen des ganzen Unternehmens eine Entscheidung herbeiführen mußte. Der Orden ließ von sich aus eine Urkunde für Herzog Konrad aufsetzen, die in aller Deutlichkeit seine Lage, wie er sie selber darstellte, und den Zwang, der sich daraus ergab, schilderte und die Rechte formulierte, die der Orden als notwendig betrachtete, um entsprechend der kaiserlichen Goldbulle die Unabhängigkeit seines zukünftigen Staates zu sichern. Mit dieser Urkunde reiste eine Gesandtschaft nochmals zu Herzog Konrad und forderte letztmalig eine klare Entscheidung. Nach langen Beratungen akzeptierte der Herzog schließlich die Formulierung und vollzog das Dokument, denn es blieb ihm kaum eine andere Wahl.

Bisher waren die prußischen Reiter immer wieder abgezogen; nicht auszudenken, wenn sie einmal dableiben würden. Die Erwartungen, die Konrad in seinen Dobriner Ritterorden gesetzt hatte, blieben unerfüllt; die erhofften Ritterscharen aus deutschen Landen waren nicht herbeigeströmt. Der Herzog befürchtete, daß bei seiner Ablehnung die Christianisierung der Prußen von anderer Seite erfolgen würde und er dann in einer noch schlechteren Position sein könnte. Beim Deutschen Ritterorden, der keinen Staat besaß und unter dem Befehl des Papstes stand, hoffte er trotz aller Verträge doch noch viel mehr zu erreichen, als wenn ein anderer Herrscher die Christianisierung der Prußen durchführen würde.

In diesem Vertrag zu Kruschwitz, der im Juni 1230 abgeschlossen wurde, verzichtete Herzog Konrad nochmals mit aller Deutlichkeit und „zu ewigem Besitz" auf das Kulmerland und alle zu erobernden Gebiete. „Mit seines Weibes und seiner drei Söhne Zustimmung" versicherte der Herzog, daß alles gegeben wäre „zu wahrem und dauerndem Eigentum und zu vollem Rechte und wahrem Dominium [Eigentum]". Nicht das geringste Hoheitsrecht über prußisches Gebiet, einschließlich des Kulmerlandes, blieb für Konrad, seine Erben und Nachfolger. In Wahrheit verschenkte der Herzog nichts, was er je besessen hatte. Bestenfalls konnte er dem Orden einen Anspruch auf diese Gebiete überlassen. Der Vertrag beseitigte aber alle Zweifel und schuf eine unantastbare rechtliche Grundlage. Er gab dem Orden die Gewißheit, daß die Polen nach der Eroberung keine Besitzansprüche stellen konnten.

Wie berechtigt das Mißtrauen war, das der Orden gegen die Polen hegte, zeigte sich bald. Trotz all dieser Mühe und Vorsicht forderten sie die vom Orden eroberten prußischen Gebiete. Die polnische Geschichtsschreibung, auch die neuere, stellt den Vertrag von Kruschwitz einfach als eine Fälschung hin, obwohl auch die päpstliche Bulle vom 17. September 1230 diese „Schenkung" Herzog Konrads bestätigt und in ihren Ausführungen genau diesem Vertrag entspricht. Auch die wissenschaftlichen Untersuchungen haben die Echtheit der Urkunde einwandfrei festgestellt.

Bemerkenswert ist, daß Herzog Konrad sich nicht in seiner festen Burg in Plock aufhielt, sondern in Kruschwitz, das nur ein paar Reitstunden von der prußischen Grenze entfernt

lag. Wenn die Prußen, wie er behauptete, jeden Tag mordend und brennend in sein Land einfielen, dann muß er ein sehr tapferer Mann gewesen sein, denn offensichtlich fürchtete er
sich nicht vor ihnen, obwohl sie doch – so wie er stets behauptete – jederzeit vor seiner
Haustür hätten erscheinen können. Oder waren die Prußen gar nicht so böse?

In dem gesonderten Vertrag mit Bischof Christian übergab dieser dem Orden alle ihm angeblich zustehenden Besitzungen im Kulmerland, wobei er sich sehr vorsichtig ausdrückte.
Er übergibt seine Rechte „in allen Gütern des kulmischen Landes, die Herzog Konrad dem
Orden, unbeschadet unserer Rechte, erlaubterweise hat übertragen können". Der Orden sicherte ihm den Zehnten im Kulmerland, 200 Hufen (3.380 Hektar) und fünf Höfe zu je fünf
Pflügen (je 84,5 Hektar) nach eigener Wahl zu. Zur Bekehrung der Heiden gehörte also auch
der „Erwerb" großer Ländereien. Der Bischof von Preußen konnte zu dieser Zeit kaum eine
Gemeinde, geschweige denn eine Diözese vorweisen, dafür aber enormen Grundbesitz. Er
betrachtete sich noch immer gleichwertig mit dem Ritterorden als Führer des bevorstehenden Unternehmens und als künftiger Erzbischof von ganz Preußen. Auch mit dem Dobriner
Orden wurde ein Vertrag abgeschlossen, in dem dieser auf alle Besitzansprüche in Preußen
verzichtete.

Mit diesen Verträgen hatte der Orden endlich sein Ziel erreicht, das er sich für die Verhandlungen mit den Polen gesetzt hatte. Nun erst war er bereit, den Kampf zur Unterwerfung der Prußen aufzunehmen. Noch stand zwar die päpstliche Verleihung aus, die dem Orden aber sicher war und 1234 auch erteilt wurde. Die Kurie setzte nun alle Mittel in Bewegung, um das Unternehmen in Gang zu bringen. In der Bulle vom 17. September 1230 forderte der Papst die Dominikaner auf, von allen Kanzeln das Kreuz gegen die Prußen zu predigen. Wieder wurde der Kreuzzug einer Pilgerfahrt ins Heilige Land gleichgestellt. Außer-
ordentliche Vergünstigungen wurden geboten, sogar die Absolution für die Mißhandlung
von Priestern, Brandstiftung und ähnlichen schweren Delikten. All diese Gnadenmittel sollten sogar für die gehaßten und verdammten Ghibellinen (die Anhänger der kaisertreuen Partei Italiens) gelten. Ohne Umstände willigte die Kirche in die Ehescheidung der Gatten, wenn
sie zum Kreuzzug gegen die Prußen bereit waren. Die Kreuzfahrer verpflichteten sich für ein
Jahr oder bis zum Abschluß einer größeren Kampfhandlung. Sie konnten rauben, morden,
brennen, vergewaltigen und sündigen nach Herzenslust, denn sie wußten, daß der Himmel
ihnen sicher war. Die Würfel waren gefallen. Die Streiter Christi rüsteten sich zum Kampf;
das große Sterben der Prußen konnte beginnen.

»Sie kamen, Volk um Volk, von Abend, von Mittag, von Norden,
sie haben ihr rotes warmes Blut im Kampf um mich vergossen;
sie haben mein Blut in Brot und Frucht, in Honig und Milch genossen,
bis sie Blut meines Blutes, bis sie Hauch meines Hauchs, bis sie Staub meines Staubs geworden,
sie krönten mit Ähren mein braunes Gesicht, sie wirkten mein braunes Gewand,
sie hämmerten kunstreich den Mantel, bis er steinern und starr mich umstand.«
AGNES MIEGEL (1879–1964)

4. Der Eroberungskrieg des Deutschen Ritterordens
(1230–1283)

Mit dem Schwert für Christus

Die Kirche hatte den Höhepunkt ihrer Macht erreicht und sah ihr Endziel in der Errichtung eines Gottesstaates auf Erden, um dessen Verwirklichung sich die Päpste mit wechselndem Erfolg bemühten. Der Weg der friedlichen Bekehrung zum Christentum war längst verlassen worden. Die Heiden mit dem Schwert zu bekehren, war Aufgabe und Sinn des christlichen Denkens geworden und bedeutete höchsten Dienst für Gott und die Kirche. Von dieser Auffassung wurde der Ritterorden ebenso beherrscht wie überhaupt jeder Mensch dieser Zeit, denn eine Alternative zu diesem Denken gab es nicht. Jedem anderen Gedankengang drohten Folter und Feuertod. Die Länder der Heiden sollten als herrenloses Land demjenigen gehören, der sie mit Gewalt dem christlichen Glauben unterwarf. Mit dieser Ansicht wurden die christlichen Herrscher gedrängt, sich die Länder ihrer noch heidnischen Nachbarn anzueignen. Auf dieser Grundlage hatte schon Karl der Große im Frühjahr 772 die grausamen Kriege gegen die Sachsen begonnen. Ein Beschluß der fränkischen Reichsversammlung, „das Volk der Sachsen solange zu bekriegen, bis es ausgetilgt ist oder das Christentum angenommen hat", gilt für alle Jahrhunderte der Christianisierung der germanischen Stämme, bis hin zur Unterwerfung der Prußen.

Dem mittelalterlichen Menschen war es nicht gegeben, seine Wahl in religiösen Dingen selbst zu treffen. Nur das unbedingte Glaubensbild galt, das von der Kirche verkündet wurde, und jede von ihren Lehren abweichende Meinung wurde als Ketzerei verdammt. Die Kirchenpredigt verstand es, die Majestät des Glaubens über alle Eigenheiten völkischen Lebens oder nationaler Einheit zu stellen und jeden, der sich weigerte, Christ zu werden, mit allen Mitteln weltlicher Macht zu vernichten. Die Christianisierung war ein Triumph über das Heidentum, und zum Ruhme Gottes stieß man dem Heiden das Schwert in die Brust.

Diese Einsicht führt zu jenen Geschehnissen, in denen eingewachsenes Volkstum weichen oder völlig verschwinden mußte. Die Zusammenballung staatlicher Kräfte mit denen der

Kirche ergab eine Macht, der ganze Volksgruppen zum Opfer fielen. Das erschütternde Drama, das nun das Volk der Prußen zum größten Teil vernichten sollte, hatte sich in wechselnden Formen schon hundertmal vorher abgespielt. So wie die Prußen hatten sich auch andere Volksgruppen mit aller Kraft gegen die Christianisierung gewehrt und waren zu großen Teilen oder sogar ganz ausgelöscht worden. Der Grad der Vernichtung stand in der Regel im direkten Verhältnis zum Widerstand; je mehr sich das Volk wehrte, um so totaler war seine Vernichtung. Die Chroniken des Mittelalters fließen über vom Blut der Gemordeten.

Wie grausam gegen solche vorgegangen wurde, die zu „Feinden des Glaubens" erklärt wurden, zeigt die Vernichtung der Stedinger (ein Bauernvolk an der Weser), die keine Heiden, sondern Christen waren und nur ihre brutalen Unterdrücker loswerden wollten. Man will es heute kaum glauben, daß diese „Streiter Christi" auch den Kindern des eigenen Volkes, die nicht wußten, um was es ging, die Schwerter in die kleinen Körper stoßen konnten. Der Chronist sagt: „Das Heer Christi durchstreifte das ganze Land und schlachtete alles ab, was da lebte, mit Ausnahme des Viehs. So wurde dieses Volk ausgetilgt, und nicht einmal seine Kinder wurden geschont, weil aus einem schlechten Ei immer nur ein schlechtes Küken kriecht [...]"

Was den Deutschen Ritterorden mit den Stedingern verband, ist unbekannt, aber Kaiser Friedrich II. dankte ihnen in einem Schreiben vom 24. Juni 1230 für „viel Gunst, Nutzen und Ehre", die sie dem Orden erwiesen haben. Dieses Beispiel veranschaulicht deutlich die Verhältnisse des Mittelalters und stellt im Vergleich dem Deutschen Ritterorden ein Zeugnis besserer Menschlichkeit aus, als sie damals allgemein üblich war. Es zeigt auch, daß die gewaltsame Christianisierung der Prußen kein außergewöhnliches Unternehmen war und schon gar nicht die Durchführung einer nationalen deutschen Eroberungspolitik. Der Orden tat nichts anderes, als was zuvor die Schweden in Finnland getan hatten, die Dänen in Estland und was der Schwertbrüderorden jetzt in Livland tat. Bei diesem Kampf stießen zwei grundverschiedene Welten aufeinander, die einander nicht verstehen konnten und auch nicht wollten. In dem gewaltigen Zusammenprall ging das Volk der Prußen unter. Seine Kultur wurde vernichtet, und vieles davon ging unwiederbringlich verloren. Jedoch das wenige, das erhalten blieb, füllt immer noch Bände und nötigt uns heute noch staunende Achtung vor diesem Volk ab.

Fast alle Chronisten beschreiben die Prußen als tapfere Kämpfer, die mit großem Mut ihre Heimat verteidigten. Nur mit großer Übermacht waren sie zu besiegen, und auch in aussichtsloser Lage streckten sie nicht die Waffen. Manchmal heißt es aber auch, daß sie grausam und blutgierig waren. Die Berichte stammen aber aus den Händen ihrer Feinde, die erwiesenermaßen nicht frei von Vorurteilen gegen die „bösen Heiden" waren. Man darf den Prußen auch einen berechtigten Haß auf die Christen zugestehen, die als gewalttätige Eroberer in ihr Land einbrachen, während sie den Verlust von Heimat, Freiheit und Glauben verhindern wollten, also nach ihrer Ansicht nur ehrenhafte Ziele verfolgten.

Beim Studium aller Quellen gewinnt man den Eindruck, daß die Prußen im allgemeinen fair gegen die Ritterheere kämpften, daß es aber in den Aufständen, besonders im letzten, zu Grausamkeiten und Massenmorden auch an den deutschen Einwanderern von seiten der Prußen kam. Es sollte aber nicht übersehen werden, daß auch die Einwanderer mit allen Mitteln gegen die Prußen kämpften; aber die Chroniken schweigen darüber, wie ritterlich diese ihren Kampf führten. Oft wird zugegeben, daß der Krieg grausam auf beiden Seiten geführt wurde, also die christlichen Ritter nicht anders als die bösen Heiden kämpften. Die grausamsten Untaten verübten aber weder die Prußen noch die Ordensritter, sondern die Kreuzfahrer, unter deren Fahnen sich alles Gesindel zusammenfand, das sich stets über die Anständigen hinwegsetzte und ihren Trieben freien Lauf ließ.

Die Chronisten gestehen, daß vom Ordensheer oft „alle Männer, bis auf den letzten erschlagen", also keine Gefangenen gemacht wurden. Wenn es bei einem erfolgreichen Unternehmen der Prußen heißt: „Viele Männer wurden von den Prußen erschlagen, andere mit Frauen und Kindern als Gefangene fortgeführt", dann wird zugegeben, daß die Prußen das Leben ihrer Feinde möglichst schonten, besonders, wenn es sich um Frauen und Kinder handelte. Die Chronisten lassen keinen Zweifel darüber, daß die grausamen Untaten des langen

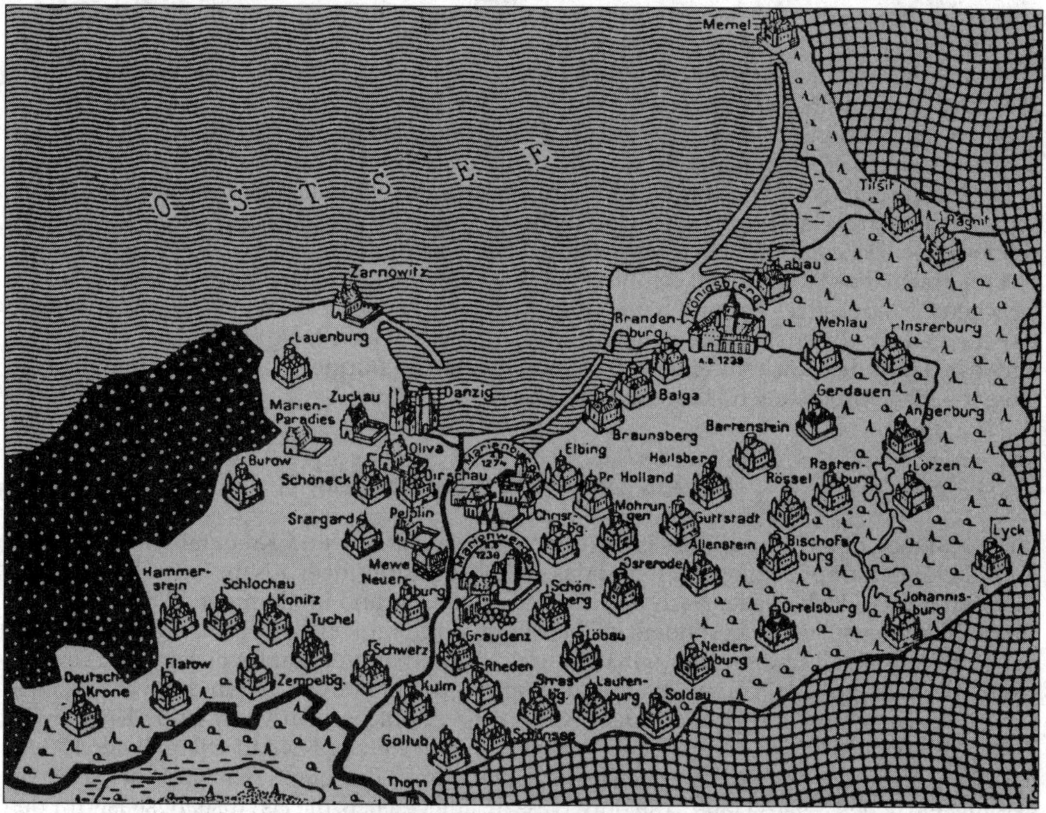

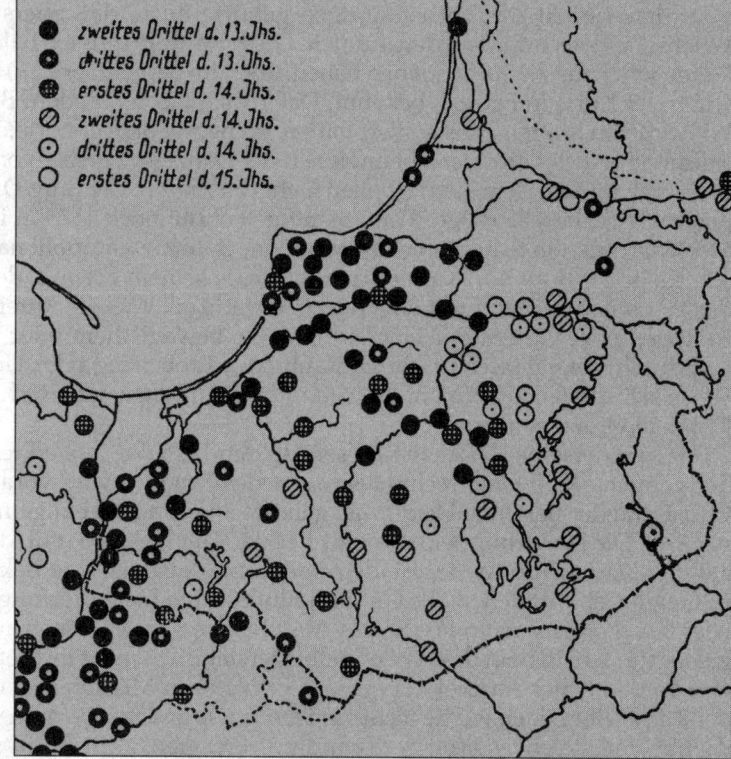

Den Siegeszug der Deutschherren bezeichnen die Burgengründungen (Zeitfolge Karte rechts), um die sich bald Städte bildeten. Thorn entstand 1231, Kulm 1232, Marienwerder 1234, Elbing 1237, Braunsberg 1254 und Königsberg 1255. Zu Beginn des 14. Jahrhunderts erreichten die Städte den Westrand der breiten Wildnis, jener ungeheuren Waldfläche, die das kultivierte Land des Ordens gegen die feindlichen Nachbarn schützte.

Krieges nicht von den Prußen, sondern vom Ordensheer, das heißt von den Kreuzzugsheeren ausgingen. Es ist verständlich, wenn auch die Prußen dadurch veranlaßt wurden, Gleiches mit Gleichem zu vergelten. Leider fehlt der Bericht eines Prußen, der das Ende seines Volkes auch von seiner Warte aus der Nachwelt überliefert hat.

Durch die Missionsarbeit der deutschen Zisterzienser, mehr noch durch die Beziehungen zu den schon christlichen Ländern, war der Götterglaube bei vielen Edlen schon stark unterhöhlt. Als die Niederlage der Prußen erkennbar wurde, beeilten sich immer mehr dieser Fürsten, sich taufen zu lassen. Es war sicher nicht die Glaubensüberzeugung, die sie dazu trieb, sondern das Bedürfnis, den Anschluß an die neue Ordnung und die neuen Herrscher nicht zu verpassen. Ihre Hoffnungen erfüllten sich; sie stiegen in die sozial höchste Klasse der ritterlichen Grundbesitzer auf und hatten damit für sich das beste erreicht. Von solchen Verrätern machte der Orden oft Gebrauch. So mancher Fall ist bekannt, wo einer dieser Prußen die Ordensritter in den Rücken seiner Landsleute führte, ein Burgtor öffnete oder seine Landsleute in einen vorbereiteten Hinterhalt lockte.

Der Krieg gegen die Prußen beginnt

Die Aufgabe des Hochmeisters ist es nun, genügend Ritter und Kreuzfahrer für den bevorstehenden Kampf zu gewinnen und das erste Kreuzfahrerheer auszurüsten. Es wird vermutet, daß der Hochmeister nach dem Frieden von Ceprano im Sommer 1230 selbst nach Deutschland reiste, wo er besonders in Thüringen und Franken Gefolgschaft fand. Der Zug der Ritter, der nach Osten zieht, wird von dem neu ernannten Landmeister von Preußen, Hermann Balk, geführt. Dieser stammt aus Norddeutschland und hat in den vergangenen Kämpfen als tapferer Soldat und kluger Diplomat – er brachte den Vertrag von Kruschwitz zustande – das Vertrauen des Hochmeisters gewonnen. Herzog Konrad übergab den Rittern ein Stück Grenzland, wo der Landmeister jetzt, etwa fünf Kilometer flußabwärts der Burg Vogelsang, ein neues „festes Haus", die Burg Nessau, anlegen ließ, die als Ausgangsbasis für den Angriff gegen die Prußen dienen sollte.

Zu den vielseitigen Vorbereitungen gehörte auch, daß zuerst die Prußen westlich der Weichsel unterworfen werden mußten. Diese Kämpfe müssen bald nach Vollziehung der Urkunde von Kruschwitz begonnen haben, denn im September 1230 waren die Berichte darüber schon der Kurie in Perugia bekannt. Daß dieses Gebiet, in dem Bischof Christian und Legat Wilhelm von Modena missioniert hatten, nicht zu Polen gehörte, ist aus zahlreichen Quellen ersichtlich. Auch von einer Abhängigkeit der Danziger Fürsten von dem Polenherzog, wie die Polen behaupten, ist in allen Quellen nichts zu finden. Die Burg Danzig war die Residenz der pommerellischen Herzöge. Fürst Sambor wohnte noch 1178 in ihr; ihm folgte sein Bruder Mestwin und sein Sohn Subislaw. Mestwins Sohn Swantopolk nahm bis 1263 noch Amtsgeschäfte in der Burg vor. Kaiser Friedrich sagte seinem Freund, dem Hochmeister, nochmals das zu erobernde Land mit folgenden Worten zu: „Was die Ritter des Deutschen Ordens an Personen oder Gütern der Ungläubigen, an beweglichem oder unbeweglichem Eigentum […] durch Gefangenschaft, durch Raub oder Eroberung oder Unterjochung in irgendeiner Weise sich zueignen können, das soll mit vollkommenstem Recht […] als wahres Eigentum […] dem Orden gehören."

Das sagt derselbe Kaiser, der diesen Heiden 1224 die „volle Freiheit" garantiert hatte. Daß der gemeine Raub eine rechtmäßige Art des Erwerbs war, vorausgesetzt, daß der Räuber Christ und der Beraubte Heide war, gehörte allerdings zur allgemeinen Rechtsauffassung jener Zeit. Die Änderung seiner Ansicht erklärt der Kaiser damit, daß er seinen Sinn nicht nur auf die Unterdrückung der Heiden, sondern ebenso auf ihre Bekehrung richten müsse. Seine Gnade gebührt denen, die Gut und Blut für ihre Unterwerfung und Bekehrung einsetzen. Hier ist schon Hermann von Salzas Absicht zu erkennen, einen autonomen Staat in Preußen zu begründen, in dem die Prußen selbstverständlich nicht ihre jetzige Freiheit behalten können. In deutlicher Anspielung auf den erfolglosen Missionsversuch Bischof Christians sagt der Kaiser, der Orden werde nicht aufgeben „wie andere, die nach vergeblicher Arbeit, da man dachte, daß sie etwas erreichen würden, versagten". Mit Recht sah er in Bischof Christian und den päpstlichen Missionsansprüchen Feinde seiner Pläne. Diese Urkunde scheint eigentlich an den Papst gerichtet zu sein.

Nachdem Papst Gregor IX. im Januar 1230 den Ritterorden zum Beginn des Kampfes aufgefordert hatte, erließ er am 17. September eine förmliche Kreuzzugsbulle an die Christenheit zum Kampf gegen die Prußen. In der Burg Nessau war den Winter über alles Notwendige für den Angriff vorbereitet worden, und im Frühjahr 1231 setzte der Landmeister mit seinen Rittern und dem ersten Aufgebot des Kreuzheeres über den Strom, um einen Brückenkopf auf dem östlichen Ufer zu bilden. An der Stelle des späteren Alt-Thorn wurde die erste bleibende Wehranlage auf prußischem Boden errichtet.

Zunächst legten die Ordensleute einen Verhau um eine mächtige Eiche an, die auf einer Anhöhe stand, und sorgten außerdem für einen geschützten Fluchtweg zu den bereitliegenden Booten; denn sie rechneten mit dem unverzüglichen Gegenangriff der Prußen. Die Wehranlage lag aber im unbewohnten Grenzland, und zum Erstaunen der Ritter ließen sich keine Prußen sehen. Offenbar waren sie nicht so kriegsbegeistert, wie die Ritter vermuteten. Die Ordenschronik beschreibt das Übersetzen über die Weichsel so: „Als die erste Ordensmannschaft von der Burg Nessau aus zum anderen Ufer übersetzte und das jenseitige Ufer abfuhr, da sah Hermann Balk und die Seinen eine schöne, große, dicke Eiche auf einem Hügel auf der kulmischen Seite stehen, die ihre starken Äste nach allen Seiten ausbreitete. Dort traten sie aufs trockene Land. Da sie den Ort gründlich besahen, gefiel er ihnen wohl, und es schien ihnen gut, hier eine Feste gegen die Prußen zu bauen. Sie ließen deshalb das gemeine Volk große, dicke Bäume niederhauen und an den Ort bringen. Zuerst bauten sie auf die drei großen und starken Äste der Eiche, weil die in ziemlicher Höhe waren, eine Plattform, die sich mit ihren vier Ecken gleich einem Erker mit Zinnen erhob, damit sie von dort oben desto ferner ins Land sehen und Wache halten konnten, aber auch um mit Schießen von der Höhe den Feind besser beschädigen zu können. Um die Eiche aber hatten sie einen Raum von zwei Morgen mit starken Baumstämmen, die ineinander verschränkt und befestigt waren, umzäunt, wo sich das Volk mit Pferden und dazugehöriger Notdurft aufhalten konnte. Gegen die Weichsel war ein schmaler Gang gemacht worden, da die Brüder allezeit ihre Speise und Trank von Nessau holen mußten, auch im Falle der Not, da sie einen gewaltigen Überfall der Prußen befürchten, die auf dem Vogelsang und zu Nessau um Hilfe ersuchen oder auch in der äußersten Not von da fliehen konnten […] Hermann Balk setzte dahin sieben Brüder und soviel Volk, als er nötig erachtete. Er selbst begab sich aber nach Nessau."

Zunächst wurde die Befestigung an der Eiche zu einer starken Wehranlage ausgebaut und beträchtliche Verstärkungen nachgezogen. Dann gelang es, die drei nächstliegenden Grenzburgen der Prußen zu erobern, die letzte, mit Hilfe eines gefangenen prußischen Edlen namens Pippin, der in der Chronik „ein viel edel Pomesan" genannt wird. Vielleicht wurde er gefoltert; gewiß ließ man ihn nicht ohne massive Drohungen auf seine Burg zurückkehren. An einem heidnischen Festtag, während die prußischen Wachen angeblich berauscht im Schlaf lagen, ließ er die Ordensritter in die Burg, die nach der Einnahme niedergebrannt wurde. Sein Neffe, Pippin II., wurde gefangengenommen, um als Geisel (oder Verräter) bei weiteren Unternehmen dienlich zu sein. Nachkommen dieses Pippin verfügten später über großen Grundbesitz.

Der Orden hatte nun einen ausgedehnten, festen Brückenkopf auf dem Ostufer der Weichsel, von dem aus weitere Angriffe geführt werden konnten. Die Prußen verteidigten ihre Burgen, unternahmen aber weiter nichts. Die unbewohnte Verteidigungszone mit den Wehrburgen auf der prußischen Seite paßt eigentlich gar nicht in die offizielle Geschichtsdarstellung. Denn wenn die Prußen fast jeden Tag raubend und mordend in das friedliche Land der Polen einfielen, wozu unterhielten sie dann auf ihrem Gebiet diese Kette von Wehrburgen? Sie beweisen eindeutig, daß die Prußen sich mehr vor polnischen Überfällen schützen mußten, als die Polen vor prußischen.

Vor dem Ritterorden liegt die ungewisse Zukunft eines Krieges, von dem niemand ahnt, daß sein Ende erst nach 53 Jahren blutigen Ringens erreicht werden wird und daß wohl kaum einer dieser Männer, die hier den Krieg beginnen, erleben wird. Der Orden kann aber mit Zuversicht dem Kampf entgegensehen, denn hinter ihm stehen Kaiser und Papst sowie seine Reserven im ganzen christlichen Europa: ein nahezu unerschöpfliches militärisches und wirtschaftliches Potential, das auch entscheidend für seinen Sieg wird. Über die Prußen, die bisher alle Eroberungsversuche erfolgreich abgewehrt haben, wissen die Ordensritter wenig. Während in ihrer christlichen Welt die Masse der Bevölkerung ihre Freiheit verloren hat und ihren weltlichen und geistlichen Herren dienen muß, lebt hier noch ein letztes Volk in alter germanischer Freiheit und Sitte. Erst später hören die Ritter staunend von den seltsamen Sitten und dem Götterglauben in diesem Land, wo „das grobe künstlosigk volck der Breuszenn" wohnt, das der „Abgöterey" dient und „ungeleret und die Schrifft unwiszen" ist. Es wird gesagt, sie haben keinen Gott und beten Schlangen und Kröten an. Schaudernd hören die Ritter von Menschenopfern, die sie ihren Göttern darbringen, die sie doch angeblich gar nicht haben. Während in ihrer Heimat Scharen von Bettlern die Kirchen umlagern, hören sie, daß bei diesen doch so tief stehenden Menschen niemand zu betteln braucht und jeder Fremde freundlich aufgenommen wird. Auch in der Körperpflege scheinen die Prußen den Rittern weit voraus zu sein, denn der Chronist berichtet weiter: „Uff einem yeglichenn Tag waschenn sie dem hausgesynde und den gestenn ihre füsze [...] etliche geprauchen sich alle Tage der bade [...]"

Was die Chronisten über die Prußen berichteten, ist natürlich von dem gewaltigen Gegensatz geprägt, der zwischen dem Ritter besteht, der für Gott und den wahren Glauben kämpft, und dem Heiden, der automatisch zum Feind erklärt wird, und wenn er nicht das Christentum annehmen will, vernichtet werden muß. Die Ritter sind von ihrem göttlichen Auftrag überzeugt, die Prußen zu bekehren und über sie zu herrschen. Der unüberbrückbare Gegensatz ist, daß die Prußen, statt darüber glücklich zu sein, daß ihnen solche Gnade zuteil wird, in dem Irrtum beharren, daß sie ein Recht auf ihren uralten Glauben haben und auch das Recht, in ihrer angestammten Heimat zu leben, ohne von jemandem beherrscht zu werden.

Die Ritter wußten, daß sie einen mächtigen Gegner vor sich hatten, zu dessen Bezwingung ihre eigenen Kräfte nicht ausreichten, zumal ihre Zahl zu Beginn des Krieges erstaunlich klein war und nur etwas über 200 betragen haben soll. Dazu kamen jedoch Halbbrüder und andere vom Orden Angestellte sowie die stets wechselnde Zahl der Kreuzzügler. Der Orden war immer auf die Unterstützung aus dem Reich angewiesen. Hoffnungen, daß sich größere Teile der Bevölkerung kampflos ergeben und das Christentum annehmen würden, erfüllten sich nicht. Obwohl von Natur aus offen und freundlich, hatten die Prußen im Kampf gegen die Polen das Christentum verachten und hassen gelernt. In den Ordensrittern sehen sie nun räuberische Eroberer, die mit den Polen im Bunde stehen. Gegen diesen Wall von Mißtrauen ist die Aufgabe des Ordens nur mit dem Schwert zu lösen.

Im Jahre 1232 rief eine neue päpstliche Bulle wieder zum Kreuzzug gegen die Prußen auf, in der sogar den von der Kirche Verdammten volle Absolution versprochen wurde. In dieser Bulle wurden den Gläubigen die Berichte unterbreitet, die der polnische Klerus nach Rom gemeldet hatte, um die christliche Welt zum Kampf gegen die Prußen aufzuhetzen. Demnach hatten die Prußen 10.000 Grenzdörfer und viele Klöster und Kirchen zerstört sowie 20.000 Menschen erschlagen und weitere 5.000 als Sklaven fortgeführt. In Wahrheit gab es in ganz Masowien kaum 2.000 Dörfer, und die Prußen hatten nur das eine Kloster Oliva niedergebrannt, das nicht zu Polen, sondern zu Pommern gehörte.

Die Kirche aber nutzte die Lügen als willkommenes Mittel, um nach den bitteren Erfahrungen der Kreuzzüge ins Heilige Land die Gläubigen zu neuen Kreuzzügen gegen die Prußen zu begeistern und in Bewegung zu setzen. Jene Kreuzzüge hatten sich in viele politische, kirchliche und militärische Mächte mit verschiedenen Interessen aufgesplittert, so daß ein Teil der Unternehmen überhaupt nicht gegen die Ungläubigen in Palästina, sondern gegen andere Christen eingesetzt wurde.

Die Kreuzzüge gegen die Prußen dagegen lagen alle in der einen Hand des Ritterordens und waren dementsprechend wirkungsvoll.

In blutigen Kämpfen konnte der Orden den Prußen das westliche Kulmerland entreißen. Ritter und Kreuzfahrer stießen 1232 weichselabwärts vor und eroberten die prußische Grenzburg Althausen, die vom Rand des zur Flußniederung steil abfallenden Geländes weithin das Flußtal beherrschte. Der Orden übernahm die Burg und legte hier den zweiten festen Platz nach

Alt-Thorn an. In dieser starken Burg wurde später das Haupt der heiligen Barbara aufbewahrt, das bei der Einnahme der pommerellischen Burg Sartowitz erbeutet worden war.

Das nächste Ziel war der bekannte Handelsplatz Kulm, der am Höhenrand des Weichselufers an einem wichtigen Übergang lag. Daß dieser Hauptort des Kulmerlandes früher eine bedeutende Rolle gespielt hatte, bezeugen unter anderem viele Funde römischer und arabischer Münzen. Der Orden baute hier sogleich eine starke Burg und legte eine städtische Siedlung an, die sich bald mit deutschen Einwanderern füllte. Besonders wurden Handwerker gebraucht, die der Orden laufend mit günstigen Angeboten im Reich anwarb und ins Land brachte. Während an der Kampffront der blutige Eroberungskrieg weiterging, fing hier ein neuer Staat zu wachsen an, dessen Hauptstadt Kulm wurde.

Nach einer Urkunde vom 11. Januar 1233 hatte Legat Wilhelm von Modena dem Papst gemeldet, daß die Prußen nun zur Annahme des Christentums bereit wären. Erfreut lud Gregor IX. Vertreter der Prußen nach Rom ein, um den Übertritt rechtskräftig zu vollziehen. Wie es zu diesem Mißverständnis kam, ist heute nicht mehr festzustellen. Niemals trat eine größere Gruppe der Prußen freiwillig zum Christentum über. Weder Legat noch Papst ahnten, daß ihnen noch 50 Jahre Krieg bevorstanden und beide das Ende des blutigen Ringens nicht erleben würden.

Inzwischen hatten die Ordensritter in Alt-Thorn festgestellt, daß ihre Burg im Überschwemmungsgebiet der Weichsel lag. Sie suchten deshalb einen besseren Platz und fanden diesen etwa acht Kilometer stromaufwärts, wo die Erhebungen eines Landrückens bis an den Strom heranreichten und das Flußbett einengten. Einige Bäche lieferten Wasser und konnten zum Betrieb von Mühlen und zur Bewässerung der Stadt- und Burggräben aufgestaut werden. Es gab hier keine prußische Siedlung, denn auch diese Stelle lag in dem unbewohnten Grenzstreifen entlang der Weichsel. Nirgendwo wohnten Prußen an oder nahe am Ufer eines Gewässers, das die Grenze zu den Polen bildete.

Der Bau der neuen Burg Thorn auf der höchsten Stelle und der Umzug der Siedler von Alt-Thorn erfolgte im Sommer 1233. Wenn der Thorner Chronist 1236 als Gründungsjahr angibt, hat er sich geirrt, oder er meint damit die Fertigstellung des ersten Bauabschnitts. Die Handfeste vom Dezember 1233 regelte die weitere Entwicklung der Stadt. 1347 gab es dort 330 steuerpflichtige Grundstücke, von denen jedes Erbgrundstück sechs Pfennige im Jahr zahlte. Die Burg in Alt-Thorn blieb bestehen und wurde als Gutshof weiter bewirtschaftet. Durch die Schiffahrt begünstigt, entwickelte sich Thorn schnell zur „Königin der Weichsel" und wurde Sammelpunkt für die Kreuzfahrer und Waffenplatz der Unternehmen gegen die Prußen. Die neue Ordensburg wurde 1255 bis 1263 in Stein ausgebaut. Da die meisten fahrenden Händler über Thorn ins Land kamen, boten sie hier ihre Waren zuerst an. Diese Gewohnheit der „Thorner Niederlage" wurde später Gesetz.

In einem Land, wo es, abgesehen von den alten Handelsstraßen, nur Wege gab, war der Transport schwerer Güter, wie Material für den Burgenbau, am leichtesten auf dem Wasserweg durchzuführen. Auf diese Weise konnte man auch überraschend einen festen Stützpunkt weit ins feindliche Gebiet vorschieben, der verhältnismäßig leicht zu versorgen war. Der Orden brachte deshalb Bootsbauer nach Kulm und Thorn, um Frachtschiffe zu bauen. Mit diesen und einer starken Streitmacht stießen die Ritter im Sommer 1233 weichselabwärts vor und erstürmten überraschend die auf einer vorstoßenden Bergnase am östlichen Steilufer der alten Nogat gelegene Burg Queden. Mit dem mitgebrachten und auf dem Wasserweg folgenden Baumaterial wurde sie sogleich stark ausgebaut und erhielt den Namen Marienwerder. Schon im nächsten Jahr wurde sie jedoch an den strategisch günstigeren Ort einer anderen eroberten Prußenburg am Südrand der heutigen Stadt verlegt. Auch hier wurde bald eine Stadt angelegt.

Im Sommer 1233 versuchten die Pomesanier unter dem Vorwand, daß sie zur Taufe bereit wären, eine Streitmacht ins Landesinnere in einen Hinterhalt zu locken. Der Orden war vorsichtig und ging nicht darauf ein. Bischof Christian jedoch sah hier eine Gelegenheit, seine Machtpläne zu fördern. Er zog mit einer eigenen Truppe los, die von den Pomesaniern gefangengenommen wurde. Der Orden war sicher froh, den lästigen Geistlichen losgeworden zu sein, und auch die Kirche scheint das Ausscheiden des Bischofs als eine gute Lösung der verfahrenen Situation angesehen zu haben.

Die Schlacht an der Sigurne

Nach seinen beachtlichen Erfolgen entlang der Weichsel plante der Orden nun, mit einem gewaltigen Kreuzheer die Prußen zu einer Entscheidungsschlacht zu stellen, oder wenn sie einer solchen ausweichen sollten, ein möglichst großes Gebiet des Hinterlandes zu unterwerfen und zu besetzen. Der Aufruf des Papstes von 1232 hatte dem Orden viele Kämpfer zugeführt. Da auch der Orden unermüdlich um Waffenhilfe geworben hatte, zogen im Herbst des Jahres 1233 große Heerscharen über die Weichsel. Graf Burchard von Magdeburg führte etwa 3.000 Mann, weitere 3.000 kamen unter Herzog Heinrich I. von Schlesien. Die Herzöge Swantopolk und Sambor von Pommern zogen mit ihrem Heer heran, und auch die Herzöge Konrad von Masowien und Kasimir von Kujawien kamen mit 6.000 Mann ihres Kriegsvolkes und den beutelüsternen Aufgeboten aus anderen polnischen Gegenden herbei.

Beim ersten Frost stoßen die vereinigten Heere unter Führung von Landmeister Balk und Herzog Swantopolk brennend und mordend ins pomesanische Gebiet vor, die flüchtenden Bewohner vor sich hertreibend, eine leergebrannte Wüste hinter sich lassend. Der Kampf wird mit unmenschlicher Grausamkeit geführt. Der Auftrag der Kreuzheere, der ihnen immer wieder vorgepredigt wird, lautet: „Gott will diesen Kreuzzug gegen die Heiden; in seinem Dienst ist jede Tat, auch jede Untat, gerechtfertigt." Im Ordensheer herrscht trotzdem Disziplin, die aber bei den anderen Heeren fehlt. Besonders die regellosen Heerhaufen der Polen entziehen sich jeglicher Kontrolle und sehen ihre Aufgabe hauptsächlich im Plündern. In der südlich des Drausensees gelegenen Landschaft Reysen tritt dem Kreuzheer das Aufgebot der Pomesanier entgegen, die, zum großen Teil aus ihren Wohnsitzen vertrieben, sich hier gesammelt haben. Sie stehen vor ihrem heiligen Götterhain östlich der Sigurne (Sorge), im späteren Kirchspiel Blumenau. Strategisch ist der Kampfplatz äußerst ungünstig gewählt. Die Pomesanier aber vertrauen auf die Hilfe ihrer Götter, die ihnen in ihrer gerechten Sache beistehen werden, wenn sie diesen heiligen Ort zum Schlachtfeld wählen.

Dem Orden kommt eine große Schlacht sehr gelegen. Mit den Massen der ihm zur Verfügung stehenden Kämpfer glaubt er eine Niederlage nicht fürchten zu müssen. Wenn es aber gelingt, ein möglichst großes Heer der Prußen in einer Schlacht zu vernichten, werden die übrigen keinen Widerstand mehr wagen und leichter zu unterwerfen sein. Diese Hoffnungen scheinen sich nun hier zu erfüllen. Der blutige Kampf wogt jedoch stundenlang unentschieden hin und her, bis die Kreuzfahrer schließlich zu weichen beginnen. Dann aber gelingt es dem Pommernheer, auf ihnen bekannten Wegen, in den Rücken der Pomesanier zu kommen, die, nun eingeschlossen und nach allen Seiten verzweifelnd kämpfend, immer mehr zusammengedrängt und schließlich von der gewaltigen Übermacht bis auf den letzten Mann vernichtet werden. Als die Sonne sinkt, zählt man über 5.000 von ihnen, die gefallen sind; aber auch fast 4.000 von den christlichen Heeren bedecken das Schlachtfeld vor dem alten Götterhain.

Das Vertrauen der Prußen zu ihren Göttern ist schwer erschüttert, das Tor ins Innere ihres Landes aufgestoßen. Der Ordenschronist beschreibt diese größte Schlacht des Krieges so: „Der Landmeister Hermann Balk und die übrigen Brüder versammelten zur Winterszeit, als alles tief in Eis erstarrt war, die Kreuzfahrer, deren Herz danach brannte, den Mut der Prußen [Prußen] zu brechen. Sie betraten das Gebiet Reysen, töteten und fingen viele Leute und rückten zum Flusse Sigurne vor, wo sie das erlebten, was sie so lange gewünscht hatten. Denn sie trafen hier auf ein großes Heer der Preußen [Prußen], das sich in Waffen gesammelt hatte und schon zur Schlacht bereitstand. Als sie dies mannhaft angriffen, schlugen sie es in die Flucht. Doch der Herzog der Pommern und sein Bruder Sambor, die im Kampfe mit den Prußen erfahrener waren, besetzten die Wege rings um die Umzingelten mit ihren Bewaffneten, damit ihnen niemand entgehen konnte, und dann vernichteten sie die Sünder in ihrem Zorn. Dort verzehrte das Schwert der christlichen Ritterschaft das Fleisch der Ungläubigen, und hier bohrte sich eine Lanze nicht vergebens in eine Wunde ein, denn die Preußen [Prußen] vermochten weder hier noch dort dem Antlitz ihrer Verfolger zu entweichen. So erfolgte ein großes Blutbad im Preußenvolk [Volk der Prußen], da an jenem Tage mehr als 5.000 getötet wurden. Die Kreuzfahrer aber kehrten voller Freude in ihre Heimat zurück und priesen die Gnade des Heilandes."

134

In Jeroschins Reimchronik heißt es: „Da wurde das ritterliche Schwert der Christenheit mit dem Fleisch der Sünder beehrt, die es fraß mit Lust. Und gerötet ward ihr Speer, als die Preußen [Prußen] hin- und hergetrieben, in Massen fielen."

Ob die von Dusburg genannte Zahl von über 5.000 Prußen übertrieben ist, wie oft behauptet wird, läßt sich heute nicht mehr nachprüfen. Daß alle Prußen ihr Leben verloren und daß es die größte Schlacht des ganzen 53jährigen Krieges war, ist dagegen nicht anzuzweifeln. Leider sind übertriebene Zahlen keine Seltenheit in der Geschichtsschreibung; es gibt aber auch genug, die durchaus glaubhaft sind. Nach den gewaltigen Heeresmassen zu schließen, die auf der Seite des Ordens zu diesem großen Entscheidungsfeldzug zusammengezogen wurden, erscheint ein Aufgebot von 5.000 Prußen eher niedrig. Sehen nicht alle großen Zahlen nach langer Zeit übertrieben aus? Hätten wir nicht die unbestreitbaren Unterlagen, würden wir sicher heute schon 700.000 Tote in der einen Schlacht bei Verdun im Ersten Weltkrieg für maßlos übertrieben halten. Und wer wird in 100 Jahren noch glauben, daß im ersten Friedensjahr nach dem Zweiten Weltkrieg neben vielen anderen mehrere Millionen Deutsche gewaltsam umgebracht wurden? Es gibt keinen stichhaltigen Grund, die Zahlen von Dusburgs in diesem Falle anzuzweifeln.

Zweifelhaft dagegen erscheint, daß diese große Schlacht wirklich ein so glänzender Sieg für die Christen war, wie berichtet wird. Ihre siegreichen Heere besetzten danach nicht etwa wie geplant das eroberte Gebiet, sondern kehrten eiligst um. Es ist kaum anzunehmen, daß der päpstliche Aufruf, das eifrige Werben des Ordens und die umfangreichen Hilfeleistungen aller Nachbarn zu diesem großen Kreuzzug nur zu dem Zweck erfolgt waren, um einen Marsch von kaum 40 Kilometer von Marienwerder entfernt ins Landesinnere zu machen und dann nach einer siegreichen Schlacht umzukehren. Es sieht eher so aus, als ob die Kreuzzugsheere nach dieser grausamen Schlacht und dem Verlust von fast 4.000 Mann nicht mehr zu bewegen waren, noch irgend etwas weiteres zu unternehmen. Das Gebiet blieb auch weiterhin in prußischer Hand und wurde erst im nächsten Kreuzzug von 1236 vom Orden erobert und besetzt. Die Ordenschronik, die den Rittern 100 Jahre später Vorbild und Ansporn sein sollte, muß diesen verlustreichen, furchtbaren Kampf natürlich als einen glänzenden Sieg darstellen. Daß die Kreuzfahrer „voller Freude" in ihre Heimat zurückkehrten, ist verständlich, besonders deshalb, weil sie diese grausame Schlacht lebend überstanden hatten. Etwa 350 von ihnen blieben aber als Siedler zurück und wurden vom Orden mit Land belehnt.

Die Kulmer Handfeste

Nach der Vernichtung des Heeres der Pomesanier sieht der Orden seine Lage als so weit gesichert an, daß er seinen Bürgern eine Landesverfassung gibt. Am 28. Dezember 1233 wird die „Kulmer Handfeste" erlassen, die den Bürgern Selbstverwaltung und Gerichtsbarkeit verleiht. Sie wird zur Grundlage des Rechts für den gesamten Ordensstaat. Dieses Kulmer Recht wurde 1294 in fünf Büchern aufgezeichnet (Alter Kulm), die das Grundgesetz des Landes bildeten. Der Schöffenstuhl in Kulm war oberste Gerichtsinstanz, und Kulm war lange Zeit die Hauptstadt des Ordenslandes. Mit der Kulmer Handfeste übte der Orden erstmalig seine Rechte als Landesherr nach dem Statut der Goldenen Bulle von Rimini aus. Magdeburger und flämisches Recht, schlesisches Bergrecht, die Festsetzung einer eigenen Landeswährung sowie von Maßen und Gewichten schufen neben vielen anderen Regelungen die Grundlage für das mustergültige Staatswesen der Zukunft. Das bedeutsame Dokument beginnt so: „Der Meister vom Deutschen Hospital der heiligen Maria zu Jerusalem, Bruder Hermann von Salza, Bruder Hermann Balk, des Ordens Landmeister in Preußen und der ganze Konvent dieses Hospitals grüßen in wahrem Heile alle, die in diese Urkunde Einsicht nehmen. Je mehr und je größer Gefahren die Bewohner des Kulmerlandes und besonders unserer Städte Kulm und Thorn für die Verteidigung des Christentums und die Beförderung unseres Ordens auf sich genommen haben, um so stärker fühlen wir den Wunsch und die Pflicht, sie in allem zu unterstützen, soweit es nur das Recht zuläßt."

Da die Handfeste vom Hochmeister, Landmeister und Konvent ausgestellt ist, nehmen einige Historiker an, daß Hermann von Salza persönlich bei ihrer Ausstellung zugegen war. Tatsächlich läßt sich der Aufenthalt des Hochmeisters von August 1233 bis Juli 1234 nirgendwo nachweisen, wenn nicht die Kulmer Handfeste seine Anwesenheit in Preußen bezeugt. Außer dieser Begründung läßt sich kein anderer stichhaltiger Beweis für diese Annahme finden. So muß es dabei bleiben, daß Hermann von Salza Preußen wahrscheinlich nie betreten hat.

Wenige Tage nach dem Erlaß der Kulmer Handfeste erlebte der Orden den Beweis dafür, wie notwendig eine kriegerische Landwehr gegen die Prußen war. Die Vernichtung der pomesanischen Streitmacht in der Schlacht an der Sigurne hatte auch ihre nächsten Nachbarn alarmiert. Um sich für die Hinterlist der Pommern zu rächen, mit denen sie immer ein gutes Verhältnis gehabt hatten, warfen sich prußische Kriegsscharen auf Pommerellen und verwüsteten Teile davon. Am 2. Januar 1234 brannten sie das Kloster Oliva nieder, wobei angeblich alle Mönche und Knechte den Tod in den Flammen oder von der Hand der Prußen fanden. Das gab der antiprußischen Propaganda wieder neue Nahrung. Sie wurde bei der nächsten Kreuzzugspredigt ausgenützt und noch gehörig erweitert.

Die unglückliche Schlacht an der Sigurne hatte die Kampfkraft der Pomesanier so weit gebrochen, daß sie dem Orden nicht mehr mit starker Macht entgegentreten konnten. Sie begannen jetzt eifrig feste Burgen zu errichten und hofften damit das Vordringen des Ordens aufhalten zu können. Im Frühjahr 1234 trat der Orden mit neuen Kreuzfahrern wieder zur Offensive an und ging in dem Gebiet östlich von Kulm vor. Die prußische Burgsiedlung Rehden wurde erobert, die Burg noch im gleichen Jahr weiter ausgebaut und mit einer starken Besatzung bemannt. In ihrem Schutz gründeten deutsche Siedler bald die Stadt. Die um 1300 in Stein errichtete Burg war nächst der Marienburg das schönste Ordenshaus in Westpreußen und die Komturei lange Zeit die bedeutendste des Kulmerlandes. Die fruchtbare Gegend mit dem Ort Kulmsee, der schon 1222 unter dem prußischen Namen Losa erwähnt wurde, fiel als nächstes in die Hand der Ordensritter. Im Norden wurde der ebenfalls 1222 genannte Burgplatz Graudenz erobert. Wie viele andere wurde auch diese Grenzburg der Prußen am Ostufer der Weichsel vom Orden weiter ausgebaut und bemannt. Die steinerne Ordensburg wurde 1250 errichtet.

Nach dem Ausscheiden Bischof Christians braucht der Papst keine Rücksicht mehr auf ihn zu nehmen und kann nun frei handeln. Nach dem, was die Polen von den Prußen berichtet haben, sind diese doch wilde Tiere, die den gefangenen Bischof Christian, einen ihrer größten Feinde, ganz gewiß nicht am Leben lassen würden.

Gregor IX. gefällt es, den Ritterorden als Mehrer des Christentums wirken zu sehen. Von den Erfolgen beeindruckt, gewährt er dem Orden jetzt die wertvollste staatsrechtliche Sicherung, die er zu vergeben hat. Mit der Bulle von Rieti vom 3. August 1234 nimmt er die bisherigen und alle weiteren Eroberungen des Ordens in Schutz und Eigen von St. Peter. Zugleich überträgt er das Land dem Orden zu ewigem Besitz, und zwar „derart, daß durch Euch oder durch andere das gesamte Land niemandes Herrschaft oder Besitz jemals unterworfen sein soll." Christian, eigentlich der rechtmäßige „Bischof in Preußen", existiert für die Kirche nicht mehr und wird in dieser wichtigen Entscheidung mit keinem Wort erwähnt. Als einige Jahre später, zum Erstaunen aller, der Bischof unbeschadet und wohlgenährt von den Prußen freigelassen wird, hört niemand auf seine entrüsteten Proteste.

Die Übergabe Preußens an den Orden durch den Papst war nun endlich das schon erwähnte äußerst wichtige Dokument, das Gegenstück der Goldbulle des Kaisers, das dem Orden nun auch von kirchlicher Seite das Preußenland als unabhängigen Staat garantierte. Der Papst behält sich vor, wenn der Orden das ganze Land erobert hat, Diözesen zu errichten, Bischöfe und Prälaten einzusetzen und ihnen eigene Landgebiete zuzuweisen. Die Brüder des Ordens aber sollen dafür Sorge tragen, daß die Prußen nach ihrer Bekehrung nicht schlechter dastehen, als sie als Heiden dastanden, „denn wo der Geist Gottes ist, soll Freiheit sein". Wie das geschehen soll, läßt der Papst allerdings offen. Er überläßt es dem Orden, das freie Volk gewaltsam zu unterwerfen, ihm eine andere Religion und Lebensweise aufzuzwingen, Steuern, Zehnten, Arbeits- und Kriegsdienst aus ihm zu pressen – und ihm dabei die alte Freiheit zu lassen.

Die Polen sind über die päpstliche Besitzergreifung und die Übereignung des Landes an den Ritterorden schockiert und erbost. Sie sehen sich um die Herrschaft über das Land der Prußen gebracht, das trotz aller gegenteiligen Versprechungen und Verträge nach ihrer Auffassung ihnen gehört. Damit endet ihre anfängliche Unterstützung des Ordens. Nur ihre Zerrissenheit und barbarischen Zustände hindern sie, jetzt schon den offenen Krieg gegen den Orden zu wagen. Auch die Kirche setzt sich bald ohne Bedenken über ihre Versprechungen hinweg und wendet sich wieder wohlwollend den Polen zu. Schon 1253 erlaubt der Papst dem Polenherzog, ein prußisches Grenzgebiet zu besetzen, weil sich die Bewohner, nach den unwahren Angaben des Herzogs, gerne taufen lassen möchten. Die Kurie meint, dem stünde nicht entgegen, daß dem Ritterorden das ganze Preußenland verliehen sei, soweit er es mit dem Schwert erobern könne, da diese Heiden ja freiwillig zum Glauben kommen wollen. Die unlogische Begründung zeigt, daß schon zu der Zeit der Kurie alle Mittel recht waren, den Orden niederzuhalten, und sie scheute sich nicht, Versprechen und Vertrag hinterhältig zu brechen.

Inzwischen geht der blutige Krieg weiter. Zu ganz ungewöhnlicher Zeit, in der Christnacht 1234, überfallen die Ritter die völlig überraschte Besatzung der Burg bei Alt-Christburg und erobern sie. Der Orden übernimmt sie sogleich und nennt sie Christburg, zum Andenken an die Christnacht.

Der Ritterkreuzzug von 1236

Im Reich wird unterdessen eifrig für den großen Kreuzzug für das Jahr 1236 geworben und gerüstet. Den größten Erfolg hat der Hochmeister in seiner Heimat Thüringen. Die Balleien von Thüringen und Hessen sind die ältesten der zwölf Balleien in Deutschland. Landgraf Ludwig von Hessen, der Gemahl der heiligen Elisabeth, gehörte lebenslang der Ballei in Thüringen an. Jetzt tritt der junge Landgraf Konrad von Thüringen mit 24 seiner Edlen dem Orden bei und schenkt ihm reiche Besitzungen in der Nähe von Marburg, um Hospital und Kapelle der heiligen Elisabeth zu erhalten.

Auf dem Reichstag zu Mainz glänzt ganz besonders der junge Markgraf Heinrich von Meißen, der reichste Fürst seiner Zeit. Seine Freiberger Silberbergwerke erlauben ihm, mit 500 Rittern und ihren Knappen prunkvoll aufzutreten. Der kühne und wagemutige Fürst sagt dem Hochmeister für das nächste Jahr einen Kreuzzug gegen die Prußen mit seinem gesamten Ritterheer zu. Andere Fürsten folgen seinem Beispiel und schließen sich an. Von der unerschöpflichen Willenskraft des Hochmeisters getrieben, zieht zu Beginn des neuen Jahres ein mächtiges Ritterheer aus dem Reich nach Osten.

Im Frühjahr 1236 stehen Ordens- und Ritterheere zum Vernichtungsfeldzug bereit. Sie dringen in Pomesanien vor und erobern in blutigen Kämpfen die gefürchtete Landschaft Reysen. Die kühnen deutschen Ritter stürzen sich begeistert auf die in Eile erbauten Burgen der Prußen. Die Wallburg Resia auf dem Schanzenberg nördlich der heutigen Stadt Riesenburg fällt nach erbittertem Kampf, ebenso die Burgen an der Mocker, die von Pestlin, Riesenkirch und die auf dem Hügel zwischen Barlewitzer- und Hintersee (Stuhm). Die Heere erreichen den Ort der großen Schlacht an der Sigurne, wo das Kreuzfahrerheer vor zwei Jahren umkehrte, und ziehen weiter zum Drausensee. Vor ihnen fliegt der Schrecken her und jagt die Bevölkerung des teilweise sehr dicht besiedelten Landes in wilder Flucht nach Osten oder in die Tiefe der Wälder. Rauchende Brandstätten, Haufen erschlagener Menschen und verwüstete Ländereien bezeichnen den Weg der Ritterheere, die, getreu ihrer himmlischen und irdischen Aufgabe, kein Erbarmen gegen die Feinde Gottes kennen dürfen. Jede Gewalttat ist ein Verdienst, jeder gemordete Prußе ein Gott wohlgefälliges Werk. Schon Bernhard von Clairvaux, der glühende Eiferer zum ersten Kreuzzug, hatte gepredigt: „Der Christ frohlockt über den Tod des Heiden, denn er gereicht Christus zum Ruhme. Der Christ, der den Ungläubigen im heiligen Krieg tötet, ist seines Lohnes sicher; noch sicherer, wenn er selbst den Tod findet." Eine solche Ideologie war ein idealer Freibrief für alle Untaten und Verbrechen. So zogen die Streiter Christi mordend, brennend und plündernd durch das Land, in der Gewißheit, daß jede Sünde vergeben und der Himmel ihnen sicher ist.

Jeroschin schreibt, daß der Meißener Markgraf Heinrich außergewöhnliche Tapferkeit bewies und mit seinen rund 500 Rittern viele der prußischen Burgen eroberte. Auch hier wird dem Chronisten Übertreibung vorgeworfen. Man glaubt, der Markgraf wird nicht einmal 50 Ritter gehabt haben. Mit so wenigen hätte er ganz sicher keine einzige Burg erobern können. Es ist eigentlich sonderbar, daß heutige Autoren glauben, richtige Zahlen nennen zu können, obwohl ihnen die Quellen der alten Chronisten nicht mehr zur Verfügung stehen, und jene, die dem Geschehen noch ziemlich nahestanden, sich derart geirrt oder gelogen haben.

Das Verteidigungssystem der Prußen, das sie in mühevoller Arbeit aufgebaut hatten, brach unter der Übermacht und der besseren Kriegskunst der deutschen Ritter zusammen. Die Wehranlage bei Wöklitz, bei Elbing, ist eine der wenigen, die später vom Elbinger Museum durch Ausgrabungen gründlich untersucht wurde. Hierbei handelte es sich um ein abgerundetes viereckiges Verteidigungswerk, auf dessen Wall ursprünglich eine mit Erde gefüllte Holzmauer mit einem Wehrgang gestanden hatte. Die Burg war nach zwei Seiten durch natürliche Steilhänge, nach den zwei anderen, durch Wall und Graben geschützt. Auch Reste eines Holzturmes wurden festgestellt. Die Burg wurde von Prußen erbaut, dann vom Orden benutzt und in den Aufständen wieder von den Prußen erobert und verteidigt.

Von hier wenden sich die Ritterheere nach Westen, der Nogat zu, wo als letzte Prußenburg die von Willenberg erobert und zerstört wird. Die Prußen sind von dem grausamen, unaufhaltsamen Siegeszug der gepanzerten Ritterheere so betroffen und eingeschüchtert, daß sich Tausende von ihnen dem Orden unterwerfen. Zu ihrem Erstaunen werden ihnen sogar gewisse Rechte und Freiheiten zugesichert. Ein großer Teil aber, vor allem waffenfähige Männer, sind in erbitterter Feindschaft nach Osten oder in die Wälder geflohen. Der Orden wird bald erkennen, wie wenig der mit Gewalt erzwungene Gehorsam der neubekehrten Prußen wert ist.

Während hier der Orden seine Position durch diesen Kriegszug bedeutend festigen kann, kämpft im Norden der Schwertbrüderorden seinen Entscheidungskampf auf Leben und Tod. Der Papst hat im März 1236 alle Kräfte zum Kampf gegen die Heiden in Livland aufgerufen. Die tatendurstigen Ritter aus Norddeutschland, die dort eintreffen, beschleunigen jedoch das Verhängnis. Auf ihr Drängen führt Hochmeister Volquin seine Ritter, vereint mit kriegsdienstpflichtigen Liven, Letten und Esten, übereilt durch Semgallen nach Litauen hinein. Nach diesem unbehinderten, verwüstenden Vormarsch wird das Ritterheer in einer öden Moorgegend von den Litauern umzingelt. In der folgenden Schlacht an der Saule, am 22. September 1236, unterliegen die Ritter der gewaltigen Übermacht, und Hochmeister Volquin fällt mit seinen 48 Rittern. Es war das letzte Mal, daß der Orden der Schwertbrüder dem Feind gegenüberstand. Nun soll der Deutsche Ritterorden das Erbe der Schwertbrüder übernehmen. Hermann Balk schifft sich sogleich mit allen entbehrlichen Kräften nach Livland ein, um zu retten, was noch zu retten ist.

In Preußen ruft der Orden nach Siedlern, um das eroberte Land wieder zu bevölkern und auch zu verteidigen. Selbst das beste Land hat für den Orden wenig Wert, wenn es nicht von schaffenden Menschen bewohnt ist. Im Reich sehen viele in dem Angebot des Ordens die Gelegenheit, zu Besitz und einem besseren Leben zu gelangen, und folgen freudig dem Ruf. An den Stätten verkohlter, von Unkraut überwucherter prußischer Siedlungen entstehen neue deutsche Dörfer, und über die veröteten prußischen Äcker zieht nun der eiserne Pflug der neuen Siedler.

Lucas David beschreibt in seiner Chronik die Wiederbesiedlung der eroberten Gebiete: „In solchen ist das Geschrei in deutschen Landen durch den Hochmeister Herrn Hermann von Salza erbreitet worden, das der Liebe Got den Brüdern Deutschen Ordens bald im Anfang grose Gnad bewisen, das sie mit wenig Volck viel Feind erleget und ein gut stücke landes erobert hatten. Deswegen der Meister samt andern Ordens Brüdern sich beflissen Edele und Unedele Deutscher Zunge und geburt dahin zu bereden, das sie auch mit Weib und Kind sich wollten aufmachen, das wüste land helffen mit Stedten und Festen bebauen und erhalten, das wolte man Inen und Irer eigen Wal und Kur Privilegia Freiheiten und rechte geben mit Acker und anderen Begnadigungen wol begaben und versorgen."

Aus dem Jahre 1236 stammt die älteste erhaltene Urkunde über die Beleihung des ersten in Preußen ansässig gewordenen Grundherrn. Am 29. Januar erhält Dietrich von Dypenau aus

Niedersachsen die Burg Quedin (die erste Burg Marienwerder) mit dem stattlichen Besitz von 300 Hufen Land (5.070 Hektar). Neben den Prußendörfern, die Dietrich mit übernimmt, gründet er sein eigenes, dem er seinen Namen Tiefenau gibt. Bald verleiht der Orden dem tüchtigen Kolonisator noch mehr Land.

Vorstoß zum Haff

Aufgrund der Niederlage des livländischen Ordens und der Hilferufe der Bischöfe von Riga, Dorpat und Ösel vollzieht der Papst am 12. Mai 1237 in Viterbo die Vereinigung des Schwertbrüderordens mit dem Deutschen Ritterorden. Der Hochmeister und die Ordensführung haben lange mit dieser Vereinigung gezögert, die erstmalig 1231 angeboten wurde. Zwar bildet der Erwerb dieser baltischen Länder eine wesentliche Verstärkung des Ordens und gibt ihm einen festen Stützpunkt im Norden, andererseits übernimmt er damit aber auch die Verantwortung über ein unermeßliches Gebiet, vor allem aber, mit den Rechten und Pflichten des Schwertordens, auch die folgenschwere Anerkennung, daß in Livland nicht der Deutsche Ritterorden, sondern der Erzbischof von Riga der Landesherr ist. Dazu drohen dem Land im Norden die Dänen, im Osten die Russen und im Süden die mächtigen Litauer. Der Orden tritt in dieser Stunde ein schweres Erbe an.

Markgraf Heinrich von Meißen war Ende 1236 in seine Heimat zurückgekehrt, hatte aber einen großen Teil seines Heeres für weitere Kämpfe im Ordensland zurückgelassen. Für die kommenden Unternehmen auf dem Frischen Haff baute er noch zwei Kriegsschiffe, „Pilgrim" und „Friedland", die er kriegsmäßig ausrüsten ließ. Von einer Eroberung des Binnenlandes sah der Orden vorerst ab, sondern versuchte zunächst eine sichere Basis entlang der Weichsel und dem Frischen Haff zu schaffen, die den Rücken freihielt und die Versorgung aus dem Reich auf dem Wasserweg über die Ostsee ermöglichte. Nach sechs Jahren erfolgreichen Krieges mit der entscheidenden Hilfe aus dem Reich fühlte sich der Orden jetzt stark genug, nach Norden vorzustoßen und diesen dringend notwendigen Versorgungsweg über See herzustellen.

Für diese neue Burg- und Stadtgründung gab es keinen geeigneteren Ort als dort, wo die alte Handelsstraße von Jumne aus Pommern sich mit der Bernsteinstraße vereinigte und wo die Wikinger seinerzeit Truso errichtet hatten. Durch die Mündungsarme der Weichsel war dieser günstige Ort auch mit diesem wichtigen Nord-Süd-Wasserweg verbunden und über das Haff auch mit der offenen See.

Als im Frühjahr 1237 der Eisgang vorüber ist, fahren Schiffe mit Baumaterial, Werk- und Rüstzeug für den Burgenbau die Weichsel abwärts. Zur selben Zeit zieht das Ordensheer mit seinen Kreuzfahrern über Christburg, ostwärts um den Drausensee, nach Norden, um an der Mündung des Elbingflusses mit den Schiffen zusammenzutreffen. Unter der Führung Hermann Balks erkämpft sich das Heer den Weg und erreicht nach entbehrungsreichen Wochen die Schiffe. Nach der Eroberung der dortigen prußischen Wehranlage wird sofort mit dem Bau einer Burg auf dem Herrenmeil, einer Insel im Elbingfluß, begonnen. Die Verbindung des Ordenslandes mit der lübischen Seemacht ist hergestellt, und lübische Schiffe bringen, außer dem wichtigen Nachschub, viele Bürger als Siedler mit. Lübecker Kaufleute haben schon lange mit den Prußen gehandelt und kennen die Küsten und Flußmündungen des Landes. Während der Orden die Burg baut, errichten die Lübecker die Stadt in Rekordzeit. Sie umfaßt 400 Grundstücke und erhält den Namen des Flusses Elbing. Schon im Sommer eröffnen lübische Kaufleute den Markt für die Bedürfnisse der Siedler und die Produkte des Landes. Auf Bitten der Bürger an den Rat der Stadt Lübeck erhält Elbing das lübische Recht, das später auch noch einigen anderen Städten verliehen wird.

In weiser Voraussicht hatte der Hochmeister sich für Lübeck eingesetzt, um eine leistungsfähige Nachschubbasis im Reich zu haben, von wo aus das Ordensland direkt versorgt werden konnte. Lübeck war dem Orden von Anbeginn freundlich gesinnt, und Lübecker Kaufleute waren seinerzeit an der Gründung des Ordens beteiligt gewesen. Hermann von Salza hatte gegen die Bestrebungen der Kurie den Frieden mit dem Dänenkönig vermittelt und damit die Stadt wieder in den Verband des deutschen Reiches gebracht. Seinem Einfluß beim Kaiser verdankte Lübeck auch die Erhebung zur freien Reichsstadt im Jahre 1226. Von jetzt ab war der Orden nicht mehr allein auf den beschwerlichen Nachschubweg über Land und die Weichsel angewiesen, der nach Belieben von Polen und Pommern blockiert werden konnte.

Die Prußen haben sich aber mit der Entstehung Elbings noch nicht abgefunden. Bei einem Angriff erobern sie das halbfertige Bauwerk der Ordensburg und zerstören es. Darauf wählt der Orden die Stelle der zerstörten Prußenburg auf dem östlichen Flußufer zur Errichtung der Burg, die unter großer Mühe und Anstrengung noch vor Einbruch des Winters notdürftig fertig wird.

Elbing war der erste Seehafen im Ordensland und entwickelte sich schnell zu einer bedeutenden Stadt, die neben Kulm eine zweite Hauptstadt bildete. Bis der Hochmeister 1309 seinen Sitz in der Marienburg nahm, blieb die Elbinger Burg Residenz des Landmeisters. Das 1246 gegründete Hospital wurde das Haupthospital des Ordens. Den florierenden Handel förderte auch Herzog Sambor von Pommern, indem er den Bürgern Elbings 1255 Zollfreiheit in seinem Land gewährte. Für die Wasserversorgung wurde ein mit Bachwasser gespeistes Laufbrunnensystem angelegt, das später mit einer Quellwasserleitung erweitert wurde. Der Stadt wurde 1246 ein ungewöhnlich großes Landgebiet (ca. 200 Quadratkilometer) verliehen, über das der Stadtrat verfügte. Die Stellung Elbings kam der eines Stadtstaates nahe und war durchaus mit denen der deutschen Reichsstädte vergleichbar.

Von der neugeschaffenen Elbinger Operationsbasis aus wird die weitere Haffküste erobert. Inmitten der fruchtbaren Bauernlandschaft fällt die prußische Wallburg Kodine (Cadinen). Als nächstes wird in hartem Ringen den Prußen die Burg Tolkemita entrissen, die am Ufer des Haffes, zu drei Seiten vom Mühlenbach geschützt, südlich der heutigen Stadt Tolkemit lag.

Die ritterliche Kriegführung jener Zeit kannte noch keine höhere Schulung. Wo man von ritterlicher Kriegskunst spricht, meint man die ausgebildete Beherrschung des Pferdes und der Waffe durch den einzelnen Mann, nicht eine Strategie mit weitgesteckten Zielen. Selbst die taktische Kunst des Manövrierens ist noch keine Wissenschaft. Der einzige operative Gedanke, der zuweilen auftaucht, ist der Flanken- oder Rückenangriff aus dem Hinterhalt, doch fehlt auch hier jede Ausbildung im Sinne einer Kriegslehre. Alle ritterlichen Übungen galten dem Einzelkampf, nicht der Bewegung in Verbänden. Auf diesem Hintergrund ist die Kriegführung des Ordens mit strategischen Zielen ihrer Zeit weit voraus. Der Kampf wird mit einer Energie und Ausdauer geführt, wie sie damals nur eine geistliche Gemeinschaft entwickeln konnte.

Das erste Ziel des Ordens war die Sicherung der Weichsel durch die Burgen auf dem östlichen Ufer, die als Brückenköpfe dienten und den Verkehr auf dem Strom und die Verbindung mit dem Reich sicherstellten. Erst dann folgt der Vorstoß zum Haff zur Öffnung des direkten Seewegs ins Reich. Danach beginnt das abschnittsweise Vordringen ins Landesinnere, das immer wieder durch feste Burgen gesichert wird; denn nur in Burgen kann sich der Orden behaupten. Ins offene Land darf er sich nur mit starker Heeresmacht wagen.

Tief erschüttert von der Niederlage an der Haffküste lassen sich auch hier große Scharen der Prußen taufen. Die Geistlichen, die das Ordensheer mitführt, versuchen die Verängstigten, soweit das bei dem Sprachunterschied überhaupt möglich ist, wenigstens in einigen Grundregeln des Christentums zu unterweisen. Die Besiegten wollen ihr Leben behalten und lassen die Handlungen der Taufe und das andere Gebaren der Priester über sich ergehen. Von alldem begreifen sie nur, daß ihr alter Glaube verboten ist und der neue, der ihnen aufgezwungen wird, durch ein Kreuz symbolisiert wird, an das ein Mensch genagelt ist. Zu diesem Zeitpunkt gibt es kaum Leute, die beide Sprachen beherrschen und als Dolmetscher dienen können. Der Orden hofft, die wirkliche Christianisierung der Besiegten später durchzuführen. Ihr Eigentum dürfen die Prußen mit gewissen Einschränkungen meistens behalten; sie müssen aber den Orden als Landesherrn anerkennen, für das übertragene Lehen einen jährlichen Zins zahlen und andere Verpflichtungen übernehmen, darunter Mithilfe beim Burgenbau und Kriegsdienst gegen ihre eigenen Landsleute. Der Orden glaubt damit, mild und gnädig zu sein. Was aber für einen Bauern aus dem Reich, der unter der Knute der Grundherren lebt, ein großzügiges Angebot wäre, das war für den Prußen, der als freier Mann ohne Zwang und Steuern auf seinem Hof saß, eine kaum ertragbare Zumutung. Es widerspricht seiner ganzen Rechtsauffassung, seinen eigenen Hof jetzt von einem fremden Herrn gegen

Bis ins 20. Jahrhundert hinein ist das Bild Elbings geprägt von seinen dicht gedrängt stehenden schmalen Häusern mit schönen Giebeln – ganz wie die Stadt im Mittelalter geschaffen wurde.

Zins und Dienste zum Lehen zu nehmen. Jede Auflehnung gegen dieses Los hat jedoch brutale Strafmaßnahmen von seiten des Ordens zur Folge.

Ein Aufruf des Litauerfürsten Ringold an die heidnischen Ostseevölker, sich im Kampf gegen die Christen zu vereinigen, verhallt unbeachtet trotz der offenkundigen Bedrohung. Jeder Gau kämpft für sich allein und wird nur wenig von den Nachbarn unterstützt, die anscheinend hoffen, daß die Eroberer nicht weiter vordringen werden. Sie wollen nicht begreifen, daß diese Fremden nicht nur ein paar Gaue, sondern das ganze Land haben wollen. Dann bauen sie verzweifelt Wehrschanzen und Burgen und versuchen damit ihre Heimat zu erhalten, bis sie schließlich selbst das gleiche Schicksal erleiden. Wie anders wäre die Geschichte verlaufen, hätte sich das Volk der Prußen als Ganzes dem Orden entgegengestellt oder gar in Gemeinschaft mit den anderen baltischen Völkern.

Laut einer Bulle des Papstes sollen an jedem neuentstandenen Ort sofort Kirchen gebaut und mit eigenem Landbesitz ausgestattet werden. Auch in Elbing wird sogleich eine Kirche und ein Kloster erbaut. In allen Städten stehen bereits die ersten Spitäler des Ordens, in denen auch christliche Prußen gepflegt und oftmals auch die Frauen und Kinder der Gefallenen versorgt werden. Die Methode der Entführung und Umerziehung Jugendlicher wird vielfach angewandt. Begabte Söhne aus prußischen Familien sendet der Orden nach Deutschland, meistens nach Magdeburg, um auf den Schulen im Christentum und der deutschen Sprache unterrichtet zu werden, damit sie später als Lehrer und Prediger unter ihren Landsleuten wirken können.

Eroberungen und Wiederbesiedlung 1238/39

Im Sommer 1237 hatte der Hochmeister alle Komture zu einer Tagung des großen Kapitels nach dem Ordenshaus Marburg berufen, wo es zu einer entscheidenden Aussprache über die künftige Politik des Ordens kam. Während der Kaiser in der Lombardei das Blut der besten Deutschen in Strömen für die Idee eines römischen Reiches opferte, traten die Ritter, besonders die jüngeren, für den vollen Einsatz im Osten ein und lehnten es ab, ihre Kräfte in Italien zu verschwenden. Dem erfahrenen Hermann Balk bürdeten sie noch zusätzlich das Amt des neuen Landmeisters von Livland auf und beschlossen, 60 Ritter nach Livland zu senden, die sofort aufbrachen. Als sie gegen Ende des Sommers in Livland eintrafen, empfing sie Hermann Balk, der von den Kämpfen am Frischen Haff dorthin geeilt war. Die deutschen Siedler jubelten ihnen zu und hofften unter dem Schutz des Deutschen Ritterordens auf eine bessere Zukunft. Die livländischen Schwertbrüder legten nun den weißen Mantel mit dem schwarzen Kreuz an.

Auf Verlangen des Papstes wird im Frühjahr 1238, im Vertrag zu Stenby, die estnische Küste mit der Burg Reval den Dänen zurückgegeben. Der Orden ist damit vom Finnischen Meerbusen abgedrängt, die deutschen Siedler werden den Dänen ausgeliefert. Als die Russen wieder plündernd in das Bistum Dorpat einfallen, zieht Hermann Balk mit seinen Rittern nebst dänischem Kriegsvolk gegen die russische Feste Isborsk und erstürmt sie. Ein starkes russisches Entsatzheer wird geschlagen und bis vor die befestigte Stadt Pleskau verfolgt. Die Russen überlassen darauf die Feste Isborsk mit dem dazugehörigen Landgebiet dem Orden.

Während im Osten Ruhe geschaffen ist, beginnt im Westen eine um so größere Gefahr ihre Schatten auf den Ordensstaat zu werfen. Der Pommernherzog Swantopolk, der in der Schlacht an der Sigurne den Sieg für den Orden entschied, verfolgt argwöhnisch die Erstarkung des Ordens. Er befürchtet, daß er eines Tages westwärts vordringen könnte, um die Landverbindung mit dem Reich fest in die Hand zu bekommen. Schon lange steht er mit den Polenherzögen Kasimir von Kujawien und Wladislaw von Großpolen in Verbindung, ohne deren unausgesprochenes Ziel zu ahnen. Die Polen würden gerne sehen, daß das Ordensland und Pommern sich gegenseitig in einem Krieg schwächen würden, damit Polen die Weichselstraße für sich gewinnen kann. Swantopolk will den Zuzug der Siedler aus dem Reich unterbinden und die Weichsel sperren. Hermann Balk gelingt es aber, den Pommernherzog zu einem friedlichen Übereinkommen über die gegenseitigen Rechte und Freiheiten für die Weichselschiffahrt und zur Anerkennung des Papstes als für beide Teile verbindlichen Schiedsrichter zu bewegen.

Der Landmeister kann den Vertrag sogar bald auf den Herzog von Kujawien ausdehnen. Damit sind die Gefahren von außen zunächst beseitigt, und der Orden kann sich dem Kampf gegen die Prußen und der Wiederbesiedlung des eroberten Landes, zuwenden.

Dem Ruf des Ordens folgen viele, denn zu verlockend ist sein Angebot. Zunächst bringen die Ritter vom Ordensbesitz in Deutschland eine Anzahl Handwerker und Arbeiter herüber, die das erste feste Burggebäude und ringsum ihre kleinen Wohnhäuser bauen. Während die Burg nach und nach in steinernem Material ausgebaut und vergrößert wird, entsteht daneben die „Lischke", eine Ansammlung kleinerer und größerer Häuser, in denen das Gesinde der Ritter mit Vieh und Pferden unterkommt. Maurer und Zimmerer, Schmiede und Tischler, Schild- und Büchsenmacher, Fleischer und Bäcker finden sich mit allen anderen ein, die zum Betrieb einer Burg und zur Versorgung einer städtischen Siedlung notwendig sind. Hauptsächlich werden aber Bauern gebraucht, um die Bevölkerung zu ernähren und das weite Land zu bevölkern. Viele Handwerker sind Ackerbürger und bearbeiten nebenbei auch ein Stück Land. Neben der Ordensburg erhebt sich bald eine mit starken Mauern bewehrte Kirche und meistens ihr gegenüber, auf der anderen Straßenseite, der Krug, der zugleich den Händlern als erste Verkaufsstätte dient. Um die wachsende Stadt entstehen Wälle und Gräben, bald auch feste Mauern mit Wehrgängen und Türmen. Aus Schlesien, aus Mittel- und vor allem aus Norddeutschland rollen die Wagenzüge der Siedler nach dem Ordensland. Überall in niederdeutschen Landen erklingt das Lied:

> „Naer Ostland wülln wi ryden, naer Ostland well wi führn,
> all öwer de Barge un Dale, un öwer de blage See.
> Bi dei Ordenslüd, fresch öwer de Heeden,
> all öwer de Heeden, doar es een bätre Tid."

Mit offenen Armen nimmt der Orden die neuen Siedler auf, die mit Weib und Kind auf hochbepackten Planwagen ankommen, denn das Land braucht Tausende fleißige Hände, um die brachliegenden Äcker der Prußen wieder zu bebauen und den Ordensstaat zu Blüte und Größe zu bringen. Alle erhalten Land, das der alte Ackerboden der Prußen gewesen war und nicht erst gerodet oder auf andere Weise urbar gemacht zu werden braucht. Erst ein Jahrhundert später war alles urbar gemachte Land schließlich vergeben, und neue Siedler mußten nun manchmal erst Wälder, Heide und Wildnis – teils auf dem inzwischen verwilderten ehemaligen prußischen Kulturboden – beseitigen, um Ackerland zu gewinnen. Bald füllt sich das Land mit eifrig schaffenden Menschen, und aus den Kirchen der Städte und schnell emporwachsenden Dörfern tönt lateinischer Chorgesang; fröhliche Kinder spielen lärmend auf Straßen und Plätzen, um Burg und Kirche. Auf dem Boden der Prußen entsteht ein neuer deutscher Staat. Mit der prußischen Bevölkerung, die still und zurückgezogen in ihren Dörfern und auf den Höfen lebt, gibt es wenig Kontakt, was besonders durch den Sprachunterschied bedingt ist. Unterdessen wird der Eroberungskrieg weiter vorangetrieben. Der erbitterte Widerstand der Prußen, die mit fanatischer Hingabe ihre Heimat verteidigen, zwingt den Orden, nur schrittweise vorzugehen. Zur Sicherung des Eroberten muß er auch die Landesbewohner heranziehen. Jeder Bürger und Bauer ist verpflichtet, jederzeit seinen Besitz mit der Waffe zu verteidigen.

Dann nimmt ein schwerer Schicksalsschlag den fleißig Schaffenden das Werkzeug aus der Hand. Im Sommer 1238 bringen neue Siedler eine pestartige Seuche ins Land, die das Aufbauwerk des Ordens lahmlegt und um Jahre zurückwirft. Die Seuche, vor der es keinen Schutz gibt, wütet bis ins folgende Jahr. Zu Tausenden rafft der Tod die Menschen dahin und verschont auch nicht die Haustiere, die massenweise sterben. Der lange Winter ist eine Zeit des Todes, der Angst und Not; das ganze Land gleicht bald einem riesigen, unheimlich stillen Leichenfeld. Die Ordensritter bleiben auf ihren Burgen und halten sich von den Neubekehrten fern, die am schwersten von der Seuche betroffen werden. Die Prußen sind überzeugt, daß ihre verlassenen Götter das Volk für seine Untreue bestrafen; in tiefer Verzweiflung geloben sie ihnen wieder Gehorsam, was aber unter der Herrschaft des Ordens nur im geheimen möglich ist. So lernen die bis dahin offenen und ehrlichen Menschen mit Heuchelei und Unaufrichtigkeit zu leben.

*Im Jahre 1239 nahmen neue Ritterheere, die zur Verstärkung des Ordens ins Land der Prußen ge-
kommen waren, deren Feste Honeda in einem überraschenden Handstreich von der Wasserseite her.
Sie wurde zu einer der stärksten Ordensburgen ausgebaut und erhielt den Namen „Balga".*

Nachdem der Orden weiteres Land erobert hatte, dienten die Prußenburgen als Ordensburgen. Ab 1241 wurden aber auch neue Ordensburgen errichtet. Hierzu gehörte auch die Wachtburg Rößel, die an der alten Handelsstraße Braunsberg – Heilsberg – Stowangen am Rand des eroberten Gebiets lag.

Als das Sterben endlich aufhört, sieht der Orden erschreckend, wie leer das Land geworden ist und wie viele der bekehrten Prußen ihre Wohnstätten verlassen haben und zu den noch freien Stämmen im Osten geflohen sind. Da deutsche Siedler nicht so schnell und zahlreich nachkommen, daß die weitere Bebauung des alten Kulturbodens gesichert ist, gestattet der Orden auch einzelnen Polen die Ansiedlung im Ordensland. Für diese stellt der Landmeister besondere Urkunden mit genauen Bedingungen aus, unter denen sie im Ordensland leben dürfen. Aber auch diese Maßnahme kann die fehlende prußische Bevölkerung nicht ersetzen, und große Teile des alten Ackerbodens werden von der Wildnis überwuchert.

Der hervorragend befähigte Landmeister Hermann Balk, eben aus Livland zurückgekehrt, wird im Sommer 1238 vom Hochmeister zum großen Ordenskapitel nach Marburg gerufen. Aber ehe er dort eintrifft, hat der Kaiser den Hochmeister zurück nach Italien gerufen, wo er um den unmöglichen Ausgleich zwischen den unversöhnlichen Gewalten des Kaiser- und Papsttums bis zu seinem Ende ringt. Hermann Balk, erschöpft von den langjährigen harten Kämpfen in Preußen und Livland, erkrankt in Deutschland und stirbt am 5. März 1239. Der Orden steht nun ohne seinen genialen Feldherrn da, der so Großes für ihn geleistet hat.

Unter der Bürde seines kämpferischen Lebens erkrankt auch der greise Hochmeister Hermann von Salza und sucht Heilung bei den Ärzten in Salerno. Bis zuletzt versucht er den Bannfluch des Papstes vom Kaiser abzuwenden. Er stirbt am 20. März 1239, und noch am gleichen Tag trifft zum zweitenmal der Fluch des Statthalters Christi den Kaiser. Jeden Sonntag wird der Bannfluch über ihn und seine Nachkommen von allen Kanzeln verkündet, und jener grausame Kampf beginnt, der schließlich die Macht des deutschen Kaiserreiches endgültig zerstört. In der Kapelle des Ordenshauses zu Barletta ruhen die Gebeine Hermann von Salzas, dem Begründer der Größe des Ordens, der die Situation in Preußen klar erfaßte und dessen überragende Haltung in dem jungen Ordensstaat noch lange nachwirkte.

Nach dem schrecklichen Seuchenwinter trafen im Sommer 1239 neue Ritterheere zur Verstärkung des Ordens ein, und der Eroberungskrieg wurde mit neuer Kraft wieder aufgenommen. Die zwei Kriegsschiffe, „Friedland" und „Pilgrim", leisteten dabei wertvolle Hilfe. Sie vertrieben die Boote der Prußen vom Haff und hielten die Seeverbindung offen; gleichzeitig unterstützten sie das weitere Vorgehen der Ritterheere am Ufer des Haffes. Dort stemmte sich den vorgehenden christlichen Heeren die alte, inzwischen stark befestigte Prußenburg Honeda entgegen, die unmittelbar auf dem etwa 30 Meter hohen Haffufer lag. Um die zu erwartenden hohen Verluste bei der Erstürmung zu vermeiden, beschloß die Heeresführung des Ordens, diese Feste nicht von der Landseite, sondern vom Wasser her zu erobern.

Von ihren Schiffen aus hatten die Ritter die strategisch günstige Lage der weit ins Haff vorspringenden Halbinsel mit der steilen Küste schon lange erkannt. Nun wurde ein Trupp Ordenskrieger zur näheren Erkundung heimlich an Land gesetzt. Die wachsamen Prußen erkannten aber rechtzeitig die Ritter, verstellten ihnen den Rückweg und nahmen sie gefangen. Die wartenden Schiffe mußten ohne ihre Krieger nach Elbing zurückkehren. Die Ordensritter fanden darauf den Prußen Kodrune, mit dessen genauer Ortskenntnis eine überraschende Eroberung der Burg von See her möglich schien. Bei günstigem Wetter wurde zu ungewöhnlicher Nachtzeit eine ausgesuchte Kampftruppe unbemerkt mit Booten an Land gesetzt. Unter der freiwilligen oder erzwungenen Führung von Kodrune gelang es, die Feste Honeda in einem überraschenden Handstreich zu nehmen. Sie wurde sogleich mit auf Schiffen herangeführtem Material zu einer der stärksten Ordensburgen ausgebaut und erhielt den neuen Namen „Balga", nach dem gegenüberliegenden Nehrungstief Balge (Fahrrinne). Damit war eine wichtige Ausgangsbasis im Gau Warmia für die weitere Eroberung des Landes geschaffen worden, von der aus auch Natangen und Barten bekämpft werden konnten. Ebenso wichtig war aber auch die Sicherung des Seeweges durch das Nehrungstief. Der Orden rechnete mit starken Gegenangriffen der Prußen und errichtete zur größeren Sicherheit auf dem Schneckenberg vor Balga ein weiteres Verteidigungswerk. Durch die Versorgung über See blieb Balga auch in den Aufständen der Prußen immer in der Hand des Ordens.

Im selben Jahr (1239) ließen die Prußen Bischof Christian frei, den sie 1233 gefangengenommen hatten. Mit der Freilassung dieses gefährlichen Feindes, den sie sechs Jahre lang versorgt hatten, zeigten sie, daß man kein christlicher Ritter sein muß, um ritterlich zu handeln.

Eroberung von Warmia, Natangen und Barten

Seit der schrecklichen Niederlage an der Sigurne 1233 haben sich die Prußen nicht mehr zu einer großen Schlacht gestellt. Die arglistige Wegnahme ihrer alten Stammesburg Honeda aber entfacht ihre Wut und stachelt sie zum Gegenangriff auf. Kampfverbände aus Warmia und Natangen vereinen sich und greifen todesmutig die Stützpunkte und befestigten Plätze des Ordens am Frischen Haff an. Das Ordensheer ist auf einen solchen Großangriff nicht gefaßt und gerät in völlige Verwirrung. Diejenigen, die den wütenden Prußen nicht in die Hände fallen, fliehen panikartig hinter die Wälle der Burgen Elbing und Balga, die sogleich von den Prußen eingeschlossen werden. Bald sind die Lebensmittel aufgebraucht, und die Ritter leiden große Not. Die Prußen erkennen die Gefahr, die ihnen von Balga droht. Da sie die starke Burg aber nicht zurückerobern können, errichten sie auf der Ostseite des Sumpfgeländes, das die Halbinsel zur Landseite absichert, zwei Sperrfesten, Schranden bei Groß Hoppenbruch und Partegal bei Partheinen. Damit riegeln sie Balga von jeder Landverbindung ab.

Auf die Hilferufe des Ordens eilt Herzog Otto von Braunschweig, der Großvater des späteren Hochmeisters Luther von Braunschweig, mit 700 Rittern und deren Gefolge herbei. Nun bewährt sich der Zugang zu den beiden Burgen Balga und Elbing von See her. Die Schiffe können unbehindert ihre Fracht an Kämpfern, Lebensmitteln und Waffen ausladen. Der hart bedrängte Orden ist gerettet und kann sich nun mit neuem Mut und des Herzogs starkem Heer wieder auf die Prußen werfen. Vor Balga gelingt es mit Hilfe des prußischen Verräters Pomande, eine Streitmacht der Prußen in einen Hinterhalt zu locken, wo sie von den Braunschweigern überfallen und niedergemetzelt werden. Dann werden die zwei Sperrfesten erstürmt und zerstört. Als begeisterter Jäger hatte Herzog Otto seinen Jagdmeister mit Gehilfen, Jagdhunden und Jagdgerät mitgebracht, aber der Chronist berichtet nichts über eine Jagd.

Durch weitere Kreuzzügler aus dem Reich verstärkt, beginnt der große Feldzug des Jahres 1240 zur Eroberung von Warmia, Natangen und Barten. In bewährter Weise dringen die Heere unaufhaltsam im Land vor. Hof um Hof, Dorf um Dorf geht in Flammen auf, und unter den Lanzen und Schwertern der Streiter Christi fallen die Prußen und tränken den Heimatboden mit ihrem Blut. Wo immer die Prußen sich an befestigten Plätzen verteidigen und nicht zurückweichen, werden sie von der Übermacht in einem gnadenlosen Kampf vernichtet. Wenn sich nicht alle erschlagen lassen wollen, müssen sie sich ergeben. Scharenweise knien sie vor den Siegern und geloben, Christen zu werden.

Ein großer Teil des reich bevölkerten Binnenlandes ist nun unterworfen. Von den Orten, in denen es größere Kämpfe gab, sind folgende genannt: eine starke Burg auf dem hohen Steilufer am Haff, die, vom Orden übernommen, „Castrum Lemptenberc" genannt wurde (Lenzenburg, Kreis Heiligenbeil); eine große Wehranlage im Jarfttal bei Grünwalde (östlich von Heiligenbeil), später hieß dieser Ort Plettinenberg; die alte Kultstätte Swentomest, wo später die Stadt Heiligenbeil entstand; die Prußenburg Witige, die Herzog Ottos Ritter erstürmten und die als Ordensburg Kreuzburg hieß, wo später die gleichnamige Stadt entstand; auf einer Hochfläche am Walschtal die Burg Malzekuk, ein prußisches Wort, aus dem später deutsche Siedler den Namen Mehlsack formten; die starke Burg am Zusammenfluß von Simser und Alle, wo später Burg und Stadt Heilsberg entstanden; die Burgen Waistopile (bei Prassen, nordwestlich von Leunenburg) und Wallewona (Unterplehnen, 14 Kilometer nordwestlich von Rastenburg).

Der Orden geht sogleich daran, das eroberte Land durch die Anlage fester Burgen zu sichern. Rücksichtslos wurden die unterworfenen Prußen zum Burgenbau herangezogen. Das Jahr 1241 gilt als Gründungsjahr für alle Orte, wo Prußenburgen nun als Ordensburgen dienten. An einigen Stellen wurden aber auch neue Ordensburgen errichtet. Bei dem prußischen Dorf Brusebergue, wo die Bernsteinstraße die Passarge überquerte, wurde 1241 die erste Burg Braunsberg errichtet. Auch die Burg Bartenstein wurde in diesem Jahr neu angelegt. Am Rande des eroberten Gebietes, an der alten Handelsstraße, die von Braunsberg über Heilsberg und Strowangen, dem späteren Bischofstein, nach Osten lief, baute der Orden die Wachtburg Rößel, die nach dem vier Kilometer nördlich davon gelegenen prußischen Dorf Resel benannt wurde.

Der eifrige Burgenbau zeigt, daß die Ritter sich gegenüber der zahlreichen prußischen Bevölkerung sehr unsicher fühlten. Sie dachten mit Sorge an den Tag, der wahrscheinlich kommen würde, an dem sich die Unterworfenen gegen sie erheben würden. Die bisher freien Prußen lernten die Herrschaft des Ordens mit all ihren staatlichen Lasten und Opfern kennen, die in dieser Zeit des Burgenbaus ganz besonders schwer drückten. Sie ermaßen, was sie verloren hatten und betrieben ihre Vereinigung, um bei passender Gelegenheit die Freiheit wiederzuerlangen.

Der Orden wußte, daß ihm nur unter Zwang gehorcht wurde, und ging in seinem Vertrauen nie zu weit. Die Prußen hatten sich zwar zu Tausenden taufen lassen und lebten unter dem drohenden Ordensschwert friedlich auf ihren Höfen, zahlten die geforderten Abgaben und leisteten den schweren Arbeitsdienst. Andere Tausende aber waren zu den noch in Freiheit lebenden Stämmen geflohen und berichteten, was ihnen widerfahren war und was in den vom Orden eroberten Teilen des Landes vor sich ging. Die Ritter durften das Schwert nicht aus der Hand legen, denn sie lebten auf einem Pulverfaß. Der Orden brauchte Untertanen, auf die er sich verlassen konnte und rief wieder nach Siedlern. Sie kamen auch, aber nicht in den Mengen, wie sie der Orden nötig hatte. Auch vom Heer Herzog Ottos blieb eine Anzahl der Kämpfer im Land. Die meisten wollten aber nicht in das neu eroberte Gebiet ziehen und siedelten im sicherer erscheinenden Pomesanien. Die Landbevölkerung in dem eroberten Gebiet blieb weiterhin fast rein prußisch.

Bedrohliche Lage des Ordens

Unterdessen zog eine neue Gefahr heran, die das gesamte Abendland bedrohte. Was oft als „erneuter Ausbruch des Völkervulkans Innerasiens" bezeichnet wird, war die planmäßige Durchführung eines militärischen Unternehmens der Mongolen, die den größten Staat beherrschten, der jemals auf dieser Erde existierte. Dieses Weltreich hatte Dschingis Khan begründet und bei seinem Tod 1227 seinen vier Söhnen übergeben. So wild und grausam der einzelne Kämpfer war, so diszipliniert war die Führung, die mit einer Strategie und Organisation arbeitete, wie sie in Europa völlig unbekannt war. Als die Mongolenführer beschlossen, ihre Herrschaft weiter nach Westen auszudehnen, überschritt eine Armee von etwa 140.000 Reitern 1237 die Wolga und eroberte das Land der Wolgabulgaren und weite Gebiete Rußlands. Das Abendland erzitterte bei der Kunde vom Herannahen dieser gefürchteten Eroberer, und selbst an entfernten Plätzen wie Lübeck wurde fieberhaft an Befestigungen gearbeitet. Manche sahen in diesen apokalyptischen Reitern die Vorboten des Weltuntergangs.

Der Orden sah mit Bangen und Sorge der Zukunft entgegen, denn ihm drohte die doppelte Gefahr, sowohl von den Mongolen wie auch von den unterworfenen Prußen. Nur in festen Burgen konnte er hoffen, einen Angriff der Mongolen oder einen Aufstand der Prußen zu überstehen. Deshalb zwang er notgedrungen die besiegten Prußen in harter Fron zu immer größeren Arbeitsleistungen für den Burgenbau.

Im Herbst 1240 steht ein Heeresteil der Mongolen an der oberen Weichsel, während der andere Teil Ungarn erobert. Am 24. März 1241 geht Krakau, eine blühende deutsche Stadt, in Flammen auf, nachdem die Bewohner geflohen sind. Das gleiche Schicksal erleidet einige Tage später Breslau. Etwa 30.000 Mann unter Herzog Heinrich von Schlesien, deutsche und österreichische Ritter und ein polnisches Aufgebot stellen sich den Mongolen bei Wahlstatt, südöstlich Liegnitz entgegen, um ihnen den Zugang zum Reich zu verwehren. Gegen die überlegene Kriegskunst der Mongolen, die hundertmal schneller als das umständliche Aufgebot des Reiches sind, ist ihr Opfergang vergebens. In der Schlacht am 9. April 1241 werden alle vernichtet. Schutzlos liegt Deutschland vor den jubelnden Siegern.

Kaiser Friedrich hatte die Völker Europas zum Kampf gegen die Mongolen aufgerufen, er selbst aber stand im Kampf gegen Papst Gregor IX. und wagte nicht, Italien zu verlassen. In seinen Aufrufen an die Könige und Fürsten erklärte er, daß die unversöhnliche Hadersucht des Papstes sein persönliches Eingreifen in den Abwehrkampf verhindere. Gerade als er an die Besetzung Roms ging, starb der Papst, und der Kaiser beendete den Feldzug, denn er hatte stets betont, daß er nicht gegen die Kirche, sondern nur gegen den haßerfüllten Papst kämpfe. In seinem Nachruf für den toten Gegner sagte er: „Durch ihn fehlte der Friede der Erde, und der Zwist war gewaltig." Die Hoffnung, daß ein neuer Papst den Kampf gegen den Kaiser einstellen würde, erfüllte sich nicht. Innozenz IV. führte den Machtkampf gegen ihn und seine Söhne schärfer denn je zuvor.

Bei den siegreichen Mongolen geschieht das gänzlich Unerwartete. Sie stürmen nicht weiter in das ungeschützte Deutschland hinein, sondern wenden ihre Rosse und ziehen nach Ungarn ab, um sich mit dem Heeresteil ihres Khans Batu zu vereinigen. Die Nachricht vom plötzlichen Tod des Großkhans Ogatai, dem Sohn und Nachfolger Dschingis Khans im fernen Asien, der bei der Gazellenjagd vom Pferd stürzte und sich das Genick brach, bringt alle Eroberungsunternehmen der Mongolen zum Stehen. Batus Reiter räumen Südpolen und Ungarn, um bei der Wahl eines neuen Großkhans mit beeindruckender Macht dabeizusein. Das Kaninchen, in dessen Bau Ogatais Pferd trat, hatte den Westen Europas gerettet.

Während die Bevölkerung froh war, der Mongolengefahr entronnen zu sein, hoffte der Papst die Mongolen als Verbündete zur Vernichtung des Kaisers und des Reiches zu gewinnen. Er schickte 1245 eine Delegation zu Großkhan Gujuk und 1247 eine zweite zu Khan Baitschu. Gujuk konnte über ein solches Ansinnen wohl nur lächeln und antwortete dem Papst: „Uns ist die ganze Erde untertan. Du selbst wirst zu mir kommen, um mir Dienst und Untertänigkeit anzutragen."

In Erwartung des Mongolensturms hatte der Orden alle entbehrlichen Kräfte aus dem eben eroberten Gebiet an die Südgrenze legen müssen und auch ein Aufgebot nach Schlesien gesandt, das nun ebenfalls zu den Gefallenen zählte. Die Zahl dieser Toten wird sicher niedriger gewesen sein als die des Templerordens, der fast 500 Ritter in jener grausamen Schlacht verlor. Auch der Ersatz, der sonst dem Orden in Preußen zugeführt worden wäre, war nach Schlesien gegangen und fehlte nun. Diese offensichtliche Schwäche des Ordens nährte bei den bedrückten Prußen um so mehr die Idee eines Aufstandes. Die übermenschlichen Arbeitsleistungen, die der Orden in seiner Notlage den Prußen abverlangte, stärkten bei ihnen den Willen, bei nächster Gelegenheit die Ordensherrschaft zu beseitigen, um ihre alte Freiheit wiederzugewinnen.

Noch ein zweites Unglück traf den Orden. In Livland traten unter der sich lockernden Herrschaft der Mongolen erstmalig die Russen mit starker Macht auf. Fürst Alexander Ssusal aus dem Moskauer Gebiet hatte 1240 ein an der Newa vordringendes schwedisches Heer vernichtend geschlagen. Als Nationalheld erhielt er dafür den Ehrennamen „Alexander Newski".

Im Winter 1241/42 drang Alexander Newski in Livland ein und eroberte Pleskau, dessen Verteidigung 70 Ordensrittern das Leben kostete. Das livländische Ordensheer, das den vorstürmenden Russen entgegenzog, erlitt am 5. April 1242 auf dem Eis des Peipussees eine vernichtende Niederlage. Von dieser Schlacht wird gesagt, daß sie für alle Zukunft die scharfe Trennung zwischen abendländisch-deutschem und russisch-östlichem Staats-, Kirchen- und Kulturleben bewirkte. Livland lag schutzlos vor Alexander, und bei weiterem Vorgehen hätte er den im Sommer sich erhebenden Prußen die Hand reichen können. Aus unerkennbaren Gründen wurde Alexander aber nach Osten zurückgerufen und konnte seinen Sieg zur Eroberung ganz Livlands nicht ausnützen. Vielleicht wollten die Mongolen, die Rußland beherrschten, verhindern, daß er zu stark wurde.

Der Pommerellenherzog Swantopolk, den Landmeister Hermann Balk 1238 zum Frieden hatte überreden können, sieht mit wachsendem Argwohn auf das Entstehen des neuen Nachbarstaates. Er beschließt diese mögliche Bedrohung zu beseitigen, und in geheimen Absprachen mit den Prußen rüstet er für den Krieg, der, verbunden mit einem Aufstand der Prußen, Erfolg verspricht.

Der Aufstand von 1242

Im Frühjahr 1242, als die Nachricht von der Niederlage des livländischen Heeres bekannt wird, schlägt Swantopolk zu. Von seinen beherrschend gelegenen Uferburgen Sartowitz und Zantir kapert er die Ordensschiffe und unterbindet den gesamten Schiffsverkehr auf der

Weichsel. Damit schneidet er dem Ordensland die Zufuhr an Lebensmitteln, Waffen und Kämpfern ab. Als einzige Verbindung zu seinen Hilfsquellen im Reich bleibt dem Orden nur noch der Weg über die Ostsee. Erstmalig steht ein christlicher Fürst den Heiden zur Seite.

Auf dieses Signal hin bricht auch bei den Prußen der Sturm los. Alle mühsam unterdrückte Wut, aller aufgespeicherte Haß gegen die fremden Unterdrücker wird frei. Entflammt von der Rachepredigt der Priester, im Vertrauen auf die alten Götter, greift das Volk zu den Waffen und bestürmt die Ordensburgen. Alles, was deutsch und christlich ist, fällt unter den Hieben der wütenden Prußen, die aber selbst in diesem Verzweiflungskampf grundsätzlich Frauen und Kinder schonen. Trotzdem kommen Einzelfälle vor, wo auch sie Opfer des gnadenlosen Kampfes werden.

Alle neuerbauten Burgen werden von den Prußen erobert und zerstört; nur die zwei Festen Elbing und Balga können dem Ansturm widerstehen. Als der Sturm der Prußen wie ein sturmentfachtes Feuer auch nach den altbesiedelten Gebieten Pomesaniens und dem Kulmerland hinüberspringt, flammenden Brand vor sich hertragend und verkohlte Wüste hinter sich lassend, scheint das Ende des Ordens in Preußen gekommen zu sein.

Swantopolk, der sogleich mit dem Kirchenbann belegt wird, überschreitet trotz des strengen Einspruchs des päpstlichen Legaten mit seinem Heer die Weichsel und vereint sich mit den Prußen zu einem Vernichtungsfeldzug gegen das erblühende westliche Ordensland. Die aufgeschreckte deutsche Bevölkerung flieht in überstürzter Panik in die Ordensburgen. Aber auch dort ereilt viele ihr Schicksal. Die Burgen zu Stuhm, Marienwerder und Graudenz werden von Prußen und Pommern erstürmt, und an die 4.000 Ritter, Knechte und Siedler, die hinter ihren Mauern Schutz gesucht haben, werden erschlagen oder in die Gefangenschaft abgeführt. Nur die drei stärksten Burgen im südlichen Kulmerland, Rehden, Kulm und Thorn überstehen den Orkan und können sich weiterhin halten.

Bemerkenswert ist, daß die Kirche sogleich den Bann über den Pommernherzog verhängte, als er sich gegen den Orden wandte, daß aber der Polenkönig nach Belieben den Orden bekriegen konnte, oft mit Hilfe von Heiden, ohne jemals einen Kirchenbann fürchten zu müssen. Daß Swantopolk den Mut aufbrachte, als christlicher Fürst der Macht der Kirche zu trotzen und sich auf die Seite der Heiden zu stellen, verdient staunende Bewunderung.

Das Ordensland war von den fremden Eindringlingen leergefegt. Die Frucht zwölfjähriger mühsamer Aufbauarbeit des Ordens war vernichtet. Nur wenige der prußischen Edlen, die das Christentum angenommen hatten, blieben dem Orden treu, der nun ausgelöscht zu sein schien. Nur fünf Burgen waren ihm im ganzen Land geblieben, die von den Prußen belagert wurden. Wie lange würden sie sich halten können? Da die Bemühungen des päpstlichen Legaten, den Pommernherzog zur Linientreue zurückzuführen, vergeblich waren, veranlaßte er, daß im Reich erneut der Kreuzzug gegen die Prußen und nunmehr auch gegen Swantopolk gepredigt wurde, durch dessen „gottlose Hand die Säulen des Tempels Christi wieder niedergeworfen und zertrümmert wurden", wie es Peter von Dusburg formuliert. Ein neuer Papst, der hätte eingreifen können, war noch nicht gewählt.

Der Orden war gezwungen, in seiner Notlage jede Hilfe anzunehmen, und hier trafen sich seine Interessen mit denen der polnischen Herzöge, die schon lange eine Gelegenheit gesucht hatten, Pommern an sich zu reißen. Allein fühlten sie sich dazu nicht stark genug, aber mit Hilfe des Ordens hofften sie zum Ziel zu kommen. So kam es noch einmal zu einem für den Orden höchst bedenklichen Bündnis mit den Herzögen von Kujawien und Masowien. Zuerst unternahmen die Polen und das durch neuen Zuzug verstärkte Ordensheer einen Verwüstungszug durch das Land Swantopolks. Der polnische Chronist berichtet stolz, daß ganz Pommern mit Feuer und Schwert verwüstet wurde, daß die Männer erschlagen, Frauen und Kinder als Sklaven nach Polen entführt wurden.

Obwohl die Verwüstung nicht ganz Pommern betraf, war sie schlimm genug. Hierzu kamen Unstimmigkeiten im pommerschen Herzogshaus. Die beiden Brüder Swantopolks wurden auf die Seite des Ordens gezogen, so daß der Herzog zunächst nachgeben muß. Die Kirche fordert seinen ältesten Sohn Mestwin als Geisel und verwahrt ihn in Kulm. Aber schon wenige Monate später, als einer der unsteten Polenherzöge wieder im Kampf mit Kleinpolen liegt, bricht Swantopolk erneut ins Kulmerland ein, und mit den Prußen vereint schlägt er am 15. Juni 1243 das Ordensheer am Rudnicker See im späteren Graudenzer Stadtwald. Die Ordenschronik beklagt den Tod des „alten und des neuen Marschalls", die mit 400 Mann ausgezogen waren, von denen nur 70 entfliehen konnten. Ein Hilfsheer, das von Thorn heranzog, wurde ebenfalls in die Flucht geschlagen. „Da zogen die Heiden wieder mit großem Schall in ihr Land", schreibt der Chronist.

Nach der Eroberung Kulms finden die Pommern aber ihr Herzogskind nicht mehr. Es war rechtzeitig zu Herzog Friedrich nach Österreich gebracht worden, der sogleich mit seinem Heer dem Orden zu Hilfe eilt. Der Druck der Übermacht zwingt Swantopolk wieder zum Frieden. Das hindert jedoch die Österreicher nicht, grausame Rache an der Bevölkerung Pommerns zu nehmen, um dann mit Beute reich beladen in die Heimat zurückzukehren. Nach dem Ausscheiden der Pommern kann sich der Orden aber jetzt auf seiner schmalen Weichselbasis halten.

Die kirchliche Einteilung

Bischof Christian machte seine alten Ansprüche wieder geltend. Dazu erteilte er Ablässe, die weit über das zugelassene Maß hinausgingen und beschaffte sich betrügerisch weiterhin Kreuzzugsgelder. Er brachte in Rom eine Reihe von Anklagen gegen den Orden vor, der auch seine Stadt Zantir „feindlich" betreten habe. Der neue Papst, Innozenz IV., baute aber auf den Orden und nicht auf Christian. Er sah den Besitz Preußens offenbar schon als gesichert an und beauftragte seinen Legaten, eine Aufteilung des Preußenlandes in Bistümer vorzunehmen. Obwohl der Orden sich nur mit Mühe in den wenigen Burgen hielt und seine Existenz aufs äußerste bedroht war, teilte Bischof Wilhelm von Modena am 29. Juli 1243 das Land in die vier Bistümer Kulm, Pomesanien, Warmia und Samland ein. Das Samland und auch große Gebiete der anderen Bistümer hatte zu dieser Zeit noch kein Ritter betreten.

In der kulmischen Diözese sollte der Bischof 600 Hufen (10.000 Hektar) und den Zehnten, in den drei übrigen ein Drittel des Bistumsgebietes mit vollen Herrschaftsrechten und den Zehnten erhalten. Zwei Drittel verblieben unter gleichen Bedingungen dem Orden. In den Gebieten des Ordens sollten den Bischöfen nur die rein geistlichen Rechte, Weihe der Kirchen und Priester, Visitation und geistliche Gerichtsbarkeit, zustehen. Somit würde der Orden nach der Eroberung des Landes vier geistliche Herrschaftsbereiche innerhalb seines Staates abtreten, in denen je ein Bischof selbständig regieren würde. Am 8. Oktober 1243 bestätigte der Papst diese Einteilung.

Bischof Christian ist erbittert, als er feststellen muß, daß die Kurie seine Besitzansprüche übergangen hat. Er hatte immer noch gehofft, ein dem Erzbistum Riga ähnliches Missionsbistum Preußen zu errichten, in dem er als Erzbischof selbständig regieren würde. Wilhelm von Modena aber, ein realistischer Beurteiler der Lage und guter Sachverwalter des Ordens, verhindert das Gelingen von Christians Plänen beim Papst. Es ist anzunehmen, daß die schon früher erwähnte Rivalität zwischen den beiden Bischöfen auch ein Grund für diese Entscheidung gewesen sein mag. Die Proteste Bischof Christians verhallen in Rom ungehört. Auch ein Bittgesuch des Generalkapitels der Zisterzienser von 1243 beachtet der Papst nicht. Das Angebot, sich eines der Bistümer auszusuchen, lehnt Christian entrüstet ab, und er beginnt nun seine mit allen Mitteln betriebene Hetze gegen den ihm verhaßten Orden. Er stirbt gegen Ende des Jahres 1245 in Marburg, im Unfrieden mit der Kurie und dem Orden. Gnadenlos ging die Geschichte über ihn hinweg.

Der Papst hatte den Ereignissen weit vorgegriffen, denn es dauerte noch lange, bis die ersten Bischöfe ihre Ämter antreten konnten. Als erster begann Bischof Heidenreich Anfang 1246 sein Amt in Kulm. Im Januar 1249 folgte Bischof Ernst in Pomesanien; im August 1250 Bischof Anselm in Warmia und schließlich im Mai 1254 Bischof Heinrich von Streitberg im Samland. Aber selbst dann wohnten einige noch lange Zeit außerhalb ihrer Bistümer.

Das gesamte Ordensland wurde 1246 (unter nochmaliger Bestätigung von 1255) dem Bischof von Riga unterstellt, der damit zum Erzbischof erhoben wurde. Der zweite Bischof von Kulm, ebenfalls Ordensbruder, führte für sein Domkapitel die Regel des Ritterordens ein und gliederte es somit dem Orden ein. Nach diesem Muster wurden auch die Domkapitel von Pomesanien (1284), Samland (1285) und Kurland (1290) dem Orden inkorporiert. Auf ausdrückliche Weisung des Papstes durfte jedoch der Bischof von Warmia, Ordenspriester Anselm, bei der Stiftung seines Domkapitels (1260) dieselbe Eingliederung in den Orden nicht vornehmen. Während die Bischöfe in den anderen Bistümern stets aus den Reihen der Ordenspriester gewählt wurden und damit eine enge Zusammenarbeit mit der Landesherrschaft gewährleistet war, mußte der Bischofsstuhl Warmias nach dem Ableben des Ordensbischofs Anselm ausschließlich mit Weltpriestern besetzt werden. Damit nahm das größte und wichtigste der preußischen Bistümer eine Sonderstellung ein, die es einigen Bischöfen Warmias ermöglichte, mit Unterstützung der Kurie eine ordensfeindliche Politik zu betreiben. Schließlich gelang es diesen Kräften, den bischöflichen Teil der Diözese aus der Mitte des Ordenslandes herauszubrechen und unter polnische Oberhoheit zu bringen. Daß Bischof Anselm eine so schwerwiegende Entscheidung selbst treffen konnte, wie es heute oft dargestellt wird, ist völlig undenkbar. Als Priesterbruder des Ordens hätte er seinen Eid brechen müssen, um gegen die Interessen seines Ordens zu handeln. Außerdem hätte sich der Ritterorden ein solches Verhalten eines seiner Brüder niemals bieten lassen. Jedoch der Anordnung des Papstes mußten sich beide beugen. Hier ist die Weitsichtigkeit der Kurie zu bewundern. Obwohl sie zu dieser Zeit den Orden mit allen Mitteln noch unterstützte und förderte, baute sie trotzdem schon jetzt eine Handhabe ein, um zu gegebener Zeit gegen ihn vorgehen zu können.

In dieser Zeit wurde die schreckliche Geißel der Inquisition geboren, die zum Hexenglauben ausartete und mit grausamen Folterqualen und lodernden Scheiterhaufen jahrhundertelang unter der christlichen Menschheit wütete. Die Zahl der fast immer völlig unschuldigen Menschen, die dieser Ausgeburt des Menschenwahns zum Opfer fielen, wird mit neun Millionen angegeben. Das Preußenland kam hierbei verhältnismäßig glimpflich davon, aber auch hier wurden unschuldige Menschen von ihren Glaubensgenossen grausam zu Krüppeln gefoltert und lebend verbrannt.

In Südfrankreich hatte sich eine Reformbewegung gebildet, deren Anhänger nach dem Vorbild der Apostel und der ersten Christen leben wollten. In der Römischen Kirche sahen sie ein wachsendes Hindernis, ein wahrhaft christliches Leben zu führen. Nach der Stadt Albi wurden sie „Albigenser" genannt. Da ihre Lehre viele Anhänger fand und sich immer mehr ausbreitete, beschloß Papst Innozenz III., der das Papsttum auf den Gipfel seiner Macht führte, die Albigenser auszurotten. Ihre Vernichtung durch das etwa 30.000 Mann starke Kreuzzugsheer begann am 22. Juli 1209 mit dem Abschlachten der Bewohner der Stadt Béziers. Stolz meldete der Legat dem Papst, daß weder Alter noch Geschlecht geschont und 20.000 getötet worden waren. Aus der weitergeführten Verfolgung der Albigenser entwickelte sich die systematische Inquisition, die auf dem Laterankonzil von 1215 beschlossen wurde. Die letzten 205 Albigenser wurden mit ihrem greisen Bischof Bertrand Marty am 16. März 1244 gemeinsam verbrannt. Die Inquisition aber blieb bestehen und breitete sich immer mehr aus. Ab 1251 führte der Papst die Geständniserzwingung durch die Folter ein. Bald war niemand mehr seines Lebens sicher. Die Untersuchung war geheim; Namen von Zeugen wurden nicht bekanntgegeben, und Entlastungszeugen wagten nicht aufzutreten, weil sie fürchten mußten, dann ebenfalls verbrannt zu werden. Da immer der Besitz der Verurteilten eingezogen wurde, genügte oftmals Besitz, um gefoltert und verbrannt zu werden. Die Inquisition wurde mit derart bestialischen Mitteln durchgeführt, daß sich in der ganzen Geschichte nichts Vergleichbares finden läßt.

Der Ritterorden kämpft ums Überleben

Nachdem die Weichselbasis des Ordens gesichert schien, führte er den beiden belagerten festen Plätzen Elbing und Balga Verstärkungen zu. Von dort aus versuchten die Ritter immer wieder, den Prußen das zurückeroberte Land erneut zu entreißen. Die laufend aus dem Reich zugeführten Verstärkungen konnten im offenen Feld jedoch nicht viel ausrichten und wurden von den Prußen immer wieder hinter die Wälle ihrer Burgen zurückgetrieben. Dieser wechselvolle Krieg im Hinterland der Burgen zog sich sieben Jahre lang hin, ohne daß eine Entscheidung fiel, den der Orden aber am Ende doch siegreich durchstand. Es waren diese wenigen festen Burgen, die den Orden retteten.

Die bisher für uneinnehmbar gehaltene Pommernburg Sartowitz auf dem Steilufer der Weichsel hatte die Schiffahrt auf dem Strom bis jetzt unterbunden. In einer stürmischen Dezembernacht 1242 gelang es dem Ordensmarschall Dietrich von Bernheim, mit einer Truppe ausgesuchter Ritter aus dem eingeschlossenen Kulm zu entweichen, auf Schiffen die Weichsel abwärts treibend die Burg in einem gewagten Handstreich zu besetzen und zu halten. Dazu kam das energische Eintreten des Papstes für den Orden, das die Kriegsbegeisterung Swantopolks erheblich dämpfte. In einer strengen Bulle nannte ihn der Papst „den Verbündeten der gottlosen Heiden, den Aufwiegler des abtrünnigen Volkes in Preußen, den Verderber des christlichen Glaubenswerkes".

Papst Innozenz IV. ließ seine Predigermönche 1244 aufs eifrigste das Kreuz gegen die Prußen und Pommern predigen. Mit den üblichen Übertreibungen und Lügen wurde der Zustrom neuer Kämpfer für den Orden in Bewegung gehalten. Als die Lebensmittel in Elbing knapp wurden, setzten Ritter und bewaffnete Bürger 1244 zu einem Durchstoß nach dem Kulmerland an, um Nachschub zu holen. Drei Ritter führten darauf drei mit Getreide und Fleisch beladene Lastschiffe weichselabwärts. Es gelang ihnen, die Sperre von 20 Schiffen der Pommern bei Zantir zu durchbrechen und Elbing zu erreichen.

Auf der Rückreise griffen bei Schwetz zehn Kampfboote der Pommern die Ordensschiffe an, die aber unbeschadet Kulm erreichten. Obwohl nicht alle kampffähigen Männer Elbing verlassen hatten, lobt die Ordenschronik die mutigen Frauen der Stadt: „Swantopolk, der Herzog von Pommern, der von der Abwesenheit der Brüder und Bürger von Elbing wußte [...] rückte vor, um Burg und Stadt anzugreifen. Als das die Elbinger Frauen sahen, legten sie ihren fraulichen Schmuck ab und nahmen männlichen Mut an. Sie gürteten sich mit Schwertern, bestiegen die Mauern und schickten sich so männlich zur Verteidigung der Stadt an, daß nirgends die Schwäche ihres Geschlechts in Erscheinung trat. Daher meinte der Herzog, das Heer der Brüder und Bürger sei bereits zurückgekehrt und zog voller Scheu wieder ab. Man darf nicht glauben, daß solches nur dort geschah; auch anderswo wären die Burgen oftmals während der Abwesenheit der Männer in Gefahr geraten, hätten nicht die Frauen mutig Widerstand geleistet."

Im Frühjahr 1246 erschien der Hochmeister Heinrich von Hohenlohe mit einem starken Kreuzfahrerheer, zu dem besonders Herzog Friedrich von Österreich eine stattliche Ritterschar entsandt hatte. Das Heer fiel in Pommern ein, stellte Swantopolk zur Schlacht, in der er verwundet wurde, und vertrieb die prußischen Reitertruppen. Erst nach dieser Niederlage war endlich die Kampfkraft des Pommernherzogs erschöpft, und er war zum Frieden bereit, der aber erst 1248 zum Abschluß kam und dem Orden die dringend notwendige Weichselschiffahrt sicherte. Swantopolk mußte sich verpflichten, nie mehr gegen den Orden zu kämpfen und seine ihm feindlich gesinnten Brüder Sambor und Ratibor, die auf der Seite des Ordens standen, wieder in ihr Erbe einzusetzen. Erst darauf wurde ihm sein Sohn zurückgegeben, der die gleichen Verpflichtungen übernehmen mußte.

Die Prußen wurden jetzt auch im Norden angegriffen. Aufgrund eines Vertrages, in dem der Stadt Lübeck ein Teil der Bernsteinküste zugesichert worden war, beteiligte sich 1246 ein Aufgebot Lübecker Ritter an einem Heereszug des livländischen Ordenszweiges gegen die Samländer, die aber den Vorstoß erfolgreich abwehren konnten. Die unternehmungslustigen Lübecker hatten schon lange zuvor die günstige Lage der Stelle erkannt, wo später Königsberg entstand. Ihre Schiffe waren oft in die Pregelmündung eingefahren, um im Hafen Lipza Waren zu verkaufen oder zu tauschen.

Aufgrund von Andeutungen in einigen Urkunden vermutet man, daß die Lübecker vielleicht sogar eine Handelsniederlassung dort hatten. Diesen wichtigen Handelsort, der von allen Seefahrern der Ostsee aufgesucht wurde, wollten sie gerne für sich haben und dort eine Stadt anlegen. Der Landmeister Heinrich von Wieda hatte 1241/42 die Bedingungen festgesetzt, unter denen eine freie Handelsstadt gegründet werden und Lübeck ein Drittel des Samlandes erhalten sollte. Der Orden hoffte, daß die Lübecker daraufhin das Samland erobern würden, was sie aber nicht taten. In einem neuen Vertrag sollte Lübeck nur noch ein Sechstel des Samlandes erhalten, dafür aber mit 2.500 Hufen (4.125 Quadratkilometer) Land an Pregel und Haff entschädigt werden. Da aber in dem Gebiet kein Bernstein zu finden war, scheint das Angebot für die Lübecker nicht verlockend genug gewesen zu sein, denn sie unternahmen erneut nichts. Im März 1246 beurkundete Bischof Heidenreich von Kulm einen Vergleich zwischen dem Orden und den Lübeckern. Daraus geht hervor, daß der Orden nun selbst eine Burg und Stadt in „Portus Lipce" bauen wolle. Alle Pläne wurden aber hinfällig, weil man den Ort den rechtmäßigen Eigentümern in dem Unternehmen von 1246 nicht hatte entreißen können. Man hatte die Freiheitsliebe und Kampfkraft der Samländer weit unterschätzt.

Durch die Bemühungen des Papstes entstanden dem Orden jetzt zwei mächtige Helfer, das kräftige Brandenburg und das noch stärkere Königreich Böhmen. König Ottokar von Böhmen mußte der Papst sehr eindringlich, und zwar unter Hinweis auf sein Seelenheil, auffordern, den Krieg gegen die Prußen aufzunehmen. Zwischen ewiger Hölle oder kurzfristigem Krieg wählte Ottokar lieber den Krieg. Das Jahr 1248 wird damit zum Wendepunkt für den bedrohten Orden. Er kann sich nun mit gewaltiger Macht gegen die Prußen wenden.

Neben der Heeresmacht des Böhmenkönigs steht das Heer der Markgrafen von Brandenburg, das in diesem Jahr den ersten von fünf Kreuzzügen gegen die Prußen unternimmt. Das übliche Morden und Brennen, alle Leiden einer gnadenlosen Eroberung und Bestrafung entladen sich von neuem über dem prußischen Volk. Ihre Wohnstätten gehen in Flammen auf, und zu Tausenden geben sie ihr Leben für die Heimat. In dem wiedereroberten Gebiet werden die zerstörten Burgen sogleich wieder aufgebaut, denn nur in diesen sind die Ordensritter sicher und können die Besiegten beherrschen. Obwohl ihre Felder verwüstet sind, ihr Vieh geraubt und abgeschlachtet ist und das tägliche Brot fehlt, müssen die Prußen wieder die Hauptlast der gewaltigen Arbeitsleistungen beim Burgenbau tragen.

Von der erneuten Bautätigkeit beschreibt die Ordenschronik den Wiederaufbau der Christburg an einem neuen Ort. Die erste von den Prußen zerstörte Christburg am Sorgefluß (Alt-Christburg) wurde nicht wieder aufgebaut. Der Orden wählte eine andere Prußenburg, elf Kilometer flußabwärts, wo 1248 die neue Christburg auf den alten Wällen erbaut wurde. Die Chronik berichtet: „Aus dem traurigen Fall von Christburg erkannten die Brüder und der Meister, daß die unbezähmten Häupter der prußischen Stämme dem Glauben nur dann unterworfen werden können, wenn die Brüder inmitten des ruchlosen Volkes Burgen errichten, von denen aus sie täglich überwacht und niedergehalten werden. Sie riefen daher wiederum große Kreuzfahrerscharen zusammen, die aus allen Teilen Deutschlands auf die Kreuzpredigt hin herbeiströmten. Mit allem, was zum Burgenbau notwendig ist, rückten sie in das Land Pomesanien ein. Sie wechselten den Ort, doch nicht den Namen, und bauten die neue Burg [...]"

Im Winter versammeln sich noch einmal die Kreuzfahrerheere des Markgrafen von Brandenburg, des Grafen von Schwarzburg und der Bischöfe von Breslau und Merseburg zu einem ganz besonders grausamen Vernichtungsfeldzug. Im Januar 1249 durchziehen sie nochmals Pomesanien, Pogesanien, Warmia und Teile von Natangen und Barten. Das ganze Gebiet wird mit Feuer und Schwert schrecklich verheert, und alles Gut und Leben, das auf dem Weg der christlichen Heere liegt, wird gnadenlos vernichtet. Nach diesem furchtbaren Strafgericht, das weite Teile des Landes menschenleer hinterläßt, bricht der verzweifelte Widerstand der Prußen zusammen. Nach sieben Jahren schwerer Kämpfe und Strömen von Blut steht der Orden nun wieder da, wo er 1242 schon einmal gestanden hatte. Er ist abgekämpft und erschöpft. Seine entscheidende Stärke waren die Massen der Kreuzfahrerheere aus dem Reich, die seinen Untergang verhindert und ihm das verlorene Gebiet zurückerobert haben.

Der Friede zu Christburg

Den unermüdlichen Bemühungen des päpstlichen Legaten Jakob von Lüttich, dem späteren Papst Urban IV., gelang das Wunder einer Versöhnung der erbitterten Gegner. Der Orden, der auf die Unterstützung durch die Kirche angewiesen war, mußte sich vom Legaten überzeugen lassen, daß er mit Gewalt allein die Prußen zwar töten, aber nicht bekehren kann, und daß zu der Macht des Schwertes eine kluge Politik der Versöhnung kommen muß, wenn sein Werk in Preußen von Dauer sein soll. Vom Standpunkt der Prußen kam diese Einsicht jedoch zu spät. Zu viel Unrecht war ihnen geschehen, zu viel hatte man ihnen genommen, und zu viele waren ermordet worden. Aber sie sind ausgeblutet und am Ende ihrer Kraft. Ihr Land ist weitgehend verwüstet und entvölkert; es kann die Überlebenden kaum noch ernähren. Sie haben keine Wahl und müssen den angebotenen Frieden annehmen.

Der stärkste Druck, das grausame Abschlachten der Prußen einzustellen, kam aber von der Kirche. Vielleicht haben dabei auch die bei der Kurie eingegangenen Beschwerden mitgewirkt. Schon 1245 hatte Herzog Swantopolk eine Klage bei der Kurie eingereicht, um das Los der unterworfenen Prußen zu bessern. Auch Bischof Christian hatte sich über ungerechte Behandlung der neubekehrten Prußen beim Papst beschwert. Man sieht es diesem Vertrag an, daß er ein von der Kurie vermittelter Vergleich oder Urteilsspruch ist, den der Orden wie auch die Prußen unter dem Druck der Umstände annehmen mußten. Er ist nicht viel mehr als ein Waffenstillstand, den allerdings der Orden besser als die Prußen zu nützen weiß.

Am 7. Februar 1249 traten auf der Christburg die tödlichen Gegner so vieler Schlachten zum Friedensschluß zusammen. Legat, Ordensmarschall, Landmeister und eine Reihe anderer ritterlicher Würdenträger auf der einen, prußische Edle und Stammesfürsten auf der anderen Seite. Der Orden muß den Prußen volle Gleichberechtigung zugestehen. Sie dürfen ihr Eigentum behalten und haben das Recht, gleich den deutschen Einwanderern, so viel Besitz zu erwerben, wie sie vermögen. Mit uneingeschränktem Recht dürfen sie und ihre Erben darüber verfügen. Auch alle persönlichen Freiheiten werden ihnen gewährt.

Die Prußen müssen aber die Herrschaft des Ordens anerkennen, Christen werden und alle heidnischen Gebräuche aufgeben. Die Verbrennung der Toten mit Pferden, Waffen und Kostbarkeiten muß aufhören, ebenso die großen Leichenfeiern, bei denen die Priester die Laster des Verstorbenen als Verdienst rühmen und behaupten, sie sähen den Toten zu Pferde in glänzender Pracht, mit großem Gefolge in den Himmel fliegen. Die Viel- und Verwandtenehen haben aufzuhören sowie der Kauf der Ehefrau. Die Prußen können Priester werden oder in ein Kloster eintreten; die Edlen dürfen den Rittergürtel tragen. Bis zum Pfingsttage müssen sie 13 Kirchen an genau bezeichneten Orten bauen und mit Schmuck, Geräten und Bildern derart prachtvoll ausstatten, daß sie lieber dort zur Andacht gehen, als in ihre Wälder. Aber wie deutsche Siedler, so unterliegen auch sie den Abgaben an den Orden und die Kirche. Sie müssen am Bau der Burgen und Befestigungen Arbeitsdienst leisten und an allen Kriegsfahrten des Ordens teilnehmen. Sie haben einen persönlichen Eid zu leisten, die Interessen des Ordens zu wahren und zu fördern. Dazu gehört aber auch, daß von ihnen die Anzeige Andersdenkender gefordert wird. Das bedeutet, daß die Besiegten nicht nur ihr Los zu akzeptieren und sogar mit der Waffe zu verteidigen haben, sondern daß sogar Gedanken zur Wiedererlangung der alten Freiheit strafbar sind und den neuen Herren gemeldet werden müssen.

Unter all diesen, für die bisher freien Prußen ungewohnten und drückenden Lasten sind Haß- und Rachegedanken bei den Unterjochten ganz natürliche Reaktionen. Sie wissen, daß alle Hilfe, die sie dem Orden leisten müssen, sich gegen ihre eigenen, noch in Freiheit lebenden Landsleute richtet, von denen sie sich aber, falls die Götter sich ihnen wieder zuneigen sollten, die Befreiung aus ihrer Notlage erhoffen. Die späteren Ereignisse bringen den Beweis, daß grundverschiedene Lebensauffassungen mit Gewalt allein nicht zu beseitigen sind.

Dem neuen Glauben wird nur unter dem Zwang Folge geleistet. Von dem Treiben der deutschen Priester, von denen niemand ihre Sprache spricht, ist dem Volk nichts verständlich als nur der Hohn gegen die alten Götter und gegen ihre altgewohnte Lebensweise. Der Orden hat nicht genug Priester und kann nur die wichtigsten Pfarreien mit seinen Priesterbrüdern besetzen. Die Weltpriester jener Zeit haben nicht immer den besten Ruf. Manche können nur mangelhaft lesen und schreiben und nur mühsam den lateinischen Gottesdienst halten. Wie sollen sie ihre zum Christentum gezwungene Gemeinde im neuen Glauben unterweisen? Höchst selten ist ein Pfarrer bereit, die Sprache seiner Pfarrgemeinde zu erlernen. Um so eifriger sind sie darauf bedacht, die ihnen zustehenden Abgaben, möglichst im Übermaß, einzutreiben und ihre Einnahmen durch andere Tätigkeiten zu vermehren. So braucht man sich nicht zu wundern, daß mancher Pruße noch lange vom prasselnden Scheiterhaufen mit großem Gefolge in den Himmel ritt und das Bockopfer in einigen Gegenden sogar noch im 19. Jahrhundert gefeiert wurde.

Der Christburger Friede kann nur diesseits der Kampffront gelten. Hier werden Ordensburgen, Kirchen und Häuser gebaut und die verwüsteten Äcker so weit als möglich wieder bebaut. Neben der wiedererbauten Burg Braunsberg lassen sich 1249 Siedler aus Lübeck nieder, denen Bischof Anselm 1254 das Lübecker Stadtrecht verleiht. Am Rand des vom Orden beherrschten Gebiets geht indessen der blutige Eroberungskampf in gewohnter Weise weiter, denn bis jetzt hat der Ritterorden noch nicht die Hälfte der Prußen unterworfen. Bei diesen Kämpfen ließ der Orden es oft an gebotener Rücksicht auf die bekehrten Prußen fehlen und brach nach deren Ansicht wiederholt den Friedensvertrag. Von den zahlreichen Kämpfen haben nur wenige Eingang in die Chroniken gefunden. Nicht immer erhielt ein Chronist Kenntnis von den Geschehnissen, und nicht alle Schriften haben die Zeiten überdauert. Einmal wird von einem starken, nordwärts vordringenden Ordensheer berichtet, das am 29. November 1249 bei Cruke (Krücken, südlich Kreuzburg), von prußischen Kampfverbänden zur Schlacht gestellt, eingeschlossen und fast vollständig vernichtet wurde. Dabei sollen über 1.000 Ordenskrieger gefallen sein, darunter 54 Ritter, der Ordensmarschall und der Komtur von Balga.

Der Machtkampf zwischen Kaiser Friedrich II. und dem Papst war noch nicht entschieden, als der Kaiser ganz plötzlich am 13. Dezember 1250 starb. Der Verdacht, daß er im Auftrag der römischen Kurie vergiftet worden war – wie es schon vorher versucht worden war –, wurde durch die hämischen, beleidigenden Worte genährt, mit denen der Papst den Tod des Kaisers bekanntgab. Die überragende Bedeutung Friedrichs ist auf der Gedenktafel an seinem Geburtsort (Jesi bei Ascona, Süditalien) in wenigen Worten ausgedrückt: „Friedrich II., König und Kaiser, Denker und Dichter, hat die Freiheit und Menschenrechte wiederhergestellt im Kampf gegen die Theokratie."

Friedrich war 1215 in Aachen zum deutschen König und 1220 in Rom zum Kaiser gekrönt worden. Der Machtkampf zwischen dem um den Zusammenhalt des Reiches bemühten Kaiser und den um weltliche Oberherrschaft über den Kaiser kämpfenden Päpsten ist ein eigenes, umfangreiches Kapitel der Geschichte. Aufwiegelung, Bestechung, Bann und Interdikt waren die Mittel, mit denen die Päpste gegen den Kaiser kämpften, der als „Untier der Apokalypse" und „Vorläufer des Antichrist" geschmäht wurde. Friedrich hat dagegen niemals nach Herrschaft über die Kirche gestrebt oder sich in kirchliche Fragen eingemischt.

Sein Tod brachte den Zerfall des Reiches und der abendländischen Einheit; mit ihm verlor der Deutsche Ritterorden seinen mächtigsten Gönner. Während die Kirche über den Tod des Kaisers jubelte, klagten die anderen, daß mit ihm alle Gerechtigkeit begraben worden sei. Von der Aufsicht einer zentralen Autorität befreit, entfaltete das Papsttum nun seine ganze Macht.

Auch unter den Nachfolgern von Papst Innozenz IV. wurde der Haß gegen die Erben Friedrichs weitergeschürt, um diese Dynastie auszurotten. Konrad IV., der letzte deutsche König aus diesem Haus, starb 1254. Sein Bruder Manfred fiel 1266. Seine Gegner gaben ihm ein Grab, der Erzbischof von Cosenza aber ließ die Leiche ausgraben um sie der Witterung auszusetzen. Seine Witwe Helena und seine vier kleinen Kinder – das älteste war fünf Jahre alt – wurden von der Mutter getrennt und eingekerkert. Während Helena nach fünf Jahren im Kerker starb und die Tochter Beatrix nach 18 Jahren Kerkerhaft ausgetauscht wurde, vegetierten die drei Söhne Heinrich, Friedrich und Enzio in Ketten, allmählich erblindend und verblödend, bis zu ihrem Tod im Kerker. Konradin, der letzte aus dem Hause der Staufer (Sohn König Konrads IV.), wurde 1268 mit zwölf seiner Freunde enthauptet. Er hatte 16 Jahre leben dürfen.

Das Kaisertum war ausgelöscht; die Kirche hatte gesiegt. Es begann „die kaiserlose, die schreckliche Zeit". Dieser Lauf der Geschichte hatte nicht nur für das Reich, sondern auch für den Deutschen Ritterorden katastrophale Folgen. Mit der Vernichtung des dynastischen Kaisertums war auch der Orden mehr denn je auf die Gunst der Päpste angewiesen, die sich aber immer stärker den Polen zuneigte. Diese Entwicklung führte schließlich zu der Katastrophe von Tannenberg und zur Vernichtung des Ordensstaates durch die von der Kirche begünstigten Polen.

Kämpfe um das Samland

Die nächste große Aufgabe des Ordens ist die Eroberung des Samlandes, das für jede Macht wichtig ist, die in Preußen herrschen will. Es sichert den Seeweg über das Haff und ist die Landbrücke nach Kurland über die Nehrung. Die Samländer leben noch in voller Freiheit des

Heidentums, Hoffnung und Rückhalt der unterworfenen Prußen. Von allen Gauen ist das Samland zu dieser Zeit der reichste an Gütern, und nach Sudauen auch an Volk. Ein alter Name für das Land war „Witland", und die Edlen werden Withinge genannt. Die ersten christlichen Chronisten sind erstaunt, daß die gefangenen Withinge, von denen etwa 100 Familien im Samland auf großen Herrensitzen leben, eine viel höhere Kultur als das übrige Volk haben. Die Namen der Nachkommen dieser gotischen Edlen enden fast ausnahmslos mit dem Buchstaben „o" wie Nalubo, Wargulo, Glando und ähnliche. Diese Namen gotischer Herkunft sind aber, wenn auch nicht so auffallend wie bei den Withingen, im ganzen Land anzutreffen. Die Withinge ringen am längsten mit ihrem angeborenen Herrenstolz, ehe sie sich dem Orden unterwerfen. Der Orden nahm später gern samländische Withinge in sein Heer auf.

Dem Orden gegenüber verhielten sich die Samländer zunächst abwartend, und auch der Orden scheint anfangs mit der Möglichkeit einer friedlichen Unterwerfung dieses Gaues gerechnet zu haben. König Hakon von Norwegen verhandelt mit dem Papst, der ihm gestattet, das Samland zu besetzen, um es zu christianisieren. Den König reizt aber nicht die Bekehrung der Samländer, sondern ihr Bernstein. Der Orden muß den Norwegern zuvorkommen und weist den livländischen Ordensteil an, am Seetief des Kurischen Haffs 1252 die Memelburg anzulegen. Sie entstand auf der Stelle der vom Orden zerstörten Litauerburg Kleipeda und wurde zuerst Mümmelburg genannt. Damit wurde den Samländern der Weg versperrt, auf dem sie bisher viele lebenswichtigen Dinge unbehindert erhalten hatten.

Die Prußen wußten zu dieser Zeit genau, was eine Ordensburg bedeutete und erkannten die Gefahr, die ihnen von dieser Burg drohte. Sie gingen zum Angriff vor, und die livländische Chronik berichtet, daß sie beschlossen hatten, die ganze Besatzung der Burg den Göttern zu opfern. Es kam jedoch anders, denn sie wurden mit erheblichen Verlusten abgewiesen. Sie sammelten aber ihre Kräfte von neuem und griffen immer wieder an, konnten die Burg indes nicht bezwingen. Einmal gelang es ihnen, die Ritter im Felde zu schlagen, mußten sich aber damit begnügen, die Memelburg einzuschließen.

Der Orden beschloß nun, die Unterwerfung des Samlandes zu wagen. Um zuerst einen Brückenkopf zu bilden, der als Ausgangsbasis für die Eroberung dienen sollte, führt am Anfang des Jahres 1253 der Komtur von Christburg, der große Kolonisator und Heerführer Heinrich Stange, eine starke Streitmacht von Balga über das zugefrorene Haff ins Samland. Er will die stärkste Burg im westlichen Samland Girmowe (Germau) überraschend erstürmen und besetzen. Zentral gelegen und vielleicht von See her zu versorgen – sie ist dreieinhalb Kilometer von der Ostseeküste entfernt –, könnte sie die gleiche Bedeutung wie seinerzeit Balga erlangen. Doch sie liegt weit im feindlichen Gebiet, und dieses Mal ist kein Pruße zur Hand, der das Ordensheer führt. Auch der Chronist hält das Unternehmen für sehr gefährlich, für ein quasi leo intrepidus (ein löwenmutiges Unternehmen).

Das Ritterheer geht in der Gegend von Lochstädt an Land und erreicht nach einem Marsch von etwa 16 Kilometern unbehelligt Girmowe. Es scheint, als ob die Samländer überrascht worden sind und ihre Kampfverbände noch nicht zusammengerufen haben. Als die frohlockenden Ritter sich aber zum Sturm auf die Burg formieren, stürzen sich plötzlich samländische Reiter von zwei Seiten auf die überraschten Ritter. Nach kurzem wütendem Kampf müssen die Ritter zurückweichen, und Heinrich Stange befiehlt den Rückzug. Die Samländer aber greifen die Fliehenden weiter an, und das Ordensheer erleidet eine vernichtende Niederlage. Beim Decken der Flucht von den Resten seiner Streitmacht fällt Heinrich Stange, zusammen mit seinem Bruder Hermann.

Diese Niederlage hat den Orden in eine bedrohliche Lage gebracht. Die Kampfkraft des Ritterheeres ist gefährlich geschwächt; der gescheiterte Angriff hat die bisher beiseite stehenden Samländer gegen den Orden ins Feld geführt, und die belagerte Memelburg scheint verloren zu sein.

Der bedrängte Orden erkennt, daß er mit seinen eigenen Kräften das Samland nicht unterwerfen kann und einem entschlossenen Gegenangriff der freien Prußenstämme fast hilflos ausgeliefert ist. Aber die bedächtigen Prußen fassen keine schnellen Entschlüsse und nutzen die Gelegenheit nicht. Auf die dringenden Hilferufe des Ordens läßt der Papst seine Prediger wieder von allen Kanzeln zu einem neuen Kreuzzug gegen die bösen Prußen aufrufen. Schon Ende des Jahres 1253 trifft der tatkräftige Hochmeister Poppo von Osterna mit einem

Kreuzfahrerheer der Markgrafen von Thüringen und von Meißen ein und rettet den Orden aus der kritischen Lage. Das Heer wird in Barten eingesetzt, wo sich der Orden am meisten bedroht fühlt. Dazu wird die von den Prußen genommene Kreuzburg belagert, wieder zurückerobert und von neuem ausgebaut.

Gegen Ende des Jahres 1254 kommt ein großer Kreuzzug aus allen Gegenden des Reiches zustande und bringt die ersehnte Hilfe, sogar im Übermaß. Die stärkste Macht führen König Ottokar von Böhmen und sein Schwager, Markgraf Otto von Brandenburg, heran. Im Januar 1255 zieht der gewaltige, waffenklirrende Heeresstrom über die weite Eisfläche des Frischen Haffs und greift die Abwehrstellungen und Burgen an, die von den Samländern in Erwartung eines Angriffs errichtet worden sind. Der Sperriegel auf der Frischen Nehrung ist heute noch erkennbar. Eine etwa drei Kilometer lange, mit alten Bäumen bewachsene Erdaufschüttung, die damals dicht mit Dornengebüsch bepflanzt und mit Verhauen bespickt war, verläuft von Lochstädt nach Fischhausen. Ein kleinerer, etwa zwei Kilometer langer Wall liegt zwischen Neuhäuser und Pillau.

Unaufhaltsam dringen die Heere in dem volkreichen Land vor und richten ein Blutbad ungeheuren Ausmaßes unter der Bevölkerung an. Gegen die gewaltige Übermacht kann auch höchste Tapferkeit nichts ausrichten. Die todesmutig kämpfenden Samländer werden scharenweise niedergemacht oder müssen zurückweichen. Die zäh verteidigten Burgen von Nagympten (bei Ekritten), Rudau und Schaaken werden erobert. Besonders schwer und verlustreich sind die Kämpfe bei Quednau, wo der Edle Sclodo mit seinen Söhnen heldenmütig die Heimat verteidigt. Sieben Tage lang wälzt sich dieser Vernichtungszug der christlichen Heere durch die dicht besiedelten Wohngebiete und läßt die im Frost erstarrten Leichen der Bewohner und die verkohlten Überreste ihrer Wohnstätten hinter sich. Nach dieser Massenschlächterei mit wahren Bergen von Leichen sehen die Samländer die Sinnlosigkeit weiteren Widerstands ein und beugen sich dem Christengott und seinem übermächtigen, gnadenlosen Kriegsheer. Einige fliehen aus dem Land, darunter auch das führende Adelsgeschlecht der Sypaine. (Später schenkt der Orden dessen Besitzungen dem Prußen Ibuto.)

Die Ordenschronik gibt folgenden Bericht über diesen Feldzug: „Als die übrigen Stämme zur Einheit des Glaubens bekehrt waren, blieben noch die Samländer, zu deren Unterwerfung Gott im Jahre 1254 König Ottokar von Böhmen sandte […] ferner den Markgrafen Otto von Brandenburg, den Herzog von Österreich und Markgrafen von Mähren, den Bischof Heidenreich von Kulm, den Bischof Anselm von Warmia und den Bischof von Olmütz mit einer gewaltigen Zahl von Pilgern und mit Freiherrn, Rittern und Edlen aus Sachsen, Thüringen, Meißen, Österreich, vom Rheine und aus anderen Gegenden Deutschlands, deren Herz entflammt war, die Leiden des Herrn am Kreuze zu rächen.

So groß war die Menge dieses Heeres, daß es die Zahl von 60.000 Kämpfern überschritt; die Zahl der Wagen und Karren, die Waffen und Lebensmittel mit sich führten, konnte man nicht zählen. Das Heer kam im Winter nach Elbing, und der König führte es bis zur Burg Balga, wo er nach Anordnung der Ordensbrüder einen alten Mann namens Gedune vorfand, den Vater des Wissegaude von Medenau aus dem Geschlecht der Candeym, der die ganze Tapferkeit der Krieger des Samlands kannte. Als ihn der König fragte, während erst ein bescheidener Teil seines Heeres sichtbar war, ob er mit so viel Kriegern etwas ausrichten könne, erwiderte er: Nein. Indessen erschien ein doppelt so großes Heer, bei dessen Anblick er das gleiche antwortete. Zum dritten erschien ein dreimal so großes Heer, das ihm immer noch nicht genügte. Endlich erschien der restliche Teil des Heeres in solcher Anzahl, daß es das Eis bedeckte, wie Heuschrecken die Erde bedecken, und als der König fragte, ob er mit einem solchen Heer im Samland etwas ausrichten könne, antwortete jener: ‚Es genügt, gehe wohin es dir gefällt und du wirst erreichen, was du willst.' Der König überreichte Gedune dann seine Fahnen, damit er sie an seiner und den Wohnstätten seiner Eltern befestige und ihn im Anblick des königlichen Zeichens niemand belästige werde. Gedune zögerte aber zu lange, da er nicht wußte, wie schnell die Deutschen im Krieg sind. Als er zu seinem Besitz kam, fand er seine und die Wohnstätten seiner Angehörigen verbrannt, seine Familie und die der Seinen und seinen Bruder Ringelus und alle, die seines Blutes waren, getötet.

Der König betrat also mit seinem Heer das Samland im Gebiet von Medenau, und als alles, was brennbar war, verbrannt und zahlreiche Menschen getötet oder gefangengenommen waren, übernachtete er dort. Am folgenden Tag kam er in das Gebiet Rudau und eroberte dort die Burg mit Macht. Das Volk der Samländer wurde dort so sehr niedergemetzelt, daß seine Edlen dem König Geiseln anboten mit der Bitte, daß er sie in seiner Gnade aufzunehmen geruhe und nicht das ganze Volk vernichte. Danach kam er in die Gebiete Quednau, Waldau, Kaimen und Tapiau. Damit er nicht unter ihren Bewohnern ein solches Blutbad anrichte wie unter den anderen, boten sie ihm einzeln ihre Söhne als Geiseln an und verpflichteten sich bei Todesstrafe der Ihren, den Vorschriften des Glaubens und der Brüder demütig zu gehorchen."

Im Urstromtal des Pregels (sein prußischer Name war Skara Pregolla), neun Kilometer vor der Mündung, wo zwei Arme des Flusses, durch Querarme verbunden, mehrere Inseln bilden, engen hohe Bergkuppen auf der nördlichen Seite und weniger hohe auf der südlichen das Tal ein. Hier hatte es schon in der Steinzeit menschliche Siedlungen gegeben. Am Schnittpunkt mehrerer alter Handelsstraßen, wo auch die Bernsteinstraße den Fluß überquerte, stand auf der höchsten Bergkuppe der prußische Wehrbau Tuwangste mit einer Siedlung. Dieser Ort war im Süden durch den etwa 15 Meter tiefer liegenden Pregel und im Osten durch den Bach Löbe begrenzt, der hier in einem engen Tal in den Pregel floß. Etwa 650 Schritte flußabwärts von der Löbemündung bildete eine tiefe Schlucht mit steiler östlicher Böschung die westliche Begrenzung, so daß die Wehranlage nur von Norden ohne Schwierigkeiten zu erreichen war. Im Schutz dieser Burg lag das Dorf Lipnick mit dem Hafenplatz Lipza. Der Hafen war der wichtigste Umschlagplatz der Samländer und auch für das ganze Land von großer Bedeutung. Trotz der günstigen Lage war jedoch hier keine Stadt entstanden. Neben dem Dorf am Fluß gab es aber noch prußische Siedlungen in Löbenicht, Sackheim, Tragheim und Lawsken, wo Kaufleute und Gewerbetreibende, mit den in ihrem Dienst stehenden Leuten, von dem umfangreichen Handel gelebt hatten. Mit Fischern, Fuhrleuten und Seefahrern würden diese zusammengenommen wohl eine Stadt bevölkert haben.

Als das Heer der Kreuzfahrer diesen Ort erreichte, schlug König Ottokar dem Orden vor, die Burg auf dem Tuwangste zur Ordensburg auszubauen und eine Stadt zu gründen. Dazu übergab er dem Orden eine reiche Spende. Nach seinem Abzug kehrten die Ritter mit einer starken Streitmacht zurück, und unter rücksichtsloser Heranziehung der prußischen Bevölkerung wurde noch im Sommer 1255 die prußische Feste zur ersten Ordensburg ausgebaut. Zu Ehren Ottokars erhielt sie den Namen Königsberg. Sie stand auf dem Platz der späteren Reichsbank, der noch lange „Alte Burg" hieß. Neben der Burg entstand auf der Hochfläche, in Anlehnung an die prußische Siedlung, ein „Suburbium", ein Vorort mit dem Charakter einer Marktsiedlung, wo deutsche Kaufleute, Handwerker, Ackerbauern und wahrscheinlich ausnahmsweise auch einige Prußen wohnten. Diese Siedlung lag zu beiden Seiten der späteren Junkerstraße, zwischen Münzplatz und Nikolaikirche. Sie hatte keine Handfeste, war weder nach einem Plan ausgemessen noch befestigt und daher auch nicht auf einen bestimmten Raum beschränkt. Die spätere Stadt hat seinen Namenspatron stets in Ehren gehalten; die Statue am Königstor war das einzige Denkmal des Böhmenkönigs auf deutschem Boden.

Die Kreuzzüge von 1258 und 1259

Nachdem die Kreuzfahrerheere abgezogen waren, stand der Ritterorden wieder allein den Prußen gegenüber. Er hatte einen schweren Stand, das Eroberte zu behaupten, den restlichen Widerstand zu brechen und das Gebiet gegen die noch freien Prußenstämme zu sichern. Trotzdem ging er rücksichtslos weiter gegen die noch nicht unterworfenen Prußen vor, denn er war sicher, daß der Papst für weitere Hilfe sorgen würde. Auch der Kleinkrieg im eroberten Samland ging weiter, denn der Kriegszug der Kreuzfahrer hatte weite Gebiete nicht berührt, und der Orden konnte nicht alles Land sofort besetzen. Dort gab es genug Heißsporne, die ihre Freiheit nicht ohne Kampf aufgeben wollten und eine Art Guerillakrieg gegen den Orden führten. Diese Kämpfe erforderten dauernden Einsatz und waren zudem verlustreich.

Um sich gegen die Burg Königsberg zu sichern und das weitere Vordringen des Ordens auf dem Pregel zu verhindern, bauten die Nadrauer noch im Herbst 1255 auf einer Insel in der (heute ausgetrockneten) Deltamündung der Alle in den Pregel eine Befestigung, die Wetau oder Wetalo hieß. Daraus wurde später Welowe und schließlich das heutige Wehlau. Der Orden eroberte aber schon im nächsten Jahr die Burg und baute sie als Ordensburg aus.

Bei Beisleiden (Kreis Preußisch Eylau) wurde die Burg Beselede dem Orden übergeben, die aber anscheinend weiterhin von der dort ansässigen prußischen Adelsfamilie bewohnt wurde. Unablässig stieß das Ordensheer weiter vor und zerschlug blutig und gnadenlos jeden Widerstand der sich verzweifelt wehrenden Prußen. Wie üblich wurden ihre Dörfer und Höfe verbrannt. Sie starben in Massen, bis die Überlebenden auf ihren Knien um Gnade baten und sich unterwarfen. Besonders schwer wurde um die Landschaft Unsatrapis (zwischen Allenburg und Friedland) gekämpft, die durch fünf starke Burgen abgesichert war. Noch im Herbst 1255 eroberte der Heeresteil des Komturs von Königsberg die Burg Kapostete, die auf dem Schloßberg in Groß Wohnsdorf (Kreis Bartenstein) stand, und zerstörte sie. Im nächsten Jahr (1256) wurden die anderen Burgen dieser Landschaft vom Orden erobert. Die Burg an der Alle (Allenburg) sowie die Burg Ochtolite (Auglitten) wurden als Ordensburgen verwendet. Eine andere befand sich in Gundau, und von einer weiteren ist nur der Name Angeteten überliefert. In den eroberten Gebieten wurde die Verwaltung eingerichtet, und 1257 wurden in Natangen und Barten die ersten Komture eingesetzt.

Weit ins feindliche Land hinein vorgeschoben, mußte die erste Burg Königsberg zwei Jahre lang unter den kaum bezwungenen Samländern aushalten, bis 1257 westlich davon eine massive Burg mit zwei Steinmauern, neun Türmen und einem tiefen Graben erbaut wurde. Der Komtur Burchard von Hornhausen hatte die schwierige Aufgabe, die Bevölkerung für den Orden zu gewinnen. Mit großer Vorsicht ging er an dieser gefährdeten Stätte vor und zog langsam einen Edlen nach dem anderen auf seine Seite. Hatten die Adligen bisher nur die Stellung von Schutzherren und Stammesältesten gehabt, so wurden ihnen jetzt Herrenrechte mit Gerichtsbarkeit geboten. Der Orden bestätigte und vergrößerte ihren Besitz, indem er ihnen oft noch eine weitere Anzahl prußischer Familien unterstellte. Diese Edlen blieben frei vom Zehnten und den sonstigen Abgaben, nur zu Kriegsdienst und Burgenbau wurden sie verpflichtet. Die einfachen Prußen wurden ihnen zu den gleichen Bedingungen, einschließlich der Zinspflichtigkeit, unterstellt, wie sonst dem Orden selbst. Es verwundert nicht, daß dieses kluge Vorgehen des Ordens erfolgreich war und viele den Verlockungen erlagen. Diese Freien, mit ihren zum Kriegsdienst verpflichteten Gütern, wurden eine sichere Stütze des Ordens. Ein großer Teil von ihnen blieb selbst im großen Aufstand dem Orden treu. Andere aber standen zu ihrem Land und Volk und kämpften verbissen weiter. Von Land und mit ihren Booten von See her griffen sie immer wieder die Memelburg an. Im Samland waren die schwachen Kräfte der Ritter aufs äußerste bedroht. Der rücksichtslose Eroberungskrieg hat dem Orden große Opfer gekostet, und er muß nun wieder, wie schon so oft, um Hilfe rufen. Papst Alexander IV. läßt darum wieder zum Kreuzzug gegen die Prußen aufrufen. Der Eintritt in den Orden wurde erleichtert, indem die Probezeit fortfiel. Alle Gebannten und Bestraften wurden frei, wenn sie dem Orden beitraten. Zugleich erließ der Papst die Bestimmung, daß ein Ordensbruder das Ordenskleid nie wieder ablegen und in die Welt zurückkehren oder in einen anderen Orden überwechseln darf. Alle Kreuzfahrer gegen die Prußen erhielten wieder den gleichen Ablaß wie die Kreuzfahrer ins Heilige Land. Wieder schied die Kirche gern eine Ehe, wenn der Gatte unter das Kreuz gegen die Prußen trat.

Im Frühjahr 1258 zog daraufhin wieder ein mächtiger Kreuzzug nach Preußen. Der Papst begrüßte ihn freudig mit seiner Bulle aus Viterbo vom 11. Mai 1258: „Das Verlangen nach den Freuden des ewigen Lebens hat euch getrieben, den Reiz des väterlichen Bodens aufzugeben, Freunde und Verwandte zu verlassen, um einem Kampfe mit dem ungläubigen, den Christen feindlich gesinnten Volke in Preußen mit mutiger Brust entgegenzugehen, freiwillig die vielfachen Bedrängnisse ertragend, um mit der Hilfe göttlicher Macht das Heil der Gläubigen und das Gedeihen des wahren Glaubens zu befördern [...]"

Die Mongolen haben die Welteroberung wieder aufgenommen und China, Persien und Syrien erobert. Da durchfliegt im gleichen Jahr 1258 die Schreckensnachricht die Länder, daß auch die Mongolen (Tataren) im russischen Raum wieder nach Westen vorstürmen und schon halb Litauen überflutet haben. Polen und das Preußenland sind in höchster Gefahr. Mit eiserner Tatkraft wirft sich der Orden auf die Befestigung des Landes. Die Holzburgen werden mit Steinen und Ziegeln verstärkt, mit Gräben und Wehrschanzen versehen. Die pru-ßische Feste Labegowe (Labiau), am westlichen Ufer der Deime, wird zur Ordensburg aus-gebaut. Sie soll Königsberg und das Samland vom Haff her schützen sowie die Schiffahrt nach Memel sichern.

So groß die Bedrohung durch die Mongolen auch ist, noch gefährlicher scheint der dem Christentum widerstrebende Geist der Prußen zu sein, die mit brutaler Gewalt zum Burgen-bau gezwungen werden. Unter den argwöhnischen Augen der Sieger beugen sie das Knie in der Kirche und ziehen die Kappe vor den Herren im weißen Mantel. Sie können und wollen aber nicht vergessen, was sie gewesen waren. Wo sie sich alleine wissen, recken sie die Fäu-ste zum Himmel und rufen ihre alten Götter an, ob sie denn all ihre Macht verloren hätten; ob sie nicht ihrem Volk helfen wollten, das im Herzen doch nur ihnen gehört.

Es gibt genug Orte, die noch kein Ritter betreten hat, und es gibt fern der Ordensburgen ab-gelegene Höfe. Auf einsamen Wegen schleichen dunkle Gestalten zu versteckten Orten und treffen sich beim letzten Licht der versunkenen Sonne oder im Dunkel der Nacht. Sie be-sprechen ihr Wissen, machen Pläne und legen Waffen für die Stunde der Befreiung zurecht. Manchmal erscheint dabei ein Fremder und erklärt, daß Prußen, Kuren, Litauer, Samaiten und Semgallen Brüder sind, die zusammen den Ritterorden besiegen können, wenn sie nur einig sind.

Unermüdlich treibt der Orden die Befestigung des Landes voran und preßt immer höhere Arbeitsleistungen aus dem gequälten Volk, und höher und höher steigt der Groll und Haß der Bedrückten. Voll mit Rachegedanken wenden sie sich trotzig wieder den alten Göttern zu und wählen heimlich wieder den Kriewe, den allmächtigen Oberpriester, der ihnen die na-hende Rache an den Feinden und die Wiederkehr der alten Freiheit verkündet. Den Land-meister erfüllt die wachsende Auflehnung der unterdrückten Prußen mit Angst. Er legt sein Amt nieder und reist nach Deutschland, um den Hochmeister vor der drohenden Gefahr zu warnen. Hochmeister Anno von Sangerhausen erkennt die Lage und ernennt den tatkräfti-gen Komtur von Christburg, Hartmut von Grumbach, zum neuen Landmeister.

Unterdessen erläßt der Papst immer neue, feurige Aufrufe, um die Gläubigen in den heili-gen Krieg gegen die bösen Prußen zu drängen. Neue Gründe werden erfunden und neue Vergünstigungen geboten. Der Schriftsteller Hermann Kesten, der als illusionsloser, bitter-iro-nischer Publizist bezeichnet wird, schreibt über die preußischen Kreuzzüge: „Die Kreuzfah-rer erschlugen oder bekehrten die Heiden und fuhren zurück, woher sie gekommen waren. Der Papst und der Orden warben neue Kreuzfahrer, meist für ein Jahr, die zogen wieder ins wilde Preußen, um Leute totzuschlagen, die andere moralische Auffassungen oder abwei-chende religiöse Gebräuche hatten.

Auch schlichte Auswanderer hefteten sich entschlossen ein Kreuz an den Ärmel und fuh-ren in bewaffneten Haufen mit Weib und Kind nach Preußen mit, um fremder Leute Äcker, Hütten, Weiber und Rindvieh wegzunehmen und die Besitzer zu erschlagen. Vor jedem neu-en Schwarm solcher ‚Christen‘ bliesen die Ordensbrüder die Trompeten und rollten die Kriegsfahnen auf; dann zog alle Welt durch [...] Preußen, zertrampelte alles, errichtete ge-schützte Feldlager, taufte ein paar Einwohner, nahm die meisten als Geiseln, Sklaven und Huren fort, bestach, begünstigte, erpreßte und schlachtete Vieh und Menschen, brannte nie-der – ad majorem dei gloriam [zur großen Ehre Gottes]. Nach Ablauf des Jahres brach man Hütten und Feldlager ab und zog in die respektive Heimat."

Im Jahr 1259 traf ein Kreuzfahrerheer vom Rhein ein, das der machtvollste Fürst im Nord-westen des Reiches, der streitbare Erzbischof von Köln, Konrad von Hochstaden, in Bewe-gung gesetzt hatte. Es war dieser Kirchenfürst, der am 15. August 1248 den Grundstein zum Kölner Dom legte. Der Orden setzte die Rheinländer sofort im unruhigen Samland ein, stieß zum Kurischen Haff vor und bezog den Deimefluß mit der Burg Labiau in das Sicherungs-system ein, das zum Schutz des Samlandes nach Osten errichtet wurde.

Die Mongolenflut kommt näher und treibt den Orden zu immer größeren Anstrengungen, die Burgen des Landes noch stärker zu befestigen. Hinter ihren Mauern sollen nicht nur die Ordensritter Schutz finden, sondern sie müssen auch große Teile der Bevölkerung, die deut-schen Siedler und die dem Orden treu ergebenen Prußen mit ausreichenden Vorräten auf-nehmen.

Livland und Litauen

Um den weiteren Ablauf der Geschichte besser verständlich zu machen, ist es notwendig, auch auf die Entwicklung des livländischen Ordensteiles einzugehen. Die Verwaltung Livlands erfolgte nicht von Preußen aus, sondern lag in den Händen des Landmeisters, der Meister von Livland genannt wurde. Obwohl auch er dem Hochmeister unterstand, traf er selbständig alle Entscheidungen in seinem Gebiet. Als große Gebietiger standen ihm nur der Vizemeister und der Landmarschall zur Seite. Der Sitz der Verwaltung wechselte zwischen Riga und Wenden (Cesis, nordöstlich von Riga). Der Orden konnte dort nicht so frei wie in Preußen handeln. Die zerstückelten Herrschaftsrechte lagen zum Teil bei der Kurie und der dänischen Krone. Nur in einem Gebiet nördlich der Düna und dem südlichen Teil des Wohngebietes der Liven (Gegend südlich Riga) war der Orden Landesherr. In den anderen Landesteilen herrschten der Erzbischof von Riga und die Bischöfe von Pilten (Kurland), Dorpat und Ösel-Wiek mit ihren Vögten. Nur der Bischof von Reval hatte kein eigenes Territorium, weil Reval bis 1346 dänisch war. Als Verbindung zwischen den beiden Ordensgebieten diente ein schmaler Landstreifen, der in Richtung Rodenpois, Segewold, Wenden, Wolmar verlief. Diese Zerstückelung hemmte den Zuzug der Siedler und verhinderte die Bildung eines ausreichenden deutschen Bauerntums. Durch das gierige Machtstreben des Erzbischofs und die Selbständigkeitsbestrebungen der Stadt Riga hatte der Ritterorden hier fortwährend mit größten Schwierigkeiten zu kämpfen. Dazu fehlten ihm die notwendigen Kräfte, um das riesige Gebiet, das größer als das Ordensland Preußen war, genügend zu sichern.

Livland ist eigentlich nur das Wohngebiet der Liven. Es gab dort zwei grundverschiedene Völker- und Sprachgruppen: Esten und Liven gehörten zur finno-ugrischen, die anderen zur baltischen Völkerfamilie. Die Esten wohnten zwischen Peipussee, Finnischem und Rigaischem Meerbusen. Südlich davon, um das Gebiet von Riga, lebten die Liven, die südlichsten der Ostseefinnen. Das mächtigste Volk waren die Kuren, die zwischen Liven und Prußen, mit dem Mittelpunkt um Libau, wohnten. Im Landesinnern, nördlich der Düna, war das Gebiet der Letten, südlich davon das der Semgallen. Zwischen den Kuren im Westen und den Litauern im Osten wohnten die Samaiten, oft auch Schamaiten genannt. Weil die Regierung und Unterwerfung all dieser Länder von Livland (Riga) ausging, wurde dieser Name auf das ganze Gebiet übertragen.

Am Ende blieb nur Estland in seiner ursprünglichen Form erhalten. Aus dem Gebiet der Letten, Liven, Semgallen und dem nördlichen Kurland entstand Lettland. Die Semgallen überlebten die Christianisierung nicht. Sie waren das einzige Volk, das vom Orden restlos vernichtet wurde. Samaiten und Teile Kurlands wurden in den wechselvollen Kämpfen von Unterwerfung, Aufstand und erneuter Niederlage so weit entvölkert und verwüstet, daß große Teile davon Wildnis wurden. Wie auch anderswo, sah man später diese Wildnis als schon immer vorhanden gewesen an. Erst in neuerer Zeit stellte man fest, daß die als „Terrae incultae" benannten Gebiete vor der Christianisierung bevölkertes Kulturland gewesen waren. Samaiten wurde von Litauen übernommen, das ursprünglich nirgendwo an die Ostsee grenzte. Die überlebenden Kuren gingen in Letten, Litauern und Deutschen auf. Später gab es ein Herzogtum Kurland; dann erinnerten nur noch das Kurische Haff und die Kurische Nehrung an dieses untergegangene Volk.

Schon seit 1180 hatten deutsche Kaufleute eine Handelsniederlassung an der Dünamündung. Im Frühjahr 1200 traf Bischof Albert von Buxhövden aus Lübeck mit 23 Schiffen ein, und Siedler aus Bremen und Hamburg gründeten 1202 Riga. Diese deutsche Stadt bestand also lange bevor Königsberg oder Berlin gegründet wurden.

Zur Unterstützung des Bischofs wurde 1202 der Schwertbrüderorden gegründet. Die Ritter hatten die Gefahren der Eroberung zu tragen, waren aber die Untergebenen der geistlichen Landesherren. Obwohl in machtlose Kleinstämme zerstückelt, wehrten sich die Völker heldenhaft gegen die Unterwerfung und hielten zäher als die Prußen an ihrem Volkstum fest. Als die Esten sich erhoben, nutzte der Dänenkönig, Waldemar II., die Gelegenheit zur Machtergreifung. Er besiegte die Esten und errichtete 1219 die Dänenburg Reval.

Der Mangel an deutschen Siedlern verhinderte eine erfolgreiche Kolonisierung des Landes. Nur in Riga, ab 1228 in Dorpat sowie nach 1230 in Reval gab es geschlossene deutsche Siedlungen. Die Kämpfe in Livland waren oft noch blutiger als die in Preußen. Hilfe aus dem Reich wurde nur selten wirksam. Der Orden mußte sich Hilfe aus den unterworfenen Völkern schaffen, die immer fragwürdig blieb. Um seine Position zu stärken, versuchte 1231 der Meister der Schwertbrüder seinen Orden mit dem des Deutschen Ritterordens zu vereinigen, was aber erst 1236 gelang. Ein Landmeister übernahm nun die Führung in Livland; die landesherrlichen Rechte blieben aber wie bisher beim Bischof von Riga. Das vom Orden erkämpfte Land war schließlich mit einem dürftigen, weitmaschigen Netz von Burgen, Herrenschlössern und Kirchen abgesichert.

Litauen hatte bis dahin aus einzelnen Gauen bestanden, in denen reiche Großgrundbesitzer als Fürsten mit beschränkter Macht herrschten. Durch das Erscheinen des Ritterordens wurde das litauische Volk aus seinem geschichtslosen Dämmerschlaf aufgeschreckt. Russisch-christliche Einflüsse bedrängten es von Osten her, und deutsche Mission und Kultur griffen nach ihm vom Westen. Unter den litauischen Großen gelang es Ringold erstmalig, die zerstreut lebenden Stämme zusammenzufassen. Sein Sohn Mindowe setzte diese Bestrebungen weiter fort. Um 1225 hatte er die herrschenden Familien vereinigt und gebot über ein Großreich, das bis Polozk, Witebsk und Smolensk reichte. Er erkannte die Gefahr, die der Freiheit seines Volkes vom Ritterorden drohte, und wurde zu seinem Feind, ehe Ordensritter und Litauer sich jemals begegnet waren.

In Rußland ließen die Mongolen den einheimischen Fürsten zunehmend freie Hand, bis schließlich Großfürst Iwan I. (1328–41) mit der „Sammlung der russischen Erde", der Wiedervereinigung der Gebiete des Kiewer Reiches, begann. Dem Orden entstand damit ein mächtiger Gegner. Nach dem Einfall der Russen und dem Aufstand von 1241 hatte der Orden, trotz verzweifelter Gegenwehr der Bewohner, seine Herrschaft wieder hergestellt. Die mit großer Härte erneut unterworfenen Kuren und Samaiten wandten sich aber dann an Mindowe, den Großfürsten der Litauer, und baten unter der Zusage, ihn als Oberherrn anzuerkennen, um Schutz von Glauben und Freiheit gegen den Orden. Der machthungrige Litauerfürst verwüstete, zusammen mit Samaiten und Semgallen, jahrelang die Gebiete des Ordens und ging mit der Zeit immer unverfrorener vor. Schließlich gelang es dem Meister von Livland, Mindowes Heerscharen vernichtend zu schlagen.

Der kluge Mindowe unterwarf sich daraufhin dem Orden. Zum Schein nahm er 1251 sogar das Christentum an und schloß mit dem Orden ein Bündnis, um Zeit für seine Pläne zu gewinnen. Der Papst war von diesem Machtzuwachs begeistert; er ließ Mindowe durch den Bischof von Kulm 1253 in Nowgorod feierlich zum König krönen und nahm alle Länder Mindowes in den Schutz der Römischen Kirche. Ein Ordenspriester wurde zum Bischof von Litauen ernannt. Mindowe hatte aber nicht die Absicht, seinen alten Glauben aufzugeben, und sein Land blieb heidnisch.

In mehreren Urkunden, die von 1253 bis 1261 ausgestellt sind, übergab Mindowe dem Orden große Teile seines Landes. Für den Fall seines Todes ohne Erben überließ er ihm in der letzten Urkunde sogar ganz Litauen. Über diese Dokumente wurde viel gestritten, wobei einige Forscher alle für gefälscht, andere alle für echt und manche nur einige für echt hielten. Heute bestehen jedoch an der Echtheit keine Zweifel. Zu bezweifeln ist aber, ob Mindowe die Landvergabe wirklich im Sinn hatte oder ob die Urkunden nur Teil seiner Diplomatie waren. Der Orden hatte überdies nicht die Kräfte, um diese Gebiete oder gar ganz Litauen tatsächlich in Besitz zu nehmen und inmitten der feindlichen Bevölkerung zu halten. Durch Mindowes Widerruf und frühen Tod wurden diese Verträge in jedem Fall hinfällig.

Schwer belastet den Orden die Feindschaft des Rigaer Erzbischofs, Albert II. Suerbeer. Zu seiner Erzdiözese gehören alle Bistümer in Preußen, Livland und Estland. Der Papst ernannte ihn auch noch zum Legaten für alle Ostseeländer, von Holstein bis Rußland. Als Günstling von Papst Innozenz IV. tritt er mit einer Machtfülle auf, die in strahlenden Glanz weit über die eines Erzbischofs hinausgeht. Im Deutschen Ritterorden sieht er einen unliebsamen Konkurrenten, der seine Machtpläne stört. Er versucht dem Orden seinen Landanteil in Livland nebst dem Zehnten zu entwinden, zieht die Ordensgelder für sich ein und widersetzt sich sogar der von der Kirche vorgenommenen Bistumseinteilung. Der Orden besteht jedoch auf seinen schon von vornherein sehr beschränkten Rechten, und 1251 kommt es durch die Vermittlung des Markgrafen von Brandenburg zu einem erträglichen

Vergleich. Der Erzbischof von Riga bleibt aber bis zu seinem Tod 1272 ein machtvoller Feind des Ordens.

Der Krieg in Livland artete auf beiden Seiten immer mehr zu gnadenlosem Morden und Zerstören aus. Als 1256 die Samaiten in Kurland grausam gewütet hatten, führte der Landmeister einen ebenso grausamen Vergeltungszug nach Samaiten. In dem Bericht des Chronisten heißt es hierzu: „Alle Christen hatten ihre Lust am Morden und Brennen. Die Barfüßler [Franziskaner] und die Predigermönche [Dominikaner] gingen darin mit bestem Beispiel voran."

Inzwischen stehen die Mongolen weit in Polen. Das Ordensheer steht an der Südgrenze zur Abwehr bereit. Im entblößten Innern des Landes aber nimmt der Abfall der zwangsbekehrten Prußen beängstigende Ausmaße an, denn der Burgenbau muß mit immer schärferem Druck weiterbetrieben werden. Da die Ritter wissen, wie sehr die Prußen an ihren Kindern hängen, greifen sie schließlich zu dem Mittel, den Prußen ihre Kinder fortzunehmen und sie bis zur Erfüllung der ungeheuren Arbeitsforderungen in Gewahrsam zu halten. In der Bulle vom 20. Februar 1260 gibt der Papst sogar seine Zustimmung zu dieser unmenschlichen Maßnahme. Er hört nicht das Weinen der Kinder und sieht nicht die Tränen der Mütter.

Der Mangel an kräftigen Männern erschwert das bittere Los der Prußen. Es gibt kaum eine Familie, wo nicht Vater und Söhne fehlen, die gefallen oder zu den noch in Freiheit lebenden Volksteilen geflohen sind. Um so mehr müssen die Verbliebenen herhalten. Während ihre Felder von den Kriegsstürmen verwüstet daliegen, ihr Vieh abgeschlachtet oder fortgetrieben ist, ihre Wohnstätten niedergebrannt sind und bittere Not herrscht, müssen sie für die neuen Herren ihres Landes, die ihnen nun auch noch die Kinder entrissen haben, kaum erfüllbare Arbeitsleistungen aufbringen. Immer mehr von ihnen strömen in ihre heiligen Götterhaine. Der Bischof von Samland fürchtet schon, sein ganzes Volk werde ins Heidentum zurückfallen. Die Verbitterung und wachsende Feindseligkeit der unterdrückten Prußen bleibt den Herren des Landes nicht verborgen. Die Ritter fühlen sich nur noch hinter den Wällen ihrer Burgen sicher und wagen sich nur noch in großen Gruppen in das offene Land.

Im Jahr 1260 ruft der Papst die Gläubigen zum Kampf gegen die Mongolen auf. Die Angst vor ihnen ist aber so groß, daß nur ganz wenige dem Ruf folgen. Die Hilfe für den Orden aus dem Reich ist daher gering. Der Vormarsch der wilden Reiter kommt aber unerwartet zum Stehen, denn Großkhan Möngke ist in China gefallen. Der nächste Großkhan, Kublai, blickt in andere Richtungen der Welt. Er vollendet die Eroberung Chinas und geht gegen Japan, Vietnam, Burma und Malaya vor. Damit ist die Mongolengefahr für Westeuropa nicht mehr so drohend.

Die Schlacht an der Durbe

In Litauen macht die lange Untätigkeit Mindowes die Großen seines Reiches mißtrauisch gegen ihren „getauften" König. Sie drängen darauf, wieder gegen den verhaßten Orden vorzugehen. Darauf fällt Mindowe 1260 mit einem starken Heer in Masowien ein. Auf dem Rückweg muß er, wohl oder übel, zumindest einen Teil des Ordenslandes verwüsten, damit seine Kämpfer mit ihm zufrieden sind. Daraus wird jedoch mehr als beabsichtigt, und in der folgenden Auseinandersetzung mit dem Ritterorden erklärt der Litauerkönig, unter Absage an das Christentum, offen seine Feindschaft gegen den Orden. Der Bischof von Litauen muß mit seinen Helfern das Land verlassen, das nun wieder offiziell heidnisch ist. Unter den unterdrückten Völkern schürt Mindowe nun den Aufruhr gegen den Orden.

Die Ordensführung entschließt sich daraufhin mit Gewalt gegen Mindowe vorzugehen. Zur Verstärkung des livländischen Heeres, das Landmeister Burchard von Hornhausen führt, zieht Ordensmarschall Heinrich Botel aus Preußen mit etwa 2.000 Mann heran. Die Hauptmasse seiner Streitmacht besteht aus Kreuzfahrern und lehnspflichtigen Prußen. Dazu kommen ein dänisches Aufgebot aus Reval unter Herzog Karl von Schweden und 30 eben aus Deutschland einrückende Ordensritter. Auch die kurischen und estnischen Hilfstruppen werden mitgenommen. Beim Ordensheer wird bekannt, daß 4.000 Samaiten und Litauer einen Raubzug durch Kurland unternommen haben und am Ufer des Flusses Durbe (nordöstlich von Libau) lagern. Marschall und Landmeister beschließen, die Gelegenheit zu nutzen und die Litauer zu überfallen. Es wird vermutet, daß sie zu diesem Raubzug nicht ihre besten Truppen abgestellt und mit einer Schlacht nicht gerechnet haben.

Als das Ordensheer sich am 13. Juli 1260 zur Schlacht formiert, kommt es über die Frage, wie man vorgehen soll, zu Meinungsverschiedenheiten zwischen den dänischen Rittern und dem Ordensmarschall. Dazu soll es Streit um die zu erwartende Beute gegeben haben. Die Kuren forderten, daß sie nach dem Sieg ihre, von den Litauern gefangenen, Frauen und Kinder zurückerhalten müßten, während die Kreuzfahrer auch von den Frauen ihren Anteil verlangten. Unter dem Druck der Umstände mußte der Marschall nachgeben und den Kreuzfahrern widerstrebend ihren Beuteanteil bewilligen. Die Übermacht der Litauer ist offenbar, und der pomesanische Edle Macho rät dem Ordensmarschall: „Lasset uns die Rosse wegbringen, auf daß uns keine Hoffnung zum schnellen Rückzug bleibt. Kämpfen wir zu Fuß, so wird das Volk, nicht auf die Pferde vertrauend, um so männlicher beharren; ansonsten fürchte ich, werden bald alle in die Flucht geraten."

Der für das bunt zusammengewürfelte Heer sehr richtige Rat des erfahrenen Kriegers stößt jedoch auf den Widerspruch der schwer gepanzerten Ritter und des Schwedenherzogs. Die empörten Kuren aber, denen zugemutet wird, nach dem Sieg tatenlos zuzusehen, wie die Kreuzfahrer ihre Frauen mißbrauchen, sind zu Verrat und Rebellion entschlossen. Heimlich senden sie Botschaften an die Litauer, um sie über ihre Absichten zu informieren und das Ordensheer zu verraten.

Als die Schlacht entbrannt ist und die Kampfreihen der beiden Gegner sich ineinander verbissen haben, geschieht das Schlimmste für ein kämpfendes Heer: die als Nachhut und Rückendeckung eingesetzten Kuren greifen das Ordensheer im Rücken an. Im Kampf gegen zwei Fronten gerät das Heer in Verwirrung, und Scharen gemeiner Kriegsleute fliehen vom Schlachtfeld. Ordensritter, Dänen und die prußischen Edlen mit ihren Truppen halten stand und kämpfen verzweifelt weiter. Der Samländer Sclodo aus Quednau ruft seinen Kriegern zu: „Gedenkt der Geschenke an bunten Kleidern, die euch die Ordensbrüder dargereicht; wohlan! färbt sie heute mit dem Blut eurer Wunden, und für den süßen Met, den ihr aus ihrer Hand empfangen, schmeckt heute den bitteren Tod zum Bekenntnis des wahren Glaubens!"

Der gnadenlose Kampf dauert acht lange Stunden; die Übermacht der durch die Kuren verstärkten Litauer drückt das zusammenschmelzende Ordensheer immer mehr zusammen. Landmeister Burchard und sein Marschall fallen inmitten von rund 150 Ordensrittern, die Edlen Sclodo und Macho nebst Herzog Karl mit seinen Dänen – alles sinkt schließlich zu Boden. Der Rest des Heeres flieht in die weiten Wälder, aber die Litauer setzen ihnen auf ihren schnellen Pferden nach und vernichten die Fliehenden scharenweise; niemand entkommt den siegestrunkenen Reitern. Acht gefangene Ritter werden zu Ehren der Götter lebend verbrannt.

Die Ordensburgen hatten ihre Besatzungen größtenteils für den Feldzug abgeben müssen und waren daher gefährlich schwach besetzt. Die Litauer nützen ihren Sieg und die Notlage der Ritter; sie erobern sogleich etliche der Burgen und greifen die Memelburg an. Dann stürmen sie siegesberauscht, ohne Widerstand zu finden, tief ins Samland hinein, bis der Sturm an die festen Mauern der Burg Königsberg brandet, die eingeschlossen und belagert wird. Die mühsam errungene Herrschaft über Livland scheint für den Ritterorden mit dieser Unheilsschlacht verloren zu sein. Für die unterdrückten Prußen aber ist dies das lang erwartete Signal zum Aufstand, und in allen Herzen flammt die Hoffnung auf Freiheit mächtig empor.

Der große Aufstand

Den gärenden Haß unter der prußischen Bevölkerung bekam der Ordensvogt Volrat Mirabilas auf gefährliche Weise zu spüren. Sein Verwaltungssitz war die Lenzenburg auf dem Steilufer des Frischen Haffs. Bei einem Gastmahl mit prußischen Edlen hatte jemand plötzlich das Licht gelöscht und versucht, den Vogt zu erstechen. Da er jedoch seinen Panzer unter der Kleidung trug, mißlang der Mordversuch. Der Vogt beschloß furchtbare Rache zu nehmen. Nach einiger Zeit, unter dem Vorwand, die Ablieferung des Pflugkorns neu zu regeln, forderte er die prußischen Edlen auf, wieder auf die Lenzenburg zu kommen. Als alle beim Gastmahl saßen, ging er hinaus und ließ das Gebäude anzünden, nachdem Fenster und Türen verrammelt waren. Alle Prußen – man sagt es waren 50 – kamen in den Flammen um. Dieser Mord löste den drohenden Aufstand endgültig aus. Das Feuer von Lenzenburg war wie ein Fanal, um das ganze Land in Flammen zu setzen.

Am 20. September 1260 erhob sich das gequälte Volk. Junge tatkräftige Führer waren herangewachsen, die zum Teil auf Schulen in Deutschland ausgebildet worden waren. In geheimen Zusammenkünften hatten sie geschworen, ihr Land von den verhaßten Eindringlingen zu befreien. Die bedeutendsten dieser Führer waren: Glando aus Samland, Herkus Monte (eigentlich Montingo) aus Natangen, Glappo aus Warmia, Auctumo und Linko aus Pogesanien, Diwane aus Barten und Troinat aus Samaiten. Uneinigkeit hatte das Prußenland unter die Herrschaft des Ordens gebracht. Jeder angegriffene Gau hatte sich heroisch bis zum Untergang gewehrt, während die anderen tatenlos zusahen. Jetzt erst, wo die Übermacht des Ordens gewaltig war, wo Beeinflussung und Furcht vor der Vernichtung den Abwehrwillen und ein Riesenheer von Gefallenen die Kampfkraft geschwächt hatten, wo die Führerkräfte durch Privilegien dem Volk zum Teil schon entzogen waren, erst jetzt vereinten sie sich endlich zum letzten Kampf. Viele der Edlen hatten den Verlockungen, dem Zuwachs an Macht und Reichtum, nicht widerstehen können und hielten nun schon treu zum Orden. Die Masse des Volkes aber griff zu den Waffen, um die alte Freiheit wiederzugewinnen. Alle wußten, daß dieser letzte Verzweiflungskampf ein Ringen auf Leben und Tod werden würde und daß sie auf keine Gnade hoffen durften, wenn sie nicht siegen würden. Mit bewundernswürdigem Heldenmut schlugen sie sich gegen den Ritterorden und die immer von neuem anrückenden Heere aus dem Reich. Es dauerte l3 Jahre, bis sie schließlich dieser gewaltigen Übermacht erlagen und der Aufstand endgültig niedergeschlagen war.

Wie ein rasender Feuersturm braust der Aufstand durch alle prußischen Lande, von der Küste des Samlands bis nach Pomesanien. Der jahrelang unterdrückte Haß, alle aufgestaute Wut bricht mit einem Schlage los. Alles, was an den verhaßten Christenglauben erinnert, wird zerstört, die Kirchen niedergebrannt, die Priester erschlagen. Alle deutschen Einwanderer, denen es nicht gelingt, in die Ordensburgen zu fliehen, fallen unter den Keulen und Schwertern der Prußen oder werden als Gefangene abgeführt. Die Burgen werden umlagert, und wehe dem Ordensmann, der in die Hände des haßglühenden Volkes fällt. Nach den unzähligen Grausamkeiten, die an den Prußen begangen wurden – selbst die christlichen Chroniken berichten darüber – werden nach 30jährigem Krieg derartige Ausartungen nun auch von den Prußen berichtet. Treitschke sagt dazu: „Aus dem schleichenden Groll der Knechtschaft bildeten sich neue, unholde Züge in dem harmlosen Volkscharakter der Prußen." Die Generation, die sich zu diesem Aufstand erhob, kannte nur Krieg und Tränen, grausame Gewalt, Unrecht und Tod. Es darf nicht verwundern, daß sie anders war als ihre Eltern, die noch in glücklicher Friedenszeit aufgewachsen waren. Hatten diese unglücklichen, verzweifelten Menschen nicht genug Gründe, die verhaßten fremden Eindringlinge, die so viel Leid über ihr Volk und Land gebracht hatten, mit der gleichen Grausamkeit zu bekämpfen, die sie selbst erlitten hatten? Und doch wissen die Chroniken nur von wenigen Fällen zu berichten, wo auch Prußen grausame Rache an ihren Feinden nahmen.

Es schien, als ob es dieses Mal gelingen würde, den Orden auszulöschen, denn die Prußen waren jetzt mit deutschem Waffengebrauch und der Kriegsart der Ritter bekannt. Sie konnten in geordneten Formationen fechten und wußten, wie Burgen zu bezwingen waren. Herkus Monte war ein guter Schüler der Ritter gewesen und stand nun als Führer der Prußen seinen Lehrern gegenüber. Bald war das offene Land reingefegt; die Ritter konnten sich nur noch hinter Wall und Mauer halten. Dort waren sie auf die Vorräte angewiesen, die sie vorsorglich eingelagert hatten. Die immer einseitiger werdende Nahrung – zuletzt mußten sogar die Häute der geschlachteten Tiere verzehrt werden – verursachte Krankheiten und Seuchen. Wenn alles aufgebraucht war, blieb nur die heimliche, nächtliche Flucht und die ungewisse Hoffnung, sich zu einer der drei starken Burgen, Königsberg, Balga oder Elbing, durchzuschlagen. Manchen glückte die Flucht, andere aber wurden von den Prußen abgefangen. Nahezu alle Burgen in Natangen, Barten und Warmia wurden von den Prußen erstürmt. Auch die jungen, meist noch im Aufbau befindlichen Städte und Dörfer wurden in den Untergang hineingerissen. Die Aufgabe der Burg Heilsberg beschreibt der Chronist so: „Im Jahre 1260 sammelten sich die aufständischen Prußen auf Anstiften des Teufels in drei Heeren und zogen mit drei Steinschleudermaschinen vor die Burg Heilsberg, richteten alles zum Sturm her und belagerten sie mit großem Getöse. Die Christen litten in der Burg bald große Not; erst verzehrten sie alle Pferde und zuletzt hatten sie gar nichts mehr und entwichen heimlich nach Elbing."

Die fliehende Besatzung Heilsbergs führte zwölf gefangene Prußen als Geiseln ein Stück des Wegs mit sich. Als diese ihnen vielleicht hinderlich wurden oder weil sie glaubten, auf Geiseln verzichten zu können, stachen sie ihnen die Augen aus und ließen sie zurück. Die meisten Flüchtlinge versuchten in das stark befestigten Elbing zu entkommen. Auch die Eingeschlossenen in Rößel steckten in einer stürmischen Nacht ihre Burg in Brand und flohen nach Elbing. Die in die Burg von Rastenburg geflohen waren, wagten jedoch nicht den weiten Weg dorthin; sie schlugen sich nach Süden durch und erreichten Masowien.

In Elbing geschah etwas Unerhörtes: Zwei Ordensbrüder traten heimlich mit den Prußen in Verbindung, um ihnen die Burg auszuliefern. Der Verrat wurde aber entdeckt, und der unerbittliche Landmeister Hartmut von Grumbach ließ beide Ritter lebend verbrennen. Da aber nach den Ordensgesetzen kein Bruder den anderen mit dem Tode bestrafen darf, muß der Hochmeister auf Anordnung des Papstes seinen bestbefähigten Landmeister absetzen und mit Jahrbuße bestrafen.

Im Gau Pomesanien, der nun schon bald seit 30 Jahren unter der Herrschaft des Ordens war, blieben fast alle Edlen dem Orden treu. Sie wußten, daß sie bei einem Sieg ihrer Landsleute den vom Orden verliehenen umfangreichen Besitz wieder abgeben müßten und daß alle Privilegien hinfällig geworden wären. Das wollten sie auf jeden Fall verhindern. Aber auch in den anderen Landesteilen trug die kluge Diplomatie des Ordens reiche Früchte. Viele dieser bevorzugten oder besser „gekauften" Edlen beteiligten sich nicht mit ihren Leuten am Aufstand. Der Edle Gerdawe (sprich Gerdaue) zum Beispiel bepackte seine Wagen und brannte sein Anwesen nieder, das am Ort des heutigen Gerdauen lag. Dann floh er mit „Wibe und Kindin, mit Habe und Gesinden" nach Königsberg. Natürlich richtete sich der Haß des Volkes auch gegen diese verräterischen Landsleute, die sich um ihrer Vorteile willen auf die Seite der Feinde gegen das eigene Volk stellten. Auch sie mußten mit den deutschen Siedlern Schutz in den Burgen suchen und deren Los teilen.

Die Ordenschronik berichtet unter anderem folgendes über den Aufstand: „1260 fügten die Prußen, die sahen, wie schwach die Ordensbrüder nach der Schlacht bei Durben an Brüdern, Pferden und Waffen waren, Böses zu Bösem und fielen wiederum vom Glauben ab und in die alten Irrtümer zurück. Die Anführer der Kriegsscharen setzten einen bestimmten Tag fest, an dem sie alle in Waffen zusammenkommen wollten, um die Bekenner des christlichen Glaubens zu töten und bis zum Untergange zu vernichten. Das taten sie auch, denn sie erschlugen elend alle Christen, die sie außerhalb der Befestigungen antrafen, andere nahmen sie gefangen und schleppten sie in ewige Knechtschaft. Sie verbrannten die Kirchen, behandelten die Sakramente ehrfurchtslos und töteten die Priester elend.

Als die Söhne des Teufels sahen, daß ihnen alles nach Wunsch geriet, erdachten sie Niederträchtiges. Sie belagerten die Burgen Königsberg, Kreuzburg und Bartenstein. Rings um eine jede errichteten sie je drei befestigte und umwallte Anlagen, die sie mit zahlreichen kriegslustigen und waffengeübten Männern besetzten, so daß den Belagerten kein Weg mehr hinaus oder hinein offenstand. Wieviel Angriffe, wieviel Gefahren, wieviel Hunger und unerträglichen Mangel die belagerten Brüder und die übrigen Eingeschlossenen ertrugen, das kann niemand ausreichend erzählen. Denn nachdem sie weder Schafe noch Rinder, Schweine noch Kühe oder Pferde mehr hatten, waren sie gezwungen, auch deren Häute zu essen, da die höchste Not sie selbst dazu trieb. So hart waren diese Häute, daß mancher Bruder und auch mancher andere bei dieser ungewohnten Speise die Zähne verlor."

Der Orden registrierte sorgfältig alle gefallenen Ordensbrüder. Im Jahr 1261 wurde der tausendste Ordensritter in die Bücher eingetragen, der im Kampf gegen die Prußen sein Leben verloren hatte. Dazu kam ein Vielfaches an gefallenen Halbbrüdern und anderen im Ordensdienst Stehenden sowie die noch weit höheren Verluste der Kreuzzugsheere. Das bekannte Verhältnis von gefallenen Ordensrittern zu anderen Gefallenen der Ordensheere läßt vermuten, daß die Gesamtzahl der Gefallenen aller gegen die Prußen eingesetzten Heere zu dieser Zeit schon mehrere 10.000 betragen haben müßte.

Auf dem Stuhl Petri sitzt jetzt Papst Urban IV., der im Jahre 1249 als päpstlicher Legat den Christburger Frieden vermittelt hatte. Er ruft die Geistlichkeit in ganz Deutschland, dann die Vorsteher des Predigerordens zur Erneuerung der Kreuzpredigt und zur Rettung des bedrohten Ordenslandes mit folgenden Worten auf: „Schon längst haben die Brüder, die Meister und die Gebietiger geseufzt, daß für das Werk des Glaubens in Preußen und Livland so viele der ihrigen durch die Hand der Ungläubigen aufs grausamste ermordet und erschlagen worden sind. Jetzt aber häufen sie Seufzer auf Seufzer, seitdem die ganze Masse der Ungläubigen, die jene Gegenden bewohnen, in so verdammungswürdiger Weise in den alten Unglauben zurückgefallen ist und die noch übriggebliebenen Ordensbrüder von den Heiden und den abtrünnigen Neubekehrten in ihren Burgen hart belagert und aller Hilfe entblößt den jammervollsten Tod unfehlbar abwarten müssen, wenn nicht schnell ihnen siegreicher Beistand geleistet wird. Uns hat der Jammer der Brüder aufs tiefste erschüttert, und welche schrecklichere Kunde könnte uns zukommen, als daß der Glaube in einem Lande wieder untergehe, in welchem wir einst selbst als päpstlicher Legat Zeuge waren, unter welchen unaussprechlichen Mühsalen und Bedrängnissen jene Ordensbrüder das Glaubenswerk beförderten. Darum gebieten und ermahnen wir euch, ziehet aus und sendet eure Brüder aus, die in Böhmen, Dänemark, Schweden und Norwegen, in Friesland, Polen, Pommern und Gotland, und andere, welche in den Gebieten von Magdeburg, Bremen, Mainz, Köln und Salzburg und in allen Städten und Kirchsprengeln aufrufen und ermuntern, daß sie das Schwert umgürten im Eifer für die Verherrlichung dessen, der uns am Kreuze geliebt und erlöset, und zur Errettung der Brüder aus der Hand der Heiden."

Die eindringlichen Predigten mit diesen beschwörenden Worten verfehlen nicht ihre Wirkung. Besonders im Reich sammeln sich dieses Mal viele unter der Kreuzzugsfahne. Bis aber diese Hilfe wirksam werden kann, ist die Lage des Ordens hoffnungslos. Sein Schicksal liegt in den Händen der prußischen Edlen, die auf die Ordensburgen geflohen sind. Falls diese auf die Seite ihres Volkes treten würden, wäre der Orden in Preußen ausgelöscht. Deshalb schmeichelt er ihnen mit Dankesbezeigungen für ihre in höchster Not erwiesene Treue und übergibt ihnen für die kommende Zeit des Wiederaufbaus noch größere Ländereien und weitere Vorrechte. Der Sohn des an der Durbe gefallenen Edlen Sclodo erhält die niedere und hohe Gerichtsbarkeit über 25 Familien im Samland für sich und seine Erben für alle Zeiten. Auch in diesem Aufstand sind es wieder die wenigen Burgen, die auf dem Wasserweg versorgt werden können, die den Orden vor dem völligen Untergang retten. Auch als schließlich Hilfe aus dem Reich kommt, kann sie sich nur im Schutz jener drei Burgen sammeln, um von dort aus das verlorene Land zurückzuerobern.

Schon 1262 trifft der erste Kreuzzug in Preußen ein. Das Kulmerland und Pomesanien, die vorwiegend von deutschen Siedlern bewohnt sind, werden in Ruhe durchzogen. Dann aber, als das von Prußen bewohnte Gebiet erreicht wird, bezeichnen brennende Höfe und Dörfer den Weg des Kreuzheeres, das zunächst nirgendwo auf Menschen trifft. Die Prußen wissen nun schon, daß sie gnadenlos niedergemetzelt werden und sind vor dem herannahenden Heer geflohen. Von gut gesicherten Lagerplätzen aus unternehmen die Kreuzfahrer Vorstöße ins Innere des Landes, um die Bewohner aufzustöbern und mit dem Tod zu bestrafen. Nachdem die Burg Balga erreicht ist, geht der Zug nach einigen Tagen in Richtung Königsberg weiter. Als das Heer bei dem Ort Pokarben (östlich Brandenburg) ein Lager bezieht, wird wiederum ein Teil als Strafkommando ausgesandt, um das umliegende Land zu verwüsten. Der im Lager zurückgebliebene Teil wird überraschend am 22. Januar 1262 von Herkus Monte mit seinen Natangern angegriffen. In dem wütenden Kampf vollbringt der Ritter Stenzel von Bentheim Wunder an Tapferkeit. Alleine durchbricht er die Kampfreihen der Prußen, wendet sein Roß und versucht nochmals von rückwärts ihre Linie auseinanderzureißen. Mit wilden Streichen um sich schlagend stürzt er dabei aber tödlich getroffen von seinem Pferd. Die Natanger stürmen immer wieder gegen das Ritterheer, das bald dezimiert und erschöpft zurückweicht und schließlich vollständig besiegt wird. Als der andere Heeresteil von seinem Vernichtungszug zurückkehrt, wagen die Ritter angesichts der siegreichen Prußen keinen Angriff und ziehen sich eilig nach Balga zurück.

Die Natanger ziehen mit ihren Gefangenen ins Innere des Landes, und wie es ihr Brauch verlangt, muß einer der Ritter den Göttern als Dank für den Sieg geopfert werden. Das Los fällt auf den Ritter Hirzhals aus Magdeburg, der angeblich aus jener Familie stammt, bei der Herkus Monte während seiner Magdeburger Studienzeit gewesen war. In seiner Todesangst bittet Hirzhals seinen ehemaligen Freund, den Opfertod von ihm abzuwenden. Herkus Monte tut es, aber das nächste Los trifft wieder Hirzhals. Nochmals läßt er die Entscheidung durch das Los aufheben, aber unter der atemlosen Spannung der Sieger und Gefangenen fordert eine unsichtbar waltende Schicksalsmacht zum dritten Mal den Tod von Hirzhals. Der hat aber nun seine Beherrschung wiedergefunden und ergibt sich seinem Schicksal. Er weiß, daß ein anderer Ritter für ihn sterben müßte und läßt sich ruhig auf seinem Roß festbinden. Als die Flammen auflodern, ruft Herkus Monte ihm zu: „Die Götter mögen dir lohnen!" Dann greifen die Flammen nach dem sterbenden Ritter, aus dessen Mund eine weiße Taube zum Himmel fliegt, und seinem an den Fesseln zerrenden Streitroß. Der Chronist hat seinen Bericht mit frommen Zusätzen phantastisch ausgeschmückt, und der tatsächliche Vorgang wird nicht so dramatisch abgelaufen sein. Alles, was der Bericht sagt, ist, daß der Ritter Hirzhals den Göttern geopfert wurde.

Bald nach dieser Niederlage führt der Magdeburger Graf Barby das wieder aufgefüllte Kreuzheer erfolgreich bis ins Samland. Dort wird es von den Samländern zur Schlacht gestellt und vernichtend geschlagen. Auch Graf Barby liegt unter den Toten, und nur klägliche Reste des Heeres können sich in die Burg Königsberg retten. Auch Braunsberg widersteht nicht lange dem Ansturm der prußischen Kämpfer. Auf den Rat des verängstigten Bischofs Johann II. (Stryprock) verlassen auch hier die Belagerten heimlich die Stadt und fliehen nach Elbing, von wo der Komtur ihnen eine Streitmacht zum Schutz entgegensendet. Eine Nachhut von fünf Mann setzt die Stadt in Brand.

Froher Kampfesmut erfaßt das prußische Volk. Die alten Götter leben noch und werden es aus der Knechtschaft führen. Wie ein brausender Sturm fliegen Hoffnung und Begeisterung durch das Land und reißen alle Zögernden und Zweifelnden mit. Um die großen Verluste bei der Erstürmung zu vermeiden, halten die Prußen die drei Wehrschanzen, die sie um die belagerten Burgen angelegt haben, gut besetzt. Da die Vorräte allmählich aufgebraucht sind, kommen die Ordensburgen in eine verzweifelte Lage. Selbst die starken Burgen Balga und Königsberg, die auf dem Wasserweg versorgt werden, geraten mehrmals in höchste Not.

Der große Volksstamm der Sudauer, dessen Gebiet noch kein Ordensritter betreten hat, läßt diesmal die anderen kämpfenden Stämme nicht im Stich. Endlich haben auch die noch nicht angegriffenen Prußen begriffen, daß mit der Niederlage der anderen auch ihr Untergang besiegelt ist. Mit einem starken Reiterheer stoßen die Sudauer zu Beginn des Winters 1262 bis in die Nähe von Thorn vor. Während die Prußen aber allein dastehen, fließt dem Ritterorden ein nicht endender Strom von Material und Menschen zu. Er kann immer wieder neu aufgestellte Ritter- und Kreuzfahrerheere mit Massen frischer, kampfbegeisterter Streiter gegen die abgekämpften und ausgebluteten Prußen ins Feld führen.

Am 21. Januar 1263 trifft ein großes Ritterheer unter dem Grafen von Jülich, dem Grafen Engelbert von der Mark und dem Hochmeister Anno von Sangerhausen vor Königsberg ein. Diese wollen sogleich die Befestigungen angreifen, mit denen die Samländer die Burg eingeschlossen haben, um zu zeigen, wie christliche Ritter über wilde Heiden siegen. Die Ordensritter aber wissen, daß die Prußen nicht so leicht zu schlagen sind und raten, den Angriff auf den nächsten Tag zu verschieben, da in wenigen Stunden die Dunkelheit hereinbricht. Als die Ritter am nächsten Morgen zum Sturm auf die Wehrschanzen antreten, sind diese leer. In Erwartung des übermächtigen Angriffs des Ritterheeres haben sich die Samländer in eine günstigere Verteidigungsstellung zurückgezogen.

Wieder war es ein Verräter, der Pruße Stanteko, der den Rittern die genaue Aufstellung der prußischen Streitmacht verriet. Sie wurde sogleich umstellt, und der Graf von der Mark griff die samländischen Reiter, die anderen griffen die Fußtruppen an. Eine furchtbare Schlacht entbrannte, in der die überraschten Prußen in das Dorf Kalgen zurückgedrängt wurden. Hier wogte der blutige Kampf stundenlang hin und her, bis die Ritter immer mehr in Bedrängnis gerieten. Reitende Boten jagten nach Königsberg, um die Ordenstruppe zur Rettung herbeizuholen. Der Chronist sagt dann: „Man mußte alle Brüder und Bewaffnete aus Königsberg zu Hilfe rufen. Diese griffen die Samländer tapfer an und vernichteten alle in langwährendem Kampfe."

Nach dieser blutigen Schlacht ist Königsberg befreit. Wieder greift der Orden zu dem altbewährten Mittel, und es gelingt ihm, durch Vergeben von Land und Privilegien eine Anzahl der samländischen Withinge auf seine Seite zu ziehen, um den Aufständischen die Führungskräfte zu entziehen. Nalubo, ein anderer Sohn jenes tapferen Sclodo aus Quednau, sieht erbittert, wie seine Brüder sich dem Orden ergeben. Als eine Ordenstruppe zu seiner Unterwerfung heranzieht und sein Bruder Wargulo ihn vor die Wahl stellt, Christ zu werden oder alles zu verlassen, flieht er in die Wälder der Landschaft Schaaken und überläßt seinen Besitz dem verhaßten Orden. Er sammelt eine neue Kriegerschar und nimmt den Kampf erneut auf.

Auch in den anderen Gauen ringen die Prußen weiter um ihre Freiheit. Die ältere Hochmeisterchronik beschreibt die Kämpfe um die Burg Waistotepile (bei Prassen, Kreis Rastenburg), die schließlich von den Rittern aufgegeben wird. Über den Kampf um Wiesenburg, die Hauptburg des Ordens in Barten (frühere Prußenburg Wellewona an der Guber bei Plehnen, Kreis Rastenburg) berichtet die Chronik: „Vor diese Burg zog Diwane mit einem großen Heerhaufen, brach mit 100 Mann in den Viehhof vor der Burg, trieb Menschen und Vieh weg, plünderte die Umgebung und zog dann mit reicher Beute ab. Unter den Gefangenen war der Pruße Meruno, der sich auf Zureden Diwanes bereit erklärte, die Brüder in der Burg zur Verfolgung der Feinde zu bewegen. Die Ritter trauten den verräterischen Worten und folgten dem wegekundigen Führer mit ihrer Kriegsmacht [...] Der Verräter lockte sie mit der Hoffnung weiter, daß die Prußen am Ufer des Flusses Angerapp lagern. Da kamen die Ritter unbesorgt an den Ort, der zwischen Diwane und Meruno verabredet war, und hier stürzten sich plötzlich die Prußen auf die Ordensritter. Schnell sammelten sie sich auf einer nahen Anhöhe, und es folgte ein äußerst blutiger Kampf. Bald aber war das Ordensvolk von den Feinden ganz umringt, und obwohl es mit größter Tapferkeit den anstürmenden Heiden Widerstand leistete, wurden doch 20 Brüder mit fast all ihrem Volk erschlagen, so daß sich nur ein paar auf die Ordensburg retten konnten.

Danach stellte Diwane drei Wurfmaschinen vor der Burg Wellewona auf und richtete an den Mauern großen Schaden an. Da in der Burg aber viele wehrhafte Leute waren, vermauerten sie, was die Geschosse beschädigt hatten. Einmal eroberten die Brüder eine der Steinschleudern und wandten sie mit großem Nutzen gegen die Belagerer an, die vor der Burg noch drei Sturmtürme errichtet hatten. Die Belagerung dauerte bis ins dritte Jahr. Da die Brüder Hungersnot litten, verließen sie die Burg heimlich in der Nacht durch einen unterirdischen Gang und schlugen den Weg nach Masowien ein. Diwane verfolgte sogleich die Fliehenden, und mit 15 rüstigen Reitern vorauseilend, griff er die ermüdeten und durch Hunger geschwächten Krieger von neuem an. Drei von ihnen fielen beim ersten Angriff. Die übrigen verteidigten sich mit aller Kraft, bis Diwane schwer verwundet den Kampf aufgeben mußte. Danach wurde die Burg Wellewona bis auf den Grund zerstört; dies geschah im Jahre 1263."

Die letzte Unterwerfung des Samlands

Der Freiheitskampf der Samländer dauert an. Nach Peter von Dusburg konnten die Samländer 4.000 Reiter und 40.000 Mann ins Feld stellen. Für Tausende, die noch nicht erschlagen oder zum Orden übergegangen sind, wird nun die Eroberung der Burg Königsberg das nächstliegende Ziel ihres Kampfes. Nachdem die an der Burg angelegte Marktsiedlung beseitigt ist, wird die Burg wieder belagert. Da sie zu stark mit Graben, Steinmauern und Türmen gesichert ist, kann sie nicht erstürmt, sondern nur ausgehungert werden. Aber Ordensschiffe können die Burg weiterhin mit Lebensmitteln versorgen. Darauf blockiert Glando die Verbindung über das Wasser, indem er den Pregel durch eine Reihe miteinander verkoppelter Boote sperrt. Einige Ordensschiffe, die den Durchbruch versuchen, werden dabei zerstört. Schließlich legt Glando eine Brücke über den Fluß, die an beiden Enden durch starke Befestigungswerke gesichert ist. Damit ist die Burg von der letzten Verbindung zur Außenwelt abgeschnitten.

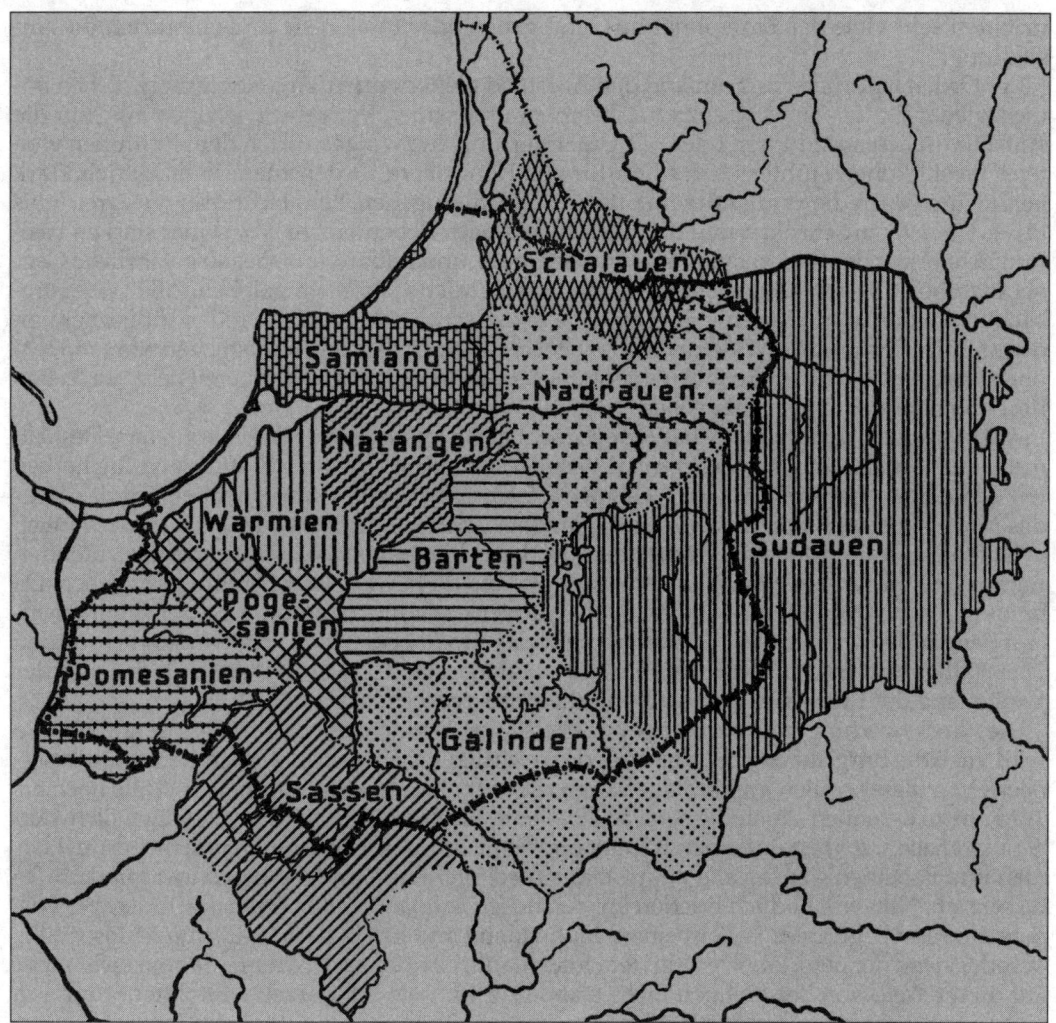

Das Land der Prußen teilte sich auf in elf Gaue: in Sassen, Pomesanien, Pogesanien, Warmien, Na-
tangen, Barten, Samland, Schalauen, Nadrauen, Sudauen und Galinden.

Als die letzten Lebensmittel verbraucht sind, den unabwendbaren Untergang und Hungertod vor Augen, beschließen die Ritter, in einem letzten verzweifelten Ausfall lieber den Tod
vor dem Feind zu suchen oder, was kaum möglich erscheint, die Befreiung aus ihrer Lage zu
erzwingen. Zu ungewöhnlicher Nachtzeit, während ein Sturm das Wasser des Pregels auf-
peitscht, läßt sich eine ausgesuchte Mannschaft auf ihren Booten stromabwärts gegen die
Brücke treiben. Wider Erwarten gelingt die Überraschung; die Ritter können festen Fuß auf
der Brücke fassen und in einem Verzweiflungskampf auf Leben und Tod beide Uferbefestigungen von innen erstürmen, wobei der tapfere Glando fällt. Die Ritter zerstören die Brücke;
der Weg nach Königsberg ist nun endgültig offen. Die folgenden gekürzten Abschnitte zeigen, wie der Ordenschronist den Kampf um Königsberg sah: „Die Preußen [Prußen] beharr-
ten auch weiterhin in ihrer Bosheit und dachten nach, wie sie die Burg Königsberg zerstören
könnten. Als sie einsahen, daß sie das Schloß nicht mit Gewalt erobern würden, bauten sie
als kriegskundige und scharfsinnige Männer zahlreiche Schiffe, mit denen sie die Ordensschiffe, die Lebensmittel heranbrachten, zerstören und vernichten wollten, damit die Brüder
aus Mangel an Lebensmitteln selbst alle Kraft verlieren sollten [...]

Die Brüder hatten auf einer Anhöhe beim Schlosse Königsberg eine Ansiedlung gegründet, und da diese nicht gut befestigt war, überfielen die Samländer sie unversehens,

machten sehr viele der Einwohner zu Gefangenen oder töteten sie und zerstörten die Ansiedlung."

Der Orden will zuerst im Samland den Aufstand niederwerfen. Aus Königsberg ziehen immer wieder Ordens- und Kreuzfahrerheere zu grausamen Vernichtungszügen aus, um die Aufständischen auszurotten oder zur Unterwerfung zu zwingen. Nach dem Eintreffen weiterer Verstärkungen fühlt sich der Komtur von Königsberg, Ordensmarschall Dietrich, stark genug, um gegen die Samländer im offenen Feld vorzugehen. Sein Heer dringt siegreich bis in das Gebiet von Schaaken und dann westwärts nach Pobethen vor. Vor seiner starken Heeresmacht bricht der Widerstand überall zusammen, und selbst der bisher so gefährliche Gegner Nalubo muß den Kampf einstellen und dem Orden Gehorsam geloben. Alle Widerstrebenden werden ohne Umschweife getötet; ganze Geschlechter verschwinden für immer von dieser Erde. Den größten Widerstand erwartet der Marschall aber im westlichen Samland, wo noch unbezwungen das große Aufgebot der letzten freien Samländer bereitsteht, ihr Leben für Freiheit und Heimat hinzugeben.

Allein wagt der Ordensmarschall jedoch nicht gegen diese Samländer vorzugehen. Deshalb ruft er den Livländischen Meister mit dessen Heeresmacht auf einen bestimmten Tag herbei, um gemeinsam diese gefürchteten Gegner zu vernichten. Wie verabredet beginnt das Heer des Marschalls den Angriff, aber die Livländer haben sich auf dem langen Anmarschweg verspätet, und der Marschall steht allein in der Schlacht. Nach sechsstündigem wütenden Kampf sind die Kräfte seiner Männer erschöpft, und das Ordensheer beginnt zu weichen. Da braust in letzter Minute die Reiterei der Livländer heran und greift die siegreich vorgehenden Samländer im Rücken an. Nun beginnt das große Schlachten; die Samländer werden überwältigt und bis auf den letzten Mann niedergemetzelt. Mit dieser Niederlage ist der Widerstand der Prußen im Samland entscheidend gebrochen.

Die Niederwerfung des übrigen Gebietes schreitet nun schnell voran. Wie alle anderen, so wird auch die Burg auf dem Galtgarben, der höchsten Erhebung im Samland, vom Orden erobert. Von dieser ovalen Wehranlage waren die auffallend großen, doppelten Wälle noch bis 1945 gut zu erkennen. Auch die etwa 500 letzten Kämpfer, die sich um den heiligen Eichwald geschart haben, sterben unter den Lanzen und Schwertern der Ritter. In den Gebieten um Germau und Pobethen werden alle Wohnstätten niedergebrannt und die Bewohner mit dem Tode bestraft. Nun war endlich Frieden im westlichen Samland, ein Frieden des Todes. Wo vordem ein reich begütertes Volk in einem blühenden Land gelebt hatte, war nun leblose Stille. Verödet stand der alte Götterhain in dem toten Land; Priester und Gläubige waren nicht mehr auf dieser Welt. Von der heiligen Eiche stand nur noch ein schwarzer, verkohlter Stumpf in einer rasch emporsprießenden Wildnis.

Das Ordensheer wandte sich nun gegen den östlichen Teil des Samlandes. Die Kunde von der Niederlage und grauenvollen Verwüstung im Westen eilte wie ein Schreckgespenst dem siegreichen Heer voraus. Die Prußen sahen ein, daß sie mit weiterem Widerstand nur ihre völlige Vernichtung herbeiführen würden. Dazu hatten Versprechungen und Drohungen weiterhin zersetzend auf den Mut zum Widerstand gewirkt. Neben dem letzten Willen zur Freiheit stand die lebenserhaltende Unterwerfung. So darf es nicht verwundern, daß die letzten Edlen ihre stolzen Nacken vor dem siegreichen Christengott und seinen übermächtigen Streitern beugten. Die Unterwerfung des Samlands war damit endgültig vollzogen, und die Edlen mußten eine Anzahl ihrer Söhne zur Umerziehung und Sicherheit auf die Ordensschule in Königsberg hergeben.

Das Ende des 13jährigen Aufstands

Während im Samland nun Ruhe ist, tobt der Krieg in den anderen Gauen mit unverminderter Heftigkeit weiter. Der Orden kann zwar seine Streitmacht aus dem Samland abziehen und hier einsetzen, aber die unaufhörlichen harten Kämpfe in allen Teilen des Landes zehren an seinen Kräften. Wieder ist neue Hilfe aus dem Reich dringend erforderlich. Besorgt macht sich der Hochmeister im Frühjahr 1264 auf und wirbt mit überzeugender Redekunst bei den Fürsten in Brandenburg, Thüringen und Braunschweig um Waffenhilfe. Im Sommer bittet er weinend den Papst um Beistand, und wieder fliegt die eindringliche Kreuzzugspredigt durch alle deutschen Lande. Der satte Bürger in den wohlhabend gewordenen Städten wird aus seiner behaglichen Ruhe aufgeschreckt, als er in der Predigt von der großen Not der Christen und der Bosheit der Heiden in Preußen hört. Auch wenn seine Anteilnahme nicht so weit geht, sein eigenes Leben in einem Kreuzzug zu riskieren, so kann er durch Geld, den Nachlaß einer Schuld oder andere Zuwendungen einen armen Mitbürger dazu bewegen, unter die Kreuzesfahne zu treten. Auch auf diese Weise läßt sich ein Anteil an dem himmlischen Lohn erwerben. Dazu gibt es zu jeder Zeit Leute, denen ein solcher Anlaß gelegen kommt, um aus einer mißlichen Lage zu entkommen. Und schließlich gibt es keinen sichereren Weg, um in den Himmel zu kommen. Darum sammeln sich immer wieder neue Kämpferscharen, um mit einem Kreuzzug gegen die Heiden zu ziehen. Papst Urban IV. drängt auch König Ottokar von Böhmen, noch einmal das Schwert gegen die Prußen zu ergreifen. Der machthungrige König will aber dieses Mal mit umfangreichem Landbesitz für seine Teilnahme am Kreuzzug belohnt werden.

Eine starke prußische Streitmacht, die teils aus Sudauern besteht und mit einem Aufgebot aus Litauen verstärkt ist, bricht ins östliche Samland ein und zieht dann gegen die Burg Wehlau. Die Prußen versuchen hier eine andere Taktik. Unter dem Schutz von Armbrustschützen häufen sie Stroh, Holz und Reisig an der Mauer auf, um die Burg in Brand zu setzen. Das entfachte Feuer greift aber nicht auf die Gebäude über. Danach müssen sie die übliche Methode der Belagerung anwenden und schaffen Wurfmaschinen und anderes Belagerungsgerät heran.

Dem Schützenmeister der Burg, Heinrich Taubadel, gelingt es eines Tages mit dem Pfeil seiner Armbrust dem prußischen Gerätemeister, der mit der Ausbesserung einer Wurfmaschine beschäftigt ist, die Hand an der Wurfblide festzunageln. Die Prußen deuten dies als ein Zeichen der Götter; sie geben die Belagerung auf und ziehen ab. Taubadel aber wird zum Dank für die Rettung der Burg als Halbbruder in den Orden aufgenommen.

Schon jahrelang haben die Prußen die Kreuzburg belagert, bis die Besatzung 1265, dem Hungertod nahe, eines Nachts flieht. Der Ausbruch wird aber bemerkt, und die Fliehenden versuchen mit Waffengewalt den Prußen zu entkommen. In dem verzweifelten Kampf fallen alle von der Besatzung, bis auf zwei Mann. Nach der Einnahme der Kreuzburg durchzieht Herkus Monte mit seinem Heer das Kulmerland, alles niederbrennend und die Siedler vor sich hertreibend. Der Ordensmarschall entschließt sich, das sichere Elbing mit seinem Heer zu verlassen und stellt sich im Land Löbau den Natangern entgegen. Die blutige Schlacht wird aber eine furchtbare Niederlage für die Ordensritter, und nur wenige können sich zurück nach Elbing retten. Dusburg schreibt: „[...] sie vernichteten das ganze Heer."

Die Burg Bartenstein, die von rund 400 Rittern, deutschen Siedlern und einer Anzahl Prußen verteidigt wurde, hielt immer noch aus. Überraschende Ausfälle richteten sich gegen die gefährlichen Belagerungstürme, die von den Prußen an der Burgmauer errichtet worden waren. Jeroschin berichtet, daß es einmal gelang, die Wachen zu überrumpeln und die Türme in Brand zu setzen. Trotzdem wurde die Lage der Verteidiger mit der Zeit immer schwieriger. Nach vierjähriger Belagerung glaubten die Prußen, daß die Besatzung so weit geschwächt sein müßte, um sich bei einem Großangriff zu ergeben. Sie zogen Verstärkungen heran und berannten 1264 mit 1.300 Mann und schwerem Sturmgerät die Burg, die aber erstaunlicherweise weiterhin standhielt. Besonders wird die Tapferkeit der beiden Prußen Milegede und Troppo gerühmt, die mit der Burgbesatzung gegen ihre Landsleute kämpften. Nach diesem mißglückten Angriff setzten die Prußen die Belagerung fort. Schließlich hatten die Verteidiger alle Vorräte aufgebraucht und beschlossen zu fliehen. Der Ausbruch gelang unbemerkt in einer stürmischen Nacht; ein Teil der Besatzung floh nach Königsberg, der andere nach Elbing. Mehrere Tage lang konnte ein alter, blinder Ordensbruder, der zu den Gottesdiensten regelmäßig die Glocke läutete, die Prußen täuschen, bis sie argwöhnisch die Mauern erstiegen und den Alten alleine vorfanden.

Im späten Sommer 1265 trifft das große Kreuzfahrerheer des Landgrafen von Thüringen und des Herzogs von Braunschweig ein. Im Januar 1266 folgen die Heere der Markgrafen von Brandenburg und von Meißen, des Grafen von Holstein und noch andere Aufgebote. Ein gewaltiges Kreuzzugsheer steht bereit, um die Prußen entscheidend zu schlagen.

Der geplante Vernichtungsfeldzug kommt aber nicht in Gang, weil der Winter außergewöhnlich milde ist. Auch mit dieser Übermacht wagt das Kreuzheer nicht weit ins Land vorzurücken, wo die Wege aufgeweicht sind und Flüsse und Seen schwer zu überwindende Hindernisse darstellen, die jedoch bei starkem Frost gefahrlos überschritten werden können. Der große Kreuzzug löst sich auf; ein Teil der Teilnehmer, die sich wie üblich auf ein Jahr verpflichtet haben, bleibt zur Verstärkung der Burgbesatzungen im Land, die übrigen ziehen aber ins Reich zurück. Der Hochmeister bittet aber Markgraf Otto III. von Brandenburg, eine neue Burg zu bauen. Dazu läßt der Markgraf einen Teil seiner Leute zurück, und die neue Burg ersteht dicht am Ufer des Haffs, in dem prußischen Ort Pocarwin, auf halbem Wege zwischen Balga und Königsberg. Dem Markgrafen zu Ehren erhält sie den Namen „Brandenburg". Bei der Einweihungsfeier schlägt der Hochmeister mit eigener Hand den Thüringer Landgrafen zum Ritter und beschenkt die hohen Gäste mit kostbaren Schmuckstücken und Gewändern. Die Burg wurde aber noch im gleichen Jahr (1266) von den Warmiern erobert und zerstört.

Während der Orden mit den Prußen im Kampf steht, blickt er mit Sorge auf den Feind im Osten. In stummer Drohung verharren die Horden der Mongolen in Polen und Ungarn, und niemand weiß, wann ihre Reiterscharen weiter westwärts stürmen werden. In Palästina gehen die letzten Stützpunkte der Christen verloren; dem Orden ist dort nur noch die Feste Akkon geblieben.

Wie in Preußen, so mußte der Orden auch in Livland schwer ringen, um sich in dem Aufstand zu behaupten. Der wechselvolle Kampf ließ zuweilen durch die Erschöpfung beider Seiten nach, um dann von neuem um so heftiger wieder aufzulodern. Die treibende Kraft war dort Mindowe. Wo die Aufständischen erschöpft nachließen, rissen Mindowes Krieger sie wieder in den Kampf. Ordensburgen wurden erobert, gingen verloren, um wieder erstürmt zu werden. Auch die Insel Ösel verlor der Orden und eroberte sie erneut.

Der neue Papst Clemens IV. erkennt die Gefahren. Mit großem Eifer ruft er wieder zum Kreuzzug gegen die Prußen und setzt 1267 ganz Deutschland in Bewegung. Wer das Kreuz gegen die Prußen auf sich nimmt, kommt nicht nur garantiert in den Himmel, sondern erhält auch schon auf Erden viele Vergünstigungen. Er darf zum Beispiel drei Jahre lang nicht vor ein Gericht geladen werden, ganz gleich welche Verbrechen er verübt. Mit einem solchen Freibrief ist es nicht verwunderlich, daß sich unter der Kreuzesfahne, neben den glaubenseifrigen Christen, auch alle diejenigen sammeln, die Gründe haben, sich der irdischen und himmlischen Gerechtigkeit zu entziehen. Wieder wälzt sich ein Strom von Rittern und frommen Bürgern, von Räubern und Mördern gen Osten. Die Heere versammeln sich bei Christburg und Brandenburg, von wo sie ins Innere des Landes vordringen. Markgraf Otto läßt die zerstörte Brandenburg stärker als zuvor wieder aufbauen, die von jetzt ab immer beim Orden bleibt.

In den folgenden Kämpfen brechen die Pogesanier wieder verheerend ins Kulmerland ein, besiegen die Ritter von Christburg und brennen die Stadt mit der Vorburg nieder. Die Prußen, die anschließend die Burg belagern, werden aber von einem Ordensheer aus Elbing geschlagen und vertrieben. Neue prußische Kämpferscharen kommen aber aus den östlichen Landen und zerstören Marienwerder.

Mit dem Versprechen, daß alle von ihm eroberten Gebiete, sofern sie nicht dem Orden gehören, ihm zufallen sollen, hat der Papst König Ottokar von Böhmen nochmals zu einem Kreuzzug bewegen können, „damit das wiedererstandene Untier des alten Götzendienstes von neuem überwältigt werden könne". König Ottokar verlangte für seine Hilfeleistung Galinden, Sudauen und ganz Litauen. Der Orden nahm die hochfliegenden Eroberungspläne nicht zu ernst, denn er wußte, wie wenig Aussicht auf Verwirklichung sie hatten. Ende 1267 erreichten die glanzvollen Ritterscharen des Böhmenkönigs das verwüstete Ordensland. Sie eroberten Marienwerder und drängten die Prußen von der Weichsel zurück. Vor ihrem Abzug bauten sie die Burg Marienwerder wieder auf. Die Hilfe der Kreuzfahrer ausnützend, begann der Orden den Bau der Neidenburg, auf einer steilen Bergkuppe, umgeben vom Neidefluß und einem Sumpf.

Papst Clemens IV., der große Gönner des Ordens, starb 1268. Die Uneinigkeit der Kardinäle vereitelte für drei Jahre die Wahl eines neuen Papstes. Aus dem kaiserlosen Reich kam deshalb in dieser Zeit keine Hilfe, ohne die der Orden gelähmt war. Die Sudauer zerstörten 1269 Burg und Stadt Löbau, ohne daß der Orden etwas gegen die umherstreifenden Prußen tun konnte.

Als Sperre der Frischen Nehrung legt der Orden 1270 die Burg Lochstädt an. Gleichzeitig baut nicht weit davon der Bischof von Samland sein Residenzschloß in Schönewiek (Fischhausen). Derweil zieht ein mächtiges Prußenheer durch das Ordensland. Marienwerder wird wieder verbrannt, das unselige Kulmerland wieder verheert, die Bevölkerung Kulmsees erschlagen oder gefangengenommen und abgeführt. Die Namen Wartenberg, Starkenberg, Spittenberg, Rehden und Löbau werden genannt, die wiederholt schwer umkämpft werden. Blutend und zertreten liegt das Ordensland unter den Schwertern und Keulen der Prußen. Ein Ordensheer stellt sich den Prußen am Sorgefluß entgegen, das aber geschlagen fliehen muß. In einem anderen Unternehmen kann der Orden aber die Burg Kreuzburg zurückerobern. Das ist für den Orden der einzige militärische Erfolg dieses blutigen Kampfjahres.

Im Jahr 1271 wüten Hungersnot, Krankheit und eine rätselhafte Seuche so furchtbar in den verwüsteten Ordenslanden, daß viele Siedler ihre Sachen packen und zurück ins Reich ziehen. Barter und Pogesanier dringen in die Gegend der späteren Marienburg vor. Dort stellen sich ihnen die Ordensaufgebote von Christburg, Fischhausen und einer weiteren Burg entgegen, worauf sie umkehren.

Die zänkischen Kardinäle haben endlich einen neuen Papst gewählt, und mit Gregor X. wird der Kampf gegen die Prußen mit aller Macht erneut aufgenommen. Mit noch nie dagewesener Eindringlichkeit wird 1272 wieder zum Krieg gegen die Prußen gerufen. Heere in einer nie zuvor gekannten Größe werden aufgestellt. Eine imposante Anzahl deutscher Fürsten beteiligt sich an diesem gewaltigen Kriegszug, den Markgraf Dietrich von Meißen mit 3.000 Rittern und Kriegsknechten anführt. Der Orden nimmt ihn ehrenhalber als Halbbruder auf. Unter dem fähigen Landmeister Konrad von Thierberg d.Ä. kann nun endlich der Endkampf gegen die Prußen beginnen.

In Pomesanien vereinigt sich dieser gewaltige Heereszug der Ritter und Kreuzfahrer mit dem Ordensheer. Dann wälzt sich diese Heeresmasse, unter Führung von Landmeister und Ordensmarschall, unaufhaltsam über Pomesanien und Warmia nach Natangen. Das erste Ziel ist dort der große Marktort Gerkin (Görken, etwa sieben Kilometer nordwestlich von Preußisch Eylau). Das Heer stößt von Balga kommend auf ein „propugnaculum", wahrscheinlich die starke Feste Pilseden (Pilzen, ca. acht Kilometer westlich von Preußisch Eylau). Markgraf Dietrich setzt einen Siegespreis für die Tapfersten aus, den sich die beiden Grafen (Brüder) Gunther und Dietrich von Regenstein holen, die mit angeblich 500 Rittern an diesem Kreuzzug teilnahmen. Bei der Erstürmung der Burg sollen 50 Ritter und mehr als 100 andere Kämpfer gefallen sein, aber damit war das Tor nach Natangen geöffnet.

Die Höfe und Dörfer der Prußen wurden zu schwelenden Aschehaufen, aus denen rauchgeschwärzte Mauerreste von Ofen und Schornstein hervorragten. Darunter lagen die Leichen der Prußen, die sich nicht durch die Flucht hatten retten können. Das Heer zog dann unter den üblichen Zerstörungen und Schandtaten weiter ostwärts. Nachdem die Prußenburg Capostete erobert war, die die Furt durch die Alle (bei Groß Wohnsdorf) gesichert hatte, ergoß sich das Heer über das dicht bevölkerte Gebiet beiderseits der Alle. Das Land, in dem die Streiter Christi nun ihre göttliche Aufgabe erfüllten, wurde eine Öde ohne menschliches Leben.

Auch die Führer der Prußen wußten, daß dies der letzte Entscheidungskampf sein würde, und sie setzten nochmals alle Kräfte für ihre Freiheit ein. Zweimal durchstürmte Diwane mit seinen Kriegsscharen die Gebiete um Christburg und Aliem (Landschaft um das spätere Marienburg), ohne daß die Ordensritter es wagten, den Barten im offenen Feld entgegenzutreten. Der Orden versuchte aber diesen hervorragenden Führer, der ihnen so viel Ärger bereitete, zu beseitigen. Nichts anderes zerstörte den Kampfwillen der Prußen so wirksam wie die Beseitigung ihrer Führer. Einer Truppe ausgesuchter Ordensritter aus Elbing und Christburg gelang es einmal, wahrscheinlich mit Hilfe eines Verräters, Diwane mit wenigen seiner Getreuen in einem Lager an der Guber zu überraschen. Sie überfielen die Schlafenden in der Nacht, aber Diwane konnte mit einigen seiner Leute entkommen; doch sein treuer Freund Dabore war unter den Toten.

Die Endphase des großen Aufstands glich einem großen Kesseltreiben. Die dezimierten und erschöpften Kampfverbände der Prußen wurden Schlag auf Schlag vernichtet. Schwere Kämpfe gab es bei Leunenburg (bei Schippenbeil) und Plauten (zehn Kilometer östlich von Mehlsack). Überreste von Schanzen und Wehranlagen der Prußen sowie zahlreiche Bodenfunde von Waffen und anderem Gerät waren an beiden Orten noch bis 1945 zu besichtigen. Zu einer gewaltigen Schlacht kam es in der Nähe von Brandenburg und zu einer zweiten bei Braunsberg. Die Chronisten berichten von drei großen Schlachten, in denen etliche 1.000 Prußen den Tod fanden. Damit beendete der große Kreuzzug von 1273 nach 13 Jahren den großen Prußenaufstand.

Mit den Ordensrittern siegte zuletzt doch die größere Kriegserfahrung, die weit bessere Bewaffnung, vor allem aber der nicht versiegende Zufluß von immer neuen Armeen frischer Kämpfer über den verzweifelten Opfermut der ausgebluteten Prußen. Nach den ungeheuren Verlusten in den letzten großen Schlachten brach ihr Widerstand zusammen. Herkus Monte, der nach der Brandenburger Schlacht in die Wälder des Stablack entkommen war, wurde aufgespürt und seine kleine Schar überfallen. Der Komtur von Christburg, Hermann von Schönenberg, band ihn an einen Baum und stieß ihm selbst das Schwert in die freie Brust. Glappo, der Fürst von Warmia, endete durch Verrat. Der Komtur von Königsberg, von Prußen herbeigeführt, umstellte nachts Glappos Schar und nahm sie gefangen. Auf einer Anhöhe, die noch lange der Glappenberg hieß, wurde Glappo gehängt. Damit hörte in den führerlos gewordenen Gauen Natangen und Warmia die Kampftätigkeit auf.

In Pogesanien hält aber noch Auctumo aus, zu dem sich Diwane mit seinen Barten gesellt hat. Sie lehnen stolz die Unterwerfung ab. Wie die letzten Goten Tejas am Vesuv, so schlagen sich diese letzten Kämpfer unnachgiebig weiter, obwohl sie wissen, daß es keine Hoffnung mehr auf einen Sieg gibt. Noch einmal dringen ihre Kampfscharen bis ins Kulmerland vor, wo die Barten mit 800 Mann die Burg Schönsee belagern (1273). In den harten Kämpfen trifft ein Pfeilschuß des Ordensritters Arnold Knapp die Brust des wagemutigen Diwane. Mit dem Tod ihres Führers ist auch für die Barten der Krieg zu Ende. Sie geben die Belagerung auf und ziehen nach Hause. Als letzter kämpft Auctumo noch weiter.

Der erzürnte Landmeister Konrad von Thierberg beschließt nun, mit einem gnadenlosen Straf- und Rachefeldzug diese letzten trotzigen Prußen zu vernichten. Zuerst wendet er sich gegen die Burgen Bartenstein und Heilsberg, die noch immer in prußischer Hand sind. Sie werden von dem übermächtigen Ordensheer zur Übergabe gezwungen und die prußischen Besatzungen ohne Ausnahme hingerichtet (1273). Dann wird Pogesanien vollkommen verwüstet. Alle Männer werden erschlagen, Frauen und Kinder in andere Landesteile getrieben. Peter von Dusburg schreibt dazu: „So wurde Pogesanien eine wüste Einöde, in der lange Zeit kaum noch ein Laut zu vernehmen war."

Auctumo fiel den Ordensrittern lebend in die Hände. Er soll gespießt, gerädert oder von seinem Pferd zu Tode geschleift worden sein. Über seinen Tod scheint es keinen zuverlässigen Bericht zu geben. So endeten die tapferen und getreuen Führer des prußischen Volkes, die nicht um Macht oder Herrschaft, sondern nur um Recht und Freiheit für ihr Volk und ihre Heimat gekämpft hatten. Wenn es je Helden in der Geschichte gab, dann verdienen diese einen der obersten Plätze unter ihnen. Und wenn die Menschheit inzwischen einen Sinn für Gerechtigkeit entwickelt hätte, dann würde sie diesen Helden noch heute ein Denkmal setzen.

Die Vernichtung Schalauens und Nadrauens

In den unterworfenen Gebieten war nun Ruhe, aber noch waren die drei Gaue der Schalauer, Nadrauer und Sudauer nicht besiegt. Es war aber keineswegs so, daß die Ordensritter brav auf ihren Burgen saßen und die bösen Heiden die frommen Brüder mit ihren Kriegszügen belästigten. Vielmehr waren es die Ritter, die regelmäßig ihre „Reisen" in die heidnischen Gebiete machten, um, getreu ihrer Aufgabe, die Heiden zu bekriegen. Dabei ging es nicht nur darum, so viele wie möglich von ihnen zu töten, sondern auch darum, reiche Beute einzubringen. Durch den langen Krieg und die damit verbundenen Verwüstungen herrschte in den unterworfenen Gebieten großer Mangel an allem Lebensnotwendigen. Dagegen war bei diesen freien Stämmen noch alles im Überfluß vorhanden. Da der Besitz der Heiden nach christlicher Auffassung herrenlos war, machten die Ritter bei jeder Gelegenheit Gebrauch von ihrem Recht. Neben vielem anderen Brauchbaren war Vieh besonders begehrt, um die Ordenshöfe zu versorgen. Noch wertvoller aber waren die Pferde der Prußen. Da sich die Prußen wehrten, waren diese „Reisen" nicht ohne Gefahr. Sicherer war es, mit einer Flottille von Schiffen auf den Flüssen ins heidnische Gebiet vorzudringen und überraschend, an einer günstigen Stelle, den Überfall auszuführen. Von dem unternehmungslustigen Vogt des Samlands, Dietrich von Liedelau, wird berichtet, daß er mit seinen Leuten bei einer dieser Reisen in das Gebiet von Rethau so viel Beute machte, daß die Schiffe sie kaum fassen konnte. Zurück blieben die brennenden Höfe mit den Leichen ihrer Bewohner. Oft wurden aber auch Gefangene mitgebracht. Die zwangsweise Bekehrung zum Christentum galt als Grund dafür, aber die Gefangenen wurden auch als billige Arbeitskräfte, zur Bewirtschaftung der großen Ordenshöfe, dringend gebraucht.

Die Prußen schlugen natürlich zurück. Die Chronisten sehen aber einen großen Unterschied darin, ob der christliche Ritter, in Ausübung seines göttlichen Auftrags, die Heiden erschlägt, oder ob die ruchlosen Ungläubigen sich gegen die Christen zur Wehr setzen. Die Kriegszüge der noch freien Prußen sind aber jetzt nicht nur Vergeltungsschläge. Nachdem sie begriffen haben, daß der Ritterorden nicht an ihrem Gebiet haltmachen wird, versuchen sie ihren Untergang abzuwenden oder wenigstens zu verzögern. Es gibt aber keine planmäßige Zusammenarbeit und keine Bündnispolitik, die mit Einbeziehung Litauens und anderer Völker vielleicht einiges erreicht hätte. Immerhin hatten die drei letzten Prußenstämme die anderen Gaue in ihrem letzten Freiheitskampf unterstützt und wiederholt ihre Reitertruppen gegen den Orden gesandt.

Während die überlebende Bevölkerung der besiegten Stämme nicht mehr wagt, eine Hand gegen den Orden zu rühren, bricht 1274 ein Reiterheer der drei freien Stämme ins Ordensgebiet ein. Burg und Stadt Bartenstein werden erstürmt und niedergebrannt. Bis ins Samland dringen die prußischen Reiter vor. Außer diesem Erfolg ist von diesem Kriegszug nur noch die Legende der heroischen Nomeda von der Burg Beselede (Beisleiden, Kreis Preußisch Eylau) überliefert. Sie soll ihren in die Burg flüchtenden Söhnen zugerufen haben: „Wohin ihr Feigen, wollt ihr aus Furcht wieder in den Leib eurer Mutter kriechen?" Durch diese nach der Ehre greifenden Worten stürmten die Söhne erneut zum Burgtor hinaus, und die Burg blieb dem Orden erhalten. Vielleicht wollten die Söhne nur nicht gegen ihre Landsleute kämpfen, mit denen sie bisher ihre Freiheit verteidigt hatten. Wahrscheinlich wünschten sie ihnen sogar den Sieg, und das Ereignis wird sich gewiß anders abgespielt haben, als wie es die Chronisten später zu einer Heldentat umformten. Im Schloßpark von Beisleiden stand 1945 noch die alte Linde, von der man sagte, daß unter ihr Nomeda getauft worden war.

Es hat sicher mehrere solcher Kriegszüge der drei noch freien Stämme gegeben. Der Orden fühlte sich aber jetzt stark genug, solches nicht mehr ungestraft hinzunehmen. Nachdem der größte Teil des Landes nun in seiner Gewalt war, gab es keine Frage darüber, daß auch die drei letzten Stämme unterworfen werden mußten. Aufgrund der bitteren Erfahrungen, die der Orden mit den Prußen gemacht hatte, wird er mit diesen Stämmen anders verfahren; bei ihnen wird es keinen Aufstand geben, denn er hat beschlossen, die Bevölkerung aus diesen drei Gauen ganz zu entfernen. Bei Einbruch des Winters 1275 erhebt sich der Orden mit Macht und gnadenloser Entschlossenheit zum Vernichtungskrieg. Nadrauen und Schalauen werden bis zur Memel so gründlich und vollkommen verheert, daß dieses Gebiet verwilderte und zu einer fast undurchdringlichen Wildnis wurde.

Die Burgen der ersten Verteidigungslinie, mit der Feste an dem alten Handelsplatz Nerweketo (Norkitten, Kreis Insterburg), werden erobert; der Weg ins Innere ist frei. In panischem Schrecken flieht die überraschte Bevölkerung, frierend und zu Tode gehetzt, vor dem vorstürmenden Ordensheer, das Landmeister Thierberg in breiter Front ostwärts führt. Hinter ihnen regt sich kein Leben mehr. Jeder Hof, jede Siedlung wird niedergebrannt, und wo sich noch ein alter Bauer zeigt, der zur Flucht zu alt oder zu stolz war, da beendet das Ritterschwert sein Leben. Alle Versuche der Nadrauer, diese Todeswalze aufzuhalten, sind erfolglos. Die Kämpfer werden niedergemacht oder in die Flucht geschlagen. Auch die wehrhaften und wohlbesetzten Burgen in dem dicht besiedelten zentralen Teil sowie die zahlreichen Fliehburgen entlang dem in vielen Windungen eingeschnittenen Tal der Wangrapia (Angerapp), können den Sturm des Ordensheeres nicht zum Stehen bringen. Die Masse der Nadrauer wohnte etwa in dem Raum des erweiterten Dreiecks Insterburg, Darkehmen, Pillkallen. Wie Gräberfelder und Bodenfunde aller Vorgeschichtsstufen beweisen, war dieses Gebiet ohne Unterbrechung seit Jahrtausenden dicht bevölkert. Auch darüber rollt die Todes- und Feuerwalze des Ordensheeres und löscht alles Leben aus.

Tausende der fliehenden Prußen erreichten das rettende Litauen, wo sie hauptsächlich in der Gegend von Kauen (Kaunas) neue Wohnsitze fanden. Verständlicherweise blieben sie erbitterte Feinde des Ordens und alles Deutschen. Von denen, die in die Hand des Ordens fielen, fand die männliche Bevölkerung größtenteils den Tod. Frauen und Kinder mußten ihre Heimat verlassen; ihnen wurden Wohngebiete in anderen Landesteilen, hauptsächlich um Wehlau und in den menschenleer gewordenen Gebieten Samlands angewiesen. Trotz dieser planmäßigen Entvölkerung gab es einige Stellen in Nadrauen, wo auch zur Ordenszeit noch einige Prußen lebten. Genannt werden die Gegenden von Rethowe, Girden und Cathowe (Kattenau, Kreis Stallupönen/Ebenrode). Vielleicht hatte das Heer seinen Auftrag nicht an jedem Fleck auftragsgemäß durchgeführt. Es könnte sich aber auch um Rückwanderer oder um solche Prußen gehandelt haben, die aus anderen Gebieten zur Strafe dorthin verbannt wurden.

Der heilige Ort Romowe, der nach dem Bericht von Dusburg in Nadrauen lag, wurde gewiß vom Ordensheer gründlich zerstört. Getreu dem Grundsatz, nichts über heidnische Kultstätten verlauten zu lassen, ist in den Chroniken nichts darüber erwähnt. Wo sich die dem Pregeltal folgende alte Handelsstraße am Zusammenfluß von Inster und Angerapp gabelt, richtete der Orden die Prußenburg Lethowis (Nettienen) zu seinem Hauptstützpunkt in Nadrauen ein. Aber bald verlegte er ihn auf das Südufer des Pregels und nannte ihn Insterburg.

Nach der gnadenlosen Vernichtung Nadrauens wendet sich das Ordensheer noch im selben Winter 1275/76 gegen Schalauen, das beiderseits der unteren Memel lag. Der Mittelpunkt dieses Gaues ist die mächtige Burg Ragnita auf dem hohen Südufer der Memel. Der große Vorteil für dieses Unternehmen ist die Memel, die dem Ordensheer als Nachschubweg dient. Der kampfbegeisterte Vogt des Bischofs von Samland, Liedelau, erstürmt mit 1.000 Kämpfern die mächtige Burg und zerstört sie. Gleichzeitig geht das Heer im Innern des Landes vor und „befriedet" es auf die gleiche Weise wie zuvor Nadrauen. Im folgenden Frühjahr fährt eine Flotte von 15 Schiffen noch weiter die Memel hinauf, und eine Mannschaft ausgesuchter Kämpfer erobert die Schalauerburg Sassau (wahrscheinlich Jurbarkas). Danach hört der aussichtslose Widerstand in Schalauen auf. Hervorragende Stammesführer, wie in den anderen Gauen, sind hier wie auch in Nadrauen entweder nicht hervorgetreten, oder sie wurden absichtlich nicht genannt. Es scheint, daß die Nachwelt von der Vernichtung dieser beiden Prußengaue nichts wissen sollte. Auch der Orden wußte, daß es keine Ruhmestat war, die er dort vollbracht hatte.

Da von Schalauen nur der südlich der Memel gelegene Teil erobert wurde, floh der größte Teil der Bewohner dieses Gebietes zu ihren Stammesbrüdern über den Strom, wo sie im Laufe der Zeit zu Litauern wurden. Auch hier wurden diejenigen, denen die Flucht nicht gelungen war, in andere Landesteile getrieben. Das Wohngebiet dieser verjagten und erschlagenen Menschen nennt von Dusburg 50 Jahre später „terra vasta", wüstes Land. Spuren von Wohnstätten, Gräberfelder, im Moor lagernde Knüppeldämme und andere Bodenfunde zeugten noch im 20. Jahrhundert von den alten Verkehrswegen, dem Handel und dem regen Leben aus jener Zeit, vor der das Land zur Wildnis wurde.

Die Macht des Ordens war nun so weit gefestigt, daß neue Siedler nicht mehr zögerten, ins Land zu kommen. Durch den großen Prußenaufstand und die verlustreiche Wiedereroberung waren weite Landesteile fast oder völlig menschenleer geworden. Der Orden konnte daher weiterhin den sogleich benutzbaren Ackerboden der Prußen den Siedlern übergeben. Doch mußten Wohnhäuser und Wirtschaftsgebäude überall neu errichtet werden. Siedler kamen in Scharen, denn wo sonst in der Welt konnte sich der arme Bauer aus dem Reich derart verbessern, und wo fand der Handwerker ein besseres Betätigungsfeld? Aber die Hoffnung des Ordens, auch die entvölkerten Regionen von Schalauen und Nadrauen recht bald mit deutschen Bauern zu besiedeln, erfüllte sich nicht. Zuerst wurden die anderen Landesteile besiedelt, und dann machte die Pest dem regen Zuzug aus dem Reich fast gänzlich ein Ende. So blieb dieses Gebiet für mehr als zwei Jahrhunderte fast unbevölkert als Wildnis liegen, die dann erst wieder mühsam urbar gemacht werden mußte. Bei den wenigen prußischen Bewohnern in dieser abgelegenen und wenig beachteten Region konnten sich deshalb Reste der prußischen Religion am längsten erhalten.

Aber noch ist kein Friede im Land, denn der kraftvolle Sudauerstamm ist noch unbezwungen und kann nicht so leicht wie die kleineren Stämme der Schalauer und Nadrauer beseitigt werden. Im Sommer 1277 stürmt ein Tausende zählendes Heer von Sudauern, vereint mit Litauern und Samaiten, nach Pomesanien und in das Kulmerland. Wie ein Feuersturm rasen die Reiterscharen über das Land gegen Graudenz, Marienwerder, Zantir und Christburg. Kein einziger der Edlen dieses mächtigen und unbeugsamen Stammes ist bis jetzt zum Orden übergetreten. Mit Sudauen ist der Name seines letzten Fürsten Skomand untrennbar verbunden. Es wird berichtet, daß er siebenmal gegen vordringende Polen und zweimal gegen Moskowiter zog, um sie zurückzutreiben. Acht Kriegszüge führte er gegen den Orden, um die anderen Prußenstämme in ihrem Freiheitskampf zu unterstützen. Heldenmütig verteidigte er dann sein eigenes Land.

Der Orden wagt nicht, die Sudauer mit einer einmaligen Großoffensive zu unterwerfen, denn vor diesem größten und volkreichsten Prußenstamm hat er großen Respekt oder gar Angst. Daher wird erneut die altbewährte Strategie der langsamen Verwüstung und Entvölkerung angewandt. Es dauert sechs Jahre, bis Sudauen so weit verbrannt und menschenarm geworden ist, daß der Orden mit Hilfe eines letzten großen Kreuzzugs aus dem Reich die endgültige Unterwerfung wagt.

Das Ende der letzten freien Prußen

Neben unzähligen kleineren Überfällen unternahm der Orden wenigstens einmal im Jahr einen großen Vernichtungszug nach Sudauen. Jedesmal wurde ein anderes Gebiet verheert, Vieh und Pferde geraubt, die Bewohner erschlagen, verjagt oder ins Ordensgebiet verschleppt. Da sich Berichte über diese Art von Kampf gegen eine wehrlose Bevölkerung nicht gut zur Verherrlichung des Rittertums eignen, sind in der Chronik nur solche Unternehmen genannt, bei denen das Ordensheer einen Kampf gewann. Im Frühjahr 1279 stieß der Orden über die großen Seen hinaus vor. Beim Rückmarsch führte Landmeister Thierberg das Heer über das Eis eines Sees, wahrscheinlich des Löwentinsees. Die Ritter schlugen am Ufer das Nachtlager auf und sahen am nächsten Morgen, daß das Eis des Sees über Nacht von einem Sturm vollständig aufgebrochen war. Nur weil die frommen Ritter das als ein Wunder Gottes deuteten, ist dieser Heereszug in der Chronik erwähnt. Welches Gebiet dabei verwüstet wurde, wird nicht erwähnt. Als bei einem anderen Unternehmen das Ordensheer von der Verwüstung der Landschaft Kymenow zurückkehrte, wurde es am Wald Winse angegriffen, wobei die Sudauer besiegt wurden. Wahrscheinlich geschah das am Forst Wensöwen bei Schareiken (Kreis Treuburg). Die Landschaft Meruniske, die auf einem anderen Verwüstungszug erwähnt ist, lag wahrscheinlich in der Gegend des Kirchdorfes Mierunsken. Viel mehr ist über diese Zerstörungs- und Beutezüge aus der Ordenschronik nicht zu erfahren. Zum letztenmal brach 1280 ein Reiterheer der Sudauer ins Ordensland ein und zerstörte unter anderem die Burg Wehlau. Von nun an kämpfen sie nur noch auf ihrem Heimatboden.

Im Sommer 1283 ist die Widerstandskraft der Sudauer so weit geschwächt, daß sich der Landmeister entschließt, im kommenden Winter die endgültige Vernichtung des Gaues zu wagen. Dazu kommt dem Orden noch einmal das Heer der Brandenburger zu Hilfe, das damit seinen letzten Kreuzzug gegen die Prußen unternimmt. Beim ersten starken Frost beginnt der Vormarsch der beiden Heere. Noch einmal wiederholt sich das Drama eines Vernichtungskrieges, noch einmal steigt der Rauch der brennenden Wohnstätten in den winterlichen Himmel, und noch einmal fließt das Blut der letzten freien Prußen. Wie alle anderen Stämme zuvor, setzen sich auch die Sudauer zäh und verbissen zur Wehr, aber der gewaltigen Übermacht sind sie nicht gewachsen. Zu Tausenden sinken sie nieder, und ihre Leichen erstarren in Frost und Schnee.

Im südlichen Landesteil fällt der Edle Wadole mit seinen Kriegern, über deren Leichen das Ritterheer unaufhaltsam weiterstürmt. Vor ihnen hetzen die Scharen der fliehenden Bevölkerung über die verschneiten Wege, brechen erschöpft zusammen und werden von den nachstürmenden Rittern überrannt. Tausende aber erreichen das rettende Ostufer der Memel. Auch Skurdo, der letzte Heerführer der Sudauer, verbrennt blutenden Herzens seine Heimat, die er dem Todfeind überlassen muß, und zieht mit dem bis zum Ende ungebeugten Rest von Heer und Volk über den Strom nach Litauen. Der Orden wünscht nicht die zwangsweise Massenbekehrung dieses volkreichen Stammes. Er weiß, daß sich die so Bekehrten bei nächster Gelegenheit gegen ihn erheben würden. Er will endlich Frieden haben, um seinen Staat aufzubauen, in dem die unzuverlässigen Prußen eine Minderheit unter treuen deutschen Siedlern sein sollen. Um dieses Ziel zu erreichen, müssen die Sudauer, wie auch die Schalauer und Nadrauer, möglichst vollständig beseitigt werden. Der Unterschied zwischen Bekehrung und Ausrottung eines heidnischen Volkes war damals nicht so groß, wie er heute erscheint. Die Heiden zu töten war ein ebenso Gott wohlgefälliges Werk wie ihre Bekehrung. Der Orden hatte keinen Grund, sich der Vernichtung des Sudauervolkes zu schämen, denn auch damit handelte er in seinem göttlichen Auftrag.

Der Ordensritter Ludwig von Liebenzell ist bei den Kämpfen abermals in prußische Gefangenschaft geraten. Dabei gelingt es ihm, seinen Bezwinger, den Edlen Kantegarde, von der Aussichtslosigkeit weiteren Widerstandes zu überzeugen. Kantegarde ergibt sich darauf mit seinem Volk von rund 1.600 Menschen. Der Landmeister aber erlaubt keine Ausnahme; auch sie dürfen nicht in ihrer Heimat bleiben und werden unter Bewachung ins Samland abgeführt.

Schließlich erreichen die beiden Heere den Memelstrom; das große Vernichtungswerk ist damit beendet. Hinter ihnen liegt ein lebloses, vollkommen verwüstetes Land. Der letzte freie Prußenstamm, der hier jahrtausendelang seine Äcker bestellt hatte, ist ausgelöscht. „So, nach einem halben Jahrhundert", schreibt Heinrich von Treitschke, „beugen die letzten der Prußen ihren Nacken vor dem siegreichen Christengott und seinen schwertgewaltigen Verkündern."

Einige Historiker, denen das Vorgehen des Ordens gegen die drei letzten Prußengaue offenbar nicht gefällt, erwähnen es kaum. Ernst Hering schreibt, daß die Gebiete der „kleinen" Völker der Schalauer, Nadrauer, Sudauer und Galinder durch ein „unerklärliches Massensterben" völlig entvölkert wurden. Jeder wird zugeben, daß sich dies weit besser als die Wahrheit anhört.

Die über die Memel geflohenen Sudauer siedelten hauptsächlich in den Gegenden von Troki, Wilna und Grodno, wo diese Städte durch die vermehrte Bevölkerung entstanden. Diejenigen, die dem Ritterorden in die Hände fielen, wurden zu größeren Gruppen zusammengetrieben und mitten im eisigen Winter in andere Landesteile abgeführt. Eine Teil von ihnen wurde in der Gegend von Groß Steegen (Kreis Preußisch Eylau), andere in der Komturei Christburg angesiedelt. Die meisten wurden jedoch ins Samland getrieben, wo ihnen die menschenleeren Gegenden von Mednicken, Stantau, Wargen, Schaaken (wo auch das Dorf Sudau entstand) und die ganze Nordwestecke des Samlands zugewiesen wurde, die dann der „sudauische Winkel" hieß. Alle wurden gezwungen, Christen zu werden. Die Bande mit der Heimat und ihrem Volkstum waren damit zerrissen. Fürst Skomand, der bis zuletzt um seine Heimat gekämpft hatte, war mit den anderen Flüchtlingen ebenfalls nach Litauen ausgewichen. Er kehrte jedoch bald mit seinen drei Söhnen zurück, ließ sich taufen und trat in den Dienst des Ordens.

Bald überdeckte eine wuchernde Wildnis die Felder und Wohnstätten des Sudauervolkes. Nach Jahrzehnten kamen spärlich die ersten Siedler in die Randgebiete des verwilderten Gebietes. Die Wiederbesiedlung begann erst ein Jahrhundert später, und jenes inzwischen entstandene Bild von riesigen Wäldern und Seen ist es, das uns seitdem als Heimat der Sudauer vorschwebt. Auch Treitschke nahm das an und glaubte, nur die Adligen wären beritten gewesen. Die Sudauer waren Bauern, und jeder Bauer hatte Pferde. Es waren ausschließlich große Reiterheere, die im Kampf gegen den Orden mehrmals bis zur Weichsel vorstießen. Natürlich wohnte das Bauernvolk nicht in „ungeheuren Wäldern". Die Küchenabfälle in ihren Siedlungen beweisen, daß ihr Fleischbedarf hauptsächlich von Haustieren stammte. Der älteste Pflug des Preußenlandes aus der Zeit um 200 n. d. Zwd. wurde tief in Sudauen gefunden. Dabei handelt es sich keineswegs um einen primitiven Hakenpflug, sondern um einen mit eiserner Pflugschar und Beschlägen. Von ihrem Reichtum zeugen viele Silberfunde, wie die von Olschöwen (Kreis Treuburg) und Giersfelde (Kreis Lyck). Der größte und prächtigste Fund ist der von Skomanten, der unweit der Skomantburg im Grab einer Sudauerfürstin gefunden wurde.

Auch in Livland erlosch jetzt der große Aufstand. Schon 1267 war es dem Orden gelungen, die Kuren zum Frieden zu zwingen. Dadurch waren seine Kräfte für den Kampf gegen Liven und Semgallen im Osten freigeworden. Als neue Gegner drangen jetzt aber die Russen bis Dorpat vor und eroberten die Bischofsstadt. So mußte der Orden sich zunächst gegen diesen Feind wenden. Er schlug die Russen zurück, brannte Pleskau nieder und zwang die Republik Nowgorod, Frieden zu schließen. Von dort hatten die Aufständischen viel Hilfe erhalten, worauf Lübeck eine Handelssperre über Nowgorod verhängt hatte. Nun konnte endlich die gesamte Macht des livländischen Ordensheeres gegen das Aufstandsgebiet im Osten eingesetzt werden. Ein neuer Kampf um Ösel zersplitterte die Kräfte des Ordens jedoch wieder. So zog sich der grausame Krieg weiter in die Länge. Erst 1290 konnte der letzte Widerstand in Livland gebrochen werden. Die Lanzen und Schwerter der siegreichen Ritter löschten nun das Leben der letzten Semgallen aus, die beschlossen hatten, sich niemals mehr dem Orden zu unterwerfen. Dieses stolze, heldenhafte Volk verschwand damit endgültig von der Erde. Auch Litauen stellte nun den Kampf gegen den Orden ein. Mindowe, der erste und letzte König der Litauer, war schon 1263 ermordet worden. Auch wenn die Idee eines großen litauischen Reiches in seinen Kriegern und dem Volk weiterlebte, so war nun auch Litauen zu sehr erschöpft, um den Kampf alleine weiterzuführen.

Der 53jährige furchtbare Krieg, der Abertausende von Menschenleben und unschätzbare Sachwerte gekostet hatte, war zu Ende, und der Ritterorden war nun Herr über das Land der Prußen und die Überreste seiner Bewohner, für die jede Hoffnung auf Freiheit für immer verloren war. Wenn 1286 in Barten, 1292 in Natangen und etwas später im Samland noch einmal einige Prußen aufbegehrten, war es das letzte vergebliche Rütteln an den Ketten der Unfreiheit, aber nicht mehr ein Kampf um die Freiheit.

Die Prußen hatten in dem langen Krieg viel von den Rittern gelernt, nur nicht die einheitliche Leitung des Krieges in allen Gauen. Niemals hatte der Orden die vereinte Kampfkraft aller Stämme vor sich gehabt. Das alte und stolze Volk der Prußen, dem dieses Land einige Jahrtausende Heimat gewesen war, das sich in dieser langen Zeit aller Feinde erwehrt hatte, war trotz übermenschlicher Tapferkeit ausgelöscht. Die Tausende aber, die diese Katastrophe überlebt hatten und ihre verwüstete Heimat weiter bewohnen durften, gingen trotz aller Unterdrückung nicht unter. In ihrem Land lebte nun ein zweites Volk, das glaubte, als Sieger bessere Rechte darauf zu haben. Aber trotz aller Gegensätze gab es niemals Streit zwischen beiden Völkern. Es dauerte jedoch Jahrhunderte, bis die beiden so verschiedenen und so unterschiedlich behandelten Volksgruppen zu einem neuen Volk zusammenwuchsen.

Wie in jedem Krieg, so haben auch hier die besten des Volkes ihr Leben verloren; die Feiglinge und Verräter haben größtenteils überlebt. Alle, die auf seiten des Ordens standen, werden mit Vorrechten und Landbesitz bedacht, während die Besiegten alle Rechte verloren haben. Der Orden beginnt eine neue, harte Politik gegen die Unterjochten. Das Land wird mit zahlreichen neuen Burgen gesichert, vor allem im Samland, wo eine Übermacht der zuletzt unterworfenen Stämme angesiedelt wurde. Es gibt keinen Friedensschluß wie sonst mit Besiegten, nur vollständige Unterwerfung und Begnadigung, deren Bedingungen sich nach dem Grad der Schuld und der Laune der Sieger richten.

War anfangs das Ziel des Ordens die Unterwerfung und Bekehrung, nicht die Ausrottung der Prußen gewesen, so entartete der lange, erbitterte Krieg immer mehr zu einem Vernichtungskampf. Dies zeigte sich besonders bei der Eroberung der letzten drei Prußengaue, wobei sich auch die Ritter nicht mehr sehr ritterlich aufführten. Auch wenn der Orden in der Regel die nichtkämpfende Bevölkerung, besonders Frauen und Kinder, geschont hatte, so waren die Kreuzzugsheere um so grausamer über diese hergefallen und hatten sie massenweise ermordet. Ein wesentlicher Teil der Bewohner war den eingeschleppten Seuchen zum Opfer gefallen. Wenn man die Maßstäbe zur Beurteilung des Geschehens jener Zeit entnimmt, dann muß man dem Deutschen Ritterorden jedoch zuerkennen, daß er, trotz allem, was er getan hat, weit humaner mit der prußischen Bevölkerung umging als irgendeine andere Macht, die im Mittelalter ein heidnisches Volk christianisierte.

Vielleicht ist es lehrreich, einen kurzen Rückblick auf Karl den Großen und seine Methoden der Christianisierung zu werfen. Im Jahre 782 ließ er in Verden 4.500 Sachsen zum Tode verurteilen und noch am selben Tag hinrichten. Alle heidnischen Priester mußten sofort den Gerichten zur Aburteilung ausgeliefert werden. Wer es wagte, an altgewohnten Bräuchen festzuhalten oder auch nur die Formalitäten des neuen Glaubens unbeachtet ließ, ganz gleich ob er sie kannte oder nicht, wurde enthauptet oder verbrannt. Wer die 40tägige Fastenzeit brach, die selbst die fränkischen Priester nicht einhalten konnten, mußte ebenfalls sterben. Die Bestimmungen der 3. sächsischen Reichsversammlung von 784 waren auf eine Massenhinrichtung der sächsischen Bevölkerung ausgerichtet, denn es war unmöglich, daß selbst beim besten Willen die unverstandenen Vorschriften alle eingehalten werden konnten.

Der Deutsche Ritterorden hat solches nicht getan. Der Krieg gegen die Sachsen hatte 32 Jahre gedauert; die Prußen dagegen wehrten sich 53 Jahre lang viel hartnäckiger und forderten dem Orden weit größere Opfer ab. Man sollte nachdenken, wie es den Prußen ergangen wäre, hätte der Ritterorden nach dem Vorbild Karls des Großen gehandelt.

Kein Denkmal erinnerte an das stolze Prußenvolk, außer demjenigen, das Graf Heinrich von Lehnsdorf auf seinem Gut Warglitten im Samland mitten auf einem umzäunten, mit Buschwerk bewachsenen Platzes errichten ließ. Es bestand aus einem Sockel, der eine Urne trug. An diese waren Schwert und Keule gelehnt. Eine lodernde Fackel lag neben der Urne, auf der die Worte standen: „Requiescant in pace". Auf der einen Seite des Sockels stand:

> „Wackre Samen, edle Ritter,
> Gleiche Achtung wird euch heut; –
> Gewiß auch ihr bereuet bitter
> Nunmehr den Haß, der euch entzweit. –
> Und Herz an Herz im bessern Lande
> Umschlingen euch des Vaters Bande."

Auf der anderen Seite war zu lesen:

> „Den Urbewohnern dieses Hains
> in tiefster Ehrfurcht,
> einer ihrer Enkel.
> 1824 H.L."

5. Aufstieg und Blüte des Ordensstaates

(1283–1410)

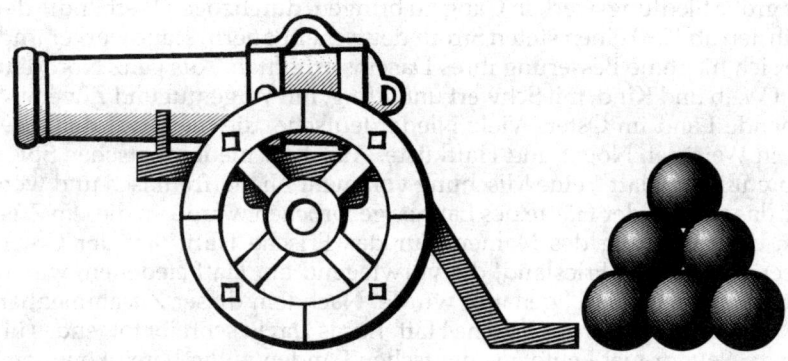

Das große Siedlungswerk des Ordens

Nach dem endlich errungenen Sieg ging der Orden unverzüglich daran, das entvölkerte und verwüstete Land wieder zu besiedeln und aufzubauen. Sein Ziel war es, das Land wirtschaftlich ertragreich zu machen und durch eine zuverlässige und leistungsfähige Bevölkerung militärische Sicherheit zu erreichen. Die Planung und Durchführung dieser gewaltigen Aufgabe gehört zu den größten Leistungen des Deutschen Ritterordens. Die Formen des menschlichen Zusammenlebens, die der Orden damals schuf, hielten sich zu einem großen Teil 700 Jahre lang. Die Prußen wurden von der deutschen Bevölkerung Preußen genannt, und diese Sprach- und Schreibform setzte sich nach und nach immer mehr durch. Auch der Orden nannte seinen Staat Preußen.

Die Kriegshilfe, die dem Orden geleistet worden war, belohnte er durch reiche Landschenkungen, oftmals zusammen mit ganzen Dörfern. Auch die alten Bewohner Preußens, die in den Aufständen zum Orden gehalten hatten, wurden mit Gütern belehnt und erhielten fast alle Rechte. Ihre Nachkommen blieben grundbesitzend bis zum Ende (1945), wie die Namen von Bronsart, von Kalnein, von Perbandt, von Saucken und andere bezeugen. Der prußische Edle Sulenko aus Natangen zum Beispiel erhielt für seine Dienste das Gebiet von Zinten mit allen prußischen Siedlungen. Der sudauische Edle Kantegarde, der mit seinem Volk ins Samland gezogen war, erhielt 1285 großen Besitz in der Gegend von Preußisch Holland. Der Sudauerfürst Skomand, der bis zuletzt gegen den Orden gekämpft hatte, diente ihm jetzt auf der Burg Balga. Für die Eroberung der Litauerfeste Grodno wurde er 1285 mit dem 40 Hufen (ca. 676 Hektar) großen Dorf Steyno (Groß Steegen, Kreis Preußisch Eylau) belohnt.

Die prußische Bevölkerung im Nordteil des ehemaligen Gaues Sassen war schon in der Zeit der Polenkämpfe stark zurückgegangen. Der Orden hatte diesen Restgau daher ohne Kampf besetzt. Die Urkunden über die Landverleihungen zeigen, daß dort die prußische Bevölkerung ihren Besitz zum größten Teil behalten hatte. Daher gab es hier eine besonders große Anzahl prußischer Dörfer und Güter. Unter den Großgrundbesitzern war eine auffallend große Anzahl von Edlen, die im Aufstand dem Orden gedient hatten. Joduthe und Walithe, zwei Nachkommen jenes pomesanischen Edlen Pippin, der schon 1231 zum Orden übergetreten war, hatten hier je etwa 85 Hufen (1.436 Hektar) erhalten. Pippins Sohn Matho war in der Schlacht an der Durbe gefallen. Guntho, ein Sohn oder Enkel von ihm, besaß große Ländereien bei Riesenburg, wo sein Name noch in dem Dorf Gunthen fortlebt.

Im Reich gerieten die Päpste auch mit den seit 1273 eingesetzten deutschen Wahlkönigen in Konflikt, von denen später einige zu Kaisern gekrönt wurden. Die Außenpolitik des Ordens erforderte daher großes Geschick, um den beiden sich oft bekämpfenden Mächten, von denen der Orden abhängig war, gerecht zu werden. Er durfte sich keinem ganz ausliefern, aber auch bei keinem in Ungnade fallen.

Um das große Siedlungswerk in Gang zu bringen, durchzogen Werber die deutschen Lande und führten ab 1290 einen steten Strom deutscher Bauern, Handwerker und all derer ins Land, die sich hier eine Besserung ihres Daseins erhofften. Aus ganz Norddeutschland zogen sie mit Weib und Kind, mit Schwert und Pflug, mit Wagemut und Zuversicht in das vielversprechende Land im Osten. Viele Niederdeutsche, die meist auf dem Seeweg kamen, siedelten an Weichsel, Nogat und Haffküste. Aus ihrer niederdeutschen Sprache entstand das „Ostpreußische Platt", eine Mischung von mehr Niederfränkisch und weniger Niedersächsisch, das etwa in der Hälfte des Landes gesprochen wurde. In diesem Zusammenhang liegt auch die Erklärung des Namens für das Frische Haff. Seit der Gotenzeit hieß es Aistenmeer. Siedler aus Friesland, die vorwiegend am Haff siedelten, waren der Grund, daß es das „Friesische Haff" genannt wurde. Nachdem dieser Zusammenhang vergessen worden war, wurde daraus das Frische Haff. Lucas David schreibt folgendes über diese Einwanderung: „Seyndt viel Leute aus deutschen Landen willig hereinkommen und hat sich jeder gesatzt, da es Ihme am besten behagete, als um den Elbing und andere wässrige Orte, die aus Sachsen und Jülich und anderen Ländern seyndt, viel aus oberdeutschen Sprachen kommen, also daß auf ein Mahl aus Meissen über 3.000 Pauern seyndt in Preußen ankommen."

Für die Einwanderer war der Anfang im Ordensland nicht immer leicht. Auch diejenigen, die von ihrer Herkunft her Bauern waren, mußten sich hier auf andere Verhältnisse und ein anderes Klima umstellen. Die Durchschnittstemperatur war hier zwei Grad niedriger als im Reich. Die dadurch um 50 Tage verkürzte Wachstumsperiode erforderte eine andere Arbeitseinteilung, mehr Arbeitskräfte und Zugtiere. Hierbei kamen den Einwanderern die Kenntnisse der prußischen Bauern zugute, von denen sie vieles lernen konnten. Hochmeister Siegfried von Feuchtwangen ließ das bessere Können der Prußen in einem Erlaß erkennen, der die deutschen Bauern anwies, sich die Kenntnisse der Prußen nutzbar zu machen, „weil sie dies von Jugend an gewohnt gewesen, das Land besser kennen und bearbeiten und mit allem besser umzugehen wissen als die vom Orden hergebrachten Fremden, die erst alles von den Preußen [Prußen] ablernen und die Kenntnisse des Landes sich erwerben müssen."

Den eisernen Pflug, den die Deutschen mitgebracht hatten, ließen sie oftmals stehen und benutzten lieber die Zoche der Prußen, die viele Vorteile hatte. Der Orden gab den Siedlern das Land und fünf abgabenfreie Jahre, alles weitere mußten sie sich selbst erarbeiten. Zuweilen zeigte sich die Natur von ihrer schlechten Seite. Die Sommer der Jahre 1315 und 1316 waren so kalt und verregnet, daß es Mißernten gab, die manchem Siedler den Mut nahmen. Trotzdem bedeutete für die Masse der deutschen Bauern der Wechsel von den Verhältnissen im Reich eine enorme Verbesserung. Dort hatten sie in der Regel ein armseliges Dasein unter ihrem Grundherrn gefristet, und hier durften sie die Früchte ihrer Arbeit größtenteils selbst ernten. Selbst nach einer Mißernte war das noch immer mehr, als was sie früher erwirtschaftet hatten. Hier konnte sich daher ein wohlhabender, freier Bauernstand entwickeln, wie er im Reich damals nicht mehr vorhanden war.

Obwohl es zwischen Prußen und Deutschen seit dem Ende des Krieges keine Feindschaft mehr gab, lebten beide Teile streng getrennt. Beide hatten jetzt den gemeinsamen Glauben, aber selbst die Kirchen waren in deutsche und prußische getrennt. Durch Benachteiligung und Zurücksetzung waren die Prußen deutlich in eine niedrige Klasse eingestuft. Demzufolge fühlten sich die Deutschen den Prußen überlegen. Vor allem aber war es die Sprachverschiedenheit, die eine nähere Verbindung verhinderte. Erst nach 1466 kam eine Gleichstellung zustande, als die furchtbaren Kriege die deutschen Bauern ebenso arm wie die prußischen gemacht hatten und beide Gruppen gleichermaßen ums Überleben kämpfen mußten.

Die Prußen hatten sich in ihr Schicksal gefügt und versuchten nie mehr, ihre alte Freiheit wiederzugewinnen. Der Chronist berichtet jedoch von einem Aufruhr, der durch das brutale Vorgehen des Pflegers des Amtes Barten, Hermann von Marttangen, verursacht wurde. Obwohl die prußischen Bauern eben erst (Frühjahr 1311) von den Litauern ausgeraubt worden waren, schickte der Pfleger seinen Gehilfen aus, um das Pflugkorn einzutreiben bzw. Pfändungen vorzunehmen, weil kein Korn vorhanden war. Da erschlugen die Bauern den Gehilfen, und der Pfleger rückte mit 50 Mann aus und ließ alle aufhängen, die sich an der Ermordung des Gehilfen beteiligt hatten. Die Bauern rotteten sich daraufhin zusammen, verbrannten den Pfleger und erschlugen einige seiner Leute. Der Hochmeister lag im Sterben, und der Orden war mit den Litauern voll beschäftigt. Daher konnte der Aufruhr durch den Landvogt Gerhard von Eulenburg friedlich beigelegt werden.

Die Zeit nach der endgültigen Unterwerfung der Prußen (1283) und dem Ausbruch der Pest (1348) war die große Zeit der Dorf- und Städtegründungen, verbunden mit dem großartigen Burgenbau. Im Reich wuchs eine Stadt aus natürlichen Bedürfnissen; im Ordensland wurde sie nach vorbedachtem Plan angelegt. Dennoch entstanden fast alle an Orten, wo schon prußische Siedlungen gewesen waren. Da Prußen nicht in den Städten wohnen durften, mußten sie ihren Wohnort verlassen, wenn dort eine Stadt gegründet wurde.

Der Vorgang einer Neugründung war zumeist der gleiche. Der Orden baute eine Burg, wozu meistens eine Ziegelei und ein Sägewerk entstand. Die dabei beschäftigten Arbeiter und Handwerker bauten die ersten Häuser. Für die in der Burg beschäftigten Bediensteten wurden weitere Häuser gebaut. Kaufleute und weitere Handwerker kamen hinzu, um die Bedürfnisse der sich mehrenden Einwohner und der in der Umgebung siedelnden Landbevölkerung zu decken. Kirche, Mühle, Brauerei und mehrere Krüge (Wirtshäuser) vollendeten das Stadtbild. Bewundernswert ist die Wasserversorgung mancher Stadt. In Elbing zum Beispiel wurde neben dem alten Laufbrunnensystem eine Quellwasserleitung geschaffen; Heilsberg erhielt 1360 eine Quellwasserleitung, die auf einer Brücke über die Alle geführt wurde.

Vom Orden wurde in dieser Zeit eine gewaltige Kulturarbeit geleistet. Die Entstehung der Städte und Dörfer, die dazu notwendigen Straßenbauten, die Eindämmung von Flüssen, der Bau von Brücken und die Errichtung der Mühlen und Sägewerke an den Wasserläufen sind bewundernswerte Leistungen. Eine der eindrucksvollsten Schöpfungen aber ist die Schaffung der Werder. In der sumpfigen Niederung zwischen Nogat und Weichsel bedeckten wucherndes Gehölz und verschilfte Wasserflächen das Land, bis im Frühjahr der Eisgang alles überflutete. Mit der Zeit hatte sich hier eine Schicht von zehn Metern Karpatenschlamm abgelagert. Seit 1288 wurden hier Tausende Menschen, vor allem Prußen, eingesetzt, um in mühevoller Arbeit meilenlange Dämme an den Ufern dieser beiden Mündungsarme aufzuschütten. Sie mußten stark genug sein, um Eisgang und Hochwasser standzuhalten. Neben deutschen Siedlern kamen Holländer mit ihren reichen Erfahrungen in der Wasserwirtschaft und ließen sich in der Niederung nieder. Ein System unzähliger Gräben, Wasserschöpfmühlen und Schleusenwerke entwässerte das Land, auf dem bald endlose Kornfelder im Sommerwind wogten. Die wilden Gewalten der Natur waren gebändigt, eines der fruchtbarsten Gebiete Europas war geschaffen worden. Um diese gewaltige Kulturarbeit zu würdigen, ist zu bedenken, daß die 150.000 Hektar hochwertigen Ackerlands bis zu zwei Meter unter dem Meeresspiegel liegen.

Von den vielen Städtegründungen sollen hier nur einige als Beispiele genannt werden. In Königsberg entstanden in rascher Folge drei Städte: die Altstadt zwischen Burg und Fluß (1286), der Löbenicht (Neustadt) östlich davon (1300) und der Kneiphof auf der Insel (1327) – jede mit eigener Verfassung, Befestigung, Markt und Kirche. Die Altstadt war die größte Stadt, der Löbenicht eine kleine Handwerker- und Ackerbürgerstadt, der Kneiphof die Kaufmannsstadt. Die Burg wurde Sitz des Ordensmarschalls. Hier sammelten sich die ritterlichen Kreuzfahrer aus vielen Ländern Europas zu den berühmten „Reisen" nach Litauen. Erst 1724 wurden die drei Städte vereinigt.

Bischof Albert von Pomesanien hatte 1277 die landschaftlich schöne Gegend am Schloß- und Sorgensee zu seiner Residenz gewählt, wo danach die Stadt Riesenburg entstand. Alberts Nachfolger wurden darum oft Bischöfe von Riesenburg genannt. Als einzige Stadt, die von einem Grundherrn gegründet wurde, entstand 1285 Freystadt. Den Auftrag zur Gründung hatte das pomesanische Domkapitel dem Ritter Dietrich Stange erteilt. Die prußische Burg Sugurbi (Tapiau) im Gebiet Tapiow, die zwischen dem Pregel und dem Westufer der Deime stand, war 1265 vom Orden besetzt und als Ordensburg verwendet worden. Die steinerne Burg, die von 1280 bis 1290 erstand, wurde auf das Ostufer der Deime verlegt. Die Siedlung aber, aus der die spätere Stadt entstand, blieb am Westufer. Da die Burg das Samland gegen die Einfälle der Litauer schützen sollte, war sie besonders groß und stark befestigt. Nach dem Verlust der Marienburg wurde die „Ordensliberei", die Büchersammlung und das Staatsarchiv des Ordens, in der Burg Tapiau untergebracht.

Unter den Siedlern, die nicht nur aus dem Reich, sondern auch aus anderen Ländern Europas kamen, traf 1290 eine größere Anzahl holländischer Flüchtlinge im Ordensland ein, die unter anderem die Stadt Preußisch Holland gründeten. In der prußischen Siedlung Dompnow (Domnau, Kreis Bartenstein), wo sich zwei wichtige Handelsstraßen kreuzten, baute der Orden um 1300 eine Stadt und Burg, die Sitz eines Verwaltungsbezirks wurde. Da sie weit von der Grenze lag, blieb Domnau eine offene Stadt und hatte nie eine Stadtmauer.

Auf einer Halbinsel am Geserichsee wurde 1305 Deutsch Eylau gegründet. Um 1310 entstand auf der Landenge zwischen dem großen und kleinen Damerausee, auf dem Platz einer prußischen Burg, die Ilienburg, die später Ilgenburg und dann Gilgenburg genannt wurde. Wegen der Nähe der polnischen Grenze mußte die Stadt mit einer besonders festen Mauer umgeben werden.

1325 wurde der Bau der Burg Yladia begonnen. Aus dem prußischen Namen entstand später Prussche-Ylow und dann Preußisch Eylau. Im gleichen Jahr wurde auf der Stelle einer besonders großen prußischen Siedlung, die der Mittelpunkt des Gaues Barten gewesen war, die Burg Barten mit Haupt- und Vorburg angelegt, die ein wichtiger Waffenplatz und Sitz eines Konvents wurde. Die Bürger der Stadt Saalfeld gruben 1313 bis 1324 zwischen dem Ewing- und Geserichsee den Weinsdorfer Kanal und bauten eine Schleuse, um eine Verbindung mit der Stadt Deutsch Eylau zu gewinnen. Saalfeld erhielt 1334 ein Privileg, das der Stadt die alleinige Nutzung dieser Wasserstraße sicherte. Im 19. Jahrhundert wurde der Kanal in den Oberländischen Seekanal mit einbezogen.

Der Höhepunkt der Einwanderung lag um 1330, und die weitere Besiedlung erfolgte größtenteils schon durch Binnenwanderung. In den nächsten zwei Jahrzehnten erreichte die Besiedlung den Rand der damaligen „Wildnis", das heißt, das entvölkerte und verwilderte Gebiet im Osten. Die Zahl der Einwanderer, die von 1285 bis 1348 ins Ordensland (ohne Livland) kamen, wird von Ernst Müller, Direktor des Statistischen Amts der Provinz Ostpreußen, mit 30.000 angegeben.

Wenn man bedenkt, daß wahrscheinlich etwa die Hälfte von diesen in die Städte zogen, wird man nicht überrascht sein, daß der Bevölkerungsanteil der prußischen Bauern den der deutschen überwog. Die Geschichtsschreibung hat jedoch – sicher unbewußt – die Zahl der Deutschen über- und die der Prußen stets unterschätzt. Demnach ist auch die Bezeichnung „Besiedlung" nicht zutreffend, weil der falsche Eindruck entsteht, daß die Einwanderer ein unbewohntes Land besiedelten. Dadurch ist auch der Anteil der Prußen am Aufbau des Landes unbeachtet geblieben, obwohl sie auf dem Lande – in Städten durften sie nicht wohnen – nachweislich die Mehrheit bildeten.

Während die Zuwanderer die Fürsorge und Vergünstigungen der Ordensherrschaft genießen, sind die Prußen auf sich allein gestellt. Still und unbeachtet leben sie im Hintergrund; für sie gibt es keine Freijahre beim Wiederaufbau, und ihre Abgaben sind bedeutend höher als die der Deutschen angesetzt. Es fällt ihnen schwer, sich der neuen Ordnung zu fügen. Das

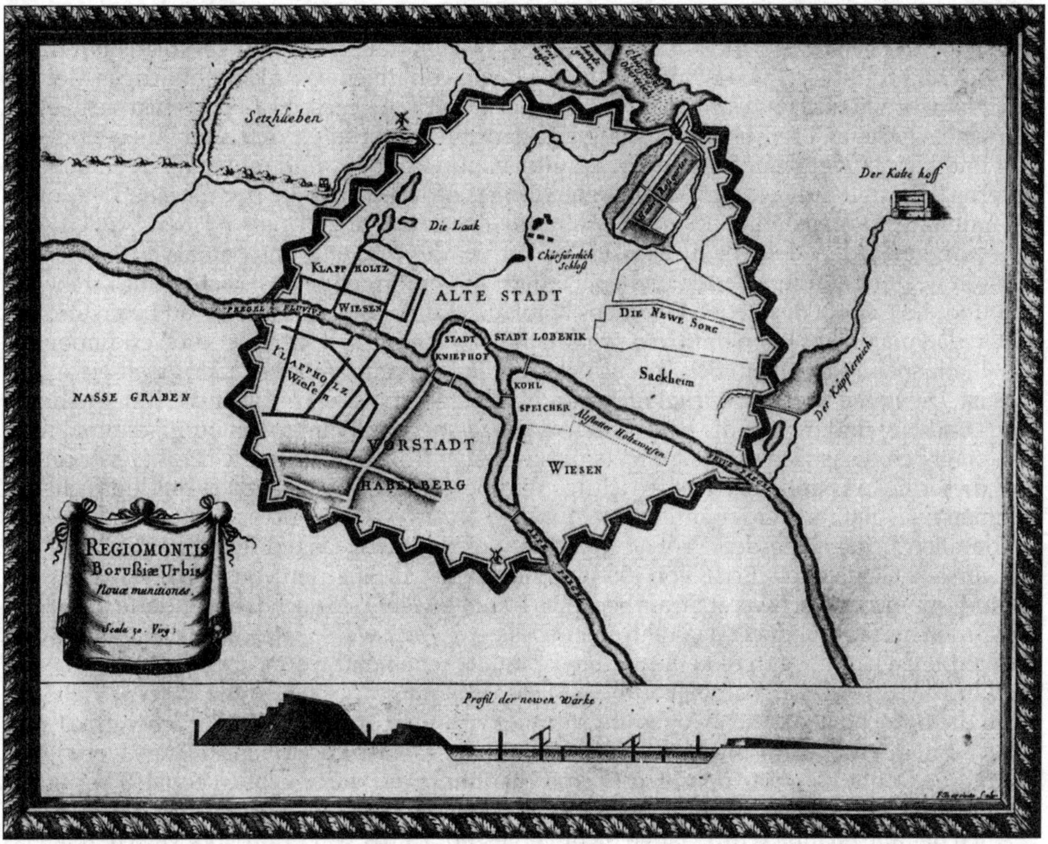

Königsberg mit seinen Befestigungsanlagen in einer Darstellung von 1697. Deutlich sind die ursprünglichen drei Stadtteile nördlich des Pregel zu erkennen: die Altstadt, der Löbenicht und der Kneiphof auf der Pregelinsel. Unten: Die mittelalterliche Pregelinsel aus der Vogelperspektive.

Christentum ist für sie nicht nur ein anderer Glaube, sondern eine völlige Umwälzung ihrer gewohnten Lebensweise. Sie hatten sich nie als Herren der Schöpfung gefühlt, sondern als ein gleichberechtigter Teil davon. Auch der Ärmste von ihnen war als ebenbürtiger Mensch geachtet worden und hatte an einem reich gedeckten Tisch gegessen. Nun stehen sie in einer klassenbewußten Gesellschaftsordnung auf der untersten Stufe. Viele von ihnen sind von Hof und Heimat vertrieben worden und müssen nun mittellos und mühevoll ihren Lebensunterhalt bestreiten. Fast alle haben Angehörige, oft die Ernährer der Familien verloren. Überall fehlen arbeitsfähige Männer, Vieh und Zugtiere. Die ehemals reichen Prußen sind sehr arm geworden. Schwer drückt sie der Verlust der Freiheit. Im ehemals eigenen Land müssen sie nun fremden Herren dienen, Steuern zahlen, Arbeitsdienst leisten, zur Kirche gehen und die Gebote des neuen Glaubens befolgen. Sie müssen zu einem Gott beten, der gebietet, daß man nicht töten darf und sogar den Feind lieben soll, der aber die Verkünder seines Glaubens mit blutigem Schwert schickt, um jeden niederzuhauen, der ihnen nicht willens ist. Die Lehre sagt, sie dürfen nicht des Nächsten Gut begehren, aber die Ritter nehmen Haus und Hof und treiben die Familien der Besitzer aus der Heimat, um ihr Eigentum Fremden zu geben. Es ist schwer, angesichts dieses Berges von Gewalt und Unrecht einzusehen, daß dieser neue Glaube der einzig richtige und bessere ist und daß jeder, der ihn nicht annehmen will, getötet werden muß.

Von allen Lasten, die den Prußen auferlegt wurden, wog das Verbot ihrer Sprache am schwersten. Gemäß dem Erlaß von 1308 des Hochmeisters Siegfried von Feuchtwangen wurde ihr Gebrauch mit schwerer Strafe bedroht. Trotzdem lebte sie noch Jahrhunderte fort, denn der Orden mußte erkennen, daß man einem besiegten Volk wohl vieles, aber nicht seine Sprache verbieten kann, wenn es keine andere kennt. Anscheinend waren aber die Ordensbeamten klug genug und versuchten gar nicht, dieses unsinnige Verbot durchzusetzen. Vielleicht lebte die Sprache aber auch wegen ihrer Innigkeit und Zärtlichkeit, ihrer Schwermut und Heiterkeit, ihrem Wortreichtum und den vielfältigen Ausdrucksformen so lange weiter. Das nüchterne Deutsch konnte den Menschen nicht annähernd die angeblich etwa 60 Verniedlichungsformen für das Wort Muti (Mutter) zurückgeben.

Auch der alte Glaube wurde lange nicht vergessen; zu tief war er im Volk verwurzelt. Das Christentum konnte ihn nur nach außen hin überdecken. Dem aufgezwungenen neuen Glauben folgte man nur zum Schein und hielt den alten Göttern die Treue. Erst nach etlichen Generationen schlug das Christentum so weit Wurzeln, daß es gleichwertig mit dem alten Glauben bestand. Man feierte offen die christlichen Feste und heimlich die heidnischen.

Auch beim Ritterorden geschahen manchmal Dinge, die in einem geistlichen Orden nicht erwartet werden. Am 18. November 1330 wurde Hochmeister Werner von Orseln von einem Ordensbruder erdolcht, den er diszipliniert hatte. Seine Leiche wurde in der Krypta des Doms zu Marienwerder beigesetzt. Wie der Orden einen solchen Mörder bestrafte, wird nicht gesagt.

Der Orden hatte das Glück, daß in dieser Zeit des Aufbaus und Kampfes die Geschicke seines Staates in den Händen besonders befähigter Hochmeister lagen. Am 17. Februar 1331 wählte das Ordenskapitel den Komtur von Christburg, Luther von Braunschweig, zum neuen Hochmeister. Er entstammte jenem Fürstenhaus, aus dem schon sein Großvater 1240 und sein Vater 1265 ihre Ritter zum Kreuzzug nach Preußen geführt hatten. Den Vornamen „Luther" gab es damals nicht. In den ältesten Quellen steht „Luder", wahrscheinlich hieß er Lothar. Auch er setzte die Siedlungs- und Bautätigkeit seiner Vorgänger fort. Eine Anzahl Dörfer und Städte sowie viele Kirchen wurden von ihm gegründet. Auf dem Ostteil der Kneiphof-Insel ließ er den Königsberger Dom bauen. Schon nach vierjähriger Regierungszeit starb er 1435 auf einer Reise nach Königsberg. Auf seinen Wunsch wurde er im Königsberger Dom beigesetzt.

Der neue Hochmeister, Dietrich von Altenburg, war schon 80 Jahre alt, aber ein fähiger Mann. Er sorgte für Schulen, stiftete Handwerksgilden und Zünfte und ließ die ersten Schillinge schlagen, um die schlechten Groschen der Polen und Böhmen zu verdrängen. Seine Amtszeit (er starb 1341) war von den Litauerkämpfen und dem Ausbau der Befestigungsanlagen, besonders der Marienburg geprägt.

Im Norden hatten sich 1343 die Esten erhoben und die dänischen und deutschen Siedler erschlagen. Auf den Hilferuf des dänischen Statthalters warf der Meister von Livland den

Aufstand nieder. Danach (1346) kaufte der Orden den Dänen Estland für 19.000 Mark Silber ab. Markgraf Ludwig von Brandenburg, dem Otto von Dänemark das Herzogtum Estland als Mitgift seiner Schwester übereignet hatte, wurde mit 6.000 Mark abgefunden. Der Ordensstaat reichte nun von Pommern bis Narwa am Finnischen Meerbusen, und Danzig, Elbing, Königsberg, Riga und Reval wurden seine großen Handelsplätze. Aber zwischen Preußen und Livland lag das wilde Samaiten, das der Orden nie vollständig beherrschen sollte.

Das Ordensland wuchs zum modernsten und am besten verwalteten Staatswesen Europas empor. Diese erstaunliche Leistung vollbrachte der Orden trotz der dauernden Kämpfe an seinen Grenzen mit Polen und Litauen, gegen den Widerstand des Bischofs von Riga und ungeachtet der Machenschaften des haßerfüllten polnischen Klerus. Bis 1350 gründete der Orden über 70 Städte, davon über die Hälfte mit Burgen, 1.400 Dörfer und rund 1.000 Adelssitze mit Dörfern.

Die Zuwanderer im Ermland

Das Gebiet des Bistums Warmia umfaßte außer Warmia auch die Gaue Barten und Natangen, Teile von Pogesanien und das nördliche Galinden. Das Ermland ist nur das sogenannte Territorium, ein Drittel des Bistums, in dem der Bischof und sein Domkapitel die Herrschaftsrechte ausübten. Wie der Name Ermland entstand, ist nicht bekannt; erstmals wurde er 1292 genannt und kam gegen Ende des 14. Jahrhunderts allgemein in Gebrauch. Auch in den anderen Diözesen hatten die Bischöfe ein Drittel als Territorium erhalten. Da jene Bischöfe aber dem Orden angehörten, vollzogen sich dort die Besiedlung und der Aufbau der Verwaltung in engster Zusammenarbeit mit dem Orden. Daher gab es dort fast keine Unterschiede zwischen bischöflichem und Ordensgebiet. Da aber nach dem Willen der Kurie Bischof und Domherren im Bistum Warmia Weltpriester sein mußten, gestaltete sich die Entwicklung im Territorium Ermland unterschiedlich. Aber auch hier richteten sich Besiedlung und Aufbau nach dem Muster des Ordens. Auch im Ermland galt das Kulmische Recht des Ordensstaates.

Obwohl es heute gern anders dargestellt wird, hat niemals ein Bischof Warmias die Zugehörigkeit Ermlands zum Ordensstaat angezweifelt. Erst als nach den Verwüstungskriegen des 15. Jahrhunderts das Ordensland zerschlagen war, löste der Bischof 1464 sein Territorium aus dem Gesamtstaat und stellte es unter den Schutz des Polenkönigs – der ihm später alles andere als Schutz gewährte.

Die Teilung der Bistümer in zwei Drittel für den Orden und ein Drittel für die Bischöfe war ohne Schwierigkeiten erfolgt. Auch der Bischof von Warmia, Ordensbruder Anselm, bekundete, daß er sich sein Drittel „nach sorgfältiger Beratung mit kundigen Männern" ausgewählt habe und vollauf zufrieden sei. Bischof und Domkapitel übernahmen darauf das Gebiet, und die Ordenstruppen räumten das Territorium. Dem Orden oblagen aber weiterhin der militärische Schutz und die Außenpolitik.

Dörfer- und Städtegründungen sowie die Anlage neuer Burgen nahmen von jetzt ab Bischof und Domkapitel vor, die das Gebiet in dem vorläufigen Teilungsvertrag von 1288 wiederum in zwei Drittel für den Bischof und ein Drittel für das Domkapitel teilten. Auch für die Bischöfe Warmias war der Wiederaufbau des verwüsteten Ermlands die wichtigste Aufgabe. Trotz der ungeheuren Menschenverluste, die der Eroberungskrieg gekostet hatte, war auch hier noch, besonders im Osten und Süden, eine bedeutende prußische Bevölkerung vorhanden. Selbst nach dem Abschluß der deutschen Zuwanderung bestand, nach den Berechnungen Röhrichs, die Bevölkerung in den Gebieten der späteren Kreise Rößel und Allenstein zu drei Vierteln aus Prußen. Von etwa 120 Ortsnamen des Kreises Rößel sind 80 prußischen Ursprungs. Den Anteil der Prußen an der Gesamtbevölkerung Ermlands gibt Röhrichs um das Jahr 1400 mit 50 bis 75 Prozent an. In der Mitte des Territoriums und in der Küstenregion hatte die einst zahlreiche prußische Bevölkerung den Krieg nicht überlebt. Aber auch hier gab es noch vereinzelte Gegenden, wo Teile der Bewohner dem Tod entgangen waren. Die Deutschen, die nun ins Land kamen, wurden zuerst in den vom Krieg entvölkerten Landesteilen angesiedelt. Die brachliegenden Felder der ehemaligen Bewohner wurden vermessen und aufgeteilt. Wo die verkohlten Überreste ihrer Wohnstätten unter Brennesseln und Gestrüpp lagen, entstanden neue deutsche Dörfer. Die überwiegende Mehrheit der Bauern wurde als freie Zinsbauern angesiedelt und war dem Bischof oder dem Domkapitel als ihrem „Grundherrn" untertan. Damals gab es noch keine Schollenpflicht (Leibeigenschaft), und der Zins sowie die zu leistenden Hand- und Spanndienste waren tragbar.

Zuerst wurde Braunsberg wieder aufgebaut, das sich zur größten Stadt Ermlands entwickelte und als Regierungssitz diente. Nach der zweimaligen Zerstörung erfolgte die dritte Neugründung 1276. Siedler aus Lübeck, unter Leitung von Johann Fleming, erbauten die Stadt. Da die Passarge bis acht Kilometer landeinwärts schiffbar ist, entstand hier auch der wichtigste Hafen Ermlands.

Trotz des regen Zustroms neuer Siedler dauerte es lange, bis das Land wieder leidlich bevölkert war. Deshalb wurden einer erstaunlich großen Anzahl Prußen Besitzurkunden ausgestellt und viele von ihnen als Lokatoren und Schulzen in ihren Dörfern eingesetzt. Hier wurden die Prußen nicht so hart behandelt. Es gab hier auch keine Umsiedlungen der prußischen Bevölkerung, und Prußen wurden hier viel früher in Zinsdörfer aufgenommen als im übrigen Ordensland.

Der zweite Bischof von Warmia, Heinrich I. Fleming (1279–1300), stammte aus Lübeck und zog viele Siedler aus Holstein und Niedersachsen in sein Land. Sie siedelten hauptsächlich nördlich der Bischofsstadt Braunsberg und um Mehlsack. Bei seiner Reise nach Breslau 1282 warb er die ersten Schlesier an. Auch Siedler aus Thüringen und Sachsen folgten seiner Einladung.

Das Domkapitel, das seinen Sitz zunächst in Braunsberg hatte, baute ebenfalls eifrig in seinem Gebiet und suchte Siedler. Auf einer Anhöhe am Ufer des Haffs, an der Stelle einer zerstörten Prußenburg, entstand die Domburg Frauenburg, während Lübecker Kolonisten die gleichnamige Stadt erbauten. Von 1284 bis 1945 war Frauenburg Residenz der ermländischen Domherren. In der Landschaft Wewa, wo die Prußenburg Malzekuk gestanden hatte, gründete das Domkapitel um 1290 die Stadt Mehlsack. Da sie Mittelpunkt dieser Region werden sollte, wurde hier eine Burg des Domkapitels errichtet.

Die größten Verdienste um die Wiederbesiedlung der verwüsteten Landesteile kommen dem dritten Bischof Warmias, Eberhard von Neiße (1301–1326), zu. Ganz besonders förderte er die Einwanderung seiner schlesischen Landsleute. Ihre schlesische Mundart wurde im Ermland „Breslauisch" genannt. Wie fest die einzelnen Volksteile an ihrer Lebensweise, an Sprache und Volkstum festhielten, kann man daran sehen, daß diese Mundart bis 1945 gesprochen wurde und auch typisch schlesische Koch- und Backrezepte noch nicht vergessen waren. Da diese Volksgruppe auf das Ermland beschränkt war, gab es auch völkische Unterschiede zwischen den Bewohnern Ermlands und dem übrigen Preußenland. An der Sprachgrenze des „Breslauischen" konnte man deutlich erkennen, welche Gebiete damals von den Schlesiern besiedelt wurden. Man kann sogar weitergehen und feststellen, daß in diesen Gegenden die Kreuzheere am schlimmsten unter der prußischen Bevölkerung gewütet hatten, so daß diese fast menschenleer geworden waren. Das Sprachgebiet der „Breslauer" umfaßte den Kreis Heilsberg, vom Kreis Braunsberg das Gebiet um Wormditt, die Westseite des Kreises Rößel mit 35 Orten, einige Orte im Kreis Allenstein sowie Teile im Oberland, zum Beispiel die Gegend um Preußisch Holland bis Elbing.

Auch die Verwandten des Bischofs zogen ins Ermland. Sein Bruder Arnold gründete 1308 Arnoldsdorf, das spätere Arnsdorf, das sich im Laufe der Jahrhunderte zum größten Dorf des Ermlands entwickelte (1939: 1.363 Einwohner). Arnolds Schwiegersohn Johann wurde im selben Jahr der Begründer von Heilsberg, wo er Schulze wurde. Der Lokator Wilhelm aus Neiße, wohl auch ein Verwandter des Bischofs, baute auf den Ruinen der großen prußischen Marktsiedlung Wurmedythin die Stadt Wormditt auf. Obwohl das prußische Wort nichts mit Wurm zu tun hat, leiteten die deutschen Bürger eine Verbindung zum Lindwurm ab, der ins Stadtwappen aufgenommen wurde.

Bischof Eberhard muß wohl mit dem Wirken Wilhelms zufrieden gewesen sein, denn er beauftragte ihn etwa 1320 mit dem Aufbau der Stadt Guttstadt. Siedler aus dem schlesischen

Münsterberg gründeten das gleichnamige Dorf südlich von Guttstadt. Der Höhepunkt der Einwanderung lag um 1323, ließ aber nach dem Tod Bischof Eberhards im Jahre 1325 merklich nach.

Von den nächsten beiden Bischöfen, die nicht lange regierten, weiß die Geschichte kaum etwas zu berichten. Von 1334 bis 1337 war der ermländische Bischofsstuhl nicht besetzt. In dieser Zeit legte der Bistumsvogt am Simserfluß, inmitten der Seenkette, die Seeburg und die gleichnamige Stadt an. Nach der Burg des Bischofs in Heilsberg war die Seeburg die stärkste Burg Ermlands und ihr Turm der höchste im ganzen Territorium.

Im Herbst 1346 wurde das Ermland endgültig zwischen dem Bischof Hermann von Prag und dem Domkapitel geteilt. Im gesamten Territorium waren jetzt zehn Verwaltungsbezirke (Kammerämter) eingerichtet worden: Braunsberg, Guttstadt, Heilsberg, Rößel, Seeburg, Wartenburg, Wormditt, Mehlsack, Allenstein und Frauenburg. Dem Domkapitel wurden die letzten drei zugesprochen, in denen die Domherren dieselben Herrschaftsrechte ausübten wie der Bischof in den anderen.

Das Amt Allenstein bestand aus den prußischen Landschaften Bertinge und Gudikus am Oberlauf der Alle. Hier lebte noch eine zahlreiche prußische Bevölkerung, und deutsche Einwanderer waren in diesem Gebiet noch nicht angesiedelt worden. Als die Domherren das Land nun in Besitz nahmen, ließen sie in einer der Windungen der Alle eine Burg als zentrale Verwaltungsstelle erbauen. Die neue Stadt, die sogleich um die Burg entstand, wird schon nach zwei Jahren unter ihrem Namen Allenstein erwähnt und erhielt 1353 ihre Handfeste. Die Burg wurde Sitz des Kapitelvogts, des obersten weltlichen Beamten der drei Ämter des Domkapitels.

Prußische Haken- und deutsche Hufendörfer

Zum besseren Verständnis der Landvergabe durch den Ritterorden ist es notwendig, die damals gebrauchten Feldmaße kurz zu erklären. Im Ordensland wurde das Land nach zweierlei Maß bemessen: Für deutsche Siedler wurde die kulmische Hufe angewandt, für die Prußen dagegen die Hakenhufe. Die Hufe war ursprünglich der Anteil eines Vollbauern an der Gemeindeflur, der etwa sieben bis zehn Hektar betrug. Der Ursprung der Hakenhufe, kurz Hake genannt, ist ungewiß. Man hat versucht, den Namen mit dem Hakenpflug in Verbindung zu bringen. Soweit dies die Prußen betrifft, ist es gegenstandslos, denn ihr Pflug war ein Wendepflug, der bei ihnen schon 1.000 Jahre lang im Gebrauch war, als die ersten Ordensritter ihr Land betraten. Es ist auch unwahrscheinlich, daß dies ein prußisches Feldmaß war. Es scheint, daß der Orden dieses Maß speziell für seine prußischen Untertanen festlegte, das genau zwei Dritteln einer kulmischen Hufe entsprach. Die im Ordensland gebräuchlichen Feldmaße waren folgende:

die kulmische Hufe (manus)	30 Morgen	16,9 ha
die Hakenhufe	20 Morgen	11,26 ha
der Morgen (juger)	3 Quadratseile	0,56 ha
das Seil (funis oder korda)	10 Ruten	43,2 m
die Rute (virga oder pertica)	15 Fuß	4,32 m
der Fuß (pedis)		0,288 m

Auch wenn es keine grundlegende Regelung gab, nach der das Land vom Orden vergeben wurde – jede Urkunde wurde individuell und unterschiedlich ausgestellt –, so läßt sich die ländliche Bevölkerung doch in folgende Gruppen einteilen: Auf der untersten Stufe der sozialen Leiter standen die prußischen Hakendörfer, ein wenig höher die prußischen Freigüter und noch etwas günstiger die prußischen Zinsdörfer. Dann folgten die deutschen Zins- oder Hufendörfer. Oben standen die deutschen Freigüter zu kulmischem und an der Spitze die zu Magdeburgischem Recht.

Das Land, das den Prußen zugewiesen oder gelassen wurde, gehörte unmittelbar dem Orden. Die Prußen waren rechtlos, und wie nach jeder Umwälzung von Machtverhältnissen, konnten jeden Verrat und Verleumdung treffen. Die unfreien Prußen hatten weder Erb- noch

Besitzrecht, auch keine Freizügigkeit; sie mußten dort wohnen bleiben, wo der Orden sie hinbefohlen hatte. Mit der Zeit wurden sie aber vermögens- und beschränkt rechtsfähig. Auch die Rechte des Jagens, Honigsammelns und Fischens durften sie bald wieder ausüben, aber „allein zu des Tisches Notdurft" und nicht zum Verkauf.

Zunächst durften die Prußen in ihren Heimatorten bleiben, wohnten jedoch dort auf Abruf. Der Orden konnte sie jederzeit an einen anderen Ort befehlen, um Platz für deutsche Siedler zu machen. Deshalb erhielten sie vorläufig auch keine Handfeste (Besitzurkunde) über ihr Land. In der ersten Zeit nach der letzten Unterwerfung hat der Orden oft genug solche Umsiedlungen durchgeführt, denn laut Verfügung des Ordens sollten die Prußen nur die „Wüsten" bewohnen. Ganze Volksgruppen wurden in Landesteile versetzt, wo sie minder gefährlich schienen. Es war kein Zufall, daß diese durchweg in verwüsteten und verwilderten Gegenden lagen. Aber nicht alle Vorhaben des Ordens ließen sich durchführen; vernünftige Einsicht bewog ihn bald einige der geplanten Maßnahmen aufzugeben. Es zeigte sich, daß die Zuwanderung deutscher Bauern nicht ausreichte, um das ganze Land mit ihnen voll zu besetzen. Daher war der Orden genötigt, auch den Prußen Beleihungsurkunden auszustellen, wie es im Ermland schon längst geschehen war. Ein großer Teil der Prußen durfte deshalb in ihren alten Wohngebieten bleiben. Von nun an gehörte jeder Pruße einer der folgenden drei Klassen an.

Die prußischen Hakendörfer, mit der Masse der verarmten prußischen Bevölkerung, bildeten die unterste aller Klassen des Ordensstaates. Im Gegensatz zu den neu angelegten deutschen Anger- oder Reihendörfern, waren dies lockere Haufendörfer. Während den deutschen Dörfern zwischen 40 und 60 Hufen zugewiesen wurden, mußten sich die prußischen Dörfer mit zehn bis 20 Haken begnügen. Größere Orte hatten aber auch 30, einige sogar 60 Haken Land. Sie waren in der Regel viel dichter als die deutschen Dörfer bevölkert.

Die Deutschen konnten laufend ihre überzähligen Bewohner nach auswärts abgeben; zu einem Teil zogen sie in die Städte, zum anderen suchten sie eine neue Heimat im östlichen Hinterland, wo immer noch Siedlungsland vergeben wurde. Dadurch änderte sich die Einwohnerzahl der deutschen Dörfer auch über einen längeren Zeitraum hinweg wenig. Den Prußen waren diese Möglichkeiten verschlossen. Da die ursprüngliche Landzuteilung für die Hakendörfer schon äußerst knapp bemessen worden war, waren die Prußen jetzt gezwungen, mit mehreren Familien auf dem elterlichen Hof zu bleiben. Das wenige Land konnte den Bevölkerungszuwachs nicht mehr ausreichend ernähren; die Folge war die völlige Verarmung der Bauern. Die Jüngeren waren gezwungen, als Knechte und Mägde für geringen Lohn bei den deutschen Bauern oder auf den Ordenshöfen zu arbeiten. Zu alledem war der prußische Bauer in weit höherem Maße als der deutsche mit Steuern, Scharwerk und anderen Diensten belastet. Von jeder Hake mußte er dieselben Abgaben leisten wie der deutsche von der vollen Hufe; das heißt, er zahlte grundsätzlich 50 Prozent mehr Steuern für das gleiche Stück Land als der deutsche Bauer. Da die bäuerliche Bevölkerung im Ordensland mindestens zur Hälfte aus Prußen bestand, denen aber nur etwa zwei Fünftel des Bodens verblieben waren, war ihr Anteil am ländlichen Steueraufkommen etwa genauso hoch wie das der reichen deutschen Bauern. Es verwundert daher nicht, daß reiche, blühende deutsche Dörfer neben den armseligen Hütten der Prußen standen, in denen Armut und Not herrschte.

Die prußischen Bauern hatten keine Dreifelderwirtschaft, wie sie in den deutschen Dörfern angewandt wurde. Jeder bewirtschaftete seinen Hof unabhängig, so wie sie es von alters her gewohnt waren. Darum hatten sie auch für lange Zeit keine Schulzen in ihren Dörfern. Die Wirtschaftsweise der Prußen muß wohl die bessere gewesen sein, denn nach Jahrhunderten gaben auch die deutschen Bauern die weniger produktive Gemeinwirtschaft auf und gingen zu der alten Methode der Prußen über, die dann aber als etwas ganz Neues und Modernes dargestellt wurde, das der Landwirtschaft einen erstaunlichen Aufschwung brachte.

Die prußischen Freigüter waren von Zins und Scharwerk befreit, dafür aber zum Kriegsdienst und dem drückenden Burgenbau verpflichtet. Die Größe der Güter schwankte zwischen zwei und zehn Haken. Während die deutschen Freien erst ab 15, bei größerem Besitz erst ab 30 Hufen zu einem schweren Dienst (Hengst, Rüstung und zwei Knechte) verpflichtet waren, mußten prußische Freie denselben Dienst von ihrem wesentlich kleineren Besitz stellen. Außerdem wurde ihnen bei der Verleihung oft ein Wehrgeld auferlegt, das bei Gütern gewöhnlicher Größe 16 Mark pro Jahr betrug.* Deutsche Freigüter zahlten diese Steuer nicht und leisteten bei Besitz bis zu 15 Hufen nur den leichten Plattendienst.

Der größte Vorteil der deutschen Freien aber war, daß sie ihren Besitz „frei erblich" zu Lehen hatten, ihn also vererben und mit Zustimmung des Ordens sogar verkaufen konnten. Die prußischen Freigüter dagegen wurden beim Tod des Inhabers erneut an den Sohn verliehen, vorausgesetzt, daß er dem Orden genehm war. In prußischen Orten lagen oft Bauerngrundstücke und Freigüter beieinander, und der Freie lebte oft nicht viel besser als der Hakenbauer. Eine Ausnahme bildeten lediglich diejenigen Inhaber prußischer Freigüter, die auch in Friedenszeiten Wehrdienst leisteten. Sie bildeten mit ihrer leichten Reitertruppe den Grenzschutz des Landes und genossen dafür einige Sonderrechte.

Die prußischen Zinsdörfer hatten Schulzen und Handfesten. Aber auch hier sieht man den großen Unterschied zwischen Prußen und Deutschen. Von den prußischen Zinsdörfern hatte der Schulze einen Reiterdienst und die Bauern von je drei Hufen (viereinhalb Haken) einen Bewaffneten zu stellen. Von den deutschen Bauern wurde dagegen erst im 15. Jahrhundert von je zehn Hufen ein Bewaffneter gefordert. So wie die Hakenbauern hatten auch die Zinsbauern Scharwerk zu leisten. Aber während die Hakenbauern unter Aufsicht eines Kämmerers (Ordensbeamter des Kammeramtes) zum Arbeitsdienst angehalten wurden, unterstanden die Zinsbauern auch bei der Scharwerksarbeit allein ihrem Schulzen. Zu all diesen Lasten kam noch das Pflugkorn, das Prußen und auch Deutsche, außer einigen der Freien, an den Orden abgeben mußten. Dieses war eine Grundsteuer, die zu Martini (11. November) abzuliefern war. Sie betrug pro Pflug je zwei Scheffel Weizen und Roggen. Pflug nannte man eine Ackerfläche, die mit nur einem Pflug bearbeitet werden konnte, und legte für die Deutschen dafür zwei Hufen (33,8 Hektar), für die Prußen zwei Haken (22,52 Hektar) fest. Somit lieferte der Pruße auch 50 Prozent mehr Pflugkorn als der Deutsche. Außer einigen der Freien hatten alle Prußen auch den Zehnten an die Geistlichkeit zu entrichten.

Die deutsche Landbevölkerung – etwa die Hälfte der Deutschen wohnte in den Städten – gliederte sich in die der Bauerndörfer und die der Güter.

Die deutschen Zins- oder Hufendörfer waren von den Einwanderern erbaut worden. Zur Gründung eines zinspflichtigen Dorfes übergab der Hochmeister, der Komtur oder der Pfleger des Kammeramtes einem geeigneten Mann eine Anzahl Hufen. Dieser „Lokator" siedelte dann eine bestimmte Anzahl Bauern an und entrichtete dem Orden den festgesetzten jährlichen Zins. Für seine Mehrarbeit erhielt er zwei bis sechs Hufen, meistens ein Zehntel des Dorfareals, abgabenfrei. Er war der „scultetus", der Schulze, dessen Amt in seiner Familie erblich blieb.

Die Häuser des Dorfes wurden meistens um den Dorfanger (Wiese) herum angelegt. Das Land wurde in Brache, Winter- und Sommergetreide eingeteilt und darum Dreifelderwirtschaft genannt. Bei diesem Flurzwang hatte der Schulze anordnende Gewalt und bestimmte die Zeiten für die Feldbestellung, Aussaat und Ernte. Wald, Wiese und Weide waren Gemeineigentum (Allmende) der Dorfgemeinschaft. Die deutschen Bauern brachten diese Wirtschaftsweise aus ihrer Heimat mit und hielten Jahrhunderte daran fest. Der Bauer vererbte seinen Hof dem ältesten Sohn; die übrigen Erben wurden abgefunden und verließen in der Regel das Dorf.

Der Schulze gehörte zu den Freien. Zu seinem Amt gehörte auch das Dorfgericht. Alle Gebühren, die dieses Amt einbrachte, gehörten ihm, wenn sie vier Schilling nicht überstiegen. Von den „Großen Gerichten", wo es um „Hals und Hand" ging, erhielt er ein Drittel; die anderen zwei Drittel zog der Orden ein, weil diese Fälle beim Landgericht verhandelt wurden, wo der Komtur oder sein Vertreter zugegen war. Zum Waffendienst war der Schulze ebenso verpflichtet wie jeder andere Freie. Wie vom Zins, so war er auch von Scharwerk und dem Zehnten befreit; doch das Pflugkorn, den kölmischen Pfennig und das Pfund Wachs mußte auch er

---

* Eine Mark entsprach damals 265 Gramm Feinsilber und ihre Kaufkraft noch um 1400 dem Wert einer Kuh oder 1.000 Ziegeln.

abliefern. Wachs und Pfennig stellten den Zins der Freien dar und wurden von den Bauern nicht verlangt. Der Zins, den die Bauern zu zahlen hatten, war unterschiedlich und betrug zum Beispiel eine halbe Mark und zwei Hühner pro Hufe im Jahr. Scharwerksdienst war Arbeitsleistung jeder Art für die „Herrschaft", womit die Burgen, Ordenshöfe und andere Einrichtungen des Ordens gemeint waren. In Art und Maß waren diese Dienste verschieden und nicht genau festgelegt, so daß oft Unzuträglichkeiten erwuchsen. In der Regel erhielt jedes neue deutsche Dorf drei scharwerksfreie und acht bis 15 zinsfreie Jahre. Eine Urkunde des Amtes Rhein legte zum Beispiel folgendes fest: „So drey Jahr umb kommen, sollen sie acht tage im Jahr von jeglicher Hube Hand Schaarwerk thun, so aber Zehen Jahr umb kommen, sollen sie schaarwerken gleich andere unseren Dörffern." Über die Jagd gebietet die gleiche Urkunde: „Und ob sie würden Biber, Marder oder ander Wildwerk schlengen, die Bälge sollen sie antworten der Herrschaft, die soll man ihnen Bezahlen gleich anderen Leuthen."

Die Güter deutschen Rechts hatten entweder das Kulmische oder das Magdeburger Recht, von denen das letztere als das bessere galt. In der Regel wurden nur große Güter an Adlige nach Magdeburger Recht verliehen; manchmal wurden aber auch gewöhnliche Freie damit belehnt. Das Kulmische Recht wurde kleineren Gütern, Dörfern und den meisten Städten erteilt. Es gab aber Ausnahmen unter Magdeburger Gütern bis zu fünf Hufen herunter und kulmische, oder volkstümlich kölmische, bis 30 Hufen hinauf. Die Kölmer durften nur in der männlichen Linie erben. War kein männlicher Erbe vorhanden, zog der Orden das Gut wieder ein.

Das gleiche galt auch lange für die Magdeburger. Ende des 14. Jahrhunderts wurde aber bei diesen die Erbfolge auch für weibliche Nachkommen erlaubt, und es hieß dann „zu beider Kunnen" (beider Kinder) Recht. So wie die Schulzen der kölmischen Dörfer hatte auch der Inhaber eines kölmischen Gutes das „kleine Gericht" über die Gutsbewohner und das Recht, Bauern als Hintersassen auf seinem Land anzusetzen. Die Magdeburger dagegen übten auch die hohe Gerichtsbarkeit aus. Seltsamerweise sind diese höher privilegierten Güter, auch die großen, mehr als kölmische mit verschiedenen Abgaben und Burgendienst belastet.

Kleine Güter von zehn bis 15 Hufen wurden oft an bevorzugte Siedler, in der Regel an adlige Personen, als sogenannte Freigüter vergeben. Wie alle Gutsinhaber, waren sie von Steuern und Scharwerk befreit. Später erhielten nur noch ganz besonders verdiente Personen Freigüter, zum Beispiel die Führer der Söldnertruppen. Der Hauptdienst der Freien war der Kriegsdienst. Es hieß: „Der Bauer dient mit seinem Gut, der Ritter mit seinem Blut." Sie hatten zu allen „Heerfahrten, Landwehren und Geschreien zu dienen mit Pferd und Wagen." Unter dem leichten Dienst (Plattendienst), den sie zu leisten hatten, verstand man die Gestellung eines Mannes mit Pferd (Wallach), Harnisch (Brustplatte) und Waffen. Zu diesen Freien gehörten auch die Prußen, die dem Orden besondere Dienste geleistet hatten, besonders die Edlen, die im großen Aufstand auf seiten des Ordens gekämpft hatten. Der Orden fürchtete, daß diese Bevorzugten der Rache ihrer Landsleute ausgesetzt sein könnten. Wiederholt wurden daher in den Verleihungsurkunden schwere Strafen für eventuelle Mörder angedroht. In einer Handfeste von 1354 steht der Zusatz: „Geschähe auch, daß jemand den ehegenannten Peter oder einen seiner Erben erschlüge, der soll bestanden sein 60 Mark zu Wehrgeld." Es ist jedoch kein einziger Mord dieser Art bekannt.

Wie jeder Freie, so lieferte auch der Gutsinhaber „zum Bekenntnis der Herrschaft" den kölmischen Pfennig (fünf bis sechs preußische Pfennige) und das Pfund Wachs zu Martini ab. Während das Pflugkorn nach der Größe des Bodens berechnet wurde, haftete Wachs und Pfennig an dem Waffendienst. Wenn von einem Freidorf oder Freigut fünf Dienste verlangt wurden, dann mußten auch der kölmische Pfennig fünfmal und fünf Pfund Wachs entrichtet werden. Vom Scharwerk an den Pfleger, vom Zehnten an die Geistlichkeit und vom Zins an die Ordenskasse waren die Freien im allgemeinen entbunden, doch auch dabei gab es Ausnahmen. Selbst der Waffendienst wurde nicht immer gefordert. Dem Gut Falkenhayn (Prußhöfen, südlich von Rößel) wurden zum Beispiel alle üblichen Abgaben und Dienste erlassen, dafür aber die Pflicht auferlegt, bei der Jagd mit „vier Pferden und vier Hunden auf der Hinterhetze aufzuwarten". In der Regel hatten die Inhaber kleinerer Güter von je 15, größere von je 30 Hufen ihres Besitzes einen schweren Dienst, den gepanzerten Reiter mit Hengst und Knechten zu stellen.

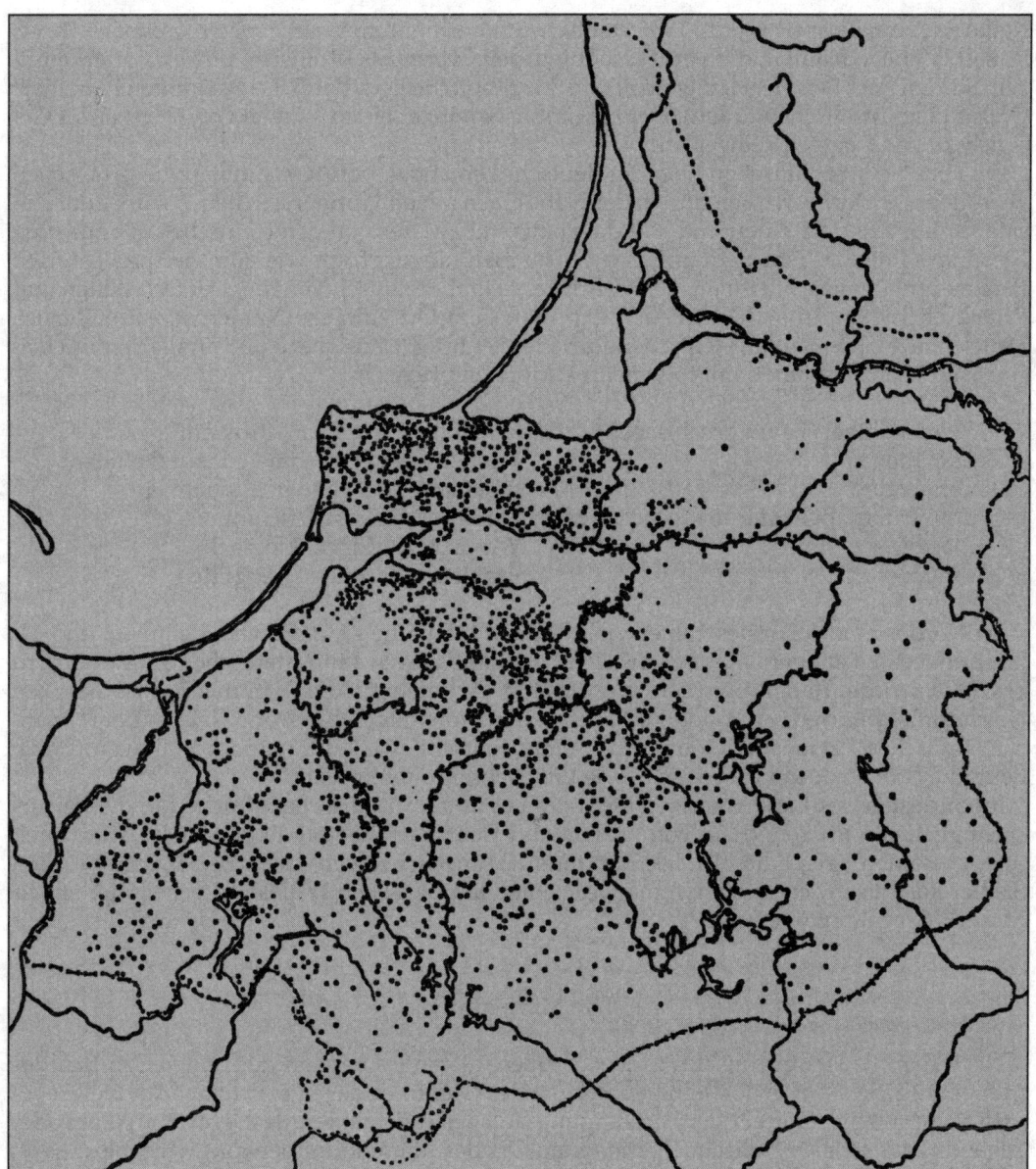

Das Volk der Prußen ging auf in den Scharen deutscher Kolonisten, die der Orden ins Land zog. Seine Sprache hielt sich bis ins 17. Jahrhundert im stark prußischen Samland. Dann verklang sie – bis auf die Tausende von Orts-, Flur- und Personennamen. Diese Karte zeigt den Bereich prußischer Ortsnamen.

Ein Kunterbunt von Namen

Neben den Namen, die man auch in anderen deutschen Gegenden findet, gab es im Preußenland ein buntes Durcheinander von Namen verschiedener Herkunft, die nirgendwo sonst zu finden waren. Etwa die Hälfte aller Ortsnamen stammten aus dem Prußischen, und viele dieser Orte trugen diese Namen seit Jahrtausenden. Es sind sicherlich die ältesten Ortsnamen des deutschen Sprachraumes, denn kein anderer Stamm kann eine so lange Seßhaftigkeit nachweisen wie die Prußen. Manchmal wurde der prußische Name eines Dorfes verdeutscht. Das war auch dann oft der Fall, wenn in dem Ort kein Pruße mehr wohnte. Wenn das Dorf einen deutschen Namen erhielt, setzte sich trotzdem oftmals der alte wieder durch. Das Dorf

Kelkollen zum Beispiel wurde 1336 Deutschental genannt, hieß aber später Krekollen (Kreis Rößel). Manche Namen, die verdeutscht wurden, waren als prußische nicht mehr erkenntlich. So kam zum Beispiel Heiligenbeil von Swentopil (heiliger Berg), Lochstädt von Laucstiete (Name eines prußischen Edlen). Der Löwentinsee leitete seinen Namen von Lewyte, der Geserichsee von Geeyse (Reiher) her.

Wo neben dem prußischen Dorf ein deutsches entstand – oftmals mußten die prußischen Bewohner ihr Dorf verlassen und in der Nähe einen neuen Wohnort suchen –, wurde der Zusatz Deutsch zu dem einen und – in der späteren bzw. der von den Deutschen gebrauchten Fassung – Preußisch zu dem anderen Ortsnamen hinzugefügt, wie zum Beispiel Deutsch Bahnau und Preußisch Bahnau, Deutsch Thierau und Preußisch Thierau, Deutsch Wilten und Preußisch Wilten. In anderen Fällen gab man dem Ort einfache Namen wie Preußenort, Deutschheide, Preußental, Deutschendorf, Preußenburg, Deutscheck und ähnliche. Zum Beispiel sind alle Ortsnamen mit folgenden Endungen prußisch:

…keim (früher -kaym geschrieben):	Nopkeim, Kappkeim, Ripkeim
…kehmen:	Kaukehmen, Darkehmen, Plautzkehmen
…ehnen:	Rogehnen, Norgehnen, Eumehnen
…au (früher -ove oder -ow geschrieben):	Tharau, Wehlau, Medenau
…lack:	Wuslack, Korklack, Linglack
…itten:	Senkitten, Kanditten, Auglitten

Im Nordosten des Landes gab es viele Namen litauischen Ursprungs, die im 16. und 17. Jahrhundert entstanden, als jene spärlich bewohnte Gegend mit litauischen Einwanderern besiedelt wurde. Einige Beispiele hierfür sind: Ackmenischken (Steinfeld), Eszerningken (Teichdorf), Witgirren (im Wald); Pillkallen kommt von Pilis (Schloß) und Kalnas (Berg). Manche litauischen Personennamen wurden eingedeutscht, wie Tautorat oder Willoweit, einige deutsche Namen auch verlitauscht, wie Landsbergis oder Borchertas.

Im Südosten des Landes wiesen Ortsnamen auf die masurische Sprache hin. Dieser ursprünglich von Prußen, dann von Prußen und Deutschen bewohnte Landesteil, war durch die grausamen Kriege des 15. Jahrhunderts fast menschenleer geworden. Darauf wurden Siedler aus Masowien aufgenommen, die einen altpolnischen Dialekt sprachen, der später Masurisch genannt wurde.

Die Marienburg

Nach der Niederwerfung des großen Prußenaufstandes begann der Orden den Bau der Marienburg. Sie ist eine der wenigen Burgen des Ordenslandes, die nicht auf der Stelle ehemaliger prußischer Dörfer oder Verteidigungsanlagen errichtet wurde. Der Name Aliem oder Algemin, der oft als prußische Siedlung am Ort der Marienburg genannt wird, bezeichnet nicht einen Ort, sondern die Landschaft. Der erste Teil der Burg entstand unter Konrad von Thierberg d.Ä., der seit 1273 Landmeister von Preußen war. Seit 1276 leitete der Komtur Heinrich von Milnowe den Bau der Burg, der auch für die gleichzeitig entstandene Stadt Marienburg am 27. April 1276 die Handfeste ausstellte. Mit Hilfe vieler prußischer Arbeiter aus Willenberg wurden die ersten Erdarbeiten ausgeführt. 1276 wurden Ziegeleien eingerichtet und die Fundamente aus Feldsteinen gelegt. Im Sommer 1279 entstand der Nordflügel des Hochschlosses, und 1280 war der erste Bau fertig, so daß die Verwaltung des Komtureigebietes von der Burg Zantir auf die Marienburg verlegt werden konnte. Bis dahin war Zantir die Schlüsselstellung für den Krieg gegen die Prußen gewesen. Nach 1280 wurde die Burg abgebrochen und das Material zum Weiterbau der Marienburg verwendet. Die Stadt Zantir wurde im Städtekrieg 1466 zerstört und nie wieder aufgebaut. Der Bau des Hochschlosses der Marienburg war 1309 vollendet und die Vorburg im Bau.

In Palästina wurden die letzten Stützpunkte der Christen von den Mohammedanern erobert. Nach 40tägigem Kampf konnten die deutschen Ritter die Feste Akkon, wo bis dahin das Haupthaus und der Hochmeistersitz des Ordens gewesen war, nicht länger halten. Sie baten den

Nach der Niederwerfung des großen Prußenaufstandes 1272 vom Deutschen Orden errichtet, wurde die Marienburg in der Mitte des Landes am Ufer der Nogat zur Zentrale des Ordensstaates.

Hochmeister, zu einem letzten Kampf gegen die Feinde geführt zu werden, um ehrenvoll zu fallen. Der Hochmeister aber antwortete: „Ich kann es nimmer gestatten, daß ihr ohne Zweck und Ziel euer Leben dem Feinde preisgebt [...] aber ich gebe euch mein Ritterwort: ich will es einst mit euch an den Heiden in Preußen rächen, was euch der Sultan hier Leides angetan."

Akkon fällt am 18. Mai 1291. Da auch die letzten Städte Sidon und Tyrus verlorengehen, wird das Ordenshaus in Venedig zum neuen Hochmeistersitz bestimmt. Im Sommer 1309 verhängt der Papst das Interdikt über die Stadt, und alle Geistlichen müssen innerhalb von zehn Tagen Venedig verlassen. Der Hochmeister, Siegfried von Feuchtwangen, der seit 1303 die Geschicke des Ordens leitet, darf dem Papst keinen Grund zum Mißfallen geben, da gerade jetzt der Erzbischof von Riga, vereint mit dem polnischen Klerus, schwere Klagen beim Papst gegen den Orden führt. Deshalb verläßt der Hochmeister Venedig, und im September 1309 zieht er mit seinen Gebietigern feierlich in die neue Marienburg ein, die damit Haupthaus und Hochmeistersitz wird.

Eine Pfahlbrücke, die um 1338 gebaut wurde, stellte die Verbindung zum westlichen Nogatufer her. An der Marienburg wurde weitergebaut, bis 1393 der Hochmeisterpalast vollendet war, der als das reifste Werk mittelalterlicher Backsteingotik bezeichnet wird. Das großartige Bauwerk fordert auch heute noch Bewunderung ab. Es gab aber auch Leute, die glaubten, es mit anderen Augen sehen zu müssen. Der Historiker Heinrich Luden (1778–1847) etwa schrieb über den Bau der Marienburg: „Er ist emporgestiegen unter Blut und Tränen und stehet auf dem Grabe von vielen Tausenden [...] Die größte Freude würde der besonnene Mann darüber empfinden, die gewaltige Marienburg in Trümmern zu sehen."

Der Erwerb Pommerellens

Als die Herrschaft des Ordens im Preußenland gesichert war, strebte seine Außenpolitik danach, eine Verbindung mit dem Mutterland herzustellen. Sobald sich eine Gelegenheit bot, westlich der Weichsel Land zu erwerben, griff der Orden entschlossen zu. In Pommerellen herrschte bis 1266 Herzog Swantopolk aus dem Haus der Samboriden. Um seine Unabhängigkeit von Polen zu betonen, nannte er sich schon seit 1227 „Herzog". Seine geschickte Regierung hatte eine Gebietserwerbung in Pommerellen stets verhindert. Der Orden mußte sich vielmehr vor diesem starken Nachbarn schützen, was ihm nur im Bunde mit Swantopolks feindlichen Brüdern, Sambor von Liebschau und Ratibor von Belgard, gelang.

Nach Swantopolks Tod regierten seine beiden Söhne, Wartislaw in Danzig und Mestwin II. in Schwetz. Noch lebten Ratibor und Sambor, deren Haß auf Swantopolk sich auf Mestwin übertragen hatte. Sie glaubten seine Macht am ehesten beseitigen zu können, wenn sie die Bestrebungen des Ordens, Land in Pommerellen zu erwerben, unterstützen würden. Am 29. März 1276 vermachte Sambor dem Orden das Land Mewe. Nach dem Tod seines Onkels Sambor übernahm Mestwin die Herrschaft über das ganze Land, wobei er auch seinen Bruder Wartislaw in Danzig überging. Er erkannte die Übergabe von Mewe an den Orden nicht an, aber konnte den Orden nicht mehr zurück über die Weichsel drängen. Ratibor und Sambor hatten nicht, wie es Brauch war, ihren Neffen Mestwin zum Erben eingesetzt, sondern den Orden, der demnach rechtmäßiger Besitzer der Gebiete von Belgard und Liebschau war. Mestwin wollte aber auf keinen Fall auch noch in seinem Rücken Ordensland haben. Deshalb war er zu einem Vergleich bereit, den der päpstliche Legat Philipp von Fermo 1282 zum Abschluß brachte. Da auch dem Orden nicht viel an den entlegenen Gebieten von Belgard und Liebschau gelegen war, gab er sie für Mewe her, das er als neue Komturei in seine Verwaltung eingliederte.

Es war der erste und wichtigste Schritt zum Erwerb Pommerellens. Mestwin erkannte das friedliche Verhalten des Ordens an, woraus sich ein gegenseitiges Vertrauensverhältnis entwickelte. Die freundschaftliche Zusammenarbeit endete 1294 mit Mestwins Tod. Da er keine männlichen Erben hinterließ, hörte mit ihm die Herrschaft der Samboriden auf. Er scheint sich keine Gedanken darüber gemacht zu haben, was mit seinem Land nach seinem Tod geschieht, denn er ließ eine so verworrene Situation zurück, die unweigerlich zum Erbfolgekrieg führen mußte. Verbriefte Rechte auf das Gebiet von Danzig, Dirschau und Schwetz hatten seit 1269 und 1273 die Markgrafen von Brandenburg. Ohne Rücksicht auf diese Verpflichtungen hatte Mestwin dem Herzog Przemislaus II. von Großpolen 1282 die Erbfolge zugesagt. Dazu behauptete Herzog Leszek von Kujawien, rechtmäßiger Erbe zu sein. Eine Urkunde vom 26. März 1289 beweist außerdem, daß Fürst Wizlaw von Rügen durch seine Verwandtschaft – er war der Schwiegersohn Mestwins und Enkel seiner Schwester – als Nachfolger in Pommerellen eingesetzt war.

Die Erben mit den sichersten Ansprüchen, Fürst Wizlaw und die Brandenburger, einigten sich sofort. Aber Herzog Przemislaw besetzte Pommerellen und forderte mit diesem Gewaltakt die anderen Erben heraus. Schon im nächsten Jahr (1295) schlugen die verbündeten Brandenburger und Fürst Wizlaw die Polen in der Schlacht bei Rogodzno und besetzten Pommerellen.

Der Polenherzog Przemislaw wurde bald darauf, im Februar 1296, ermordet. Sein Nachfolger, Wladislaw Lokietek, forderte aber ebenfalls Pommerellen. Er wurde jedoch 1300 von König Wenzel von Böhmen verdrängt, der sich als König von Polen auch Herzog von Pommerellen nannte. Dieser war dem Orden als Nachbar angenehmer als der Pole Lokietek, zumal Wenzel sich den Bestrebungen des Ordens geneigt zeigte. Auch sein Sohn und Nachfolger, König Wenzel III., hatte keine Bedenken gegen eine Vergrößerung des Ordensbesitzes und bestätigte 1305 auch den Kauf Stargards. Während der Vorbereitung eines Feldzugs gegen Polen zur Wahrung seiner dortigen Rechte wurde König Wenzel 1306 ermordet. Der Polenherzog Lokietek nahm darauf den Erbfolgekrieg wieder auf und besetzte Pommerellen.

Die Brandenburger setzten ihre berechtigten Ansprüche auf Pommerellen 1308 mit Krieg gegen die Polen durch. Sie fanden in Pommerellen kaum Widerstand und rückten bis Danzig vor, das sie ebenfalls ohne Gegenwehr besetzten. Danzig hatte sich schon zu einer ansehnlichen Stadt mit drei Kirchen entwickelt. In der Burg aber lag eine polnische Besatzung, die durch weitere, vor den Brandenburgern geflohenen, Polen verstärkt worden war. Die Burg wurde sogleich belagert. Die Polen wußten, daß sie die Burg gegen die Brandenburger nicht halten konnten. Sie baten deshalb den Deutschen Ritterorden um Hilfe, der sich gegen Zahlung einer entsprechenden Entschädigung zur Hilfeleistung bereit erklärte. Aber nach den gemachten Erfahrungen verlangte er, daß Ordenstruppen die Burg so lange besetzt halten würden, bis die Schuld bezahlt wäre. Die Polen erklärten sich damit einverstanden, weil sie meinten, daß es leichter sein würde, sich vor der Schuld zu drücken, als jetzt den Brandenburgern zu widerstehen.

Das folgende sah nach einem gut geplanten Manöver aus: Der Orden schickte den Komtur von Kulm, Günther von Schwarzburg, der mit seiner Truppe die Burg besetzte, worauf die Brandenburger abzogen. Nun verlangten die Polen die Auslieferung der Burg, verweigerten aber die Erstattung der Unkosten für die geleistete Waffenhilfe. Der Orden ließ sich nicht auf die Versprechen späterer Zahlung ein, und die Ordensritter blieben zu Recht in der Burg. Der Landmeister Heinrich von Plotzke besetzte nun auch Dirschau und Schwetz, um sich dann mit dem rechtmäßigen Eigentümer zu einigen. Im Vertrag zu Soldin (13. September 1309) beurkundete Markgraf Waldemar von Brandenburg, daß er dem Deutschen Ritterorden die Burgen Danzig, Dirschau und Schwetz mit den seit alters her dazugehörigen Landgebieten für 10.000 Mark Silber verkauft habe. Kaiser Heinrich VII. bestätigte 1313 die Erwerbung.

Damit war die Erwerbungspolitik des Ordens abgeschlossen. Das bisherige Teilherzogtum Pommerellen hörte auf zu bestehen. Der Weg ins Reich war geöffnet und der Unterlauf der Weichsel mit der Ostseeküste bis zur Leba in der Hand des Ordens. Das neu erworbene Land wurde in sechs Komtureien eingeteilt, von denen Schlochau, Tuchel und Schwetz die Abwehrfront gegen Polen bildeten. Das Ringen des Ordens um die lebensnotwendige Brücke ins Reich hatte nichts mit seiner Missionsaufgabe zu tun, denn es war christliches Land, das er erwarb. Aber nun erst war der freie Verkehr mit dem Reich über Land gesichert. Mit dieser Erwerbung hatte der Orden aber das Streben Polens nach der Ostseeküste durchkreuzt, und ihre Feindschaft wurde nun unüberwindbar.

Der Krieg mit Litauen

Über den Kampf des Ordens gegen Litauen sagt Peter von Dusburg: „Der Krieg mit Preußen ist beendet, der Krieg mit Litauen beginnt. Im Jahre 1283, zu der Zeit, als seit dem Beginn des Krieges gegen die Preußen [Prußen] 53 Jahre vergangen waren und alle Stämme dieses

Landes erobert oder vertrieben waren, so daß keiner übriggeblieben war, der seinen Nacken nicht vor der heiligen Römischen Kirche demütig beugte, begannen die Brüder vom Deutschen Hause den Kampf gegen jenes mächtige und kriegserfahrene Volk, das Preußen benachbart ist und jenseits der Memel in Litauen lebt."

Am Ende des Ordenskrieges war der größte Teil der Bewohner der letzten drei Prußengaue nach Litauen geflohen. Schon aus diesem Grunde waren dort feindliche Gefühle gegen den Orden vorhanden. Die Heereszüge der Ordensritter in litauisches Gebiet, die grausamen Strafexpeditionen glichen, ließen diese Feindschaft zu unversöhnlichem Haß auswachsen.

Schon 1245 hatte Kaiser Friedrich dem Orden Kurland und Semgallen verliehen, obwohl der Orden damals noch nicht daran denken konnte, Litauen zu erobern. Jetzt aber drängte sich diese Aufgabe dem Orden wie von selbst auf. Da die Länder der Prußen, Kuren und Liven in seiner Hand waren, mußte er alles daransetzen, auch dieses letzte Heidenland zu bezwingen. Zunächst aber war es noch wichtiger, eine sichere Landverbindung zwischen dem prußischen und dem livländischen Ordensteil herzustellen; das hieß, daß Samaiten endgültig unterworfen werden mußte, das wie ein Keil die beiden Gebiete trennte. Als äußersten Vorposten hatte der Orden 1259 die Georgenburg (nicht mit der späteren Burg bei Insterburg zu verwechseln) angelegt. Sie wurde die am heftigsten umkämpfte Burg, die der Orden schließlich aufgeben mußte.

Der Orden in Livland hatte von Anbeginn unter den Überfällen der Litauer und Samaiten zu leiden. Die Niederlagen von 1236 und 1260 hatten ihn an den Rand des Untergangs gebracht. Somit hatte der Krieg des Ordens nicht erst 1283, wie von Dusburg sagt, sondern schon 1236 begonnen, als der Schwertbrüderorden mit dem Deutschen Ritterorden vereinigt worden war und damals die Ordensritter zum ersten Mal gegen Litauen kämpften. Der Krieg dauerte bis zum Frieden vom Melnosee 1422, also 186 Jahre lang. Nur mit der Eroberung Litauens, auf das sich Samaiten stützte, konnte der Orden hier gesicherte Verhältnisse schaffen. Aber warum gab es keine großen Kreuzzüge mehr, so wie sie gegen die Prußen aufgeboten worden waren? Zog der Orden den Krieg in die Länge, weil mit der Unterwerfung Litauens sein Missionsauftrag der Heidenbekehrung beendet gewesen wäre? Der Orden ahnte sicher nicht, daß dieser lange Krieg niemals zu einem von ihm gewünschten Ende kommen und Litauen unbesiegt bleiben würde.

Im Januar 1283 fielen 800 litauische Reiter über die Kurische Nehrung zu einem Verwüstungszug ins Samland ein. Der Landmeister, Konrad von Thierberg, führte darauf, noch vor dem großen Feldzug gegen die Sudauer, den ersten Angriff gegen Samaiten. Dabei wurde eine Burg an der Memel erobert und die Umgebung verheert. Bei dem größeren Kriegszug von 1285 konnte der Orden die Burg Grodno erobern und zerstören. Seine Kampftruppe bestand hauptsächlich aus den im Samland angesiedelten Sudauern, die von ihrem Fürsten Skomand geführt wurden. Jedesmal brachte das Ordensheer reiche Beute mit. – Und so ging es mit wechselndem Glück 100 Jahre lang weiter.

Um nicht immer wieder Jahreszahlen und Namen verwüsteter Gegenden aufzuzählen, sollen nur einige dieser Kriegszüge als Beispiele genannt werden. An der Frontlinie legte der Orden 1289 an der Stelle der zerstörten Prußenburg Ragnita eine Ordensburg an, die Landshut genannt wurde, doch bald wieder den alten Namen erhielt. Unterhalb von Ragnit wurde 1293 die Schalauerburg erbaut. 1306 eroberte eine Ordenstruppe, bei der 400 Prußen waren, Vorburg und Siedlung der wiederaufgebauten Feste Grodno. Die Hauptburg konnte sich jedoch halten. Als die Truppe mit reicher Beute und gefangenen Frauen und Kindern heimkehrte, zog der Komtur Eberhard von Königsberg mit 100 Rittern und 600 anderen Reitern nochmals aus, um auch die Hauptburg zu nehmen. Die Besatzung war aber inzwischen verstärkt worden, und nach verlustreichem Kampf mußte Eberhard erfolglos umkehren. Im gleichen Jahr 1306 unternahm auch der Komtur von Ragnit eine „Reise" gegen die Litauerburg Putenicken, an der sieben rheinische Gäste teilnahmen. Sie fuhren mit Booten den Jurafluß hinauf und konnten überraschend die Vorburg einnehmen und verbrennen. Im Herbst wiederholte der Komtur den Angriff und verbrannte abermals die wiederaufgebaute Vorburg mit allen Erntevorräten. Bei einem dritten Angriff im Winter 1307/08 öffnete der Verräter Spude heimlich ein Tor, so daß auch die Hauptburg zerstört werden konnte.

Im Jahre 1308 stürmten 5.000 Samaiten wieder über die Kurische Nehrung ins Samland, wo sie vorübergehend die Burg Kaimen besetzten und beim Abzug niederbrannten. Der Orden ließ darauf eine Sperrburg am unteren Ende der Nehrung errichten, deren Spuren aber bis jetzt nicht gefunden wurden.

Im Frühjahr 1311 durchstreifte eine große Schar litauischer Reiter das Bartenland und drang bis zur Burg Heilsberg vor, die sich aber erfolgreich zur Wehr setzte. Besonders schwer hatte die Gegend um Kiwitten (östlich von Heilsberg) zu leiden, wo viele Männer erschlagen wurden. Das steinerne Gerippe, das über dem Friedhofseingang an der Mauer der Dorfkirche von Kiwitten angebracht war, erinnerte an diesen Einfall. Die Handfeste von 1319 gab Kiwitten das Recht zum Bau einer Fliehburg. Daher hieß der Berg bei der Mühle Flieh- oder Flöhberg. Reich mit Beute beladen und mit über 500 Gefangenen, in der Mehrzahl Frauen und Jugendliche, zogen die Litauer nach neun Tagen ab, um dem herannahenden Ordensheer zu entkommen. Marschall Heinrich von Plotzke führte das schnell gesammelte Aufgebot von 80 Ordensrittern und rund 500 Mann in Eile den Litauern nach. Diese hatten „in der Wildnis" auf einer Anhöhe ein Lager bezogen, das mit einem Verhau aus Ästen und Dornengestrüpp gesichert war. Dusburg schreibt, daß Fürst Witenis sich hier einige der gefangenen Frauen vorführen ließ, die er fragte: „Wo ist nun euer Gott, warum hat er euch nicht beschützt? Unsere Götter haben uns nicht verlassen." Am 7. April 1311 stieß die Ordenstruppe auf die Litauer, erstürmte das Lager und befreite die Gefangenen. Nur mit knapper Not konnte Fürst Witenis mit wenigen seiner Leute entkommen. Am Verhau aber lagen auch 40 gefallene Ordenskrieger. Bisher glaubte man, daß der Kampfplatz beim Dorf Woplauken (Kreis Rastenburg) lag. Jetzt meint man aber, daß er bei Heiligelinde war und daß dieser Sieg der Anlaß zum Bau einer Kapelle und für die Entstehung des Wallfahrtsortes war.

Bei der Belagerung der Memelburg 1313 durch die Samaiten wollte der Orden mit zwölf Schiffen Lebensmittel und Verstärkung der Besatzung zuführen. Die kleine Flotte geriet aber in einen Sturm und wurde völlig vernichtet, wobei vier Ordensbrüder und fast 400 Mann umkamen. Ob der Chronist mit „in mari" die Ostsee meint, ist nicht sicher, da auch das Haff öfters mit „mare" bezeichnet wird. Normalerweise wurde die Memelburg von Labiau über das Haff versorgt, aber vielleicht machte die Belagerung den Umweg über die Ostsee notwendig. Im selben Jahr stieß ein mit starkem Bollwerk versehenes Kriegsschiff, das der damalige Komtur von Ragnit, Werner von Orseln, hatte bauen lassen, gegen die Litauerburg Junigede vor. Durch einen ungünstigen Wind wurde das große, schwer bewegliche Schiff ins Schilf des Ufers getrieben, wo es von Litauern erbeutet und verbrannt wurde. Wahrscheinlich gehörte das Schiff zu dem Vorstoß, den der Orden 1313 memelaufwärts unternahm. Die Zahl der Schiffe reichte aus, um eine Schiffsbrücke über die Memel zu legen. Die Gelegenheit wurde genutzt, um Material zum Bau einer neuen Burg, sechs Meilen oberhalb Ragnits (wahrscheinlich bei Schmalleningken), heranzuschaffen. Mit dieser Burg, die Christmemel genannt wurde, gelang es dem Orden erstmalig, auf dem jenseitigen Ufer festen Fuß zu fassen. Bei dem großen Angriff der Litauer 1315 konnte sich Ragnit und Christmemel halten. Als aber 1328 die Memelburg vom livländischen Ordensteil dem prußischen übergeben wurde, gab dieser die Burg Christmemel auf.

Daß die „Litauerreisen" oft verlustreich waren, zeigen die Namen von gefallenen Gästen. Bei dem Unternehmen von 1305 fanden zwei Herren von Boland und ein Herr von Hohenstein den Tod. Bei der „Reise" von 1314 war es ein Herr von Isenburg. Auf dem Hinmarsch hatten die Ritter Proviantlager und Reservepferde zurückgelassen. Bei der Rückkehr fanden sie aber ein grausiges Bild: Die Wachen waren erschlagen, die Lager leer und die Pferde fortgetrieben. Die Reise von 1320, die nach Medenicken ging, endete noch schlimmer. Wieder waren die angelegten Vorratslager ausgeräumt und der Weg durch die Wildnis an besonders schwierigen Stellen durch Verhaue versperrt, die von litauischen Kriegern besetzt waren. Mühsam suchten die hungernden Ritter nach neuen Wegen, wobei sie fortwährend den überraschenden Überfällen der Litauer ausgesetzt waren. Der letzte Landmeister von Preußen, Heinrich von Plotzke, der nach der Schließung des Amtes (1309) Ordensmarschall geworden war, fand mit vielen anderen den Tod. Der gefangene Vogt des Samlands wurde den Göttern geopfert, was immer noch tiefen Eindruck auf die Christen machte. Jeroschin schrieb: „Und nach ihrer Sitte […] setzten sie ihn auf ein Roß gebunden an vier Pfähle und trugen Holz heran und häuften es um Roß und Reiter, die dann verbrannten in der Glut. Damit war ihren Göttern das Opfer für den Sieg gebracht."

Durch solche Niederlagen ließen sich aber weder die Ordensritter noch die Gäste aus dem Reich abhalten, immer wieder „Litauerreisen" zu unternehmen.

Diese Kriegszüge wurden zum begehrten Kampfspiel, und begeisterte Ritter kamen aus vielen Ländern, um an einer solchen Heidenfahrt teilzunehmen und sich dabei zum Ritter schlagen zu lassen. Bei der Litauerreise des Winters 1328/29 nennt die Chronik als Gäste zum Beispiel rheinische, süddeutsche, böhmische, schlesische und Lausitzer Fürsten und Herren.

Der Kampf gegen Litauen richtete sich immer mehr auf Samaiten, das dem Orden zunächst wichtiger als Litauen war. Aber auch Litauen wollte Samaiten für sich gewinnen. Die Samaiten wollten von keinem beherrscht sein, nahmen jedoch fortwährend litauische Hilfe an, was zu einer immer engeren Bindung an Litauen führte. Sie wehrten sich aber auch oft alleine gegen den Orden, und viele Unternehmen, die in den Geschichtsbüchern als „Litauereinfälle" erscheinen, wurden von Samaiten unternommen. Über die Zerstörung der Stadt Memel im Jahre 1325 schreibt von Dusburg: „ [...] eroberten die Litauer aus Schamaiten die Stadt Memel und töteten einen Priesterbruder. Sie machten auch 70 Gefangene, von denen einige getötet, andere in dauernde Gefangenschaft geführt wurden. Die Stadt und drei in der Nähe gelegene Burgen für Neugetaufte, Koggen und andere Schiffe sowie alles, was brennbar war, außer der Burg, in der die Brüder wohnten, legten sie in Asche."

Zu dieser Zeit schrieb Peter von Dusburg seine Ordenschronik. Die Lage des Ordens gegenüber Litauen hatte sich gefährlich verschlechtert. Schon Großfürst Mindowe hatte aus den einzelnen litauischen Stämmen ein mächtiges Reich geschaffen und erfolgreich gegen den Orden gekämpft. Seine Idee eines litauischen Großreiches war immer noch im Volk lebendig. Daher war es für den aus Samaiten stammenden Fürsten Gedimin nicht allzu schwierig, die litauischen Fürsten erneut zu vereinen. Hinzu kam noch, daß Polen wegen des Erwerbs Pommerellens durch den Orden zu dessen offenem Feind geworden war. Als Polen mit Litauen 1325 ein Bündnis schloß, hatte der Orden zwei vereinte, mächtige Staaten als Gegner vor sich. Es war diese Vereinigung, die schließlich auf dem Schlachtfeld von Tannenberg den Untergang des Ordens einleitete.

Seit 1283 hatte der Orden jetzt über 40 Jahre lang völlig ergebnislos gegen Litauen gekämpft. Auf beiden Seiten war viel Land verwüstet und viel Blut geflossen, aber erreicht hatte der Orden nichts; Litauen stand stärker als je zuvor da. Vielleicht wies von Dusburg deswegen in der eingangs erwähnten Stelle seiner Chronik aufmunternd und tröstend auf den mehr als 50jährigen Kampf gegen die Prußen und die große Tapferkeit der Litauer hin.

Der Litauerfürst Gedimin

Die Art, wie der Deutsche Ritterorden das Christentum verbreitete, ist oft kritisiert worden. Sein Mittel der Mission war die politische Ausdehnung. Die Heiden wurden unterworfen und damit äußerlich zu Christen gemacht, während sich in Wirklichkeit das Heidentum noch Jahrhunderte erhielt. Nach der Unterwerfung der Prußen setzte der Orden dieselbe Politik auch gegen Litauen fort. Er wollte keine Bekehrung Litauens ohne Unterwerfung. Der Kampf gegen Litauen wäre ohne Kreuzzugsmotiv zu nackter Machtpolitik geworden. Solange aber Litauen heidnisch war, galt der Orden als Vorkämpfer des Christentums, und alle Unterstützung der christlichen Welt, die ihm für den Kreuzzug gegen die Heiden zufloß, stärkte seine politische Macht.

Eine Gefahr für den Orden ist die Stadt Riga, die am Ende des schmalen Landstreifens liegt, der das prußische mit dem livländischen Ordensgebiet verbindet. Riga wollte selbständig bleiben und widersetzte sich deshalb mit aller Kraft der Einverleibung in den Ordensstaat. Der mächtigste Feind des Ordens aber ist der Franziskanermönch Friedrich von Pernstein, der seit 1304 Erzbischof der Kirchenprovinz Riga ist. Auch er arbeitet auf die Bekehrung Litauens hin, das seinen Machtbereich erheblich vergrößern würde.

In Litauen regiert ab 1316 Großfürst Gedimin. Im gleichen Jahr bestieg auch Papst Johann XXII. den Stuhl Petri. Schon am 3. Februar 1317 forderte er Gedimin zur Annahme des Christentums auf. Gedimin aber wollte die Großmachtstellung Litauens wiederherstellen. In seinem Staat hatten römische und orthodoxe Christen Fuß gefaßt, aber Gedimin duldete auch alle Heiden. Um seine Pläne im Osten und Süden durchzuführen, brauchte er Frieden an seiner Westgrenze, wo er sich gegen den Orden und die Polen wehren mußte.

Riga wartet die Bekehrung Litauens nicht ab und schließt schon 1298 ein Bündnis mit dem Heidenland, das die christliche Welt übel aufnimmt. Riga wäscht sich rein, indem es behauptet, nur der Ritterorden verhindere die Annahme des Christentums in Litauen. In dieser Situation erregen sechs Briefe, angeblich von Gedimin, in denen er seinen Übertritt zum Christentum verkündet, großes Aufsehen. Die Echtheit dieser Briefe ist umstritten, und keiner ist im Original erhalten. In den zwei ohne Datum an den Papst gerichteten werden haßerfüllt die Untaten des Ordens aufgezählt. Gedimin fordert, daß die Annahme des Christentums völlig unabhängig vom Orden erfolgen muß. Ein Brief vom 25. Januar 1323 ist an die gesamte Christenheit gerichtet. Die anderen vom 26. Mai 1323 sind an zwei geistliche Orden und an mehrere Hansestädte adressiert. Gedimin bittet in diesen um christliche Einwanderer, die sein Land kultivieren sollen; den Missionaren verspricht er alle Freiheiten, den Hansestädten sichert er freien Handel zu.

Über die Briefe gibt es eine umfangreiche Literatur in verschiedenen Sprachen, ohne daß die Frage der Echtheit geklärt wird. Der Verdacht, Urheber der Briefe zu sein, fällt auf den Erzbischof von Riga. In den Verhandlungen zum Frieden von Wilna (2. Oktober 1323) erkannte Gedimin die ihm vorgelegten Briefe zwar widerstrebend an (die zwei Papstbriefe waren nicht dabei), machte aber Einschränkungen und meinte, seine Schreiber hätten ihn mißverstanden. Er bekundete jedoch, daß er jeden nach seinem Glauben leben lassen will, lehnte aber für sich die Taufe entschieden ab. Man vermutet, daß seine Schreiber (zwei Franziskanermönche), auf Anweisung des Erzbischofs, das Angebot der Bekehrung ohne Wissen Gedimins in die Briefe schmuggelten. Die Briefe an den Papst waren offensichtlich nicht von Gedimin, denn wenn er nicht Christ werden wollte, was hätte er ihm dann schreiben sollen? Das Gespräch über die Briefe war Gedimin lästig, und er sagte: „lattit nu de breve lichge und spreket umme ene vrede."

Außer mit dem Orden schloß Gedimin auch Frieden mit Dänemark, der Stadt Riga und Erzbischof Friedrich, der aber den Kampf gegen den Orden mit allen Mitteln fortsetzte. Der Papst schwieg, befahl aber dem Orden am 10. Februar 1324, die Mission in Litauen auf keine Weise zu behindern. Die Briefe Gedimins erwähnte er nicht, denn er wußte sicher, woher sie gekommen waren.

Die päpstlichen Legaten in Livland hatten 1324, in der Hoffnung auf den Übertritt Gedimins zum Christentum, dem Orden bei Strafe des Bannes jede feindliche Handlung gegen Litauen verboten. Aber noch im gleichen Jahr erklärte Gedimin, daß er nicht daran dächte, Christ zu werden, der Teufel möge ihn taufen. Damit war für den Orden das Verbot von Kampfhandlungen gegen Litauen aufgehoben, aber erst 1328 unternahm er drei Einfälle nach Litauen.

Erzbischof Friedrich scheut keine Waffe, um gegen den Orden vorzugehen. Im April 1325 spricht er in Anwesenheit der päpstlichen Legaten, bei gelöschtem Licht und unter Glockengeläut, Bann und Interdikt über den Orden und sein Land aus. Weite Kreise der Geistlichkeit, darunter der Bischof von Reval, rücken von dieser haßerfüllten Attacke des Erzbischofs ab.

Der Orden blieb weiter bei seiner Politik und förderte die von Riga ausgehende Mission nicht. Den Frieden von 1323 mußte er annehmen, um nicht als Friedensstörer dazustehen. Die Friedensabsichten Gedimins vereitelte er aber und trieb ihn dadurch in das Bündnis mit Polen (1325). Dazu wird oft die Frage aufgeworfen, ob vielleicht die Mission von Riga aus, die der Orden verhinderte, ein größerer Gewinn für das Deutschtum im Osten gewesen wäre. An dem späteren Einfluß der polnischen Kirche sieht man, wie anders die Geschichte Litauens sich mit einem Anschluß an die deutsche Kirche und Kulturwelt entwickelt hätte.

Das Verhältnis des Ordens zur Kirche

Es sind 100 Jahre vergangen, seit in jenem Frühjahr 1231 die kleine Schar der ersten Ordensritter über die Weichsel setzte, 100 Jahre voller gewaltiger Kämpfe, Siege und Niederlagen. Der Orden geht nun seiner Blütezeit entgegen. Sein Bemühen gilt der Begründung fester staatlicher Formen sowie der Sicherung und dem Ausbau des Erreichten. Dem aufwärts-strebenden Staat drohen aber zwei ernsthafte Gefahren. Die erste kommt aus den Reihen der eigenen Kirche. Schärfer denn je tritt der Machtanspruch der Kurie und des Erzbischofs von Riga hervor, der der erbittertste Feind des Ordens ist. Mehr aus nationalen Motiven heraus zeigt auch der polnische Klerus gleichermaßen Neid und Haß. Die zweite Gefahr sind die Nachbarstaaten, Polen und das mächtige Litauen. Unfähig, selbst ein organisches Staatswe-sen mit einer hohen Kultur zu gestalten, blickt Polen neidisch und haßerfüllt auf das blü-hende Ordensland, das seinen Ausbreitungsbestrebungen immer wieder im Wege steht. Li-tauen, aus seiner jahrtausendlangen Ruhe aufgeschreckt, von Ost und West bedroht, wendet sich schließlich Polen zu.

Die kirchlichen Verhältnisse des Ordensstaates waren durch den Erwerb Pommerellens sehr erschwert worden, weil in der kirchlichen Organisation Pommerellen zu den polnischen Diözesen Wloclawek und Gnesen gehörte. Der Orden mußte die Zahlung des Zehnten an die polnischen Bischöfe gestatten, die nach jeder Gelegenheit suchten, dem Orden Schwierig-keiten zu machen, und ihn bei der Kurie fortwährend verleumdeten.

Die Kirche ist im 14. Jahrhundert die alles beherrschende Form des Lebens. Bildung und Erziehung sind darauf ausgerichtet, die Menschen dem Gottesreich zuzuführen. Dement-sprechend stehen im Vordergrund der Bildung nicht Wissen und Kenntnisse, sondern Glau-be und Gehorsam. Den Kampf zwischen Papst und Kaiser hatte die Kirche gewonnen; das Kaiserreich der Deutschen war zerschlagen und zu einem Wahlkönigtum abgesunken. Von 1254 bis 1273 gab es im Reich überhaupt kein Oberhaupt. Dann wurden Könige und Gegen-könige verschiedener Interessengruppen aufgestellt, die gegeneinander um den machtlosen Titel kämpften. Um für die Belange des Reiches einzutreten, fehlte jedem die Macht.

Unter Bonifatius VIII. (1294–1303) erreichte das Papsttum den Gipfel des weltlichen Macht-anspruchs. Mit der Bulle *Unam sanctam* im Jahre 1302 forderte er die alleinige Herrschaft der geistlichen Gewalt über jede weltliche: „So erklären wir, daß alle menschliche Kreatur, bei Ver-lust ihrer Seelen Seligkeit, untertan sein muß dem Papst in Rom, und sagen es ihr und be-stimmen es." Nie zuvor hatte ein Papst so eindeutig die alleinige Gewalt gefordert, aber da-mit hatte er auch den Gipfel seiner Macht überstiegen. Was niemand für möglich hielt, das tat der französische König Philipp IV. Er war vom Papst gebannt worden und ließ im Mor-gengrauen des 7. September 1303 den Papst mitsamt seinem Hofstaat in seiner Sommerresi-denz Anagni ausheben und in seine Gewalt bringen. Der Papst wurde mißhandelt und sein Palast geplündert. Obwohl er schon nach einigen Tagen wieder freikam, erschütterte ihn die-ser Coup derart, daß er kurz danach starb. Die politische Lage erfuhr damit aber eine drasti-sche Wende, indem der päpstliche Druck auf die Herrscher erheblich nachließ.

Der nächste Papst, Clemens V., verlegte 1309 die Papstresidenz nach Avignon. Von nun ab standen die Päpste völlig unter dem Einfluß der französischen Könige, und nur noch Fran-zosen wurden zu Päpsten gewählt. Natürlich hatten diese geringe Sympathien für einen deutschen Orden; sie bevorzugten fast immer die Polen. Das Papsttum aber befand sich im Niedergang; eine Bewegung entstand, die später schließlich zur Reformation führte. Aber noch verteidigten einige Päpste ihre Machtstellung. Johannes XXII. (1316–34) erklärte: „Der Papst als Stellvertreter Gottes auf Erden ist für die Gläubigen eher ein Gott als ein Mensch."

Als religiöser Orden unterstand der Deutsche Ritterorden direkt dem Papst, der rechtlich auch der Lehnsherr seines Landes war. Deshalb war er auf ein gutes Verhältnis zu ihm an-gewiesen. Auch seine Gegner wußten, daß der Orden nur mit dem Einverständnis des Pap-stes beseitigt werden konnte. Sie wandten daher alle Mittel an, um den Papst entsprechend ihren Bestrebungen zu beeinflussen. Der Orden mußte sich fortwährend gegen diese Feinde wehren, wozu vor allem enorme Geldsummen erforderlich waren. Trotzdem verschlechter-te sich das bis dahin gute Verhältnis des Ordens zur Kirche bedrohlich.

Der langwierige Kampf der Erzbischöfe von Riga gegen den Orden erreicht im 14. Jahr-hundert neue Höhepunkte. Heftig wird um die Rechtsstellung der Stadt Riga gestritten. Der Erzbischof rechnet sie zu seinem Herrschaftsbereich, die aufblühende Stadt strebt aber nach Selbständigkeit. Der Orden will neben dem erzbischöflichen Oberherrn nicht noch eine drit-te Herrschaft in Livland dulden und sucht Riga unter seine Herrschaft zu bringen. Der Erz-bischof hetzt die Litauer zu Verwüstungszügen ins livländische Ordensgebiet auf und führt beim Papst immer neue Klagen gegen den Orden. Sein Verbündeter in diesem mit allen Mitteln der Intrige geführten Kampf ist der polnische Klerus, der gleichermaßen am päpstlichen Hof gegen den Orden agitiert. Der Bischof von Leslau (Wloclawek) verklagt den Orden wegen Verletzung seiner Rechte, Nichtzahlung des von ganz Polen geleisteten Peterspfennigs und weiterer Abgaben. Auch die völlig erlogene, angeblich mit einem Blutbad verbundene Zerstörung Danzigs durch den Orden im Jahre 1308 wird in den Klageschriften aufgeführt. Dazu hört man vom Übermut, der Grausamkeit und besonders von dem heidnischen Treiben der Ordensritter, die der Kirche genauso gefährlich seien wie die Templer und genauso wie jene vernichtet werden müßten. Die gleichen falschen Beschuldigungen, die bei den Templern zum Ziel geführt hatten, werden nun gegen den Deutschen Orden erhoben.

Der Templerorden war zum reichsten Kreditunternehmen Europas geworden. Um 1260 zählte er 20.000 Ritter in rund 9.000 Verwaltungsbezirken und Tempelhöfen. Der Berliner Stadtteil Tempelhof erinnert noch heute an ihn. Dieser Reichtum war schließlich der Grund für König Philipp IV. von Frankreich und Papst Clemens V., die 2.000 Templer in Frankreich 1307 zu verhaften und einen Inquisitionsprozeß wegen heidnischen Treibens gegen sie einzuleiten. Viele wurden verbrannt, und der Besitz des Ordens wurde konfisziert. Der Papst hob 1312 den Templerorden auf, und 1314 wurde der Großmeister mit 54 Rittern in Paris verbrannt.

Die haßerfüllten Gegner fanden beim Papst Gehör, und er ließ 1310, 1312, 1319 und 1339 durch einseitig gewählte Bevollmächtigte Prozesse gegen den Orden führen. Die Untersuchung des nach Riga entsandten Inquisitors Franziskus de Moliano im Jahre 1312 ergab eine Anklagerolle von eineinhalb Ellen Breite und 51 Ellen Länge (17 Meter). Selbstverständlich richteten sich alle Urteile gegen den Orden. Er regierte aber einen autonomen Staat und konnte nicht so leicht wie der Templerorden beseitigt werden. Auch der deutsche Kaiser mit seiner geringen Macht schützte den Orden und lag mit dem Papst im Kampf. Vor allem aber verfügte der Orden über genug Geld, und immer wieder griff er zu dem Mittel, das der Templerorden nicht für nötig gehalten hatte zu benutzen: Wertvolle Geschenke und enorme Geldspenden besänftigten immer wieder Papst und Kurie.

Der neue Papst, Johann XXII. (1316–34), nahm den Kampf gegen den Orden erneut auf. Die französischen Päpste verfolgten natürlich andere Interessen als die deutschen Ordensritter, und Papst Johannes wollte die deutsche Kaiserkrone dem französischen König verschaffen. Der Orden hielt aber zu Kaiser und Reich und trug wesentlich zur Vereitelung der päpstlichen Pläne bei. Polen unterstützte die päpstlichen Absichten und gewann die Sympathien der Kurie in dem Maße, wie sie der Orden verlor. Aber wieder konnte der Orden durch neue „Handsalben" den Zorn der ewig geldhungrigen Kurie beschwichtigen.

Die Machtansprüche und Feindseligkeiten des Rigaer Erzbischofs und die Selbständigkeitsbestrebungen der Stadt Riga gingen so weit, daß ihre Truppen jetzt die Ordensgebiete verwüsteten, die Ordenskirchen niederbrannten und den Komtur Gottfried von Fellin mit 20 Ordensritter ermordeten. Riga hatte 1298 das schon erwähnte Bündnis mit den heidnischen Litauern geschlossen, die darauf Verwüstungszüge ins Ordensgebiet unternahmen. Darum zog der livländische Meister Monheim zu Beginn des Winters 1329 gegen Riga und zwang die Stadt nach langer Belagerung zur Übergabe. Der Stadtrat stellte am 23. März 1330 den „Nackten Brief" aus, und der Meister zog durch eine in die Mauer geschlagene Bresche in die Stadt ein, die von nun ab die Herrschaft des Ordens anerkannte. Damit hatte der Erzbischof eine wichtige Stütze im Kampf gegen den Orden verloren.

Beginn der Kriege Polens gegen den Ordensstaat

Die Polen hatten ursprünglich gehofft, daß Ordensritter und Prußen sich gegenseitig so weit vernichten würden, daß ein erschöpfter Sieger nicht mehr fähig sein würde, eine polnische Eroberung abzuwehren. Da der Orden aber als starker Sieger hervorgegangen war, mußten andere Wege gefunden werden, um in den Besitz des Preußenlandes zu gelangen, denn dieses Ziel hatten die Polen nie aufgegeben. Nachdem der Orden Pommerellen durch Kauf erworben hatte, war ihr Haß zu offener Feindschaft geworden. Ihren Anspruch auf Pommerellen begründen sie einmal damit, daß Herzog Mestwin sein Land auch Polen zugesagt hatte. Daß er es ebenso anderen Fürsten, vor allem den Markgrafen von Brandenburg vertraglich zugesichert hatte, zählt für sie nicht. Die andere Begründung ist, daß der Polenherzog Boleslaw III. vor 200 Jahren Pommern zeitweilig seiner Herrschaft unterworfen hatte. Wenn irgendwann einmal ein Gebiet der Nachbarn, auch nur vorübergehend, von Polen besetzt wurde, auch wenn dort keine Polen wohnten, dann ist Polen auf ewig der rechtmäßige Eigentümer jenes Landes. Hat aber ein Nachbar ein Stück polnisches Land besetzt, selbst wenn es sich um das vorher von Polen geraubte handelt, hat er natürlich nicht das geringste Recht darauf.

Der eifrigste Verfechter dieser Ansicht ist Wladislaw Lokietek, seit 1296 Herzog von Kujawien. Er will König werden und ein mächtiges Reich errichten. Dazu muß er zuerst die anderen polnischen Herzöge unterwerfen und dann den Nachbarn die Gebiete entreißen, die nach seinem Plan zu diesem Großreich gehören sollen. Der Nachbar, der diesem Streben am meisten im Wege steht, ist der Deutsche Ritterorden. Darum richtet sich sein ganzer Haß gegen diesen, und seine Lebensaufgabe ist der Krieg gegen ihn. Nach langen Kämpfen konnte er sich gegen die anderen polnischen Herzöge durchsetzen und eroberte 1306 die Hauptstadt Krakau. Nun fühlte er sich stark genug und erklärte 1310 dem Orden den Krieg. Da aber die erwartete Hilfe ausblieb – Großpolen erkannte ihn erst 1312 an –, mußte er bald einen Waffenstillstand schließen. Nach weiteren Machtkämpfen ließ er sich 1320 in Krakau zum König krönen und nannte sich Wladislaw I.

Auf die Unterstützung der Kurie rechnend, klagt Wladislaw beim Papst auf Herausgabe Pommerellens. Obwohl Polen eine wertvolle Stütze der Kurie im Kampf gegen den deutschen Kaiser ist, erfüllt der Schiedsspruch von 1321 nicht seinen Wunsch, weil sich auch bei aller Parteilichkeit keine rechtliche Begründung für die Klage finden ließ. Dafür gelingt es Wladislaw, Litauen als Bundesgenossen zu gewinnen. Beide Staaten schließen 1225 ein Bündnis, das mit der Heirat der Tochter Aldona des Großfürsten Gedimin mit dem polnischen Thronfolger Kasimir besiegelt wird. Damit öffnen sich neue Möglichkeiten für Polen.

Das Aussterben der askanischen Markgrafen Brandenburgs war ein schwerer Schlag für den Orden, denn beide Staaten zusammen hatten die Angriffslust der Polen in Schranken halten können. Wladislaw fordert sogleich Teile von Brandenburg und stößt dabei mit Kaiser Ludwig IV. zusammen, der seinen Sohn Ludwig 1324 mit der freigewordenen Mark belehnt hat. Freudig benutzt die Kurie die Gelegenheit und veranlaßt den Polenkönig zu einem Raubzug durch Brandenburg; denn der Papst hat Bann, Absetzung und Interdikt gegen den deutschen Kaiser ausgesprochen. Der Polenkönig findet dagegen jede Förderung durch den Papst, und als Lohn winkt ihm Pommerellen und noch weitere Gebiete. Zum erstenmal haben sich Polen und Litauer zu diesem Raubzug vereint. Während die heidnischen Litauer hier christliches Land verheeren, ist der Orden zum Waffenstillstand mit Litauen gezwungen worden. Mit Recht konnte Kaiser Ludwig dem Papst vor der gesamten Christenheit vorwerfen, daß er dem Ritterorden die Wahrung des Friedens mit den Heiden befohlen und zu gleicher Zeit diesen heidnischen Raubzug veranlaßt habe.

Der Polenkönig treibt energisch zum Krieg gegen den Orden. Wechselnde Bündnisse und diplomatische Manöver ordnen sich schließlich zu den Fronten der Polen und Litauer auf der einen und der des Ordens mit folgenden Verbündeten auf der anderen Seite. Herzog Heinrich von Schlesien und die Herzöge von Masowien, durch die Ansprüche Wladislaws bedroht, stehen auf der Seite des Ordens. Am 2. Januar 1326 schließt Masowien einen Beistandspakt mit dem Orden. Als der Polenkönig 1327 in Masowien einfällt, führt er bewußt den Krieg herbei, da er weiß, daß dieser Angriff das Eingreifen des Ordens auslösen muß, zu dem er vertraglich verpflichtet ist. Ein Ordensheer stößt nach Kujawien vor und erobert Leslau. Die Kämpfe enden deshalb bereits nach einem Monat durch einen zu Leslau geschlossenen einjährigen Waffenstillstand.

Einen besonderen Rückhalt fand der Orden bei König Johann von Böhmen, der frühere Ansprüche auf Polen verwirklichen wollte. Unter dem Vorwand eines Kreuzzugsgelübdes führte er sein Heer gegen den Willen Wladislaws durch Polen nach Thorn, wo er in den ersten Januartagen 1329 Hochmeister Werner von Orseln zu einem Kriegszug nach Litauen überredete. Der Hochmeister zögerte, weil er einen Angriff der Polen fürchtete, sobald er seine

Truppen von der Grenze nehmen würde. König Johann zerstreute seine Bedenken, da der Polenkönig durch einen Gesandten eine vorläufige Waffenruhe versprochen habe. Darauf zogen die beiden Heere nach Königsberg und brachen am 20. Januar 1329 zu einem Kriegszug nach Samaiten auf. Darauf hatte Wladislaw nur gewartet und unternahm in den ersten Februartagen einen fünftägigen Raub- und Verwüstungszug durch das Kulmerland. Als das eiligst zurückkehrende Ordensheer wieder an der Südgrenze eintraf, waren die Polen mit ihrer reichen Beute längst fort.

Im folgenden gemeinsamen Feldzug des Ordens und der Böhmen wurde das Dobriner Land und Masowien mit Plock erobert. Herzog Wenzel von Masowien mußte sein Land von König Johann zu Lehen nehmen. Im Sommer 1330 kehrten die Böhmen aber in ihr Land zurück, weil Ungarn mit Krieg drohte. Der Orden setzte den Krieg alleine fort, eroberte Kujawien und die Feste Nakel. Erst im September 1330 konnte Wladislaw einen Gegenstoß führen, als Gedimin mit seinen Litauern eintraf und ein Heer, das der König von Ungarn den Polen zu Hilfe schickte, im Anmarsch war. Die Polen lagen noch vor Dobrin, das sie vergeblich zu erobern versuchten. Die Litauer stießen über Löbau hinaus vor, wurden aber von Ordenstruppen wieder bis Dobrin zurückgeworfen. Dort waren inzwischen die Ungarn eingetroffen, die sich aber weigerten, gemeinsam mit dem Heidenvolk der Litauer gegen den Orden zu kämpfen. Das ärgerte Großfürst Gedimin, der darauf mit seinen Reitern abzog. Ungarn und Polen verwüsteten im Oktober einen Teil des Kulmerlandes.

Ein Waffenstillstand mit Polen war noch nicht abgelaufen, als Wladislaw am 27. Dezember 1330 den Vertrag kündigte, da seine Vorbereitungen schon beendet waren. Großfürst Gedimin war wieder zur Stelle, und seine Reiter trieben sich in den ersten Januartagen vor den Toren Neidenburgs umher. Unzeitgemäß einsetzendes und anhaltendes Tauwetter verhinderte aber den geplanten Angriff. Die Litauer zogen wieder nach Hause und beteiligten sich bis 1410 nicht mehr an einem gemeinsamen Unternehmen mit den Polen.

Ohne Verbündete, nur mit seinen Polen, wagt Wladislaw keine Offensive ins Ordensland. Er versucht darum wieder den Weg der Diplomatie und schickt Bischof Matthias von Kujawien zum Papst, um den Orden mit einer langen Liste erlogener Anschuldigungen zu verklagen. Mit wilden Horden habe der Orden das friedliche polnische Land verheert, die Bewohner ermordet, die Heiligtümer der Kirche geschändet und Städte und Dörfer niedergebrannt. Diesmal bewährte die ständige Gesandtschaft – die erste Einrichtung dieser Art in Europa, die der Orden am päpstlichen Hof unterhielt. Sie konnte den Papst von der Unwahrheit der Beschuldigungen überzeugen.

Der Orden steht mitten in seiner riesigen Aufbauarbeit und will den Krieg beenden. Er muß aber einsehen, daß der Polenkönig ohne militärische Niederlage zu keinem Frieden bereit ist. Gezwungenermaßen entschließt er sich zu einem Feldzug in polnisches Gebiet. Das Ordensheer, verstärkt durch Söldnertruppen sowie 100 englische Ritter unter Graf Thomas Offart, zieht an die Grenze. Da erscheint bei Hochmeister Luther von Braunschweig, der in Thorn zurückgeblieben ist, der polnische Fürst Vinzenz Szamotulski und bietet sich an, dem Ordensheer zum Sieg zu verhelfen. Er gibt vor, sich an Wladislaw rächen zu wollen, weil er ihm die Statthalterschaft über Polen genommen hat. In Wirklichkeit will er jedoch das Ordensheer in eine Falle führen, um seine alte Stellung beim Polenkönig wiederzugewinnen. Der zuerst zögernde Hochmeister geht schließlich auf das Angebot des Verräters ein. Das Ordensheer zieht im Sommer 1331 durch Kujawien nach Großpolen. Da der Polenkönig mit seinem Heer jedem Zusammentreffen ausweicht, kehrt das Ordensheer nach Thorn zurück.

Im September zieht das Ordensheer, durch neue Söldner vom Rhein und ein Aufgebot livländischer Ordensritter verstärkt, gegen Kalisch, besetzt Gnesen und erobert die feste Stadt Konin. Auf die Nachricht vom Anmarsch des polnischen Heeres beschließen die Ordensritter, den Polenkönig in seinem Lager anzugreifen. Der eifrige Szamotulski bietet sich an, es auszukundschaften und reitet nachts ins polnische Lager. Dort unterbreitet er Wladislaw seinen Plan, das Ordensheer in einen gut vorbereiteten Hinterhalt zu führen.

Am Morgen des 27. September 1331 läßt sich das Ordensheer gutgläubig von Szamotulski auf den Weg führen, wo die Polen bei dem Ort Plowcze in großer Übermacht bereit liegen. Die lang auseinandergezogene Marschkolonne wird plötzlich von beiden Seiten überfallen.

Das Ordensheer kann sich nicht formieren, um geordneten Widerstand zu leisten, und wer nicht eiligst entkommen kann, wird niedergehauen oder gefangengenommen.

Der christliche Polenkönig stürzte sich sogleich auf die wehrlosen Gefangenen. Er ließ alle fesseln, erwürgen und zerstückeln. Unter diesen Unglücklichen ist der Großkomtur Otto von Luterberg und die Komture von Danzig und Elbing. Nur der verwundete Ordensmarschall Dietrich von Altenburg wurde am Leben gelassen und gefesselt gezwungen, die Ermordung und barbarische Zerstückelung seiner Männer mit anzusehen. Die durch die Flucht entkommenen Ordenskrieger vereinigten sich mit dem nachfolgenden Heeresteil, den der Komtur von Kulm heranführte. Nach Beurteilung der Lage wurde beschlossen, die Polen sofort anzugreifen, da sie nach ihrem Sieg die Rückkehr des Ordensheeres nicht erwarten würden.

Der Angriff traf die den Sieg feiernden Polen, wie erwartet, völlig überraschend. Beim Anblick der verstümmelten Leichen ihrer Kampfgefährten und des gefesselten Marschalls, stürzten sie sich wutentbrannt auf die Polen, bis neben den Hunderten Leichen der Deutschen Tausende der Polen lagen. Auf dem Schlachtfeld wurden 4.187 Tote gezählt. Wladislaw war mit seinem restlichen Heer in Panik geflohen und ließ sich auf keinen weiteren Kampf mehr ein.

Obwohl der Polenkönig nichts erreicht hatte, gab er den Krieg nicht auf. Im August 1332 rückte er mit einem neuen Heer an die Drewenz, um ins Kulmerland einzufallen. Da aber das Ordensheer auf der anderen Seite zur Verteidigung bereitstand, wagte er den Übergang nicht und schloß notgedrungen wieder einen Waffenstillstand. Da der Orden keinerlei Ansprüche an Polen stellte, setzte der Hochmeister alles daran, um Frieden zu schließen. Er bat die Könige Johann von Böhmen und Karl von Ungarn zu Schiedsrichtern. Da Wladislaw aber Ordensgebiete forderte, auf die er nicht die geringsten Ansprüche hatte und darum wußte, daß ein gerechter Schiedsspruch ihm diese Gebiete nicht zusprechen würde, lehnte er jede Vermittlung ab. Er starb im März 1333 und ließ sein Land in völliger Erschöpfung und Armut zurück.

Frieden mit Polen

König Kasimir III., der Sohn und Nachfolger Wladislaws I., war einsichtig genug, den sinnlosen Kampf nicht weiter fortzusetzen. Zu lange hatte er die blutigen Schreckensbilder des Krieges gesehen und wollte Frieden. Er sah, was die Kriegspolitik seines Vaters angerichtet hatte: Die Eroberung des Kulmerlandes und Pommerellens waren mißlungen, das Dobriner Land und Kujawien waren vom Orden besetzt, Masowien hatte die Lehnshoheit des böhmischen Königs anerkannt, der die Erbfolge ganz Polens beanspruchte. Schlesien löste sich endgültig von Polen und trat in ein festes Lehnsverhältnis zu Böhmen und damit zum Deutschen Reich. Das neue Königreich, das bisher nur Krieg geführt hatte, war ruiniert. Auch wenn König Kasimir auf die Eroberung Schlesiens, des Kulmerlandes und Pommerellens verzichtete, oder gerade deshalb, gelang es diesem überragenden Herrscher sein daniederliegendes Land zur Großmacht zu erheben.

Den 1335 abgelaufenen Waffenstillstand verlängerte König Kasimir nochmals und stimmte am 26. Mai 1336 einem gerechten und dauerhaften Frieden zu. Der Widerstand des polnischen Klerus und des Adels verzögerten jedoch den Abschluß. Nach zehn Jahren zielbewußten Ringens konnte sich Kasimir schließlich gegen diese Mächte durchsetzen, die keinen Frieden wollten. Im Friedensvertrag zu Kalisch am 23. Juli 1343 wurde der nun über 30jährige, oft unterbrochene Krieg zwischen Polen und dem Ordensland beendet. König Kasimir verzichtete für sich und seine Erben, mit Bestätigung des polnischen Hochadels, „für ewige Zeiten" auf alle Ansprüche auf Pommerellen, das Kulmerland und Michelau, die ohnehin rechtmäßig zum Ordensland gehörten. Dafür trat der Orden Kujawien und das Dobriner Land an Polen ab. Die polnischen Reichsstände bestätigten urkundlich diesen Vertrag. Damit war eine feste Rechtsgrundlage zwischen beiden Staaten geschaffen, die noch lange über den Tod Kasimirs hinaus, zum Segen beider Völker, wirksam blieb. Wie schade, daß der Orden nicht auch mit Litauen Frieden schließen konnte, den Großfürst Gedimin so sehr gewünscht hatte.

Zum ersten und wohl einzigen Mal in der Geschichte gab es einen polnischen Herrscher, der keine Ansprüche auf deutsches Land stellte. Der Orden unterhielt daher ein besonders freundschaftliches Verhältnis zu Kasimir. Im Jahre 1365 war er Ehrengast des Ritterordens auf der Marienburg. In dieser Zeit des Friedens, die 66 Jahre anhielt, erreichte der Ordensstaat seine höchste Blüte. Ebenso segensreich war diese Friedenszeit für das polnische Volk, und mit Recht nennt die Geschichtsschreibung diesen König „Kasimir den Großen". Auch die Bedrohung durch die Litauer wurde weniger gefährlich, da sie für Polen und den Orden ein gemeinsamer Gegner waren. Kasimir hatte den Litauern Galizien mit Lemberg abgenommen und kämpfte mit ihnen um den Besitz Wolhyniens. Wiederholt suchte er Hilfe beim Orden und verpfändete ihm zeitweise das Dobriner Land. Ganz besonders förderte er die Einwanderung deutscher Bauern und Handwerker, die Städte und Dörfer in Polen gründeten und das daniederliegende Land zu wirtschaftlicher Blüte brachten.

Manchen war eine so segensreiche Friedenszeit gar nicht recht, und sie bemühten sich, dies zu ändern. Einer von diesen war der in Polen wirkende päpstliche Nuntius Galhart von Chartres, der in seinem Deutschenhaß jede Verständigung zwischen Polen und dem Orden zu verhindern suchte. Mit einiger Mühe gelang es ihm 1339, den vor 20 Jahren geführten Prozeß auf Herausgabe Pommerellens an Polen erneut in Gang zu bringen. Bei dem Gericht in Warschau wirkten er und ein zweiter Franzose, der Legat Peter Gervais, als Ankläger und Richter zugleich. Um zu beweisen, daß Pommerellen von einer urpolnischen Bevölkerung bewohnt ist, wurden 126 sorgfältig ausgesuchte Zeugen gehört. Von diesen stammte einer tatsächlich aus Pommerellen, und ein zweiter hatte dort einige Jahre seiner Kindheit verbracht; alle anderen waren Polen. Das „hohe Gericht" verurteilte selbstverständlich den Orden zur Herausgabe Pommerellens und des Kulmerlandes sowie zur Zahlung von 200.000 Mark Silber.

Durch Vermittlung des Böhmenkönigs Johann, auf den die Kurie als Gegner des von ihr bekämpften Kaisers Rücksicht nehmen mußte, wurde das Urteil nicht vollstreckt. Daß es dem Orden gelang, den Kaiser in seinem Kampf gegen den Papst zu unterstützen und gleichzeitig die Freundschaft des böhmischen Königs zu unterhalten, der zur antikaiserlichen Partei gehörte und durch ihn bei der Kurie geschützt wurde, gehört zu den Meisterstücken seiner klugen Diplomatie.

Deutsche und jüdische Siedler in Polen

Um ihr rückständiges Land zu kultivieren, förderten die Herrscher Polens besonders die deutsche Einwanderung. Nur fleißige und wohlhabende Bewohner konnten die Steuern aufbringen, nach denen die Herrscher lechzten. Den Einwanderern wurden großzügige Vergünstigungen und Privilegien geboten; vor allem wurde ihnen garantiert, daß sie ihre eigenen deutschen Dörfer und Städte gründen und nach ihrer Sitte und ihrem Recht sich selbst verwalten durften. Daher folgten viele diesen verlockenden Angeboten, und die massenweise Einwanderung deutscher Siedler überstieg während der Regierungszeit Kasimirs des Großen (1333–70) sogar die ins deutsche Ordensland Preußen.

Auch die Kirche sah hier ein zukunftsträchtiges Betätigungsfeld, und Zisterziensermönche aus dem Rheinland gründeten etliche Tochterklöster in Polen. Bis zum Ende des Mittelalters waren diese Klöster rein deutsch. Da alle Äbte und die meisten Mönche aus dem Rheinland stammten, wurden sie „die Kölner" genannt.

Die Mönche waren ausschließlich auf ihre eigene Versorgung angewiesen; die polnische Bevölkerung konnte nichts zu ihrem Unterhalt beitragen. Eine Schrift aus dem 14. Jahrhundert schildert die damaligen Zustände: „Die Mönche konnten es kaum aushalten und waren ganz arm, denn das waldreiche Land lag da, ohne daß jemand es bebaute, und das polnische Volk war arm und nicht fleißig; es zog die Ackerfurchen im sandigen Boden mit Krummhölzern ohne eiserne Pflugschar […] Kein Salz, kein Eisen, kein gemünztes Geld und edles Erz, keine rechten Kleider, nicht einmal Schuhe hatte dieses Volk."

Schließlich mußten sich die Äbte dem polnischen Druck beugen und auch Polen aufnehmen. Als aber 1552 gar ein Pole in Wongrowitz als Abt eingesetzt wurde, gaben die „Kölner" ihre Klöster auf und zogen nach Heinrichau in Schlesien.

Eine statistische Erfassung der Bevölkerung Polens um 1335 nach der Zahlung des Peterspfennigs, der auch im Kulmerland und in Pommerellen eingezogen wurde, zeigt den Unterschied zwischen den prußisch-deutschen und den polnischen Gebieten. Die Bevölkerungsdichte pro Quadratkilometer betrug in den Diözesen:

Gnesen	6,8 (hierzu gehörten einige Gebiete Pommerellens)
Posen	3,4
Plock	4,5
Krakau	4,9
Kulmerland	26,9

Man sieht, wie irreführend es ist, von der polnischen Bevölkerungsdichte auf die des alten Preußenlandes rückschließen zu wollen, wie es oft getan wurde.

Die große Zahl der deutschen Einwanderer, die vor allem König Kasimir nach Polen lockte, bewirkten mit ihrer höheren Kultur, der eigenen Sprache und Verwaltung, eine scharfe Trennung von der polnischen Bevölkerung, die ihr armseliges Leben auf ihre gewohnte Weise weiterführte. Weite Regionen Polens wurden nun erschlossen und kultiviert. Damals entstand das Sprichwort: „Wo der Pole Brot ißt, da ißt der Deutsche Kuchen." Eine produktive Landwirtschaft, wohlhabende Dörfer und reiche Städte mit florierenden Industrien und weltweitem Handel entstanden. Selbstverständlich waren diese Deutschen auch die Hauptsteuerzahler Polens. Bis 1370, dem Todesjahr Kasimirs, gab es in Polen 255 Dorf- und 77 Städtegründungen nach deutschem Recht. Die Massenströme der deutschen Siedler brachten dem Land alle Handwerks- und Intelligenzberufe. Alle bedeutenden Städte Polens wurden von Deutschen gegründet und waren lange Zeit rein deutsch. Hier entwickelte sich ein Mittelstand, den es in Polen bis dahin nicht gegeben hatte.

Außerhalb der deutschen Wohngebiete und vor den Toren ihrer Städte, lebte die polnische Bevölkerung in einer völlig anderen Welt. Ein solcher Zustand konnte natürlich nicht von Dauer sein. Mit dem Erwachen des polnischen Nationalismus wurde das Deutschtum unterdrückt, unterwandert, bekämpft und schließlich mit brutaler Gewalt ausgerottet. Auch wenn kein Reich hinter den Deutschen stand, um sie zu schützen, konnten sie sich, dank ihrer großen Zahl, recht lange halten.

Um 1410 war die polnische Königsstadt Krakau noch zu über 90 Prozent deutsch, Lemberg zu 95 Porzent, Premissel zu 75 Prozent, die galizischen Städte zu 70 bis 80 Prozent, Krosno und Landshut sogar zu 100 Prozent. Die Studierenden der Krakauer Universität zwischen 1433 und 1510 setzten sich folgendermaßen zusammen: 50 Prozent Deutsche, 35 Prozent Polen, ein Prozent Litauer und Galizier und 14 Prozent Ausländer. Gelehrt wurde in Deutsch oder Lateinisch, denn das erste polnische Buch wurde erst 1474 in einer deutschen Druckerei gedruckt.

Mit der Zeit erlagen die Deutschen der immer stärker werdenden Polonisierung. Welch eine Fülle deutscher Kraft, welch ein Menschenstrom versank hier in dem gewaltigen deutschen Volksfriedhof Polens und ging in einem fremden Volkstum unter. Eine erschütternde Tragik liegt aber darin, daß all diese deutschen Blutströme, an denen sich das polnische Volk bereichern konnte, bei ihnen nicht etwa eine Zuneigung zum deutschen Nachbarn, sondern wahrscheinlich gerade durch das Gesetz einer Zusammenfügung solch krasser Gegensätze geradezu Haß bewirkten.

Preußen erwarb 1772 ein nur noch wenig über die Hälfte deutsches Westpreußen, ein durch Korruption und tiefe Rückständigkeit ausgesogenes, notleidendes Land. Friedrich der Große gab Hunderttausende Taler aus, um dort wieder menschenwürdige Zustände zu schaffen. Nachdem Deutsche wieder ein blühendes Land daraus gemacht hatten, übernahmen es die Polen 1920 erneut. Die Mühe, die der preußische Staat in den 1793 und 1795 unter dem Namen Südpreußen und Neu-Ostpreußen angegliederten Gebieten anwandte, konnte hingegen von vornherein als verloren gelten. Die angelegten Mustersiedlungen waren bei ihrer Isolierung nur dazu bestimmt, den riesigen Volksfriedhof der Deutschen zu vergrößern. Immer wieder wurden durch deutschen Fleiß Werte geschaffen, die dann, von Polen übernommen, auf deren Niveau heruntergewirtschaftet wurden. Zum Schluß seines 20bändigen Biographiewerkes *Polski Słownik Biograficzny* schreibt Karl Meyer: „Kulturell ist Polen gegenüber dem Deutschtum einseitig und hundertprozentig der nehmende Teil seit dem Beginn seiner Geschichte, freilich ein sehr aktiv nehmender, der aus dem erhaltenen Pfunde mit großer Kraft Zinsen zieht."

Um die große Anzahl Juden in Polen zu erklären, deren Zuwanderung ebenfalls unter Kasimir dem Großen ihren Höhepunkt erreichte, ist es notwendig, einen kurzen Blick auf einen Teil ihrer Geschichte zu werfen. Entgegen der allgemeinen Ansicht stammt die große Mehrheit der heutigen Juden nicht von ihren semitischen Vorfahren aus Palästina ab, sondern sie sind die Nachkommen der Khasaren, die vom 7. bis 11. Jahrhundert im heutigen Südrußland ein mächtiges Reich bildeten. Diese Gruppe nennt sich die „Aschkenasim".

Die heidnischen Khasaren, bedrängt von christlichen Byzantinern und islamitischen Arabern, lehnten beide Religionen ab und nahmen den jüdischen Glauben an. Ihre Macht wurde 965 von den aufsteigenden Russen (Wikinger-Rus) gebrochen. Von dieser Zeit an setzte eine zunehmende, umfangreiche Auswanderung dieser jüdischen Khasaren nach Mitteleuropa, hauptsächlich nach Polen ein. Der Rest des enorm reduzierten Khasarenstaates ging beim Mongolensturm im 13. Jahrhundert unter.

Die zweitgrößte Gruppe sind die „Sephardim", deren Vorfahren als Nachkommen der Hebräer gelten. Von den 13,1 Millionen Juden (1964) sind etwa 12 Millionen Aschkenasim, während die Sephardim nur mit rund 500.000 beziffert werden. Auch im heutigen Israel herrschen die Aschkenasim über die Sephardim, die angeblich als zweitklassige Staatsbürger angesehen werden, obwohl sie auf ihrem uralten Heimatboden leben. Die beiden Gruppen unterscheiden sich durch ihre Umgangssprache, einen anderen Gebetsritus und eine andere Aussprache der hebräischen Sprache sowie durch rassisch-genetische Unterschiede.

Da im damaligen Polen die kulturelle und dominierende Schicht die Deutschen bildeten, schlossen sich auch die aufwärtsstrebenden Juden ihnen an und lernten Deutsch. Dort entstand das Jiddische, die Umgangssprache der Khasarjuden. Während die deutsche Bevölkerung Polens sich hauptsächlich in handwerklichen, industriellen und landwirtschaftlichen Berufen betätigte, zog der jüdische Volksteil neben diesen Berufen besonders den Handel vor, der bald überwiegend in ihrer Hand lag.

Die prußische Bevölkerung der Ordenszeit

Die irrtümliche Ansicht, daß den Eroberungskrieg des Ritterordens nur unbedeutende Reste der prußischen Bevölkerung überlebt hätten, ist von jedem Forscher widerlegt worden, der sich mit diesem Thema befaßt hat. Der Name Preußen ist aber mit Sümpfen, Urwäldern und einer spärlich bewohnten Wildnis so fest verknüpft, daß es schwerfällt, die Tatsache einer zahlreichen prußischen Bevölkerung auch noch nach diesem langen, verlustreichen Krieg zu akzeptieren.

Der Versuch, aus der Anzahl der deutschen und prußischen Güter die Bevölkerungszahl beider Volksteile zu erschließen, führt zu falschen Werten. Wie schon erwähnt, erhielten die deutschen Siedler große Ländereien, die Prußen dagegen mußten sich auf wenig Land zusammendrängen. Das vier Hufen große Gut Kanothen (Amt Gerdauen) war zum Beispiel von sechs Familien bewohnt, auf Doyen lebten auf zwei Hufen vier Familien. Da die Bauern auf den deutschen Gütern ebenfalls Prußen waren, muß man selbst bei einer geringen Anzahl prußischer Güter eine zahlreiche prußische Bevölkerung annehmen.

Ein ähnliches Verhältnis gilt für die Dörfer. Kaum ein prußisches Dorf erreichte die Größe eines deutschen Zinsdorfes. Ein 30 Haken (20 Hufen) großes prußisches Dorf hatte aber mindestens die gleiche Einwohnerzahl wie ein deutsches Dorf von 40 Hufen. Wenn im Amt Gerdauen um 1400 von 1.625 Hufen rund 800 Hufen in prußischer Hand waren, also etwa die Hälfte, wird die prußische Bevölkerung wenigstens doppelt so zahlreich wie die deutsche gewesen sein. In Natangen waren die Prußen noch mehr in der Überzahl. In einigen Gegenden wohnten nur vereinzelt deutsche Bauern. Im Amt Zinten zum Beispiel gab es außerhalb der Stadt überhaupt keinen deutschen Grundbesitz. Demnach muß der prußische Bevölkerungsanteil entsprechend stark gewesen sein. Es ist quellenmäßig belegt, daß noch um 1400 mehr als die Hälfte der ländlichen Bevölkerung prußisch war. Für die Komtureien Christburg und Elbing gibt Christian Krollmann den Anteil der Prußen mit 50 Prozent an, in Natangen höher, und das Samland war bis ins 16. Jahrhundert hinein fast rein prußisch. Im Ermland hat Victor Röhrich die prußische Bevölkerung für die gleiche Zeit mit 50 bis 75 Prozent errechnet. Für den Nordosten des Landes stellten Hans und Gertrud Mortensen fest, daß der Bevölkerungsanteil der Prußen den der Deutschen mit einem Verhältnis von 2:1 bis 4:1 überwog. Die sorgfältigste Untersuchung wurde von Martin Rousselle durchgeführt, der die Wiederbesiedlung im Kreis Preußisch Eylau gründlich erforschte. Er stellt fest, daß der Ritterorden ein bereits dicht besiedeltes Land vorfand. Er zählt die prußischen Landschaften und Felder mit ihren Orten auf und zieht Rückschlüsse auf die Bevölkerung. Er ist erstaunt, wie dicht an das Hügelland des Stablack heran, zum Teil auch hinein, die vielen prußischen Siedlungen lagen. Jedes Stück Land, das zu bearbeiten ging, wurde offenbar genutzt. Für die spätere Ordenszeit konnte er anhand der Zinsbücher ein genaues Bild über die Verbreitung der prußischen und der deutschen Bevölkerung erstellen.

Jahrzehnte vergingen, ehe nach dem endgültigen Sieg des Ordens deutsche Siedler in genügender Anzahl ins Land kamen. Die älteste Ortsgründung im Kreis Preußisch Eylau ist Kreuzburg 1315; die älteste im Nachbarkreis Heiligenbeil ist Eisenberg 1308. Erst nach 1325 erschienen Siedler in größerer Anzahl, und dann erst entstanden neben den prußischen Siedlungen deutsche Dörfer und Städte. Der Umstand, daß die Prußen noch jahrzehntelang die alleinigen Bewohner großer Landesteile blieben, kam ihnen weitgehend zugute: Sie konnten größtenteils auf ihren Wohnsitzen bleiben. Als dann die Zuwanderung der deutschen Siedler einsetzte, war es nicht mehr so leicht möglich, die Prußen aus den Gegenden zu verdrängen, die sie geschlossen bewohnten. Anfangs hatte der Orden mit Umsiedlungen nicht gezögert. Nach 50 Jahren hatten sich die Prußen aber als treue und fleißige Untertanen erwiesen, die man jetzt nicht mehr von ihren Höfen in die Wildnis jagen wollte, wie es der Orden ursprünglich vorhatte. So ergab es sich schließlich von selbst, daß die letzten Siedler nicht mehr fertige Äcker der Prußen besetzen konnten, sondern anderswo erst einen 50jährigen wilden Wald roden mußten, der inzwischen auf unbearbeiteten Feldern gewachsen war.

Nach 1350 wurden in bescheidenem Umfang prußische Hakendörfer durch Erteilung einer Handfeste zu Zinsdörfern erhoben, womit sie eine rechtliche und wirtschaftliche Besserstellung erreichten. Später wurden sogar vereinzelt Prußen in deutsche Zinsdörfer aufgenommen, womit im Ermland schon um 1325 begonnen worden war. Der Aufenthalt in den Städten blieb den Prußen aber weiterhin versagt. Wegen Mangel an deutschen Siedlern begann der Orden um 1350 auch die Wildnis im Südosten mit Prußen zu besiedeln, was aus den Verleihungsurkunden klar hervorgeht. Erst nach der Entvölkerung dieser Regionen durch die Polenkriege des 15. und 16. Jahrhunderts erfolgte die polnische Einwanderung. Ebenso war die Wildnis im Nordosten, soweit sie besiedelt war, nur von Prußen bewohnt. Auch hier kamen die Litauer erst nach diesen Kriegen und nach epidemischen Seuchen ins Land.

Warum der Orden die deutschen Siedler von den Prußen getrennt hielt, haben die Forscher bisher nicht ergründen können und verschiedene Theorien aufgestellt. Einige glauben, daß sich der Orden als Beschützer der heimischen Bevölkerung fühlte und sie deshalb nicht der Gerichtsbarkeit der Deutschen unterstellte. Andere vermuten sogar, daß der Orden sich auf die Prußen mehr als auf die deutschen Siedler verlassen konnte und deshalb keine Vermischung der beiden Gruppen wünschte. Es fällt immerhin auf, daß der Orden um alle Grenzburgen fast nur prußische Freie ansiedelte. Es trifft auch zu, daß nicht die Prußen, sondern die Nachkommen der deutschen Einwanderer im Städtekrieg auf seiten Polens den Ordensstaat vernichteten.

Das Bild, das sich die deutschen Zuwanderer von den Prußen machten, war durch die Umstände der Zeit bestimmt. Man sah, daß sie arm und rückständig waren, und man wußte, daß sie Heiden gewesen waren, also keine Kultur hatten. Niemand hatte gesehen, wie dieses jetzt verachtete Volk gelebt hatte, bevor ihm Freiheit, Besitz und Glauben genommen worden waren. Die Deutschen werden mit ähnlichen Gefühlen auf die Prußen herabgesehen haben, wie später die Europäer in Amerika auf die Indianer. Man wollte mit diesen so viel tiefer stehenden Menschen, deren Sprache man ohnehin nicht verstand, möglichst wenig zu tun haben.

Auch die Prußen suchten keine Annäherung an die Deutschen. Sie hatten nicht vergessen, was sie gewesen waren, und sie waren auch zu stolz, um sich mit denen anzubiedern, die ihnen so viel Unrecht zugefügt hatten. Der Hauptgrund war aber auch bei ihnen der Sprachunterschied, der jeden näheren Umgang schwierig machte. Der Unterschied zwischen Sieger und Besiegten ist gewaltig und hält lange an. Er kann so groß sein, daß ein spanischer König, obwohl er die prachtvollen Kunstschätze geplünderter Indianertempel in seinen Händen hielt, ernsthaft darüber diskutierte, ob Indianer richtige Menschen mit Seelen seien und darum zu bekehren waren, ehe er Jesuiten nach Amerika schickte.

Das Verhältnis zwischen Deutschen und Prußen war kein freundliches, aber auch nicht feindlich. Beide Gruppen lebten getrennt, und der Orden achtete darauf, daß es so blieb. Eine Dienstanweisung Konrads von Jungingen um 1400 verbietet noch immer die Ansiedlung von Prußen in deutschen Dörfern. Selbst noch lange nach der Katastrophe von Tannenberg bestimmte zum Beispiel die Preußisch Eylauer Landordnung von 1441, daß kein Pruße sich in einem deutschen Dorf ansiedeln oder aufhalten dürfe. Wahrscheinlich war das prußische Gesinde der Deutschen von diesem Verbot ausgenommen. Andererseits gab es jedoch kleine deutsche Güter in ansonsten prußischen Dörfern. Im allgemeinen ist aber noch 1450 die Trennung zwischen Deutschen und Prußen in gesonderten Orten deutlich nachzuweisen.

Die Abneigung der Deutschen gegen die Prußen machte deren kirchliche Versorgung schwierig. Daran aber war dem Orden offenbar nicht viel gelegen, wie die Klage des Mönchs Beringer von Oliva 1426 zeigt. Es gab zwar auch in prußischen Dörfern Kirchen, aber nicht genug, um die prußische Bevölkerung ausreichend zu versorgen. Es läßt sich heute nicht mehr feststellen, ob den Prußen das Gastrecht in den deutschen Kirchen verweigert wurde. Das scheint jedoch so gewesen zu sein, denn der Bischof von Ermland, der ja auch zu jener Zeit noch immer die geistliche Betreuung über das gesamte Bistum Warmien, also auch über Natangen ausübte, protestierte auf einer Versammlung gegen diese Landordnung, die den Prußen den Aufenthalt in den deutschen Dörfern verbot.

Niemand hat sich so gründlich mit der Frage der nach dem Sieg des Ordens noch vorhandenen Prußen befaßt wie Martin Rousselle. Das Ergebnis seiner Forschung faßte er wie folgt zusammen:

„1. Noch gegen Ende der Ordenszeit ist das Preußentum [die Prußen] […] an Volkszahl dem Deutschtum überlegen. Nur in einzelnen Strichen überwiegt das Deutschtum.

2. Die beiden Nationen leben 1450, bis auf ganz geringe Ausnahmen, noch in deutlicher Trennung nebeneinander. Nur der beiderseitige Adel ist in dieser Zeit bereits weitgehend zu einem einheitlichen Stande verschmolzen.

Dieses Ergebnis […] hat mich selbst in hohem Maße überrascht. Die vulgäre Ansicht ist ja die, als sei durch das gewaltige Vorgehen des Ordens bei der Eroberung des Landes das preußische Volk [das der Prußen] so sehr geschwächt worden, daß es den eindringenden Deutschen nicht nur kulturell, sondern auch zahlenmäßig weitaus unterlegen gewesen sei. Wenn auch diese landläufige Ansicht von der geschichtlichen Forschung nie geteilt wurde, so war ich doch auf eine so starke Korrektur nicht gefaßt gewesen."

Die „Reisen" nach Litauen

Von den Söhnen des Litauerfürsten Gedimin, die zunächst alle einen Teil des großen Reiches erhalten hatten, war 1344 Olgierd Großfürst geworden. Sein Bruder Kienstut hatte das Stammland Oberlitauen mit dem lose angegliederten Samaiten erhalten und sich als Heide seinem christlich gewordenen Bruder unterstellt. Seine wichtigste Aufgabe war, das Land gegen den Ritterorden zu verteidigen. Kienstut war ein ritterlicher Gegner des Ordens, der keine Folterung von Gefangenen duldete und Verwundete schützte. So mancher Ordensritter, der in litauische Hände fiel, verdankte ihm sein Leben. Sein ritterliches Verhalten beeindruckte die Ordensritter, und die Ordenschronik ist voll des Lobes über ihn. Als Kienstut einmal über einen Fluß fliehen mußte, wurde er von Ordenskriegern vor dem Ertrinken gerettet. Der Ordensmarschall Henning Schindekopf vergaß für einen Augenblick seine christliche Pflicht und ließ diesen ehrenhaften heidnischen Gegner mit seinen Leuten abziehen.

Für die Litauer war es bedauerlich, daß sie nun einen Nachbarn hatten, dessen heilige Pflicht es war, sie zu bekriegen, um ihnen das Christentum aufzuzwingen. Eine Verständigung oder ein friedliches Nebeneinanderleben war daher nicht möglich. Frieden mit Heiden war Todsünde; und doch hat der Orden zuweilen dieses Gebot übertreten, weil er mächtig genug war.

Die Kriegführung beschränkte sich in der Regel auf kurze Vorstöße des Ordens in litauisches Gebiet mit schnellem Rückzug, bevor die Litauer mit starker Macht erscheinen konnten. Die Litauer schlugen auf ähnliche Weise zurück. Oft wird betont, daß der Kampf von beiden Seiten meist ritterlich geführt wurde. Die Untaten sollen sich auf Niederbrennen von Burgen und Dörfern, Pferderaub und das Einbringen von Gefangenen beschränkt haben. Der einzige ausführliche Bericht über eine solche „Reise" – die von 1377 – gibt jedoch ein anderes Bild. Die „Litauerreisen" werden in der Literatur verschieden dargestellt: als christlicher Kreuzzug, als notwendiger Versuch, Preußen mit Livland zu verbinden, oder als barbarischer Sport.

In dem langen Krieg gegen die Prußen hatte der Orden bewiesen, daß er wußte, wie ein Land nach strategischen Regeln und zielbewußter Planung erobert wird. Mit den Litauerreisen erreichte er nichts weiter, als den Kriegszustand aufrechtzuerhalten. Wollte sich der Orden vielleicht die Arena für den begehrten Rittersport möglichst lange erhalten, oder war es die Furcht, daß mit der Unterwerfung Litauens der Missionsauftrag des Ordens erloschen wäre und seine Existenz in Frage gestellt werden könnte? Man kann sich des Eindrucks nicht erwehren, daß eine in Saus und Braus lebende übermütige Ritterschaft, unter dem Deckmantel der Heidenbekehrung, einem grausamen Sport huldigte. Denn die übliche Litauerreise, bei der ein Heer von Rittern und Abenteurern einmal im Jahr in litauisches Gebiet vorstieß, die angetroffenen Bewohner umbrachte, ihre Dörfer niederbrannte, um dann mit der Beute zurückzukehren und den „Sieg" ausgiebig zu feiern, diente weder der Christianisierung noch der Herstellung einer Verbindung der beiden Landesteile. Übrig blieb dann nur der „Sport", der im Töten unschuldiger Menschen bestand.

Die alljährliche Litauerreise wurde im Herbst, oder, wenn das Wetter zu naß war, beim ersten scharfen Frost unternommen. Durch die Entvölkerung Schalauens war dort eine schwer zugängliche Wildnis entstanden. Auch auf der litauischen Seite hatten sich die Bewohner aus dem bedrohten Grenzgebiet zurückgezogen. Bei jedem Kriegszug mußte daher erst diese Wildnis überwunden werden. Aus allen Teilen des Reiches, aber auch aus Frankreich, England und Schottland kamen begeisterte Gäste, um hierbei den ersehnten Kriegsruhm zu erwerben. Die Litauer waren tapfere Gegner und haben so manches Mal die Ritter mit Verlusten aus ihrem Land gejagt. Die besonders große Reise von 1348, an der zahlreiche englische und französische Herren teilnahmen, endete ausnahmsweise mit einer offenen Feldschlacht, in der das Ordensheer an der Strebe, einem Nebenfluß der Memel, oberhalb Kauens, über die litauische Streitmacht siegte. August von Kotzebue schrieb später, die Christen hätten den Sieg mit 4.000 Toten zu teuer erkauft.

Bei den Litauerreisen versuchten die Teilnehmer die Ritter- und Heldenromantik noch einmal aufleben zu lassen, deren glorreiche Zeit eigentlich schon vorüber war. Wenn die hohen Herren gegen die Heiden zogen, führten sie Kolonnen von Packpferden mit, die mit all dem beladen waren, was den Helden das Abenteuer so angenehm wie möglich machte. Bei der abendlichen Feier im großen Heerlager durfte es an nichts fehlen, und einer suchte den anderen zu überbieten. Im Gefolge der Fürsten zogen neben den Herren ihrer Begleitung Barbier, Leibarzt, Leibkoch und eine Schar weiterer Diener und Knechte mit.

Die Königsberger Kaufleute machten dabei gute Geschäfte; besonders der umfangreiche Pferdehandel war sehr einträglich. Aber auch bei der Versorgung der ritterlichen Gäste und ihrer Bediensteten mit Lebensmitteln und Unterkunft blieb viel Geld in der Stadt. Für die Reise nach Litauen hatten sich die Gäste selbst zu versorgen. Vor dem Abmarsch gaben sie sich der Reihe nach große Feste. Es gab eine besondere Herberge für Engländer und eine für Franzosen. Oft kleideten sich die Gäste neu ein, und da Pelze billig waren, kauften sie reichlich Geschenke für die Heimreise. Auch Königsberger Frauen bot sich ein Verdienst, indem sie litauischen Knaben und anderen Gefangenen, die von den hohen Herren als Zeichen ihrer Heidenfahrt mitgenommen wurden, bis zur Abreise Kost und Unterkunft gaben.

König Johann von Böhmen brachte einmal, außer seinen Soldaten, Beamten und Dienern, 183 adlige Herren mit. Er nahm an drei Litauerfahrten teil, wobei ihn sein Sohn, der spätere Kaiser Karl IV., zweimal begleitete. Weitere große Namen waren: König Ludwig I. von Ungarn, die Herzöge von Lothringen und Burgund, Markgraf Friedrich von Meißen und Graf Wilhelm Douglas, der Schwiegersohn des Königs von Schottland. Der Sohn Kaiser Ludwigs IV. kam 1336 mit 200 Rittern und Herzog Albrecht III. von Österreich 1377 mit 2.000 Pferden. Graf Heinrich von Derby, der spätere König Heinrich IV. von England, brachte 1390, trotz der weiten Seereise, fast 1.000 Mann mit. Er war so begeistert, daß er 1392 noch einmal kam. Für den Adel Europas gab es keine größere Ehre, als bei diesen Reisen den Ritterschlag auf heidnischem Boden zu empfangen. In England und Frankreich hatte er einen höheren Wert, als wenn der König ihn erteilt hätte. Die Chronik sagt: „Darum begehrten viele Herren, Ritter und Knappen der Christenheit den Orden zu sehen und kamen mit Macht nach Preußen und lagen zu Königsberg mit großer Zehrung, und mancher wartete auf die Kriegsreise ein ganzes Jahr."

Das riesige Reiterheer mußte beweglich und schnell sein, um die Litauer zu überraschen, ehe sie mit ihren Herden fliehen konnten. Das gelang nicht immer, und die Ritter fanden oft nur verlassene Wohnstätten mit ein paar alten Leuten. Die Wachtburgen am Ufer der Memel konnten das Ritterheer oft lange genug aufhalten, daß die Bevölkerung fliehen konnte. Auch das Übersetzen über die Memel kostete Zeit und alarmierte oftmals die Litauer rechtzeitig. Deshalb erfolgte der Übergang manchmal an mehreren Stellen zugleich, möglichst heimlich bei Nacht. Bis zum Morgengrauen sammelte sich das Heer an einem bestimmten Ort und stieß dann schnell ins Land vor, um die Bewohner zu überraschen.

Als Beute waren besonders Pferde begehrt, die manchmal zu Hunderten mit zurückgeführt wurden; aber auch Rinderherden galten als wertvoll genug, um hin und wieder mitgenommen zu werden. Die Leidtragenden waren auf beiden Seiten unschuldige Menschen, die ihr Gut und oft auch das Leben verloren. Gefangene, von Familie und Heimat getrennt, wurden gezwungen, in fremder Umgebung als Sklaven zu dienen. Die Litauerreisen des Ordens sind lückenhaft dokumentiert. Nur von wenigen weiß man Einzelheiten. Wigard von Marburg berichtet, daß Hochmeister Dietrich von Altenburg mit seinem Heer 1336 die litauische Burg Pilenai an der Memel belagerte. Als die Eingeschlossenen die Burg nicht länger halten konnten, verbrannten sie auf dem Burghof alles, was sonst Beute der Ritter werden würde. Dann töteten die Männer ihre Frauen und Kinder und ließen sich dann selbst von ihrem Fürsten Margiris enthaupten. Ein anderer Bericht nennt eine alte Frau, von der sich etwa 100 Männer in einer ähnlichen Situation köpfen ließen. Als die Ordensritter in die Burg eindrangen, tötete sich die Greisin selbst.

Im Gegensatz zu den „Reisen" des Ordens sind die Einfälle der Litauer ins Ordensland sehr gut dokumentiert. Im Jahre 1345 stieß Kienstut mit seinen Reitern bis Rastenburg vor und zerstörte die Burg, die erst 1354 wieder aufgebaut wurde. Als Riegel am südlichen Einfallstor durch die Seenkette wurde 1346 die Johannisburg gebaut. Im Jahr darauf führten die Litauer einen besonders verheerenden Kriegszug ins Ordensland und richteten im Gebiet östlich der Alle schwere Schäden an. Unter den zerstörten Orten waren das noch im Aufbau befindliche Dorf Rastenburg, eine Anzahl Dörfer im Gebiet von Bartenstein und Rößel sowie Dorf und Burg Leunenburg. Die Komturei Leunenburg war derart verwüstet, daß sie aufgelöst wurde. Ebenso wurde der Konvent von Insterburg aufgelöst und der Komtur durch einen Pfleger ersetzt. Die Burg Gerdauen konnte der Belagerung widerstehen, die Siedlung wurde jedoch zerstört. Die Städte Friedland und Wehlau wurden mitsamt den Kirchen niedergebrannt. Dem Hochmeister Heinrich Dusemer gelang es, die Litauer bei Labiau zur Schlacht zu stellen und zu schlagen, worauf sie das Land verließen. Als weitere Sperre ließ er 1348 die Burg Seehesten am Ende des Junosees errichten, die aber schon 1350 von den Litauern zerstört wurde.

Von dem frommen Hochmeister Heinrich Dusemer berichtet die Chronik, daß er einmal nach einem Sieg den gefangenen Litauern, die er freiließ, und den Witwen und Waisen der Gefallenen die Beute übergab. Nachdem er bei der Litauerreise von 1346 auf dem Felde von Oukim die Litauer besiegt und die Burg Wielun erobert hatte, ließ er die Gefangenen ohne Lösegeld nach Hause ziehen, anstatt sie, wie üblich, zu behalten und beim Burgenbau einzusetzen.

Entstehung der Familiennamen

Zu dieser Zeit wurde auch im Ordensland mit der Einführung von Familiennamen begonnen, was im übrigen deutschen Sprachraum schon etwas früher durchgeführt worden war. Während die Römer drei Namen bevorzugten, hatten unsere germanischen Vorfahren nur einen Namen. Dieser bestand in der Regel aus zwei Teilen und hatte eine gewisse Bedeutung bezüglich der Familie und Herkunft. Heiratete zum Beispiel ein Guntfried eine Helmrun, so ließen sich für die Kinder Namen wie Gunthelm, Friedhelm, Guntrun, Helmfried und weitere daraus bilden. Auf diese Weise entstand eine ungeheure Fülle an Namensgut. Auch bei den Prußen war nur ein Name üblich, der eine ähnliche Anwendung und Bedeutung hatte.

Mit dem Sieg des Christentums ging dieser Reichtum an Namen verloren. Die Wahl war nun auf wenige Namen biblischer Herkunft oder von Heiligen beschränkt. Von diesen wurden einige so häufig verwendet, daß es Dörfer und selbst Städte gab, in denen die Hälfte aller männlichen Einwohner Johann hieß. Fügte man noch Josef, Jakob und Peter hinzu, waren dreiviertel aller männlichen Bewohner des Landes erfaßt. Ähnlich häufig waren auch die weiblichen Namen Maria, Katharina und Anna verbreitet. Auch im späteren Herzogtum Preußen änderte sich das nicht. Durch diese Verarmung der Namensgebung war eine genaue Bezeichnung der Person schwierig und eine weitere Kennzeichnung dringend notwendig. Dies führte zum Doppelnamen, wobei dem Personennamen ein Familienname beigefügt wurde.

Die Registrierungsbeamten fanden schon viele Beinamen vor, die jetzt als Familiennamen festgelegt wurden. Schon lange war es üblich, dem Namen den Herkunftsort beizufügen, wie es zum Beispiel bei den Ordensrittern üblich war. Bei vielen Namen wurden einfach die Berufe angehängt, denn der Peter, der die Schmiede hatte, war als Schmidt-Peter bekannt, und den aus der Mühle nannte man Müller-Peter. So entstanden auch die Webers, Bauers, Schneiders, Wagners, Bäckers und ähnliche. Dazu gab es den großen und den kleinen Peter, den schwarzen und den braunen, die nun diese Bezeichnungen als Familiennamen erhielten. Eine Regel gab es aber nicht, und oftmals hing es von der Laune des Beamten ab, welchen Namen der Benannte von nun an zu tragen hatte. Manche waren auch so vulgär, daß sie später geändert wurden. Da die Prußen alle auf einen christlichen Namen getauft waren, fügten sie einfach ihren alten prußischen Namen als künftigen Familiennamen hinzu. Dadurch blieb ein großer Teil dieser Namen erhalten.

Beginn der zweiten großen Pest

Das betriebsame Leben und Treiben im Ordensland, die rege Bautätigkeit, der Zuzug der Siedler und der blühende Handel kamen plötzlich zum Stillstand. Ein tödlicher Feind erschien, gegen den man sich nicht wehren konnte. Die Schwarze Pest, die zuerst in Indien gewütet hatte, wurde im Oktober 1347 durch Seefahrer von der Krim nach Messina (Sizilien) eingeschleppt und wanderte von dort nord- und westwärts. 1348 durchzog sie Spanien, Frankreich und Deutschland. Im selben Jahr erreichte sie auch das Ordensland, wo sie bis 1350 herrschte.

Die Pest war in Europa schon vergessen. Seit den Epidemien von 442 bis 767 hatte es keine Seuche ähnlicher Art mehr gegeben. Deshalb waren die Menschen jetzt besonders anfällig. Rund zwei Drittel der Bewohner Europas erkrankten, von denen etwa die Hälfte starb. Nach einer von Papst Clemens VI. aufgestellten Statistik starben in den Jahren 1348/49 von den angeblich 125 Millionen Einwohnern Europas insgesamt 42.836.486. Diese genaue Zahl betrifft nur das Gebiet Europas, das der Römischen Kirche unterstand. Die gleiche Statistik berichtet weiter, daß 200.000 Dörfer ganz entvölkert wurden und manche Städte nach der Pest nur noch so viele Einwohner wie ein Dorf hatten. In Erfurt wurden in elf Massengräbern über 12.000 Leichen verscharrt. In Lübeck starben am 10. und 11. August etwa 2.500 Menschen. In Danzig raffte die Pest nach einem milden, nassen Winter fast 10.000 Einwohner hinweg, in Thorn über 4.000. Die Menschen starben so schnell, daß die Lebenden die Beerdigungen nicht mehr bewältigen konnten.

Die Chroniken und Annalen blieben unvollendet, und die Geschichtsforschung findet nur wenige Nachrichten aus dieser Todeszeit. In Lübeck erhielt erst 1385 der Lesemeister Detmar des Franziskanerklosters vom Rat der Stadt den Auftrag, die Stadtchronik fortzusetzen, nachdem sie 36 Jahre unterbrochen worden war.

Die Pest wurde von nun an bis über das Mittelalter hinaus ständiger Begleiter der Menschen. Bis 1400 gab es sieben, bis 1543 weitere 26, zwischen 1566 und 1597 16 Pestepidemien. In manchen Gegenden hielt eine Pestwelle ein ganzes Jahrzehnt an. Bald kannten die Menschen ein Leben ohne Pest nicht mehr, und sie gewöhnten sich daran, mit ihr zu leben.

Im Ordensland erlosch die Pest zu Beginn des Winters 1350. Außer in Danzig, der größten Stadt des Landes, und Thorn, der ältesten, scheint die Pest weniger Opfer als im Reich gefordert zu haben, denn als Hochmeister Winrich von Kniprode im September 1351 sein Amt antrat, erreichte der Ordensstaat bald den glanzvollen Gipfel seiner Geschichte. Die neuen Städte im Ordensland konnten sich zwar nicht mit den alten im Reich an Größe messen, doch hinsichtlich der Sauberkeit waren sie jenen überlegen. Der Orden war beim Bauen sorgsam auf die Beseitigung der Abwässer und des Unrats bedacht, als im Reich noch niemand an entsprechende Einrichtungen dachte. Das mag mildernd auf die Seuche gewirkt haben.

Die Folgen der Pest zeigten sich am deutlichsten an den Dorfgründungen, die vor der Pest zu Hunderten erfolgt waren. Jetzt wurden sie nur noch selten vorgenommen, denn neue Siedler kamen nur noch spärlich ins Land und ersetzten zum Teil auch erst die Verluste in den schon bestehenden Siedlungen. Die Pest nahm den Bauern die Freizügigkeit, die in der Kulmer Handfeste gewährt worden war. In einigen Handfesten deutscher Dörfer sind nach 1350 Zusätze zu finden, wonach der Bauer, nach Erfüllung all seiner Verpflichtungen, nur dann seinen Hof verlassen darf, wenn er einen Ersatzmann dafür besorgen kann. Der Grundherr wollte keine brachliegenden Äcker, für die auch er keine Bauern finden konnte.

Auch im Ordensland ist die Pestzeit an den fehlenden Jahren in der Geschichtsschreibung zu erkennen, wo der Tod den Chronisten den Federkiel aus der Hand nahm. In den meisten Schriftwerken über den Ritterorden ist darum die Pestzeit überhaupt nicht erwähnt. Etwa ab 1360 scheint der Rückschlag überwunden zu sein, und die Siedlungstätigkeit setzt in bescheidenem Maße wieder ein. Auch einige Güter werden wieder vergeben, wie eine Urkunde von 1362 zeigt, in der Hochmeister Winrich dem Erben des Hans Malgedi sieben Hufen beim Dorf Perkau (Kreis Bartenstein) verleiht, „da er treu geblieben, da sich die anderen Preußen [Prußen] verweigert hatten". Die nächste Pestwelle durchzog 1375 das Ordensland, worüber ebenfalls kaum etwas in den Geschichtsbüchern zu finden ist.

Auf der Höhe des Ruhms

Hochmeister Winrich war Rheinländer. Seine Familie leitete ihren Namen von dem Ort Kniprath unterhalb Kölns ab. Mit besonderer Fürsorge kümmerte er sich um die Bauern, und in einem Lied, das später zu seinem Lob gesungen wurde, heißt es: „Und sonderlich den Bauersmann hat er gehalten lobesam." Wie gut es der Bevölkerung ging, zeigt auch die Geschichte von dem Bauern, der den Hochmeister in seinem Haus bewirtete und ihn auf seiner gefüllten Geldkiste sitzen ließ, weil das der wertvollste Sitz war, den der Bauer anzubieten hatte. Die Ordenschronik lobt den Hochmeister so: „Meister Winrich war ein gar herrlicher Mann [...] aller Weisheit und allen Rates war er voll. Zu seinen Zeiten war der Orden zu Preußen geziert mit gar viel edlen und weisen Brüdern, so daß er ganz in Blüte stand [...] Alle, die ins Land gefahren kamen, sprachen, daß sie in keinem Lande so viele an Alter und Weisheit wohlgestalteter Leute gesehen hätten wie im Orden zu Preußen."

Das Ordensland ist die letzte Stätte des glorreichen ritterlichen Lebens geworden. Im Reich waren die ritterlichen Ideale mit den letzten staufischen Kaisern untergegangen. Die feine Bildung war nicht mehr gefragt, der Minnesang war verklungen, und die letzten dieses einst so dünkelhaften Standes treten schließlich als Raubritter ab. Zwar gibt es auch im Orden weder Minnesang noch Frauendienst, aber hier steht der Ritter noch in seinem vollen Glanz und bildet den ersten Stand. Darum sammelt sich im Orden die Blüte des deutschen Adels. Wo sonst in der Welt können sie ein ehrenvolleres Leben führen. Durch die Strenge einer religiösen Genossenschaft und den Ernst großer staatlicher Aufgaben ist das verfallene Rittertum hier noch einmal zu glorreicher Höhe erhoben. „In Preußen, da ward er zum Ritter" ist lange der Ruhm des christlichen Adels, und stolz trägt der Preußenfahrer sein Leben lang das schwarze Kreuz. Auch Könige rechnen sich zur Ehre, wenn der Orden sie als Halbbrüder aufnimmt.

Die Litauerreisen mit den hohen Gästen, die wegen des ritterlichen Glanzes und der Auszeichnung am Ehrentisch Jahr um Jahr herbeiströmen, haben bis jetzt nichts erreicht. Mit Hochmeister Winrich kommt ein neuer Schwung in die Führung des Krieges, und die Litauerreisen steigern sich zu neuen, blutigen Höhepunkten. Bei der Reise von 1362 wird die starke Feste Kauen (Kowno) erobert und zerstört; 1370 kommt es zu der großen Reiterschlacht bei Rudau. Litauen steht aber unerschüttert; es hat seine Macht sogar mit Podolien und großen Teilen Rußlands vergrößert und ist die beherrschende Großmacht Osteuropas.

Dies ist die Glanzzeit der Ordensbaukunst, in der die meisten Burgen in Stein ausgebaut oder von Grund auf neu errichtet werden. Unter den fleißigen Händen Tausender Arbeiter und Handwerker entstehen prächtige gotische Kirchen und mächtige Burgen, von denen das Haupthaus Marienburg alle anderen überstrahlt. In Thorn entsteht der größte deutsche Rathausbau des Mittelalters. Die älteste Steinburg des Ordenslandes aber, die Burg Balga, war zu dieser Zeit schon 100 Jahre alt. Der enorme Umfang dieser Bautätigkeit sowie die Baukunst des Ordens stellen noch immer ein eindrucksvolles Zeugnis seiner Kulturarbeit dar.

Da geeignete Tonerde an vielen Orten vorkam, wurde der Steinbau einer Ordensburg in der Regel mit dem Bau eines Ziegelofens begonnen. Kalkstein gab es aber nur in beschränkter Menge bei Ragnit, Dirschau und Elbing. Die Rohsteine für Baukalk wurden daher hauptsächlich aus Gotland und Öland eingeführt und im Ordensland gebrannt und gelöscht. Die große Festigkeit des Mörtels wurde nicht durch besondere Zusätze erreicht, wie bisher vermutet wurde, sondern bestand nur aus Sand und Kalk, wobei allerdings mehr Kalk als heute verwendet wurde. Da der knappe Waldbestand des Landes bei weitem nicht den Bedarf für die lebhafte Bautätigkeit decken konnte, mußten große Mengen Bauholz aus Livland und Polen eingeführt werden. In Plock unterhielt der Orden sogar ein eigenes Sägewerk, um die dort aufgekauften Stämme zu verarbeiten. Das fertige Bauholz war leichter und billiger zu transportieren als rohe Stämme. Daß Bauholz im Ordensland knapp war, zeigt auch die Verordnung über die Holzentnahme für Weichselschiffer. Sie durften an Landestellen Brennholz entnehmen, aber keine Eichen und Fichten.

Bei der Entstehung der Ordensburgen verschmelzen Kloster- und Wehrzweck zu architektonischen Bauwerken, wie sie besser organisiert nirgendwo sonst in Europa geschaffen wurden. Die Burgen können eine Besatzung von 200 bis 400 Mann aufnehmen und auch der umliegenden Landbevölkerung hinter ihren Mauern Schutz bieten. Sie sind reine Zweckbauten; Schmuck und Ornamentik sind sparsam angebracht. Großartig, und nirgendwo sonst in dieser Art zu finden, sind die „Danzker", Abortanlagen über einem fließenden Gewässer, das oft erst künstlich herangeführt wurde. Nur wenige Burgen blieben ohne Stadt, wie Lochstädt und Balga. Auch Kirchen, Rathäuser und Stadttore entstanden in gleicher Bauweise, so daß eine Einheit des Baustils bei allen öffentlichen Bauten zustande kam.

Einige Anmerkungen in den Ordensbüchern geben auch über die Anzahl der Arbeiter Auskunft, die beim Burgenbau beschäftigt wurden. Nur das Ausheben der Gruben für den Bau der Burg Labiau erforderte 544 Arbeiter. Für einen anderen Burgenbau forderte der Vogt des Samlands 1.200 Arbeiter an.

Das Ordensland ist das größte geschlossene Rechtsgebiet im ganzen Deutschen Reich und eines seiner reichsten Länder. Es gibt in Europa keinen Staat, der über so enorme Geldmittel verfügt wie das Ordensland Preußen. Seine Handelsbeziehungen reichen bis Nowgorod, England, Holland und Portugal. Über ganz Europa strahlt der Glanz seines Namens und seiner beispiellosen Verwaltung, seines Reichtums und seiner Macht. Es ist einer der großartigsten Staaten, die Menschengeist jemals hervorbrachten, das Modernste, was Menschen im Mittelalter überhaupt schaffen konnten. Der Historiker Erich Caspar schreibt dazu: „Nicht die Gunst des Kaisers, noch weniger die Gnade des Papstes, sondern das Schwert der Ritter und die politische Kunst der Hochmeister haben den Ordensstaat geschaffen. Seine Stellung in der christlichen Welt und zu deren beiden Zentralgewalten entwickelte sich nach dem historischen Gesetz der Macht."

Organisation und Verwaltung

Das Staatswesen des Ordenslandes ist ein Musterbeispiel nicht nur für jene Zeit, sondern es wurde auch in den folgenden Jahrhunderten nie mehr ganz erreicht. Die gesamte Verwaltung ist hervorragend organisiert und unterliegt strengster Aufsicht und Kontrolle. Selbst über dem Hochmeister, der vom Generalkapitel auf Lebenszeit gewählt ist, wacht das Gesetz. Nur in dringender Not darf er durch einen Machtbrief unbedingten Gehorsam befehlen. In der Staatsführung unterstützen ihn fünf Großgebietiger, denen gesonderte Aufgabengebiete unterstehen. Von ihnen hat der Großkomtur die allgemeine Verwaltung unter sich. Er ist Stellvertreter des Hochmeisters und leitet Handel und Schiffahrt. Dem Ordensmarschall untersteht das Kriegswesen. Wenn bei einem Kriegszug der Hochmeister nicht selbst das Kommando führt, ist er auch oberster Feldherr. Der Obersttreßler verwaltet die Finanzen, und dem Obersttrappier untersteht das Bekleidungswesen. Der Oberstspittler leitet das umfangreiche Spitalwesen und kümmert sich um Kranke und Notleidende. Diese fünf obersten Gebietiger müssen zu jedem wichtigen Beschluß ihre Zustimmung geben.

Wie der Hochmeister dem ganzen Orden, so steht der Komtur seinen zwölf Brüdern jeder Komturei vor, die seinen Konvent bildeten. Die Ordensregeln zeigen uns heute noch, wie hoch hier die Kunst, Menschen zu leiten und zu größter Leistungsfähigkeit anzuspornen, ausgebildet war. Der Ritter schwor die drei Gelübde der Armut, Keuschheit und des Gehorsams. Dafür empfing er vom Orden ein Schwert, ein Stück Brot und einen gebrauchten alten Mantel. Ihm war verboten, das Wappen seines Hauses zu führen, zu herbergen bei den Weltlichen, zu verkehren in den üppigen Städten, allein auszureiten sowie Briefe zu erhalten oder zu schreiben. Viermal nachts, wenn die Brüder halb bekleidet mit dem Schwert zur Seite schliefen, wurden sie von der Glocke zu den „Gezeiten" gerufen und viermal zu den Gebeten des Tagamtes. Jeden Freitag unterlagen sie der mönchischen Kasteiung und empfingen die Schläge der „Juste". Im Jahr waren 120 Fasttage vorgeschrieben, ritterliche Spiele und Jagdvergnügen nicht erlaubt.

Geriet einer in Schuld, trat das geheime Kapitel zusammen und verwies ihn mit der Jahrbuße zu den Knechten, oder ließ die „Juste" an ihm vollziehen, denn „so die Schuld ist, soll man die Schläge messen". Nur die „allerschwerste Schuld", die Fahnenflucht, der Übertritt zu den Heiden, auch wenn er den Glauben nicht verleugnete, und die Sünde der Sodomie (gemeint ist Homosexualität) konnte nicht gesühnt werden. Bei den beiden ersten Vergehen wurde der Schuldige aus dem Orden ausgestoßen, beim letzten Verbrechen in ewiger Gefangenschaft gehalten. Noch über das Grab hinaus wachte der Orden über seine Brüder. Wurde im Nachlaß eines Ritters mehr gefunden als das Gesetz erlaubte, verscharrte man die Leiche auf dem Felde. Außer diesen Vollbrüdern gab es sogenannte Familiare. Das waren Laien, die ihren Besitz nach ihrem Tod dem Orden übereignet hatten und dafür eine lebenslange Anstellung erhielten. Unter diesen waren auch Frauen und Ehepaare.

Anfangs konnten auch Bauernsöhne dem Orden beitreten; erst später wurde adlige Abkunft verlangt. Die Unterscheidung von adligen und nichtadligen Personen entwickelte sich damals erst. Ursprünglich gab es zwar Edelfreie, die aus den germanischen Edelingen hervorgegangen waren, und dann galt die Stimme im Reichstag als Bedingung zum Adel. Aber adlige Namen gab es ebensowenig, wie es auch kaum Familiennamen gab. Die Bezeichnung „von" mit einem Ortsnamen war nichts weiter als die Angabe des Herkunftortes der Person. Auch die meisten Ordensritter wurden mit ihrem Vornamen und dem Ort ihrer Heimat benannt. So kam Hochmeister Anno von Sangerhausen aus jener Stadt am Harz, Heinrich von Plauen aus der im Vogtland und Karl von Trier aus Trier. Konrad von Feuchtwangen hieß nur Konrad und kam aus der alten Stadt in Mittelfranken. Da es keine Rechtschreiberegeln gab, wurden die Namen damals sehr unterschiedlich geschrieben. So kam Werner von Orseln aus dem heutigen Oberursel bei Frankfurt am Main.

Der Ritterorden ist auch eine hervorragend organisierte Streitmacht mit straffer Führung. Ein etwa 5.000 Mann starkes Heer steht unter Waffen, das jederzeit durch Ritter, Bürger und Söldner verstärkt werden kann. Die Bürger der Städte müssen ihre Stadt selbst verteidigen. Wo aber der Orden eine Burg hat, hilft er dabei. Nur die Bauern sind vom Wehrdienst befreit.

Fortschrittliche Gesetze geben dem Staat ein festes Fundament. Alle Untertanen haben sich nach der Landesordnung zu richten, die anfangs aus 30 Gesetzen bestand. Sie mußte dreimal im Jahr öffentlich vorgelesen werden, damit sich niemand mit Unwissenheit entschuldigen konnte. Die Gesetze regelten Arbeit und Lohn, Steuern, Wehrdienst, Rechtsprechung und viele Dinge des täglichen Lebens. Hier sind einige davon:

„1. Kein Gotteslästerer, Schwarzkünstler, Weideler oder wie sie sonst heißen […] sollen im Land geduldet werden, und wer sie verhalten würde, soll des Rechts wegen mit ihnen gleiche Strafe erleiden.

3. Wer preußische [prußische] Untertanen und Gesinde hat, soll sie fleißig zum Gottesdienst anhalten und achtgeben, daß sie nicht preußisch [prußisch] reden.

4. Wir gebieten, daß in deutschen Städten, Dörfern und Krügen kein Preuße [Pruße] als obrigkeitliche Behörde anderen vorgesetzt oder zu einem Amt zugelassen werde; insgleichen sollen Preußen [Prußen] nicht Bier schenken, weder Frau noch Mann; sondern sie sollen die Wüsten erben und die wüsten Huben räumen und bewohnen und die wüsten Acker bauen.

[Hochmeister Werner von Orseln zwang die Prußen sogar zu einer Sondersteuer, wenn sie täglich mehr als zwei Maß Bier tranken.]

6. Wird ein Dienstbote ohne Verschulden vor der Zeit entlassen, so soll die Herrschaft ihm den vollen Lohn entrichten. Müßiggänger und Bettler sollen nirgends geduldet oder gehegt werden.

7. Ehen zwischen Dienstboten sollen von der Herrschaft nicht gehindert werden, außer in der Erntezeit, im Heuschlag, in der Weinlese und beim Hopfenpflücken, denn da sollen sie die Arbeit verrichten.

9. Jeder Handwerker soll seine Arbeit mit einem besonderen Zeichen versehen, damit man sehen kann, wer die Arbeit gemacht hat.

19. Man soll keinem sein zu täglicher Arbeit notwendiges Vieh um irgendeiner Schuld willen pfänden ohne Erlaubnis.

24. Niemand soll liederliches Doppelspiel üben oder verhegen, so gering es auch sein möge."

In einer Erläuterung wird das 3. Gesetz damit begründet, daß die Prußen im Gottesdienst der deutschen Predigt folgen können: „Doch kann es auch sein, daß der Hochmeister auch darum die deutsche Sprach ihnen bekannt machen wollen, damit sie die alte preußische [prußische] verlernen möchten und also den heimlichen Verehrungen der alten preußischen [prußischen] Götter nicht beiwohnen könnten, wobei die alte preußische [prußische] Sprach noch gebraucht worden." Zur Ausschaltung der Prußen von allen Ämtern im 4. Gesetz heißt es: „Dieses hat der Orden hochnötig zu beobachten, da denen Preußen [Prußen] nicht zu trauen ist, als welche nicht nur zu fünf verschiedenen Malen schon von dem Orden abgetreten waren und mit großer Härte und Blutvergießen wieder in den vorigen Stand mußten gebracht werden, sondern auch, wenn sie gleich Freunde heißen wollten, dem Orden keinen Glauben gehalten, vielmehr allerhand Untreue bewiesen."

Es stellte sich bald heraus, daß manche dieser Anordnungen nicht durchführbar waren. Es war sinnlos, die prußischen Bauern in die Wildnis zu jagen, wenn nicht genug deutsche Siedler ins Land kamen, um ihre Äcker zu übernehmen. Auch die Sprache ließ sich nicht so schnell beseitigen, wie es der Orden wollte. Wer sollte den Prußen, die große Gebiete mehrheitlich bewohnten, die deutsche Sprache beibringen? Die Schwierigkeit wurde noch dadurch erhöht, daß die Ritter mittelhochdeutsche, die Bauern meistens plattdeutsche Dialekte sprachen.

Der Orden mußte schließlich hinnehmen, daß die prußische Sprache sogar vor seinen Gerichten gebraucht wurde und er dazu sogar ein prußisch-deutsches Wörterbuch anlegen ließ. Nachdem sich die prußische Bevölkerung jahrzehntelang die deutsche Predigt geduldig angehört hatte, ohne sie zu verstehen, wurden schließlich in manchen Kirchen sogenannte Tolken eingesetzt, die neben dem Pfarrer stehend dessen Predigt ins Prußische übersetzten. Die Sprache, die der Orden so schnell ausrotten wollte, lebte länger als der Orden. Nach seinem Ende stand der Tolke immer noch neben dem Pfarrer, und Herzog Albrecht ließ den protestantischen Katechismus ins Prußische übersetzen, weil 250 Jahre nach dem Sprachverbot des Ordens große Teile der Bevölkerung noch immer kein Deutsch verstanden. Das zeigt auch deutlich, wie abgesondert die Prußen von den Deutschen lebten.

Das Ordensland war in 25 Komtureien eingeteilt; dazu gab es mehrere Vogteien und Pflegeämter, die teils selbständig, teils den Komtureien unterstellt waren. Der Komtur war in seinem Gebiet für alle Aufgaben der Verwaltung verantwortlich, die Aufsicht oder Anweisung erforderten, einschließlich Verteidigung, Rechtsprechung und Besiedlung. Alltäglich konnte ein Prüfer erscheinen und alle Schlüssel und Rechnungen der Burg fordern. Zu den weitblickenden Verwaltungsaufgaben gehörte eine weise Getreidevorratswirtschaft, eine maßvolle Nutzung der Fischerei und die Überprüfung der Münzen, Maße und Gewichte. Die Landesordnungen regelten Warenqualität, Preise und Gesindefragen.

Die Verordnungen über Feuerschutz, Sicherheit, Marktregelung, Gesundheitswesen und gute Sitte wurden mit der Zeit in „Willküren" kodifiziert. Diese wurden in späteren Jahrhunderten modernisiert und blieben die Grundlage öffentlichen Lebens bis in die Neuzeit. Bruno Schumacher schreibt: „Betrachtet man die Städte des Ordenslandes, bedenkt man ferner, daß auch die kleinen Städte von einer tüchtigen, gewerbetreibenden Bevölkerung bewohnt waren und in ihren stattlichen Kirchen und öffentlichen Gebäuden sprechende Zeugen des Gemeinsinns, der Tatkraft und des Schönheitssinns ihrer Bürger hatten, so wird man ohne Übertreibung sagen können: das Städtewesen stand in der Blüte des Ordensstaates auf einer wirtschaftlichen und kulturellen Höhe, wie sie damals in Deutschland, ja selbst in Europa, einzig von den italienischen Handelsstädten abgesehen, unerhört war."

Besonders mit der Einrichtung eines musterhaften Spitalwesens war der Orden seiner Zeit weit voraus. In der Vorschrift über die Hospitäler steht unter anderem: „Man soll Ärzte haben, der Macht des Hauses und der Zahl der Kranken entsprechend, und nach ihrem Rat und soweit es das Haus vermag, soll man die Kranken barmherzig behandeln und liebevoll pflegen [...] Die Komture sollen darauf achten, daß es den Kranken weder an Kost noch an dem, was sie sonst bedürfen, mangele. Zur Pflege der Kranken sollen Leute ausgesucht werden, die Andacht und Demut dazu zieht, daß sie den Kranken getreu und liebevoll dienen. Die Komture wie die anderen Brüder sollen sich dessen bewußt sein, daß, als sie diesen heiligen Orden empfingen, sie ebenso fest gelobt haben, den Kranken zu dienen, als den Orden der Ritterschaft zu halten."

Im Hospitalwesen dienten viele der weiblichen Ordensangestellten. Der Oberstspittler war der einzige Amtsträger, der – bei aller sonstigen Verpflichtung zur Rechenschaftsablegung – über seine Geldausgaben keine Rechnung zu legen brauchte, um in seiner Fürsorge für Kranke und Schwache nicht durch eine genaue Buchführung behindert zu sein. Ihm unterstanden nicht nur die „Firmarien" (Lazarette) in den Ordenshäusern, sondern auch alle Spitäler, die der Orden auch außerhalb seiner Burgen errichtet hatte. Um 1400 standen in 81 Städten Spitäler des Ordens mit dem Haupthospital in Elbing. Damit hatte der Orden einen wesentlichen Einfluß auf den Gesundheitszustand des ganzen Landes, und sein Spitalwesen war – erstmalig in Europa – eine staatliche Krankenfürsorge, die nicht nur einer bestimmten Klasse, sondern der gesamten Bevölkerung kostenlos zur Verfügung stand. Erst am Ende des 20. Jahrhunderts diskutierte man ernsthaft wieder über eine solche Einrichtung, die im Ordensland Preußen weit ausgebildet schon im 14. Jahrhundert bestand.

Zu den bewundernswürdigen Einrichtungen des Ordenslandes gehörte auch ein zuverlässiges und erstaunlich gut organisiertes Nachrichtensystem, das dem Stallmeister des Ordens unterstand. Die Post wurde von Burg zu Burg durch reitende Boten, den sogenannten „Bryffjongen" befördert, die „czu tage und czu nacht" im Dienst standen. Die Boten waren in der Regel Prußen, die die einheimischen, besonders ausdauernden „Schweiken" ritten. Sie trugen die Post im „Bryffsack", einem gewachsten Leinenbeutel. In jeder Burg war ein besonderer Raum für die Post reserviert. Nach einem Bericht sollen die Postreiter blaue Jacken getragen haben. In abgelegenen Gegenden wurden die Dorfschulzen zur Beförderung der Ordenspost verpflichtet, wobei diese Dienstleistung vom Orden bezahlt wurde.

Mit der Besetzung des Landes durch deutsche Siedler organisierte der Orden auch die Rechtsverfassung des Landes. Er verlieh Recht und Gerichtsbarkeit an Städte, Dörfer und Grundbesitzer. Während die Städte die kleine und die große Gerichtsbarkeit besaßen, durften Dörfer und Güter meistens nur die kleine ausüben. Diese urteilte über geringe Vergehen, die mit Geldbußen oder Schadenersatz durch Abgabe von Gut bestraft wurden. Die große Gerichtsbarkeit behandelte schwerere Fälle, wobei es oftmals um „Hals und Hand" ging. Ein

Dieb konnte seine Hand verlieren, wenn er das Glück hatte, nicht gehenkt zu werden. Die Landgerichte bestanden aus einem Richter und zwölf Schöffen, die alle vom Orden ernannt wurden. Es tagte in der Regel sechsmal im Jahr unter Aufsicht des Komturs. Oft wandten sich streitende Parteien direkt an den Komtur oder den Hochmeister. Diese versuchten den Streit ohne Gerichtsverfahren zu schlichten. Gelang das nicht, verwiesen sie den Fall vor das Landgericht und enthielten sich jeder Einmischung. Streitfälle werden „vor eynem landrechte und nicht vor dem hohemeister oder seynen gebietigern vorrechtet", hieß es. Das galt jedoch nur für Deutsche; Prußen hatten zu den Landgerichten keinen Zugang.

Von den als rechtlos erklärten Prußen, die unter einem Schulzen oder Gutsherrn standen, übte dieser das kleine Gericht über sie aus, es sei denn, daß der Gutsherr auch das große Gericht hatte. Zu diesen Grundherren mit kleiner und großer Gerichtsbarkeit gehörten auch diejenigen Prußen, die vom Orden für ihre „Verdienste" damit belohnt worden waren. Alle anderen Prußen unterstanden für kleine und große Straftaten direkt der Gerichtsbarkeit der Komture, die das Urteil über sie nach ihrem Gutdünken oder ihrer Laune fällten. Ihr Recht war deswegen ein viel schlechteres, gegenüber dem der deutschen Einwanderer.

Wirtschaft und Seehandel

Während im Reich sich zu dieser Zeit die ersten Anfänge zeigten, die reine Naturalwirtschaft durch die Geldwirtschaft abzulösen, war der Orden von Anbeginn mit der Geldwirtschaft vertraut. Sein musterhaft geordnetes Finanzsystem steht in dieser Ausbildung einzig unter den mittelalterlichen Staaten da. Der Orden selbst hatte vier Einnahmequellen:

1. den Ertrag, der aus seiner umfangreichen Eigenwirtschaft, den Ordensdomänen, kam und seine größte Einnahmequelle war;
2. die Abgaben seiner Untertanen an Naturalien und Geld;
3. die Gebühren der Gerichtsfälle;
4. die Erträge der Regalien, wozu der Ertrag der Forsten, Nutzung der Gewässer, die Ordensmühlen und die Bernsteingewinnung gehörten.

Die Staatsdomänen, damals Ordenshöfe genannt, waren die ersten Agrar-Großbetriebe des deutschen Ostens. Neben der Erzeugung von Getreide wurde dort eine umfangreiche Vieh- und Pferdezucht betrieben. Eine bedeutende Anzahl Dienstleute und Arbeiter waren angestellt, um die großen Ländereien zu bearbeiten und den oft enormen Viehbestand zu versorgen. Der Ordenshof Montau (Kreis Marienburg) hatte 1387 zum Beispiel 206 Pferde mit 67 Fohlen, 80 Kühe, 632 Schweine und 2.931 Schafe. Zeitweise besaß der Orden über 13.000 Pferde, 61.000 Schafe, 10.000 Rinder und etwa 2.500 Schweine. Aus dem Ertrag der Ordenshöfe und den Abgaben der Bauern wurden die großen Vorratslager für Getreide angelegt, um in Notzeiten die Bevölkerung versorgen zu können. In den Speichern jeder Ordensburg lagerten stets zwischen 1.000 und 1.500 Tonnen Getreide.

Zu diesem Wirtschaftszweig zählten auch die 61 Gestüte des Ordens, in denen hauptsächlich die schweren Kampfrosse der Ordensritter gezüchtet wurden, von denen die späteren ostpreußischen schweren Arbeitspferde (Ermländer) des staatlichen Gestüts Braunsberg abstammen sollen.

Sehr gewinnbringend war der Bernsteinhandel. Schon 1260 legte der Orden die Bestimmungen des Bernsteinregals (Monopol) fest. Aller Bernstein gehörte dem Orden; auf Besitz oder Hinterziehung von Bernstein stand der Tod durch Erhängen. Besondere Bernsteinvögte wurden eingesetzt, die darüber wachten, daß dem Orden kein Stein verlorenging. Sie zahlten den Sammlern einen bestimmten Lohn und lieferten die Steine an die Großschäfferei in Königsberg ab.

Eine weitere gute Einnahmequelle für den Staat war die Honiggewinnung. Ganze Dörfer mit Beutnern wurden ausschließlich zu diesem Zweck gegründet. Der Komtur zu Rhein, Johann Schönfeld, gründete zum Beispiel 1397 das Beutnerdorf Aweyden (Kreis Sensburg) auf 60 Hufen. Die Insassen waren von Scharwerk und Zins befreit, aber zur Honigabgabe verpflichtet. In der Urkunde heißt es: „[...] sollen die ehegeschriebenen Eynwoner des vorgenannten Dorffes und ihre rechten Erben und Nachkomlinge Nymant ihren Honig verkaufen denn uns, und sollen uns geben dy Tonne um 1 Mark Pfennige. Sie sollen auch sonsten keinen Honig wegbringen, vergeben oder verbrennen, ohne Wissen ihrer Herrschaft."

Auch alle anderen Imker und Beutner mußten in der Regel ihren Honig dem Orden verkaufen. Wie schon früher bei den Prußen, so gab es auch im Ordensstaat viele Bienengärten. Im Amt Brandenburg befanden sich 1417 zum Beispiel 4.098 Stöcke. Müheloser und ertragreicher war aber noch immer das Ansetzen wilder Bienenvölker in ausgehöhlten Bäumen der Wälder. Nach einer Berechnung von Friedrich Samuel Bock liefert ein Wildbienenvolk 40 Prozent mehr Honig als ein Gartenvolk. Deshalb bezahlte der Orden um 1420 den Beutnern vier Mark, den Gartenimkern aber fünf Mark für das Faß Honig. Allein eine Abrechnung des Amtes Ortelsburg von 1507 führt umgerechnet 182 Doppelzentner Honig auf. In der Beutnerzunft herrschten besonders strenge Gesetze. Wer fremde Beuten bestieg, sollte gehenkt werden. Wer Beuten ganz ausnahm, auch die eigenen, den Bienen also keinen Honig zurückließ, den sollte der Henker noch schlimmer bestrafen.

Nicht unbedeutend war der Weinanbau im Ordensland, und der Wein aus Preußen hatte einen guten Ruf. Damals war eine Periode milderen Klimas, denn Wein übersteht keine strengen Winter. Der Orden brachte aus Deutschland und Italien erfahrene Winzer ins Land, die an geeigneten Stellen Weingärten anlegten. Diese lagen an der Guber bei Rastenburg und Leunenburg, bei Rhein, Tapiau und vor allem an den Ufern der Weichsel. Vom Jahr 1379 wird berichtet, daß die Ernte 606 Fässer Wein erbrachte, der zum größten Teil den Komturen des Landes übergeben wurde. Der andere Teil wurde in der Regel an ausländische Fürsten und Herrscher verschenkt. In den Kriegen mit Polen ging der Weinbau zugrunde, so daß am Ende der Ordenszeit nichts mehr davon vorhanden war. Später fand man an diesen Stellen nur noch die großen Weinbergschnecken im Gras, die der Orden damals als Fastenspeise, gleichzeitig mit den Weinstöcken, eingeführt hatte. Sie sind das letzte Überbleibsel des Weinbaus im Ordensland. Die später an geschützten Stellen gezogenen Weinstöcke waren neu eingeführte Sorten anderer Herkunft.

Da die Abgaben der Untertanen zum größten Teil aus Naturalien bestanden, zu denen noch die Erträge seiner Eigenwirtschaft kamen, war der Orden auf Handel angewiesen, um diese Waren umzusetzen. Dadurch entwickelte er sich zu einer bedeutenden Handelsmacht mit einer ansehnlichen Hochseeflotte. Dazu hatte auch noch jede Seestadt bzw. deren Kaufherren eigene Schiffe. Die wichtigsten Ausfuhrprodukte waren: Getreide, Eichenholz und Holzprodukte (Teer, Pottasche), Flachs, Hopfen, Honig und Wachs, Seehundfett, Häute, Leder und natürlich Bernstein. Falkenschulen versorgten Jäger in allen Ländern Europas mit dem begehrten Federspiel. Als Einfuhrgüter kamen zurück: Eisen, Tuche, Salz, Zucker, Reis, Gewürze, Kalkgestein und etwa ab 1360 in steigendem Maße Salpeter. Eisen bezog der Orden hauptsächlich aus Schweden und Ungarn. Es wurde an etwa zehn Orten im eigenen Land verarbeitet. Hammerwerke bestanden unter anderem in Bütow, Schlochau, Rastenburg, Ortelsburg und Neidenburg.

Der Handel, besonders der über See, lag damals in den Händen der Hanse. Da deren Macht hauptsächlich auf dem Ostseehandel beruhte, war der Orden maßgeblich daran beteiligt. Die sechs preußischen Seehandelsstädte, Danzig, Elbing, Königsberg, Kulm, Thorn und Braunsberg, gehörten alle der Hanse an.

Als die norddeutschen Kaufleute im 13. Jahrhundert die Herrschaft über die Ostsee erlangt hatten, bildete sich durch Zusammenschluß mehrerer Schutzvereinigungen die Deutsche Hanse. An Größe und Lebensdauer übertraf sie jeden Städtebund der Geschichte Europas. Zeitweise gehörten ihr bis zu 200 Städte an. Ihre Hauptaufgabe war die gemeinsame Abwehr der Gefahren, denen die Warentransporte ausgesetzt waren, von denen die Seeräuberei das größte Übel war.

Ein Riesengeschäft der Hanse war der jährliche Heringsfang bei der Insel Schonen. Die Heringsschwärme waren so dicht, daß die Boote mit dem Ruder nicht mehr bewegt werden konnten. Noch 1527 wurden Heringe mit der Schaufel aus dem Meer geschöpft. Jährlich wurden etwa 100.000 Tonnen Hering exportiert.

Der Ordensstaat war bis 1410 die führende Ostseemacht. Sein Eigenhandel erreichte einen Umfang, daß es zu scharfen Spannungen mit der Hanse kam. Der Orden beanspruchte den Mitgenuß aller Vorrechte, die sich die Hansestädte mühevoll erworben hatten, ohne sich an den Lasten zu beteiligen. Auf dem Gipfel seiner Macht stehend wollte er nicht einmal dulden, daß seine Hansestädte sich an diesen Kosten beteiligten. Die bürgerlichen Kaufherren sahen mit steigender Besorgnis auf diese staatliche Handelskonkurrenz und spürten den Druck auf ihrem Handel, von dem der Orden streng den Pfundzoll von allen Einfuhren erhob.

Die meisten Güter aus dem Ordensland gingen nach Lübeck, Hamburg, und Flandern. Auch mit England bestanden rege Handelsbeziehungen, die jedoch immer wieder durch Piratenstreiche englischer Seeräuber unterbrochen wurden, die zu dieser Zeit die größte Gefahr für die gesamte Schiffahrt darstellten. Selbst Schiffe, die im Konvoi dicht an der Küste der Bretagne entlangsegelten, wurden von englischen Seeräuberflotten aufgebracht, die bis zu 100 Schiffe umfaßten, darunter Großsegler mit 200 Mann Besatzung. Die Menschen wurden dabei in der Regel umgebracht und über Bord geworfen, die Schiffe mit der Ladung in englische Häfen geschleppt. Durch diese Überfälle verlor das Ordensland immer wieder Schiffe. Ein besonders verlustreiches Jahr war 1383.

Die englischen Seeräuber trieben ihr Unwesen nicht nur um ihre Insel, sondern auf allen Meeren. Der Piratenstreich englischer Kriegsschiffe, die im Mai 1385 sechs Schiffe des Ordens in der Odermündung überfielen und ausplünderten, führte wieder zu einem Bruch des Handels zwischen den beiden Staaten.

England schützte seine Seeräuber stets mit der Ausrede, daß es sich um unbekannte Leute handele, die keine Engländer seien und über die der englische Staat keine Kontrolle habe. Da es sich diesmal aber um englische Kriegsschiffe handelte, verlangte Hochmeister Konrad Zöllner nachdrücklich Schadenersatz. Da England nicht darauf einging, ließ der Hochmeister englisches Gut in Höhe des Schadens beschlagnahmen. England lehnte trotzdem jeden Vergleich hochmütig ab. Der Hochmeister mußte die beschlagnahmten Güter den privaten Eigentümern wieder zurückgeben, sperrte aber die Einfuhr aller englischen Güter.

England verletzte fortwährend die mit der Hanse geschlossenen Verträge, indem von den preußischen Kaufleuten unrechtmäßige Zölle erhoben wurden. Die Proteste des Hanse-Kontors in London blieben unbeachtet. Darauf ließ der Hochmeister 1386 ein Verzeichnis aller englischen Raubtaten aufstellen und schickte es mit einer Gesandtschaft nach England. Aber auch damit erreichte er nichts. Schließlich schloß der Orden im August 1388 mit König Richard II. einen Vertrag zur Regelung der Handelsbeziehungen. Aber auch der wurde von England nicht beachtet und blieb ohne Bedeutung. Die Engländer sahen die Seeräuberei keineswegs als unehrenhaft an, besonders dann nicht, wenn England der profitierende Teil war.

Die glänzende Finanzlage des Ordens erlaubte ihm, bis zur Katastrophe von Tannenberg keine allgemeine Landessteuer zu erheben. Seine Finanzwirtschaft war bereits so modern, daß der Staatshaushalt scharf vom Haushalt des Hochmeisters getrennt war, der seine Einnahmen von bestimmten Gütern bezog. In den peinlich genau geführten Rechnungsbüchern ist nicht der leiseste Verdacht einer Veruntreuung zu finden.

Die Währungseinheit des Ordenslandes war das Metallgewicht Mark. Die Kulmer Handfeste hatte festgelegt, daß die Pfennige aus reinem Silber geprägt wurden und 720 davon 60 Schillinge ausmachten und eine Mark (256 Gramm Silber) wiegen sollten.

Weil aber so gute Münzen aus dem Lande geführt und anderswo mit Kupferzusatz umgeschmolzen wurden, war auch der Orden gezwungen, den Silbergehalt seiner Münzen stetig zu verringern. Das Währungssystem mit zwölf Pfennigen zu einem Schilling und 720 Pfennigen zu einer Mark wurde jedoch beibehalten. Die Mark war aber jetzt keine Gewichts-, sondern eine Zählmark. Um 1333 hatte die Mark nur noch zwei Drittel ihres ursprünglichen Silberwertes (etwa 170 Gramm). Um 1400 wurde die Mark folgendermaßen aufgeteilt: 24 Skot entsprachen 60 Schillingen, das waren 114 Firding oder 180 Vierchen, dasselbe wie 720 Pfennige.

Bis um 1380 war der Pfennig die einzige geprägte Münze im Ordensland; alle anderen Werte bezeichneten nur Verrechnungseinheiten. Der tägliche kleine Geldverkehr wurde nach Skot (30 Pfennige) gerechnet. Ein Kalb kostete fünf, ein Schaf sechs, ein schlachtreifes Schwein zwölf und eine Kuh 24 Skot. Gesellen, die am Bau der Ordensburgen arbeiteten, verdienten sieben Skot in der Woche, wenn sie vom Orden beköstigt wurden, ansonsten neun Skot. Die Löhne waren demnach keineswegs gering und wahrscheinlich höher als im Reich.

Mit dem Aufstieg Danzigs zur führenden Handelsstadt sank die Bedeutung Thorns. Als Ersatz für seine Einbußen erhielt Thorn 1403 das Privileg der „Thorner Niederlage". Damit wurde die alte Gewohnheit zum Gesetz erhoben, daß alle fremden Kaufleute nur auf der Thorner Straße einreisen durften und zuerst in Thorn ihre Waren anbieten mußten.

Die englische Seeräuberei wurde zu dieser Zeit unerträglich. So wie das 130 Lasten große Ordensschiff „Neue Hulk", mit einer Ladung Salz und Wein von Lissabon kommend, 1402 vor Calais von englischen Piraten aufgebracht wurde, so gingen immer mehr Schiffe der Hanse und des Ordens verloren. Auf dem Lübecker Hansetag im März 1405 sah man sich zu Gegenmaßnahmen genötigt. Da England auf seiner Insel vor einem gewaltsamen Vorgehen sicher war, konnte nur der Handelsboykott beschlossen werden. So wurde der Handel mit englischen Waren und die Ausfuhr von Bogenholz, Schiffsbauholz, Teer, Pottasche, Flachs und ähnlichem verboten. Da aber eine Stadt der anderen und eine Städtegruppe der anderen mißtraute, befürchteten alle, daß die einen die Geschäfte machten, während die anderen leer ausgingen. Daher kamen diese Maßnahmen nie richtig zur Wirkung. Die englische Seeräuberei, auf der größtenteils der Reichtum Englands begründet war, konnte nie beseitigt werden. Englische Piraten trieben noch immer ihr Unwesen, als es längst keinen Ordensstaat mehr gab.

Waldwirtschaft

In den alten Eichenwäldern der Prußen hatte der Orden einen Reichtum an hochwertigem Eichenholz vorgefunden, wie er anderswo in Europa nicht mehr zu finden war. Dort war der gute Wald schon längst abgeholzt worden, aber nun konnte der Orden Eichenholz von außergewöhnlicher Güte in scheinbar unerschöpflichen Mengen liefern. Hauptsächlich wurde es von England aufgekauft. Mit den Eichenwäldern verschwanden auch die anderen Forsten mit dem alten Baumbestand. Auch die Prußen hatten den Wald genutzt. Obwohl er ihnen viel gegeben hatte, war er nicht ärmer geworden. Er wurde als eine Gabe der Götter angesehen, die dankbar empfangen wurde. Sie glaubten, unter den mächtigen Bäumen den Göttern besonders nahe zu sein, und der Wald wurde daher geschätzt und verehrt. Die gepflegten Haine mit den uralten Eichen hatten ihnen als Kirchen gedient. Die neuen deutschen Herren kannten keine Ehrfurcht vor einem Wald und schlugen die alten Bäume um; und niemals wieder würde auf diesem Land ein solch prächtiger Wald stehen.

Die alten Wälder der Prußen waren aber nur ein Teil des großen Geschäftes, das der Orden aus den Wäldern schlug. Die Gebiete der drei zuletzt unterworfenen und entvölkerten Prußengaue waren inzwischen mit einem 100jährigen Wald bedeckt, der reif zur Nutzung war. Die Waldgebiete aber, die von dem großen Wildnisgürtel übriggeblieben waren, hatten den ältesten und wertvollsten Baumbestand. In diesem Gebiet der galindischen Wildnis errichtete der Orden die größte und leistungsfähigste „Waldbude", und zwar in Seehesten (Kreis Sensburg). Waldbuden nannte man die Arbeitsstätten (handbetriebene Sägewerke) mit den Wohneinrichtungen der Arbeiter. Dort wurden Balken, Bohlen und Bretter sowie das Holz für Stellmacher (Wagenbauer), Böttcher und Tischler geschnitten. Kiefernstämme gingen als Schiffsmasten in viele Länder Europas. Unter den heute unbekannten Namen der Holzarten sind Dielen, Schiffsholz, Wagenschoß und Bogenholz (Eiben und Eschenholz, besonders für englische Langbogen) aufgeführt.

Der Holzbedarf stieg, und immer mehr Buden wurden errichtet, bis die letzten jahrhundertealten Baumriesen zu Boden stürzten. Aber nicht nur Nutz- und Brennholz mußte der Wald liefern; weite Waldgebiete fielen der Aschenbrennerei zum Opfer. Viele Berufe brauchten Pottasche, die aus Holzasche gewonnen wurde. Auch zur Erzeugung von Holzteer wurden riesige Mengen Kiefernholz verbraucht. Dazu wurde besonders kienhaltiges Holz zu großen Haufen aufgeschichtet, mit Moos und Erde bedeckt und rundherum angezündet. Der dunkle Teer floß in die darunter angelegte Lehmgrube, mit einer hellen Schicht Kienöl zuoberst. Bis ins 16. Jahrhundert hinein wurde in den masurischen Wäldern Teer geschwelt, wobei große Waldflächen vernichtet wurden. Die Schmiede und andere metallverarbeitende Berufe brauchten Holzkohle, die überall in Köhlereien massenweise gebrannt wurde. Große Holzmengen wurden auch in den Eisen- und Glashütten verbraucht.

Eine derartige Raubwirtschaft konnte der Wald nicht überleben. Er hatte Jahrhunderte gebraucht, um zu wachsen, und konnte sich nicht so schnell erneuern. Nachdem die alten Bäume geschlagen waren, wucherten auf den verwüsteten Flächen Unkraut und Gestrüpp. Dann wuchs ein dichter Jungwald heran, und eine echte Wildnis entstand. Auch diese wurde weiterhin von Beutnern, Jägern, Aschenbrennern und Teerschwelern genutzt, die dem Orden Zins zahlten und ihm die erwirtschafteten Produkte verkauften. Einige Waldgebiete wurden zu Sumpfland. Ein Wald, der auf ebenem, schwer durchlässigem Boden steht, entzieht ihm so viel Wasser, daß er trocken bleibt. Wird der Wald entfernt, staut sich das Wasser, und der Boden versumpft. Erst durch mühsame Vorflut- und Entwässerungsmaßnahmen in späterer Zeit wurden diese Böden allmählich wieder nutzbar gemacht.

Im ersten Jahrhundert der Ordenszeit bestand die Waldwirtschaft nur im verschwenderischen Verbrauch der vorgefundenen wertvollen Bestände. Einige der Hochmeister bemühten sich allerdings, die Zerstörung der Wälder aufzuhalten und traten für eine Forstpflege ein. Andererseits mußten sie der Bevölkerung genug Waldnutzung überlassen, weil sonst die Besiedlung und der Aufbau des Landes beeinträchtigt worden wäre. Selbst jeder städtische Haushalt verbrauchte fortwährend eine ansehnliche Menge Brennholz, ein Bauernhof ein Vielfaches mehr. Die Holz- und Holzprodukteausfuhr war überdies eine so gute Einnahmequelle, daß der Orden darauf nicht verzichten wollte. So wurde der Raubbau fortgesetzt, und erst gegen Ende des 16. Jahrhunderts wurden erste Maßnahmen zur Pflege der völlig verwilderten Forsten ergriffen.

Jagd und Fischerei

Hatten die Prußen in einem gesunden und ausgewogenen Verhältnis zur Natur gelebt, so änderte sich das drastisch mit der Landnahme des Ritterordens und dem Zuzug der deutschen Siedler. Das erlegte Wild lieferte zu einem wesentlichen Teil das Fleisch für die Ordensküchen. Die anfallenden Häute und Felle deckten nicht nur den eigenen Bedarf an Leder und Pelzwerk, sondern waren ein wertvoller Exportartikel. Schonungslos wurden Auerochse, Wisent, Wildpferd, Elch und Bär gejagt und füllten die Fleischtöpfe. Manche wurden lebend eingefangen und als politische Geschenke in die Hetzgärten der Fürsten Europas geschickt. Im „Registrum", dem Wirtschaftsbuch der Ordenshaushalte, sind immer große Mengen Wildfleisch aufgeführt, das tonnenweise eingesalzen, geräuchert oder gedörrt wurde. Die Bücher geben genaue Auskunft, welche Mengen Fleisch selbst in einem kleinen Ordenshaus verbraucht wurden und wie groß der Anteil von Wildfleisch dabei war. Die Ordensküche des Hauses Seehesten, die 39 Personen versorgte und vielleicht auch noch andere Personen, wie etwa Handwerker, beköstigte, verbrauchte im Jahre 1449 zum Beispiel folgende Fleischmengen: sechs Rehe, drei Auerochsen, einen Elch, zwei Elchkälber, 23 Hirsche, drei Wildschweine, fünf Bärenschultern, neun Rückenbraten vom Wild, 184 Stück Wildbret, 62 Schulterschinken, fünf Rinder, 14 Kälber, 46 Seiten Speck, 24 Hammel, 16 Zicklein, 52 Bratferkel, 32 Kübel eingesalzenes Hammel- und Ziegenfleisch, 780 Hühner, 37 Gänse, 21 geräucherte Gänse, 42 Enten und 185 Bratwürste. Außerdem werden 3.080 Eier und große Mengen Fisch aufgeführt.

Man sieht, daß der Anteil an Wildfleisch in einer Ordensküche höher ist, als er bei den alten Prußen gewesen war, die nur 25 bis 30 Prozent Wildfleisch verbraucht hatten, obwohl in diesem Falle kein Wildpferd genannt ist, das ansonsten in großen Mengen in den Büchern erscheint. Komture und Pfleger wurden angehalten, „fleißig mit Garnen und Hunden" zu jagen. Die Jagdgarne aus Hanf waren zu Netzen verarbeitet, in denen selbst größere Wildarten gefangen wurden. Zu den großen Jagden hatten die Ortschaften aufgrund des Jagdscharwerkes Leute und Hunde zu stellen. Wenn dazu Wagen zum Transport von Jägern und erlegtem Wild verlangt wurden, bezahlte der Orden diese Extraleistung. Soweit die Gründungsurkunden der Dörfer Jagdrechte enthalten, wird angeordnet, daß Häute und Felle zu genau festgesetzten Preisen an den Orden abzuliefern sind.

Das edelste und begehrteste Wild war der Auerochse, der damals bereits selten vorkam. Zahlreicher war der Wisent vorhanden, und die drei im Seehester Registrum genannten Auerochsen werden wahrscheinlich Wisente gewesen sein. Zahlreich war noch das Wildpferd vorhanden, das unter dem Namen „Kobbel" die Fleischtonnen füllte. Die Bärenschultern im Registrum zeigen, daß auch der Bär beliebt war. Ursprünglich durfte jeder Bären jagen, weil sie als schädliches Raubwild angesehen wurden. Als um 1500 nur noch selten Bären angetroffen wurden, erklärte der Orden die Bärenjagd zu seinem Regal. Als dann wieder Klagen über zunehmende Schäden laut wurden, wobei manches von wildernden Hunden und Wölfen gerissene Stück Vieh den Bären zur Last gelegt wurde, gab man die Bärenjagd wieder frei, so daß die Bären bald ausgerottet waren.

Die hohe Jagd gehörte stets zu den Regalien des Ordens. Obwohl die Jagd zum reinen Vergnügen den Ordensbrüdern verboten war, konnte sie auch als notwendige Nahrungsbeschaffung gelten. Die Jagdhunde der Ritter richteten zuweilen manchen Schaden an. In den Büchern sind hin und wieder Ausgaben für die von den Hunden gerissenen Schafe, Gänse und anderes Geflügel vermerkt.

Besonders eifrig wurde dem Biber nachgestellt. Dieses fleißige Tier, das die Natur mit ganz besonderen intelligenten Fähigkeiten versehen hat, wurde zuerst ausgerottet. Sein Fleisch wurde geschätzt, sein Fell war wertvoll, und das Bibergeil, eine stark riechende Drüsensubstanz, wurde als Heilmittel begehrt. Sein Fleisch durfte nach kluger Auslegung der Ordensregel auch in der Fastenzeit auf den Tisch der Ordensherren kommen, denn er lebte ja im Wasser, und man konnte ihn darum als eine Art Fisch ansehen. Er war leicht und ungefährlich zu jagen, da er nicht wie anderes Wild umherzog, sondern seßhaft war. Er lebte in seinen Wasserburgen an Seen und Flüssen und baute seine Dämme – wahre Meisterwerke der Wasserbaukunst – manchmal 100 Meter lang und fünf Meter hoch. Er war kein Raubtier, lebte von Rinde und Blättern und tat keinem Menschen etwas zuleide.

Schon in den ersten Gründungsurkunden der Dörfer in der Thorner Gegend wurde befohlen, fleißig Biber zu jagen. Später nahm der Orden das Regal der Biberjagd für sich alleine in Anspruch. Das gleiche taten auch die ermländischen Bischöfe. Biberfelle waren so wertvoll, daß zuweilen eine Fangprämie von eineinhalb Mark dafür gezahlt wurde.

Auch die Fischerei und Fischzucht war ein wichtiger Wirtschaftszweig im Ordensland, denn der Fischreichtum war damals bedeutend größer als in späterer Zeit. Lachs und Stör gab es noch in großen Mengen, und die begehrten Maränen, die später fast nur noch im Spirdingsee vorkamen, gab es in den meisten Seen. Noch im 18. Jahrhundert war Lachs so reichlich vorhanden und so billig, daß Dienstboten bei ihren Dienstverträgen verlangten, nicht mehr als zweimal wöchentlich Lachs vorgesetzt zu bekommen. Als Fastenspeise war Fisch ein unentbehrliches Grundnahrungsmittel. Der Orden nahm alle Gewässer für sich in Besitz und vergab dann Fischereirechte an neugegründete Dörfer oder begünstigte Personen, ohne Rücksicht auf vorherige Besitzverhältnisse. Die größeren Seen, oder zumindest die ergiebigste Fischerei mit großem Gerät, behielt der Orden für sich. Bei der Verleihung von Fischereirechten an Gemeinden heißt es fast immer: „[...] nur mit kleinem Gezeuge und nur zu des Tisches Notdurft". Mit kleinem Gerät ist manchmal ausdrücklich nur die Angel an der Rute gemeint. Für den Orden fischten seine Fischmeister mit ihren Leuten, oder sie verpflichteten Dorfbewohner, die mit Geld, meistens aber mit einem Anteil am Fang entlohnt wurden. Die Ordensburgen im Seengebiet hielten ein ständiges Fischereipersonal. Außerdem waren „Fischkeuper" eingesetzt, die in den einzelnen Orten die vorgeschriebene Art des Fischens überwachten.

Neben der Fischerei in den natürlichen Gewässern wurden überall im Land Fischteiche angelegt. In den Tresslerbüchern sind alljährlich Ausgaben für Teichgräber verzeichnet, und öfters sind die Fischteiche des Hochmeisters erwähnt. Dazu wurden viele Wasserläufe aufgestaut. Auch auf der Ostsee wurde der Fischfang intensiv betrieben, wobei der Heringsfang bei Schonen die größte Bedeutung hatte. Der Fischreichtum versorgte nicht nur die Ordenshäuser und die Bevölkerung des eigenen Landes, sondern ein bedeutender Teil wurde eingesalzen, geräuchert oder gedörrt exportiert.

Die weitere Entwicklung im Ermland

Wie im übrigen Ordensland, so war auch im Ermland die erste Phase der Besiedlung mit dem Ausbruch der Pest zum Abschluß gekommen. Auch hier kamen danach neue Siedler nur noch spärlich ins Land, und die Bischöfe gaben immer häufiger Gründungsurkunden an prußische Siedlungen aus. Die weitere Besiedlung der entvölkerten Gegenden erfolgte jetzt größtenteils durch Binnenwanderung. Schon lange waren Bewohner der westlichen Landesteile ostwärts gezogen. Bürger aus Braunsberg hatten sich zum Beispiel an der Burg Resel niedergelassen und die Stadt Rößel gegründet, die schon 1337 ihre Handfeste erhielt. In der näheren Umgebung wurden in den folgenden zwei Jahren an zwölf prußische Dörfer Handfesten erteilt. Mit dem Bau der steinernen Burg Rößel wurde 1352 begonnen, der gegen 1400 vollendet war.

Am 30. April 1385 erhob Bischof Heinrich III. das Dorf Strowangen zur Stadt Bischofstein. Die Endung „stein" bezieht sich auf den hier liegenden großen eiszeitlichen Granitblock. Neben der prußischen Siedlung Strowangen war 1346 das deutsche Dorf Schönfließ gegründet worden, das aber in der größeren prußischen Siedlung aufgegangen war, denn bei der Stadtgründung wird nur Strowangen genannt. Später erhielt die Stadt eine Mauer mit drei Toren. Das am Nordrand gelegene weitläufig angelegte prußische Dorf blieb jedoch außerhalb der Stadtmauer und wurde die Vorstadt genannt. In der Geschichte des Ermlandes war es das einzige Mal, daß ein Dorf zur Stadt erhoben wurde. Zu dieser Zeit muß der Unterschied zwischen Prußen und Deutschen im Ermland schon weitgehend verschwunden gewesen sein, denn die Bewohner des großen prußischen Ortes wurden hier ohne besondere Erwähnung in die deutsche Stadt eingegliedert. Im übrigen Ordensland war das selbst nach der Katastrophe von Tannenberg undenkbar.

An der alten Straße nach Süden, in dem ausschließlich von Prußen bewohnten Gebiet, ließ Bischof Heinrich III. um 1370 das Wildhaus durch eine feste Burg zum Schutz gegen die Litauereinfälle ersetzen. In Ermangelung eines besseren Namens nannten die Bürger, die sich im Schutz der Burg niederließen, ihre Stadt einfach Bischofsburg. Dieses war die jüngste der zwölf Städte des Ermlands.

Es ist interessant festzustellen, wie sich bei der Binnenwanderung die zwei verschiedenen Mundarten des Ermlands weiter ausbreiteten. In Allenstein wurde Platt gesprochen, weil der erste Gründer und Schulze Johann aus dem Dorf Layss (nordöstlich von Mehlsack) kam. Sein Bruder Heynko gründete Wartenburg. Da beide aus ihrer engeren Heimat bei Mehlsack Siedler heranzogen, wo Plattdeutsch gesprochen wurde, verbreitete sich auch das Platt im Kreis Allenstein. Seeburg dagegen wurde von Siedlern aus Wormditt und Umgebung besiedelt, die Breslauisch sprachen. Auch wenn der Gründer und erste Schulze, Heinrich Wendepfaffe, Platt sprach, da seine Mutter Walpurg eine geborene Fleming aus Lübeck war, hatte das keinen Einfluß auf die Sprache der Siedler, die aus jenem breslauischen Landesteil stammten. Bischofstein wurde von dem Schulzen Johann aus Roggenhausen angelegt, das im breslauischen Sprachgebiet lag. Es waren aber Leute aus dem niederdeutschen Sprachgebiet, die hier hinzogen und weitere Siedler aus diesen Gegenden nachzogen, so daß hier Platt gesprochen wurde.

Die Sprachgrenze bildete oftmals eine scharfe Linie, doch auf beiden Seiten gab es Familien, wo einer der Eheleute die andere Mundart sprach. War das der Vater, fiel das weiter nicht auf, da ja die Kinder den Dialekt der Mutter sprachen. War es aber die Mutter, dann wuchsen die Kinder ohne Schwierigkeiten zweisprachig auf und fanden nichts dabei, zu Hause die Sprache der Mutter und ansonsten die andere zu benutzen. In der Schule kam dann noch für alle Hochdeutsch hinzu, so daß diese Kinder mit drei völlig verschiedenen Dialekten aufwuchsen, die sie alle akzentlos beherrschten. Bemerkenswert dabei war, daß höchst selten einer der Ehepartner die Sprache des anderen übernahm. In der Regel hielt jeder an seiner eigenen Mundart auch innerhalb der Familie fest. Das Plattdeutsche wie auch das Breslauische erhielten sich so durch die Jahrhunderte, bis 1945 alles ausgelöscht wurde.

Bischof Hermann von Prag (1338–49) hatte seinen Sitz 1341 von Braunsberg nach Wormditt verlegt, wo er 1349 ein Opfer der Pest wurde. Als der neue Bischof Johann I. von Meißen 1350 sein Amt antrat, verlegte er seine Residenz nach Heilsberg und begann die Burg in massiver Form auszubauen, die dann bis 1795 Residenz der ermländischen Bischöfe blieb.

Die kirchliche Versorgung der prußischen Bevölkerung stand hinter der der deutschen Siedler weit zurück. Es war ein seltsamer Zustand, daß hier Priester eine Bevölkerung betreuen sollten, deren Sprache sie nicht verstanden. Obwohl auch Prußen zu Priestern ausgebildet wurden, gab es nie genug davon, um die zahlreiche prußische Bevölkerung zu versorgen. Größte Schwierigkeiten bereitete die Beichte. Schließlich wurde ein besonderer Beichtvater eingesetzt, der die prußischen Gemeinden abwechselnd besuchte. Erst die Diözesansynode von 1395 forderte, daß die Pfarrer in rein prußischen oder gemischten Gemeinden die prußische Sprache beherrschen oder einen Kaplan mit prußischen Sprachkenntnissen anstellen sollten. Da solche aber nie in genügender Zahl vorhanden waren, blieb das nur ein Wunsch.

Da die Nachfolger des ersten Bischofs Anselm keine Ordensangehörigen sein durften, kam es bald zu Streitigkeiten. Bischof Johann II. Stryprock (1355–73) forderte mehr Land. Da der Orden nicht gewillt war, noch weitere Gebiete abzugeben, führte Stryprock Klage beim Papst. In der *Ordinancia castri Heylsbergk* wird von einer Reise des Bischofs um das Jahr 1365 berichtet, die er unternahm, um beim Papst in Avignon seine Landforderung durchzusetzen. Er ließ sich von einem prußischen Priester, Nikolaus Gehrke, begleiten, der auf der deutschen Universität Prag studiert hatte. Der Papst soll ausgerufen haben: „Mein Gott, sind die Preußen [Prußen] alle so gut gewachsen? Man hat uns berichtet, daß sie alle häßlich und mißgestaltet sind." Er prüfte Gehrke, ob er lesen konnte. Dann fragte er den Bischof, ob er die Sprache des Volkes verstehen könne, was der Bischof verneinte. Der Papst meinte, daß es schwierig sei, ein Volk durch Dolmetscher zu unterrichten, und es doch besser wäre, Prußen als Bischöfe einzusetzen. Er schlug angeblich vor, Gehrke sogleich zum Bischof zu weihen, was ihm aber offenbar ausgeredet wurde. Der Streit um mehr bischöfliches Land wurde erst 1374 von Bischof Heinrich III. beigelegt, nachdem Bischof Stryprock 1373 in Avignon verstorben war. Sorbom verzichtete auf die geforderten Ländereien.

Höhepunkt des Krieges mit Litauen

Der Orden führt mit Litauen nun schon seit 100 Jahren Krieg, von dem weniger als je zuvor ein Ende abzusehen ist. Zwar ist der Orden stärker geworden, aber ebenso auch Litauen. Großfürst Olgierd hat den Polen Podolien abgenommen, Kiew erobert und ist im Osten über den Dnjepr vorgedrungen. Seit er 1363 die Mongolen besiegt hat, ist Litauen das größte und mächtigste Staatsgebilde Europas, das von Nowgorod bis zum Schwarzen Meer reicht.

Das grausame Spiel der „Reisen" des Ordens und der Vergeltungsschläge der Litauer erreichten unter Hochmeister Winrich von Kniprode blutige Höhepunkte. Selbst die Pest brachte keine längere Ruhepause. Als 1352 Kienstut mit seinen Reitern ins Ordensland einbrach, gelang es dem Komtur Henning Schindekopf, die Litauer bei Labiau, nicht weit von dem alten Schlachtfeld von 1347, wieder zu schlagen und damit zu vertreiben. Im nächsten Winter (1353/54) kamen sie von Süden und zerstörten das Wachthaus Wartberg mit der Stadt Wartenburg so gründlich, daß kein Wiederaufbau erfolgte. Eine neue Stadt Wartenburg wurde sieben Kilometer südostwärts aufgebaut. Auf der alten Stelle entstand das Kirchdorf Alt-Wartenburg. Auf ihrem Weg nordwärts brannten die Litauer wie üblich viele Dörfer (zum Beispiel Plausen) nieder. Im nächsten Jahr (1355) zerstörten sie die Schalauerburg und die Siedlung Ragnit. 1356 fielen sie wieder von Süden her ein, brannten unter anderem Allenstein nieder und zogen plündernd und brennend zum Bartenland.

Die fortwährenden Litauereinfälle zwangen die Bürger der Städte zum Bau fester Mauern, die jetzt überall im gefährdeten Gebiet entstanden, zum Beispiel in Schippenbeil, Bartenstein, Guttstadt und Bischofstein. Mit dem Bau des hohen Tors wurde 1357 die Befestigung von Heilsberg vollendet. Bei dem Einfall von 1361 zerstörte Kienstut die 1345 erbaute Johannisburg. Anschließend zwang er die 18 Kilometer nördlich davon gelegene Eckersburg zur Übergabe und brannte auch diese nieder. Dann aber traf das Aufgebot des Ordens ein, und in dem folgenden Kampf wurde Kienstut durch die Lanze des Pflegers der Eckersburg, Hauke, vom Pferd geworfen, so daß ein anderer Ritter, Heinrich von Kranichsfeld, ihn gefangennehmen konnte. Es war das zweite Mal, daß Kienstut in Gefangenschaft geriet. Er wurde auf die Marienburg gebracht und durfte auf Anordnung des Hochmeisters sein Schwert tragen. Mit Hilfe eines litauischen Dieners konnte er wieder fliehen und schlug sich nach Masowien, zum Mann seiner Tochter Danuta durch. Dem Hochmeister teilte er in einem freundlichen Brief mit, daß er ihn besser hüten würde, sollte er jemals in seine Hände fallen.

Im Frühjahr 1362 führte Hochmeister Winrich ein Ordensheer, dem eine große Abteilung Kreuzfahrer beigegeben war, gegen die Feste Kauen. Auf dem Weg dorthin wurde die Litauerburg Wielun erobert. Als in der Burg Feuer ausbrach, ergab sich die Besatzung mit ihrem Führer Gastold. Marschall Schindekopf, der die Kreuzfahrer zur Genüge kannte, hatte strengstens befohlen, das Leben der Gefangenen zu schonen. Trotzdem fielen die blutgierigen Kreuzfahrer über die Wehrlosen her und brachten alle um. Erzürnt forderte Schindekopf vom Hochmeister die Bestrafung der feigen Mörder. Aber auch er konnte nichts tun, ohne mit der Kirche in Konflikt zu geraten. Die Kreuzfahrer waren doch eigens dazu hergekommen, um Heiden zu töten. Sie hatten den Ablaß für alle Taten und Untaten erhalten und glaubten, sich nun den Himmel verdient zu haben, denn im Tod der Heiden finden die Christen Ruhm, war ihnen gepredigt worden. Auch der Hochmeister war von der grausamen Schlächterei entsetzt und sagte vor allen: „Wer da vergessen kann, daß auch der Heide ein Mensch bleibt, wer da wie wilde Tiere aus Blutgier wütet, den ehrt das heilige Kreuz nicht, dem muß es wie ein glühendes Eisen in der Seele brennen."

Nach dem ersten vergeblichen Angriff auf die Feste Kauen trifft Hochmeister Winrich mit Kienstut vor der Burg zu einer Aussprache zusammen, die jedoch keine Einigung erbringt. Schließlich erobert der Orden die Burg, wobei Kienstuts Sohn Witold gefangengenommen, später aber freigelassen wird.

Beim Einfall 1364 eroberten Kienstuts Reiter die Georgenburg, nahe dem Zusammenfluß von Inster und Angerapp, die dem samländischen Domkapitel gehörte. Der erste Bischof hatte 1257/58 ein Drittel des damals eroberten Teiles des Bistums erhalten. Als schließlich der Rest seiner Diözese (Schalauen/Nadrauen) unterworfen war, erhielt er 1353 auch davon ein Drittel, das zum Teil im späteren Kreis Insterburg lag. Bei der Neuaufteilung des Bistums zwischen Bischof und Domkapitel war Georgenburg in Kapitelbesitz gekommen.

Die oft genannte Bezeichnung „Wildhaus" hat nichts mit der Jagd zu tun. Es handelt sich um einen Stützpunkt in der Wildnis für die leichte Reitertruppe des Grenzschutzes. Der Stützpunkt hatte zwar einen Palisadenzaun, manchmal auch Wall und Graben, war aber nicht stark genug, um einen ernsthaften Angriff abzuwehren. Innerhalb der Umzäunung standen Pferdeställe mit den Futtervorräten und ein Kuhstall. Im Haus waren Unterkunftsräume für die Reiter, die fast ausnahmslos Prußen waren, und die Wohnräume für die ständige Besatzung, deren Vorgesetzter ein Ordensritter war. Kam der Feind ins Land, meldeten die Reiter das auf dem schnellsten Wege der nächsten Ordensburg und zogen sich dann auf diese zurück.

Die Litauer hatten beschlossen, 1365 die Ordensburgen der vordersten Kampflinie zu vernichten. Diesen Angriff überstand nur Ragnit. Die Burgen Splitter (Tilsit), Neuhaus, Caustriten und die Schalauerburg wurden total zerstört und, außer Splitter, nie mehr aufgebaut. Ob die Georgenburg an der Memel bei diesem Angriff unterging oder schon früher aufgegeben worden war, ist nicht festzustellen. An die Schalauerburg erinnerte nur noch der Name des Dorfes Paskalwen; von den anderen gibt es nicht einmal Baureste. Im selben Jahr 1365 vernichtete Kienstut auch die Leczenburg (Lötzen) und das Wildhaus Angerburg. Die Trümmerstätten von Splitter, Lötzen und Angerburg blieben bis nach dem Ende der Litauerkämpfe liegen. Erst dann wurden hier die neuen Ziegelbauten errichtet. Die Burg Splitter wurde in den Jahren 1406 bis 1409 westlich der alten erbaut und erhielt mit der Siedlung den Namen Tilsit.

Das Jahr 1366 sah die Litauer zweimal im Ordensland. Dabei zerstörten sie zum zweitenmal die Johannisburg und stießen beide Male bis Nordenburg vor, wo sie das Wildhaus mit der davorliegenden Siedlung verbrannten. Die glänzende Finanzlage ermöglichte es dem Orden, alle Verluste seiner Untertanen, die durch die fortwährenden Litauereinfälle entstanden, unverzüglich und reichlich zu vergüten. Im Vertrauen darauf kehrten die Bauern immer wieder auf ihre zerstörten Höfe zurück und bauten sie erneut auf.

Mit der Entvölkerung Nadrauens und Schalauens hatte der Orden eine Situation geschaffen, die für die Versorgung seiner Stützpunkte an der Memel sehr schwierig wurde. Zum Betrieb einer Ordensburg waren, außer der Besatzung, eine Menge Leute notwendig, um die vielen Dienste und Arbeiten zu verrichten. Weil diese in dem nun menschenleeren Gebiet nicht mehr vorhanden waren, kamen viele Schalauer von jenseits der Memel herüber, um beim

Orden Arbeit und Brot zu finden. So gab es hier, fast 100 Jahre nach ihrer Vertreibung, wieder eine Anzahl Schalauer. Diese wohnten vor den Burgen, und bei Gefahr fanden sie darin Schutz. All diese Menschen produzierten jedoch keine Lebensmittel, benötigten aber beträchtliche Mengen. Wegen des fortdauernden Kriegszustandes konnten keine Dörfer zu ihrem Unterhalt in der Wildnis angelegt werden. Die Lebensmittel mit allen anderen Versorgungsgütern mußten über große Entfernungen herangeschafft werden. Zur Versorgung all dieser Menschen führte der Hochmeister 1369 eine Sondersteuer, das „Schalwenkorn", für das ganze Land ein. Dazu gewährte er den Schalauern Zehntfreiheit, legte ihr Erbrecht fest, und stellte eine Reihe von Landverschreibungen an sie aus.

Der Landweg von Königsberg über Insterburg war lang und umständlich, in manchen Jahreszeiten sogar unpassierbar. Einfacher war es, von Labiau über das Haff, durch die Gilge und auf der Memel zu diesen Burgen zu gelangen. Nach dem Bau von Schleusen an der Deime bei Tapiau und Labiau wurde Labiau die Versorgungsstation der Front gegen Litauen.

Im Februar 1370 brechen die Litauer mit einem mächtigen Heer, das durch verbündete Russen verstärkt ist, ins Ordensland ein. Es ist das erste Mal, daß ein so großes feindliches Heer das Ordensland betritt. Die Fürsten Olgierd und Kienstut, der eine über das Eis des Haffes, der andere von Ragnit kommend, vereinigen sich bei Rudau im Samland. Von Lochstädt führen Hochmeister Winrich und sein Marschall Henning Schindekopf das Ordensheer heran. Am 17. Februar 1370 kommt es nördlich Rudau zu einer außergewöhnlich blutigen Reiterschlacht, in der die Litauer geschlagen werden. August von Kotzebue nennt 70.000 Litauer, Samaiten, Tataren und Russen auf seiten der Litauer, beim Orden 40.000 Mann. In der Schlacht sollen fast 200 Ritter gefallen sein, darunter mehrere Komture. Auch Marschall Schindekopf wurde verwundet und starb beim Transport nach Königsberg. Die Hauptstadt Kulm beanspruchte den Ruhm, durch ihr Aufgebot die Schlacht entschieden zu haben. Es war das einzige Mal in dem langen Krieg, daß die zwei Gegner mit so großen Heeresmassen einander gegenübertraten. Der Hochmeister ließ seinem gefallenen Marschall, mit dem der Orden einen hervorragenden Heerführer verlor, eine Gedenksäule errichten, die mehrmals, zuletzt 1870, erneuert wurde.

Noch einmal im gleichen Jahr (1370) stürmten Litauer ins Ordensland und zerstörten, neben den Dörfern auf ihrem Weg, die Ortolfsburg (Ortelsburg), die als Sperre zwischen dem Kleinen und Großen Haussee von dem Oberstspittler und Komtur Elbings, Ortolf von Trier, um 1358 angelegt worden war.

Und so ging es weiter: 1371 zerstörten die Litauer Siedlung und Vorburg Seehesten; 1376 die Insterburg, die Burg Taplacken und das Wildhaus Tammovo; 1376 die Sperrburg Osterode. Der Orden baute fleißg alles wieder auf, machte seine Litauerreisen und legte 1377 die Sperrburg Ryne (Rhein) zwischen dem Rheiner- und Ollofsee auf den Ruinen der ehemaligen Prußenburg an.

Die Aufzählung der gut dokumentierten Litauereinfälle vermittelt den Eindruck, daß die Litauer die treibende Kraft des Krieges waren. Eigentlich ist schon die Bezeichnung „Litauereinfälle" irreführend, da es reine Vergeltungsschläge waren, mit denen die Litauer hofften – wenn auch vergeblich –, den Orden zu dem von ihnen ersehnten Frieden zu bewegen. Von allen „Litauerreisen", die der Orden mit seinen hohen Gästen unternahm, ist nur über eine einzige ein ausführlicher Bericht überliefert. Als Herzog Albrecht von Österreich an der Reise von 1377 teilnahm, brachte er auch seinen Hofdichter, Peter Suchenwirt, mit, der die Heldentaten seines Herrn verewigt hat. Über die Feiern in Königsberg schrieb er:

> „Mit tugendsamen Sitten ward Hof gehalten, wohl gelebt,
> einer voran dem anderen strebt, bis daß es an den Fürsten kam.
> Der edle Herzog tugendsam gab auf dem Ordenshaus das Mahl.
> Posaunen- und auch Pfeifenschall hört man vor jedem Essen,
> an Kost ward nichts vergessen, statt ein Gerichtes trug man vier,
> gewürzt, vergoldet, voller Zier, gebacken und gebraten.
> Den Tisch sah man beraten mit welschem und mit Osterwein,
> klaren Rainfal schenkt man ein in gut Gefäß zu rechter Kost,
> daran war Schimmel nicht noch Rost; Gold, Silber, Edelstein:
> der Reichtum war nicht klein."

Dann berichtet Peter Suchenwirt über den Zug des rund 1.000 Mann starken Heeres nach Insterburg, die Überquerung der Szeszuppe auf vier Brücken, den beschwerlichen Weg durch die Wildnis und das Übersetzen mit Booten über die Memel. (Die verschiedenen Anmarschwege, die von der Insterburg aus bei den Litauerreisen genommen wurden, hat der Forstrat H. Müller 1927 anhand der Wegeberichte des Ordens ziemlich genau festlegen können.)

Das Ordensheer mit den Gästen erreichte ein Dorf, in dem gerade eine Hochzeit gehalten wurde. Die etwa 60 angetroffenen Bewohner wurden alle umgebracht und das Dorf niedergebrannt. Nach dieser ruhmvollen und ritterlichen Tat schlug Graf Hermann von Cilly Herzog Albrecht zum Ritter. Dann machte er jeden zum Ritter, der es wünschte, „der edlen Christenheit und Maria, der reinen Magd zu Ehren". Es waren 74, die an diesem Tag den Ritterschlag erhielten. Das Heer begann nun das Land weit und breit zu verwüsten. Suchenwirt schrieb:

> „Den Christen gab Gott das Glück, daß die Heiden ungewarnt waren.
> Das mußten die Heiden büßen; denn ritterlich jagte man ihnen nach,
> man fing, man stach und schlug; was ihnen weh tat, das tat uns wohl.
> Das Land war voll von Menschen und Gut, wir hatten unsere Lust daran,
> das war frohe Zeit und lustig war der Tag,
> [...] man schlug viele von ihnen zu Tode."

Spöttisch beschreibt Suchenwirt dann den Zug der gefangenen Frauen und Kinder: „Mit zusammengebundenen Händen führte man sie gleich Jagdhunden." Manche der verzweifelten Mütter hatten sich die zwei jüngsten ihrer Kinder mit Tuchstücken an den Leib gebunden, eines an der Brust, das andere auf dem Rücken. Damit diese Unglücklichen den langen Rückmarsch lebend überstanden, durften sie zeitweise auf den erbeuteten Pferden reiten.

Aus diesen letzten, angeblich missionierenden, aber nicht einmal nach weltlicher Eroberung trachtenden Kreuzzügen, die nur ein grausames Kampfspiel tatenlustiger und übermütiger Herren und Ritter waren, wuchs bei den Litauern ein nur allzu verständlicher Haß gegen alles Deutsche. Über den Ruhm Winrichs von Kniprode schreibt der Königsberger Professor Johannes Voigt um 1840: „Unsere Zeit wird es furchtbar und verdammlich finden, daß ein Fürst den Ruhm seines Namens auf Leichenhaufen meist unschuldiger Menschen gründet und die Lorbeeren zum Siegerkranze auf den blutgetränkten Feldern der Heiden sucht, im Lande von Menschen, die man nur darum quälte und hinschlachtete, weil sie anderen Glaubens waren."

Voigt schließt sich dann auch dem Urteil seiner Zeit an und findet es sündhaft und verwerflich, dem Hochmeister „als rastlosem Krieger gegen das heidnische Volk der Litauer, als Verwüster ihrer Gebiete, als Zerstörer ihres heimatlichen Glücks, als dem Leiter und Urheber des Hinschlachtens so vieler Tausender, die unter dem Schwert der Ordensritter fielen, das Lob und den Ruhm zu zollen, den frühere Geschlechter über ihn ausgesprochen haben".

Der Historiker soll aber Geschehnisse anderer Epochen nicht aus seiner Zeit beurteilen. Damals hatte der Orden die heilige Pflicht, die Heiden zu vernichten. Daß der Krieg gegen Litauen aber zu grausamen Jagdveranstaltungen ausartete, die nichts mit Christianisierung zu tun hatten, die jubelnd gefeiert wurden und bei denen das gejagte Wild unschuldige Menschen waren, war und bleibt wohl doch für jede Zeit grauenhaftes, unverzeihliches Barbarentum.

Nach Olgierds Tod 1377 änderten sich die Machtverhältnisse in Litauen, aber der ewige Krieg ging in gewohnter Weise weiter. Als Kienstut 1378 die wiederaufgebaute Eckersburg erneut zerstörte, zog der Orden das Amt des Pflegers ein und baute die Burg nicht mehr auf. Die ebenfalls wiedererbaute Ortelsburg wurde 1381 erneut mitsamt der Stadt vernichtet. Bei der Litauerreise 1385, die anscheinend für den Orden nicht glücklich verlief, kam ein Graf Wilhelm von Katzenellenbogen und ein Johann von Schönfeld um. Im selben Jahr brannten die Litauer wieder einmal die Georgenburg und die Stadt Allenstein nieder.

An der großen Litauerreise im Herbst 1391, die Hochmeister Konrad von Wallenrod führte, nahm auch der französische Marschall Jean Boucicaut teil, der insgesamt vier Fahrten mitmachte. Der französische Chronist beschreibt mit vielen Worten die Heldentaten seines Herrn und gibt die Stärke des Heeres mit der phantastischen Zahl von 200.000 Mann an. Johann von der Pusilie nennt dagegen 500 Pferde als größte Abteilung, mit denen Friedrich von Meißen an dieser Reise teilnahm. Er erwähnt auch „vil herin von Frankreich und von Engeland". Der Franzose glaubte wohl, mit zwei Nullen den Ruhm seines Herrn vergrößern zu können. Von der Reise des Jahres 1392 wissen wir nur, daß der „Ehrentisch", also die Siegesfeier für die Helden, in der Johannisburg gehalten wurde. Die folgenden Jahre scheinen ruhiger gewesen zu sein. Der Grund war wohl der, daß der Orden 1389 Samaiten durch Tausch erworben und dort ungewollt mehr als genug mit den Heiden zu tun hatte.

Der Orden stand auf dem Gipfel seiner Blütezeit, in der die letzten alten Burgen aus Holz und Erdwerk durch Bauten aus gebrannten Ziegeln ersetzt wurden. Die zerstörte Sperrfeste in der masurischen Seenkette, die Burg Lötzen, wurde von der schmalsten Stelle der Landenge zwei Kilometer weiter östlich an dem heutigen Ort neu in Stein erbaut. An oder nahe der alten Stelle entstand ab 1844 die Festung Boyen.

Ragnit, die wichtigste Burg an der Memel, entstand in außergewöhnlicher Stärke und Größe. Der Bau, den hauptsächlich litauische Gefangene ausführten, wurde 1397 begonnen und 1409 beendet. Neben der Marienburg war Ragnit die stärkste Burg des Landes. Dem Komtur von Ragnit unterstanden auch die Burgen Tilsit und Labiau mit ihren Gebieten.

Auf einer Insel im Lycksee wurde 1398 die „Burg zur Licke" erbaut, und aus der Siedlung der Bauarbeiter am Festlandufer entstand die Stadt Lyck. Auch das zerstörte Wildhaus an der Angerapp wurde durch eine steinerne Burg ersetzt. Die Angerburg wurde aber weiter landeinwärts verlegt und blieb für lange Zeit nur eine Grenzfeste. Erst 1450 entstand neben der Burg die kleine Siedlung Neudorf.

Noch einmal dringt der Orden 1399 mit starken Kräften in Samaiten ein und unternimmt durchgreifende Maßnahmen zur Unterwerfung und Besiedlung. In dem bisher unbezwungenen Land werden Burgen gebaut und eine Verwaltung eingerichtet. Kienstuts Sohn Witold will in dem sich abzeichnenden Krieg aber Samaiten für sich haben und sucht jede Aufbauarbeit des Ordens zu verhindern. Mit allen Mitteln wiegelt er die Bevölkerung auf und treibt sie zum Aufruhr. Der Sturm bricht 1401 los; die Ordensburgen werden zerstört, alle Zeugnisse friedlicher Kulturarbeit vernichtet. Im nächsten Jahr brandet der Aufstand bis nach Memel und zerstört die schon so viele Male schwer heimgesuchte Stadt. Litauische Reiter kämpfen 1403 noch einmal um die Georgenburg. Aber 1404 kann der Orden mit Jagello, der inzwischen König von Polen geworden ist, und Witold, den Jagello als Großfürst Litauens anerkannt hat, den Frieden von Racianz schließen, in dem ihm Samaiten noch einmal eindeutig zugesprochen wird.

Seit 1401 war Litauen mit Polen vereint, und Litauen war – wenn auch nur dem Namen nach – christlich geworden. Nur in Samaiten konnte der Orden noch gegen Heiden kämpfen. Damit war der Krieg zwischen dem Orden und Litauen beendet; er hatte eindreiviertel Jahrhunderte gedauert. Der Orden hatte in dem langen Ringen, das Berge von Leichen und ungeheure Werte von Gut gekostet hatte, nichts erreicht. Die Litauer hatten ihr Land erfolgreich verteidigt und keinen Fußbreit ihres Bodens dem Orden überlassen.

Die Waffenruhe währte nicht lange; schon 1410, auf dem Schlachtfeld von Tannenberg, standen sich die beiden Gegner wieder gegenüber. August von Kotzebue sagt zu dem langen Krieg des Ordens gegen Litauen: „Ordensschmeichler schildern fast immer nur Heldentaten der Ritter. Sie wurden aber von beiden Seiten mit gleichem Mut und gleichem Glück vollbracht."

Konflikt mit der Geistlichkeit

In dieser kritischen Zeit, als der Orden sich von Polen und Litauern in steigendem Maße bedroht sieht, fällt ihm der Erzbischof von Riga, Johann von Sinten, in den Rücken. Bei jedem Streit ging es im Grunde immer um die Herrschaftsrechte in Livland, auch wenn andere Ursachen genannt wurden, wie zum Beispiel jetzt der „Kleiderstreit". Der Erzbischof forderte, die Ordensgeistlichen dürften nicht ihre weiße Ordenstracht, sondern müßten wie er schwarze Augustinertracht tragen. Erzbischof und Domherren brachten die öffentliche Meinung mit immer neuen Beschuldigungen gegen den Orden auf. Als der Orden einsah, daß eine friedliche Beilegung des Streits nicht möglich war, wies er die Verschwörer aus dem Land. Erzbischof Johann ging nach Lübeck und setzte die Hetze vom Reich aus mit gesteigerter Energie fort. Er konnte auch den fragwürdigen deutschen König Wenzel gewinnen, der dem Orden befahl, den Erzbischof mit seinen Domherren wieder einzusetzen. Die Entscheidung würde jedoch vom Papst kommen, der bemerkte, daß der „so reiche Orden gar keine Verehrung des Heiligen Vaters tue". Der Orden wußte, was damit gemeint war. Auch die Ordensgesandtschaft am päpstlichen Hof riet im Juli 1392, sich an geeignete Kardinäle und Gönner zu wenden, „die man freilich nicht ohne Geschenke halten könne". Das Geld, das der Orden nun fließen ließ, bewirkte eine totale Umstellung zugunsten des Ordens, der dazu noch alle Einnahmen des Erzbistums, nach Abzug der Unterhaltungskosten, der päpstlichen Kammer überließ. Er übergab auch gleich einen Vorschuß von 5.000 Gulden. Die Wirkung war höchst erstaunlich: Erzbischof Johann wurde sofort seines Amtes enthoben und zum Patriarchen von Alexandrien ernannt, das weit genug vom Ordensland entfernt war. Alle Ordensbrüder, die gegen den Erzbischof vorgegangen waren, wurden begnadigt und von der Exkommunikation befreit. Zum neuen Erzbischof wurde Johann Wallenrod, ein Bruder des Hochmeisters, ernannt. Als der Papst 1397 auch noch verfügte, daß in Zukunft nur ein Ordensgeistlicher Erzbischof von Riga werden sollte, schien der 100jährige Kampf zwischen Orden und Erzbischof beendet zu sein. Die Geistlichkeit Livlands war aber nicht gewillt, einen Angehörigen des Ordens als Landesherrn über sich zu dulden. Die Domherren fügten sich keiner schiedsrichterlichen Beilegung ihrer Forderungen. Erzbischof Wallenrod legte schließlich überdrüssig sein Amt nieder, und der Klerus Livlands blieb wie immer ein hassender Feind des Ordens.

Einst hatten die Dominikaner dem Orden beim Aufbau des Kirchenwesens hilfreiche Dienste geleistet. Als Beichtväter der Hochmeister waren sie gewiß nicht ohne Einfluß auf deren Politik gewesen. Der Orden hatte aber mit der Zeit seinen eigenen Priesterstand ausgebaut und die Dominikaner nach und nach beiseite geschoben. Als die Gegensätze zwischen dem Ordensstaat und Polen immer stärker hervortraten, hatte der Orden die Predigermönche als erbitterte Feinde vor sich. Erich Joachim schreibt darüber: „[…] hatte sich die Zugehörigkeit der Dominikaner zu ihrer Ordensprovinz Polen und damit eine nicht wegzuleugnende Abhängigkeit von nationalpolnischen Einflüssen immer stärker geltend gemacht […] Die Dominikaner hielten zu Polen, hetzten und wühlten gegen die Ordensritter, wie und wo sie nur konnten. So waren auch sie wohl Mitschürer des Aufruhrs, der das Verderben der Ordensherrschaft beschleunigen half. Auch kam es zu langjährigen Zwistigkeiten der Ordenspriester mit den herrschsüchtigen Predigermönchen. Geradezu gefährlich wurden diese eifernden Mönche als von der Kirche bestellte Inquisitoren. Die Ritter mißtrauten diesen streitbaren Gottesmännern gründlich."

Auch wenn der Orden die Zuneigung der Kurie kaufen konnte, so hielt diese nur so lange an, wie das Geld floß. Bei einer Auseinandersetzung mit Polen konnte der Orden jedoch nicht mehr mit solchen Geschäften rechnen; in dem Fall lagen die Symphatien der Kirche unerschütterlich bei den Polen.

Die ersten Feuerwaffen

Kaum eine andere Errungenschaft hat einen ähnlichen Einfluß auf das Leben der Völker und Staaten verursacht wie die Anwendung des Pulvers für Kriegszwecke. Schon im 10. Jahrhundert war bekannt, daß die Beimischung von Schwefel und Kohle zu Salpeter ein Gemisch für Feuerwerk ergab. Schließlich wurde es auch im Krieg verwendet, ohne jedoch die Triebkraft der Gase zu erkennen. Selbst nachdem die Triebkraft erkannt war, dauerte es noch lange, bis sie zum Fortschleudern fester Körper aus starren Rohren benutzt wurde.

Die Erfindung des Schießpulvers wird dem Freiburger Mönch Bertold Schwarz zugeschrieben, der eigentlich Konstantin Aucklitzen hieß. Wahrscheinlich experimentierte er mit dem schon lange vorhandenen Pulver und entdeckte dabei die Triebkraft. Er erfand somit nicht das Pulver, sondern das Schießen mit Pulver. Es dauerte immerhin noch 100 Jahre, bis

Ost-Mitteleuropa
in der 2. Hälfte des 14. Jahrhunderts

für den polnischen Bereich 1370, für den deutschen Bereich 1378

Grenze des mittelalterl. Deutschen Reiches
Grenzen der Reichsterritorien
Grenzen der geistl. Territorien im Ordensland
Grenzsäume

Luxemburgische Länder

Ordensland

Ordenswildnis

Kern-Litauen (politisch)

Groß-Litauen

Geistl. Besitz im Reich u. im Ordensland

0 50 100 150 200 km

GROSNOWGOROD U. PLESKAU

Reval

DEUTSCHER ORDEN

Livland

Riga

GFTM.

Kauen

Wilna

Königsberg

Danzig

Elbing

Marienburg

Preussenland

Hzt. Mecklenburg

Pom

Kammin

Stettin

Neumark

Kulm

Thorn

Kurf. Brandenburg

Berlin

Frankfurt

Mag.

Anh.

Sachsen

Lausitz

Mgf.

Meißen

Gnesen

Plowce

Posen

Plozk

Warschau

MASOWIEN

LITAUEN

Kalisch

Lublin

Wolhynien

Liegnitz

Neumarkt

Breslau

Schlesien

POLEN

Ober Pfalz

Böhmen

Prag

Olmütz

Mähren

Krakau

Budweis

Brünn

Lemberg

Podolien

Hztmer Bayern

Habsburgische Lände

Wien

Preßburg

Salzburg

UNGARN

Moldau

Budapest

In der zweiten Hälfte des 14. Jahrhunderts war es durch die territoriale Verknüpfung von Deutschem Reich und dem Preußenland für den Orden relativ unproblematisch, die Besiedlung durch Deutsche zu ermöglichen. Dennoch reichten die Ressourcen bei weitem nicht aus, so daß der Orden ab 1350 dazu überging, vor allem zur Erschließung der Wildnis im Südosten Land auch an Prußen zu verleihen. Die polnische Einwanderung erfolgte hier erst im Zuge der Entvölkerung dieser Regionen durch die Polenkriege im 15. und 16. Jahrhundert. Auch die Wildnis im Nordosten war, soweit besiedelt, nur von Prußen bewohnt. Auch dieses Gebiet wurde erst später, nach diesen Kriegen sowie epidemischen Seuchen, von Litauern bevölkert.

die ersten Schüsse auf den Feind abgefeuert wurden (1346). Ab der Mitte des 14. Jahrhunderts fanden Feuerwaffen zunehmend Verbreitung in der Kriegführung. Der Orden war schon früh darauf bedacht, sein Heer mit Feuerwaffen auszurüsten. Schon ab 1362 wurden Pulverbüchsen und ab 1408 Geschütze verwendet.

In der Geschützherstellung erreichte der Orden ein erstaunliches Niveau. Diese Geschützart wurde am Anfang des 15. Jahrhunderts unter dem Namen „Bombarde de Prusse" bekannt. Nach Ausweis des *Tresslerbuches* waren unter den für den Orden hergestellten Geschützen auch mehrfach die damals schon bekannten Hinterlader. Im Jahre 1409 stellten die Marienburger Büchsengießer auch schon solche mit Schraubverschluß her. Die Erfindung dieser Verschlußart wird Leonardo da Vinci (1452–1519) zugeschrieben, obwohl schon ein Jahrhundert zuvor der Marienburger Glockengießer und Büchsenmeister Heinrich Dümechen mit seinen Gehilfen solche hergestellt hatte.

Die Herstellung des Pulvers war ebenfalls Aufgabe der Büchsenmeister. Zunächst benutzten sie dazu große Mörser. Weil der langsame Handbetrieb dem steigenden Bedarf nicht genügte, wurden die bereits vorhandenen Ölmühlen dazu verwendet. Angesichts des drohenden Krieges mit Polen kaufte der Orden große Mengen Salpeter und ließ sie in Elbing und Neuteich zu Pulver verarbeiten. Die dortigen Werke stellten 1409 innerhalb von sieben Wochen 300 Zentner Schießpulver her. Das Ordensheer hatte etliche Geschütze zur Schlacht bei Tannenberg mitgenommen, die den Polen in die Hände fielen. Ob sie vom Orden benutzt wurden, ist nicht bekannt. Bei der Belagerung der Marienburg kamen zumindest die Beutegeschütze auf seiten der Polen zur Anwendung. Über einen Einsatz von Feuerwaffen in den folgenden Kriegen des Ordens fehlen jegliche Angaben.

In Erwartung des unvermeidbar scheinenden Krieges mit Polen hatte der Orden 1409 mit der Herstellung von Geschützrohren eines bis dahin nicht gewagten Kalibers begonnen. Es ist nicht bekannt, wie viele dieser Rohre der Orden in seiner Marienburger Gießerei herstellen ließ. Eine dieser „allergrößt Büchsen" erbat sich aber der Burggraf Friedrich von Nürnberg (ab 1415 Kurfürst von Brandenburg), um der Raubritter in seinem Land Herr zu werden. In seinem Schreiben vom 26. November 1412 sagte Hochmeister Heinrich von Plauen die Erfüllung der Bitte zu und ließ das Geschütz mit seinem von 24 Pferden gezogenen Wagen und einem preußischen Büchsenmeister bis Küstrin bringen, wo es Friedrich in Empfang nahm. Unter dem Namen „Faule Grete" ging es in die Geschichte ein. Das Rohr wog 92 Zentner, die drei Zentner schwere Steinkugel, mit einer Pulverladung von 26 Pfund, brach die bis 4,5 Meter dicken Mauern der bis dahin unbezwingbaren Raubritterburgen und ermöglichte Friedrich, Ruhe und Ordnung in seinem Land herzustellen. Es waren Kanonen, die das Rittertum beendeten, das über Bauern und Bürger so lange geherrscht hatte.

Das Unternehmen „Gotland"

Die Seeräuberei in der Ostsee hatte unerträgliche Ausmaße erreicht. Die lange Fahrt in die Nordsee durften die Schiffe nur in geschlossener Flotte (Geleitzug) unter dem Schutz von Kriegsschiffen wagen. Für den Unterhalt dieser „Friedschiffe" sorgten die Hansestädte, woran sich auch der Orden beteiligte. Nach den englischen Piraten hatten die Vitalienbrüder auf Gotland die stärkste Macht. Ihren Namen hatten sie erhalten, als sie das von den Dänen belagerte Stockholm von 1389 bis 1395 gegen klingende Münze mit Vitalien (Lebensmitteln) versorgten. Während den englischen Piraten schwer beizukommen war, entschloß sich der Orden, die Vitalienbrüder zu beseitigen. Die Kosten für das Unternehmen wurden durch eine einmalige Steuererhöhung des Pfundzolls gedeckt, die von den großen Städten ohne große Schwierigkeiten aufgebracht werden konnte.

Im Frühjahr 1398 setzte der Orden mit 84 Schiffen, 50 Rittern und 4.000 Mann vom Landesaufgebot von Danzig nach Gotland über. Die stark bewehrte Hauptstadt Visby wurde erobert, und ein Ordensvogt mit 200 Mann und 100 Pferden übernahm die Besetzung und Verwaltung der Insel. Die Seeräuber wichen auf neue Stützpunkte in Ostfriesland und Oldenburg aus und trieben weiter ihr Unwesen, bis sie schließlich 1401/02 von Hanseflotten besiegt und ihr Führer, der bekannte Klaus Störtebeker, in Hamburg hingerichtet wurde.

Den wahren Grund, warum der Orden das Unternehmen Gotland durchführte, haben die Historiker noch nicht ergründen können. Offensichtlich verfolgte die Ordensführung Pläne, die nicht mehr verwirklicht wurden. Die Hanse, die der größte Nutznießer des Unternehmens war, beteiligte sich gar nicht daran. Wäre es dem Orden nur um die Beseitigung der Seeräuber gegangen, hätte er Gotland besetzen und die Seeräuber vertreiben können; aber dann, in Ermangelung anderer Interessen, die Insel der rechtmäßigen Eigentümerin, Königin Margarete von Dänemark zurückgeben müssen. Statt dessen kaufte er dem von der Dänenkönigin besiegten und vertriebenen Schwedenkönig, Albrecht II. von Mecklenburg, einen mehr als fragwürdigen Rechtstitel auf Gotland für 10.000 lübische Mark ab.

Königin Margarete machte als rechtmäßige Eigentümerin ihre Ansprüche geltend, aber als langwierige Verhandlungen erfolglos blieben, nahm sie 1403 die Insel durch einen überraschenden Angriff in Besitz. Der Orden rüstete für das nächste Jahr (1404) wieder eine Flotte aus, die Gotland blockierte, und mit 1.500 Mann brachte er die Insel wieder unter seine Herrschaft. Die Ordensflotte zog dann nach Kolmar und vernichtete alle Schiffe der Königin. Die Verhandlungen wurden wieder aufgenommen, deren Ende Hochmeister Konrad von Jungingen nicht mehr erlebte. Sein Bruder und Nachfolger Ulrich trat schließlich im Vertrag zu Helsingborg, am 15. Juni 1407, Gotland ab und übergab es im nächsten Jahr Königin Margarete.

Der Orden war gewiß nicht nur wegen der seeräuberischen Vitalienbrüder nach Gotland gegangen. Die bedrohliche Entwicklung im Osten gebot ihm aber, alle Pläne, die er mit Gotland gehabt hatte, aufzugeben und sich mit Dänemark zu verständigen. Er mußte für den unvermeidlich herannahenden Entscheidungskampf gerüstet sein und konnte es sich nicht leisten, seine Kräfte zu zersplittern.

Der Blüte letzter Teil

Unter Hochmeister Winrich von Kniprode war der Ordensstaat gegenüber dem Reich noch in einer glücklichen Lage. Hier schwächten kein übermütiger Adel, keine Ritter- oder Städtebünde und kein Ständekampf die Kraft des Staates. Und doch begann sich mit der keimenden Abfallbewegung der sechs preußischen Seestädte eine gefährliche Entwicklung anzubahnen.

Die Herren des Landes, die Ordensritter, sind alle aus dem Reich zugewandert. Sie müssen ehelos bleiben und dürfen keine Bindung zu dem Land herstellen, das sie beherrschen. Im Laufe von über 100 Jahren hat sich aus deutschen Siedlern, den im Land gebliebenen Veteranen der Kreuzzüge und den bevorzugten Prußen ein neues Volk gebildet, das in Generationen des Zusammenlebens einen Bürger und Bauernstand gebildet hat, dessen Heimat Preußen ist. Die Masse der prußischen Bevölkerung bildet aber noch immer eine getrennte Volksgruppe, der die Gemeinschaft in diesem neuen Volk versagt ist. Ein begüterter Landadel ist entstanden, und diese zahl- und einflußreichen Kreise verlangen immer lauter nach Teilnahme an der Regierung ihres Landes. In den Ordensherren sehen sie Fremde, die nichts an dieses Land bindet, außer dem Herrschaftsanspruch. Eine Kluft entsteht zwischen Volk und Rittern, die sich ausweitet und schließlich große Teile des Volkes dazu bringen wird, sich gegen den Orden zu erheben.

Der Orden, an starre Satzungen gebunden, kann seinen Untertanen die geforderten Rechte nicht geben, er darf nicht einmal den Adel seines eigenen Landes in seine Reihen aufnehmen, was jedem ritterlichen Bürger aus dem Reich offensteht. Solange der Ordensstaat auf der Höhe seiner Macht steht, ist keine Gefahr – aber was wird geschehen, wenn Rückschläge den Staat erschüttern? Durch die Machtstellung des Ordens, den Glanz und Reichtum lockern sich allmählich die Tugenden, die seine Größe begründet haben. Die strengen Gelübde werden zwar noch abgelegt, aber nicht mehr so genau eingehalten. Dazu macht sich der Orden durch unkluge Maßnahmen und anmaßendes Auftreten unbeliebt. Das Selbstbewußtsein der Handelsstädte wächst stetig weiter, vor allem dasjenige Danzigs, das den Ostseehandel beherrscht. Der Handel steht in einer solchen Blüte, daß zum Beispiel 1392 eine Flotte von 200 englischen Schiffen auf einmal in den Danziger Hafen segelt. Neben dem arroganten Adel stehen die stolzen Kaufmannsgeschlechter, denen es so gut geht, daß sie keinen Herrn mehr über sich dulden wollen und jetzt schon im engen Kreise mit der Idee spielen, die Herrschaft des Ordens zu beseitigen. Während im Innern die erste Saat des Verfalls zu keimen beginnt, strahlt das Land nach außen noch im Glanz seines Reichtums.

Nach dem Tod Kasimirs des Großen 1370 ging auch das gute Verhältnis zwischen Polen und dem Ordensland langsam zu Ende, das für beide Länder so segensreich gewesen war. Als 1377 Großfürst Jagello in Litauen die Macht übernahm, bahnte sich eine gefährliche Entwicklung an, die mit der Heirat Jagellos und der polnischen Thronerbin Hedwig 1386 zur offenen Bedrohung wurde. Der Orden hatte allen Grund, mit Besorgnis in die Zukunft zu sehen. Am 24. Februar 1382 starb Hochmeister Winrich von Kniprode. Als er mit dem obersten Spittler Pläne für ein Witwen- und Waisenhaus besprach, erlitt er einen Schlaganfall. Von allen als Vater des Landes betrauert, folgte ganz Marienburg seinem Leichenzug. Während seiner 31jährigen Regierungszeit war der Ordensstaat zur „Sonnenhöhe seines Ruhms" aufgestiegen, wie Treitschke es ausdrückt. Er hinterließ ein blühendes Land, gefüllte Speicher, einen reichen Staatsschatz und glückliche Untertanen.

Der große Reichtum zeigte sich auch in einem hohen Kulturstand. Durch Pfarrschulen wurde im ganzen Land für eine gewisse Volksbildung gesorgt; Dom- und Stadtschulen vermittelten eine höhere Bildung. Der Schulbesuch war freiwillig und kostete Schulgeld. Daher waren es Söhne des höheren Bürgerstandes, die zur Schule gingen. Der Unterricht war kirchlich orientiert, und die Kinder mußten vor allem den lateinischen Kirchengesang erlernen. Hauptfächer waren: Religion, Latein und Singen, dann erst folgten Lesen, Schreiben und Rechnen. Im Ordensstaat durften nur Knaben die Schulen besuchen; erst 200 Jahre später (1609) wurden erstmalig auch Mädchen aufgenommen.

Die Vorbereitungen zur Errichtung einer eigenen Landesuniversität in Kulm waren abgeschlossen, als Papst Urban IV. 1387 die Erlaubnis dazu erteilte. Damals gab es im östlichen Mitteleuropa nur die Universitäten von Prag (seit 1348) und Wien (seit 1365). Wegen der steigenden Bedrohung durch die polnisch-litauische Union wurde die Ausführung aufgeschoben und nach der Niederlage von Tannenberg nicht mehr aufgenommen. Die Universität Krakau, die Kasimir der Große 1364 gegründet hatte, ging nach seinem Tod ein. Nach den Bestimmungen des Testaments der Königin Hedwig wurde sie 1400 nochmals errichtet.

Auch andere Dinge geschahen im Ordensland. Im Dom zu Marienwerder ließ sich am 2. Mai 1393 die selige Dorothea von Montau auf eigenen Wunsch in einer Seitenkammer einmauern, wo sie bis zum 25. Juni 1394 als Klausnerin lebte. Sie wurde im Dom bestattet und durch einen kostbaren Reliquienschrein geehrt. Man hörte von zahlreichen Wundern an ihrem Grabe, und das Volk verehrte sie als Heilige. Ihre Heiligsprechung wurde eingeleitet, kam aber wegen der Katastrophe von Tannenberg nicht mehr zustande.

Da die große Mehrheit der Ordensritter aus Mittel- und Oberdeutschland stammen, ist die Sprache des Ordens in seinen Urkunden und Wirtschaftsbüchern mittelhochdeutsch. Auf die überwiegende Mehrheit seiner Norddeutschen Untertanen – in zwei Dritteln des Ordenslandes wurde Plattdeutsch gesprochen – nimmt er keine Rücksicht. Nur im livländischen Ordensteil wurde meistens die plattdeutsche Sprache verwendet.

Zu dieser Zeit begann sich die deutsche Sprache über die engen Grenzen der Dialekte hinaus zu einer allgemeingültigen Hochsprache zu entwickeln. In Prag, das Kaiser Karl IV. (1346–78) zur Hauptstadt des Reiches gemacht hatte, war 1348 die erste deutsche Universität gegründet worden. Dort entstand die erste vollständige Übersetzung des Neuen Testaments, und 1400 schrieb dort der Dichter Johann von Tepl den *Ackermann aus Böhmen*, das erste Werk in der hochdeutschen Schriftsprache. Diese war 100 Jahre später auch die Schriftsprache Kursachsens, die Luther für seine Bibelübersetzung benutzte, die dadurch zur Schrift- und Amtssprache der Deutschen wurde.

Eine Plage des Mittelalters waren große Brände. Es waren meistens Holzhäuser, die bei der damaligen Bauweise einer steten Feuergefahr ausgesetzt waren. Weil die Stadt mit einer Mauer geschützt werden mußte, waren die Häuser möglichst eng zusammengebaut, wodurch bei Feuer oft die ganze Stadt abbrannte. Vom Jahr 1400 wird berichtet: „In diesem jare verbrannte Osterode die Stadt, so gar, das nichts mer blieb den die Kirch und des Farrers Gehöft." Im gleichen Jahr brannte auch Allenstein ab; außer der Ringmauer blieben nur Burg und Pfarrkirche stehen. Über die Beziehungen zu Fürsten anderer Länder, die mit Geschenken bedacht wurden, bietet das *Marienburger Tresslerbuch* einen interessanten Einblick. Im Jahre 1405 wurden an folgende Fürsten Falken verschenkt: zwei Käfige an die drei Herzöge von Österreich; je ein Käfig an den König von Böhmen, den Grafen von Württemberg, den Markgrafen zu Meißen, den Herzog von Sachsen, den Burggrafen von Nürnberg, den neuen römischen König, den Erzbischof von Köln, den Grafen von Katzenellenbogen, den Erzbischof von Mainz, den Erzbischof von Trier, den Herzog von Geldern, den Herzog von Cleve, den Herzog von Holland, den Komtur von Koblenz, vier Falken für Herzog Semowit nach Plock in Masowien. Im nächsten Jahr werden vier Mark an zwei Knechte gezahlt, die dem König von England Falken als Geschenk des Hochmeisters überbrachten.

Prunk und üppiges Leben bestätigen auch die Rechnungsbücher des Ordens, in denen die Löhne für Maler, Goldschmiede, Bernsteinschneider und auch des Hochmeisters Narren verzeichnet sind. Für eine Tagung mit dem Erzbischof von Riga in Marienburg wurden zum Beispiel je zehn Pfund Rosinen-, Koriander- und Aniskonfekt; für eine Beratung in Kauen zweieinhalb Last Bier (5.000 Liter) geliefert. Viel Geld wurde für ausländische, meist italienische, Weine ausgegeben.

Unter Hochmeister Konrad von Jungingen (1393–1407) war bei dem Gotland-Unternehmen und der Besetzung Samaitens (1399) noch einmal etwas von der alten Tatkraft des Ordens zu spüren. Inzwischen sprießt aber schon die erste Saat des Verfalls. Die Bürger der Handelsstädte sehen im Handel des Ordens eine unberechtigte Konkurrenz, die ihre Gewinne schmälert. Unter der Ordensherrschaft sind sie so reich geworden, daß sie sich selbst als Herren fühlen, die es nicht mehr nötig haben, jemanden über sich zu dulden. Aber auch der Orden ist nicht mehr der alte. Galt früher das Gesetz der Besitzlosigkeit in jeder Beziehung, so sollen die Einnahmen der Ämter jetzt den Komturen und Konventen gehören. Nur „erübrigte" Gelder sollen dem Hochmeister „verehrt" werden. Den früher makellosen Ordensbeamten ist damit die Möglichkeit zum Eigennutz geboten. Aber noch steht das Land in Blüte, und überall sieht man frohes Schaffen und Wirken glücklicher Menschen, Handel und Wandel, Ordnung und Reichtum.

Bis 1410 hatte der Orden trotz ständiger kriegerischer Bedrohung 93 Städte, 740 Pfarrdörfer und 1.836 gemeine Dörfer gegründet, eine wahrhaft gigantische Leistung. Die Städte waren, ähnlich wie im Reich, nicht groß; sie zählten durchschnittlich über 1.000 Bewohner. Die größeren Städte, wie Kulm, Königsberg, Elbing und Thorn, hatten etwa 15.000 Einwohner. Danzig, mit etwa 25.000 Bewohnern, war durchaus mit den damaligen Großstädten des Reiches, wie Köln, Augsburg oder Nürnberg vergleichbar. Das Land befand sich noch im Aufbau, als der Krieg der polnisch-litauischen Union jede Weiterentwicklung zum Stillstand brachte. Unter den Plänen, die nicht mehr zur Ausführung kamen, war der Bau eines 400 Kilometer langen Binnenlandkanals, der die masurischen Seen mit der Ostsee verbinden sollte.

Als die furchtbaren Kriege endlich zu Ende waren, lagen die meisten Städte in Trümmern, weite Gebiete waren verwildert und menschenleer, die Hälfte der Bevölkerung war erschlagen, die Überlebenden waren ausgeplündert, bettelarm und halb verhungert. Der blühende Ordensstaat war zerschlagen, und nie wieder würde es einen solchen allgemeinen Wohlstand in diesem Land geben.

Zustände im Reich

Wie es dazu kam, daß bei der Vernichtung des Ordensstaates das Deutsche Reich, das den Orden bei der Eroberung Preußens immer wieder mit großem Kräfteaufwand unterstützt hatte, jetzt untätig und teilnahmslos seinem Untergang zuschaute, ist mit den damaligen Zuständen im Reich zu erklären. Die Wahlmonarchie hatte inzwischen derart veworrene Zustände geschaffen, daß eine wirksame Hilfeleistung für den Ritterorden kaum noch möglich war und darum unterblieb.

Das Kurfürstenkollegium wählte nicht den Fähigsten zum König, sondern denjenigen, der ihre Selbständigkeit noch mehr fördern würde und die höchsten Bestechungsgelder zahlte. Vom Ausland war die Wahl leicht zu beeinflussen, denn man brauchte sich nur vier der sieben Kurfürsten zu versichern. Die Wahl Kaiser Karls V. zum Beispiel finanzierte Jakob Fugger mit 300.000 Gulden (ca. 14 Millionen Mark, Wert von 1930). Auf diese Weise konnte sogar ein Kaufmann einen Kaiser auf den Thron setzen.

Das Kurfürstenkollegium bestand aus den Erzbischöfen von Köln, Mainz und Trier, dem Pfalzgrafen bei Rhein, dem Herzog von Sachsen, dem Markgrafen von Brandenburg und dem König von Böhmen. Für die Kurie war es ein leichtes, ihre Wünsche durchzusetzen. Da die Erzbischöfe einer Anweisung aus Rom folgen mußten, brauchte nur noch ein einziger der übrigen Wähler gewonnen zu werden, um den ausersehenen König einzusetzen. Für die Kurfürsten war eine Königswahl stets eine ergiebige Einnahmequelle. Dazu preßten sie jedem Kandidaten mehr Rechte und Privilegien ab, so daß der gewählte König bald ohne Macht war und nur über den leeren Titel verfügte. Da nach dem Willen der Kurfürsten Deutschland nie ein Erbreich werden sollte, stellte folgerichtig jeder neue König das Interesse seines Hauses über das des Reiches.

Das Deutsche Reich hatte sich bei diesem System in eine Vielzahl räuberischer Kleinstaaten und freier Städte aufgelöst, die sich untereinander bekämpften. Als König Wenzel von Böhmen, seit 1378 auch deutscher König, sich überhaupt nicht um das Reich kümmerte, war das den Kurfürsten auch nicht recht, und die vom Rheingebiet setzten ihn 1400 ab. Der neue König, Ruprecht von der Pfalz, konnte sich aber auch nicht durchsetzen, weil seine Wahl und die Absetzung Wenzels nicht durch alle Kurfürsten erfolgt war. Als neuer Bewerber trat König Sigismund von Ungarn auf, der 1410 deutscher König wurde. Somit hatte das Reich in dieser für den Orden äußerst kritischen Zeit überhaupt kein richtiges Oberhaupt.

Zu all diesem Wirrwarr kommt hinzu, daß die Christenheit zu dieser Zeit von drei Päpsten regiert wurde, von denen jeder behauptete, der rechtmäßige zu sein. Sie unterstützten die gegeneinander streitenden Fürsten und bekämpften sich und die gegnerischen Anhänger mit all ihrer Macht. Alle Christen standen damals unter dem Bannfluch des einen oder anderen oder gar zweier Päpste. Wer sollte unter diesen chaotischen Zuständen dem Deutschen Ritterorden helfen?

Der italienische Gelehrte Aenea Silvio de Piccolomini (später Papst Pius II.), Dichter, Geograph, Ethnograph, Geschichtsschreiber und Verfasser bedeutender Schriften, richtete 1453 eine Mahnung an die deutschen Fürsten, in der er die chaotischen Zustände im Reich tadelte und vor den Folgen warnte: „Jeder verfolgt nur seine eigene Sache, daher wüten unter euch die häufigsten Zwistigkeiten und beständigen Kriege, mit Raub, Brand, Mord und tausend Arten von Unheil, wie es notwendig da eintreten muß, wo so viele herrschen [...] Was vor allem notwendig ist: zieht Einigkeit der Spaltung vor [...]"

Dieser bedeutende Gelehrte wird als 13. Bischof von Warmia (Ermland) 1457/58 aufgeführt, hat aber das Ordensland nie betreten.

Entwicklung zum Krieg

In Litauen hatte Großfürst Olgierd seinen Sohn Jagello zum Erben für seine Reichshälfte bestimmt. Im westlichen Teil herrschte noch der ritterliche Kienstut. Der ehrgeizige und machthungrige Jagello wollte aber die ganze Macht alleine haben. Bei vergeblichen Verhandlungen überfiel er seinen Onkel und ließ ihn 1382 im Kerker ermorden. Kienstuts Sohn Witold, der fürchtete, ebenfalls umgebracht zu werden, floh zu seinen Verwandten nach Masowien. Jagello, der Witolds Rache fürchtete, beschloß darauf, mit dem Orden zunächst – wenigstens dem Anschein nach – Frieden zu halten. Er stimmte der Abtretung Samaitens zu und versprach zudem, Christ zu werden und vier Jahre Frieden zu halten. Jagello hielt aber sein Versprechen nicht und zog bald alle Zusagen zurück. Nun schloß Witold mit dem Orden ein Bündnis, um sein Stammland zurückzuerobern. Er schenkte dem Orden ebenfalls Samaiten. Er sah sich aber sowohl von Jagello wie auch vom Orden bedroht und wandte alle Künste seiner hinterhältigen Diplomatie an, um beide Seiten bis zu einem entscheidenden Zeitpunkt hinzuhalten.

Die polnischen Magnaten erkannten die Möglichkeiten, die durch eine Verbindung Litauens mit Polen entstehen würden und entwarfen einen Plan. Auch Jagello erkannte die gewaltige Macht, die ihm durch diese Verbindung geboten wurde. Beide Seiten waren sich in ihrem Haß auf den Orden einig, und der Handel wurde in die Wege geleitet. Unter diesen neuen Gesichtspunkten kam es zwischen den beiden Vettern Jagello und Witold zu einer Verständigung. Der Orden hatte jetzt zwei litauische Feinde vor sich, von denen einer den anderen an Hinterlist übertraf.

Die polnischen Großen hatten nach dem Tod König Kasimirs die Krone seinem Neffen, König Ludwig von Ungarn, gegeben. Er hatte dafür versprechen müssen, sich für die Rückgewinnung der verlorengegangenen Länder Polens einzusetzen. Damit waren Pommerellen und das Kulmerland gemeint, auf deren Besitz König Kasimir auf ewig verzichtet hatte. Als König Ludwig 1382 starb, hinterließ er zwei Töchter. Zuerst wurde die älteste Tochter Maria zur Thronfolgerin von Polen und Ungarn bestimmt. Da sie aber mit dem Bruder Siegmund des Königs Wenzel von Böhmen (Sohn und Nachfolger Kaiser Karls IV.) verheiratet war, paßte das nicht in die Pläne des polnischen Adels, der die Verbindung mit Litauen suchte, um den Ordensstaat zu vernichten. So wurde im Herbst 1383 die jüngste Tochter König Ludwigs, die 13jährige Hedwig, zur Königin von Polen gewählt. Daß sie mit Wilhelm von Österreich verlobt war, störte die Polen nicht. Jagello zahlte die 200.000 Florentiner Gulden, die der österreichische Herzog als Schadenersatz forderte, und versprach, mit allen noch nicht getauften Gliedern seines Hauses und allen Bewohnern seines Landes der Römischen Kirche beizutreten. Der Handel kam somit zustande, und die 16jährige Königin wurde gezwungen, auf ihren Verlobten zu verzichten, um den 40jährigen Jagello zu heiraten.

Wie bei dem Handel ausgemacht, versprach Jagello dem polnischen Adel, dessen Sonderrechte zu achten, alle dem polnischen Reich verlorengegangenen Gebiete zurückzuerobern und seine litauischen und russischen Länder auf ewig mit Polen zu vereinen. Ein mächtiges Reich, dreimal so groß wie Polen, wurde dadurch ein polnisches Nebenland. Am 15. Februar 1386 wurde Jagello getauft und am 4. März zum König von Polen gekrönt. Dazu nahm er den polnischen Namen Wladislaw II. an. Für eine Königskrone und ein schönes Weib würde sich mancher etwas Wasser über den Kopf gießen lassen, meinte der Hochmeister, als er die Einladung zu der Krakauer Krönungs- und Hochzeitsfeier ablehnte. Diese Hochzeit war der bedeutsame Wendepunkt für das Ordensland Preußen.

Jagello löste sein Versprechen ein, das er dem Papst gegeben hatte. Das heilige Feuer in Wilna wurde gelöscht, und die geweihten Schlangen wurden getötet. Ein Bistum wurde eingerichtet, und Litauen wurde ein christliches Land, wenn auch zunächst nur dem Namen nach. Polnische Geistliche kamen ins Land, und es begann ein massenweises Taufen, auch wenn sich mancher redliche Heide mit Händen und Füßen dagegen sträubte. Alle litauischen Adligen wurden den polnischen gleichgestellt, sobald sie getauft waren. In Samaiten hatte aber niemand die Macht, um eine Zwangsbekehrung durchzusetzen, und das Volk blieb weiterhin heidnisch. Aber Litauen war rechtlich gesehen jetzt ein christliches Land, und es gab kein heidnisches Volk mehr. Die Hauptaufgabe des Ritterordens, Bekämpfung und Bekehrung der Heiden, schien erledigt zu sein. Für die Kirche war damit eine klare Lage geschaffen worden, und sie zögerte nicht, sie gegen den Orden auszunützen. Der polnische Klerus arbeitete eifrig mit Klagen und erlogenen Beschuldigungen, um in Rom die gewünschte Meinung gegen den Orden zu erzeugen.

Der Orden konnte aber das unangetastete Heidentum Samaitens beweisen und setzte seine Kriegszüge dorthin fort. Endlich gelang es ihm, Samaiten rechtmäßig zu erwerben. Im Vertrag zu Sallinwerder, am 12. Oktober 1389, trat der Orden den östlichen Teil Sudauens an Litauen ab und erhielt dafür Samaiten bis an die Dubissa. Der Orden gab ein zur Wildnis gewordenes Grenzgebiet im Osten auf, um dafür ein Gebiet im Norden zu erhalten, das ihm die so lang ersehnte Verbindung zwischen den beiden Ordensteilen verschaffte.

Die mittlere Memel als Ostgrenze des alten Preußenlandes und dann des Ordensstaates war niemals beanstandet worden. Auch die Litauerfürsten Kienstut, Jagello und Witold hatten in ihren Verträgen mit dem Orden die Memel stets als Ostgrenze des Ordenslandes anerkannt. Die nunmehr neu festgelegte Ostgrenze wurde auch die Grenze der späteren Provinz Ostpreußen und blieb für 556 Jahre als eine der ältesten unveränderten Grenzen Europas bestehen. Samaiten aber mußte der Orden schon 1411 wieder an Litauen ausliefern, selbstverständlich ohne seinen Landesteil, den er dafür gegeben hatte, zurückzuerhalten.

Jagello hatte seinen Bruder Skirgello zum Regenten Litauens eingesetzt. Witold hielt sich im Ordensland auf. Er hatte sich 1383 in Wehlau taufen lassen und wohnte 1390/91 mit seiner Familie in Bartenstein. In diese Zeit fällt der schon erwähnte Streit mit dem Erzbischof von Riga (1392), bei dem sich sogar der deutsche König Wenzel gegen den Orden stellt. Statt wie alle seine Vorgänger den Orden zu stützen, glaubt Wenzel einen möglichst großen Anteil an der Beute für sich sichern zu müssen, wenn der Orden, wie geplant, zerschlagen wird. Wenzel schließt 1395 sogar einen Vertrag mit Polen und verbietet dem Orden jede Kampfhandlung gegen Polen und Litauen. Ein weiteres Mißgeschick ist der Tod der jungen Königin von Polen, die dem Orden wohlgesinnt war und über einen gewissen Einfluß verfügt hatte. Sie starb 1399 im Alter von 29 Jahren, und die aggressive Haltung Polens gegen den Orden trat danach um so stärker hervor.

Dem Orden gelang es nochmals, Fürst Witold auf seine Seite zu ziehen, der mit Recht befürchtete, daß Litauen seine Selbständigkeit bei der Union mit Polen verlieren würde. Das Ziel des Ordens, die Vereinigung der beiden Staaten zu verhindern, schien erreicht zu sein, als Witold 1398 einen Sonderfrieden mit dem Orden schloß. Aber nun erkennt Jagello die Gefahr und greift ein. Wieder verständigen sich die beiden Vettern. Jagello enthebt seinen Bruder Skirgello seines Amtes und gibt Witold sein väterliches Erbe zurück. Dann setzt er ihn als Statthalter von ganz Litauen, einschließlich der Ostprovinzen, ein und verspricht ihm den Besitz Samaitens. Daß der eine den Vater des anderen ermordet hat, stört beide nicht. Im Januar 1401 wird in Wilna die Union zwischen Litauen und Polen vollzogen, die Witold als Großfürst von Litauen anerkennt. Bis jetzt hatten sich Litauen und Polen gegenseitig im Schach gehalten. Die Union bringt aber den großen Umschwung, und das Verhängnis für den Orden nimmt seinen Lauf. Auch die Wühlerei des polnischen Klerus hat Erfolg, und 1403 verbietet auch der Papst dem Orden jede Kampfhandlung gegen Litauen, womit Samaiten gemeint ist. So können die beiden vereinten Staaten ungestört den Krieg gegen den Orden vorbereiten.

An den Machtkämpfen im Reich beteiligte sich auch König Sigismund von Ungarn, der schließlich die Kaiserkrone gewann. Dazu brauchte er viel Geld, das er sich von dem brandenburgischen Besitz seines Bruders Wenzel zu beschaffen gedachte. Zum Schein bot er die Neumark dem Herzog von Pommern und dem König von Polen als Pfandobjekt an. Dann legte er unverschämt dem Orden einen Pfandvertrag mit dem Polenkönig über die deutsche Neumark vor. Da dieses die Brücke zum Reich inmitten des Existenzkampfes abgebrochen hätte, muß der Orden schweren Herzens die Neumark 1402 in Pfand nehmen und zahlt Sigismund 63.200 ungarische Gulden dafür. Mit dem Erwerb der Neumark, den der Orden nicht gewünscht und zweimal abgelehnt hatte, erreichte das Ordensland seine größte Ausdehnung.

Polen hätte mit dem Besitz der Neumark einen entscheidenden Sieg über den Orden errungen, ehe der Krieg begonnen hatte. Wladislaw (Jagello) war höchst verärgert, daß die Besitznahme nicht geglückt war. Als der Orden 1408 auch noch das kleine Gebiet von Driesen dem derzeitigen Lehnsinhaber abkaufte, verlangte Jagello die Auslieferung von Driesen und Zantoch. Da die Neumark dann schutzlos einem Angriff der Polen ausgeliefert gewesen wäre, verweigerte der Orden mit gutem Recht diese unerhörte Forderung.

Jagello nutzte geschickt die Empörung, die sich in Polen über die Ausdehnung des Ordenslandes erhob. Durch polnische Agitation aufgerührt, lehnte sich der unter der vorangegangenen Mißwirtschaft verkommene und an Selbständigkeit gewöhnte Adel der Neumark gegen die straffe Disziplin des Ordens auf und wühlte nach allen Seiten gegen den Orden. Jagello wollte keinesfalls Frieden halten und verfolgte eine Politik der Gewalttätigkeiten gegen den Orden. Die ins Ordensland reisenden Kaufleute wurden auf polnischen Straßen ausgeplündert oder erschlagen. Seine Hauptleute und polnische Adlige fielen mit ihren wilden Heerhaufen fortwährend plündernd in das märkische Grenzgebiet ein. Dieser jahrelange Krieg richtete große Schäden im Gebiet der Netze und Warthe an und war der Beginn des folgenschweren Kampfes, der den Orden vernichten sollte.

Mit Besorgnis sah Hochmeister Konrad die Bedrohung des Landes durch die polnisch-litauische Union und gab den Rat: „Ein Krieg ist bald angefangen, aber schwer beendet; besser ein Pferd verloren oder zwei und vier als ein ganzes Land." Während die Lage des Ordens immer schwieriger wurde, starb Konrad am 30. März 1407. Einige Vertraute seiner nächsten Umgebung soll er gewarnt haben, nicht seinen Bruder Ulrich, den damaligen Ordensmarschall, zu seinem Nachfolger zu wählen, der durch einen sofortigen Angriff dem Feind zuvorzukommen suchte, bevor dieser alle Kräfte beisammen hatte. Weil man hinterher immer alles besser weiß, können auch wir heute sagen, daß zu jenem Zeitpunkt ein entschlossener Angriff das Ordensland wahrscheinlich gerettet hätte. Eine Wahl zwischen Krieg oder Frieden gab es nicht. Der Orden konnte nur noch versuchen, den Krieg möglichst lange hinauszuschieben, aber gerade das stärkte seine Feinde.

Als Ulrich von Jungingen entgegen der Warnung seines Bruders dennoch Hochmeister wurde, hatte sich die Lage schon so weit gegen den Orden entwickelt, daß Jagello ihm das Handeln diktierte. Anstatt wenigstens jetzt noch mit aller Kraft zuzuschlagen, versuchte Ulrich weiter einen Frieden zu erhalten, der schon längst nicht mehr zu retten war. Wenn ihn eine Schuld am Untergang des Ordenslandes trifft, dann war es diese. Es ist immer das Los des Verlierers, verdammt zu werden. So wird auch Ulrich von Jungingen heute meistens als unbesonnen und kriegerisch hingestellt, und als derjenige, der den Untergang des Ordenslandes verschuldet hat, ganz als ob er etwas von Polen wollte und den Krieg deshalb begann.

Während an der märkischen Grenze gekämpft wurde, schürte Witold einen neuen Aufstand in Samaiten, der 1409 ausbrach und die Stadt Memel wieder in Flammen aufgehen ließ. Samaiten blieb unbezwungen, und alle Bemühungen des Ordens, eine sichere Landbrücke zwischen beiden Ordensgebieten herzustellen, waren erfolglos. Der Keil Samaiten trennte noch immer die beiden Landesteile und wurde am Ende litauisch. Vielleicht hätte sich die Geschichte anders entwickelt, wenn es gelungen wäre, diese Verbindung herzustellen. Könnte es auch an diesem Mißlingen liegen, daß die deutsche Ostseeküste heute nur noch bis zur Oder reicht?

In den großen Städten des Landes kommt es zu sehr bedenklichen Entwicklungen, die gegen den Orden gerichtet sind. Nicht Not oder Mangel, nicht Rechtlosigkeit oder Willkür sind die Gründe für die Auflehnung. Es geht den Städten nicht zu schlecht, sondern zu gut. Die kleinen Landstädte, die mit dem großen Handel nichts zu tun haben, sind mit ihrem Schicksal auch mehr als zufrieden. Dagegen dort, wo man wie in Danzig von silbernen Tellern ißt und aus goldenen Bechern trinkt, da wächst die Unzufriedenheit.

Der Orden war ein guter Landesherr gewesen. Er hatte die Städte gegründet, beschützt und gefördert. Sie waren zu reichen Hansestädten geworden. Nirgendwo in der Welt war das Kaufmannsgut so gut geschützt, waren die Straßen so sicher, Recht und Ordnung so gut überwacht wie im Ordensland. In ihrem Übermut haben die Verschwörer aber jedes Maß und alle Vernunft verloren. Polnische Agitation hat mit viel Geschick unter dem Adel des Ordenslandes gewühlt, mit bestem Erfolg im Kulmerland. Dort hat sich unter den Großgrundbesitzern eine verschwörerische Bewegung gebildet, die sich im Eidechsenbund organisiert hat. Die Ordensritter, die dem Bund angehören, bilden die erste Widerstandsgruppe gegen ihren eigenen Orden. Auch die Grundbesitzer sind sehr reich geworden, aber der Orden hielt seine Hand auch schützend über deren Untergebene und ließ nicht zu, daß sie zu Sklaven wurden. Bei dem polnischen System dagegen sind die Bauern rechtlose Leibeigene, und der Grundbesitzer kann über sie verfügen wie über ein Stück Vieh. Solche Herrenrechte erscheinen ihnen sehr verlockend.

Der Orden weiß, daß er dem Krieg nicht ausweichen kann. Er hat Gotland aufgegeben, um freie Hand im Osten zu haben. Mit deutschen Fürsten sind Soldverträge abgeschlossen worden. Mit reichen Geldzuwendungen glaubt er die diplomatische Unterstützung des Böhmenkönigs Wenzel und des Ungarnkönigs Sigismund erworben zu haben. Er hofft aber weiterhin, daß doch noch Vernunft den Krieg vermeiden könnte. Aber der Polenkönig will Krieg, auf dessen Vorbereitung er seine ganze Energie verwendet. Er lehnt daher alle Vermittlungsversuche des Ordens zur friedlichen Beilegung der Differenzen ab, denn sein Ziel kann mit friedlichen Mitteln nicht erreicht werden.

Die Komture von Pommerellen und der Ordensvogt der Neumark berichten von bedrohlichen Kriegsvorbereitungen der Polen. Als der Aufstand 1409 in Samaiten tobt, erfährt der Hochmeister, daß Wladislaw (Jagello) Samaiten an Witold übergeben hat, obwohl es rechtlich dem Orden gehört. Endlich verlangt der Hochmeister eine bindende Antwort von dem

Polenkönig, besonders über einen erneuten Ausbruch des Krieges gegen Litauen. Jagello antwortet höhnisch, daß ein Krieg mit Litauen seinen sofortigen Angriff auf das Ordensland zur Folge haben würde. Nun erst, im August 1409, entschließt sich die Ordensführung, nicht zu warten, bis Jagello den vernichtenden Schlag führt, und sendet am 6. August 1409 die so lange hinausgeschobene Kriegserklärung an den Polenkönig, der eigentlich dem Orden den Krieg schon angesagt hatte, als er bei dem Handel um die Königskrone 1386 feierlich erklärt hatte, das Kulmerland und Pommerellen für Polen zu erobern. In schnellem Angriff besetzt der Orden einige Grenzgebiete und das Dobriner Land.

Da tritt überraschend König Wenzel, bis jetzt Polens Verbündeter, als ordensfreundlicher Vermittler auf. Für die Verpflichtung, dem Orden in dem Krieg mit Polen beizustehen, zahlt ihm der Orden 60.000 Gulden, denn er will nichts unversucht lassen, den Krieg zu vermeiden. Wenzel vermittelt am 8. Oktober 1409 einen Waffenstillstand von neun Monaten, der Jagello die Gelegenheit gibt, weitere Verbündete zu werben, denn seine Vorbereitungen waren noch nicht beendet. Mit dem verlockenden Angebot der unermeßlichen Beute, die aus dem Ordensland zu holen ist, kann er immer mehr Völker für den großen Angriff gewinnen, der mit dem Ablauf des Waffenstillstandes genau festgelegt ist. Gegen Ende des Jahres trifft Jagello und Witold mit dem Tataren-Khan in Brest-Litowsk zusammen, um auch die östlichen Heidenvölker gegen den Orden aufzubieten.

Der Orden sucht dagegen immer noch nach Möglichkeiten, den Krieg zu vermeiden. Er bittet König Wenzel, einen Schiedsspruch zu fällen, womit sich schließlich auch die Polen einverstanden erklären. Am 15. Februar 1410 entscheidet Wenzel, daß der Orden das Dobriner Land an Polen zurückgeben soll, Samaiten aber als rechtmäßiges Eigentum behalten darf. Ein böhmischer Treuhänder soll beide Gebiete verwalten, bis alle Streitfragen bereinigt sind. Die Polen lehnen den Schiedsspruch entschieden ab. Für sie war es nur ein diplomatisches Manöver, um den Orden hinzuhalten, denn das, was sie wollen, kann ihnen kein Schiedsspruch geben. Dem Orden gelingt es trotzdem noch einmal, durch die Vermittlung König Wenzels, einen Schiedstag für Pfingsten 1410 in Breslau anzusetzen. Aber die böhmischen und die Ordensgesandten sowie der päpstliche Legat warten vergebens auf die polnischen Gesandten. Während der Orden noch immer nach einem Frieden sucht, der längst Utopie geworden ist, marschieren Wladislaws Verbündete schon in Richtung Ordensland.

6. Die Vernichtung des Ordensstaates

(1410–1525)

Die Schlacht bei Tannenberg

Das Deutsche Reich ließ den Ritterorden in seiner größten Bedrängnis allein. Einige Fürsten erlaubten die Anwerbung von Söldnern; mehr hatten sie für den Orden nicht übrig. König Sigismund von Ungarn, der sich um die deutsche Königskrone bemühte, forderte viel Geld, aber die zugesagte Hilfe blieb aus. Der Orden war abgeschrieben, ehe er seinen letzten Waffengang angetreten hatte. In letzter Stunde, als schon die Heeresmassen Jagellos heranziehen, wendet sich der Hochmeister noch einmal an seine eigene Ordensgemeinschaft, an den Deutschmeister und den Meister von Livland. Die Hilfe aus Deutschland kommt zu spät, und der livländische Meister, der den Befehl erhält, mit einem Teil seiner Kräfte Litauen anzugreifen, um dort die Litauer zu binden und den übrigen Teil nach Preußen zu senden, verweigert die Heeresfolge, weil er angeblich mit Witold einen Waffenstillstand abgeschlossen hat. So bleiben für das Ringen auf Leben und Tod, außer den Söldnern und den wenigen Freunden aus dem Reich, nur die Ritterbrüder aus Preußen und das Landesaufgebot.

Der Herzog von Stettin sandte seinen Sohn Kasimir mit 600 Pferden. Aus den Gebieten, wo einst die meisten Siedler hergekommen waren, aus Thüringen, Meißen, Vogtland und Schlesien kamen etwa 4.000 bis 5.000 Söldner. Die Kosten, die der schon schwer belastete Staat dafür auf sich nehmen muß, sind enorm, denn die adligen Hauptleute verlangen hohen Sold für ihre Truppen. Der Orden hat Riesensummen für Friedensvermittlungen ausgegeben, wobei der erkaufte Waffenstillstand nur Jagello die nötige Zeit verschaffte, seine Vorbereitungen zu vollenden. An der unschlüssigen Diplomatie, der widerwilligen Hilfeleistung des Deutschmeisters und der Befehlsverweigerung des livländischen Meisters ist zu erkennen, daß dies nicht mehr der alte Deutsche Ritterorden ist.

Der „christliche" König von Polen scheut sich nicht, die Heidenvölker des Ostens gegen das christliche Ordensland zu führen, denn er weiß, daß die Kirche nichts dagegen hat. Seine umfangreichen Vorbereitungen sind wie geplant im Juni abgeschlossen. Es ist ihm gelungen, eine nicht für möglich gehaltene Heeresmacht zusammenzuziehen. Unter seinen Fahnen hat sich ein buntes Völkergemisch versammelt: römische und orthodoxe Christen, Mohammedaner und Heiden. Neben seinen Polen und Litauern hat sich auch der Herzog von Masowien auf seine Seite gestellt. Dazu kommen die beutelüsternen Heere aus Rußland, Podolien, der Walachei, der Moldau, Bessarabien und dem Balkan. Serben und Ruthenen, Armenier und Sarazenen sowie die mordgierigen Tataren stehen bereit, um das Ordensland zu vernichten. Zu vergessen ist auch nicht das Heer der böhmischen Söldner, die der Hussite Ziska führt, vor dem bald das ganze Deutsche Reich erzittern wird.

Am Johannistag (24. Juni) 1410 ging der Waffenstillstand zu Ende. Hochmeister Ulrich von Jungingen glaubte sich mit seinen zahlenmäßig unterlegenen Kräften zunächst auf die Verteidigung beschränken zu müssen. Er nahm an, die Hauptgefahr drohe wie in den bisherigen Kämpfen dem Kulmerland und Pommerellen. Er ließ deshalb einen Heeresteil in der Komturei Schwetz und stellte sich mit dem Haupteer an der Drewenzlinie auf. Die Übergänge bei Kauernik wurden mit Geschützen von der Marienburg gesichert, um die zahlenmäßige Unterlegenheit auszugleichen. Der Späherdienst des Ordens, früher ein Meisterwerk der Heeresleitung, versagt dieses Mal völlig, während die Polen durch die verräterischen Ritter des Kulmerlandes alles über das Ordensheer wissen.

Der Polenkönig hat seine Heeresmassen bei Plock an der Weichsel versammelt und geht nach Norden vor. Als sein Feldherr, Sindram von Mankowicze, die Aufstellung des Ordensheeres an der Drewenz erkennt, wagt er nicht den Übergang, sondern schwenkt am 11. Juli ostwärts auf Soldau ab, um durch eine Umgehung auf die Marienburg vorzustoßen. Bei Lautenburg überschreitet er die Grenze des Ordenslandes, und seine wilden Heerhaufen, die um den Lohn der Beute, um Raub, Mord und Vergewaltigung willen an diesem Kriegszug teilnehmen, fallen über die Bevölkerung mit unvorstellbar abscheulichen Gewalttaten her. Von hier wendet sich das Heer nordwärts. Grauenvolle Verwüstung bezeichnet seinen Weg. Wer nicht entfliehen kann, ob Greis, Frau oder Kind, wird zu Tode gemartert oder in die Sklaverei verschleppt. Am 13. Juli 1410 dringen die Heerhaufen in die ummauerte Stadt Gilgenburg ein; es heißt, daß sie durch Verrat in die Hände der Polen fiel. Als am Abend keiner der angetroffenen Bewohner mehr lebt, brechen die wilden Horden den Eingang zur Kirche auf, in die Frauen und Kinder geflüchtet sind. Die ganze Nacht hindurch werden Frauen und Mädchen geschändet. Am nächsten Morgen werden einige ausgesucht und weitergeschleppt, die anderen mit unbeschreiblichen Verstümmlungen in der Kirche eingeschlossen und verbrannt. Selbst zeitgenössische polnische Chronisten berichten über diese entsetzlichen Greuel. Als das Heer des christlichen Königs weiterzieht, steht die ausgeplünderte und leergemordete Stadt mitsamt dem Ordenshaus in Flammen.

Erst am Abend des 14. Juli treffen Flüchtlinge aus Gilgenburg in Löbau ein, wo das Ordensheer lagert, und berichten vom Untergang ihrer Stadt. Entsetzt über die Untat, beschließt die Ordensführung sofort aufzubrechen, um das weitere Vordringen der unmenschlichen Feinde zu verhindern. Während ein Gewittersturm losbricht und die Zelte umreißt, werden die Wagen beladen, und ohne sich Zeit für Verpflegung zu nehmen, bricht das Ordensheer gegen drei Uhr früh auf. Am Morgen des 15. Juli, nach einem Gewaltmarsch von 26 Kilometern, stößt die Vorhut auf einige feindliche Reiter. Als die Erkundung bestätigt, daß hier das Heer des Polenkönigs lagert, befiehlt der Hochmeister die Aufstellung zur Schlacht. Gegen 10 Uhr morgens haben alle Verbände ihre Plätze eingenommen, und das Ordensheer steht in einer Ausdehnung von etwa zwei Kilometern auf einer mit Buschwerk bewachsenen Anhöhe zwischen den Dörfern Tannenberg, Grünfelde und Ludwigsdorf, mit Front nach Süden. Die Fähnlein des „Gewalthaufens" halten in vorderster Linie, die Geschütze bleiben in der Wagenburg. Ob leichte Geschütze in der Frontlinie aufgestellt wurden und am Kampf teilnahmen, wie manche Historiker vermuten, ist nicht festzustellen.

Noch einmal hatte ein gnädiges Schicksal dem Hochmeister das Los seines Landes in seine Hände gelegt. Kritiker glauben, daß ein sofortiger Angriff des Ordensheeres auf das unorganisierte Heerlager des Polenkönigs erfolgreich gewesen wäre; aber der Hochmeister griff nicht an. Der Polenkönig und sein Heerführer Sindram hatten nicht mit einem so schnellen Erscheinen des Ordensheeres gerechnet, das am Abend vorher noch in Löbau lagerte. Der König war noch in der Messe, als er erfuhr, daß das Ordensheer erschienen sei. Er hielt das für einen Irrtum und gab erst auf wiederholtes Drängen seines Vetters Witold den Befehl, das Heer zur Schlacht zu ordnen. Nach der Messe legte der König seine Rüstung an und ritt mit seinem Gefolge auf eine Anhöhe, um sich selbst über die Lage zu informieren. Als er die lange Schlachtenreihe des Ordensheeres erblickte, wußte er, daß alles verloren war, wenn die Ordensritter jetzt auf das Durcheinander des Polenlagers vorstürmen würden. Die Lage war so kritisch, daß er das königliche Banner einholen und schnelle Pferde für die Flucht bereitstellen ließ. Aber der fast immer als kriegerischer Hochmeister beschriebene Ulrich von Jungingen kann sich nicht zum Angriff entschließen. Schon von dem langen Nachtmarsch ermüdet, stehen die Ordenskrieger drei lange Stunden untätig im glühenden Sonnenbrand des heißen Julitages und müssen warten, bis die Polen bei Ludwigsdorf, gegen Sicht gedeckt, ihre Heerhaufen entfaltet haben. Auch der Ordensführung wird die Zeit schließlich zu lang, und Ordensmarschall Friedrich von Wallenrodt sendet zwei Herolde mit blanken Schwertern ins Polenlager – die mittelalterliche Aufforderung zur offenen Feldschlacht. Der Hochmeister weiß, was sich in Gilgenburg ereignet hat, handelt aber so, als ob er einen ritterlichen Gegner vor sich hat.

Erst am hohen Mittag ist die Aufstellung der Polen beendet, und Witold mit seinen Litauern reitet als erster gegen den linken Flügel des Ordensheeres an. Ein blutiger Kampf entbrennt in der Mittagshitze. „Wilna, Wilna!" brüllen die Litauer das vereinbarte Schlachtgeschrei, während von den Polen her, die in der Mitte der Schlachtlinie jetzt auch auf die Ritter gestoßen sind, das alte Marienlied von der „Boga-Rodzica", der Gottesgebärerin, herüberschallt. Nach erbittertem Nahkampf, der über eine Stunde dauert, weichen die Litauer zurück. Vergebens spornt Witold die Hauptleute an; aber die von der Höhe herabdrängenden Reiterscharen des Ordensheeres werfen seine Heerscharen in die Flucht. Ein Teil der Litauer wird in die Sumpfufer des Maranseflüßchens getrieben, ein anderer bei der Verfolgung von den Ordensrittern überrannt.

Der siegreiche Marschall Wallenrodt hat sich allzu hitzig und voreilig in diese Verfolgung hineingestürzt, ohne daran zu denken, daß die Schlacht noch nicht entschieden ist und daß er seine wichtige Reitertruppe dem Hauptschlachtfeld entzogen hat.

Auch auf dem anderen Teil des Schlachtfeldes steht es für das Ordensheer gut. Während Wladislaw, von einer starken Leibwache gedeckt, von einem Hügel aus der Ferne dem Ringen der Massen zuschaut, kämpft der Hochmeister mit seinen Getreuen in der vordersten Schlachtenreihe. Dreimal durchbricht er mit seinen gepanzerten Reitern die feindliche Kampflinie. Die Polen kämpfen unter der persönlichen Führung ihres Feldherrn Sindram, aber schließlich sinkt das polnische Reichspanier mit dem weißen Adler nieder; die böhmischen Söldner kehren um, und in sicherer Erwartung des Sieges braust aus den Reihen des Ordensheeres, wie in so mancher Schlacht seit zwei Jahrhunderten, der Siegesgesang „Christ ist erstanden" über das Schlachtfeld.

Jetzt hätte der siegreiche linke Flügel mit seiner Reiterei die polnische Mitte aufrollen müssen, aber sie hatten sich in der Verfolgung des fliehenden Gegners verloren. Da die Mitte nicht seitlich gefaßt werden konnte, mußte sich ihre zahlenmäßige Überlegenheit gefährlich auswirken, denn unaufhörlich werden dort neue Verbände in den Kampf geworfen. Niemals in den Schlachten des Mittelalters hatten Heere dieses Ausmaßes gegeneinander gekämpft. Die leicht beweglichen Reiterscharen, die immer von neuem gegen die schwer gepanzerten, abgekämpften und ermüdeten Ordensstreiter anrennen, gewinnen immer mehr die Oberhand.

Der Ritter Dippold Köckritz aus der Lausitz erspäht den Polenkönig auf dem fernen Hügel, und quer durch die Lücken der polnischen Reihen galoppiert er auf ihn zu. Niemand hält ihn auf, nur die Leibwache des Königs schart sich beim Anblick des heranstürmenden Ritters schnell vor ihren Herrn, und die Lanze des jungen Sekretärs der königlichen Kanzlei, Sbygniew von Oleschnicki, wirft ihn aus dem Sattel. Beim Sturz fällt ihm der Helm vom Kopf, und der König selbst stößt ihm die Lanze ins Gesicht.

Feldherr Sindram erkennt mit schnellem Blick den Zeitpunkt, wo es um die Entscheidung der Schlacht geht. Er schickt die in Reserve gehaltenen Truppen gegen die rechte Flanke der Ordensritter vor, deren Kraft in dem langen Kampf schon stark geschwächt ist. Gleichzeitig läßt er Witold mit allen noch verfügbaren Kräften den linken Flügel angreifen. Als die aufgelösten Reiterscharen des Ordensmarschalls ausgepumpt von der Verfolgung der Litauer zurückkommen, ist es zu spät, die Lage wiederherzustellen. Von den Rittern werden Wunder an Tapferkeit vollbracht, aber unerschöpflich strömen immer neue Massen frischer Hilfsvölker der Polen auf das Schlachtfeld. Unter dem Druck Tausender neuer Kämpfer lichten sich die Reihen des erschöpften Ordensheeres und werden langsam zurückgedrängt. Immer stärker bedrängen die leichtfüßigen, ungepanzerten Reiterscharen der Feinde die schwerfälligen Ritter, die unter der brennenden Sonne des heißen Sommertages, unter ihren Panzern schweißgebadet und erschöpft, sich kaum noch im Sattel halten können. Auch die abgehetzten Pferde reagieren nicht mehr auf die Befehle ihrer Reiter. Die Mitte des Ordensheeres wird von drei Seiten zugleich bestürmt und zu einem blutenden Knäuel zusammengepreßt. Den Untergang vor Augen, bitten einige der Gebietiger den Hochmeister, sein Leben zu retten und mit dem Rest des Heeres die stärksten Burgen des Landes zu besetzen. Aber für diesen letzten vernünftigen Rat ist Ulrich jetzt nicht mehr empfänglich. Er ruft: „Das soll, so Gott es will, nicht geschehen. Wo so mancher brave Ritter neben mir gefallen ist, will ich nicht aus dem Felde reiten." Todesmutig führt er 16 Fähnlein Reiterei, die als letzte Reserve bei Grünfelde gestanden hatten, heran und stürmt an ihrer Spitze gegen den Feind, seine Umgebung mit sich vorwärtsreißend. Da geschieht das Unfaßbare; der Bannerträger Nikolaus von Renys senkt das Panier und wendet mit seinen ungetreuen Rittern aus dem Kulmerland die Rosse zur Flucht aus der Schlacht. Während die fliehenden kulmerländischen Ritter die Reihen des Ordens gelichtet haben, sprengt der Hochmeister mit dem lauten Ruf „Herum! Herum!" auf seinem weißen Roß vorwärts, und im letzten, todbringenden Ansturm sinkt er, in Brust und Stirn tödlich getroffen, sterbend aus dem Sattel.

Was jetzt noch auf dem Schlachtfeld hielt, wurde von der Übermacht niedergehauen oder versuchte durch die Flucht zu entkommen. Der polnische Autor Henryk Sienkiewicz schreibt: „Die Ordensritter starben in dumpfem Schweigen, wahrhaft groß in ihrer Furchtlosigkeit […] Sogar die einzelnen Ritter wollten sich nicht lebend ergeben." Auch die deutschen Söldner, die unter dem St. Georgs-Banner fochten, fielen bis auf wenige. Ihr Führer, Georg von Gersdorf, hielt selbst das Banner hoch, bis auch er überwältigt wurde. Es wundert nicht, daß viele Ritter lieber im Kampf fallen wollten, als sich gefangennehmen zu lassen, denn sie wußten, daß sie ihren Kopf auf den Richtklotz legen mußten. Gegen Abend ergaben sich die letzten Kämpfer, die sich in der Wagenburg gehalten hatten.

Die Schlacht hatte sechs Stunden gedauert. Alle Komture, die am Kampf teilnahmen, waren gefallen, bis auf die von Elbing, Danzig und Balga, die entkommen konnten. Der Komtur von Tuchel, Heinrich von Schwelborn, und der von Brandenburg, Marquard von Salzbach, die in Gefangenschaft geraten waren, wurden von den Polen grausam zu Tode gequält. Von den Gebietigern entkam nur der Oberstspittler, Werner von Fellingen; die vier übrigen, der Großkomtur Kuno von Lichtenstein, der Marschall Friedrich von Wallenrodt, der Obersttrappier Graf Albrecht von Schwarzburg und der Ordenstreßler Thomas von Merkheim waren gefallen. Um die Leichen des Hochmeisters, der Gebietiger und der elf Komture liegen 205 Ordensritter, rund 400 andere Edelleute und ungezählte Kämpfer aus dem Ordensland und dem Deutschen Reich.

Der Tag von Tannenberg ist einer der dunkelsten Tage der deutschen Geschichte. Seit jenem furchtbaren Blutverlust klafft unheilbar diese Wunde im deutschen Osten. Die Chronik berichtet folgendes über die Schlacht: „So hatte sich der König von Polen versammelt mit den Unchristen und mit Witold, die ihm alle durch Masowien zu Hilfe zugezogen waren, mit den Herzögen von Masowien und Polen und Walachen, einem unaussprechlich großen Heere […] Ihm genügte nicht das schlechte Volk der Heiden und der Polen; er hatte viele Leute auf Sold genommen aus Böhmen und Mähren und allerlei Leute von Rittern und Knappen, die wider Ehre und Gott und Redlichkeit mit der Heidenschaft gegen die Christen zogen, um das Preußenland zu verderben.

Die schmachvollen Taten und Laster gingen dem Hochmeister, dem ganzen Orden und allen Rittern und Knappen der Gäste sehr zu Herzen. Sie zogen dem Könige mit einträchtigem Mute und Willen entgegen […] und stießen am 15. Juli überraschend auf das Heer des Königs, da man bis Tagesanbruch in großer Eile wohl drei Meilen marschiert war. Als sie die Feinde sahen,

„Im Kampf für deutsches Wesen, deutsches Recht starb hier der Hochmeister Ulrich von Jungingen am 15. Juli 1410 den Heldentod" – so stand es auf dem „Hochmeisterstein", der der Niederlage des Deutschen Ordens bei Tannenberg (1410) gedachte.

sammelten sie sich und hielten angesichts derselben über drei Stunden. Der König schickte derweilen die Heiden zum Vorkampf. Die Polen waren ganz unvorbereitet: hätten die Brüder den König auf der Stelle angegriffen, so hätten sie Ehre und Gut erworben. Doch das geschah leider nicht; das Ordensheer wollte in ritterlicher Weise mit ihm streiten. Der Marschall sandte daher durch zwei Herolde dem Könige zwei bloße Schwerter zum Zeichen, daß er nicht im Walde liegen, sondern auf das freie Feld hinausrücken solle; sie wollten mit ihm des Streites pflegen.

Da zogen die heidnischen Truppen als erste in die Schlacht und wurden durch die Gnade des Herrn sogleich geschlagen. Die Polen kamen ihnen zu Hilfe, und es entstand eine große Schlacht. Der Meister mit den Seinen schlug sich dreimal mit Macht durch die feindlichen Reihen hindurch und der König war schon gewichen, so daß jene sangen, ‚Christ ist erstanden'. Doch als sie ermüdet waren, kamen des Königs Gäste und Söldner und stießen auf sie von der einen Seite und die Heiden von der anderen; sie umzingelten sie und schlugen den Hochmeister und die Großgebietiger und gar viele Brüder des Ordens tot […] sie schlugen die Fahnen des Meisters und des Ordens nieder. Etliche Bösewichte, Ritter und Knechte des Kulmerlandes, drückten das Kulmer Banner herab, und auch andere Banner wurden flüchtig, doch kamen ihrer gar wenige davon. Sie wurden wehrlos auf der Flucht erschlagen, von Tataren, Heiden und Polen, so daß der König mit den Seinen das Feld behauptete […]"

In den Geschichtswerken werden die Zahlen der an der Schlacht beteiligten Kämpfer sehr unterschiedlich angegeben. Nach den vorhandenen Informationen darf man annehmen, daß beim Orden wahrscheinlich rund 13.500 Mann standen, bei den Polen etwa 28.000, und daß auf dem Schlachtfeld an die 15.000 Tote lagen.

Der polnische Feldherr Sindram, der die Entscheidung herbeiführte, war Nachkomme eines deutschen Bürgergeschlechts aus Neu-Sandez und Tarnow. Das polnische Heer war zum größten Teil durch die Kriegssteuern der deutschen Städte und Dörfer Polens finanziert worden, von denen zum Beispiel Lemberg allein 48.000 Silbergroschen aufbringen mußte.

Im Heerlager der Polen fielen die Köpfe der Gefangenen unter den Beilen der Henker; bis auf die Auserlesenen, für die der Polenkönig ein hohes Lösegeld zu erpressen hoffte, kam keiner der Gefangenen davon. Die Leiche des Hochmeisters ließ er waschen und den Rittern der Burg Osterode übergeben. Sie wurde in Marienburg in der St. Annenkapelle beigesetzt.

Hochmeister Heinrich von Plauen ließ auf dem Schlachtfeld eine Kapelle bauen, die am 12. März 1413 eingeweiht wurde. Über dem Eingang standen die Worte: „10.000 dy do geslagin wordin von beyden teylen yn dem stryte". Die Polen zerstörten schon im nächsten Jahr die Kapelle, obwohl sie ausdrücklich auch ihre Toten geehrt hatte. Der Orden baute sie später wieder auf. Um 1600 war sie verfallen, aber zu den Ruinen pilgerten am zweiten Pfingsttag Kranke im Glauben an Heilung. Auf der Stätte wurde 1901 ein Gedenkstein mit der Inschrift errichtet: „Im Kampf für deutsches Wesen, deutsches Recht, starb hier der Hochmeister Ulrich von Jungingen am 15. Juli 1410 den Heldentod."

Seit der Wiederherstellung Polens nach dem Ersten Weltkrieg spielt diese Schlacht eine große Rolle im polnischen Geschichtsbild. Sie wird als Sieg der Polen über die Deutschen und deren „Drang nach Osten" dargestellt. Danach scheiterte der „Ansturm der Germanen" an der heldenhaften Abwehr der Slawen. Von alledem wußten die Kämpfer beider Seiten nichts. Die Schlacht war kein Kampf zwischen Rassen, sondern zwischen einem Bündnis zweier Staaten und einem dritten Staat, ihrem politischen Gegner, die alle drei derselben Kirche angehörten.

Die erbeuteten Ordensfahnen

In der unglücklichen Schlacht bei Tannenberg fielen 51 Feldzeichen des Ordens in polnische Hand. Anscheinend wurden die meisten erst nach der Schlacht beim Absuchen des Kampffeldes gefunden. Die Fahne des Bischofs von Pomesanien hatte der Polenkönig sofort mit der Siegesnachricht nach Krakau geschickt. Die übrigen führte er bis zum Herbst mit sich und brachte sie dann selbst nach Krakau. Dort wurden sie in der Stanislauskapelle des Domes aufgehängt, wo sie, verstaubt und zerfallen, bis 1603 vorhanden waren. Danach sind sie spurlos verschwunden.

In der Voraussicht, daß diese für Polen so wichtigen Trophäen bei der Art ihrer Aufbewahrung nicht von Dauer sein konnten, verfaßte der Krakauer Domherr und Geschichtsschreiber Jan Dlugosz ein Gedenkbuch darüber. Er ließ von dem Maler Stanislaus Durink die Fahnen in Farbe auf Pergament malen und schrieb selbst den Text in lateinischer Sprache dazu. Das Werk, das er *Banderia Prutenorum* nannte, enthält zu jeder Fahne nähere Angaben. Beim Vergleich mit deutschen Unterlagen wurde festgestellt, daß einige Angaben falsch sind. Im folgenden sind die Fahnen genannt, die mit Sicherheit identifiziert werden konnten. Das Kreuz (†) bedeutet, daß der Betreffende in der Schlacht fiel.

1. Die große Hochmeisterfahne befand sich wahrscheinlich bei einer Abteilung, die zur Verfügung des Hochmeisters stand.

2. Das Hochmeisterbanner bezeichnete wahrscheinlich den Platz, wo der Hochmeister sich befand (†).

3. Die Fahne des Obermarschalls, Friedrich von Wallenrodt, war die Hauptfahne des gesamten Ordensheeres (†).

4. Die Fahne des Großkomturs Kuno von Lichtenstein, der eine Abteilung des Ordensheeres führte (†).

5. Die Fahne des Oberstspittlers und Komturs von Elbing, Werner von Tettingen, der ebenfalls eine Abteilung des Ordensheeres führte.

6. Die Fahne des Obersten Treßlers Thomas von Merheim (†).

7. Die Fahne des Bischofs von Pomesanien, unter der das bischöfliche Aufgebot kämpfte (die Bischöfe nahmen nicht persönlich am Kampf teil).

8. Die Fahne des Bischofs von Warmia.

9. Die Fahne des Bischofs von Samland.

10. Die Fahne des Herzogs Konrad des Weißen von Oels, der ein Aufgebot aus Schlesien führte.

11. Die Fahne des Herzogs Kasimir III. von Stettin-Pommern.

12. Banner des Vizekomturs von Elbing, Ulrich von Stoffeln.

13. Eine dritte Elbinger Fahne, unter der vielleicht Bürger der Stadt (möglicherweise mit angeworbenen Söldnern) kämpften.

14. Banner des Komturs von Thorn, Graf Johann von Sayn (†). Die Komture führten in der Regel die Ordensritter und das Landesaufgebot ihrer Komturei, wozu auch die Aufgebote der Städte der Komturei zählten.

15. Banner des Komturs von Danzig, Johann von Schönfeld.

16. Banner des Komturs von Balga, Graf Friedrich von Zollern.

17. Banner des Komturs von Graudenz, Wilhelm von Helfenstein.

18. Banner des Komturs von Schönsee, Nikolaus von Wilz (†).

19. Banner des Komturs von Strasburg, Baldwin Stahl (†).

20. Banner des Komturs von Osterode, Gamrath von Pientzenau (†).

21. Banner des Komturs von Althausen bei Kulm, Eberhard von Ippenburg (†).

22. Banner des Komturs von Ragnit, Helfrich von Drahe (†).

23. Banner des Komturs von Rehden, Nikolaus von Melyn (†).

24. Banner des Komturs von Nessau bei Thorn, Gottfried von Hatzfeld (†).

25. Banner des Komturs von Mewe, Siegmund von Ramingen (†).

26. Banner des Komturs von Tuchel, Heinrich von Schwelborn (†), der nach der Gefangennahme von den Polen ermordet wurde.

27. Die Fahne des Vogts von Dirschau, Matthias von Bebern (†).

28. Die Fahne des Vogts von Roggenhausen, Friedrich von Wenden (†).

29. Die Fahne des Vogts von Neumark bei Löbau, Heinrich Marschalk.

30. Das Banner der Stadt Kulm, unter dem die Ritter und Bürger von Land und Stadt Kulm ins Feld gerückt waren und mit dem der Bannerträger Nikolaus von Renys das Zeichen zur Flucht gab, um es dann wegzuwerfen.

31.–36. Banner von sechs größeren Städten, die ihre eigenen Aufgebote stellten: 31. Altstadt von Königsberg, 32. Thorn, 33. Bartenstein, 34. Heiligenbeil, 35. Braunsberg, 36. Allenstein.

37. Fahne der westfälischen Hilfsmannschaft.

38. Fahne der thüringischen Hilfsmannschaft.

39. Fahne der schweizerischen Hilfsmannschaft.

40. Das St. Georgs-Banner der Ordenssöldner.

Dlugosz, der den Beinamen „Vater der Geschichte Polens" trug, forderte sein Volk auf, die Trophäen für alle Zeit zu schützen und durch neue zu ersetzen, wenn sie infolge des Alters zerfallen würden. Trotz ihres fanatischen Nationalgefühls ließen die Polen die Fahnen verkommen und kümmerten sich nicht um deren Verbleib. Erst als Polen nach dem Ersten Weltkrieg wieder zu staatlicher Selbständigkeit gelangt war und der Haß auf alles Deutsche neue Höhen erreichte, besannen sie sich auf diese Sinnbilder des polnischen Sieges über die Deutschen. In einer am 15. Juni 1936 in Krakau abgehaltenen Versammlung wurde beschlossen, den Senatorensaal der Burg mit Nachbildungen der von Durink gemalten Fahnen auszuschmücken. Diese neuen Banner sollten auch 1939 auf der Ausstellung in New York im polnischen Pavillon gezeigt werden, wozu es aber infolge des Krieges nicht kam.

Nach dem Einmarsch der Deutschen in Polen wurden die Fahnen in der Marienburg aufgestellt. Auffallend war dabei, daß alle Fahnen aus den Gebieten fehlten, die 1920 unter polnische Herrschaft gekommen waren, wie Mewe, Dirschau, Graudenz, Thorn, Kulm usw. Auch die Fahnen von Danzig und dem von polnischer Seite stets als echt polnisch bezeichneten Allenstein wurden nicht neu angefertigt. Niemand sollte daran erinnert werden, daß die Bürger und Umwohner dieser Städte Deutsche gewesen waren, die auf seiten des Ordens gegen Polen gekämpft hatten.

Der Kampf um die Marienburg

Am dritten Tag nach der Schlacht bei Tannenberg ziehen die feindlichen Heere, unter furchtbaren Verwüstungen und Untaten, über Osterode und Christburg gegen die Marienburg. Von dort will der Polenkönig das Ende des Ordensstaates verkünden. Er fordert alle Städte und Burgen auf, sich sofort zu ergeben. Das Unglück der Schlacht schien jeden Widerstandswillen ausgelöscht zu haben. Panischer Schrecken flog dem wilden Heer voraus; kopflos und angsterfüllt unterwarfen sich Burgen, Städte und Landadel ohne Versuch einer Verteidigung. Allenstein öffnete einer polnischen Abteilung die Tore, die drei Monate lang in Stadt und Burg hausten, die Bevölkerung drangsalierten und einen Wagenzug nach dem anderen mit Raubgut nach Polen schickten. Elbing bot seine Unterwerfung an, lange bevor die ersten Polen vor seinen Toren erschienen. In Thorn besetzten die Bürger die Ordensburg, um Stadt und Burg den Polen zu übergeben. Überall zeigte sich Verrat, Feigheit, Verwirrung und Kopflosigkeit; manche Ordensritter nahmen die ihnen anvertrauten Güter und flohen überstürzt ins Reich.

Beim Marsch zur Marienburg ließ der Polenkönig seinen Kriegsvölkern den versprochenen Lohn zukommen: Er gab ihnen reichlich Zeit, um zu plündern und sich auszutoben. Die Bevölkerung mußte Entsetzliches erleiden. Wo gestern noch blühende Dörfer mit glücklichen Menschen waren, wüteten heute Gier und Mordlust entmenschter Horden. Was fleißige Hände in einem Jahrhundert geschaffen hatten, ging in Flammen auf. Nur mit Mühe konnte der König und sein Feldherr das bunt zusammengewürfelte Heer, das sich blutberauscht, schändend und zerstörend aufzulösen begann, zusammenhalten und zum Weitermarsch bewegen. Aber wer sollte noch dem König den Einzug in die Hochmeisterburg verwehren; es gab kein Ordensheer mehr, und man brauchte sich nicht zu beeilen. Als der König wie ein Triumphator am neunten Tag nach Tannenberg in Stuhm einzog, waren die meisten Burgen des Ordenslandes in seiner Hand. Nur Konitz, Schlochau, Schwetz und Danzig im Westen sowie die weiter im Innern liegenden Burgen hatten sich noch nicht ergeben. Am nächsten Tag, dem 25. Juli, erreichte er die Marienburg, die aber zu seiner Überraschung, anstatt ihm einen triumphalen Einzug zu bieten, ihre Tore vor ihm schloß.

Als alles verloren schien, erhob sich inmitten der Ohnmacht und der beschämenden Unterwerfung eine überragende Gestalt: der Komtur von Schwetz, Graf Heinrich von Plauen. Er war nicht zum Heer des Hochmeisters herangezogen, sondern mit einem kleinen Heeresteil und dem Aufgebot seines Gebietes zurückgelassen worden, um einen zu erwartenden Einfall der Polen in pommersches Gebiet und die damit verbundene Verwüstung des Landes zu verhindern. Auf die Nachricht von der verlorenen Schlacht bei Tannenberg zog er, in Erkennung der Lage, sofort zur Marienburg, um das Haupthaus des Ordens und damit das Ordensland zu retten.

Die in der Marienburg anwesenden Ritter mit dem einzigen überlebenden Gebietiger, Werner von Fellingen, bilden ein Ordenskapitel und wählen Heinrich von Plauen zum Statthalter des Hochmeisters. Damit hat er die Vollmacht zur Führung des Ordens. Eiligst werden aus den Ordenshöfen der Umgebung alle Vorräte, Vieh und Waffen in die Burg gebracht. Da die neben der Burg gelegene Stadt den Feinden einen gefährlichen Stützpunkt bieten würde, wird sie niedergebrannt. Nur Rathaus und Kirche bleiben stehen. Die Pfahlbrücke zum anderen Ufer der Nogat wird ebenfalls beseitigt. Die opferwilligen Bürger werden in der Burg aufgenommen. Ein Ordensritter mit einem Wechsel von 3.000 Dukaten reitet zum Deutschmeister, der Truppen anwerben und für schnellsten Entsatz des Haupthauses sorgen soll. Reste des Heeres vom Schlachtfeld finden sich ein, und Männer des umliegenden Landes kommen hinzu. Aus Danzig holt Plauen 400 Matrosen herbei, die mit ihren Streitäxten in den folgenden Kämpfen besonders tapfer hervortreten. Als der siegesbewußte Polenkönig in die Marienburg einziehen will, stehen über 4.000 Kämpfer auf den Mauern zur Verteidigung bereit. Wütend über diesen Wandel der Dinge muß er sich zur Belagerung entschließen, aber wehe denen, die ihm diesen letzten Triumph aus der Hand nahmen.

Die Polen richten sich an der Südseite, auf dem Gelände der niedergebrannten Stadt, ein und stellen die in der Schlacht erbeuteten und von anderen Ordensburgen herangebrachten Geschütze auf. Die lange Ostseite und das kurze Nordende der Burg wird von Litauern und anderen Hilfsvölkern belagert. Im Polenlager vollzieht sich derweil das schamlose Schauspiel der Unterwerfung, eine Tragödie von Verrat, Feigheit und Würdelosigkeit. Fast das ganze Land liegt dem Polenkönig zu Füßen. Danzigs große Familien bejubeln den Untergang des Ordens, und Bürgermeister Konrad Letzkau beeilt sich, die Stadt den Polen zu übergeben. Die Burg aber bleibt dem Orden treu. Der Danziger Rat geht sogleich übereifrig gegen ordensfreundliche Bürger vor und läßt sogar einige Todesurteile an ihnen vollstrecken.

Alle vier Bischöfe des Ordenslandes hatten ihre Truppenaufgebote zum Ordensheer gesandt, wo sie Seite an Seite mit den Ordensrittern auf dem Schlachtfeld von Tannenberg kämpften und fielen. Um so unverständlicher ist es, daß alle vier Bischöfe in das Polenlager eilten, um sich zu unterwerfen. Als erster erschien der Bischof von Samland, dessen Gebiet noch gar nicht bedroht war. Das schamloseste Bild bot der Bischof von Warmia, Heinrich IV. Vogelsang, indem er einen Aufruf an die Bewohner des ganzen Ordenslandes erließ und sie zum Gehorsam gegen den Polenkönig aufforderte. Er verkündete Gnade für die feigen Verräter und ewige Höllenstrafe für alle, die dem Orden die Treue hielten. Das Band von Vertrauen und Treue zwischen dem Orden und seinen Untertanen erlitt eine nicht mehr gutzumachende Erschütterung. Der Chronist urteilt entsprechend: „Also taten auch desgleichen die Bischöfe und Prälaten, Mönche, Nonnen und allerlei Leute, die sich alle warfen an den König und ihn für ihren Herrn hielten, und nämlich taten diese Untreue solche, die Ehre und Gut allermeist vom Orden empfangen hatten, das möge Gott an ihnen nimmer ungerächt sein lassen."

Als der Polenkönig die Unterwerfung der Stadt Danzig mit Sonderrechten belohnt, beeilen sich die Abgesandten von Thorn, Elbing und Braunsberg, um ähnliche Vorteile zu feilschen. Der König war mit Versprechungen großzügig, denn sie kosteten ihn nichts; wie er sie zu halten gedachte, hat er später deutlich genug bewiesen. Der Ordenschronist schreibt: „Auch war ein kläglich Ding, daß etliche Brüder des Ordens, zum Teil dazu gezwungen und zum Teil aus eigenem Willen, dem König die Burgen übergaben und an Gut und Geld von dannen trugen, was sie konnten. Der König vergab viele Güter und Dörfer an Ritter und Knechte, die ihm die Burgen verrieten und übergaben und ihm zu deren Besitz verhalfen […] Er verlieh auch den großen Städten besondere Freiheiten, wie sie solche zuvor nicht besaßen […]"

Die Belagerung zeigt nicht den geringsten Erfolg. Vergeblich krachen die Kugeln der Geschütze und Wurfgeräte gegen Mauern und Türme. Die Belagerten halten stand und machen sogar mutige Ausfälle, die dem polnischen Kriegsvolk schwere Verluste zufügen. Heinrich von Plauen kümmert sich um alle Einzelheiten und ist die Seele des Widerstandes. Obwohl die Burg von drei Seiten zugleich angegriffen wird und die Tataren sogar über die zu der Zeit wenig Wasser führende Nogat setzen, gelingt es nicht, irgendwo auch nur den äußeren Verteidigungsring zu durchbrechen. Die Tataren, die sich an der Wasserseite festgesetzt haben, werden durch einen mutigen Ausfall wieder vertrieben. Durch die andauernde Beschießung wird die Burg jedoch erheblich beschädigt. Die Polen haben ein Geschütz auf den Turm der stehengebliebenen Kirche gebracht, das besonders viel Schaden anrichtet. Schreckliches haben die Bewohner des umliegenden Landes zu erleiden. Nach dem Überschreiten der Nogat werden auch die Werder von den Kriegsvölkern des Polenkönigs überfallen. Die Bewohner, die sich nicht rechtzeitig durch die Flucht retten können, werden meistens grausam umgebracht, ihre Höfe ausgeraubt und niedergebrannt. In den ersten Wochen der Belagerung ließ sich aus dem umliegenden Land ein Übermaß an Lebensmitteln herausholen, so daß die Kriegsvölker üppig und verschwenderisch leben konnten. Mit der Zeit wird jedoch die Versorgung des riesigen Heerlagers immer schwieriger, denn der Kreis des verwüsteten und ausgeraubten Landes weitet sich mit jedem Tag weiter aus. Die Entfernungen, aus denen die Verpflegung herangeschafft und das Schlachtvieh hergetrieben werden muß, werden immer größer. Durch die unhygienischen Verhältnisse und die Sommerhitze brechen die Ruhr und anscheinend auch noch andere Seuchen in dem Heerlager des Polenkönigs aus und raffen täglich Hunderte hinweg. Die überraschenden Ausfälle der Belagerten, die mit steigendem Erfolg immer wagemutiger durchgeführt werden, kosten die Polen weitere große Verluste. Der christliche Polenkönig, der als Heide aufgewachsen und abergläubisch ist, glaubt, das große Marienbild im Fenster der Kapelle gebe der Burg besonderen Schutz. Er läßt es beschießen und jeden Morgen drei Messen lesen. Aber auch das scheint nicht zu helfen. Die fremden Kriegsvölker murren; sie haben genug geplündert und gemordet und wollen mit ihrer Beute nach Hause ziehen und nicht vor dieser Burg zugrunde gehen.

Der Landmeister von Livland sieht endlich ein, daß dem Untergang des preußischen Ordenslandes auch Livland folgen würde. Er führt deshalb ein Heer heran, dem sich weitere Kräfte aus Samland und Natangen anschließen. König Sigismund von Ungarn, der in diesem Jahr auch deutscher König wurde, ermuntert die Belagerten zum Aushalten, da er ihnen Hilfe bringen will. Dazu sind die in Deutschland angeworbenen Söldner im Anmarsch. Der Polenkönig schickt Witold mit seinen von den Seuchen arg dezimierten Litauern gegen das livländische Heer. Witold will bei dieser Gelegenheit geradewegs nach Hause reiten. An der Passarge warnt ihn aber der Bischof Warmias vor dem livländischen Heer, und er kehrt darauf mißmutig zur Marienburg zurück.

Nach weiteren 14 Tagen hatten die Litauer von diesem Feldzug genug und zogen endgültig ab. Da sie nicht wagten, durch das Ordensgebiet zu ziehen, nahmen sie den Weg durch Masowien. Auf einen solchen Anlaß hatten auch die Herzöge von Masowien gewartet, die sich mit ihrem Kriegsvolk sogleich den Litauern anschlossen. Was von den anderen Hilfsvölkern noch da war, zog nun ebenfalls mit der Beute heim. Mit den Polen allein wagte der König nicht, die Belagerung fortzusetzen. Als dann noch bekannt wurde, daß die Ungarn in polnisches Gebiet vorgerückt waren, brachen auch die Polen die Belagerung ab.

Ein Mann hatte dem König den schon erreichten Sieg wieder aus der Hand gerissen. Der Chronist berichtet über die Belagerung der Marienburg: „Der König lag davor [...] und konnte es doch nicht gewinnen, noch wagte er es je mit Ernst zu stürmen. Er tat nur Schaden mit Büchsen und Steinschleudern an der Vorburg, den Ställen und an den Türmen [...] Die auf dem Hause taten dem polnischen Heere großen Schaden und fingen dem Könige viele Leute ab und erschlugen sie, so daß er in der Schlacht nicht so viele Leute verlor als vor der Burg, denn die von dem Ordenshause rannten mit Gewalt in das feindliche Heer und taten großen Schaden, besonders die Seeleute: wenn die von der Burg liefen, so hatte man Mühe, daß man sie wieder auf das Haus zurückbrachte [...] Daher sprach der König und die Seinen: ,Wir wähnten, sie wären von uns belagert, und doch sind wir von ihnen belagert.'"

Voll Erbitterung muß der Polenkönig nach achtwöchiger fruchtloser Belagerung, die ihn Tausende Tote gekostet hat, den Kampf aufgeben. Am 19. September 1410 läßt er sein Lager in Brand setzen und zieht nach Polen ab. Auf dem Weg wird er in Marienwerder, Rehden,

Kulm und Thorn von der Geistlichkeit und einem großen Teil des Volkes jubelnd begrüßt. Dann aber muß er eiligst das Ordensland verlassen, denn Heinrich von Plauen ist ihm mit der Besatzung Marienburgs nachgezogen. Auf einen Kampf mit ihm will er sich aber keinesfalls einlassen.

Heinrich von Plauen

So schnell wie der Abfall vollzieht sich jetzt die Wiederunterwerfung der Untertanen des Ordenslandes, die von den Verwüstungen und Gewalttaten ihrer neuen polnischen Herren genug erfahren haben. Selbst den Besitz der zu den Polen begeistert übergetretenen Adligen hatten die Räuber nicht geschont. Zwei Wochen nach dem Abzug der Polen von der Marienburg ist das ganze Land östlich der Weichsel wieder in der Hand des Ordens. Nur um die Burgen Kulm, Strasburg und Rehden sowie Burg und Stadt Thorn geht der Kampf weiter. Das livländische Heer hat das ganze Territorium des verräterischen Bischofs von Warmia, also das Ermland, und auch Elbing besetzt. Wie in solchen Situationen üblich, erklärte der Rat von Elbing, daß er gegen seinen Willen gezwungen worden sei, dem Polenkönig zu huldigen. Einige der Verräter, wie der Bischof von Warmia, sind geflohen, andere haben reuevoll Gehorsam gelobt. Mut und Tatkraft eines einzigen Mannes haben das Ordensland vor polnischer Herrschaft zunächst gerettet.

Die von den Polen besetzten Burgen und Städte, außer den vorgenannten, wurden gegen freien Abzug der polnischen Besatzung wieder vom Orden besetzt, wobei die abziehenden Polen auf ihrem Weg nochmals die Bevölkerung beraubten und terrorisierten. Die Besatzung Elbings zum Beispiel nahm ihren Weg über Rößel und glaubte dort bereits sicher zu sein, um für einige Zeit das gewohnte Räuberleben fortsetzen zu können. Sie fielen über die Bewohner her und drohten alle totzuschlagen und die Stadt niederzubrennen, wenn sie sich ihnen nicht fügen wollten. Die Bürger holten heimlich bewaffnete Bauernaufgebote der Umgebung zur Verstärkung herbei und überfielen nun ihrerseits die Polen. Fast 100 wurden im Kampf erschlagen, und der Rest ergab sich. Die Gefangenen wurden zunächst nach Rastenburg und dann nach Elbing gebracht, wo sie bis zum Friedensschluß im Februar blieben.

Der Polenkönig zog im Herbst 1410 ein neues Heer bei Bromberg zusammen, und ein Teil überschritt mit Geschützen die Netze. Auch an anderen Orten im Westen wurde gekämpft. Die Westpommern waren unsichere Nachbarn geworden; nur der Herzog von Stettin hielt treu zum Orden. Nach der Schlacht bei Tannenberg konnte der Orden seine Westgrenze nicht genügend schützen. Der Herzog von Stolp hatte Wladislaw gehuldigt und dafür Ordensgebiete in Pommerellen erhalten. Er konnte diese dem Orden zwar nicht entreißen, aber vor Weihnachten 1410 plünderten seine Leute Baldenburg, Hammerstein und alle umliegenden Dörfer aus und brannten sie nieder.

Die Burg Schlochau war ein wichtiger Stützpunkt des Ordens, wo sich die im Reich angeworbenen Söldner sammelten. Hier kam es zu Kämpfen gegen vordringende Polen, und am 10. Oktober 1410 verlor der Orden ein Gefecht bei Krone. Das einzige mitgeführte Banner fiel den Polen in die Hände. Die Burg Schlochau blieb aber unter dem Komtur Jost Hohenkircher dauernd im Besitz des Ordens.

Da vier von den fünf obersten Gebietigern bei Tannenberg gefallen waren, lud Heinrich von Plauen den Deutschmeister, Konrad von Egloffstein, mit einigen anderen Gebietigern aus dem Reich sowie den Meister von Livland, Konrad von Vietinghoff, zur Wahl eines neuen Hochmeisters auf das Haupthaus Marienburg ein. Am 9. November 1410 wählten sie einstimmig Heinrich von Plauen zum Hochmeister.

Dieser weiß, daß jetzt oder nie der Zeitpunkt gekommen ist, um den gefährlichen und niemals Ruhe gebenden Feind in seine Schranken zu weisen, um den Frieden des Landes zu sichern, und handelt dementsprechend. Er ernennt Hermann Gans zum Großkomtur, Michael Küchmeister von Sternberg zum Marschall. Heinrich von Plauen konnte nicht ahnen, daß er mit der Ernennung Küchmeisters die Tragödie seines Lebens und den endgültigen Untergang des Ordenslandes einleitete.

Zielbewußt beginnt der Hochmeister mit der Rüstung. Zunächst gilt es, die noch von den Polen besetzten Burgen zurückzugewinnen. Dabei muß er erfahren, daß kulmische Ritter des Eidechsenbundes den Polen die Pläne des Ordens verraten. Thorns Bürger haben inzwischen ihre neuen Herren näher kennengelernt und wenden sich wieder dem Orden zu, der darauf die Burg belagert. Der Polenkönig liegt am anderen Weichselufer, wagt aber nicht den Übergang. Er kann seine böhmischen Söldner nicht mehr bezahlen und sein eigenes Heer nur mit Mühe zusammenhalten. So ist er gezwungen, am 9. Dezember 1410 einen Waffenstillstand zu schließen.

Der Hochmeister will verhandeln, aber Wladislaw lehnt jede Vermittlung ab, denn er hat seine alten Pläne nicht aufgegeben, er braucht jetzt nur Zeit. Erst als Ungarn mit Krieg droht und Witold eintrifft, läßt er sich überzeugen, daß ein Friede unter gewissen Bedingungen vorteilhafter als ein Waffenstillstand ist. Wenn man nämlich das Lösegeld für die Gefangenen so hoch ansetzt, daß es der Orden nicht aufbringen kann, dann hat man nicht nur das Geld für die eigene Rüstung, sondern verhindert gleichzeitig die Rüstung des Ordens und hält ihn wirtschaftlich nieder. Sobald der Orden aber nicht mehr zahlungsfähig ist, kann der Krieg unter viel günstigeren Voraussetzungen weitergeführt werden. Um den Orden für diesen Plan gefügig zu machen, ist es allerdings notwendig, daß man ihm bis dahin sein Land läßt.

Nach Weihnachten werden Friedensverhandlungen geführt. Der Hochmeister wird aus seinen eigenen Reihen und von seinen Verbündeten im Reich gedrängt, die Bedingungen anzunehmen. Der Meister von Livland will nicht an einem Feldzug nach Polen teilnehmen, und auch der Orden kann kaum noch die Riesensummen für seine Söldner aufbringen. Gegen seine innere Überzeugung, daß dies der Zeitpunkt ist, den entscheidenden Sieg über das geschwächte Polenheer zu erringen und so die Grundlage für einen dauerhaften Frieden zu legen, gibt Heinrich von Plauen schließlich nach. Am 1. Februar 1411 wird der Erste Frieden zu Thorn auf einer Weichselinsel geschlossen. Heinrich von Plauen weiß jedoch, daß der Friede nicht von Dauer sein kann.

In dem Vertrag erhält der Orden seine Burgen zurück. Er verzichtet für immer auf das Dobriner Land und das ebenfalls in Pfand gehaltene Sakrze. Auf Lebenszeit Witolds und Wladislaws verzichtet er auf Samaiten. Da der Orden ohnehin nicht in der Lage ist, das durch den Aufstand verlorengegangene Samaiten zurückzuerobern, bot sich hier eine Möglichkeit, es in absehbarer Zeit wiederzuerwerben, da beide Herrscher schon über 60 Jahre alt sind. Alle Überläufer und Verräter erhalten Straffreiheit. Nur einem will der Hochmeister keine Verzeihung gewähren: dem Bischof von Warmia.

Die Polen hatten keinen Gebietzuwachs erhalten, und das blieb für sie ein Grund, als Lohn für ihren großen Sieg bei Tannenberg die Forderungen auf Pommerellen und das Kulmerland auch weiterhin zu stellen. Erscheint dieser Teil des Vertrages verhältnismäßig günstig für den Orden, so belastet ihn das für die Gefangenen zu zahlende Lösegeld von 100.000 Schock böhmischer Groschen in solch verhängnisvoller Weise, daß die anderen Artikel nur dann etwas bedeuten, wenn er diese Riesensumme zahlen kann. Die Kassen des Ordens aber sind leer und große Teile des Landes verwüstet und ausgeplündert. Nicht nur, daß aus diesen Regionen auf lange Zeit nichts herauszuholen ist, hier wird dringend Hilfe gebraucht, wozu große Ausgaben notwendig wären. Der Name „Groschen" vermittelt heute den Eindruck, daß es sich bei dem Lösegeld um eine erschwingliche Summe gehandelt hat. Der Wert von 100.000 Schock böhmischer Groschen entsprach aber dem von rund 1.700 Kilogramm Feingold, eine für die damalige Zeit ungeheure Summe. Die Polen rechnen nicht damit, daß der Orden das Geld zu den festgesetzten Terminen aufbringen kann, ohne dabei zugrunde zu gehen. Der Polenkönig hat, neben einigen ausgesuchten Ordensrittern, die Herzöge von Stettin und Oels in seiner Gewalt. Der Orden darf seine Brüder, Helfer und Bundesgenossen nicht im Stich lassen; er muß sie auslösen, und damit hat Polen den Orden fest in seiner Hand.

Bei diesem Vertrag wurde erstmalig keine Kopie in deutscher Sprache ausgefertigt. Von nun an blieb das Lateinische die Diplomatensprache, ohne daß es dem Deutschen wieder gelang, es aus dieser Stellung zu verdrängen. Polnisch geschriebene Verträge sind niemals mit dem Orden abgeschlossen worden.

Die ehrlosen Ritter des Kulmerlandes, die vom Tannenberger Schlachtfeld geflohen waren, wurden zur Verantwortung gezogen. Auch die Bischöfe und die Städte Thorn und Danzig wurden bestraft. Der Bischof von Warmia aber entzog sich dem vom Hochmeister geforderten Gerichtsverfahren. Sein Chronist sagt: „Er vergnügte sich derweil bei dem lebenslustigen und würdelosen Bischof Johann Krupidlo von Leslau." Darauf ersuchte der Hochmeister Papst Gregor XII. um die Versetzung des für polnische Interessen wirkenden Bischofs auf einen Sitz im Reich und um die Besetzung des Bischofsstuhls durch Ordensgeistliche. Der Papst aber hielt zu Polen, und auf Einspruch des Polenkönigs lehnte er das Gesuch ab. Der Hochmeister aber blieb unerbittlich und verweigerte dem verräterischen Bischof weiterhin die Rückkehr ins Ordensland, wenn er sich nicht dem Gericht stellen würde. Zum Verwalter des Bistums setzte er Graf von Schwarzburg ein. Von 1411 bis 1413 wohnte Heinrich von Plauen oft selbst in den prunkvollen Gemächern des Bischofs in der Burg Heilsberg. Erst der verräterische Hochmeister Michael Küchmeister erlaubte dem Bischof die ungestrafte Rückkehr in seine Residenz.

Es zeigte sich bald, daß Polen diesen Vertrag nicht zu halten gedachte und nur die riesigen Geldsummen aus dem Ordensland pressen wollte, um es, auf diese Weise schwächend, erneut mit Krieg zu überziehen. Schon drei Wochen nach dem Friedensschluß verlangte Witold außer Samaiten auch die Ordensburgen an der Memel, einschließlich der Burg Memel.

Es wird Jahrzehnte dauern, bis die ungeheuren Zerstörungen des Landes beseitigt sein werden, vorausgesetzt, daß der Friede so lange erhalten bleibt. Dieser Wiederaufbau ist schwerer als zu Beginn der Neubesiedlung. Damals hatten die Siedler meistens Wagen und Pferde, Ackergerät und Werkzeug, Hausrat und auch Geld. Jetzt stehen sie völlig mittellos vor den Aschehaufen ihrer Dörfer. Es fehlt an allem. Was von den Polen nicht geraubt wurde, ist mit den Häusern verbrannt, und die Überlebenden müssen froh sein, daß sie den wilden Räubern lebend entkommen sind. Gar manches Dorf mit seinen unbebauten Feldern bleibt verwüstet liegen, weil von den Bewohnern zu wenige übriggeblieben sind, um es weiter zu bewirtschaften. Der Hochmeister bemüht sich, die Not in den verwüsteten Gebieten zu lindern. Aus Ordensbeständen werden Saatgut, Brotgetreide, Vieh, Pferde und was sonst noch möglich ist verteilt. Bei dem Ausmaß der Notlage bleibt diese umfangreiche Hilfe dennoch gering.

Mit Geld kann der Hochmeister nicht helfen. Die Söldner haben riesige Summen verschlungen, und als der Orden nicht mehr alle auszahlen kann, stellt er ihnen Schuldscheine aus. Am 10. März 1411 ist die erste Rate der Zahlung an Polen fällig. Eine vom englischen König Heinrich IV. zugesagte Schadensersatzzahlung für geraubte Ordensschiffe bleibt aus. In dieser verzweifelten Lage schreibt der Hochmeister eine allgemeine Steuer aus, die nicht nur von Bauern und Bürgern, sondern von jedem Untertanen nach seiner Vermögenslage, einschließlich der Geistlichkeit, zu zahlen ist. Bisher waren alle Abgaben der Bewohner nur Gegenleistungen für erhaltenes Land gewesen. Erstmalig ist der Orden jetzt gezwungen, eine Steuer als Sonderleistung an den Staat zu verlangen. Diese finanzielle Notlage leitet die entscheidende Krise des Ordenslandes endgültig ein. Zur Beratung über diese Steuer beruft der Hochmeister die Städte, Adel und Geistlichkeit am 22. Februar 1411 zu einer Tagfahrt nach Osterode. Es gelingt ihm, die widerstrebenden Städte zu überzeugen, und alle bewilligen die Steuer, außer der reichsten und mächtigsten Stadt: Danzig.

Obwohl das Ordensland arm geworden war, brachte die Mittelschicht willig die Opfer. Die großen, immer noch reichen Städte dagegen, besonders Danzig und Thorn, wollten gegen diese Steuerlast ihre Unabhängigkeit vom Orden einhandeln, so wie der Polenkönig sie ihnen bei der Unterwerfung zugesagt hatte. Sie wollten ein eigenes Territorium und eine Stellung, die der Beeinflussung durch den Orden weitgehend entzogen ist. Trotz der Notlage war der Orden zu solch folgenschweren Zugeständnissen nicht bereit. Damit verschärften sich die Gegensätze weiter. Wie bei jeder Niederlage oder Notzeit wurde auch hier die Regierung, also der Orden dafür verantwortlich gemacht. Ihm wurde weit mehr vorgeworfen, als er verschuldet hatte, und viele der Beschuldigungen waren unbegründet.

In der blühenden Handelsstadt Danzig herrscht eine kleine Gruppe reicher Kaufmannsfamilien, die sich weigern, dem höheren Interesse des Staatswohls das geringste Opfer zu bringen. Die stark befestigte Stadt, die fast uneinnehmbar war, hätte sich leicht verteidigen können und hatte nach Tannenberg keinen Feind vor ihren Mauern gesehen, aber begeistert dem Polenkönig gehuldigt. Der Hochmeister erkennt, daß der Staat dem Untergang geweiht ist, wenn die Stände künftig die Vormacht beanspruchen und dem Beispiel Danzigs folgen.

Nur notgedrungen haben die Danziger die Ordensherrschaft wieder anerkannt, und sie lassen es den Hochmeister spüren, daß sie viel lieber unter dem Polenkönig sein möchten. Als der Orden die zweite Tagfahrt nach Braunsberg anberaumt, um den Anteil an der zweiten Zahlung an Polen bewilligt zu bekommen, wirkt der Danziger Rat mit allen Mitteln dagegen und macht keinen Hehl aus seiner trotzigen, ordensfeindlichen Einstellung.

Wenn der Hochmeister jetzt nicht durchgreift, dann braucht er sich um keine weitere Zahlung mehr zu sorgen und den Polen nur noch die Tore des Landes öffnen. Er sperrt der übermütigen Stadt die Zufahrt zu Lande und zu Wasser und verlegt den Stapel (Umschlagplatz für Handelsgüter) nach Elbing. Darauf rüstet Danzig zum Krieg gegen den Orden und ersucht die anderen Handelsstädte um Beistand. Als der Ordensvogt von Dirschau auf Befehl des Hochmeisters Danziger Warentransporte anhält, schickt der Rat diesem Vertreter der Landesherrschaft den Fehdebrief (private Kriegserklärung). Der Komtur von Danzig (Neffe Heinrichs von Plauen gleichen Namens) läßt darauf den Rat auf die Burg kommen. In höchster Erregung auf beiden Seiten besteht der Rat auf Selbstverwaltung, und der Komtur sieht Verschwörer gegen den Orden, dem sie allein ihre Macht und ihren Reichtum zu verdanken haben. Als Bürgermeister Konrad von Letzkau, Albert Hecht und der Ratsherr Bartelgroß sich als Verfasser des Fehdebriefes bekennen und dazu trotzig und hochmütig auftreten, läßt sie der Komtur verhaften und in der nächsten Nacht enthaupten. Vor wenigen Monaten hatte der Danziger Rat das gleiche ohne ernsthafte Ursache mit Anhängern des Ordens getan.

Als der Rat einige Tage später eine Abordnung zum Hochmeister schickt, die überheblich die Freigabe der Gefangenen verlangt, läßt auch er diese festsetzen. Nun merken die Danziger, daß sie zu weit gegangen sind, und bitten um Gnade. Als Buße für die verweigerte Steuer muß Danzig 14.000 Schock Groschen zahlen und dem Orden erneut huldigen. Zugleich werden einige Ratsherren und Schöffen abgesetzt und durch Männer anderer Bürgerkreise ersetzt. Ohne Zustimmung des Ordens darf kein Ratsmitglied ernannt werden. Damit ist die Feindschaft des Danziger Patriziats gegen den Orden aber nicht beseitigt, sondern nur zu einer Art Waffenstillstand gezwungen worden. Sein Haß wächst, und bald wird das mächtige Danzig der stärkste und entscheidende Gegner des Ordens werden.

Da es dem Hochmeister nicht möglich ist, die äußere Gefahr durch einen entscheidenden Feldzug zu beseitigen, bemüht er sich, der größeren inneren Gefahr Herr zu werden. Der Orden hatte sich im Laufe der Zeit immer mehr zu einer ständischen Einrichtung entwickelt, in der deutsche Adlige aus dem Reich herrschten. Die Kluft zwischen dieser Landesherrschaft und den Beherrschten hatte sich immer weiter vertieft. Heinrich von Plauen hatte den Mut, die Schranken zu durchbrechen, die die ritterlichen Herren als Vorrecht ihrer Herrschaft errichtet hatten. Um den Staat zu stärken, zieht er zu den Ständeversammlungen auch die kleineren Städte und die freien Hofbesitzer, auch die prußischen, heran. Ein „Landesrat" soll als ständige Einrichtung die Regierung unterstützen, in dem alle Vertreter „mitwissen sollen des Ordens Sachen und für das Land helfen raten in Treue und Ehre". Das Interesse des einzelnen oder einer Gruppe soll sich dem des Gemeinwohls unterordnen. Mit diesen umwälzenden Ideen und seinem Einschreiten gegen die Verfallszustände im Orden macht sich der Hochmeister bei den meisten Rittern so verhaßt, daß sie diesen aufrechten und außergewöhnlich befähigten Führer beseitigen möchten. Der Verfall des Ordens ist schon so weit fortgeschritten, daß auch ein Heinrich von Plauen seinen Untergang nicht mehr aufhalten kann.

Im Herbst 1411 erfolgte ein Zusammenstoß mit einer polnischen Streitmacht, dessen Ursache in den Chroniken nicht klar dokumentiert ist. Ein Aufgebot des Ordens aus der Komturei Tuchel, das mit Truppen aus Livland verstärkt worden war, befand sich in dem polnischem Gebiet an der Netze. Am 13. September 1411 wurde die Ordenstruppe von dem Hauptmann von Nakel mit einer starken Streitmacht überraschend angegriffen und in die Flucht geschlagen. Nach polnischen Angaben wurden alle Mannschaften, soweit sie nicht schon im Kampf gefallen waren, auf der Flucht gestellt und getötet. Der Landmarschall von Livland, Werner von Nesselrode, und die mit ihm gekommenen Gebietiger – es sollen sieben Komture gewesen sein – wurden am Leben gelassen und nach Krakau gebracht. Der polnische Chronist berichtet weiter, daß dort alle in der Kerkerhaft umkamen. Wahrscheinlich wurden sie umgebracht, weil der Orden nicht das geforderte Lösegeld zahlen konnte. Nur der Marschall wurde am Leben gehalten und kam 1434 frei. Die vier erbeuteten Ordensfahnen, darunter die Fahne des Landmeisters von Livland, wurden im Krakauer Dom zu denen bei Tannenberg erbeuteten gestellt und ebenfalls in das Gedenkbuch des Jan Dlugosz aufgenommen.

Im Kulmerland haben sich 1412 die Mitglieder des Eidechsenbundes – unter dem Komtur von Rehden, Georg von Wirsberg, der heimlich im Dienst des Böhmenkönigs Wenzel steht – zur Verschwörung zusammengerottet. Der Bruder des Komturs, Friedrich von Wirsberg, soll mit 4.000 Söldnern aus Böhmen die Marienburg besetzen, den Hochmeister gefangennehmen oder gleich umbringen. Georg von Wirsberg wird dann Hochmeister werden, und aus Polen herbeieilendes Kriegsvolk soll seine Machtergreifung schützen.

Der Hochmeister hatte Wirsberg befohlen, zur Abtragung der Polenschuld alles Münzgeld, Silbergerät und andere Wertsachen aus den Ordensburgen zu sammeln. Die mehrfach geforderte Rechnungsablegung darüber wußte Wirsberg hinauszuschieben, da er diese Werte für seinen Staatsstreich brauchte. Der Hochmeister entdeckte die Verschwörung, ließ Wirsberg und Nikolaus von Renys verhaften und vor ein ritterliches Gericht stellen, zu dem auch die vier anderen nach Polen geflohenen Verschwörer geladen wurden, aber nicht erschienen. Der Böhmenkönig verlangte die Freilassung Wirsbergs, und der Polenkönig forderte straffreie Wiederaufnahme der geflohenen Ritter. Der Hochmeister aber blieb hart. Wirsberg wurde seines Amtes als Komtur enthoben und zu ewigem Gefängnis verurteilt, kam aber 1429 frei. Renys wurde zum Tode verurteilt und in Graudenz enthauptet.

Unter großen wirtschaftlichen Opfern war es gelungen, am 10. März 1411 die erste und am 24. Juni die zweite Rate von je 25.000 Schock Groschen dem Polenkönig zu übergeben, der aber nicht daran dachte, seinen Teil des Vertrages zu erfüllen. Er gab weder die Gefangenen frei, noch ließ er die im Vertrag zugesagte Urkunde über die Rückgabe Samaitens ausstellen. Als auch beim dritten Zahlungstermin, am 11. November 1411, das gleiche Spiel fortgesetzt wird und die Absicht Wladislaws offenbar ist, den Krieg nach Eingang aller Zahlungen wieder aufzunehmen, läßt der Hochmeister das Geld nicht auszahlen. Er will es lieber für die Verteidigung des eigenen Landes verwenden als damit die Feinde stärken. Der ungarische und nun auch deutsche König und spätere Kaiser Sigismund bietet dem Orden gegen eine im voraus zu zahlende hohe Geldsumme ein Bündnis gegen Polen an. Es stellt sich aber heraus, daß er nur die Notlage des Ordens ausnützen will, um Geld von ihm zu erpressen. Hier zeigt sich deutlich, wie verderblich das Wahlkönigtum für das Deutsche Reich geworden ist. Der „deutsche" König liefert den deutschen Orden gnadenlos den Polen aus und bereichert sich selbst schamlos an seiner Not. Der Hochmeister zögert, aber die Friedenspartei nötigt ihn, Marschall Küchmeister zu den Verhandlungen nach Ungarn zu schicken. Dort läßt er sich zu einem nachteiligen Vertrag überreden. Wenn Polen angreift, will Sigismund dem Orden zu Hilfe kommen. Erfolgt kein Angriff, will er gegen Zahlung von 400.000 Gulden beide Parteien versöhnen. Küchmeister sagt sogleich einen Teil der Summe bindend zu. Das hinterlistige Doppelspiel Sigismunds brachte es sogar fertig, den Polen die Neumark als Pfand in die Hände zu spielen. Am 24. August 1412 fällt Sigismund einen Schiedsspruch: Der Thorner Friede wird bestätigt, Polen und Litauen haben innerhalb von sechs Monaten die Rückgabe Samaitens an den Orden zu bestätigen. Die restliche Schuldsumme, die Polen auf 69.400 Schock Groschen berechnet (obwohl der Orden schon die Hälfte der 100.000 Schock bezahlt hat), teilt sich Polen mit Sigismund. 39.400 Schock hat der Orden innerhalb von drei Monaten an Polen, die übrigen 30.000 danach an Sigismund zu zahlen. Kann der Orden die Summe an Polen nicht termingerecht zahlen, nimmt Polen dafür die Neumark als Pfand in Besitz. Wenn das gelingt, womit der Polenkönig und Sigismund rechnen, hat Polen den wichtigsten Schritt zur Vernichtung des Ordenslandes mit Hilfe des deutschen Königs erreicht; die Brücke ins Reich ist dann in seiner Hand und damit auch das Ordensland.

Verzweifelt kämpft Heinrich von Plauen darum, das zu verhindern. Nur durch eine allgemeine Besteuerung aller kann das verarmte Land diese Summe in so kurzer Zeit aufbringen. Gemeinsam mit dem Landesrat wird eine Vermögenssteuer von dreieinhalb Prozent nebst einer Kopfsteuer von vier Mark für die Städte, eine Hufensteuer von einer Mark und einer Dienstlohnsteuer von achteinhalb Prozent für die Landbevölkerung festgesetzt. Wegen des Notstandes geht diese Forderung auch an die weltliche Geistlichkeit, die Klosterinsassen und die Ordensdomänen. Der Hochmeister fordert auch aus den Kirchen des Ordens und der

Klöster die Gold- und Silbergegenstände, die Münzen und Kunstgegenstände, die im Laufe der Zeit dort angehäuft wurden. Hierbei zeigt sich, wie weit der Orden schon verkommen ist. Während das Volk die Opfer auf sich nimmt, verweigern die Ritterbrüder aufbegehrend diesen Beitrag, obwohl sie das Gelübde der Armut abgelegt haben und Träger der Ordensidee „Alles für die Gemeinschaft, nichts für sich selbst" sein sollen. Sogar die Gebietiger sind empört und drohen mit Niederlegung ihrer Ämter. Der Hochmeister aber erreicht trotzdem das Unmögliche. Am festgesetzten Tag ist die gesamte Summe zusammengebracht, und die Polen müssen, mit verhaltener Wut, das Geld nehmen und dafür die Schuldverschreibung aushändigen. Die Neumark bleibt damit zum zweitenmal deutsch.

Im Herbst 1412 unternimmt König Sigismund die versprochene Versöhnung zwischen Polen/Litauen und dem Orden. Er schickt dazu seinen Bevollmächtigten, Benedikt von Makra, der seinen Sitz nicht im Ordensland, sondern in Kowno nimmt. Dort erklärt er, daß der Orden alle Forderungen seiner Feinde zu erfüllen hat. Er muß vor allem dem Bischof von Warmia ungestraft die Rückkehr erlauben und die Verräter aus dem Kulmerland wieder aufnehmen. Großfürst Witold erklärt den Ordensvertretern überheblich, daß eigentlich ganz Preußen altes Erbland der Litauerfürsten sei. Der Orden war zum Spielball seiner lachenden Feinde geworden. Er hat ihnen Riesensummen gezahlt und nichts weiter erreicht, als daß er erheblich schwächer und die Feinde viel stärker und unverschämter geworden sind.

Als dem Hochmeister im April 1413 endlich ein Dokument über die Rückgabe Samaitens übergeben wird, das nicht die geringste rechtliche Zusage enthält, ist auch der letzte Zweifel beseitigt, daß der Polenkönig nicht daran denkt, sich an den Thorner Frieden zu halten. Schon vor der Ausstellung dieser beleidigenden Urkunde hatten die herrschenden Kreise in Polen und Litauen eine zukünftige Herausgabe Samaitens entschieden abgelehnt. Der Hochmeister zögert nicht, die einzig mögliche Folgerung aus dieser Lage zu ziehen: Er muß die Rettung des Landes auf dem Schlachtfeld suchen. Mit größter Anstrengung rüstet er, um dem Angriff der Feinde zuvorzukommen. Die Schäden an der Marienburg sollen ausgebessert werden, aber die Polen hatten das Land derart verwüstet, daß es schwierig ist, Baumaterial zu beschaffen. Alle Ziegelschuppen, Brennöfen und Werkstätten in der Lehmgrube bei der Burg waren total zerstört und mußten 1411 und 1412 neu aufgebaut werden. Erst 1413 konnte die Ziegelei 132.000 Ziegel und 111.500 Dachpfannen liefern, die für die notwendigen Reparaturen und Umbauten der älteren Türme verwendet wurden. Die Bewohner des Ordenslandes erlebten zum erstenmal, daß Lebensmittel knapp wurden. Die Verwüstung und Ausplünderung großer Landesteile machte sich stark bemerkbar. Dazu gab es 1411 und 1412 noch schlechte Ernten. Auch der Heringsfang auf Schonen, eine wichtige Nahrungsquelle des Volkes, blieb aus. Das Ordensgeld, bisher eine stabile Währung, hat zwei Drittel seines Wertes verloren. Hatte der Orden bisher große Mengen Getreide ausgeführt, so reicht die Ernte jetzt kaum für die eigene Versorgung. In dieser Lage Heere aufzustellen und sich gegen einen mächtigen Feind zu rüsten, ist eine übermenschliche Leistung, die der Hochmeister vollbringt.

Aber auch in Polen/Litauen sind die Angriffsvorbereitungen in vollem Gange. Witold hat sein Heer am Bug zusammengezogen und nähert sich dem Narew. Obwohl es um Leben oder Sterben des Ordenslandes geht, wollen die meisten Gebietiger nicht den Ernst der Bedrohung sehen. Auch beim Meister von Livland findet Heinrich von Plauen keine Hilfe, und den Deutschmeister muß er durch einen „Machtbrief" zum Gehorsam auffordern. Der Hochmeister verlangt, daß er den Gesandten König Sigismunds 13.000 Schock Groschen aushändigt, die der Orden dem König noch für die alberne Friedensvermittlung schuldet; andernfalls soll er dem Überbringer des Machtbriefes sein und der anderen Gebietiger Siegel übergeben. Neben wenigen von den Komturen steht nur der Großkomtur Graf Friedrich von Zollern dem Hochmeister zur Seite. Aber trotz aller Hindernisse und Widerstände hat er erreicht, daß drei mit Söldnern verstärkte Ordensheere bereitstehen, um im Kampf die einzig mögliche Rettung des bedrängten Ordenslandes zu erreichen. Der Feldzug ist gründlich vorbereitet und der Zeitpunkt zum Angriff günstig. In einem Sendschreiben an alle geistlichen und weltlichen Fürsten und Städte erklärt er, wie der polnische König und Großfürst Witold unablässig auf die Vernichtung des Ordensstaates hingearbeitet haben. Zugleich bittet er um Hilfe, wenn er jetzt schweren Herzens das Schwert ziehen muß, um sein Land zu retten. Graf

Heinrich Reuß von Plauen, die Grafen Albrecht und Günther von Schwarzburg, Wenzeslaw von Bonyn, Hans von Frundsberg und der Erzbischof von Riga treten öffentlich als Zeugen dafür auf, daß der Hochmeister nicht die Ursache für den Krieg gegeben hat.

Mitte September 1413 gehen die Heere zum Angriff vor; sie werden vom Großkomtur, dem Komtur von Danzig und Graf Heinrich Reuß von Plauen geführt. Der Hochmeister liegt erkrankt in der Marienburg und muß die Gesamtführung dem Ordensmarschall Küchmeister überlassen, der aber andere Pläne verfolgt. Zwei Wochen lang sind die drei Heere erfolgreich vormarschiert, als etwas Unglaubliches geschieht: Küchmeister fällt seinem Hochmeister in den Rücken und befiehlt den Heeren, den mit besten Aussichten begonnenen Feldzug abzubrechen und umzukehren, bevor es zu einer Entscheidungsschlacht gekommen ist. Er will unbedingt verhindern, daß durch einen Sieg die Stellung des Hochmeisters gestärkt werden würde, denn das hätte seine und seiner Freunde Machtpläne durchkreuzt. Den äußeren Anlaß zu dem Putsch soll ein ständisches Aufgebot des Kulmerlandes gegeben haben, das am 29. September bei Lautenburg meuterte.

Küchmeister eilt mit seinen Anhängern zur Marienburg, um Heinrich von Plauen zu beseitigen, bevor die Freunde des Hochmeisters aus dem Feldzug heimkehrten. Am 14. Oktober nehmen sie dem Kranken Schlüssel und Siegel mit Gewalt ab und schließen ihn im Kerker einer der Türme ein. Schon vier Tage zuvor hatte Küchmeister Briefe ausgesandt, in denen er die Absetzung des Hochmeisters verkündete. Der gleichnamige Vetter des Hochmeisters, der Komtur von Danzig (der eines der Heere geführt hatte), wurde auf die Burg Lochstädt verbannt, alle Anhänger und Verwandten des Hochmeisters aus dem Land gewiesen, die angeworbenen Söldner unter viel Geldverschwendung entlassen. Würdelos umwarben die neuen Machthaber den lachenden Polenkönig, und mit erlogenen Darstellungen beschönigten sie den Staatsstreich beim deutschen König, der ohnehin nichts für den Orden übrig hatte.

Der Hochmeister wurde beseitigt, als er im Begriff war, die polnische Wucherschuld mit Gegensieg und Gegenschuld zu tilgen. Die schon fast ausgelöschte Niederlage von Tannenberg wurde durch diesen Verrat wieder hergestellt. August Winnig, ehemals Oberpräsident Ostpreußens, schrieb: „Am Abend von Tannenberg schien der Orden und seine Schöpfung vernichtet. Eines Mannes harter Wille hatte ihn aus dem Nichts herausgerissen [...] Er hatte getan, was einem Manne möglich war, obwohl niemand es für möglich gehalten hätte. In Heinrich von Plauen vollendet sich das Schicksal des Ordens. Sein Kampf und Untergang ist viel beklagt worden und wird uns immer wieder bewegen als die Tragödie des adligen Menschen, der einsam in einer unadlig gewordenen Welt steht. Der Orden selber verließ ihn, als er bald nach dem ersten Thorner Frieden vor der Notwendigkeit stand, noch einmal das Schwert anzurufen."

Heinrich von Plauen war der letzte edle Ritter des Deutschen Ritterordens; mit seinem Abgang war die letzte Hoffnung zur Erneuerung des Ordens und zur Wiederherstellung seines preußischen Werkes endgültig verloren. Mit seiner Beseitigung endet eigentlich der Deutsche Ritterorden. In Livland folgt noch die Zeit Wolter von Plettenbergs (1494–1535), der durch seinen Sieg über die Russen den Bestand Livlands noch einmal sichern konnte. Was aber in Preußen folgt, läßt sich nur als langsame Verwesung eines zuvor blühenden Lebens bezeichnen.

Am 6. Januar 1414 ließ Küchmeister sich von seinen Verräterfreunden, zu denen sich auch der Deutschmeister und der Meister von Livland fanden, zum neuen Hochmeister wählen. Im April wurden die aus dem Land verbannten Verräter von jeder Schuld freigesprochen und halfen bei dem Narrenspiel, den gestürzten Hochmeister der Konspiration mit Polen zu bezichtigen.

Heinrich von Plauen wurde zunächst die bedeutungslose Komturei Engelsburg bei Graudenz zugewiesen, wo er unter gewissen Einschränkungen das Amt des Pflegers ausüben durfte. Die Küchmeister-Clique fürchtete ihn aber auch in dieser Stellung und setzte 1414 ein Gerichtsverfahren in Gang. Ihm wurde vorgeworfen, geheime Verbindungen mit Polen aufgenommen zu haben, um ihnen das Ordensland auszuliefern. Heinrich von Plauen, dessen Lebensziel der Kampf gegen Polen gewesen war, wurde wegen Landesverrats verurteilt und in der Burg Danzig eingekerkert. Im nächsten Jahr (1415) wurde er auf die Burg Brandenburg gebracht. Als der unfähige Küchmeister 1422 sein Hochmeisteramt niederlegte, beendete der nächste Hochmeister, Paul von Rußdorf, die Haft Heinrich von Plauens. Bei seinem Amtsantritt 1422 wies er ihm die Burg Lochstädt als Aufenthalt zu, wo er vom 28. Mai 1429 bis zu seinem Tod am 28. Dezember des gleichen Jahres das Amt des Pflegers ausüben durfte. Rußdorf ließ ihn in der Hochmeistergruft der Marienburg beisetzen. Josef von Eichendorff nennt Heinrich von Plauen „ein tragisches Vorbild derer, die über ihrer Zeit stehen".

Der Hungerkrieg

Unter Michael Küchmeister, dem neuen Hochmeister, ging es rasch bergab. Innerhalb von sieben Jahren gab es achtmal Krieg. Durch schwächliche Nachgiebigkeit und übertriebene Friedensliebe war kein Frieden mit dem polnischen König zu erreichen. Für die Polen war aber eine ideale Situation geschaffen worden: Sie konnten jederzeit ins Ordensland einfallen und es ausrauben, ohne mit einer ernsthaften Gegenwehr rechnen zu müssen.

Küchmeister glaubte mit diplomatischen Verhandlungen einen dauerhaften Frieden erreichen zu können, da er zu weitgehenden Konzessionen bereit war. Am 22. April 1414 wurde der Tag von Grabow abgehalten, wo jedoch keine Einigung erreicht wurde. König Wladislaw verlangte nicht nur die Auslieferung des Kulmerlandes und Pommerellens, sondern darüber hinaus eine Geldsumme, die unmöglich aufgebracht werden konnte. Dann erfolgte am 24. Juni 1414 ein Schiedsspruch König Sigismunds, der von den Polen hohnlachend abgelehnt wurde, da er ihre unverschämten Forderungen nicht voll erfüllte. Der Polenkönig wollte auch gar keinen Frieden, denn er wußte, daß Küchmeister mit seinen friedenswinselnden Kumpanen keinen ernsthaften Widerstand leisten konnte und das Ordensland offen vor ihm lag. Mit fortwährendem Krieg konnte er aus dem hilflosen Land weit mehr herausholen, als ein Friede ihm hätte geben können. Das erkannte nun endlich auch Küchmeister, und er sah sich gezwungen, jetzt das zu tun, was er Heinrich von Plauen so übelgenommen hatte, nämlich Krieg gegen Polen zu führen. Er begann das Land in Verteidigungszustand zu setzen. Damit kam er aber nicht weit, denn das raubgierige Heer des Polenkönigs und die Tataren, die er wieder herbeigeholt hatte, warteten schon ungeduldig darauf, sich auf das wehrlose Land zu stürzen.

Schon am 14. Juli 1414 brachen die Heere des Polenkönigs unter dem üblichen Rauben, Brennen und Morden ins Ordensland ein. Bei dem polnischen Einfall von 1410 waren die südlichen Gebiete bis Marienburg verwüstet und ausgeplündert worden. Jetzt wählte der König die reichste und am dichtesten bevölkerte Gegend in der Mitte des Ordenslandes für seinen Raubkrieg. Er konnte sich aussuchen, wohin er gehen wollte, denn es gab kein Ordensheer mehr, das ihn hätte hindern können. Der Orden war nicht einmal in der Lage, alle Burgen und Städte zu verteidigen. Etliche wurden geräumt und ohne Gegenwehr den Polen überlassen, zum Beispiel Mühlhausen und Preußisch Eylau. Stadt und Burg Hohenstein wurden nach der Räumung vom Orden niedergebrannt, um dort ein Festsetzen der Polen zu verhindern.

Die Heere des Polenkönigs ergossen sich, unter den Qualen der schutzlosen Bevölkerung, über das Land. Wie immer bei den Raubzügen ins Preußenland begleiteten zahlreiche Räuberhorden das polnische Kriegsvolk. Sie nahmen den Bauern Zugtiere und Wagen, um sie mit Beutegut vollzupacken. Auf den Straßen wälzte sich, in Staubwolken gehüllt, ein nicht endender Strom von Wagenkolonnen, Pferden und Viehherden nach Polen. Riesenburg, Christburg, Liebstadt, Guttstadt, Mehlsack, Landsberg, Frauenburg sowie alle Dörfer in diesem Gebiet wurden vollständig ausgeplündert und verwüstet. In Bischofswerder ließ der Polenkönig die Einwohner in die Kirche treiben, damit die Stadt in Ruhe ausgeraubt werden konnte. Anschließend wurde sie in Brand gesteckt. Ein Teil der Bevölkerung floh über die Weichsel nach Westen und über den Pregel nach Norden. Einige Burgen und Städte konnten sich inmitten des vom Feind beherrschten Landes halten, darunter die Burg Heilsberg, Marienwerder und Strasburg, die Dörfer der Umgebung aber fielen den Polen zum Opfer. Die Marienburg wagten sie nicht anzugreifen, die Umgebung verschonten sie aber nicht. Landsberg wurde mitsamt Kirche und Hospital ausgeraubt und niedergebrannt; 54

Menschen und zwei Priester wurden dabei totgeschlagen. In Patollen (Kreis Preußisch Eylau) ermordeten die Polen den Prior des Augustinerklosters und zerschlugen die Inneneinrichtung der Kirche, einschließlich des Hochaltars. In Peterswalde (Kreis Heilsberg) wurden alle Einwohner umgebracht und der Priester in der Kirche ermordet. Aus dem Kammeramt Seeburg wird berichtet, daß die Stadt und alle Dörfer bis auf zwei, alle Mühlen und Güter sowie elf Kirchen nach der Ausplünderung niedergebrannt wurden. Dabei schlugen die Polen 212 Menschen tot. Der Sachschaden in diesem Amt wird mit 52.272 Mark Silber angegeben. Allein im Ermland wurden 28 Kirchen verbrannt und 1.371 Zivilpersonen, darunter auch einige Domherren, erschlagen. In Kreuzburg brannten die Polen Burg, Kirche und Viehhof sowie 71 Dörfer und Höfe der Umgebung nach der Ausplünderung nieder. In Zinten wurden 27 Menschen beim Ausrauben und Niederbrennen der Stadt erschlagen. In der Chronik der Stadt Friedland steht: „Die Polen verbrannten die Kirchen, schändeten die Frauen und Jungfrauen, stachen die Kinder wie Ferkel ab und traten sie unter die Füße." Im Gebiet Preußisch Eylau wurden viele Dörfer, darunter Glandau, Grünwalde, Kaditten und Schönwiese total zerstört. Halbendorf wurde erst nach 150 Jahren wieder aufgebaut, andere wie Rosenbaum, Keuthen und Stablack nie mehr. Es war ein Krieg, wie die Polen ihn sich herrlicher nicht vorstellen konnten. Sie konnten rauben, brennen, quälen, vergewaltigen und morden nach Herzenslust und brauchten nicht zu fürchten, von irgend jemandem gestört zu werden. Der Hochmeister saß derweil mit seinen Kumpanen untätig auf der Marienburg.

Nachdem die Polen alles fortgeschafft hatten, was transportierbar war, und das übrige verbrannt hatten, waren sie zu einem Waffenstillstand bereit. Einen Frieden wollten sie nicht, um nach Ablauf der Frist diesen gewinnbringenden Raubkrieg ohne Feind weiterführen zu können. Der Waffenstillstand wurde am 7. Oktober 1414 in Strasburg für zwei Jahre vereinbart. Die Polen hatten nicht nur die Ernte in den heimgesuchten Gebieten vernichtet oder verhindert, sondern die Bauern, die das Inferno überlebt hatten, konnten ohne Zugtiere, ohne Saatgut und Ackergerät auch die Wintersaat (Brotkorn) nicht einsäen. Sie standen vor den Brandtrümmern ihrer Dörfer, die Felder waren unbebaut, Pferde, Vieh und alle Nahrungsmittel waren geraubt oder verbrannt. Das Gebiet der Zerstörung war so groß, daß aus den wenigen verschont gebliebenen Landesteilen keine ausreichende Hilfe geleistet werden konnte. Im folgenden Winter herrschte in dem vor wenigen Jahren noch reichen Land die Hungersnot. Der Krieg wurde allgemein „Hungerkrieg" genannt, weil er zum erstenmal den Hunger mit allen schrecklichen Begleiterscheinungen ins Land brachte.

Das Ordensland erlitt mit diesem Krieg den zweiten großen Rückschlag, der den von 1410 noch übertraf. Der alte Wohlstand war endgültig vernichtet. Selbst in den folgenden Jahrhunderten konnten die Verluste und Zerstörungen dieses Krieges nie mehr ganz behoben werden. Über die ungeheuren Schäden, die 1410 und 1414 von den Polen angerichtet wurden, geben die „Schadensbücher" des Ordens genaueste Auskunft. In diesen Büchern sind die Berichte der Ordensbeamten über die Schäden in jedem einzelnen Ort angegeben, oft sogar mit der namentlichen Aufzählung der Bewohner. Die Berichte aus den Komtureien wurden an die Zentralverwaltung geschickt und dann zusammenfassend in diese Bücher eingetragen. Daraus ersieht man, daß nahezu ganz Ostpreußen, außer dem nördlich des Pregels gelegenen Teils, von den Polen ausgeraubt und verwüstet wurde. Die drei Bücher wurden als „Ordensfolianten 5a, 5b und 11a" im Königsberger Staatsarchiv aufbewahrt und umfassen die Zeit von 1410 bis 1421. Sie vermitteln nicht nur ein Bild von dem vorherigen Wohlstand, sondern liefern auch wertvolles Material für die Wirtschafts-, Kultur-, und Siedlungsgeschichte des Landes. Man begreift, daß nach einem solchen Ausmaß von Raub und Zerstörung das Land nie mehr den alten Lebensstandard erreichte, den es vordem genossen hatte.

Im Ermland ist das Ausmaß der Schäden aus den Zinsbüchern der Kammerämter ersichtlich. Neben den nach Polen geschafften Gütern und all dem, was im Land zerstört und verbrannt worden war, wogen die Menschenverluste besonders schwer. Vor allem in den Gebieten, wo die Tataren gehaust hatten, waren die Verluste extrem hoch, da diese nicht nur viele Menschen erschlagen, sondern junge Männer, Knaben, Frauen und Mädchen in Marschkolonnen abgeführt hatten, um sie auf den Sklavenmärkten des Orients zu verkaufen. Noch

19 Jahre später zeigt das Rechnungsbuch von 1453 des Kammeramtes Rößel noch immer 34,8 Prozent aller zinspflichtigen Hufen wüst und unbebaut. Im Kammeramt Seeburg waren es im Jahre 1454 sogar noch 65 Prozent der vorher bewirtschafteten Bodenfläche, die verwildert und unbearbeitet war.

Das Konzil von Konstanz

Das Konzil von Konstanz, das große Werk der Einigung der Christenheit, das von 1414 bis 1418 tagte, wurde in glänzender Weise begangen. Feierlich hielt Papst Johann XXIII. am 28. Oktober 1414 seinen Einzug in die Stadt. Zwei Grafen führten sein Pferd, und der Bürgermeister mit drei Ratsherren trugen den Baldachin. König Sigismund zog mit einem Gefolge von 1.000 Pferden in der Weihnachtsnacht bei Fackelschein ein. Die polnische Gesandtschaft kam ebenfalls mit prunkvollem Aufwand und nahm im Hause des Bürgermeisters Wohnung. Für Papst und König hielten sie reiche Geschenke und Geldspenden bereit. Der Hochmeister hatte für die Gesandten des Ordens nicht genug Geld aufbringen können, so daß sie von Anbeginn den Polen unterlegen waren.

Schon im März 1415 erlebte das Konzil die peinliche Überraschung, daß der Papst als Reisender verkleidet bei Nacht und Nebel nach Schaffhausen floh und sich von Friedrich IV. von Österreich beschützen ließ, weil er die Aufdeckung seiner Schandtaten fürchtete. Dann stürzten sich die hohen Herren erst einmal auf den tschechischen Reformator Johannes Huß, der den Fehler gemacht hatte, der Einladung zu diesem Konzil zu folgen, weil ihm König Sigismund mit einem Geleitbrief die sichere Rückkehr garantiert hatte. Huß wurde vom Konzil zum Tode verurteilt und am 6. Juli 1415 verbrannt. Welche Rechtsprechung war von einer solchen Versammlung zu erwarten?

Die Polen standen vor aller Welt als Raubmörder und Friedensstörer da. Aus den Folianten lesen wir die Anklagen Peters von Wormditt gegen den Polenkönig: wie er mit Tausenden Heiden ein christliches Land überfallen und Ströme christlichen Blutes vergossen habe, wie er die Stadt Gilgenburg den Tataren zur Plünderung und Vergewaltigung ausgeliefert habe, um sie für den bevorstehenden Kampf willig zu machen; er beschreibt die Einschließung der Frauen und Kinder in der Kirche, die sadistischen Untaten in der Nacht und das Niederbrennen der Kirche mit den Eingeschlossenen am Morgen; er berichtet von Dutzenden anderen Orten, an denen sich ähnliches abspielte, von der Ausplünderung und Verwüstung des Landes, von geschändeten Kirchen und ermordeten Priestern. Beim letzten Einfall ins Ordensland schloß der König von Polen wieder ein Bündnis mit den Heiden; wieder wurden Tausende unschuldiger Menschen ermordet, darunter Priester, Äbte und Domherren; mit den Städten und Dörfern wurden rund 300 Kirchen niedergebrannt. Aber wollen die hohen Herren das überhaupt wissen?

Die Polen wissen sich geschickt zu verteidigen. Sie unterbreiten König Sigismund einen gut ausgeklügelten Plan, mit dem sie ihn überzeugen, daß man das Ordensland als einen Teil des Deutschen Reiches betrachten könne. Demzufolge soll der Orden sein Land als Reichslehen und sich selbst als Lehnsmann König Sigismunds erklären. Dann soll der Orden für ihn die Zips (Gebiet in der nordöstlichen Slowakei) auslösen, die Sigismund für 36.000 Schock Groschen den Polen in Pfand gegeben hat; zudem soll der Orden ihm die Neumark mit allen inzwischen dazugekauften Gebieten kostenlos überlassen, damit er dem Orden einen sicheren Frieden mit Polen verschaffen werde. König Sigismund gefiel dieser Plan. Wie ohnmächtig der Orden geworden war, den man kaum noch als Landesherr eines selbständigen Staates betrachtet, zeigt seine Antwort auf diese beleidigenden Zumutungen. Er erklärt, daß er das Geld für die Zips nicht aufbringen könne, er wolle aber die Neumark dem deutschen König überlassen, wenn damit ein gesicherter Frieden mit Polen zustande käme. Sigismund kann aber keine bindende Zusicherung eines dauernden Friedens geben, weil Polen einen solchen auf keinen Fall will. Die Idee, daß sich das Ordensland dem Deutschen Reich und damit ihm unterwerfen soll, gefiel Sigismund so gut, daß er noch bis 1419 drohte, dem Polenkönig im Krieg gegen den Orden zu helfen, wenn er sich ihm nicht ergebe. So trat der deutsche König und spätere Kaiser für deutsche bzw. polnische Interessen ein. Nachdem die Polen König Sigismund auf ihrer Seite hatten, erklärten sie siegesbewußt, daß sie nur von ihm einen Schiedsspruch annehmen würden und keinen vom Konzil. Auch das gefiel König Sigismund.

Hatte der Orden gehofft, daß diese Versammlung der höchsten Vertreter der Christenheit auf seine Klagen ein gerechtes Urteil gegen Polen fällen würde, so mußte er erkennen, daß er der Angeklagte war und mit Geld- und Landabgabe für seine „Verbrechen" büßen sollte. Während die hohen Herren die Anklage des Ordens kaum zur Kenntnis genommen hatten, neigten sie sich wohlwollend den Polen zu. Der Orden hatte viel Recht, aber kein Geld, das nun die Polen hatten, und so wie früher der Orden in der Lage gewesen war, auf dieser Ebene der Politik mitzuspielen, so konnten das jetzt die Polen, dank des Geldes und der Beute, die sie aus dem Ordensland mitgenommen hatten.

Im Februar 1416 erfolgte die öffentliche Anklage gegen den Orden. Nachdem die große Friedfertigkeit der Polen dargestellt war, klagte der Polenkönig auch im Namen Witolds, daß der Orden 18 Jahre lang in Litauen eingefallen sei, obwohl das Land schon christlich war. (Es handelte sich hierbei um Samaiten, das auch jetzt noch nicht christlich war und damals, seit 1389, rechtlich dem Orden gehörte.) Die Polen hatten acht Doktoren in ihrem Dienst, die laufend Traktate gegen den Orden ausarbeiteten. Deren Führer, Paul Wladimiri, Rektor der Krakauer Universität, stellte die Rechtmäßigkeit des Ritterordens in Frage, da die Idee des Heidenkampfes hinfällig sei. Die Untertanen begingen Todsünden, so führte er aus, wenn sie den Orden in seinen Kriegen unterstützten. Als Christen seien sie verpflichtet, die Rechtmäßigkeit jedes Krieges, an dem sie teilnehmen, zu überprüfen und gegebenenfalls den Kriegsdienst zu verweigern.

In dieser Zeit der ersten gelehrten Bildung auf Universitäten ging es darum, durch einen gewandten Redner den in dieser Wissenschaft nicht ausgebildeten Zuhörern seine Darstellung als bewiesene Tatsache einzureden. So konnte dieser gelehrte Doktor glaubhaft behaupten, der Orden habe kein Recht, gegen Heiden zu kämpfen, dagegen hätten Heiden das Recht, als Bundesgenossen Polens das Ordensland anzugreifen.

Das Konzil bekam auch andere Stimmen zu hören. Der Dominikanermönch und Theologieprofessor Johann Falkenberg schrieb eine scharfe Gegenschrift. Er warnte die christlichen Fürsten: Wenn die Polen erst das Preußenland und das Meer in ihrer Hand haben, dann werden sie verheerend die Christenheit durchziehen, hat doch schon Witold sich gerühmt, daß er sein Pferd im Rhein tränken werde. Als Falkenberg etwas später in einer Flugschrift schrieb: „Die christlichen Fürsten müssen den kriegslüsternen Polenkönig und sein räuberisches Kriegsvolk wenigstens teilweise vernichten und den König im Angesicht der Sonne aufhängen", wurde er auf Betreiben der Polen im Mai 1416 verhaftet und eingekerkert. Hätte er dasselbe über den Orden gesagt, wäre ihm natürlich nichts passiert und er wäre wahrscheinlich gelobt worden.

Die Polen versuchten nun das Mittel, das damals fast immer zum Erfolg führte: Sie beschuldigten den Orden der Ketzerei. Die preußische Ketzerei sei schlimmer als die der Türken und Juden, gotteslästerlich gegen die Schrift, und sie müsse ohne Prozeß vernichtet werden, argumentierten sie. Wenn es gelang, diese Anklage durchzusetzen, war auch das Urteil sicher. Es würde dem Deutschen Ritterorden wie dem Templerorden ergehen, denn ein Freispruch war bei dieser Anklage unbekannt. Nur seine Armut schützte den Orden vor dieser Anklage.

Der Hochmeister wandte sich mit ergebenen Bitten an das Konzil, den Waffenstillstand mit Polen zu einem dauernden Frieden zu machen, was die polnische Gesandtschaft natürlich zu verhindern wußte. Das Konzil zwang Polen aber doch die Verlängerung des Waffenstillstands um ein weiteres Jahr auf.

Die Polen wußten sich die Freundschaft König Sigismunds zu erhalten. Im Januar 1417 sandten sie ihm zum Beispiel einen Wisent, kostbare Umhängemäntel aus hochwertigen Pelzen und vor allem immer wieder Geld.

Wie unsicher die Lage für den machtlosen Orden war, geht aus einer Bittschrift vom 12. Mai 1417 hervor, in der der Orden das Konzil verzweifelt bittet, „es möge den polnischen Gesandten ein Termin bestimmt werden, innerhalb dessen sie geruhen mögen, Frieden zu schließen, damit nicht etwa nach Ablauf des Waffenstillstands, der nur noch neun Wochen dauert [bis 13. Juli 1417], sogleich ein neuer Überfall auf das Ordensland erfolge".

Die deutschen Fürsten, die in diesem Frühjahr zahlreich nach Konstanz gekommen waren, zeigten mehr Verständnis für die Lage des Ordens als der deutsche König und das Konzil. Sie drohten den übermütigen Polen öffentlich, daß sie bei einem neuen Überfall dem Orden zu Hilfe kommen würden. Ihrem Eintreten allein verdankte der Orden, daß die Polen noch in Schranken gehalten wurden.

Am 11. November 1417 wurde der Römer Oddone Colonna als Martin V. zum neuen Papst gewählt. Er ließ sich von den Polen nicht kaufen und befreite als erstes Johann Falkenberg aus dem Kerker. Anfang 1418 bestätigte er dem Orden alle ihm von geistlichen und weltlichen Fürsten verliehenen Rechte. Dazu erließen Papst und Konzil ein scharfes Schreiben an den Polenkönig, in dem er aufgefordert wurde, Frieden zu halten und sich mit dem Orden zu einigen. Die Polen aber lehnten die Friedensbemühungen des Papstes ab und erklärten, daß ihre Forderungen nur vom deutschen König Sigismund und nicht vom Papst oder dem Konzil entschieden werden könnten.

Die gerechte Haltung des Papstes konnte den Schaden, den die Gewinngier des deutschen Königs im Bunde mit den Polen verursacht hatte, nicht mehr ausgleichen. Das Konzil endete am 9. Mai 1418. Von den drei Hauptaufgaben, Wiederherstellung der kirchlichen Einheit, innere Reform der Kirche und Beseitigung der Irrlehren, war eigentlich nur die Absetzung der drei gleichzeitig regierenden Päpste erreicht worden. Die rechtswidrige Verbrennung des Johannes Huß hatte die furchtbaren Hussitenkriege zur Folge, die das Konzil direkt verursacht hatte.

Dem Bürgerkrieg entgegen

Hochmeister Michael Küchmeister und sein Ordenskapitel, die ein Jahr zuvor Heinrich von Plauen abgesetzt hatten, weil er „kriegen wollt wider den ewigen Frieden", haben begriffen, daß ihre unterwürfige Friedensliebe nur die Angriffslust der Polen gestärkt hat, denn jetzt werden die Verteidigungsanlagen der Marienburg erheblich verstärkt. Während Heinrich von Plauen nur unbedeutende Bohlenwerke errichtet hatte, geht Küchmeister 1415 weit darüber hinaus. Tiefe Gräben werden ausgehoben, niedrige Geschütztürme mit großem Durchmesser werden gebaut, und auf der Ostseite entstehen Mauern von 2,50 bis 3,20 Meter Stärke.

Ein Waffenstillstand bedeutete für viele Polen keineswegs, ihre Raubzüge einzustellen. Ihr Kriegsvolk und ihre ordinären Räuberhaufen fielen fortwährend ins Ordensland ein und terrorisierten die Bevölkerung. Vom Jahre 1416 wird berichtet, daß besonders Rosenberg und die Umgebung furchtbar unter diesen Überfällen zu leiden hatten. Viele Menschen wurden dabei erschlagen und eine Anzahl, vor allem junge Mädchen, nach Polen verschleppt. Selbst auf polnischer Seite schrieb der schon genannte Krakauer Domherr Jan Dlugosz 1445: „Banden aus dem Heer des Königs unternahmen auf eigene Faust Raubzüge ins Ordensland. Eine solche Bande überfiel 1422 die Bischofsstadt Riesenburg, plünderte sie aus und verwüstete die Kirche [...]"

Der deutsche König Sigismund, der bis jetzt versucht hatte, das Ordensland unter seine Abhängigkeit zu zwingen, befand sich in großen Schwierigkeiten. Als Folge der schändlichen Verbrennung des Johannes Huß brachen 1419 in Böhmen die furchtbaren Hussitenkriege aus, die bald das ganze Reich erschütterten. Es dauerte 17 Jahre, bis Sigismund endlich die Hussiten besiegen konnte. Seine Sympathie für die Polen kühlte ab, weil sie sich mit den Hussiten verbündeten. Er mußte sich auch nach der öffentlichen Meinung richten und den Kurfürsten entgegenkommen, die den Ordensstaat nicht beseitigt haben wollten. Daher bestätigte er auf dem Reichstag zu Breslau am 5. Januar 1420 den Frieden von Thorn von 1411 und sicherte dem Orden den gesamten Länderbesitz zu. Aber weder König noch Papst hatten die Machtmittel und wohl auch nicht den rechten Willen, die Polen zum Frieden zu zwingen oder den Orden zu schützen. Sie rieten dem Orden schon im nächsten Jahr, vielleicht durch größere Zugeständnisse einen Frieden zu erreichen. Sigismund schlug den endgültigen Verzicht auf Samaiten vor, und die Kurie riet, wenigstens Pommerellen den Polen zu geben.

In der Mark Brandenburg regierte Friedrich I. von Hohenzollern, dem Heinrich von Plauen 1412/13 die „große Büchse", ein überschweres Geschütz, geliehen hatte. Jetzt schloß Friedrich ein Bündnis mit Polen und störte auf dessen Drängen die Verbindung des Ordenslandes zum Reich. Der Orden war deshalb zum Nachgeben gegenüber der Hanse gezwungen. Gegen Abschaffung des Pfundzolls und Zusicherung der Freiheit für die preußischen Städte in hansischen Angelegenheiten verpflichteten sich die Städte, 2.500 Bewaffnete für den Kriegsfall zu stellen. Küchmeister sah schließlich seine katastrophale Unfähigkeit so weit ein, daß er am 10. März 1422 sein Amt freiwillig niederlegte. Keiner der Gebietiger widersprach. Sein Land war verwüstet und ausgeplündert, die Bevölkerung in bitterer Not, der Orden völlig verarmt und mit Polen im Krieg stehend. Noch am gleichen Tage wurde Paul von Rußdorf zu seinem Nachfolger gewählt.

Die Polen drängten ungeduldig zu einem neuen Raubzug, und im Juli 1422 führte Wladislaw seine beutelüsternen Kriegsscharen diesmal tief ins Kulmerland, das in den beiden vorigen Einfällen nicht verwüstet worden war. Es würde den Leser verdrießen, immer wieder das gleiche Rauben und Brennen, das Schänden und Morden aufzuzählen, das bei jedem Einfall der Polen auf die übliche Weise vor sich ging. Auch der neue Hochmeister konnte nicht viel mehr tun, als die Burgen des Landes zu halten. Im September war das Kulmerland leergeplündert, und der Polenkönig zeigte sich diesmal zum Abschluß eines Friedens geneigt.

Am 27. September 1422 wurde am Melnosee (nordöstlich Rehden), wo der König lagerte, der Friede geschlossen, in dem der Orden endgültig auf Samaiten verzichtete. Außerdem verlor er das Land westlich der Weichsel von der Mündung der Drewenz bis zur Grenze Pommerellens sowie das Gebiet von Nessau links der Weichsel. Zur Ostgrenze des Ordenslandes wurde endgültig die Grenze bestimmt, die schon 1389 festgelegt worden war, als der Orden den Ostteil Sudauens für Samaiten abgegeben hatte, und die bis 1945 bestand.

Erstmalig trat neben den beiden Landesherren die neue Macht der Stände auf. Den Ständen beider Seiten sollte es in Zukunft erlaubt sein, ihren Landesherren den Gehorsam zu kündigen, falls diese den Frieden brechen sollten. Damit war den Ständen ein Aufsichtsrecht über die Außenpolitik des Staates eingeräumt worden, das sich bald verhängnisvoll auswirken sollte. Mit diesem Friedensvertrag wurde auch der Krieg mit Litauen offiziell beendet, obwohl die „Litauerreisen" schon um 1400 aufgehört hatten.

Dieser verhältnismäßig günstige Friede, wie auch der erste Thorner Friede, war dem Einfluß des Großfürsten Witold zu verdanken. Er strebte nach einem wieder selbstständigen Großlitauen; die Vernichtung des Ordensstaates war nicht in seinem Sinn. Die Polen dagegen hatten andere Ziele und wollten keinesfalls auf die Herrschaft über das mächtige Litauen verzichten. Deshalb war das Verhältnis zwischen den beiden Staaten mitunter sehr gespannt. Als zum Beispiel Kaiser Sigismund Witold zum König von Litauen krönen wollte, hielten die Polen den Erzbischof von Magdeburg, der dazu mit den königlichen Insignien anreiste, gewaltsam in Warschau fest. Die geladenen Gäste, darunter der Hochmeister und der Meister von Livland, warteten in Wilna vergeblich auf den Erzbischof. Witold war über diese Bevormundung durch die Polen sehr verärgert.

Die Stände im Ordensstaat, mit denen sich der Orden immer stärker auseinandersetzen mußte, waren die Volksgruppen der Städte, des Adels und der Geistlichkeit. Jeder Stand schickte seine eigenen Vertreter zu den gesetzgebenden Landtagen, die ihre Interessen gegen die der anderen Stände und gegen den Orden vertraten. Nach dem ersten Thorner Frieden von 1411 forderten Adel und Städte für die Übernahme der Kriegslasten durch die bis dahin steuerfreien Untertanen, Einfluß auf die Politik, Verwaltung und Rechtsprechung zu nehmen. Der erfolgversprechende Versuch Heinrich von Plauens, einen Ausgleich zwischen den Ständen und dem Orden durch die Errichtung des Landesrats herbeizuführen, wurde mit seinem Sturz zunichte gemacht. Seine Idee, die gesamte Bevölkerung am Wiederaufbau zu beteiligen, wurde vom Adel und den Städten zu einer Kontrolle über die Ordensregierung umgewandelt. Als die Geldnot des Ordens den Hochmeister zwang, 1423 den Pfundzoll wieder einzuführen, gab das den Ständen einen Grund zu heftigem Widerstand gegen den Orden.

Der Wunsch der Stände, die Außenpolitik mitzugestalten, wurde kräftig durch die Polen unterstützt, denen ein durch innere Kämpfe zersplitterter Gegner weniger gefährlich war. Adel und Städte wollten über Steuerbewilligungen allein entscheiden und in Streitfragen oberste Richter sein. Der Hochmeister war nicht fähig, die verschiedenen Kreise der Bevölkerung hinter der wichtigsten Aufgabe zu vereinen, die Mittel zur Rüstung zu bewilligen, um erneute polnische Angriffe abwehren zu können. Der Orden war gezwungen, sich Einnahmen auf andere Weise zu beschaffen, die den Haß großer Bevölkerungsteile auf den Orden zur Folge hatten. Dazu setzten sich Ordensbeamte über vieles hinweg, was bisher als Recht gegolten hatte. Sie unterdrückten den Handel der Städte, um selbst mehr handeln zu können. „Was ist Kulmisches Recht?" entgegneten die Ritter auf die Klagen der Städte: „Wir sind euer Recht." In dem Teuerungsjahr 1434 wurde der Stadt Danzig verboten, Getreide zu lagern. Das Ausfuhrverbot, das der Orden erwirkt hatte, brach er selbst rücksichtslos, weil er sich nur damit die nötigsten Einnahmen verschaffen konnte. Die Folge war, daß beim nächsten Einfall der Polen und Hussiten die Stände dem Orden jede Unterstützung verweigerten. Die Macht der Stände wuchs zusehends, und sie bereiteten ihren Zusammenschluß vor, um wirksamer gegen den Orden vorgehen zu können. Polnische Agitation zeigte zunehmend ihre rebellische Wirkung. Auch innerhalb des Ordens kam es zu Uneinigkeit und Parteienbildung. Die süddeutschen Ritter, die nach der Tannenberger Schlacht in steigendem Maße in den Orden eintraten, suchten den Einfluß der Mittel- und Norddeutschen zurückzudrängen. Die Konvente zu Balga, Brandenburg und Königsberg lehnten sich sogar offen gegen den Hochmeister auf und verweigerten den von ihm ernannten Komturen den Amtsantritt, weil sie norddeutscher Herkunft waren. In einigen Konventen sah man den Spruch: „Hier mag niemand Gebietiger sein, es sei denn Schwab, Bayer oder Fränkelein". Wie sollte der Orden wieder stark handeln können, wenn eine derartige Uneinigkeit, Feindschaft und Rebellion in seinen eigenen Reihen herrschte?

Als nach dem Tod Witolds 1430 der Orden den von den Litauern rechtmäßig gewählten Bruder des Verstorbenen, Swidrigello (Heinrich), anerkannte, machten die Stände, gemäß den von Polen erteilten Anweisungen, dem Orden Schwierigkeiten. Auch in dieser Angelegenheit siegte Polen; 1440 wurde der 13jährige Sohn Wladislaws (der spätere König von Polen) zum Großfürsten von Litauen eingesetzt. Damit war der letzte Versuch mißlungen, die Verbindung Polens mit Litauen zu spalten.

Zu all den Schwierigkeiten, die das Ordensland plagten, kam 1430 noch eine verheerende Viehseuche hinzu, die den größten Teil des von den polnischen Raubkriegen übriggebliebenen Pferdebestandes hinwegraffte. Um die dadurch daniederliegende Landwirtschaft wieder in Gang zu bringen, kaufte Bischof Franz Kuhschmalz 600 Pferde aus Schweden und 900 aus Masowien, um sie an die Bauern seines ermländischen Territoriums zu verteilen. Der Hochmeister konnte seinen Untertanen keine ähnliche Hilfe geben, so daß die Landwirtschaft im Ordensgebiet einen besonders schweren Rückschlag erlitt.

Auch das Wetter, von dem die Landarbeit abhängig ist, machte den Bauern das Leben schwer. Das Klima, das bis zum Beginn des 15. Jahrhunderts so mild gewesen war, daß ein ausgedehnter Weinanbau im Ordensland möglich gewesen war, wurde zunehmend kälter. Die Zeit von etwa 1410 bis um 1830 war kälter, als es seit dem Ende der Eiszeit jemals gewesen war. Der Anbau von Wein und anderen Früchten und Pflanzen, die kalte Winter nicht überstehen, hörte endgültig auf. Die Wissenschaft nennt diese Kälteperiode „die kleine Eiszeit". Im Winter 1422/23 fror die Ostsee vollkommen zu, was man bis dahin noch nie erlebt hatte. Die verkürzte Wachstumsperiode hatte verminderte Erträge zur Folge und erforderte eine Umstellung der gewohnten Wirtschaftsweise, die erst durch längere Erfahrung erlernt werden mußte.

Der deutsche (und ungarische) König Sigismund hatte 1429 den Orden aufgefordert, in Ungarn den Kampf gegen die Türken zu übernehmen. Dafür bot er ihm den erblichen Besitz der Neumark an, die der Orden seinerzeit von Sigismund in Pfand genommen hatte. Der Orden sandte eine Hilfsmannschaft nach Ungarn, und 1430 huldigten die Stände der Neumark dem Hochmeister, als sie in den erblichen Besitz des Ordens überging. Das Abenteuer in Ungarn aber endete 1432 erfolglos, da Sigismund den Ordensrittern nicht die notwendige Unterstützung geben konnte.

Neun Jahre nach dem Frieden vom Melnosee konnte sich der Polenkönig nicht länger zurückhalten, einen neuen Raubzug ins Ordensland zu unternehmen. Dazu verband er sich mit dem radikalen Zweig der Hussiten, den Taboriten, und dem Pommernherzog von Stolp. Mit diesen Verbündeten fiel er 1431 in die westlichen Ordensgebiete ein, die bisher noch nicht ausgeraubt und verwüstet worden waren. Da die Stände dem Orden jede finanzielle Hilfe verweigerten, mußte er ohnmächtig zusehen, wie die Polen und Hussiten ungestört die Neumark bis auf die Städte Landsberg und Königsberg besetzten und gründlich ausplünderten. Als sie damit fertig waren, stießen sie 1433 nach Osten vor und überfielen das Weichselgebiet. Den Angriff und die anschließende Belagerung von Konitz konnten Ordenssöldner aus Meißen abwehren. Auch Danzig war stark genug, dem polnisch-hussitischen Angriff mühelos zu widerstehen. Das übrige Land aber erlitt das gleiche grausame Schicksal wie die früher von Polen überfallenen Gebiete. Ein besonders entsetzliches Blutbad mußten die Bewohner der Stadt Dirschau erleiden, die nach der Ausplünderung wie üblich niedergebrannt wurde. Ähnlich erging es auch der Stadt Tuchel sowie den Dörfern des offenen Landes. Auch die Klöster Oliva und Pelpin wurden ausgeraubt und in Schutt und Asche gelegt. Wir erinnern uns, daß vor 200 Jahren (1234) die heidnischen Prußen ebenfalls das Kloster Oliva niedergebrannt hatten, was damals einen Sturm der Entrüstung auslöste und dem Papst zur Werbung für den Kreuzzug gegen die Prußen diente. Als nun der christliche König von Polen nicht nur dasselbe Kloster, sondern massenweise Kirchen und Klöster niederbrennen und die Priester mitsamt den Gläubigen totschlagen ließ, hatte dieselbe Kirche seltsamerweise nichts dazu zu sagen.

Im nächsten Jahr (1434) starb König Wladislaw II. (Jagello), und sein zehnjähriger Sohn Wladislaw III. wurde zum König von Polen ernannt. Unter dem Druck der Stände wurde Hochmeister Paul von Rußdorf gezwungen, den „ewigen" Frieden von Brest (südwestlich von Leslau [Wloclawek], nicht Brest-Litowsk) am 31. Dezember 1435 zu schließen, den er mit der Zahlung von 9.500 ungarischen Gulden an Polen erkaufen mußte. Als er aber dieselben Stände auf dem Landtag am 14. Februar 1436 zum Aufbringen dieser Summe aufforderte, lehnten sie jede Beihilfe ab. Um das Geld in dieser Notlage zu beschaffen, war der Hochmeister gezwungen die auf dem Ständetag erwirkte Handelssperre gegen England und das Ausfuhrverbot für Getreide zu brechen; zwölf Schiffsladungen gingen von Danzig nach England. Als die Städte die Freigabe der Getreideausfuhr verlangten, lehnte der Hochmeister diese Forderung ab und hielt das Verbot der Ausfuhr für die Städte weiterhin aufrecht.

Im Vertrag von Brest wurde die schon im vorigen Vertrag aufgeführte Klausel, daß die Untertanen vom Treueid gegen den Landesherrn entbunden sind, falls dieser „ungerecht" den Frieden bricht, nochmals aufgeführt. Das stärkte die Macht der Stände, die sie den Orden spüren ließen. Ebenso war dem Orden auch Nichteinmischung in die litauische Thronfolge auferlegt worden, damit Polen dort ungestört seine Pläne durchführen konnte. Da der Vertrag gegen den Willen des Deutschmeisters und des Meisters von Livland abgeschlossen wurde, stiegen die Spannungen auch innerhalb des Ordens. Der Deutschmeister vertrat die Interessen König Sigismunds (seit 1433 Kaiser), die nicht mit denen des Ordensstaates in Einklang zu bringen waren, und der livländische Meister verfolgte wieder andere Ziele. Der Hochmeister hatte aber nicht mehr die Machtmittel, die beiden anderen Teile zum Gehorsam zu zwingen. In der Zeit der Unfähigkeit nach der Beseitigung Heinrich von Plauens war die Autorität des Hochmeisters zerstört und eine Situation geschaffen worden, in der eine ordnungsmäßige Regierung zum Wohl des gesamten Landes nicht mehr möglich war. Der Deutschmeister, Eberhard von Saunsheim, versuchte wiederholt in die preußischen Angelegenheiten einzugreifen und forderte schließlich auf einem Ordenskapitel das Recht, die Wahl des Hochmeisters und seine Amtsführung zu überwachen und ihn wenn notwendig abzusetzen. Er konnte sich damit zwar nicht durchsetzen, ließ diese Forderung jedoch erst nach dem Eingreifen des Papstes 1449 fallen.

In dieser Zeit der fortwährenden Kriege und des Aufruhrs hörte man kaum etwas über die prußische Bevölkerung, die alle Bürden der Notzeit mittragen mußte, aber auf die Entwicklung der Dinge keinen Einfluß hatte. Dieses war aber die Zeit, wo der Stolz und die Überlegenheit der Deutschen weitgehend durch die allgemeine Not beseitigt wurde. Der deutsche

Bauer, der vor dem Aschehaufen seines Besitzes stand, war jetzt genauso arm wie sein prußischer Nachbar, und jeder war auf die Hilfe des anderen angewiesen.

Von übereifriger kirchlicher Seite wurde dem Orden vorgeworfen, daß er in Glaubensfragen zu lasch und nachsichtig gegenüber der prußischen Bevölkerung sei. Dies kommt auch in einem Brief des Karthäusermönchs, Heinrich Borringer an Hochmeister Paul von Rußdorf zum Ausdruck: „Wenig achtet man darauf, was für einen Glauben die Preußen [Prußen] haben oder was für Christen sie sind. Gewöhnlich halten sie noch an der heidnischen Weise fest mit den Götzen und kehren sich nicht an der Priester Predigt. Auch wollen die Gebietiger nicht darauf sehen noch etwas dazu tun, sondern manche sollen sogar zu der Priesterschaft sprechen: Lasset die Preußen Preußen [die Prußen Prußen] bleiben! […] Man zwingt sie oftmals ohne Not am Sonntag zu scharwerken, nicht allein im August, sondern das ganze Jahr. Daher bleiben sie unwissend und lernen nichts von Gott und dem heiligen Glauben. Dessen achte man nicht, man denkt nur daran, über sie zu herrschen und nutzt sie zu allerlei Arbeit aus, aber an ihre Seligkeit denkt man nicht […]"

In dieser harten Kriegs- und Notzeit hatte der Orden gewiß andere Sorgen, als sich um die kirchliche Versorgung der Prußen zu kümmern. Der Brief zeigt aber, daß Prußen und Deutsche noch immer getrennt lebten und der heidnische Glaube noch lebendig ist.

Der unmündige polnische König Wladislaw III. stand zunächst unter der Vormundschaft des Regentschaftsrates. Er mußte 1440 auch noch die ungarische Krone annehmen, und die Politik Polens richtete sich jetzt hauptsächlich nach Süden, so daß der Druck auf den Orden für einige Zeit nachließ.

Die wirtschaftliche Lage Danzigs hatte sich schon verschlechtert, als der Orden nach 1410 seine Verbindung zur Hanse lockerte. Im Krieg der pommerschen Hansestädte gegen die skandinavische Union (1426–35) mußte Danzig neutral bleiben und erreichte deshalb beim Friedensschluß nicht die Befreiung vom Pfundzoll. Ebenso hielt der Hochmeister Danzig von dem Krieg gegen die Holländer (1438) zurück, wodurch dessen Handel wieder litt, ohne daß es sich wehren konnte. Die Kluft zwischen den preußischen und den anderen Hansestädten hatte sich zunehmend vergrößert. Unter den vielen Gründen für den Abfall Danzigs vom Orden sollten auch diese nicht vergessen werden. Trotzdem beherrschte Danzig immer noch den Handel der Weichsel und den mit Litauen, wo Danzig ein Kontor in Kauen unterhielt.

Durch das Versagen der Führung im Ordensland war die einst musterhafte Landesverwaltung verwahrlost. Der Historiker Runau beschuldigt die süddeutschen Ritter, die die Mittel- und Norddeutschen aus der Führung verdrängt haben. In seiner *Geschichte des Städtekrieges* schreibt er 1582: „Die alten Hochmeister, wie Winrich von Kniprode und andere fromme Regenten, regierten das Land mit Treue, taten uns Beistand, bauten das Land auf und beschirmten die Städte. Dem armen Mann halfen sie, daß er bei seiner Nahrung blieb und nicht verdarb, und hielten Gottesdienst mit Fleiß, also daß man dem Land großes Lob überall in der Fremde nachsagte. Diese neuen Schwaben aber, Bayern und Franken, tun jetzt in allen Dingen das Gegenteil, vergessen aller Furcht Gottes, fragen nicht nach Recht und Gerechtigkeit, rühmen viel, daß wir Preußen ihre Leibeigenen seien, die sie mit dem Schwert gewonnen haben."

Von den einst freien Bauern, war nur noch ein Schatten übriggeblieben, aus dem Adel und Städte fortwährend größere Leistungen preßten. Ratsherren feilschten um Vorteile für ihre Stadt, die nur auf Kosten anderer zu erreichen waren. Eine Partei suchte die andere zu übervorteilen, und jeder mißtraute jedem. Der Landadel wünschte sich den Polenkönig zum Landesherrn, weil er dieselbe Freiheit wollte, wie sie die polnischen Magnaten genossen, die über ihre Bauern ohne jede Einschränkung oder Kontrolle herrschen durften.

In dieser Zeit der Wirren und Rechtsunsicherheit unternahmen die Stände den ersten Angriff auf die Stellung des Ordens. Unter Vorantreiben der mit den Polen in Verbindung stehenden Adligen des Kulmerlandes gründeten 53 Vertreter des Landadels, die sieben großen und zwölf kleinere Städte am 14. März 1440 in Marienwerder den „Bund vor Gewalt". Der landläufige Name des Bundes wurde „Preußischer Bund" oder einfach nur „Bund". Die Bischöfe beteiligten sich nicht daran, weil sie selbst Landesherren waren und die Feindschaft der beiden weltlichen Stände sich auch gegen sie richtete. Besonders über die Forderung des jährlichen Richttages waren sie empört, womit der Bund sich nun die oberste Rechtszuständigkeit anmaßte. Im Ordensland standen sich nun zwei Parteien gegenüber: der Ritterorden, der den Staat geschaffen hatte und allein herrschen wollte, und der Bund, der nicht länger gewillt war, dessen Untertan zu sein. Er wollte seine eigenen Interessen bevorzugt haben und mitregieren, auch wenn er das jetzt noch nicht deutlich sagte.

Die Satzung des „Bundesbriefes" war anfangs nicht staatsfeindlich; erst bei der folgenden Entwicklung trat das hervor. Der Hochmeister lehnte es ab, die Bundessatzung zu genehmigen, bot aber an, alle Mißstände, die vorgebracht würden, zu beseitigen, so daß der Bund nicht notwendig sei. Hinter dem Bund standen aber diejenigen, denen die fast unbeschränkte Freiheit des polnischen Adels und die dazugehörende Willkürherrschaft über ihre Untergebenen als Idealzustand vorschwebte, die der Orden ihnen niemals geben konnte. Daher hatten diese von Anbeginn nichts anderes als die Beseitigung des Ordens zum Ziel.

Die neuen Kriegsschäden konnte der Hochmeister wegen der finanziellen Notlage nur unvollkommen beheben. Durch die letzten Erfolge ermuntert, stieg das Selbstbewußtsein der Stände, und sie machten immer mehr Schwierigkeiten. Der Hochmeister sah sich zunehmender Opposition ausgesetzt. Er wurde gezwungen, den Pfundzoll, eine der wichtigsten Einnahmequellen des Staates, wieder zu erlassen. Auch im Orden gab es Unzufriedenheit. Die süddeutschen Ritter warfen ihm vor, Ritter aus seiner rheinischen Heimat bevorzugt zu haben. Völlig gebrochen legte Paul von Rußdorf am 2. Januar 1441 sein Amt nieder und starb wenige Tage später, am 9. Januar 1441.

Zu seinem Nachfolger wurde am 12. April 1441 Konrad von Erlichshausen gewählt, der seinem Land noch einige Jahre den Frieden erhalten konnte. Die Macht der Stände war schon so stark geworden, daß der Hochmeister ihre Huldigung nur noch auf seine Person erreichen konnte, nicht mehr auf den Orden. Damit war ein weiterer bedeutsamer Schritt zur Umwandlung des Ordensstaates in einen persönlichen Herrschaftsstaat vollzogen.

Kriegserklärung des Preußischen Bundes

Wie sein Vorgänger, so lehnte es auch Hochmeister Konrad ab, die Bundessatzung zu genehmigen. Er war aber klug genug, nicht die Auflösung des Bundes zu verlangen. Er versuchte die Mißstände zu beseitigen, die stets zu Klagen Anlaß gegeben hatten, damit der Bund keinen Grund mehr haben sollte, gegen den Orden zu kämpfen. Es gelang ihm sogar, die Unstimmigkeiten im Orden zu beseitigen, sich mit dem Deutschmeister zu verständigen und wieder normale Beziehungen zum Meister von Livland aufzunehmen.

Die Lebensfrage des Ordens war die Sicherung ausreichender Einkünfte. Da infolge der ungeheuren Verwüstungen durch die Polen die ländlichen Abgaben drastisch gesunken waren und auch der Handel des Ordens erheblich zurückgegangen war, konnte der Staat ohne Erhebung einer Steuer nicht mehr bestehen. Daher kämpfte der Hochmeister darum, den Pfundzoll wieder einzuführen. Die Stände hatten von ihm das Versprechen verlangt, ihre Privilegien zu achten. Geschickt griff der Hochmeister diese Forderung auf und verlangte auch seinerseits, daß sie die Privilegien des Ordens anerkennen sollten. Er ließ keinen Zweifel darüber, daß er die Goldene Bulle Kaiser Friedrichs II. meinte, die dem Orden das Recht der Steuererhebung verlieh. Es bedurfte der ganzen Zähigkeit und Klugheit des Hochmeisters, nach langwierigen Verhandlungen die Steuer schließlich durchzusetzen.

Wie schon manche Hochmeister, so suchte auch Konrad von Erlichshausen die Schwierigkeiten, die durch die Sonderstellung des Ermlands verursacht wurden, einzuschränken und zwei Kanonikate durch Ordenspriester zu besetzen. Obwohl er die Zustimmung des Papstes wider Erwarten erreichte, wehrten sich Bischof und Domkapitel energisch dagegen, so daß der Papst seine Zustimmung widerrief und der Hochmeister den Plan aufgab. Daß der Bischof Franz Kuhschmalz aber das Ermland als einen Teil des Ordenslandes betrachtete, bewies er, als er die Finanznot des Ordens linderte, indem er ihm die ansehnliche Summe von 29.000 Mark lieh, obwohl er selbst das Geld nötig gebrauchen konnte, denn auch in seinem Gebiet waren die ungeheuren Verwüstungen durch die Polen keineswegs überwunden, und zudem war sein Heilsberger Schloß durch einen Großbrand 1442 zerstört worden. Er wollte nichts von seiner Macht abgeben, den Ordensstaat aber auf jeden Fall erhalten.

Mit Milde und Nachgiebigkeit versucht der Hochmeister die Unzufriedenen zu versöhnen. Er gewährt Wünsche und Forderungen, wo immer es möglich ist. Er vergibt Land in der Hoffnung auf Dankbarkeit und Treue. Auch dem großen Volksanteil der bisher so wenig beachteten Preußen [Prußen], die dem Orden seit der letzten Unterwerfung niemals Schwierigkeiten bereitet und sich als treue und fleißige Untertanen erwiesen haben, versucht er erstmalig gleiche Gerechtigkeit wie den Deutschen zu erweisen. Nachkommen jener Edlen, die damals ihrem Volk treu geblieben waren und bis zuletzt gegen den Orden gekämpft hatten, erhielten ihren Besitz, soweit das möglich war, zurück. So belehnte der Hochmeister zum Beispiel Lenhard Sparwyn mit 25 Hufen nordöstlich von Bartenstein „binnen der Grenzen, als sie ihm von unseren Brüdern sind beweiset und von seinen Vorfahren sind besessen, frei erblich und ewiglich [...] dazu Gerichte groß und klein [...]"

Auf dem Städtetag zu Elbing am 5. April 1446 griffen die Prälaten des Ordenslandes den Preußischen Bund scharf an. Ihr Wortführer, der Bischof von Warmia, erklärte, daß der Bund gegen göttliche und natürliche Rechte und gegen biblische und kaiserliche Ordnung handele. Das bischöfliche Vorgehen löste große Beunruhigung aus, und die Auflösung des Bundes wurde von seinen Führern ernsthaft in Erwägung gezogen. Aber die adligen Grundbesitzer und die großen Städte wollten keine Einigung. Die großzügigen Versprechungen der Polen waren so verlockend, daß sie an einen Paradieszustand unter einer polnischen Oberhoheit glaubten. Bald traten der größte Teil der Städte und fast alle weltlichen Ritter (die Adligen) diesem Bund gegen den Orden bei. So konnte auch Hochmeister Konrad keine wirkliche Einigung mehr herbeiführen. Unter seiner klugen und gerechten Regierung trat der Bund aber wenig hervor. Auf seinem Sterbebett warnte er, nicht seinen Neffen Ludwig von Erlichshausen zu seinem Nachfolger zu wählen, da er das Ordensland zugrunde richten würde. Er hatte nämlich erfahren, daß die Wahl Ludwigs schon abgesprochen war. Er starb am 7. November 1449.

Ludwig von Erlichshausen, eine unsichere, bald herrische, bald zaghafte und unfähige Natur, war der Lage keineswegs mehr gewachsen. Was die kluge Politik seines Vorgängers mühsam zusammengefügt hatte, fiel schnell auseinander. Er ließ sich von einem verräterischen Berater leiten, und als Gegner der Stände stand er unter dem Einfluß der Partei, die den Bund auf Biegen oder Brechen beseitigen wollte. Die Kluft zwischen Orden und Bund vergrößerte sich in beängstigender Weise.

Da Polen in Ungarn gebunden war und dort ohne Erfolg gegen die Türken Krieg führte, hatte das Ordensland einige Jahre in Frieden leben dürfen. Dieser Zustand änderte sich, als der 20jährige Polenkönig Wladislaw III. am 10. November 1444 bei Warna am Schwarzen Meer fiel und damit Ungarn aus der polnischen Politik ausschied. Nach langen Verhandlungen wurde schließlich sein in Litauen herrschender jüngerer Bruder Kasimir am 24. Juni 1447 zum König von Polen gekrönt. Nun hatte der Orden wieder seine vereinten alten Gegner vor sich, und es gab keinen Zweifel, daß Polen wieder den Krieg gegen das Ordensland aufnehmen würde. Diesmal wird Polen aber den stärksten Verbündeten im Ordensland selbst finden. Es galt nur noch zu warten, bis dieser Verbündete fertig zum Losschlagen war.

Der Orden setzt seine Burgen instand, soweit das mit seinen knappen Mitteln möglich ist. Um den Streit mit dem Bund beizulegen, bittet Hochmeister Ludwig den Papst um Mithilfe. Dieser schickt aber nicht den vom Hochmeister gewünschten Bischof von Breslau, sondern den portugiesischen Legaten, Bischof Ludwig von Silves, Ende 1450 ins Ordensland. Ludwig von Erlichshausen ist kein guter Diplomat und weiß die Bemühungen des Legaten nicht zu nützen. Bevor eine Entscheidung gefällt werden kann, schickt der Hochmeister den Legaten nach Rom zurück, ohne daß dieser von seinen Vollmachten, die Bann und Interdikt einschließen, Gebrauch machen kann. In Rom beklagte sich der Legat: Hätte der Hochmeister ihm erlaubt, noch einen Monat länger zu bleiben, würde er sich wohl zugetraut haben, den Bund ganz auszutilgen. Der Hochmeister aber habe befürchtet, er müsse dem Papst und den Kardinälen zu große Geldgeschenke als Dank für einen Erfolg geben und habe deshalb seine weitere Hilfe abgewiesen.

Es war jedoch der vertraute Berater des Hochmeisters, Hans von Baisen, ein Meister der Hinterlist, der heimtückisch den willensschwachen Hochmeister zu dieser Handlungsweise überredet hatte. Der reich begüterte Baisen, ein Verräter übelster Sorte, war auf der Marienburg erzogen worden und stand bis zuletzt im Dienst des Ordens. Mit überlegenem Doppelspiel täuschte er den Hochmeister, indem er ihm gegenüber stets den Vermittler und Helfer des Ordens spielte, um dann endlich die Maske fallen zu lassen und als Führer der Erhebung in vollendetem Landesverrat das Ordensland an Polen auszuliefern. Es gibt in der Geschichte bis zu der neueren Zeit keinen zweiten Fall solch schändlicher Übergabe deutschen Landes. Baisen mußte die Polen kennen, denn er hatte lange genug in der nächsten Umgebung der Hochmeister gesessen und ihre Sorgen kennengelernt. Obwohl er zu den reichsten Grundbesitzern des Landes zählte – schon um 1280 hatte die Familie Baisen 1.400 Hufen (23.660 Hektar) vom Orden in Sassen erhalten, und Hans besaß große Ländereien im Oberland –, trieb der Machthunger ihn dennoch zum Verrat.

Wieder bemühte der Hochmeister Papst Nikolaus V., der in einer Bulle vom 25. Mai 1451 an die Prälaten des Ordenslandes die Unrechtmäßigkeit des Bundes feststellte. Darin heißt es: „Die Bündischen stehen seit der Gründung ihrer Vereinigung in Todsünde und im großen Kirchenbann, so daß die in dieser Zeit Verstorbenen, falls sie nicht in letzter Stunde bereut hätten, auf ewig verdammt sind. Auch die übrigen, die nun schon so lange als Verdammte in Todsünde leben, können sich weder durch Pilgerfahrten noch Almosen oder andere frommen Werke aus diesem Zustand lösen, wenn sie nicht rechte Buße tun."

Eine zweite Bulle an den Hochmeister soll ihm helfen, den Bund zu beseitigen. Es ist erstaunlich, daß diese scharfe Zensur des Papstes auf die Führer des Bundes kaum Eindruck macht. Der Papst hat dem Hochmeister die wirksamste Waffe in die Hand gegeben, die er zu vergeben hat. Da er sie nicht benutzt, ist anzunehmen, daß der Verräter Baisen ihre Anwendung zu verhindern wußte. Das inkonsequente Verhalten des Hochmeisters kann auch den noch ordensfreundlichen Teil im Bund nicht ermutigen. Die adligen Grundherren und großen Städte haben schon längst beschlossen, sich unter die lockere polnische Oberhoheit zu stellen. Da es ihnen zu gut für eine zu lange Zeit gegangen ist, haben sie alle Vernunft und Einsicht verloren. Sie sind entschlossen, den Orden loszuwerden und, wenn es nicht anders geht, ihn zu vernichten. Sie wollen keine Polen werden, nicht einmal polnische Staatsbürger, denn sie glauben, daß die Polen alle verlockenden Versprechungen halten werden. Demnach soll Preußen kein Teil des polnischen Reiches werden, sondern der polnische König würde nur die Schirmherrschaft über das völlig freie und unabhängige Land ausüben.

Nicht alle Führer des Bundes hatten so viel Vertrauen zu den Polen und fragten bei anderen Herrschern an, ob sie die Landesherrschaft über Preußen annehmen würden. Alle lehnten aber ab, darunter Kurfürst Friedrich von Brandenburg, Erzherzog Albrecht von Österreich und König Ladislaus V. von Ungarn. So blieb auch für diese Vorsichtigen nur der Polenkönig übrig.

Noch einmal wandte sich der Orden an den Papst, und wieder erfüllte er seinen Wunsch, den kanonischen Prozeß gegen den Preußischen Bund in Gang zu bringen. Diplomatische Manöver, die Unentschlossenheit der Ordensführung und die Abwesenheit des zum Richter bestimmten Kardinals verzögerten den Beginn des Prozesses in Rom. Den Hochmeister aber drängte die Zeit, und er entschloß sich, die Rechtsfrage durch den Kaiser prüfen zu lassen. Auch der Bund wandte sich nun an den Kaiser, und nach vielen Verzögerungen begannen die Verhandlungen am 29. Oktober 1453. Der Kaiser entschied am 1. Dezember 1453 zugunsten des Ordens: der Bund sei als ungesetzlich aufzulösen. Das trieb den Bund zum äußersten, weil er mit harten Gegenmaßnahmen des Ordens rechnen mußte. Trotz mancher Einsicht zur Besonnenheit und der Warnungen deutscher Fürsten, trotz der Mäßigung Danzigs und der nach wie vor versöhnlichen Haltung des Ordens siegte der radikale Teil des Bundes, der mit den Polen die landesverräterischen Beziehungen unterhielt. In Thorn rissen die Vertreter des Bundes der Thorner Altstadt, an ihrer Spitze der aus Westfalen zugewanderte Bürgermeister Tilemann, die Führung an sich und trieben blindwütig zum Abfall und Aufstand, rücksichtslos alle Verständigungsbereitschaft unterdrückend. Am 4. Februar 1454 kündigten sie von ihrer Thorner Zentrale aus dem Hochmeister den Gehorsam und erhoben sich überall zum Krieg gegen den Orden.

Zu diesem furchtbaren Krieg, der das Ordensland in einem solchen Maße verwüstete und entvölkerte, wie es nur selten in der Geschichte geschehen ist, wäre es nie gekommen, wenn nicht Polen als Verursacher und lachender Dritter hinter dem Bund gestanden hätte. Allein hatte Polen den Orden nicht bezwingen können, nun aber würden sich deutsche Ritter und deutsche Bürger gegenseitig umbringen, und Polen brauchte nur das entfachte Feuer lange genug am Brennen zu halten, um am Ende der triumphierende Sieger zu sein.

Beginn des Städtekrieges

Der Überfall vom 4. Februar 1454 traf die Ordensburgen aufgrund des Wirkens des Hans von Baisen unvorbereitet. Auf fast allen Burgen fanden sich Verräter, die zu den Rebellen hielten. Der Aufstand schien die Herrschaft des Ordens hinwegzufegen. In kurzer Zeit waren die Burgen Thorn, Danzig, Elbing und Königsberg in der Hand des Bundes. Die Burgen von Thorn und Elbing sowie etliche kleinere (zum Beispiel Tolkemit) wurden sogleich dem Erdboden gleichmacht. Die Burg Bartenstein wurde vom Orden selbst zerstört und nie wieder aufgebaut. Nach einwöchiger Verteidigung fiel auch Preußisch Holland an den Bund.

Der Verräter Hans von Baisen trat nun offen als der oberste Führer des Preußischen Bundes auf und führte am 20. Februar 1454 eine Gesandtschaft des Bundes und der Städte zum polnischen König nach Krakau, um ihm das Ordensland zu Füßen zu legen. Selbst in einer wohlwollenden Beschreibung von Baisens Leben liest man: „Es war in der Tat ein ungeheuerlicher Verrat, der die Empörung und Abscheu des Ordens und seiner Chronisten, die sich damals gegen Baisen richtete, nur zu verständlich macht."

Die ständischen und städtischen Gesandten feilschten nun mit dem Polenkönig um den Verräterlohn, wobei der König mit seinen Versprechungen sehr zurückhaltend war. Er sah, daß die Verräter in ihrem Eifer und dem Haß auf den Orden ihren eigenen Untergang nicht sahen. Nur mit Mühe erreichten sie schließlich das „Inkorporationsprivileg" (6. März 1454), das Preußen mit einem eigenen Bundesrat und Gubernator (Gouverneur) mit allen Freiheiten in Personalunion mit der Krone Polens (nicht mit dem polnischen Staat) brachte. Es scheint, daß nur die Vertreter Danzigs erkannten, daß der König keine Schutzherrschaft, sondern nur Herrschaft im Sinn hatte, wobei er vor allem die größte und reichste Stadt in seine Gewalt bringen wollte. Sie berichteten ihrem Rat, daß die Verhandlungen nicht nach ihrem Wunsch verliefen. „Dem hern Konynge hengt die lunge sere up Dantzik", schrieben sie und rieten, die Ordensburg, die noch unversehrt war, abzubrechen, damit sie von den Polen nicht als Zwingburg besetzt werden konnte. Die Stadt sicherte sich, zäh die Huldigung hinausschiebend, sorgfältig ihre Rechte und eine völlige Sonderstellung gegenüber der polnischen Krone.

Warmias Bischof, Franz Kuhschmalz, stand treu auf seiten des Ordens. Deshalb schickte ihm Jakob von Baisen, ein Verwandter des Verräters, am 25. Februar 1454 den Absagebrief (Kriegserklärung), mit dem ihm Eid und Huldigung gekündigt wurden. Bischof Franz mußte sein Bistum verlassen, da auch sein Domkapitel zum Preußischen Bund übergetreten war.

Die Polen fielen Mitte April ins Ordensland ein, als die Wege zum Abtransport der Beute wieder trocken und fest waren. Erst danach übergaben sie dem Orden die Kriegserklärung, die auf den 22. April 1454 datiert war. Bald waren die meisten Ordensburgen von Bündnern oder Polen besetzt. Nur die Marienburg (seit 15. März 1454 belagert), Stuhm und Konitz konnten sich halten. Der Plan einer schnellen Niederwerfung und Vertreibung des Ordens erfüllte sich aber nicht. Selbst nach 13 Jahren Krieg wurde er nicht durch den Bund und erst recht nicht durch die Polen, sondern aufgrund des Geldmangels besiegt.

Am 27. Mai 1454 zog der Polenkönig mit großem Gefolge in Thorn ein und nahm auf dem Marktplatz die Huldigung der Stadt und des kulmerländischen Adels entgegen. Danach schlug er städtische Patrizier und Landjunker zu Rittern. Anfang Juni zog er in Elbing ein, und am Pfingstdienstag huldigte die Stadt ihrem neuen Herrn. In Danzig und Königsberg nahmen polnische Kommissare im Namen des Königs die Huldigung entgegen. Das gesamte Ordensland wurde nach Art der polnischen Verwaltung in die Woiwodschaften Königsberg, Elbing, Pommerellen und Kulmerland aufgeteilt. Die Verräter erhielten ihren Lohn: Hans von Baisen wurde zum Gubernator von Preußen ernannt. Stibor von Baisen, Gabriel von Baisen, Augustin von der Scheve und Jan von der Jene wurden die Woiwoden in den vier Provinzen.

Nach 22wöchiger Belagerung mußte die Burg Stuhm den Bündnern übergeben werden, weil durch die einseitige Ernährung von Pferdefleisch Seuchen ausgebrochen waren. Die Besatzung erhielt freien Abzug, der am 29. Juli erfolgte. Am 24. Oktober 1454 versuchte Heinrich Reuß von Plauen Preußisch Holland zurückzuerobern, mußte sich aber nach harten Straßenkämpfen zurückziehen.

Der Krieg war in dieser Zeit eine reine Geldfrage; nur der konnte ihn gewinnen, der seine Söldner am längsten bezahlen konnte. Die Geldnot des Ordens zwang ihn schon im ersten Kriegsjahr, die Neumark dem Kurfürsten von Brandenburg für 100.000 Gulden zu verkaufen. Das rettete dieses Land vor dem Zugriff der Polen, brachte dem Orden aber keine Hilfe des Kurfürsten. Das Geld reichte nur vorübergehend für die Söldner. Im nächsten Jahr mußte der Orden ihnen sogar die Marienburg als Pfand für den ausstehenden Sold übergeben. Die preußischen Stände, die dem Orden auch die geringsten Geldmittel zur Landesverteidigung verweigert hatten, mußten jetzt Riesensummen für den Krieg gegen den Orden aufbringen. Vor allem mußten die großen Städte Thorn, Danzig und Elbing die Vorteile, die sie durch die Verbindung mit Polen erhofften, mit ungeheuren Geldsummen und ihrem Blut erkaufen. Danzig brachte die größten Opfer, um die größtmögliche Selbständigkeit zu erreichen, also nie mehr unter die Ordensherrschaft zu kommen, aber auch die polnische Macht so weit als möglich fernzuhalten. Seine Flotte und Finanzkraft waren das Rückgrat des langen Krieges gegen den Orden.

Nur mit Danzig konnten Bund und Polen siegen, und mit Danzig auf seiner Seite hätte auch der Orden den Krieg leicht gewonnen. Der Städtekrieg könnte daher auch der Krieg Danzigs gegen den Orden genannt werden. Der Orden aber war in dem langen Ringen gegen seine inneren und äußeren Feinde auf sich allein gestellt. Der Deutschmeister und auch der livländische Meister verweigerten jede Hilfe. Auch alle Hilfsgesuche an die deutschen Fürsten waren vergeblich.

Die Leistungsfähigkeit Ermlands ist aus der Aufstellung ersichtlich, die bei der Versammlung des Preußischen Bundes am 13. Juli 1454 in Graudenz angefertigt wurde. Als die Steuer zur Bezahlung der Söldner beschlossen wurde, mußte Altstadt-Braunsberg als die reichste Stadt 2.000 Mark aufbringen. Dann folgen Wormditt, Heilsberg und Rößel mit je 600, Seeburg, Guttstadt, Neustadt-Braunsberg und Allenstein mit je 200, Frauenburg und Mehlsack mit 100 und Bischofstein mit 50 Mark. Wartenburg und Bischofsburg konnten nichts zahlen, weil sich dort Polen festgesetzt hatten. Bischofsburg wurde von den Polen total zerstört und die Burg nie mehr aufgebaut.

Burg und Stadt Marienburg wurde von Heinrich Reuß von Plauen verteidigt und hielten allen Angriffen der Danziger stand. Ein Entsatzheer deutscher und böhmischer Söldner war im Anmarsch, das wie immer über Konitz zog. Dort lag der Polenkönig mit dem Aufgebot des polnischen Adels, also mit seiner besten und stärksten Heeresmacht bereit, um dieses Heer zu vernichten, bevor es das Ordensland erreichte. Die Ordenschronik berichtet: „Am 18. September (1454) kamen Herzog Ludwig Rudolf von Sagan, Herr Berndt von Zinnenberg und Herr Aschpann wohl mit 5.000 Mann vor Konitz, vor dem König Kasimir von Polen mit großer Macht lag, so daß der Polen wohl sechs und mehr auf einen Deutschen waren [...] Der König hörte von den Führern des Bundes, daß die Deutschen nicht mehr Volk hätten; man sagte zu ihm: ‚König, die Deutschen kommen her, sie haben wenig Kriegsvolk, aber sie sind gar rüstig und es ist gutes und auserlesenes Volk.' Der König antwortete ihnen, er bedürfe keines Glücks, er wolle nicht mit ihnen kämpfen, sondern sie von den Pferden zertreten lassen [...]

Als nun ein Heerhaufe des anderen ansichtig wurde, suchten die Polen einen Vorteil und stellten sich so auf, daß sie bergab standen und die Deutschen bergauf. Die Polen hatten in ihrer ersten Kampflinie 500 Spieße, die Deutschen hatten nicht mehr als 70 Spieße. Gott half ihnen so, daß die Deutschen sich mit von Gott gegebener Kraft durch die Polen hindurchschlugen und sich rasch wieder zum nächsten Schlagen anschickten und Herr Reuß von Plauen, Herr Veit von Schönberg, Georg von Schlieben, Kunz Zedewitz und andere, die in Konitz belagert waren, kamen aus der Stadt den Deutschen zu Hilfe. Als die Polen das sahen, ergriffen sie bald die Flucht, auf der viele gefangen und erschlagen wurden."

Die Schlacht bei Konitz (19. September 1454) war die einzige Feldschlacht des 13jährigen Krieges. Das polnische Heer wurde total geschlagen, und die Polen haben in den zwölf folgenden Kriegsjahren nie wieder gewagt, dem Orden in einer Feldschlacht entgegenzutreten. Ihre Kriegshilfe beschränkte sich von jetzt ab hauptsächlich auf Raub und Plünderung; das Kämpfen überließen sie dem Preußischen Bund. Die Ordenssöldner waren hauptsächlich Böhmen, Schweizer und andere Deutsche aus dem Reich. Sie dienten meistens zu Fuß, aber auch zu Pferde. Ihre Bewaffnung bestand aus Spießen, Schwertern, Äxten, Armbrüsten und manchmal auch aus ein paar Feuerrohren (Gewehre mit Aufsetzstützen).

Der Sieg von Konitz brachte dem Orden eine Wende. Die Danziger gaben die Belagerung Marienburgs auf, und etliche Ordensburgen und viele kleine Städte traten wieder auf die Seite des Ordens. Bei vielen hatte die nähere Bekanntschaft mit ihren polnischen Freunden jetzt schon zu einer drastischen Änderung ihrer Einstellung geführt. Rößel öffnete dem Orden seine Tore, nachdem der Hochmeister versprochen hatte, die Stadt keinem fremden Fürsten zu verkaufen oder zu verpfänden. Die Stadt mußte aber österreichische Söldner unter ihrem Hauptmann Martin Frodnacher aufnehmen, die sich wenig um Anweisungen des Ordens kümmerten. Ihre Versorgung deckten sie durch rücksichtslose Requisition aus der Umgebung, und die Bevölkerung drangsalierten sie durch hohe Auflagen. Auch vom Hochmeister entsandte Ordensritter konnten die Söldner nicht zähmen. Wenn sich die Österreicher bei den Rößelern auch unbeliebt machten, war Rößel einer der wichtigsten Stützpunkt des Ordens. Der tapfere Hauptmann Frodnacher behauptete das Gebiet um Rößel bis zu den beim Bund stehenden Städten Rastenburg und Schippenbeil. Deshalb mußte wohl der Orden ein Auge zudrücken, wenn sich die Rößeler wieder einmal über die unbändigen Österreicher beklagten, denen es anscheinend in Rößel gut gefiel, denn sie blieben dort sieben Jahre.

Da in diesem Krieg die Deutschen gegeneinander kämpften, während die Polen meistens nur zuschauten, war es ein Bürgerkrieg zwischen ordenstreuen und zum Bund gehörenden Bürgern. Darum bekämpften sich nicht nur die Truppen der beiden Seiten, sondern auch die Bürger der Städte untereinander. Bei günstiger Gelegenheit zogen die Bürger der einen Stadt aus, um die Nachbarstadt, die zur anderen Partei gehörte, auszuplündern und niederzubrennen. Die überfallene Stadt war in der Regel eine, die zum Orden hielt, und oftmals waren die Polen prompt zur Stelle, um bei der Plünderung kräftig mitzuhelfen.

Die Burgen Rhein und Seehesten fielen wieder dem Orden zu. Die Rastenburger nahmen ihren Pfleger, Wolfgang Sauer, gefangen, plünderten dann die Burg und ertränkten später den Pfleger im Mühlenteich. Gemeinsam mit den Wehlauern griffen sie 1455 mit 300 Mann die ordenstreue Stadt Tapiau an. Sie wurden aber von Ordenstruppen mit dem Verlust von 50 Toten und 23 Gefangenen abgewehrt. Die Rößeler raubten das Vieh der zum Bund gehörenden Schippenbeiler, die den Rößelern nacheilten, um ihr Vieh zurückzuholen. Dabei stießen sie auf eine Söldnertruppe und hatten eine Anzahl Tote zu beklagen. In diesem Jahr griff auch der Orden erstmalig Schippenbeil an, eroberte die Vorstadt und brannte beim Abzug alles außerhalb der Stadtmauer nieder. In jedem der vier folgenden Jahre wurde der Angriff mit gleichem Ergebnis wiederholt. Die Bürger besahen sich dann die Heerhaufen von ihren Mauern herab und fühlten sich dahinter sicher. Im selben Jahr 1455 eroberte der Orden Mehlsack, Heiligenbeil, Allenburg, Drengfurt, Barten, Soldau und die Burgen Gerdauen und Rhein.

Es war üblich, daß die abziehende Partei die Stadt in Brand setzte. Wechselte eine Stadt mehrmals den Besitzer durch Kampf, bestand sie am Ende nur noch aus Ruinen. Der Wechsel von einer zur anderen Seite vollzog sich jedoch oftmals kampflos. Auf welcher der beiden Seiten eine Stadt stand, lag in den Händen der paar Ratsherren, die selten einer Meinung waren. So gewannen einmal die einen, dann wieder die anderen die Oberhand. Die Stadt Zinten zum Beispiel stand 1440 beim Bund, 1441 beim Orden, 1454 beim Bund und 1455 wieder beim Orden.

Mit dem Übertritt des ermländischen Domkapitels zum Bund hatten Allensteiner Bürger den bischöflichen Verwalter zur Übergabe der Burg gezwungen. Ordenssöldner unter dem Hauptmann Georg von Schlieben besetzten die Stadt und versuchten die Burg wieder zu erobern. Sie behaupteten sich dort fünf Jahre. Da der Orden in den letzten Jahren den Sold nicht mehr zahlen konnte, erzwang Schlieben ihn von den Bürgern. 1460 gab er die Stadt dem Domkapitel zurück, das nicht mehr dem Bund angehörte. Guttstädter Bürger zerstörten 1455 das Schloß des ordensfreundlichen Bischofs in Schmolainen und beteiligten sich an der Zerstörung von Mehlsack. In Mohrungen setzten sich Polen fest, die erst 1461 vertrieben werden konnten. Die ordenstreue Stadt Domnau, die keine Mauer hatte, wurde von zum Bund haltenden Nachbarstädten niedergebrannt.

Die Handwerker der Königsberger Städte hatten wenig Verständnis für die handelspolitischen Bestrebungen der Stadträte, die den Abfall vom Orden bewirkt hatten. An der Spitze der Räte stand der Bürgermeister der Altstadt, Andreas Brunau. Sein Versuch, Königsberg zu einer Freistadt wie Danzig zu machen, scheiterte am Widerstand der Handwerker, die den Räten nicht trauten. Sie hatten unter dem Orden gut gelebt, und mit den hohen Steuerforderungen des Bundes wuchs ihre Opposition. So viele Abgaben, wie jetzt aus den Bürgern gepreßt wurden, hatte der Orden noch nie verlangt. Nach der Vertreibung der Räte aus der Altstadt wurde die Rückkehr zum Orden durchgesetzt. Im Löbenicht geschah bald das gleiche. Im Kneiphof aber trat die Bundespartei erst nach drei Kriegszügen, die von Fischhausen ausgingen, und nach längerer Belagerung ab. Im Juli 1455 stand ganz Königsberg wieder unter dem Orden. Brunau hatte die Stadt verlassen und kämpfte mit allen rechten und unrechten Mitteln weiter gegen den Orden.

Der größte Teil des Landes war nun wieder in der Hand des Ordens. Auch das ermländische Domkapitel sagte sich vom Bund los. Die meisten Städte Ermlands blieben aber beim Bund, da sich in ihnen Polen oder Bundessöldner festgesetzt hatten und keine freie Entscheidung der Bürger zuließen.

Im Jahre 1455 gelang es dem Orden, König Christian I. von Dänemark für sich zu gewinnen, der Polen und dem Preußischen Bund den Krieg erklärte. Aber außer einem Seegefecht im August 1457, in dem drei Danziger Schiffe über eine fünffache Übermacht siegten, unternahm Dänemark nichts Erwähnenswertes.

Dem Orden war kein einziger Zugang zur See geblieben. Mit dem Übertritt Königsbergs zum Orden war zwar die Zufahrt zum Haff offen, da aber die Danziger Flotte das Balgaer Tief blockierte, nützte das nicht viel. Auch der zweite Zugang zur See, das Memeler Tief, war dem Bund in die Hände gefallen, wurde aber Anfang November 1455 vom livländischen Ordenszweig zurückerobert und erlangte nun größere Bedeutung. Danziger Schiffe hatten vergeblich versucht, die belagerte Burg zu entsetzen. Danach überfielen sie wiederholt Memel und versuchten mehrmals, das Tief zu sperren.

Nach Rückkehr der drei Königsberger Städte unter die Ordensherrschaft kam es auch in anderen Städten zur Auflehnung gegen die zum Bund haltenden Räte. Während in Kulm die polnische Besatzung die Räte schützte und die Herrschaft des Bundes aufrecht hielt, kam es in Danzig und Thorn zum offenen Aufstand. Die Bürger Thorns hatten die „Freundschaft" ihrer polnischen Herren nun schon zweieinhalb Jahre lang genossen. Der Unwille weiter Kreise, besonders der Handwerker über die fortwährenden hohen Geldforderungen, führte zur Erhebung. Als sich die Stadt im September 1456 in den Händen ordenstreuer Bürger befand, stand der Orden auf dem Gipfel seiner Erfolge dieses Krieges. Der zaghafte Hochmeister handelte jedoch hier, wo es um die Entscheidung des Krieges ging, nicht schnell genug. Das gab dem Thorner Rat genug Zeit, Polen und Söldner herbeizuholen und mit diesen den Aufstand brutal niederzuwerfen. Über 70 „Aufrührer" wurden ohne Gerichtsurteil auf dem Markt der Altstadt enthauptet, die übrigen wurden gezwungen, vor dem Rat erneut Treue auf den Polenkönig zu schwören und hatten nun einen guten Vorgeschmack von den herrlichen Zeiten unter polnischer Herrschaft. Auch in Danzig gab es eine Erhebung unter dem ordenstreuen Martin Kogge, die wie in Thorn unter dem Beil der Scharfrichter endete. Der Orden hatte seine letzte Chance zum Sieg verpaßt.

Zehn Jahre Mord, Raub und Zerstörung

Jetzt zeichnete sich eine Wende ab. Danziger und Polen nahmen die Belagerung der Marienburg wieder auf. Was die Polen nicht mit Gewalt erzwingen konnten, versuchten sie nun durch Hinterlist zu erreichen. Der kleine Remter, dessen Decke eine einzige Mittelsäule trägt, wurde von der Ordensführung regelmäßig zu Besprechungen benutzt. Mit Hilfe eines Verräters, der zu gegebener Zeit eine rote Mütze an einen bestimmten Platz hing, wollten die Polen durch den Einsturz des Gewölbes den Orden seiner Führung berauben. Bei einer der Besprechungen feuerten sie aus einer sorgfältig gerichteten Kanone eine Steinkugel durch eines der Fenster gegen die Säule. Die Kugel ging jedoch haarscharf vorbei und blieb in der gegenüberliegenden Wand stecken, wo sie zur Erinnerung blieb.

Die Danziger verpfählten 1456 das Balgaer Tief und hielten die Frische Nehrung besetzt. Von dort überfielen sie fortwährend das Küstengebiet des Haffs. Das ordenstreue Fischhausen wurde mehrmals geplündert und 1458 niedergebrannt. Danzig war die treibende Kraft der Kriegführung, wobei seiner Flotte große Bedeutung zukam. Seit 1410 unterhielt Danzig ständig Söldnertruppen und hatte für diesen Krieg 15.000 Mann angeworben; dazu kam sein Bürgeraufgebot. Die Wehrpflicht aller Bürger bestand vom 18. bis zum 60. Lebensjahr. Statt den Feind von außen abzuwehren und damit auch die inneren Probleme überwinden zu helfen, suchte Danzig im Bund mit dem Feind nur eigene Vorteile.

Für den Orden wurde es immer schwieriger, die riesigen Geldsummen für die Söldner aufzubringen. Das führte dazu, daß manche Söldnerhaufen, die zum Beispiel eine Stadt verteidigten, beim Ausbleiben des Soldes die Stadt an die Feinde verkauften, obwohl das gegen das damalige Recht verstieß. So verkauften die böhmischen Söldner des Ordens 1457 Deutsch Eylau an den Polenkönig, worauf eine polnische Besatzung in die Stadt zog. Die Polen trieben es aber so arg, daß nach einigen Monaten die Bürger die Räuber aus der Stadt trieben.

Auch die polnische Bevölkerung nützte die Kriegszeit gründlich aus. Sie rotteten sich wie üblich zu Banden zusammen und fielen ins Ordensland ein, um den gequälten Menschen die letzte Kuh und das letzte Brotkorn zu rauben. Besonders die grenznahe Stadt Lyck wurde mehrmals von polnischen Banden überfallen und ausgeplündert.

Marienburg (Stadt und Burg) hielt sich noch immer. Mit der Zeit konnte weder der Preußische Bund noch der Orden seine Söldner bezahlen. Der Polenkönig sah keine Veranlassung, sein Geld zu investieren, denn er sah, daß er seine Ziele auch so erreichen würde. Während die Söldner der Gegner sich durch Plünderungen im Land schadlos hielten, wußte der Hochmeister keinen anderen Ausweg, als die Burgen des Landes, auch die Marienburg, seinen Söldnern als Pfand zu übergeben. In dieser Notlage gelang es polnischen Agenten, den Böhmen Ulrich Crvenk von Leditz zu bestechen, der mit seinen Rotten in der Marienburger Vorburg lag. Er besetzte das Hochschloß und verlangte unter tätlicher Bedrohung des Hochmeisters Bezahlung. Diese wurde nicht verweigert, war aber im Moment nicht vorhanden. Auf den Hinweis, daß Geld aus Livland unterwegs sei und in wenigen Tagen eintreffen werde, ließ sich Crvenk, wie mit den Polen vereinbart, nicht ein. Am 16. August 1457 verkaufte er die Marienburg und 22 andere feste Plätze dem Polenkönig für 436.000 Gulden. Da der Verkauf nur durch ein Drittel der Söldner erfolgt war, die alleine nicht das Recht hatten, über die Pfänder zu verfügen, war es ein Rechtsbruch und Verrat. Die Söldnerehre verbot es, sich unter Preisgabe seines Herrn an den Feind zu verkaufen. Crvenk wurde deswegen von seinem Landesherrn, dem böhmischen König, mit Entzug seiner Ritterwürde und mit Kerkerhaft bestraft.

Das half aber dem Hochmeister nicht mehr. Er mußte mit seinem Gefolge die Burg verlassen und floh bei Nacht auf einem Kahn nach Königsberg. Am nächsten Tag (7. Juni 1457) hielt der Polenkönig triumphierend seinen Einzug in die stolze Zentrale des einst so ruhmreichen Deutschen Ritterordens. Die Sieger plünderten die Gruft der Hochmeister und schleppten alles fort, was an Werten zu finden war. Die Marienburg sah nie wieder einen Hochmeister. Der Orden verlor mit diesem Schlag nicht nur seine Hauptburg, sondern auch sein Ansehen in der Welt.

Natürlich dachte auch der Polenkönig nicht daran, das Geld zu zahlen; er verlangte es einfach vom Preußischen Bund. Es kam dann so, daß die dem Orden treugebliebenen Söldner früher bezahlt wurden als die Verräter vom Polenkönig. Beim Bund waren nur noch die großen Städte Thorn, Elbing und Danzig in der Lage, den Kaufpreis für die Marienburg aufzubringen. Sie weigerten sich aber zunächst, weil der Polenkönig ihnen von den versprochenen Privilegien bis jetzt noch nichts zugestanden hatte. Nun hatten sie ein Druckmittel in der Hand und machten die Geldzahlung von der Erfüllung der Versprechen abhängig. So mußte König Kasimir ihnen endlich die so lang ersehnten großen Freiheiten verleihen, deretwegen sie den Krieg begonnen hatten. Schließlich zahlte Danzig das Geld.

Bei der Vergebung der Privilegien hätte der König viel großzügiger sein können, denn das, was er gab, gehörte ihm nicht. Es war nicht einmal von seinen Soldaten erobert worden, sondern diejenigen selbst, die jetzt vor ihm knieten und mit demütigen Dankesbezeigungen die „Geschenke" in Empfang nahmen, hatten sie ihm selbst in die Hände gelegt. Der König ging aber sehr sparsam mit diesem Machtmittel um und vergab nur ein absolutes Minimum an Privilegien, die er sich jedesmal teuer bezahlen ließ. Das reiche Danzig konnte sich daher die meisten Freiheiten erkaufen, mit Abstand folgte Elbing, während Thorn nur wenig und Kulm durch unglückliche Umstände gar keine Privilegien erhielt.

Das mächtige Danzig hatte es sich leisten können, die Huldigung an den Polenkönig bis 1457 hinauszuschieben. Der König mußte gegen geringe Hoheitsrechte der Stadt ein ausgedehntes Territorium auf der Danziger Höhe und in der Weichselniederung sowie die unbeschränkte Führung der inneren und äußeren Politik und aller wirtschaftlichen Angelegenheiten zubilligen. Die Stadt hatte ihre eigene Wehrhoheit, prägte ihre eigenen Münzen, sprach ihr eigenes Recht, schloß selbständig Verträge mit ausländischen Staaten, führte die eigene Flagge und durfte sich an ausländischen Kriegen beteiligen. Polnische Truppen durften die Stadt nicht betreten. Allein für Danzig erfüllten sich zunächst die Erwartungen, die der Preußische Bund erhofft hatte, weil es zur wichtigsten Geldquelle des polnischen Königs wurde.

Elbing war nicht so reich wie Danzig, nutzte aber seine Beziehungen zu den nordischen Staaten, um dem König anzudeuten, welche Folgen entstehen würden, wenn Schweden und Dänemark dem Orden zu Hilfe kämen und Elbing zum Einfallstor ins Ordensland werden würde. Der Stadt wurden am 24. August 1457 alle früheren Rechte bestätigt und ihr Territorium auf 500 Quadratkilometer erweitert. Sie übte das kleine und große Gericht nach Lübischem Recht aus, und der Polenkönig durfte im Umkreis von fünf preußischen Meilen (37,1 Kilometer) keine Burg erbauen. Die Stadt, die man fast als Freistaat bezeichnen konnte, zahlte dem Polenkönig als Anerkennung seiner Oberhoheit jährlich 400 ungarische Gulden. In der deutschen Reichsmatrikel von 1521 ist Elbing sogar unter den Freien und Reichsstädten aufgeführt, obwohl einige Voraussetzungen dafür fehlten.

Thorn erhielt einen Teil seines alten Komturgebietes mit den Weichselinseln als Territorium, dazu die Ordensmühle, die Hälfte aus dem Ertrag der Fähre und die Münze. Da Thorner Bürger mit ihren Söldnern 1454 die Burg Schwetz erobert hatten, erhielten sie auch jenes Gebiet sowie die Hälfte der Einkünfte aus den dazugehörigen Dörfern und einem Wald.

Kulm, die Hauptstadt des Ordenslandes, konnte der Polenkönig bei der Privilegienverteilung dieses Jahres (1457) übergehen, weil sie von polnischen Truppen besetzt war. 1458 wurde sie von Ordenssöldnern erobert und bis lange nach dem Friedensschluß gehalten. Als Kulm 1479 schließlich in polnischen Besitz überging, hatte der Polenkönig es nicht mehr nötig, den deutschen Städten gegenüber irgendwelche Versprechungen zu erfüllen, und Kulm erhielt nichts. Als Kulm, das zu Beginn dieses Krieges etwa 15.000 Einwohner gehabt hatte, nach 300 Jahren „polnischer Kultur und Fortschritt" wieder an Preußen kam, hauste in den Ruinen und Kellern der Stadt noch rund ein Zehntel der ehemaligen Einwohnerzahl.

Auch der Verräter Hans von Baisen ließ es sich nicht nehmen, als Sieger in die Marienburg einzuziehen. Er war jetzt schon ein gelähmter Greis, der jedoch unermüdlich weiter zum schärfsten Kampf gegen den Orden drängte. Am 27. September 1457 mußte er aber erleben, daß die Bürger Marienburgs sich erhoben und die polnischen „Eroberer" aus ihrer Stadt jagten. Unter der Führung des tapferen Söldnerführers Zinnenberg, dem Oberstspittler und dem ordenstreuen Bürgermeister Bartholomäus Blume wäre es beinahe gelungen, auch die Marienburg zu besetzen. Danziger und Polen belagerten darauf die Stadt. Als Baisen 1459 starb, war die Stadt noch immer nicht bezwungen.

Die Danziger überfielen von See her die Stadt Memel und verwüsteten sie. Im Hafen erbeuteten sie 14 lübische Schiffe, die sie nach Danzig mitnahmen. Lübeck, wie auch die Hanse, blieben in diesem Krieg neutral und handelten mit beiden Seiten. Daher mußten sie auch Übergriffe in Kauf nehmen. Den Danzigern gelang es nicht, auf den Hansetagen ein allgemeines Verbot der Schiffahrt in das Balgaer und Memeler Tief zu erreichen, sie taten aber alles, was möglich war, um den Schiffsverkehr dorthin zu unterbinden.

Polnische Kriegshaufen und Söldner des Bundes, die sich überall im Land festgesetzt hatten, verheerten es immer weiter. Die polnischen Banden, die laufend Raubgut nach Polen schafften, mußten immer weiter ins Land eindringen, um noch genügend Beute zu finden, und plünderten 1457 bis in die Gegend um Insterburg. Die Stadt Bischofstein wurde abwechselnd von Söldnertruppen des Ordens besetzt und dann wieder von polnischen Heerhaufen drangsaliert. Die Stadt hatte zwar eine Mauer, die Bürger waren aber nicht vermögend genug, um sie wirksam zu befestigen und zu verteidigen. Bischof Paul von Legendorf, der 1458 sein Amt antrat, ließ sie deshalb radikal niederbrennen, um den Feinden den Stützpunkt zu nehmen. Nur das Tor zur Ausfahrt nach Heilsberg überstand die Zerstörung. Für die Bürger wird es schwer gewesen sein, in dieser Zeit ein neues Unterkommen zu finden.

Im Sommer 1458 durchschwamm Heinrich Reuß von Plauen mit seinen Reitern die Alle und versuchten erfolglos Bartenstein zu erobern. Im gleichen Jahr griff Bernhard von Zinnenberg mit 2.000 Ordenssöldnern überraschend die Hauptstadt Kulm an. Die polnische Besatzung ergriff die Flucht, obwohl Kulm durch eine starke Mauer und 30 Türme geschützt war. Mit Strasburg und Althausen hielt er das ganze Gebiet in Pfandbesitz und behauptete es wie eine eigene Herrschaft bis lange über den Krieg hinaus. Als er im Januar 1470 starb, übernahm es sein Bruder. Erst 1478 wurde es vom ungarischen König Matthias Corvinus ausgelöst und dem Orden übergeben, der es an Polen ausliefern mußte.

Im August 1458 wurde zwischen dem Orden und Polen ein Waffenstillstand von neun Monaten vereinbart, wodurch die Belagerung der Stadt Marienburg aufgehoben wurde. Da es während der Waffenruhe zu keiner Einigung kam, flammten im Mai 1459 die Kämpfe erneut auf. Danziger, Thorner und polnische Kriegshaufen belagerten wieder die Stadt Marienburg. Noch sieben Jahre ging der Krieg unter schwersten Verwüstungen des Landes weiter. Der Krieg, in dem es nur eine Feldschlacht gegeben hatte, war zu einer wilden Räuberei ausgeartet, bei der es auf seiten des Bundes und der Polen nur noch um die größtmöglichste Verwüstung des Landes ging. Da sie den Orden militärisch nicht bezwingen konnten, hofften sie ihn mit der völligen Verwüstung des Landes machtlos zu machen. Söldner schlugen sich mit Söldnern und Städte mit Städten herum, während polnische Banden beutesuchend das Land durchstreiften.

Danziger, Elbinger und Braunsberger Bürger fielen wiederholt von See her ins Samland ein, um dort ein Gebiet nach dem anderen auszuplündern und zu verwüsten. Der Orden belagerte Wehlau, das sich 1460 ausgehungert ergab. Im November 1460 fiel auch Bartenstein wieder dem Orden zu. Die Burg Liebemühl stand zum Orden, die Stadt kämpfte für den Bund.

Nach dem Ende des Waffenstillstands hielt der Bürgermeister Marienburgs, Bartholomäus Blume, mit den Bürgern und den Truppen des Ordenshauptmanns August Trütschler die Stadt noch drei Jahre lang gegen die feindliche Übermacht. Hunger und Krankheiten zermürbten die Kämpfer, doch bis zuletzt hoffte Blume auf Hilfe vom Orden. An einer Stelle der Nogatseite war die Stadtmauer auf einem großen Bogen errichtet, der leicht zu durchbrechen war. Das war den Feinden verraten worden, und als sie dort zum Durchbruch ansetzten, nahmen Bürger Verbindung mit ihnen auf und öffneten ihnen ein Stadttor. Der Chronist schrieb: „Am 6. August 1460 übergaben eine Anzahl Marienburger mit Wissen und Willen der ganzen Gemeinde, doch ohne Wissen und Vollmacht Herrn Augustin Trütschlers, des Hauptmanns, und Bartholomäus Blumes, des Bürgermeisters daselbst, die Stadt Marienburg an die Bundherren, ihre Feinde, und ließen wohl an die 200 der Feinde in die Stadt. Sie sandten Boten nach Herrn Augustin und Bartholomäus Blume, die beide schwach und kränklich waren, und ließen ihnen sagen, daß sie zu den Herren aufs Rathaus kommen sollten. Sie fragten, wer die Herren wären; man antwortete ihnen, sie würden es gewahr werden; es waren aber die Herren von Danzig. Da sprach Herr Augustin: Nun sei es Gott geklagt, wir haben Euch doch stets mit ganzer Treue geliebt, und Ihr verratet uns so schamlos; und gingen also mit ihnen aufs Rathaus. Da wurde Augustin mit den anderen, die damals vom Orden aus in der Stadt waren, gefangen gesetzt. Sie fingen auch Bartholomäus Blume, und kurz danach, am 8. August, ließen sie ihn vierteilen, und zwei andere Gesellen, die vom Schlosse in die Stadt entlaufen waren, ließen sie köpfen."

Trütschler, der nur seine Soldatenpflicht erfüllt hatte, mußte entgegen jedem Kriegsrecht im Kerker mit seinen Ordensleuten verhungern.

Die zum Preußischen Bund gehörenden Städte Friedland, Schippenbeil und Rastenburg zogen mit 300 Mann aus, um das Samland zu plündern und zu verwüsten. Sie wurden aber von einem Aufgebot der ordenstreuen Städte Preußisch Eylau, Zinten, Bartenstein und Domnau am 16. Februar 1461 gestellt und nach heftigem Kampf besiegt. Es heißt, daß sich nur 40 Reiter von den Bündischen durch die Flucht retten konnten. Je länger der Krieg dauerte, um so zuchtloser wurden die Söldnerheere, da es immer schwieriger wurde, in dem verwüsteten Land die Lebensmittel zu ihrer Versorgung aufzutreiben. Die größte Plage waren polnische Heerhaufen oder auch gewöhnliche Räuberbanden. Diese Horden setzten sich in einem Ort fest und terrorisierten die Bevölkerung der Umgebung, bis dort nichts mehr zum Lebensunterhalt zu finden war und die letzten Bewohner erschlagen oder geflohen waren. Dann brannten sie den Ort nieder und besetzten einen anderen, wo das grausame Spiel wieder von vorne begann. Einer dieser Haufen, unter dem Hauptmann Jan Schalski, setzte sich 1462 in der Nähe von Heiligenbeil fest und verbrannte die Vorstadt. Im nächsten Jahr brannte er die Stadt mitsamt Kirche, Augustinerkloster und Schule nieder. Die schwache Ordensbesatzung auf der Burg mußte hilflos dieser sinnlosen Zerstörung zusehen.

Das Ermland, das schon im Hungerkrieg grausam verwüstet worden war, hatte als eines der Hauptkampfgebiete wieder schwer gelitten. Die Einwohner der Städte waren hinter ihren Mauern ziemlich sicher; die Landbevölkerung jedoch, die schutzlos den dauernden Überfällen der Polen ausgesetzt war, hatte die höchsten Opfer zu beklagen. Da das Ermland etwa die Hälfte seiner Einwohner in diesem Krieg verlor, ist anzunehmen, daß von den Bewohnern des offenen Landes kaum ein Viertel überlebte. Viele waren in die Städte geflohen, um wenigstens ihr Leben zu retten, nachdem das Dorf niedergebrannt, die Tiere weggetrieben und oftmals der Ernährer der Familie totgeschlagen war. Diese lebensrettende Möglichkeit stand im Ermland teilweise auch den prußischen Bauern offen, nicht aber im übrigen Ordensland. Im Ermland waren fast 90 Prozent aller Dörfer, Güter und Höfe vernichtet. Schon seit den ersten Kriegsjahren wurden die Felder nicht mehr bebaut, weil es keine Zugtiere gab. Das wenige, das die Bauern in mühsamer Handarbeit einsäten, wurde von den umherstreifenden Reiterhaufen abgeweidet und verwüstet, lange bevor es reifen konnte. Weite Gebiete lagen menschenleer und verwildert da. Es war kaum noch möglich, in einem solchen Land Krieg zu führen.

Bischof Paul von Legendorf war ein Sonderfrieden für sein Territorium in Aussicht gestellt worden. Dazu mußte er aber erst einmal die streitenden Parteien innerhalb seines Territoriums unter seine Macht bringen, was ihm bis auf einige Ausnahmen schließlich gelang. Im Oktober 1460 traf er mit dem Orden ein Abkommen, wonach der Orden keine Städte im Ermland angreifen wolle, wenn der Bischof erreichen könne, daß seine auf seiten des Bundes stehenden Städte ihren Krieg gegen das Gebiet des Ordens einstellen würden.

Der Orden konnte sich daraufhin mit verstärktem Druck den anderen Gebieten zuwenden. Am 16. Oktober 1461 eroberte er Friedland, und am 18. Oktober fielen ihm Schippenbeil und Rastenburg zu. Auch jetzt, nach sieben Jahren Krieg gegen den Orden, waren seine Bedingungen großmütig. Der Hochmeister verlangte: Die Städte müssen den Orden als Herrn anerkennen; aller Ungehorsam ist vergeben; jede Plünderung hört auf; die Gefangenen werden ohne Lösegeld zurückgegeben; die Polen ziehen ab, und jede Stadt erhält eine Ordenstruppe als Besatzung.

Der Preußische Bund ist unzufrieden, weil der Polenkönig den Kampf allein dem Bund überläßt und weder eine ausreichende Söldnertruppe in Dienst nimmt noch mit seinen Truppen nennenswerte Hilfe leistet. Die Polen beschränken sich auf die Besetzung von Städten und erscheinen nur dort, wo es noch etwas zu plündern gibt. Ein polnischer Heeresteil ist im Westen tätig, wo er mit den Danzigern 1462 die Stadt Berent plündert und niederbrennt. Noch einmal versucht der Orden gegen Danzig vorzugehen, um die entscheidende Macht des Krieges auszuschalten. Am Nordwestende der Danziger Bucht, bei Zarnowitz, kommt es 1462 zu einem Treffen, das eine Schlacht hätte werden können. Die verwahrlosten Söldnerhaufen sind jedoch mehr mit Raub und Brand als mit Fechten beschäftigt, so daß daraus eine Niederlage für den Orden wird. Ein Versuch, Danzig durch einen Aufstand wieder in die

Hand des Ordens zu bringen, scheiterte ebenfalls. Die Verschwörer wurden enthauptet, die Ordensleute, die verkleidet in die Stadt gekommen waren, wurden teils ertränkt oder als Ruderssklaven an Danziger Schiffe gekettet.

Bischof Paul von Legendorf bemühte sich, die fremden Truppen aus seinem Territorium zum Abzug zu bewegen. Mit viel Mühe und hohen Ausgaben konnte er die Österreicher des Hauptmanns Frodnacher aus Rößel am 10. Oktober 1462 loswerden. Auch sein Bischofsschloß in Heilsberg, das von böhmischen Söldnern besetzt war, mußte er mit 10.000 Gulden auslösen.

Anfang November 1462 gelang es einer Truppe des ermländischen Bischofs unter Mithilfe von Ordenstruppen, Seeburg zu erobern. Die Polen und böhmischen Söldner, die bis jetzt die Stadt besetzt gehalten hatten, wurden in der Burg eingeschlossen. Im April 1463 brannte die Vorburg ab, und am 30. September übergaben die Belagerten die Burg. Das Ermland war nun so weit unter der Kontrolle des Bischofs, daß er im Juli 1463 mit dem Orden übereinkam, den Krieg des Preußischen Bundes gegen den Orden im Ermland als beendet zu betrachten, wozu auf polnische Weisung auch der Bund seine Zustimmung gab. Der Orden übergab Bischof Paul die von Ordenstruppen besetzten Städte und verließ das Territorium. Nun konnte der verheißene Ausgleich mit Polen erfolgen.

Polnische Heerhaufen zogen 1463 erneut gegen Allenstein, griffen aber die Stadt nicht an, die von Truppen des Domkapitels verteidigt wurde. Sie suchten die Gegend südlich davon nach Resten von Dörfern und Höfen ab, wo sich bei den vereinzelt noch vorhandenen Bewohnern einige Lebensmittel für ihren Unterhalt finden ließen. Zu dieser Zeit war das Gebiet, das später dem Südteil der Provinz Ostpreußen entsprach, schon fast menschenleer; ein weiterer Streifen, etwa zwischen Allenstein und Heilsberg, war nur noch spärlich bewohnt. Für die noch Lebenden war das Dasein ein steter Kampf mit dem Hungertod. Im nächsten Jahr schleppten umherziehende Banden auch noch die Pest ins Land ein.

Im September 1463 schickte der Orden Truppen aus dem Samland und angrenzenden Gebieten nach Westen, um dem belagerten Mewe Hilfe zu bringen. Ein Teil dieser Truppen marschierte auf dem Landweg, der andere Teil, etwa 1.300 Mann, wurde mit 44 kleineren Schiffen und Fischerbooten über das Frische Haff transportiert. Solche kombinierten Unternehmen zu Land und Wasser hatte der Orden öfters durchgeführt, und Truppentransporte per Schiff waren noch 1462 gelungen. Die Danziger, die durch Verrat von dem Transport erfahren hatten, alarmierten die Elbinger, und am 15. September überfielen zehn Danziger und 15 Elbinger Schiffe den Truppentransport. Die Flottille des Ordens wurde zersprengt und ein Teil davon gefangengenommen. Dieser mißlungene Transport, der für den Ausgang des Krieges ohne Bedeutung war, wäre kaum erwähnenswert, wenn die polnische Geschichtsschreibung nicht einen glorreichen Entscheidungssieg der polnischen Seemacht daraus gemacht hätte. Bei Karól Górski und Leon Koczy heißt es: „Der Kampf gegen den Orden wurde nicht zu Lande, sondern auf dem Meer entschieden. Ohne Flotte, über die der polnische König verfügte, wäre ein Zerbrechen der Kreuzritter nicht möglich gewesen. Die Herrschaft zur See war die Grundlage für den Sieg zu Lande."

Ein erfolgreiches Unternehmen Danziger und Elbinger Schiffe, an dem der Polenkönig nicht den geringsten Anteil hatte, machte ihn, der kein einziges Schiff besaß, zum Besitzer einer Flotte und Beherrscher des Meeres.

Der Orden und der Preußische Bund waren zu erschöpft, um noch größere Unternehmen durchzuführen. Der Polenkönig hatte seine Ziele schon weitgehend erreicht und wartete auf die Ernte; nur Danzig kämpfte noch unentwegt weiter.

Das Ermland unterstellt sich dem Polenkönig

Wenn der Bischof von Warmia einen Sonderfrieden für sein Territorium (das Ermland) erreichen wollte, mußte er sich dem polnischen Königs unterstellen. Diese unabänderliche Bedingung war dem Bischof übermittelt worden. Der König hatte versprochen, daß es sich dabei nur um eine Schutzherrschaft handeln würde, unter der dem Bischof und dem Domkapitel alle Rechte garantiert würden, die sie unter dem Orden gehabt hatten. Auf dieser Basis nahm Bischof Paul von Legendorf nun Verhandlungen auf.

Mit diesem Schritt trat zum erstenmal in der Geschichte des Ordenslandes ein Bischof als selbständiger Landesherr in seinem Territorium auf. Dazu erheben sich die Fragen, ob es eine Rechtsbasis gab, auf der sich eine Unabhängigkeit seines Territoriums begründen ließ, ob er eigenmächtig handelte und sein Vorgehen geduldet wurde oder ob er höheren Anweisungen folgte. Zum besseren Verständnis dieses außergewöhnlichen Vorgangs soll hier noch einmal kurz die kirchenrechtliche Stellung des Ermlands überblickt werden, da in den meisten Schriften, besonders in denen der jüngeren Zeit, wenig Klarheit darüber zu herrschen scheint.

Das Gebiet des ursprünglichen Bistums Warmia, wie es 1243 festgelegt worden war, umfaßte außer dem Gau Warmia auch die Gaue Natangen, Barten, Pogesanien und das nördliche Galinden. Es lag in der Mitte des Ordensstaates und war das größte und wichtigste der vier preußischen Bistümer. Das Ermland ist nur das sogenannte Territorium, ein Drittel dieses Bistums, das dem Bischof und seinem Domkapitel als Herrschaftsgebiet übergeben worden war.

Nachdem die anderen Bistümer des Ordenslandes dem Orden eingegliedert worden waren, diese vernünftige Regelung aber auf Anweisung der Kurie dem Bischof Warmias verweigert wurde, gab es diesen Unterschied: In den anderen drei Bistümern waren die Bischöfe und Domherren Ordenspriester, im Bistum Warmia dagegen Weltpriester. Ansonsten hatte bis jetzt das Territorium des Bischofs von Warmia, also das Ermland, genauso zum Ordensland gehört wie auch die Territorien der anderen Bischöfe. Eine Selbständigkeit, wie sie heute gern von kirchlicher Seite dargestellt wird, hat es für das Ermland niemals gegeben. Bis zum Städtekrieg war der Bischofsvogt zumeist ein Ritterbruder des Ordens und Bischof und Domkapitel in der Regel dem Orden treu ergeben. Viele von ihnen hatten vorher im Dienst des Ordens gestanden, und bis zum Ende des Städtekrieges ist niemand jemals auf die Idee gekommen, daß das Ermland vielleicht ein selbständiger Staat inmitten des Ordenslandes sein könnte.

Da die Bischöfe Warmias oder später des Ermlands keine Reichsfürsten waren, ist die heute oft angewandte Bezeichnung „Fürstbistum" und „Fürstbischof" falsch. Bis 1806 nannten sich nur solche Bischöfe „Fürstbischöfe", die Reichsfürsten waren. Diese waren unmittelbar vom Kaiser oder König belehnt und hatten Sitz und Stimme im Reichstag. Da diese Voraussetzungen für die Bischöfe Warmias oder später Ermlands in keiner Weise zutrafen, waren sie keine Fürstbischöfe und haben sich diesen Titel auch niemals angemaßt. Die einzige Ausnahme betraf den ersten deutschen Bischof nach der polnischen Zeit, Graf Karl von Hohenzollern (1795–1803), der sich erstmalig Fürstbischof nannte, nicht weil er als Fürst regierte, sondern weil er einem Reichsstand angehörte und sich in diesem Sinne tatsächlich Fürst nennen durfte. Sein Neffe und Nachfolger, Prinz Josef von Hohenzollern (1803–36), behielt diesen Titel bei, obwohl an der Rechtmäßigkeit, besonders nach 1806, einiges auszusetzen war. Alle anderen Bischöfe Warmias oder des Ermlands waren schlicht Bischöfe, auch wenn sie sowohl unter dem Orden als später auch unter der Krone Polens als Landesherren mit beschränkten Rechten fungierten, wobei sie unter dem Orden bedeutend freier als unter den Polen waren. Das Ermland war aber niemals ein selbständiger Staat.

Auch der Name Hochstift ist für das Ermland unzutreffend. Ein Hochstift ist das selbständige, weltliche Gebiet eines Bischofs im alten Deutschen Reich, das Reichsunmittelbarkeit genoß, was beim Ermland nie der Fall war. Selbst für die polnische Zeit, als die Bischöfe vom polnischen König eingesetzt wurden und diesem unterstanden, trifft diese Bezeichnung nicht zu. Die 1464 vom polnischen König zugesicherte Selbständigkeit wurde schon beim Friedensvertrag 1466 eingeschränkt, und 1479 kam das Ermland in ein Abhängigkeitsverhältnis zu Polen, bei dem das Domkapitel nicht einmal ihren Bischof wählen durfte.

Wenn man glaubt, aus zwei Briefen des Kaisers, in denen der Bischof des Ermlands mit „Unser getreuer lieber Fürst" angesprochen wurde, seine Erhebung zum Reichsfürsten schließen zu können, ist das lächerlich. Diese Anrede war nur die übliche Formel der kaiserlichen Kanzlei im Verkehr mit allen Bischöfen. Noch lächerlicher ist es, den Titel „Fürst des Heiligen Römischen Reiches" ernst zu nehmen, den sich der polnische Bischof Wenzeslaus Leszczynski

(1644–59) eigenmächtig zulegte. Er hätte sich ebensogut auch Fürst von China nennen können, denn das Ermland gehörte damals politisch nicht zum Römischen Reich, und Leszczynski war kein Reichsfürst.

Daß Bischof Paul von Legendorf kurzfristig als unabhängiger Landesherr auftreten konnte, war eine einmalige Ausnahme, die nur durch den Zusammenbruch des Ordenslandes möglich war. Nachdem am 4. März 1464 ein Waffenstillstand zwischen dem Preußischen Bund und dem Bischof zustandegekommen war, wurde am 16. März 1464 ein Sonderfriede unterzeichnet, den die Führer des Bundes im Namen des Polenkönigs mit Bischof und Domherren abschlossen. Zugleich mit diesem Sonderfrieden schloß der Bischof ein Bündnis mit den preußischen Landesräten als den Vertretern des Königs, in dem alle Privilegien der ermländischen Kirche und ihrer Untertanen garantiert wurden.

Am 5. Mai 1464 bestätigte König Kasimir diese Verträge. Nach der Aufzählung aller Privilegien, Rechte und Freiheiten der Ermländer, die er zu schützen versprach, fügte er noch hinzu: Falls irgendwelche Artikel zum Nachteil der Ermländer nicht erwähnt sein sollten, werde er trotzdem dafür sorgen, daß sie beachtet würden. Nirgends ist in dieser Urkunde ein Lehns- oder Untertanenverhältnis erwähnt. Nun wird behauptet, daß Bischof und Domkapitel „das Recht für sich in Anspruch nahmen", sich ihren Schirmherrn zu wählen. Das hört sich so an, als ob sie jetzt ebensogut den Orden wiederwählen oder sich auch irgendeinen anderen Herrscher hätten wählen können. Niemand wird jedoch bezweifeln, daß die Unterwerfung unter den Polenkönig die Bedingung zu diesem Sonderfrieden war, daß also von einem Recht zu einer Wahl keine Rede sein kann.

Der polnische König hatte immer noch die Vertreibung des Ritterordens aus Preußen zum Ziel. Deshalb führten auch alle Friedensvermittlungen, die der Lübecker Bürgermeister, Hans Castorp, 1463/64 unternahm, zu keinem Erfolg. Für König Kasimir war dieser Vertrag aber der Köder, mit dem er weitere Regionen für seine Herrschaft zu begeistern hoffte, um auf diese Weise den Orden aus dem Land zu drängen. Daher waren seine Bedingungen außergewöhnlich großzügig. Wie wenig er in Wirklichkeit daran dachte, auch nur einen Artikel des Vertrages zu halten oder gar das Ermland als selbständiges Territorium anzuerkennen, bewies er recht bald sehr überzeugend. Aber noch stand er im Krieg, und jedes Mittel war ihm recht, seine Ziele zu erreichen. Ein freiwilliger Übertritt der Bewohner unter seine Herrschaft gab ihm einen besseren Anspruch auf das Ordensland als eine kriegerische Eroberung.

Noch war das Ende des Krieges nicht abzusehen, der nun schon zehn Jahre lang im Land gewütet hatte, und da die Bedingungen des Polenkönigs sehr großzügig waren, nahm Bischof Paul das Friedensangebot für sein Territorium an. Andernfalls blieb das Ermland beim Orden, der Krieg ging weiter, und das Ermland teilte das Schicksal des Ordenslandes. Nur zwischen diesen beiden Möglichkeiten konnten Bischof und Domkapitel wählen. Mit dem Frieden unter den günstigen Bedingungen des Polenkönigs glaubten sie natürlich große Vorteile für ihr Territorium zu gewinnen, die sie im Verband mit dem übrigen Ordensland nicht erhalten würden.

Im Ermland trat nun an die Stelle des Ordens und seines Hochmeisters der jeweilige König von Polen. Diesen 1464 neu geschaffenen Rechtszustand mußte der Orden im Thorner Frieden von 1466 anerkennen. Dementsprechende Artikel wurden daher in die Vertragsurkunde aufgenommen, in der auch der Bischof und das Domkapitel von Ermland als Vertragspartner aufgeführt waren. Der Thorner Friedensvertrag brachte dem Ermland nichts Neues. Er holte nur die notwendige Zustimmung des Hochmeisters zu den 1464 geschaffenen Tatsachen nach. Laut dem Vertrag handelt es sich beim Ermland jetzt tatsächlich um ein unabhängiges Land. Wie wenig das zutraf, zeigte sich bald.

Von der Gründung der Bistümer Preußens vor über 200 Jahren bis zu diesem Zeitpunkt war es für alle Welt selbstverständlich gewesen, daß das Territorium des Bischofs von Warmia, so wie auch die der anderen Bischöfe des Landes, zum Ordensstaat gehörte. Wenn der Orden den Bischöfen von Warmia außer der Außenpolitik in fast allen anderen Angelegenheiten freie Hand gelassen hatte, war das keine Anerkennung einer Selbständigkeit, denn die Bischöfe der anderen drei Bistümer genossen die gleichen Freiheiten. In der Schlacht bei Tannenberg standen und fielen die Aufgebote aus dem Ermland Seite an Seite mit den anderen Kämpfern des Ordenslandes. Es waren nicht Ermländer, die vom Schlachtfeld flohen, sondern

Ritter aus einem Ordensgebiet. Auf dem Konzil von Konstanz war es Peter von Wormditt, ein Ermländer, der die Belange des gesamten Ordenslandes vertrat. Noch beim Ausbruch dieses Krieges stand der Bischof Franz Kuhschmalz unerschütterlich beim Orden und mußte deshalb sein Land verlassen. Vor dem Niedergang des Ordens war es undenkbar, daß ein Bischof von Warmia sein Territorium, das er von seinem Landesherrn erhalten hatte, nach seinem Gutdünken einer ausländischen oder gar feindlichen Macht unterstellte.

Der Bischof Warmias hatte auch keine Sonderrechte hinsichtlich einer Unterstellung unter den päpstlichen Stuhl. Nicht das Territorium des Bischofs, also das Ermland, auch nicht seine Diözese Warmia, sondern das ganze Ordensland war in Schutz und Eigen von St. Peter genommen und als ewiges Lehen dem Orden übergeben worden, und zwar „derart, daß durch Euch oder durch andere das gesamte Land niemandes Herrschaft oder Besitz jemals unterworfen sein soll". Gerade diese Unterstellung unter den päpstlichen Stuhl hob eindeutig die Einheit des gesamten Ordenslandes hervor. Aber auch die Kirche dachte jetzt nicht daran, ihr damals gegebenes Versprechen zu halten. Das bischöfliche Territorium war damals auch nicht „exempt" wie in späterer Zeit, sondern das gesamte Bistum Warmia, einschließlich des Ermlands, unterstand dem Erzbischof von Riga. Es gab also keine rechtliche Grundlage, die es dem Bischof von Warmia erlaubt hätte, sein Territorium aus seinem Bistum oder dem gesamten Land herauszubrechen und einer ausländischen Macht zu unterstellen; vielmehr ließ die Rechtslage das ganz und gar nicht zu. Wenn Bischof Paul es aber nun tat, ohne daß sein Erzbischof oder die Kurie dagegen Einspruch erhob, kann es nur die eine Erklärung dafür geben, daß die Herauslösung dieses Territoriums aus dem Gesamtstaat von der Kurie erlaubt oder erwünscht oder gar befohlen worden war.

Daß eine Selbständigkeit des Ermlands unter der polnischen Herrschaft noch viel weniger als unter dem Orden bestand, zeigte sich schon ein Jahr nach dem Thorner Friedensschluß, als der Nachfolger von Bischof Paul ordnungsgemäß gewählt worden war, der Polenkönig jedoch ohne Wahl die Einsetzung eines Polen verlangte und das Ermland, dessen Rechte er zu schützen versprochen hatte, mit grausamem Krieg überzog, um es seiner Macht gefügig zu machen. Der Orden dagegen hatte sich niemals in eine Bischofswahl des Ermlands eingemischt, geschweige denn mit Waffengewalt den Bischof oder das Domkapitel an der Ausübung ihrer verbrieften Rechte gehindert.

Mit der Unterstellung unter den polnischen König schied das Ermland aus dem Krieg aus. Für den restlichen Ordensstaat, einschließlich des übrigen Teils der Diözese Warmia, der weiterhin der geistlichen Betreuung Bischof Pauls unterstand, ging der Krieg weiter. Bis zur Reformation gab es kein Bistum Ermland. Bischof Paul von Legendorf blieb weiterhin Bischof von Warmia, auch wenn der bischöfliche Teil dieses Bistums, also das Ermland, nun unter dem „Schutz" des polnischen Königs stand.

Das Ende des Städtekrieges

Da durch das Söldnerwesen die Kriegführung zu einer Geldfrage geworden war und weder der Orden noch der Preußenbund die Mittel aufbringen konnten, um genügend starke Kräfte aufzustellen, konnte es zu keiner Entscheidungsschlacht kommen. Heinrich Reuß von Plauen, der unermüdliche Kämpfer, stellte sich immer wieder den Feinden, konnte aber mit seinen schwachen Kräften keine Wende herbeiführen. Der Polenkönig hatte die geringsten Sorgen; beide Parteien im Ordensland waren erschöpft und ausgeblutet. Für ihn war nun die Zeit gekommen, als lachender Dritter den Gewinn zu kassieren. Er hatte sich nur wenig an den Kämpfen und Lasten des Krieges beteiligt und durch die Ausplünderung schon ein Vielfaches dessen aus dem Ordensland herausgeholt, was ihn der Krieg gekostet hatte. Nun konnte er den Frieden nach seinen Wünschen diktieren.

Der letzte Wendepunkt zum Nachteil des Ordens trat 1466 ein, als Konitz, das sich unter seinem tapferen Söldnerführer, Kaspar von Nostiz, bis jetzt gehalten hatte, in die Hand der Danziger und Polen fiel. Damit riß die Verbindung zum Reich ab, von wo dem Orden bisher Geld und Söldner zugeführt worden waren. Daß im gleichen Jahr die Stadt Friedland, die mehrmals die Seiten gewechselt hatte, vom Orden zurückerobert wurde und dabei bis auf die Kirche abbrannte, änderte nichts mehr an der Lage; der Krieg ging zu Ende. Es war ein Zermürbungskrieg gewesen, in dem hauptsächlich mit innerer Zersetzung, Verrat und Zerstörung des Landes gearbeitet worden war. Er endete daher auch nicht mit einem Sieg, sondern mit der Erschöpfung beider Seiten. In dem verwüsteten und teilweise menschenleeren Land war es nicht mehr möglich, noch länger Krieg zu führen. Das Deutsche Reich hatte gleichgültig dem Untergang des Ordenslandes zugeschaut. Die Ächtung der Rebellen war die einzige wirkungslose Tat des Kaisers gewesen. Für die Welt war der Orden schon lange tot.

Der Polenkönig bot dem Orden dreimal die Belehnung mit Podolien gegen die Abtretung Preußens an. Der Orden blieb aber standhaft und lehnte ab. Polen und Bündner sahen ein, daß sie nicht stark genug waren, den Orden ganz aus Preußen zu vertreiben. Beide Seiten nahmen schließlich die Vermittlung des vom Papst entsandten Legaten Rudolf von Rüdesheim an. Indem der Legat die Rechte der Kurie auf Preußen als Eigen von St. Peter geltend machte, konnte er die Forderungen des Polenkönigs so weit herabmindern, daß das Ordensland Preußen, wenn auch stark reduziert, erhalten blieb.

Am 19. Oktober 1466 wurde der zweite Thorner Friede auf der Grundlage des damaligen Besitzes geschlossen und das Ordensland somit geteilt. Ein Land, das jahrtausendelang eine Einheit gebildet hatte und auch unter dem Ritterorden über Jahrhunderte ungeteilt geblieben war, wurde nun gewaltsam auseinandergerissen. Der König von Polen erhielt die Oberhoheit über das ganze Ordensgebiet und durfte ganz Westpreußen mit Pommerellen und der Michelau behalten. Dazu erhielt er Elbing, Marienburg, Stuhm und Christburg. Nur bei Marienwerder reichte das dem Orden verbliebene Gebiet noch an die Weichsel. Damit war erstmalig ein „polnischer Korridor" zwischen Preußen und dem Deutsches Reich entstanden.

Ebenso stand das Ermland nun unter polnischer Schutzherrschaft. War bei der Gründung das Bistum etwa zu diesem Zweck die Bedingung gestellt worden, daß die Bischöfe Warmias keine Ordenspriester sein durften? Ein Stück deutschen Landes, an dessen Erschließung und Entwicklung Polen nicht den geringsten Anteil gehabt hatte, das nicht einmal irgendwo an Polen grenzte, wurde aus dem Ordensland herausgebrochen und einem fremden Volk zum Ausbeuten ausgeliefert. Es bildete jetzt mit dem westlichen Teil des Ordenslandes einen zweiten preußischen Staat.

Zur Hälfte sollten Polen in den Ritterorden aufgenommen werden, mit dem Recht, zu den höchsten Ämtern aufzusteigen. Hochmeister und Großgebietiger mußten die Oberhoheit des Polenkönigs anerkennen und bei jedem Hochmeisterwechsel dem König einen persönlichen Treueid schwören. Der Orden hatte dem Polenkönig Heeresfolge zu leisten. Das Diktat von Thorn ging weit über das hinaus, was der Hochmeister rechtmäßig bewilligen durfte. Wegen der verlangten Satzungsänderungen, vor allem der Ausschaltung des Deutschmeisters und der Forderung, Polen in den Orden aufzunehmen, wurde im Text eine Bestätigung des Papstes vorgesehen, die nie erfolgte. Auch der Kaiser hat den Thorner Frieden nie bestätigt.

In der Gildehalle zu Thorn mußte Hochmeister Ludwig von Erlichshausen dem Polenkönig den Treueid leisten. Nie hat eine Großmacht kläglicher geendet. Der Vertrag war nicht nur eine beleidigende Schmach, sondern eine Unmöglichkeit, denn der jetzige polnische Vasall sollte nach wie vor zwei deutschen Fürsten gebieten, dem Deutschmeister und dem Meister von Livland. Die Einheit des Ordens bestand daher nur noch theoretisch. Der Deutschmeister erkannte den Kaiser an, der Meister von Livland nur den Papst, und der Hochmeister als oberster Gebieter des gesamten Ordens mußte dem Polenkönig gehorchen.

Der Thorner Friede beseitigte endgültig die Großmachtstellung des Deutschen Ritterordens. Nicht die Polen hatten ihn besiegt, sondern seine eigenen Untertanen, allen voran die großen Städte Westpreußens, die unter seiner Regierung so reich und mächtig geworden waren. Der livländische Ordensteil löste sich von dem preußischen, und die zwei Teile des preußischen Ordenslandes gingen von nun an getrennte Wege.

Das Ziel des Preußischen Bundes war es gewesen, ein selbständiges Land zu bleiben, das nur durch Personalunion mit der Krone Polens verbunden war. Diese Hoffnung erfüllte der polnische König ihnen nicht. Der Bund hatte das Ordensland vernichtet, viel mehr hatte er nicht erreicht. Nur Danzig hatte sich eine Sonderstellung sichern können, in geringem Maße auch Elbing, während Thorn nur einen Trostpreis erhalten hatte. Mehr Sonderrechte gab der Polenkönig nicht aus. Glücklich waren nur die Großgrundbesitzer unter der polnischen Herrschaft. Ansonsten waren nur nicht mehr gutzumachende Schäden entstanden. Der Preis dafür waren 13 Jahre Krieg, der Tod fast der Hälfte der Bewohner und die totale Ausplünderung und Verwüstung des Landes. Für die Bauern auf beiden Seiten des zerrissenen Landes war der Weg zur Leibeigenschaft geöffnet. Die meisten Städte waren ganz oder teilweise ausgebrannt; von 21.000 Dörfern waren etwa 3.000 (knapp 15 Prozent) übriggeblieben. Selbst der Polenkönig soll bei einer Besichtigungsreise ausgerufen haben: „O Gott, das Land ist doch wirklich nicht so viel wert, als es christliches Blut und viel Geld gekostet hat!" Kaspar Henneberger schrieb: „Die Städte waren von Menschen bewohnt, die bis aufs Letzte ausgehungert und im Krieg verwildert, arbeitsscheu und an Gesetzwidrigkeiten aller Art gewöhnt waren. Die Städte boten schon in ihrem äußeren Anblick durch ihre zerfallenen Mauern und zerbrochenen Türme das traurigste Bild dar."

Über weite Flächen ehemals landwirtschaftlich genutzten Ackerbodens breitete sich neuer Wald aus. In manchen Wäldern traf man im 20. Jahrhundert noch auf erkennbare Ackerfurchen, Steinfundamente und Gruben ehemaliger Keller und Teiche. Manche Waldteile mit besonderen Namen bezeichneten die Stellen, wo früher gleichnamige Dörfer oder Güter gewesen waren. Als mit der Zeit das Land wieder besiedelt wurde, mußte die inzwischen entstandene Wildnis erst wieder beseitigt werden. Das Dorf Frankenau (Kreis Rößel), das mitsamt der Kirche restlos zerstört und dessen Umgebung menschenleer geworden war, lag 100 Jahre als Wildnis da. Erst um 1570 begannen neue Siedler hier die Äcker wieder urbar zu machen und bauten das Kirchdorf wieder auf. Das ganze Kirchspiel Prossitten (Kreis Rößel) war so verwüstet und leergemordet, daß es dem von Kiwitten (Kreis Heilsberg) zugeschlagen wurde. Erst um 1600 waren wieder genügend Bewohner vorhanden, so daß in Prossitten wieder eine Kirche gebaut und 1608 eingeweiht werden konnte. Manche der verwilderten Gebiete wurden erst nach Jahrhunderten wieder kultiviert, andere niemals mehr. Der Pomehrrer Wald zum Beispiel, ein Forst von 600 Hektar südwestlich von Heilsberg, der damals auf Ackerboden entstanden war, wurde erst 1818 wieder urbar gemacht und besiedelt. Einen solchen Notstand, solche Armut und Verwilderung hatte es in diesem Land bisher noch nie gegeben.

Weiterleben im geteilten, verwüsteten Land

Der Neubeginn nach dem Städtekrieg war für die Überlebenden so mühsam und schwierig, daß lange Zeit fast nichts gemacht werden konnte. Die Bevölkerung, die überlebt hatte, war weitgehend verwahrlost. Besonders die Jüngeren kannten nichts anderes als rohe Gewalt, Raub, Zerstörung und Mord. Sie hatten keinen Beruf erlernt und keine Vorstellung von einem Leben ohne Krieg. In größter Not war die Landbevölkerung. Bis auf wenige Ausnahmen lagen Dörfer und Höfe in Schutt und Asche. Es gab keine Pferde, weder eine Kuh noch ein Huhn, kein Ackergerät oder Saatgetreide. Die Sorge der halbverhungerten Menschen galt der Beschaffung von etwas Eßbarem für den nächsten Tag. Weiter reichte ihr Streben vorerst nicht.

Der unter polnische Herrschaft gekommene Teil hieß offiziell jetzt „Königlich Preußen", wurde aber allgemein „Polnisch-Preußen" genannt. In der polnischen Geschichtsschreibung wird der „Erwerb" dieses deutschen Landes so gesehen: Das Angebot des Preußischen Bundes von 1454, sich der Person des polnischen Königs (nicht des polnischen Staates) als Schutzherr zu unterstellen, wird als konstituiver Akt (Titel juristischen Wertes) für eine rechtmäßige Erwerbung Preußens hingestellt. Der Bund war aber nicht der Landesherr, und seine Existenz war von Kaiser und Papst verurteilt und Acht und Bann über ihn ausgesprochen worden. Nicht einmal der Thorner Friede hatte diese Auffassung vertreten. Die Ansprüche auf Marienburg und Elbing werden auch noch mit dem Pfandverkauf der Söldner begründet, die selbst nach der Auffassung der weitherzigen Söldner ein gemeiner Verrat war. Hinzu kommt, daß das Geld dafür nicht einmal von Polen gezahlt wurde. Das sind die polnischen Rechtstitel auf dieses deutsche Land.

Für die drei großen Städte Polnisch-Preußens Elbing, Danzig und Thorn war die Oberhoheit des Königs von Polen zunächst nahezu rein formeller Art. Ihnen brachte diese Unabhängigkeit auch den erhofften wirtschaftlichen Aufschwung, wenn auch in unterschiedlichem Maße. Sie ahnten nicht, daß am Ende auch sie zu einem Schatten von dem absinken würden, was sie unter dem Orden gewesen waren. Die Adligen hatten 1454 die gleichen Rechte wie die polnischen erhalten, verloren aber gleich nach dem Friedensschluß ihre Vertretung in dem Amt des Statthalters. Den Vorsitz in Landesrat und Landtag führte nach 1479 der Bischof von Warmia (Ermland). Die Ordensdomänen wurden Staatsgüter unter der Leitung polnischer Starosten. Ein großer Teil davon wurde als „Ökonomien" für die königliche Hofhaltung betrieben.

Polen hielt sich weder an den Staatsvertrag von Krakau (1454) noch an den Friedensvertrag von Thorn (1466) und begann das deutsche Land rechtswidrig mit Gewalt zu polonisieren. Am leichtesten gelang dies in den ländlichen Gegenden. Das bäuerliche Recht wurde nach und nach beseitigt, so daß die Bauern schließlich Leibeigene nach polnischem Vorbild wurden. Die deutschen Klöster Pelpin, Oliva und Zuckau wurden ebenfalls polonisiert. Auch in den kleineren Städten gelang, entgegen den vertraglichen Zusicherungen, eine weitgehende Polonisierung der Verwaltung und eines Teiles der Bürger. Nur in den drei großen Städten, Danzig, Thorn und Elbing, konnte sich das Deutschtum noch lange Zeit rein erhalten. Der Erwerb des Bürgerrechts war an bestimmte Bedingungen gebunden, von denen die wichtigste war, daß der Bürger „deutscher Art und Zunge" sein mußte. Zum Beispiel wurde Nikolaus Kopernikus 1473 noch in einer rein deutschen Stadt geboren, in der kein Pole Bürgerrecht hatte, auch wenn Thorn schon sieben Jahre unter der Krone Polens stand. Alle Städte gingen aber mit der Zeit an Einwohnerzahl und Kultur zurück. Anfangs hatte Polnisch-Preußen noch das Indigenatsrecht, das ihm die Besetzung aller Ämter durch Landeskinder zusicherte. Aber Schritt für Schritt, durch einen Rechtsbruch nach dem anderen, beseitigten die Polen diese Sonderstellung. Neben den drei Städten erfüllten sich nur noch für den Adel die Erwartungen, der seine Untergebenen nun uneingeschränkt ausnützen und versklaven konnte.

Anders gestaltete sich das Weiterleben im Ermland, das weitgehend entvölkert und verwüstet worden war. Der Aufbau ging nur langsam voran. Nach zehn Jahren war noch nicht die Hälfte des ehemaligen Ackerbodens wieder bebaut, als die Polen erneut ins Land einfielen und das halb Aufgebaute wieder zerstörten. Nach dem Frieden von 1479 wurde wieder aufgebaut. Diesmal dauerte es bis 1520, als die Polen wieder das Land verwüsteten und ausplünderten. So übte der Polenkönig seine Schutzherrschaft über das Ermland aus, dem er alle Privilegien, Rechte und Freiheiten vertraglich garantiert hatte. Heutige Autoren schämen sich jedoch nicht zu schreiben: „Mit der Unterstellung unter die Krone Polens hatte das Ermland eine ‚gute Wahl' getroffen!" 20 Jahre nach dem „ewigen" Thorner Frieden lagen die meisten Dörfer noch immer als Trümmerhaufen da. Mit dem Aufbau der Stadt Bischofstein wurde erst 1481 begonnen. Durch den Mangel an Menschen, das Ausmaß der Zerstörungen und die neuen polnischen Einfälle zog sich der Aufbau über eine lange Zeit hin, und manches Dorf entstand nie wieder. Aber das Ermland entging weitgehend der Polonisierung, wie sie Westpreußen erleiden mußte, es blieb deutsch. Wenn die Bauern auch nie mehr den früheren Wohlstand erreichten, so konnte sich hier, trotz schwerer Bedrückung, der Bauernstand erhalten. Aber auch hier drängten sich Polen unter die deutsche Bevölkerung, und polnische Bischöfe vergaben Güter vorzugsweise an Polen.

Den Rest seines Landes, der dem Orden nach dem Frieden von 1466 verblieben war, mußte der Hochmeister als Vasall des polnischen Königs zu Lehen nehmen. Der Staat nannte sich weiterhin „Ordensland Preußen". Da der Orden die hohen Forderungen der Söldnerführer nicht anders befriedigen konnte, mußte er ihnen umfangreichen Grundbesitz übergeben. Diese grundlegenden Veränderungen der Besitzverhältnisse hatten das Ende des freien Bauerntums zur Folge. Die wichtigste Aufgabe war aber die Wiederbesiedlung der menschenleer gewordenen Gebiete, um sie vor der völligen Verwilderung zu bewahren und sie wieder produktiv zu machen. Es ließen sich aber nicht genug deutsche Siedler finden, und der Orden ließ nun erstmalig große Mengen polnischer und litauischer Einwanderer in das bisher nur von Prußen und Deutschen bewohnte Land.

Hochmeister Ludwig von Erlichshausen überlebte den Thorner Frieden nur ein halbes Jahr. Sein Nachfolger wurde 1467 der ehemalige Oberstspittler, Heinrich Reuß von Plauen, der die Ordenstruppen in dem langen Krieg tapfer geführt hatte. Er nahm seinen Sitz in Mohrungen. Auf seine Anordnung wurde das Ordensarchiv in der Burg Tapiau untergebracht, wo es bis 1722 blieb. Die ihm aufgezwungene Eidesleistung vor dem polnischen König empfand er angeblich als unerträgliche Schmach, die ihn auf der winterlichen Rückreise so bedrückte, daß er am 1. Februar 1470 in Mohrungen einem Schlaganfall erlag. Ihm zu Ehren nahm der spätere Kreis Mohrungen 1928 den Löwen des Hauses Plauen in sein Wappen auf.

Wie sein Vorgänger, so hatte auch der nächste Hochmeister, Heinrich Reffle von Richtenberg (1470–77), Ärger mit dem Komtur von Memel. Während des Krieges war die Kaperei für die livländischen Komture von Memel eine zweckmäßige Betätigung gewesen, und es heißt, daß sie nicht nur Danziger, sondern auch gelegentlich Lübecker Schiffe überfallen hatten. Nach dem Krieg übergab der Meister von Livland Memel wieder dem Hochmeister. Die Memeler führten aber den gewohnten Kaperkrieg unbekümmert fort, und die Danziger fragten 1467 zu Recht, ob der Komtur von Memel auch im Friedensvertrag einbegriffen sei. Die wilden Gesellen, die im Krieg lobenswerte Dienste geleistet hatten und gewohnt waren, auf eigene Faust zu handeln, brachten im Frieden den Hochmeister in peinliche Verlegenheit, da sie ihre Lieblingsbeschäftigung nicht aufgeben wollten. Auf dringende Aufforderung Lübecks war der Hochmeister schließlich gezwungen, scharf durchzugreifen und 1472 Memel regelrecht zu belagern, um die Seeräuber in der frommen Ordenstracht wieder zu einer ehrbareren Lebensweise zu zwingen.

Der nächste Hochmeister, Martin Truchseß von Wetzhausen (1477–89) wagte sogar, Krieg gegen Polen zu führen. Aber alle sechs Hochmeister, die nach dem Thorner Frieden Ludwig von Erlichshausen nachfolgten, scheiterten in ihrem Bestreben, die polnische Lehnshoheit im Guten oder Bösen abzuwerfen.

Der livländische Orden, der seine preußischen Brüder in ihrem schweren Ringen meistens im Stich gelassen hatte, mußte sich jetzt alleine gegen den Angriff der polnisch-litauischen Großmacht wehren. Was sich vorher in Preußen abgespielt hatte, wiederholte sich nun in Livland. Nicht alle Chronisten brachten es über sich, die Untaten im einzelnen niederzuschreiben; einer, der es tat, war der Heermeister Berndt von der Borch. Unter dem Datum des 25. März 1480 schrieb er: „[…] wie sie […] im Lande umherzogen, Jungfrauen und Frauen vergewaltigten, ihre Brüste abschnitten und den Männern in den Mund stießen, den Männern die Geschlechtsteile abschnitten und den Frauen in den Mund hingen, den Christen Nasen und Ohren abschnitten, sie jagten, henkten, räderten, ihnen Hände und Füße abhieben, schwangere Frauen aufschnitten und die Leibesfrucht herausnahmen und aufspießten, die Därme an Bäume nagelten und die Leute trieben, ihre eigenen Eingeweide aus dem Leib zu reißen und viel mehr unmenschliche Übeltaten."

Der Orden konnte sich aber noch 80 Jahre in Livland gegen die polnisch-litauische Union halten. Sogar eine neue Gefahr wehrte er erfolgreich ab, als Iwan III. 1502 mit 30.000 russischen Reitern in Livland einfiel. Aber schließlich mußte der letzte Ordensmeister, Gotthard von Kettler, 1561 auch sein Land dem Polenkönig überlassen.

Ein besonders entwürdigender Artikel des Thorner Friedens war die Verpflichtung des Ordens, dem polnischen König Heeresfolge zu leisten. Wegen der Notlage des Ordens wurde diese Forderung für 20 Jahre ausgesetzt. Seit 1486 forderte Polen aber wegen der Türkengefahr mit Nachdruck den Kriegsdienst des Ordens. Als Hochmeister Truchseß von Wetzhausen der Forderung nachkommen wollte, wurde er jedoch an der Grenze auf beleidigende Weise wieder zurückgeschickt. Weit schlimmer erging es Hochmeister Johann von Tiefen, den das Volk „Meister Hans" nannte. Als er 1497 mit 400 Rittern nach Podolien aufbrach, fand er auf dem Weg nirgendwo die geringste Versorgung. Die polnischen Beamten zeigten sich überall gehässig und feindselig. Auf die Klagen des Hochmeisters beim König wurde ihm bedeutet, Verpflegung sei seine Angelegenheit und in der Pflicht zur Heeresfolge einbegriffen. Unter großen Entbehrungen gelangte er bis an den Dnjestr, wo er nicht gegen die Türken, sondern für rein polnische Interessen gegen das Fürstentum Moldau eingesetzt wurde. Der polnische Angriff scheiterte bereits an der Grenzfeste Suczawa. Von den Rittern des

Hochmeisters kehrten nur wenige zurück. Er selbst starb auf dem Rückmarsch in Lemberg an der Ruhr.

Von dem so schmachvoll umgekommenen Hochmeister Johann von Tiefen stammt der Plan, den er durch Verhandlungen auch schon vorbereitet hatte, einen deutschen Reichsfürsten zu seinem Nachfolger einzusetzen, dem es mit Hilfe des Reiches vielleicht gelingen würde, aus der polnischen Lehnshoheit zu entkommen. Erstmalig in der Geschichte des Ordens wurde daher 1498 nicht ein Gebietiger des Ordens, sondern ein deutscher Prinz, Herzog Friedrich von Sachsen-Meißen, zum Hochmeister gewählt. Da er erst jetzt in den Orden eintrat, hatten die Ritter nicht die gleiche Achtung für ihn wie für seine aus dem Orden hervorgegangenen Vorgänger. Friedrich brachte neue Ideen und weltliche Räte vom Hofe seines Vaters nach Preußen. Er führte umwälzende Reformen der Heeresverfassung, der Verwaltung und des Gerichtswesens durch und umgab sich mit humanistisch gebildeten Personen. So traten schon unter ihm die ersten Anfänge für eine Umwandlung des Ordensstaates in ein weltliches Fürstentum in Erscheinung.

Nachdem die Hochmeister die Marienburg verlassen hatten, war ihr Leben armselig geworden, das sich unter Hochmeister Friedrich änderte. Die weltlichen Räte aus dem Reich wollten den gewohnten Luxus nicht entbehren, und am Sitz des Hochmeisters entfaltete sich bald ein höfischer Glanz. Die Ritter in höheren Positionen wollten nicht zurückstehen; die einfache Ordenssitte verschwand, und das Leben der Ritter gestaltete sich mehr und mehr weltlich.

In Kaiser Maximilian I. (1493–1519), den man den letzten Ritter nennt, fand der Orden noch einmal einen deutschen Herrscher, der sich für den Orden einsetzte. In einem Schreiben an Papst Julius II. (1503–13) erklärte er: „Nicht einen Fußbreit Raumes in Preußen oder anderen Ländern des Ordens besitzen die Polen mit gültigem Recht." Auf seine Beziehungen zu anderen Reichsfürsten vertrauend, verweigerte Friedrich standhaft, bis zu seinem Tod 1510, als einziger Hochmeister dem Polenkönig den Huldigungseid. Auf dessen Beschwerde bei Kaiser Maximilian ließ dieser den polnischen König wissen: „Dem Hochmeister als Fürsten des Reiches geziemt nicht, einen solchen Eid zu leisten. Er ist auch nicht in der Lage, ihn zu halten, da das für das Reich und die deutsche Nation unleidlich ist. Wenn der Orden jetzt nicht in der Lage ist, Türkenhilfe zu leisten, so liegt das an dem Vertrage [zweiter Thorner Friede], der ihn seiner Länder beraubt hat."

Damit hatte Hochmeister Friedrich Rückendeckung, zumal weder Kaiser noch Papst den zweiten Thorner Frieden anerkannt hatten. Trotzdem mußte er stets den Krieg mit Polen fürchten. Auf dem Reichstag zu Worms 1509 erreichte er sogar, daß der Polenkönig einer Erörterung der preußischen Frage zustimmen mußte. Die Beauftragten des Kaisers, des Papstes, der deutschen Fürsten, des Königs von Ungarn und der beiden streitenden Parteien versammelten sich 1510 in Posen.

In wochenlangen Verhandlungen legten die Redner des Ordens ihren rechtmäßigen Anspruch auf das Preußenland dar. Sie erklärten, daß sie ihr Land mit rechtlichem, redlichem und ritterlichem Titel besessen hätten und daß der Polenkönig einen großen Teil davon durch Unrecht und Gewalt in seinem Besitz halte. Die Behauptung der Polen, daß all das Land irgendwann einmal zu einem polnischen Reich gehört hätte und daher urpolnisches Land sei, waren dieselben Lügen, mit denen auch heute der Raub deutschen Landes gerechtfertigt wird. Die große Posener Konferenz lief ergebnislos auseinander, denn wer sollte den Polen das geraubte Land entreißen?

Nach mehrjähriger Abwesenheit von Preußen starb Hochmeister Friedrich 1510 in seiner Heimat. Im Chor des Königsberger Domes hingen bis 1944 die lebensgroßen Tafelbilder der letzten sechs Hochmeister vor Albrecht von Brandenburg. Nur Friedrich von Sachsen stand mit erhobenem Schwert, während die anderen es gesenkt hielten, weil er als einziger dem Polenkönig den Lehnseid verweigert hatte.

Die ärztliche Heilkunst bot damals ein trauriges Bild. Neben der immer wieder auftretenden Pest – sie brach 1505 wieder aus – war die Bevölkerung auch allen anderen Krankheiten und Seuchen schutzlos ausgeliefert. Die ärztliche Wissenschaft war so weit verkümmert, daß ein Kranker, der sich in die Hände der Ärzte begab, im Prinzip die Aussicht auf Genesung aufgab. Die Behandlung bestand vor allem im Aderlaß, der so lange wiederholt wurde, bis

In dem im 14. Jahrhundert erbauten Dom zu Königsberg wurden die sterblichen Überreste von mehreren Hochmeistern des Deutschen Ordens beigesetzt. Zudem erinnerten lebensgroße Tafelbilder an das Wirken der letzten sechs von ihnen vor Albrecht von Brandenburg.

der Kranke ausgeblutet war und starb. Man sagte: „Die Priester füllen die Kirchen, die Ärzte die Kirchhöfe." Im Ordensland hatten die Menschen jedoch weniger darunter zu leiden, denn selbst in Königsberg gab es keinen Arzt, bis der letzte Hochmeister Albrecht um 1520 einen schwäbischen Leibarzt einstellte. Es gab dort aber zwei Apotheker, die sich mit Heilkunde befaßten. Nur der Bischof von Ermland hielt sich schon seit langem einen Hofchirurgus. Unter dem Volk blühte das Handwerk von Kräuterfrauen, Krankenbesprechern und Kurpfuschern. Aderlaß und Zähneziehen gehörten zum Beruf der Barbiere. Von dem einst so vorbildlichen Spitalwesen des Ordens war nichts mehr übriggeblieben.

Neben den epidemischen Seuchen Pest, Pocken und Typhus war die Lepra (im Volksmund Aussatz genannt) eine weitere Volkskrankheit, die im 13. und 14. Jahrhundert weit verbreitet war. In fast allen größeren Städten gab es Leprosenkrankenhäuser: meist ein St. Georgs-Hospital außerhalb der Stadtmauer. In manchen Städten gibt es heute noch die Gutleutstraße, die daran erinnert, daß damals dort die Leprakranken in strikter Absonderung von der übrigen Bevölkerung untergebracht waren. Durch strenge Isolierung der Erkrankten konnte die Lepra im 17. Jahrhundert weitgehend, wenn auch nicht ganz beseitigt werden.

Chirurgische Eingriffe, die mancherorts schon in der Steinzeit mit Erfolg durchgeführt worden waren, durften nicht vorgenommen werden, weil der Körper ein Werk Gottes war, an dem keine Veränderungen erlaubt waren. Krankheiten waren Strafen Gottes und Heilversuche sündhafte Eingriffe in seinen Willen. Diese Auffassung galt offenbar nicht, wenn bei der Folterung dieses Ebenbild Gottes verstümmelt und bei der Hinrichtung zerstückelt wurde.

Die Währung im Ordensland war um 1480 der Goldgulden, der 24 Groschen oder 108 Heller bzw. 216 Pfennig entsprach. Der Tagelohn eines Bauarbeiters betrug im Sommer 22, im Winter 18 Heller; der eines Maurers im Sommer 40, im Winter 32 Heller. Ein Brot kostete eineinhalb, ein Pfund Butter zwei, ein Pfund Rindfleisch vier Heller. Ein Rind war zwei, ein Pferd zehn Gulden wert. Um 1500 hatte sich das Geld so weit verschlechtert, daß neue Groschen eingeführt werden mußten. Der Groschen hatte drei Schillinge und der Schilling sechs Pfennige.

In Europa zeigte sich der Anfang eines neuen Zeitalters. Die spätere Souveränität der Fürsten bildete sich zunehmend weiter aus. Im Südosten des Reiches drohte der Einbruch der Türken, die 1529 vor Wien standen. In dieser Zeit des Umbruchs und Aufruhrs, in der das Mittelalter zu Ende ging und auch die konfessionellen Auseinandersetzungen begannen, trat ein Ereignis ein, das die bisherige Vorstellung über die Beschaffenheit der Erde drastisch änderte: Am anderen Ende der Welt betrat der Seefahrer Christoph Kolumbus am 12. Oktober 1492 die Bahamainsel Guanahani. Auch wenn Teile des amerikanischen Kontinents schon seit Jahrhunderten bekannt waren, gilt er als Entdecker Amerikas.

In dem neu entdeckten Amerika machten die Spanier die Bewohner mit den Segnungen ihrer christlichen Kultur bekannt, indem sie ausgeraubt, versklavt oder ausgerottet wurden. Die Indianer rächten sich, wenn auch unbewußt, indem sie den Eroberern mit dem geraubten Gold auch die bisher in Europa unbekannte Syphilis mitgaben. Unter den Indianern hatte sie ihre Bösartigkeit weitgehend verloren; auf Europäer übertragen, wütete sie mit neuer tödlicher Gewalt. Ebenso brachten die Amerikafahrer den Tabak nach Europa. Die gesundheitsschädlichen Auswirkungen des Rauchens, wie sie heute bekannt sind, haben vielleicht ebensoviele Weiße umgebracht, wie Indianer von Weißen getötet wurden. Die Ausrottung der Indianer hat aufgehört, Tabak und Syphilis füllen heute aber immer noch Krankenhäuser und Friedhöfe.

Entlohnung der Söldnerführer

Das Ende des Städtekrieges brachte der Landbevölkerung im Ordensland eine totale Umwälzung der bisherigen Besitzverhältnisse, die das Ende des Bauerntums einleitete. Der völlig verarmte Orden trug eine enorme Schuldenlast: Er mußte die verpfändeten Burgen und Städte auslösen und die Söldnerführer entlohnen.

Aus dem Land konnte er für lange Zeit kaum etwas herausholen, da es größtenteils verwüstet dalag und selbst Hilfe brauchte. Aus dieser Notlage konnte sich der Orden nur durch

Abgabe seines Bodens befreien. Daher entschädigte er die Söldnerführer mit Ordensdomänen und großen Ländereien für ihre geleisteten Dienste. Auch einheimische Adlige hatten Forderungen. Der Söldnerführer Wendt zu Ileburg (Eulenburg) erhielt im April 1468 das 114 Hufen (1.927 Hektar) große Gut Gallingen südlich von Bartenstein, das seine Nachkommen noch 1945 besaßen. Der schwäbische Ritter Albrecht von Ammerthal erhielt im gleichen Jahr Burg und Dorf Leunenburg (südwestlich von Schippenbeil). Den Brüdern Georg und Christoph von Schlieben wurde 1469 die Burg und das ganze Hauptamt Gerdauen verliehen, wozu auch die Stadt Nordenburg gehörte. Auf diese Weise erhielten auch die Dohna, Königsegg, Egloffstein, Waldburg, Tautenberg und eine Reihe weiterer Adelspersonen ihre Güter. Unnatürlich große Besitzungen entstanden, bei denen Größen von 10.000 Hektar keine Seltenheit waren. Die großen Güter des 20. Jahrhunderts waren noch Überreste davon. Diese Adelsfamilien stiegen später als ständische Gesellschaftsgruppe im preußischen Staat zu bedeutender Macht empor.

Der Adel, der durch Verschmelzung des prußischen mit dem deutschen schon sehr stark war, wurde durch Hinzukommen der Söldnerführer jetzt übermächtig. Die Rechte und Einnahmen dieser riesigen Ländereien gingen vom Orden auf die Grundbesitzer über. Viele bis dahin freie Dörfer sowie kleine und mittelgroße Güter verloren ihre Selbständigkeit. Die negativen Auswirkungen dieses Besitzwechsels wären weniger fühlbar gewesen, wenn der Orden sein Land behalten hätte und die Entlohnung der Söldnerführer sich über das ganze Ordensland verteilt hätte. Jetzt konzentrierte sich diese Landvergebung in dem stark verkleinerten Restgebiet mit der unseligen Folge, daß aus den freien Untertanen des Ordens die Leibeigenen der Grundbesitzer wurden. In der Zeit von 1426 bis 1519 vergrößerte sich der Großgrundbesitz von etwa 28 auf 57 Prozent. Der Bauer wurde zum Zubehör des Ackers seines Grundherrn, billig wie ein Stück Vieh. Bald kam die Zeit, wo es keine Bauern mehr gab, nur noch Grundbesitzer und Sklaven, die aber weiterhin Bauern genannt wurden.

Die verheerenden Folgen des Städtekrieges schufen auch die Voraussetzungen zur Verschmelzung von Deutschen und Prußen. Dem einst so selbstbewußten und wohlhabenden deutschen Bauern war oft nicht mehr als das nackte Leben geblieben. Seine Freiheit verlor er, indem der Orden mit ihr seine Schulden bezahlte. Das stolze Nationalgefühl, in dem er sich einst von den Prußen weit getrennt fühlte, war nicht mehr vorhanden. Er stand mit dem Prußen jetzt auf gleicher Stufe, denn beide waren Sklaven eines Grundherrn geworden. Jetzt erst fühlten sie sich allmählich als gleichberechtigte, weil gleich unterdrückte, Untertanen des Staates. Trotzdem behielten die überwiegend von Prußen bewohnten Gegenden weiterhin ihre Eigenart, und die prußische Sprache lebte noch anderthalb Jahrhunderte weiter. Zwischen dem Ermland und dem Gebiet des Ordens entstand durch diesen Wechsel des Grundbesitzes ein weiterer Unterschied. Der Bischof hatte kaum Söldner zu entlohnen; daher gab es im Ermland wenige große Güter, und im Gegensatz zum Ordensgebiet blieb der Bauernstand hier bestehen.

Siedlungstätigkeit nach 1466

In der Besiedlung des Preußenlandes sind zwei Perioden zu unterscheiden. Die erste währte von der Niederwerfung der Prußen bis etwa 1400. Neben und zwischen die prußische Bevölkerung wurden damals fast nur Deutsche angesiedelt. Mit dem Beginn der Kriege Polens gegen den Ordensstaat hörte 1410 diese Entwicklung auf. Nach dem alles zerstörenden Städtekrieg begann die zweite Siedlungsperiode, die ganz andere Besitzverhältnisse schuf. Um die menschenleer gewordenen Gebiete als Bauernland zu erhalten, bot der Orden das Land zu günstigen Bedingungen an. Den Siedlern wurde Zins und Scharwerk erlassen; nur das Pflugkorn und Mithilfe beim Burgenbau wurden verlangt. Allein im Kreis Lyck konnten bis 1485 für 87 wiedererstandene Siedlungen Gründungsurkunden ausgestellt werden. Der Zuzug deutscher Siedler ließ aber bald nach, und auch die Binnenwanderung war wegen der fehlenden Menschen schnell erschöpft.

In dieser Not ließ der Orden die massenweise Einwanderung von Masowiern in die südlichen Landesteile zu und nahm litauische Bauern im Norden auf. So wurden besonders die

Gegenden von Osterode, Neidenburg und östlich von Ortelsburg, die vor dem Krieg von Deutschen bewohnt gewesen waren, jetzt weitgehend von Masowiern bevölkert. Offensichtlich war das Leben im besiegten Ordensland für diese Menschen besser als im siegreichen Polen. Der polnische König forderte, daß die täglich aus seinem Land entweichenden Bauern vom Orden zurückgetrieben werden sollten. Auch die Herzöge Masowiens verlangten die Auslieferung ihrer geflohenen Bauern. Der Hochmeister mußte dem König antworten, daß er seine Amtsleute entsprechend anweisen wolle, schützte aber die Zuwanderer, soweit es möglich war. Die Anzahl der bis 1525 eingewanderten Masowier, aus denen später die Masuren wurden, wird mit 20.000 bis 25.000 angegeben.

Die polnische Geschichtsschreibung behauptet, daß sofort nach der Eroberung Masurens durch den Ritterorden im 13. Jahrhundert das ganze Gebiet von Polen besiedelt wurde, die alle Kulturarbeit geleistet hätten. Diese Ansicht vertrat besonders der polnische Historiker Albrecht Ketrzynski. Zum Dank für den „Beweis", daß Masuren von Polen erschlossen und aufgebaut worden war, nannten sie die Stadt Rastenburg nach der Vertreibung der deutschen Bewohner 1945 Ketrzyn.

Ketrzynski war der Sohn des deutschen Gendarmen Josef Winkler und seiner deutschen Ehefrau (geborene Raabe) aus Lötzen. Albrecht Winkler besuchte die Herzog-Albrecht-Schule in Rastenburg und studierte auf der Königsberger Universität. Er erlernte die polnische Sprache, wechselte seinen Namen zu Ketrzynski und wurde ein fanatischer Verfechter polnischer Interessen.

Es gibt genug unwiderlegbare Quellen, die keinen Zweifel darüber lassen, daß die Masseneinwanderung der Masowier erst nach 1466 erfolgte. Ein überzeugendes Dokument ist das Landschöffenbuch der Komturei Osterode. Darin sind alle Besitzwechsel im Gebiet der Komturei eingetragen, die in der Zeit von 1384 bis 1519 infolge Tod, Verkauf, Vererbung, Tausch usw. erfolgten. Das Schöffenbuch enthält vor 1466 nur ganz wenige polnische Namen und vor 1411 überhaupt keinen. Das Gebiet war also bis zu der unglücklichen Schlacht bei Tannenberg nur von Deutschen besiedelt und kultiviert worden. Von 1411 bis 1466 erscheinen Polen in ganz wenigen Fällen als Käufer. Nach dem Zusammenbruch des Ordensstaates wanderten die Masowier aber massenweise ein, und das Schöffenbuch wimmelt nach 1466 von polnischen Namen. Das Land war leergemordet, verwüstet und die ehemals kultivierte Ackerfläche zu einem großen Teil herrenlos geworden. Die überlebenden Besitzer oder deren Erben waren nicht in der Lage, das Land wieder zu bewirtschaften und die Gebäude aufzubauen. So ging ein großer Teil des Grundbesitzes an die einwandernden Masowier über.

Da das Schöffenbuch auch die Preise nennt, sieht man, daß die Masowier das Land zu Spottpreisen erwarben. Neben diesen Polen, die Geld hatten, um sich anzukaufen, kamen die Massen der einfachen Bauern, die der Knute ihrer Grundherren entflohen waren und vom Orden in den verwilderten Gegenden angesiedelt wurden, wo die ehemaligen deutschen Besitzer mitsamt ihren Erben Opfer des Krieges geworden waren und niemand mehr einen Anspruch auf das Land erhob. Auch der Bischof von Ermland siedelte in dem entvölkerten Südteil seines Territoriums (Gegend von Allenstein) eine bedeutende Anzahl Masowier an.

Der Wahrheit wegen soll dazu auch bemerkt werden, daß die Nachkommen dieser masowischen Einwanderer einmütig auf seiten Deutschlands standen, als das Reich nach dem Ersten Weltkrieg gedemütigt am Boden lag und der neu entstandene polnische Staat vorgab, als Sieger nun zu unbegrenzter Höhe emporzusteigen. Sie wollten lieber besiegte Deutsche als siegreiche Polen sein und stimmten in der Volksabstimmung von 1920 mit 99,3 Prozent für Deutschland. Niemand kannte wohl besser als sie den Unterschied zwischen deutscher und „polnischer Wirtschaft". In dem weiter landeinwärts gelegenen Bezirk Allenstein stimmten 97,8 und im Bezirk Marienwerder 92,3 Prozent für Deutschland. Es waren also gerade die Gebiete, die von den Polen als „rein polnisch" deklariert worden waren, die die höchste Stimmenzahl für Deutschland abgaben.

Auch die Ansicht, daß der Nordosten des Ordenslandes von Litauern kolonisiert wurde, hält keiner Nachprüfung stand. Nach der Vertreibung der prußischen Bevölkerung durch den Ritterorden wurden in der Gegend von Ragnit und Tilsit Schalauer angesiedelt, was Dutzende Verleihungsurkunden beweisen. 1411 ist in diesem Gebiet nur ein einziger Litauer nachzuweisen. In einem herzoglichen Schreiben von 1551 heißt es, daß die „Schalwen zur Splitter (Tilsit) und die Prußen im Hakelwerk hinter der Tilse [...] vom Geschlecht der alten Preußen seien". Daß hier Preußisch gesprochen wurde, beweist ein Gesuch des Burggrafen von Tilsit, Moritz von Perschkau, der die Bestätigung eines Pfarrers erbittet, „sonderlich dieweil er auch der preußischen [prußischen] Sprache kundig" sei. In Nadrauen sind noch im 15. Jahrhundert alle Orts- und Personennamen prußisch oder deutsch. Vor 1500 waren nur vereinzelt Litauer angesiedelt worden, wobei es sich meistens um mißhandelte Leibeigene handelte, die der Willkür ihrer Grundherren entflohen waren, um unter dem milden Recht des Ordens zu leben. Der Orden nahm all diese Flüchtlinge unter der Bedingung auf, daß sie zurückgeführt werden sollten, sobald ganz Litauen erobert sein würde.

Nach den Verwüstungen und dem Verlust von Land und Menschen war der Orden auf Ersatz angewiesen. So wie er im Süden die Einwanderung der Masowier duldete oder gar förderte, so suchte er hier durch die Kolonisation der Wildnis einen Ausgleich für die verlorenen Westgebiete zu erreichen. Bei dem Mangel deutscher Siedler gab er diese Gebiete zur Einwanderung für litauische Bauern frei, die nun in Scharen ins Land kamen. Einzelhöfe schwollen zu Dörfern an, die mit litauischen Namen benannt wurden. So wie die Polen im Süden durften auch die Litauer im Norden ihre Sprache weiter pflegen, und auch sie wurden treue Deutsche. Als Litauen seine Eigenstaatlichkeit, erst unter Polen, dann unter Rußland, verloren hatte und alles Litauische unterdrückt wurde, war es Preußen, das die litauische Sprache schützte und förderte.

Das erste litauische Buch (1547), die erste Bibelübersetzung (1590), die erste litauische Grammatik (1653) und das erste wissenschaftliche Werk über die litauische Sprache (1747) wurden in Ostpreußen gedruckt. Der erste Lehrstuhl für Litauisch an der Königsberger Universität wurde 1718 eingerichtet, und 1822 erschien in Ostpreußen die erste litauische Zeitschrift. Die heutige litauische Hochsprache beruht daher auf der Mundart der ostpreußischen Litauer, und ihre Grammatik ist auf den erstmalig in Ostpreußen entwickelten Regeln aufgebaut. Hier, nicht in Litauen, begann die litauische Schriftkultur, denn bis dahin hatte es keine litauische Schrift gegeben.

Der Pfaffenkrieg

Als das Ermland unter den Schutz der Krone Polens trat, hatte sich der polnische König Kasimir IV. vertraglich verpflichtet, alle Rechte, Privilegien und Freiheiten der Ermländer zu respektieren und zu schützen. Aber schon bei der ersten Gelegenheit zeigte er, wie wenig er daran gedacht hatte, das zu tun. Es gab keinen Zweifel, daß nach diesem Vertrag das Domkapitel das Recht hatte, seinen Bischof aus der Reihe der Domherren frei zu wählen, so wie es auch unter dem Orden immer geschehen war. Am 23. Juli 1467 starb Bischof Paul von Legendorf, der die Verträge mit dem Polenkönig abgeschlossen hatte, und das Domkapitel wählte den aus Wormditt stammenden Domherrn Nikolaus von Tüngen rechtmäßig zum neuen Bischof, der auch vom Papst bestätigte wurde. König Kasimir war aber nicht gewillt, solche Freiheiten den Ermländern weiterhin zu gewähren, auch wenn er sie vertraglich garantiert hatte. Mit großer Unverschämtheit verlangte er, die Wahl rückgängig zu machen und den von ihm bestimmten polnischen Bischof Vinzenz Kielbassa als neuen Bischof für das Ermland einzusetzen. Dieser erschien alsbald mit einem starken Aufgebot polnischer Truppen im Ermland, um mit einer grausamen Schreckensherrschaft die Ermländer zu seiner Anerkennung zu zwingen. Der Haß und Widerstand der Bevölkerung bewog ihn aber bald, auf das Ermland zu verzichten. Der Polenkönig gab jedoch nicht nach und ernannte nun seinen Sekretär, Andreas Oporowski, zum neuen Bischof. Dieser zog nun mit einem noch größeren Heeresaufgebot ins Ermland und wütete auf die übliche Weise furchtbar mit Raub, Brand und Mord unter der wehrlosen Bevölkerung. Was nach dem Krieg wieder mühsam aufgebaut und erwirtschaftet worden war, wurde erneut geraubt oder zerstört. Sogar die Domkirche von Frauenburg wurde geplündert und verwüstet und die Domhöfe niedergebrannt.

In dieser Zeit gerieten Ungarn und Polen in ernsthafte Streitigkeiten. Bischof Nikolaus sah hier eine Möglichkeit, die immer weiter um sich greifende Schreckensherrschaft der Polen in seinem Land zu beenden. Auch der Hochmeister nutzte die Gelegenheit und hoffte, die polnische Oberhoheit abwerfen zu können. Zwischen Bischof Nikolaus von Tüngen und dem Ungarnkönig Matthias I. wurde ein Bündnis geschlossen, dem 1477 auch der Orden beitrat. Mit einem Vertrag vom 13. Februar 1477 stellte der Bischof das Ermland unter den Schutz des Ungarnkönigs. Die damit bedingte Loslösung vom polnischen König begründeten Bischof und Domkapitel damit, daß König Kasimir ihnen sehr böse gesonnen sei, weil sie pflichtgemäß die Freiheiten ihrer Kirche zu verteidigen versucht hätten. Von Tag zu Tag drohten ihnen größere Gefahren von dem König, den sie bisher in keiner Weise dazu hätten bringen können, ein Konservator ihrer Rechte zu sein, wie er das vertraglich beschworen habe. Mit diesem Vertrag suchte der Bischof dem Ermland die staatsrechtliche Stellung eines unabhängigen Territoriums zu verschaffen, so wie es aufgrund des ersten Vertrages mit dem Polenkönig (1464) geschaffen worden war. Da sein Vorgänger im Vertrag von 1464 als unabhängiger Landesherr aufgetreten war und als solcher das Ermland unter den Schutz des Polenkönigs gestellt hatte, hoffte der Bischof mit demselben Recht sich jetzt unter den Ungarnkönig stellen zu können. Natürlich wußte er, daß diese theoretische Selbständigkeit praktisch nicht bestand und nur durch einen siegreichen Krieg gegen Polen erreicht werden konnte. Das bewies ihm der Polenkönig auch recht bald, indem er 1478 mit Krieg die Antwort gab, der hauptsächlich im Ermland und im westlichen Ordensgebiet ausgetragen wurde. Wieder kam es zu den üblichen schweren Verwüstungen des Landes und den unermeßlichen Leiden der Bevölkerung.

Der Polenkönig setzte schließlich seine ganze Heeresmacht ein, um dem Ermland zu zeigen, wer hier jetzt Herrscher war. Um manche Städte und Burgen wurde schwer gekämpft, aber schließlich kamen alle in polnische Gewalt. Nur die starke Burg Heilsberg konnte sich halten, die von dem polnischen Hauptmann Jan Bieli belagert wurde. Seine Truppe versorgte er üppig durch brutale Ausraubung des umliegenden Landes. Vom Schloßberg südlich der Burg beschossen die Polen die Burg mit Geschützen. Da die Entfernung aber zu groß war, versuchten sie einige Geschütze auf Flößen näher an die Burg heranzubringen. Die Flöße hielten aber dem Rückstoß beim Abschuß nicht stand; die Kanoniere fielen ins Wasser, und Heilsberg konnte nicht bezwungen werden.

Erschütternd sind die Berichte in den Kirchenbüchern über die furchtbaren Leiden der Bevölkerung und die grausame Verwüstung des Landes. Sie berichten Einzelheiten über die „grausamen Sterbungen" und von den Dörfern und Höfen, die „nach dem Brande der Polen" ohne Leben in Schutt und Asche lagen. So grauenhaft wütete der Polenkönig unter den Menschen, denen er „ewigen, unverbrüchlichen, wahrhaftigen, christlichen Frieden" und Wahrung all ihrer Rechte feierlich gelobt hatte. Es gibt in der Geschichte kaum ein zweites Beispiel, daß ein König oder ein anderer Herrscher sein Wort und seine eigenen Verträge derart ehrlos brach.

Die großen Städte Polnisch-Preußens wagten nicht dem Ermland zu helfen, da sie um ihre eigenen Privilegien bangten, obwohl es sich hier um Rechtsbrüche handelte, die nächstens auch sie treffen würden. Daß auch der Preußische Bund 1464 mit Zustimmung König Kasimirs einen Vertrag zum Schutz der Rechte des Ermlands mit dem Bischof abgeschlossen hatte, wagte schon jetzt niemand mehr zu erwähnen, denn drohend schwebte über allen das Schwert des wort- und vertragsbrüchigen Polenkönigs.

Als Ungarn sich ohne seine beiden Vertragspartner, den Bischof und den Hochmeister, mit Polen verständigte, mußte der Krieg ergebnislos abgebrochen werden, denn die Machtmittel des Ordens und des Bischofs alleine reichten nicht aus, um Polen zu besiegen. Bischof Nikolaus war gezwungen, mit König Kasimir einen Waffenstillstand zu schließen. Die polnischen Hauptleute wollten aber davon nichts wissen und das herrliche Leben auch weiterhin genießen. Sie ließen ihre wilden Scharen weiter rauben und morden. Der Bischof klagte darüber: „[…] ist kein Glaube in denselben Leuten; derselben größte Seligkeit ist, daß sie ihren Glauben mit Hinterlist und Falschheit tun beflecken. Wir haben davon im Stuhl zu Rom viel Erfahrung."

Beim Waffenstillstand wurde die Burg Heilsberg dem als neutral geltenden Preußischen Bund übergeben, der den Danziger Ratsherrn Michael Ertmann als Burghauptmann einsetzte. Da die Vereinbarungen des Waffenstillstands von den Polen nicht eingehalten wurden, setzte sich der Bischof durch einen kühnen Handstreich wieder in den Besitz der Burg. Es war bekannt, daß Ertmann „sünntags in der statt mit seinen gevattern frohlich war und das schloß nicht in sunderlicher hutt" hielt. Als Ertmann mit seinem Gefolge wieder einmal in der Stadt „fröhlich" war, besetzte der Bischof, mit seiner Truppe aus Guttstadt kommend, überraschend die Burg, und der aus dem Wirtshaus erschrocken herbeieilende Ertmann pochte vergeblich an das geschlossene Burgtor.

Der unglückliche Ausgang des Krieges zwang Bischof und Domkapitel, sich erneut Polen zu unterwerfen. Im Petrikauer Vertrag (15. Juli 1479) erkannte König Kasimir zwar den deutschen Bischof Nikolaus von Tüngen an, legte den Ermländern aber eine Reihe neuer Bindungen auf: Die ermländische Kirche und ihre Untertanen gehören zu Polen. Sie dürfen nur einen Bischof wählen, der dem Polenkönig genehm ist. Jeder Bischof und jeder Domherr hat dem polnischen König einen persönlichen Treueid zu schwören. Die Ermländer müssen in allen Kriegen dem Polenkönig Hilfe leisten und ihre Städte und Burgen ohne Widerstand den polnischen Kriegsvölkern öffnen. Ihnen ist verboten, ohne Wissen und Willen des polnischen Königs Verträge, Bündnisse oder einen Waffenstillstand zu schließen. Darüber hinaus müssen die Landvögte, alle Geistlichen und in Abständen von zehn Jahren auch alle Untertanen dem König und der Krone Polens Treue schwören. Dazu wurde den Bischöfen die hohe Gerichtsbarkeit genommen, die sie bis jetzt uneingeschränkt ausgeübt hatten; sie ging auf den Polenkönig bzw. auf den von ihm ernannten Vertreter über. Solche Verpflichtungen und Beschränkungen ihrer Rechte hatten die Bischöfe Warmias bisher in der ganzen Geschichte des Bistums nicht gekannt.

Nicht der Vertrag von 1464 oder der Thorner Friede von 1466, sondern dieser Vertrag stellte nun auch rechtlich die Untertänigkeit zu Polen klar heraus, die praktisch schon seit dem Ausscheiden des Ermlands aus dem Ordensstaat bestanden hatte. Bei diesem Rechtszustand, der deutlich zeigt, daß die Polen das Ermland als Teil ihres Reiches betrachteten, kann von einer Selbständigkeit des Ermlands nicht die Rede sein, auch wenn gewisse Kreise das gerne so haben möchten.

Durch Vertragsbruch und brutale Gewalt hatte der Polenkönig das Ermland unter seine Herrschaft gezwungen, und die Ermländer haben nie mehr einen Versuch unternommen, sich daraus zu lösen, selbst dann nicht, als ein Zusammengehen mit dem Hochmeister im Bereich des Möglichen lag. Mit größten Schwierigkeiten gelang es dem ermländischen Domkapitel und den Ständen durchzusetzen, daß auch noch die nächsten fünf Bischöfe Deutsche waren. Dann aber war ihre Abwehrkraft erschöpft, und ab 1551 saßen nur noch Polen auf dem ermländischen Bischofsstuhl.

Die Regierung im Ermland

Während in Westpreußen die Verwaltung des Landes immer weiter nach polnischer Weise umgestaltet wurde, blieb im Ermland die alte Ordnung weiter bestehen. Die steuerlichen Lasten stiegen aber gewaltig an. Große Geldbeträge waren nötig, um den Polenkönig zu beschwichtigen, der immer neue Gründe fand, mit dem Ermland unzufrieden zu sein. Es ging dabei stets um die Rechte und Privilegien, die dem Ermland noch verblieben waren, von denen der König aber nichts wissen wollte. Er behandelte das Ermland als ohne Sonderrechte zu seinem Staat gehörend; Bischof und Domkapitel wehrten sich aber gegen diesen Rechtsbruch. So war das Verhältnis zwischen König Kasimir und dem Ermland ein gespanntes und von seiten des Königs gar feindselig. Erst unter seinem Sohn und Nachfolger besserte es sich.

Der Bischof residierte im Heilsberger Schloß, das von 1350 bis 1400 erbaut worden war. Es ist nach der Marienburg das bedeutendste erhaltene nichtkirchliche Bauwerk des preußischen Mittelalters. Dort war auch die einzige Ausbildungsstätte für prußische Priester untergebracht. In der Diözesansynode von 1498 finden sich erneute Anweisungen für die Seelsorge der zahlreichen prußischen Bevölkerung, die offensichtlich noch immer nicht ausreichend versorgt werden konnte.

Die Regierungsgewalt wurde vom Landvogt ausgeübt, der auch oberster Befehlshaber des kleinen ermländischen Heeres war. Sitz der Landvögte war die Burg Seeburg, die deshalb stets in gutem Zustand gehalten wurde. Sie hatte ein Zeughaus, und auf dem Wehrgeschoß standen einige Geschütze.

Schon zur Ordenszeit hatten die Bischöfe Warmias mit großem Aufwand gelebt. Als Weltpriester gab es für sie keine Beschränkung für den Besitz weltlicher Güter, die den anderen Bischöfen als Ordenspriester nicht erlaubt waren. Nun hielten sie wie Könige Hof. Die Heilsberger Schloßordnung von 1480 beschreibt den Hof mit höchsten, hohen, mittleren und geringen Beamten, Kammerdienern, Hofdienern und Dienern der Diener, Hofnarren und Gauklern. Junge Adlige dienten als Kammerjunker und jüngere Geistliche als Kaplane, Vikare und Notare. Ein genaues Tischzeremoniell regulierte die Mittagstafel im Rittersaal, wobei der ganze Hofstaat mit Gästen und Würdenträgern an neun Tischen speiste. In der schönen, waldreichen Gegend an der Alle wurde das 1.124 Hektar große bischöfliche Gut Schmolainen zur bischöflichen Sommerresidenz ausgebaut. So genoß der Bischof den Lohn der polnischen Oberhoheit, und es ist verständlich, daß er keinesfalls unter die Herrschaft des Ordens zurückkehren wollte, unter der er eine solch prunkvolle Hofhaltung nicht gewagt hätte.

Der zweite Sitz landesherrlicher Macht war das Domkapitel in Frauenburg. Die Domherren waren Gelehrte und Feudalherren, Politiker und Kaufherren. Einer war Gesandter am spanischen Hof, ein anderer Sekretär des polnischen Königs. Ihre Anwesenheit war nicht unbedingt erforderlich. Ein Teil von ihnen ließ sich für eine Reihe von Jahren beurlauben, um zu reisen, zu studieren oder anderen Interessen nachzugehen. Zum Beispiel erscheint der Name von Kopernikus in den ersten zehn Jahren seines Domherrenamtes nur zweimal in den Frauenburger Akten. Die Pflichten der 16 Domherren waren klein, ihre Einkünfte bedeutend. Jeder mit den rechten Beziehungen konnte Domherr werden. Es wurde keine theologische Vorbildung oder religiöses Interesse verlangt. Wenn möglich, entzogen sie sich der Priesterweihe mit ihren zuzüglichen Pflichten. Es war eine Versorgung von Begünstigten. Bischof Ferber machte vier, Bischof Dantiskus drei und Bischof Hosius zwei Neffen zu ermländischen Domherren. Wie der Bischof in seinen zwei Dritteln des Territoriums, so übten die Domherren in ihrem Drittel, den Kammerämtern Frauenburg, Mehlsack und Allenstein, die landesherrlichen Rechte aus. Sie vergaben die Lehen, setzten Bauern und Gutspächter ein und legten Abgaben und Dienste der Untertanen fest. Sie waren Richter und Patrone über die Pfarreien; ihnen gehörten Fischerei und Jagdrecht. Die Einkünfte teilten die Domherren unmittelbar unter sich auf. Außerdem erhielt jeder ein Gut nahe der Kathedrale und freie Wohnung auf dem Domberg. Statutgemäß mußte jeder Domherr wenigstens zwei Diener und drei Pferde haben. Die Domherren waren seit dem Übertritt unter die Krone Polens sehr weltlich geworden. Der Schweiß der Bauern brachte ihnen Reichtum und Wohlleben. Auch für sie lohnte es sich, unter polnischer Herrschaft zu leben.

Bischof Lukas Watzenrode

Als Bischof Nikolaus von Tüngen nach dem grausamen Krieg schließlich vom Polenkönig anerkannt worden war, wußten Bischof und Domkapitel, daß der König nur vorübergehend nachgegeben hatte und bei nächster Gelegenheit schärfer durchgreifen würde. Um die Besetzung des Bischofsstuhls von Warmia durch einen Polen zu verhindern, beschloß Bischof Nikolaus sein Amt niederzulegen und noch zu Lebzeiten einem Nachfolger zu übergeben.

Damit konnte die Wahl übergangen werden, da der neue Bischof dann nur noch die Bestätigung des Papstes brauchte. Als Nachfolger wurde der Domherr Lukas Watzenrode, ein Thorner Patriziersohn, vorgesehen, weil man annahm, daß er auch dem König genehm sein würde, denn er hatte dem königlichen Rat angehört und war Inhaber etlicher Ämter und Pfründe in Polen. Bevor aber der Beauftragte mit der Resignationsurkunde nach Rom aufbrach, starb der Bischof am 19. Februar 1489. Da jede Verzögerung die Gefahr vergrößerte, trat das Kapitel noch am selben Tag zusammen, und alle 13 anwesenden Domherrn wählten einstimmig Watzenrode zum Bischof. König Kasimir aber war entschlossen, nicht ein zweites Mal eine Bischofswahl des Domkapitels hinzunehmen, denn er wollte seinen 20jährigen Sohn Friedrich, der schon Bischof von Krakau war, auch zum Bischof von Ermland machen. Er ließ ein diesbezügliches Gesuch nach Rom senden. Von Watzenrode forderte er, die Wahl nicht anzunehmen. Er ließ ihm sagen, er würde ihm ein gnädiger Herr sein, wenn er zugunsten seines Sohnes verzichte; sonst aber werde es ihm „vil czu swer ankomen". Nach einer Verzögerung von zwei Monaten, in denen die Polen alles unternahmen, um die Anerkennung Watzenrodes zu vereiteln, bestätigte Papst Innozenz VIII. dennoch am 18. Mai 1489 die rechtmäßige Wahl Watzenrodes, der sich danach die Bischofsweihe in Rom erteilen ließ.

Der wütende Polenkönig gab aber die Pläne für seinen Sohn nicht so leicht auf. Er ließ von seinem Hofmarschall, Raphael von Lesno, feierlich am 10. Juli 1489 Appellation gegen die Bestätigung Watzenrodes einlegen. Darin wurde der Papst darüber aufgeklärt, daß der König von Polen der rechtmäßige, wahre und unzweifelhafte Begründer, Patron und Beschützer der ermländischen Kirche sei und daß deren Territorium zu Polen gehöre; daher dürfe dort niemand ohne Zustimmung des Königs zum Bischof gewählt oder aufgenommen werden. Es folgte eine lange Reihe weiterer Begründungen des Einspruchs sowie unwahre Beschuldigungen Watzenrodes. Die Kurie kannte aber anscheinend auch die andere Seite; sie blieb bei ihrer Entscheidung und wies diesmal den polnischen Einspruch zurück.

Darauf ließ der König alle Straßen sperren, um die Rückkehr Watzenrodes ins Ermland zu verhindern. Wie sein Vorgänger, Nikolaus von Tüngen, mußte auch er heimlich ins Land kommen. Als Buchhändler verkleidet, gelangte er nach Oliva, von wo Danziger Schiffer ihn am 22. Juli 1489 in Frauenburg absetzten. Nun wandte sich der Polenkönig gegen das Domkapitel und die Stände. Durch die Entscheidung Roms gestärkt, gaben diese aber auch nicht nach, wobei diesmal auch Danzig entscheidend für die Wahrung der verbrieften Rechte eintrat. Der erzürnte König beschloß nun, wie schon bei Bischof von Tüngen, mit Waffengewalt seinen Willen durchzusetzen. Als er die Auslieferung der Burgen verlangte, wußten alle, was er vorhatte und lehnten die Aufforderung einmütig ab. Darauf ließ Kasimir 2.600 Mann seiner Truppen in Pommerellen einrücken. Unter dem Vorwand, von Ungarn bedroht zu sein, wollte er auch die Weichselstädte besetzen, was die preußischen Landesräte jedoch verweigerten. Das Ermland erhielt eindeutige Drohungen, und daß ein neuer Krieg vermieden wurde, war nur der Finanznot Kasimirs zu verdanken, dem dann seine besten Einnahmequellen, Westpreußen und Ermland, entfallen wären. Da die preußischen Stände alle Steuererforderungen von der Anerkennung Watzenrodes abhängig machten, mußte der König mit verhaltener Wut nachgeben. Der ausschlaggebende Grund aber war, daß der Primas von Polen, Erzbischof Sbigneus Olesnicki, und mit ihm die hohe Geistlichkeit Polens dem König in dieser Angelegenheit jede Unterstützung verweigerten. Beim Kampf gegen Bischof von Tüngen war der Erzbischof die treibende Kraft gewesen, mit Watzenrode war er aber eng befreundet.

Obwohl Watzenrode Deutscher war, haßte er den Ritterorden und war Polen immer treu ergeben. Mit allen Mitteln versuchte er die Gnade des Königs zu gewinnen, der aber sein Leben lang sein Feind blieb. Noch kurz vor seinem Tod drohte Kasimir dem Ermland mit Krieg. Wäre es dem Polenkönig gelungen, seinem Sohn den Bischofsstuhl Warmias zu verschaffen, hätte Watzenrode nicht seinen Neffen Kopernikus zum Domherrn machen können. Ob Kopernikus in einer anderen Stellung die Mittel und die Zeit für seine astronomischen Studien gefunden hätte, ist mehr als fraglich. Wahrscheinlich verdanken wir nur diesem Umstand das erfolgreiche Schaffen dieses großen Gelehrten.

Nach dem Tod König Kasimirs (7. Juni 1492) wurde am 27. August sein Sohn Johann I. Albrecht zum neuen König von Polen gewählt, der sich ungewöhnlich milde gegenüber Polnisch-Preußen zeigte. Er bestätigte nach seiner Krönung die Artikel, die ihm Bischof Watzenrode als Vorsitzender der Stände Polnisch-Preußens vorlegte. Darunter war auch die Zusicherung der freien Bischofswahl für die Bistümer Kulm und Warmia, „so wie es seit alters her gewesen ist". Er versprach, keine Nominationen gegen diese Bistümer zur Anwendung zu bringen, sondern alles, was gegen diese beiden Bistümer unternommen worden sei, abzustellen. Damit ging auch die hohe Gerichtsbarkeit wieder auf den Bischof über. Trotz dieses scheinbaren Wohlwollens des neuen Königs blieb das gegenseitige Verhältnis weiterhin gespannt. Erst Ende Oktober 1494 änderte sich das, und Watzenrode wurde einer der wichtigsten Berater des polnischen Königs. Ein Chronist meint, daß er die Gnade des Königs „mit merglichem gelde" erkauft hatte, das aus dem Schweiß der deutschen Bauern kam.

Auch wenn der bischöfliche Teil des Bistums Warmia (das Ermland) jetzt unter polnischer Oberhoheit stand, änderte das nichts an dem Bestand des Bistums. Der Bischof übte weiterhin die rein geistliche Gewalt über den übrigen Teil des Bistums aus, der im Ordensland lag und doppelt so groß wie das Ermland war. Da bei allen Gelegenheiten sein tiefer Haß auf den Orden zum Ausdruck kam, den er die Ordensbeamten spüren ließ, gab es oft Streitigkeiten zwischen Bischof und Orden. Weil der Komtur von Brandenburg sich schikanösen Anordnungen des Bischofs widersetzte, belegte Watzenrode 1495 die Leonhardskapelle in Kreuzburg mit dem Interdikt und verhängte über die Priesterbrüder des Ordens die Exkommunikation.

Der Polenkönig fand in Bischof Watzenrode einen eifrigen Helfer, Westpreußen zu polonisieren und den restlichen Ordensstaat ebenfalls den Polen auszuliefern. In den zwei Dritteln seiner Diözese, die im Ordensland lagen, fand Watzenrode immer neue Gründe, um in Rom mit allen Mitteln gegen den Orden zu kämpfen. Da die ursprüngliche Aufgabe des Ordens der Kampf gegen die Heiden gewesen war, habe der Orden in Preußen keine Existenzberechtigung mehr, seitdem die Nachbarn Christen geworden seien, argumentierte er. Preußen gehöre zu Polen, und der Orden solle nach Podolien verpflanzt werden, wo er gegen die heidnischen Türken und Tataren kämpfen und die Grenzen der Christenheit (und Polens) erweitern könne, forderte er. Kaiser Maximilian wurde ersucht, einen solchen Kampfauftrag beim Papst zu beantragen. Rechte, die der Orden ehemals für den Kampf gegen die Heiden erhalten hatte (die Übereignung des Landes zu ewigem Besitz durch Kaiser und Papst), dürften in Preußen nicht mehr gelten, und er werde solche niemals anerkennen. Er rechnete mit der Armut des Ordens und dem Geldbedürfnis des prachtliebenden Papstes Alexander VI. Borgia. Aber Augsburger Kaufleute, denen der Orden den Ertrag des Bernsteinregals verkauft hatte, lieferten die nötigen Bestechungsgelder, so daß die Kurie für den Orden günstige Entscheidungen fällte. Da sich auch der Kaiser diesem klug eingefädelten Plan widersetzte, kam er nicht zur Ausführung. Zu gerne hätte sich Watzenrode zum Herrscher von des Polenkönigs Gnaden über ganz Preußen gemacht.

Vom Wirken Bischof Watzenrodes für sein Land weiß die Geschichte nicht viel zu berichten, außer daß er im Pestjahr 1505 die Mauern der Burg Rößel erneuern und an der Nordmauer drei Türme bauen ließ. Das Geld, das er aus seinem Land preßte, brauchte er für seine glänzende Hofhaltung und für den Polenkönig, um dessen Gnade zu erhalten. Beim Lob seines sittlichen Lebenswandels übersah man, das er seinen unehelichen Sohn zum Bürgermeister Braunsbergs machte. Er wird als ein gewiegter Politiker und listiger Diplomat im Kirchenrock bezeichnet, nicht als Seelenhirte. Er kämpfte für die freie Bischofswahl in Warmia (Ermland) und setzte sich in Zusammenarbeit mit den großen Städten Westpreußens erfolgreich für die anderen vertraglich festgelegten Rechte Polnisch-Preußens ein. Aber trotz aller Freundschaft hielt der polnische Hof an den alten Plänen fest, die Privilegien Ermlands zu beseitigen und es dem polnischen Staat ohne Sonderrechte einzugliedern. Schon nach dem Tod Watzenrodes am 29. März 1512 gelang es dem Polenkönig, mit Hilfe des nächsten Bischofs, der ein ganz besonderer Freund der Polen und Feind alles Deutschen war, Einfluß auf die Bischofswahl zu nehmen.

Der sonderbare Bischof Fabian

Fabian Tetinger von Merkelingerode oder von Loszainen, seit 1512 Bischof von Warmia, stammte entweder von dem Gut Loszainen (zehn Kilometer südlich von Rößel) oder dem späteren Gut Truchsen (sechs Kilometer östlich von Rößel). Er liebte die Polen in demselben Maße, wie er seine deutschen Untertanen haßte und war ein erbitterter Feind des Ritterordens. Als erste Amtshandlung setzte er, gegen den heftigen Widerstand des Domkapitels, den zweiten Petrikauer Vertrag durch (7. Dezember 1512), in dem die Besetzung des Bischofssitzes neu geregelt wurde: „Ist der ermländische Bischofsstuhl neu zu besetzen, so benennt der König von Polen vier Domherren, die im Lande geboren sind; von diesen wählt das Domkapitel einen zum Bischof." Dieser Vertrag, der die päpstliche Bestätigung fand, war der entscheidende Schritt zur Polonisierung des bis dahin rein deutschen Ermlands. Hatte der König von Polen nunmehr das Recht, die Kandidaten zu benennen, war es nur noch ein kleiner Schritt, die Klausel, daß sie im Lande geboren sein sollten, zu umgehen oder nicht zu beachten, was auch bald geschah. Mit diesem Vertrag hörte die freie, unabhängige Bischofswahl auf, wie sie unter dem Orden bestanden hatte und vom polnischen König im Vertrag von 1464 garantiert worden war. Schon nach 39 Jahren saß der erste Pole auf dem Bischofsstuhl, und von nun an war es selbstverständlich, daß dieses Amt nur noch an Polen vergeben wurde.

Während der Regierungszeit Bischof Fabians (1512–23) tobte der Reiterkrieg (1519–21) im Ordensland wie auch im Ermland. Die Historiker wundern sich, warum die Polen das Ermland, das doch nach ihrer Auffassung ihnen gehörte, genauso ausplünderten und verwüsteten wie das Ordensland, gegen das sie Krieg führten. Vielleicht kannten die zügellosen Heerhaufen den Unterschied nicht, denn es waren doch die gleichen Deutschen auf beiden Seiten, die man seit eh und je ausgeraubt und totgeschlagen hatte. Rätselhaft oder zumindest sehr ungewöhnlich ist auch, daß Bischof Fabian die Polen aufgefordert haben soll, alle Deutschen umzubringen und das Ermland mit Polen neu zu besiedeln. Das dürfte wohl der einzige Fall in der Geschichte sein, daß ein Bischof die Ausrottung seiner Schutzbefohlenen wünschte. Ist das vielleicht die Erklärung für das grausame Wüten der Polen auch unter der ermländischen Bevölkerung?

Im Dezember 1519 zog der polnische König Sigismund I. mit prunkvollem Gefolge in Thorn ein, wo ihn Bischof Fabian als oberster Vertreter Polnisch-Preußens mit einer lateinischen Rede begrüßte, denn obwohl er die Polen so liebte, war er ihrer Sprache nicht mächtig.

Die propolnische Einstellung bei einem Teil des ermländischen Klerus erhielt sich bis zum Ende. Wie weit der Haß auf alles Deutsche ging, zeigte unter anderen Domherr Johann Hanowski, der im Sommer 1945 als Erzpriester in Allenstein wirkte. Er lehnte jede priesterliche Tätigkeit für deutsche Katholiken ab, auch die Beerdigung der deutschen Toten, und umsorgte jetzt nur noch die Polen.

Von seiner Kirche scheint Bischof Fabian nicht viel gehalten zu haben. Am Tag seiner Bischofsweihe hielt er eine Messe, danach nie wieder. Es war die große Zeit der als Kirchenfürsten verkleideten Politiker. Als Luthers Lehre auch im Ermland Fuß zu fassen begann, ließ er das mit großzügiger Toleranz oder völliger Gleichgültigkeit zu. Erst der nächste Bischof, Moritz Ferber, von dem gesagt wird, daß er die ersten 40 Jahre der Liebe zu einem Mädchen weihte und den Rest seines Lebens dem Haß, ging scharf gegen alle „Ketzer" vor, und die Intoleranz begann, so wie in Polen, nun auch im Ermland zu morden.

Für sein notleidendes Land tat Bischof Fabian nichts, und wohl selten haben die Untertanen den Tod ihres Landesherrn so herbeigesehnt wie bei ihm. Er starb am 30. Januar 1523 an einer „schrecklichen" Krankheit, von der behauptet wurde, daß es Syphilis war. Er hinterließ ein verwüstetes Land, eine völlig verarmte, notleidende Bevölkerung und eine leere Staatskasse. Gewiß haben einige der späteren polnischen Bischöfe ihre deutschen Untertanen auch nicht geliebt. Auch sie besetzten selbstverständlich die Domherrenstellen, Ämter und Gutshöfe vorzugsweise mit Polen. Aber keiner von diesen Polen hat seine deutschen Untertanen so gehaßt wie der deutsche Bischof Fabian.

Entwicklung zur Reformation

Nicht nur das Ordensland erlebte einen gewaltigen Umbruch, überall wurde das alte Gefüge der menschlichen Gesellschaft erschüttert. Beim Ausgang des Mittelalters gab es Veränderungen und Entwicklungen, die ein neues Zeitalter einleiteten, in dem die Kavallerie von der Artillerie und der Ritter vom Landsknecht geschlagen wurde. Die Portugiesen hatten den Seeweg nach Indien und China entdeckt, und die Spanier segelten nach Amerika.

Gutenberg hatte 1450–55 die erste Bibel gedruckt, und Schreiber mußten Druckern Platz machen. Um 1500 gab es bereits 1.120 Druckereien in Europa. Bis 1600 stieg die Buchproduktion auf rund 520.000 verschiedene Titel an. Die von Gutenberg gedruckte Bibel hatte 1455 noch 42 Gulden gekostet (Gegenwert 14 Ochsen), die Bibel Luthers kam 1522 für einundhalb Gulden auf den Markt. 1523 gründete Johann Weinreich die erste Druckerei in Königsberg. Brillenmacher stellten bereits in den 30er Jahren des 16. Jahrhunderts Gläser für Weit- und Kurzsichtige her. Mit Mikroskop und Fernrohr blühte die optische Industrie auf. 1510 erfand Peter Henlein in Nürnberg die Uhr mit Unruhe und Stahlfeder, so daß Pendel und Gewichte nicht mehr nötig waren und Taschenuhren gebaut werden konnten. Die neuen Geräte und Maschinen erregten die Feindschaft der Zünfte, die ihre Existenz bedroht sahen. In der Thorner Zunftordnung von 1523 steht: „Kein Handwerker soll etwas Neues erdenken, erfinden oder gebrauchen!" Der Danziger Anton Möller, der 1586 den Bandwebstuhl erfand, wurde in der Weichsel ertränkt und sein Webstuhl verbrannt.

Der Handel stieg enorm an; anstelle von Tauschhandel und Naturalwirtschaft trat überall das Geld. Großkaufleute und Bankiers wie die Fugger, Welser, Medici und Borgia stiegen auf. Inflation entstand, und in Deutschland verlor im 16. Jahrhundert das Geld drei Viertel des Wertes. Die Bevölkerung nahm zu und verlangte immer mehr Güter, womit eine enorme Vermehrung des umlaufenden Geldes verbunden war. Bis zur Entdeckung Amerikas war Deutschland das metallreichste Land gewesen; jetzt brachten die spanischen Silberflotten in einem Jahrzehnt mehr Silber und Gold nach Europa, als in Jahrhunderten zuvor in der ganzen damaligen Welt gefördert worden war. Bis 1600 stieg die Einfuhr von Silber aus Amerika auf 270 Tonnen jährlich. Am Ufer des Frischen Haffs berechnete ein stiller, bescheidener Mann den Lauf der Himmelskörper und sollte bald das bis dahin gültige Weltsystem aus den Angeln heben und die größte aller Revolutionen, die der Wissenschaft einleiten. Besonders auf religiösem Gebiet zeigten sich revolutionäre Erscheinungen, die schließlich mit der Reformation und dem Dreißigjährigen Krieg Folgen größten Ausmaßes hervorriefen und das Leben der Völker und jedes einzelnen für alle Zukunft veränderten. Die Entwicklung, die zu all dem führte, war schon lange in vollem Gange.

Die Gläubigen kritisierten immer lauter den Reichtum der Kirche und das üppige Leben der Geistlichkeit, die Heiligenverehrung, den Reliquienkult, den Ablaß von Sünden durch Geldgaben, die schamlosen Erpressungen von Geld und Besitz sowie den Hochmut der Kirche. Der Ämterschacher war zur Gewohnheit geworden. Der päpstliche Sekretär Poggio Bracciolini schrieb: „In der Kurie entscheidet der Zufall über eines Menschen Geschick [...] durch Intrige, durch Glück erreicht man alles – wenn man es nicht einfach mit Geld kauft."

Für die Anstellung eines Bürodieners in der päpstlichen Kanzlei nahm Pius II. 50 Dukaten, ein Schreiber mußte 100 Dukaten zahlen. Papst Julius II. schuf 100 neue Schreiberposten und nahm 740 Dukaten für jeden. Bald stieg der Preis auf 1.000 Dukaten; Alexander VI. nahm 2.000, Leo X. 3.000 Dukaten. Der Papst übernahm nun auch die Vergabe der kirchlichen Ämter und verlangte hohe Preise dafür. Von den 287 Bischöfen, die zwischen 1305 und 1368 ihr Amt antraten, waren nur 51 von ihren Domkapiteln gewählt. Bischöfe und Äbte hatten ein Drittel ihrer Einkünfte, Domherren und Pfarrer ein Jahresgehalt an den Papst zu zahlen. Zahlungsunwillige wurden ihrer Ämter enthoben und gebannt. Allein im Jahr 1328 waren das 26 Äbte, 30 Bischöfe und fünf Erzbischöfe. Die Kirche wurde zur ersten Geldmacht Europas.

Da die höheren Kirchenämter enorme Einkünfte boten, drängten sich die Menschen in die geistlichen Berufe. Schon im Kindesalter wurden Söhne der oberen Gesellschaftsschicht in ein Amt oder gleich in mehrere eingekauft, und nicht zu verheiratende Töchter in standesgemäßen Klöstern untergebracht. Es gab Bischöfe, die kaum eine Messe in ihrem Leben hielten und Domherren, die ihre Kirche nie von innen gesehen hatten. Wegen der hohen Preise für kirchliche Dienste, wie Taufe, Heirat und Beerdigung, entstand der Ruf der Käuflichkeit der Sakramente. Der Ablaß war, seines religiösen Sinnes entkleidet, zum Handelsobjekt geworden.

Mancher Papst erkannte die Mißstände; schon Gregor VII. (1073–85) versuchte ohne Erfolg den Kauf der Kirchenämter abzuschaffen (sogar ein Papst, Gregor VI., hatte sein Amt gekauft). Gregor schrieb: „Ich weine […] die Religion Jesu Christi ist so tief gesunken […] Juden, Mohammedaner und Heiden halten ihre Gesetze […] wir aber, vergiftet mit der Liebe des Weltlichen, haben unser Gesetz verlassen […]" In England predigte John Wiclif (1326–84): „Die Geistlichkeit ist nicht die Kirche und der Papst nicht ihr Haupt […] Die Kirche muß arm sein wie zur Zeit der Apostel; der große Besitz und Reichtum ist ihr Unheil." Die Kirche reagierte heftig: Wiclifs Anhänger endeten auf dem Scheiterhaufen, er selbst blieb aber ausnahmsweise am Leben. Seine Lehre fand in Böhmen neue Anhänger und wurde von Johannes Huß verbreitet. Durch seine Verbrennung auf dem Konzil von Konstanz wuchs seine Bewegung entscheidend. Seine Anhänger nannten sich Hussiten, und da sie ihre Reformen mit nationaler Selbständigkeit verbanden, hatten sie großen Zulauf von Tschechen. Damit wurde der tschechische Nationalismus im deutschen Böhmen geboren, der sich gegen die Deutschen richtete. In dem furchtbaren, 17 Jahre langen Krieg konnte der Kaiser mit Waffengewalt nichts gegen die wild und grausam kämpfenden Hussiten ausrichten, und er muße 1436 Frieden mit ihnen schließen. Mit ihrer Anerkennung war eine Grundlage für die spätere Reformation geschaffen. Durch den Völkermord der Deutschen in Böhmen hatte sich die Tschechisierung durchgesetzt.

Gaben die Hussiten endlich Ruhe, brach der Aufruhr erneut anderswo aus. In Italien predigte der Mönch Girolamo Savonarola bei größtem Zulauf für eine Erneuerung der Kirche – und wurde prompt 1498 verbrannt. Es gab aber auch Hellsichtige. Hadrian VI. (1522–23), der letzte Papst aus dem Deutschen Reich, schrieb an seinen Legaten in Deutschland: „Wir wissen wohl, daß auch bei diesem heiligen Stuhl schon seit langem viel Verabscheuungswürdiges vorgekommen […] So ist es nicht zu verwundern, daß die Krankheit sich vom Haupt auf die Glieder, von den Päpsten auf die Prälaten verpflanzt hat. Darum sollst Du in unserem Namen versprechen, daß wir allen Fleiß anwenden wollen, damit zuerst der römische Hof, von dem all diese Übel ihren Anfang genommen, gebessert werde […]" Obwohl besten Willens, konnte er sich nicht gegen den päpstlichen Hof durchsetzen. Für die Nutznießer der Mißstände war das Leben zu herrlich, als daß sie es geändert haben wollten. So mußte es schließlich zu der großen Auseinandersetzung, zur Reformation, kommen.

Die großen Umwälzungen, die zur Wende vom Mittelalter zur Neuzeit führten, hatte auch das einfache Volk erfaßt. Das Maß seiner Duldsamkeit lief über. Auch durch Scheiterhaufen ließ sich der gewaltige Umbruch nicht mehr länger aufhalten. Sogar die Bauern hofften auf ein besseres Los. Die Zeit hatte auch den Ritterorden überholt und sein Staat, der vor einem Jahrhundert noch der fortschrittlichste Europas gewesen war, konnte sich in seiner alten Form nicht mehr halten und ging seinem Ende entgegen.

Der letzte Hochmeister

Nach dem Tod Hochmeisters Friedrich von Sachsen (1510) fiel die Wahl des nächsten Hochmeisters auf den 21jährigen Albrecht von Brandenburg, einen der acht Söhne des Markgrafen Friedrich von Brandenburg-Ansbach. Da er dem Orden bisher nicht angehört hatte, wurde er bei seiner Wahl, im Februar 1511, darin aufgenommen. Das fortwährend von Polen bedrohte Ordensland setzte große Hoffnungen auf ihn, weil König Sigismund von Polen sein Onkel mütterlicherseits war. Diese Hoffnungen erfüllten sich leider nicht, denn Albrecht tat nichts, um die Gunst seines Onkels zu gewinnen. Er wich nicht nur, so wie sein Vorgänger, dem Lehnseid auf den Polenkönig aus, sondern versuchte erst heimlich, dann offen, die polnische Lehnshoheit abzuwerfen. König Sigismund versuchte darauf den eigenwilligen Neffen zu beseitigen, indem er das Hochmeisteramt mit der Krone Polens zu verbinden gedachte. Für König Sigismund, der gerade heiraten wollte, sollte vom Papst eine Dispens erwirkt werden, damit er auch als Ehemann Hochmeister sein konnte.

Dem jungen Albrecht gab dieser Plan das beste Werbemittel in die Hand, um von Kaiser und Reich die Hilfe für den Bestand des Ordenslandes zu erhalten. Er wollte ein großes nordisches Bündnis gegen Polen zustande bringen, dem der Kaiser, Sachsen, Brandenburg, Dänemark und Moskau angehören sollten. Kaiser Maximilian machte dem Hochmeister Hoffnungen, und dem Polenkönig wurde erklärt, daß nur dem Kaiser die Entscheidung über den

Ein beredtes Zeugnis vom umfangreichen Wirken des letzten Hochmeisters, Albrecht von Brandenburg, legt dessen Silberbibliothek ab, die aus 20 Bänden besteht und zu den bedeutendsten Arbeiten der Edelschmiedekunst zählt. Im Jahre 1611 wurde sie der Schloßbibliothek beigefügt. Rechts das Siegel des Hochmeisters.

ALBRECHT

Markgraf von Brandenburg,

letzter Hochmeister, erster Herzog in Preußen
geboren: 17 Mai 1490, gestorben: 20 März 1568.

In unermüdlichem Ringen um die Zukunft des Ordens suchte Albrecht von Brandenburg Hilfe von Kaiser und Reich. Sein Ziel war ein nordisches Bündnis gegen Polen. Da der Kaiser jedoch den Polenkönig zur Wahl seines Enkels Karl zum deutschen König brauchte, schlug der Plan fehl, und Polen konnte ungehindert Intrigen spinnen – die Albrecht den traurigen Titel „letzter Hochmeister" eintrugen.

Streit mit dem Orden zustehe. Auch der neue Papst, Leo X. (1513–21), verwarf den Thorner Frieden, und gemeinsam mit dem Kaiser untersagte er Albrecht die Huldigung vor dem Polenkönig. Endlich schien sich das Reich der Not des Ordens anzunehmen. Er wurde davor bewahrt, daß ein Pole Hochmeister wurde, und auch vor der drohenden Verpflanzung nach Podolien gerettet.

Was dann weiter geschah, ist ein typisches Beispiel der Verderblichkeit einer Wahlmonarchie, wie sie zu der Zeit als einzigem Land Europas nur in Deutschland bestand. Es war so weit gekommen, daß der Kaiser den Polenkönig zur Wahl seines Enkels Karl zum deutschen König brauchte. Als Vormund seines Neffen, des unmündigen Königs von Böhmen und Ungarn, hatte der Pole die Kurstimme Böhmens in der Hand und durfte damit in der deutschen Königswahl gleichberechtigt mitreden. Dazu war eine Doppelheirat zwischen dem Kaiserhaus Habsburg und dem der polnischen Jagellonen vereinbart.

Der Kaiser ließ deshalb den Orden fallen; die Interessen des Reiches mußten denen der Hausmacht weichen. Die Existenz eines deutschen Staates wurde aufs Spiel gesetzt, um einen Kuhhandel mit einem feindlichen Staat zu tätigen. Im Wiener Vertrag von 1515 einigte sich der Kaiser mit dem Polenkönig auf Kosten des deutschen Ordenslandes.

Den temperamentvollen Hochmeister trieb das erst recht dazu, dem Polenkönig die Huldigung zu verweigern und das Wagnis eines Krieges auf sich zu nehmen. Seinem vertrauten Rat, Dietrich von Schönberg, gelang es 1517, einen Vertrag – allerdings mit einer vorsichtigen Klausel – mit Moskau abzuschließen. Hochmeister Albrecht forderte jetzt ganz offen die Rückgabe der besetzten Gebiete und Entschädigung für die angerichteten Schäden. Albrecht suchte Unterstützung für seine Forderung beim Berliner Kongreß und 1518 nochmals beim deutschen Kaiser Maximilian. Den aber hatte aufgrund des Kuhhandels jetzt der Polenkönig in seiner Hand. Er lehnte nicht nur jede Hilfe ab, sondern verlangte vom Hochmeister, daß er alle Verpflichtungen gegen Polen unverkürzt zu erfüllen habe und daß der „ewige Friede" von 1466 nicht abgeändert werden dürfe. Das war derselbe Kaiser, der noch vor kurzem erklärt hatte, daß Polen nicht einen Fußbreit preußischen Bodens mit gültigem Recht halte. Der Polenkönig hatte jetzt völlig freie Hand, gegen den Ordensstaat vorzugehen, wie es ihm beliebte.

Hochmeister Albrecht suchte Bündnisse für den Kriegsfall, er wohnte den beiden Reichstagen im Herbst 1522 und im Frühjahr 1523 in Nürnberg bei. Das mannhafte Auftreten hatte aber für sein Land schwerwiegende Folgen. Zudem war Albrecht völlig unter den Einfluß seines vertrauten sächsischen Rats Schönberg geraten. Dieser ränkereiche politische Abenteurer führte Albrecht bis an den Rand des Abgrunds. Die Reisen Albrechts und Schönbergs – letzterer hatte unter anderem den französischen und den englischen König besucht – hatten hohe Kosten verursacht, so daß der Hochmeister die Meister von Deutschland und Livland um Darlehen bitten mußte. Albrecht zog mehr weltliche Räte heran und schaltete damit die Ordensherren weiter aus. Das schaffte ihm auch im Orden Gegner, in dem ohnehin die Zwietracht zwischen den Nord- und Süddeutschen weiter bestand. Dazu wuchs im Volk die Unzufriedenheit, das murrend den Übermut der Ordensherren und die bedrückenden Steuerlasten tragen mußte. Anscheinend gab es sogar Leute, die dem Hochmeister nach dem Leben trachteten. Eine Notiz aus dem Jahre 1518 sagt, daß der Dominikaner Ambrosius Jenckwitz im Ordensland verhaftet wurde, weil er den Hochmeister mit Gift umbringen wollte.

Nachdem alle Bemühungen des Hochmeisters, auf friedlichem Wege aus der polnischen Oberhoheit freizukommen, erfolglos waren, hoffte er, trotz der erfolglosen Bündnispolitik, dieses Ziel in dem unausbleiblichen Krieg zu erreichen. Er warb Söldner an, und der Polenkönig schickte seine Truppen und Söldner ins Ermland, wo es an den Grenzen zu heftigen Unruhen kam. Bischof Fabian beschuldigte den Orden, daß „anonyme Söldner" zwei Jahre lang sein Land mit „grausamem Mord, Brand, Plackerei, Kirchenraub und feindlichen Einritten angefochten, verderbet und zerstöret" hätten. Der Hochmeister bestritt, daß es sich dabei um seine Söldner handele. Sollten es aber in einigen Fällen tatsächlich Ordenssöldner gewesen sein, wird der Hochmeister das nie erfahren haben. Die Polen und ihre Söldner wußten, daß jeder Überfall auf ermländischer Seite dem Orden zur Last gelegt wurde, wenn er entsprechend getarnt war. In all der Zeit wurde auch nie einer der Räuber gefangen oder getötet, obwohl in jedem Ort des Grenzgebietes polnische Truppen lagen, was sehr merk-würdig ist. So ist anzunehmen, daß diese Überfälle von Polen und ihren Söldnern verübt wurden.

Auch auf der anderen Seite der ermländischen Grenze hatten die Bewohner unter dauern-den Überfällen polnischer Banden zu leiden, zu denen höchstwahrscheinlich auch die an der Grenze liegenden polnischen Truppen und Söldner gehörten. Sie überfielen des Nachts Dör-fer, Guts- und Bauernhöfe, wobei oft die Bewohner erschlagen wurden, und flohen dann mit ihrer Beute ins Ermland. In einem Schreiben vom 28. Juli 1517 bittet die Stadt Barten, auch im Namen der anderen Städte, den Hochmeister dringend um Schutz und Hilfe vor diesen Räu-bern.

Der Reiterkrieg

Der Polenkönig Sigismund I. wußte genau, warum der Kaiser sich mit ihm verständigt hat-te und daß er im Interesse des Reiches lieber den Orden beschützt hätte. Um das für Polen so vorteilhafte Verhältnis nicht zu stören, sah der Polenkönig vorläufig von einem Angriff auf das Ordensland ab. Als aber Kaiser Maximilian zu Beginn des Jahres 1519 starb, entfiel die-se Rücksichtnahme, und der Polenkönig rüstete sogleich für den Krieg gegen den Orden, um ihm diesmal den Rest seines Landes zu nehmen und ihn endgültig aus Preußen zu vertrei-ben. Im Dezember 1519 fiel er mit 4.000 Söldnern unter den üblichen Schandtaten und Ver-wüstungen in Pommern ein, um jede Hilfeleistung für den Orden von dort aus zu unterbin-den und die Vorarbeit für die nächste Ausdehnung Polens zu leisten. Sein Hauptheer stand derweil kriegsbereit im Ermland. Die raublustigen Polen warteten schon ungeduldig darauf, wieder ins Ordensland einzufallen. Hochmeister Albrecht, von seinem Rat Schönberg schlecht beraten, hatte es durch Verweigerung des Huldigungseides auf diesen Krieg an-kommen lassen. Vom Reich hatte er jedoch keine Hilfe zu erwarten.

Diesmal wollte der Hochmeister nicht auf den Einfall der Polen warten. Am 1. Januar 1520 rückten Ordenstruppen überraschend in Braunsberg ein und lösten damit den Beginn der Kämpfe aus. Es gelang Albrecht, große Teile Ermlands zu besetzen, das für den Orden jetzt Feindgebiet war. Auch Guttstadt und das Kammeramt Mehlsack wurden besetzt, das bis zum Frieden von Krakau 1525 in der Hand des Ordens blieb. Der ehemalige Söldnerführer Wendt zu Eulenburg besetzte Seeburg und hielt es gegen die Angriffe von 200 polnischen Söldnern. Nachdem Anfang des Jahres eine Belagerung Preußisch Hollands durch 8.000 Mann unter dem polnischen Feldherrn Dombrowitz gescheitert war, rückte im März 1520 ein neues Polenheer mit schwerem Geschütz vor die Stadt. Nachdem eine große Bresche in die Mauer geschossen war, ergab sich die Stadt. Die Ordenstruppen in Braunsberg hielten die Stadt, aber die Polen brannten die Neustadt und die Dörfer der Umgebung nieder. Zweimal versuchte Albrecht Heilsberg zu nehmen. Er richtete seinen Angriff zuerst gegen die Stadt und hoffte, daß nach deren Einnahme auch die Burg fallen würde. Sechs Wochen lang wurde Heilsberg mit Feuerkugeln beschossen, wovon eine „uff des herrn bischofs gemach" fiel, aber anscheinend keinen größeren Schaden anrichtete.

Schloßhauptmann, Georg von Preuck, hätte Heilsberg nicht halten können, wenn der Or-den in der Lage gewesen wäre, seine Söldner zu bezahlen. Als endlich eine Bresche in die Mauer geschossen und der Sturm auf die Stadt befohlen war, forderten die Söldner zuerst ih-ren rückständigen Sold, bevor sie die Stadt erstürmen würden. Da Albrecht so kurzfristig das Geld nicht beschaffen konnte, mußte er den fast schon errungenen Sieg wieder aus der Hand geben und die Belagerung abbrechen.

Die Kriegsmacht des Polenkönigs war diesmal hauptsächlich auf Polnisch-Preußen be-gründet. Die großen Städte mußten die Gelder für die polnischen Söldner aufbringen, und Danzig griff das Ordensland mit seiner mächtigen Flotte an. Der erste Angriff der Danziger richtete sich im März 1520 gegen das Balgaer Tief, um es zu sperren. Schon 1456 hatten die Danziger im Tief mehrere alte Schiffe versenkt. Da die Sperre noch Lücken hatte, schlossen sie das Tief im Mai durch eine Pfahlwand ab, und das Tief begann nun zu versanden. Am 27. Mai 1520 liefen fünf Danziger Schiffe in Memel ein, brannten die Stadt und einige Dörfer nieder und raubten zwei dort liegende Schiffe. Sie verschütteten den Ausfluß der Dange in die Memel, so daß sie für Jahre unschiffbar war. Auf dem Frischen Haff kreuzten ständig sechs Danziger Schiffe und 25 weitere auf der Ostsee, um das Ordensland von See her abzuriegeln.

Wieder hatte der Südteil des Landes besonders schwer zu leiden. Während die polnischen Söldner sich meistens auf Plündern und Brennen beschränkten, wüteten die Polen wie üblich grausam unter der Bevölkerung. Fast alle Dörfer, die nach der letzten Zerstörung wieder mühsam aufgebaut worden waren, auch die der neu angesiedelten Masowier, wurden ausgeraubt und von neuem zerstört, wobei wie stets auch viele Menschen ums Leben kamen. Die Stadt Johannisburg wurde nach der Ausplünderung niedergebrannt, die Burg belagert und vorübergehend von den Polen besetzt. Soldau wurde total zerstört. Die Burg Schönberg (Kreis Rosenberg, Residenz des Dompropstes von Pomesanien) wurde durch Verrat den Polen übergeben. Etwa südlich der Linie Rastenburg – Preußisch Holland fiel jeder Ort und jede Stadt den Polen in die Hände; nur Rastenburg konnte sich trotz wiederholter polnischer Angriffe halten. Wieder trotteten die Viehherden neben den langen Wagenzügen mit Beutegut durch das verwüstete Land nach Polen. Die fleißigen Deutschen hatten gut gewirtschaftet, so daß Polens Wirtschaft wieder einen kräftigen Auftrieb erhalten konnte.

Nachdem die Polen durch ein Söldnerheer aus Pommern verstärkt worden waren, rückten sie Anfang Mai 1520 unter den üblichen Schreckenstaten bis in die Nähe von Königsberg vor. Der Weg, den dieses polnische Heer nahm, und das Gebiet, das dabei verheert wurde, läßt sich aus den Dorfchroniken genau feststellen. Darin sind die Dörfer, Güter und Höfe aufgezeichnet, die von den Polen ausgeplündert und niedergebrannt wurden, und auch die Menschen sind aufgezählt, die von ihnen totgeschlagen wurden. Die Städte Mohrungen, Landsberg, Preußisch Eylau, Domnau, Zinten und Brandenburg fielen in polnische Hand. Alle wurden nach der Ausplünderung niedergebrannt. Pfarrer Behnisch aus Bartenstein berichtet, daß die Polen in Beydritten an der ermländischen Grenze lagerten und von dort mit etwa 4.000 Mann bei Roschenen über die Alle gingen. Nachdem das umliegende Gebiet ausgeraubt und völlig verwüstet war, stießen sie auf Bartenstein vor. Es gab ein Gefecht mit Ordenstruppen vor der Stadt, die dann von den Polen belagert, aber nicht eingenommen wurde. Dann wurden die Dörfer und Höfe der Umgebung mit Mord, Raub und Brand verheert. Grausam wüteten auch die Tataren, die von den Polen wieder ins Land gelockt worden waren. Nur selten stellte sich den vordringenden Polen ein Bürgeraufgebot entgegen, das erstaunlicherweise die Polen oftmals verjagen konnte. Aus dem Dorf Liekeim (fünf Kilometer nördlich von Bartenstein), berichtet der Chronist: „Do hat gewonet ein freyer und die pauern, die seynt vorbrant und der freye ist zuhauen, daß er nicht lebendig bleibet, und ist ihnen alles genomen was sie gehabt, an küe und an ferden […]" In der Chronik des Dorfes Damerau (zwei Kilometer nördlich von Bartenstein) steht: „Am montag nach Quasimodogeniti [Sonntag nach Ostern] zogen die polen über Damerau, raupten und plynderten das dorff und schlugen vile menschen tot."

Danach griff ein Aufgebot der Bauern diese Räuber an, von denen 55 im Kampf fielen und 17 gefangengenommen wurden. Auch ein Teil des geraubten Viehs konnte den Polen wieder abgenommen werden. Die Chronik von Käthen berichtet, daß das Dorf ausgeraubt, niedergebrannt und die Hälfte der Bauern totgeschlagen wurde. Nach dem Abzug der Polen fanden sich fünf Kühe und sieben Pferde in den Ruinen des Dorfes ein, die den Polen entlaufen waren. Das war alles, was von diesem großen Dorf übriggeblieben war. Von den 60 Bauernhufen (1.014 Hektar) des Dorfes Polkitten lagen im Jahre 1528 noch immer 48 (811 Hektar) wüst und unbebaut, weil fast alle Bewohner ihr Leben verloren hatten. Die Stadtchronik von Schippenbeil zählt die lange Reihe der Dörfer der Umgebung auf, die den Polen zum Opfer fielen.

„Da nun die Polen der Deutschen Nachlässigkeit vermerkten, kamen sie aus dem Bistum von Heilsberg und haben viele gute Dörfer, wie Langheim, Kaltwangen, Falkenau, Schwansfeld und viele andere, ausgebrannt und in Grund verdorben, welches die Bauern zum Teil wohl hätten wehren können; allein es war ihnen hart bei Leib und Gut verboten, daß sie die Polen keinesfalls beleidigen sollten. Solche und andere Verräterei ging in diesem Kriege gewaltig um."

Die Stadt Heiligenbeil war 1519 zum großen Teil durch ein Feuer vernichtet worden; jetzt wurde sie von Polen erobert, und was das Feuer des Vorjahres verschont hatte, wurde von ihnen niedergebrannt; darunter war das Augustinerkloster und das Beginenhaus (Frauenkloster ohne Ordensregel). In Burg und Stadt Rößel lagen 300 polnische Söldner, die alle Angriffe der Ordenstruppen abwehrten. Dann zogen Polen und Tataren ein, und Rößel bildete den Hauptstützpunkt der polnischen und bischöflichen Streitkräfte im Osten des Landes. Von hier aus wurden fortwährend grausame Überfälle bis Preußisch Eylau, Friedland, Barten und Rastenburg unternommen. Dabei wurden die Dörfer zerstört, die wehrlosen Bewohner erschlagen und das Vieh fortgetrieben. Eine abendliche Szene auf der Rößeler Burg beschreibt Georg Matern: „Die Hauptleute und Offiziere sitzen im hohen Remter und bechern und würfeln, in der Herrenküche braten die Köche die geraubten Ochsen und Hammel, und aus der Brauerei schallt das Gejohle der betrunkenen Knechte. Auf dem Hof sind die Lanzen und Gewehre zusammengesetzt, und um die Wachtfeuer hocken die braunen und gelben Gesellen spielend oder ihre schwermütigen Heimatlieder singend. Auf dem hohen Turm sitzt die Wachmannschaft. Aufmerksam späht sie in die Ferne gen Rastenburg, wo drei, vier rotglühende Brände am Himmel von dem geglückten Überfall einer ihrer Banden zeugen […] Die eisernen Fallgitter am Tor sind heruntergelassen, die Zugbrücke aufgezogen […]"

Da dem Orden die Mittel zur Belagerung von Rößel fehlten, plante er mit Hilfe einiger Bürger einen Überfall. Am 24. August 1520 gelang es einer Ordenstruppe, heimlich von Bartenstein kommend, in die Rößeler Vorstadt einzudringen und das Tatarenlager in der Fischergasse überraschend zu überfallen. In dem nächtlichen Kampf fielen über 500 von den Tataren und Polen, und fast 700 Pferde wurden erbeutet. Die Dörfer der Umgebung waren von diesem Unternehmen so beeindruckt, daß sie dem Ordenshauptmann Hans Frank in Bartenstein eine Brandschatzzahlung anboten, damit sie bei weiteren Vorstößen des Ordens unbehelligt bleiben würden. Sie wollten von jeder Hufe zwei Mark in zwei Raten zahlen und erklärten: „Wenn der Hochmeister eine oder zwei feste Städte im Ermland innehätte, etwa Heilsberg oder Rößel, wollten sie ihm alles tun, was arme Untertanen zu tun schuldig seien. Jetzt aber vermochten sie das nicht aus Furcht vor den herumschweifenden Polen und Tataren; doch wollten sie ihm nach Möglichkeit zu Diensten sein, da sie der deutschen Nation mehr zugeneigt seien als den Polen."

Von den Dörfern, die sich bei diesem für sie gefährlichen Handeln beteiligten, werden folgende genannt: Plausen, Schellen, Bischdorf, Glockstein, Linglack, Schöneberg, Heinrichsdorf, Tornienen und Santoppen. Trotzdem geschah es, daß Ende September 1520 Ordenskrieger aus Rastenburg ins Rößeler Gebiet einfielen und etliche Bauern aus Legienen gefangennahmen, um Lösegeld zu erpressen. Burg und Stadt Rößel blieben bis zum Ende des Krieges in polnischer Hand.

Am Anfang des Jahres 1521 unternahm der Orden einen Vorstoß gegen das Kulmerland, wobei die von Polen besetzten Städte Preußisch Holland und Liebemühl nach kurzem Kampf erobert wurden. Von Liebemühl konnten dann erfolgreiche Überfälle auf die bei Osterode lagernden polnischen Heerhaufen gemacht werden. Ein Angriff der Ordenstruppen auf Allenstein und die anschließende Belagerung hatten jedoch keinen Erfolg. Durch Vermittlung Kaiser Karls V. und des Königs Ludwig II. von Ungarn wurde am 5. April 1521 in Thorn ein Waffenstillstand von vier Jahren abgeschlossen. Darin wurde festgelegt, daß der Streit innerhalb dieser Zeit durch einen Schiedsspruch dieser beiden Herrscher beigelegt werden sollte.

Auch im Ermland waren wieder ungeheure Schäden entstanden. Die Fläche des unbebaut daliegenden Ackerbodens erhöhte sich nach diesem Krieg auf 55 Prozent. Den Umfang der Schäden zeigen deutlich die jährlichen Steuerlisten. Noch nach 13 Jahren (1533) lagen zum Beispiel von 36 Hufen in Ridbach 22 unbebaut, von 27 in Rochlack sechs, von 45 in Neudims 24 und von 36 in Willims sechs. Die 20 Hufen von Klein Bößau und auch die 66 von Sauerbaum lagen noch alle wüst und verwildert da.

Zustände vor der Reformation

Die führende Herrenschicht im Lande bildeten noch immer die Ordensritter, die aufgrund ihrer landfremden Herkunft keine engere Verbindung zur Bevölkerung hatten. Abgesehen von Heinrich von Plauen hatte das ganze 15. Jahrhundert keinen hervorragenden Mann auf dem Hochmeistersitz gesehen. Die verheerenden Kriege und Niederlagen hatten die einst so hochstehende Kultur zerstört. Dazu hatte die unkluge Politik der Ordensherrschaft viel Unzufriedenheit verursacht. Die Umwandlung der Besitzverhältnisse hatte die Klasse der reichen Grundbesitzer geschaffen und aus den freien Bauern arme Landarbeiter gemacht. Die Bevölkerung teilte sich immer deutlicher in Reiche und Arme. Auch für die Ordensherren war die Zeit des einfachen Lebens vorbei, wie das Inventurverzeichnis der Ortelsburg von 1519 vermuten läßt. In den Kellern lagerten, außer den üblichen Nahrungsmitteln, Met und Wein, Wermut-, Himbeer- und Kirschmet. Neben Danziger Bier stehen Schlehen-, Lavendel-, Holunder-, Lorbeer-, Quitten-, Salbei-, Kirsch-, Rauten-, Beifuß- und Wermutbier. Es ist anzunehmen, daß die meisten der als Bier bezeichneten Labsale mehr branntweinähnliche Getränke waren.

Die strengen Ordensregeln hatten lässigeren Anschauungen Platz gemacht. Manchem Ordensbruder war das Wirtshaus nicht mehr fremd, und andere gaben zu, daß sie Kinder zu versorgen hatten. Nach der alten Ordensregel durfte der Ritter nicht einmal seine Mutter oder Schwester küssen; jetzt wurde gesagt, der Vater soll vor den Rittern das Haus gut verschließen. Trotzdem kann man von einer moralischen Verkommenheit nicht reden. Die Schriften des Ordens bezeugen, daß solche Fälle vorkamen, aber nicht häufig oder gar die Regel waren. Dennoch war der Ritterorden dieser Zeit nicht mehr mit dem alten zu vergleichen, der den Ordensstaat geschaffen hatte.

Weit schlechter war das Bild der Geistlichkeit. Auch an vielen Priestern, die mit Hingabe ihr Amt versahen, war nichts oder wenig auszusetzen. Um so mehr traten diejenigen hervor, denen jede priesterliche Würde fehlte. Als Folge der Notzeiten waren viele Pfarreien schlecht versorgt. Während manche Pfarrer die Not ihrer Gemeinde teilten und in Armut lebten, versuchten andere ihre Einkünfte durch Bedrückung oder gar Erpressung der Gläubigen zu vermehren. Ließ sich aus der Gemeinde nicht genug herausholen, verließ mancher Pfarrer seine Schutzbefohlenen und zog außer Landes. Fälle von Gewalttätigkeiten der Geistlichen waren keine Seltenheit. Der Priester des Hauses Rhein schlug eine Frau so brutal, daß sie starb. In Grunau (fünf Kilometer südwestlich von Heiligenbeil) erschlug der Pfarrer Balthasar Gottesteuer den Dorfschulzen und floh über die nahe Grenze ins Ermland, wo der Vogt des Bischofs ihn schützte. Auch in Groß Engelau (sechs Kilometer nordwestlich von Allenburg) schlug der dortige Pfarrer den Schulzen tot. In Seligenfeld (fünf Kilometer südöstlich von Königsberg) erschlug der Pfarrer einen Bauern. Der Priester Peter Falck soll an einem Raubüberfall in Bartenstein teilgenommen haben. Viele Geistliche wurden der Erbschleicherei bezichtigt. Wo mehrere Priester an einem Ort wirkten, gab es häßliches Gezänk. Ordensbeamte mußten gegen unbefugtes Schnapsbrennen, Bierbrauen und Ausschank der Getränke einschreiten, zum Beispiel in Juditten und Labtau (Kreis Königsberg). In Preußisch Eylau wurde der Pfarrer Johann Thungen wegen Zechschulden verklagt. Es wird von Priestern berichtet, die aus persönlicher Feindschaft Sterbenden die Sakramente verweigerten, trotz dringender Bitten der Angehörigen. Die Folge solcher Übelstände war Unzufriedenheit und Entfremdung vom kirchlichen Leben und Mißachtung oder gar Feindseligkeit gegen die Priester. Die Rastenburger drohten, ihren Pfarrer totzuschlagen, weil er im Streit mit dem Magistrat die Kirche für ein Jahr schließen wollte. In Kallinowen (Dreimühlen, Kreis Lyck) wollten die Leute ihren Priester wenigstens schwer verprügeln. Der Junker Peter Schlesier drohte öffentlich den Pfarrer von Leunenburg zu kastrieren. Der Ordenskanzler Hans von Schönberg wies 1507 den Bischof von Pomesanien an, einen Geistlichen niederen Ranges einzukerkern und einfach verhungern zu lassen, falls er sich nicht in ein Kloster zur Buße begeben wolle. Dem Statthalter von Lötzen gab er den Rat, den stehlenden Pfarrer von Jucha (Fließdorf, Kreis Lyck) nicht abzusetzen, sondern ein „böser Bube" solle sich finden, der den Pfarrer erstechen solle. Es solle aber niemand erfahren, wer es getan hat, damit es wie ein Gottesurteil aussehen würde. Zu alledem hatte sich das Unwesen der aufdringlichen Bettelmönche mit der Zeit zu einer lästigen Landplage entwickelt.

Um das wachsende Verlangen nach einem Reformkonzil aufzufangen, berief Papst Julius II. 1512 selbst ein Konzil ein. Aber weder der Kaiser noch Frankreich und England sandten Vertreter. Statt angesichts der bedrohlichen Lage irgendwelche Reformen durchzuführen, bestätigten die italienischen Prälaten, die in der Mehrheit waren, erneut die Bulle *Unam Sanc-*

tam von 1302 und damit die Allgewalt des Papstes über jede weltliche Macht. Damit wurde überzeugend klargestellt, daß Reformen bzw. die Beseitigung der Mißstände von der Römischen Kirche nicht zu erwarten waren.

Das Rechtswesen hatte sich arg verschlechtert. Die strafende Justiz ging mit brutaler Grausamkeit vor. Wenn Diebe nicht gehenkt wurden, hackte man ihnen die Hand ab. Manchmal wurden ihnen auch nur Schandmale auf Stirn oder Wangen gebrannt. Ehebrecher im Rückfall wurden enthauptet, Falschspieler ertränkt. Die barbarische Strafe des Räderns wurde vollzogen, und die Folter wurde allgemein angewandt. Man fand nicht viel dabei, einen Menschen zum Krüppel zu foltern oder ihm das Leben zu nehmen. Zum Beispiel ließ das ermländische Domkapitel drei vermeintliche Kirchenschänder foltern. Da kein Geständnis von ihnen zu erpressen war, wurden sie trotzdem lebendig verbrannt. Demnach war es auch für Unschuldige oft besser, alles zuzugeben, was man ihnen vorwarf, da es ihnen die grausame Folter ersparte. Dem Tod entgingen sie ohnehin nicht, was vor allem für angeklagte Hexen galt. Während im Reich die massenweise Hexenverbrennung schon längst zum alltäglichen Leben gehörte, war das Ordensland bisher von diesem Wahn verschont geblieben. Jetzt aber hatte die Jagd auf Hexen auch hier begonnen.

Die Adligen waren so mächtig geworden, daß sie sich nicht um Recht und Gesetz kümmerten. Unter ihnen hatte sich eine Art Fehdewesen entwickelt, bei dem streitsüchtige Gutsherren mißliebige Gegner drangsalierten oder terrorisierten. Dabei wurden oft auch die Höfe Unbeteiligter geplündert. Andere wurden beschuldigt, diese Räuber unterstützt zu haben, auch wenn es nur geschehen war, um eigenen Schaden zu verhüten, und auch sie wurden „bestraft". So wie die Macht der Grundbesitzer stieg, so sank Recht und Sicherheit im Land. Am schwersten waren die Bauern betroffen, die von den Grundherren oft grausam behandelt und immer mehr unterdrückt wurden.

Die Reformation in Preußen

In Deutschland hatte inzwischen die Reformationszeit begonnen. Verschiedene Sekten mit unterschiedlichen Lehren und Lebensauffassungen brachten ganze Landesteile in Aufruhr. In Münster ließ der Bischof mit Kanonen auf abtrünnige Untertanen schießen. Die unterdrückten Bauern in Süd- und Mitteldeutschland revoltierten. Ihre Erhebungen des „Armen Konrads" und „Bundschuhs" führten schließlich zum Bauernkrieg von 1524/25. Die durch Druck rasch verbreiteten Reformschriften Martin Luthers fanden überall begeisterte Anhänger. In Preußen fiel die neue Lehre auf besonders fruchtbaren Boden und konnte daher sehr frühzeitig, ohne Kampf und Blutvergießen, festen Fuß fassen. Das arme Volk glaubte, daß der reformierte Glaube ihnen nun endlich die ersehnte Ordnung, Gerechtigkeit und Freiheit bringen werde; dagegen hofften die Reichen die Macht der Kirche zu beseitigen, um selbst mächtiger und reicher zu werden.

Eigentlich war die Reformation ein Teil des Humanismus, jener geistesgeschichtlichen Bewegung mit dem Ideal edler Menschlichkeit, mit der klassischen Antike als dem Vorbild vollendeten Menschentums. Es war die Zeit der Bauernkriege, der Kulturwende, des Niedergangs des päpstlichen Ansehens und der Ausbreitung nationaler und landeskirchlicher Tendenzen. Die Reformation brachte die Entstehung neuer, vom Papst unabhängiger Kirchengemeinschaften, und in Preußen verursachte sie das Ende des Deutschen Ritterordens.

Der Grundgedanke der Reformation war die Erneuerung der Kirche im Sinne urchristlicher Reinheit und Schlichtheit. Dieser rein religiöse Ansatz führte gegen die Absicht der Reformatoren zur Kirchenspaltung. Bei den Bemühungen der Kirche, eine angestrebte Reform herbeizuführen, wurden die Mißstände zwar eingestanden, aber nicht behoben.

Die Reformation im engeren Sinne begann in Deutschland mit Luthers 95 Thesen, die er am 31. Oktober 1517 an die Tür der Wittenberger Schloßkirche anschlug.* Den unmittelba-

---

* Obwohl der 31. Oktober 1517 weltweit als Geburtstag der Reformation gefeiert wird, behaupten einige Historiker, daß es sich bei den 95 Thesen lediglich um eine der üblichen Diskussionsaufforderungen mit Angabe der Themen gehandelt hat, die Luther als Universitätsprofessor der Fakultät zusandte.

ren Anlaß dazu hatte die schamlose, nur auf finanziellen Erfolg zielende Ablaßpredigt des Dominikaners und Inquisitors Johann Tetzel in Jüterbog gegeben. Von ihm sollen die Worte stammen: „Sobald das Geld im Kasten klingt, die Seele aus dem Fegfeuer springt." Die Geldsammlung war für den Bau der Peterskirche und die Schulden des Kardinals und Erzbischofs von Magdeburg und Mainz, Albrecht von Brandenburg, vorgesehen, der Tetzel den Auftrag dazu erteilt hatte. Albrecht und die Dominikaner klagten Luther in Rom an. Nachdem der General des Dominikanerordens, Jakob Kajetan, als päpstlicher Legat mit Luther auf dem Augsburger Reichstag 1518 argumentiert hatte, verhörte er ihn nochmals in Heidelberg. Nach dem Leipziger Streitgespräch, das vom 27. Juni bis 16. Juli 1519 abgehalten wurde, erhielt Luther 1520 die Bannandrohungsbulle des Papstes Leo X. Nach der öffentlichen Verbrennung seiner Schriften verbrannte nun auch Luther Ende des Jahres 1520 öffentlich die Bulle des Papstes. Daraufhin wurde er 1521 exkommuniziert.

Durch seine Reformschriften hatte Luther die öffentliche Meinung gewonnen. Im April 1521 wurde er von Kaiser Karl V. zum Wormser Reichstag befohlen, wo er Widerruf und ein Konzil ablehnte. Darauf wurde die Reichsacht über ihn verhängt. Daß Luther nicht verbrannt wurde und heimkehren durfte, hatte er dem Kurfürsten Friedrich III. von Sachsen zu verdanken, dem der Kaiser die sichere Rückkehr Luthers hatte versprechen müssen. Da Kurfürst Friedrich nicht wagte, den jetzt in Acht und Bann stehenden Luther weiterhin öffentlich zu beschützen, ließ er ihn in der Nähe von Eisenach von maskierten Reitern überfallen und heimlich auf die Wartburg in Sicherheit bringen. Dort schrieb er sein sprachliches Meisterwerk: die Übersetzung des Neuen Testaments ins Deutsche. Wegen des Widerstands des Volkes und vieler Stände konnte die Reichsacht nicht zur Anwendung kommen, so daß Luther im März 1522 nach Wittenberg zurückkehren konnte, wo er sich mit dem Aufbau einer neuen Kirchenordnung befaßte. Ein neuer Kirchenbegriff entwickelte sich: Anstelle der hierarchisch-sakramentalen Heilsverwaltung trat die unter Gottes Wort, Predigt und Sakrament lebende Gemeinschaft der Gläubigen, deren äußere Ordnung durch den Staat geschützt werden sollte.

Luther heiratete 1525 die ehemalige Nonne Katharina von Bora. Aus der Ehe gingen drei Söhne und drei Töchter hervor. Unterdessen wuchs der Einfluß der gegen Kaiser und Papst opponierenden deutschen Fürsten. Die evangelischen Reichsstände protestierten 1529 in Speyer gegen den reformfeindlichen Beschluß des Reichstags, wodurch der Name „Protestanten" entstand. Auf dem Reichstag zu Augsburg wurde am 25. Juni 1530 das sogenannte Augsburger Bekenntnis dem Kaiser zur Verlesung übergeben. Zur Verteidigung des evangelischen Glaubens gegen den katholischen Kaiser entstand 1531 der Schmalkaldische Bund. Damit begannen die kriegerischen Auseinandersetzungen, die letztlich zum Dreißigjährigen Krieg führten.

Hochmeister Albrecht reiste ins Reich, um ein letztes Mal Hilfe und Vermittler für einen erträglichen Frieden zu suchen. Drei Jahre lang zog er umher, aber niemand war bereit, irgendwelche Hilfe zu gewähren. Zum deutschen Kaiser war 1519 der spanische König Karl I. (als Kaiser Karl V.) gewählt worden, der ein Reich beherrschte, in dem nach seinen Worten „die Sonne nicht unterging" (Deutsches Reich und Spanien mit den Kolonien in Amerika). Er führte zu dieser Zeit erbitterte Kriege gegen den König von Frankreich, Franz I. (1515–47), der bei der Kaiserwahl der unterlegene Gegenkandidat gewesen war. Man kann verstehen, daß er kein Interesse für den Deutschen Ritterorden zeigte, zumal dessen Land nicht ein Teil des Deutschen Reiches war. Auf dem Reichstag zu Augsburg hörte er gnädig den polnischen Gesandten an, ließ aber den Gesandten des Ordens gar nicht zu Wort kommen. Auch der Deutschmeister verweigerte jede Unterstützung. Vom Reich konnte Albrecht keine Hilfe erwarten.

Bei seinem Aufenthalt in Deutschland geriet Hochmeister Albrecht in die Wirren der Reformation. In Nürnberg hörte er 1522 die Predigten des jungen Andreas Osiander, der sich leidenschaftlich für die neue Lehre einsetzte. Auf seiner Reise von Berlin nach Nürnberg im November 1523 ritt Albrecht über Wittenberg und suchte am ersten Adventssonntag heimlich den in Acht und Bann lebenden Martin Luther auf. Bei jener Besprechung war auch dessen Freund und Mitarbeiter, Philipp Melanchthon, anwesend. Hierbei entschied sich wahrscheinlich das Schicksal des Deutschen Ritterordens. Luther riet dem Hochmeister die „alberne und sinnlos gewordene" Ordensregel abzuwerfen, zu heiraten und aus dem Ordensland ein weltliches Herzogtum zu machen.

Nach der Zusammenkunft mit dem Hochmeister verfaßte Luther die Schrift *An die Herren des Deutsch Ordens*, die Ende des Jahres erschien. Darin legte er öffentlich dar, was er dem Hochmeister im geheimen geraten hatte. Er vermied aber jede Anspielung auf das Gespräch, so daß der Hochmeister in keiner Weise bloßgestellt wurde. Die Schrift glich all den anderen, die Luther zu dieser Zeit mit Hilfe der Druckerpressen in alle Welt sandte, und begann mit diesen Sätzen: „Wiewohl ich nun genugsam in anderen Büchern von dem Greuel der geistlichen Enthaltsamkeit viel geschrieben und immer wieder bewiesen habe, daß ein solches Gelübde nichts taugt, auch nicht gehalten werden muß, so habe ich es mir doch nicht versagen wollen, Eures Ordens Leute noch einmal besonders darauf zu ermahnen, weil ich die große Hoffnung habe, daß Euer Orden ein großes, treffliches, starkes Beispiel geben kann für alle anderen Orden, wenn er als erster diesen Bann bricht [...]"

In Preußen wurden die Ideen der Reformation schnell aufgenommen. In Königsberg hatte 1519 die letzte Prozession unter Teilnahme des Hochmeisters und des Bischofs von Samland, Georg von Polentz, stattgefunden. Am Weihnachtstag 1523 verkündete Bischof Polentz, der während der Abwesenheit des Herzogs als sein Regent eingesetzt war, als erster Kirchenfürst der katholischen Kirche die Reformation im Ordensland, obwohl Albrecht zu dieser Zeit noch Hochmeister des katholischen Ritterordens war und reformatorische Ideen in seinem Staat nicht dulden durfte. Es geschah gewiß nicht ohne Anweisung oder Zustimmung des Hochmeisters. Nach dem Beispiel des Bischofs von Samland führte auch der Bischof von Pomesanien, Erhard von Quais, 1524 die Reformation in seinem Bistum ein. Der in Polnisch-Preußen gelegene Teil seines Bistums wurde 1526 dem Bischof von Kulm unterstellt. Damit war das ganze Ordensland Preußen als erster Staat der Welt offiziell evangelisch geworden. Es dauerte dann nicht mehr lange, bis auch die letzten Widerstrebenden den reformierten Glauben annahmen. In Bartenstein zum Beispiel ließ der Komtur den evangelischen Prediger, den Bischof Polentz geschickt hatte, nicht in die Stadt. Mit Hilfe des ermländischen Bischofs, zu dessen Diözese bis jetzt auch Bartenstein gehört hatte, wollte der Komtur die Reformation hier verhindern. Nachdem aber im April 1525 das Ordensland ein Herzogtum geworden war, gab es keine Komture mehr, und am 30. Juni 1525 wurde auch Bartenstein evangelisch. Am 6. Juli 1525 erließ Herzog Albrecht das „Mandat", in dem er sich öffentlich zur reformierten Lehre bekannte.

Auch in den großen Städten Polnisch-Preußens ließ sich die Reformation nicht aufhalten. Danzig konnte es sich aufgrund seiner Privilegien leisten, recht bald evangelisch zu werden. Dort hatte die Reformation schon 1522 Aufnahme gefunden und konnte sich trotz der Bedrückung durch die polnischen Könige und Bischöfe halten. König Sigismund II. mußte 1557 den lutherischen Glauben offiziell anerkennen. Die Katholiken wurden nicht vertrieben; ihnen wurde die frühere Klosterkirche für ihre Gottesdienste übergeben.

Nachdem 1520 von Thorn aus ein königliches Verbot des Verkaufs lutherischer Schriften erfolgt war, wurde 1521 ein päpstlicher Legat, der im Beisein anderer Geistlicher und einer großen Volksmenge Luthers Bild und Schriften verbrannte, von den empörten Bürgern durch Steinwürfe vertrieben. Bis 1539 hatte sich hier die evangelische Konfession durchgesetzt, die der Polenkönig 1558 dem Rat der Stadt bestätigte. In Elbing vollzog sich die Reformation ohne große Beachtung. Hier wurde 1535 das erste evangelische Gymnasium Preußens errichtet. Die große Kirche der Dominikaner wurde 1542 von den letzten beiden Mönchen gegen lebenslange Versorgung der Stadt übergeben, wo die evangelische Pfarrkirche eingerichtet wurde. Nachdem Ermlands Bischof Hosius die Elbinger mit Gewalt zum katholischen Glauben zwingen wollte und sogar den Polenkönig ersuchte, militärisch gegen die Stadt vorzugehen, war König Sigismund genötigt, auch Elbing 1557 Religionsfreiheit zu gewähren.

Auch der Adel trat größtenteils zum lutherischen Glauben über, wobei die Aufhebung der Zahlung des Zehnten ein verlockender Grund war. Im Ermland, besonders in Braunsberg, hatte die Reformation ebenfalls viele Anhänger gefunden. Hier ging aber Bischof Ferber mit einer königlich-polnischen Kommission gewaltsam gegen sie vor. Nur durch den vollen Einsatz aller den Bischöfen zur Verfügung stehenden Machtmittel konnte die Reformation im

Ermland verhindert werden. Zwar sympathisierten einige Adlige auch weiterhin mit der neuen Lehre, mußten sich aber der Gewalt beugen.

Da die Könige Polens und die übermächtige Geistlichkeit die Reformation abwiesen, blieb auch Polnisch-Preußen, also Westpreußen und das Ermland, katholisch. Nur die drei großen Städte Thorn, Danzig und Elbing bildeten die einzigen Ausnahmen. Der Bischof des Bistums Warmia verlor mit der Reformation die zwei Drittel seiner Diözese, die im Ordensstaat und jetzt im evangelischen Herzogtum Preußen lagen. Sein geistlicher Bereich war von jetzt ab auf sein Territorium, also das Ermland, beschränkt. Damit hörte das Bistum Warmia auf zu bestehen, und zum erstenmal in der Geschichte gab es nun ein Bistum Ermland. Dieses neue Bistum gehörte, wie auch das alte Bistum Warmia, weiterhin zum Erzbistum Riga. Nach der Auflösung des Erzbistums Riga durch die Reformation 1566 wurde das Bistum Ermland de facto exempt – es gehörte keinem Erzbistum an –, bis es 1929 dem Erzbistum Breslau unterstellt wurde.

Die Reformation in Preußen war vor allem deshalb so reibungslos erfolgt, weil es hier keine Auseinandersetzungen mit bischöflicher Macht gegeben hatte. Als einzige aller deutschen Bischöfe hatten die zwei Landesbischöfe Preußens ihre Herrschaftsrechte und ihre Landgebiete freiwillig an den Herzog abgetreten. Dadurch blieben die Bischofsämter als Landeskirchenämter weiterhin bestehen, und die Bischöfe unterstützten als oberste Geistliche des Landes den Herzog voll und ganz in seiner Kirchenpolitik. Nur in Preußen trat das ein, was Luther ersehnt hatte: daß die Bischöfe, unter Verzicht auf weltliche Herrschaft und eigenen Landbesitz, die Reformation der Kirche durchführen würden.

Das Ende des Deutschen Ritterordens

In dieser erregten Zeit kam es an vielen Orten, besonders in den großen Städten, zu Unruhen. Die begeisterten Anhänger der neuen Lehre standen den sich abwartend verhaltenden oder gar feindlich eingestellten Stadträten gegenüber. Die Forderungen nach Erneuerung der Kirche, Abschaffung der Mißstände und des Wuchers wurden immer lauter. Auch in den Städten Königsbergs gab es allerlei Aufruhr, wobei Hochmeister Albrecht meistens mit den Aufrührern im Bunde gegen die alten Stadträte stand. Die größte Unzufriedenheit herrschte unter den Bauern, die durch die Landabgabe an die Adligen unter deren Gewalt gekommen waren und denen jetzt neue, bisher ungewohnte Lasten aufgebürdet wurden. Im Februar 1523 verweigerten die Königsberger Räte dem Hochmeister die verlangten Steuern und begründeten ihren Entscheid damit, daß sich der Hochmeister aller Einnahmen durch die fortwährende Weggabe von Grund und Boden selbst beraube: „Nun er alles weggegeben, Friedland für einige tausend Mark versetzt, Kaimen einer Gevatterschaft wegen verschenket, Lötzen und andere Güter an Dietrich von Schlieben verliehen, Angerburg an Schenk Christoph verschrieben hat und auch Wehlau schon feilgeboten ist, nun sollen die Bürger Königsbergs Hilfe leisten."

Im April 1524 verhandelte Hochmeister Albrecht, durch Vermittlung befreundeter Fürsten, mit König Sigismund von Polen. Den Vorschlag Albrechts, Westpreußen wieder mit Preußen zu vereinigen, wenn er Preußen als Lehen der Krone Polens annähme, lehnte der König entrüstet ab und drohte, den Krieg sofort nach Ablauf des Waffenstillstandes fortzusetzen. Die Bevölkerung war dem Hochmeister ganz und gar nicht gewogen, denn seine Politik hatte dem Land nur Unglück gebracht. Auf dem Landtag im Juli 1524 beschlossen die Stände mit Polen Frieden zu schließen. Die einzige Möglichkeit, das zu erreichen, sah man darin, daß der Hochmeister den Orden auflösen und das Land vom Polenkönig zu Lehen nehmen würde. Auch der Adel empfahl diese Umwandlung.

Als der vierjährige Waffenstillstand zu Ende ging, blieb Albrecht kaum eine Wahl, als diese Vorschläge zu befolgen, anstatt wieder Krieg über sein Land zu bringen, zumal Polen zu einigen Konzessionen bereit war. König Sigismund ließ sich für den Plan gewinnen, den Ordensstaat in ein weltliches Herzogtum umzuwandeln, und duldete auch stillschweigend die Reformation. Am 8. April 1525 wurde in Krakau der Vertrag unterzeichnet, in dem Albrecht als Herzog von Preußen anerkannt wurde und als solcher dem Polenkönig am 10. April 1525 den Lehnseid leistete. Die Brüder Albrechts wurden mitbelehnt, und es wurde festgelegt, daß nur nach dem Aussterben des Mannesstammes das neue Herzogtum an Polen fallen sollte. Der Vertrag war eine große Niederlage, aber auch ein kleiner Gewinn.

Der Krieg war damit beendet. Der nunmehrige Herzog Albrecht nahm die Besatzungen der ermländischen Städte zurück, und die Polen räumten die besetzten Städte des Ordenslandes, das nun das Herzogtum Preußen war. Der Deutsche Ritterorden in Preußen wurde aufgelöst und sein Ende überall im Lande freudig begrüßt. Anstelle des schwarzen Balkenkreuzes auf weißem Grund als Zeichen des Ritterordens blieb nur der schwarze Adler auf weißem Grund als Zeichen des Herzogtums und des späteren Königreichs Preußen, das auch die Farben Schwarz und Weiß in seine Fahne übernahm.

Die 56 im Ordensland tätigen Ritter traten fast alle zum reformierten Glauben über und wurden vom Herzog meistens als Amtshauptleute in den ehemaligen Komtureien und Pflegeämtern eingesetzt. Von den Priesterbrüdern blieb aber die Mehrzahl dem alten Glauben treu. Sie gingen ins Reich zum Ordenshaus Mergentheim zurück, wo sie mit neuen Aufgaben betraut wurden. Die verbliebenen Ordensbrüder erhielten für ihre Dienste reichlichen Landbesitz, manche sogar einige Dörfer oder eine Stadt. Auch die Söldnerführer des letzten Krieges wurden auf diese Weise entlohnt. Sie wurden damit Gutsherren und vermehrten die schon übergroße Zahl der adligen Grundbesitzer zu einer bedeutenden Macht im Staate.

Juristisch gesehen war die Beseitigung des Ritterordens in Preußen ein Staatsstreich. Die lauten Proteste des Deutschmeisters verhallten jedoch ungehört. Vergeblich war auch sein Bemühen, Kaiser und Papst zu einem gewaltsamen Eingreifen gegen Herzog Albrecht zu bewegen. Daß der Papst den Bannfluch über Albrecht aussprach und der Kaiser die Reichsacht über ihn verhängte, war ohne Bedeutung. Weder Kaiser noch Papst hatten die Machtmittel, um solchen Maßnahmen Nachdruck zu verleihen. Auch der gefürchtete Bannfluch hatte mit der Reformation seine Wirksamkeit verloren.

Die Römische Kirche sah in der Auflösung des Deutschen Ritterordens und in dem Übertritt des Hochmeisters zur Lehre Luthers eine offene Beleidigung des Papstes und einen Verstoß gegen das geltende Recht. Albrecht hätte sein Hochmeisteramt dem Papst zurückgeben müssen, dessen Oberhoheit der geistliche Orden unterstand, argumentierte man. Dem Polenkönig warf der Papst vor, daß er sich nicht rechtmäßig verhielt, weil er sich anmaßte, über päpstliches Eigentum zu verfügen. Das hatten die polnischen Könige allerdings schon recht lange getan, aber erst jetzt, als König Sigismund Preußen erlaubte, evangelisch zu werden, schien die Kurie das bemerkt zu haben und pochte auf ihre alten Rechte.

Die zwei anderen Ordensteile im Reich und in Livland blieben katholisch. Der livländische Teil überlebte den preußischen nur um 36 Jahre und mußte 1561 den gleichen Weg gehen und sich Polen unterwerfen.

Der Deutschmeister, Walter von Cronberg, legte das Amt des Hochmeisters mit dem seinen zusammen und nahm den Titel „Hoch- und Deutschmeister" an. In seiner Residenz Mergentheim schuf er für den Orden ein neues Zentrum. Kaiser Karl V. spannte den Orden noch einmal zum Kampf gegen die Protestanten ein, und die Ordensritter hatten einen entscheidenden Anteil an dem Sieg des Kaisers über den Schmalkaldischen Bund (1547). Nachdem 1561 auch der livländische Ordenszweig untergegangen war, verlor der Deutsche Ritterorden auch im Reich an Bedeutung. Der Name Hoch- und Deutschmeister wurde dem 1696 gegründeten österreichischen Infanterieregiment Nr. 4 verliehen, das der jeweilige Hochmeister des Deutschen Ordens befehligte. Seit der Wahl des österreichischen Erzherzogs Maximilian im Jahre 1590 zum Hoch- und Deutschmeister haben fast nur habsburgische Prinzen dieses Amt bekleidet. Im Bereich des Rheinbundes löste Napoleon I. den Orden 1809 auf, und der Hochmeistersitz wurde von Mergentheim nach Wien verlegt. 1834 wandelte Kaiser Franz I. von Österreich den Orden in ein „selbständiges, geistlich-militärisches Institut als kaiserlich unmittelbares Lehen" um. Erst 1923 löste Papst Pius XI. diesen Orden auf. 1929 entstand er nochmals als reiner Priesterorden unter dem Namen: „Brüder des deutschen Ordens St. Marien zu Jerusalem", von dem man sagte, es wäre ein armer Pfarrerverein mit einer reichen Vergangenheit. Auch dieser wurde 1933 in Deutschland und 1938 in Österreich aufgelöst. Nach 1945 erhob er sich nochmals, und sein Sitz ist wieder Wien.

Nach fast zwei Jahrhunderten glänzendem Aufstieg, in denen der Deutsche Ritterorden den modernsten Staat Europas mit den wohlhabendsten Einwohnern geschaffen hatte, war er von den Polen, die ihn einst in hilfloser Bedrängnis gerufen hatten, unter Bruch der ursprünglichen Verträge, vernichtet worden. Nach der entscheidenden Niederlage auf dem Schlachtfeld von Tannenberg hatte er noch ein Jahrhundert lang um seine Existenz gekämpft. Er mußte schließlich abtreten, weil die Zeit eine andere geworden war und die mittelalterlichen Ideen und Gebilde nicht mehr in diese neue Zeit paßten. Indem der Rest des einstigen Ordensstaates unter der erblichen Herrschaft eines deutschen Fürsten stand, konnte die Bevölkerung hier ihr Deutschtum bewahren.

Die Versuche, das großartige Wirken des Deutschen Ordens herabzusetzen, wie es zum Beispiel bei dem polnischen Nobelpreisträger für Literatur, Henryk Sienkiewicz, zu finden ist, oder die Ritter gar als böse „Ur-Nazis" zu diffamieren, wie es vielfach nach dem Zweiten Weltkrieg in Deutschland üblich wurde, können die außergewöhnlichen Leistungen des Ordens nicht schmälern, nur sein Andenken besudeln. Durch Leugnen der überragenden Errungenschaften anderer tritt dann die eigene jämmerliche Unfähigkeit nicht gar so deutlich zutage.

Das ruhmlose Ende des Deutschen Ritterordens war aber auch ein bescheidener Neuanfang. Das Herzogtum Preußen gab 1701 dem neu gegründeten Königreich Preußen seinen Namen, und 1771 wurde der König von Preußen Kaiser des Deutschen Reiches – bis dann nach zwei furchtbaren Weltkriegen das Preußenland unterging.

»Als Adam grub und Eva spann,
wo war da Bauer und Edelmann?«
TRUTZLIED IM BAUERNAUFSTAND, *CANTERBURY CHRONIK*, 1380

7. Von Herzog Albrecht zu den Oberräten

(1225–1640)

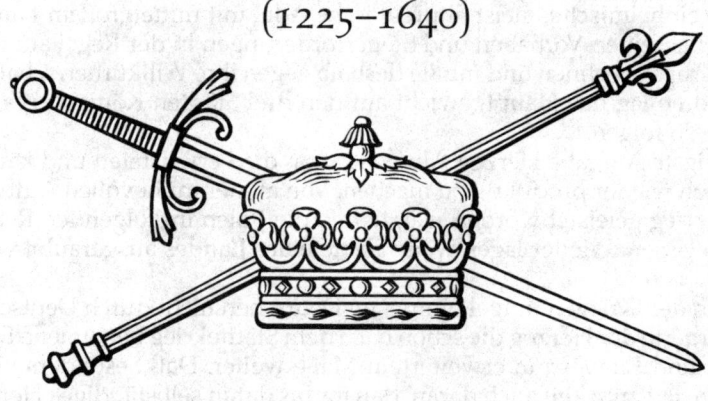

Das neue Herzogtum

Mit der Umwandlung des Ordensstaates in ein weltliches Herzogtum war ein weiteres jener Staatsgebilde geschaffen worden, wie sie zu dieser Zeit in Deutschland existierten, auch wenn hier, anstelle des Kaisers, der Polenkönig die Oberlehensgewalt besaß. Nach all der Unrast, die Krieg, Reformation und Auflösung des Ritterordens Herzog Albrecht gebracht hatten, nahm er eine Frau und heiratete 1526 die Tochter Dorothea des dänischen Königs. Dieses war die Zeit der Auseinandersetzung zwischen Landesherrschaft und Ständen. Aber während im Reich die Fürsten bald über die Stände siegten, endete dieser Machtkampf in Preußen umgekehrt. Am Ende seiner Regierungszeit mußte Herzog Albrecht erleben, daß seine fürstliche Macht von einer Ständeregierung übernommen wurde. Dadurch kam es hier zu einer Festigung des Lehnsverhältnisses, und der Polenkönig konnte seine Machtbefugnisse erweitern. Diese Entwicklung trat jedoch zunächst wenig in Erscheinung, weil die überragende Persönlichkeit des Herzogs und seine Fürsorge für das Wohl seines Landes das Wirksamwerden dieser Bestrebungen verzögerte.

Die Verwaltung des Landes wurde auf den bisherigen Einrichtungen des Ordens aufgebaut. Die Großgebietiger wurden durch vier Oberräte ersetzt: Landhofmeister, Oberburggraf, Obermarschall und Kanzler. Sie bildeten das Kollegium der Oberratsstube mit dem Sitz im Königsberger Schloß. Eine Neuerung war die Aufteilung des Landes in drei Kreise, Samland, Natangen und Oberland, die einem Regierungsbezirk entsprachen. In diesen gab es 34 Hauptämter und innerhalb derer, manchmal auch selbständig daneben, eine Anzahl Kammerämter. An die Stelle der Komture, Vögte und Pfleger traten Amtshauptleute und Kämmerer. Das Land der beiden Bischöfe von Samland und Pogesanien wurde teils als neue Belehnungen vergeben, oder es entstanden Staatsdomänen. Das Inventar und Vermögen der Kirchen und Klöster gelangte nur zu einem geringen Teil in die Hände des Staates, weil es sich meistens der Adel rücksichtslos angeeignet hatte. Damit ging es der vorgesehenen Verwendung für Schulen und der Armenfürsorge verloren. Landesordnungen, Steuerbewilligungen und ähnliche Angelegenheiten wurden auf den Landtagen verhandelt, auf denen Adel und Städte vertreten waren. Die bäuerliche Bevölkerung hatte kein Mitspracherecht.

Nach dem Indigenatsgesetz (Heimatrechtgesetz) von 1542 durften nur in Preußen geborene Personen die vier Oberratsämter besetzen. Damit war die Herrschaft des Adels in der höchsten Landesbehörde gesichert. Wir erinnern uns, daß es die Stände gewesen waren, die im Bunde mit Polen im Städtekrieg das Ordensland vernichtet und an Polen ausgeliefert hatten. Mit Hilfe ihrer polnischen Freunde entwickelten sie nun auch im Herzogtum bald eine solche Macht, daß einige der künftigen Herzöge kaum noch etwas zu sagen hatten; ihre Regentschaft war meistens nur formeller Natur.

Die Adligen fühlten sich nicht alle gleich und teilten sich in die höhere Klasse der „Herren und Landräte" und in die niedere von „Ritterschaft und Adel". Die erste Gruppe bestand aus den Bischöfen und den Nachkommen der Söldnerführer mit riesigem Landbesitz und den vom Herzog ernannten „Herren Landräten", meist Amtshauptleuten. Zur zweiten Gruppe gehörte der einheimische, meist altpreußische Adel mit mittelgroßem Landbesitz. Der Herzog konnte bei seinen Vorhaben und Steuerforderungen in der Regel auf die Unterstützung der ersten Gruppe rechnen und mußte deshalb gegen ihre Willkürherrschaft nachsichtig sein. Bei den Städten lag das Hauptgewicht auf den drei Städten Königsbergs, und die anderen mußten diesen folgen.

Die wichtigste Aufgabe Herzog Albrechts war, die verwüsteten und kaum noch bewohnten Gegenden wieder produktiv zu machen. Von all der mühevollen Aufbauarbeit, die nach dem Städtekrieg geleistet worden war, hatten die Polen im folgenden Reiterkrieg kaum etwas übriggelassen. Wieder lagen weite Gebiete des Landes ausgeraubt, verwüstet und entvölkert da.

Weil die in den Kriegen umgekommenen Deutschen nicht durch Deutsche ersetzt werden konnten, förderte der Herzog die schon nach dem Städtekrieg begonnene Einwanderung von Masowiern und Litauern in erweitertem Maße weiter. Daß besonders viele Masowier ins Land kamen, lag zum Teil auch daran, daß ihr bis dahin selbständiges Herzogtum 1526 dem polnischen Reich einverleibt worden war. Scharenweise flohen Litauer nach Preußen, um der polnischen Ausbeutung und Versklavung im polnisch-litauischen Unionsstaat zu entgehen. Das alte Bauerntum in Litauen war weitgehend frei gewesen. Nach der Union mit Polen begann aber die Angleichung an polnische Verhältnisse. Konnten die Bauern den hohen Zins für ihr Land nicht aufbringen, wurden sie von den Steuereintreibern „zerpleuet und zerschlagen".

Den schlechter werdenden Verhältnissen entzogen sich vor allem die Besten durch die Flucht. Während die Masowier in den ehemals deutsch besiedelten Gebieten das Straßendorf der Deutschen übernahmen, siedelten die Litauer auf altpreußische Weise auf Einzelhöfen. Meistens waren es Großfamilien: die Eltern mit ihren verheirateten Söhnen. Es waren größtenteils die Nachkommen der Schalauer aus dem Gebiet nördlich der Memel. Daß es sich um echte Prußen handelte, bestätigt auch Walter Kuhn, indem er folgendes über sie schreibt: „Jeder ist sein eigener Schuhmacher, holt sich das Leder von den Linden und anderen Borken aus dem Wald, jeder sein eigener Schmied, braucht das Hainbuchen- und Eisenholz statt des Eisens, ein jeder sein eigener Bäcker, Schneider und Radmacher."

Kaspar Henneberger beschreibt den Hof dieser Siedler, der ohne Zweifel ein Überbleibsel aus altpreußischer Zeit ist: „Das Haus, darinnen sie alle essen, heißt das Schwarzhaus und ist in Wahrheit von Rauch und Ruß schwarz genug. Daneben hat ein jeglich Paar Ehegatten ein sonderlich Häuslein, das heißt man Klete [...] Sonsten haben sie viele kleine Häuslein, denn zu einer jeglichen Arbeit haben sie ein sonderlich kleines Häuslein, als eines da man Korn drinnen trocknet und dreschet, eins da man das Getreide mahlet, eins darinnen man backet, eins zum Brauen, eines Kleider zu waschen, eines zur Badestube etc. die alle sein mit Brettern bedeckt [...]"

Die weise Regierung des Herzogs und der wirtschaftliche Aufschwung zogen immer mehr Siedler ins Land. Neben vielen anderen kamen schottische Kaufleute, die sich in den Städten niederließen. Dazu kamen Weißruthenen und konfessionell Verfolgte, zum Beispiel „Böhmische Brüder", die 1547 in Gilgenburg siedelten, wo nach den polnischen Einfällen kaum noch Deutsche lebten. Seit dem Hochmeister Winrich von Kniprode hat niemand mehr für die Besiedlung Preußens getan als Herzog Albrecht. Tilsit wurde 1552 zur Stadt erhoben, und am 1. Januar 1560 gründete er die Stadt Marggrabowa in regelmäßiger Anlage um den sieben Hektar großen Marktplatz, den größten Deutschlands. Die Stadt konnte sich auch rühmen, die kälteste des Deutschen Reiches zu sein.* Von 1555 bis 1564 brachte der Herzog das seit den Kriegen verödete Stablackgebiet wieder zu neuem Leben. Da nur wenige Orte mit Deutschen besetzt werden konnten, zog er masurische Siedler aus den Ämtern Rhein, Lyck und Johannisburg zum Wiederaufbau der Dörfer heran.

Neben der furchtbaren Pest hatte die Bevölkerung unter vielen anderen tödlichen Seuchen zu leiden, gegen die es kein Mittel gab. Mehr als die Hälfte aller Kinder starben allein an den Pocken. Man sagte damals, erst wenn die Kinder die Pocken überstanden hätten, gehörten sie ihren Eltern. Infektionskrankheiten, die heute nur noch selten auftreten, wie Scharlach, Ruhr und Typhus, forderten viele Opfer. Eine pestartige Seuche, die der englische Schweiß genannt wurde, brach 1527 aus. Das Abhalten von Jahrmärkten wurde verboten, und Herzog Albrecht floh mit seiner Familie in den Forst Puppen (Kreis Ortelsburg). Diese Seuche brach 1529 erneut aus, und der Herzog erkrankte dieses Mal lebensgefährlich daran, bevor er fliehen konnte. Die Seuche raffte besonders in Königsberg viele Menschen hinweg.

In unseren modernen Kriegen haben die Soldaten des Verlierers kein Anrecht auf Lohn oder Sold. Nach dem Zweiten Weltkrieg wurden zum Beispiel viele deutsche Soldaten noch jahrelang als Arbeitssklaven zurückgehalten, oftmals unter Bedingungen, die den Tod von einigen Millionen zur Folge hatte. Selbst etliche ihrer Generale wurden aufgehängt. Dagegen erhielt damals der Soldat seinen Lohn, auch wenn seine Seite den Krieg verloren hatte. So mußte auch Herzog Albrecht seine Söldner bezahlen, und wieder findet man in den Akten Belehnungen der Söldnerführer wie diese: „[...] im Jahre 1528 wurde der liebe getreue Engel Stach von Golzheim um seiner fleißigen und treuen Dienste willen, so er etliche Jahre erzeiget und sonderlichen seines ausstehenden Soldes und Schadens halber, so in dem vergangenen Kriege ihm unbezahlet blieben, mit dem erledigten Gute Koslau desgleichen mit dem Dorfe Wiersbau [Lockwinnen, südlich von Sensburg], zwanzig Huben innehabend, gnädiglich belehnet."

Der Deutsche Ritterorden versuchte wieder in den Besitz Preußens zu gelangen. Der Deutschmeister, Walter von Kronberg, hatte sich schon 1530 als Hochmeister mit Preußen belehnen lassen. Nach langem Bemühen gelang es ihm auf dem Reichstag zu Speyer 1532, die Reichsacht gegen Herzog Albrecht durchzusetzen. Am 27. August 1533 erging ein kaiserliches Vollstreckungsmandat an die Stände Preußens. Der Herzog mußte mit einem Krieg gegen sein Land rechnen, zu dem der Deutschmeister mit aller Macht trieb. Da bei einem solchen Krieg auch die Nachbargebiete, das Ermland und Polnisch-Preußen nicht verschont bleiben würden, warnte Herzog Albrecht brieflich den Polenkönig, die Stände Polnisch-Preußens und das Ermland vor den Absichten des Deutschordens und Kaiser Karls.

Inzwischen hatten die Türken den Krieg wieder aufgenommen und 1521 Belgrad, die wichtigste ungarische Sperrfeste, erobert. Unter Suleiman II. (des Großen oder Prächtigen) erreichte das Osmanenreich seine größte Ausdehnung. Sein Heer stand 1529 vor Wien. Die Abwehr der Türken war eine europäische Angelegenheit, und der Kaiser rief das Reich zur Abwehr dieser drohenden Gefahr auf.

Auch im Herzogtum Preußen bewilligte der Landtag 1535 und nochmals 1540 eine Sondersteuer, die sogenannte Türkensteuer. Zur Erhebung dieser Steuer wurde eine Bestandsaufnahme von Grundbesitz, Vieh und der Einwohner vorgenommen. Aus den Türkensteuer-Registern geht hervor, daß zu dieser Zeit die adligen Großgrundbesitzer fast die Hälfte des gesamten Bodens in ihren Händen hielten. Die kleinen Freien (Kölmer) besaßen nur noch rund zehn Prozent; der Rest war Domänenland. Es gab nur noch wenige Dörfer, die un-

---

* Marggrabowa nahm 1928 den Namen „Treuburg" an, weil bei der Volksabstimmung 1920 im Kreisgebiet von 28.625 Stimmen nur zwei für Polen abgegeben wurden.

mittelbar dem Landesherrn unterstanden, sich also frei nennen durften. Auch diese wußten nie, ob sie nicht schon morgen an einen Adligen verkauft oder verschenkt werden würden. Von dem gesunden Bauerntum der Ordenszeit war nicht mehr viel übriggeblieben.

Herzog Albrecht hatte vielseitige Interessen. Er führte eine umfangreiche Korrespondenz mit Fürsten, Künstlern, Professoren und anderen Persönlichkeiten. Er trat als Dichter evangelischer Kirchenlieder hervor und gilt in der Fachwelt als einer der „bedeutendsten Liederdichter der Reformationszeit". Er ist Verfasser von zwei der frühesten evangelischen Gesangbücher (Königsberg 1526 und 1527) sowie einem Chorbuch (Augsburg 1540). Obwohl er den Frieden liebte, schrieb er ein Buch über die Kriegswissenschaft (1555). Bei seiner Beschäftigung mit Alchemie versuchte er unter anderem aus allerlei Mischungen und Tinkturen ein Mittel gegen den Schlaganfall zu finden. Aber selbst teures Diamantenpulver war erfolglos. Dagegen hatte er mit der Vermittlung fürstlicher Ehen mehr Erfolg.

Die weitreichenden Pläne Albrechts führten zum Bau einer Flotte von sieben Schiffen, auf denen 396 Matrosen und 495 Kriegsleute Dienst taten. Im Frühjahr 1535 nahm die Flotte auf dänischer Seite am Seekrieg gegen Lübeck teil.

Die Salzquellen in Taplacken (nordöstlich von Wehlau), die schon in altpreußischer Zeit ausgiebig genutzt worden waren, versiegten 1536. Salzsieder aus Halle kamen ins Land, um die Salzgewinnung an den anderen Quellen zu erhöhen.

Alle bisherigen Maßnahmen zum Schutz des Wildes waren ohne nachhaltige Wirkung geblieben. Mit der Verbreitung der Feuerwaffen wurde das Jagen leichter und ungefährlicher. Mit der Jagd im allgemeinen nahm auch der Wilddiebstahl zu. Um die bedrohliche Ausrottung der geringer werdenden Wildbestände zu verhindern, erließ der Herzog strenge Verordnungen zur Schonung und Pflege des Wildes. Ab 1540 wurde eine vierjährige Schonzeit festgesetzt, in der jede Jagd verboten war. Wilddiebe hatten mit harten Strafen zu rechnen. Dem Amtshauptmann von Marggrabowa wurde befohlen, einen Beutner, der vier Stück Wild gefangen hatte, um „des Exempels willen und anderen zur Abscheu" ohne weitere Rechtsfrage an einem Baum aufzuhängen. Um das Wildpferd vor dem Aussterben zu schützen, erließ der Herzog 1543 nochmals besondere Schutzmaßnahmen. Die Bestände waren durch die Jagden der Ordensritter und die fortschreitende Kultivierung drastisch dezimiert worden. Für den mächtigen Auerochsen kam jede Hilfe zu spät; es gab nur noch wenige Exemplare in den schwer zugänglichen Wäldern Polens. Der letzte wurde 1627 in der Gegend von Lublin abgeschossen.

Alle Schutzmaßnahmen hatten nur einen begrenzten Erfolg, weil die adligen Grundherren auf ihren Jagdprivilegien bestanden und die Wilddiebe sich nicht um Gesetze kümmerten. Es war also kaum die Hälfte des Landes, wo diese Verordnungen zur Anwendung kamen. Trotzdem hielten sich Reste der Wildpferde bis etwa 1740 und die letzten Wisente bis 1756.

Mit der Umwandlung des Ordenslandes in einen weltlichen Staat kam ein neuer Auftrieb in das Geistesleben Preußens. Die schon 1523 gegründete Druckerei brachte laufend eine Ausgabe nach der anderen heraus. Mit der Umbildung der Kirche war die Gründung von Schulen verbunden. Luther hatte gefordert, daß man überall „christliche Schulen errichten und halten soll". Es lag im Wesen der Reformation, daß zumindest Lesen und Schreiben zum Gemeingut des Volkes werden sollten. In jedem Kirchspiel wurde ein Schulmeister angestellt. In Tilsit, Saalfeld und Lyck hatte jede Schule drei Lehrer. Die zahlreichen Gelehrten, die der Herzog an seinen Hof zog, gaben Königsberg eine neue Atmosphäre. Ein akademisches Gymnasium, das „Partikular", wurde 1542 eingerichtet, aus dem 1544 die Königsberger Universität hervorging. Ihr erster Rektor wurde der hervorragende latein-griechische Stilist Georg Sabinus (Schwiegersohn Melanchthons). Die Universität gab dem Land nicht nur seine evangelischen Pfarrer und höheren Verwaltungsbeamten, sie war auch eine Stätte unvoreingenommener, freier Forschung. Sie wurde ein neuer Anziehungspunkt, und Gelehrte, Wissenschaftler und Künstler aus ganz Deutschland sammelten sich hier; sie blieb bis zum Ende der geistige Mittelpunkt des deutschen Ostens.

Der Nachwuchs an Studenten kam aus dem „Pädagogium", einer Vorbereitungsanstalt für die Universität, den drei neu errichteten Lateinschulen in Königsberg und sechs weiteren im

Die Gebäude der im Jahre 1544 von Herzog Albrecht von Brandenburg-Ansbach in Königsberg gegründeten Universität standen zwischen Dom und Ufer des Pregel auf der Pregelinsel. Die „Albertina" war die östlichste deutsche Universität.

Lande sowie aus der 1546 gegründeten „Großen Schule" in Rastenburg (später Herzog-Albrecht-Schule). Durch zahlreiche Stipendien aus der herzoglichen Schatullkasse wurde begabten armen Knaben das Hochschulstudium ermöglicht. Die Söhne unfreier Prußen, die auf der Universität studierten, sollten auf Anordnung des Herzogs frei sein.

Neben der Universitätsbibliothek stand den Professoren und Studenten die 1534 angelegte Schloßbibliothek zur Verfügung, die der Herzog 1540 für den öffentlichen Gebrauch freigab. Sie wurde fortwährend vergrößert, und auch die Bestände der Ordensbibliothek wurden ihr zugeführt, die wertvolle Handschriften und Frühdrucke enthielt. In seinem Testament vom 17. Februar 1567 verfügte der Herzog, daß die Bibliothek, dem Lande zugute, für ewige Zeiten unzertrennt in Königsberg verbleiben und gleich einem Schatz erhalten und bewahrt werden soll. Auch die berühmte Silberbibliothek wurde 1611 der Schloßbibliothek beigefügt. Im Jahre 1827 kamen die Stadt- und Universitätsbibliothek hinzu. Später wurden alle mit der besonders umfangreichen Wallenrodtschen Bibliothek zur Preußischen Staatsbibliothek vereinigt, wo 1945 rund 500.000 Bände vorhanden waren. Welchen Ruf das Herzogtum Preußen damals in den wissenschaftlichen Kreisen genoß, deutet der bekannte Theologe, Kosmograph und Hebraist Sebastian Münster (Prof. in Basel und Heidelberg) an, indem er um 1548 schrieb: „Wenn Jupiter vom Himmel fallen würde, könnte er in kein besseres Land als in das der Preußen fallen."

Die Amtshauptleute der Ämter Lyck und Johannisburg klagten immer häufiger über die Übergriffe der Polen im Grenzgebiet. Obwohl diese Grenze schon vor 200 Jahren festgelegt worden war, wurde nach langen Verhandlungen zwischen Herzog Albrecht und König Sigismund von Polen 1545 eine endgültige Grenzberichtigung, selbstverständlich zugunsten Polens, vorgenommen. Die deutschen Bauern markierten ihre Felder an der Grenze jetzt mit Steinschüttungen. An der Stelle, wo Preußen mit Masowien und Podlawien zusammenstieß (bei Prostken, Kreis Lyck), wurde ein gemauerter Grenzpfeiler errichtet. Nachdem die Ostgrenze immer weiter nach Westen gerückt worden war, blieb sie von jetzt ab genau 400 Jahre bestehen und war somit die älteste unveränderte Grenze Deutschlands.

Die zweite große Pest, die 1348 ins Ordensland gekommen war, wütete in unregelmäßigen Zeitabständen immer wieder in Preußen. Wer es sich leisten konnte, floh nach Gegenden, die von der Pest nicht betroffen waren. Auch wenn man die Ursachen der Seuche nicht kannte, so wußte man doch schon, daß sie durch Kontakt mit infizierten Personen übertragen wurde. Jedesmal wurde das Abhalten von Jahrmärkten verboten. Herzog Albrecht begab sich mit seinem Gefolge wieder in die Johannisburger Heide, wo sich bei dem Dorf Puppen das Ausweichquartier des herzoglichen Hofes für Pestzeiten befand. Ein Chronist berichtet darüber: „Anno 1548, ungefähr um Martini [11. November] hat Gott der Allmächtige eine grausame, geschwinde und erschreckende Plage der Pestilenz über fast ganz Preußenland verhängt, so daß von obengenannter Zeit bis wiederum auf Martini Anno 1549 zu Königsberg, in allen drei Städten, in die 17.000 Menschen gestorben sind. Mein gnädiger Herr, Markgraf Albrecht, hat sein Hoflager auf dem Poppen in der Wildnis gehabt."

In Lyck, das damals nicht viel mehr als 1.000 Einwohner zählte, waren 600 Menschen gestorben. Ähnliche Todeszahlen hatten auch andere Städte zu beklagen. Schon 1563 zog die nächste Pestwelle durch das Land.

Nachdem seine erste Gemahlin 1547 gestorben war, heiratete Herzog Albrecht 1550 Maria Anna von Braunschweig.

Das Klima der sogenannten „kleinen Eiszeit", die kälteste Zeitperiode seit dem Ende der letzten Eiszeit, hielt weiterhin an. In meistens größeren Zeitabständen gab es außergewöhnlich kalte Winter, wie den von 1554/55, als die Ostsee wieder einmal fest zufror. Man unternahm Schlittenfahrten nach Lübeck, Reval und sogar bis Schweden. Auf dem Eis errichteten geschäftstüchtige Unternehmer Herbergen für die Reisenden und Schuppen für die Pferde. Ähnliche Winter hatte es 1422/23 und 1458/59 gegeben. Aber auch in dieser Zeit bescherte die wechselvolle Natur den Menschen manchmal einen ebenso ungewöhnlich milden Winter, wie etwa 1531/32, wo mancherorts schon in der zweiten Januarhälfte mit der Ackerbestellung begonnen wurde. Im 17. Jahrhundert werden die Jahre 1643, 1667, 1670, 1674, 1678 und 1686 mit sehr strengen Wintern genannt. Auch 1709 fuhr man noch Anfang Mai 75 Kilometer weit auf die Ostsee hinaus.

Notlage der Bauern

Das freie Bauerntum der Germanen hatte sich mit der Christianisierung in ein System von Herrschern und Beherrschten umgewandelt. Im späten Mittelalter gab es in Deutschland keinen freien Bauern mehr, und auch im Herzogtum Preußen näherte sich die Versklavung der Bauern immer mehr den Zuständen im Reich. So wie dort kam es auch in Preußen zu Unruhen und einem begrenzten Aufstand. Um diese Vorgänge im rechten Zusammenhang mit der Geschichte jener Zeit zu sehen, soll hier ein kurzer Blick auf die Bauernkriege in Deutschland geworfen werden.

Die Bevölkerung bestand damals zu etwa 80 Prozent aus Bauern, die auf der niedrigsten Stufe einer Sklaverei standen, wie man sie sich heute kaum vorstellen kann. Ein Bauer war nicht nur besitz- und rechtlos, sondern er und seine Familie gehörten mit Leib und Leben, so wie das Vieh, dem Grundherrn. Seine Kost war erschreckend primitiv, knapp und eintönig. Er mußte froh sein, wenn ihm sein „Herr" so viel ließ, daß er seinen Brei (mit Wasser und etwas Salz gekochtes Roggenmehl) und seine Grütze (grob gebrochene Gerste) zum Essen hatte und so viel Bekleidung, daß er im Winter nicht erfror. Kein Römer hätte gewagt, seine Sklaven so schlecht zu behandeln, und der Unfreie der Germanenvölker führte im Vergleich zu dem Bauern des Mittelalters ein Herrenleben. Mit Hochmut und Hohn sahen die adligen Herren auf die Bauern herab, die für sie nur eine Herde waren, deren einziger Daseinszweck darin bestand, ihrer Klasse zu dienen.

Die Reformation hatte in den gequälten Bauern Hoffnungen auf Gerechtigkeit und Menschlichkeit geweckt, die sich nicht erfüllten. In Mittel- und Süddeutschland erhoben sie sich gegen Grundherren, Fürsten und Kirche. Zwei Jahre lang (1524–26) kämpften sie, um ihr Sklavendasein zu mildern. Sie glaubten mehr an die Gerechtigkeit ihrer Sache, als daß sie Verstand hatten, denn sie meinten, weil ihre Sache gerecht war, müßte Gott ihnen helfen. Die Adligen, mit besseren Waffen und unmenschlicher Grausamkeit, warfen den Aufstand schließlich nieder.

Als der Bauernkrieg zuerst in den katholischen Gegenden ausbrach, zeigte Luther Verständnis für die Bauern. Als der Aufstand aber auf protestantische Gebiete übergriff, wandte er sich scharf gegen sie. In einer Zeit, die nichts anderes kannte, konnte auch er sich nicht vorstellen, daß eine menschliche Gesellschaft ohne eine herrschende und eine beherrschte Klasse überhaupt möglich war, denn er predigte: Tyrannei sei keine Entschuldigung für Rebellion. Das Verlangen der Bauern nach Freiheit sei ungerechtfertigt. Der Apostel Paulus habe obendrein gesagt, der Sklave soll nicht Freiheit verlangen. Und Luthers engster Mitarbeiter Melanchthon zitierte die Bibel: „Wie der Esel Futter, seine Bürde und die Peitsche braucht, so muß der Diener Brot, Arbeit und Strafe haben." (Buch Josua Sirach) „Diese Institution [Sklavenhaltung] ist sicherlich Gott wohlgefällig."

In seinem Aufruf forderte Luther die Fürsten auf, kein Mitleid zu zeigen und die Bauern umzubringen, „wie man einen tollen Hund totschlagen muß", weil es nichts Teuflischeres geben kann als einen „aufrührerischen Menschen". Besser sei es, alle armen Leute (so nannte man die Bauern) zu erschlagen, als daß ein Fürst oder die Behörden verdürben. Luther, der eigentlich selbst ein Rebell war, argumentierte: „Mit einem Rebellen kann man nicht vernünftig argumentieren; man muß ihm mit der Faust antworten, bis ihm das Blut aus der Nase spritzt!" Die Revolution, die ihn groß gemacht hatte, wollte er im Blut der Bauern ertränkt sehen. Man sieht, auch Luther war ein Mensch seiner Zeit.

Sein Aufruf an die Fürsten, den Bauern keine Gnade zu gewähren, war unnötig, denn sie dachten nicht daran, menschlich zu handeln. In Massenhinrichtungen, oft unter sadistischen Foltern, wurden mehr als 130.000 Bauern erschlagen, gehenkt, verbrannt und auf andere Arten zu Tode gequält. Mit Vieh ging man sorgsamer um, denn das hatte einen weit höheren Wert. Zählt man die in den kleineren Aufständen Gefallenen und Hingerichteten hinzu, werden bei dem Aufstand nahezu 200.000 Bauern umgekommen sein, was bei der damaligen niedrigen Bevölkerungszahl einen erheblichen Verlust von Menschenleben und Arbeitskraft bedeutete.

Wenn die Lage der Bauern in Preußen auch nicht den Zustand der versklavten Bauern des Reiches erreicht hatte, so befanden auch sie sich in einer Notlage. Nach dem letzten Krieg (Reiterkrieg 1519–21) hatte der Orden nichts Wesentliches mehr für den Aufbau der verheerten Gebiete tun können. Den überlebenden Bauern war für fünf Jahre der Grundzins erlassen worden; mehr hatte der Orden nicht geben können. Zum Aufbau der Höfe und zur Beschaffung von Vieh und Saatgut hatten viele Schulden auf sich genommen, ansonsten wären Hof und Land verwüstet liegengeblieben. Dazu brach im Samland 1521 noch eine Viehseuche aus, wo auch einiges Vieh aus dem Kriegsgebiet hergetrieben worden war, um es den raubenden Polen zu entziehen. Zu alledem kam in Preußen 1524 noch eine Mißernte.

Die hoch verschuldeten Bauern waren mit ihren Zinszahlungen weit im Rückstand. Die deutschen Bauern hatten ihre Privilegien verloren, und nach und nach waren ihnen die gleichen Lasten wie den prußischen aufgebürdet worden, so daß wirtschaftlich beide Gruppen gleich dastanden. Alle litten unter der Verarmung, dem Steuerdruck und der schlechten Verwaltung des Landes. Der Mangel an Bauern und die unbebauten Ackerflächen verleiteten die Grundbesitzer, die Bauern immer enger an ihre Güter zu binden. Diese Bestrebungen gingen weiter, bis schließlich der Zustand der Leibeigenschaft erreicht war. Sehr hart traf die Bauern auch die Entwertung des Geldes. Für den Zins (in neuer „guter" Mark) mußten die Bauern jetzt eine größere Menge Getreide abgeben als früher.

Außerdem wurde den Bauern ein großer Teil ihres Getreides als „Kaufkorn" oder „Kaufhaber" zwangsweise unter dem Marktpreis abgenommen, wobei grobe Mißbräuche vorkamen. Die Bauern des Amtes Kaimen (Samland) klagten 1526, daß ihnen sogar das Saatgetreide durch diesen Zwangsaufkauf abgenommen worden war. Sie hatten also für ihr gesamtes Getreide weniger als den Marktpreis erhalten und mußten nun Brotkorn und Saatgut zum vollen Preis zurückkaufen. Die Amtsrechnungen buchten dieses billige Kaufkorn als regelmäßige Einnahme. Die dauernde Münzverschlechterung kam durch das Umwechseln des guten Geldes in schlechteres einer erheblichen indirekten Steuer gleich, die alle Landesbewohner, einschließlich der Bauern, betraf.

Besonders ungünstig traf die Notzeit die kleinen prußischen Freien. Die adligen Dienste hatten am Anfang des 16. Jahrhunderts einen Zinsnachlaß erwirkt, von dem die Freien ausgeschlossen waren. Somit mußten die Freien von ihren kleineren Grundstücken die gleichen Steuern aufbringen, wie die größeren und wirtschaftlich viel kräftigeren adligen Güter. Wegen des Mangels an Arbeitskräften zwangen die Adligen nun auch die Freien zu unbezahlter Arbeit auf ihrem Land. Das zwang viele, wie beabsichtigt, zum Verkauf ihrer Güter an die Edelleute, und die Freien sanken auf den Stand dienstpflichtiger Bauern herab. Besonders in den Gegenden, wo die großen Landverleihungen an die Adligen erfolgt waren, ging die Zahl der Freien drastisch zurück. Aber auch Freie, die ihren Besitz behaupten konnten, wurden im Übermaß mit entwürdigenden Diensten und Scharwerk belastet, so daß von „frei" kaum noch die Rede sein konnte. Baudienste wurden nicht nur für die alten Burgen und die neuen Herrensitze gefordert, sondern gingen oft weit darüber hinaus. In der Ragniter Gegend mußten die Freien das gesamte aufgekaufte Getreide abfahren, wozu sie sogar ihre eigenen Säcke stellen mußten. Viel Ärger bereiteten die Jagddienste, bei denen auch Müller und Krüger die Edelleute fahren, Treiberdienste und andere Arbeiten leisten mußten. Obwohl all diese Forderungen den Handfesten und alten Gewohnheiten widersprachen, wurden sie von der Regierung geduldet. Die Adligen hatten sich zu den Herren des Landes erhoben und sahen auch auf die Freien als Untergebene herab. Bei den immer noch standesbewußten Freien rief dieses rechtswidrige Auftreten der hochmütigen Adligen tiefe Erbitterung hervor. Nach dem Willen der Adligen sollte es hier, wie im Reich, in Zukunft nur die Klasse der Grundherren und die der leibeigenen Sklaven geben.

Als der Ordensstaat verweltlicht wurde, hatte das Volk auf tiefgreifende Veränderungen gehofft. Ein Reformfieber hatte das ganze Land gepackt, und die Bauern erwarteten Gerechtigkeit und Befreiung von der adligen Willkürherrschaft. Sie wollten nur einem Herrn dienen, dem Herzog, und niemand sollte zwischen ihm und dem Volk stehen. Die hochmütigen adligen Herren sollten in Zukunft kein Scharwerk mehr erhalten und sich mit eigener Hände Arbeit ernähren. Gleich nach dem Einzug Herzog Albrechts in Königsberg am 6. Mai 1525 wurde eine Flut von Beschwerden eingereicht, aber die Klagenden wurden auf den Landtag im August vertröstet. Dagegen wurde ein Mandat gegen Aufrührer erlassen und der Befehl erteilt, alle Waffen abzuliefern, was die Unruhe noch mehr steigerte. Auch die Einziehung des

Kirchensilbers aus den Dorfkirchen verärgerte die Bauern, die diese Werte doch selbst gestiftet hatten.

Die größte Mißstimmung war durch den Grundbesitzwechsel entstanden. Der Herzog war mit Kriegsentschädigungen sehr freigebig, und große Teile der Bevölkerung waren unter die Herrschaft der neuen Grundherren gekommen. Während dauernde Steuerforderungen jedem Bürger die Geldnot des Staates vor Augen hielten, mußten die Landvergebungen, die die Not vergrößerten, Empörung hervorrufen. In die schon erregte Stimmung brachte die Verweltlichung des Ordensstaates eine neue Flut von Entschädigungen. Die Ordensritter blieben größtenteils als Edelleute im Land und erhielten ebenfalls Grundbesitz, wodurch die schon übermäßig große Anzahl der Großgrundbesitzer noch mehr vergrößert wurde. Andere Ritter blieben in ihren Ämtern und bezogen nun ansehnliche Einkünfte aus der Staatskasse. Das Volk aber sah in der Verschleuderung von Grund und Boden sowie der staatlichen Einnahmen die Ursache für die Notzeit und war tief enttäuscht. Besonders bei den prußischen Freien steigerte sich die Unzufriedenheit. Sie hatten im letzten Krieg wie die Adligen gekämpft und waren wie jene zur Tagfahrt berufen worden. Von ihrem wesentlich kleineren Besitz mußten sie die gleichen Abgaben aufbringen, aber das Recht zur Jagd hatten nur die Adligen, denen sie wie gewöhnliche Scharwerksbauern dienen mußten. Der letzte Anstoß kam, als der Augustlandtag, auf den alle hoffnungsvoll gewartet hatten, überraschend abgesagt wurde und Herzog Albrecht nach Schlesien abreiste. Dieser Landtag hätte alle Mißstände beseitigen sollen, „auf daß man hinfort in christlicher Ordnung und brüderlicher Einigkeit nach dem göttlichen Wort regieren und leben möge". Hier wirkten Kräfte, um genau das auf jeden Fall zu verhindern.

Der Bauernaufstand

Die bäuerliche Erhebung stand in engem Zusammenhang mit den städtischen Unruhen. Es wird vermutet, daß sie vielleicht sogar von den Stadtleuten hervorgerufen wurde, denn der Haß auf den Adel war auch bei der Stadtbevölkerung recht groß. Der Aufstand brach im Amt Keimen aus, wo die Bauern unter dem Amtshauptmann Andreas Rippe besonders schwer zu leiden hatten.

Herzog Albrecht hatte Rippe, als Entschädigung für seine in Natangen von den Polen verwüsteten Güter, das Amt Kaimen gegeben, wo er den Kammerhof und 200 Mark jährlich erhalten sollte. Rippe wollte aber die volle Nutzung des Amtes und erreichte, daß ihm die Gerichtsbarkeit und die Einziehung der Zinsen zugestanden wurden. Während ihm als Kämmerer nur die prußischen Bauern unterstanden hatten, gebot er nun auch über die deutschen Bauern und die prußischen Freien. Seine brutale Behandlung der Leute und Forderungen ungerechter Dienste und Abgaben steigerten den Haß. Er ließ zuzüglich wüste Bauernhufen bearbeiten, um sein Einkommen zu erhöhen. Einen Bauern ließ er aus nichtigem Grund aufhängen. Ein Bestohlener mußte die Henkerskosten für den Dieb bezahlen, aber das gestohlene Gut behielt Rippe.

Schließlich kam die aufgestaute Wut der Bauern zum Ausbruch. In der Nacht vom 2. zum 3. September 1525 rief der Müller Kaspar aus Kaimen die Bauern der Umgebung zusammen und forderte sie unter Berufung auf das Evangelium auf, ihrer Unterdrückung ein Ende zu machen. Dieses Unrecht konnte nicht nach Gottes Willen sein, und auch der Herzog wolle das nicht. Kaspar gab den Bauern zu verstehen, daß er im Sinne des Herzogs handele. Besonders die deutschen Bauern waren davon begeistert, während die prußischen zurückhaltender waren. Sie hatten sich in der langen Zeit ihrer Unterwerfung an Unrecht und Unterdrückung gewöhnt. Dazu wirkte die neue Lehre weniger auf sie, weil die meisten kaum oder nur mangelhaft die deutsche Sprache beherrschten. Aber auch sie hofften auf eine Besserung ihrer drückenden Lage. Die Seele des Aufstandes bildeten die wirtschaftlich am schwersten bedrohten prußischen Freien, die mit Schulzen, Krügern und Müllern die Führung der Erhebung übernahmen.

Am Morgen des 3. September wurde der verhaßte Amtmann Rippe in seinem Schloß in Kaimen gefangengenommen. Dann zogen die Aufständischen ostwärts in die Gegend von Labiau und Tapiau, wobei sie einige Adlige auf ihren Gütern gefangennahmen. Ihre Schar wurde größer, und nachdem ein zweiter Haufe aus dem westlichen Samland unter Führung des Kämmerers Hans Gericke aus Pobethen zu ihnen stieß, sollen es etwa 2.000 Mann gewesen sein. Die Aufständischen waren loyal gesinnt und wollten auf keinen Fall Blut vergießen, sondern nur gerechte und menschenwürdige Zustände herstellen helfen. Sie suchten sogleich Verbindung mit den Königsbergern aufzunehmen, die wahrscheinlich die Anregung zum Aufstand gegeben hatten. Die Bauern hatten damit gerechnet, bei den Führern der Opposition, Egerer und Nürnberger, den Parteigängern des Herzogs, Unterstützung zu finden. Ein Brief an die Königsberger Handwerker wurde aber abgefangen, und die Räte – der Herzog weilte noch in Schlesien – waren dadurch rechtzeitig vom Aufbruch der Bauern unterrichtet. Als die Handwerker schließlich zu spät von der Erhebung erfuhren, schreckten sie vor offenem Widerstand zurück, und die Bauern standen allein da.

Der Bauernaufstand griff in wenigen Tagen auch nach Natangen über, wo der Müller Hans Pflegel aus Pöhlen (Kreis Bartenstein) und mehrere Geistliche die Führung übernahmen. Von diesen trat besonders der aus Friedland stammende Pfarrer Gregor Frenzel hervor. Er fertigte gefälschte Briefe des Herzogs an und versah sie mit Siegeln, die er den Kirchenverordnungen des Herzogs entnommen hatte. Auch dort wurden einige Gutsherren, darunter der Vater des Rippe, gefangengenommen. Die Adligen auf ihren Landsitzen bekamen Angst und flohen in die Städte. Die Chronik von Bartenstein berichtet, daß der Stadtrat diesen Flüchtlingen den Aufenthalt widerstrebend erlaubte, obwohl viele Bürger dagegen stimmten. Die verängstigten Herren mußten aber geloben, „jedes Geschrei, Treten, Dräuen, Fluchen und Schelten zu unterlassen". Der Müller Pflegel schrieb folgenden Aufruf an die Bauern: „Gnade und Frieden in Gott unserm Herrn! Nachdem Ihr Wissen traget, daß wir eine große Beschwerung haben gehabt von den gottlosen Edelleuten, die uns genugsam haben behandelt wider Gott und alle Gerechtigkeit an Leib und Gut, mit Stocken und Pflocken, darum ist unser Fürnehmen, daß wir ein göttliches Regiment aufrichten, welches sich freuen soll Kinds Kind. Deshalben ist an Euch unsere Vermahnung, Ihr wollt einer dem anderen beistehen, daß wir Preußenland unserm gnädigsten Herrn wieder überantworten und alles Unkraut ausrotten [...]"

Die Stadträte in Königsberg – auch der Stellvertreter des Herzogs, Bischof Polentz, war auf einer Reise in Masuren – wollten mit dem Aufgebot des Adels den Aufstand mit Waffengewalt brutal und blutig niederschlagen. Da die Bauern aber alle Wege rund um Königsberg besetzt hatten, vor allem aber weil sie eine Erhebung der Stadtbevölkerung fürchteten, beschlossen sie zunächst zu verhandeln, wozu die Aufständischen nur allzu gern bereit waren.

Am 8. September 1525 schlossen die Bauern mit dem angsterfüllten Adel einen Anstand (Ruhepause) bis zur Rückkehr des Herzogs, denn sie glaubten, daß er für ihre gerechte Sache volles Verständnis haben und die Adligen in Schranken weisen würde. Nach Zusicherung völliger Straffreiheit gaben sie die gefangenen Edelleute frei und zogen friedlich nach Hause. Auf die Nachricht vom Ende des Aufstands im Samland gaben auch die Natanger auf.

Bei der kurzen Dauer des Aufstandes – die Masse der Bauern war nur fünf Tage im Feld gewesen – war es zu keinen schweren Ausschreitungen gekommen. Entgegen den Anweisungen ihrer Führer waren zwar einige Lebensmittel aus den Kellern einiger Gutshäuser entwendet und verbraucht worden, aber es war nicht gemordet, gebrannt oder geplündert worden; niemand war verletzt oder mißhandelt worden. Die Bauern wollten willig dem Herzog alles leisten, was sie nach dem alten Recht schuldig waren. Sie wollten aber die Gutsherren und Amtsleute zur Rechenschaft ziehen, die nicht im Interesse des Landes und zum Wohle des Volkes, sondern zu ihrem persönlichen Vorteil und Reichtum wirkten, wobei sie als Tyrannen mit Unrecht und Grausamkeit ihre Untergebenen ausbeuteten und drangsalierten.

Als Herzog Albrecht im Oktober von seiner Reise zurückkehrte, befand er sich in einer peinlichen Lage, denn seinen Vertrauten, Egerer und Nürnberger, wurde die Schuld am Aufstand zugeschoben. Seine Begünstigung der Königsberger Unruhen war nicht unbemerkt geblieben. Er hatte gehofft, durch Unruhen mehr Machtmittel gegen die Stände in die Hand zu bekommen; an die Bauern hatte er dabei nicht gedacht. Obwohl er wußte, daß den Bauern großes Unrecht geschehen war, zeigte er kein Verständnis für sie. Er stand nun vor der Wahl, den bäuerlichen Mittelstand zu kräftigen oder ihn dem Großgrundbesitz auszuliefern. Einsicht und Rechtsgefühl sprachen für die Bauern; die adeligen Räte bestanden aber auf strenger Bestrafung und wirkten entsprechend auf den Herzog ein. Der frühere Ordensritter und Vertraute des Herzogs, Heinrich Miltitz, mahnte ihn zur Mäßigung gegen die Anführer. Er versuchte ihn sogar zur Anhörung ihrer Klagen zu bewegen, bevor er sie bestrafte, was Albrecht jedoch ablehnte.

Den Bauern wurde befohlen, sich beim Dorf Lauth zu versammeln, wo 1.000 Reiter mit Artillerie und ebensoviele Fußtruppen die Bauern umstellten. Sie hatten nicht daran gedacht, sich zu wehren und ergaben sich willig. Drei der Anführer wurden auf der Stelle enthauptet, der größte Teil der anderen – von den Adligen und den Gutsherren sorgfältig ausgesucht – wurde gefangengesetzt, um abgeurteilt zu werden. Etwa 50 von diesen wurden hingerichtet; eine weitere Anzahl mußte Strafgelder zahlen und wurde aus dem Land gewiesen. Die Masse der Bauern wurde mit Geldbußen bestraft. Pfarrer Frenzel wurde auf der Flucht ergriffen, enthauptet und geviertteilt. Die Bauern durften von jetzt ab keine Waffen besitzen. In der Verordnung hieß es, daß alle „Waffen und Gewehre, namentlich lange und halbe Spieße", von der Herrschaft in Verwahrung zu nehmen sind. Nur Messer durften die Bauern im Hause behalten, aber nicht über die Straße tragen.

Aufgrund des Aufstands erreichte der Adel die Aufhebung der Freizügigkeit der Bauern. Die Landesordnung von 1526/29 verfügte, daß kein Bauer ohne Abschiedsschein irgendwo aufgenommen werden durfte. Der Grundherr war aber in keinem Fall verpflichtet, einen solchen Schein auszustellen. Die vom Adel gewünschte Schollenpflicht und Leibeigenschaft ließ der Herzog jedoch nicht zu. Die Grundherren waren aber diesem Ziel ein gutes Stück nähergekommen. Dem Adel wurde zwar aufgelegt, die „hörigen Bauern" milder zu behandeln, aber niemand kümmerte sich darum, ob das auch geschah. Die Bauern waren machtlos ihren Grundherrn ausgeliefert; sie fühlten sich verraten und glaubten nicht mehr an den Rechtsschutz durch ihren Herzog.

Mit der Enttäuschung über die neue christliche Ordnung schwand auch das Interesse und der Respekt für die neue Glaubenslehre. In den nächsten Jahren ist eine Gleichgültigkeit, manchmal gar eine Feindseligkeit gegen die Kirche festzustellen. Den Pfarrern wurde oft der Unterhalt verweigert, und die Kirchen wurden schlecht unterhalten. Widerspenstige Bauern, die jahrelang nicht zur Kirche gegangen waren, wurden schließlich mit Zwangsmaßnahmen, Geldbußen, Halseisen und anderen Strafen zum Kirchgang und zum Erlernen der Grundregeln der evangelischen Lehre gezwungen. Die starke Herausstellung der von Gott gewollten Obrigkeit und die Vermeidung aufreizender Bibeltexte lenkte das Volk schließlich von dem großen Unterschied ab, der zwischen dem christlichen Ideal und der Wirklichkeit bestand. In der Zeit religiöser Umwandlung hatten die Bauern vergeblich versucht, diesen Unterschied auszugleichen. Ihre Lage verschlechterte sich weiter, bis der Zustand totaler Leibeigenschaft erreicht war, aus dem sie erst nach fast 300 Jahren durch die Bauernbefreiung von 1807 erlöst wurden.

Die neue Religion

Im Herzogtum Preußen hatten die beiden Bischöfe des Landes die Reformation ihren Gläubigen einfach von der Kanzel herab verkündet. Nichts Neues wurde geschaffen, sondern etwas Altes wurde nur geändert und verbessert, was fast alle begrüßten. In den beiden anderen Teilen Preußens, dem Ermland und Westpreußen, die unter polnischer Macht standen, ging die Reformation jedoch nicht ohne Kampf und Blutvergießen vorbei. Im Ermland waren die Bischöfe natürlich darauf bedacht, ihre Machtposition zu erhalten und durften deshalb die Reformation nicht hochkommen lassen. Trotzdem tolerierten einige von ihnen reformatorische Umtriebe. Die drei letzten deutschen Bischöfe Ermlands unterhielten ein freundschaftliches Verhältnis zu dem evangelischen Herzog Albrecht, obwohl Bischof Dantiskus scharf gegen alles Lutherische vorging. Die Freundschaft hörte abrupt auf, als der erste Pole (Hosius) 1551 Bischof von Ermland wurde.

In den drei großen Städten Westpreußens waren die Bürger, außer den Adeligen und den großen Kaufmannsfamilien, von den herrlichen Zeiten polnischer Prägung tief enttäuscht. Die Unruhe der armen Leute, die alle Steuern zahlen mußten, begann in Danzig. Sie forderten Einsicht in die Kassenbücher und Mitregierung, Einziehung der Kirchengüter, Schließung der Klöster, Ende der Inquisition, Abschaffung der Fasten, gerechte Steuern, freie Jagd, Fischfang und Recht auf Bernsteinsammeln. Der Rat ließ auf dem Markt die Kanonen auffahren, aber das Volk besetzte das Rathaus. Der alte Rat wurde abgesetzt, und der Schmied Peter König bildete mit seinen Helfern einen neuen Rat. Sie schlossen die Klöster und besteuerten nun auch die Reichen, was natürlich nicht lange gutgehen konnte.

Wie in Danzig kam es auch in Elbing, Thorn und in einigen kleineren Orten zu Unruhen. Versklavte Bauern flohen, und König Sigismund schrieb an Herzog Albrecht, er solle die nach Preußen entlaufenen Bauern zurückschicken, denn es ginge den Leuten gar nicht um die Religion, sondern um ihre Freiheit; und gegen die Freiheit der Bauern sei doch auch der Herzog.

Während Peter König sich bemühte, Gerechtigkeit in Danzig einzuführen, holten seine Gegner den Polenkönig zur Hilfe herbei. Eine solche Gelegenheit, seine Macht zu erweitern, wußte er zu nützen und kam 1526 freudig nach Danzig. In den Kirchen hielt er große Feiern und in den Folterkellern sehr peinliche Verhöre. Dann setzte er die alten Räte wieder ein, ließ erst sechs, dann nochmals sieben Anführer der Volkserhebung enthaupten, und selbstverständlich auch Peter König. Neue höhere Steuern und neue Edikte wurden erlassen: Das Luthertum sollte ausgerottet werden; der polnische Burggraf hatte Vorrang vor dem Stadtrat; Volksberatungen waren streng verboten, ebenso jede Forderung nach Rechenschaft über die Kasse. Damit hatten die Katholiken in Danzig für einige Zeit wieder die Oberhand, und der polnische König reiste zufrieden ab.

Nach dem Danziger Vorbild wurde nun auch in den anderen Städten Luthers Lehre gewaltsam und mit viel Blutvergießen unterdrückt. Ein neues Statut für Polnisch-Preußen schied die Gerichte für den Adel streng von denen der Bürger. Für die Bauern gab es kein Gericht. Der Eigentümer des Bauern konnte ihn jedoch vor Gericht vertreten, falls er daran interessiert war. Andere Edikte geboten, nicht nur jeden lutherischen Prediger, sondern auch jeden Leser reformatorischer Schriften lebend zu verbrennen. Ein Sondergericht der Inquisition durfte jede Wohnung nach verbotenen Schriften durchsuchen, und eine strenge Zensur überprüfte alles Gedruckte. Aber trotz dieser Gewaltmaßnahmen ließ sich die Reformation in den großen Städten Westpreußens nicht mehr ausrotten.

Während so im polnischen Teil Preußens die Bevölkerung mit Henkerbeil und Scheiterhaufen beim alten Glauben gehalten wurde, bemühte sich Herzog Albrecht den neuen Glauben zu verwirklichen. Mit der Kirchenordnung von 1526, die in den folgenden Jahren mehrmals verbessert wurde, schuf er die Grundlage für die Gestaltung des Gottesdienstes und die Organisation der evangelischen Kirche. Auch die materielle Versorgung der Pfarrer wurde geregelt. Probleme gab es bei den Bauern, die enttäuscht waren und nichts mehr von der neuen Lehre wissen wollten. Auch die Besetzung der leeren Pfarrstellen war schwierig, bevor genügend Priester herangebildet waren. Deshalb holte der Herzog Pfarrer aus den evangelischen Ländern des Reiches und auch von der Krakauer Universität herbei. Den bekannten Reformator Andreas Osiander, dessen Predigten in Nürnberg 1522 den Herzog für die Reformation gewonnen hatten, berief er 1549 als Pfarrer nach Königsberg.

Um die beträchtliche Anzahl der nur Prußisch sprechenden Bevölkerung zu versorgen, ordnete Herzog Albrecht die Übersetzung des lutherischen Katechismus ins Prußische an. Bisher hatten nur hin und wieder Tolken, die neben dem Geistlichen standen, seine deutsche Predigt Satz für Satz ins Prußische übersetzt. In seinem Vorwort sagte der Herzog: „Daher Wir dann bewogen sein, das Wir den kleinen Catechismum D Lutheri für unsere Preussische Kirchen aus der Teutschen inn die Preussische haben transferieren lassen, damit solche Tolckens je lenger je weniger von nöten sey." Die ersten zwei Auflagen (390 Exemplare) des *Catechismus jn preüsnischer prach und dagegen das deudsche* wurden 1545 gedruckt; die dritte Auflage des Pfarrers Abel Will aus Pobethen erschien 1561. In Lyck richtete der aus Krakau vertriebene Pfarrer Johann Maletius 1536 eine Druckerei ein (die dritte in Preußen), wo der Katechismus 1546 in masurischer Sprache erschien. 1547 wurde er von Martin Moswidius auch ins Litauische übersetzt. Bei der Ausbildung der Geistlichen wurden alle vier Sprachgruppen gleichwertig berücksichtigt. Nach der Kirchenordnung von 1568 waren von den herzoglichen Stipendien an der Königsberger Universität alle Zeit 24 Knaben zu unterhalten, darunter auch sechs Polen, sechs Litauer und sechs Preußen.

Wenn auch die Mehrheit der Bevölkerung willig oder sogar freudig zum evangelischen Glauben übergetreten war, so blieb eine kleine Minderheit ihrem alten Glauben treu. Sie wurden nicht verfolgt oder bedrückt; die evangelischen Oberräte sorgten jedoch dafür, daß führende Regierungspositionen nur von ihren Standesgenossen besetzt wurden, die natürlich evangelisch waren.

Wenn in einigen Schriften zu lesen ist, daß in Heiligelinde die Marienkapelle abgebrochen wurde, um die Wallfahrten dorthin zu unterbinden, entspricht das so weit der Wahrheit. Daß aber ein Galgen errichtet wurde, an dem alle Wallfahrer aufgehängt wurden, ist nicht wahr. Das Beispiel Danzigs, wo niemand aufgehängt wurde, zeigt deutlich, wie gern der Polenkönig eine solche Herausforderung zum Anlaß genommen hätte, um auch gegen das Herzogtum vorzugehen. Er hat in der Tat aus viel nichtigeren Gründen in die preußischen Belange eingegriffen. Wie hätte er da erst auf einen solchen Mord an Katholiken reagiert?

Auf Druck der Polen gab Markgraf Georg Friedrich (1577–1603) den Katholiken im Herzogtum die volle Gleichberechtigung und ließ in Königsberg (im Vorort Sackheim) eine katholische Kirche bauen, die 1616 eingeweiht wurde. Dagegen wurde die Gleichstellung beider Konfessionen im Reich erst 1648 erreicht. Und daß eine evangelische Kirche in jener Zeit zum Beispiel im Ermland hätte erbaut werden können, war 100 Jahre später noch undenkbar.

In Deutschland breitete sich unterdessen die Reformation immer weiter aus. Trotz dieser größten Bedrohung seit Jahrhunderten konnte sich Rom nicht dazu entschließen, die Mißstände zu beseitigen. Vergeblich predigte der erste Jesuit Deutschlands, der Niederländer Pieter de Hondt (Petrus Canisius), für die Erneuerung der katholischen Kirche. Drastisch beschreibt er die Zustände: „Wir übertreffen die Juden an Wucher, die Türken an Völlerei und Trunksucht, die Heiden an Geiz und Schlechtigkeit, die Tiere an Unzucht und Ausschweifung. Unsere Kirchen sind nicht Bethäuser, sondern Schwätz-, Kauf- und Tanzhäuser." Für den Unterricht verfaßte er einen Katechismus, der noch in jüngerer Zeit die Grundlage für den Religionsunterricht in katholischen Schulen bildete. Alle gaben zu, daß die entarteten Zustände gebessert werden müßten, aber jeder wollte den Teil der Korruption weiterhin erhalten sehen, aus dem er selbst den Gewinn zog. Während somit die katholische Kirche unfähig war, sich von ihren Fesseln zu befreien, flogen die Schriften Luthers durch das Land. Schon hatten sich sieben Zehntel der Bevölkerung von dem alten Glauben abgewandt. Auch wenn das Volk kaum alle Feinheiten der theologischen Auseinandersetzung verstand und auch nicht die Bedeutung der schmutzigen Geldgeschäfte begriff, die im Namen des Papstes, meist ohne sein Wissen, getätigt wurden, so bewunderten sie doch den einen Mann, der sich gegen eine gefürchtete Macht aufgelehnt hatte, vor der sich Könige und Kaiser zitternd beugten.

Die Reformwilligen in der Hierarchie der Römischen Kirche blieben noch lange in der Minderheit. Schließlich beförderte Papst Paul III. (1534–49) Männer zu Kardinälen, die für eine Reform eintraten. Er eröffnete 1545 das Konzil von Trient, das bis 1563 dauerte und über das drei Päpste starben. Das Ziel, die Glaubensspaltung rückgängig zu machen, wurde jedoch nicht erreicht, vielmehr vertieften sich die Gegensätze. Der schwere Kampf, die Abgefallenen wieder der alten Kirche zuzuführen, artete schließlich aus und führte zum Dreißigjährigen Krieg.

Nikolaus Kopernikus

Es war die Zeit der Renaissance, der Reformation, der Inquisition, der Humanisten und Astrologen. Abenteurer wie Kortez oder Pizarro zogen mit einer Handvoll Krieger nach Mexiko oder Peru und gewannen Kaiserreiche. An der Küste des Frischen Haffs studierte ein bescheidener Gelehrter die Bahnen der Planeten und entdeckte wieder, was schon vor fast 2.000 Jahren der Grieche Aristarchos verkündet hatte. Er wies dem kleinen Planeten Erde einen ganz anderen Platz zu, als er bis jetzt in der Meinung der christlichen Welt gehabt hatte. Das kopernikanische Weltsystem wird als die größte Umwälzung in der Geschichte der Menschheit bezeichnet. Er ist der unsterbliche Urheber unseres Zeitalters. Aber den Mann aller Jahrhunderte, wie er manchmal genannt wird, kannten seine Zeitgenossen kaum. Nur diejenigen, die mit ihm als Domherr, Administrator, Finanzberater, Kalendermacher oder Arzt zu tun hatten, wußten von ihm.

Kopernikus wurde als Sohn des Bürgers Nikolas Koppernik und seiner Ehefrau Barbara, geborene von Watzenrode, am 19. Februar 1473 in Thorn geboren. Die Familie des Vaters leitete ihren Namen von dem Kirchdorf Köppernig bei Neiße ab, von wo sie um 1350 nach Krakau gezogen war, das damals noch mehrheitlich deutsch war. Sein Vater, der zwei Schwestern hatte, zog von Krakau nach Thorn, wo er als Kaufmann unter anderem mit Kupfer handelte. Seine Mutter kam aus der Thorner Kaufmannsfamilie Watzenrode. Ihr Vater war Kaufherr und Schöffenmeister.

Bei der fehlenden einheitlichen Orthographie schrieb man damals Namen in allen möglichen Formen, und Kopernikus selbst hat seine Schriften mit Koppernigk oder Kopernik unterschrieben. Wie zu jener Zeit üblich, latinisierte auch der junge Gelehrte seinen Namen zu Nicolaus Copernicus, um ihn für die Gelehrten in aller Welt verständlicher zu machen, die alle Latein sprachen.

Obwohl die Herkunft von Kopernikus einwandfrei dokumentiert ist, haben sich polnische Forscher bemüht, durch Leugnen der Tatsachen und erdichtete Zufügungen die polnische Volkszugehörigkeit der Familie Koppernigk zu beweisen. Demgegenüber genügt es festzustellen, daß das Geburtshaus von Kopernikus in der St. Annenstraße seit 1459 im Besitz der Familie war, also zu einer Zeit, als es für einen Polen keine Möglichkeit gab, in Thorn zu wohnen, geschweige denn Grundbesitz in der deutschen Stadt zu erwerben.

Thorn war und blieb bis 1569 eine rein deutsche Stadt und kam erst dann widerrechtlich, unter dem Protest der deutschen Bürger, zu Polen. Auch das ermländische Domkapitel, dem Kopernikus seit 1495 angehörte, war damals noch rein deutsch. Erst unter Bischof Hosius wurden dort nach 1551 die ersten Polen eingeschleust. Es sollte eigentlich genügen, daß Kopernikus kein einziges Schriftstück oder auch nur ein Wort in polnischer Sprache zurückgelassen hat (für einen polnischen Gelehrten doch etwas höchst Merkwürdiges). Seine Muttersprache war Deutsch und außer Latein hat er sein ganzes Leben lang nur Deutsch benutzt.

Wenn der Besuch der Krakauer Universität als Beweis dienen soll, daß Kopernikus Pole war, dann ist dazu festzustellen, daß die Universitäten damals nicht national begrenzt waren und die von Krakau keineswegs polnisch war. Nur ein Drittel der Studenten stammte aus Polen und bestand zum größten Teil aus den Söhnen der in den polnischen Städten lebenden Deutschen Familien, oder sie kamen aus dem deutschen „Königlich Preußen", das 1466 unter polnische Oberhoheit gekommen war. Man sollte auch bedenken, daß es 1492, als Kopernikus seine Studien in Krakau begann, noch kein einziges Buch in polnischer Sprache gab. Es dauerte noch fast drei Jahrzehnte, bis Günther Zainer in Krakau 1521 das erste polnische Buch druckte. Was war an dieser Universität in der mehrheitlich von Deutschen bewohnten Stadt Krakau eigentlich polnisch?

In Anbetracht dieser Tatsachen ist es lächerlich, Kopernikus als Polen zu bezeichnen, und es ist unverständlich, daß er in maßgebenden Nachschlagwerken der englischen Sprache als Pole bezeichnet wird. Kopernikus' Lebenslauf, der weithin bekannt ist, fördert weitere eindeutige Fakten zutage. Als er in Bologna studierte, wohnte er im deutschen Studentenviertel, und auch sein Beitritt zur deutschen Landsmannschaft ist urkundlich belegt. In den *Annalen der hochberühmten Nation der Deutschen* und in der *Matrikel des hochedlen Collegiums der Deutschen* vom Jahr 1496 findet man (zum Beispiel auf Blatt 141 der Annalen) „Dominus Nicolaus Koppernigk de Thorn" eingetragen. In etlichen Schriften hat Kopernikus Preußen als sein Vaterland bezeichnet, niemals Polen.

Mit zehn Jahren verlor Kopernikus den Vater. Wie das Thorner Gerichtsbuch bezeugt, war er neben seinem Kaufmannsberuf als Schöffe und Vormund von Witwen (damals üblich) tätig. Der Tod seiner Mutter ist nicht bekannt. Ihr Bruder, Lukas Watzenrode, schon ein Domherr in Frauenburg, gab die verwaisten Kinder (zwei Knaben und zwei Mädchen) in die Obhut der Kirche. Nikolaus begann mit 19 Jahren (1492) sein Universitätsstudium in Krakau.

Auch sein Bruder Andreas studierte dort und wurde ebenfalls Domherr in Frauenburg. Er starb dort 1515 an Lepra. Seine ältere Schwester wurde Äbtissin, die jüngere heiratete Bertel Gertner von Krakau und hatte fünf Kinder.

Sein Onkel Watzenrode, inzwischen Bischof von Ermland, machte Nikolaus mit 22 Jahren (1495) zum Domherrn in Frauenburg. Das gab ihm eine Lebensstellung mit einem ansehnlichen Einkommen. Von den 16 Domherren war in der Regel nur ein Teil anwesend. Auch Kopernikus ließ sich zunächst beurlauben und studierte ab 1496 in Bologna, Padua und Ferrara, wo er 1503 das Doktordiplom für weltliches und Kirchenrecht erhielt. Danach kehrte er ins Ermland zurück und diente seinem Onkel als Leibarzt, Sekretär, Gehilfe und Begleiter. Bei seinem vierjährigen Aufenthalt am Hof des Bischofs lernte er die politischen Machenschaften jener Zeit gründlich kennen. Von 1511 bis 1513 war er Kanzler des Domkapitels und von 1516 bis 1519 Administrator des Kammeramtes Allenstein; er wohnte dort von 1517 bis 1519 sowie 1521 und 1524. Er wurde 1523 Generaladministrator der Diözese und erhielt 1527 den Auftrag, ein neues Münzwesen einzuführen, das im ganzen von Polen beherrschten Gebiet gelten sollte. Es kam zu etlichen Verhandlungen, aber der Widerstand derer, die aus der Wirrnis der verschiedenen Währungen und der andauernden Inflation ihren Nutzen zogen, verhinderte eine Reform.

Eine andere Aufgabe, die man ihm auflud, war die Schaffung eines neuen Kalenders, weil der damalige Julianische Kalender sich mit der Zeit um zehn Tage gegenüber der wirklichen Zeit verschoben hatte. (Die Verschiebung wurde 1582 durch den Gregorianischen Kalender behoben.) Neben all diesen Aufgaben war Kopernikus auch noch als Arzt tätig. Es ist erstaunlich, daß er noch Zeit für seine astronomischen Studien fand.

So groß der Astronom Kopernikus uns heute erscheint, so wenig galt er in seiner Zeit. Als Arzt hatte er jedoch einen Ruf, der über die Grenzen Ermlands hinausging. Vor allem suchten die Prominenten seine Hilfe; ein Bericht sagt aber auch, daß die Armen ihn wegen seiner ärztlichen Hilfe wie ein göttliches Wesen verehrten. Wahrscheinlich hat er nach dem Tod seines Onkels Watzenrode auch dessen Nachfolger, Bischof Fabian, behandelt, worüber jedoch nichts bekannt ist. Dagegen sind die Aufzeichnungen über seine zahlreichen Krankenbesuche zu seinem Vetter, Bischof Moritz Ferber, vollständig erhalten geblieben.

In einigen Fällen zog Kopernikus seine Kollegen, den Leibarzt Herzog Albrechts, Lorenz Wille, sowie den Leibarzt des polnischen Königs, Solpha, hinzu, der ebenfalls ein Domherr zu Frauenburg war. In seinem umfangreichen Briefwechsel lobt Bischof Ferber seinen Doktor Kopernikus über alle Maßen. Nach seinem Tod nahm zunächst auch der nächste Bischof, Johann Dantiskus, ein Freund seiner Jugend und der Feind seines Alters, die ärztliche Kunst des Kopernikus in Anspruch. In seinen medizinischen Büchern, die mit dem Beutegut der Schweden nach Stockholm und Upsala gelangten, hat Kopernikus ärztliche Kunstgriffe und viele Rezepte eingetragen. Als eines Tages im Jahre 1539 der reitende Bote seines Freundes Tiedemann Giese, der eben Bischof von Kulm geworden war, in Frauenburg eintraf, ließ Kopernikus sofort seine sechs Pferde anspannen und raste zum Schloß Löbau, der bischöflichen Residenz. Er heilte Giese von seinem Tertianfieber (eine Form der Malaria) und fuhr wieder zurück. Er mußte den Weg nach Löbau noch etliche Male machen, wann immer der Bischof erkrankte.

Dann rief Herzog Albrecht nach Doktor Kopernikus, um seinen Freund, Georg von Kunheim, Amtshauptmann von Tapiau, zu behandeln, dem seine jüdischen Leibärzte, die Doktoren Michael Abraham und Isaak May, nicht helfen konnten. Kopernikus fuhr nach Königsberg und behandelte Kunheim. Nach seiner Rückkehr konferierte er mit Solpha und gab Herzog Albrecht brieflich noch weitere Anweisungen für die Behandlung Kunheims. Für seine Zeitgenossen war Kopernikus ein großer Arzt; daß er sich nebenbei auch mit Astronomie beschäftigte, wußten nur wenige.

Kopernikus erforschte fast 100 Jahre vor der Erfindung der Ferngläser mit primitiven, selbstgefertigten hölzernen Werkzeugen, die mit Tintenstrichen unterteilt waren, das Weltall. Den größten Teil seiner astronomischen Studien betrieb er in Frauenburg, wo er mit Unterbrechungen von 1510 bis zu seinem Tode lebte, forschte und schrieb. Dort konnte man bis 1945 sehen, was von seinen Geräten und Schriften noch vorhanden war. Von allen Entdeckungen hat wahrscheinlich seine Lehre die größte Wirkung verursacht. Die Erde, die eben erst als Kugel erkannt worden war, sollte nun nicht mehr der Mittelpunkt der Welt sein? Das warf die Lehre von 1.000 Jahren um und konnte – es durfte – nicht wahr sein.

Die Wissenschaft im Mittelalter hatte drei Feinde: den Glauben, den Unglauben und den Aberglauben. Vor allem wurde sie von der Astrologie (Sterndeutung) beherrscht. Diese basierte auf dem Irrtum, daß die Erde der Mittelpunkt der Welt sei und Mensch und Kosmos in Beziehung zueinander ständen. Veränderungen im Menschen hätten „Entsprechungen" im Weltall und auch umgekehrt. Die Gestirne beeinflußten alles irdische Geschehen; aus ihren Konstellationen erkannte der Astrologe alles gegenwärtige und zukünftige Geschehen. Nachdem der Kirchenlehrer Thomas von Aquin (1225–74) die Astrologie sanktioniert hatte, galt sie als die höchste aller Wissenschaften. Die Krakauer Universität hatte zuweilen keinen Professor für Medizin oder Astronomie, aber immer einen Astrologen.

Ohne den Rat der Astrologen wollte mancher Arzt keinen Kranken behandeln, Kaufleute wollten kein Geschäft abschließen und Fürsten keine Entscheidung fällen. Sie waren die Puppenspieler, an deren Fäden Herrscher und Beherrschte hingen; die Götter, denen alle gehorchten. Alles stand in den Sternen geschrieben; alles war vorausbestimmt. Aus den Sternen las man den Lebenslauf eines Kindes, das Wetter der nächsten Woche und das Ende der Welt. Aus den Positionen der Planeten, von denen jeder ein bestimmtes Organ des Körpers repräsentierte, erkannte man die Krankheit und die richtige Medizin dafür. Die Zukunft voraussagend, bestimmten die Astrologen zuweilen wirklich die Zukunft, denn indem sich die Menschen nach den Voraussagen richteten, wurden sie wahr.

Die Astrologen wußten alles; Checco d'Askoli erstellte sogar das Horoskop Christi und entdeckte ganz richtig, daß er am Kreuz gestorben war. Hätte er statt in die Vergangenheit lieber in die Zukunft geschaut, hätte er vielleicht vorausgesehen, daß er verbrannt werden würde. Francesco Guicciardini (1483–1540), der die erste Geschichte ganz Italiens schrieb, beneidet das große Glück der Astrologen: „Ihnen glaubt man, wenn sie unter 100 Lügen eine einzige Wahrheit vorbringen. Andere dagegen verlieren bei 100 Wahrheiten wegen einer Unrichtigkeit ihre Glaubwürdigkeit."

Die ersten astronomischen Kenntnisse hatten Ägypter und Chinesen erworben, die von den Babyloniern und Griechen übernommen wurden. Die Chaldäer (Neubabylon, 626–539 v. d. Zwd.) hatten die Umlaufzeiten der Planeten errechnet, den Tierkreis in die Zeichen eingeteilt und die Sterne nach Sternbildern und Helligkeit geordnet. Jahrbücher babylonischer Priester mit Planetenortungen sind seit 425 v. d. Zwd. bekannt. Die Griechen übernahmen aus Ägypten die Einteilung des Tages in 24 Stunden, die Wasseruhr, die Jahresdauer und die Namen der Monate.

Ihr Wissen über das Weltall ist erstaunlich. Metrodorus von Chios sagte im vierten Jahrhundert v. d. Zwd.: „Die Erde als einzige bevölkerte Welt im endlosen All zu sehen, ist so absurd, als zu behaupten, daß von einem ganzen eingesäten Feld nur ein einziges Korn wachsen wird." Aristarchos von Samos (ca. 310–230 v. d. Zwd.) hatte eine klare Vorstellung des heliozentrischen Weltbildes, erkannte die wahre Größe des Sonnensystems und die Bewegung der Erde um die Sonne. Das war das vollständige kopernikanische Weltsystem. Zur selben Zeit (um 240 v. d. Zwd.) berechnete Eratosthenes von Kyrene die Sonnen- und Erdbahn und entwarf eine Gradnetzkarte der Erde. Seine Berechnung des Erdumfangs zeigt nur einen Unterschied von 80 Kilometer gegenüber der heutigen. Plutarch schrieb um das Jahr 100 n. d. Zwd.: „Wie kann man sagen, die Erde liegt in der Mitte; in wessen Mitte? Das Weltall ist unendlich; das Unendliche aber, das weder Anfang noch Ende hat, kann auch keine Mitte haben. Denn auch das wäre eine Grenze. Die Unendlichkeit ist aber die Aufhebung aller Grenzen."

All diese Erkenntnisse standen in den alten Schriften neben den Irrtümern und Absurditäten, aber wer beachtete sie schon. Auch die Bibel widersprach diesen Erkenntnissen; alle Religionen sahen den Sitz der Menschheit als das Zentrum der Welt an. Man gehorchte, damals wie heute, dem Augenschein.

In diesem Licht gesehen, ist die Lehre des Kopernikus 2.000 Jahre altes Wissen der Menschheit. Zieht man aber die damalige Zeit in Betracht, gebührt ihm auch als Wiederentdecker der ungeschmälerte Ruhm. Trotz all dieser Erkenntnisse galt bis zu seiner Zeit die Lehre des Ptolemäus (ca. 100–180), der die Erde als Kugel und feststehenden Mittelpunkt der Welt ansah, um die sich alle anderen Himmelskörper drehten. Da diese Ansicht (außer der Kugelgestalt) auch der Bibel entsprach, wurde sie auch von der Kirche vertreten, und alle anderen Lehren wurden als Ketzerei verdammt und bekämpft.

Trotzdem gab es hin und wieder Gelehrte, die es wagten, das geltende Weltbild anzuzweifeln, auch wenn sie damit riskierten, verbrannt zu werden. Von diesen sind besonders der berühmte Universalgelehrte, Nikolaus von Oresme, Bischof von Lisieux (gestorben 1382), und der Philosoph und Theologe Nikolaus von Kues (1401–64) zu nennen. Die Geschichte der Astronomie zeigt deutlich, wie gefährlich es zu allen Zeiten war, die Wahrheit zu bekennen, auch wenn sie nur die Sterne am Himmel betraf. Entdecker neuer Erkenntnisse wurden nicht nur verlacht, sondern mit allen Mitteln bekämpft, verfolgt und vernichtet.

Kopernikus hätte sich seine Arbeit leicht machen können und einfach das fertige System des Aristarchos übernehmen und da weitermachen können, wo der Grieche aufgehört hatte. Statt dessen schuf er in jahrzehntelanger mühsamer Arbeit sein eigenes heliozentrisches System, verwarf es und erarbeitete ein neues, das er zweimal änderte und bis zu seinen letzten Tagen auch davon noch nicht voll befriedigt war. Er hob aber die Erkenntnisse des Aristarchos aus der Vergessenheit und erhob sie durch überzeugende Begründung zur wissenschaftlichen Lehre. In seinem Widmungsbrief an den Papst weist Kopernikus selbst auf den Zusammenhang seiner Erkenntnisse mit denen der Antike hin und erklärt in bescheidener Schlichtheit den Entwicklungsgang seiner Forschung.

Kopernikus kannte seine Zeit und war klug genug, Inquisitionsprozeß, Folterung und Scheiterhaufen zu entgehen, indem er den Druck seiner Werke 36 Jahre lang, bis zu seinem Tod hinausschob. Eigentlich wollte er die revolutionären Erkenntnisse seiner Forschung auch dann noch nicht freigeben. Als 70jähriger ließ er sich von seinen Freunden dazu überreden. Zu diesen gehörten der Bischof von Kulm, Tiedemann Giese, der Kardinal und Bischof von Capua, Nikolaus Schönberg, ganz besonders aber der Astronom Rheticus (Georg J. v. Lauchen), Professor in Wittenberg. Als Protestant war er nach Frauenburg gekommen, um von 1539 bis 1541 die Lehre von Kopernikus kennenzulernen. Jetzt, als Kopernikus auf dem Sterbebett lag, ließ er dessen Werk *De revolutionibus orbium caelestium* in Nürnberg drucken.

Die ersten Druckbogen seines Werkes erreichten den Sterbenden angeblich nur wenige Stunden vor seinem Tod; es war der 24. Mai 1543. Er starb einsam, denn die Haushälterin oder Freundin hatte ihm der hochmoralische Bischof und Frauenheld Dantiskus, der angeblich in sieben Ländern seine Geliebten hatte, aus dem Haus getrieben, ebenso den Freund Sculteti aus dem Domkapitel. Man begrub den alten Domherrn im Frauenburger Dom, neben seinem bischöflichen Onkel Watzenrode. Neben seinem Grab wurde 1581 ein Denkmal an der Wand des Domes errichtet. Dieses mußte 1746 einem Denkmal für den polnischen Bischof Szembek weichen. Es gab im ganzen polnischen Preußen und auch im ganzen Polen keinen besseren Platz für den großen, unbedingt denkmalswürdigen Szembek, der nichts Außergewöhnliches in seinem Leben geleistet hatte, als die Stelle zu besetzen, an der Kopernikus sein Denkmal hatte. Aber damals war Kopernikus auch für die Polen noch ein Deutscher.

Aus seinem Besitz blieb der Nachwelt nicht viel erhalten. Manches wurde von den Schweden geraubt und befindet sich im Reichsarchiv von Stockholm oder in der Universitätsbibliothek von Upsala. Viele seiner Schriften hat der Krakauer Professor Broscius im 17. Jahrhundert aus dem Frauenburger Archiv gestohlen. Was übrigblieb, waren einige signierte Bücher, ein paar astronomische Geräte und einige Schriftstücke und Notizen von ihm und über ihn. Sein epochales Hauptwerk, die sechs Bücher *De revolutionibus orbium coelestium* hatte Kopernikus Papst Paul III. gewidmet, der es unverzüglich auf den sogenannten „Index", die Liste der verbotenen Bücher, setzte. Wie so viele seiner Zeitgenossen war auch er von dem Einfluß der Gestirne auf jede menschliche Tätigkeit überzeugt. Er unternahm nichts ohne Zustimmung der Astrologen. Der bekannte Historiker Leopold von Ranke sagt über ihn: „Ein Mann voll von Talent und Geist, durchdringender Klugheit an höchster Stelle!" Aber auch er war ein Spielball seiner Astrologen und mußte das Schriftwerk verbieten.

Das Werk machte theoretisch mit der Astrologie Schluß, aber trotzdem erfreute sie sich noch jahrhundertelang höchster Blüte. Das Schriftwerk des Kopernikus, für Katholiken verboten, wurde selten gelesen, während die Bücher über die alte Lehre immer neue und größere Auflagen erlangten. Die Astrologie beherrschte weiterhin die Wissenschaft, und die Inquisition sorgte dafür, daß dies noch lange so blieb. Die bekannte Regel, daß eine neue Lehre sich erst dann durchsetzen kann, wenn die Vertreter der alten ausgestorben sind und die neue weit genug verbreitet ist, bewahrheitete sich auch hier. Erst im nächsten Jahrhundert, nach den bahnbrechenden Arbeiten von Galilei (1564–1642) und Kepler (1571–1630) konnte sich die Lehre des Kopernikus gegen die bisher gültige Geozentrik des Ptolemäus durchsetzen. Die Astronomie hatte sich nun endgültig von der Pseudowissenschaft der Astrologie gelöst.

Kopernikus hatte richtig vorausgesehen; die alte Irrlehre ließ sich nicht so leicht durch die Wahrheit verdrängen. Die Wächter des etablierten Systems haßten die neue Wirklichkeit; sie verfolgten, folterten und verbrannten ihre Lehrer und Schüler. Sie erreichten damit, daß das Mittelalter etwas länger dauerte als die Geschichtsbücher angeben. Der ehemalige Dominikanermönch Bruno Giordano, ein Gelehrter, der unter anderem in Oxford, Paris, Marburg und Wittenberg gelehrt hatte, fiel wegen seiner Auffassungen und Äußerungen, bei denen er die Ideen von Kopernikus vertrat, in die Hände der Inquisition. Am 17. Februar 1600 (57 Jahre nach dem Erscheinen des Werkes von Kopernikus) wurde er in Rom verbrannt.

Der deutsche Astronom Johann Kepler entdeckte in den ersten Jahrzehnten des 17. Jahrhunderts die Gesetze der Planetenbewegung und bestätigte damit das kopernikanische Weltbild. Dem Scheiterhaufen entging er deshalb, weil er als Hofastronom Kaiser Rudolfs II. unter dessen Schutz stand. Der große Gelehrte Galilei entging Folter und Feuertod nur deshalb, weil er bei seinem Inquisitionsprozeß (1633) angesichts der Folterknechte, „kniend vor Euren Eminenzen", der falschen Lehre, „daß die Erde nicht Mittelpunkt der Welt sei und sich um die Sonne bewege", abschwörte. Man sagt, daß er anschließend die Worte: „eppure si muove" (und sie bewegt sich doch) geäußert haben soll. Seine letzten Schaffensjahre verlor er als Gefangener der Inquisition. Er durfte jedoch die unbegrenzte Haftstrafe in seiner überwachten Villa verbüßen. Die katholische Kirche gab 350 Jahre nach Galileis Tod (1992) zu, sich bei seiner Verurteilung geirrt zu haben.

Kopernikus dagegen wurde 70 Jahre alt und starb in Frieden mit sich und der Welt. Er genoß Ehre und hatte überall Freunde. Die Inquisitoren nahmen keine Notiz von ihm. Er kannte die große und die kleine Welt und brauchte sich nie um sein Brot zu sorgen. Er erkannte die Wahrheit über das Weltsystem, überließ aber den Kampf der Wahrheit gegen den Irrglauben der Nachwelt. Er war sehr weise und wußte, daß die verdummte Menschheit noch lange nicht reif für die Wahrheit war. Das Werk des Kopernikus blieb über zwei Jahrhunderte hinweg für Katholiken verboten. Erst 1757 wurde es vom „Index" gestrichen, und nun durften auch sie glauben, was man schon seit 200 Jahren wußte.

Durch Kopernikus, Galilei und Kepler machte die Zivilisation in 300 Jahren größere Fortschritte als in 3.000 Jahren davor. Goethe nannte die Forschung des Kopernikus „die größte, erhabendste, folgenreichste Entdeckung, die je der Mensch gemacht hat, wichtiger als die ganze Bibel". Der bekannte amerikanische Astronom Simon Newcombe schrieb 1896: „Es gibt keine andere Person in der Geschichte der Astronomie, die größeren Anspruch auf die Bewunderung der Menschheit durch alle Zeiten erheben kann, als Kopernikus."

In den Anlagen auf dem Frauenburger Domberg wurde 1909 ein 30 Meter hohes Kopernikusdenkmal errichtet. Vor dem Rathaus in Thorn zeigt ein Denkmal Kopernikus mit der Weltkugel in der Hand und der Inschrift: „Der die Erde sich bewegen, Sonne und Mond stillstehen hieß."

Ermlands letzte deutsche Bischöfe

Bisher hatte das ermländische Domkapitel, auch gegen die schärfsten polnischen Druckmittel, stets die Einsetzung deutscher Bischöfe durchgesetzt. Selbst ein Krieg des Polenkönigs gegen das Ermland hatte ihren Widerstand nicht brechen können. Die letzten drei deutschen Bischöfe Ermlands stammten alle aus Danzig. Der erste von diesen, Moritz (Mauritius) Ferber, war 1471 geboren und hatte in seiner Jugend Anlaß zu mancherlei Ärger zwischen den

Die 1542 von Heinrich Zell in Nürnberg gedruckte Karte von Ost- und Westpreußen entstand unter Verwendung kopernikanischer Meßdaten. Sie ist ostorientiert, sie benennt 144 Orte, zeigt Gewässernetz und Waldflächen.

Danziger Patrizierfamilien gegeben. Als er seine Heirat mit der reichen Kaufmannstochter Anna Pilemann gegen den Willen der einflußreichen Verwandtschaft nicht durchsetzen konnte, wurde er Priester und machte Kirchenkarriere. Nach dem Amt eines Domherrn in Frauenburg erlangte er weitere Kanonikate in Reval, Dorpat, Lübeck und Trier. Dazu gehörten ihm zwei Pfarreien in Danzig und eine in Mühlbanz. Während er in Rom als Kammerherr und Notar bei Papst Leo X. angestellt war, studierte er gleichzeitig und erwarb 1515 die Doktorwürde der Rechte.

Als Moritz Ferber 1523 Bischof wurde, war die Reformation in vollem Gange, die sich auch im Ermland immer mehr ausbreitete. Aus Braunsberg wird berichtet, daß dort ganz offen evangelisch gepredigt wurde. Da Bischof Ferber nicht scharf genug dagegen einschritt, schickten ihm die Polen eine königlich-polnische Kommission, um scharf gegen das Luthertum vorzugehen. Der Bischof tat jedoch nicht mehr, als zur Erhaltung seiner Stellung unbedingt notwendig war. In der Landesordnung von 1526 mußte er befehlen, daß Nichtkatholiken nur vorübergehend im Ermland wohnen durften. Um dieses Gesetz zu umgehen, reisten jedes Jahr die Braunsberger Protestanten um die Neujahrszeit für einige Tage nach Zinten. Deshalb nannte man Zinten noch lange Zeit „das Ausland". Die gleiche Landesordnung beschränkte den Flachsanbau auf einen halben Morgen pro Hufe Ackerbodens. Weil der Anbau von Flachs bedeutend gewinnbringender als der übrige Ackerbau war, hatte die Produktion von Flachs ein Überangebot verursacht.

Über außergewöhnliche Taten Bischof Ferbers weiß die Geschichte nichts zu berichten. Er starb 1537 nach einer langen „schrecklichen Krankheit", wie heute gesagt wird. Die älteren Chronisten glaubten zu wissen, woran er starb. In seinem Werk *Vom Bisthumb Ermlandt* schrieb Kreczmer: „Er war zu nachsichtig gegen die aufrührerische lutherische Häresie. Sehr wahrscheinlich ist es, daß Gott diesen Bischof vorzüglich deshalb gestraft hat, so daß er selber von der Franzosenkrankheit verdorben und elendiglich gepeinigt, vergeblich die Hilfe der Ärzte angefleht hat [...] Es haben ihn auch die Franzosen dermaßen befallen und durchfressen, daß man ihn keineswegs heilen konnte. Ja, je mehr sein Doktor und seine Mutter ihn arzneiten, je ärger es wurde, daß sie ihm auch haben müssen das eine Bein, in welches sie ihm die Franzosen gebracht, lassen aufschneiden, da kriegte er das kalte Fieber hinein und starb davon."

Der Burgvogt, Georg Preuck, ließ sogleich die Mutter und den Bruder des toten Bischofs aus dem Heilsberger Schloß weisen und händigte ihnen am Burgtor die Leiche aus. Erstaunlich ist, wie schnell sich die Syphilis verbreitet hatte. Kaum hatten die Seeleute des Kolumbus die Seuche nach Spanien gebracht – eben erst hatte Cortez die Azteken besiegt, und Pizarro hatte noch nicht das Inkareich erobert –, da wurde im fernen Preußenland schon eines ihrer Opfer nach der jahrzehntelangen Krankheit begraben.

Der nächste Bischof, Johann Dantiscus, war ein Mann der großen Welt. Er war 1485 in Danzig als Johann Flachsbinder geboren und kam weit in der Welt herum. Er war Soldat und Student, diente dem polnischen König, bereiste Italien, Griechenland, Palästina und Arabien. Wieder in polnischen Diensten, wurde er Gesandter beim Kaiser, der ihn zum Poeten kürte. Er besang den Wein und die Mädchen in ausgelassenen lateinischen Versen. Seine Geliebte in Innsbruck war die Grinaea, in Toledo Ysope de Galda, die eine Tochter von ihm hatte. Als Gesandter Polens begleitete er die deutschen Kaiser und führte gelegentlich auch Aufträge für sie durch. Kaiser Maximilian schickte ihn zu Friedensverhandlungen nach Venedig und Kaiser Karl nach Paris. Kaiser und Papst verbündete er gegen die Türken, und vor beiden rechtfertigte er den Krieg Polens gegen den Deutschen Ritterorden. Als abgebrühter Diplomat und gewiegter Geschäftsmann hatte er seine Hand in vielen Geschäften; ganz Europa las seine Liebesgedichte. Dazu sammelte er Pfründe und Ämter in seiner Kirchenkarriere: das Domherrenamt in Frauenburg, das oberste Pfarramt in Danzig, den Bischofssitz in Kulm und zuletzt den von Ermland (1537–48), alles Geschenke des polnischen Königs.

Der trinkfeste Charmeur kaiserlicher Gelage, Liebhaber schöner Frauen, Autor schlüpfriger Lieder und feinsinniger Humanist plagte den alten Kopernikus wegen seiner Haushälterin Anna Schilling und warf ihm unpassende Gefühle oder Verhältnisse vor. Er zwang ihn, Anna Schilling zu entlassen. Der Freund und Kollege von Kopernikus, Alexander Sculteti, Historiker und Geograph, erregte ebenfalls das Mißfallen des Bischofs wegen unpassender Gedanken und unschicklichen Benehmens, denn er nahm eine Frau und hatte Kinder mit ihr. Das alles hätte Bischof Dantiscus noch durchgehen lassen, denn viele Geistliche lebten damals in wilder Ehe, teils mit Erlaubnis oder Duldung des Bischofs. Auch von Dantiscus ist ein illegitimer Sohn namens Fabian bekannt. Sculteti und Kopernikus waren aber nicht Priester. Sculteti hatte jedoch gegen die Verleihung eines Frauenburger Kanonikats an den Freund von Dantiscus, Stanislaus Hosius, protestiert. Darüber war Dantiscus so erbost, daß er Sculteti aus dem Domkapitel warf, seine Güter konfiszierte und ihn mit Hilfe des Hosius mit der polnischen Reichsacht belegen ließ. Sculteti floh nach Rom, und Dantiscus verklagte ihn bei der Kurie, wo er jedoch vom Papst freigesprochen wurde.

Während sein Vorgänger das Luthertum im Ermland noch so weit als möglich toleriert hatte, ging Dantiscus scharf dagegen vor. Schon 1539/40 erließ er sein *Mandat wider die Ketzerei*: „Bei Verlust Haupts und Guts, Proskription [Ächtung] oder Verweisung aus allen königlichen Landen, soll niemand lutherische oder der giftigen Gesellschaft Bücher haben, lesen oder lesen hören […]"

Der Poet Dantiscus köpfte die Leser anderer Autoren. Seine Heimatstadt Danzig, nach der er seinen Namen gewählt hatte, denunzierte er beim Polenkönig als Ketzerstadt und forderte strenge Maßnahmen. Er selbst las nicht nur die „ketzerischen" Schriften, sondern hatte Luther 1523 in Wittenberg persönlich besucht und mit ihm zwei Tage lang lebhaft diskutiert. Mit Luthers Mitarbeiter, Philipp Melanchthon, verband ihn eine regelrechte Freundschaft. Auch mit Herzog Albrecht und der Herzogin Dorothea war er befreundet. Trotzdem verbot er den Ermländern, „ketzerische" Universitäten zu besuchen, womit vor allem die Königsberger Universität gemeint war.

Heute kennt niemand die süßen Lieder des Dantiscus; nur einige Historiker kennen den abenteuerlichen Sohn des Danziger Bierbrauers. Wenn er in der Geschichte überhaupt erwähnt wird (außer in der Liste der Bischöfe), dann meistens nur als derjenige, der den alten Kopernikus schikaniert hat und ihm den Freund und die Haushälterin oder Freundin nahm.

Nach dem Tod von Dantiscus 1548 wurde Tiedemann Giese 1549 Bischof von Ermland. Als ermländischer Domherr hatte er lange Zeit als Statthalter des Kapitels in Allenstein gewirkt. Schon 1538, nach dem Tod Bischof Ferbers, hätte er Bischof von Ermland werden sollen. Der polnische König bestimmte aber Dantiscus zum Bischof und machte Giese statt dessen zum Bischof von Kulm. Zu dieser Zeit gab es im Ermland keine freie Bischofswahl mehr, auch wenn die Bischöfe noch Deutsche (in polnischen Diensten) waren.

Da in weiten Teilen des Ermlands, auch in Heilsberg, die Pest herrschte, zog Bischof Giese zunächst (9. August 1549) nach Seeburg, das von der Seuche verschont war. Erst am 18. Januar 1550 zog er in das Heilsberger Schloß. Für seinen Freund Kopernikus kam sein Amtsantritt sechs Jahre zu spät. Er hätte ihm die Vertreibung seiner Wirtschafterin und seines Freundes erspart. Er konnte überhaupt nicht mehr viel tun, denn er starb noch im gleichen Jahr (1550) und wurde im Frauenburger Dom, neben seinem Freund Kopernikus, begraben.

Der erste polnische Bischof von Ermland

Durch einen Rechtsbruch nach dem anderen, wobei auch einige der (noch) deutschen Bischöfe mitwirkten, war der Widerstand der Domherren so weit untergraben worden, daß der ermländische Bischofsstuhl jetzt widerspruchslos nur noch von Polen besetzt wurde. Diese brachten dann auch ihre Landsleute in das Domkapitel, das schließlich vollständig polnisch wurde.

Der polnische König Sigismund August setzte 1551 seinen Sekretär, Kardinal Stanislaus Hosius, zum Bischof von Ermland ein, der sich als Führer der Gegenreformation in Polen einen Namen gemacht hatte. Sein Leitwort war: „Aut papista aut satanista" (entweder päpstlich oder teuflisch). Er ließ sich „Hammer der Ketzer" und „Tod Luthers" nennen. Man sagt, daß er dem Papst zur Bartholomäusnacht gratulierte und sich ähnliche Nächte auch für die polnischen Länder gewünscht haben soll. (In Frankreich wurden in der Nacht zum 24. August 1572 [Bartholomäustag] in Paris ca. 2.000, auf dem Lande fast 20.000 Hugenotten von Katholiken ermordet.)

Wie bei manchem großen Polen floß auch in den Adern von Hosius deutsches Blut. Er war der Sohn des aus Pforzheim ausgewanderten und in Krakau eingebürgerten Ulrich Hose. Als er 1504 geboren wurde, war die polnische Königsstadt Krakau noch überwiegend deutsch. Wie damals üblich, latinisierte der Student Stanislaus seinen Familiennamen zu Hosius. Da er sich als Pole ausgab, gilt er als der erste polnische Bischof Ermlands. Seitdem die Polen versucht hatten, zum erstenmal mit Gewalt und Krieg und unter Bruch der geltenden Verträge einen Polen auf den ermländischen Bischofsstuhl zu setzen, waren über 70 Jahre vergangen. Jetzt hatten sie endlich ihr Ziel erreicht, und für mehr als zwei Jahrhunderte, bis zur Wiedervereinigung Ermlands mit Preußen, saßen nur Polen auf dem ermländischen Bischofsstuhl.

Als ein Mann von hoher Intelligenz, weitreichenden Beziehungen und religiösem Eifer, widmete Hosius seine Lebensaufgabe der Wiedererrichtung der katholischen Kirche und der Bekämpfung der Reformation. Der polnische König machte ihn 1549 zum Bischof von Kulm. Er gehörte 1562 und 1563 zu den führenden Mitgliedern des Trienter Konzils. Er zwang die Bevölkerung Polens und der von Polen besetzten Gebiete, sich von der Reformation abzuwenden, die dort weite Kreise ergriffen hatte. Einige seiner Predigten, die er in deutscher, lateinischer und polnischer Sprache hielt, wurden sogar in Köln gedruckt. Als Bischof von Ermland war er auch Präsident des Landesrates und der Landtage Polnisch-Preußens. Als solcher nutzte er seinen Einfluß nicht nur für die Ausrottung der Reformation, sondern auch, um die Vereinigung Polnisch-Preußens mit Polen vorzubereiten, die 1569 unter Bruch der bestehenden Verträge vollzogen wurde.

Schon 1554 hatte Hosius versucht, Jesuiten ins Ermland zu bringen, aber erst im November 1564 konnte der Ordensgeneral die ersten elf Jesuiten abgeben. Wegen der herrschenden Pest blieben sie zwei Monate im Heilsberger Schloß. Im Januar 1565 zogen sie nach Braunsberg und richteten im verlassenen Franziskanerkloster ein Gymnasium ein, das sie am 4. Juli 1565 eröffneten. Bald übernahmen sie das gesamte höhere Bildungswesen im Ermland, und ihre Schulen blieben bis ins 19. Jahrhundert hinein die einzigen in Preußen, wo auch Mädchen unterrichtet wurden.

Mit großem Eifer betrieb Hosius die Polonisierung und vergab Güter und Ämter vorzugsweise an Polen. Er brachte auch die ersten Polen ins ermländische Domkapitel. Die Stadt Tolkemit wurde 1569 aus dem Besitz des Domkapitels genommen und einem Günstling des Polenkönigs, Mathias Dzialinski, verliehen. Er und seine Nachkommen stellten bis 1724 die Starosten (Landräte) dieses Gebietes. Das gute Verhältnis, das die drei letzten deutschen Bischöfe mit Herzog Albrecht unterhalten hatten, brach Hosius ab. Sein fanatischer Kampf für die Gegenreformation ließ keine freundschaftlichen Beziehungen zu dem evangelischen Nachbarn zu. Während seiner Amtszeit hatten die Scharfrichter viel zu tun, denn er rottete die Anhänger der Reformation gnadenlos im ganzen von Polen beherrschten Gebiet aus. Nur in den drei großen Städten Westpreußens, Danzig, Elbing und Thorn, konnte er sich nicht durchsetzen, wo es blutige Unruhen gab. Als er 1579 starb, hatte er diese Länder wieder der katholischen Kirche zugeführt.

Und immer noch leben die Götter

Über zwei Jahrhunderte sind vergangen, seitdem der Deutsche Ritterorden die letzten Prußenstämme zum Christentum bekehrt hatte. Inzwischen ist der Orden abgetreten, aber trotz der langen Zeit sind noch immer prußische Sitten und der alte Götterglaube bei vielen Prußen lebendig. Immer wieder erscheinen Berichte über heidnische Feiern. Besonders aus der Gegend von Pobethen (Kreis Samland), wo viele der zuletzt unterworfenen Sudauer angesiedelt worden waren, werden wiederholt Klagen über Opferfeste der „Weideler" geführt. Dabei handelte es sich natürlich nur um jene Feiern, von denen die Regierung Kenntnis erhielt. Die Landesordnung von 1526 verbot wieder, wie schon so oft, „sonderlich das Bockheiligen auf Samlandt" und drohte harte Strafen an. Anscheinend nützte das wenig, denn 1531 und 1551 wurden wieder strenge Verbote erlassen.

In Pobethen wirkte auch Pfarrer Abel Will, der auf Veranlassung Herzog Albrechts den kleinen Katechismus ins Prußische übersetzt hatte. Zur Verständigung mit seiner mehrheitlich

nur Prußisch sprechenden Gemeinde hatte er als Tolken Paul Megot aus Biegiethen angestellt, der ihm mit seiner Kenntnis beider Sprachen die Übersetzung ermöglichte.

Wie schon zur Ordenszeit, so gab es auch im Herzogtum Preußen keine offizielle Auf-
zeichnung über heidnische Betätigung der altpreußischen Bevölkerung. Man findet diese Informationen nur da, wo sie im Zusammenhang mit anderen Angelegenheiten erwähnt sind
oder wenn eine Beschwerde darüber bei der Regierung einging. Nach einer Eintragung im
Kirchenbuch von Alt-Jucha (Fließdorf, Kreis Lyck) wurde zum Beispiel anläßlich eines Be-
suches von Herzog Albrecht im Jahre 1548 der Bau einer neuen Kirche beschlossen, „wegen
heidnischen Ärgernisses in Neu-Jucha". Die Eintragung besagt, daß die dort ansässigen Prußen und auch eingewanderte Masowier am Opferstein im Eichenhain noch immer heidnische Feste mit Tieropfern feierten. Dies wollte man dadurch unterbinden, daß der Neubau
der Kirche von Alt-Jucha nach Neu-Jucha verlegt wurde, an eine Stelle, die „im Anblick des
Opfersteins" lag. Dieses waren noch lange nicht die letzten Klagen der Pfarrer und Amtsleute über „heidnisches Treiben" der altpreußischen Bevölkerung. Auch 1577 werden in der
Landesordnung wieder strenge Maßnahmen gegen Heidentum und „Bockheiligung" gefordert.

Hatte man bis jetzt alles, was mit dem Glauben der alten Preußen zu tun hatte, als sündhaftes Teufelswerk abgelehnt, unterdrückt und vernichtet, so erhoben sich jetzt die ersten
Stimmen, das noch Erhaltene und Erreichbare zu erforschen und niederzuschreiben, um es
der Nachwelt zu erhalten. Professoren der Königsberger Universität führten umfangreiche Be-
fragungen durch, um die Religion aufzuzeichnen, die seit Jahrhunderten strengstens verboten und offiziell ausgerottet war. Dabei stellte sich heraus, daß sich jetzt schon viel Christliches mit dem alten Glauben vermischt hatte, das die Befragten nicht mehr auseinanderhal-
ten konnten. Unter anderen Merkwürdigkeiten stieß man auf zwei Götternamen, die mit dem
ursprünglichen Glauben nichts zu tun hatten. Einmal war es der Name Pikollos, der offenbar entstanden war, indem der Begriff des Teufels aus der christlichen Religion mit dem Totengott Patollos verbunden worden war. Da die altpreußische Religion weder Teufel noch
Hölle kannte, wurden diese fremden Begriffe, die das Leben nach dem Tode betrafen, dem
Totengott zugeordnet. Daß der Name Pikollos aus dem Polnischen kommen soll, wo die Hölle Pieklo heißt, ist möglich aber nicht wahrscheinlich.

Zum anderen steht auf der Liste der Königsberger Professoren als oberster Gott Occopirmos, was in der prußischen Sprache der Alleroberste heißt. Auch auf der Namensliste, die von
lutherischen Pfarrern in prußischen Gemeinden aufgestellt wurde, ist Occopirmos aufgeführt. Dies ist aber der christliche Gott, den die Prußen im Laufe der Zeit wegen der großen
Verehrung, die ihm zuteil wurde, über ihre anderen Götter gesetzt hatten. Es gibt viele Beispiele, die bezeugen, daß die Prußen brave Christen wurden, aber auch ihren alten Göttern
die Treue hielten. Daher gab es bei ihnen für lange Zeit eine heidnisch-christliche Misch-
religion.

Die letzten Jahre Herzog Albrechts

Nach dem Krieg, während seiner Hochmeisterzeit, hatte Herzog Albrecht seinem Land den
Frieden erhalten. Trotz mancher Mißstände war viel erreicht worden. Besonders die Resi-
denzstadt Königsberg erlebte einen enormen Aufstieg. Schon 1519 hatte Königsberg das Stapelrecht für die Produkte des Landes erhalten. Dem Seeverkehr kam das 1497 entstandene
Pillauer Tief zugute, das 1540 ausgebaggert wurde. Nun ging auch die litauische Ausfuhr zunehmend über Königsberg. In den Pillauer Hafen liefen 1549 bereits 116 Schiffe ein, die 1.030
Last Salz ein- und 770 Last Getreide ausführten (ein Last entspricht zwei Tonnen). Schon 1573
waren es 408 Schiffe, die 2.670 Last Salz ein- und 7.730 Last Getreide ausführten. Demgemäß
hatte sich auch die Bevölkerung Königsbergs vermehrt. Um 1600 hatte die Bebauung fast den
Umfang der späteren Befestigungen erreicht. Neben Handel und Gewerbe trug die Universität mit ihrem Lehrpersonal und den Studenten wesentlich zum Wachsen der drei Städte
bei. Dazu war Königsberg der Mittelpunkt der lutherischen Bewegung für den ganzen Nordosten Europas.

Von den bedeutenden preußischen Reformatoren bereitete dem Herzog sein Freund Andreas Osiander (eigentlich Hosemann) großen Ärger. Auf diesen bedeutenden Theologen hatte Albrecht größte Hoffnungen gesetzt, als er ihn 1549 nach Königsberg berufen hatte. Seine Lehre der Rechtfertigung durch den Glauben und die sündentilgende „Einwohnung Christi" im Gläubigen führte zu dem bekannten „Osiandrischen Streit". An den Streitgeprächen in Königsberg (Sommer 1531) und in Rastenburg (29./30. Dezember 1531) nahm auch der Herzog teil. Der Streit griff bald auf das Reich über und gehörte zu jenen Auseinandersetzungen, die zu dieser Zeit innerhalb des Protestantismus ausgefochten wurden. Im Grunde ging es dabei um Abendmahlslehre, freien Willen, gute Werke und was vom katholischen Brauchtum beibehalten werden konnte, ohne die Reinheit der evangelischen Lehre zu gefährden. Aus diesen Unstimmigkeiten entstanden die ersten protestantischen Freikirchen. Der Osianderische Streit fügte dem jungen lutherischen Glauben großen Schaden zu. Im Preußenland half er besonders dem ermländischen Bischof Hosius, die Reformation in Westpreußen erfolgreich zu bekämpfen.

Auf dem Reichstag zu Augsburg 1547/48 war die Vollstreckung der Reichsacht gegen Herzog Albrecht beschlossen worden, die 1532 über ihn verhängt worden war. Sie gab Grund zu Besorgnis und kränkte Albrecht sehr, da er sich als deutscher Fürst fühlte. Einige Fürsten setzten sich vergeblich für die Aufhebung der Acht ein, die aber bis zu Albrechts Tod bestehen blieb.

In Polen regierte seit 1548 König Sigismund II. August, der letzte der Jagellonen. Er war der erste König Polens, der, dank seiner italienischen Mutter Bona, lesen und schreiben konnte. An seinem Hof ereigneten sich seltsame Dinge, über die ganz Europa sprach. Er heiratete die Tochter Elisabeth des Erzherzogs Ferdinand II. von Österreich. Als nach langen Verhandlungen die Mitgift von 100.000 ungarischen Gulden ausgezahlt wurde, starb Elisabeth plötzlich. Es war kein Geheimnis, daß sie vergiftet worden war. Hermann Kesten schreibt darüber: „Dantiscus ward nach Krakau gerufen. Er sollte die Ehepakte schließen für den jungen Sigismund August von Polen und Elisabeth von Habsburg. Sie war 16, ihr Vater herzlos, der Bräutigam pervers, die Schwiegermutter Bona eine Giftmischerin aus Italien. Als ob der Schutzengel der kleinen Elisabeth sie mit Gewalt vor der Ehe hätte bewahren wollen, waren zwei Bischöfe unmittelbar nach ihrer Berufung zur Trauung einer nach dem anderen plötzlich gestorben, erst der lustige Kricki, Erzbischof von Gnesen, dann der brave Choinski, Bischof von Krakau. Dantiscus war stärker als der Schutzengel oder vielleicht schlauer. Er führte die Trauung durch und kam nur krank zurück, und rief den Kopernikus, damit er ihn heile [...]"

Der König heiratete die nächste, Barbara Radziwill, und krönte sie im Dezember 1550 zur Königin. Im Mai 1551 war sie tot, vom Gift ihrer Schwiegermutter sagte sogar ihr Sohn, der König. Österreichs Erzherzog reichte offenbar der Tod seiner Tochter Elisabeth nicht, denn er gab dem Polenkönig auch noch seine Tochter Katharina zur Frau. Auch sie schlief nicht länger im Bett des Königs als ihre unglückliche Schwester, aber sie kehrte lebend, wenn auch arm, nach Wien zurück.

In Livland hatte sich der Deutsche Ritterorden bis jetzt halten können. Herzog Albrecht hatte seinem Bruder Wilhelm 1530 den Erzbischofsstuhl von Riga verschafft. Erzbischof Wilhelm förderte zwar die Reformation, konnte aber die Säkularisierung nicht durchsetzen. Der livländische Ordenszweig wurde vernichtet, als der Polenkönig, der seit 1557 wieder Krieg gegen den Orden führte, das letzte Ordensheer bei Ermes am 2. August 1560 besiegt hatte. Das Land wurde 1561 aufgeteilt. Den größten Teil, das eigentliche Livland, nahm Polen; Estland nahm Schweden. Herzog Albrecht hatte den letzten Landmeister, Gotthard Kettler, bei seinen Verhandlungen mit dem Polenkönig unterstützt und dadurch erreicht, daß Kettler Kurland als weltliches Herzogtum erhielt.

In dem evangelisch gewordenen Erzbistum Riga wurde Luthers Lehre willig angenommen, aber nicht sogleich seine Sprache. Bis etwa 1525 wurde Plattdeutsch gesprochen, und das erste Gesangbuch von 1530 war noch auf Plattdeutsch gedruckt. Erst 1615 erschien das erste hochdeutsche Gesangbuch. Herzog Albrecht lieh Kettler 50.000 Gulden und nahm dafür das Amt Grobin (Gebiet Libau) in Pfandbesitz. Während der Zugehörigkeit zu Preußen (1560–1609) entwickelte sich das Fischerdorf Libau zu einer ansehnlichen Stadt.

König Sigismund war ein geschickter, manche sagen, ein verschlagener Diplomat, und seine Regierungszeit zählt zu den Glanzzeiten Polens. Nach der Vernichtung des Deutschen Ritterordens in Livland erreichte das Königreich Polen 1561 seine größte Ausdehnung. Der Krieg mit Rußland verlief jedoch nicht so glücklich. Trotz Mobilisierung seiner enormen litauischen Streitmacht konnte Sigismund nicht verhindern, daß Zar Iwan IV. (der Schreckliche) 1563 den Polen Polozk (an der Düna, nordwestlich von Witebsk) entriß und einen Teil Livlands besetzte. König Sigismund war auch dreist genug, das durchzuführen, was seine Vorgänger bisher nicht gewagt hatten: die widerrechtliche Vereinigung Polnisch-Preußens mit Polen, die er 1569 vollzog.

Zu den engeren Freunden Herzog Albrechts zählte auch der schon erwähnte Georg von Kunheim. Dessen Vater Daniel hatte schon seit 1454 dem Ritterorden gedient und die Dörfer Knauten und Mühlhausen (mit Mühle und Kirche) sowie das Gut Schultitten (zehn Kilometer nördlich von Preußisch Eylau) erhalten. Der Enkel des Daniel, Georg Wilhelm von Kunheim, heiratete 1555 Martin Luthers jüngste Tochter Margarete. Er wurde 1557 Amtshauptmann von Bartenstein. Johannes Luther hielt sich 1563/64 bei seiner Schwester in Knauten auf. Margarete starb 1570 im 36. Lebensjahr und wurde in der Dorfkirche in Mühlhausen beigesetzt, wo auch sechs von ihren neun Kindern begraben sind, die im Kindesalter starben.

In dem verarmten Ordensstaat hatte jede Förderung der Kunst aufgehört. Mit Herzog Albrecht brach eine neue Epoche des Kunstschaffens an. Durch süddeutsche Baumeister ließ er das alte Ordensschloß zu einer fürstlichen Residenz umbauen. Nachdem der Bernstein bis jetzt im Rohzustand ausgeführt und nur ein geringer Teil im Lande zu Perlen für Rosenkränze verarbeitet worden war, stellte der Herzog 1563 Stenzel Schmidt als ersten Bernsteindreher an. Mit ihm begann das Bernsteinkunstgewerbe in Königsberg. Die Gemäldesammlung des Herzogs, die Werke von Lucas Cranach und Albrecht Dürer enthielt, verschwand leider bis auf geringe Reste nach seinem Tod. Eine Hofkapelle und höhere Singschule förderten Musik und Gesang.

Kurz vor seinem Tod ließ Herzog Albrecht im Chor des Königsberger Domes das monumentale Epitaph für seine eigene Grabstätte von dem Bildhauer Cornelis Floris schaffen. Als eines der bedeutendsten Denkmäler der Renaissance stand es dort, bis es englische Bomben 1944 zerstörten.

Die lange Regierungszeit Herzog Albrechts endete mit viel Ärger und Verdruß. Trotz größter Nachgiebigkeit hatte er den Adel nicht gewinnen können, der den Herzog nur benutzte, um die eigene Macht zu stärken und dann selbst zu regieren.

Seine Vorliebe für auswärtige Räte und seine Freundschaften mit zweifelhaften Personen untergruben sein Ansehen. Die Kosten für seine prunkvolle Hofhaltung sowie seine freigebige Förderung von Kunst und Wissenschaft verursachten eine enorme Schuldenlast, derentwegen es oft Streit auf den Landtagen gab. Ein schlauer Abenteurer ordinärer Herkunft aus Kroatien, Paul Skalisch, gewann großen Einfluß auf den alten Herzog. Zudem fühlten sich die Stände von dem Einfluß des Schwiegersohnes Herzog Albrechts, dem Herzog Johann Albrecht von Mecklenburg, bedroht. Er war der Gemahl der einzigen am Leben gebliebenen Tochter Herzog Albrechts, Sophia, aus seiner ersten Ehe. Er hatte seinen Schwiegervater überredet, sein Testament abzuändern und ihm die Vormundschaft über den unmündigen Sohn Herzog Albrechts, bei dessen etwaigem Tod sogar die Nachfolge zu übertragen. Es scheint, daß er und Skalisch mit den fremden Räten, die Skalisch besorgt hatte, das ganze Adelsregiment stürzen wollten, um einen fürstlichen Absolutismus zu errichten.

Die Stände fühlten ihre Macht ernstlich bedroht und wandten sich an den Polenkönig Sigismund II., der freudig die Gelegenheit ergriff, um sich zugunsten der ständischen Partei in die innerpreußischen Angelegenheiten einzumischen. Ein vom ihm 1566 einberufener und von seinen Kommissaren geleiteter Landtag unterwarf vier herzogliche Räte einem höchst parteilichen Gerichtsverfahren polnischer Art, wobei drei unter dem Beil des Scharfrichters endeten. Den vierten rettete nur seine schwere Krankheit. Skalisch verlor mit allen Ämtern auch seine Güter und wurde aus dem Land gewiesen. Dem mecklenburgischen Herzog wurde die Einreise nach Preußen verboten. Herzog Albrecht und seine Gemahlin mußten sich von den polnischen Kommissaren und ihren verräterischen Helfern schwere persönliche Beleidigungen gefallen lassen. Für den durch diese Vorgänge völlig gebrochenen Herzog wurde eine Regentschaft der Oberräte eingesetzt.

Mit Hilfe ihrer polnischen Freunde ergriffen die jubelnden Stände nun staatsrechtliche Maßnahmen, die keinen Bezug mehr auf Herzog Albrecht als Landesherrn nahmen. Eine neue Verfassung vom 5. Oktober 1566 befestigte die ständische Macht derart, daß dem altersschwachen Herzog nur noch der leere Titel blieb. Er war von jetzt ab von den Regierungsgeschäften und sogar von der Hofhaltung ausgeschlossen. Die uneingeschränkte Adelsherrschaft machte aus dem Herzogtum praktisch eine Adelsrepublik.

Das Kollegium der Oberräte hatte von jetzt ab alle Macht in den Händen; ihm unterstand die Besetzung aller Stellen des Landes, wobei die höheren Ämter ausschließlich dem Adel vorbehalten waren. Nichtlutherische und unbeliebte Personen waren von jedem Amt ausgeschlossen. Das Testament des Herzogs wurde kassiert, und ein neues vom 17. Januar 1567 sicherte dem Adel noch mehr Rechte zu. Der Herzog setzte aber gegen den heftigen Widerstand des Adels durch, daß die Leibeigenschaft der preußischen Bauern aufgehoben werden sollte. In diesem Testament erklärt er, alle Preußen im Herzogtum „dess leiblichen knechtischen Eygenthumbs befreien zu wollen, so dass sie hinfort freyer geburt sein, sich solcher nicht weniger als andre Cölmer getrösten, freyen und gebrauchen mögen".

Nur die Städte respektierten den letzten Willen des Herzogs; sie erkannten die auf ihren Gütern beschäftigten preußischen Bauern als freie Bürger an. Die Adligen aber vereitelten die Aufhebung der Leibeigenschaft, nicht nur auf ihren eigenen Gütern, sondern auch auf den staatlichen Domänen. Nach ihrem Willen sollte es nie mehr freie Bauern geben.

Verdrossen und an Leib und Seele gebrochen, starb der 78jährige Herzog am 20. März 1568 auf der Burg Tapiau, wo er zeitweise seine Residenz hatte. Noch am selben Tag folgte ihm die Herzogin Anna Maria auf ihrem Wohnsitz, dem Schloß Neuhausen (zehn Kilometer nordöstlich von Königsberg), in den Tod.

Auch wenn Herzog Albrecht kein großer Herrscher gewesen war – er hatte immerhin einen Krieg verschuldet und hatte sich nicht gegen den Adel durchsetzen können, der die Bauern versklavte –, so hat er mit seiner Fürsorge für das Wohl seines Landes doch einen guten Namen hinterlassen. Der triumphierende Adel nutzte seinen Sieg schamlos aus. Das Land, das unter dem Ritterorden das Musterbeispiel eines gut regierten Staates gewesen war, wurde zu einem Tummelplatz ungezügelter und gewissenloser Ständewirtschaft, wie sie damals nur noch in Polen herrschte. Das Bauernlegen kam allgemein in Mode und machte immer mehr Bauern zu leibeigenen Sklaven der Großgrundbesitzer.

Unter Bauernlegen verstand man die Einziehung eines Bauerngutes durch den Grundherrn und die Vereinigung mit seinem Herrschaftsgut. Bis dahin hatte der Bauer einen festgelegten Zins an den Grundherrn gezahlt. Indem nun der Grundherr das Bauernland unmittelbar bewirtschaftete und der Bauer mit seiner Familie zu seinem Inventar gehörte, konnte er mehr als den bisherigen Zins aus dem Land und mehr Arbeitsleistung aus den Menschen herausholen. Vielleicht war es für ihn auch ein Genuß, über Menschen zu herrschen, die mit Leib und Leben als sein Eigentum galten.

Niedergang und Polonisierung Westpreußens

Die staatsrechtliche Stellung Westpreußens war nicht klar festgelegt. Als einzige Grundlage bestand das Inkorporationsprivileg von 1454, das der polnische König damals dem Preußischen Bund auf die angebotene Unterstellung des ganzen Ordenslandes, vor Beginn seiner Erhebung gegen den Orden, gewährt hatte. Diese vorläufige, unzulängliche Regelung war durch den Ausgang des Städtekrieges überholt. Beim Thorner Frieden von 1466 wurde aber keine Neuregelung und somit kein eindeutiger Rechtszustand für die vom Ordensland abgetrennten Gebiete geschaffen. Das entsprach dem Bestreben der Polen, diese Gebiete ihrem Staat einzugliedern. Am liebsten wollten sie von jenen Zusicherungen, daß Preußen ein selbständiger Staat bleiben würde, überhaupt nichts mehr wissen.

Die westpreußischen Stände hatten nun nichts weiter als das damalige Inkorporationsprivileg, an das sie sich klammerten, um ihre Rechte, für die sie damals gekämpft hatten, zu behaupten. Während sie nachhaltig „Privileg" betonten, wollten die Polen nur „Inkorporation" sehen. Damit standen beide auf gegensätzlichen Standpunkten. Nach Auffassung der Stände war Westpreußen ein in Personalunion mit der Krone Polens verbundener autonomer Staat, der auf eigenen Landtagen über alle staatlichen Einrichtungen und Gesetze ganz selbständig bestimmen würde. Nach polnischer Auffassung sollte Westpreußen künftig ein Teil Polens sein, auch wenn das ganz offensichtlich dem Vertrag widersprach. Schon 1467 führten die Polen den ersten Schlag gegen die Selbständigkeit Westpreußens, indem sie das Amt des Gubernators, also des obersten Vertreters des Landes, ohne Anlaß abschafften. Wie im Ermland, so wurde auch hier durch Rechtsbrüche ein Privileg nach dem anderen beseitigt. Bald begann eine intensive Polonisierung, die besonders von der polnischen Kirche durchgeführt wurde. Während sich die Einwanderung von Polen im Ermland in Grenzen hielt und die Bevölkerung im Grunde deutsch blieb, war die Polonisierung in Westpreußen weitgehend erfolgreich.

Schädlich wirkten sich auch die Zustände in Polen auf Westpreußen aus. Dort waren Unrecht und Gewalt die Machtmittel des herrschenden Adels, hinter dem auch der polnische Klerus stand. Diesen Zustand ersehnte auch der westpreußische Adel. Auf dem Lubliner Reichstag von 1519 hatte der Adel sogar durchgesetzt, daß Adlige keine Steuern zahlen brauchten. Diese waren nach ihrer Rechtsauffassung ausschließlich von den von ihnen beherrschten Volksschichten aufzubringen. Auch die bisher freien Bauern mußten jetzt wenigstens einen Tag in der Woche umsonst für die Großgrundherren arbeiten. Bauern, die sich ohne Auftrag in der Stadt aufhielten, wurden gefesselt zur Zwangsarbeit auf ein Gut gebracht. Wenn diese polnischen Zustände auch jetzt noch nicht in vollem Umfang auf Westpreußen übertragen werden konnten, so bildeten sie doch für den Adel das Ziel seines Strebens, dem er Schritt für Schritt näherrückte.

Nachdem Westpreußen und das Ermland ein Jahrhundert unter polnischer Schutzherrschaft gestanden hatten, glaubten die Polen bei der Annexion dieser Gebiete in ihren Staat keinen ernsthaften Widerstand mehr fürchten zu müssen. Zudem starb 1565 auch der letzte Kämpfer für die Reformation und das Deutschtum in Westpreußen, Achatius Zehmen, Woiwode von Marienburg, ohne daß ein ebenbürtiger Nachfolger seine Arbeit fortsetzte. Vereint mit dem Danziger Georg Kleefeld hatte er die polnischen Bestrebungen um die Annexion Westpreußens klug und erfolgreich bekämpft. Sein Tod wirkte sich verhängnisvoll aus, da er dem ermländischen Bischof Hosius die Polonisierung und Gegenreformation in Westpreußen entscheidend erleichterte. Als Präsident des Landesrates und der westpreußischen Landtage nutzte Hosius seinen Einfluß, um den Widerstand der preußischen Abgeordneten zu untergraben und sie für die Eingliederung der preußischen Gebiete in den polnischen Staat reifzumachen. Außer den drei großen Städten Elbing, Danzig und Thorn, die das Recht freier Religionsausübung erhalten hatten, mußten sich fast alle übrigen Städte und auch die Landgemeinden der gewaltsamen Wiedererrichtung des katholischen Glaubens beugen. Durch die Verdrängung der Protestanten aus den Ämtern kam auch der Adel, soweit er evangelisch geworden war, wieder zur katholischen Kirche zurück. Eifrig strebte er danach, sich durch Verschwägerung mit dem polnischen Adel zu verbinden.

Auf dem Lubliner Reichstag, der auch die Vereinigung mit Litauen erneut verfügte, vollzog König Sigismund II., unter Bruch der Verträge von 1454 und 1466, durch das Dekret vom 18. März 1569 die „Union" Westpreußens mit Polen. Demnach sollten nun alle preußischen Angelegenheiten im polnischen Reichstag verhandelt werden, und die preußischen Landesräte sollten in den polnischen Senat eintreten. Damit war die von Polen garantierte Selbstverwaltung aufgehoben, und Westpreußen war dem polnischen Staat als abhängige Provinz eingegliedert.

Das mächtige Danzig, das seine Rechte und sein Deutschtum am wirksamsten verteidigte, war von den Verhandlungen im Reichstag ausgeschlossen worden, indem seine Gesandten, der mutige Georg Kleefeld zusammen mit drei weiteren Personen, einfach eingekerkert wurden. Bei einem Konflikt um die Hafengerichtsbarkeit hatte der Danziger Rat im Jahr zuvor einer polnischen Kommission unter Führung des Bischofs Karnkowski von Leslau den Zutritt in die Stadt verweigert. Die Gefangennahme der Danziger Gesandten war hierfür die Strafe des Polenkönigs. Die Kommission des Bischofs Karnkowski konnte nun Danzig unbehindert eine neue Stadtordnung, die „Statuta Karnkowiana" aufzwingen, mit der die Vorrechte der Stadt erheblich beschränkt wurden. Nachdem der König auf dem nächsten Reichstag zu Warschau jene Statuten bestätigt hatte und die vier Gesandten kniefällig seine Gnade erfleht hatten, wurden sie nach zwei Jahren Kerkerhaft freigelassen.

Die westpreußischen Stände protestierten sogleich gegen die Rechtsgültigkeit des Lubliner Dekrets und erreichten es, von ihren Privilegien noch einiges zu retten. Nur die Danziger konnten es sich leisten, das Dekret als für sie nicht zutreffend zu erklären und bestanden weiterhin auf ihren Rechten. Auch der westpreußische Adel sicherte sich noch bestimmte Sonderrechte, fügte sich aber der neuen Regelung und besuchte künftig den polnischen Reichstag.

Dem preußischen Landtag verblieb vor allem das Steuerbewilligungsrecht und die Entscheidung über die Teilnahme an Polens Kriegen. Die westpreußischen Adligen beteiligten sich freiwillig an allen Kriegen Polens, die Stände aber bestanden weiterhin auf ihrem Recht, nur bei Angriffen auf ihr Land Truppen aufzustellen und nur die eigenen Grenzen zu verteidigen. Wenn die beabsichtigte völlige Vereinigung mit Polen somit nicht zustande kam, so schränkte das Lubliner Dekret die Selbständigkeit Westpreußens doch erheblich ein. Es diente den Polen vor allem als vermeintliche Rechtsgrundlage für alle weiteren Maßnahmen, um aus Westpreußen eine Provinz Polens zu machen. Den Städten nahm das Lubliner Dekret die Vertretung ihrer Interessen, weil im polnischen Reichstag Städte nicht zugelassen waren. Nur Danzig, Elbing und Thorn erhielten das Stimmrecht im Reichstag. Danzig lehnte es jedoch ab, weil es weiterhin das Lubliner Dekret nicht anerkannte; Elbing und Thorn machten selten Gebrauch davon, weil sie stets überstimmt wurden. Nur zu den preußischen Landtagen schickten alle Städte ihre Vertreter. Bisher waren alle Verhandlungen in deutscher Sprache geführt worden. Mit der fortschreitenden Polonisierung zog aber auch hier das Polnische mehr und mehr ein. Um diesem Druck zu entgehen, gingen Landtag und Städte im 17. Jahrhundert dazu über, in ihrem Schriftverkehr Latein zu verwenden.

Die Lage der Bauern, besonders auf den adligen Gütern, verschlechterte sich weiterhin; Korruption und Gesetzlosigkeit wucherten. Die katholische Kirche identifizierte sich immer enger mit dem polnischen Staat. Die Gegenreformation der Jesuiten ging ebenso gegen das Deutschtum wie gegen den lutherischen Glauben vor. „Wer Deutscher ist, ist ein Ketzer", wurde zum polnischen Sprichwort. Die Deutschen mußten sich gleichzeitig gegen das politische und das konfessionelle Polentum wehren. Besonders schwierig war die Lage der deutschen Katholiken. In ihren Kirchen wirkten polnische oder polnisch orientierte Priester, die oftmals erklärten, daß Gott kein Deutsch verstehe. So wie später Pfarrer Domanski, Vorsitzender des „Bundes der Polen im Deutschen Reich", erklärte, daß ein Katholik, der nur Deutsch spricht, beinahe einem Protestanten gleichzusetzen ist, so wurde es auch damals den Gläubigen immer wieder in Predigt und Beichtstuhl vorgehalten. Wenn man bedenkt, welch hohe soziale Stellung der Pfarrer in einer Dorfgemeinde einnimmt, kann man ermessen, wie stark der Druck gewesen sein muß, dem die religiös eingestellte Landbevölkerung ausgesetzt war. So waren die deutschen Katholiken die ersten, die sich dem Polentum ergeben mußten.

Nach der Kirche waren die westpreußischen Adligen die eifrigsten Schrittmacher des polnischen Einflusses. Mit geringen Ausnahmen verfielen sie vollständig der Polonisierung. Vielfach legten sie sogar freiwillig ihre deutschen Namen ab, um sich ihren polnischen Standesgenossen anzugleichen. Auch die Bewohner der kleineren Städte konnten dem Druck von allen Seiten nicht jahrhundertelang widerstehen und mußten sich früher oder später dem Polentum ergeben.

Damals kam es zu all jenen Namensänderungen, die teils mit Zustimmung der betreffenden Person, oft aber eigenmächtig von den polnischen Amtsschreibern vorgenommen wurden. Bei der Taufe bestanden die Geistlichen darauf, nur polnische Vornamen zu verwenden, und die Familiennamen wurden orthographisch dem Polnischen angepaßt. Man schrieb zum Beispiel Block – Bloczki, Gans – Gasseck, Hartmann – Hertmanski, Stein – Steinki, Neumann – Novak, Schiemann – Szymanski, Witt – Wittkowski. So trägt mancher auch heute noch einen polnischen Namen, obwohl unter seinen Vorfahren nie ein Pole war. Die Namensänderung besagte meistens nicht, daß der Betreffende Pole werden wollte; es war aber ratsam, sich gegen diese Willkür nicht aufzulehnen, wenn man nicht dauernden Schikanen ausgesetzt sein wollte. In den rund 300 Jahren, die Westpreußen polnischer Fremdherrschaft ausgesetzt war, hat die deutsche Bevölkerung nicht die geringste Unterstützung vom Deutschen Reich erhalten. Den einzigen schwachen Halt fand sie beim Herzogtum Preußen.

Am erfolgreichsten war die Polonisierung im Süden, besonders im Kulmerland. Gollub, das nahe der Grenze lag, war schon um 1550 mehrheitlich polnisch; bis 1600 folgten Kulmsee, Rehden, Schönsee und Lautenberg. In Strasburg, Kulm und Löbau hielt sich das Deutschtum teilweise; ganz oder überwiegend deutsch blieben Schlochau, Konitz, Flatow, Schwetz, Graudenz und die Städte im Norden. Alle hatten aber unter der Willkür der meist polnischen Starosten zu leiden; die Einwohnerzahl und auch der Wohlstand sanken fortwährend. Die Kulturarbeit der Ordenszeit wurde ein Opfer der Ausbeutung und Mißwirtschaft.

Vor allem blieben die Bauern der Weichselniederung fast rein deutsch. Die Bewirtschaftung der Höfe in den Werdern, verbunden mit der mühevollen Instandhaltung der Deiche und Entwässerungsanlagen, erforderten Spezialkenntnisse und Arbeitsleistungen, vor denen die Polen zurückschreckten.

Das Deutschtum im Nordteil Westpreußens erhielt eine Stärkung, als um 1600 nochmals eine Zuwanderung deutscher Bauern erfolgte. Um den Mangel an Bauern zu beheben, waren ihnen günstige Bedingungen geboten worden.

Thorn, schon am Ende der Ordenszeit im wirtschaftlichen Niedergang, verlor seinen Handel an Danzig, und das einst starke Gemeinwesen verfiel zu einem großen Teil der Polonisierung. Alle Städte und Dörfer behielten jedoch ihre deutschen Namen. Sogar der polnische Geograph Grodecki führt 1560 alle Namen (außer einigen an der Südgrenze) in der deutschen Form auf.

So wie die anderen wertvollen Forste wurde auch die Tucheler Heide, die mit etwa 1.750 Quadratkilometern das größte zusammenhängende Waldgebiet des späteren Deutschen Reiches bildete, zur Wildnis. Der hochwertige Kiefernbestand wurde rücksichtslos abgeholzt, Neubepflanzungen aber nicht vorgenommen.

Im Jahre 1572 starb König Sigismund II., der letzte der Jagellonen, die mit dem litauischen Großfürsten Jagello 1386 durch Heirat den polnischen Thron erworben hatten. Mit seinem Tod ging die letzte Glanzperiode Polens zu Ende. Unter dem folgenden Wahlkönigtum wurde die Königskrone an den Meistbietenden versteigert. Nun herrschte der Adel mit der Kirche uneingeschränkt, und die Anarchie nahm schlimmste Formen an. Besonders schlecht erging es den Bauern, die unter den adligen Grundherren auf einen Lebensstandard herabsanken, der nicht mehr menschlich genannt werden konnte.

Anstatt den Reichtum Westpreußens zu erhalten, wurde es ausgebeutet und immer weiter auf das polnische Niveau heruntergewirtschaftet. Aus Neid geborener Haß gegen die Deutschen wurde überall im Land geschürt. Aber die Glocken, die die Polen zur Kirche riefen, waren von Deutschen gegossen, ihre ersten polnischen Bücher von Deutschen gedruckt; Deutsche prägten ihr Geld, brachten ihnen die Leinweberei und waren ihre Baumeister. Veit Stoß schuf den kunstvollen Altar in der Krakauer Marienkirche und im Dom zu Gnesen das Grabmal jenes Bischofs, der als junger Sekretär des Königs in der Schlacht bei Tannenberg den Ritter Köckritz vom Pferd geworfen hatte.

Das vom Ritterorden in mühevoller Arbeit eingedeichte und entwässerte Weichselmündungsgebiet wurde während der ersten Hälfte des 16. Jahrhunderts arg vernachlässigt. Die Obrigkeit hatte wenig Verständnis für die Instandhaltung des komplizierten Deich- und Entwässerungssystems und sah in den Werderbauern nur eine Quelle für bedrückend hohe Steuern. Diese Unvernunft führte schließlich 1540 und 1543 zu Hochwasserkatastrophen, bei denen große Teile der Werder überflutet wurden und neben dem Vieh auch viele Menschen umkamen.

Als Fachleute der Wasserbaukunst wurden seit 1550 und erneut seit 1565 viele Mennoniten, die wegen ihres Glaubens aus Holland vertrieben wurden, in das Werder* gelockt, das eines der fruchtbarsten Gebiete Europas ist. Mit ihrem Fleiß und Können brachten sie es bald zu erneuter Blüte und zählten zu den kräftigsten Steuerzahlern. 1774 gab es im ganzen Delta 29 Mennonitendörfer mit insgesamt 13.495 Einwohnern.

---

* Obwohl das ganze Gebiet als „Werder" bezeichnet wird, handelt es sich um drei getrennte Teile: den Danziger Werder südlich von Danzig, den Großen Marienburger Werder zwischen Weichsel und Nogat und den Kleinen Marienburger Werder zwischen Nogat und Drausensee.

Der unglückliche Herzog Albrecht Friedrich

Herzog Albrecht und seine zweite Gemahlin hinterließen vier Töchter und den 15jährigen Sohn und Nachfolger Albrecht Friedrich. Vor dessen Volljährigkeit wurden Anzeichen seiner Geisteskrankheit offenbar, zu der er vielleicht eine gewisse Anlage hatte, denn sein Großvater väterlicherseits, Markgraf Friedrich von Ansbach-Bayreuth, war geisteskrank gewesen, und seine Mutter hatte zeitweise unter epileptischen Anfällen gelitten. Die Stände waren keinesfalls gewillt, ihre Macht aufzugeben, und die vormundschaftliche Regierung der Oberräte nahm die Gelegenheit wahr, in diesem Sinne zu wirken. Die Oberräte konnten nichts sehnlicher wünschen, als daß der junge Herzog für lange Zeit, oder besser niemals, mündig werden würde. Sie beschränkten seine Bewegungsfreiheit und belasteten ihn mit Vorgängen an Hof und Regierung, die ihn überforderten. Vor allem erregten ihn die kirchlichen Wirren, in die er verwickelt wurde. Der uns heute so unverständlich erscheinende, erbitterte Streit erreichte zu dieser Zeit dramatische Höhepunkte, die Albrecht Friedrich über seine Kräfte beanspruchten.

Auf dem polnischen Reichstag zu Lublin am 19. Juli 1569 leistete der junge Herzog noch persönlich dem polnischen König den Lehnseid. Mit ihm wurden die Gesandten seines Vetters, des Markgrafen Georg Friedrich von Brandenburg-Ansbach und auch die des Kurfürsten Joachim II. von Brandenburg belehnt. Die Belehnung des Markgrafen Georg Friedrich entsprach dem Krakauer Vertrag von 1525. Daß dazu auch Kurfürst Joachim die polnische Zusicherung der Vormundschaft und Erbfolge erhielt, verdankte er wahrscheinlich seiner Ehe mit der polnischen Königstochter Hedwig. Sicherlich half auch die Gefahr, die seit 1556 den Polen aus dem Osten von Iwan dem Schrecklichen drohte, die Polen den Wünschen der Brandenburger geneigt zu machen. Für einen Krieg mit Rußland brauchte Polen dringend Verbündete. Damit war die Erbfolge für das Herzogtum Preußen in der Weise geregelt, daß im Falle des Aussterbens der Nachkommen Herzog Albrechts und auch der des Markgrafen Georg Friedrichs das Herzogtum nicht an Polen, wie im Vertrag von 1525 festgelegt, sondern an Brandenburg fallen würde. Niemand konnte damals ahnen, daß mit dieser Regelung der Erbschaftsfrage dereinst die entscheidende Wende für Preußen begründet werden würde. Tatsächlich erlosch mit Georg Friedrich die fränkische Hohenzollernlinie, und der Sohn Herzog Albrechts hatte keinen männlichen Nachkommen.*

Auf dem Lubliner Reichstag wurde erstmalig die bisher nie angetastete Gerichtshoheit des Herzogs von Preußen so weit aufgehoben, daß dem Adel eine Berufung an den König von Polen erlaubt wurde, wodurch die adlige Macht eine weitere Stärkung erhielt.

Um eine engere Verbindung zu Polen herzustellen, bemühten sich die Oberräte, den 20jährigen Herzog mit der 50jährigen Anna Jagello zu vermählen, die aber bald darauf den neuen Polenkönig Stephan Bathory gewann. Während der theologischen und innerpolitischen Streitigkeiten hatte der geistige Zustand des Herzogs angeblich so gelitten, daß er 1573, kurz vor seiner Verheiratung mit Marie Eleonore von Jülich und kurz vor seiner Volljährigkeit, als geisteskrank erklärt wurde. Dadurch konnte von einer Beendigung der vormundschaftlichen Regierung keine Rede mehr sein. Die hocherfreuten Oberräte sahen ihre Herrschaft für lange Zeit gesichert.

Fremde Händler, Juden und Schotten

Im Ordensland Preußen waren keine Juden ansässig; es sind aber wiederholt getaufte Juden bezeugt. Die Statuten der Rigaer Kirchenprovinz, zu der auch Preußen gehörte, verfügten zum Beispiel 1428 die Exkommunizierung der Juden. Demnach muß es in Livland damals Juden gegeben haben. In Preußen hielten sie sich zu verschiedenen Zeiten vorübergehend als fahrende Händler aus den Nachbarländern auf. Dagegen wehrten sich die Stände, die unter anderem am 6. Dezember 1435 verlangten, „das keyn Jude in das landt czu Pruszen kome

---

* Herzog Albrecht Friedrich und seine Gemahlin hatten mehrere Töchter. Der Herzog wurde 65 Jahre alt und starb 1618 in geistiger Umnachtung.

koufmanschacz doselbist zu treiben noch alder gewonheit". Ein ähnlicher Antrag wurde nochmals 1438 eingereicht. Ob diese Anträge aber Gesetzesform erreichten, ist nicht festzustellen. Bald nachdem der restliche Ordensstaat 1525 ein weltliches Herzogtum geworden war, erschienen jüdische Händler aus Polen in größerer Anzahl. Die frühere Einstellung zu den Juden blieb aber zunächst weiter bestehen, und wie in anderen Ländern Europas waren ihnen auch im Herzogtum Preußen Beschränkungen der Niederlassung und der freien Bewegung auferlegt. An einzelne Juden aber vergab Herzog Albrecht Privilegien, einschließlich des Rechts zur Ansiedlung. Er selbst nahm jüdische Ärzte in Dienst.

Im Ordensstaat war es die Religion gewesen, die dem katholischen Orden die Toleranz Andersgläubiger verbot. Jetzt war es die wirtschaftliche Konkurrenz, derentwegen sich die Stände gegen die Juden wandten. Am 26. Juni 1567 erließen die Landesräte eine Verfügung, die den Aufenthalt polnischer Händler in Preußen auf drei Wochen beschränkte. Die Landesordnung vom 14. Juli 1567 verbot ihnen sogar gänzlich den Aufenthalt in Preußen und forderte sie auf, innerhalb von vier Wochen das Land zu verlassen. In Litauen und Polen lag aber der Handel größtenteils in den Händen von Juden, die über den polnischen König den nötigen Druck auf Preußen ausüben konnten, so daß solche Maßnahmen nicht mehr durchzuführen gingen. Die Anzahl der fest ansässigen Juden in Preußen war jedoch gering; mehrte sich aber stetig weiter.

In der Zeit des beginnenden Absolutismus, in der zweiten Hälfte des 17. Jahrhunderts, trat unter dem Großen Kurfürsten eine Änderung ein. Er lockerte das Verbot der Niederlassung von Juden und erteilte einer Anzahl von ihnen, gegen Geldzahlung, Handelsprivilegien. Erst damit ging auch in Preußen ein Teil des Handels in jüdische Hände über, und die jüdische Einwanderung, besonders aus Polen, nahm bedeutend zu.

Westpreußen war unter der polnischen Herrschaft für polnische und auch für jüdische Einwanderung weit offen. Nur die drei großen Städte, Danzig, Elbing und Thorn, widersetzten sich mehr oder weniger stark dem freien Zuzug von Juden. Im Ermland hielten die Bischöfe, auch die polnischen, das Verbot der Ansiedlung von Juden noch lange aufrecht. Hier begann der Zuzug von Juden erst nach 1772, als das Ermland wieder mit Preußen vereinigt worden war, in verstärktem Maße aber erst nach den Reformen von 1812, die den Juden in Preußen die unbeschränkten Bürgerrechte gewährten.

Die preußischen Kaufleute und Händler wurden aber nicht nur von Juden beunruhigt; auch die Schotten waren damals ein geschäftstüchtiges Volk, das überall in Europa anzutreffen war. Schon an der Christianisierung Süddeutschlands waren sie maßgeblich beteiligt gewesen, und im 16. Jahrhundert zogen viele hausierend durch das Land. Für die Kaufleute wurden sie eine gefährliche Konkurrenz und für die Bevölkerung eine Landplage. Ihr Einfluß ging so weit, daß schottische Münz- und Gewichtseinheiten im Handel üblich wurden: Man rechnete nach Skot und wog nach Schottgewicht. In fast allen Landtagen wurden über die fahrenden Händler, Schotten und Juden, Klagen erhoben. Die Landesherren versuchten diesem Übel durch Gesetze beizukommen, doch anscheinend ohne Erfolg.

Der Bischof Ermlands verbot zum Beispiel 1551 Juden und Schotten, ins Land zu kommen; 1579 erließ er ein Mandat gegen umherziehende Schotten und Landfahrer; 1592 findet sich wieder ein Erlaß gegen Schotten, Paudelkrämer und Landfahrer. Alle Verbote haben die Schotten aber keineswegs entmutigt, ihren vielfältigen Handel weiter zu betreiben. Die tüchtigsten von ihnen waren bald in der Lage, ein Haus in einer Stadt zu erwerben, und wurden nach einiger Zeit angesehene und wohlhabende Bürger des Landes. In den Kirchenbüchern findet man hinter den oft schwer auszusprechenden und jedesmal anders geschriebenen Namen der Schotten den Zusatz „scotus". Manchmal machte der Pfarrer es sich leicht und ließ den Familiennamen ganz weg. Er schrieb dann einfach nur den Vornamen und „Scotus" oder „Schottus" und die Ehefrau nannte er „Scottissa".

Die Schotten haben sich in Preußen offenbar recht wohl gefühlt, denn sie zogen noch viele ihrer Landsleute nach. In Preußisch Holland bildeten sie sogar ihre eigene Gilde, die zwischen 1646 und 1650 als „Bruderschaft der Schotten" in den Kirchenbüchern verzeichnet ist. Ein Ferdinand von Schau, dessen Vorfahren noch Shaw hießen, trat in der Notzeit unter Napoleon zum Wohl seiner Mitbürger als begabter Verwalter und Organisator hervor. Der tüchtige Mann wurde 1817 zum Landrat des Kreises Braunsberg ernannt.

Danzigs Auf- und Abstieg

Von dem unter die Krone Polens gekommenen Teil des Ordenslandes hatte nur das mächtige Danzig seine Rechte erfolgreich verteidigen können und war ein fast unabhängiger Freistaat geworden. Polnische Soldaten haben nie die Stadt betreten, und nie hat Danzig Truppen zum polnischen Heer abgestellt. Aufgrund der enormen und entscheidenden Anstrengungen im Städtekrieg war Danzig hauptschuldig an der Tragödie des Ordenslandes gewesen. Jetzt aber wehrte die Stadt, die Mitglied der Hanse blieb, alle Bestrebungen der Polen, mehr Macht über Danzig zu erlangen, erfolgreich ab. Stets auf Geldzahlungen der reichen Stadt angewiesen, hatten Polens Könige die Rechte der Stadt nur wenig einschränken können.

Der großartige Aufstieg Danzigs, trotz polnischer Bedrückung, war durch umwälzende Veränderungen im Welthandel begründet. Als die Türken 1453 Konstantinopel eroberten und den Verkehr zwischen dem Schwarzen Meer und dem Mittelmeer sperrten, mußten andere Wege für das russische Getreide gefunden werden, auf das besonders die Länder Südeuropas angewiesen waren. Dazu bot sich der Schifffahrtsweg über die Ostsee an. Die hierdurch bedingte Blüte des Danziger Getreidehandels dauerte so lange, bis durch die Öffnung des Bosporus und die Gründung neuer Handelsplätze am Schwarzen Meer ein neuer, für Danzig ungünstiger Umschwung im europäischen Handel eintrat. Daß Danzig zu dieser Zeit zufällig mit der Krone Polens verbunden war, hat seinen Aufstieg mehr gehemmt als gefördert und ist keineswegs als Ursache seines blühenden Handels anzusehen, wie es oft irrtümlich dargestellt wird. Als wichtigste Hafenstadt dieser Region beherrschte Danzig schon immer den Handel aus dem russischen und polnischen Hinterland. Riesige Mengen Holz und Getreide wurden nach dem Westen vermittelt, und während seiner Blütezeit liefen jährlich etwa 1.000 Schiffe in den Danziger Hafen ein. Mit 116.000 Last Getreide (232.000 Tonnen) wurde 1618 der Höhepunkt erreicht. Seine große Flotte ermöglichte es Danzig, seine Macht geschickt auszubauen.

In den Kämpfen mit Dänemark und England drang der Danziger Paul Beneke sogar in die Themsemündung ein und nahm angeblich einen englischen König gefangen. Die Hanse verdankte Beneke die Wiedereröffnung das Stalhofs in London und die Handelsprivilegien in Frankreich. Außer Ruhm brachte er viel Beute heim, darunter das berühmte Gemälde des Jüngsten Gerichts von Hans Memling, das in der Marienkirche hing. Der Reichtum ermöglichte die Errichtung prachtvoller Bauten, von denen die zweitürmige Marienkirche am bekanntesten ist. Von dem Bildhauer, der den Christus am Kreuz schuf, wurde erzählt, daß er den Verführer seiner Tochter gekreuzigt haben soll, um ein wirklichkeitsgetreues Modell zu haben. In der Barbarakapelle befanden sich bis 1945 über 100 kostbare Meßgewänder aus dem 12. und 13. Jahrhundert, die als die wertvollsten der Welt galten. Der Barock entwickelte sich hier besser als anderswo auf deutschem Boden. Die Bevölkerung, die um 1570 rund 40.000 zählte, stieg bis zum Jahr 1660 auf 77.000. Danzig hielt in allen Jahrhunderten an dem alten Gebot fest, daß nur Personen „deutscher Art und Zunge" Grundbesitz und Bürgerrechte in Danzig erwerben konnten.

Als Polen sich die preußischen Gebiete 1569 durch das Lubliner Dekret rechtswidrig angeeignet hatte, war das nächste Ziel, auch die Selbständigkeit der drei großen Städte zu beseitigen, zunächst aber wenigstens erheblich einzuschränken. Aus Elbing war allerdings nicht viel und aus Thorn fast nichts herauszuholen, aber das reiche Danzig lockte, besonders auch wegen seiner Seezölle. Gegen den Versuch, durch die „Statuta Karnkowiana" die Rechte der Stadt zu beschränken, hatte sich Danzig zunächst gewehrt. Nachdem der Polenkönig aber die Danziger Gesandtschaft zum Lubliner Reichstag verhaftete und einkerkerte, mußte Danzig diese Demütigung hinnehmen. Daß damit aber der Widerstand der mächtigen Stadt nicht gebrochen war, bewiesen sie bald.

Bei der nächsten Königswahl widersetzte sich Danzig der Wahl des Ungarn Stephan Bathory. Als dieser 1575 trotzdem König von Polen wurde und sich weigerte, die alten Rechte der Stadt anzuerkennen, lehnte Danzig die verlangte Huldigung ab. Darauf drohte Bathory, den Widerstand Danzigs ohne Rücksicht auf die geltenden Verträge mit militärischer Macht zu brechen. Als er den Krieg vorbereitete, rüstete sich auch Danzig zur Verteidigung.

Seinen großartigen Aufstieg verdankte Danzig dem alten Gebot, nur Personen „deutscher Art und Zunge" Grundbesitz und Bürgerrechte zu verleihen. Dieses mächtige Krantor, das die Jahrhunderte überdauerte, steht symbolisch für den Erfolg dieser Politik.

Die Ausgaben für Söldner im Jahre 1576 verschlangen 24 Prozent des gesamten Finanzhaushalts.

Anfang Juni 1577 zog König Bathory mit einem fast 10.000 Mann starken Heer gegen Danzig, aber nirgendwo konnte er die Mauern und Wälle der Stadt durchbrechen. Das polnische Heer verteilte sich darauf in Quartiere der weiten Umgebung, um seine Verpflegung durch die geplagte Bevölkerung zu gewährleisten und wartete auf Verstärkung. Ein wagemutiger Ausfall der Danziger auf die polnischen Truppen, die in Liebschau (fünf Kilometer westlich von Dirschau) untergebracht waren, endete mit einer Niederlage der Danziger.

Im Juli traf die Verstärkung ein, und die Polen berannten Danzig jetzt mit einem Heer von 17.000 Mann; aber wieder wurden alle Angriffe mit hohen Verlusten für die Polen abgewehrt. Als auch ein letzter Großangriff am 7. August nicht den geringsten Erfolg brachte, mußte der Polenkönig einsehen, daß er die gewaltsame Eroberung der Stadt nicht erreichen konnte. Darauf zog das polnische Heer am 6. September 1577 nach Marienburg ab.

Enttäuscht über die ihnen entgangene Plünderung Danzigs, überfielen die Polen auf ihrem Rückzug die im Danziger Gebiet liegende Stadt Dirschau und brannten sie nach der Ausplünderung vollständig nieder. Nach einem Augenzeugenbericht des Bürgermeisters hinderten sie die Bürger gewaltsam daran, das Feuer zu löschen.

Elbing hatte dem neuen Polenkönig wie üblich gehuldigt und stand somit im polnischen Lager, und Danziger Seeleute kaperten Elbinger Schiffe. Danzig fand Hilfe bei Dänemark, und am 11. September 1577 lief eine Dänisch-Danziger Flotte durch das Pillauer Tief in das Frische Haff, um Elbing und das Ermland zu überfallen. Die kleine Flotte des Herzogtums Preußen, die auf Befehl des polnischen Königs sein Land schützen sollte, tat nichts. Am 16. September besetzten die Dänen und Danziger den Elbinger Hafen und plünderten die Speicher; der Versuch, auch in die Stadt einzudringen, mißlang. Nicht nur die eigenen, auch alle im Hafen erbeuteten Schiffe wurden mit Beutegut vollgeladen. Am 18. September verließ das lange Geleit Elbing. Auf der Rückfahrt besuchte die „feindliche" Flotte Königsberg, wo die Seeleute freundlich bewirtet wurden. Mit allem Raubgut und 58 erbeuteten Schiffen kehrte die Flotte am 28. September unbehindert nach Danzig zurück. Die herzogliche Regierung entschuldigte sich beim Polenkönig mit der Übermacht der feindlichen Flotte, bei der jeder Widerstand sinnlos gewesen wäre und nur zum Verlust der Schiffe geführt hätte.

Angesichts dieser Lage blieb König Bathory nichts übrig, als mit der Stadt, die nach seiner Meinung zu seinem Reich gehören sollte, Frieden zu schließen, der in Marienburg am 16. Dezember 1577 vollzogen wurde. Gegen die Bestätigung ihrer alten Rechte – dazu gehörte die völlige Beseitigung der ihr 1570 aufgezwungenen „Statuta Karnkowiana" – war Danzig bereit, die Hälfte des Hafenzolls dem König zu überlassen, 200.000 Gulden zu zahlen sowie das Kloster Oliva wieder aufzubauen. (Das Kloster war am 15. Februar 1577 niedergebrannt worden, weil der Abt mit den Polen im Bunde stand.)

Zu dieser Zeit vollzog sich in Danzig der Übergang von der bis jetzt gebrauchten niederdeutschen Sprache zum Hochdeutschen. In Georg Brauns und Franz Hogenbergs *Civitates Orbis Terrarum 1572–1618* ist folgende Beschreibung Danzigs und der dortigen Bernsteingewinnung zu finden: „Danzig ist eine herrliche, mächtige und reiche Stadt in Preußen, mit großer Schiffahrt und ausgedehntem Handel und Gewerbe. Wenn man ihre königliche Pracht, ihre Befestigungen, die Wälle und Mauern, die Bürger- und die gemeinen Häuser und Bauwerke [...] fürderhin den weiten und gewaltigen Hafen mit der großen allzeit dort vorhandenen Anzahl von Schiffen betrachtet [...] könnte Danzig wohl zu den sieben Weltwundern gezählt werden.

Die Einwohner geben sehr viel acht auf die Winde, die zwischen Osten und Westen entstehen und das Wetter bewegen [...] und sobald das Meer sich legt, eilen sie nackt in das Meer und schöpfen aus dem Meere, was sie finden [...] Sobald sie aber den Bernstein mit ihren Netzen aus den getriebenen Meereswellen gefunden haben, eilen sie ans Gestade, wo ihre Weiber warten; so schütten sie aus dem Netz ihren Gewinn, und die Weiber lesen es auf. Wenn es zu kalt ist, machen die Weiber ein Feuer, wärmen den Männern die Kleider und schlagen sie um ihren bloßen Leib, bis sie sich erwärmt haben. Dann gehen sie wieder hinaus und fischen wie vordem, und was ein jeder fängt, das muß er den Vögten und Obrigkeiten bringen. Dafür empfängt er Salz in Menge je nach der Güte des Bernsteins; für die große Mühe empfängt er keinen anderen Lohn."

Durch handelspolitische Umstände begann die Blüte Danzigs allmählich zu verwelken. Schon 1585 siedelte die „Englische Handelskompanie" nach Elbing über und zog einen Teil des Ostseehandels dorthin. Den ersten empfindlichen Rückschlag erlitt Danzig durch den ersten Polnisch-Schwedischen Krieg (1626–35). Der Schwedenkönig konnte zwar Danzig nicht einnehmen, behinderte aber durch die Blockade die Schiffahrt und den Handel erheblich. Die Ausgaben für die Verteidigung und die Zahlungen an Schweden nach dem Waffenstillstand kosteten die Stadt zehn Millionen Gulden. Das Ende des Dreißigjährigen Krieges brachte Danzig noch einmal den letzten Aufschwung; die Getreideausfuhr stieg 1649 und 1650 auf fast 100.000 Last. Dann ging es, wenn auch langsam, nur noch bergab.

Polens König Wladislaw IV. (1632–48), der noch einmal erfolgreich gegen Russen, Türken und Schweden kämpfte, hatte große Pläne für sein Land, denn er machte seinen treuen Gefolgsmann Gerhard von Dönhoff zum Admiral, dem einzigen der polnischen Geschichte. Da Polen keine Flotte besaß und auch keine Möglichkeit hatte, eine zu bauen, kann er nur den Raub der Danziger Flotte im Sinn gehabt haben, zu dem es aber nicht kam. Admiral Dönhoff trat schließlich ab, ohne jemals ein Schiff befehligt zu haben.

Die entscheidende Wende für Danzig kam im zweiten Polnisch-Schwedischen Krieg (1655–60). Zwar konnte sich Danzig auch diesmal halten und sogar die schwedische Besatzung am Danziger Haupt (an der östlichen Weichselmündung) nach dreimonatiger Belagerung 1659 zur Übergabe zwingen. Aber die folgende Friedenszeit brachte nicht mehr den erwarteten Aufschwung. Die verwüstete Landwirtschaft im Weichselgebiet und in Polen wirkte sich auf den Handel aus; die fremden Kaufleute hatten andere Märkte gefunden, da die Ostsee in den Kriegszeiten zu unsicher gewesen war. Dazu hatte die Verteidigung der Stadt riesige Geldsummen verschlungen und eine hohe Verschuldung verursacht.

Ab 1650 begann die Weichselmündung zu versanden. Durch Anschwemmung entstand 1685 die Westerplatte, die 1696 durch Uferbefestigungen gesichert wurde. Die Verschlechterung der Lage Danzigs setzte sich im Nordischen Krieg (1700–21) in noch stärkerem Maße fort. Nur mit größter Mühe konnte Danzig diesmal seine Neutralität und Selbständigkeit behaupten.

Die Unterstützung und Aufnahme des falschen Thronkandidaten Stanislaus Leszczynski im Polnischen Erbfolgekrieg (1733–35) brachte Danzig 1734 die Belagerung durch russische und sächsische Truppen sowie die Zahlung von einer Million Talern ein. Bei der Beschießung der Stadt von Land und von See her wurden fast alle Häuser beschädigt und viele ganz zerstört. Nur die heimliche Flucht des verkleideten Leszczynski nach Königsberg rettete Danzig vor der Kapitulation. Nun konnte auch das niedergehende Polen einen stärkeren Druck auf die erschöpfte Stadt ausüben und mischte sich in ihre Angelegenheiten ein.

Danzig hatte für die Polen den Städtekrieg gewonnen und ihnen 300 Jahre lang riesige Geldsummen gezahlt, ohne jemals auch nur die geringste Gegenleistung zu erhalten; nun war es am Ende. Bei dem Niedergang Polens hätte Danzig die polnische Schutzherrschaft leicht abwerfen und sich Preußen oder Rußland anschließen können. Aber um seine Selbständigkeit so lange wie möglich zu erhalten, die aber nur noch eine Frage der Zeit sein konnte, hielt es weiterhin bei Polen aus. Als Danzig 1793 wieder zu Preußen kam, war von der ehemaligen Macht nicht mehr viel vorhanden. Die Volkszählung von 1794 ergab, daß von den einstmals fast 80.000 Einwohnern nur noch 36.738 übriggeblieben waren.

Markgraf Georg Friedrich

Im Herzogtum Preußen wurde die Herrlichkeit der Oberräte durch Markgraf Georg Friedrich von Ansbach gestört, der am 9. November 1573 erschien und die Übertragung der Vormundschaft sowie die stellvertretende Regierung forderte, die ihm aufgrund der Mitbelehnung zustand. Natürlich wehrten sich Oberräte und Stände mit allen Mitteln dagegen, wobei sie auch von der Herzogin Marie Eleonore unterstützt wurden. Angesichts solcher Opposition mußte Georg Friedrich Preußen verlassen, ohne etwas erreicht zu haben.

Als 1575 der ungarische Fürst Stephan Bathory zum neuen König von Polen gewählt worden war, wandte sich Georg Friedrich direkt an ihn. Gegen die Zusicherung von 500 Mann Hilfstruppen für den von Bathory geplanten Krieg gegen Rußland und 200.000 Florin Hilfsgelder erhielt er 1577 die Vormundschaft über seinen Vetter, den geisteskranken Herzog, und die Regentschaft des Herzogtums Preußen. Trotz heftigsten Widerstandes des Adels und eifriger Intrigen wurde Georg Friedrich im Februar 1578 auf dem Reichstag zu Warschau feierlich mit Preußen belehnt und als Herzog anerkannt.

Georg Friedrich wird als die bedeutendste Persönlichkeit des gesamten damaligen Hauses Hohenzollern bezeichnet. Mit seinem Auftreten wehte ein anderer Wind in Preußen, denn von Anbeginn trat er den Anmaßungen des Adels mit fester Entschlossenheit und diplomatischem Geschick entgegen. Auf den stürmischen Landtagen konnte er sogar die Bezahlung der von Herzog Albrecht hinterlassenen Schulden (rund 400.000 Mark) durchsetzen. Heftige Debatten gab es um die verlotterte Finanzwirtschaft und die Ordnung der Domänenverwaltung, da der Adel die Regellosigkeit benutzt hatte, um sich an dem Staatsgut zu bereichern und deshalb keine Änderung wollte.

Durch seine Kenntnisse im Finanzwesen, die er schon in seiner fränkischen Heimat bewiesen hatte, konnte er seine Einnahmen aus den staatlichen Domänen und Regalien so weit verbessern, daß er von den Geldbewilligungen der Stände fast unabhängig wurde. Damit hatte der Adel die schärfste Waffe gegen ihn verloren. Er begann auch die Schatullsiedlung, die ihm weitere Einkünfte einbrachte. Der große Kurfürst baute sie später zu einer seiner wichtigsten Einnahmequellen aus. Zum Entsetzen der Oberräte brachte er fränkische Räte ins Land, die seine Weisungen auch gegen den Widerstand der preußischen Oberräte ausführten, was während der langen Abwesenheit Georg Friedrichs besonders wichtig war.

In der Landesordnung von 1577 handeln die ersten Artikel von „Gotteslesterung, sündlichem Schweren [Fluchen], Zauberey vnd Bockheyligung". Ein Paragraph verurteilt die „unermessliche Saufferey". Dann folgen Regeln über Erb-, Handels- und Gewerberecht. Der Adel hatte aber durchgesetzt, daß Schollenpflicht und Gesindezwang der Bauern bestätigt wurden, womit die Leibeigenschaft weiter gefestigt wurde. Zum Schluß schreibt eine Kleiderverordnung genau vor, was Adlige, Freie, Bauern und Knechte sowie deren Frauen und Töchter tragen dürfen. Die Hofgerichtsordnung von 1578 schränkt die Macht der Oberräte im Rechtswesen ein, und die Berufung der Adligen an den polnischen König wird verboten.

Auch die Bischofsfrage, die bei den kirchlichen Streitigkeiten eine große Rolle gespielt hatte, wurde gelöst. Der samländische Bischof Heßhusius wurde 1577 aus dem Land gewiesen, und als der pomesanische Bischof Wiegand 1587 starb, ersetzte Georg Friedrich trotz aller Proteste der Stände beide Bischofsstühle durch zwei Konsistorien in Königsberg und Saalfeld. Diese blieben auch unter den Nachfolgern Georg Friedrichs bestehen, obwohl die Stände wiederholt eine Neubesetzung der Bischofsstühle forderten.

Das gute Verhältnis zum polnischen König erleichterte Georg Friedrich die Durchführung seiner Reformen. Der Krieg gegen Rußland, den König Bathory 1579 begann, hinderte ihn an der Einmischung in die preußischen Angelegenheiten. Außerdem war er auf die preußischen Hilfsgelder und die 500 Mann starke preußische Truppe angewiesen (der Krieg wurde 1582 beendet). König Bathory überließ 1583 Georg Friedrich für die geleistete Unterstützung pfandweise das kurländische Stift Pilten, das an das bereits erworbene Amt Grobin grenzte, so daß fast die ganze Küste Kurlands in preußischer Hand war. Durch die weise und sparsame Verwaltung schuf Herzog Georg Friedrich die Grundlage für den neuen Wohlstand des Landes. Wegen der anhaltenden Kriege im Westen Europas stiegen die Preise für alle Agrarprodukte erheblich, was der preußischen Landwirtschaft, besonders dem Getreidehandel, zugute kam.

Die rege Siedlungstätigkeit Herzog Albrechts wurde fortgesetzt. Neben Neugründungen nahm auch die Einwohnerzahl der anderen Orte zu, von denen Goldap 1570, Angerburg 1571 und Insterburg 1583 Stadtrechte erhielten; Lötzen folgte 1612, Ortelsburg und Lyck 1616. Die ungeheuren Menschenverluste durch die Polenkriege waren damit noch lange nicht ausgeglichen, aber die verwüsteten Landesteile waren nun wieder notdürftig bevölkert.

Neben Volksbildung, Bautätigkeit und Musik förderte Georg Friedrich auch die Kunst. Das junge Bernsteinkunstgewerbe unterstützte er weiter, indem er neben dem Altmeister Stenzel Schmidt noch weitere Bernsteindreher anstellte. Von den kostbaren Geschenken für Könige und Fürsten ist besonders das 1585 gefertigte Bernsteingeschirr für 18 Personen zu nennen, das im Schloß Rosenborg in Kopenhagen heute noch vorhanden ist. Zur Zeit Georg Friedrichs entstanden auch die ersten großen Orgelbauten in Preußen (1581 Königsberger Dom, 1597 Marienwerder). Der Historiker Lucas David erhielt Zugang zu den Archiven und die Mittel, um seine *Preußische Chronik* zu vollenden. Durch Unterstützung Georg Friedrichs konnte auch der Kartograph Kaspar Henneberger (Pfarrer in Mühlhausen) 1576 seine berühmte Landkarte Ostpreußens in Königsberg drucken lassen. Henneberger hatte sieben Jahre lang das Land bereist und zeichnete neun Tafeln für den Holzschnitt. Mit dieser neuen Landkarte waren alle zuvor hergestellten Karten überholt. Für 200 Jahre blieb Hennebergers Karte die Grundlage aller folgenden Landkarten. Nach dem Urteil des bekannten Geographen Oskar Peschel erlangte diese Karte eine Bedeutung, „wie sie in ähnlicher Form für andere Landesteile vergeblich gesucht wird".*

In den vergangenen Kriegen und Notzeiten hatte sich niemand um die Wälder gekümmert. Sie waren oft unrechtmäßig und regellos abgeholzt worden. Zur Pflege der verwilderten Forste wurde 1582 eine Waldordnung erlassen. Das Land wurde in die zwei Forstgebiete Samland und Natangen-Oberland, unter je einem Waldvogt, aufgeteilt. Diese überwachten die bisherigen Distrikt-Oberförster, denen Wildnisbereiter (berittene Aufseher), Waldknechte und Jäger unterstanden. Der Jahreslohn eines Wildnisbereiters betrug vier freie Hufen (67,6 Hektar), 30 Mark Lohn, 33 Mark Kleidergeld, 24 Scheffel Korn, 18 Scheffel Malz, 45 Scheffel Hafer, ein Scheffel Erbsen, 42 Stof Grobsalz, eine Seite Speck und drei Scheffel Hopfen. Offenbar waren die vier Hufen kein Ackerland, denn sonst hätten diese alleine ausgereicht, die Familie dieses Staatsbeamten im Übermaß zu ernähren. Bemerkenswert ist die Menge Malz und Hopfen zum Bierbrauen.

Die Bemühungen Georg Friedrichs, gemeinsam mit den Ständen die notwendigen Reformen durchzuführen, scheiterten. Daß der Herzog Steuern erhob, die von ihnen nicht bewilligt waren, fränkische Beamte einsetzte und alle Forderungen der Stände, die auf Verminderung der herzoglichen Macht zielten, nicht erfüllte, steigerte ihre Feindschaft zum Haß. Die Oberräte wollten ihre unbeschränkte Macht wiedergewinnen, und die Stände, vor allem der Adel, waren nicht am Wohl des Landes, sondern nur an ihrem eigenen interessiert. Ein 1582 einberufener Landtag lief genauso lärmend auseinander wie ein polnischer Reichstag. Der Adel sandte daraufhin seine Wortführer mit einer Beschwerde zum Polenkönig. Er erwartete von diesem, daß er, wie alle seine Vorgänger, Partei für ihn ergreifen würde. König Bathory hatte aber mit der wertvollen Hilfe des preußischen Herzogs erfolgreich Krieg gegen Rußland geführt und Iwan dem Schrecklichen Polozk und den von ihm besetzten Teil Livlands wieder abgenommen. Er war nicht gewillt, das gute Verhältnis zu stören und riet zur Versöhnung. Den verräterischen Wortführern verweigerte Georg Friedrich die Rückkehr nach Preußen. Ein weiterer Ende 1584 einberufener Landtag endete ebenfalls ergebnislos. Erstaunlich ist, daß trotz der Auseinandersetzungen die Verbesserung des Staates erfolgte. Im nächsten Jahr bahnte sich eine Verständigung an, die 1586 zustande kam. Noch im selben Jahr verließ Herzog Georg Friedrich Preußen für immer, um seine Erblande zu regieren. Auch aus der Ferne sorgte er, vor allem durch seine fränkischen Räte, für Ordnung und Wohlstand in Preußen.

Da Markgraf Georg Friedrich keinen Sohn und Erben hatte, wachten die Stände sorgsam darüber, daß die Erbrechte der Töchter des geisteskranken Herzogs Albrecht Friedrich gewahrt blieben. Sie wollten gern die Nachfolge der brandenburgischen Hohenzollern verhindern und wußten, daß auch Polen diesen Wunsch hegte. Würde die älteste Tochter Anna zum Beispiel einen polnischen Prinzen heiraten, könnte man vielleicht von dieser Seite die geltenden Verträge umgehen. Auch hier griff Georg Friedrich vorbeugend ein und brachte die Heirat Annas mit dem brandenburgischen Prinzen Johann Sigismund (Kurfürst 1608–19) zustande. Damit waren die Aussichten des brandenburgischen Hauses, die Nachfolge in Preußen anzutreten, bedeutend verbessert und doppelt abgesichert. Als Abschluß dieser dyna-

---

* Die erste Karte des Preußenlandes hatte Kopernikus 1510 angefertigt.

stischen Politik schlossen Kurfürst Joachim Friedrich von Brandenburg und Markgraf Georg Friedrich von Ansbach 1599 den Geraischen Hausvertrag, in dem die Unteilbarkeit aller Länder der Hohenzollern einschließlich Preußens zugunsten der brandenburgischen Linie festgelegt wurde. Die Übernahme Preußens durch Brandenburg schien somit absolut gesichert zu sein.

Als Markgraf Georg Friedrich 1603 starb, hinterließ er Preußen als ein blühendes und geordnetes Land. Die Macht der Oberräte und der Stände war erheblich beschränkt worden, und das gute Verhältnis mit Polen hatte die bisher üblichen polnischen Eingriffe in die preußischen Belange seit Jahrzehnten verhindert. Die vormundschaftliche Regierung ging nun vertragsgemäß an den Kurfürsten Joachim Friedrich von Brandenburg über.

Die hohe Zeit der Räteregierung

Kurfürst Joachim Friedrich besaß nicht die energische Herrschereigenschaft seines Vorgängers in Preußen. Der Adel hatte daher ein leichtes Spiel, die alte Macht wiederzugewinnen und die früheren Zustände erneut herzustellen. Der willensschwache Kurfürst hatte zur Sicherung seiner Ansprüche die jüngere Tochter Eleonore des geistesgestörten Herzogs Albrecht Friedrich geheiratet (wodurch der Vater zum Schwager seines Sohnes geworden war, der ihre Schwester Anna geheiratet hatte). Die Stände, im Bunde mit den Polen, machten ihm alle erdenklichen Schwierigkeiten, denen er weder mit der notwendigen Tatkraft noch mit kluger Diplomatie entgegentrat.

Durch die Regierung der Oberräte vertreten, erreichten die Stände bald den Gipfel ihrer Macht. Der polnische König Sigismund III., der aus dem schwedischen Königshaus Wasa stammte, förderte ihre Macht weiter, um sich mit ihrer Unterstützung nun wieder weitgehend in die innerpreußischen Angelegenheiten einzumischen. Nur gegen bedeutende Zugeständnisse, die seine Herrschaftsrechte noch weiter einengten, erreichte Joachim Friedrich 1605 vom Polenkönig die Übertragung der Vormundschaft und Regentschaft, jedoch ohne Anerkennung seiner rechtmäßigen Erbfolge. Was Georg Friedrich mühsam errungen hatte, ging unter Joachim Friedrich wieder verloren.

Unter dem Schutz des Polenkönigs herrschten die Oberräte, so daß es für die nur durch Vormundschaft und Erbfolge belehnten Kurfürsten in Preußen kaum etwas zu regieren gab; ihre Regentschaft bestand praktisch nur dem Namen nach. Die Schwierigkeiten, die bei jedem Regentenwechsel den rechtmäßigen Nachfolgern in den Weg gelegt wurden sowie das anmaßende Auftreten der Polen in Preußen zeigten, daß sie die Verträge nicht zu halten gedachten und nur auf eine günstige Gelegenheit warteten, die Rechtslage nach ihren Wünschen zu ändern.

Auch der Sohn und Nachfolger Joachim Friedrichs, Kurfürst Johann Sigismund, konnte in Preußen nicht mehr als sein Vater erreichen. 1609 erhielt er die vormundschaftliche Regierung und im November 1611 sogar die Belehnung mit Preußen sowie die Anerkennung seiner Erbfolge. Dafür mußte er aber den Ständen und den Polen weitere Zugeständnisse machen, so daß von seinen Herrscherrechten kaum noch etwas übrig blieb. Auf den preußischen Landtagen saßen polnische Kommissare; die Oberräte regierten unabhängig vom Kurfürsten und fühlten sich nur dem Polenkönig verantwortlich. Hatte der Adel so seine Herrschaft fest gesichert, wollten auch die Städte beweisen, daß der Herzog ihnen nichts sagen durfte. Sie ließen 1616 die ganze Sammlung ihrer Privilegien mit allen Dekreten, die polnische Könige ihnen seit 1454 verliehen hatten, sowie mit allen Urteilen, die polnische Kommissare zu ihren Gunsten gefällt hatten, in einem prächtigen Einband drucken. Dieses Buch betrachteten sie künftig als ihre Landesverfassung.

Die Stellung des Kurfürsten Johann Sigismund in Preußen wurde auch noch durch seinen Übertritt zum kalvinistischen Glauben erschwert (1613), den er aus Rücksicht auf die kalvinistischen Einwohner der jülich-kleveschen Lande angenommen hatte, die er aufgrund der Erbrechte seiner Gemahlin, Anna von Preußen, zu erwerben hoffte.

Der geisteskranke Herzog Albrecht Friedrich war mit Marie Eleonore von Jülich verheiratet. Nach dem Tod des letzten Herzogs von Jülich 1609 war sie bevorrechtete Erbin und hatte ihr Erbrecht auf ihre älteste Tochter Anna übertragen. Als Gemahl Annas von Preußen setzte sich Kurfürst Johann Sigismund nun für die Jülichsche Erbschaft ein. Nach dem Erbfolgestreit – der Pfalzgraf Wolfgang Wilhelm von Pfalz-Neuburg war ebenfalls erbberechtigt – wurde das Erbe im Xantener Vertrag 1614 geteilt. Kleve sowie die Grafschaften Mark und Ravensberg fielen an Brandenburg, Jülich und Berg an Pfalz-Neuburg.

Den Polen mußte der Kurfürst die Gleichberechtigung des katholischen Glaubens im evangelischen Herzogtum zugestehen und in Königsberg eine katholische Kirche bauen. Das offenkundige Ziel der Polen, auch in Preußen die Gegenreformation durchzuführen, ließ nun doch einen Teil der Stände gegen die Polen Stellung nehmen. Der andere Teil hetzte jedoch die Polen gegen den Kurfürsten auf und konnte sich rühmen, die Kurfürstin auf seiner Seite zu haben. Anna von Preußen, die ihrem lutherischen Glauben treu blieb, machte ihrem Gemahl große Schwierigkeiten. Ihr Einfluß bewirkte, daß der Kurfürst seine größte Stütze in Preußen, Fabian von Dohna, der seinerzeit die Belehnung Brandenburgs mit Preußen durchgesetzt hatte, 1613 entließ und sein Amt einem Anhänger der Stände übergab. Mit Hilfe des Kanzlers Rappe bewirkte die Kurfürstin auch, daß der kurländische Besitz Grobin und Pilten (Libau) dem Herzog von Kurland übereignet wurde.

Der Kurfürst hatte in Preußen nicht viel mehr zu tun, als der Jagd nachzugehen. Sein Schießbuch zeigt, neben all dem anderen erlegten Wild, eine große Anzahl Wölfe. In den Jahren 1612 und 1618 schoß er insgesamt 215 Stück ab, woraus zu schließen ist, daß es eine Wolfsplage gab. Im Postverkehr trat eine enorme Verbesserung ein, als 1605 die „Fahrende und Reitende Post" eingerichtet wurde, die zwischen Berlin und Königsberg verkehrte.

Über die wirtschaftliche Lage der Bevölkerung läßt sich folgendes feststellen: Den leibeigenen Bauern ging es sehr schlecht, wobei es jedoch große Unterschiede gab, die dadurch bedingt waren, ob den jeweiligen Grundherrn Brutalität oder Menschlichkeit kennzeichnete. Denjenigen Bauern, die sich noch auf ihrem Land halten konnten bzw. die noch nicht verkauft, verschenkt oder dem Bauernlegen zum Opfer gefallen waren, ging es dementsprechend schlecht bis erträglich. Den Bewohnern der Städte ging es im allgemeinen gut; dem herrschenden Adel ging es sehr gut.

Die unbeständige Natur sorgte für reichliche Abwechslung. Hin und wieder gab es einen außergewöhnlich kalten oder schneereichen Winter, dann wieder einen zu trockenen oder einen verregneten Sommer. Ein anderes Mal war es Hagelschlag, der das Getreide vernichtete, oder Heuschreckenschwärme, die die Felder kahlfraßen. Das furchtbarste Übel aber waren die epidemischen Seuchen, die immer wieder über die Menschen und oft auch über das Vieh hereinbrachen. Die am meisten gefürchtetste war noch immer die Pest.

Ein Ereignis freudiger Art waren die in allen Städten meist zweimal im Jahr abgehaltenen Jahrmärkte, auf denen besonders die Landbevölkerung ihre Einkäufe tätigte. Schon einige Tage zuvor waren alle Gasthöfe belegt, und abgestellte Fuhrwerke verstopften die Straßen. In Buden, auf Tischen und Ständen waren die verlockendsten Waren ausgestellt, und von nah und fern strömten die Menschen herbei. Nicht nur die auswärtigen Händler waren mit ihren Waren angereist, auch die einheimische Bevölkerung sowie die Handwerker, auch aus den Nachbarstädten, boten ihre Erzeugnisse an. Den höchsten Umsatz erzielte die hausgewebte Leinwand. Der größte Teil davon wurde von Kaufleuten aus den Großstädten des Reiches aufgekauft.

Alles, was in Haus und Hof gebraucht wurde, war zu haben: Tongefäße, Teller und Töpfe, Bürsten und Besen, Pferdegeschirr, Ketten und Stricke, Bottiche und Eimer, Spitzen und Kleiderstoffe, Honig und Wachs, Sensen und Forken. Quacksalber boten ihre Heilmittel für alle Leiden an, und Wunderdoktoren kurierten jeden Kranken. Diebe und Gauner, Gaukler und Komödianten versuchten den Leuten auf die eine oder andere Weise das Geld aus der Tasche zu ziehen. Außer den Jahrmärkten gab es pro Jahr mehrere Vieh- und Pferdemärkte und in manchen Städten einen besonderen Leinwandmarkt. Die häusliche Leinweberei bildete einen wesentlichen Bestandteil des Einkommens hauptsächlich der ländlichen, in geringerem Maße auch der städtischen Bevölkerung.

Schlug die Pest dann wieder zu, wurden die Jahrmärkte verboten und die Stadttore geschlossen. Eine düstere Zeit des Todes lähmte alle Tätigkeit, da niemand wußte, ob er die nächten Tage noch erleben würde. Aber nach jeder Pestwelle rafften sich die Überlebenden wieder auf, und das Leben ging weiter.

Als 1618 der geisteskranke Herzog Albrecht Friedrich auf dem ehemaligen Bischofsschloß in Fischhausen starb, fiel das Herzogtum Preußen laut den Verträgen an den Kurfürsten von Brandenburg. Damit hörte der Rest des alten Ordenslandes nach 400 Jahren Selbständigkeit auf ein eigenes Land zu sein und wurde Teil eines größeren deutschen Staates. Die vormundschaftliche Regierung hörte nun auf, und theoretisch war der Kurfürst von Brandenburg von jetzt ab auch der Herrscher im Herzogtum Preußen, auch wenn die Oberhoheit der polnischen Krone weiter bestehen blieb.

Polen, das seit 1604 mit Schweden im Krieg stand, und auch die Stände Preußens erhoben dieses Mal keinen Einspruch gegen die Nachfolge Brandenburgs in Preußen. Als aber nach Johann Sigismunds Tod (23. Dezember 1619) sein Sohn, Kurfürst Georg Wilhelm, die Nachfolge antrat, wollten sie von den bestehenden Verträgen nichts wissen und setzten ihm den größten Widerstand entgegen. Eine Partei wollte sogar das Lehensverhältnis beseitigen und das Herzogtum dem polnischen Staat eingliedern. Die Stände weigerten sich, dem Kurfürsten die Huldigung zu leisten, da er als Kalvinist der reformierten Kirche angehörte, die im lutherischen Herzogtum von den Polen verboten worden war. Die Polen waren über die Heirat der Schwester des Kurfürsten mit dem Schwedenkönig Gustav Adolf, Polens größtem Feind, erbost. Erst das siegreiche Vorgehen der Schweden in Livland nötigte sie zum Einlenken. Der Streit mit den widerspenstigen Ständen endete schließlich im Oktober 1620 mit ihrer Huldigung. Nach weiterer Beschränkung seiner Rechte und Zahlung von 200.000 Gulden Kriegsbeihilfe und 6.000 Gulden an das polnische Kommissariat erhielt Georg Wilhelm die Belehnung mit Preußen (23. September 1621). Die Regierung führten aber die Stände, und ihre Oberräte wachten mit Hilfe der Polen darüber, daß dieser Zustand weiterhin bestehen blieb. Erst seinem Nachfolger, dem Großen Kurfürsten, gelang es, selbst zu regieren.

Das Ermland von 1580 bis 1650

Seitdem der ermländische Bischofsstuhl von Polen besetzt war und die polnischen Könige dort ihre Günstlinge einsetzten, kümmerten sie sich wenig darum, was dort geschah, solange das Geld reichlich nach Polen floß. Um die dauernden Geldbedürfnisse des Königs zu befriedigen, wurde, wie schon immer, in erster Linie die deutsche Bevölkerung herangezogen. Brauchte der König oder der Bischof mehr Geld, wurden neben den regulären Steuern die „tributa extraordinaria" verlangt. Diese Sondersteuer in unterschiedlicher Höhe wurde oft mehrmals im Jahr erhoben und von der Bevölkerung am meisten gehaßt.

Die polnischen Bischöfe des Ermlands, von denen manche kaum ein Wort Deutsch sprachen, besetzten die Domherrnstellen, soweit sie nicht vom polnischen König vergeben wurden, nur mit Polen. Auch die höheren Ämter und großer Grundbesitz, soweit verfügbar, wurde an Polen vergeben. Der Nachfolger des ersten polnischen Bischofs Hosius, Martin Kromer (1579–89), verfaßte ein umfangreiches Schriftwerk über das Ermland, das interessante Angaben über die damaligen Verhältnisse enthält. Über die Bauern schreibt er, daß zu ihren Pflichten Hand- und Spanndienste, Anfuhr von Brenn- und Bauholz sowie Abgaben von Naturalien an die Landesherrschaft gehören. Streng verboten ist allen eine Auswanderung.

Für den Kriegsfall ließ Bischof Kromer 1587 einen Mobilmachungsplan ausarbeiten. Den Städten und Dörfern wurde darin bekanntgegeben, wieviel Mann sie bei Kriegsgefahr auszurüsten und zu den Sammelstellen in die bischöflichen oder Kapitelschlösser zu entsenden hatten. Wie die Adligen, so waren auch alle Dorfschulzen zu einem Reiterdienst verpflichtet; die Bauern und die Stadtbewohner bildeten das Fußvolk. Die Landbevölkerung hatte nach diesem Plan 207 Reiter und 230 Mann Fußvolk zu stellen. Dazu kam das Aufgebot der Städte. Bis jetzt hatte noch die Regelung aus der Ordenszeit zur Landesverteidigung bestanden, die durch diese neue Anordnung ersetzt wurde.

Auch in Friedenszeiten wurde sowohl vom Bischof als auch vom Domkapitel eine Soldatentruppe gehalten. Bauern wurden im Frieden nicht zum Militärdienst herangezogen, wohl aber Instleute und Tagelöhner. Beide Truppen trugen anscheinend unterschiedliche Uniformen, denn die bischöflichen Soldaten werden „Rotröcke", die des Kapitels „Blauröcke" genannt.

Als Polens König Stephan Bathory viel Geld für seinen Krieg gegen Rußland brauchte, mußten die Ermländer im Jahre 1579 wieder einmal eine besonders hohe „tributa extraordinaria" zahlen, die an zwei Terminen (1. Juni und 1. September) zu zahlen war. Mit dieser immer wieder verlangten Sondersteuer war die Steuerlast erdrückend hoch. Im Jahre 1586 zahlte zum Beispiel das Dorf Plausen (Kreis Rößel) 135 Mark, 13 Groschen und sechs Pfennige reguläre Steuern. Das Dorf hatte damals 23 Bauern, fünf Gärtner (Landarbeiter mit eigenem Haus), zwei Handwerker, den Schulzen, einen Pfarrer und einen Krugwirt. Zu dieser Geldzahlung kamen die Dienstleistungen und Naturallieferungen sowie die kirchlichen Abgaben. War diese Belastung schon hoch, so gingen die „tributa extraordinaria" weit über das erträgliche Maß.

Die geldliche Grundlage war noch immer die 1528 in Marienburg unter Leitung von Kopernikus beschlossene gemeinsame Währung, so daß im Ermland sowohl herzoglich-preußische als auch polnisch-preußische Münzen gleichwertig galten. Das Geld war noch das gleiche, wie es um 1500 eingeführt worden war: Eine Mark entsprach 20 Groschen bzw. 60 Schillingen, das wiederum waren 360 Pfennig.

Am 18. März 1583 bestätigte Bischof Kromer in seinem Heilsberger Schloß die Ordensregel der Katharinenschwestern und überreichte sie am 1. Juni feierlich den Schwestern in Braunsberg. Der Orden war 1571 von der Braunsberger Kaufmannstochter Regina Protmann gegründet worden. In neuerer Zeit hatte die Kongregation Krankenhäuser, Waisenhäuser und Altersheime in allen ermländischen Städten und vielen Dörfern, dazu Anstalten verschiedener Art in Königsberg und Berlin sowie in England, Brasilien und Litauen.

Die Zeitrechnung war bis jetzt nach dem Julianischen Kalender erfolgt, den Julius Cäsar im Jahre 46 v. d. Ztw. eingeführt hatte. Da er aber das Jahr um elf Minuten und 14 Sekunden zu lang berechnet hatte, war inzwischen ein Unterschied von zehn Tagen entstanden. Um diese Unstimmigkeit zu beseitigen, veranlaßte Papst Gregor XIII. eine Reform, die 1582 durchgeführt wurde und auf den 4. Oktober gleich den 15. folgen ließ. Dieser sogenannte Gregorianische Kalender wurde in allen katholischen Ländern eingeführt, also auch in Polen, Westpreußen und dem Ermland. Die evangelischen Länder folgten erst 1699, und über 100 Jahre lang liefen zwei verschiedene Zeitrechnungen nebeneinander, was oft große Verwirrung bereitete.

Und immer wieder fiel die Pest über die Bevölkerung her. Im Oktober 1571 hatte wieder eine Pestwelle das Land durchzogen. Die Menschen hatten sich an die Gegenwart der Pest so gewöhnt, daß sie in den Chroniken kaum oder nur in Verbindung mit anderen Begebenheiten erwähnt wird. In Schriften der Stadt Seeburg zum Beispiel sagt eine kurze Notiz, daß 1587 fast die Hälfte der Bewohner der Pest zum Opfer fielen. Der Stadt Bischofstein wurde 1590 ein Teil der Steuern in Höhe von 140 Mark erlassen, weil sie im Jahr zuvor total abgebrannt und dazu unter der Pest schwer gelitten hatte.

Nach dem Tod Bischof Kromers 1589 machte der Polenkönig seinen Neffen Andreas Bathory zum Bischof von Ermland. Dem königlichen Einfluß verdankte der Jüngling auch die Kardinalswürde, die ihm der Papst 1584 verliehen hatte. So wie Bathory als Domherr das Ermland nur wenige Male kurz besucht hatte, um seine Bezüge in Empfang zu nehmen, so kümmerte er sich auch als Bischof nicht um seine Diözese. Weil an diesem Bischof bemängelt wurde, daß er nicht einmal Priester war, ließ er sich schließlich zum Diakon weihen, und man sagt, er soll die Priesterweihe in Erwägung gezogen haben, der er sich aber nie unterzog. Von seinem bischöflichen Wirken weiß man nur, daß er am 30. Mai 1597 eine Inspektion der 94 Kirchen seines Bistums begann, die aber von einem Vertreter weitergeführt wurde, da er gleich wieder abreiste.

Das Ermland sah seinen Bischof nie wieder. Er ließ sich aber laufend riesige Geldsummen nach Polen überweisen, so daß im Ermland, trotz der immer schneller aufeinanderfolgenden „tributa extraordinaria" eine enorme Schuldenlast entstand. Der Bischof heiratete Maria Kristina von Österreich, die Schwester von Kaiser Ferdinand II., und regierte als Fürst in Siebenbürgen, einem Teil von Rumänien. Die zweijährige Ehe wurde später von der Kurie als nicht vollzogen erklärt. Das Leben Bischof Bathorys fand im Herbst 1599 ein unrühmliches

Ende. Auf der Flucht nach einer verlorenen Schlacht wurde ihm von ungarischen Bauern der Kopf abgeschnitten. Das prächtige Grabmal aus schwarz-weißem Marmor, das er sich in der Wartenburger Klosterkirche hatte bauen lassen, blieb leer; er wurde in der damaligen siebenbügischen Hauptstadt Karlsburg beigesetzt.

Am 7. Oktober 1600 übernahm Bischof Peter Tylicki das Bistum. Er war 1584 zum ermländischen Domherrn und 1595 zum Bischof von Kulm ernannt worden. Der ermländische Bischofsstuhl war das begehrteste Amt, das der Polenkönig zu vergeben hatte. Es war üblich, daß die dafür vorgesehenen Bischöfe das Kulmer Bischofsamt erhielten, bis das ermländische frei wurde. Tylicki war in Wirklichkeit Politiker und seit 1598 Vizekanzler des polnischen Königs. Die Kirchenämter bekleidete er nur der Einnahmen wegen. Schon 1604 wechselte er als Bischof ins Bistum Wloclawek und 1607 in das von Krakau über. Als nächster wurde Simon Rudnicki Bischof von Ermland, der von 1604 bis 1621 regierte.

Am 13. August 1621 setzte der polnische König Sigismund III. seinen Sohn Johann Albert (Wasa) zum Bischof von Ermland ein. Der neue Oberhirte konnte zwar seine lukrativen und vielseitigen bischöflichen Einkünfte kassieren, die nun direkt an den polnischen Hof gingen, aber nichts weiter tun, denn er war erst neun Jahre alt, als er sein Amt antrat. Unter der polnischen Herrschaft war der ermländische Bischofsstuhl zu einem Schacherobjekt geworden, bei dem nicht nur Leute, die keine Priester waren, sondern sogar Kinder Bischöfe werden konnten. Auch der Papst hatte offenbar nichts gegen diesen beschämenden Mißbrauch eines Bischofsamtes einzuwenden. Auf Wunsch des Polenkönigs bestätigte er den Domherrn Michael Dzialynski als Administrator der Diözese (seit 1624 Weihbischof), der während der Amtszeit des kindlichen Bischofs Johann Albert (bis 1633) der eigentliche Oberhirte des Bistums Ermland war.

Von all dem Unglück, das die Bauern treffen konnte, wurde vor allem das Feuer gefürchtet. Brannte der Hof ab, bedeutete das oft den wirtschaftlichen Ruin, besonders dann, wenn die Ernte schon eingebracht und noch nicht verwertet war. Der größte Teil der Brände entstand durch Blitzschlag, denn das Preußenland gehört zu den gewitterreichsten Zonen Europas. Die Großgrundbesitzer waren weniger gefährdet, weil ihre Wirtschaftsgebäude an verschiedenen Plätzen standen und ein Brand darum nie den ganzen Besitz traf. Weit schlimmer waren die Folgen für die kleineren Bauern im Ermland. Um diese Gefahr für den einzelnen zu mildern, wurde hier am 11. Oktober 1624 der erste, auf Gegenseitigkeit beruhende Brandhilfeverein geschaffen. War ein Hof abgebrannt, lieferte jeder Bauer eines bestimmten Bezirkes ein Stück behauenes Bauholz oder Bretter kostenlos zur Baustelle. War die Ernte vernichtet, lieferte jeder Bauer je nach der Höhe des Verlustes und der Größe seines Besitzes, eine bestimmte Menge Getreide und Heu. War ein ganzes Dorf abgebrannt, leisteten über den Bezirk hinaus alle Gemeinden des Kammeramtes die Hilfe in dem erforderlichen Umfang.

Als in späterer Zeit die Gebäude in den Feuerkassen versichert waren, bestand die Hilfeleistung nur noch dann, wenn benötigtes Viehfutter verbrannt war, das in der Regel nicht versichert war. In dieser Form blieb der kostenlose Brandhilfeverein bis 1945 bestehen. Wahrscheinlich war dieses die am längsten bestehende Feuerversicherung überhaupt.

Die lange Friedenszeit ging zu Ende, als 1626 die Schweden in Preußen einfielen und einen großen Teil des Ermlands besetzten, ausplünderten und die Bevölkerung terrorisierten. Nach dem 1635 abgeschlossenen Waffenstillstand, der einem Friedensschluß gleichkam, ließ Ermlands Bischof Nikolaus Szyszkowski (Nachfolger des Kinderbischofs), in Erfüllung eines in der Kriegszeit abgelegten Gelübdes, von 1639 bis 1641 ein „templum pacis" bauen. Der runde Friedenstempel von zwölf Metern Durchmesser aus verputzten Ziegeln entstand in dem Dorf Springborn (Kreis Heilsberg). Da hier schon vorher eine Marienkapelle für Wallfahrer vorhanden war, wurde der Neubau sogleich stark besucht. Der Bischof übergab den Wallfahrtsort Franziskanermönchen, deren Unterkünfte 1672 ein selbständiges Kloster bildeten. Der Ausbau zur heutigen Form erfolgte in den Jahren 1708 bis 1717.

In einem Bericht des Jahres 1640 an die römische Kurie erklärte Bischof Szyszkowski, daß die Muttersprache der Bevölkerung seiner Diözese Deutsch sei. Anscheinend wurde die Beantwortung solcher Fragen öfters von Rom gefordert, denn auch aus dem Jahre 1664 liegt ein

Allenstein gehörte dem ermländischen Domkapitel, das die Burg in der zweiten Hälfte des 14. Jahrhunderts zur Landesverteidigung erbaute und später mehrfach umgestaltete.

ähnlicher Bericht vor, in dem der derzeitige Bischof Stephan Wydzga das ermländische Volk als ein deutsches bezeichnet.

Der bekannte Wallfahrtsort Heiligelinde lag dicht an der Grenze, aber auf dem Boden des Herzogtums Preußen im Kreis Rastenburg. Obwohl die Wallfahrtskapelle während der Reformation 1524 abgebrochen worden war, hörten die Wallfahrten, trotz der Verbote durch die herzoglichen Behörden, nicht auf. Im Zuge der polnischen Bestrebungen, die Gegenreformation auch im Herzogtum durchzusetzen – eben hatten die Polen die Gleichstellung der katholischen Kirche im protestantischen Herzogtum erreicht –, wurde beschlossen, die Wallfahrten wieder in großem Umfang in Gang zu bringen. Dazu kaufte der Sekretär des polnischen Königs, Stephan Sadorski, 1617 das Gut Linde von dem evangelischen Besitzer Otto von Gröben. Auf den alten Fundamenten ließ er eine neue Kapelle mit großem Betsaal bauen.

Als 1626 die Schweden Braunsberg besetzten, mußten die Jesuiten ihre Schulen schließen und flohen nach Polen. Nach dem Waffenstillstand von 1629 räumten die Schweden zwar Preußen und auch das Ermland, behielten aber die Küste mit Elbing, Braunsberg, Pillau und Memel. Als Ersatz für das Braunsberger Kolleg erwog das Domkapitel die Gründung eines neuen Kollegs. Sadorski erwirkte die Entscheidung für Rößel, wo den Jesuiten im Januar 1631 das seit 100 Jahren verlassene Augustinerkloster übergeben wurde, in das sie wegen der herrschenden Pest erst am 3. Dezember 1632 einzogen. Die Eröffnung des Kollegs stellt auch die Gründung des Rößeler Gymnasiums dar, das bis 1945 bestand.

Als die Schweden am 3. Oktober 1635 Braunsberg verließen, übernahmen dort die Jesuiten wieder Kirche und Kolleg. Sadorski übertrug 1636 das Eigentumsrecht von Heiligelinde dem ermländischen Domkapitel. Am 16. Dezember 1640 wurde die Nutznießung der zur Kirche gehörenden Güter den in Heiligelinde wirkenden Rößeler Jesuiten übergeben. Die zunehmenden Wallfahrten erforderten bald einen größeren Neubau. Von 1687 bis 1730 entstand unter dem Baumeister Ertly aus Wilna die heutige Kirche mit ihren Anbauten, die wegen ihrer prachtvollen Bauweise und der von Wald umgebenen Lage im Talgrund zwischen zwei Seen die großartigste Wallfahrtskirche Ostpreußens ist.

Das bischöfliche Gut Bischdorf (Kreis Rößel) wurde wegen seiner schönen Lage am Zainsee ein beliebter Sommeraufenthalt der polnischen Bischöfe, die von hier aus oft zur Jagd ausritten. Bischof Wenzeslaus Leszczynski (1644–59) legte einen Park an und begann mit dem Bau eines Lustschlosses. Aus der Bestandsaufnahme der Brandenburger im Jahre 1656 geht hervor, daß zu dem Zeitpunkt das Schloß noch nicht ganz vollendet war; das Gut hatte einen großen Viehbestand, eine mustergültige Schweinezucht mit holländischen Zuchttieren und ein Gestüt mit 163 Pferden (71 Stuten, 18 Hengste, 74 Fohlen sowie Jungtiere).

Die Finanzwirtschaft im Ermland

Die Organisation und musterhafte Finanzwirtschaft des Ordensstaates diente auch den geistlichen Territorien als Vorbild. So war auch die Verwaltung im Ermland nach diesem Muster aufgebaut worden. Die oberste Leitung der bischöflichen Finanzen hatte der Schäffer, der anfangs „procurator" und später „oeconomus" betitelt wurde. Er hatte alle Steuern und Abgaben einzuziehen und die bischöflichen Schlösser, vor allem die Hofhaltung in Heilsberg mit allem Notwendigen zu versorgen, dem gesamten Personal die Löhne und Gehälter auszuzahlen sowie Handwerker und Arbeiter zu entlohnen, die für die Schlösser und Domänen Dienste leisteten. Einmal im Jahr, in der Regel im Herbst, gab er dem Bischof Rechenschaft über die Finanzen des Bistums.

Während Rechnungsbücher des Ritterordens schon aus dem 13. Jahrhundert erhalten sind, wurden von der bischöflichen Finanzverwaltung nur das Buch von 1533 und nach einer Lücke von 52 Jahren die Bücher von 1586 bis 1588, 1590 und 1595 bis 1597 aufgefunden. Auch wenn nur diese Bücher über acht Jahre vorliegen, so geben sie doch einen guten Einblick in die Finanzwirtschaft des Bistums.

Das Geld war die seit etwa 1500 geltende neue Mark zu 20 Groschen. Das Maß für Getreide war der Scheffel, der später in Preußen auf 54,96 Liter festgesetzt wurde. Der größere ermländische Scheffel entsprach 1,11 Scheffel in Elbing und Danzig (Polnisch-Preußen) und 1,16 Scheffel in Königsberg (Herzogtum Preußen).

Die Getreidepreise in den Jahren 1586 bis 1597 betrugen für je einen Scheffel:

Weizen	26–40 Groschen
Erbsen	25–32 Groschen
Malz	15–19 Groschen
Roggen	14,5–26 Groschen
Gerste	12–20 Groschen
Hafer	6,5–10 Groschen
Honig (je Faß, genaues Maß unbekannt, später 2,29 Hektoliter)	30–40 Mark

Die bischöflichen Einnahmen bestanden aus folgenden Komponenten: erstens den Abgaben der Untertanen, zweitens den Einnahmen aus dem bischöflichen Grundbesitz, drittens den Einnahmen aus den Regalien und viertens aus sonstigen Einnahmen.

Erstens: Die Abgaben der Untertanen waren an erster Stelle der Hufenzins (percepta censuum), der als ständige Last am Boden haftete, auf dem die Bevölkerung wohnte oder den sie nutzte. Dazu kam das Freigeld (pecunia libertatis), das Müller, Krüger und Zinsbauern zahlten, die kein Scharwerk leisteten. Hierzu gehörten auch die Abgaben der Städte. Der Hufenzins lieferte etwa die Hälfte der Gesamteinnahmen. Bis 1590 betrug er im Durchschnitt etwas über 11.000 Mark; 1595 wurden 18.890 und 1597 19.225 Mark eingenommen.

Bei Besitzwechsel mußten von allen Hufen, auch den Schulzen- und Freihufen, zehn Prozent des Kaufpreises gezahlt werden. Beim Erbfall war jedoch der annehmende Erbe für seinen Anteil von dieser Steuer befreit, während sie für die Anteile der Miterben, die der Haupterbe gewöhnlich ankaufte, zu zahlen war.

Eine weitere Grundabgabe war das Wartgeld und das Schalauerkorn. Das Wart- oder Wehrgeld unterhielt im 14. Jahrhundert die Grenzbewachung des Ordenslandes, und das Schalauer- oder Schalwenkorn war für den Unterhalt der Militärstützpunkte an der litauischen Grenze bestimmt. Obwohl diese beiden Steuern schon lange nicht mehr für den ursprünglichen Zweck verwendet wurden, ließen die ermländischen Bischöfe sie weiter einziehen.

Offensichtlich wußten die Bauern noch, wozu das Wartgeld dienen sollte, denn am 17. Juni 1517 meldete das Domkapitel dem Bischof, daß im Gebiet von Mehlsack die Zahlung des Wartgeldes verweigert werde, wenn die Bevölkerung nicht vor den polnischen Räuberbanden geschützt werden würde. Vielleicht wurde das Wartgeld nur von den Freien gezahlt, denn die jährlichen Beträge lagen meistens unter 40 Mark. Wesentlich höher war der Wert des Schalauerkorns, das anscheinend meistens mit Hafer bezahlt wurde. Die jährliche Abgabe lag zwischen 4.500 und 5.000 Scheffeln. Eine weitere ständige Abgabe war das Pflugkorn (aratralia), das die Güter und einige Dörfer abzuliefern hatten. Die Jahresmenge der Scheffel lag etwa bei 400 Roggen, 380 Weizen, 1.150 Hafer und 200 Gerste.

Obwohl die Gesamtmenge des gelieferten Getreides recht hoch war, konnte in normalen Jahren ein Überschuß nur an Brotgetreide zum Verkauf abgegeben werden. Der Eigenverbrauch der bischöflichen Hofhaltung stieg derart, daß der Hafer gerade den Bedarf deckte. Gerste mußte in großen Mengen dazugekauft werden. Allein zum Bierbrauen wurden 1533 zum Beispiel 4.584 Scheffel Malz verbraucht. Da das nicht ausreichte, wurden noch 14 Tonnen Bier gekauft. Hierzu kam noch das Weißbier, das von Weizen gebraut wurde. Im Heilsberger Schloß waren etliche Braumeister mit Gehilfen angestellt, jeder nur für eine bestimmte Biersorte. Erstaunlich hoch war auch der Verbrauch von Fleisch. Das in den Domänen gezüchtete Schlachtvieh reichte bei weitem nicht für den Bedarf des bischöflichen Haushalts. Im Jahre 1533 wurden 130 Schlachtochsen für vier Mark das Stück dazugekauft. Für 145 Ochsen zahlte man 1587 schon 14 Mark pro Stück; 1596 wurden 404 Ochsen für 5.248 Mark angekauft. Für den Wein aus allen Ländern wurden 1587 943 Mark, 1588 1.493 Mark und 1596 3.715 Mark ausgegeben.

Die Positionen der Beamten und Bediensteten bieten einen Einblick in den Umfang der Hofhaltung. Neben den obersten Beamten wie Kanzler, Schäffer und Marschall gab es Notare, Kämmerer, Mundschenk, Küchen-, Keller-, Stall-, Mühlen- und Jägermeister, Schloßkaplan, Organist, Trompeter, Landmesser und weitere. Manche dieser Positionen waren mit mehreren Personen besetzt, und alle hatten ihre Sekretäre, Gehilfen oder Schreiber. Zu den schon erwähnten Braumeistern kamen Köche, Bäcker, Vorschneider, Torwächter, Kutscher, Reitknechte, Junkerknechte, Silberknechte, Harnischwischer, Maler, Perlenhefter und eine Anzahl Diener und Halbdiener. Das Dienstpersonal stieg von 70 im Jahre 1533 auf 103 im Jahre 1586. Der Jahreslohn für diese stieg in der gleichen Zeit von 894 auf 2.160 Mark und betrug 1596 bereits 3.937 Mark. Zuzüglich erhielten alle Schloßbediensteten freie Wohnung, Verpflegung und Bekleidung.

Durch Verkauf des überschüssigen Getreides und anderer Agrarprodukte kam trotz des riesigen Eigenverbrauchs eine beträchtliche Einnahme in die Finanzkasse. Im Jahre 1586 brachte der Verkauf dieser Produkte (ohne Fischerei) 6.857 Mark ein. Nach dem Tod Bischof Kromers 1589 setzten seine Erben die Herausgabe aller bischöflichen Getreidevorräte durch, die nach Polen gebracht wurden. Deshalb konnten in diesem Jahr nur für 426 Mark Agrarprodukte verkauft werden. Der Verkauf von Holz, Honig, Fellen, Wolle und anderen Produkten brachte rund 1.700 Mark ein. An Bargeld hinterließ Bischof Kromer nach Abzug aller Verpflichtungen 29.007 Mark, die seine Erben erhielten. Demnach gehörten alle Steuer- und andere Einnahmen nicht dem Staat, sondern dem jeweiligen Bischof persönlich, und er durfte darüber nach seinem Belieben verfügen.

Zweitens: Die Einnahmen aus dem bischöflichen Grundbesitz sind in den vorhandenen Rechnungsbüchern nicht aufgeführt; es handelt sich dabei um folgende: die Erträge der bischöflichen Güter und Domänen, die es in jedem der sieben Kammerämter gab und die sich mit allen Arten der Landwirtschaft befaßten; die Erträge aus den bischöflichen Forsten, von denen es im Jahre 1772, trotz zahlreicher Verleihungen, noch fast 16.000 Hektar gab; weitere Einnahmen kamen aus wirtschaftlichen Betrieben wie Mälzhäuser und Ziegeleien, die dem Bischof gehörten. Gelegentlich tauschte oder verkaufte der Bischof solchen Grundbesitz. Im April 1586 verkaufte Bischof Kromer beispielsweise sein Mälzhaus in Rößel für 300 Mark an den Rat der Stadt.

Drittens: Die Einnahmen aus den Regalien sind ebenfalls in den Büchern nicht vermerkt. Die höchsten Beträge aus diesen erbrachte das Mühlenregal. Wie im Ordensgebiet, so gehörte auch im Ermland die Ausnutzung der Wasserkraft für Mühlen jeder Art dem Landesherrn. Bischöfliche Getreidemühlen gab es außer Bischofsburg in jeder Stadt. Die Einnahmen aus den Getreidemühlen entsprachen etwa denen der Domänen, überstiegen diese später aber erheblich. Neben den Getreidemühlen gehörten auch alle Säge-, Schleif-, Loh-, Walk-, Kupfer- und Ölmühlen zum bischöflichen Regal. Ein weiteres einträgliches Regal war das Fischereirecht.

Adligen Gütern und einigen Dörfern waren lokale Fischereirechte erteilt worden, die aber nur zum Eigenverbrauch genutzt werden durften. Die gewerbsmäßige Fischerei gehörte dem Bischof und wurde von Fischereibetrieben unter Leitung von Fischmeistern betrieben, oder die Rechte wurden an Fischer verpachtet.

Die Bienenwirtschaft war eigentlich kein Regal, wurde aber im Ermland wie ein solches gehandhabt. Die Beutner erhielten für ihre Arbeit in der Regel zins- und scharwerksfreie Ackerhufen. Ursprünglich wurde ihnen auch ein kleiner Teil des Honigs zum Eigenverbrauch überlassen; aber seitdem das Ermland unter der Krone Polens stand, mußten sie den gesamten Ertrag an die bischöfliche Verwaltung abliefern. Auch der Ritterorden hatte den Honig aufgekauft und damals (um 1300) den Ankaufspreis auf eine Mark pro Tonne festgesetzt, der dem Marktwert entsprach. Diesen Preis hielten die ermländischen Bischöfe auch zu dieser Zeit noch aufrecht, obwohl die Mark nur noch einen Bruchteil des damaligen Wertes hatte, denn eine Tonne Honig brachte jetzt etwa 35 Mark. Dementsprechend betrugen zum Beispiel 1587 die Einnahmen für Honig rund 1.500 Mark, die Ausgaben dafür (Bezahlung der Beutner und Fässer) 175 Mark. Zu diesem Gewinn ist auch noch der nicht geringe Eigenverbrauch dazuzurechnen.

Viertens: Die sonstigen Einnahmen waren vielseitig und brachten ebenfalls große Geldbeträge ein. In Braunsberg wurde beim Abwiegen des Flachses für den Export eine Gebühr von zehn Groschen für jede Last erhoben, die 1597 die Summe von 962 Mark einbrachte. Eine weitere Einnahme war das Loskaufgeld der Bauern. Auch im Ermland war die Schollenbindung für die männliche Bevölkerung durch die Landesordnung von 1528 festgelegt worden. Bauern und Bauernsöhne durften nur mit Genehmigung des Bischofs in die Stadt ziehen. Falls sie den Loslassungsschein (literae libertatis) überhaupt erhielten, mußten sie dafür zehn bis 20 Mark zahlen. Dieses Loskaufgeld war auch dann zu zahlen, wenn ein dem Bischof untertäniger Bauer in ein adliges Dorf ziehen wollte. Des weiteren gingen pro Jahr rund 1.000 Mark von den Gerichtsstrafen in die bischöfliche Kasse.

Alles herrenlose Gut gehörte dem Bischof. Dazu gehörte auch der Besitz Verstorbener, für den sich kein Erbe meldete. Auch alles Land, das durch Krieg und Pest nicht bebaut wurde, sowie alle Funde von Wertsachen fielen an den Bischof. Als Feldarbeiter aus Alt-Vierzighuben (südlich von Seeburg) 1596 einen Geldschatz aus der Ordenszeit fanden, lieferten sie nur die Hälfte davon ab. Bei den Haussuchungen wurde der andere Teil bei einem der Arbeiter gefunden, der vor Gericht gestellt und abgeurteilt wurde.

Über die regulären Steuern hinaus verlangte der Bischof noch die gefürchteten „tributa extraordinaria". Bei den unersättlichen Geldforderungen Bischof Bathorys (1589–99) brachten diese 1595 zum Beispiel 3.514 Mark ein. Trotzdem ließ sich eine hohe Verschuldung nicht mehr vermeiden. Bis 1590 hatten die Bischöfe immer einen Überschuß erwirtschaftet, was bei den enormen Einnahmen kein Verdienst war. Für 1595 überstiegen die Ausgaben mit 62 Mark erstmalig die Einnahmen. Bischof Bathory verlangte aber immer mehr, und im nächsten Jahr mußten 839 Mark über den Einnahmen ausgegeben werden. Die Schuldenlast Bathorys stieg weiter, bis bei seinem Tod 1599 Forderungen von 27.940 Mark erhoben wurden.

Um ein Mißverständnis auszuschließen, soll noch einmal daran erinnert werden, daß alle vorgenannten Angaben nur das Gebiet des Bischofs, also zwei Drittel von Ermland betrafen. In dem anderen Drittel herrschte das Domkapitel, das ein ähnliches Finanzsystem gebrauchte. Während der Bischof aber über die Einnahmen aus seinen zwei Dritteln des Bistums allein verfügte, mußte der Gewinn des Kapitels aus dem einen Drittel auf die 16 Domherren verteilt werden.

Alle bisher genannten Einnahmen fielen dem Bischof als weltlichem Landesherrn zu. Er war aber auch der oberste Geistliche seine Bistums und bezog als solcher auch die kirchlichen Einkünfte. Die Rechnungsbücher geben darüber jedoch keine Auskunft. Nicht alle Ausgaben sind belegt. Die Bischöfe ließen sich oft Beträge unmittelbar auszahlen, wofür kein Rechnungsbeleg erfolgte. Besonders über die Riesensummen, die sich einige Bischöfe, wie Bathory und der kindliche Bischof Wasa, nach Polen überweisen ließen, fehlt jeder Nachweis.

Kurfürst Georg Wilhelm

Wie schon erwähnt, hatte Kurfürst Georg Wilhelm die Belehnung mit Preußen allein dem Schwedenkönig Gustav Adolf und der Zahlung von 206.000 Gulden an Polen zu verdanken. Wie seine Vorgänger, so konnte auch er sich nicht gegen die Stände durchsetzen und mußte die Oberräte regieren lassen.

Die Wirtschaftslage des Herzogtums war im allgemeinen recht gut. Ärger gab es aber im Geldverkehr. Die Polen nutzten schamlos die 1528 in Marienburg beschlossene gleichwertige Währung aus und verringerten fortwährend den Silbergehalt ihrer Münzen, bis sie nur noch die Hälfte der in Königsberg geprägten preußischen Münzen wert waren. Als die Kaufleute die minderwertigen polnischen Münzen nicht mehr annehmen wollten, erklärten die Polen preußische Münzen als ungesetzlich, was das Problem nur verschärfte. Die Rechtsprechung im Herzogtum war streng. Als Mathes Horch aus Romsdorf (zwei Kilometer östlich von Schippenbeil) den Bäckergesellen Michael Frost so hart schlug, daß er nach fünf Tagen starb, wurde Horch zum Tode verurteilt und enthauptet (1620).

In den südlichen Grenzgebieten hatte die preußische Bevölkerung wie eh und je unter Raubüberfällen der Polen zu leiden, die oft zu Mord und Totschlag führten. Aus den Akten aller Ämter entlang der polnischen Grenze geht hervor, daß diese Überfälle das größte Problem der Behörden waren. Die Räuber verstanden ihr Handwerk gut. Sie kamen bei Nacht, selten zu Fuß, sondern beritten oder mit einem Fuhrwerk. Auf dem überfallenen Gut oder Hof wurden eiligst Gespanne und Wagen fahrbereit gemacht, und ehe eine Gegenwehr wirksam werden konnte, war die Kolonne mit der Beute verschwunden. Auch in den Anweisungen Georg Wilhelms an seine Gesandten ist stets von dieser Plage die Rede. Zum Beispiel sind darin die Raubzüge des polnischen Starosten von Bratian des Jahres 1621 in das Gebiet von Deutsch Eylau aufgeführt, bei denen unter anderen die Güter des Alexander von Polenz und Wolf von Kreytzen ausgeplündert wurden. Aber wer sollte gegen die Räuber vorgehen, wenn die Staatsbeamten selbst – ein Starost ist ein Landrat – offen und ungetarnt als Räuberhauptleute auftraten? Deshalb hatten auch alle Beschwerden der preußischen Abgesandten zu den polnischen Reichstagen nicht den geringsten Erfolg, denn die Gesandten sprachen dort nicht zu Personen, die an der Aufrechterhaltung einer Ordnung interessiert waren, sondern zu den Herren Räubern höchstpersönlich.

Die ganze Regierungszeit Georg Wilhelms lag im Dreißigjährigen Krieg, in dem sein Stammland Brandenburg schwer verwüstet wurde. Seine Haltung richtete sich nach der jeweiligen politischen Lage. Durch den Einfluß seines katholischen Ratgebers Schwarzenberg stand er zeitweise auf kaiserlicher, durch den Druck des Schwedenkönigs Gustav Adolf auf schwedischer Seite. Hatte das brandenburgische Heer bei Kriegsbeginn noch etwa 2.500 Mann gehabt, so wurde durch das Fehlen einer ausreichend starken Streitmacht Brandenburg nun zum Schlachtfeld fremder Mächte.

Die damaligen Heere lebten vom Land, in dem sie sich befanden. Wenn es sich um größere Truppenverbände handelte und der Krieg lange dauerte, kam es schließlich so weit, daß sich nichts mehr für den Unterhalt der Truppen finden ließ. Die Bevölkerung wurde, je nach Laune der Kriegsleute, erschlagen oder vertrieben. Wenn sie blieb, hungerte sie bald und fiel den stets folgenden Seuchen zum Opfer. Eine weitere Kriegführung bzw. das Verbleiben der Truppe in diesem Gebiet war dann nicht mehr möglich. Auf diese Weise hatte auch die Mark Brandenburg so stark gelitten, daß dort für den Kurfürsten nicht mehr viel zu regieren war. Deshalb hielt er sich mehr als alle anderen Kurfürsten in Preußen auf. Schließlich verlegte er 1638 seine Residenz ganz nach Königsberg.

Der erste Schwedeneinfall

In den Dreißigjährigen Krieg, der seit 1618 in Deutschland im Gange war, wurde nach acht Jahren auch das Preußenland hineingezogen. Dieser Krieg und seine Folgen verursachten gewaltige Veränderungen, die nicht nur Deutschland betrafen, sondern auch Preußens Zukunft bestimmten. Zum besseren Verständnis der weiteren Entwicklung ist es daher notwendig, diesen Krieg etwas näher zu betrachten.

Der Dreißigjährige Krieg war die politische und religiöse Auseinandersetzung der europäischen Mächte. Die Religion, die selbst am Anfang nicht allein der entscheidende Faktor gewesen war, trat dabei immer weiter zurück und blieb schließlich völlig unbeachtet. So unterstützte das katholische Frankreich zum Beispiel die protestantischen Schweden mit einer Million Livres jährlich, bevor es selbst in den Krieg eintrat. Den Anlaß zum Krieg gab der Aufstand des vorwiegend evangelischen böhmischen Adels gegen die katholischen Landesfürsten. Der Krieg wird in die folgenden vier Hauptabschnitte unterteilt:

1. der Böhmisch-Pfälzische Krieg (1618–23), in dem der von den Aufständischen gewählte Böhmenkönig Friedrich V. von Tilly, dem Feldherrn Kaiser Ferdinands II., und den Truppen der katholischen Liga 1620 bei Prag besiegt wurde.

2. der Niedersächsisch-Dänische Krieg (1625–29), in dem der Dänenkönig Christian IV. in Deutschland einfiel und 1626 von Tilly geschlagen wurde; gemeinsam mit Wallenstein unterwarf Tilly dann Norddeutschland.

3. der Schwedische Krieg (1630–35), in dem der Schwedenkönig Gustav Adolf in Pommern einfiel, Tilly besiegte und bis Mainz vordrang. (Gustav Adolf fiel 1632 in der Schlacht bei Lützen.)

4. der Schwedisch-Französische Krieg (1635–48), in dem Frankreich an der Seite Schwedens in den Krieg eingriff, um ein Erstarken des Kaisers (der Habsburger) zu verhindern. Wegen der Erschöpfung beider Seiten und der Verwüstung Deutschlands, wo sich in großen Landesteilen keine Armee mehr ernähren konnte, wurde der Krieg schließlich 1648 im Frieden zu Münster und Osnabrück beendet.

Weil der 1587 zum Polenkönig gewählte Sigismund III. Wasa als Sohn des Schwedenkönigs Johann III. auch König von Schweden gewesen war (1592–1604) – er wurde durch seinen Onkel, König Karl IX., verdrängt –, erhob er Erbansprüche auf den schwedischen Thron. Der Erbfolgekrieg, den König Gustav Adolf, Sohn König Karls, gegen Polen führte, wurde zunächst in Livland ausgetragen, das in polnischen Händen war. Die Schweden hatten 1621 Riga und 1626 ganz Livland erobert. Weil das aber nicht genügte, um Polen zum Frieden zu bewegen, verlegte Gustav Adolf den Krieg nach Polnisch-Preußen. Durch Besetzung der preußischen Küste mit Danzig würde er Polen an seinem Lebensnerv treffen und zum Frieden zwingen können. Der Weg dorthin führte zwar durch das Herzogtum Preußen, das sich aber wegen des Widerstandes der Stände gegen militärische Ausgaben – selbst in dieser Zeit offenkundiger Bedrohung – nicht wehren konnte und von Polen niemals Hilfe erhielt. Den Plänen Gustav Adolfs stand somit nichts im Wege.

Am 5. Juli 1625 landete Gustav Adolf mit rund 12.000 Mann in Pillau und besetzte es kampflos. Die Pillauer Schanze war zwar mit 350 Mann belegt, die auch die vier vor Pillau liegenden gemieteten Schiffe bemannten, aber beim Anblick der großen Übermacht keinen Widerstand wagten. Damit hörte die lange Friedenszeit auf, die ein ganzes Jahrhundert gedauert hatte.

Der Kurfürst befand sich in Brandenburg, und die aufgeschreckten Oberräte schickten eiligst eine Gesandtschaft zu Gustav Adolf, um seine Absichten zu erfahren. Denen erklärte er, daß er nichts Feindliches gegen Preußen im Sinn habe, daß er aber Pillau zum Schutz seiner Flotte und als Rückhalt für sein Heer brauche. Von den Oberräten forderte er sofort eine Erklärung, ob sie sich für oder gegen ihn entscheiden würden. Im ersten Fall wolle er als oberster Feldherr das Land gegen alle Angriffe schützen. Andernfalls wolle auch er des Landes Feind sein und ihnen „tüchtig in die Wolle greifen".

Mit Mühe erreichten die Oberräte die Zustimmung Gustav Adolfs, die Stände einzuberufen, um einen Entschluß zu fassen. Schließlich kam ein Vertrag zustande, in dem sich Preußen als neutral erklärte. Die Polen legten das als Verrat des Kurfürsten an seinem obersten Landesherrn, dem König von Polen, aus und forderten, daß er als Herrscher über Preußen abgesetzt werden müsse.

Kurfürst Georg Wilhelm stand vor einer schweren Entscheidung. Gustav Adolf war sein Schwager, ein ritterlicher König, der mit allen Mitteln versuchte, ihn in sein Lager zu ziehen. Zudem war er der stärkste Verfechter des protestantischen Glaubens, von dem die protestantische Partei entscheidende Hilfe erhoffte. Der Polenkönig dagegen war sein Landesherr in Preußen, dem er eidlich Treue gelobt hatte und dem die preußischen Stände ergeben waren. Georg Wilhelm hatten sie aber nur widerwillig anerkannt. Zudem war der Polenkönig der Verbündete des Kaisers, mit dem es sich der Kurfürst auf keinen Fall verderben durfte.

So entschied sich Georg Wilhelm zum Verbleib beim Polenkönig, zumal er auch über das gewaltsame Auftreten des Schwedenkönigs in Preußen verärgert war. Man hat dem Kurfürsten oft vorgeworfen, daß er nicht jetzt schon die Gelegenheit ergriff, um auf schwedischer Seite die Lehnshoheit des Polenkönigs loszuwerden. In Anbetracht der Gesamtlage hätte aber wohl auch ein kühnerer Fürst, als Georg Wilhelm es war, gezögert, ein derart gefährliches Risiko einzugehen.

Inzwischen hatte der Schwedenkönig Elbing und Marienwerder besetzt und forderte auch Danzig auf, sich als neutral zu erklären, was die mächtige Stadt aber ablehnte. Die Schweden wurden von der evangelischen Bevölkerung nicht als Feinde betrachtet, sondern wie Verbündete begrüßt. Die Schweden führten ja nicht Krieg gegen das gewissermaßen brandenburgische Preußen, auch wenn es noch unter polnischer Oberhoheit stand, sondern gegen Polen. Da die schwedischen Soldaten sich auch anständig aufführten, gab man sich selbst damit zufrieden, daß Gustav Adolf Pillau und Memel nebst dem größten Teil der Seezölle behielt. Dazu besetzte er die Samlandküste und einen Streifen am Frischen Haff. Er gab zu, daß er diesen „glücklichen Erfolg" in Preußen nur dem Umstand zu verdanken hatte, daß die Bevölkerung evangelisch war. Die Aufforderung Gustav Adolfs an die Stände, am Krieg gegen Polen teilzunehmen, wiesen sie mit der Begründung zurück, daß sie ungerüstet und auch zahlenmäßig nicht stark genug seien. Die Polen taten indessen nicht das geringste, um Preußen und damit auch ihr Land zu schützen.

Im Vergleich zu den wilden Söldnerheeren waren die Schweden Soldaten eines nationalen Heeres. In der Regel wurde jeder zehnte Bürger und Bauer zum Wehrdienst einberufen und diente in einem regionalen Regiment, dessen Angehörige alle aus derselben Gegend stammten. Nur die Heerführer kamen zu einem großen Teil auch aus anderen Ländern. Für diese Adligen gab es kein Vaterland oder eine Volkszugehörigkeit. Sie fanden nichts dabei, die Seiten zu wechseln und auch gegen ihren bisherigen Landesherrn zu kämpfen.

Das katholische, zu Polen gehörende Ermland war für die Schweden Feindesland, und dementsprechend traten sie dort als gewalttätige Eroberer auf. Am 10. Juli 1626 landete Gustav Adolf mit seiner Kriegsflotte in Braunsberg und besetzte die Stadt, die sich bis dahin verteidigt hatte. Der Stadtteil Köslin sowie die Johanniskirche wurden nach gründlicher Plünderung niedergebrannt, die Altäre in den anderen Kirchen zerschlagen. Die Priester und Jesuiten flohen nach Polen.

Alle Wertsachen aus Kirchen und Klöstern, die Bilder und Bücher, sogar viele Orgeln, wurden nach Schweden geschafft. Unter dem Raubgut war auch die wertvolle Bibliothek des Kollegs, die sich noch heute in Schweden, zum großen Teil in der Universitätsbibliothek in Uppsala, befindet. Braunsberg wurde neun Jahre lang drangsaliert und mußte während dieser Zeit 176.000 Gulden als Kriegskontribution an die Schweden zahlen.

Da Elbing dem Schwedenkönig ergebenst die Tore geöffnet hatte, respektierte er den Stadtstaat. Er ließ die Befestigungswerke stark ausbauen und machte Elbing zu seinem Hauptquartier. Evangelische Flüchtlinge, darunter Fürsten und Grafen, stellten sich hier unter seinen Schutz.

Auch Guttstadt ließ die Schweden kampflos in die Stadt und gab ihnen das Stiftsgebäude zur Plünderung preis, um sie von der Plünderung der Privathäuser abzuhalten. Sie hielten die Stadt drei Jahre lang, bis zum Waffenstillstand 1629, besetzt. Im allgemeinen begnügten sich die Schweden im Feindesland mit Plünderung, Erpressung enormer Geldsummen und gnadenloser Eintreibung von Proviant. Auch wenn sie die Zivilbevölkerung nicht massenweise totschlugen, wie es in allen Kriegen mit Polen geschah, so gab es auch bei ihnen wilde Gesellen, die vor Mordtaten nicht zurückschreckten. Zum Beispiel brannten schwedische Soldaten das Dorf Queetz (sieben Kilometer südwestlich von Guttstadt) nieder und brachten die Bauern um. Darum trennte später Bischof Leszczynski von den 100 Hufen des Dorfareals 20 für ein bischöfliches Gut ab, so daß es ein Dorf und ein Gut dieses Namens gab.

Um Preußen vor Schäden zu bewahren, bemühte sich Kurfürst Georg Wilhelm die Vereinbarungen mit dem Schwedenkönig einzuhalten. Jedoch der Polenkönig als sein Lehnsherr forderte von ihm militärische Hilfe zum Schutz Polens. Der Kurfürst warb Anfang 1627 in der Mark ein Heer von fast 7.000 Mann und zog mit ihm nach Preußen, um die Grenzen des Landes zu schützen. Trotz der Verträge mit Gustav Adolf gab der willensschwache Kurfürst dem scharfen Drängen des Polenkönigs nach und schickte ihm 1.000 Mann zur Verstärkung. Diese wurden zwar von den Schweden abgefangen, ehe sie das polnische Heer erreichten, aber mit diesem Vertragsbruch änderte sich das Verhalten der Schweden. Sie sahen jetzt Preußen als Feindesland an und besetzten das Gebiet von Marienwerder und dem Oberland bis Bartenstein und Schippenbeil. Mohrungen konnte sich trotz harter Belagerung halten. Im Ermland trotzte die Burg Heilsberg und Allenstein erfolgreich den Schweden; Wormditt ergab sich erst nach heftiger Gegenwehr. Kriegsschauplatz wurde hauptsächlich das Weichselgebiet. Für Polen und Schweden war es gleichermaßen vorteilhaft, auf preußischem Boden zu kämpfen, wo beide das Land ausraubten und brandschatzten. Neben der Lieferung von Lebensmitteln und Gelderpressungen wurden die Bewohner durch Masseneinquartierungen bedrückt.

Das Erscheinen der Schweden im Weichselgebiet stellte eine Flankenbedrohung der kaiserlichen Seite dar, denn von dort aus konnte der Krieg leicht ins Reich getragen werden. Nun erst (1627) sahen die kaiserlichen Feldherren, Tilly und Wallenstein, in Gustav Adolf einen gefährlichen Feind, dem sie 10.000 Mann ihrer besten Truppen entgegenschickten. Wegen Soldmangel besetzte nur ein Teil von diesen Thorn. Obwohl die Polen nicht fähig waren, die Schweden aus Preußen zu verjagen, sahen sie in der unerbetenen Hilfe Wallensteins eine Bedrohung und befürchteten ein Übergreifen des Kaisers nach Polnisch-Preußen. Ihre Furcht war nicht unbegründet, denn auch der Deutsche Ritterorden forderte ein militärisches Eingreifen des kaiserlichen und ligistischen Heeres zugunsten des Reiches und des Ritterordens. Um 1630, als der Sieg der kaiserlichen Seite sicher schien, erhob der Orden nochmals seine Forderung, ohne viel Gehör zu finden.

Im Herzogtum kam es 1628 zu einer Reihe von Kämpfen. Die Leunenburg (Kreis Rastenburg) wurde von Schweden zerstört und nie wieder aufgebaut. Polnische Truppen besetzten Teile des nicht von den Schweden beherrschten Gebietes im Ermland und im Herzogtum Preußen. Der Kurfürst mußte ihnen rProviant und Geld zu ihrem Unterhalt liefern. Die Durchzüge dieser polnischen Kriegsvölke glichen oft Strafexpeditionen; sie hausten in dem Land, das sie schützen sollten, schlimmer als die Feinde. Die Einquartierung feindlicher schwedischer Truppen wurde den polnischen vorgezogen. Während in Polen der Adel von jeglicher Einquartierung befreit war, wurden in Preußen nicht nur bäuerliche, sondern auch adelige Güter und Dörfer belegt. Beschwerden beim Polenkönig waren nutzlos. Seine Anweisungen an die Offiziere, die Soldaten an Gewalttätigkeiten zu hindern, blieben unbeachtet.

Aber nicht nur die polnische Soldateska raubte und plünderte. Wie in jedem Krieg, so steigerten sich die Raubüberfälle polnischer Banden und nahmen unerträgliche Ausmaße an. Kurfürst Georg Wilhelm mußte Soldaten und Landwehr an die Grenze legen, um die Bevölkerung zu schützen. Aber auch das hatte nur eine begrenzte Wirkung. Der Amtshauptmann von Soldau, Fabian von Lehndorff, klagte in einem Brief an den Kurfürsten, daß er trotz weitmöglichster Absperrung der Grenze durch die Landwehrtruppen und Soldaten die vielen polnischen Raubüberfälle nicht verhindern kann: „[…] daß wenn polnische Einfälle im Amt geschehen, ich auch solchen durch meine Soldaten, soviel wie möglich, gerne steuern und wehren wolle […] Unterdessen, ehe die Soldaten zu Fuß herauskommen, werden die Untertanen, ungeachtet, daß die Dienstpflichtigen samt den Wybranzen [Landwehr] an den Grenzen liegen, an anderen unverhofften Örtern geplündert […]"

In diesem Krieg gab es seltsame Situationen: Die Schweden waren als Feinde der Polen im Land; die Preußen, unter polnischer Oberhoheit, sollten den Polen helfen, aber die Polen sahen in den Kriegswirren vor allem eine günstige Gelegenheit, die preußische Bevölkerung auszuplündern. Fast alle Städte schlossen vor polnischen Truppen ihre Tore und wehrten sich mehr gegen ihre polnischen Beschützer als gegen die schwedischen Feinde. Die Landbewohner schützte aber keine Mauer, und sie hatten am meisten zu leiden.

Polnisches Kriegsvolk griff die von Schweden besetzte Stadt Bartenstein an, konnte aber, zur Freude der besorgten Bürger, nichts gegen die Schweden ausrichten. Die ländliche Bevölkerung der weiten Umgebung wurde jedoch brutal ausgeraubt, wobei auch Tote zu beklagen waren. Bei den Kämpfen im Weichselgebiet wurde unter anderem die Stadt Lessen mitsamt der Kirche niedergebrannt. Bei dem Dorf Grünhof (Warmhof, nordwestlich von Mewe) kam es zu größeren Kämpfen, und die siegreichen Schweden besetzten Mewe. In Hohenstein setzten sich Polen fest, und Soldau wurde schließlich von Polen und Schweden gleichermaßen ausgeplündert und verwüstet.

Am 26. September 1628 gelang es dem in polnischen Diensten stehenden Oberst Butler mit einer berittenen Söldnertruppe und einem Haufen polnischen Fußvolkes unbemerkt in die Stadt Rastenburg einzudringen. Durch den Verrat eines Schuhmachergesellen war ihnen die sogenannte Wasserpforte geöffnet worden. Die überraschten Bürger wurden überwältigt und entwaffnet, wobei einige totgeschlagen wurden. Bei der folgenden Plünderung wurden etliche Gebäude, unter ihnen die Schule, demoliert. Diese „Soldaten" suchten keinen Kampf mit den Schweden; sie richteten sich im Schloß und in den besten Häusern bequem ein und zwangen die Bürger, sie reichhaltig zu versorgen. Dazu führten sie Raubüberfälle in die Dörfer der Umgebung durch.

Am 13. Oktober 1628 stieß der Schwedenkönig mit zwei Heeresteilen von Deutsch Eylau auf Liebemühl und Osterode vor, die von polnischen Truppen verteidigt wurden. Die kleinere Gruppe geriet in einen von dem polnischen Heerführer Koniecpolski vorbereiteten Hinterhalt. Dort fielen rund 250 Schweden, die übrigen, mit dem verwundeten Oberst Baudis, wurden gefangengenommen. Gustav Adolf erreichte mit dem anderen Heeresteil unbehindert Liebemühl und besetzte am nächsten Tag auch Osterode, wo er ein Regiment für den

Winter einquartierte. Ende Oktober bezogen schwedische Truppen auch in Liebemühl Winterquartiere. Als sie nach einem Jahr abzogen, waren die Städte ausgeplündert und verarmt.

Die Geduld Gustav Adolfs ging langsam zu Ende, denn die Polen ließen sich auf keine Entscheidungsschlacht ein. Deshalb beschloß er, diesen Feldzug zu beenden und den Krieg in Deutschland fortzusetzen. Durch das Versagen der Polen fürchtete Wallenstein 1629 einen Angriff der Schweden auf das Reich. Er schickte deshalb noch einmal kaiserliche Regimenter den Polen zu Hilfe. Es kam aber nicht mehr zu nennenswerten Kampfhandlungen, denn Gustav Adolf rüstete sich nun für das große Unternehmen des nächsten Jahres. Der Kaiser hatte fast ganz Deutschland unterworfen. Um eine habsburgische Herrschaft an der Nord- und Ostsee zu verhindern und die große nordische Front der Protestanten zu stärken, mußte Schweden im Zentrum, also in Norddeutschland eingreifen.

König Sigismund sah ein, daß er mit seinen Polen die Schweden niemals aus dem Land vertreiben konnte. Er versuchte deshalb mit schärfstem Nachdruck, wirksame Waffenhilfe vom Kurfürsten zu erhalten. Zu diesem Zweck trafen sich beide 1629 in Ortelsburg. Da Georg Wilhelm sich aber mit allen erdenklichen Ausreden dagegen sträubte, den Schweden den Krieg zu erklären, mußte auch König Sigismund einem Frieden zustimmen.

Die Polen fürchteten 1629 eine Offensive der Schweden, und deshalb zwang die polnische Truppe des Obersten Butler in Rastenburg die Bürger im Mai 1629 zu umfangreichen Schanzarbeiten, um die Befestigungsanlagen der Stadt zu verstärken. Selbst an Sonn- und Feiertagen mußte gearbeitet werden. Als aber dann die Friedensverhandlungen bekannt wurden, zog Oberst Butler am 23. Juni mit seinen Reitern zur polnischen Armee nach Westpreußen, und am 7. Oktober verließen endlich auch seine polnischen Fußsoldaten die völlig verarmte Stadt.

Schon 1627 waren erstmalig Friedensverhandlungen aufgenommen worden, die aber an den unrealistischen Forderungen des Polenkönigs gescheitert waren. Er hatte damals von dem unbesiegten Schwedenkönig nichts weniger als die Herausgabe der eroberten Länder, Ersatz der Kriegskosten und die Übergabe der schwedischen Krone an ihn verlangt. Die Hilflosigkeit Polens sowie die Unlust des Kurfürsten, für Polen zu kämpfen, hatten König Sigismund nun den Ernst seiner Lage erkennen lassen, und die neuen Friedensverhandlungen führten schnell zu einem sechsjährigen Waffenstillstand, der am 31. Oktober 1629 in Altmark (östlich von Stuhm) abgeschlossen wurde. Damit war das Herzogtum Preußen von dem Druck von zwei Seiten befreit, und im weiteren Verlauf des Dreißigjährigen Krieges wurde es nicht mehr zum Kampfplatz.

Der Vertrag zwischen Schweden, Brandenburg, Danzig und Polen sprach den Schweden weiterhin die Besetzung der Ostseeküste vom Weichseldelta bis Memel mit den Hafenstädten Elbing, Braunsberg, Pillau und Memel zu. Damit waren die Seezölle und die Kontrolle des preußischen Seehandels in schwedischer Hand. Brandenburg erhielt die vorläufige Verwaltung von Marienburg und dem Danziger Haupt sowie einen Anteil am Seezoll von Pillau. Daß alle Vertragspartner jeden Angriff auf Polen oder Schweden abwehren würden, richtete sich gegen den Kaiser.

Bedeutsam war die Klausel der allgemeinen Amnestie für diejenigen, die den Schweden nicht den von Polen gewünschten Widerstand geleistet hatten. Die Polen hatten nämlich mit schwersten Strafmaßnahmen gegen diese gedroht. Bis auf die besetzte Seeküste verließen die Schweden 1630 das Herzogtum, und auch die Polen zogen ab. Im Land waren zwar große Schäden entstanden, aber weil der Krieg der Schweden gegen Polen, nicht gegen das Herzogtum gerichtet war, hatten Westpreußen und das Ermland am schwersten gelitten. Nachdem die Schweden 1629 alles geraubt hatten, schrieb zum Beispiel der ermländische Pfarrer von Wolfsdorf (zwölf Kilometer westlich von Guttstadt): „[...] nicht eine Kuh, Pferd oder Schwein ist den Bauern geblieben." Die 1628 eingeschleppte Pest wütete bis 1630, und in einigen Teilen Ermlands hungerten die Menschen. Es wird berichtet, daß Spreu aus den Fruchtknoten des Leinsamens zum Brotbacken verwendet wurde. Dazu gab es 1630, eine furchtbare Mäuseplage, die immer dann auftrat, wenn Getreide nicht rechtzeitig eingebracht, gelagert und gedroschen werden konnte.

Kurfürst Georg Wilhelm wagte nicht das, was seinem Sohn gelang: die preußische Souveränität zu erlangen. Die Gelegenheit war günstig: Polen war ohne Verbündete der schwedischen Überlegenheit hilflos ausgeliefert; dazu hätte dem Kurfürsten auch seine Verschwägerung mit Gustav Adolf und dem ungarischen König von Nutzen sein können. Der Waffenstillstand von Altmark war aber ein wichtiger Schritt zur völligen Beseitigung der polnischen Lehnsabhängigkeit.

Sogleich nach Abschluß des Waffenstillstandes verlangte Polen von Preußen riesige Geldbeträge, die aber von den Ständen nicht bewilligt wurden. Die Forderung für noch ausstehende Quartiergelder wurde mit der Begründung abgewiesen, daß die polnische Soldateska durch Raub und Plünderung sich schon ein Vielfaches mehr angeeignet hatte, als sie zu fordern berechtigt war.

Die preußischen Stände hatten diesmal, trotz mancher Differenzen, den Kurfürsten mehr als den Polenkönig unterstützt. Gewiß hatte das Benehmen der polnischen Truppen dazu beigetragen, die weit schlimmer als die Feinde im Herzogtum gehaust hatten. Mit ungewohnter Bereitwilligkeit hatten die Stände die Steuern zur Deckung der hohen Kriegskosten bewilligt. Nach den Kriegswirren des Schwedeneinfalls wird der innere Zustand des Herzogtums als ein glücklicher bezeichnet. Als einzige Klagen werden die Raubüberfälle polnischer Banden und die Schwierigkeiten im Geldverkehr genannt, denn die preußischen Münzen galten laut polnischer Verfügung noch immer als ungesetzlich. Um auf dem polnischen Reichstag die Rechtmäßigkeit der preußischen Münzen und ein Verbot der polnischen Raubzüge zu erwirken, ermächtigte Georg Wilhelm die preußische Gesandtschaft, dem polnischen König bis zu 200.000 Gulden zu schenken. Die Gesandten erreichten jedoch weder das eine noch das andere.

Kurz vor Ablauf des 1629 geschlossenen Waffenstillstands wurde er am 9. September 1635 in Stuhmsdorf (drei Kilometer südlich von Stuhm) auf weitere 20 Jahre verlängert. Schweden war jetzt im Reich gebunden, wo der Dreißigjährige Krieg noch 13 Jahre dauerte, und konnte deshalb den Krieg mit Polen nicht fortsetzen. Nach Ablauf des Waffenstillstandes (1655) nahm Schweden aber den Kampf unverzüglich wieder auf.

Der neue Vertrag kam beinahe einem Frieden gleich. Schweden räumte ganz Preußen, also auch Ermland und Westpreußen. Die schwedische Zollhoheit hörte auf. Im Altmarker Vertrag von 1629 waren die Zölle einheitlich in Danzig, Pillau, Memel, Libau und Windau auf fünfeinhalb Prozent festgesetzt worden. Bald wurden sie laufend erhöht und erreichten zehn Prozent für Getreide und elf Prozent für Holz. Während der sechsjährigen Dauer des Altmarker Vertrages hatte der Zoll 3,72 Millionen Taler eingebracht. Es ist daher verständlich, daß der schwedische Reichskanzler Oxenstierna nur widerwillig dem Verzicht auf Preußen zustimmte und im Stuhmsdorfer Vertrag eine Niederlage sah.

Während der kriegerischen und diplomatischen Auseinandersetzungen wütete immer wieder die Pest im Preußenland, mit der die Menschen Europas nun schon 300 Jahre lebten. Nachdem sie in einer Region die Bevölkerung drastisch reduziert hatte, erlosch sie, und es gab pestfreie Jahre, oft sogar Jahrzehnte, um dann wieder mit erneuter Heftigkeit die verängstigten Menschen zu befallen. Besonders in Kriegszeiten breitete sie sich weit aus. Die unhygienischen Heerlager und armseligen Behausungen, in denen die hungernden Menschen hausten, waren der beste Nährboden für die Seuche. In den Trümmern der niedergebrannten Wohnstätten vermehrten sich auch Ratten und Mäuse, die Träger der Pestflöhe, in großen Mengen. Umherziehendes Kriegsvolk verbreitete die Pest über weite Gebiete. Besonders im Dreißigjährigen Krieg erreichte sie große Ausmaße in ganz Europa. Zum Beispiel wurden zwischen 1603 und 1665 in der damals noch gar nicht so großen Stadt London 153.849 Pesttote amtlich registriert.

In Königsberg starben 1602 rund 18.000, im nächsten Pestjahr 1609 etwa 10.000. Die Pest von 1620 forderte in Königsberg 15.000 Opfer, darunter acht Lehrer der Universität und weitere acht der übrigen drei großen Schulen. 1624 wütete sie besonders im Gebiet südlich von Allenstein. 1625 starben in Rastenburg 2.500 Personen an der Pest und rund 100.000 im ganzen Herzogtum, darunter 60 evangelische Geistliche. Als Folge des polnisch-schwedischen Krieges wurde die Pest 1628 erneut eingeschleppt und erlosch erst 1630. Wenn in Königsberg die Pest herrschte, verlegte Georg Wilhelm sein Hoflager in die Burg Brandenburg. Preußen war eines der verseuchtesten Gebiete Europas geworden, in dem die Pest in Zeiträumen bis zu zehn Jahren nicht erlosch.

Kurfürst Georg Wilhelm, der den hohen Anforderungen, die der Dreißigjährige Krieg an ihn stellte, nicht gewachsen war, wird als der unglücklichste Herrscher des Hauses Hohenzollern bezeichnet. Unter seiner Unfähigkeit, Entschlüsse zu fassen und konsequent durchzuführen, litt er selbst. Bewog ihn sein Schwager, König Gustav Adolf, zu einem vorteilhaften Vertrag, ließ er sich vom Polenkönig bereden und handelte entgegengesetzt. In Brandenburg bestimmte Kanzler Graf Adam von Schwarzenberg, was getan wurde. Als er den Kurfürsten wieder einmal veranlaßte, sein dem Schwedenkönig gegebenes Wort zu brechen, drohte Gustav Adolf Schwarzenberg an, „ihm den Hals zu zerschlagen, wo er ihn treffen würde".

Kurfürst Georg Wilhelm starb am 1. Dezember 1640 im Alter von 47 Jahren in Königsberg. Als einziger aller brandenburgischen Kurfürsten wurde er im Königsberger Dom beigesetzt.

8. Vom Großen Kurfürsten bis zum ersten König

(1640–1701)

Regierungsbeginn des Großen Kurfürsten

Nach dem Tod des Vaters übernahm sein 20jähriger Sohn Friedrich Wilhelm, der später „der Große Kurfürst" genannt wurde, die Regierung. Er fand sehr schwierige und verworrene Verhältnisse vor: Von seinen drei Ländern waren Kleve und Brandenburg von fremden Truppen besetzt, und in Preußen verweigerte ihm ein polnischer Kommissar, zur Freude der Stände, die Regierungsgewalt vor der Belehnung durch den Polenkönig. Nach heftigen Streitereien im polnischen Reichstag und mit den preußischen Ständen, wobei die Städte die unverschämtesten Forderungen stellten, erteilte König Wladislaw IV. am 8. Oktober 1641 Friedrich Wilhelm das Lehen. Der Kurfürst mußte sich verpflichten, an den König von Polen jährlich 30.000 Gulden, bei jeder Steuerbewilligung des Landtags 60.000 und aus den Seezöllen 100.000 Gulden jährlich zu zahlen. In einem Krieg Polens durfte er nur mit Erlaubnis des Königs neutral bleiben und in die Festungen von Pillau und Memel nur solche Kommandanten einsetzen, die dem König genehm waren.

Seinen Einzug in Königsberg konnte der Kurfürst erst halten, nachdem König Wladislaw den rebellierenden Räten befohlen hatte, daß sie Friedrich Wilhelm als Herzog anzuerkennen hatten. Das Herzogtum war noch immer eine ständische Adelsrepublik, wo der Kurfürst sehr geringe Machtmittel besaß. Das Ständewesen forderte die polnischen Lehnsherren geradezu heraus, in alle Angelegenheiten des Landes einzugreifen, was sie auch weitgehend ausnützten. Nur mit viel Geduld und dann mit eiserner Hand gelang es dem Genie Friedrich Wilhelm sich gegen die Stände durchzusetzen. Mit ihm trat einer der größten Männer der Geschichte auf.

Unter seiner Regierung wurde das ständische Finanzrecht beseitigt, die Akzise (allgemeine Steuer) eingeführt, ein stehendes Heer und das Berufsbeamtentum geschaffen. Er gestaltete sein Land zum Absolutismus um und schuf ein einheitliches Staatswesen, das zum Fundament für den späteren Aufstieg Brandenburg-Preußens wurde. Der lange Weg zu diesen

Erfolgen erforderte viel Geduld, außergewöhnliches diplomatisches Geschick und politischen Weitblick.

Friedrich Wilhelm ließ sich durch den Widerstand der Stände nicht davon abhalten, sich sogleich um viele wichtige Dinge zu kümmern. Die Finanzen waren in größter Unordnung, und das kurfürstliche Einkommen so gering, daß für den Bedarf der Hofküche zuweilen Geld vom Magistrat geborgt werden mußte. An der Hofhaltung sparte der Kurfürst aber nicht. Der Hofstaat beschäftigte rund 400 Personen. Allein in der Hofküche waren 50 und im Weinkeller zehn Leute angestellt. Obwohl die Kassen leer und die Schulden hoch waren, kaufte sich der Kurfürst 1641 einen Brillantring für 27.000 Taler.

Die Verwaltung des Landes war altmodisch. Befähigte Beamte für bestimmte Ressorts wie Landwirtschaft oder Finanzen gab es nicht. Durch schlechte Bewirtschaftung, Kriegsschäden und fortschreitende Versklavung der Bauern stand die Landwirtschaft auf niedrigem Niveau. In Holland hatte Friedrich Wilhelm landwirtschaftliche Kenntnisse erworben, die er jetzt nutzbringend anwenden konnte. Holländische Einwanderer legten staatliche Mustergüter (Holländereien) an. Eingeführtes besseres Saatgut wurde zum Teil auch an die Bauern verteilt. Als erstes Land Europas hatte Brandenburg den Kartoffelanbau eingeführt, die ersten Kartoffeln wurden bereits 1640 in der Mark geerntet. Als die Kartoffel 1533 erstmalig aus Amerika nach Europa kam, war sie als exotische Zierpflanze bestaunt worden. Es dauerte 100 Jahre, bis einige wenige deren Wert erkannten. Allmählich erschienen aus Amerika nun auch weitere, bisher unbekannte Agrarprodukte wie Mais, Tomaten, Paprika, die verschiedenen Kürbisarten, Kakao und Sago. Aus Ägypten und der Türkei kam Kaffee und aus China Tee.

Während im Reich noch immer der Dreißigjährige Krieg tobt, wird der innere Zustand des Herzogtums Preußen als ein glücklicher bezeichnet. Besonders das Geistesleben in Königsberg erlebte einen außergewöhnlichen Aufschwung. Kunst und Wissenschaft blühten auf dieser friedlichen Insel, inmitten eines vom Krieg aufgewühlten Ozeans. Bis auf den Einfall der Schweden von 1626 bis 1630, der Polen galt, wurde das Herzogtum Preußen vom Dreißigjährigen Krieg nicht berührt. Die Universität zog viele Studenten und auch Lehrpersonal aus Deutschland herüber und erlebte ihre große Blüte. Mit der sensationellen Operation des Messerschluckers, dem die Doktoren 1635 ein verschlucktes Küchenmesser erfolgreich aus dem Magen herausoperierten, wurde die medizinische Fakultät berühmt. Ärzte kamen von weit her, um Patient und Messer zu bewundern. Dem Bauern Andreas Grunwald war das Messer entglitten, als er sich bei einem Übelsein mit dem Messergriff zum Erbrechen reizen wollte. Grunwald fühlte sich nach der Operation so wohl, daß er sich sieben Jahre später zum zweitenmal mit einem „jungen raschen Weibe" verheiratete. Der Messergriff als Instrument zum Erbrechen scheint ein allgemein gebräuchliches Hausmittel gewesen zu sein, denn 1720 passierte genau dasselbe der Bäuerin Anna Lembkin aus Tornienen bei Rößel. Auch sie wurde erfolgreich von Heinrich Hübner in Rastenburg operiert.

Dies war die Zeit des Dichters Simon Dach (1605–1659), der mit seinen Freunden den „Königsberger Dichterkreis" bildete. Von all den Werken, die diese Männer schufen, wurde das Lied „Ännchen von Tharau" in ganz Deutschland bekannt, das früher irrtümlich Simon Dach zugeschrieben wurde. Das ursprünglich in Plattdeutsch geschriebene Lied stammt wahrscheinlich von Heinrich Albert (1604–1651). Es heißt, daß es 1637 zur Hochzeit Annas, der Tochter des Pfarrers Andreas Neander in Tharau, gedichtet wurde.

Die Anke in dem Roman Simon Dachs ist aber Legende. Die wirkliche Anke (1617–1691), mit elf Jahren Vollwaise, kam zu ihrem Paten, dem Königsberger Kaufmann Stolzenberg. Nach dessen Tod heiratete sie, 18jährig, den Pfarrer Johann Portatius. Später nahm ein Sohn, Friedrich Portatius, Pfarrer in Insterburg, die verwitwete und verarmte Mutter zu sich. Die Romanfigur besang Franz Hirsch, und Heinrich Hoffmann stellte sie in den Mittelpunkt seiner Oper. Die Stadt Memel ließ ihr Bild in Erz an dem Brunnen vor dem Theater aufstellen.

So wie sich Kurfürst Georg Wilhelm vergeblich bemüht hatte, gegen die Raubüberfälle in den Grenzgebieten einzuschreiten, so stand auch Friedrich Wilhelm diesem Problem machtlos gegenüber. Drastische Maßnahmen, wie zum Beispiel die Räuber kurzerhand aufzuhängen, durfte er aus Rücksicht auf das polnische Lehnsverhältnis nicht wagen. Daß es sich bei den Räubern nicht nur um gewöhnliches Volk handelte, gegen das die polnische Obrigkeit

Friedrich Wilhelm, der Große Kurfürst, erhob mit kluger Politik Brandenburg aus der Ohnmacht eines keiner eigenen Politik fähigen Kurfürstentums zu selbständiger Geltung. Er schuf die brandenburgische Armee, überwand die ständischen Sonderbestrebungen und wurde zum ersten Baumeister am Staatsbau Preußen.

hätte einschreiten können, sondern oft um die Obrigkeit selbst, zeigten zum Beispiel die „Unternehmen" des Starosten (Landrat) von Lomza, Hieronimus Radziejewski.

Der Starost hielt regelmäßig in den Wäldern der Johannisburger Heide im Herzogtum Preußen seine großen Jagden ab, als wären sie seine eigenen. Die Forstbeamten suchten das abzustellen, aber der Starost wies ihre höflichen Mahnungen empört zurück. Darauf verboten sie ihm jede weitere Jagd auf preußischem Gebiet. Als Radziejewski bei der nächsten Jagd von dem Beamten des betreffenden Reviers erneut zur Rede gestellt wurde, schickte er am 30. November 1642 gegen Mitternacht eine etwa 200 Mann starke bewaffnete Bande vor die Tore der Stadt Johannisburg, wo der Forstbeamte wohnte. Das Haus wurde umstellt und einige Stunden lang beschossen, bis die alarmierte Bürgerwehr die Polen vertrieb. Ein paar Tage darauf plünderte dieselbe Räuberbande das Dorf Kumilsko (Morgen, sieben Kilometer südwestlich von Gehlenburg) aus und schleppte die Kirchenkasse mit einigen 100 Gulden sowie den 80jährigen Pfarrer und einen Hofbesitzer als Geiseln mit sich fort. Den Überfallenen wurde gedroht, daß bei einer Anzeige nicht nur die Geiseln, sondern alle Bewohner umgebracht werden würden.

Wenn polnische Staatsbeamte sich so aufführen durften, braucht man sich nicht zu wundern, daß alle Beschwerden, selbst auf dem polnischen Reichstag, erfolglos blieben und die Überfälle nicht aufhörten. Der Amtshauptmann von Johannisburg, Ludwig von Kanach, beschwerte sich über den räuberischen Starosten bei dem polnischen König Wladislaw IV., der aber anscheinend nichts am Verhalten dieses Staatsbeamten zu bemängeln fand. Vielleicht sah er in solchen Taten sogar lobenswerte Tugenden, denn er machte ihn zu seinem Vizekanzler.

Wie schon viele Landesherren vor ihm, mußte sich auch Friedrich Wilhelm mit dem Heidenglauben der altpreußischen Bevölkerung befassen. Schon seine erste Landordnung enthielt strenge Verbote. Man hatte erfahren, daß an manchen Orten immer noch der Bock geschlachtet und die alten Götter verehrt wurden.

Während noch überall in Europa Menschen wegen ihres Glaubens verfolgt, vertrieben oder gar umgebracht wurden, gab es im Herzogtum Preußen damals schon die vom Staat geschützte Religionsfreiheit. Dem Ruf eines friedlichen und sicheren Landes folgten Flüchtlinge aus vielen Ländern Europas. Besonders während des langen Krieges fanden hier viele Schutz und Sicherheit. Von 1643 bis zum Kriegsende 1648 wohnte Königin Maria Elonore, die Witwe Gustav Adolfs von Schweden, in der Insterburg. In Frankreich war den verfolgten Hugenotten 1598 zwar begrenzte Religionsfreiheit gewährt worden, aber ihre Bedrückung hörte damit nicht auf. Fortwährend suchten französische Flüchtlinge im Herzogtum Preußen eine neue Heimat. Eine bedeutende Anzahl reformierter Schotten kam ebenfalls nach Preußen, wo schon seit längerer Zeit zahlreiche ihrer Landsleute wohnten. Nach fast einem Jahrhundert sind zum Beispiel in Preußisch Holland noch 85 Familien französischen und 16 schottischen Ursprungs nachzuweisen. Die zahlreichen Engländer bildeten in Elbing, Königsberg und Memel starke Gemeinden. Zu diesen Einwanderern kamen Juden aus Polen und Wien, Waldenser aus Österreich und Süddeutschland und immer wieder Mennoniten. Gegen den Widerstand der Zünfte erlaubte der Kurfürst den Juden alle Freiheiten, denn den „jüdischen Familien soll es vergönnt sein, ihren Handel im ganzen Lande [...] zu betreiben".

Die Schatullsiedlung als Machtmittel

In Deutschland tobte noch immer der Dreißigjährige Krieg. Um bei den bald zu erwartenden Friedensverhandlungen mitreden zu können, mußte Kurfürst Friedrich Wilhelm eine entsprechende Stellung gewinnen, die nur mit einer Armee zu erreichen war. In der Hoffnung, seine Stammlande wiederherzustellen, setzte er allein auf Preußen, das den Krieg ziemlich heil überstanden hatte, und wollte wenn möglich eine Armee aufstellen. Diesen Plänen stellten sich die Stände entgegen. Ihre Macht war in dem langen Kampf gegen die Landesherrschaft entstanden, der zur Ordenszeit begonnen hatte und zur Zerstückelung dieses rein deutschen Landes und zur Auslieferung an Polen geführt hatte. Seitdem die Stände zur Zeit Herzog Albrechts ein Übermaß der Macht an sich gerissen hatten, war ihr Einfluß mit Hilfe der Polen stetig weiter gestiegen. Der Adel hatte die gesamte Verwaltung in der Hand. Er stellte die Oberräte und Amtshauptleute, die in ihren Ämtern unbeschränkte Herren waren. Unter ihrer Obhut stand auch die Verwaltung der Domänen, die fast ein Drittel des gesamten Ackerbodens umfaßten und die wichtigste Einnahmequelle der Regierung bildeten. Im Laufe der Zeit waren aber viele Domänen von den Herren in der Regierung an ihre adligen Freunde verpfändet oder verschenkt worden, so daß die Einkünfte aus dieser Quelle beträchtlich zurückgegangen waren. Auch der sogenannte „Landkasten" und die „Rentkammer", ursprünglich fürstliche Kassen, waren längst von den Ständen übernommen worden, die damit über den größten Teil der Staatseinnahmen verfügten.

Im Gegensatz zu seinen Vorgängern war Friedrich Wilhelm entschlossen, die Macht der Stände bzw. des Adels zu brechen und selbst zu regieren. Aber schon der erste Landtag 1640/41 zeigte ihm seine Ohnmacht, als er Geld für die Aufstellung von Truppen forderte. Erst nach langwierigen Verhandlungen gelang es ihm, einen Teil der Forderungen zu erhalten; dafür mußte er aber die Privilegien der Stände neu bestätigen. Nichts war ihnen mehr zuwider als eine militärische Rüstung. In der Lehnshoheit des Polenkönigs sahen sie die Garantie für ihre Privilegien und fürchteten jede Änderung durch einen zu starken Landesherrn. Der Einfall der Schweden hatte deutlich gezeigt, wie wichtig eine Armee für den Bestand und die Sicherheit des Landes war, aber nach dem Waffenstillstand lehnten die Stände den weiteren Unterhalt der Truppen ab; auf keinen Fall wollten sie ein stehendes Heer. Der Kurfürst war zunächst auf ein gutes Verhältnis zur ständischen Regierung angewiesen. Er konnte seine Politik deshalb vorerst nur passiv darauf richten, den Untergang seiner Länder in den Kriegswirren zu verhindern. Die Mittel zur Aufstellung eines Heeres würde er anderswo suchen müssen, ohne die Landtage darum bitten zu müssen. Als Vetter des polnischen Königs war es ihm gelungen, in einem besonderen Vertrag die polnische Kontrolle und Teilhaberschaft bei der Erhebung der Zölle in Pillau und Memel zu beseitigen. Damit hatte er eine beträchtliche Einnahme für die sogenannte „Schatulle", über die er allein verfügte. In diese Kasse flossen Abgaben aus verschiedenen Zweigen der Wirtschaft, hauptsächlich aus den staatlichen Forsten.

Diese Einnahmen aus dem „Waldwerk" waren bei dem ausgedehnten Wald- und Wildnisland beträchtlich. Sie enthielten die Holz- und Weidegelder, den Beutnerzins, Abgaben der Teer- und Pottaschbrenner und der Hammerwerke. Außerdem flossen die Einnahmen aus dem Bernsteinregal und dem Störfang in diese Kasse. Mit diesen Geldern wurden verpfändete Ländereien ausgelöst, die ihre Abgaben nun der Schatullkasse zuführten. Um diese dem Kurfürsten allein zugänglichen Einnahmen weiter zu vermehren, so daß er damit eine Armee unterhalten konnte, bot sich das im Laufe der Zeit von Wald entblößte Forstland an. Diese Flächen wurden gegen einen jährlich an die Schatullkasse zu entrichtenden Grundzins zur Besiedlung und Kultivierung ausgegeben. Durch diese Maßnahmen entstand die sogenannte Schatullsiedlung. Bei dem großen Umfang der verwilderten Waldflächen erreichte die Schatullsiedlung mit der Zeit solche Ausmaße, daß der daraus eingehende Zins eine der wichtigsten Einnahmequellen des Kurfürsten wurde.

In Preußen hatte es nie eine einheitliche Forstverwaltung gegeben. Jedes Amt, wie zur Ordenszeit die Komturei, hatte für die Aufsicht der Forsten gesorgt. Erst unter Georg Friedrich war eine eigene Forstverwaltung eingerichtet worden. Durch diese Herauslösung aus der allgemeinen Verwaltung war eine geordnete Forstverwaltung geschaffen und die Wälder dem Einfluß der Amtsleute und ihrem adligen Anhang entzogen worden. Nun diente das Forstland der letzen Siedlungsphase. Die drei Abschnitte der Neubesiedlung des Preußenlandes waren:

1. die Heranziehung deutscher Siedler durch den Deutschen Ritterorden;

2. die Wiederbesiedlung nach der Verwüstung und Entvölkerung durch die Polen im 15. Jahrhundert, wobei auch Litauer und Masowier herangezogen wurden;

3. die Schatullsiedlung des Großen Kurfürsten, bei der durch innere Kolonisation über 500 neue Siedlungen entstanden.

Diese Siedlungstätigkeit weitete den Lebensraum erneut aus. An den Stellen der Teerschweler- und Aschenbrennerbuden und auf den abgeholzten, verwildernden Waldflächen entstanden Dörfer, die eine produktivere Nutzung des Bodens ermöglichten. Die Wildnis wurde durch die Neusiedlungen und die häufige Verleihung von Weideland in den Wäldern aufgelockert und allmählich wieder in ein Kulturland umgewandelt, wie es früher hier vorhanden gewesen war.

Die Schatullkasse wurde von einem Kämmerer verwaltet, den der Kurfürst einsetzte und der nur ihm Rechenschaft schuldig war. Damit hatte er ein wirksames Machtmittel gegen die Stände gewonnen, das ihm erlaubte, einen großen Teil seiner Staatspolitik ohne Befragung der Stände durchzuführen. Mit der Zeit gelang es auch andere Staatseinnahmen in die Schatulle zu leiten. Diese kluge Finanzwirtschaft allein hat die Macht der Stände, ohne erbitterte Debatten auf den Landtagen, erheblich zurückgedrängt.

Preußens Hilfe für Brandenburg

Nachdem Schweden und die kaiserlichen Truppen ausgeblutet waren, war Ruhe in Brandenburg. Der Kurfürst zog deshalb im Februar 1643 wieder in sein verwüstetes und verarmtes Stammland, um mit dem Wiederaufbau zu beginnen. Der Krieg ging derweil anderswo weiter. Durch die wirren Verhältnisse in Kleve und dem Elend in der Mark ergab sich für Friedrich Wilhelm von selbst die Notwendigkeit, sich aus Preußen nicht nur die Mittel für seinen Hofstaat in Brandenburg, sondern auch für den Wiederaufbau des verwüsteten Landes zu beschaffen. Da die Einkünfte der preußischen Schatullkasse dazu nicht ausreichten, wurden von der Bevölkerung besondere Leistungen verlangt. Forderungen, die über die Grenze des eigenen Landes hinausgingen, waren damals etwas Neues. Den Menschen jener Zeit war das Gefühl für nationale Einheit und die sich daraus ergebende Verpflichtung zu gegenseitiger Hilfe völlig fremd.

Schon im August 1642 hatte der Kurfürst die ersten Wagenzüge mit Roggen und 4.000 Taler nach Küstrin geschickt. Weitere Lieferungen folgten, so daß bis zum Jahresende über 100 Last (200 Tonnen) Getreide nach Brandenburg gegangen waren. Die Beschaffung solcher Mengen Getreide stieß auf große Schwierigkeiten. Aus den Ämtern Neidenburg und Marggrabowa (ab 1928 Treuburg) wurde im Januar 1643 gemeldet, daß die adligen Gutsbesitzer die Abgabe von Getreide „zu Besamung der Güter in der Chur und Mark Brandenburg" verweigerten, obwohl sie viel besser dazu in der Lage waren als die Bauern. Im April 1643 verlangte der Kurfürst 100 Pferde und im Herbst 1.200 Rinder, die in Marienwerder gesammelt und von dort weitergetrieben wurden. Die Liebemühler Glashütte lieferte im gleichen Jahr 1.000 große, 1.380 mittlere und 23.460 kleine Fensterscheiben. Die Forderungen gingen laufend weiter und überstiegen bald das äußerst Mögliche. Im Dezember 1643 meldeten die Oberräte, daß sie mit größter Mühe nur noch etwa die Hälfte der verlangten Mengen hätten auftreiben können; nämlich 200 Last Hafer, 20 Fässer Butter, 20 Stein Wachs, 30 Stein Talg, 40 Schweine und 40 Ochsen (ein Stein entspricht etwa zehn Kilogramm). Mit dem Jahr 1644, in dem noch einmal 1.000 Last geliefert wurden, hörten die Getreidelieferungen aus Preußen im wesentlichen auf. Anfang 1645 kehrte der Kurfürst noch einmal nach Königsberg zurück und verlegte erst 1646 seine Residenz endgültig nach Berlin. Den Bedarf der kurfürstlichen Hofhaltung mußte aber weiterhin Preußen liefern. Im Juli 1648 wurden zum Beispiel 878 Ellen feine und 450 Ellen grobe Leinwand, 1.500 Ellen Zwillich (dichtes Gewebe für Federbetten), 1.500 Ellen Flechsen und sechs Zentner Gänsefedern verlangt.

Zu diesen Lasten kam die Bedrückung durch die Werbungen für die Armee. Auch dafür mußte Preußen an erster Stelle herhalten. Bei der Beratung am 25. Juni 1644 beschloß der geheime Rat 4.000 bis 5.000 Mann in Preußen auszuheben, die teils in Kleve und Brandenburg eingesetzt wurden. Neben diesen Sonderleistungen mußten auch alle regulären Steuern aufgebracht werden. Dazu hatte Preußen die Kosten für die Gesandten in Warschau und Danzig allein zu tragen. Für den Unterhalt aller anderen Gesandtschaften wurde Preußen der größte Teil aufgebürdet. Von den 6.000 Talern, die beispielsweise 1641 an die brandenburgische Gesandtschaft nach Regensburg geschickt wurden, stammten je 1.000 aus Kleve und der Mark und 4.000 aus Preußen. Eine weitere schwere Bürde waren die hohen Beträge, die mit der Lehnsabhängigkeit verbunden waren und laufend an Polen und die polnischen Kommissare zu zahlen waren.

Das Ende des Dreißigjährigen Krieges

Mehr als das Herzogtum Preußen hatten das Ermland und Königlich-Preußen (Westpreußen) im Dreißigjährigen Krieg gelitten. Auch das war gering, im Vergleich zu den Verwüstungen in den Kampfgebieten des Reiches. Aber auch im Reich gab es Regionen, die der Krieg nicht berührt hatte. Während der Kurfürst schon mit dem Wiederaufbau Brandenburgs beschäftigt war, kämpfte das katholische Frankreich zusammen mit dem evangelischen Schweden gegen den katholischen Kaiser, bis endlich 1648 der Friede zustande kam.

Nur noch die Älteren konnten sich an eine Friedenszeit erinnern. Für viele 30- und 40jährige hatte der Brandgeruch verkohlter Wohnstätten, der Gestank verwesender Leichen, das Gebrüll der Mörder und das Jammern ihrer Opfer zu ihrem ganzen Leben gehört. In den Hauptkriegsgebieten hatte oftmals nur ein Zehntel der Bewohner überlebt. Die Angaben über die Menschenverluste schwanken zwischen 40 bis 65 Prozent der Gesamtbevölkerung. Ein großer Teil der überlebenden Menschen war halb verhungert, ohne Bildung und verwildert. Aus dem blühenden Deutschen Reich war ein verelendetes Land geworden.

Am schwersten hatten die Bauern gelitten. In den Kampfgebieten war ihre Existenzgrundlage weitgehend vernichtet. Schon die ersten durchziehenden Heere hatten Pferde, Vieh und alle Vorräte, auch das Saatgut geraubt und aufgebraucht. Die Felder konnten nicht mehr bestellt werden und verwilderten. Reiche Grundherren kauften das billige Land auf, und wo niemand von der Familie überlebt hatte, nahmen sie es ohne Bezahlung. Einzelne wurden reich, das Volk aber wurde arm. Tausende Bauern sanken auf das Niveau von Tagelöhnern herab; andere wanderten aus.

Am Sonntag, dem 24. Oktober 1648, unterzeichneten in Münster die katholischen, in Osnabrück die evangelischen Staaten unter Glockengeläut den Westfälischen Frieden. In der Glaubensfrage wurde die Gleichberechtigung der Bekenntnisse anerkannt. Die Landesherren erhielten jedoch das Recht, die Religion ihrer Untertanen zu bestimmen. Wer sich damit nicht abfinden wollte, dem blieb nur die Auswanderung.

Die Sieger waren die Nachbarstaaten des Reiches. Neben Geld verlangten sie große Gebietsabtretungen. Schweden erhielt neben fünf Millionen Reichstalern Vorpommern, die Häfen Stettin und Wismar, die Insel Rügen sowie die Herzogtümer Bremen und Verden. Frankreich nahm die Reichsbistümer Toul, Metz und Wirten (Verdun), dazu Hoheitsrechte im Elsaß und in Lothringen, die später zur Annexion führten. Die Schweiz und die Niederlande trennten sich vom Reich und wurden selbständig. Das Reich der Deutschen war drastisch verkleinert worden. Die deutschen Kaiser des Hauses Habsburg hatten sich an die Spitze der Gegenreformation gestellt und das Reich zerstört. Was blieb, wurde in rund 350 Klein- und Kleinststaaten zersplittert und bildete den „Flickerteppich", der bis zum 19. Jahrhunderts bestehen blieb. Die deutschen Fürsten erhielten einerseits die Anerkennung ihrer Souveränität, andererseits behielt der Kaiser Amt und Würde, regierte aber nur noch seine Erblande. Kultur und Wohlstand waren nach Ansicht vieler Historiker um mindestens 200 Jahre zurückgesetzt worden.

Nach dem so lange ersehnten Frieden mußte sich Kurfürst Friedrich Wilhelm zunächst mit den Mächten auseinandersetzen, die beim Friedensabschluß beteiligt gewesen waren. Brandenburg hatte die Bistümer Minden und Halberstadt sowie Hinterpommern erhalten. Gemäß dem Erbvertrag von Grimnitz (1529) war Pommern nach dem Aussterben des Herzoghauses der Greifen an Brandenburg gefallen. Dem Kurfürsten war von dieser Erbschaft jetzt nur Hinterpommern geblieben. Während in Deutschland der Frieden die Menschen wieder auf geordnete Verhältnisse hoffen ließ, drohte Brandenburg-Preußen neue Kriegsgefahr. Schweden war die stärkste Großmacht im Norden Europas; es hatte fast alle Ostseeländer in seine Gewalt gebracht und sich mit dem Besitz Vorpommerns eine günstige Ausgangsstellung zur Eroberung Hinterpommerns, Pommerellens und Preußens geschaffen, um den Ring um die Ostsee zu schließen. Nach all den bisherigen Eroberungen und der reichen Beute aus dem Dreißigjährigen Krieg war nicht zu erwarten, daß Schweden nun mit seinen Nachbarn in Frieden leben und keine weiteren Eroberungen unternehmen würde. Obendrein lief der 26jährige Waffenstillstand mit Polen bald ab, der den damaligen Krieg unterbrochen hatte. Weil der Polenkönig Johann II. Kasimir nicht daran dachte, seine Ansprüche auf den schwedischen Thron aufzugeben, war damit zu rechnen, daß jener Krieg fortgesetzt werden würde. Zwischen Polen und Schweden aber lag das kleine Preußen, für das es keine Möglichkeit gab, sich aus diesem Krieg herauszuhalten.

Der zweite Schwedeneinfall

Polen hatte den Dreißigjährigen Krieg ohne größere Schäden überstanden. Trotzdem hatte es den Gipfel seiner Macht längst überschritten und befand sich weiterhin im Niedergang. Es hatte 1626 Livland an Schweden verloren, und 1648 erhoben sich die Kosaken der Ukraine gegen die polnische Unterdrückung. Das Ende dieser Kämpfe brachte den Kosaken ihre Selbständigkeit und Polen den Verlust der Ukraine. Der Verfall schritt weiter fort. Das uneingeschränkte Vetorecht des Adels hatte jede innere Ordnung aufgelöst und zur außenpolitischen Ohnmacht geführt. Da alle Entscheidungen beim Reichstag lagen, bei dem jeder einzelne jeden Beschluß durch sein Nein ungültig machen konnte, hatte der König kaum noch Einfluß auf die Politik seines Landes. Eine wichtige finanzielle Stütze für den polnischen Staat waren die laufenden Zahlungen, die aus Preußen aufgrund der polnischen Lehnshoheit kamen. Zum Beispiel zahlte Preußen an Jahrestributen von 1640 bis 1649 insgesamt 833.700 Mark. Dazu kamen die Honorariengelder für den polnischen König, die ständigen hohen Ausgaben für den polnischen Kommissar und die Gehälter für die in Preußen weilenden polnischen Beamten sowie die obligatorischen Geschenke an die königliche Familie. Für diese Ausgaben mußten im gleichen Zeitraum 562.248 Mark aufgebracht werden.

Der Schwedenkönig Karl X. Gustav wartete schon ungeduldig auf das Ende des Waffenstillstands. Am 15. Juli 1655, eigentlich drei Monate vor Ablauf des Vertrages, führten er und sein Marschall Wittenberg 32.000 Mann von Pommern nach Polen. Der polnische Adel, vom Sieg der Schweden überzeugt, lief einmütig zu ihnen über. Die Schweden zogen über Posen und Kalisch nach Warschau, wo sie den Polenkönig aus seiner Hauptstadt jagten. Am 6. September wurde er nochmals bei Czernowa geschlagen, floh nach Krakau und nach einer weiteren Niederlage ganz aus seinem Land nach Schlesien. Fast alle polnischen Städte, einschließlich Warschau und Krakau, wurden von schwedischen Truppen besetzt.

Trotz der Aussichtslosigkeit versuchte der Kurfürst sein Land aus dem Krieg herauszuhalten und eilte mit brandenburgischen Truppen nach Preußen. Ein Verteidigungsbündnis, das der Kurfürst mit den Ständen Westpreußens abschloß, blieb ohne Wirkung, da die drei großen Städte ihre Teilnahme verweigerten. Der Versuch, mit bewaffneter Neutralität den Schweden den Zutritt nach Preußen zu verwehren, gelang somit nicht. Noch im selben Jahr besetzten die Schweden Westpreußen, außer Danzig, und hatten nun ganz Polen in ihrer Hand.

Den Vertrag des Kurfürsten mit den westpreußischen Ständen nahmen die Schweden zum Vorwand, auch das Herzogtum Preußen zu besetzen. Diesmal benahmen sie sich nicht so rücksichtsvoll wie bei ihrem ersten Einfall. Plünderungen und Gewalttätigkeit waren allgemein üblich, wobei nicht einmal die Kirchen ihres eigenen evangelischen Glaubens verschont wurden. Zum Beispiel raubten die Schweden aus der Seehester Kirche (Kreis Sensburg) das silberne Kirchengerät und zerrissen die Altardecke zu Fußlappen. Von dem Pfarrer in Lyck forderten schwedische Reiter 300 Gulden, oder das ganze Pfarrgehöft würde niedergebrannt werden. Besonders hatte das katholische Ermland zu leiden, das für die Schweden polnisches Feindgebiet war. Von allen Städten wurden sogleich hohe Kontributionen gefordert, und die schwedischen Truppen mußten selbstverständlich von der Bevölkerung untergebracht und gut verpflegt werden.

Mit einem starken Heer rückten die Schweden drohend gegen Königsberg vor und forderten vom Kurfürsten den Treueid auf den Schwedenkönig, weil er als Eroberer in die Rechte des Polenkönigs getreten und das Herzogtum Preußen darum von jetzt ab ein schwedisches Lehen sei. Dem Kurfürsten blieb kaum eine Wahl; er mußte sich dem Stärkeren beugen, denn das ganze Herzogtum war von Schweden besetzt, die das Handeln diktierten. So wurde am 17. Januar 1656 in Königsberg ein Vertrag abgeschlossen, in dem das Herzogtum Preußen mitsamt dem Ermland als ein Lehen der schwedischen Krone erklärt wurde. Die Häfen Pillau und Memel waren den Schweden zu öffnen und die Hälfte der Seezölle ihnen auszuliefern. Der polnische Bischof des Ermlands, Wenzeslaus Leszczynski, der mit den Domherren beim Herannahen der Schweden nach Königsberg geflohen war, huldigte sogleich dem Kurfürsten als neuem Landesherrn des Ermlands. Das fast 200 Jahre lange Lehnsverhältnis des Herzogtums Preußen zum König von Polen war mit dem Königsberger Vertrag erstmalig unterbrochen worden.

Der Kurfürst befand sich in einer mißlichen Lage und hoffte, daß weder Polen noch Schweden völlig geschlagen werden würden, denn weder von einem noch dem anderen absoluten Sieger hatte er etwas Gutes zu erwarten. Der Papst rief zum Kreuzzug gegen die ketzerischen Schweden auf und schickte dem Polenkönig Geld. Der Kaiser sammelte Truppen, um den Polen zu helfen.

Die Jesuitenprediger verkündeten den Sieg der Polen, wenn sie sich jetzt gegen die ungläubigen Schweden erheben würden. Von allen Kanzeln wurde das polnische Volk zum Kampf aufgerufen. Die polnischen Adligen wechselten darauf wieder die Seite und holten ihren geflohenen König zurück. Neue Heere wurden aufgestellt, und auch das polnische Kronheer, das zu den Schweden übergelaufen war, stellte sich wieder auf die Seite des eigenen Landes. Wie schon in früheren Zeiten, so wurden auch jetzt die wilden Tataren durch Versprechungen hinsichtlich unermeßlicher Beute bei ihren Raubzügen herbeigelockt. Die Litauer, die von den Schweden die Befreiung von der polnischen Herrschaft erhofft hatten und deshalb auf ihre Seite getreten waren, sagten sich angesichts der polnischen Erhebung von den Schweden los. Dazu drohten die Moskowiter den Schweden mit Krieg.

Diese neue Lage zwang die Schweden, die Belagerung Danzigs aufzugeben, um nochmals durch das jetzt aufständische Polen bis Galizien zu ziehen. Dies war aber nicht mehr ein Siegeszug; der großen Übermacht und dem neuen Kampfeswillen der Polen waren die Schweden nicht mehr gewachsen und zogen sich anschließend nach Preußen zurück. Nur in Warschau ließen sie eine starke Besatzung, die sich aber nach tapferem Kampf ergeben mußte. Obwohl den Schweden freier Abzug zugesichert worden war, wurden alle beim Abmarsch von den Polen ermordet.

In seiner Not war der Schwedenkönig gewillt, für die militärische Hilfe des Kurfürsten jetzt weit bessere Bedingungen zu gewähren. Am 25. Juni 1656 wurde in Marienburg ein neuer Vertrag abgeschlossen, der dem Kurfürsten nicht nur das Ermland, sondern auch noch vier Grafschaften in Polen zuprach. Auf die Lehnshoheit wollte der Schwedenkönig aber nicht verzichten. Diesmal handelte der Kurfürst nicht unter Zwang wie bei dem Vertrag vom Januar; jetzt trat er offen als Verbündeter Schwedens auf, um die polnische Lehnshoheit abzuwerfen, wobei er den Verlust des Herzogtums Preußen riskierte. Die vereinten Heere der Brandenburger (etwa 18.000 Mann) und der Schweden (etwa 10.000 Mann) unternahmen nun einen Feldzug gegen Polen und erreichten Warschau, wo ein polnisches Heer von über 75.000 Mann zur Schlacht bereitstand.

Die Polen mit ihren Verbündeten waren sich ihres Sieges so sicher, daß sie beim Anmarsch der Gegner die Damen des Hofes zu einem günstigen Aussichtspunkt hinausfuhren, damit sie sich die Schlacht ansehen konnten, in der die Schweden und Brandenburger total vernichtet werden würden. Die Schlacht dauerte jedoch drei Tage (28. bis 30. August 1656). Die polnische Armee mitsamt den Litauern und Tataren wurde vollständig besiegt und mit ihrem König in die Flucht geschlagen. Die siegreichen Verbündeten brachen den Feldzug aber jetzt ab und zogen sich zurück. Die Schweden belagerten wieder Danzig.

Die Polen- und Tatareneinfälle von 1656/57

Die Erklärung, daß die Kräfte der Verbündeten zur Eroberung ganz Polens nicht ausgereicht hätten, ist nicht überzeugend. Wollte man Polen wirklich total besiegen, konnte es keinen günstigeren Zeitpunkt geben als gleich nach der Schlacht bei Warschau. Wahrscheinlich war es der Kurfürst, der aus den schon erwähnten Gründen keine totale Niederlage Polens wollte.

König Johann von Polen beschloß nun, furchtbare Rache für die verlorene Schlacht zu nehmen. Er dachte aber nicht daran, ebenfalls ein militärisches Unternehmen gegen den Kurfürsten zu führen, sondern befahl den feigen Raub- und Mordüberfall auf die unschuldige und wehrlose Bevölkerung des Herzogtums Preußen. So steht es zwar in den Geschichtsbüchern, aber der christliche Polenkönig hatte den heidnischen Tataren von Anbeginn einen solchen Beutezug als Lohn für ihre Hilfe versprochen. Auch wenn der König die Schlacht bei Warschau gewonnen hätte und somit für eine Rache kein Grund vorhanden gewesen wäre, hätte er den versprochenen Raubzug ausführen lassen müssen. Raub und unbeschränkte Beute aus Preußen waren der ausgehandelte Lohn für die Kriegshilfe der Tataren.

Der Tataren-Khan Zupanskazyaga drängte jetzt den König und forderte für seine Kämpfer den zugesagten Raubzug, denn sie wollten noch vor Einbruch des Winters mit der Beute ihre Heimat wieder erreichen. Der König befahl deshalb seinem Heerführer Vincentius Gonsiewski, mit seiner Truppe die Tataren in das kaum geschützte Herzogtum Preußen zu geleiten.

Die Stärke des polnisch-tatarischen Heerhaufens von 20.000 Reitern muß unterschätzt worden sein, denn die Brandenburger unter General von Waldeck und die Schweden unter dem später für Preußen so bedeutungsvollen Fürsten Boguslaw Radziwill, hatten nur an die 10.000 Mann aufzubieten. Zur Verstärkung sollte jedoch noch der schwedische General Steenbock mit seinen Truppen herbeieilen, der aber untätig in Johannisburg blieb. Das Wallenrodtsche Regiment aus Memel, das ebenfalls zur Verstärkung anrückte, traf erst nach der Schlacht ein. Nur der ostpreußische Adel hatte noch schnell 2.000 freiwillige Reiter zusammenstellen können, die am Kampf teilnahmen. Am Lyckfluß, zwischen Prostken und Ostrokollen, trafen die beiden Heere am 8. Oktober 1656 aufeinander. In der sich sofort entwickelnden Schlacht wurden die Brandenburger und Schweden von der Übermacht vernichtend geschlagen. Sie verloren rund 7.000 Mann; der ganze Troß und alle Kanonen fielen in die Hände der Feinde. Als einziger Gefangener wurde der verwundete Fürst Radziwill von den Polen am Leben gelassen, um ein hohes Lösegeld zu erpressen. In einem Bericht heißt es: „Die Schweden hatten sich vorher [...] toll und vollgesoffen, waren in der Luft schlaftrunken worden, haben sich wider die Tataren nicht wehren können, wurden dahero meistenteils niedergesäbelt."

Unbehindert konnten die wilden Reiterhorden nun in das Innere des Landes vordringen. Bis Tilsit und Ragnit im Norden und bis Passenheim im Westen brandeten ihre Wogen, rauchende Ruinen und verstümmelte Leichen hinter sich lassend. Alles, was der Dreißigjährige Krieg dem Land erspart hatte, mußte es jetzt erleiden. Die entsetzliche Katastrophe, die 1410 aus Gilgenburg eine leblose Ruinenstätte gemacht hatte, wiederholte sich in weit größerem Umfang. Wieder erlebte die Stadt und mit ihr viele andere die gleichen Leiden.

Während die Polen gut bewaffnet waren, benutzten die Tataren zum großen Teil noch Pfeil und Bogen, womit sie jedoch meisterhaft umgehen konnten. Statt eines Säbels hatten viele nur den sogenannten Maslack, einen festen Stock, an dessen Ende ein spitzer Knochen befestigt war. Als schnelle und äußerst gewandte Reiter waren sie nicht zu übertreffen. Außer dem üblichen Raubgut, Pferden und Vieh, gehörten diesmal viele 1.000 Menschen für die Sklavenmärkte des Orients zu ihrer Beute.

Den ersten Ansturm der wilden Horden hatte das Hauptamt Lyck zu erleiden, wo im Kirchspiel Ostrokollen (Scharfenrade) die blutige Menschenjagd begann. Dank der genauen Berichte des Amthauptmanns, Oberst Hans Georg von Auer, sind darüber genaue Einzelheiten bekannt. Der kurz danach aufgenommene Bericht sagt: „Dieses Dorf [Ostrokollen] ist in Grund gebrannt, auch die Widdem [Pfarrhof], desgleichen die Schule, Spital und das ganze Dorf liegt in der Asche [...] Den Herrn Kaplan und einen Bauern niedergehauen und 80 Personen weggetrieben."

Im ganzen Kirchspiel wurden 96 Personen totgeschlagen und 1.362 als Sklaven weggeführt. Am 9. Oktober wurde Lyck überfallen, ausgeplündert und mitsamt der Kirche und Provinzialschule niedergebrannt. Die Einwohner hatten sich aber größtenteils in die Burg auf der Insel im Lycksee retten können, die von Oberst von Auer, der eine aus eigenen Mitteln aufgestellte Reitertruppe unterhielt, erfolgreich verteidigt wurde.

Das Kirchdorf Lyssewen (Lissau, Kreis Lyck) wurde an einem Sonntag überfallen und mitsamt der Holzkirche niedergebrannt. Drei Dorfbewohner wurden totgeschlagen; von den 50 Fortgetriebenen sah niemand die Heimat wieder. Nur der Pfarrer Christoph Kozik konnte sich retten und in das verbrannte Dorf zurückkehren, in dem es fast nur noch kleine Kinder und alte Leute gab.

Aus dem Bericht über das Kirchspiel Lyssewen sind folgende Auszüge entnommen, die exemplarisch für alle anderen Gebiete stehen können:

Colleschnigken (Jürgenau): sechs Gehöfte verbrannt, Vieh und Pferde bis auf fünf Rinder und ein Pferd fort, 15 Personen weggetrieben, ein Kind verbrannt.

Gronzken (Steinkendorf): 14 Gehöfte verbrannt, neun stehen, alles Vieh und Pferde bis auf zwei Ochsen weg, 45 Personen weggetrieben, zwei niedergehauen.

Romanowen (Heldenfelde): 16 Gehöfte verbrannt, Vieh und Pferde bis auf zwei Pferde und zwei Stück Vieh weg, 41 Personen weggetrieben, eine niedergehauen.

Romotten: alle sieben Gehöfte verbrannt, alles Vieh und Pferde weggetrieben, 14 Personen fortgeschleppt, zwei niedergehauen.

Przepiorken (Wachteldorf): alle zehn Gehöfte verbrannt, alles Vieh und Pferde weg, zehn Personen weggetrieben, Jan Pogorzelski niedergehauen.

Burnien (Kreuzhorn): alle acht Gehöfte stehen, alles Vieh und Pferde weg, 21 Personen verschleppt, eine niedergehauen.

Borszymmen (Borschimmen): 25 Gehöfte verbrannt, alles Vieh und Pferde weg, 110 Personen verschleppt, sieben niedergehauen.

Im Amtsbezirk Lyck wurden die Stadt Lyck, 67 Dörfer und zwei Güter niedergebrannt.

Am Schluß dieses Berichts des Amthauptmanns steht: „Haben die Tataren viel Vieh und Pferde weggenommen, aber ihrer halben waren noch geblieben. Die Polnischen vom Adel aber, so an der Grenze wohnen, nebst ihren Bauern, haben den Rest Pferde, Vieh, Schafe, Gänse und Hühner, alles weggenommen, daß im ganzen Kirchspiel kaum zehn Stück Rindvieh überbleiben."

Das Dorf Pissanitzen (Ebenfelde, Kreis Lyck) wurde am Sonntag überfallen, als Pfarrer Trentovius mit der Gemeinde gerade beim Gottesdienst war. 54 Personen wurden erstochen, zwei ertränkt, 329 als Sklaven fortgetrieben und das Dorf mit der Kirche niedergebrannt. Die Schäferei Neuendorf (Kreis Lyck) mit über 1.000 Schafen wurde verbrannt und die Tiere nach Polen getrieben. Von den 800 Personen des Dorfes Kallinowen (Dreimühlen, Kreis Lyck) wurden viele totgeschlagen und über 100 fortgetrieben. Dem Pfarrer Albrecht Baranowius gelang es mit Frau und Kindern zu entkommen, sich im Wald zu verstecken und dann zu fliehen. Nachdem sie, meistens bei Nacht und die Wege vermeidend, fast 40 Kilometer zurückgelegt hatten, trieb der quälende Hunger sie in das Pfarrhaus von Czychen (Bolken, Kreis Treuburg). Dort wurden sie von Tataren überrascht und gefesselt mitgeschleppt. Das jüngste Kind, ein Junge von zwei Jahren, das den Reitern lästig wurde, warfen sie gegen einen Baum, wo es wie leblos liegenblieb. Fremde Leute fanden es und zogen es auf. Pfarrer Baranowius starb als Galeerensklave in Kandia auf Kreta. Von dem Rest der Familie hat man nie wieder gehört. Auch Lehrer Zabrowius aus Kallinowen wurde mit seiner Familie fortgetrieben. Nach wochenlangem Marsch konnte er entfliehen, durchschwamm mit Hilfe eines Bündels Binsen den Dnjepr und erreichte nach abenteuerlicher Flucht als einziger Rückkehrer schließlich wieder sein Heimatdorf. Er übernahm das Amt von Pfarrer Baranowius, das er bis zu seinem Tode 1693 ausübte.

Durch das tapfere Verhalten der kurfürstlichen Truppen unter Oberstleutnant Friedrich von Arnheim wurde die Stadt Johannisburg trotz harter Belagerung verschont. Aus dem ländlichen Gebiet des Amtsbezirkes wurden jedoch viele ermordet und 871 männliche und 1.306 weibliche Personen als Sklaven entführt. Das war ein Viertel der gesamten Bevölkerung. Bei der Belagerung Neidenburgs schoß der Bürger Nowak eine Kanone auf die an dem großen Findlingsblock lagernden Anführer der Tataren ab. Die Kugel traf den Stein, zerfetzte das Mittagsmahl, das gerade verspeist wurde, tötete den obersten Anführer und verletzte einige andere. Bestürzt gaben die Tataren die Belagerung auf und zogen ab.

Auch die Stadt Passenheim wurde von Polen und Tataren erfolglos belagert. Dann aber zeigte ihnen ein Bauer aus dem Nachbardorf Groß Rauschken eine flache Stelle über den noch nicht fest zugefrorenen See und führte sie in der Nacht zum 20. November dort hindurch und durch eine kleine Pforte in die Stadt. Die meisten der überraschten Bewohner wurden niedergemetzelt, und die Stadt wurde nach der Ausplünderung in Brand gesteckt. Unter den wenigen Überlebenden, denen die Flucht über das dünne Eis des Kalbensees gelang, war der zwölf Jahre alte Christoph Hartknoch, der später als Magister in Königsberg und Professor in Thorn sowie durch mehrere Werke über die preußische Geschichte bekannt wurde.

Viele Kirchenbücher und Ortschroniken enthalten Berichte über diese grauenhafte Sklavenjagd mitten im christlichen Europa, die von den ganz besonders christlichen Polen herbeigeführt und geleitet wurde. Der folgende Auszug stammt aus der Chronik der Stadt Lötzen: „Wie wutschnaubende blutdürstige Raubtiere stürzten sich die wilden Horden über das wehrlose Land. Morden, Brennen, Plündern und die Menschen quälen war ihre höchste Lust. Wo sie ihren Fuß setzten, entstanden Blutlachen und Aschehaufen. Schaurig rötete sich nachts der Himmel von den Flammen brennender Städte und Dörfer; was aber nicht in den Flammen umkam, fraß das Tatarenschwert. Wehe dem zarten Kind in der Wiege! Von der Mutterbrust gerissen, auf Steinen zerschmettert, auf Lanzenspitzen zappelnd gehoben – das war ihr Los. Wehe den Greisen! Langsam wurden sie zu Tode gequält. Mädchen und Frauen, Knaben und Jünglinge wurden unter schrecklichen Schandtaten zusammengebunden, unter schneidenden Peitschenhieben wie eine Viehherde vorwärtsgetrieben, in der Türkei als Sklaven verkauft […]"

Über die Kinder sagt das Tatarenlied des polnischen Rektors Molitor aus Rosinsko: „Vom vielen Weinen wurden ihre Stimmlein heiser, von Hunger sterbend leiser, immer leiser […]" Das Lied wurde in die polnischen Gesangbücher aufgenommen, weil dieses als gerechte Strafe Gottes für den Abfall Preußens vom rechten Glauben ausgelegt wurde. Die Chronik von Angerburg berichtet: „Furcht und Entsetzen ergriff die Bürger. Fürst von Waldeck hatte zwar vor der Stadt Verschanzungen aufwerfen, die Brücke über den Fluß abbrechen und eine Wagenburg errichten lassen. Aber durch eine Furt, die ein Bauer, durch Martern dazu gezwungen, den Tataren zeigte, drangen sie in die Stadt ein. Wer sich nicht in das feste Schloß retten konnte, wurde ermordet oder weggeschleppt."

Die überfallenen Menschen wurden wie Vieh gemustert, ihr Marktwert abgeschätzt und entsprechend sortiert. In den meisten Gegenden überstieg die Zahl der verschleppten Personen erheblich die der erschlagenen. Zum Beispiel wurden aus dem vorgenannten Kirchspiel Lyssewen 379 Personen weggetrieben und 22 ermordet. Im ganzen Amtsbezirk Lyck betrug die Zahl der Fortgeführten 2.892, die der Ermordeten 221. Das ergibt ein Verhältnis von 92,5 Prozent Verschleppten zu 7,5 Prozent Ermordeten. In anderen Gegenden, besonders da, wo die Polen mit den Tataren zusammen wüteten, war die Zahl der Ermordeten oftmals höher als die der Verschleppten, so daß insgesamt rund 40 Prozent der gesamten Menschenverluste durch Mord umkamen. Die Mordtaten geschahen oft auf grauenhafte Weise, wobei die Opfer barbarische Folterqualen erleiden mußten. Der alte Freiherr Schenk zu Tautenburg wurde in Stücke zerhauen; Bürgermeister Dullo von Goldap lebend auf dem Markt am Spieß gebraten.

Wie in jedem Krieg, so kamen auch diesmal die Polen in Scharen über die Grenze, um zu holen, was die polnische Truppe und die Tataren übriggelassen hatten. Sie nahmen die letzten Zugtiere und Wagen, bepackten sie mit Hausrat, Ackergerät, Lebensmitteln, Saat- und Brotgetreide; sie nahmen die letzte Gans und das letzte Huhn. So blieb den Menschen auch da, wo die Dörfer nicht verbrannt waren, nichts mehr zum Weiterleben. Im folgenden Winter starben darum Tausende an Hunger und an der eingeschleppten Pest.

Grauenhaft war das Los der Verschleppten. Wer nicht schon unterwegs vor Hunger und Kälte oder durch die rohe Behandlung umkam, verkam im Elend der Sklaverei. Nur von ganz wenigen der Weggetriebenen hat man später noch einmal etwas gehört. Eine, von der man hörte, war die Gräfin Marianne von Lehndorff aus Steinort (am Mauersee). Sie schrieb ihrem Mann erschütternde Briefe, daß sie in Kiew von einem Juden aus Konstantinopel gekauft worden war, der für ihre Freilassung ein hohes Lösegeld von der preußischen Regierung verlangte, die aber die Zahlung dieser Riesensumme ablehnte. Da auch die Familie das Geld nicht aufbringen konnte, blieb die Gräfin als Sklavin in Konstantinopel, und man hat nichts weiteres mehr von ihr oder ihren Kindern gehört.

Mittlerweile hatten die Generale Waldeck, Derfflinger und Steenbock in Preußen eine neue Streitmacht aufgestellt, die eiligst heranrückte. Die Mehrheit der Tataren war mit der Beute schon auf dem Weg in die Heimat, nur die polnische Truppe Gonsiewskis zog noch verheerend im Land umher. Beim Herannahen der Brandenburger und Schweden wendeten sie sich eiligst mit ihrem großen beutebeladenen Troß zur Flucht. Sie wurden jedoch am 22. Oktober 1656 von den Verfolgern kurz hinter der Grenze, bei Philippowo (Filipow, 18 Kilometer nordöstlich von Treuburg) eingeholt und im Kampf besiegt. Die geschlagen Polen mußten sogar einen großen Teil ihrer Wagen mit der Beute im Stich lassen, wobei auch der gefangene Fürst Radziwill befreit wurde.

Dieser grauenhafte Einfall der Polen und Tataren hatte nur 14 Tage, vom 8. bis 22. Oktober, gedauert, aber Leid und Schaden in unermeßlichem Ausmaß verursacht. Auch wenn ein großer Teil der Bewohner noch vorhanden war, so ist zu bedenken, daß bei dieser Menschenjagd ausschließlich Jugendliche und arbeitsfähige Menschen ausgesucht worden waren, die auf dem Sklavenmarkt einen guten Preis bringen würden. Die zurückgebliebenen Kinder und alten Leute waren nicht in der Lage, die notwendigen bäuerlichen Arbeiten zu leisten.

Nur wenige von den Obdachlosen konnten ein Unterkommen in den noch vorhandenen Häusern finden. Die anderen mußten sich auf irgendeine Weise eine Unterkunft beschaffen, auch wenn es nur eine primitive Hütte oder eine abgedeckte Erdhöhle war, um in dem beginnenden Winter nicht zu erfrieren. Die größte Sorge aber galt der Beschaffung von etwas Eßbarem. Da die Vorräte und Produktionsmittel geraubt oder verbrannt waren, wurde die Beschaffung von Lebensmitteln immer schwieriger.

Für Polen und Tataren war die Beute, die aus Preußen zu holen war, zu verlockend, als daß dieser eine Beutezug ihre Raubgelüste voll befriedigt hätte. Im November fiel nochmals eine Horde von Neidenburg und Willenberg her ins Land ein, wobei Sensburg größtenteils vernichtet wurde.

Am 28. November 1656 wurde mit Polen ein dreimonatiger Waffenstillstand abgeschlossen. Aber die Räuber genossen dieses herrliche Leben so sehr, daß sie nicht gewillt waren, es aufzugeben. Dazu lockte das zurückgeführte Beutegut neue Scharen herbei, und die Einfälle hörten trotz Waffenstillstand und Winter nicht auf. Polnische Haufen überfielen fortwährend die Grenzregionen. Aus Furcht vor kurfürstlichen Truppen wagten sie sich nicht weit ins Land, um mit der Beute schnell über die Grenze fliehen zu können. Bei einem dieser Raubzüge wurde das große Kirchdorf Marwalde (Kreis Osterode) total zerstört. Dann erschien ein neues Tatarenheer, und nun konnten wieder große Raubzüge unternommen werden. Otto Müller beschreibt den Einfall der Tataren ins Bartener Land: „Am 4. Januar 1657 erschien unerwartet zum zweitenmal ein Haufen in Barten. Auf leichten Pferden [...] mit einem bunten Kaftan, weiten Hosen und einer spitzen Mütze bekleidet und mit Flinten und krummen Säbeln bewaffnet, zogen sie plündernd und brennend durch die Stadt. Die meisten Einwohner hatten mit ihrer Habe Schutz auf der Burg gesucht [...] Die Burgbesatzung wies die Aufforderung zur Übergabe zurück. Bald darauf zogen sie in Richtung Rastenburg weiter, die Umgebung verwüstend. Noch bis zum 13. Februar schwärmten sie in der Umgebung herum. Unsere Nachbarstädte Angerburg und Drengfurt waren in Flammen aufgegangen. Jede Nacht war der Horizont blutrot erhellt. Das Vieh wurde weggetrieben, Säuglinge der Mutterbrust entrissen und an den Mauern zerschmettert, Jünglinge, Männer, Mädchen und Frauen mit schmerzhaften Knutenhieben vorwärtsgetrieben. Wer mit dem Leben davonkam, wurde in die Sklaverei nach der Türkei verkauft."

Die wilden Scharen drangen bis Schippenbeil vor, wo die Stadtchronik ähnliches berichtet. Besonders schlimm erging es der Stadt Lötzen, die am 10. Februar 1657 bis auf Kirche und Rathaus niedergebrannt wurde. Über 1.000 Menschen wurden verschleppt oder ermordet. Am 13. Februar wurde Drengfurt überfallen und niedergebrannt. Die Stadt erhielt deshalb bis 1679 Steuerfreiheit. Nordenburg und Gerdauen wurden von dem dort untergebrachten Regiment des Freiherrn von Eulenburg geschützt und entgingen deshalb einem ähnlichen Schicksal. All dies geschah während des Waffenstillstands, der erst Ende Februar ablief.

Zu allem Unglück schleppten die Polen und Tataren bei diesem Einfall auch noch die Pest ins Land, die mehr Opfer forderte, als Morde und Verschleppungen verursacht hatten. Allerdings raffte sie nicht nur Arbeitsfähige, sondern auch Kinder und Alte hinweg. Im Herbst 1657 wütete sie so furchtbar, daß die Menschen teilweise in die Wälder flüchteten. Auch der Pfarrer Gregorovius aus Seehesten verbrachte 15 Wochen im Reuschendorfer Wald. Unter dem Eindruck der Kriegs- und Pestnot schrieb er an den Anfang des Taufbuches von 1658: „Clementissimus de caelo Deus [...]" (Gütiger himmlischer Gott, nach so vielen Widrigkeiten, grausamsten Todes und verderblicher Seuche sei uns gnädig im Jahre 1658.)

Die Pest fand in den verwüsteten Landesteilen unter den hungernden und in primitiven Notunterkünften hausenden Menschen ganz besonders viele Opfer. Im Durchschnitt war die Zahl der Pesttoten 40 Prozent höher als die der Ermordeten und Verschleppten. Die Überlebenden waren nicht mehr in der Lage, die Äcker zu bestellen. Zwar war das Wintergetreide noch vor dem Einfall gesät worden, doch für die Frühjahrsbestellung fehlten Menschen, Saatgut und Zugtiere, so daß die Felder größtenteils unbebaut liegenblieben. Weil die Wirtschaftsgebäude mit den Ackergeräten und die Scheunen zur Unterbringung der Ernte verbrannt waren, konnte auch die Ernte des Wintergetreides – das war das Brotkorn – nur zu einem geringen Teil eingebracht und verwertet werden. Das Dreschen mit dem Flegel dauerte normalerweise den ganzen Winter über und war ohne Scheune kaum möglich. In den überfallenen Gebieten blieb mehr als die Hälfte, in den dazu von der Pest am schwersten betroffenen Gegenden blieben sogar fünf Sechstel des Ackerbodens unbebaut liegen und verwilderten. Dazu kamen unkluge, durch den weitergehenden Krieg bedingte Maßnahmen der Regierung. Wo Bauern versuchten, die „wüsten" Hufen zu bearbeiten, wurden sogleich erhöhte Steuern, Abgaben und Scharwerk gefordert.

Im Amt Lyck lebte nach der Pest nur noch ein Drittel der Bevölkerung. Bei der Steuerveranlagung von 1657 wurden dort 1.569 Hufen als unbestellt aufgeführt; das heißt, daß von den vorher noch 2.477 genutzten Hufen nur noch 908 notdürftig bebaut wurden. In den anderen Amtsbezirken der überfallenen Gebiete waren die Verhältnisse ähnlich. Im Amt Johannisburg sind in der gleichen Steuerliste 1.012 Hufen als unbebaut verzeichnet. Mit jedem Jahr nahm aber die Fläche des bearbeiteten Bodens wieder zu. Fünf Jahre nach dem Einfall (1666) wurden zum Beispiel im Amt Lyck schon wieder 1.254 Hufen, also etwas über die Hälfte des ehemaligen Ackerbodens bebaut. Von den letzten Folgen dieser Katastrophe haben sich die am schwersten betroffenen Gebiete aber erst im 19. Jahrhundert erholt.

Wäre die Pest nicht von den Polen und Tataren bei diesen Raub- und Verwüstungseinfällen eingeschleppt worden, dann hätte sie nicht so viele Opfer gefordert, weil die Bewohner ausreichend ernährt und, in ihren Häusern unter normalen Verhältnissen lebend, bei weitem nicht so anfällig gewesen wären. Die Pest wütete immer da am schlimmsten, wo die Menschen in Armut und Not in engen, unzulänglichen Unterkünften lebten.

Wie von jeder Pestwelle, so ist auch diesmal nur von einigen Orten die Zahl der Opfer bekannt. Von den 3.000 Einwohnern der Stadt Konitz, die 1657 durch Belagerung, Plünderung und Feuer verwüstet worden war, überlebten 500. In Friedland starben 462, in Lyck 600 und in Rößel rund 700 Menschen, darunter zehn Patres des Jesuitenkollegs. In dem großen Dorf Kallinowen (Dreimühlen, Kreis Lyck), das durch Polen und Tataren schwer gelitten hatte, raffte die Pest alle übriggebliebenen 635 Personen hinweg. Das verwüstete, ausgestorbene Dorf hat auch in späterer Zeit die frühere Einwohnerzahl nie mehr erreicht; der höchste Stand waren 661 Einwohner im Jahre 1939.

Die Polen- und Tatareneinfälle von 1656/57 hatten ein Gebiet von 200 Kilometer Länge und 70 Kilometer Breite barbarisch verwüstet und entvölkert. 13 Städte, 249 Dörfer und Güter mit 37 Kirchen waren mit Hausrat, Nahrungsmitteln und allem Lebensnotwendigen verbrannt, das lebende Inventar, vom Pferd bis zum Huhn, geraubt worden. Die ostpreußische Bevölkerung verlor 23.000 Menschen durch Tod und 34.000 durch Verschleppung, von denen nicht einmal zehn zurückkehrten. Die folgende Hunger- und Pestzeit forderte weitere 80.000 Tote. Dieser grausame Massenmord einer friedlichen Bevölkerung und ein Menschenraub solchen Ausmaßes mitten im 17. Jahrhundert – von der Ausplünderung und Verwüstung des Landes gar nicht zu reden –, stehen als einmalige Schandtat in der Geschichte der christlichen Welt.

Und was sagte diese Welt in einer Zeit, die sich „die Neuzeit" nannte und die seit 150 Jahren den Humanismus mit der „allseitig ausgebildeten Menschlichkeit" predigte, hierzu? In vielen Geschichtswerken wird diese Katastrophe nicht einmal als Randbemerkung erwähnt. Bruno Schumacher etwa genügt in seiner ansonsten überaus ausführlichen *Geschichte Ost- und Westpreußens* ein einziger Satz, um eine Tragödie dieses Ausmaßes darzustellen.

Preußen wird frei

Unterdessen war ein neu aufgestelltes polnisches Heer von 40.000 Mann entlang der Weichsel in Westpreußen vorgerückt und hatte die Schweden an die Ostseeküste gedrängt. Die Bevölkerung Westpreußens hatte sowohl unter den Schweden als auch unter den Polen viel gelitten, wobei die Gewalttaten der polnischen Schutzmacht an ihren Schutzbefohlenen die der schwedischen Feinde übertrafen. Der Kurfürst mußte die vier polnischen Grafschaften, die er bereits besetzt hatte, wieder räumen, und die Schweden mußten die Belagerung Danzigs aufgeben. Die Russen nutzten die Gelegenheit, indem der Großfürst von Moskau im November 1656 den Schweden den Krieg erklärte und ihnen Livland wegnahm. Als sich auch noch der Kaiser und die Niederlande gegen Schweden stellten, waren sie zu Opfern bereit, um Brandenburg-Preußen weiterhin auf ihrer Seite zu halten.

Auch Polen warb jetzt um den Kurfürsten, jedoch ohne etwas zu bieten. Der Kurfürst forderte nun vom Schwedenkönig für sein weiteres Verbleiben bei ihm die volle Souveränität in Preußen und im Ermland, die er im Vertrag zu Labiau am 20. November 1656 auch erhielt. Schweden entsagte allen Ansprüchen auf Preußen und bestätigte nochmals die Eingliederung Ermlands in das Herzogtum Preußen. Memel und Pillau aber sowie die Hälfte der Seezölle behielten die Schweden weiterhin. Außerdem wurde ihnen vom Gebiet des Ermlands das Kammeramt Frauenburg übergeben.

Obwohl das Ermland schon im Januar im Königsberger Vertrag dem Kurfürsten zugesprochen worden war, ließ er es erst jetzt besetzen, zwar ohne das Amt Frauenburg, doch mit der Stadt Braunsberg, die in diesem Amt lag. Von den bischöflichen Burgen wehte nun die Fahne mit dem roten Adler. Kurfürstliche Kommissare bereisten das Land, machten eine Bestandsaufnahme und setzten die kurfürstliche Verwaltung ein, die jedoch nicht einmal ein Jahr dauern sollte. Die geplagte ermländische Bevölkerung hoffte nun auf eine Besserung ihrer Lage und bestürmte die Brandenburger mit Klagen. Durch das rohe, zügellose Kriegsvolk seien sie so ausgesogen und bedrückt worden, daß ihnen „das Wasser bis an die Kehle geht und sie Haus und Hof verlassen müssen", wenn keine Hilfe erfolgt.

Während Polen und Tataren das südöstliche Herzogtum verwüsteten und die Menschen totschlugen oder wegtrieben, saß der Kurfürst im Königsberger Schloß, hörte sich die Berichte darüber an und tat anscheinend nichts. Seine Räte und auch die „Frauenzimmer", so heißt es, rieten zum Frieden mit Polen. Die Kurfürstin Luise Henriette, die ihren Gemahl auf den Reisen und Feldzügen begleitete und beratend an seiner Politik teilnahm, drohte sogar, endgültig in ihre Heimat Den Haag zurückzukehren. Im Mai 1657 erklärte auch Dänemark Schweden den Krieg, und der Schwedenkönig mußte Preußen verlassen, um gegen diesen neuen Gegner zu kämpfen. Der Kurfürst stand nun ganz allein Polen gegenüber. Im Juli 1657 kam der kaiserliche Gesandte, Franz Paul von Lisola, nach Königsberg, um über einen Frieden mit Polen zu verhandeln. Wegen der bevorstehenden Wahl des neuen Kaisers (Leopold I.) gab er sich die größte Mühe, um die Wahlstimme des Kurfürsten dafür zu gewinnen. Deshalb stellte er sich auch gleich als Pate für den eben geborenen Sohn des Kurfürsten, den späteren König Friedrich I., zur Verfügung. Auch Polen wollte den Schweden die wichtigste Stütze nehmen und hatte Lisola weitreichende Vollmachten gegeben, um Preußen wieder auf ihre Seite zu ziehen. Mit viel Geschick erreichte Lisola schließlich, daß Polen der Aufhebung der Lehnshoheit zustimmte. Nun erst war der Kurfürst bereit, die Seiten zu wechseln und den schwedischen Verbündeten fallenzulassen.

Im Vertrag zu Wehlau (29. September 1657) verzichtete Polen endgültig auf die Lehnshoheit über Preußen und erkannte die unbeschränkte Souveränität Preußens an. Der Kurfürst mußte aber das Ermland wieder herausgeben. Ihm wurde jedoch die Stadt Elbing mit ihrem Gebiet zugesprochen, die noch von Schweden besetzt war. Ebenso saßen die Schweden noch in dem ermländischen Amt Frauenburg. Deshalb hielt der Kurfürst die Stadt Braunsberg, die in diesem Amt lag, weiterhin besetzt. In den sieben Jahren der brandenburgischen Besetzung mußten die rund 4.000 Einwohner Braunsbergs 452.000 Gulden als Kontribution aufbringen.

Am 12. Oktober 1657 ernannte der Kurfürst den Fürsten Boguslaw Radziwill zum Statthalter in Preußen. Aus einem litauischen Fürstengeschlecht stammend und 1620 in Danzig geboren – seine Mutter war Sophie von Hohenzollern –, war er der erste im Lande geborene Regent Preußens.

Mit dem Wehlauer Vertrag wurde ein zehnjähriges Bündnis gegen Schweden geschlossen. Bei einer persönlichen Zusammenkunft des kurfürstlichen und polnischen Herrscherpaares in Bromberg (16. November 1657) wurden Einzelheiten des Vertrages ergänzt. Es ist anzunehmen, daß die 23.000 ermordeten Untertanen des Kurfürsten und die 34.000, die zu dieser Zeit auf den Sklavenmärkten zum Verkauf angeboten wurden, bei den Festgelagen mit keinem Wort erwähnt wurden.

Trotz der im Vertrag geforderten Waffenhilfe für Polen wartete der Kurfürst bis zum nächsten Jahr mit offenen Kampfhandlungen gegen Schweden. Während der Schwedenkönig Kopenhagen belagerte, zog der Kurfürst 1658 mit seiner Armee nach Holstein, warf mit Hilfe kaiserlicher und polnischer Truppen die Schweden aus Holstein und drang im nächsten Jahr bis Jütland vor. Da eine weitere Verfolgung ohne Flotte nicht möglich war, nahm er den Kampf gegen die Schweden in Pommern auf und eroberte einen großen Teil Vorpommerns. Als sich daraufhin Frankreich einschaltete, der Kaiser seine Truppen zurücknahm und die Polen heimkehren wollten, mußte der Kurfürst den Feldzug abbrechen. Die Furcht vor den Schweden trieb derweil Danzig zu größten Anstrengungen, um die Verteidigung der Stadt zu sichern. 1659 betrugen die Ausgaben dafür 70 Prozent des gesamten Haushalts.

In Westpreußen hielten die Schweden seit 1655 noch immer Thorn besetzt. Seit dem Sommer 1658 belagerten polnische und kaiserliche Truppen, insgesamt 14.000 Mann unter dem polnischen Marschall Lubomirski, die Stadt. Die wenigen Schweden hielten die Stadt aber noch fast eineinhalb Jahre lang; erst am 30. Dezember 1659 zogen sie ab. Neben dem Danziger Haupt gaben die Schweden auch Graudenz auf, wobei sie bei ihrem Abzug einen Teil der Stadt niederbrannten. Im selben Jahr (1659) lebte der Krieg auch in Preußen wieder auf. Die Schweden drohten den Hafen von Pillau von der Landseite her anzugreifen. Um dem Feind die Deckung zu nehmen, ließ der Kommandant, Pierre de la Cave, den Wald bei Fischhausen größtenteils abholzen. Die dadurch zunehmende Versandung der Hafenanlagen veranlaßte die Regierung später, das Gelände wieder aufzuforsten.

Der Schwedenkönig besetzte mit einer Armee von 4.000 Reitern und 10.000 Mann Fußvolk Friedland und Schippenbeil. Bei den Kämpfen in Preußen wurde unter anderem Liebstadt verbrannt und Preußisch Holland von 5.000 Schweden belagert. Die Bürger verteidigten ihre Stadt so tapfer, daß der Kurfürst ihnen 1663 zur Belohnung ein neues Krugprivileg gab, das er so begründete: „[...] wassmassen wir die vnterthänigste Trewe vnd Mänliche Gegenwehr, so vnsere stadt Hollandt bey jüngstem Kriege in Defendirung ihrer stadt gehorsamst erwiesen, angesehen."

Nach langen Verhandlungen wurde am 3. Mai 1660 zwischen Polen, Brandenburg und Österreich einerseits und Schweden andererseits der Friede zu Oliva geschlossen, der den zweiten schwedisch-polnischen Krieg beendete. Polen mußte den schwedischen Besitz Livlands anerkennen. Alle Verträge, in denen Preußen zum Lehen der schwedischen Krone erklärt worden war, wurden aufgehoben, und der Vertrag von Wehlau, in dem Polen die Unabhängigkeit Preußens anerkannt hatte, von den europäischen Mächten bestätigt. Westpreußen und Ermland blieben zwar weiter bei Polen, aber das Herzogtum Preußen war nach fast zwei Jahrhunderten polnischer Lehnshoheit endlich wieder frei. Vorpommern, auf das der Kurfürst bessere Rechte als Schweden hatte, durfte er jedoch nicht behalten, denn der deutsche Kaiser (Leopold I.) sah lieber die feindlichen Schweden als die deutschen Brandenburger im Norden des Reiches. Trotzdem hatte dieser Vertrag die Grundlage für den Aufstieg des späteren preußischen Staates geschaffen. Diesem Vertrag mußte auch das Ende des preußischen Ständestaates folgen, der nur mit der polnischen Lehnshoheit seine Macht hatte erreichen und halten können.

Das Ende der ständischen Macht

Mit der Beseitigung der polnischen Oberhoheit war die wichtigste Stütze der ständischen Macht gefallen. Die Stände fürchteten mit Recht, daß sie ohne den polnischen Rückhalt ihre alte Macht verlieren würden. Das führte zur letzten großen Auseinandersetzung mit dem Kurfürsten, der nun, auf der Höhe seiner Macht stehend, nicht zögerte, sich auch gegen die Stände durchzusetzen.

Zunächst weigerten sich die Stände, die Souveränität des Kurfürsten anzuerkennen, und begründeten dies damit, daß sie bei dem Friedensschluß in Oliva nicht mitgewirkt hatten. Hinter dem Aufruhr stand Polen, das jeden Anlaß wahrnahm, um das in der Not gemachte Zugeständnis der Souveränität wieder rückgängig zu machen. Hierzu konnten sich die Polen nichts Besseres wünschen, als daß die Preußen den Fortbestand der polnischen Oberhoheit selbst wollten. Auf dem großen Landtag (1661–63) wurde heftig gestritten, und viele forderten, der Polenkönig müsse mit seinem Heer ins Land kommen, um den Adel und die Städte vor dem Kurfürsten zu schützen. Im Sommer 1662 herrschte wieder einmal die Pest, so daß der Landtag nicht in Königsberg, sondern im Herbst in Bartenstein tagte. Der stärkste Widerstand kam von den drei Städten Königsbergs, wo der Kaufherr und Schöppenmeister Hieronymus Roth fanatisch die Fortdauer der polnischen Oberhoheit forderte und die Bürger zur Auflehnung aufhetzte.

Der Kurfürst, den eine in Straßburg gedruckte Schrift zu dieser Zeit erstmalig „den Großen" nannte, wurde in den wilden Reden Roths heftig angegriffen und unrechtmäßiger Anmaßung beschuldigt. Wegen Respektlosigkeit gegenüber dem Landesherrn waren die Königsberger gezwungen, Roth den Sitz im Landtag zu entziehen. Als er dann machtlos zusehen mußte, daß die Räte der Königsberger Städte zum Nachgeben bereit waren, reiste er heimlich zum polnischen Reichstag nach Warschau, wo er freudig empfangen wurde. Polen konnte aber wegen seiner chaotischen inneren Zustände und wegen des Krieges, den es um den Besitz der Ukraine mit Rußland führte, nicht in Preußen einmarschieren oder offen den Verzicht auf die Oberhoheit widerrufen, aber der König versicherte Roth, daß er die Entbindung Preußens vom Gehorsam gegen die polnische Krone niemals ernst gemeint habe. Roth erhielt sogar ein Schreiben des Königs, in dem er den Königsbergern seinen Schutz versprach. Triumphierend kehrte Roth zurück und klärte die Königsberger darüber auf, daß sie dem Kurfürsten von Rechts wegen zu nichts verpflichtet seien und der Schutz des polnischen Königs ihnen sicher sei. Weil damit die Zahlung der geforderten Abgaben hinfällig wurde, gewann Roth viele Anhänger. Die drei Gemeinden gingen daran, einen Bundesbrief aufzusetzen, in dem sie sich verpflichteten, mit dem Einsatz von Gut und Leben die Oberhoheit Polens nicht aufzugeben. Mit einem solchen Bundesbrief hatte auch damals der Kampf gegen den Orden begonnen, und Roth glaubte, daß auch diesmal die Stände siegen würden. Der Adel agitierte eifrig im Lande, und die Revolution stand kurz vor dem Ausbruch.

Der Kurfürst trat jedoch mit größerer Entschlossenheit als damals der Orden auf: Er kam mit starker Truppenmacht am 25. Oktober 1662 nach Königsberg. Viele wurden nun unsicher, und selbst die Autoren des Bundesbriefes erklärten, daß der Brief zwar aufgesetzt, aber noch nicht beschworen sei. Der Kurfürst wurde notgedrungen mit gebührenden Ehren empfangen, und er versprach, die Privilegien der Stände zu achten und alle Beschwerden der Städte wohlwollend zu untersuchen, wenn die geforderten Abgaben gezahlt würden. Dem verängstigten Adel genügte dieses Entgegenkommen, aber die Königsberger, von Roth aufgehetzt, verweigerten weiterhin die Anerkennung der Souveränität des Kurfürsten und die Steuerzahlung. Wenn die von den polnischen Königen verliehenen Privilegien weiterhin Geltung hatten, dann war das Recht auf seiten der Stände, und der Kurfürst konnte keine Steuern ohne ihre Einwilligung erheben. Diesen Standpunkt vertrat Roth.

Dieses war aber das Zeitalter des Absolutismus, wo der Landesherr die absolute Macht ausübte, und der Kurfürst war entschlossen, das alte System privilegierter Untertanen auch in Preußen zu beseitigen, wobei er viel Geduld und kluge Diplomatie anwandte. Nach zwei fehlgeschlagenen Versuchen gelang es, Roth gegen Ende des Monats durch eine List zu verhaften und die Rebellen so weit zu beruhigen, daß der Friede erhalten blieb.

Neben der eindrucksvollen Gestalt des Kurfürsten verfehlten auch die auf die Stadt gerichteten Kanonen des Forts Friedrichsburg nicht ihre Wirkung. Diese Festung hatte der Kurfürst 1657 am Pregel, am Westrand der Stadt, zum Schutz des Handels errichtet. Allerdings wurde behauptet, daß sie mehr gegen die widerspenstigen Königsberger als zu ihrem Schutz erbaut worden war. Roth wurde von einer kurfürstlichen Kommission, einem damaligen Sondergericht, wegen Hochverrats zu lebenslanger Haft verurteilt. Er saß in Kolberg, Küstrin und zuletzt in Peitz, wo er bis zu seinem Tod 1678 blieb. Der Kurfürst ließ ihm mehrmals nahelegen, ein Gnadengesuch einzureichen, worauf er ihn entlassen wolle. Roth bestand aber auf seinem Recht und sah nicht ein, daß eine neue Zeit neues Recht schafft. Das Verhalten dieses starrköpfigen Preußen, der lieber im Kerker starb, als daß er seine Grundsätze aufgab, verdient immerhin Respekt.

Nachdem der lange Landtag am 5. Mai 1663 beendet war, verlangte der Kurfürst die Huldigung der Stände. Am 18. Oktober 1963 bestieg er im Schloßhof zu Königsberg die mit rotem Tuch bedeckte Tribüne und nahm auf dem mit rotem Samt bezogenen Thronsessel Platz. Der Sekretär las die Eidesformel vor, und die vier Oberräte mit den Vertretern der Stände schworen, daß sie sich „durch nichts, wie solches auch von Menschen erdacht werden mag, von ihrem einzigen, wahren und unmittelbaren Oberherrn abwendig machen zu lassen". Danach drängte sich das Volk in den Schloßhof, um sich um die goldenen und silbernen Gedenkmünzen zu raufen, die der Kämmerer unter die Menge warf, sowie dem ausgeschenkten Wein zuzusprechen. Die hohen Herren und die Vertreter der Stände wurden im Schloß festlich bewirtet. Mit diplomatischem Geschick hatte der Kurfürst seine Anerkennung in Preußen erreicht. Aber erst nach zehn Jahren war die Macht der Stände endgültig gebrochen, so daß er selbst in Preußen regieren konnte.

Kommissare des polnischen Königs nahmen die Eventualhuldigung für den Fall entgegen, daß die männliche Hohenzollernlinie aussterben würde. Das Rückfallsrecht an Polen beim Aussterben des brandenburgischen Hauses war im Wehlauer Vertrag von 1657 vereinbart worden. König August II. verzichtete 1701 ausdrücklich auf diesen Erbanspruch und auf die Eventualhuldigung. Der polnische Reichstag vom 30. September 1773 verzichtete auch seinerseits darauf. Trotzdem behaupteten die Polen bei den Friedensverhandlungen 1919 in Versailles, daß Polen „wegen Rücktritts der Hohenzollern aus Königsberg ein Anrecht auf Ostpreußen habe, das eine Anwartschaft des polnischen Staates sei".

Die Stände hatten auf manche Privilegien verzichten und beträchtliche Geldsummen bewilligen müssen, die zu ihrem Leidwesen zur Verstärkung des Heeres verwendet wurden und damit die Macht des Kurfürsten noch weiter stärkten. Die Oberräte hatten bei allen wichtigen Entscheidungen den Kurfürsten zu befragen. Außerdem unterstanden sie seit 1657 dem Statthalter Boguslaw Radziwill.

Im Landtag von 1670/71 kam es nochmals zu scharfen Auseinandersetzungen mit den Ständen über Geldforderungen für Heereszwecke. In diesem Zusammenhang konspirierte der ehemalige Oberst Christian Ludwig von Kalkstein in Warschau als heimlicher Sprecher der preußischen Adligen. Gegen diesen ging der Kurfürst nicht so nachsichtig wie gegen Roth vor. Kalkstein hatte in französischen und polnischen Diensten gestanden. Der Kurfürst ernannte ihn 1655 zum Amtshauptmann von Marggrabowa und gab ihm dazu das Kommando über 1.000 Mann zu Fuß und 600 Dragoner. Sein Vater, Generalleutnant von Kalkstein, war der Führer des Widerstandes gegen den Kurfürsten unter dem Adel, und der Kurfürst hoffte, durch die Gunstbezeigungen, die er dem Sohn erwies, diese Feindschaft zu beseitigen. Kalkstein nützte aber sein Amt derart schamlos zu seiner persönlichen Bereicherung aus, daß Fürst Radziwill ihn seines Amtes entheben mußte. Wütend ging er darauf nach Polen, nahm wieder Armeedienste an und versuchte vergeblich die Polen zu einem Einfall nach Preußen zu bewegen. Nach dem Tod des alten Kalkstein stritten die Söhne um das Erbe, und ein Bruder des Obersten beschuldigte ihn schwerster Verbrechen. Die Untersuchung ergab, daß er nicht nur gegen den Kurfürsten konspiriert, sondern gedroht hatte, ihn bei günstiger Gelegenheit umzubringen. Aus Rücksicht auf den preußischen Adel, den der Kurfürst durch gnädiges Verhalten für sich zu gewinnen suchte, ließ er das lebenslängliche Urteil des Gerichts in eine Geldstrafe von 10.000 Talern umwandeln. Nachdem Kalkstein den Eid geleistet hatte, ohne Erlaubnis des Kurfürsten seine preußischen Güter nicht zu verlassen und die Geldstrafe bis zu einem festgesetzten Datum zu zahlen, wurde er freigelassen. Von der Geldbuße, die nochmals um die Hälfte erlassen wurde, zahlte Kalkstein nur 333 Taler und floh dann mit seiner Geldkiste, die vier Mann nur mit Mühe in seinen Schlitten heben konnten, nach Polen. Dort versuchte er wieder ein militärisches Unternehmen gegen Preußen in Gang zu bringen. Seine Karriere in der polnischen Armee wurde jedoch plötzlich beendet, als bekannt wurde, daß er dort einmal mit einer Regimentskasse von 20.000 Gulden durchgegangen war.

Das hinderte Kalkstein nicht daran, sich im polnischen Reichstag vom September 1670 als Vertreter der preußischen Stände auszugeben und mit allen Mitteln gegen den Kurfürsten zu hetzen. Der Kurfürst verlangte die Auslieferung des Verräters vom polnischen König, der aber lehnte nicht nur diese ab, sondern gab Kalkstein noch einen persönlichen Schutzbrief. Darauf ließ der Kurfürst den Verräter gewaltsam und heimlich aus Warschau nach Preußen bringen. Die Entführung, die ein offener Bruch des geltenden Rechts war, wurde von einem Herrn von Brandt, der vorübergehend den brandenburgischen Gesandten Johann von Hoverbeck vertrat, und dem Rittmeister Montgommery durchgeführt. Als sie in Warschau bekannt wurde, war die Empörung groß. Der König befahl, den brandenburgischen Gesandten zu verhaften, aber Brandt hatte wohlweislich Warschau schon verlassen, nachdem er noch eine lateinische Aufklärungsschrift über Kalkstein verbreitet hatte. Die Aufregung kochte dermaßen hoch, daß ein Krieg ernstlich zu befürchten war. Dem Kurfürsten blieb darum die Lüge nicht erspart; er mußte erklären, daß Brandt und Montgommery ohne seinen Auftrag gehandelt hätten und nicht aufzufinden wären. (Der eine hielt sich in Kolberg, der andere in Kleve auf.) Wo Kalkstein sich aufhalte, wisse er nicht. Um die aufgebrachten Polen zu besänftigen, mußte ein brandenburgisches Gericht Brandt zum Verlust seiner Ehre und Güter, den Rittmeister Montgommery sogar zum Tode verurteilen. Die Urteile wurden in Abwesenheit der Beschuldigten ausgesprochen. Polen aber geriet durch die Bedrängung von Kosaken und Türken so sehr in Not, daß es, auf die Hilfe der Brandenburger hoffend, die weitere Verfolgung dieser Angelegenheit aufgab. Die beiden Verurteilten konnten daraufhin völlig rehabilitiert werden.

Das Gerichtsverfahren gegen Kalkstein in Memel war wieder ein Bruch des altgewohnten Rechts. Sogleich wurde die Folter angewandt, um Mitschuldige zu finden. Kalkstein nannte jedoch keinen Namen, obwohl er zweifellos in einem Kreis preußischer Adliger konspiriert hatte. Peinlich für die Richter war auch sein Einwand, daß er Untertan des polnischen Königs, nicht des Kurfürsten sei, dem er nie den Huldigungseid geleistet habe. Der Kurfürst aber wollte ein abschreckendes Beispiel, und Kalkstein wurde zum Tode durch das Schwert und zum Verlust seiner Güter verurteilt. Die Stände protestierten in dringenden Eingaben gegen das Urteil und nannten es eine Schande gegen ihren Stand. Solange sie unter einem christlichen Herrscher gestanden hätten, wäre dieses Vorgehen ohne Beispiel. Dem Kurfürsten ging es aber darum, mit einem solchen Exempel den Ständen zu beweisen, daß die Zeit ihrer Herrschaft vorbei war. Er blieb bei seiner Entscheidung, und Kalkstein wurde 1672 in Memel hingerichtet.

Mit der Hinrichtung Kalksteins war die Macht der Stände endgültig gebrochen. Die schockierten Adligen sahen ein, daß mit polnischer Hilfe nicht mehr zu rechnen war. Daß einer aus ihrem Stande auf solche Weise verhaftet, abgeurteilt und geköpft werden konnte, hatten sie noch nie erlebt und niemals für möglich gehalten. Der Sieg des Kurfürsten über die Stände beendete die politische Selbständigkeit des Herzogtums Preußen, und damit begann seine Geschichte als Provinz eines größeren Staates. Mit der Beseitigung der alten Ständeverfassung und der Schaffung eines Beamtentums, das nur dem Landesherrn unterstand, hatte sich der Absolutismus endgültig durchgesetzt. Der Kurfürst war nun unbeschränkter Herr im Herzogtum Preußen, das aber nicht zum Reichsverband gehörte und daher auch lehnsrechtlich nicht dem Kaiser unterstand.

Regieren zwischen Krieg und Pest

Der Große Kurfürst hatte nicht nur Kriege zu führen und Steuern für sein Heer einzutreiben; er kümmerte sich auch um alle anderen Angelegenheiten in seinen Ländern. In Preußen mußte er sich noch mit Dingen befassen, die es sonst nirgendwo gab. Wiederholt mußte er gegen den heidnischen Glauben einschreiten. Den Amtshauptmann von Ragnit wies er 1657 an, die Pfarrer aufzufordern, gegen die heidnischen Festlichkeiten vorzugehen, die immer noch bei der altpreußischen Bevölkerung abgehalten wurden. Eine Religion kann natürlich nicht in kurzer Zeit ausgerottet werden, daß sie sich aber unter dem strengen Christentum über 300 Jahre halten konnte – das sind immerhin ein Dutzend Generationen –, ist doch erstaunlich. Man wundert sich, was dieser Glaube den Menschen zu geben vermochte, daß noch immer viele daran festhielten. Aber nicht nur die Heiden, auch die Christen bereiteten dem Kurfürsten manchen Ärger. Während in seinem Staat Glaubensfreiheit herrschte – sie galt natürlich nicht für Heiden –, trat er für verfolgte Protestanten in anderen Ländern ein. Er drohte sogar mit Vergeltungsmaßnahmen, wenn dort die grausamen Verfolgungen nicht eingestellt würden. In Brandenburg bekämpften sich Lutheraner und Reformierte erbittert. Auch hier mußte er mit Strenge eingreifen. In einem Edikt vom August 1659 verbot er das gegenseitige Verdammen und Verlästern. Im September 1664 mußte er noch schärfere Verordnungen erlassen, um die Haß- und Hetzpredigten von den Kanzeln zu verbieten. Es heißt, daß mancher Pfarrer nun nicht mehr wußte, was er predigen sollte.

Trotz der wütenden Proteste von Thurn und Taxis (das Haus hatte 1595 das Reichsgeneralpostmeisteramt erhalten) entstand das für die damalige Zeit modernste Postwesen. Schon seit 1646 waren Berlin, Danzig, Königsberg und Memel durch einen regelmäßigen Postverkehr verbunden, der auch Privatpost beförderte. Die ging nun bereits einmal wöchentlich nach allen größeren Städten und wurde in den Räumen der Bezirksämter abgefertigt.

Die Herrscher lenkten damals die Zukunft ihrer Länder gern durch Heiraten. Kurfürst Friedrich Wilhelm versuchte die Hand der jungen Schwedenkönigin Christine zu gewinnen. König Wladislaw IV. von Polen schien diese Verbindung so gefährlich, daß er dem Kurfürsten seine Schwester anbieten ließ; er heiratete aber 1646 Luise Henriette von Oranien. Nach dem Tod des polnischen Königs riet der brandenburgische Gesandte in Warschau, der bedeutende Diplomat Johann Hoverbeck, dem Kurfürsten im Mai 1648, sich um den erledigten polnischen Thron zu bemühen. Er nannte gute Gründe: Die Polen waren von den Kosaken geschlagen worden und hatten in „ungewöhnlich Demüth und wehmütigem Stylo" den Kurfürsten um Hilfe gebeten. Schweden und Litauen wären auch dafür. Friedrich Wilhelm aber wollte erst den Friedensabschluß des Dreißigjährigen Krieges abwarten. „Mir kann nichts zuträglicher sein", schrieb er, „als ein glücklicher Schluß und Frieden, denn meine Untertanen sind von Fremden besessen und verderbet."

Etwas später bot die polnische Königin selbst, auch im Namen der großen Magnaten, dem Kurfürsten und auch seinem ältesten Sohn die Krone Polens an. Aber wieder lehnte der Kurfürst ab. Als ihm 1661 zum drittenmal angeboten wurde, König von Polen zu werden, wollte er wegen des Eingreifens Frankreichs in Polen zugreifen. Der Plan scheiterte aber schließlich daran, daß die Polen verlangten, er müsse katholisch werden. Der Kurfürst hoffte aber, daß der polnische Reichstag ihn trotzdem zum König wählen würde, sobald der drohende Angriff der Türken auf Polen erfolgen würde. Bei den Türken brach aber die Pest aus, und sie griffen deshalb nicht an.

Da der Kurfürst keinesfalls katholisch werden wollte, trugen die Polen dem jungen Kurprinzen Karl Emil die Krone an. Der Bischof von Krakau, Andreas Trebicki, der die polnischen Staatsgeschäfte zu dieser Zeit führte, und auch der Bischof von Kulm boten ihm an, er könne sogar protestantisch bleiben, aber müsse „propter populum" (wegen des Volkes) in die Messe gehen, doch könne er dabei ja für sich beten oder auch etwas anderes lesen. Die gut eingefädelte Sache kam trotzdem nicht zustande, denn die polnischen Stände forderten jetzt, daß der Thronkandidat vor der Wahl öffentlich zum katholischen Glauben übertreten müsse, und der päpstliche Nuntius verlangte von den Bischöfen, den Vorschlag einer Scheinbekehrung zurückzuziehen. Der Kurfürst willigte aber in den Glaubenswechsel seines Sohnes nicht ein, und so wurde 1674 der polnische Feldherr Johann Sobieski König von Polen. Ob eine Verbindung Brandenburgs mit Polen eine bessere Entwicklung der Geschichte herbeigeführt hätte, ist fraglich. Wahrscheinlich wäre nur ein gefahrvolles Abenteuer daraus geworden, das auch Brandenburg-Preußen in den Untergang Polens mit hineingezogen hätte. Wahrscheinlich hegte auch der Kurfürst solche Bedenken und verzichtete deshalb wohlweislich auf die polnische Königskrone.

Durch die ungeheure Verwüstung der Mark Brandenburg im Dreißigjährigen Krieg hatte der Kurfürst die Notwendigkeit einer eigenen starken Armee erkannt. Eine solche aufzubauen war damals nur in dem vom Krieg verschonten Preußen möglich. Diese Bemühungen scheiterten zunächst am Widerstand der Stände. Bei der fast unbeschränkten Herrschaft des Adels bestimmte aber der Grundherr, der Arbeitskräfte brauchte, ob der Dienstpflichtige seiner Einberufung folgte. Nach den Listen der Dienstpfichtigen des Jahres 1639 zum Beispiel erschien von 2.261 einberufenen Reitern nicht einmal die Hälfte. Bei der Landwehr stellten sich von 5.568 Einberufenen nur 326 zum Dienst ein. Alle anderen wurden von den Grundherren als unabkömmlich zurückgehalten.

Das war die Situation, als Friedrich Wilhelm 1640 Kurfürst geworden war. Nach schwierigen und bescheidenen Anfängen konnte er erst nach dem Frieden von Oliva (1660) ein stehendes Heer gründen, indem er nur einen Teil der Truppen entließ. Zu dieser Armee sollten nicht mehr wie bisher Söldner, Abenteurer und Gesindel Zugang haben, die im Kriegsfall angeworben und dann wieder entlassen wurden, sondern nur Landeskinder. Zum erstenmal war dies eine Truppe, die auch in Friedenszeiten unter Waffen stand und im Kriegsfall durch bereits ausgebildete Mannschaften verstärkt wurde. Erstmalig leisteten diese Soldaten ihren Eid nicht auf den Kaiser, der im letzten Krieg seine Machtlosigkeit bewiesen hatte, sondern auf den Kurfürsten. Bisher war die größte Attraktion für die Söldner das Beutemachen gewesen. Das Reglement dieser Armee besagte: Jeder Plünderer wird gehenkt; Schlagen und Spießrutenlaufen sind verboten. Jeder Offizier, der gegen die Regeln handelt, trägt ein Jahr als Gemeiner die Muskete. Mit diesen umwälzenden Neuerungen wurde erstmalig aus dem Sodatenstand ein Ehrenstand. All diese Vorschriften ließen sich zwar nicht sofort verwirklichen (Gassenlaufen und Stock blieben), aber wie weit diese disziplinierten Soldaten dem Raub- und Mordgesindel anderer Staaten überlegen waren, zeigten die nächsten Kriege. Den Truppen wurden feste Garnisonen zugewiesen, wo sie in Privatquartieren untergebracht wurden, denn noch gab es keine Kasernen.

Im *Einquartier-Reglement* von 1684 wurde die Art der Quartiere, die Vergütung dafür, die Preise für Lebensmittel und vieles andere genau festgelegt. Damit hörte die regellose und für die Bevölkerung äußerst lästige Unterbringung der Soldaten auf. Der Kurfürst kleidete diese neue Armee in einen blauen Rock, und die hiermit gegründete preußische Armee trug diesen blauen Rock bis zum Ersten Weltkrieg. Vom Militärdienst befreit blieben die Adligen, Beamte und Bürger, deren Vermögen 6.000 Taler überschritt. Auch Neueinwanderer und Arbeiter wichtiger Betriebe wurden öfters befreit. Die Bauernsöhne wurden jetzt aber unnachgiebig zu den Waffen gerufen. Soldaten, die schwere Verwundungen erlitten hatten, erhielten eine lebenslange Rente, den „Gnadentaler". Mit der Aufstellung sogenannter Blessiertenkompanien, in denen bewährte alte Soldaten ihr Gnadenbrot erhielten, legte der Kurfürst den Grundstock für die spätere Militärversorgung.

Um die steigenden Staatsausgaben zu decken – die neue Armee kostete viel Geld –, wurde ein neues Steuersystem eingeführt. Neben der direkten, auf Grundbesitz ruhenden Abgabe (Kontribution) wurde jetzt eine indirekte Verbrauchssteuer (Akzise) erhoben. Damit mußten nun auch der wachsende städtische Handel und das Gewerbe zum Staatshaushalt beitragen.

Für die Steuerreform war ein besseres Verwaltungssystem notwendig, für das ein fähiger Beamtenstand ausgebildet wurde. Hier wurde das Fundament für den pflichtbewußten, ehrlichen und unbestechlichen preußischen Beamten gelegt, dessen Niveau in keinem anderen Land jemals erreicht wurde.

Noch waren die ungeheuren Schäden der polnischen Kriege des 15. und 16. Jahrhunderts nicht überwunden, als die Pest jeden Fortschritt immer wieder zunichte machte. Siebenmal wütete sie im 17. Jahrhundert in Preußen, so daß der Ackerboden fast nie voll genutzt werden konnte. Nach einem amtlichen Bericht von 1663 sind zum Beispiel auf dem Gut Borchersdorf (südwestlich von Königsberg) von 15 Bauern nur sieben auf ihren Höfen; die übrigen Höfe liegen wüst. Im benachbarten Weißenstein sind von 13 Höfen nur vier besetzt. Die Zollbücher von Pillau zeigen, daß der Seehandel bis zur Mitte des Jahrhunderts recht rege war, wobei hauptsächlich Getreide in die Niederlande und Flachs nach England und Schottland ausgeführt wurden. Die Verwüstung, Ausplünderung und die Menschenverluste durch die Polen- und Tatareneinfälle von 1656/57 mit der anschließenden Pest hatten einen drastischen Niedergang der Landwirtschaft zur Folge, der sich deutlich auch im Rückgang des Seehandels zeigt. Da die Landwirtschaft der wichtigste Wirtschaftszweig war, wirkte sich jeder Rückgang der Erzeugung auch auf alle anderen Gebiete der Wirtschaft aus. Mit dem Mangel war stets eine Verteuerung der Lebensmittel verbunden, da es eine staatliche Vorratswirtschaft, wie sie zur Ordenszeit bestanden hatte, nicht gab.

Der Mangel an Bauern veranlaßte die Grundherren zu immer schärferen Maßnahmen, um sie auf den Höfen zu halten und ein Höchstmaß an Arbeitskraft aus ihnen und ihren Familienangehörigen herauszuschinden. Daß die Bauern auch im Herzogtum Preußen zu recht- und besitzlosen Leibeigenen der Grundherren geworden waren, zeigte schon die Bauernordnung vom 12. April 1640:

„1. Wenn ein Bauer oder eines Bauern Sohn oder Tochter aus seiner Herrschaft in eine andere verziehen will, bedarf er einer schriftlichen Bescheinigung seiner Grundherrschaft [...]

2. Es sollen die Frauenspersonen gut achthaben und darauf verwarnet sein, daß sie sich mit keinem ehelich vermählen, der keinen Entlassungsschein seines Grundherrn aufweisen kann [...]

3. Wenn ein Bauer sein Gut nicht fleißig versieht [...] so soll es mit einem anderen besetzt werden, der der Herrschaft gefälliger ist [...]"

Somit konnte ein Bauer nicht einmal einem brutalen Grundherrn entfliehen, um unter einem besseren eine Hofstelle zu übernehmen. Da es kein Gesetz gab, das den Grundherrn verpflichtete, einen Entlassungsschein in irgendeinem Falle auszustellen, war das nur als Deckmantel der unbeschränkten Leibeigenschaft gedacht. Wenn der dritte Artikel den Anschein erweckt, daß jemand durch nachlässige Arbeit einem unmenschlichen Grundherrn entkommen konnte, so war auch das kaum zu erreichen, denn der Grundherr konnte schärfste Strafen nach seinem Ermessen anwenden, um den Betreffenden gefügig zu machen.

Die Beseitigung alter Vorrechte der Stände löste von deren Seite Klagen und Beschwerden aus. Eine Staatsordnung, die nicht mehr auf den Interessen einer privilegierten Klasse beruhte, hatte alle bisherigen Nutznießer zu Gegnern. Die gerechtere Verteilung der Steuern wurde von den bisher Bevorzugten ebenfalls feindselig aufgenommen. Nur sehr langsam begannen staatliche Interessen den Eigennutz der alten Klassen zu überwiegen.

Die Kriege, die der Kurfürst in anderen Ländern führte, betrafen Preußen nur insofern, daß es außer den hohen Steuerforderungen dafür einen großen Teil der Soldaten stellen mußte. Der Kurfürst schickte 1664 dem Kaiser zur Hilfe gegen die Türken 1.000 Reiter und 1.000 Fußsoldaten. An dem Reichskrieg gegen Frankreich (1670–73) nahm er persönlich mit 23.500 Mann teil.

Unverändert blieb die Situation an der polnischen Grenze. Auch die neue Ordnung im Staat, mit einer stehenden Armee und gutem Beamtentum, konnte den Bewohnern die Furcht vor dauernden polnischen Überfällen nicht nehmen. Die Berichte von 1662 nennen neben den üblichen kleineren Überfällen einen besonders verheerenden Raubzug einer etwa 200 Mann starken Bande im Amt Johannisburg. Der Amtshauptmann forderte dringend Schutz von der Regierung.

Der polnische König hatte keine Macht mehr über seine Adligen, was diese zu immer größeren Eigenmächtigkeiten verleitete. Korruption, Mißwirtschaft und die Willkürherrschaft des Adels hatten Zustände einer wilden Anarchie erreicht, obwohl die Adelsrepublik sich noch immer Königreich nannte. Den besten Beweis dafür erbrachte König Johann II. Kasimir selbst. Nach einer Regierungszeit von 20 Jahren war er von dem Treiben seiner Untertanen so angewidert, daß er freiwillig die Krone ablegte und darauf verzichtete, weiterhin König von Polen zu sein. In seiner Abschiedsrede am 16. August 1668 vor dem polnischen Parlament sagte er: „Großmütige polnische Herren, ihr seid eine glorreiche Republik und habt 'nie poz wolam' (Vetorecht des einzelnen) und eine seltsame Art des Benehmens eurem König gegenüber und auch gegen andere [...] Ich, für meinen Teil, habe nun endlich genug davon und gehe nach Paris. Bevor ich aber gehe, möchte ich noch sagen, beim allmächtigen Gott, daß es weder in der alten noch in der neuen Geschichte, und ich erwarte auch nicht, daß es in Zukunft eine menschliche Gesellschaft geben wird, die unter solchen Zuständen, wie ihr sie habt, bestehen kann. Glaubt mir, ihr polnischen Herren ohne Gleichen, außer im Himmel, wenn eure herrliche Republik weiterhin auf solche Weise regiert werden wird, kann nichts Gutes dabei herauskommen. Der Tag wird kommen, und er ist sicher nicht mehr fern, wenn diese glorreiche Republik in Fetzen gerissen, zu einem Nichts reduziert und vom Angesicht dieser Erde verschwinden wird. Diese Worte kommen von meinem Herzen [...] und ich habe die Ehre, ihnen und ihrer Republik ein langes Lebewohl zu sagen. Guten Morgen – zum letzten Mal."

Der dritte Schwedeneinfall

Während die Truppen des Kaisers im Osten gegen die Türken gebunden sind, läßt Frankreichs König Ludwig XIV. seine Armeen in Holland und in die westlichen Reichsgebiete einmarschieren. Marschall Turenne verheert die Rhein-Main-Gebiete und dringt bis Franken vor. Der Kurfürst kommt dem Kaiser 1674 mit 16.000 Mann zu Hilfe und führt seine Armee bis ins Elsaß. Darauf läßt Ludwig die mit Frankreich verbündeten Schweden in die Mark Brandenburg einfallen und zwingt damit den Kurfürsten zur Rückkehr.

Am 28. Juni 1675 schlägt der Kurfürst die bisher als unbesiegbar geltenden Schweden bei Fehrbellin (südlich von Neuruppin) nur mit seinen Reitertruppen. Anschließend erobert er bis zum Winter fast ganz Schwedisch-Pommern. Von nun ab blickt Europa aufmerksam auf die neue Macht Brandenburg-Preußen.

Mit finanzieller Hilfe des Sonnenkönigs (200.000 Taler) rüsten die Schweden erneut auf, und auf Verlangen Frankreichs fallen sie zum drittenmal in Preußen ein. Aus Schwedisch-Livland kommend, setzt Anfang November 1678 ein 16.000 Mann starkes Heer, die Hälfte davon Kavallerie, unter General Horn über die Memel. Preußen wird nur von der Landmiliz verteidigt, die den Übergang verzögern, aber nicht verhindern kann. Die Schweden rechnen mit der Hilfe der Polen, die Frankreich diesbezügliche Versprechungen gemacht haben. Der Polenkönig Johann Sobieski hofft, bei einer Niederlage des Kurfürsten die Lehnshoheit über Preußen zurückzugewinnen. Nach den glänzenden Siegen des Kurfürsten hütet er sich aber, die Brandenburger auf sich zu ziehen.

Der Kurfürst hatte schon wieder 6.000 Mann gegen Frankreich an den Rhein gesandt und dem Kaiser noch weitere Hilfe zugesagt. Auf die Nachricht vom Einfall der Schweden, die der Kurfürst in dem eben eroberten Greifswald erhielt, sandte er sogleich den alten General von Görtzke, der von der Schlacht bei Lützen ein zu kurzes Bein hatte und deshalb eine zolldicke Sohle unter einem Stiefel trug, mit 3.000 Mann in Eilmärschen nach Preußen. Gegen die schwedische Übermacht konnte Görtzke nicht viel ausrichten; er richtete sich deshalb bei Wehlau zur Verteidigung Königsbergs ein.

Die preußischen Adligen sahen hocherfreut eine Gelegenheit, die Herrschaft des verhaßten Kurfürsten zu beseitigen um ihre alte Macht wiederherzustellen. Auch sie rechneten ganz fest mit der Hilfe Polens. Viele der adligen Offiziere der preußischen Landwehr gingen zu den Schweden über. Die Räte Königsbergs forderten sogar General Horn in einem Brief auf, Königsberg zu besetzen, wobei sie ihm die schwächsten Stellen der Verteidigung verrieten. Horn besetzte Insterburg und drang nur bis Wehlau vor.

Die preußischen Stände nutzten die Gelegenheit und beschlossen, den polnischen König um Hilfe gegen die Schweden zu bitten. Sie hofften, auf diese Weise am leichtesten wieder unter polnische Herrschaft zu kommen und ihre verlorenen Rechte und Freiheiten wiederzugewinnen. Der Kurfürst aber erkannte die Gefahren; er mußte jede Einmischung Polens verhindern, ob als Feind oder Freund, und verbot den Ständen die Ausführung ihrer Absichten.

Im Winter ruhte damals der Krieg; die brandenburgischen Truppen aber standen noch zum Teil im Kampf gegen die Schweden in Pommern – erst Mitte Dezember 1678 wurde Stettin eingenommen –, zum anderen Teil waren sie schon in die Winterquartiere entlassen worden. Es fehlten vor allem Pferde, und die abgekämpften Kompanien waren noch nicht wieder aufgefüllt.

Obwohl ein Winterkieg unmöglich schien, mobilisierte der Kurfürst 5.500 Reiter und 3.500 auserwählte Infanterie, die trotz aller Schwierigkeiten und der Kälte im Dezember 1678 unter dem alten Reorganisator der Reitertruppen, Georg von Derfflinger, aus Brandenburg aufbrachen. Bei Neuenburg an der Weichsel waren auf polnische Veranlassung alle Fähren und Boote abgeschleppt oder unter Wasser gesetzt worden, um die Armee am Übersetzen zu hindern. Die strenge Kälte ermöglichte aber den Übergang über das Eis, sogar für die 24 Feldkanonen und die zwei Mörser. Der an Gicht leidende Kurfürst hatte am 30. Dezember Berlin verlassen und traf am 11. Januar 1679 bei der Armee ein, die er in aufgestellter Schlachtordnung musterte.

Er spornte die Behörden sogleich zu rastlosem Eifer an. Dem Statthalter befahl er, 1.200 bespannte Schlitten eiligst nach Marienwerder zu schicken und für acht Tage Verpflegung,

Branntwein und Bier für die ganze Armee bereitzustellen, dazu 2.000 Paar Schuhe und möglichst ebensoviele Kalbfelle für neue Hosen. Schon nach wenigen Tagen raste der meilenlange Schlittenzug über Preußisch Holland, Braunsberg, Heiligenbeil, das Frische Haff und erreichte am 16. Januar Königsberg.

Die überraschten Schweden hatten mit einem Feldzug der Brandenburger zu dieser Jahreszeit nicht gerechnet. Auf die Nachricht von ihrem Anmarsch verließen sie ihre Winterquartiere und zogen sich in Eilmärschen in Richtung Tilsit zurück. Diesmal wollte der Kurfürst die Schweden aber nicht, wie bei Fehrbellin, durch einen geordneten Rückzug entkommen lassen. Neue Schlitten standen bereit, und schon am nächsten Morgen wurde die Fahrt fortgesetzt und auch das Kurische Haff überquert. Die Soldaten waren in glänzender Stimmung; die Musiker spielten unentwegt ihre Märsche, und der Schlittenzug glich einer großen Lustbarkeit. Am 19. Januar fuhr die Kolonne den Gilgefluß hinauf, und am 20., bei bitterer Kälte, wurde das Dorf Kukkernes (Kuckerneese) erreicht. Erst hier wurde den übermüdeten Truppen eine Rast gegönnt.

Schon unterwegs hatte der Kurfürst Nachrichten von dem eiligen Rückzug der Schweden erhalten. Nun meldete der Führer der Vorhut, Oberst Hennig von Treffenfeld, daß er kurz vor Tilsit auf die Schweden gestoßen sei. Er wolle sie gleich mit seinen 1.000 Reitern angreifen, wenn er mit schneller Unterstützung durch die Hauptmacht rechnen könne. Die Erschöpfung von Menschen und Pferden ließ aber einen Weitermarsch nicht zu; wenigstens bis zum Abend sollte alles ruhen, um die Schweden erst in der Nacht in ihren Quartieren anzugreifen.

Als sich der Kurfürst mit seiner Begleitung vom Mittagsmahl erhob, brachte ein Meldereiter die Nachricht, daß Treffenfeld den Angriff allein gewagt und bei dem Dorf Splitter (Westrand Tilsits) einen glänzenden Sieg über eine dreifache Übermacht schwedischer Kavallerie erfochten habe. Bald darauf erschien der Oberst selbst und übergab dem Kurfürsten acht eroberte Dragonerfähnlein und zwei Standarten. Der Kurfürst ernannte ihn auf der Stelle zum Generalmajor, schickte ihn aber sogleich zu seiner Truppe zurück, um die Schweden weiter zu verfolgen, solange die Pferde durchhalten würden. General Horn verließ noch in derselben Nacht Tilsit und ließ sogar seine Magazine in der Stadt zurück.

Um den Schweden den Rückzug auf der Küstenstraße zu verlegen, führte der Kurfürst seine Hauptmacht nach Heidekrug. General Horn wurde dadurch gezwungen, den Weg nach Livland durch die Wildnis Samaitens zu nehmen. Da die Schweden die Neutralität dieses polnischen Gebietes nicht achteten, jagten auch die Brandenburger ihnen nach. Inzwischen hatte auch General Görtzke die Verfolgung aufgenommen und schlug die Schweden am 22. Januar 1679 bei Koadjute; Treffenfeld konnte am 24. Januar nochmals einen Sieg bei Woinut erringen. Der Weg durch die Wildnis wurde für die Schweden ein Todesmarsch, der mit Menschen- und Pferdeleichen, mit zurückgelassenen Bagagewagen, Waffen und Gerät gekennzeichnet war. Manche Nachzügler waren von Litauern erschlagen worden. Gefangene sagten aus, daß die Schweden seit Tagen kein Brot hatten und bei der Eiseskälte im Freien übernachten mußten. General Horn ließ schließlich die letzten Bagagewagen verbrennen und das unentbehrlichste Gepäck auf Pferde verladen.

Wegen der völligen Erschöpfung von Treffenfelds und Görtzkes Reitern ließ der Kurfürst von jedem berittenen Regiment 120 der besten Pferde und Reiter abstellen. Mit diesen etwa 1.500 Reitern erreichte Generalmajor von Schöning noch einmal die Schweden. In dem erbitterten Kampf wurden sie mit einem Verlust von fast 2.000 Mann und fünf Kanonen erneut in die Flucht geschlagen. Die Brandenburger nahmen die Verfolgung nochmals auf, und der Kommandant Rigas richtete die Stadt schon zur Verteidigung ein, da er mit einer Belagerung rechnete. Aber wegen völliger Erschöpfung mußten die Brandenburger etwa 60 Kilometer vor Riga umkehren.

Von den 16.000 Mann, die General Horn nach Preußen geführt hatte, kamen nach kaum drei Monaten nur noch 3.000 zurück. Der Kurfürst hatte seine Hauptmacht schon am 23. Februar nach Kukkernes zurückgeführt und sie in Quartiere auf die umliegenden Dörfer verteilt. Von dort schrieb er: „Ich habe dem Höchsten zu danken, daß durch seinen Beistand der Feind, ungeachtet er ausgeruht und in guten Quartieren gestanden, dagegen meine Leute in 14 Tagen 100 Meilen in dieser Jahreszeit marschiert, innerhalb zwei Tagen, wo ich ihn nur mit der Kavallerie erreichen konnte, ruiniert und aus dem Lande gejagt worden ist."

Nach diesem großartigen Sieg des Kurfürsten mußten der preußische Adel und die Stände die letzte Hoffnung begraben, jemals wieder ihre alte Macht zurückzugewinnen. Der Absolutismus war jetzt auch in Preußen endgültig gesichert. Während die Adligen die Vertreibung der Schweden bedauerten, jubelte das preußische Volk, das die Schweden nun nicht mehr zu fürchten brauchte. Es bewahrte dem Kurfürsten ein dankbares Gedenken, denn er war nicht nur ein strenger Landesherr, sondern hatte sich auch als ein machtvoller Beschützer ihres Landes erwiesen.

Die letzten Jahre des Großen Kurfürsten

Dem Großen Kurfürsten wurden die Früchte all seiner Siege jedoch wieder abgenommen. Kaiser Leopold I. verständigte sich hinter seinem Rücken mit Frankreichs König Ludwig XIV. und sagte ihm die Rückgabe Pommerns an Schweden zu. Da der Kurfürst die Schweden fast vollständig vom Boden des Reiches vertrieben hatte, bot er dem Kaiser an, nun auch die Franzosen zu verjagen, damit Straßburg nicht verloren gehe. Er entwarf einen Feldzugsplan und wollte selbst mit 20.000 Mann daran teilnehmen. Aber jeder Fürst, auch der Kaiser, wachte eifersüchtig nur über die Vorteile für sein eigenes Land; Friedrich Wilhelm schien der einzige zu sein, der noch etwas für das Reich tun wollte. Die Kurfürsten (seit 1623 gehörte auch der Herzog von Bayern dazu) drängten den Kaiser, Brandenburg klein zu halten und lieber die Küsten des Reiches einer feindlichen Macht zu überlassen. Auch der Kaiser wollte kein starkes Brandenburg, das nach einem Sieg über Frankreich noch stärker sein würde. Der Frieden von Nimwegen beendete Frankreichs Eroberungskrieg. Der Kurfürst, der das meiste zur Koalition gegen Frankreich und zur Abwehr der französischen Übergriffe auf das Reich geleistet hatte, war entgegen den Abmachungen von allen Verbündeten auf beschämende Weise verlassen worden und stand nun ganz allein der französischen Macht gegenüber. Alle Bemühungen, bessere Friedensbedingungen von Ludwig XIV. zu erhalten, waren vergebens. Friedrich Wilhelm mußte sich der Gewalt beugen und die Bedingungen annehmen, die Frankreichs mächtiger König diktierte. Alle Opfer und das viele Blut waren umsonst gewesen. Erbittert sagte der Kurfürst: „Nicht der König von Frankreich zwingt mich zum Frieden, sondern der Kaiser des Reiches, meine nächsten Anverwandten und Alliierten; sie werden es einst bereuen und gewiß einmal so viel verlieren, wie ich jetzt verliere." In St. Germain wurde am 29. Juni 1679 der Friedensvertrag zwischen Frankreich und Schweden einerseits und Brandenburg andererseits abgeschlossen. Der Kurfürst mußte all das, was er im Krieg erobert hatte und worauf er einwandfreie Rechte besaß, an Schweden zurückgeben. Europa war zum Spielball Ludwigs XIV. geworden, der mächtiger als der Kaiser war. Am 2. Juli 1679 unterschrieb der Kurfürst in Berlin den Vertrag mit den bekannten Worten Vergils: „Exoriare aliquis nostris ex ossibus ultor." (Aus meinen Gebeinen wird ein Rächer entstehen.) Später schrieb er: „Nicht nur die sündigen, die einen ungerechten Krieg beginnen, sondern auch die, welche in gerechter Sache zu den Waffen greifen, ohne Hoffnung auf Erfolg […]" Bisher hatte der Kurfürst für das Reich die größten Opfer gebracht und dafür nur Verrat und Unrecht geerntet. Es wundert nicht, daß auch er nun die Interessen des eigenen Landes über die des Reiches stellte.

Friedrich Wilhelm erkannte die Bedeutung einer Flotte, und im Krieg gegen Schweden besonders den einer Kriegsflotte. Um einen sicheren Hafen mit einer Werftanlage zum Bau von Schiffen zu schaffen, wurde noch während des schwedischen Krieges der Pillauer Hafen ausgebaut. Der Holländer Benjamin Raulé, den der Kurfürst aus dem Schuldgefängnis holte und schließlich zum Generalmarinedirektor machte, stellte dem Kurfürsten drei Fregatten von 16 bis 20 Kanonen sowie einige kleinere Schiffe zur Verfügung, die den Anfang der brandenburgischen Kriegsflotte bildeten. Mit diesen Schiffen kaperte Raulé in kurzer Zeit 19 beladene schwedische Schiffe und brachte sie nach Pillau. Bis 1680 baute er eine Werftanlage und machte den Hafen zur Flottenbasis des brandenburgischen Staates. Die Befestigung, die 1625 von den Schweden angelegt worden war, wurde zu einer Festung ausgebaut. Für den Bau des Zeughauses und zur Befestigung der starken Wälle wurde Baumaterial von der Ordensburg Balga herangeschafft, die dadurch noch mehr zur Ruine wurde. Bei der Zitadelle entstand eine holländische Siedlung.

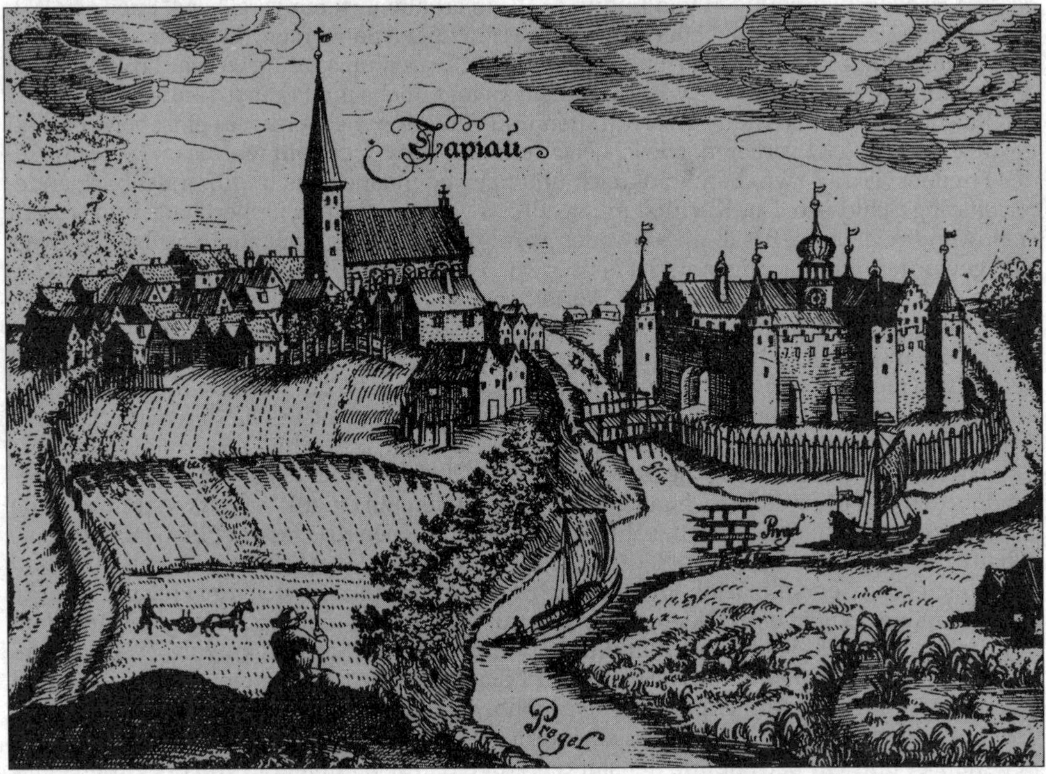

Handel und Wandel im Ostpreußen des ausgehenden 17. Jahrhunderts. Die zeitgenössischen Darstellungen der Ortschaften Balga, Tapiau, Memel und Tilsit aus dem Jahre 1684 zeugen von den

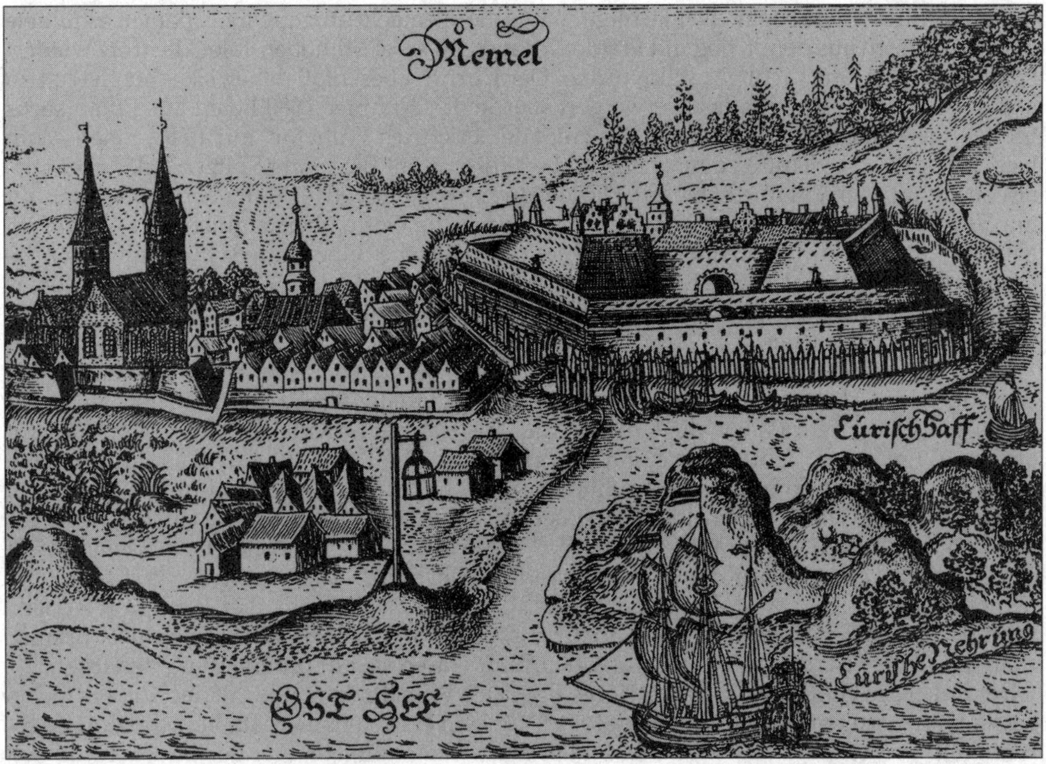

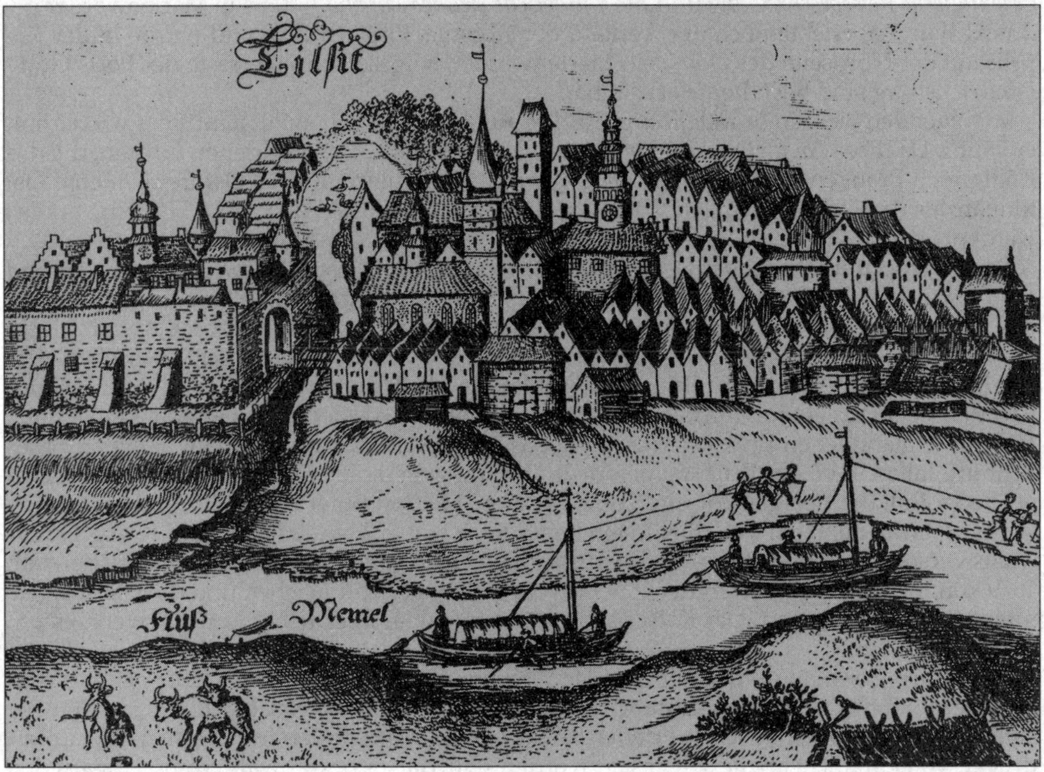

Leistungen für das Land, die Friedrich Wilhelm, der Große Kurfürst, auf weitsichtige Weise unter anderem durch den Bau einer Flotte erzielte.

Der Kurfürst wagte sogar, die mächtige spanische Seemacht anzugreifen. Spanien schuldete dem Kurfürsten aus dem Krieg mit Frankreich nahezu zwei Millionen Taler, die trotz wiederholter Aufforderung nicht gezahlt wurden. Der Kurfürst beschloß daher, sich mit Gewalt zu holen, was ihm widerrechtlich verweigert wurde. Im Sommer 1680 liefen aus Pillau sechs Schiffe aus – das größte davon war die Fregatte „Friedrich Wilhelm" mit 40 Kanonen –, um Jagd auf spanische Schiffe zu machen. Bald wurde ein mit Brabanter Spitzen beladenes spanisches Schiff nach Pillau geschleppt. Die Ladung wurde für 100.000 Taler verkauft, das Schiff mit 50 Kanonen bestückt und in die brandenburgische Flotte übernommen. Ein Angriff im gleichen Jahr auf die von Amerika kommende spanische Silberflotte schlug fehl, und die brandenburgische Flotte mußte im portugiesischen Hafen Lagos Schutz suchen. Sie überwinterte dort und kehrte im Frühjahr 1681 mit einigen kleinen erbeuteten Schiffen im Wert von 150.000 Taler zurück.

Aus Pillau waren 1680 auch drei Fregatten mit je 20 Kanonen ausgelaufen, um Handelsbeziehungen mit Afrika aufzunehmen. Von Pillau schickte der Große Kurfürst 1682 auch den 26jährigen Otto Friedrich von der Groeben (der aus Napratten, Kreis Heilsberg stammte) mit den zwei Fregatten „Churprinz" und „Morihan" an die Goldküste Afrikas, um mit den Häuptlingen Handelsverträge abzuschließen und eine Handelsniederlassung zu gründen. Am 1. Januar 1683 hißte er auf einem Berg, nahe der heutigen Stadt Akkra in Ghana, „mit Pauken und Schalmeien" die brandenburgische Flagge mit dem roten Adler. Unter dem Protest der Holländer gründete er das Fort „Groß-Friedrichsburg" (südöstlich von Axim). Er berichtet darüber: „Und weil seiner Durchlaucht fürstlicher Name in aller Welt groß ist, also nannte ich auch den Berg den großen Friedrichsberg." Mit zwei Häuptlingen trank er Branntwein, in den er etwas Schießpulver streute. Damit waren sie auf Brandenburg vereidigt.

Der Enkel des Großen Kurfürsten, König Friedrich Wilhelm I., wußte mit der Kolonie nichts besseres anzufangen, als die „Mohrenpfeifer" für sein Leibgrenadierbataillon von dort zu rekrutieren. Er verkaufte sie 1717 den Holländern. Generalmajor von der Groeben, dessen *Orientalische Reisebeschreibung* und die *Guineische Reisebeschreibung* 1694 in Marienwerder gedruckt wurden, erlebte noch den Verkauf der Kolonie. Er starb 1728 und wurde in der Kapelle, an der Nordseite des Domes in Marienwerder, beigesetzt. Mauerreste des Forts Groß-Friedrichsburg sind noch heute erkennbar.

Im folgenden werden Brandenburgs Rechte auf die schlesischen Fürstentümer wiederholt erwähnt. Da diese Ansprüche schließlich zu den drei Schlesischen Kriegen führten, die das Königreich Preußen an den Rand des Untergangs brachten und für Ostpreußen eine fast fünfjährige Annexion an Rußland zur Folge hatten, sollen diese Ansprüche hier kurz erklärt werden:

Das Herzogtum Jägerndorf war 1523 von Brandenburg-Ansbach erworben worden und fiel 1604 an den Kurfürsten von Brandenburg. Unter Rechtsbruch zog Kaiser Ferdinand II. das Herzogtum 1621 ein und gab es einem seiner Günstlinge, dem Herzog Karl von Liechtenstein. Den Protest von Kurfürst Georg Wilhelm beachtete der Kaiser nicht. Zwischen Herzog Friedrich II. von Liegnitz, Brieg und Wohlau und Kurfürst Joachim II. von Brandenburg war 1537 ebenfalls ein Erbvertrag abgeschlossen worden. Als der letzte Herzog von Liegnitz 1675 ohne männlichen Erben starb, mußte das Land nach unzweifelhaftem Recht an Brandenburg fallen. Weil der Kurfürst gerade im Kampf gegen die Schweden stand, nutzte Kaiser Leopold I. die Gelegenheit und zog auch diese Herzogtümer rechtswidrig ein. Der Kaiser hatte zwar die Hilfe des Kurfürsten benutzt, sich aber heimlich mit dem König Frankreichs verständigt und lieferte den Kurfürsten dessen Rache aus. Erst nach dem Frieden von 1679 konnte der Kurfürst sein Recht beim Wiener Hof geltend machen und die Herausgabe seiner Länder verlangen. Der Kaiser aber setzte sich über alles Recht hinweg, wenn es um seinen Vorteil ging.

Schließlich gab man dem Kurfürsten deutlich zu verstehen, daß der Kaiser niemals dulden werde, daß sich eine protestantische Macht in Schlesien festsetzt. Entgegen den Bestimmungen des Westfälischen Friedens wurden die Protestanten in Schlesien hart unterdrückt. Von kirchlicher Seite soll gesagt worden sein, daß es besser wäre, wenn Ungarn den Türken überlassen bliebe, als daß ein einziger Protestant in österreichischen Ländern geduldet werde.

Der schlaue König von Frankreich nutzte die Uneinigkeit zwischen Kaiser und Kurfürst und besetzte 1681 Straßburg. Gegen die immer drohender werdende französische Gefahr wurde „die große Allianz" gebildet. Jetzt brauchte der Kaiser wieder Brandenburg und forderte vom Kurfürsten, dem Bündnis beizutreten. Der hatte aber nun genug Unrecht, Verrat und Undank von diesen Bundesgenossen geerntet und lehnte ab. Als aber die Türken im Juli 1683 Wien einschlossen, zögerte er nicht, dem bedrängten Kaiser dennoch wieder zu Hilfe zu kommen. Er wollte mit 18.000 Mann gegen die Türken ziehen, wenn die Verfolgung der Protestanten in Schlesien eingestellt und er den Oberbefehl über das ganze gegen die Türken eingesetzte Heer erhalten würde. Schon war der aus Wien geflohene Kaiser dazu bereit, als ihm eingeflüstert wurde, der Kurfürst könnte mit dieser Armee, anstatt Wien zu befreien, leicht die ihm widerrechtlich vorenthaltenen schlesischen Herzogtümer besetzen. Der Kaiser lehnte darauf Brandenburgs Hilfe ab und nahm die des Polenkönigs Johann Sobieski an, der mit einem Heer nach Wien zog. Inzwischen war aber die erste Abteilung der Brandenburger, 1.000 Mann Infanterie und 200 Dragoner unter den Generalen Truchseß und Barfuß, bereits dort eingetroffen. Sie wurden nicht zurückgerufen, sondern nahmen an den Kämpfen teil.

In der Schlacht um Wien (12. September 1683) kämpfte das polnische Heer nicht nur für deutsche, sondern ebenso für seine eigenen Interessen, denn Polen war von den vordringenden Türken gleichermaßen bedroht. Der Polenkönig wird in vielen Geschichtswerken als der Retter Wiens gefeiert, und die übrigen Truppen werden kaum oder gar nicht erwähnt. Der Anteil der Polen betrug aber nur ein Viertel des gesamten Entsatzheeres, das der oberste Befehlshaber Karl von Lothringen herbeigeführt hatte. Die Polen, deren Anteil am Sieg nicht geschmälert werden soll, kämpften auf dem linken Flügel, wo sich das Lager des Sultans befand. Nach einem Bericht des kaiserlichen Feldmarschalls, Markgraf Hermann von Baden, konnten sie dadurch den größten Teil der reichen Beute an sich bringen.

Es ist erstaunlich, daß die Polen hier über die Hauptmacht der Türken gesiegt haben sollen, bei den späteren Kämpfen gegen die Türken aber nichts ausrichten konnten. Bei der Befreiung Wiens führte der brandenburgische Oberst und polnische Generalleutnant Friedrich von der Groeben (wahrscheinlich ein Bruder des Generalmajors) die Vorhut der polnischen Truppen. Daher gelang es ihm, als erster das seidene Prunkzelt des türkischen Großwesirs Kara Mustafa zu erreichen, das er nach der Schlacht als Siegestrophäe in seinen ostpreußischen Heimatort Groß-Schwansfeld (Kreis Bartenstein) mitnahm. Dort hing es in der Dorfkirche, wo auch ein Denkmal von ihm steht.*

Mit der Befreiung Wiens war die türkische Gefahr nur vorübergehend beseitigt, und der Kurfürst wurde wieder um Hilfe angehalten. Das Verhalten des Wiener Hofes blieb unverändert. Bei wachsender Bedrängung wurden dem Kurfürsten gegen entsprechende Hilfeleistung Hoffnungen auf die Herausgabe der schlesischen Herzogtümer gemacht, war die Gefahr vorüber, fand man Ausreden und lehnte hochmütig jedes Zugeständnis ab. Schließlich sah der Kurfürst ein, daß Österreich die Herzogtümer niemals gutwillig zurückgeben würde und schloß im April 1686 mit dem Kaiser einen Vertrag, in dem er auf seine rechtmäßigen Ansprüche verzichtete und als Entschädigung dafür den Kreis Schwiebus von Österreich erhielt. Dazu würde Brandenburg – gegen Zahlung entsprechender Hilfsgelder – 8.000 Mann gegen die Türken stellen. Der Kurfürst, der nur notgedrungen auf den Vertrag einging, um nicht alles zu verlieren, ahnte nicht, daß Österreich hinterlistig mit dem Kurprinzen einen Geheimvertrag abgeschlossen hatte, in dem dieser versprach, bei seinem Regierungsantritt den Kreis Schwiebus wieder an Österreich auszuliefern.

Im April 1686 musterte der von der Gicht geplagte Kurfürst die 8.000 Mann, die als „überaus herrlich montiert" erwähnt werden, ehe sie nach Ungarn abrückten. Sie nahmen an den Kampfhandlungen während der viermonatigen Belagerung von Ofen (Budapest) teil und waren die ersten, die bei der Erstürmung dieser Feste am 2. September 1686 die türkischen Wälle überstiegen.

Ein Segen für den Staat des Großen Kurfürsten war die Toleranz gegenüber den verschiedenen Religionen. Der Strom der Verfolgten aus anderen Ländern riß nicht ab und brachte

---

* 1920 wurde das Prunkzelt des türkischen Großwesirs Kara Mustafa an das Zeughaus in Berlin abgegeben.

tüchtige, zum Teil sogar wohlhabende Handwerker und Unternehmer ins Land. Ludwig XIV. geriet mit zunehmendem Alter unter den Einfluß fanatischer Priester, die ihm vorhielten, daß er nur durch die Bekehrung möglichst vieler Ketzer die Vergebung für sein sündhaftes Leben erreichen könne. Sie brachten ihn dazu, im Jahre 1685 das Edikt von Nantes aufzuheben, wodurch die grausame Verfolgung der Protestanten in Frankreich erneut einsetzte.

In dem Aufruf vom 29. Oktober 1685 wies der Kurfürst auf die harten Verfolgungen hin und bot den Verfolgten Schutz und Aufnahme in seinem Land. Die brandenburgischen Gesandten in Amsterdam, Hamburg und Frankfurt am Main wurden angewiesen, alle Einwanderer mit Geld und Pässen zu versehen. Ludwig war über diese Dreistigkeit des Kurfürsten empört und forderte besonders über den Ausdruck „harte Verfolgung" Rechenschaft. Der Kurfürst antwortete, er meine damit „jene Dragonaden (durch Dragoner ausgeführte Gewaltmaßregeln), jenen Kinderraub, jene Kerker- und Galeerenstrafen, jene Mordtaten, Gräber- und Kirchenschändungen, die offenkundig in Frankreich verübt werden". Der Sonnenkönig, der wohl noch nie so deutlich über die Verfolgungen der Nichtkatholiken in seinem Land aufgeklärt worden war, schwieg darauf. Fast 20.000 Hugenotten kamen nach Brandenburg-Preußen, wo sie hilfsbereit aufgenommen wurden. Der Kurfürst gebot: „In allen Städten und Orten, wo sich geeignete Bauplätze finden, sollen diese mit den dazugehörigen Gärten, Wiesen und Weilern den Einwanderern übergeben, das nötige Baumaterial ihnen geliefert und eine Abgabenfreiheit auf zehn Jahre ihnen bewilligt werden."

Viele dieser Hugenotten kamen nach Preußen, wo sie in einigen Städten französische Gemeinden bildeten, die bedeutendste in Königsberg. Besonders für die Entwicklung der Industrie haben diese Einwanderer viel getan. Der erste Seidenfabrikant in Preußen, Jean de Nun, war einer dieser Franzosen, ebenso Louis Couvian, der erste Hutfabrikant. In der französischen Kirche Königsbergs wurde noch bis 1817 jeden Sonntag französisch gepredigt; nur jeden vierten Sonntag gab es auch einen deutschen Gottesdienst. Schließlich änderte sich das Verhältnis der Gottesdienste und war 1831 umgekehrt; 1914 fand nur noch alle sechs Wochen ein französischer Gottesdienst statt.

Im Jahre 1687 fielen die litauischen Herrschaften Tauroggen und Serrey an Brandenburg-Preußen. Tauroggen hatte zwar schon Kurfürst Johann Sigismund durch Kauf erworben, aber an die Familie Radziwill weiterverkauft. Beide Gebiete gehörten zu dieser Zeit der Tochter des ehemaligen Statthalters. Sie schenkte diese 1687 ihrem Mann, dem jüngsten Sohn des Kurfürsten aus seiner ersten Ehe; bei seinem Tod 1687 fielen sie an den Staat.

Der Kurfürst hatte lange an Gicht gelitten, zu der schließlich Wassersucht hinzukam. Oft war er von heftigen Schmerzen geplagt worden. So heldenhaft, wie er gelebt hatte, so starb er auch. Am 7. Mai 1688 versammelte er zum letztenmal seine Räte um sich, dankte ihnen für ihre treuen Dienste und nahm ihnen das Gelübde ab, dem Kurprinzen in gleicher Weise zu dienen. Dann nahm er von seiner Familie Abschied und ermahnte den Kurprinzen feierlich, seine Ratschläge zu befolgen. Am Morgen des 9. Mai starb er. Der Geheimrat Otto von Schwerin schrieb: „Die Seinigen haben von ihm lernen können, wie man sterben muß."

Friedrich Wilhelm war der einzige große Herrscher, den Deutschland im 17. Jahrhundert hervorbrachte. Nachdem der Westfälische Friede das Deutsche Reich praktisch aufgelöst hatte, legte er mit geringen Mitteln das Fundament jener Macht, die später an die Stelle des verfallenden Kaisertums treten sollte. Er hatte die Lehnshoheit Polens über das Herzogtum Preußen beseitigt, sein von Kriegen verwüstetes Land wieder zu Wohlstand und Blüte gebracht, die getrennten und verschiedenartigen Landesteile zu einem festen Ganzen zusammengefügt und einen in ganz Europa geachteten und respektierten Staat geschaffen. Unter seiner Regierung entstand erstmalig ein Gefühl der Zusammengehörigkeit zwischen Brandenburg und Preußen, die bisher wenig miteinander gemein gehabt hatten.

Selten hat ein Herrscher einen Staat übernommen, der in einem so guten Zustand wie Brandenburg-Preußen war, als der 31jährige Sohn des Großen Kurfürsten, Friedrich III., die Regierung antrat. Auf allen Gebieten der Wirtschaft ging es aufwärts; die Staatseinnahmen waren auf das Vierfache gestiegen. Statt eines kleinen, unzuverlässigen, auf den Kaiser vereidigten Heeres, wie es sein Vater vorgefunden hatte, übernahm Friedrich eine hervorragend disziplinierte Armee von 30.000 Mann mit 72 Geschützen. Was hätte ein besser befähigter Nachfolger aus diesem Erbe machen können?

Ein König wird gewählt

In Europa gab es nur den deutschen und den polnischen Thron, die nicht erblichen Dynastien gehörten, sondern beim Tod des jeweiligen Herrschers durch eine Wahl neu besetzt wurden. Die Folgen waren für beide Länder verheerend, denn bei jedem Herrscherwechsel verminderte sich die staatliche Macht, und die Wahl war leicht durch andere Staaten zu beeinflussen. Während in Deutschland ein kleines Fürstenkollegium die Wahl vornahm, war in Polen der gesamte, nach Tausenden zählende Adel daran beteiligt. Damit war der Bestechung Tür und Tor geöffnet, und alle Mächte suchten den Kandidaten auf den Thron zu bringen, der ihre Interessen vertreten würde.

Eine Königswahl in Polen war deshalb für alle Mächte Europas jedesmal ein aufregendes Ereignis und ein Wettbewerb vieler Kandidaten. Im Grunde war es so, daß die Krone an den Meistbietenden versteigert wurde, aber das lief nicht immer glatt ab, wie die Wahl von 1697 zeigte. König Johann III. war am 17. Juni 1696 gestorben, die neue Königswahl fand erst am 27. Juni 1697 statt. Diese Zeit war mit den verwickeltsten Intrigen ausgefüllt, denn über ein Dutzend Bewerber bemühten sich um die Krone.

Daß diese mit Geld erkauft werden mußte, wußte am besten der Gesandte Frankreichs, Abbé Melchior de Polignac. Frankreich war der mächtigste Staat Europas, und König Ludwig hatte Polignac sogleich 1.400.000 Livres mitgegeben, von denen 600.000 schon ausgegeben waren, ehe die anderen Bewerber den ersten Taler gezahlt hatten. Bald hatte Polignac alle wichtigen Männer auf den Kandidaten Frankreichs, den Prinzen Conti verpflichtet. Der wichtigste Mann war der Erzbischof von Gnesen und Primas von Polen, Kardinal Radziejowski, der auch Leiter des Wahlreichstags war. Ihm hatte Polignac sogleich 60.000 Taler als Anzahlung und einen Ring im Wert von 2.000 Talern gegeben, worauf der Kardinal ein Freund Polignacs wurde. Jeder andere Magnat erhielt eine Summe entsprechend seiner Bedeutung. Als einziger schickte Bischof Dombski von Kujawien den Wechsel von 20.000 Talern mit der Bemerkung zurück, daß die Summe viel zu niedrig sei.

Trotzdem glaubten Polignac und Kardinal Raziejowski, daß die Wahl Prinz Contis gesichert war; um so größer war ihr Erstaunen, als 270 Fahnen der Wähler sich für Kurfürst Friedrich August I. (den Starken) von Sachsen und nur 73 für Prinz Conti erhoben. Es war die Masse des niederen Adels, der von Polignac wenig Geld erhalten hatte und sich nun fast einmütig für August den Starken entschied.

Nachdem Abbé Polignac alles Geld ausgegeben hatte, waren die Gesandten Augusts kurz vor der Wahl mit 40.000 Talern Bargeld und großen Versprechungen erschienen, die genügt hatten, um diese Wähler zu gewinnen. Selbst solche, die schon von Polignac Geld angenommen hatten, scheuten sich nicht, zu August überzuwechseln. In jedem anderen Land wäre die Wahl damit entschieden gewesen, in Polen war das aber nicht unbedingt so. Es war nicht das erste Mal, daß zwei Könige gewählt worden waren, und auch nicht immer üblich, daß die unterlegene Partei das Wahlergebnis der Mehrheit anerkannte. Der Kardinal-Primas hatte fast alle Bischöfe, Woiwoden und Magnaten auf seiner Seite, und diese hielten die Macht in ihren Händen, während der Einfluß des meist armen niederen Adels gering war. Er rief deshalb ungeachtet der wenigen Stimmen den Prinzen Conti, der Bischof von Kujawien aber August von Sachsen zum neuen König von Polen aus.

Ein großer Nachteil für die Conti-Wähler war, daß ihr König noch in Paris weilte, während August sogleich in die Krönungsstadt Krakau eilte. Dazu standen Augusts Truppen an der Grenze, und das polnische Kronheer wandte sich dem zu, der zuerst das Geld für den rückständigen Sold hergab, und das war August. Der Kardinal-Primas rief den Bestätigungsreichstag für den 26. August ein. Hier schlossen sich Contis Anhänger zu einer Konföderation des Adels zusammen und erklärten August den Krieg, ohne über eine Armee zu verfügen. Während August seine Krönung in Krakau vorbereitete, fuhr Prinz Conti dagegen erst am 6. September mit einer französischen Flotte von Dünkirchen ab. Er hatte 200.000 Taler in bar, 1.800.000 Livres in Wechseln und 600.000 in Wertsachen bei sich.

Am 26. September ankerte die französische Flotte in der Danziger Bucht bei Oliva. Dadurch geriet Danzig ohne eigene Schuld in eine bedrohliche Lage. Inzwischen war die Krönung Augusts am 15. September durch den Bischof von Kujawien erfolgt, und als nunmehr rechtmäßiger König forderte er Danzig auf, ihm die Huldigung zu leisten und allen Feinden die Tore zu schließen. Prinz Conti dagegen verlangte, daß die Stadt ihn als neuen König aufzunehmen habe, andernfalls sie in die Ungnade des Königs von Frankreich fallen würde. Die Anhänger Contis gaben sich noch nicht geschlagen. Für 460.000 Livres erklärte sich einer der vier Befehlshaber des Kronheeres, Sapieha d.J. bereit, dem Prinzen zu helfen. Conti übergab dem Kommandanten der Marienburg, Dzialynski, mißmutig nochmals 27.000 Livres, obwohl er schon 100.000 Livres unterschlagen hatte, die er dem Kardinal-Primas übergeben sollte. König August aber setzte 3.000 Mann Kavallerie sächsischer und polnischer Regimenter nach Oliva in Marsch; bis diese aber dort eintrafen, mußte sich Danzig selbst verteidigen, falls Conti gewaltsam gegen die Stadt vorgehen sollte. Von Contis Anhängern liefen mehr und mehr zu August über, seine engere Umgebung machte ihm aber immer noch Hoffnungen, König von Polen zu werden. Conti gab weiter Geld aus und hoffte auf Sapiehas Hilfe, der in Litauen Truppen anwarb. Zar Peter, der August unterstützte, drohte, in Litauen einzufallen und Sapiehas Güter zu vernichten.

Als auch schärfste Drohungen die Danziger nicht bewegen konnten, den Franzosen die Tore zu öffnen, ließ Prinz Conti am 5. November abends sechs beladene Danziger Schiffe beim Auslaufen von seinen Schiffen anhalten und mit seinen Soldaten besetzen. Die Danziger Besatzungen wurden auf den französischen Schiffen gefangengehalten. Am 30. Oktober erreichten die Truppen Augusts Thorn und setzten nach zwei Ruhetagen ihren Marsch fort. Bei Marienwerder zogen sie durch preußisches Gebiet, ohne sich um den Protest des Amthauptmanns zu kümmern. In Stuhm wurden zwei Haufen Litauer gefangengenommen, die Sapiehas dort liegen hatte. In Marienburg stellte sich der schlaue Dzialynski mit seinen 800 Fußsoldaten und 200 Reitern sogleich auf die Seite der Sachsen. Damit hatte Prinz Conti alle Stützen auf dem Land verloren. Als die 1.000 sächsischen Reiter am 8. November bis Oliva vorstießen, flohen die überraschten Polen, und die Franzosen retteten sich auf ihre Schiffe.

Nun sah Prinz Conti ein, daß ohne Hilfe eines französischen Heeres kein Erfolg möglich war, und befahl die Rückkehr nach Frankreich. Am 15. November erreichte die Flotte Kopenhagen, wo der dänische König die Freigabe der Danziger Schiffe erwirkte. Am 12. Dezember traf Prinz Conti wieder in Versailles ein. Sein Unternehmen hatte viel Geld verschlungen und ihm nur den Spott Europas eingebracht. Polignac fiel in Ungnade; er hatte sein Geld zu früh ausgegeben und zu spät erkannt, welche Aussichten Kurfürst August von Sachsen hatte. König Ludwig hatte zu lange gezögert, die Flotte abzusenden, sein Zorn wandte sich aber gegen Danzig. Jeglicher Handel mit Danzig wurde in seinem Reich verboten, und wo immer es gelang, wurden Danziger Schiffe von Franzosen gekapert. Danzig mußte 1701 eine Entschuldigungsgesandtschaft an den französischen Hof schicken, aber Ludwig verlangte noch Schadenersatz. Den Danzigern blieb keine Wahl, und 1712 zahlten sie dem französischen König 100.000 Gulden.

Kurfürst August von Sachsen war nun auch König von Polen. Er wird als ein außergewöhnlicher Fürst beschrieben. Sein Hof war der glänzendste in Deutschland. Er prahlte mit seiner Körperkraft und seinen mehr als 300 Mätressen. Der Protestant wurde katholisch, um mit viel Geld die Königskrone Polens zu kaufen. Er zerbrach Hufeisen und unterhielt seine Gäste, indem er silberne Teller wie Papier zusammenknüllte. Einen blasenden Trompeter soll er mit ausgestrecktem Arm über die Brüstung des Wiener Stephansdomes hinausgehalten haben, in Spanien einen Stier mit bloßen Händen erwürgt haben, und einen Finger verlor er, als er einem Bären im Ringkampf die Zunge aus dem Maul reißen wollte. Man sagt, daß er 354 uneheliche Kinder hinterlassen habe und daß zu seinen bevorzugten Geliebten auch Gräfin Orzelska gehörte, die seine Tochter war.

Streit um Elbing

Im Vertrag von Wehlau 1657 war dem Großen Kurfürsten, für den Verzicht auf Ermland, Stadt und Landgebiet Elbing zugesprochen worden. Im Bromberger Zusatzvertrag des gleichen Jahres gab eine Rückkaufsklausel Polen das Recht, die Stadt für 400.000 Taler zurückzukaufen. Das Problem begann damit, daß beiden Vertragspartnern Elbing nicht zugänglich war, weil es noch von Schweden besetzt war. Bei den Verhandlungen in Oliva (1660) war daher die Übergabe Elbings ein heiß umstrittener Punkt. Nach polnischer Ansicht gehörte Elbing selbstverständlich zu Polen, das aber nicht daran dachte, die 400.000 Taler zu bezahlen. Friedrich III. suchte zunächst, wie sein Vater, auf rechtlichem Wege einen Ausgleich mit Polen zu erreichen. Er mußte aber bald erkennen, daß der klare Rechtsanspruch nur mit Gewalt durchzusetzen war.

Die Wahl Friedrich Augusts von Sachsen zum König von Polen, der sich in dieser Eigenschaft August II. nannte, ließ auf eine günstige Lösung der Elbinger Frage hoffen. Bei einer als Jagdtreffen getarnten Zusammenkunft im Juni 1698 stimmten beide Herrscher darin überein, daß es Brandenburg frei stehe, gegen Zahlung von 150.000 Talern Elbing zu besetzen.

Der Versuch, Elbing im Handstreich zu nehmen, mißglückte. Darauf rückte General Brandt mit 4.000 Mann gegen die Stadt und drohte mit Beschießung, falls sie nicht binnen drei Tagen die Tore öffnen würde. Da der Elbinger Rat sich weigerte, begann am 6. November 1698 die Beschießung mit glühenden Kugeln, und am 10. wurde Elbing den Brandenburgern übergeben. Kurfürst Friedrich durfte den Geheimvertrag auf keinen Fall erwähnen und erklärte deshalb, daß er die Stadt so lange besetzt halten würde, bis die 400.000 Taler gezahlt würden.

In Polen gab es eine große Aufregung, und alles schrie wegen dieser Dreistigkeit des Kurfürsten nach Krieg, obwohl er völlig in seinem Recht war. Alle Vermittlungsversuche des Kaisers, Schwedens, Dänemarks und der Niederlande waren erfolglos. Brandenburg versuchte vergeblich, Ludwig XIV., als Garanten des Friedens von Oliva, zum Eingreifen zu bewegen. Auch neue Verhandlungen mit August II., der das seinige tat, um die aufgeregten Polen zu beruhigen, führten zu keinem Ausgleich. Der nahende Spanische Erbfolgekrieg nötigte Friedrich, den Frieden zu erhalten, auch um den Preis einer schweren politischen Niederlage. Am 12. Dezember 1698 wurde deshalb ein neuer Vertrag unterzeichnet, in dem der Kurfürst 100.000 Taler der Schuldsumme nachließ und Polen sich verpflichtete, die restlichen 300.000 Taler binnen drei Monaten zu zahlen. Dem Kurfürsten wurde das Recht zuerkannt, die Stadt wieder zu besetzen, falls die Zahlung nicht zeitgemäß eingehen sollte. Darauf räumten die Brandenburger Elbing.

Natürlich zahlten die Polen auch dieses Mal nicht. Bei der prunkvollen Hofhaltung König Augusts waren die Kassen stets leer. Zudem hatte August kein Interesse, diese deutsche Stadt in seinen Besitz zu bringen. Auch Kurfürst Friedrich ließ die Angelegenheit jetzt ruhen, um das gute Verhältnis mit König August nicht zu trüben. Als aber im Nordischen Krieg die Besetzung Elbings durch die Schweden drohte, besetzte Friedrich 1703 das Territorium Elbings, aber nicht die Stadt. Dieser Zustand blieb bis zur Wiedervereinigung mit Preußen 1772 bestehen. Damit hörte die beschränkte Selbstständigkeit des Stadtstaates Elbing endgültig auf.

Inquisition und Hexenwahn

Nicht genug, daß Krieg und Pest immer wieder unzählige Opfer unter den Menschen forderten, dazu wütete auch noch die Inquisition mit unvorstellbarer Grausamkeit, barbarischer Folter und Feuertod unter der Menschheit. Auch das ferne Preußenland wurde von diesem Wahn nicht verschont. In der Geschichtsschreibung wird dieses Thema meistens gemieden. Schulbücher behandeln es, wenn überhaupt, höchstens durch vage Andeutungen und beschönigende Redewendungen, ohne das Ausmaß und die tatsächlichen Vorgänge wahrheitsgemäß darzustellen. Es handelt sich hierbei jedoch nicht um eine nebensächliche Begebenheit, sondern um ein geschichtliches Ereignis, das Jahrhunderte andauerte und Millionen unschuldigen Menschen grausamste Folterqualen und einen schrecklichen Tod brachten. Es ist auch kein Vorgang, über den nur ein mangelhaftes Wissen überliefert ist; und doch muß man zu Spezialliteratur greifen, um ein wahres Bild über diesen Teil der Geschichte zu erhalten, den alle Menschen jener Zeit durchlebt und durchlitten haben. Man erfährt wenig von den Menschen, deren Fleisch in den Kerkern jeder Stadt der Christenheit, auch in den kleinsten Städten des Preußenlandes, zerschlagen und zerschnitten wurde, deren Glieder ausgerenkt und deren Sehnen zerrissen wurden. Selten werden die Scheiterhaufen erwähnt, auf denen die zu Krüppeln gefolterten Menschen qualvoll sterben mußten, ohne ein Verbrechen begangen zu haben. Die Geschichte dieses Wahnsinns soll hier nicht übergangen werden.

Die Inquisition war eine von der Römischen Kirche erdachte und durchgeführte Vernichtung von Andersgläubigen, Abtrünnigen, Ketzern, Juden, Hexen und all derer, mit denen die Kirche unzufrieden war. Sie wurde auf eine derart entsetzliche Weise und in einem solchen Umfang durchgeführt, daß sie in der Geschichte einmalig dasteht. Erstmalig wurde sie bei der Ausrottung der Albigenser im 13. Jahrhundert eingeführt. Da sie sich als höchst wirksam erwies, wurde sie weiter angewandt und ausgebaut.

Insgesamt gab es drei große Phasen der Inquisition. Nach jener ersten gegen die Albigenser, Katharer und Waldenser, mit dem Einsatz päpstlicher Inquisitoren und der Anwendung der Folter zur Geständniserzwingung, war die Grundlage geschaffen, auf der nach Belieben jeder angeklagt, gefoltert und hingerichtet werden konnte. Diese erste Inquisition endete um 1400, lebte aber in den Hexenprozessen weiter und steigerte sich bald zu neuen erschreckenden Ausmaßen.

Am bekanntesten ist die zweite oder spanische Inquisition. Sie diente dem neuen spanischen Staat zur Festigung und Erweiterung seiner Macht. Mit dieser Waffe konnte jede verdächtige oder unerwünschte Menschengruppe beseitigt und alle anderen gefügig gemacht werden. Der erste Großinquisitor, der Dominikaner Torquemada, Beichtvater des Königspaares (1420–98), ließ allein in der Stadt Sevilla rund 2.000 Menschen verbrennen. Vom 16. bis 18. Jahrhundert wütete sie überall, wo Spanien regierte, einschließlich in den amerikanischen Kolonien.

Die dritte oder römische Inquisition wurde 1542 von Papst Paul III. (1534–49) zur Bekämpfung des Protestantismus eingeführt. Mit dem massenweisen Verbrennen unschuldiger Menschen, sogar kleiner Kinder, erreichte sie unter den Päpsten Paul IV. (1555–59) und Pius V. (1566–72) schreckliche Höhepunkte. Der frühere Dominikaner und Großinquisitor Pius V. war selbst ein ausgebildeter Meister von Folter und Massenmord. Er forderte unter anderem die völlige Ausrottung der Hugenotten in Frankreich und wurde 1712 heiliggesprochen.

Es lag in ihrer Macht, mit dem Terror der Inquisition willkürlich über jeden Menschen zu verfügen, ohne daß eine Schuld vorhanden war. Die Kirche verfolgte nicht nur jeden neuen Gedanken und verbrannte Doktoren und Professoren, sondern ihre Inquisitoren ergriffen auch solche, die gar nichts dachten, ließen sie zu Krüppeln foltern, nahmen ihren ärmlichen Besitz und ließen sie verbrennen. Wer angeklagt wurde, kam sofort ins Gefängnis, Kläger und Zeugen wurden geheim gehalten. Um ein Geständnis der von vornherein angenommenen Schuld zu erreichen, wurde die Folter angewandt. Die Bestrafung wurde den weltlichen Gerichten übertragen, die vor der Allmacht der Inquisitoren zitterten und deren Wünsche mit größtem Eifer ausführten, um nicht selbst auf dem Scheiterhaufen zu landen. Todesurteile wurden immer häufiger verhängt, und oft war schon die Voruntersuchung tödlich. Besonders gefährdet waren alte, alleinstehende Frauen, besonders schöne Mädchen sowie Hebammen bei Mißbildungen an Neugeborenen. Es wurde üblich, daß bei jedem Unglücksfall im Haus oder Stall, bei Krankheit, Verkalben einer Kuh oder Hagelschlag einer Hexe die Schuld dafür gegeben wurde.

Die Hexe galt als Zauberin, die ein Bündnis mit dem Teufel geschlossen hatte, denn nur er konnte seinen Anhängern übernatürliche Kräfte verleihen, wofür sie ihm ihre Seele vermachten. Da Feuer die Seele wie Gold reinigen konnte, wurden Hexen verbrannt. Die Kirche, die früher solchen Aberglauben abgewiesen und verboten hatte, schürte durch die Inquisition den Hexenwahn und sorgte für seine lange Dauer. Als Papst Johannes XXII. (1316–34) gegen den Wahn einschreiten wollte und die Lehre vom Teufelsbündnis verbot, war die Hexenverfolgung schon zu einem derart gewinnbringenden Geschäft geworden, daß der Verfolgungseifer nicht mehr eingeschränkt werden konnte. Am Ende drohte diesem Papst sogar selbst die Anklage wegen Ketzerei.

Der Wahn steigerte sich weiter. Papst Innozenz VIII. (1484–92) gab 1484 durch die Bulle *Summis desiderantes* bekannt, daß trotz Tätigkeit der Inquisitoren in Deutschland noch immer Männer und Frauen vom Glauben abirren und mit Dämonen Unzucht treiben. Daher befahl er allen Inquisitoren, gegen diese Personen ohne Rücksicht des Standes vorzugehen und sie nach freiem Ermessen zu bestrafen.

Obwohl die Bulle kein Dogma war, wurden alle Beschuldigungen (Teufelspakt, Beischlaf mit dem Teufel, Ketzerei, Schadenzauber, Luftfahrt, Tierverwandlung) in ein System gebracht und damit die Vorbedingungen für die großangelegten Hexenjagden in Deutschland geschaffen. Die päpstlichen Inquisitoren Heinrich Institoris und Jakob Sprengler schufen mit ihrer Schrift *Malleus maleficarum* (Hexenhammer) ein Lehrbuch der Hexenbekämpfung. Mit dieser Anweisung setzte eine Hochflut von Hexenprozessen ein, die ein Hohn jeder Gerichtsbarkeit waren.

Der Glaubenszwang ließ keine freie Geschichtsschreibung zu. Wer es wagte abzuweichen, wurde gefoltert und verbrannt. Unter dieser Bedrohung wagte höchst selten ein Reformer gegen den Wahn zu predigen. Ein Teil der Todesurteile kam zustande, um die Steuerkasse aufzufüllen, denn der Besitz der Hexen wurde stets eingezogen. Damit der Eifer der Denunzianten nicht nachließ, gab man ihnen zehn Gulden für jede Anzeige, oft auch einen Teil des eingezogenen Vermögens. Für weitere Prozesse hatten auch die Gefolterten zu sorgen, die Namen von weiteren Hexen nennen mußten. Widerrufe dieser erzwungenen Geständnisse waren der Beweis, daß der Teufel wieder in die Person gefahren war und hatte erneute Folterung zur Folge, die durch das neue Geständnis diese Annahme auch bewies. Durch Zufügung unerträglicher Schmerzen wurde jedes gewünschte Geständnis erreicht.

Die Richter brauchten sich keine Gedanken darüber zu machen, jemals Unschuldige verurteilt zu haben, denn alle gaben unter der Folter ihre Schuld zu. Als der bekannte Astronom Kepler 1615 eigens aus Linz anreiste, um seine Mutter zu verteidigen, die als Hexe angeklagt war, wurde er darüber aufgeklärt, daß man keine Beweise zur Verurteilung einer Hexe brauche. In diesem Bistum (Ellwangen) seien über 100 Hexen verbrannt worden, ohne daß Beweise erbracht wurden.

Papst Gregor XV. (1621–23) machte es 1623 allen Gläubigen zur Pflicht, Hexen beim Inquisitor oder Bischof anzuzeigen. Eheleute wurden gezwungen, gegeneinander, Kinder gegen ihre Eltern auszusagen. So loderten die Scheiterhaufen durch die Jahrhunderte und erhielten immer neue Nahrung. Oft wurden auch die Kinder der Hexen verbrannt, denn die Mütter hatten unter der Folter zugeben müssen, daß sie vom Teufel gezeugt worden waren. Je unschuldiger ihre Kinderaugen in die unverstandene Welt der Erwachsenen blickten, um so verdächtiger waren sie, vom Teufel zu stammen, und endeten in den Flammen. Selbst der große Reformator Martin Luther konnte seiner Zeit nicht entfliehen und soll auf die Frage, was mit solchen Kindern geschehen sollte, gesagt haben, daß man sie am besten verbrennen sollte.

Im Bistum Bamberg wurden 600 wegen Teufelsbuhlschaft verbrannt, im Bistum Würzburg, unter Bischof Philipp von Ehrenberg, 900. In dem Gebiet von Braunschweig, so berichtet ein Chronist, „waren die Pfähle, an denen die Verurteilten festgebunden wurden, wie ein Wald anzusehn". Ein Inquisitor in Paderborn sandte 500 Menschen in den Feuertod. Der Leipziger Professor Benedikt Carpzov rühmte sich an seinem Lebensende (1666), die Bibel 53mal gelesen und 20.000 Todesurteile unterschrieben zu haben.

Die erste wirksame Schrift gegen den Hexenwahn verfaßte 1631 der Jesuit Friedrich Spee von Langenfeld. Die Inquisition war aber ein so wirksames Mittel in der Hand der Mächtigen, daß sie nicht so leicht abzuschaffen war. In der Gegenreformation ging man mit ihr gegen die Protestanten vor. Auch im evangelischen Bereich wurde sie weiterbetrieben und unter anderem gegen Wiedertäufer angewandt. Erst im 19. Jahrhundert schafften die letzten Staaten Hexenprozesse ab. Das wurde nicht von allen gern gesehen, denn man konnte – in der *Nalecta ecclesiastica* von 1895 – auch lesen: „Oh, seid gesegnet, ihr flammenden Scheiterhaufen! [...] Oh, wie herrlich ist das Andenken Thomas Torquemadas!"

Die Zahl der Opfer, die Inquisition und Hexenwahn gefordert hat, wird unbekannt bleiben. Zu gründlich war die Beseitigung der Beweismittel; alle Unterlagen, die eine Zählung der Opfer ermöglichen würde, sind „verschwunden". Der größte Teil der Opfer, etwa 85 Prozent, waren Frauen und Mädchen. Die Berechnungen der Gesamtzahl schwanken zwischen zwei und neun Millionen. Ein Historiker meint, die einzige bleibende Wirkung all dessen sei die Verblödung der christlichen Welt gewesen.

Über die Behauptung, daß die Römische Kirche mehr unschuldiges Blut vergossen hat als irgend eine andere menschliche Institution, läßt sich heute jedoch streiten. Jene Inquisition gibt es nicht mehr, andere jedoch sehr wohl; sie wechselt nur ihr Kleid und wird uns wahrscheinlich nie verlassen. Folter und Staatsmord werden in vielen Teilen der Welt angewandt, aber nur vereinzelt setzen sich einige Idealisten dagegen ein, fast immer erfolglos. Hat es Meinungsfreiheit je gegeben? Starb nicht schon Sokrates, weil er eine andere Meinung als die vorgeschriebene hatte?

Die alten Preußen hatten an manche, uns heute seltsam erscheinende Dinge geglaubt, aber Hexenprozesse oder ähnliche Mordsitten gab es bei ihnen nicht. Ebenso kannte auch das germanische Recht weder Folter noch Massenhinrichtungen der eigenen Stammesgenossen. Auch zur Zeit des Deutschen Ritterordens, wo in anderen christlichen Ländern schon die Scheiterhaufen loderten, blieb das Ordensland von diesem Wahnsinn verschont.

Dann aber brachten Einwanderer aus dem Reich das Gedankengut dieser geistigen Seuche auch nach Preußen, und vom 16. bis zum 18. Jahrhundert wurden sowohl im Herzogtum als auch im Ermland und in Westpreußen Hexen abgeurteilt und verbrannt. Nicht zuletzt breitete sich die Hexenverfolgung auch deswegen aus, weil sie wegen der Einziehung des Besitzes der Opfer für gewisse Kreise sehr gewinnbringend war. Wie eifrig dabei in den einzelnen Landesteilen und zu den verschiedenen Zeiten vorgegangen wurde, hing davon ab, wie weit der jeweilige Landesherr und seine obersten Beamten dem Hexenwahn verfallen waren oder wie gewissenlos sie über Leichen gingen, um sich den Besitz der Opfer anzueignen. Die meisten Hexenprozesse gab es in dem von Polen beherrschten Westpreußen und im Ermland. Im Herzogtum waren sie selten, jeder einzelne Fall jedoch ein Mord zuviel. Im Vergleich zum Reich erreichte die Hexenverfolgung in Preußen aber nicht annähernd jene schrecklichen Ausmaße.

Da Hexerei, wie auch andere zivile Straftaten, von den Kammerämtern und Stadtrichtern behandelt wurde, deren Aufzeichnungen aber nur in wenigen Fällen erhalten sind, ist nicht viel über diese Prozesse bekannt. In einem der wenigen erhaltenen Protokolle einer Gerichtsverhandlung des Jahres 1556 gegen die „Zauberin Hedwig aus Fürstenau" (Kreis Rößel) sind die Vergehen der Angeklagten in allen Einzelheiten aufgeführt. Demnach war ihr Name bei der Folterung der Hexe Ursula genannt worden, die in Bartenstein verbrannt worden war. Hedwig mußte zugeben, daß sie seit langer Zeit mit dem Teufel geschlechtlich verkehrt, jährlich dreimal an einem Hexentreffen teilgenommen und viel Schaden durch Zauberei angerichtet hat. Auch sie mußte Namen von etwa einem Dutzend weiterer Hexen nennen, die anschließend wahrscheinlich das gleiche Schicksal erleiden mußten. Das Protokoll gibt keine Auskunft über die Folterqualen, unter denen diese Aussagen zustande kamen, die als bewiesene Tatsachen vorgelegt werden. Es sagt auch nichts über das Gerichtsurteil; wahrscheinlich wurde Hedwig verbrannt.

Aus dem Bittgesuch des Peter Neumann aus Sturmhübel (Kreis Rößel) von 1558 geht hervor, daß er vom Gericht in Rößel ohne Grund beschuldigt wird, mit dem Teufel verbündet zu sein. Er sei so grausam gefoltert worden, daß er die Folgen sein Leben lang nicht überwinden wird „und ich ganz erbärmlich um meine Gesundheit gebracht bin". Obwohl eine Untersuchung durch den Landvogt des Ermlands nichts Belastendes gegen ihn zutage fördern konnte und alle Dorfbewohner ihm einen untadeligen Lebenswandel bescheinigen, liege er weiterhin im Kerker zu Rößel und bitte den Landesherrn um Hilfe.

Anscheinend war der Name des Peter Neumann von einer gefolterten Hexe genannt worden. Auch wenn sich keine Beweise finden ließen, glaubte das Gericht verpflichtet zu sein, den Mann so lange zu foltern, bis er ein Geständnis ablegen und möglichst weitere Mitverschworene nennen würde. Da die Heilsberger Akten nur diese Bittschrift und keine weiteren Angaben enthalten, wissen wir nicht, ob Peter Neumann schließlich freigelassen oder hingerichtet wurde.

Über einen anderen Fall von Hexenverfolgung berichtet Erzpriester Georg Matern aus Rößel. Demzufolge war im Jahre 1600 die Ehefrau Margarete des zweiten Schulzen Michael Kraus aus dem Dorf Tollnigk als Hexe angeklagt worden. Bei der Folterung bis zum letzten Grad gestand sie schließlich, zwei kleine Teufel geboren zu haben, die sie am Tage verborgen hielt und nur in der Nacht herausließ, um Schäden anzurichten. Alles Unglück im Dorf habe sie verursacht. Nachdem die Gefolterte wieder bei Sinnen war, widerrief sie das erzwungene Geständnis und beteuerte ihre Unschuld.

Ihr Ehemann war ebenfalls verhaftet und angeklagt worden. Nachdem man ihn des Schulzenamtes enthoben hatte, wurde er schließlich gegen eine Bürgschaft freigelassen. Dann gelang es ihm, mit einer Bittschrift den Statthalter Johann Kreczmer zu erreichen, der anordnete, den Fall persönlich am nächsten Gerichtstag in Heilsberg zu verhandeln. Kraus holte seine Frau, die infolge der Folterung nicht mehr gehen konnte, aus dem Rößeler Kerker und fuhr mit ihr, auf Stroh und Kissen gebettet, zum Gerichtstag. Der Statthalter sprach die Angeklagte von der Beschuldigung des Teufelsbundes frei und setzte Michael Kraus wieder in das Schulzenamt ein.

In den bischöflichen Kurialakten des Ermlands befindet sich ein Testament, das die Ehefrau Gertrudis des Bischofsburger Bürgers Max Gesach am 2. Dezember 1612 unterschrieb, bevor sie verbrannt wurde. Darin vermacht sie der Kirche ein halbes Haus, eineinhalb Hufen Land und die damals beträchtliche Summe von 40 Mark. Anscheinend handelt es sich um die Hälfte des ehelichen Besitzes. Warum die Frau den Feuertod erleiden mußte, wird nicht erwähnt; die Übergabe ihres Besitzes und die Verbrennung deuten jedoch auf eine Verurteilung als Hexe.

Im Jahre 1704 wurde in der Stadt Bischofstein die Witwe Weiß als Hexe angeklagt. Unter der Folter gestand sie, seit langer Zeit mit dem Teufel zu verkehren und viel Schaden angerichtet zu haben. Wie üblich, mußte sie die Namen von weiteren Hexen angeben und sogar ihre etwa 24jährige Tochter Elisabeth beschuldigen, die dann ebenfalls verhaftet und gefoltert wurde. Auch sie mußte bekennen, intimen Verkehr mit dem Teufel zu haben.

Durch den Besuch eines Jesuitenpaters aus Heiligelinde dazu ermuntert, trotz aller Folterqualen die Wahrheit zu sagen, widerrief Elisabeth ihr Geständnis. Das hatte natürlich erneute und noch schärfere Folterung zur Folge, bei der sie schließlich alles gestand, was man hören wollte. Als sie im Kerker schon von ihrem Scheiterhaufen reden hörte, brachte sie die Kraft auf, einen Fluchtversuch zu unternehmen und widerrief nochmals das erzwungene Geständnis. Die erneute Folter der letzten und schärfsten Grade ertrug sie schreiend, aber ohne ein weiteres Geständnis abzugeben.

Zum Krüppel gefoltert, mit zerrissenen Sehnen, zerquetschten Fingern und Zehen, grausam zerfetztem und verbranntem Fleisch lag nun das Mädchen im Kerker und brachte das Gericht in Verlegenheit. Da alle Grade der Folter ausgiebig angewandt worden waren, ohne ein endgültiges Geständnis zu erreichen, mußte Elisabeth schließlich freigelassen werden. Sie wurde aber aus Bischofstein ausgewiesen und verließ an zwei Krücken mühsam humpelnd die Stadt. Schließlich fand sie in Wormditt ein Unterkommen.

Ein mitleidiger Bürger brachte den Fall dem Bistumsadministrator Johann Kunigk zur Kenntnis. Dieser ließ durch eine Kommission den Prozeß gegen Elisabeth Weiß überprüfen, und im Frühjahr 1706 wurde folgendes Revisionsurteil erlassen: Das ursprüngliche Urteil wurde aufgehoben und die Stadt Bischofstein verpflichtet, Elisabeth Weiß das von ihrer Mutter und ihr bewohnte Häuschen vor dem Heilsberger Tor als Eigentum, bei vollkommener Abgabenfreiheit, zu übergeben. Dazu mußte die Stadt ihr eine lebenslange jährliche Rente von 100 Gulden zahlen. Über das Schicksal ihrer Mutter, die zu dieser Zeit nicht mehr lebte, ist nichts weiteres bekannt. Wahrscheinlich war sie nach ihrem Geständnis verbrannt worden.

Ein weiterer aus dem Ermland bekannter Fall trug sich in Wormditt zu. Dort wurde 1747 Dorothea Zeger aus Elditten zum Feuertod verurteilt, weil sie „mit dem Teufel geschlechtlich verkehrt habe und mit ihm zu einem Hexentreffen geflogen sei". Sie wurde aber zum Tode durch das Schwert begnadigt und ihre Leiche dann verbrannt.

Gegenüber diesen Fällen aus dem Ermland ist aus dem Herzogtum sehr wenig über Hexenprozesse bekannt. Man kann nur vermuten, daß es sich bei manchen Zahlungen an den Scharfrichter Gottfried Growert, die im Kämmerei-Rechnungsbuch der Königsberger Altstadt eingetragen sind, vielleicht um die Hinrichtung von Hexen handelt. Im Januar 1698 zum Beispiel wurden gezahlt: „47,5 Mark für die Exekution von Mutter und Tochter, 13,5 Mark für die Exekution der anderen Tochter".

Am 25. April 1698 wurde ein kleines Mädchen, die etwa zehnjährige Anna Kuhn hingerichtet, weil ihre Richter glaubten, daß sie intimen Verkehr mit dem Teufel gehabt hatte. Da sie für den Stuhl zu klein war, auf dem normalerweise der Verurteilte saß, wurde sie von Scharfrichter Growert stehend enthauptet. Anscheinend wurden Hexen im Herzogtum Preußen in der Regel nicht verbrannt, sondern enthauptet.

Bei diesen wenigen Quellen über die Hexenverfolgung im Preußenland ist festzustellen, daß es auch hier Personen in hohen Stellungen gab, die den Hexenglauben ablehnten und Hexenurteile aufhoben. Doch hatten diese nicht die Macht, sie ganz zu verbieten. Nachdem der Kurfürst und Erzbischof von Mainz, Johann Philipp von Schönborn (1642–73), als erster geistlicher Landesherr die Hexenprozesse abschaffte, folgte 1720 der preußische König Friedrich Wilhelm I. Im Ermland und in Westpreußen endeten die Hexenprozesse erst 1772 mit der Rückkehr dieser Gebiete zu Preußen.

Kurfürst Friedrich III.

Nach dem Tod seiner ersten Gemahlin, Luise Henriette von Oranien, im Jahre 1667 hatte der Kurfürst Dorothea von Holstein-Glücksburg geheiratet, eine herrschsüchtige und dominierende Frau, mit der er weitere vier Söhne und drei Töchter hatte. Der älteste Sohn aus erster Ehe, Karl Emil, der in hohem Maße die gleichen Eigenschaften wie sein Vater gezeigt hatte, war 1674 mit 19 Jahren gestorben. Man sagte, daß er von seiner Stiefmutter, die ihren eigenen Kindern die Nachfolge zuspielen wollte, vergiftet worden war. Auch sein Bruder Friedrich behauptete, einmal eine Vergiftung knapp überlebt zu haben. Er war überzeugt, daß die Stiefmutter ihn beseitigen wollte, und wagte nicht, im elterlichen Schloß zu wohnen.

Durch den Tod seines älteren Bruders war der weichliche und wenig charakterfeste Friedrich, der Liebling seiner Mutter, nun Kurfürst geworden. Er setzte die Politik seines Vaters im wesentlichen, wenn auch lässig, fort. Eine drastische Änderung erfuhr jedoch die Hofhaltung, wo unter maßloser Geldverschwendung ein prunkvoller Aufwand betrieben wurde.

Der Schein war Friedrich viel wichtiger als das Sein. Vielleicht trug sein wenig vorteilhaftes Äußeres – er hatte eine Rückgratverkrümmung – zu dieser Prunksucht bei. Neu war auch, daß er nicht selbst die Politik leitete, sondern diese Aufgabe Ministern übertrug. Er förderte Kunst und Wissenschaft; die Universität Halle und die Akademie der Wissenschaften und Künste in Berlin wurden von ihm gegründet. Gelehrte und Künstler kamen von weit her ins Land. Wie sein Vater, garantierte auch er allen wegen ihrer Religion Verfolgten völlige Glaubensfreiheit. Als die Franzosen 1688 die Pfalz verwüsteten und grausam die dort aus Holland geflüchteten protestantischen Wallonen verfolgten, nahm er einige 1.000 von ihnen auf.

Daß seine Fähigkeiten als Staatsmann bescheiden waren, hatte er schon 1686 beim Abschluß des Vertrages mit Österreich gezeigt, als er hinter dem Rücken seines Vaters die Rückgabe des Kaufpreises versprach, mit dem Österreich dem Großen Kurfürsten die Ansprüche auf die schlesischen Fürstentümer abkaufte. Obwohl er sich nun sträubte und beteuerte, daß er damals getäuscht worden sei und auch als Kurprinz gar nicht berechtigt gewesen sei, Staatsverträge von solcher Wichtigkeit abzuschließen, verlangte Österreich jetzt unnachgiebig den Kreis Schwiebus. Weil Friedrich unbedingt König werden wollte und dazu die Anerkennung des Kaisers brauchte, mußte er ein gutes Verhältnis zu ihm aufrechterhalten, was der Kaiser weidlich ausnützte. Er gewährte aber Friedrich, nach bisheriger Weigerung, die Anerkennung als Herzog von Preußen. Bei der Auslieferung des Kreises Schwiebus sagte Friedrich prophetisch: „Unsere Rechte auf die schlesischen Fürstentümer auszuführen, überlasse ich meinen Nachkommen, welche ich bei diesen widerrechtlichen Umständen weder verbinden kann noch will […] schickt es aber Gott anders, so werden meine Nachkommen erfahren und wissen, was sie dereinst zu tun und zu lassen haben." 50 Jahre später glaubte sein Enkel zu wissen, was er seinem Hause schuldig war und holte sich die Herzogtümer mit reichlichem Zins; er nahm fast ganz Schlesien.

Da Friedrich in Königsberg geboren war, nannte er die Preußen oftmals seine Landsleute. Anläßlich seiner Huldigung 1690 wurde in Königsberg mit noch nie erlebtem Prunk wochenlang ein Hoffest nach dem anderen gefeiert. Das Regierungsprogramm Friedrichs war vor allem anderen der Erwerb der Königskrone, und dafür schien ihm kein Opfer zu groß. Immer wieder stellte er dem Kaiser seine Truppen zur Verfügung und nahm alle Demüti-

Diese 1697/98 von Andreas Schlüter geschaffene Statue zeigt Friedrich III. als Kurfürsten von Brandenburg in der Ausdruckspose des Herrschenden und Siegesbewußten. Das Standbild war wegen seiner kurfürstlichen Würdezeichen nach der Königskrönung 1701 nicht mehr zeitgemäß und fand erst 1802 seinen endgültigen Platz in Königsberg.

gungen ohne Widerspruch hin, und laufend flossen brandenburgische Taler nach Wien. Dem Ziel, die Königskrone zu erreichen, wurde alles andere untergeordnet.

Über die Frage, ob der Königstitel den Preis an Blut und Geld wert war, den Friedrich zahlte, gibt es gegensätzliche Ansichten. Von vornherein stand fest, daß die Zustimmung des Kaisers unbedingt notwendig war, da eine Selbstkrönung ohne nachfolgende Anerkennung zu bedenklichen Schwierigkeiten geführt hätte. Ebenso stand fest, daß die Krone nur auf dem Herzogtum Preußen begründet werden konnte, da der Kurfürst nur dort die volle Souveränität besaß. Als König von Brandenburg wäre er nur ein Lehnkönig des Kaisers geworden.

Wenn es Kurfürst Friedrich auch gelang, den Krieg von seinen Grenzen fernzuhalten, so schickte er Brandenburgs und Preußens Söhne fortwährend auf die Schlachtfelder Europas, wo sie kämpften, bluteten und starben.

Im Pfälzischen Erbfolgekrieg, dem 3. Eroberungskrieg unter Ludwig XIV. (1688–97), schickte der Kurfürst 2.000 Mann an den Oberrhein und führte selbst 20.000 Mann am Niederrhein. Weitere 6.000 landeten mit Wilhelm von Oranien 1688 in England. Die vereinbarten Hilfsgelder wurden vom Kaiser nur teilweise oder gar nicht gezahlt. Beim Friedensschluß zu Rijswijk mußte Brandenburg unter schändlichem Bruch der Vereinbarungen nur neue Demütigungen erdulden, obwohl es mehr als andere geleistet hatte. Im Krieg hatte größte Uneinigkeit unter den Verbündeten geherrscht, wodurch ein besserer Friedensschluß verloren wurde; nun aber waren alle einig, Brandenburg niederzuhalten.

Im Krieg gegen die Türken (1691–99) gab der Kurfürst dem Kaiser ein Hilfskorps von 6.253 Mann. Allein in der Schlacht bei Salankemen (19. August 1691) verloren die Brandenburger über 1.000 Mann. Gegen Ende des Jahres 1692 kehrte das stark dezimierte Korps zurück. 1693 wurde ein neues Hilfskorps von 6.000 Mann nach Ungarn geschickt, das wieder rücksichtslos eingesetzt wurde. Nach den Worten Prinz Eugens, der erstmalig das Heer führte, war den Brandenburgern der Sieg in der großen Entscheidungsschlacht bei Zenta (11. September 1697) zu danken.

Die Unterhaltung der Armee und die enormen Ausgaben für die prunkvolle Hofhaltung machten sich in Preußen durch umfangreiche Rekrutierungen und durch immer brutaler werdende Eintreibung der stetig steigenden Steuern bemerkbar. Um die Königswürde für Kurfürst Friedrich zu erreichen, bemühte sich eifrigst sein Kammerherr, der aus Hessen stammende Reichsgraf Kolbe von Wartenberg. Er stand seit dem Regierungsbeginn Friedrichs in dessen Diensten und hatte durch sein gewandtes, schmeichlerisches Wesen großen Einfluß auf ihn gewonnen. Anstelle des bisherigen Premierministers, Eberhard von Dankelmann, setzte Friedrich 1697 Wartenberg an die Spitze der Staatsgeschäfte. Friedrich wollte die Größe seines Staates in der pomphaften Darstellung seiner Person sehen und nicht, wie seine Vorgänger und Nachfolger, nur sein erster Diener sein. Darauf baute Wartenberg seine Stellung auf. Er mußte es fertigbringen, eine starke Armee und zugleich eine Hofhaltung im Ausmaß der reichsten Herrscher zu halten. Da er kein begabter Staatsmann war und sich nur halten konnte, solange der Prachtentfaltung am Hof keine Grenzen gesetzt wurden, mußte er immer höhere Steuern aus dem Volk pressen. Dadurch kam er gar nicht dazu, etwas zum Ausbau der Wirtschaft oder der Verwaltung zu tun, selbst wenn er dazu fähig gewesen wäre. So wurden die Provinzen immer mehr ausgesaugt und ihre wirtschaftlichen Reserven abgebaut, ohne daß von den Geldsummen auch nur ein Teil wieder zurückgeflossen wäre, wie es zum Beispiel später bei Friedrich Wilhelm I. über das Heer der Fall war. Alle Ansätze, mit denen der Große Kurfürst begonnen hatte, eine gerechte und geordnete Verwaltung einzuführen, wurden aufgegeben. Dieser Abbau der Substanz führte zuerst im Herzogtum Preußen zur Katastrophe, weil diese Provinz zu der Zeit wirtschaftlich am schwächsten war.

Schon seit den 50er Jahren hatte sich das Land in einer Art Notstand befunden. Die Kriege waren zwar von kurzer Dauer gewesen, aber allein der polnische Überfall mit den Tataren 1656 überragte alles, was andere Länder zu jener Zeit an Kriegsleiden zu erdulden hatten. Seit 1653 bis zum Ende der 70er Jahre kam die Pest niemals ganz zum Erlöschen. Auf diesem Hintergrund hatte der Große Kurfürst mit den Ständen um die Steuerhoheit gerungen. Der Adel kämpfte für indirekte Steuern, die die Städte trafen, diese für direkte Grundsteuern, die ihren beweglichen Besitz verschonten. Da keine Partei ihre Ziele ganz erreichen konnte, wurde die Steuerlast auf die unteren und ärmeren Schichten der Bevölkerung abgewälzt, wodurch eine gerechte Verteilung der Steuerlasten verhindert wurde.

Die Erhebung der Hufensteuer lag ganz in den Händen des Adels, so daß Hufen in großem Maße unterschlagen wurden. Die Steuern für die fehlenden Hufen mußten andere bezahlen, die sie nicht besaßen. So zahlte ein adliger Grundbesitzer für 250 Hufen oftmals nicht mehr als ein Nichtadliger für 50 Hufen. Auch bei der Landakzise, einer Eß- und Trinksteuer, gelang die Abwälzung auf die Ärmsten, indem der Adel die Befreiung seines Hausbedarfs und auch seiner Krug- und Mühlenwirtschaft durchsetzte. Ebenso zahlte der Grundherr die gleiche Tranksteuer (für Bier) wie der Arme, obwohl er das Vielfache verbrauchte. Die Städte erhoben eine Tor-Akzise von allen ein- und ausgehenden Waren, die wieder den Bauern traf. Brachte er seine Produkte auf den Markt, zahlte er die Torsteuer, fuhr er mit eingekauften Waren zurück, zahlte er wieder.

Da die bisherigen Steuern nicht ausreichten, kam eine Viehsteuer (Horn- und Klauenschoß) und die Kopfsteuer (Kopfschoß) hinzu. Wegen der Hand- und Spanndienste ihrer Untertanen brauchten die Adligen nicht viel Vieh zu halten und fielen bei der Viehsteuer weitgehend aus. Bei der Kopfsteuer zahlte der arme Bauer den gleichen Betrag wie sein adliger Grundherr für die gleich große Familie. Dazu hielt der Adel zur Zeit der jährlichen Steuerveranlagung wenig Gesinde und Vieh. Else Susat berichtet, daß bei dieser statistischen Erhebung viele Meineide geleistet wurden. Während die Minderbemittelten alles versteuern mußten, nutzten die Adligen ihre Autorität und Beziehungen, um sich der Steuerpflicht weitmöglichst zu entziehen.

Weil die stetig steigenden Steuerforderungen nicht mehr eingebracht werden konnten, wurde das Fehlende gewaltsam von den nichtadligen Grundbesitzern und den Bauern eingetrieben. Steuerstrafen erhöhten bis zum Vierfachen den ursprünglichen Betrag. Die Eintreibung wurde meistens durch Soldaten erbarmungslos und brutal durchgeführt, die den Bauern die letzte Kuh und das letzte Brotgetreide nahmen. Dieser rohe Kampf um die Staatseinnahmen hatte seit den 70er Jahren die völlige Verarmung der Bauern zufolge, die bei Mißernten und Viehseuchen zu Hungersnöten führte. Der Statthalter, Prinz Croy, schickte 1674 eine Probe des Brotes nach Berlin, von dem sich die Bauern ernährten: Es bestand meist aus Spreu und geriebener Baumrinde. Der Große Kurfürst hatte das korrupte Steuersystem beseitigt. Sein Ziel war die steuerliche Trennung von Stadt und Land und eine gerechte Verteilung, ohne Mitwirkung der Stände. Als König Friedrich Wilhelm I. 1717 den Generalhufenschoß einführte, bemerkte Graf von Waldburg, daß nicht er, sondern der Große Kurfürst der Erfinder dieser gerechten Steuer war.

Beim Tod des Großen Kurfürsten waren diese umwälzenden Reformen noch in den Anfängen. Sein Sohn kümmerte sich um diese Dinge nicht und feierte lieber große Feste. Dadurch lieferte er seine Untertanen wieder der Unterdrückung durch die Stände aus. Der Adel wollte die Hufensteuer ganz beseitigen. Die Trennung von Stadt und Land wurde wieder aufgehoben, die Horn-, Kopf- und Trinksteuer wieder eingeführt. Das ganze korrupte, verworrene und unkontrollierbare Steuersystem der Stände war zur Freude der adligen Herren wieder da.

Ähnlich ging es bei der Domänenverwaltung zu. Das Opfer war wieder der Bauer, dem der unabhängig gewordene Domänenbeamte unerfüllbare Leistungen abverlangte. Eine spätere Kommission stellte fest, daß die Beamten sich „als reißende Wölfe" aufgeführt hatten. Wartenberg kam es nur auf die Höhe der aufgebrachten Steuern an, nicht wie sie ausgeschrieben oder eingetrieben wurden. Er dachte nicht daran, die Reformen des Großen Kurfürsten weiterzuführen, und behielt das verderbliche Steuersystem der Stände nicht nur bei, sondern vermehrte es sogar noch durch eine ganze Reihe weiterer Steuern. Damit waren alle Vorbedingungen für die Katastrophe gegeben, bei der Preußen auf den tiefsten Stand seiner ganzen Geschichte sank.

Daß es den adligen Herren sehr gut ging, bezeugen die vielen Schloßbauten dieser Zeit. Das Gutshaus der Grafen von Lehndorff in Steinort, am Ufer des Mauersees, wurde 1689/90 durch einen großartigen Neubau ersetzt. Der Schloßpark mit den Alleen alter Eichen war bis 1945 eine weit bekannte Sehenswürdigkeit. Der Burggraf zu Dohna baute das Herrenhaus auf seinem Gut Schlobitten (Kreis Preußisch Holland) zu einem Schloß von fürstlichem Umfang und Glanz aus. Die Bibliothek mit 60.000 Bänden war die größte und wertvollste Privatsammlung östlich der Elbe. Das Schloß mit dem Park galt als Musteranlage barocker Bau- und Gartenkunst. (Das Schloß wurde im Sommer 1945 von den Russen total zerstört.) Der verzweigten Familie Dohna gehörten auch noch die ebenfalls im Kreis Preußisch Holland gelegenen Schlösser und Güter Lauk, Schlodien, Reichertswalde, Carwinden, Quittainen, Davids und Canthen. Graf Friedrich von Kanitz erbaute 1701 sein Schloß in Podangen (Kreis Preußisch Holland). Schloß Friedrichstein (Landkreis Königsberg) baute Graf von Dönhoff von 1709 bis 1714; Schloß Dönhoffstädt (Kreis Rastenburg) entstand 1710. Für Feldmarschall Graf von Finckenstein wurde im gleichnamigen Ort (Kreis Rosenberg) ein Schloß gebaut. Graf von Schlieben baute das Schloß Sanditten (Kreis Wehlau), und in Wildenhoff (Kreis Preußisch Eylau) entstand das Schloß von Graf Schwerin.

Der Kurfürst hatte das Berliner Schloß mit Lustgarten und Lustjacht und für seine Gemahlin das Schloß Charlottenburg gebaut. Er ermunterte auch die Adligen zu Schloßbauten und stellte ihnen seinen Hofbaumeister zur Verfügung. Friedrich selbst baute in Preußen 1697 das Jagdschloß Friedrichshof (Groß Holstein) am Nordufer der Pregelmündung sowie das Jagdschloß Friedrichsberg bei Juditten; einem dritten bei Metgethen gab er den Namen Friedrichswalde (beide Stadtkreis Königsberg). All diese Schlösser sollten aber von der Herrlichkeit eines königlichen Residenzschlosses weit übertroffen werden, das auf der Stelle des Ostflügels des alten Schlosses in Königsberg entstehen sollte, von dem aber nur ein Teil gebaut wurde.

Der schlaue Wartenberg wußte sich immer mehr in die Gunst Friedrichs einzuschmeicheln. Er ersann immer neue Feste und verstand es, jeden Empfang ausländischer Diplomaten oder Besucher zu einem großartigen Festakt aufzublähen. Der Sonnenkönig Ludwig XIV., den Friedrich haßte und sein ganzes Leben lang bekämpfte, war sein Vorbild. Der Berliner Hof richtete sich immer mehr nach dem Muster des französischen Hofes ein. Die Nachäfferei ging oft ins Lächerliche. Neben dem Oberzeremonienmeister fand man einen Oberheroldsmeister und fünf Oberheroldsräte, einen Schloßhauptmann mit 3.776 Talern Gehalt, einen Grand Maitre de la Garderobe mit 4.000 Talern, 16 Kammerherren mit insgesamt 20.000 Talern, 32 Kammerjunker, die 25.000 Taler wert waren, vier Leibärzte und 24 Trompeter, die zur Mittagstafel riefen. Nach Leopold von Rankes Beschreibung fühlte Friedrich sich am glücklichsten, wenn er, von seinem Hofstaat umgeben, in der Pracht seines Ornats auf dem Thron saß.

Eine französische Schauspielergesellschaft erhielt jährlich 6.000 Taler Zuschuß. Die Gehälter der Gesandten betrugen 250.000 Taler. Wartenberg selbst häufte auf seine Person eine solche Menge von zum Teil nichtssagenden Ämtern, daß er jährlich die damals ungeheure Summe von 120.000 Talern Gehalt bezog. Man parlierte französisch und kleidete sich à la mode. Schließlich, als Friedrich schon König war und nicht nur die Sitten, sondern auch die Unsitten des französischen Hofes nachäffte, erhielt die attraktive Ehefrau Wartenbergs sogar offiziell die Stellung als Friedrichs königliche Mätresse.

Während die adligen Herren ihre Schlösser bauten und am Hofe ein glänzendes Fest dem anderen folgte, vegetierten die preußischen Bauern am Rande des Hungertodes. Ihre Rechtslage hatte sich so weit verschlechtert, daß auch die kleinen „Freien" auf die unterste Stufe der rechtlosen Scharwerksbauern hinuntergedrückt wurden. Um 1700 gab es im Herzogtum Preußen nur noch einen Bauernstand ohne Freiheit und Besitzrecht, der trotz schwerster Arbeitsleistung oft hungern mußte und Brot von Spreu und Baumrinde aß.

Im Jahre 1691 wurde das Neujahrsfest eingeführt und der 1. Januar als Jahresanfang bestimmt. Bisher war der Jahreswechsel am Weihnachtsfest erfolgt. Im alten Rom hatte das Jahr am 1. März begonnen; ab 153 v. d. Ztw. hatte sich aber der 1. Januar im Amtsverkehr und seit 46 v. d. Ztw. auch im bürgerlichen Jahr durchgesetzt. Im Mittelalter gab es sechs verschiedene Jahresanfänge, die bei der Datierung geschichtlicher Ereignisse die bekannten und viel Ärger verursachenden Differenzen verursachen. Nachdem 1701 auch Rußland den Jahresanfang vom 1. September auf den 1. Januar verlegte und Frankreich 1805 den sogenannten Revolutionskalender abschaffte, der den 22. September als Anfang des Jahres hatte, gilt überall wieder der 1. Januar der Römerzeit als Jahresanfang.

Die Bevölkerung folgender Länder wird am Ende des 17. Jahrhunderts so angegeben:

Frankreich	19,0 Mio.
Rußland	8,0 Mio.
Polen	7,5 Mio.
England	5,1 Mio.
Holland	2,0 Mio.
Schweden	1,8 Mio.

In Ostpreußen wurden die Bauern immer noch von Wölfen geplagt. Aus dem Amt Rastenburg wird 1696 berichtet, daß Wölfe 344 Pferde, 39 Ochsen, 40 Kühe, und 196 Schafe gerissen hätten. Das Amt Preußisch Eylau meldet 279 Pferde und 196 Schafe, die Angaben für Rinder fehlen.

Als Ende des Mittelalters gilt allgemein die Zeit um 1500. Aber am Ende des 17. Jahrhunderts war noch vieles aus dieser Epoche vorhanden. Noch immer wütete die Inquisition, und die Hexenverbrennungen erreichten grausame Höhepunkte. Andererseits waren neue Welten erschlossen worden, nicht nur über den Meeren, sondern auch in den Wissenschaften, in Kunst, Musik und Literatur.

Frankreichs Sonnenkönig baute die glanzvollste aller Herrscherresidenzen, und das von der Welt abgeschlossene Rußland schickte 1697/98 seine „Große Gesandtschaft" in den Westen, um ein neues Rußland nach westlichem Vorbild zu formen. Unter den über 250 Gesandten, die 18 Monate lang europäische Länder bereisten, befand sich unbekannt und doch allen erkenntlich Zar Peter der Große, der sich als Schiffszimmermann Peter Michailov ausgab und den Beruf auch wirklich erlernte und ausübte. Kurfürst Friedrich hatte die Ehre, die hohen russischen Gäste im Sommer 1697 in Königsberg zu bewirten, wobei es viele glänzende Feste gab. Der Zar zeigte aber mehr Interesse für die Anlage des Hafens und der Stadt. Mit diesem Besuch begann zwischen Rußland und Preußen eine Freundschaft, die nur im Siebenjährigen Krieg unterbrochen wurde, im übrigen aber, wenn auch mit unterschiedlicher Festigkeit, bis 1914 bestand. Unter den Geschenken, die der Zar dem Kurfürsten überreichte, waren zwei riesige Rubine, die ins preußische Königszepter kamen.

Als der Spanische Erbfolgekrieg zwischen Österreich und Frankreich bevorstand, brauchte der Kaiser wieder dringend die Hilfe Brandenburgs. Der Kurfürst verlangte aber aufgrund seiner Erfahrungen mit dem Wiener Hof diesmal den ihm so lange vorenthaltenen Preis im voraus. Da die Parteinahme des Kurfürsten wahrscheinlich entscheidend sein würde, mußte der Kaiser notgedrungen dem Kurfürsten im Kronvertrag vom November 1700 die Anerkennung der Königswürde bestätigen. Kurfürst Friedrich III. stand nun endlich am Ziel seines Strebens und begann sogleich seine Krönung zum König von Preußen vorzubereiten.

Mit der Gründung des Königreichs Preußen erlosch das Herzogtum Preußen, das nun eine Provinz in der neuen Monarchie bildete.

Anhang

9. Die Goldene Bulle Kaiser Friedrichs II. (März 1226)

Im Namen der heiligen und unteilbaren Dreifaltigkeit Amen. Friedrich II. von Gottes Gnaden Kaiser der Römer, allezeit erhaben, König von Jerusalem und Sizilien. Dazu hat Gott unser Kaisertum hoch über die Könige des Erdkreises gestellt und die Grenzen unserer Herrschaft über verschiedene Zonen der Welt ausgedehnt, auf daß unsere mühevolle Sorgfalt sich auf die Verherrlichung seines Namens in dieser Welt und auf die Verbreitung des Glaubens unter den Heiden richte. Wie er das Heilige Römische Reich zur Verkündung des Evangeliums geschaffen hat, so haben wir nicht weniger die Unterwerfung wie die Bekehrung der Heiden zu erstreben. Wir gewähren also die Gnade der Verleihung, durch die rechtgläubige Männer die Unterwerfung barbarischer Völker und die Besserung des Gottesdienstes beständige, tägliche Mühen auf sich nehmen und Mittel und Leben unablässig einsetzen.

Daher wollen wir durch den Wortlaut dieses Schreibens allen Gegenwärtigen und Künftigen unseres Reiches kundtun, daß Bruder Hermann, der ehrwürdige Meister des heiligen Hauses vom Spitale St. Mariens der Deutschen zu Jerusalem, unser Getreuer, uns den Willen seines Herzens offenbart und vor uns dargelegt hat, daß unser Ergebener, Herzog von Masowien und Kujawien, versprochen und angeboten hat, ihn und seine Brüder mit dem sogenannten Kulmerlande sowie in einem anderen Lande zwischen seiner Mark und dem Gebiet der Preußen auszustatten. Demnach sollen die Brüder die Mühe auf sich nehmen, standhaft in das Preußenland einzudringen und es zum Ruhm des wahren Gottes in Besitz zu nehmen. Bruder Hermann hat die Annahme dieses Versprechens aufgeschoben und bat unsere Hoheit sehr, seinen Wünschen zuzustimmen, auf daß er, auf unsere Vollmacht gestützt, daranginge, ein solches Werk zu beginnen und fortzuführen, und daß unsere Erhabenheit ihm und seinem Hause sowohl das Land, das genannter Herzog schenken wolle, einräumen und bestätigen möge, wie auch das ganze Land, das sie in Preußen durch eigenes Bemühen gewinnen würden, und darüber hinaus seinem Hause alle Immunitäten, Freiheiten und Rechte durch ein Privileg zu befestigen. Dann wolle er das angebotene Geschenk des Herzogs annehmen und Mittel und Menschen seines Hauses in steter unermüdlicher Arbeit an den Einmarsch und die Eroberung des Landes setzen.

In Beachtung der tatbereiten Frömmigkeit des Meisters, in der er die Erwerbung dieses Landes für sein Haus im Herrn glühend erstrebt, und die Tatsache, daß dieses Land in die Herrschaft des Reiches einbegriffen ist; vertrauen wir auch auf die Klugheit des Meisters, der ein Mann ist, mächtig in Werk und Wort, der durch sein und seiner Brüder Bemühen die Eroberung des Landes mannhaft durchführen und das Begonnene nicht unvollendet aufgeben wird, wie mehrere andere, die viel Mühe an die gleiche Sache verschwendeten und, während sie Fortschritte zu machen schienen, Fehlschläge erlitten. Daher haben wir dem Meister die Vollmacht erteilt, in das Preußenland mit den Kräften des Ordenshauses und mit allen Mitteln einzudringen, und überlassen und bestätigen dem Meister, seinen Nachfolgern und seinem Hause für immer sowohl besagtes Land, das er von dem Herzog gemäß seinem Versprechen erhalten wird, und ein anderes Gebiet, das er ihnen geben wird, wie auch alles Land, das er mit Gottes Zutun in Preußen erobern wird, als ein altes und gebührliches Recht des Reiches an Bergen, Ebenen, Flüssen, Wäldern und am Meere, auch daß sie es frei von allem Dienst und Steuer und lastenfrei behalten und gegen niemanden verpflichtet sein sollen.

Es sei ihnen ferner erlaubt, im ganzen Lande, wie sie es erworben haben oder erwerben werden, nach dem Vorteil des Hauses Wegeabgaben und Zölle anzuordnen, Wochenmärkte und andere Märkte einzurichten, Münzen zu schlagen, Steuern und andere Rechte festzusetzen, Abgaben zu Lande, auf den Flüssen und zur See, wie es nützlich scheint, anzusetzen. Ferner sollen sie das Bergwerksrecht für Gold, Silber, Eisen und andere Metalle sowie an Salz, das sie in ihren Ländern finden werden, ewiglich besitzen und innezuhaben. Wir gestehen ihnen ferner zu, die Richter und Beamten zu wählen, die das ihnen untertänige Volk, die Bekehrten ebenso wie die in ihrem Aberglauben Beharrenden, gerecht regieren und lenken, Vergehen der Übeltäter feststellen und bestrafen, wie es die Ordnung der Gerechtigkeit verlangt. Außerdem sollen sie Zivil- und Kriminalsachen anhören und gemäß der Vernunft entscheiden. Aus unserer besonderen Gnade fügen wir hinzu, daß der Meister und seine Nachfolger eben die Gerichtsbarkeit und Obrigkeit in ihren Ländern haben und ausüben, wie sie kein Reichsfürst in seinem Lande besser haben kann, daß sie gute Bräuche und Gewohnheiten einführen, Gesetze und Statuten erlassen, durch die sowohl der Glaube der Gläubigen gestärkt wird wie sich alle Untertanen eines ruhigen Friedens erfreuen.

Durch die Vollmacht dieses Privilegs verbieten wir, daß irgendein Fürst, Herzog, Markgraf, Graf, Dienstmann, Schulze, Vogt oder irgendeine andere Person, hoch oder nieder, geistlich oder weltlich, gegen den Wortlaut dieser unserer Verleihung und Bestätigung etwas zu unternehmen wagt; wer es aber wagt, der mag wissen, daß ihn eine Strafe von hundert Pfund Gold trifft, von denen die eine Hälfte unserer Kammer, die andere den Geschädigten zu zahlen ist.

Zur Erinnerung und steten Festigung dieser Genehmigung und Bestätigung ließen wir dieses Privileg herstellen und mit goldener, durch unseren Majestätsstempel aufgeprägter Bulle befestigen.

(Zeugen, Signumszeile)

Dieses geschah im Jahre des Herrn tausendzweihundertsechsundzwanzig, im Monat März, in der vierzehnten Indiktion, unter der Herrschaft Herrn Friedrichs, von Gottes Gnaden erhabendstem Kaiser der Römer, dem allezeit Erhabenen, König von Jerusalem und Sizilien, im sechsten Regierungsjahre seines Kaisertums, dem ersten im Königreich Jerusalem und sechsundzwanzigsten im Königreich Sizilien. Amen. Gegeben zu Rimini im obengenannten Jahre, Monat und Indiktion.

10. Die Kulmer Handfeste (28. Dezember 1233)

Der Meister vom Deutschen Hospital der heiligen Maria zu Jerusalem, Bruder Hermann von Salza, Bruder Hermann Balk, des Ordens Landmeister in Preußen und der ganze Konvent dieses Hospitals grüßen in wahrem Heile alle, die in diese Urkunde Einsicht nehmen. Je mehr und je größere Gefahren die Bewohner des Kulmerlandes und besonders unserer Städte Kulm und Thorn für die Verteidigung des Christentums und die Beförderung unseres Ordens auf sich genommen haben, um so stärker fühlen wir den Wunsch und die Pflicht, sie in allem zu unterstützen, soweit das Recht es zuläßt.

Daher haben wir diesen Städten für ewig Freiheit verliehen, daß ihre Bürger sich alljährlich die Richter wählen, die unserem Hause und den Städten genehm sind. Diesen Richtern haben wir für immer den dritten Teil der Gerichtsbußen, die für schwere Vergehen verhängt werden, und die ganze Strafsumme für die kleinen Vergehen, nämlich zwölf Pfennige und darunter, überlassen. Von den schweren Vergehen aber, wie Mord, Blutvergießen und ähnliches, soll der Richter ohne Zustimmung unserer Brüder die Buße nicht nachlassen. Wir wollen auch das uns Zustehende aus diesen Gerichten weder verkaufen noch verleihen.

Der Stadt Kulm haben wir 300 flämische Hufen verliehen zu gemeinsamer Nutzung an Wiesen, Weiden und Gärten und die Weichsel oberhalb der Stadt eine Meile weit und ebenso unterhalb der Stadt eine weitere Meile mit aller Nutzung außer den Inseln und dem Biberfang, zu gemeinsamem Nutzen und zu freiem ewigem Besitz.

Der Stadt Thorn aber haben wir eben diesen Strom vom oberen Teil der großen, oberhalb von Nessau gelegenen Insel, die Liske heißt, auf zwei Meilen flußabwärts mit den Inseln Liske, Gurske, Verbske und zwei anderen, mit aller Nutzung, mit Ausnahme des Biberfanges, zu gemeinsamer Nutzung angewiesen. Wir setzen fest, daß in diesen Städten das Magdeburger Recht gelten soll, jedoch so, daß ein Schuldiger, der in Magdeburg 60 Schilling Buße zahlen muß, hier mit 30 Schilling Kulmer Münze bestraft wird, und nach gleichem Verhältnis soll bei allen anderen Strafen verfahren werden. Wenn aber irgendein Zweifel über das Gericht oder die Rechtssprüche auftaucht, so soll der Rat von Kulm befragt werden, denn wir wollen, daß diese Stadt die Hauptstadt werden soll.

Die Bürger von Kulm und Thorn haben auf ihre bisherigen Schiffahrtsrechte auf der Weichsel verzichtet und sie dem Orden übertragen. Dagegen verpflichtet sich der Orden, die Schifferei an die Bürger von Kulm und Thorn zu verpachten oder zu verkaufen. Alle Geistlichen und Ordensleute müssen mit ihrem Gepäck immer frei über den Strom gefahren werden, bei einer Strafe von vier Schilling bei einem Verstoß gegen diese Vorschrift.

Um außerdem reichlicher für beide Städte zu sorgen, erteilen wir der Stadt Kulm 120 Hufen, der Stadt Thorn aber 100 weitere Hufen mit aller Nutzung, mit Ausnahme des bischöflichen Zehntrechtes, damit, wenn diese Hufen anfangen Erträge abzuwerfen, die Bürger davon für Nachtwachen und andere Notwendigkeiten aufkommen können.

Wir versprechen auch, daß wir in diesen Städten keine Häuser kaufen wollen. Wenn aber jemand sein Haus oder Hofstatt unserem Hause aus Frömmigkeit schenken will, so dürfen wir es nur zu dem Zweck herrichten, zu dem es der Bürger bestimmt hat, und dieselben Rechte und Gewohnheiten sollen eingehalten werden, die auch andere einhalten. Unsere Befestigungen, die wir bereits in den Städten haben, sollen nicht in diese Bedingungen eingeschlossen sein.

Die Pfarre in Kulm haben wir mit acht Hufen bei der Stadt und weiteren 80 dort ausgestattet, wo ihr das Land zugewiesen wird. Die Pfarre in Thorn haben wir mit vier Hufen bei der Stadt und weiteren 40 versehen, deren Lage noch zugewiesen wird. In den Kirchen behalten wir unserem Hause das Patronatsrecht vor und werden sie mit geeigneten Pfarrern versehen. Sollten weitere Pfarren in den Dörfern dieser Städte errichtet werden, so werden wir jede Pfarre mit vier Hufen ausstatten und auch in diesen ebenfalls das Patronatsrecht haben und sie mit geeigneten Pfarrern versehen.

Wir befreien diese Bürger von allen ungerechten Steuern, Zwangseinquartierungen und anderen ungebührlichen Abgaben, wobei wir diese Gunst auf alle ihre Güter ausdehnen. Sodann haben wir unseren Bürgern die Güter, die sie von unserem Hause haben, zu flämischem Erbleihrecht, so daß sie und ihre Erben beiderlei Geschlechts diese Güter mit allen Einkünften frei und ewiglich besitzen sollen, freilich mit Ausnahme dessen, was wir im ganzen Lande unserem Hause vorbehalten. Wir behalten unserem Hause nämlich vor: alle Seen, Biber, Salzadern, Gold- und Silbergruben und alle Arten Metall außer Eisen, und zwar derart, daß der Finder von Gold oder der, auf dessen Grund es gefunden wird, dasselbe Recht haben soll, wie es im Land des Herzogs von Schlesien gilt. Jedoch soll der Finder von Silber oder der, in dessen Feldern es gefunden wird, das Freiberger Recht dabei haben.

Wenn ein See, der für zwei Züge ausreicht, an die Felder eines Bürgers dieser Städte angrenzt und der Besitzer der Felder den See anstelle von Äckern nehmen will, so stellen wir das in seine Wahl; ist der See aber größer, so soll er das Recht haben, mit beliebigem Gerät, außer mit dem Netze, das „Newod" heißt, zu fischen, doch nur für den eigenen Tisch.

Wenn ebenso ein Bach die Felder eines Bürgers berührt, so darf der Besitzer dieses Ackers daran nur eine Mühle erbauen; wenn der Fluß aber für mehrere Mühlen geeignet ist, so soll unser Haus bei der Errichtung dieser weiteren ein Drittel der ersten Kosten tragen und dann ständig mit einem Drittel an den Einkünften der so erbauten Mühlen teilhaben.

Wir wollen auch, daß sie von jedem Wilde, das sie oder ihre Leute erlegen, außer von Wildschweinen, Bären und Rehen, unserem Hause den rechten Vorderbug abgeben sollen. Was wir betreffs der Seen, der Mühlen und des Wildes festgesetzt haben, das beziehen wir nur auf die Bürger, die von unserem Hause, wie oben gesagt, mit Erbgut ausgestattet worden sind.

Wir verleihen ihnen auch das Recht, ihre Güter, die sie von unserem Hause besitzen, an solche zu verkaufen, die dem Lande und unserem Hause genehm sind, und zwar derart, daß die Käufer sie aus der Hand der Brüder empfangen und unserem Hause zum gleichen Recht und zum selben Dienst verpflichtet sind, den jene uns bisher schuldig waren, wir aber ihnen dann auch die Güter ohne Aufschub übergeben müssen. Wir genehmigen auch, daß einer der Bürger, der etwa aus irgendeiner Notwendigkeit sein Gut oder höchstens zehn Hufen von seinen Gütern trennen und gesondert verkaufen will, unserem Hause dasselbe Recht und denselben Dienst vom Rest leisten muß, den er bisher vom Ganzen schuldig war. Der aber, der dieses Gut oder zehn Hufen gekauft hat, muß unserem Hause für dieses Erbgut mit dem Brustharnisch und anderen leichten Waffen und einem passenden Pferde derart pflichtig sein, wie es unten ausführlich beschrieben wird. Wir fügen hinzu, daß keiner von denen, die jetzt von unserem Hause mit Erbgut ausgestattet worden sind, außer diesem noch ein Erbgut kaufen darf.

Wer 40 Hufen oder mehr von unserem Hause gekauft hat, muß mit voller Ausrüstung und mit gepanzertem Rosse, dazu passenden Waffen und wenigstens zwei weiteren Pferden, wer aber weniger Hufen hat, muß mit dem Brustharnisch und anderen leichten Waffen und einem dazu passenden Pferde mit unseren Brüdern, sooft er von ihnen aufgeboten wird, zu Felde gegen die Preußen ziehen, die Pomesanier heißen, und gegen alle Angreifer seiner Heimat. Wenn aber diese Pomesanier mit Gottes Hilfe im Kulmerlande nicht mehr gefürchtet werden müssen, dann sollen alle Bürger von allen Feldzügen befreit sein, außer von der Landwehr gegen jeglichen Angreifer. Beteiligt jemand sich nicht an den gebotenen Heereszügen und ist er vielleicht außer Landes, so sucht von dessen Gut der Landpfleger einen Ersatzmann aus. Verläßt einer dieser Bürger das Land, ohne seine Pflichten erfüllt zu haben, so werde ihm mehrmals ein Termin bestimmt, worauf der Orden alle seine Güter mit Beschlag belegt, bis alles geleistet ist.

Ferner setzen wir fest: Jeder, der ein Erbgut von unserem Hause hat, muß unseren Brüdern davon fünf Kulmer Pfennige und Wachs im Gewicht von zwei Mark [damals 512 Gramm] entrichten zur Anerkennung der Herrschaft und zum Zeichen, daß er diese Güter von unserem Hause hat und unserer Gerichtsbarkeit untersteht; wir sind dafür verpflichtet, nach bestem Vermögen ihn gegen jeden, der ihm ein Unrecht zufügt, zu schützen. Diesen Zins sollen sie alljährlich am Martinstage oder in den folgenden 14 Tagen entrichten.

Wir wollen aber, daß auf den Gütern der Bürger von jedem deutschen Pfluge [33,8 Hektar] ein Scheffel Weizen und ein Scheffel Roggen, vom Haken [22,52 Hektar] ein Scheffel Weizen alljährlich dem Diözesanbischof als Zehnter zu leisten sind. Wenn aber dieser Bischof die Leute wegen weiterer Zehnten bedrängt, so ist unser Haus verpflichtet, für sie zu haften (der Bischof muß sich hierüber mit dem Orden auseinandersetzen).

Wir bestimmen endlich, daß eine Münze im ganzen Lande gelten soll und daß die Pfennige aus reinem und unverfälschtem Silber geschlagen werden. Die Pfennige sollen immer den gleichen Wert behalten, so daß 720 davon eine Mark [256 Gramm] wiegen. Jeder mag frei kaufen, was gewöhnlich auf dem Markt angeboten wird. Wir befreien auch das ganze Land von jeder Zollerhebung.

Damit diese Bestimmungen, Zusagen und Vertragssatzungen von keinem unserer Nachfolger gebrochen oder geändert werden können, haben wir diese Urkunde schreiben und durch Anhängen unserer Siegel bekräftigen lassen.

(Zeugen)

Dies ist geschehen im Jahre des Herrn 1233 am 28. Dezember.

11. Die Litauerfahrt Herzog Albrechts III. von Österreich (1377)

von seinem Hofdichter Peter Suchenwirt, der ihn auf dieser Fahrt begleitete

Hin zog fürbaß man würdiglich
in die Stadt, die Thorn genannt,
die noch liegt in Preußenland.
Von da tat man sich kehren
gen Marienburg fürbaß;
der Meister auf dem Hause saß,
Winrich von Kniprod ist sein Nam',
der edel Herre tugendsam
dem Fürsten und den Seinen
ließ große Zucht erscheinen
mit hohen Ehren, das ist wahr.
Man trug so freigebig ihm dar
gut Getränk und reiche Kost.
Danach zog man nach Königsberg,
da sah man hoher Herren Werk
mit Freigebigkeit offenbar:
ein Herr für den anderen da
des Schatzes Säcke räumte.
Mit tugendsamen Sitten
ward Hof gehalten, wohl gelebt,
einer voran dem anderen strebt,
bis daß es an den Fürsten kam.
Der edle Herzog tugendsam
gab auf dem Ordenshaus das Mahl.
Posaunen- und auch Pfeifenschall
hört man vor jedem Essen,
an Kost ward nichts vergessen,
statt ein Gerichtes trug man vier,
gewürzt, vergoldet, voller Zier,
gebacken und gebraten.
Den Tisch sah man beraten
mit welschem und mit Osterwein,
klaren Rainfal schenkt man ein
in gut Gefäß zu rechter Kost,
daran war Schimmel nicht noch Rost;
Gold, Silber, Edelstein:
der Reichtum war nicht klein.
Nach der alten Sitte
der Meister gab das Hochmahl
zu Königsberge auf dem Saal
mit reicher Kost, wisset jetzt:
als man den Ehrentisch besetzt,
Konrad von Krey besetzt den Ort
zu oberst nach gemeinem Wort,
da er es hatt' in manchem Land
wohl verdient mit tapfrer Hand,
wie ein edler Ritter tut:
er hat vergossen oft sein Blut
und ist ihm sauer worden
im ritterlichen Orden.
Danach man eine Reis' gebot

nach Litauen, das war not,
man war darum gekommen ja
aus fernen Landen, das ist wahr.
Der Marschall mit den Weisen
gebot, man sollt sich Speisen
beschaffen für drei Wochen
(dem ward nicht widersprochen)
zu Pferden und zu Schiffen.
Die Amtleut da zugriffen,
kauften Kost so mancherlei,
wer eins bedurfte, kaufte zwei,
Gold und Silber man nicht spart'.
Der Meister hub sich auf die Fahrt
zu Ehren des von Österreich
und auch der Magd so tugendreich,
die Gottesmutter ist genannt.
Hin zog das Heer durch Sameland.
Nach Insterburg der Zug geschah
an die Szeszuppe, da man sah:
vier Brücken war'n geschlagen.
Das Wasser ist, wie wir sagen,
eine Speereslänge tief.
Auf jeder Brück' man wenig schlief
von Getrete und Gedrang.
Hin zog das Heer ohne Zwang
an die Memel zu der Zeit,
das Wasser ist Bogenschusses weit.
Da kam man zu den Schiffen.
Die Schiffsleute zugriffen
und waren willig und bereit
mit Mühe und auch mit Arbeit.
Von Mittag bis zur Vesperzeit
setzt man über das Wasser weit.
Vorauf dem Heer wohl tausend Mann
räumten durch die Wildnis eine Bahn.
Man scheute Gräben nicht noch Feld,
tiefe Wasser, Bach noch Bruch.
In Ungarn hätte man genug
von solcher Straß' auf ebner Heid.
Morast auch tat uns viel zu Leid.
Das Heer zog durch die Wildnis quer,
schier auf und ab, dahin, daher:
hochspringen, schliefen, beugen;
die Bäume mit den Zweigen
nahmen manchen sehr beim Kragen,
der Wind hatt' nieder viel geschlagen
die großen Bäume mannigfalt,
darüber mußt' wir mit Gewalt.
Den Tag, den sah man sinken,
Die Stern' begannen blinken,
da mußt man Herberg machen.
Gut Gemach uns teuer was,
die Pferde hatten nichts als Gras.
Also vertrieb man da die Nacht.
Des Morgens früh man eilt mit Pracht

und Freuden in der Heiden Land,
da ward gesprengt und gerannt!
Ragnits Fähnlein zuvorderst zieht,
da folgt Sankt Jorgens Fahne mit
und Steierland mit dem Panier,
danach die Fahn' mit reicher Zier
des Meisters, dabei Österreich,
viel Banner sah man würdenreich.
Das Heer bracht' manchen werten Gast
in ein Land, das heißt Schameit,
da fand man eine Hochzeit.
Die Gäste kommen ungebeten,
ein Tanz mit Heiden ward getreten,
daß ihrer 60 blieben tot,
danach das Dorf von Feuer rot,
hoch in die Lüfte stieg die Flamm'.
Ich wär' nicht gerne Bräutigam
da gewesen, auf mein Wort,
leicht wäre von der Braut ich fort.
Da sah man Rauch und Brand.
Der Graf von Zilli, Hermann genannt,
das Schwert aus seiner Scheide zog
und schwenkt' es in den Lüften hoch
und sprach zu Herzog Albrecht:
„Besser Ritter als Knecht!"
und schlug den ehrenreichen Schlag;
da wurden an demselben Tag
vierundsiebenzig Ritter.
Das Heer begann zu kehren
in dem Lande auf und ab,
den Christen Gott die Gnade gab.
Das Land war Leut und Gutes voll,
wir hatten damit unsre Lust:
den Christen Gewinn, den Heiden Verlust,
wie man noch legt auf Krieges Waag.
Die Zeit war lustig und der Tag!
Das Heer, das schlug sich auf ein Feld,
da sah man mannig schön Gezelt,
das es gab gen der Sonne Zier,
dabei so mannig schön Panier
von Herrschaft und von Landen,
daß sich dabei erkannten,
die zu dem Heere hatten Pflicht.
Des Nachts die Heiden ruhten nicht:
oftmals sie liefen auf das Heer
grimmiglich mit scharfer Wehr.
Mit Stechen, Schlagen, Schießen
die Christen es verdrießen
begann und jagten sie hinnieder,
des Nachts sie kommen selten wieder!
Damit wir zogen aus dem Land
aus Gräben, Gründen, Bruch und Sand
und eilten zu der Memel.

12. Auszüge aus dem *Marienburger Tresslerbuch* über verschiedene Ausgaben

	Mark	Firding	Skot
Jahr 1400			
Dem Kaplan des Meisters für eine Weltkarte auf Pergament	3		
Dem Bernsteinschneider Johann für einen Rosenkranz,			
den er für den Hochmeister gedreht hat		3	
Dem Bernsteinschnitzer Johann für 2 Bilder aus Bernstein			
für die Altartafel in des Hochmeisters Kapelle	2		
Der Baumeister Nikolaus Fellenstein erhielt auf seinen Jahreslohn.			
Er empfing das Geld in Person; am 1. August	5		
am 11. Dezember	8	1	
Jahr 1402			
Dem Kaplan des Hochmeisters, Meister Arnold,			
um das Gesangbuch in der Kapelle zu schreiben	2		2
um die Beschläge für dasselbe Buch fertigzumachen			11
Dem Maler Peter für zwei mit Vignetten			
verzierte Buchstaben in demselben Buch	1		
Dem Maler Peter, um die Hochmeister			
zu malen in des Meisters Remter	11		
Jahr 1404			
Rüneken, des Hochmeisters Narren gegeben	1		
Für goldene Borten zu dem Zobelüberkleid	2		16
Für Füchse zu Handschuhen	1		
Für zwei russische Hüte unserem Hochmeister zu machen	1		
Jahr 1406			
Für die Tagung zu Marienburg mit dem Erzbischof von Riga			
10 Pfund Rosinenkonfekt, 10 Pfund Korianderkonfekt			
und 10 Pfund Aniskonfekt	20		14
Jahr 1408			
In des Hochmeisters Keller: 4 Last Bier mit allen Unkosten			
von Elbing nach Marienburg zu bringen	20		
für 4 Faß Wein aus Istrien (Rainfal) in unser Hochmeisters Keller,			
die der Großkomtur selbst kaufte	18		
für 2 Zuber 13 Stof Welsch-Wein,			
die des Meisters Kellermeister zu Marienburg kaufte	12		8
Dem Glockengießer Heinrich Dümechen			
für 2 Mittelbüchsen von je 9,5 Zentner, pro Zentner 4,5 Mark			
für sein eigenes Kupfer, Kohlen und Arbeit	85,5		
für 4 Zentner Zinn zu wiegen, das hier in Marienburg gekauft wurde			
und zur großen Büchse kam	3	5	
für das Gießen von 6 Zentnern Bleiladung	1		
Dem Steinhauer Hans für das Hauen			
eines großen Steines zur großen Büchse		4,5	
Dem Seiler für das Zaumzeug zur großen Büchse		3	

Zur Währung im Ordensland ist zu bemerken, daß die Mark zunächst eine Gewichts-, später eine Rechnungsmark, niemals eine Münze war. Bis weit ins 14. Jahrhundert hinein war die einzige geprägte Münze der silberne Pfennig.

Die Zähleinheiten waren: Vierchen = 4 Pfennig, Firding oder Vierding = 5 Pfennig, Schilling = 12 Pfennig, Skot = 30 Pfennig. Die Münzanstalten im Ordensland befanden sich in Thorn und Marienburg.

13. Zeittafel der weltlichen und geistlichen Oberhäupter

Hochmeister des Deutschen Ritterordens

1210–1239	Hermann von Salza	
1239–1241	Konrad von Thüringen	
1241–1244	Gerhard von Malberg	
1244–1249	Heinrich von Hohenlohe	1198–1291
1249–1253	Günther von Schwarzburg	Sitz in Akkon, Palästina
1253–1257	Poppo von Osterna	
1257–1274	Anno von Sangerhausen	
1274–1282	Hartmann von Heldrungen	
1282–1290	Burkhard von Schwanden	
1290–1296	Konrad von Feuchtwangen	
1297–1303	Gottfried von Hohenlohe	1291–1309
1303–1311	Siegfried von Feuchtwangen	Sitz in Venedig
1311–1324	Karl von Trier	
1324–1330	Werner von Orselen	
1331–1335	Luther von Braunschweig	
1335–1341	Dietrich von Altenburg	
1342–1345	Ludolf König von Weizau	
1345–1351	Heinrich Dusemer von Arfberg	
1351–1382	Winrich von Kniprode	1309–1457
1382–1390	Konrad Zöllner von Rothenstein	Sitz in Marienburg
1391–1393	Konrad von Wallenrod	
1393–1407	Konrad von Jungingen	
1407–1410	Ulrich von Jungingen	
1410–1413	Heinrich von Plauen	
1414–1422	Michael Küchmeister von Sternberg	
1422–1441	Paul von Rußdorf	
1441–1449	Konrad von Erlichshausen	
1450–1467	Ludwig von Erlichshausen	
1469–1470	Heinrich Reuß von Plauen	
1470–1477	Heinrich von Richtenberg	1457–1525
1477–1489	Martin Truchseß von Wetzhausen	Sitz in Königsberg
1489–1497	Hans von Tiefen	
1498–1510	Herzog Friedrich von Sachsen	
1511–1525	Markgraf Albrecht von Ansbach-Brandenburg	

Deutsche Kaiser und Könige

1212–1250	Friedrich II.	1438–1439	Albrecht II.
1250–1254	Konrad IV.	1440–1493	Friedrich III.
1253–1273	Interregnum	1493–1519	Maximilian I.
1273–1291	Rudolf I. von Habsburg	1519–1556	Karl V.
1292–1298	Adolf von Nassau	1556–1564	Ferdinand I.
1298–1308	Albrecht I.	1564–1575	Maximilian II.
1308–1313	Heinrich VII.	1576–1612	Rudolf II.
1314–1347	Ludwig IV. der Bayer	1612–1619	Matthias
1346–1378	Karl IV.	1619–1637	Ferdinand II.
1376–1400	Wenzel	1637–1657	Ferdinand III.
1400–1410	Ruprecht von der Pfalz	1658–1705	Leopold I.
1410–1437	Sigismund	1705–1711	Joseph I.

Päpste (* = Gegenpapst, ** = Seliger, *** = Heiliger)

1216–1227	Honorius III.	1431–1447	Eugen IV.
1227–1241	Gregor IX.	1439–1449	Felix V.*
1241	Coelestin IV.	1447–1455	Nikolaus V.
1243–1254	Innozenz IV.	1455–1458	Calixt III.
1254–1261	Alexander IV.	1458–1464	Pius II.
1261–1264	Urban IV.	1464–1471	Paul II.
1265–1268	Clemens IV.	1471–1484	Sixtus IV.
1271–1276	Gregor X.**	1484–1492	Innozenz VIII.
1276	Innozenz V.**	1492–1503	Alexander VI.
1276–1277	Johannes XXI.	1503	Pius III.
1277–1280	Nikolaus III.	1503–1513	Julius II.
1281–1285	Martin IV.	1513–1521	Leo X.
1285–1287	Honorius IV.	1522–1523	Hadrian VI.
1288–1292	Nikolaus IV.	1523–1534	Clemens VII.
1294	Coelestin V.***	1534–1549	Paul III.
1295–1303	Bonifatius VIII.	1550–1555	Julius III.
1303–1304	Benedikt XI.**	1555	Marcellus II.
1305–1314	Clemens V.	1555–1559	Paul IV.
1316–1334	Johannes XXII.	1559–1565	Pius IV.
1328–1330	Nikolaus V.*	1566–1572	Pius V.***
1334–1342	Benedikt XII.	1572–1585	Gregor XIII.
1342–1352	Clemens VI.	1585–1590	Sixtus V.
1352–1362	Innozenz VI.	1590	Urban VII.
1362–1370	Urban V.**	1590–1591	Gregor XIV.
1370–1378	Gregor XI.	1591	Innozenz IX.
1378–1394	Clemens VII.*	1592–1605	Clemens VIII.
1394–1423	Benedikt XIII.*	1605	Leo XI.
1378–1389	Urban VI.	1605–1621	Paul V.
1378–1394	Klemens VII.*	1621–1623	Gregor XV.
1389–1404	Bonifatius IX.	1623–1644	Urban VIII.
1394–1423	Benedikt XIII.*	1644–1655	Innozenz X.
1404–1406	Innozenz VII.	1655–1667	Alexander VII.
1406–1415	Gregor VII.	1667–1669	Klemens IX.
1409–1410	Alexander V.*	1670–1676	Klemens X.
1410–1415	Johannes XXIII.*	1676–1689	Innozenz XI.**
1417–1431	Martin V.	1689–1691	Alexander VIII.
1423–1429	Klemens VIII.*	1691–1700	Innozenz XII.

Kurfürsten von Brandenburg

1411–1440	Friedrich I. (als Burggraf von Nürnberg Friedrich VI., Kurfürst ab 1411)
1740–1470	Friedrich II.
1470–1486	Albrecht III Achilles
1486–1499	Johann Cicero
1499–1535	Joachim I. Nestor
1535–1571	Joachim II. Hektor
1571–1598	Johann Georg
1598–1608	Joachim Friedrich
1608–1619	Johann Sigismund
1619–1640	Georg Wilhelm
1640–1688	Friedrich Wilhelm (der Große Kurfürst)
1688–1713	Friedrich III. (ab 1701 König in Preußen)

Herzöge von Preußen

1525–1568 Albrecht von Ansbach-Brandenburg
1568–1577 Vormundschaft der Oberräte für Herzog Albrecht Friedrich
1577–1603 Georg Friedrich von Brandenburg
1605–1608 Joachim Friedrich, Kurfürst von Brandenburg
1608–1619 Johann Sigismund, Kurfürst von Brandenburg
1619–1701 siehe Kurfürsten von Brandenburg

Herzöge und Könige von Polen

960 – 992 Dago (Mieszko)
992–1025 Boleslaw I.
1025–1034 Mieszko II.
1034–1058 Kasimir I.
1058–1079 Boleslaw II.
1080–1102 Wladislaw I.
1102–1106 Zbigniew
1102–1138 Boleslaw III.
(1138–1320 getrennte Fürstentümer)
1320–1333 Wladislaw I. Lokietek
1333–1370 Kasimir III.
1370–1382 Ludwig von Anjou
1382–1386 Hedwig
1386–1434 Wladislaw II. Jagello
1434–1444 Wladislaw III.
1447–1492 Kasimir IV.
1492–1501 Johann I. Albrecht

1501–1506 Alexander
1506–1548 Sigismund I.
1548–1572 Sigismund II. August
Wahlkönige:
1572–1574 Heinrich von Valos
1575–1586 Stephan Bathory
1587–1632 Sigismund III. (Wasa)
1632–1640 Wladislaw IV.
1648–1668 Johann II. Kasimir
1669–1673 Michael Wisniowiecki
1674–1696 Johann III. Sobieski
1697–1733 August II. der Starke
(während der Vertreibung Augusts:
1704–1709 Stanislaus Leszczynski)
1733–1763 August III.
1764–1795 Stanislaus II. August
(Poniatowski)

Bischöfe von Warmia (Ermland)

1250–1278 Anselm
1278–1300 Heinrich I. Fleming
1301–1326 Eberhard von Neiße
1327–1328 Jordan
1329–1334 Heinrich II. Wogenap
(1334–1337 Vakanz)
1338–1349 Hermann von Prag
1350–1355 Johann I. von Meißen
1355–1373 Johann II. Stryprock
1373–1401 Heinrich III. Sorbom
1401–1415 Heinrich IV. Vogelsang
1415–1424 Johann III. Abezier
1424–1457 Franz Kuhschmalz
1457–1458 A.S. de Piccolomini
1458–1467 Paul von Legendorf
unter polnischer Herrschaft:
1467–1489 Nikolaus von Tüngen
1489–1512 Lukas Watzenrode
1512–1523 Fabian Tetinger

1523–1537 Moritz Ferber
1538–1548 Johann Dantiskus
1549–1550 Tiedemann Giese
polnische Bischöfe:
1551–1579 Stanislaus Hosius
1579–1589 Martin Kromer
1589–1599 Andreas Bathory
(Kinderbischof,
Administrator: Michael Dzialynski)
1600–1604 Petrus Tylicki
1604–1621 Simon Rudnicki
1621–1633 Johann Albert Wasa
1633–1643 Nikolaus Szyszkowski
1643 Johann Konopacki
1644–1659 Wenzeslaus Leszczynski
1659–1679 Johann Stephan Wydzga
1679–1689 Michael Radziejowski
1689–1697 Joh. Stanisl. Sbaski
1698–1711 Andreas C. Zaluski

14. Erläuterungen historischer Fachausdrücke

Ballei: Verwaltungsbezirk des Deutschen Ritterordens außerhalb Preußens

Bauernlegen: Einziehung des Landbesitzes freier Bauern durch Grundbesitzer, um das Land selbst zu bebauen oder die Eigentümer zu sklavenähnlichen untertänigen Bauern zu machen

Beutner: Dorfbewohner mit wenig Land, der in hohlen Baumstämmen Nester (Beuten) für Wildbienen anlegt und deren Honig sammelt

Brandschatzung: Erpressung von Geldzahlung (oder anderer Leistung) unter der Androhung, bei Nichtzahlung das Anwesen niederzubrennen; wird heute oft fälschlich anstelle von Niederbrennen benutzt

Gebietiger: höherer Ordensbeamter (in der Regel Komtur), Vorsteher eines Verwaltungsbezirkes (Komturei)

Großgebietiger: Rat des Hochmeisters, bestehend aus den fünf obersten Ordensbeamten: Minister der Verwaltung (Vertreter des Hochmeisters), der Finanzen, des Kriegswesens, für Gesundheit/Wohlfahrt sowie für Bekleidung

Handfeste: Gründungsurkunde für Städte, Dörfer und Güter

Indigenatsrecht: das Recht, oberste Stellungen nur mit im Lande geborenen einheimischen Personen zu besetzen

Inkorporation: Einverleibung eines Lehnsgebietes unter die Herrschaft des Stammlandes

Kammeramt: Verwaltungsgebiet in den bischöflichen Territorien während der Ordenszeit und im Herzogtum Preußen, etwa einem Kreis entsprechend

kölmisch: volkstümlich für kulmisch

Komtur: höherer Ordensbeamter, Verwalter eines Gebietes (Komturei), Leiter eines Konvents von gewöhnlich zwölf Ordensbrüdern, die verschiedene Unterämter ausübten; Befehlshaber einer Ordensburg

Konvent: Gemeinschaft der normalerweise zwölf Ordensbrüder einer Ordensburg

Kulmisches Recht: das Recht, das der „Kulmischen Handfeste" entspricht; ein aus dem Magdeburgischen abgeleitetes Besitzrecht an Höfen und Gütern; Stadtrecht der meisten Städte im Ordensland, mit dem Oberhof in Kulm, darüber hinaus in Magdeburg, im Ordensstaat nach 1466 in der Altstadt Königsberg

Lübisches Stadtrecht: im Ordensland nur in Elbing, Frauenburg, Braunsberg und Memel, mit dem Oberhof in Elbing, darüber hinaus in Lübeck

Magdeburgisches Recht: ein dem magdeburgischen entsprechendes Besitz- und Erbrecht der großen Dienstgüter (die einen Reiterdienst im Kriege stellten) mit dem Oberhof in Magdeburg

Scharwerk: durch Gesetz geforderte Arbeitsleistung der Bauern für Ordens- oder Staatsgüter sowie für adlige Grundherren

Stände: die drei Interessengruppen der adligen Grundbesitzer (Ritter), der Städte und der Geistlichkeit

Stapelrecht: Recht einer Stadt, vom Durchgangsverkehr Stapelung und Feilbieten der Waren zu fordern; Recht zur Stapelung der Ein- und Ausfuhrgüter des Landes

Strandrecht: das Recht der Küstenbewohner oder ihres Landesherrn, sich gestrandete Schiffe mitsamt der Ladung anzueignen

Tagfahrt: Versammlung Abgeordneter, Tagung

Territorium: das weltliche Herrschaftsgebiet des Bischofs; im Ordensland ein Drittel seiner Diözese, von der er ein Drittel dem Domkapitel zu dessen Nutzung und Unterhalt übergab

Tolke: prußisch-deutscher Dolmetscher

Zoche: prußischer Pflug

15. Auswahlbibliographie

Ambrassat, August. *Die Provinz Ostpreußen: Ein Handbuch der Heimatkunde.* Frankfurt a.M.: Weidlich, 1978.

Archenholz, Bogislav v. *Erinnerung und Abschied: Schicksal und Schöpfertum im deutschen Osten.* Frankfurt a.M.: Ullstein, 1978.

Arrhenius, Svante. *Die Vorstellung vom Weltgebäude im Wandel der Zeiten.* Leipzig: Akademische Verlags-Gesellschaft,1908.

Baroniao, Cesare. *Martyrologium Romanum: Ad novam Kalendarii rationem et Ecclesiasticae historiae veritatem restitutum.* Venedig, 1587.

Bauer, Heinrich. *Schwert im Osten: Die Staatsschöpfung des Deutschen Ritterordens in Preußen.* Oldenburg i.O.: Gerhard Stalling, 1932.

Bauer, Heinrich. *Geburt des Ostens: Drei Kämpfer um eine Idee.* Berlin: Frundsberg-Verlag, 1933.

Benary, Albert. *Das deutsche Heer.* Berlin: Etthofen, 1932.

Bernard/Hodges. *Readings in European History.* New York: Macmillan, 1958.

Berner, Ernst. *Geschichte des Preußischen Staates.* München/Berlin: Verlagsanstalt für Kunst und Wissenschaft, 1891.

Betzner, Anton. *Deutschherrenland: Ostpreußenfahrten.* Frankfurt a.M.: Societäts-Verlag, 1940.

Bock, Friedrich Samuel. *Friedrich Samuel Bock's Einleitung in den Staat von Preussen.* Berlin, 1749.

Bock, Friedrich Samuel. *Nachricht von einem Preussischen Naturaliencabinet, so sich dem Saturguschen Garten zu Königsberg befindet.* Königsberg i.Pr., 1764.

Bock, Friedrich Samuel. *Betrachtung über das Nutzbare und Anmuthige in der Naturgeschichte.* Königsberg i.Pr., 1767.

Bock, Friedrich Samuel. *Versuch einer kurzen Naturgeschichte des preussischen Bernsteins und einer neuen wahrscheinlichen Erklärung seines Ursprunges.* Königsberg i.Pr., 1767.

Bock, Friedrich Samuel. *Versuch einer wirthschaftlichen Naturgeschichte von dem Königreich Ost- und Westpreussen.* 5 Bde. Dessau, 1782–85.

Borrmann, Martin. *Ostpreußen: Berichte und Bilder.* Frankfurt a.M.: Weidlich, 1982.

Braun, Georg u. Franz Hogenberg. *Civitates orbis terrarum 1572–1618.* Kassel/Basel: Bärenreiter, 1965.

Brunner, Karl. *Ostdeutsche Volkskunde.* Frankfurt a.M.: Weidlich, 1979.

Buxa, Werner. *Wir Ostpreußen zu Haus: Das war das Leben zwischen Memel und Weichsel.* Dorheim/H.: Podzun, 1972.

Capelle, Wilhelm. *Die Germanen der Völkerwanderung.* Stuttgart: Kröner, 1940.

Caspar, Erich. *Hermann von Salza und die Gründung des Deutschordensstaats in Preußen.* Tübingen: Mohr, 1924.

Caspar, Erich. *Theoderich der Große und das Papsttum.* Berlin, 1931.

Caspar, Erich. *Geschichte des Papsttums von den Anfängen bis zur Höhe der Weltherrschaft.* 2 Bde. Tübingen: Mohr, 1930–33.

Caspar, Erich. *Das Papsttum unter fränkischer Herrschaft.* Darmstadt, 1956.

Ciriacy, Ludwig Friedrich v. *Chronologische Übersicht der Geschichte des Preussischen Heers: dessen Stärke, Verfassung und Kriege seit den letzten Kurfürsten von Brandenburg bis auf die jetzigen Zeiten mit vielen erläuternden Zusätzen.* Berlin/Posen: Mittler, 1820.

Cosel, E. v. *Geschichte des Preußischen Staates und Volkes unter den Hohenzollern'schen Fürsten.* 8 Bde. Leipzig: Duncker & Humblot, 1869–76.

Cunliffe, Barry (Hrsg.). *Illustrierte Vor- und Frühgeschichte Europas.* Frankfurt a.M./New York: Campus, 1996.

Dahn, Felix. *Die Goten: Ostgermanen, die Völker der gotischen Gruppe.* Essen: Phaidon, o.J.

Dahn, Felix. *Geschichte der Völkerwanderung.* Essen: Phaidon, o.J.

David, Lucas. *Preussische Chronik, nach der Handschrift des Verfassers, mit Beifügung historischer und etymologischer Anmerkungen.* hg. v. Ernst Henning. Königsberg, 1812–14.

Diesner, Hans-Joachim. *Die Völkerwanderung.* Gütersloh: Bertelsmann, 1976.

Dusburg, Peter v. *Chronik des Preußenlandes.* Darmstadt: Wissenschaftliche Buchgesellschaft, 1984.

Einhardus. *Vita Karoli Magni.* hg. v. Ludwig Gompf. Münster: Aschendorff, 1979.

Eliade, Mircea u. Joan P. Couliano. *Handbuch der Religionen*. Düsseldorf/Zürich: Artemis & Winkler, 1997.

Engel, Carl. *Einführung in die vorgeschichtliche Kultur des Memellandes*. Memel: Siebert Memeler Dampfboot AG, 1931.

Engel, Carl. *Vorgeschichte der altpreussischen Stämme*. Bd. 1. Königsberg, 1935.

Engel, Carl u. Wolfgang La Baume. *Kulturen und Völker der Frühzeit im Preussenlande*. Königsberg i.Pr., 1937.

Engel, Carl (Hrsg.). *Ostbaltische Frühzeit*. Leipzig: Hirzel, 1939.

Engel, Carl. *Typen ostpreußischer Hügelgräber*. Neumünster: Wachholtz, 1962.

Engler, Aulo. *Theoderich der Große: Der Gotenkönig und seine Zeit*. Berg: VGB-Verlagsgesellschaft, 1998.

Felten, W. *Geschichte des Mittelalters von Christi Geburt bis zur Entdeckung Amerikas*. München: Allgemeine Verlagsgesellschaft, o.J.

Franz, Walther. *Wir Preußen!* hg. v. A. Hillen Ziegfeld. Berlin: Runge, 1936.

Franz, Walther u. Erich Krause. *Deutsches Grenzland Ostpreußen: Land und Volk in Wort und Bild*. Pillkallen: Boettcher, 1936.

Gause, Fritz. *Geschichte des Preußenlandes*. Leer: Rautenberg, 1970.

Gerber, Kurt. *Vom alten Preußenland 1200 bis 1400*. Großumstadt: Dohany, 1987.

Gerlach, Heinrich. *Nur der Name blieb: Glanz und Untergang des alten Preußens*. Düsseldorf: Econ, 1978.

Gimbutas, Marija. *Die Balten: Geschichte eines Volkes im Ostseeraum*. München: Herbig, 1983.

Goltz, Bogumil. *Zur Geschichte und Charakteristik des deutschen Genius: Eine ethnographische Studie*. Leipzig: Bibliographisches Institut, 1906.

Greifenberg, Anton. *Plausen: Erinnerungen an ein ermländisches Kirchdorf*. Kisdorf: Heimatbund des Kreises Rößel, 1969.

Grunau, Simon. *Preußische Chronik*. hg. v. M. Perlbach. 3 Bde. Leipzig: Duncker & Humblot, 1875–96.

Hahne-Halle, Hans. *Deutsche Vorzeit*. Leipzig: Velhagen & Klasing, 1933.

Harnack, Adolf. *Die Mission und Ausbreitung des Christentums in den ersten drei Jahrhunderten*. 2 Bde. Leipzig: Heinrichs'sche Buchhandlung, 1906.

Hartknoch, Christoph. *Preussische Kirchen-Historia … aus vielen gedruckten und geschriebenen Documenten*. Frankfurt a.M./Leipzig, 1686.

Hartknoch, Christoph. *De republica Polonica libri duo, quorum prior historiae Polonicae memorabiliora, posterior autem ius publicum reipubl. Polonicae, Lithuanicae provinciarumque annexarum comprehendit*. Leipzig: Hallervorden, 1698.

Haudry, Jean. *Die Indo-Europäer: Eine Einführung*. Wien: Karolinger, 1986.

Herder, Johann Gottfried v. *Ideen zur Philosophie der Geschichte der Menschheit*. Darmstadt: Melzer, 1966.

Hering, Ernst. *Der Deutsche Ritterorden*. Leipzig: Wilhelm Goldmann, 1943.

Historische Kommission für Ost- und Westpreußische Landesforschung (Hrsg.). *Altpreußische Forschungen*. 10 Bde. Hamburg: Verein für Familienforschung für Ost- und Westpreußen, 1989.

Hübner, Manfred. *Das Herz Preußens: Das Bartnerland im Rahmen der preußisch-deutschen Geschichte*. Oberschleißheim: Institut für Landeskunde Ost- und Westpreußens, 1994.

Jammers, Antonius (Hrsg.). *Königsberg und sein Umland in Ansichten und Plänen aus der Staatsbibliothek zu Berlin*. Berlin: Preußischer Kulturbesitz/Henschel, 2002.

Jeroschin, Nikolaus v. *Die Deutschordenschronik des Nicolaus von Jeroschin: Ein Beitrag zur Geschichte der mitteldeutschen Sprache und Literatur*. hg. v. Franz Pfeiffer. Stuttgart: Köhler, 1864.

Joachim, Erich. *Die Politik des letzten Hochmeisters in Preussen Albrecht von Brandenburg*. Stuttgart: Hirzel, 1892–95.

Joachim, Erich (Hrsg.). *Das Marienburger Tresslerbuch der Jahre 1399–1409*. Königsberg i.Pr.: Thomas & Oppermann, 1896.

Kesten, Hermann. *Copernicus und seine Welt*. München: Desch, 1953.

Kilian, Lothar. *Zu Herkunft und Sprache der Prußen*. Bonn: Habelt, 1980.

König, B. Emil. *Ausgeburten des Menschenwahns im Spiegel der Hexenprozesse und der Autodafés*. Berlin-Schöneberg: A. Bock-Verlag, o.J.

Koeppen, Werner. *Der Deutsche Ritterorden: Seine Geschichte und ihre Auswirkungen.* Wien: Österreichische Landsmannschaft, 1983.

Kossinna, Gustav. *Germanische Kultur im 1. Jahrtausend nach Christus.* Leipzig: Kabitzsch, 1932.

Kossinna, Gustav. *Die deutsche Vorgeschichte, eine hervorragend nationale Wissenschaft.* Leipzig: Kabitzsch, 1936.

Kossinna, Gustav. *Ursprung und Verbreitung der Germanen in vor- und frühgeschichtlicher Zeit.* Leipzig: Kabitzsch, 1936.

Kranz, Herbert. *Das Buch vom deutschen Osten: Erzählte Geschichte.* Leipzig: Schwarzhäupter, 1939.

Krollmann, Christian. *Die Herkunft der deutschen Ansiedler in Preussen.* o.O., 1912.

Krollmann, Christian. *Grundzüge der politischen Geschichte Altpreussens.* Königsberg i.Pr.: Gräfe & Unzer, 1922.

Krollmann, Christian (Hrsg.). *Politische Geschichte des Deutschen Ordens in Preußen.* Königsberg i.Pr.: Gräfe & Unzer, 1932.

Krollmann, Christian. *Der deutsche Orden in Preußen.* Elbing: Preußen, 1935.

Krollmann, Christian (Hrsg.). *Altpreußische Biographie.* 2 Bde. Königsberg i.Pr.: Gräfe & Unzer, 1936–44.

Krollmann, Christian. *Die Entstehung der Stadt Königsberg.* Königsberg i.Pr.: Ost-Europa, 1939.

Kuhn, Walter. *Deutsche Sprachinselforschung: Geschichte, Aufgaben, Verfahren.* Plauen: Wolff, 1934.

Kuhn, Walter. *Geschichte der deutschen Ostsiedlung in der Neuzeit.* Köln: Böhlau, 1955–57.

Kuhn, Walter. *Vergleichende Untersuchungen zur mittelalterlichen Ostsiedlung.* Köln: Böhlau, 1973.

Kuntze, Paul. *Soldatische Geschichte der Deutschen.* Berlin: Eher, 1937.

La Baume, Wolfgang. *Vorgeschichte von Westpreußen in ihren Grundzügen allgemeinverständlich dargestellt.* hg. v. der Naturforschenden Gesellschaft in Danzig. Berlin: Friedländer, 1920.

La Baume, Wolfgang. *Hausurnen und Gesichtsurnen in Ostpommern.* o.O., 1933.

La Baume, Wolfgang. *Vorgeschichte der Ostgermanen.* Danzig, 1934.

La Baume, Wolfgang. *Die Bedeutung der ostgermanischen Gesichtsurnen.* Königsberg i.Pr.: Kanter, 1944.

La Baume, Wolfgang. *Ostgermanische Frühzeit.* Kiel: Schwentine, 1959.

La Baume, Wolfgang. *Die pommerellischen Gesichtsurnen.* Mainz, 1963.

LaFay, Howard. *The Vikings.* Washington, D.C.: National Geographic Society, 1972.

Lehmann, Johann. *Die Kreuzfahrer: Abenteurer Gottes.* München: Bertelsmann, 1976.

Löwenstein, Hubertus v. *Deutsche Geschichte.* München: Herbig, 1976.

Luden, Heinrich. *Allgemeine Geschichte der Völker und Staaten.* Jena: Frommann, 1824.

Luden, Heinrich. *Geschichte des teutschen Volkes.* 12 Bde. Gotha: Perthes, 1825–37.

Luden, Heinrich. *Über das Studium der vaterländischen Geschichte.* Darmstadt, Wissenschaftliche Buchgesellschaft, 1955.

Lüdtke, Franz. *Ein Jahrtausend Krieg zwischen Deutschland und Polen.* Stuttgart: Lutz, 1941.

Lurker, Manfred. *Lexikon der Götter und Dämonen.* Stuttgart: Kröner, 1989.

Maschke, Erich. *Der deutsche Ordensstaat: Gestalten seiner großen Meister.* Hamburg: Hanseatische Verlagsanstalt, 1935.

Maschke, Erich. *Der Deutsche Orden.* Jena: Eugen Diederichs, 1939.

Matern, Georg. *Burg und Amt Rößel: Ein Beitrag zur Burgenkunde des Deutschordenslandes.* Königsberg i.Pr., 1925.

Matern, Georg. *Das Rößeler Pfarrbuch: Aufzeichnungen der Kirchenväter an der Pfarrkirche zu Rößel in den Jahren 1442 bis 1614.* Mainz: Kirchheim, 1937.

Mortensen, Hans. *Die Besiedlung des nordöstlichen Ostpreußens bis zum Beginn des 17. Jahrhunderts.* Leipzig, 1937.

Mortensen, Hans u. Gertrud Mortensen. *Wikinger-Ortsnamen an der unteren Memel?* Göttingen, 1941.

Mortensen, Hans, Gertrud Mortensen, Reinhard Wenskus u. Helmut Jäger. *Historisch-geographischer Atlas des Preußenlandes.* Wiesbaden: Steiner, 1989.

Müller, David. *Geschichte des deutschen Volkes.* Berlin: Franz Vahlen, 1905.

Mülverstedt, George v. *Die brandenburgische Kriegsmacht unter dem Großen Kurfürsten*. Magdeburg: Baensch, 1888.

Münster, Sebastian. *Cosmographiae universalis*. Basel, 1559.

Münster, Sebastian. *Cosmographey Oder beschreibung Aller Laender, herrschafftenn vnd fuernemesten Stetten des gantzer Erdbodens, sampt jhren Gelegenheiten, Eygenschaften, Religion, Gebreuchen, Geschichten vnnd Handthierungen*. Grünwald: Kölbl, 1977.

Neményi, Géza v. *Heidnische Naturreligion: Altüberlieferte Glaubensvorstellungen, Riten und Bräuche*. Bergen a.d. Dumme: Kersken-Canbaz, 1993.

Norgauer, Hildebrand. *Das Memelland: Ein Stück Ostpreußen zwischen gestern und morgen*. Wien: Österreichische Landsmannschaft, 1994.

Pastenaci, Kurt. *4000 Jahre Ostdeutschland: Die Vor- und Frühgeschichte Ostdeutschlands*. Leipzig: Schwarzhäupter, 1941.

Pleticha, Heinrich (Hrsg.). *Deutsche Geschichte*. 12 Bde. Gütersloh: Bertelsmann, 1987.

Podehl, Heinz Georg. *Prussisches Ostpreußen: oder Prußen, Preußen und Preatorius*. Husum: Husum Druck- und Verlagsgesellschaft, 1985.

Poschmann, Erwin. *Der Kreis Rößel: Ein ostpreußisches Heimatbuch*. Kaltenkirchen: Heimatbund des Kreises Rößel, 1977.

Praetorius, Matthäus. *Mars Gothicus, id est tractatus historicus: exhibens veterum Gothorum militiam ... Ex variis classicisque plerumque auctoribus deductus*. Olivae, 1691.

Praetorius, Matthäus. *Deliciae Prussicae: oder preußische Schaubühne*. hg. v. William Pierson. Berlin: Duncker, 1871.

Ranke, Leopold v. *Zur Deutschen Geschichte: Vom Religionsfriden bis zum dreissigjährigen Krieg*. Leipzig, 1869.

Ranke, Leopold v. *Zur Kritik neueren Geschichtsschreiber*. Leipzig, 1874.

Ranke, Leopold v. *Die römischen Päpste in den letzten vier Jahrhunderten*. 3 Bde. Leipzig: Duncker & Humblot, 1900.

Ranke, Leopold v. *Aus zwei Jahrtausenden deutscher Geschichte: Darstellung der großen Entscheidungen von Cäsar bis Bismarck*. hg. v. Gustav Roloff. Taunus: Langewiesche, 1924.

Ranke, Leopold v. *Deutsche Geschichte im Zeitalter der Reformation*. 6 Bde. Meersburg: Hendel, 1933.

Ranke, Leopold v. *Preußische Geschichte*. Wiesbaden: Vollmer, 1975.

Reinerth, Hans (Hrsg.). *Vorgeschichte der deutschen Stämme: Bd. III. Ostgermanen und Nordgermanen*. Struckum/Nordfriesland: Verlag für ganzheitliche Forschung und Kultur, 1987.

Reinhard, Ludwig. *Der Mensch zur Eiszeit in Europa und seine Kulturentwicklung bis zum Ende der Steinzeit*. München: Ernst Reinhard, 1908.

Ritthaler, Anton. *Die Hohenzollern*. Frankfurt a.M.: Athenäum, 1961.

Scheffler, Horst. *Westpreußen*. Wien: Österreichische Landsmannschaft, 1989.

Schmidt, Paul. *Werdegang des preußischen Heeres*. Berlin: Düms, 1903.

Schneider, Hermann. *Germanische Altertumskunde*. München: Beck'sche Verlagsbuchhandlung, 1938.

Schröcke, Helmut. *Indogermanen, Germanen, Slawen: Ihre Wurzeln im mittel-osteuropäischen Raum*. Kiel: Orion-Heimreiter, 2002.

Schuch, Hans-Jürgen (Hrsg.). *Westpreußen-Jahrbuch: Jg. 47*. Münster: Westpreußen-Verlag, 1997.

Schultz, Wolfgang. *Altgermanische Kultur in Wort und Bild: Drei Jahrtausende germanischen Kulturgestaltens*. München: Lehmanns, 1934.

Schumacher, Bruno. *Geschichte Ost- und Westpreußens*. Würzburg: Holzner, 1977.

Sienkiewicz, Henryk. *The Teutonic Knights*. o.O.: Hippocrene Books, 1993.

Sienkiewicz, Henryk. *The Knights of the Cross*. 2 Bde. o.O.: Fredonia Books, 2002.

Sprenger, Jakob u. Heinrich Institoris. *Der Hexenhammer*. 3 Bde. Berlin: Barsdorf, 1923

Steegen, Carl-Friedrich v. *Unter dem Donnergott Perkunos: Streifzüge durch Ostpreußens Vorgeschichte*. München: Schild, 1986.

Steller, Walther: *Grundlagen der deutschen Geschichtsforschung*. 2 Bde. Wien: Volkstum, 1973–75.

Steppuhn, Hans-Hermann. *Heimat-Kreisbuch Bartenstein: Geschichte und Dokumentation des Kreises Bartenstein*. München: Schild, 1983.

Ström, Ake v. u. Haralds Biezais. *Germanische und Baltische Religion*. Stuttgart u.a.: Kohlhammer, 1975.

Suchenwirt, Peter. *Peter Suchenwirt's Werke aus dem vierzehnten Jahrhunderte: Ein Beytrag zur Zeit- und Sittengeschichte – zum ersten Mahle in der Ursprache aus Handschriften herausgegeben, und mit einer Einleitung, historischen Bemerkungen und einem Wörterbuche begleitet von Alois Primisser*. Wien: Wallishausser, 1827.

Suchenwirth, Richard. *Deutsche Geschichte: Von der germanischen Vorzeit bis zur Gegenwart*. Leipzig: Dollheimer, 1938.

Suchenwirth, Richard. *Der deutsche Osten: Aufstieg und Tragödie*. Berg: Türmer, 1978.

Tacitus, Publius Cornelius. *Germania* übers. v. Woyte. Leipzig: Reclam, 1936.

Tautorat, Hans-Georg. *Ostpreußen*. Wien: Österreichische Landsmannschaft, 1987.

Thiel, Rudolf. *Preußische Soldaten*. Berlin: Neff, 1940.

Thietmarus [Merseburgensis]. *Die Chronik des Bischofs Thietmar von Merseburg und ihre Korveier Überarbeitung*. hg. v. Robert Holtzmann. München: Monumenta Germaniae Historica, 1980.

Treitschke, Heinrich v. *Das deutsche Ordensland Preußen*. Göttingen: Vandenhoeck & Ruprecht, 1955.

Treitschke, Heinrich v. *Das Ordensland Preußen*. Leipzig: Insel, o.J.

Treitschke, Heinrich v. *Deutsche Männer: Charakterbilder aus der deutschen Geschichte*. Weimar: Dunker, o.J.

Voigt, Johannes. *Geschichte Preussens von den ältesten Zeiten bis zum Untergange der Herrschaft des Deutschen Ordens*. 9 Bde. Königsberg i.Pr.: Bornträger, 1827.

Voigt, Johannes. *Briefwechsel der berühmten Gelehrten des Zeitalters der Reformation mit Herzog Albrecht von Preußen: Beiträge zur Gelehrten- Kirchen und politischen Geschichte des sechzehnten Jahrhunderts, aus Originalbriefen dieser Zeit*. Königsberg i.Pr.: Bornträger, 1841.

Voigt, Johannes. *Handbuch der Geschichte Preussens bis zur Zeit der Reformation*. 3 Bde. Königsberg i.Pr.: Bornträger, 1841–43.

Voigt, Johannes. *Deutsches Hofleben im Zeitalter der Reformation*. Dresden: Jeß, o.J.

Weber, Reinhold. *Der Kreis Lyck: Ein ostpreußisches Heimatbuch*. Leer: Rautenberg, 1981.

Weinhold, Karl. *Altnordisches Leben*. Stuttgart: Kröner, 1938.

Weise, Erich. *Der Bauernaufstand in Preußen*. Elbing: Preußen, 1935.

Weise, Erich. *Widerstandsrecht im Ordenslande Preussen und das mittelalterliche Europa*. Göttingen, 1955.

Weise, Erich (Hrsg.) *Die Staatsverträge des Deutschen Ordens in Preussen im 15. Jahrhundert*. 3 Bde. Marburg, 1958–1966.

Weise, Erich (Hrsg.). *Handbuch der historischen Stätten: Ost- und Westpreußen*. Stuttgart: Kröner, 1966.

Weise, Erich. *Die Amtsgewalt von Papst und Kaiser und die Ostmission, besonders in der 1. Häfte des 13. Jahrhunderts*. Marburg/Lahn, 1971.

Weise, Erich (Hrsg.). *Ost- und Westpreußen*. Stuttgart: Kröner, 1981.

Weise, Erich. *Der Heidenkampf des Deutschen Ordens*. o.O., o.J.

Winnig, August. *Der Deutsche Ritterorden und seine Burgen*. Königstein/Leipzig: Langewiesche, 1940.

Wohlfahrt, B. *Bilder aus dem Friedensleben des altpreußischen Heeres*. Berlin: Kostenoble, 1901.

Wolf, Heinrich. *Weltgeschichte der Lüge*. Leipzig: Weicher, 1922.

Wolfam, Herwig. *Die Goten von den Anfängen bis zur Mitte des sechsten Jahrhunderts: Entwurf einer historischen Ethnographie*. München: Beck, 1990.

Zimmerling, Dieter. *Der Deutsche Ritterorden*. Düsseldorf: Econ, 1999.

16. Namens- und Sachregister

Abkürzungen

Ast.	= Astronom	Hzn.	= Herzogin
At.	= Autor	Kf.	= Kurfürst
Bf.	= Bischof	Kfn.	= Kurfürstin
Bgph.	= Biograph	Kg.	= König
Chr.	= Chronist	Kgn.	= Königin
Dhr.	= Domherr	Ks.	= Kaiser
dt.	= deutsch	Lgf.	= Landgraf
Dt.	= Deutschland	Lit.	= Litauen
Ebf.	= Erzbischof	Lm.	= Landmeister
Ft.	= Fürst	Mgf.	= Markgraf
Gen.	= General	Msr.	= Missionar
Gf.	= Graf	Oml.	= Ordensmarschall
Gfr.	= Gauführer	Öst.	= Österreich
Gft.	= Großfürst	Pol.	= Polen
Gsr.	= Geschichtsschreiber	Pp.	= Papst
Hm.	= Hochmeister	Pr.	= Preußen
Hst.	= Historiker	Ref.	= Reformator
Hstn.	= Historikerin	röm.	= römisch
Hz.	= Herzog		

Landsberg: 49, 120, 122, 262, 269, 308
Lautenburg: 246, 261
Legendorf, Paul, Bf. v. Warmia: 280 ff., 295, 425
Leibeigenschaft: 190, 287, 324, 327, 342, 352, 392
Leinweberei (s. Weberei)
Lenzenburg: 147, 165 f.
Leo X., Pp.: 302, 306, 312, 336, 424
Leopold I., Ks.: 385 f., 395, 398, 423
Lepra: 292, 331
Lessen: 367
Leszczynski, Wenzeslaus, Bf.: 283 f., 351, 360, 366, 379, 425
Letten: 21, 55, 110, 138, 162, 261
Letzkau, Konrad, Bürgerm.: 253, 258
Leunenburg: 147, 176, 215, 223, 293, 310, 367
Libau (Grobin/Pilten): 162, 165, 340, 355, 369
Liebemühl: 280, 309, 367 f., 376
Liebstadt: 262, 386
Lisola, Franz Paul, Gesandter: 385
Litauen/Litauer: 6, 16, 47, 61, 72, 85, 118, 138, 160, 162 ff., 173 f., 177 f., 180 f., 186, 189, 199 f., 202 ff., 206 ff., 212 ff., 218, 229 ff., 235, 240 ff., 253 f., 258 ff., 265, 267 f., 270, 272, 294 f., 318, 329, 343, 347, 357, 375, 379, 390, 394, 400, 416, 418
- „Reisen"/„Litauerreisen": 201 f., 212, 214 f., 218, 231 f., 267
- Union mit Pol.: 238 f., 242, 270, 289, 318, 342
Livland/Liven: 69, 118, 123 f., 128, 138 f., 142, 146, 149, 162 ff., 168, 174, 181, 186, 188 f., 200, 203 f., 214, 218, 233 f., 245, 254 ff., 258 ff., 267, 269, 271, 278, 286, 289, 306, 315, 340 f., 346, 353, 356, 365, 378, 385 f., 393 f.
Löbau: 48 f., 114, 173, 175, 207, 246, 251, 331, 345
Lochstädt: 157 f., 175, 196, 218, 231, 261 f.
Lothar III., dt. Ks.: 111
Lötzen: 103, 230 f., 294, 310, 314, 352, 382 f.
Lowmianski, Henryk, poln. Gsr.: 53
Lublin, Reichstag v.: 320, 343 f., 346, 348
Lucanus, August Hermann: 44, 66
Luden, Heinrich, Hs.: 198
Ludwig IV., dt. Ks.: 206, 423
- XIV., Kg. v. Frankreich: 393, 395, 400, 403, 410, 412
- I., Kg. v. Ungarn: 215
- II., Kg. v. Ungarn: 309
Luise Henriette v. Brandenburg: 385, 390, 408
Luther, Martin, Ref.: 6, 112, 238, 301 f., 311 ff., 320, 323, 327 ff., 337, 340 f., 405
Lyck: 11, 46, 71, 89, 109, 181, 233, 278, 293, 310, 319 f., 322, 328, 339, 352, 378, 380 ff., 384
Lyckfluß, Schlacht (1656): 380

M
Margarete, Kgn. v. Dänemark: 237
Marggrabowa: 179, 181, 319 f., 376, 381, 383, 388
Maria Anna v. Pr., Hzn.: 322
Marienburg: 46, 116, 120, 136, 140, 175, 186, 188, 196 ff., 209, 218, 222, 229, 233, 236, 238 f., 246, 250, 252 ff., 259 ff., 266, 272 ff., 286 f., 290, 297, 343, 345, 350, 357, 363, 368, 379, 402, 419, 422 f.
- Vertrag 1656: 379
Marienwerder: 129, 133, 135, 139, 150, 174 f., 179, 188, 238, 254, 262, 270, 286, 294, 353, 365 f., 376, 393, 398, 402
Masowien/Masowier: 111, 116 ff., 119, 122 ff., 132, 134, 150, 164, 167, 170, 196, 206 ff., 230, 238, 240, 246, 248, 254, 268, 293 ff., 308, 318, 322, 339, 375, 414
Maße, Feld (Ordenszeit): 126, 139, 151, 153, 183 f., 192 ff., 211, 217, 221, 264, 272 f., 293, 309, 353, 366, 384, 407, 411, 416 ff.
Masurgermanen: 83
Matern, Georg: 309, 406
Matthias I. Corvinus, Kg. v. Ungarn: 296
Maximilian I., Ks.: 290, 423
Mehlsack: 147, 176, 190 f., 228, 262, 275 ff., 298, 307, 361
Meißen, Dietrich, Mgf.: 94, 175
Melanchthon, Philipp: 312, 320, 323, 337
Melnosee, Friede (1422): 200, 267, 269
Memel, Stadt/Burg: 9, 66, 109, 157, 160 f., 165, 201 f., 233, 243, 257, 277, 279, 289, 307, 360, 365, 368 f., 371 f., 374 f., 378, 380, 385, 389 f., 396
Mennoniten: 345, 374
Merseburg, Thietmar v.: 94, 102
Messerschlucker: 372
Mestwin II., Hz. v. Pommern: 198
Mewe: 9, 198, 251 f., 282, 367
Miegel, Agnes, Dichterin: 62, 70, 127
Mieszko II., Pol. hz.: 109
Mindowe, Gft.: 163 f., 174, 181, 202
Modena, Wilhelm v., Bf. u. Legat: 119, 124, 130, 133, 151
Mohrungen: 8 f., 277, 289, 308, 366
Mongolen: 148 f., 160 f., 163 f., 174, 211, 229
Monte, Herkus, Gfr.: 166, 168 f., 173, 176
Mühlhausen: 262, 341, 353
Mundarten: 56, 228
Münster, Sebastian: 58, 322, 364

N
Nadrauen/Nadrauer: 48, 51, 69, 71, 159, 171, 176 ff., 230, 295

Trütschler, August: 280 f.
Tuchel: 199, 248, 251, 258
Tucheler Heide: 345
Tüngen, Nikolaus v., Bf.: 295 ff., 425
Türken: 52, 113, 265, 268, 272, 289 f., 292, 300,
    319, 329, 336, 346, 351, 389 ff., 398 f., 410
Tylicki, Peter, Bf.: 358, 425

U
Überfälle, poln.: 84, 87 ff., 117, 122 f., 131, 281,
    307, 309, 363, 367, 369, 372, 374, 392
Ungarn: 46, 79 f., 83, 98 f., 102, 109, 120, 122,
    148 f., 174, 207 f., 215, 223, 240 ff., 245, 254,
    256, 259, 268, 272 f., 290, 296, 299, 306, 309,
    398 f., 410, 420
Unterstellung Pr. unter St. Peter (1234): 136
Urban II., Pp.: 113
- IV., Pp.: 154, 168, 173, 238, 424

V
Vitalienbrüder, Seeräuber: 58, 91, 110, 223 ff.,
    236 f., 289
Voigt, Johannes, Gsr.: 232

W
Wahlstatt, Schlacht bei: 148
Waldemar II., Kg. v. Dänemark: 162
Waldwirtschaft (s. Ritterorden)
Walter v. Kronberg, Deutschm.: 319
Wandalen: 25 f., 36, 45, 79, 84, 86, 96
Warmia: 38, 48, 64, 146 f., 151 f., 154, 158, 166,
    175 f., 189 f., 240, 251, 253 ff., 260, 272, 274,
    282 ff., 297 ff., 314, 425
Warschau, Schlacht (1656): 378 ff.
Wartenberg, Kolbe v.: 410
Wartenburg: 191, 228 f., 275, 358
Wasa, Johann Albert, Bf.: 358, 363, 425
Watzenrode, Lukas, Bf.: 298 ff., 330 f., 333, 425
Weberei: 24, 345, 355
Wehlau: 66, 92, 160, 173, 178, 196, 215, 242,
    276, 280, 314, 320, 393, 412

- Vertrag (1657): 385 f., 389, 402
Weinanbau: 223, 268
Weise, Erich, Hst.: 52
Wenzel, böhm. u. dt. Kg.: 199, 234, 240 ff., 259
- III., Kg. v. Böhmen: 199
Werder: 185, 254, 345
Westerplatte: 351
Westfälischer Friede (1648): 377, 398, 400
Westgoten: 80, 89, 107
Westpreußen: 5, 10, 14, 43, 47, 58, 66, 136, 210,
    286, 288, 297, 299 f., 314, 327 f., 335, 338, 340,
    342 ff., 357, 368 f., 377 f., 384 ff., 406, 408
Wetzhausen, Martin v., Hm.: 289, 423
Wiclif, John, Ref.: 303
Widiwarier: 79
Wikinger: 37, 47, 57, 60, 62 f., 84, 88, 90 ff., 98,
    104 ff., 112, 139, 211
Wild: 12, 14, 18, 44, 226 f., 232, 320, 355, 417
Wildnisbereiter: 353
Will, Abel, Pfarrer: 328, 338
Wilna: 180, 203, 241 f., 247, 267, 360
Wiskiauten: 92, 106
Witold (Witowd), Ft.: 230, 233, 240 ff., 247 f.,
    254, 256 ff.
Wladislaw I., Hermann, Hz.: 110, 425
- I., Lokietek: 206, 425
- II. (s. Jagello)
- III., Kg. v. Pol.: 269 ff., 425
- IV., Kg.: 351, 371, 374, 390, 425
Wölfe: 44, 227, 355, 411, 413
Wormditt: 190 f., 228, 264, 275, 285, 295, 366,
    407
Wulfstan: 47, 54, 59, 62 f., 74, 103
Wydzga, Stephan, Bf.: 360, 425

Z
Zantir: 116, 149, 151, 153, 179, 169
Zarnowitz, Gefecht (1462): 281
Zeitrechnung: 50, 357
Zinnenberg, Bernhard v.: 279 f.
Zins (s. Steuern)
Zinten: 183, 211, 263, 263, 276, 281, 308, 336
Zoche: 43, 59, 184, 426

Inhaltsverzeichnis

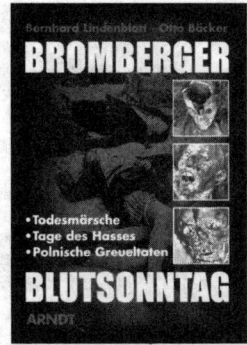